{ **KOMPENDIUM** } Oracle 10g

Das Kompendium

Die Reihe für umfassendes Computerwissen

Seit mehr als 20 Jahren begleiten die KOMPENDIEN aus dem Markt+Technik Verlag die Entwicklung des PCs. Mit ihren bis heute über 500 erschienenen Titeln deckt die Reihe jeden Aspekt der täglichen Arbeit am Computer ab. Die Kompetenz der Autoren sowie die Praxisnähe und die Qualität der Fachinformationen machen die Reihe zu einem verlässlichen Partner für alle, ob Einsteiger, Fortgeschrittene oder erfahrene Anwender.

Das KOMPENDIUM ist praktisches Nachschlagewerk, Lehr- und Handbuch zugleich. Auf bis zu 1.000 Seiten wird jedes Thema erschöpfend behandelt. Ein detailliertes Inhaltsverzeichnis und ein umfangreicher Index erschließen das Material. Durch den gezielten Zugriff auf die gesuchte Information hilft das KOMPENDIUM auch in scheinbar aussichtslosen Fällen unkompliziert und schnell weiter.

Praxisnahe Beispiele und eine klare Sprache sorgen dafür, dass bei allem technischen Anspruch und aller Präzision die Verständlichkeit nicht auf der Strecke bleibt.

Mehr als 5 Millionen Leser profitierten bisher von der Kompetenz der KOMPENDIEN.

**Unser Online-Tipp
für noch mehr Wissen ...**

... aktuelles Fachwissen rund um die Uhr — zum Probelesen, Downloaden oder auch auf Papier.

www.InformIT.de

Oracle 10g

Grid Computing, Self-Management,
Enterprise Security

FRÖHLICH CZARSKI MAIER

Markt+Technik

{ **KOMPENDIUM** }
Einführung | Arbeitsbuch | Nachschlagewerk

Bibliografische Information Der Deutschen Bibliothek
Die Deutsche Bibliothek verzeichnet diese Publikation in der
Deutschen Nationalbibliografie; detaillierte bibliografische Daten
sind im Internet über <http://dnb.ddb.de> abrufbar.

Die Informationen in diesem Buch werden ohne Rücksicht auf einen
eventuellen Patentschutz veröffentlicht. Warennamen werden ohne
Gewährleistung der freien Verwendbarkeit benutzt. Bei der Zusammenstellung von Texten und Abbildungen wurde mit größter Sorgfalt vorgegangen. Trotzdem können Fehler nicht vollständig ausgeschlossen werden. Verlag, Herausgeber und Autoren können für fehlerhafte Angaben
und deren Folgen weder eine juristische Verantwortung noch irgendeine
Haftung übernehmen. Für Verbesserungsvorschläge und Hinweise auf
Fehler sind Verlag und Herausgeber dankbar.

Alle Rechte vorbehalten, auch die der fotomechanischen Wiedergabe
und der Speicherung in elektronischen Medien. Die gewerbliche Nutzung der in diesem Produkt gezeigten Modelle und Arbeiten ist nicht
zulässig.

Fast alle Hardware- und Softwarebezeichnungen, die in diesem Buch
erwähnt werden, sind gleichzeitig auch eingetragene Warenzeichen oder
sollten als solche betrachtet werden.

Umwelthinweis:
Dieses Buch wurde auf chlorfrei gebleichtem Papier gedruckt.
Die Einschrumpffolie – zum Schutz vor Verschmutzung – ist aus
umweltverträglichem und recyclingfähigem PE-Material.

10 9 8 7 6 5 4 3 2 1
08   07   06   05
ISBN 3-8272-6679-3
© 2005 by Markt+Technik Verlag,
ein Imprint der Pearson Education Deutschland GmbH,
Martin-Kollar-Straße 10–12, D-81829 München/Germany
Alle Rechte vorbehalten
Coverkonzept: independent Medien-Design,
              Widenmayerstraße 16, 80538 München
Coverlayout: adesso 21, Thomas Arlt, München
Titelfoto: IFA-Bilderteam
Motiv: Rapa River Delta, Laponia World Heritage Area,
       Sarek N.P., Schweden
Lektorat: Rainer Fuchs, rfuchs@pearson.de
Herstellung: Elisabeth Prümm, epruemm@pearson.de
Satz: reemers publishing services gmbh, Krefeld (www.reemers.de)
Druck und Verarbeitung: Kösel, Krugzell (www.KoeselBuch.de)
Printed in Germany

Im Überblick

	Einleitung	19
Teil 1	**Oracle 10g – Neue Architektur und neue Features**	**25**
Kapitel 1	Grid Computing – Eine Einführung	27
Kapitel 2	Oracle Grid Control	35
Kapitel 3	Oracle Streams	71
Kapitel 4	Die sich selbst verwaltende Datenbank	115
Kapitel 5	Hochverfügbarkeit und Skalierbarkeit	149
Kapitel 6	Neuerungen für Data Guard	161
Kapitel 7	Backup and Recovery-Features	171
Kapitel 8	SQL Tuning Advisor	197
Kapitel 9	Neue Sicherheitsfeatures	207
Kapitel 10	Utilities	215
Kapitel 11	Oracle Net Services	257
Kapitel 12	Data Warehouse und Business Intelligence	277
Kapitel 13	Der Enterprise Manager	315
Kapitel 14	Weitere neue Features	327
Teil 2	**Administration von Datenbank und Infrastruktur**	**341**
Kapitel 15	Die Oracle-Datenbank-Architektur	343
Kapitel 16	Planung und Realisierung einer Datenbank-Infrastruktur	359
Kapitel 17	Datenbanksicherheit	399

Im Überblick

| Kapitel 18 | Datenbank-Tuning | 437 |
| Kapitel 19 | Backup and Recovery | 491 |

Teil 3 — Administration weiterer Produkte und Optionen — 531

Kapitel 20	Migration und Upgrade auf Oracle 10g	533
Kapitel 21	Data Guard	555
Kapitel 22	Oracle-XML-Datenbank	587
Kapitel 23	Oracle Net Services	639

Teil 4 — Data Warehouse — 655

Kapitel 24	Ein Data Warehouse planen	657
Kapitel 25	Die Data Warehouse-Architektur	665
Kapitel 26	ETL in der Praxis	677
Kapitel 27	Data Warehouse-Administration	701
Kapitel 28	Analyse und Reports	725

Teil 5 — Real Application Clusters — 735

Kapitel 29	RAC-Architektur	737
Kapitel 30	Installation und Konfiguration von Real Application Clusters	749
Kapitel 31	Administration von Real Application Clusters	783

Anhang — 817

Anhang A	Installation und erste Schritte	819
Anhang B	Oracle-Zertifizierungen	851
Anhang C	Glossar und Begriffe	857
Anhang D	Die Buch-Begleit-CD	877
	Stichwortverzeichnis	879

Inhaltsverzeichnis

	Einleitung	19
	Der Buchaufbau	20
	Konventionen	21
	Oracle-Software herunterladen	21
	Oracle-Version	22
	Über die Autoren	22
	Danksagung	23
Teil 1	**Oracle 10g – Neue Architektur und neue Features**	25
Kapitel 1	**Grid Computing – Eine Einführung**	27
1.1	Die Philosophie von Grid Computing	28
1.2	Oracle Grid Computing	31
	Grid Computing mit der Oracle 10g-Datenbank	31
	Grid Computing mit dem Oracle 10g Application Server	33
	Der Oracle 10g Enterprise Manager Grid Control	33
	Offene Grid-Standards	34
Kapitel 2	**Oracle Grid Control**	35
2.1	Konfiguration	36
	Installation und Basis-Konfiguration	36
	Erste Schritte	47
	Eine sichere Umgebung herstellen	54
2.2	Administration mit dem EM Grid Control	58
2.3	Migration älterer Versionen	67

Inhaltsverzeichnis

Kapitel 3	Oracle Streams	71
3.1	Streams-Technologie	73
	Die Streams-Architektur	73
	Administration von Streams	75
3.2	Oracle Streams Replication	94
	Konfiguration einer Umgebung	94
	Überwachung von Streams Replication	98
	Migration von Advanced Replication	99
3.3	Oracle Streams Advanced Queuing	99
	Die Architektur von Oracle Streams AQ	100
	Eine Umgebung für AQ herstellen	103
	Die Verwaltung von AQ	112
Kapitel 4	Die sich selbst verwaltende Datenbank	115
4.1	Automatic Storage Management (ASM)	116
	ASM-Funktionsweise	117
	Erstellung einer ASM-Instanz	117
	Erstellung einer Datenbank mit ASM	122
	Migration einer bestehenden Datenbank	126
	ASM Data Dictionary Views	129
	Ausfallsicherheit in ASM	130
4.2	Automatic Memory Management (AMM)	131
	Die Funktionsweise von AMM	132
4.3	Automatic Workload Repository (AWR)	135
	Die AWR-Architektur	136
	Das AWR verwalten	137
	Das AWR auswerten	138
4.4	Active Session History (ASH)	141
4.5	Automatic Database Diagnostic Monitor (ADDM)	143
	Die Verwaltung des ADDM	143

Inhaltsverzeichnis

Kapitel 5	**Hochverfügbarkeit und Skalierbarkeit**	149
5.1	Neue Features für Installation und Konfiguration	150
5.2	Neue Verwaltungsfeatures	150
5.3	Deployment und Performance	152
5.4	RAC Services	154
Kapitel 6	**Neuerungen für Data Guard**	161
6.1	Real Time Apply	161
6.2	Unterstützung für Flashback Database	163
6.3	Archive Destinations auf Rollenbasis	165
6.4	Verbesserte Übertragungssicherheit für Redo Log-Informationen	166
6.5	Weitere neue Data-Guard-Features	167
Kapitel 7	**Backup and Recovery-Features**	171
7.1	Das Flashback-Database-Feature	172
	Aktivieren der Flashback Database	173
7.2	Flashback Database Backup and Recovery	175
7.3	Flashback auf Tabellen-Ebene	179
	Flashback Table	179
	Flashback Row History	181
	Flashback Transaction History	182
	Flashback Drop	183
7.4	Neue RMAN-Features	187
	Automatische Dateierstellung beim Recovery	187
	Automatisches Channel Failover für Backup und Restore	190
	Vereinfachtes Disk-Backup	190
	Vereinfachte Katalogisierung von Backup-Dateien	191
	De-Registierung einer Datenbank	191
	Verbessertes inkrementelles Backup	192
	Vereinfachtes Recovery mit Resetlogs	193
7.5	Automatisches TSPITR	194
7.6	Weitere neue Backup and Recovery-Features	196

Inhaltsverzeichnis

Kapitel 8	**SQL Tuning Advisor**	197
8.1	Analysearten des SQL Tuning Advisors	197
8.2	SQL Tuning Advisor mit PL/SQL	198
Kapitel 9	**Neue Sicherheitsfeatures**	207
9.1	Erweiterung für die Virtual Private Database (VPD)	207
	VPD auf Spaltenebene	208
	Neue Policy-Typen	211
9.2	Neuerungen für Fine Grained Auditing	212
	Fine Grained Auditing für DML-Befehle	213
	Uniform Audit Trail	213
9.3	Das Paket DBMS_CRYPTO	214
Kapitel 10	**Utilities**	215
10.1	Der Scheduler	215
	Architekturübersicht	216
	Jobs	217
	Programme	222
	Ausführungspläne (Schedules)	224
	Job-Klassen (Job Classes)	225
	Fenster (Windows)	227
	Verwaltung der Log-Historie	229
	Verwaltung des Schedulers mit Oracle Enterprise Manager	230
10.2	Data Pump	234
	Data-Pump-Architektur	234
	Data Pump Data Dictionary Views	236
	Data-Pump-API	237
	Data-Pump-Export	237
	Data-Pump-Import	242
	Data Pump mit dem Oracle Enterprise Manager	248
Kapitel 11	**Oracle Net Services**	257
11.1	I/O Buffer Space	258

11.2	Verbesserte Erkennung von Netzwerkproblemen	260
11.3	Easy Connect	262
11.4	Vereinfachte Konfiguration des Oracle LDAP-Servers	265
11.5	Export von Directory Naming Entries	266
11.6	Vereinfachung der Shared Server-Konfiguration	267
11.7	Dynamische Konfiguration des Connection Manager	268
11.8	Certificate Revocation Lists (CRLs)	270
11.9	Konfiguration durch den Enterprise Manager	272
Kapitel 12	**Data Warehouse und Business Intelligence**	**277**
12.1	Materialized Views	278
12.2	Query Rewrite	282
12.3	Summary Management	286
12.4	Der SQLAccess Advisor	288
12.5	Biometrische Daten	298
12.6	Data Mining	299
12.7	Change Data Capture (CDC)	300
12.8	OLAP	309
12.9	SQL Modeling	309
12.10	DWH-Unterstützung durch den Enterprise Manager	311
Kapitel 13	**Der Enterprise Manager**	**315**
13.1	Die Architektur des EM Grid Control	317
13.2	Die Architektur des EM Database Control	319
13.3	Enterprise Manager Security	319
Kapitel 14	**Weitere neue Features**	**327**
14.1	Die Tablespace SYSAUX	327
14.2	Neue Verwaltungsfeatures	328
14.3	Tabellen und Indexe	331
14.4	DML und DDL	332

Inhaltsverzeichnis

14.5	Tablespace-Verwaltung	335
14.6	Initialisierungsparameter	339

Teil 2	Administration von Datenbank und Infrastruktur	341
Kapitel 15	Die Oracle-Datenbank-Architektur	343
15.1	Übersicht der Architektur	343
	Die Struktur der Datenbank	343
	Die Struktur der Instanz	345
15.2	Hintergrundprozesse	350
15.3	Prozessabläufe	353
	Benutzerprozesse	353
	Checkpoints	354
	SQL-Anweisungen verarbeiten	355
15.4	Dedicated Server und Shared Server	355
Kapitel 16	Planung und Realisierung einer Datenbank-Infrastruktur	359
16.1	Physisches Datenbanklayout	360
	OFA-Empfehlungen	360
	Physisches Layout für kleine und Entwicklungsdatenbanken	364
	Physisches Layout für OLTP-Datenbanken in der Produktion	365
	Physisches Layout für ein Data Warehouse	365
	Datenbankdateien verschieben	366
16.2	Benutzer, Rollen und Privilegien	372
	Benutzer verwalten	372
	Rollen und Privilegien verwalten	377
16.3	Schemas verwalten	380
	Tabellen	381
	Indexe	385
	Views	387
	Synonyme	388
	Sequenzen	389
	Cluster	390

16.4	Überwachung von Datenbanken	391
16.5	Praktische Tipps zur Datenbankadministration	393
	Abbrechen von Sitzungen	393
	Ein unbekanntes Passwort temporär ändern	394
	Den Administrator über Trace-Dateien informieren	395
	Alle SQL-Anweisungen finden, die auf eine Tabelle zugreifen	396
	Die Datei alert.log nach Fehlern durchsuchen	396
	Den freien Platz in Tablespaces überwachen	397
	Die Verwendung von Temp-Segmenten überwachen	398
Kapitel 17	**Datenbanksicherheit**	399
17.1	Benutzer, Rollen und Profile	400
	Benutzer und Rollen verwalten	401
	Profile verwalten	405
17.2	Die Virtual Private Database (VPD)	408
	Application Context	412
	Policy Groups	415
	Der Oracle Policy Manager	418
17.3	Oracle Auditing	418
	Audit Trail	420
	Object Auditing	422
	Statement Auditing	423
	Privilege Auditing	423
	Session Auditing	424
	Auditing von SYSDBA-Aktivitäten	424
	Auditing-Konfiguration und Audit Trail	425
	Fine Grained Auditing (FGA)	427
	FGA und Flashback Query	429
	Weitere Auditing-Operationen	429

Inhaltsverzeichnis

17.4	Netzwerksicherheit	432
	Sicherheit und der Oracle Listener	432
	Externe Programme	434
	Checksumming und Encryption	434

Kapitel 18	Datenbank-Tuning	437
18.1	Performance-Planung	438
18.2	Optimierung von Instanz und Datenbank	439
	Eine performante Datenbank erstellen	440
	Eine Oracle 10g-Datenbank optimieren	448
18.3	Einrichtung automatischer Tuning-Features	487

Kapitel 19	Backup and Recovery	491
19.1	Begriffe	492
19.2	Strategien	497
19.3	Der Recovery Manager (RMAN)	500
	Die RMAN-Architektur	502
	Einen Recovery-Katalog erstellen und verwalten	502
	RMAN-Konfiguration	505
	Backup and Recovery-Szenarien mit RMAN	509
	RMAN Backups mit dem Enterprise Manager (EM)	525
19.4	Oracle-Export und -Import	530

Teil 3 Administration weiterer Produkte und Optionen 531

Kapitel 20	Migration und Upgrade auf Oracle 10g	533
20.1	Übersicht	533
20.2	Das Upgrade vorbereiten	535
	Das Upgrade vorbereiten und planen	535
	Den Upgrade-Prozess testen	537
20.3	Den Upgrade-Prozess durchführen	538
	Upgrade mit dem Database Upgrade Asisstant	538
	Manuelles Upgrade	544

20.4	Nachbereitung des Upgrades	550
20.5	Wichtige Hinweise für Änderungen in Oracle 10g	552

Kapitel 21	**Data Guard**	**555**
21.1	Architektur	555
21.2	Physische Standby-Datenbanken	558
	Die Primär-Datenbank vorbereiten	561
	Die Standby-Datenbank erzeugen	562
	Verwaltung und Überwachung	566
	Failover und Switchover	570
21.3	Logische Standby-Datenbanken	573
21.4	Data Guard Broker	576
	Voraussetzungen prüfen	576
	Eine DG Broker-Konfiguration erstellen	578
	Upgrade von der Version 9.2	584
	Failover mit Data Guard Broker	585

Kapitel 22	**Oracle-XML-Datenbank**	**587**
22.1	XML – ein kurzer Abriss	587
22.2	XML in Datenbanken speichern	589
	»Klassische« Verfahren	590
	Native Speicherung von XML-Dokumenten	593
22.3	Architektur der Oracle XML-Datenbank	594
22.4	Speicherungsformen	599
	Die richtige Speicherungsform	599
	Dokumentbasierte Speicherung	601
	Objektrelationale Speicherungsform	602
	Fortgeschrittene Speicherungsform	607
22.5	Umgang mit XML-Dokumenten	610
	XML-Dokumente abfragen	613
22.6	Abfrageoptimierung	617
22.7	Volltextsuche in XML-Dokumenten	623

22.8	Stylesheet-Transformationen	625
22.9	Integration	628
	Relationale Sichten auf XML-Dokumente	628
	XML-Views auf relationale Tabellen	630
	Referenzielle Integrität	633
	XML-Schema-Evolution	634
Kapitel 23	**Oracle Net Services**	**639**
23.1	Die Oracle-Net-Architektur	641
23.2	Oracle Net Server-Konfiguration	647
23.3	Shared Server-Konfiguration	649
Teil 4	**Data Warehouse**	**655**
Kapitel 24	**Ein Data Warehouse planen**	**657**
24.1	Erste Schritte zur Planung	658
24.2	Ein Projektteam bilden	659
24.3	Die Rolle des Datenbankadministrators	660
Kapitel 25	**Die Data Warehouse-Architektur**	**665**
25.1	Architektur-Übersicht	665
25.2	Logisches Design	666
25.3	Physisches Design	672
	Tabellen und Partitionen	672
	Integritätsbedingungen	673
	Materialized Views	674
	E/A-Hardware und Striping	675
	Parallelisierung	676
Kapitel 26	**ETL in der Praxis**	**677**
26.1	ETL-Werkzeuge	678
26.2	Der SQL*Loader	680
26.3	Tabellen-Funktionen	689

26.4	Change Data Capture (CDC)	692
26.5	Transportable Tablespaces	696
26.6	Weitere ETL-Features	699
Kapitel 27	**Data Warehouse-Administration**	**701**
27.1	Partitionierung	703
27.2	Indexe	709
27.3	Materialized Views (MV)	712
27.4	Backup and Recovery	721
Kapitel 28	**Analyse und Reports**	**725**
28.1	SQL für Data Warehouse-Abfragen	726
28.2	Modeling	732
Teil 5	**Real Application Clusters**	**735**
Kapitel 29	**RAC-Architektur**	**737**
29.1	Cluster-Architekturen im Vergleich	738
29.2	Die RAC-Prozesse	741
29.3	Cache Fusion	743
Kapitel 30	**Installation und Konfiguration von Real Application Clusters**	**749**
30.1	Vorbereitung der Installation	750
	Hardware-Voraussetzungen	750
	Software-Voraussetzungen	751
30.2	Installation der Cluster Ready Services (CRS)	754
30.3	Installation der Oracle-Datenbanksoftware	761
30.4	Erstellen einer RAC-Datenbank	770
Kapitel 31	**Administration von Real Application Clusters**	**783**
31.1	Eine RAC-Umgebung verwalten	783
	Initialisierungsparameter	784
	Das Oracle Cluster Registry (OCR)	785

Inhaltsverzeichnis

31.2	Load Balancing und Failover	788
	Load Balancing	788
	Transparent Application Failover (TAF)	790
	High Availability-Dienste	796
31.3	Überwachung und Tuning	802
31.4	RAC und Data Guard	807
31.5	Backup and Recovery	811
	Cluster File System für Archiving	812
	Local File System für Archiving	813
	Snapshot Controlfile	814

Anhang 817

Anhang A	**Installation und erste Schritte**	819
A.1	Installation einer Oracle 10g-Datenbank	820
	Installation der Oracle-Software	820
	Eine Oracle 10g-Datenbank erstellen	834
	Nachbereitung der Installation	842
Anhang B	**Oracle-Zertifizierungen**	851
B.1	Oracle Database Administrator Certified Associate (OCA)	852
B.2	Oracle Database Administrator Certified Professional (OCP)	852
B.3	Oracle Database Administrator Certified Master (OCM)	853
B.4	Vorbereitung	854
	OCA-/OCP-Vorbereitung	854
	OCM-Vorbereitung	855
B.5	Test-Umgebung	856
Anhang C	**Glossar und Begriffe**	857
Anhang D	**Die Buch-Begleit-CD**	877
	Stichwortverzeichnis	879

Einleitung

Der großartige Erfolg des Oracle9i-Kompendiums hat uns ermutigt, die Reihe fortzuführen. Wohl keine neue Oracle-Version hat jemals mit so vielen neuen Features und signifikanten Änderungen in der Architektur aufgewartet wie Oracle 10g.

Das Buch ist für fortgeschrittene und erfahrene Administratoren und Systemberater sowie für Architekten und Entscheider genauso geeignet wie für Einsteiger in die Welt der Oracle-Datenbanken. Auch Trainer können sich einen Überblick verschaffen und Detailwissen aneignen. Neben den vielen Beispielen und Konfigurationsanleitungen für Administratoren finden Sie Diskussionspunkte und Argumente aus dem Blickwinkel des Architekten. Das Buch ist ein Leitfaden und Nachschlagewerk für alle, die sich mit Planung, Einsatz und Administration von Oracle-Datenbanken beschäftigen.

Wie bereits beim Oracle9i-Kompendium haben wir auch hier die neuen Features herausgestellt und in einem Teil des Buches zusammengefasst. Das erleichtert allen, die mit der Version 9i vertraut sind, den Übergang zu Oracle 10g.

Die Menge der neuen Features und Technologien in Oracle 10g ist beachtlich. Da ist das neue Konzept des Grid Computing, von dem die Versionsnummer diesmal den Buchstaben erhalten hat. Die Grid-Technologie ermöglicht eine erhebliche Kosteneinsparung und wesentlich flexiblere Auslastung der vorhandenen Ressourcen. Gleichzeitig erhöht sich die Skalierbarkeit Ihres Data Center. Der Einsatz der Grid-Technologie bedingt andererseits eine Umstellung der Art und Weise der Administration.

Oracle dringt mit der Version 10g in weitere Grenzbereiche vor. So ist es erstmals möglich, ein Datenbank-Cluster auf allen Plattformen ohne zusätzliche Clusterware zu betreiben. Mit dem Automatic Storage Management liefert Oracle eine eigene Verwaltung für Festplatten-Subsysteme. Zwar ergeben sich aus dem Grid Computing Synergieeffekte, allerdings werden durch die Übernahme weiterer Bereiche auch zusätzliche Administratoren benötigt. Dabei ist mit Sicherheit zu erwarten, dass es zu einer größeren Spezialisierung unter den Datenbankadministratoren kommen wird. So wird es in der Zukunft z.B. Oracle-Spezialisten für Cluster und für Storage Management geben.

Einleitung

Es gibt weitere Schritte in Richtung der sich selbst verwaltenden Datenbank. Oracle führt automatische Änderungen der Datenbankkonfiguration in Abhängigkeit vom aktuellen Workload durch. Der Bereich der Advisory wurde deutlich ausgebaut. Von Advisory gemachte Vorschläge können einfach übernommen werden.

Sie haben sich wahrscheinlich schon ab und zu gewünscht, die Zeit zurückzudrehen, um Dinge anders zu machen. Mit Oracle 10g ist das einfach möglich. Das Flashback Database-Feature erlaubt das Wiederherstellen des Zustands der gesamten Datenbank zu einem früheren Zeitpunkt.

Endlich ist auch der Durchbruch mit Oracle Streams gelungen. Das Feature ist so nützlich, dass es gleich in mehreren anderen Features als Technologie verwendet wird. So wird Advanced Replication durch Oracle Streams Replication abgelöst. Aber auch Change Data Capture und Data Guard profitieren von Oracle Streams.

Nicht zu vergessen ist der neue Enterprise Manager, der zu 100% webbasierend ist. Für die Administration ist damit ausschließlich ein Webbrowser erforderlich. Der Enterprise Manager unterstützt die Verwaltung von Grid-Datenbanken und enthält Grid-bezogene Features. Auch die Oracle Jobs wurden komplett überarbeitet und verbessert und heißen jetzt Scheduler, Data Pump verbessert das Import- und Export-Utility. Weitere neue Features finden Sie in den Bereichen Data Warehouse, Real Application Clusters und Sicherheit.

Freuen Sie sich auf eine Vielzahl neuer Features und eine äußerst interessante Oracle 10g-Datenbank.

Der Buchaufbau

Es gibt verschiedene Möglichkeiten, in das Buch einzusteigen. Für fortgeschrittene und erfahrene Administratoren bietet der Teil 1 »Oracle 10g – Neue Architektur und neue Features« eine Übersicht der Neuerungen gegenüber Oracle9i. Der Teil 1 macht einen bedeutenden Anteil des Buches aus.

Einsteigern empfehlen wir, mit Kapitel A im Anhang zu beginnen. Dort finden Sie Unterstützung für die Installation und die Basiskonfiguration einer Datenbank. Diese können Sie benutzen, um sich weiter in die Themen einzuarbeiten und die Beispiele nachzuvollziehen. Im Teil 2 »Administration von Datenbank und Infrastruktur« finden Sie dann einen »sanften« Einstieg in die Aufgaben eines Oracle-Datenbankadministrators.

Die Listings befinden sich als Dateien auf der beiliegenden CD-ROM. Die Dateinamen sind mit der Nummer des Listings identisch, so heißt z.B. für das Listing 13.5 die zugehörige Datei `13_05.sql`.

Zu den einzelnen Produkten und Features finden Sie im Buch eine umfassende Darstellung in abgeschlossenen Kapiteln oder Teilen. Das Buch hat darüber hinaus den Anspruch, als Nachschlagewerk zu dienen. Durch die klare Gliederung wird es dem Leser leicht gemacht, Informationen schnell zu finden.

Der Anhang beinhaltet neben dem praktischen Einstieg in Form von Installations- und Konfigurationsanleitungen Hinweise zur Zertifizierung für Oracle-Software für Administratoren. Ein Glossar hilft Ihnen, den Dschungel der (auch nicht immer eindeutigen!) Begriffe zu bewältigen.

Konventionen

Begriffe, die in spitze Klammern eingebunden sind, bezeichnen eine Variable, die zu ersetzen ist. So ist z.B. der Ausdruck `<version>` durch `10.1.0.2.0` zu ersetzen.

Umgebungsvariablen unterscheiden sich in ihrer Darstellung für Unix- und Windows-Betriebssysteme. Während unter Unix Umgebungsvariablen durch ein führendes $-Zeichen dargestellt werden (z.B. `$ORACLE_SID`), muss unter Windows ein %-Zeichen am Anfang und Ende verwendet werden (z.B. `%ORACLE_SID%`). An vielen Stellen wird darauf verzichtet, auf diese Unterschiede hinzuweisen.

Viele Bezeichnungen und Verzeichnisnamen besitzen ihre Gültigkeit sowohl für Unix- als auch für Windows-Betriebssysteme. Zur Vereinfachung wird üblicherweise auf eine Doppeldarstellung verzichtet. Sie können die Schreibweise einfach an die Konventionen des verwendeten Betriebssystems anpassen. So wird der Pfad in der Unix-Schreibweise `$ORACLE_HOME/rdbms/admin` unter Windows zu `%ORACLE_HOME%\rdbms\admin`.

Oracle-Software herunterladen

Sie können Oracle-Software aus dem Internet herunterladen und als Trial-Software unter Beachtung der Lizenzbedingungen benutzen. Um alle im Buch dargestellten Features ausprobieren zu können, benötigen Sie das Produkt »Oracle 10g Enterprise Edition«. Die Software für den Enterprise Manager Grid Control sowie des Agent befindet sich auf separaten CD-ROMs.

Sie können die Software vom Link http://otn.oracle.com *herunterladen. Das ist die Homepage des Oracle Technology Network (OTN).*

Auf dem OTN erhalten Sie die jeweilige Basisversion. Für das Herunterladen von Patches benötigen Sie einen Metalink-Account.

Weitere nützliche Software und Skripte zum Herunterladen finden Sie auf der Autoren-Webseite http://www.db-experts.com.

Oracle-Version

Das Buch bezieht sich auf die Version 10.1.0.2.0. Diese Version war die aktuellste zum Zeitpunkt, als dieses Buch geschrieben wurde. Wenn in diesem Buch über Oracle 10g geschrieben wird, dann bezieht sich die Aussage auf diese Version.

Über die Autoren

Lutz Fröhlich

Lutz Fröhlich ist Diplommathematiker und arbeitet als unabhängiger Systemberater. Er hat vierzehn Jahre Berufserfahrung, davon elf Jahre mit Oracle. Beruflich ist er gleichermaßen in den USA und Deutschland zu Hause. Er berät große Unternehmen und Finanzinstitute und leitet ein Systemhaus.

Er gilt als Experte in den Bereichen Hochverfügbarkeit, Data Warehouse und Datenbanksicherheit.

Lutz Fröhlich lebt in Kalifornien und München. In seiner knappen Freizeit betreibt er Mountainbiking und Skifahren.

Carsten Czarski

Carsten Czarski ist Diplom-Betriebswirt (FH) mit dem Schwerpunkt Wirtschaftsinformatik und seit 2001 für die Oracle Deutschland GmbH als Systemberater tätig. Dort beschäftigt er sich intensiv und deutschlandweit mit dem Thema XML und der XML-Funktionalität in Oracle.

Die Bedeutung von Datenbanken in den Unternehmen und die wachsende Bedeutung von XML als allgemeines Austauschformat macht die Kombination beider Technologien zu einem hochspannenden Thema.

Carsten Czarski kommt aus Wittlich bei Trier, lebt und arbeitet seit dem Studium in München.

Klaus Maier

Klaus Maier hat fünfzehn Jahre Berufserfahrung in der EDV. Seit 1999 ist er freiberuflicher IT-Consultant mit dem Schwerpunkt J2EE-Entwicklung im Oracle- und BEA-WebLogic-Umfeld unter Unix.

Außerdem beschäftigt er sich mit der Anbindung großer Datenbanken an Portal- und Content-Management-Systeme. Zu seinen Kunden zählen vorwiegend Unternehmen aus Industrie und Handel.

Klaus Maier lebt in der Nähe von München. In seiner Freizeit spielt er Fußball und Eishockey.

Danksagung

Der Dank der Autoren geht an den Verlag Pearson Education Deutschland/ Markt+Technik sowie an alle, die das Erscheinen dieses Buches ermöglicht und unterstützt haben. Autoren und Verlag freuen sich, von Ihnen Anregungen und Kritik zu diesem Buch zu bekommen, damit sie ihre Arbeit ständig verbessern können. Bitte schicken Sie eine E-Mail an lutz.froehlich@mut.de.

Und nun viel Erfolg mit dem Buch!

Lutz Fröhlich
Carsten Czarski
Klaus Maier

Teil 1 Oracle 10g – Neue Architektur und neue Features

Kapitel 1:	Grid Computing – Eine Einführung	27
Kapitel 2:	Oracle Grid Control	35
Kapitel 3:	Oracle Streams	71
Kapitel 4:	Die sich selbst verwaltende Datenbank	115
Kapitel 5:	Hochverfügbarkeit und Skalierbarkeit	149
Kapitel 6:	Neuerungen für Data Guard	161
Kapitel 7:	Backup and Recovery-Features	171
Kapitel 8:	SQL Tuning Advisor	197
Kapitel 9:	Neue Sicherheitsfeatures	207
Kapitel 10:	Utilities	215
Kapitel 11:	Oracle Net Services	257
Kapitel 12:	Data Warehouse und Business Intelligence	277
Kapitel 13:	Der Enterprise Manager	315
Kapitel 14:	Weitere neue Features	327

1 Grid Computing – Eine Einführung

Das Konzept über Grid Computing ist vergleichsweise alt. Fehlende Ressourcen stellten stets ein Problem dar, insbesondere in den Gründerjahren des Personal Computers und der File- und Datenbankserver. Damals behinderten allerdings begrenzte Kapazitäten in der Kommunikation zwischen den Computern eine Verbreitung dieser Idee.

Mit dem einsetzenden Internet-Boom verbesserten sich die Kapazitäten von Netzwerken in atemberaubender Geschwindigkeit. War vor kurzem eine 10-Mbit-Übertragungsrate noch der Standard, waren plötzlich 100-Mbit- und 1-Gbit-Leitungen bezahlbar und fanden ihre Verbreitung. Aber nicht nur das Transfervolumen wuchs, auch die Anzahl der Netzwerke stieg dramatisch. Waren vor der Verbreitung des Internets so genannte Insel-Netzwerke der Standard (sogar applikationsbezogene Netzwerke waren keine Seltenheit), waren auf einmal in den Unternehmen alle Computer miteinander vernetzt. Konzerne vernetzten weltweit ihre Standorte, Unternehmen begannen, untereinander durch B2B-Anwendungen zu kommunizieren.

Mit der Verbreitung von Netzwerken wuchs ebenso die Leistungsfähigkeit von Personal Computern und Servern. Multiprozessor-Maschinen mit großen Hauptspeicher- und Festplattenressourcen waren in der Lage, den steigenden Bedarf zu befriedigen, gleichzeitig fielen die Preise für große Anlagen.

In der heutigen IT-Landschaft stehen den Unternehmen alle erforderlichen Hardware-Ressourcen zur Verfügung. Allerdings sehen sich IT-Abteilungen und Unternehmen im Rahmen der Konsolidierung in der IT-Branche einem zunehmenden Kostendruck gegenüber. Das bedeutet nicht nur, Applikationen mit einer kostengünstigen Infrastruktur zu planen und zu realisieren, sondern auch mit vorhandenen Ressourcen auszukommen.

Damit ist Grid Computing wieder interessant geworden. Oracle ist einer der ersten großen Hersteller von System-Software, der das Thema wieder aufgreift und offensichtlich zur Chefsache gemacht hat. Das findet nicht nur in der Bezeichnung der neuen Version seinen Ausdruck, sondern auch in neuen Produkten und Features, die Sie in diesem Buch kennen lernen werden.

1.1 Die Philosophie von Grid Computing

Bei der Kalkulation von Projekten wird häufig der Anteil der Kosten von Hardware und System-Software unterschätzt. Es sind nicht nur die Anschaffungs- oder Leasingkosten von Hard- und Software zu berücksichtigen, die Wartung und Pflege der Systeme macht inzwischen einen recht hohen Prozentsatz aus.

Andererseits werden Ressourcen verschenkt, da z.B. Systeme applikationsbezogen aufgesetzt werden oder auf einigen Servern die Ressourcen zu 100% ausgelastet sind, während andere zur gleichen Zeit nahezu unbelastet sind. Hier kommt der Zeitfaktor hinzu. Viele Anwendungen haben so genannte Peaks, d.h. Stoßzeiten, die eine hohe Systemauslastung zur Folge haben. Außerhalb dieser Peak-Zeiten werden die Systeme nur mäßig oder kaum belastet.

Diese Peak-Zeiten sind von Anwendung zu Anwendung verschieden. In einer IT-Infrastruktur existieren folglich zu einem definierten Zeitpunkt sowohl Systeme, die hoch ausgelastet oder überlastet sind, als auch Systeme, die wenig belastet sind. Viele Projektdesigner konzipieren die Ressourcen so, dass die Anwendung in der Peak-Phase immer noch hinreichend performant läuft. Das führt zu einem großen Umfang an Unterbelastung über die gesamte Zeitschiene berechnet.

Grid Computing adressiert diese Probleme, indem eine anpassungsfähige Infrastruktur zur Verfügung gestellt wird. Es werden freie Ressourcen der speziellen Anwendung genau dann zur Verfügung gestellt, wenn sie gebraucht werden.

Häufig steigt der Ressourcen-Bedarf schneller, als das noch vor kurzem vorhersehbar war. Unternehmen, die mit kleinen Servern starten, verfügen nach einer gewissen Zeit über eine beachtliche Anzahl kleiner Maschinen, von denen die stärkste allein unter Umständen nicht in der Lage ist, eine bestimmte Anwendung in Peak-Zeiten performant zu bedienen. Auch dieses Problem kann mit Grid Computing gelöst werden.

Mit Grid Computing werden also die starren Grenzen zwischen Applikationen, Servern und Datenbanken beseitigt. Es wird die gesamte Infrastruktur als ein Grid betrachtet, also als ein virtueller, dynamischer Pool von Ressourcen und System-Software, der allen Applikationen zur Verfügung steht.

Die zentrale Idee von Grid Computing ist, dass die Verwendung von Software und Hardware eine zuverlässige und transparente Einheit bilden sollte. Es sollte keine Rolle spielen, wo die Daten gespeichert sind, von welcher Anwendung sie bearbeitet werden oder welcher Computer eine Anforderung stellt.

Das ist ein Arbeitsprinzip, das sich bei vielen Elektrizitätsverteilern durchgesetzt hat. Daher kommt auch der Begriff »Grid«. Ein Verteilungssystem besteht aus vielen Grids, die untereinander verbunden sind und nach dem Bedarf der Stromabnehmer so zusammengeschaltet werden, dass eine bedarfsgerechte Versorgung der Abnehmer erfolgen kann. Dass hat den Vorteil, dass regionale Spitzen (Peaks) durch Zuschaltung weiterer, wenig belasteter Ressourcen abgedeckt werden können.

Es ist also nicht nötig, lokal Peak-Kapazitäten vorzuhalten, es muss nur sichergestellt werden, dass das Grid in seiner Gesamtheit über genügend Kapazitäten verfügt. Dass dabei Zuverlässigkeit eine Schlüsselposition einnimmt, hat der Stromausfall in New York City im Jahre 1993 gezeigt. Da wurde der Fehler begangen, dass zwar genügend Ressourcen für das Grid bereitgestellt wurden, allerdings das vernachlässigte Verteilungssystem nicht über Redundanzen verfügte.

Das ist durchaus mit einem Netzwerk in einer IT-Infrastruktur zu vergleichen. Fallen Netzwerke aus, muss ein redundantes Netzwerk als Ersatz einspringen. Andernfalls bricht das gesamte Konzept zusammen.

Der Hauptvorzug von Grid Computing liegt klar in der Kosteneinsparung. Dies ist bei weitem keine Zahlenspielerei, sondern eine reale Ersparnis. Es wird möglich durch:

- eine bessere Gesamtauslastung von Hard- und Software-Ressourcen
- bessere Skalierbarkeit von Hardware durch schrittweise Anpassung mit preiswerten Komponenten
- Verringerung der Kosten für Wartung und Administration

Häufig taucht auch der Begriff *Enterprise Grid Computing* auf. Darunter versteht man eine Infrastruktur für Grid Computing in einem großen Unternehmen oder Konzern.

Mit Enterprise Grid Computing ist es möglich, eine Software-Infrastruktur auf einer großen Anzahl kleiner, über ein Netzwerk verbundener, Computer aufzusetzen. Alle Computer unterwerfen sich den Prinzipien »Implement One from Many« und »Manage as One«. Was steckt hinter diesen Prinzipien?

Hinter »Implement One from Many«, also der Implementation als einer von vielen, steht, dass Grid Computing-Software die Benutzung eines Clusters von Systemen nach außen als eine logische Einheit darstellt und die Applikation oder die Aufgabe als eine von vielen im Grid behandelt. Durch die Verteilung von Arbeitsaufgaben über mehrere Server, Datenbanken,

Kapitel 1   Grid Computing – Eine Einführung

Instanzen oder Application Server ergeben sich Vorteile wie verbesserte Skalierbarkeit, Verfügbarkeit und Performance.

Gleichzeitig garantiert das Prinzip »Manage as One«, dass ganze Gruppen von Servern, Datenbanken oder Application Servern als eine Einheit administriert werden können. Damit schlägt ein weiterer wichtiger Faktor bei der Kostensenkung zu Buche. Eine größere Anzahl von Servern oder Datenbanken darf nicht zu einem Mehraufwand an Administration führen.

Auch die Hardware-Industrie hat bereits auf diesen neuen Trend reagiert. So kommt die Blade Server-Technologie dem Prinzip von Grid Computing weitestgehend entgegen. Disk-Subsysteme wie Storage Area Networks (SAN) oder Network Attached Storage (NAS) unterstützen die Verbreitung von Grid Computing. Die Kosten für Gigabit-Ethernet sind entscheidend gesunken und machen ein Zusammenbinden von Grid-Servern zu Clustern preislich attraktiv.

Auch der Vorstoß von Linux unterstreicht den neuen Trend. Linux-Systeme sind erwachsen geworden und gelten heute als zuverlässige, robuste und performante Betriebssysteme. Hinzu kommt der Kostenvorteil gegenüber allen anderen Betriebssystemen. Linux läuft sehr stabil auf vielen Low-Cost-Servern.

Grid Computing basiert auf fünf Grundprinzipien:

- Dynamisches Provisioning
- Resource Pooling
- Virtualisierung
- Selbstanpassung der Systeme
- Einheitliche Verwaltung

Unter *Dynamischem Provisioning* versteht man, Ressourcen da zur Verfügung zu stellen, wo sie benötigt werden. Ein Grid Service Broker, der einerseits die Anforderungen von Ressourcen und andererseits die verfügbaren Ressourcen kennt, stellt die Verbindung zwischen Nutzer und Ressource her. Er ändert die Zuordnungen, wenn sich die Rahmenbedingungen ändern. Dabei werden Policen berücksichtigt, die z.B. Schwellenwerte für Antwortzeiten oder Anforderungen für Peaks festlegen.

Ressource Pooling ist eine notwendige Voraussetzung für eine Grid-Umgebung, um eine bessere Ressourcenauslastung zu erreichen. Durch die Zusammenfassung von Festplatten in Speicherbereiche oder von Servern in so genannte Blade Farms werden die Konsumenten mit den Diensten zusammengebracht.

Mit *Virtualisierung* wird erreicht, dass Konsumenten im Grid nicht fixen Ressourcen zugeordnet, sondern dynamisch versorgt werden. Dies geschieht auf allen Ebenen in einer Grid-Architektur.

Eine *Selbstanpassung der Systeme* ist zwingende Voraussetzung für eine erfolgreiche Umsetzung der Grid-Strategie. Eine Grid-Infrastruktur würde in der Praxis nicht funktionieren, wenn für jeden Knoten permanent manuelle Tuning- und Anpassungsaktivitäten erforderlich wären.

Eine *Einheitliche Verwaltung* ist nicht nur notwendig, um das Grid effektiv zu verwalten. Mit einer steigenden Zahl von Knoten, die im Grid eingebunden sind, dürfen nicht auf der anderen Seite die Kosten für die Verwaltung steigen. Das wäre kontraproduktiv zur Idee der Kostensenkung. Es muss daher möglich sein, Gruppen zu formen und diese Gruppen wie eine einzelne Komponente zu verwalten.

1.2 Oracle Grid Computing

Mit Oracle 10g können Sie beginnen, Ihre IT-Infrastruktur auf ein Modell umzustellen, das auf den Prinzipien der Grid-Technologie basiert. Dabei stellen die Oracle 10g-Datenbank, der Oracle Application Server 10g und der Enterprise Manager Grid Control eine komplette Infrastruktur für Grid Computing zur Verfügung.

Eine Übersicht der Komponenten von Oracle Grid Computing finden Sie in Abbildung 1.1.

Oracle Grid Computing wurde sowohl in die Datenbank als auch in den Application Server integriert. Beide Produkte werden vom Enterprise Manager Grid Control verwaltet.

Grid Computing mit der Oracle 10g-Datenbank

In Oracle 10g wurden neue Grid-spezifische Features eingebaut. Diese finden Sie insbesondere in den folgenden Produkten:

- Real Application Clusters (RAC)
- Automatic Storage Management (ASM)
- Information Provisioning
- Selbstverwaltende Datenbank

Kapitel 1   Grid Computing – Eine Einführung

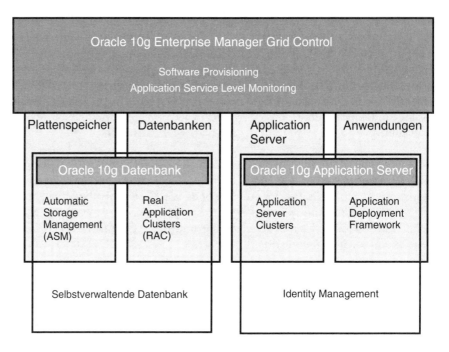

Abbildung 1.1:
Die Komponenten
von Oracle Grid
Computing

Mit Oracle Real Application Clusters ist es möglich, eine einzelne Datenbank auf mehreren Knoten im Grid-Umfeld laufen zu lassen. Dabei werden die Ressourcen mehrerer Server in einem Pool zusammengefasst.

Zwischen den einzelnen Knoten erfolgt eine Verteilung der Aufgaben, abhängig von der Auslastung der Ressourcen. Dieser Prozess wird auch *Workload Provisioning* genannt. Erstmalig bringt Oracle auch die erforderliche Cluster-Software für alle Plattformen mit. Es ist nicht mehr notwendig, Clusterware anderer Anbieter als Basis zu verwenden.

Automatic Storage Management (ASM) vereinfacht die Verwaltung von Speicherressourcen. Dabei hat man nicht nur die Vereinfachung der Administration für den Datenbankadministrator im Auge. Wie Sie sich erinnern, ist die Einheitliche Verwaltung eine zwingende Voraussetzung im Grid Computing. ASM legt dafür die Grundlage.

Der Administrator muss nicht einzelne Festplatten verwalten, er kann Disk-Gruppen bilden und verwaltet sie als eine logische Ressource. Es können die E/A-Aktivitäten von verschiedenen Datenbanken gleichzeitig ausbalanciert werden. Das ist offensichtlich der Schritt zum Grid Computing in diesem Bereich. Die zur Verfügung stehenden Festplatten werden als eine Einheit betrachtet und allen Konsumenten im Grid (Datenbanken) zur Verfügung gestellt. Dieser Prozess wird auch als *Storage Provisioning* bezeichnet.

Wie Sie sehen, findet Provisioning auf den unterschiedlichsten Ebenen statt. Neben den bisher dargestellten Provisioning-Arten gibt es in Oracle 10g auch ein Provisioning auf Informationsebene. Abhängig vom Umfang der Informationen sowie der Zugriffshäufigkeit kann es sinnvoll sein, Daten auf mehrere Datenbanken zu verteilen. In Oracle 10g wurden zu diesem Zweck eine Reihe von Produkten weiter oder neu entwickelt. Dazu gehören Oracle Streams, Data Pump und Transportable Tablespaces.

In Oracle 10g können all diese Produkte, die zur praktischen Umsetzung von Information Provisioning herangezogen werden, Daten zwischen Datenbanken austauschen, die auf verschiedenen Plattformen bzw. Betriebssystemen laufen.

Ein weiterer wichtiger Schritt zum Enterprise Grid ist, den manuellen Anteil bei der Verwaltung wesentlich zu senken. Schließlich darf mit einer wachsenden Anzahl von Knoten im Grid der Verwaltungsaufwand für das Grid nicht steigen. In Oracle 10g finden Sie eine Reihe von Features, die eine automatische Verwaltung ermöglichen. Oracle verwendet den Begriff der sich selbst verwaltenden Datenbank. Zwar sind wir davon in der Realität noch ein ganzes Stück entfernt, jedoch ist der Ansatz gut und der Trend geht in die richtige Richtung.

Grid Computing mit dem Oracle 10g Application Server

Wie Sie sich erinnern, steht hinter Grid Computing die Idee von Service Provisioning auf allen Ebenen. Deshalb ist es nur konsequent, dass die Umsetzung des Konzepts nicht bei der Datenbank Halt macht. Auch im Oracle Application Server finden Sie eine Reihe neuer und verbesserter Produkte und Features, die einen Einstieg in die Welt des Grid Computing ermöglichen.

So können Application Server zu Clustern zusammengestellt werden. Damit entsteht ein Pool auf Anwendungsebene, für den *Application Provisioning* durchgeführt werden kann. Eine zentralisierte Benutzeradministration ist für ein erfolgreiches Application Provisioning unumgänglich. Dazu tragen die neuen Identity Management-Features im Oracle 10g Application Server bei.

Der Oracle 10g Enterprise Manager Grid Control

Der Enterprise Manage Grid Control bildet das Framework für die Grid-Verwaltung. Er besteht aus dem Management Server mit dem Repository, den Management Agents und der browserbasierenden Management-Konsole.

Mit dem EM Grid Control wird eine deutliche Verringerung des Verwaltungsaufwands durch Automatisierung und Standardisierung auf der Basis von Policen erreicht. Der Administrator kann Hardware-Knoten, Datenbanken, Application Server und andere Komponenten zu logischen Gruppen zusammenfassen.

Für die Verwaltung des Grid und die Provisioning-Aktivitäten können Jobs konfiguriert und ausgeführt und Standard-Policen erstellt werden. Die Verwaltung erfolgt für Zielgruppen statt für einzelne Ziele auf den unterschiedlichsten Ebenen. Eine wachsende Anzahl von Knoten im Grid bedeutet also nicht zwangsläufig einen steigenden Administrationsaufwand.

Offene Grid-Standards

Sie können mit Oracle 10g bereits anfangen, Grid Computing-Technologie in Ihrer Infrastruktur zu verwirklichen. Es existieren für Grid Computing noch keine offenen Standards, wie man das aus dem Internet-Umfeld kennt.

Offene Standards für Grid Computing befinden sich noch in der Entwicklungsphase durch das Global Grid Forum (GGF). Oracle ist Sponsor des GGF und in Arbeitsgruppen tätig. Gegenwärtig wird an einer Spezifikation unter dem Namen Open Grid Services Architektur (OGSA) gearbeitet.

Andere Arbeitsgruppen beschäftigen sich mit der Definition von allgemeingültigen Schnittstellen und Protokollen.

Grid Computing befindet sich in Entwicklung, Einsatz und Verbreitung noch im Anfangsstadium. Sie werden auch in der vorliegenden Version 10.1.0.2.0 feststellen, dass Oracle einen Einstieg gewagt hat, es jedoch noch viele Bereiche gibt, wo noch Features fehlen. Die vorliegende Version ist mit Sicherheit keine vollständig implementierte Grid-Umgebung.

> **TIPP**
> *Dennoch sollten Sie beginnen, Konzepte in Ihrer IT-Infrastruktur zu entwickeln und schrittweise umzusetzen. Die vorliegende Oracle-Version wird Sie dabei unterstützen. Es ist zu erwarten, dass Oracle den Weg konsequent weiterverfolgt und in den nächsten Releases von Oracle 10g weitere Produkte und Features für Grid Computing vorstellen wird. Andere Anbieter von System-Software werden dem folgen.*

Das vorliegende Buch wird Sie mit der Grid-Technologie von Oracle 10g vertraut machen. Sie werden das Konzept in vielen neuen Produkten und Features realisiert finden und wir werden an den wichtigen Stellen auch immer wieder darauf hinweisen.

2 Oracle Grid Control

Oracle hat mit der Version 10g begonnen, Grid Computing als Philosophie für die Weiterentwicklung der Architektur von Datenbanken und anderen Produkten zu implementieren. In Oracle 10g Release 1 finden Sie in vielen Bereichen sehr gute Lösungen für Grid-Technologien. Wir dürfen uns auf eine erweiterte und verbesserte Funktionalität in späteren Versionen freuen. Im eingeschlagenen Weg steckt jedenfalls eine Menge Potenzial für die Zukunft von Datenbank- und Server-Technologie.

Die Funktionalität von Oracle 10g Grid Computing wird durch den Enterprise Manager gewährleistet. Der Oracle Enterprise Manager besteht in Oracle 10g aus verschiedenen Komponenten und Architekturen, die jedoch grundsätzlich zu unterscheiden sind, da unterschiedliche Ziele verfolgt werden, wie die folgende Übersicht zeigt.

OEM-Architektur	Beschreibung
Enterprise Manager Grid Control	Ist ein Werkzeug zur Verwaltung aller Datenbanken im Unternehmen oder Konzern. Er verwendet ein Respository und ist in seiner Zielsetzung mit dem OEM in der Version 9*i* zu vergleichen. Zusätzlich dient er der Verwaltung und Steuerung der neuen Grid-Funktionalität in Oracle 10g.
DBConsole (EM Database Control)	DBConsole ist ein browserbasierendes Tool zur Verwaltung von genau einer Datenbank. DBConsole verwendet ebenfalls ein Repository in der Target Database.
EM2GO	Eine abgespeckte Version des Enterprise Manager für den Einsatz auf einem PDA. Hierfür ist eine kabellose Verbindung zwischen PDA und dem Management Server erforderlich. Er benutzt HTTP und SSL.
Java-Konsole	Ein Java-Client zur Verwaltung von Datenbanken. Er entspricht in seiner Funktionalität in etwa dem Enterprise Manager von Oracle9*i* ohne Management Server und Repository. Er wurde vorwiegend aus Kompatibilitätsgründen mit ausgeliefert und weil bestimmte Funktionen, wie z.B. Oracle Streams oder Advanced Queuing, noch nicht im neuen browserbasierenden Enterprise Manager enthalten sind.

Tabelle 2.1:
Übersicht der Architekturen des Enterprise Manager

Kapitel 2   Oracle Grid Control

Dieses Kapitel beschäftigt sich ausschließlich mit dem Enterprise Manager Grid Control. Die weiteren Variationen des Enterprise Manager sowie deren Architekturen sind in Kapitel 13 »Der Oracle Enterprise Manager« beschrieben. Auf eine komplette Beschreibung der Java-Konsole wurde in diesem Buch verzichtet, da diese an Bedeutung verloren hat und in späteren Versionen wahrscheinlich nicht mehr mit ausgeliefert werden wird. Sie finden jedoch in den Kapiteln, in denen die Konsole noch eine Rolle spielt (z.B. Oracle Streams), Hinweise und eine Beschreibung der Funktionalität.

2.1 Konfiguration

Dieser Abschnitt beschäftigt sich mit Installation und Konfiguration des Enterprise Manager Grid Control. Planen Sie für diesen Prozess hinreichend Zeit ein.

Installation und Basis-Konfiguration

Die folgende Installation erfolgt auf einem Linux Enterprise Server 3.0. Es gibt kaum Unterschiede zur Installation auf anderen Unix-Systemen. Die Installationsanweisung lässt sich ohne weiteres auf Windows übertragen, wenn Sie die Betriebssystem-spezifischen Besonderheiten beachten.

Sie werden schnell feststellen, dass sich hinter dem EM Grid Control technologisch der Internet Application Server (iAS) verbirgt und hinter dem Repository eine modifizierte Infrastructure Database des iAS. Der EM Grid Control bringt die erforderlichen Komponenten aus dem iAS mit. Er besteht aus den folgenden Komponenten:

- Management Repository
- Oracle Management Server (OMS)
- Management Agent
- Oracle iAS J2EE mit Web Cache

Sie können für die Installation zwischen verschiedenen Optionen auswählen, die in Tabelle 2.2 zusammengefasst sind.

Tabelle 2.2: Beschreibung der Optionen für die Installation des Enterprise Manager Grid Control

Option	Beschreibung
Enterprise Manager Grid Control mit einer neuen Datenbank	Erstellt eine neue Datenbank für das Repository. Dabei handelt es sich um Oracle Enterprise Edition der Version 9.0.1.5. Datenbank und Management Server befinden sich auf demselben Server.

36   [KOMPENDIUM] Oracle 10g

Option	Beschreibung
Enterprise Manager Grid Control mit einer existierenden Datenbank	Installiert das Repository in einer existierenden Datenbank, die auf demselben oder einem entfernten Server liegen kann. Dabei muss es sich um eine Oracle9*i*-Datenbank mit Oracle Enterprise Edition der Version 9.2.0.4 oder höher handeln bzw. um eine RAC-Datenbank 9.2.0.4 oder höher.
Zusätzlicher Management Service	Installiert Oracle Enterprise Manager Grid Control ohne Repository und erlaubt die Angabe eines existierenden Repositorys, das lokal oder entfernt liegen kann.
Zusätzlicher Management Agent	Installation des Management Agents auf einem Zielsystem, das mit Grid Control überwacht werden soll.

Tabelle 2.2: Beschreibung der Optionen für die Installation des Enterprise Manager Grid Control (Forts.)

Dieser Abschnitt beschreibt die Installation mit einer existierenden Datenbank für das Repository. Die Datenbank besitzt die Version 9.2.0.4. Alle erforderliche Software befindet sich auf den Installations-CDs, es werden keine zusätzlichen Installationsmedien benötigt.

Werfen Sie vor der Installation noch einen Blick auf Tabelle 2.3. Darin finden Sie die Versionen von Zielsystemen, die Sie mit Oracle 10g Enterprise Manager Grid Control verwalten und überwachen können.

Produkt	Versionen
Oracle-Datenbank und -Listener	8.1.7.4
	9.0.1.5 oder höher
	9.2.0.4 oder höher
	10.1.0.2
Real Application Clusters-Datenbank	9.2.0.4 oder höher
	10.1.0.2
Oracle Application Server	9.0.2 oder höher
Oracle Collaboration Suite	9.0.3 oder 9.0.4
Management Service und Repository	10.1.0.2
Management Agent	10.1.0.2

Tabelle 2.3: Zielsysteme von Oracle Enterprise Manager Grid Control

Erstellen Sie die Datenbank für das Repository nicht auf derselben Disk, auf der Sie den Management Server installieren. Es kann sonst im laufenden Betrieb sehr schnell zu Hot Spots auf der Festplatte kommen.

:-) TIPP

Stellen Sie, bevor Sie mit der Installation beginnen, sicher, dass der Host-Name des Servers, auf dem Sie Grid Control installieren, vollständig und in der folgenden Form in der Datei `/etc/hosts` eingetragen ist:

`<IP-Adresse> <Voll qualif. Name> <Kurzname> <Alias>`

Der Eintrag könnte dann z.B. so aussehen:

`212.1.1.2    mch2.pitcorp.com    mch2    gridcontrol`

Installation des Oracle Enterprise Manager Grid Control

1. Starten Sie als Benutzer `oracle` den Universal Installer von Disk1. Sie erhalten eine Information über die erforderlichen Komponenten des Betriebssystems und deren Versionen. Brechen Sie ggf. die Installation ab und installieren oder updaten Sie die fehlenden Programme. Bestätigen Sie mit `y`, falls alle geforderten Programme installiert sind.

   `./runInstaller`

2. Es erscheint ein Begrüßungsfenster. Klicken Sie auf WEITER. Wählen Sie im nächsten Schritt ein Oracle Home-Verzeichnis aus. Installieren Sie den Enterprise Manager nicht in einem vorhandenen Oracle-Home-Verzeichnis, wie z.B. einem Produktverzeichnis für Datenbanken. Für diese Installation wird das Verzeichnis `/u01/oracle/product/10.1.0/em_1` benutzt.

3. Im nächsten Fenster können Sie die zu installierenden Produkte auswählen. Markieren Sie ENTERPRISE MANAGER 10G GRID CONTROL USING AN EXISTING DATABASE und klicken Sie auf WEITER (siehe Abbildung 2.1).

4. Es erfolgt eine Prüfung auf vorhandene Versionen von Betriebssystem, Zusatzkomponenten und Kernel-Parameter. Falls der Universal Installer Probleme feststellt, dann sollten Sie diese beseitigen. Auch wenn der Installer weiterläuft, werden Sie später auf Fehler stoßen (siehe Abbildung 2.2).

5. Geben Sie im nächsten Fenster die Verbindungsdaten zur Datenbank sowie die Verzeichnisse und Namen der Tablespaces für das Repository ein (siehe Abbildung 2.3).

6. Im nächsten Fenster werden Sie nach dem Passwort für den Superadministrator SYSMAN gefragt. Das Passwort gilt gleichzeitig für den Benutzer IAS_ADMIN des Oracle Application Servers. Die E-Mail-Benachrichtigung ist an dieser Stelle nicht zwingend, Sie können diese auch später noch einrichten (siehe Abbildung 2.4).

Konfiguration Kapitel 2

Abbildung 2.1:
Produkt für die Installation des Enterprise Manager wählen

Abbildung 2.2:
Prüfen der Installationsvorbereitung

Kapitel 2　　Oracle Grid Control

Abbildung 2.3:
Informationen zur Repository-Datenbank eingeben

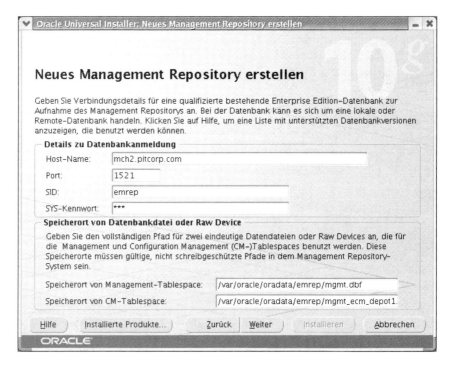

Abbildung 2.4:
Das Passwort für den Super-Administrator vergeben

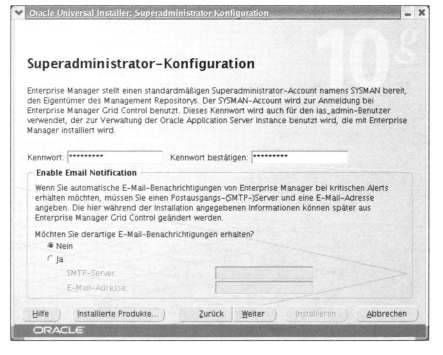

Konfiguration Kapitel 2

7. Im nächsten Fenster können Sie Metalink-Daten und Proxy-Informationen eingeben. Dies ist erforderlich, falls Sie das Configuration Management Pack verwenden wollen.

8. Schließlich erhalten Sie, wie Sie das von anderen Produkten kennen, einen Überblick der gewählten Optionen und Produkte. Klicken Sie auf INSTALLIEREN, um mit der Installation zu beginnen. Im nächsten Fenster können Sie den Fortschritt der Installation verfolgen.

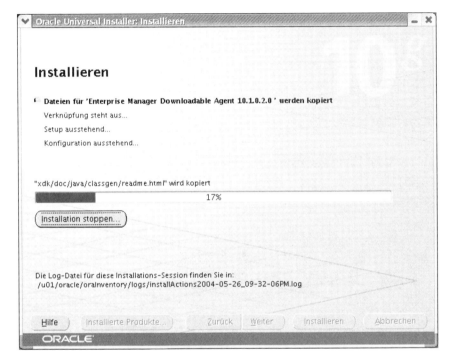

Abbildung 2.5:
Fortschritt der Installation des Enterprise Manager

9. Am Ende der Installation werden Sie aufgefordert, das Skript root.sh im Verzeichnis $ORACLE_HOME als Benutzer root auszuführen.

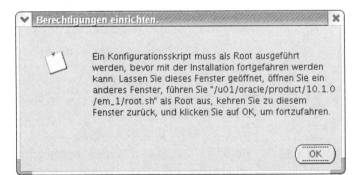

Abbildung 2.6:
Das Skript root.sh ausführen

10. Danach wird der Konfigurationsassistent gestartet. Es werden die Komponenten des Application Servers sowie des Enterprise Manager konfiguriert. Fahren Sie nur mit der Installation fort, wenn alle Komponenten vom Typ »Empfohlen« erfolgreich waren. Die Komponenten vom Typ »Optional« beeinträchtigen nicht den Fortgang der Installation. Sie können zu einem späteren Zeitpunkt erneut konfiguriert werden.

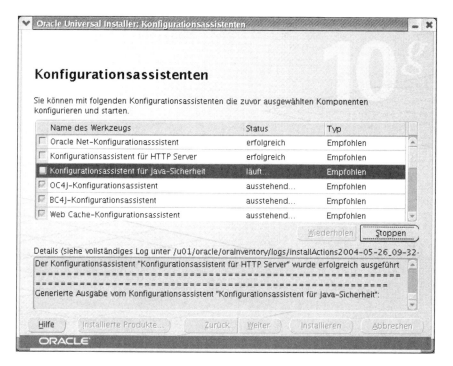

Abbildung 2.7: Der Konfigurationsassistent der Enterprise Manager-Installation

11. Nach erfolgreichem Abschluss der Konfiguration wird der Installationsassistent für den Agent gestartet. Der Assistent vergibt das Verzeichnis, das Oracle Home-Verzeichnis für den Assistenten wird. Klicken Sie auf OK, um den Assistenten zu starten.

12. Die Installation des Agent besteht ebenso aus zwei Teilen. Zuerst läuft die Installation der Software, danach erscheint der Konfigurationsassistent. Nach Abschluss der Installation werden Sie wieder aufgefordert, das Skript root.sh im Oracle Home-Verzeichnis auszuführen. Führen Sie das Skript im Oracle Home-Verzeichnis des Assistenten, nicht in dem des Enterprise Manager aus.

13. Im Konfigurationsassistent erfolgt die Konfiguration des Agent. Da es sich hierbei um einen optionalen Schritt handelt, ist der Erfolg nicht maßgebend für den Gesamterfolg der Installation. Sie müssen jedoch später das Problem beseitigen und die Konfiguration erneut ausführen.

Konfiguration   Kapitel 2

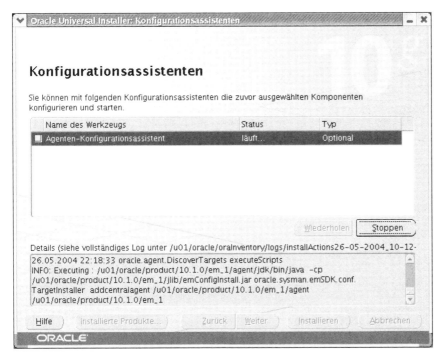

Abbildung 2.8:
Der Konfigurationsassistent für den Agenten

14. Am Ende der Installation erhalten Sie Informationen, mit welchem URL Sie auf den Enterprise Manager zugreifen können. Typischerweise finden Sie die Startseite für Grid Control unter http://<servername>:7777/em und die Startseite für den Application Server unter http://<servername>:1810. Klicken Sie auf BEENDEN, um die Installation abzuschließen (siehe Abbildung 2.9).

Damit ist die Installation des Enterprise Manager Grid Control abgeschlossen. Ein Ziel im Sinne des Enterprise Manager ist ein Server mit den darauf laufenden Komponenten wie Datenbanken, Listener etc. Der EM verwaltet alle Ziele, auf denen ein Management Agent läuft. Grid Control ist nur in der Lage, Ziele zu verwalten, auf denen ein Agent der Version 10g läuft. Agents früherer Versionen können nicht mit dem Enterprise Manager kommunizieren.

Sie können einen Agent älterer Versionen und einen Oracle 10g-Agent parallel auf einem Server laufen lassen. Damit können Sie die Ziele sowohl in einen älteren Management Server als auch in einen Management Server der Version 10g integrieren.

:-)
TIPP

Zwar wurde mit der vorherigen Installation ein Agent installiert, dieser bereitet jedoch Probleme in einigen Bereichen. Deinstallieren Sie deshalb diesen Agent und führen Sie eine erneute Installation des Agents auf dem Server durch, auf dem der Management Server läuft.

Abbildung 2.9:
Informationen zum Zugriff auf den Enterprise Manager

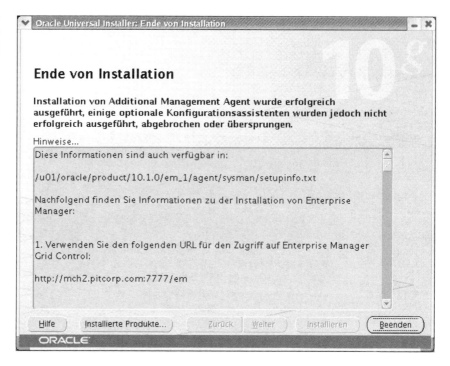

Dann erkennt der Enterprise Manager diesen Server und die darauf laufenden Komponenten als ein Ziel. Vergleichen Sie die Version und die Konfiguration der Agents. Geben Sie dazu den Befehl emctl status agent ein.

```
$ emctl status agent
Oracle Enterprise Manager 10g Release 10.1.0.2.0.
Copyright (c) 1996, 2004 Oracle Corporation.  All rights reserved.
---------------------------------------------------------
Agent Version       : 10.1.0.2.0
OMS Version         : 10.1.0.2.0
Protocol Version    : 10.1.0.2.0
Agent Home          : /u01/oracle/product/10.1.0/em_2
Agent binaries      : /u01/oracle/product/10.1.0/em_2
Agent Process ID    : 6923
Parent Process ID   : 6922
Agent URL           : http://mch2.pitcorp.com:1831/emd/main/
Started at          : 2004-05-28 20:58:55
Started by user     : oracle
Last Reload         : 2004-05-28 20:58:55
Last successful upload                       : 2004-05-28 21:06:02
Total Megabytes of XML files uploaded so far :    0.17
Number of XML files pending upload           :       0
Size of XML files pending upload(MB)         :    0.00
Available disk space on upload filesystem    :   39.43%
---------------------------------------------------------
Agent is Running and Ready
```

Die folgenden Schritte beschreiben, wie Sie einen Agent auf einem Zielserver installieren können.

Einen Agent des Enterprise Manager installieren

1. Starten Sie den Universal Installer von der ersten CD-ROM als Benutzer oracle.

   ./runInstaller

2. Nach dem Begrüßungsfenster erscheint die Auswahl des Oracle Home-Verzeichnisses. Führen Sie die Installation in ein neues Verzeichnis durch und verwenden Sie keinesfalls ein existierendes.

3. Wählen Sie als zu installierendes Produkt ADDITIONAL MANAGEMENT AGENT aus und klicken Sie auf WEITER.

Abbildung 2.10: Produkt ADDITIONAL MANAGEMENT AGENT auswählen

4. Im nächsten Fenster werden Sie aufgefordert, Server und Port des Management Service, also des Oracle Management Servers (OMS) einzugeben. Der Port 4889 ist der Standardport, falls Sie keine Änderung in der Konfiguration vorgenommen haben. Starten Sie den OMS, bevor Sie auf WEITER klicken. Der Start des Management Service erfolgt mit dem Befehl emctl start oms, wobei das Oracle-Home-Verzeichnis des OMS gesetzt sein muss (siehe Abbildung 2.11).

5. Klicken Sie auf INSTALLIEREN, um mit der Installation zu beginnen.

Abbildung 2.11:
Server und Port des Oracle Management Servers eingeben

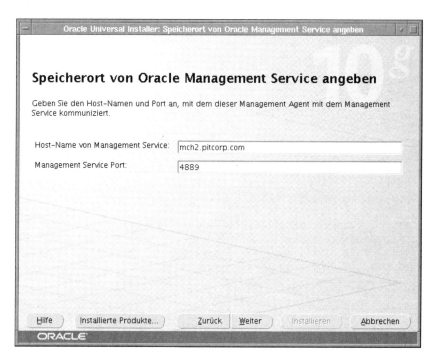

6. Die Installation erfolgt wieder in den Teilen INSTALLIEREN, LINKEN und KONFIGURIEREN.

Abbildung 2.12:
Installationsfortschritt bei der Agent-Installation

Konfiguration   Kapitel 2

7. Nach Ausführen des Skripts root.sh erfolgt die Basiskonfiguration des
   Agent durch den Konfigurationsassistenten.

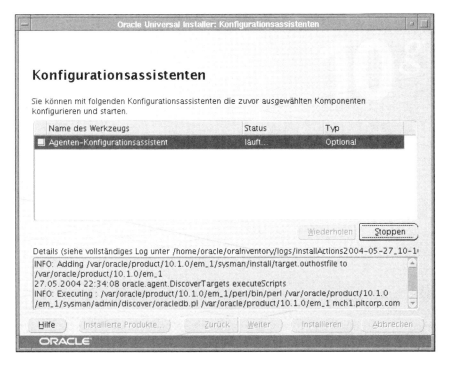

Abbildung 2.13:
Der Konfigurations-
assistent für den
Agent

Erste Schritte

Damit sind die Konfiguration des Oracle Management Servers und des Agent auf dem Zielserver abgeschlossen. Versuchen Sie an dieser Stelle, sich beim Management Server anzumelden. Sie müssen alle Ziele sehen, auf denen ein Oracle 10g-Agent läuft. Ein Discovery-Prozess, wie Sie das von der Vorgängerversion her kennen, ist nicht erforderlich. Der Agent nimmt automatisch Kontakt mit dem OMS auf, wenn er gestartet wird.

Starten Sie einen Browser und verwenden Sie den URL, den Oracle am Ende der Installation bekannt gegeben hat. In der Regel ist das http://<myserver>.<mydomain>:7777/em (siehe Abbildung 2.14).

Es erscheint das Anmeldefenster. Melden Sie sich mit dem Benutzer sysman an. Das Passwort haben Sie bei der Installation festgelegt. Auf der Startseite sehen Sie eine grafische Übersicht aller Ziele (siehe Abbildung 2.15).

Kapitel 2   Oracle Grid Control

Abbildung 2.14:
Anmeldefenster des Oracle Enterprise Manager

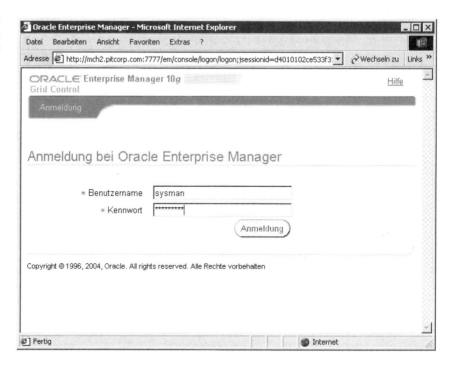

Abbildung 2.15:
Die Startseite des Enterprise Manager Grid Control

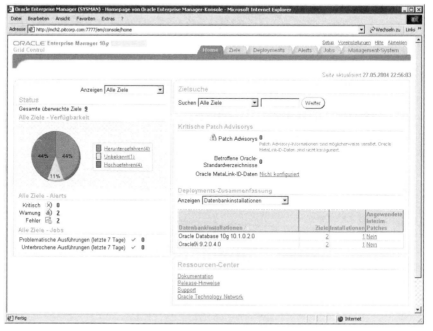

Wählen Sie im Bereich ZIELSUCHE ALLE ZIELE aus und klicken Sie auf WEITER. Es erscheint eine Übersicht aller Komponenten auf den Zielen, die von den Agents erkannt wurden. Sie sollten alle Server sehen, auf denen ein Agent läuft.

Abbildung 2.16:
Ziele im Enterprise Manager

Beachten Sie, dass für einige Grid Control-Funktionen der Oracle Cluster Synchronization Service Daemon (OCSSD) laufen muss. Er wird automatisch mit der Installation der Oracle-RDBMS-Software oder der EM-Grid-Control-Software installiert und gestartet. Sie können mit einem ps*-Befehl herausfinden, ob der Prozess gestartet ist. Der Prozess trägt den Namen* ocssd.bin.

```
$ ps -ef|grep cssd
oracle    5745  5645  0 11:43 ?        00:00:00
   /u01/oracle/product/10.1.0/db_1/bin/ocssd.bin
```

Automatischer Start und Stopp sind wie üblich in den rc*-Verzeichnissen bzw. in den Initialisierungsdateien des entsprechenden Unix-Betriebssystems untergebracht. Unter Red Hat finden Sie die folgenden Dateien:*

/etc/rc.d/init.d/init.cssd
/etc/rc.d/rc2.d/K96init.cssd
/etc/rc.d/rc2.d/S96init.cssd
/etc/rc.d/rc3.d/S96init.cssd
/etc/rc.d/rc3.d/K96init.cssd

Kapitel 2   Oracle Grid Control

```
/etc/rc.d/rc5.d/K96init.cssd
/etc/rc.d/rc5.d/S96init.cssd
/etc/inittab.cssd
```

Der Prozess lässt sich nicht durch einen Kill-Befehl beenden. Verwenden Sie deshalb zum Stoppen und Starten die folgenden Befehle:

```
[root@mch2 root]# /etc/rc.d/init.d/init.cssd stop
Shutting down CRS daemon.
Shutting down EVM daemon.
Shutting down CSS daemon.
Shutdown request successfully issued.
[root@mch2 root]# /etc/rc.d/init.d/init.cssd start
```

Die Komponenten des Enterprise Manager Grid Control werden nicht standardmäßig für automatisches Starten und Stoppen konfiguriert. Beachten Sie, dass für das Starten und Stoppen die folgende Reihenfolge eingehalten werden muss:

Starten des EM Grid Control

1. Starten Sie die Datenbank, in der sich das EM-Repository befindet, sowie den zugehörigen Listener.

   ```
   $ sqlplus "/as sysdba"
   SQL*Plus: Release 9.2.0.4.0 - Production on Sat May 29 12:10:16 2004
   Copyright (c) 1982, 2002, Oracle Corporation.  All rights reserved.
   Connected to an idle instance.
   SQL> startup
   ORACLE instance started.
   Total System Global Area  135337420 bytes
   Fixed Size                   452044 bytes
   Variable Size             109051904 bytes
   Database Buffers           25165824 bytes
   Redo Buffers                 667648 bytes
   Database mounted.
   Database opened.
   $ lsnrctl start
   ```

2. Im nächsten Schritt können Sie den Management Server starten. Verwenden Sie dafür das Skript `emctl`.

   ```
   $ emctl start oms
   Oracle Enterprise Manager 10g Release 10.1.0.2.0.
   Copyright (c) 1996, 2004 Oracle Corporation.  All rights reserved.
   Starting HTTP Server ...
   Starting Oracle Management Server ...
   Checking Oracle Management Server Status ...
   Oracle Management Server is Up
   ```

Konfiguration Kapitel 2

3. Starten Sie auch den Agent auf dem Server, auf dem der OMS läuft. Damit kann der Server als Ziel im EM mit verwaltet werden.

   ```
   $ emctl start agent
   Oracle Enterprise Manager 10g Release 10.1.0.2.0.
   Copyright (c) 1996, 2004 Oracle Corporation.  All rights reserved.
   Starting agent ..... started.
   $ $ORACLE_HOME/opmn/bin/opmnctl startall
   opmnctl: starting opmn and all managed processes...
   ```

4. Der Agent muss auf allen Servern laufen, die als Ziele im Enterprise Manager verwaltet werden sollen. Zur Kontrolle, ob die Agents laufen, können Sie den Enterprise Manager benutzen. Auf der Kommandozeile hilft Ihnen das folgende Kommando:

   ```
   $ emctl status agent
   Oracle Enterprise Manager 10g Release 10.1.0.2.0.
   Copyright (c) 1996, 2004 Oracle Corporation.  All rights reserved.
   ---------------------------------------------------
   Agent Version          : 10.1.0.2.0
   OMS Version            : 10.1.0.2.0
   Protocol Version       : 10.1.0.2.0
   Agent Home             : /u01/oracle/product/10.1.0/em_2
   Agent binaries         : /u01/oracle/product/10.1.0/em_2
   Agent Process ID       : 4017
   Parent Process ID      : 4016
   Agent URL              : http://mch2.pitcorp.com:1831/emd/main/
   Started at             : 2004-05-29 12:14:39
   Started by user        : oracle
   Last Reload            : 2004-05-29 12:14:39
   Last successful upload                       : 2004-05-29 12:21:48
   Total Megabytes of XML files uploaded so far :     0.12
   Number of XML files pending upload           :        0
   Size of XML files pending upload(MB)         :     0.00
   Available disk space on upload filesystem    :    39.35%
   ---------------------------------------------------
   Agent is Running and Ready
   ```

Damit ist der EM Grid Control lauffähig, das Starten weiterer Komponenten ist optional.

Wie bereits erwähnt, steht hinter dem Enterprise Manager Grid Control der Oracle Internet Application Server (iAS). Er stellt die technologische Basis mit Komponenten wie HTTP-Server, Web Cache und einem Java Enterprise Container und wird auch als *EM Application Server Control* bezeichnet. Wenn Sie diese Infrastruktur konfigurieren und verwalten wollen, dann müssen Sie den Management-Prozess für den iAS in der folgenden Form starten:

Kapitel 2   Oracle Grid Control

```
$ emctl start iasconsole
Oracle Enterprise Manager 10g Release 10.1.0.2.0.
Copyright (c) 1996, 2004 Oracle Corporation.  All rights reserved.
Starting Oracle Enterprise Manager 10g Application Server Control ..........
....
Waiting for response from console .
... started.
```

Der Zugriff erfolgt standardmäßig über Port 1810, das heißt, der URL hat dieses Format: http://<myserver>.<mydomain>:1810. Es erscheint das Anmeldefenster. Melden Sie sich mit dem Administrator-Account ias_admin an. Das Passwort ist identisch mit dem von sysman.

Nach der Anmeldung erscheint das Standardverzeichnis mit einer Übersicht aller Komponenten.

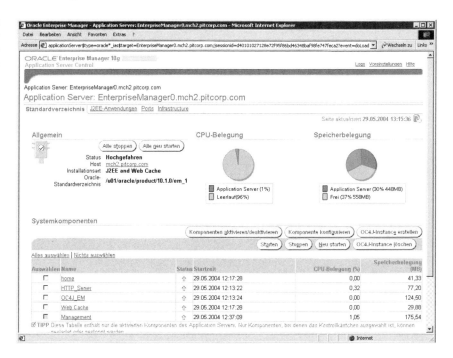

Abbildung 2.17:
Übersicht der Komponenten für die iAS-Administration

Eine wichtige Seite ist die Übersicht der benutzen Ports für die einzelnen Komponenten. Klicken Sie dazu auf das Register PORTS. Neben den benutzten Ports sehen Sie die empfohlenen Port-Bereiche. Sie können die iAS-Administration-Konsole verwenden, um Konfigurationen durchzuführen. Für den Anfang können Sie die Standard-Konfiguration benutzen und sich auf die Features des Enterprise Manager konzentrieren.

Konfiguration   Kapitel 2

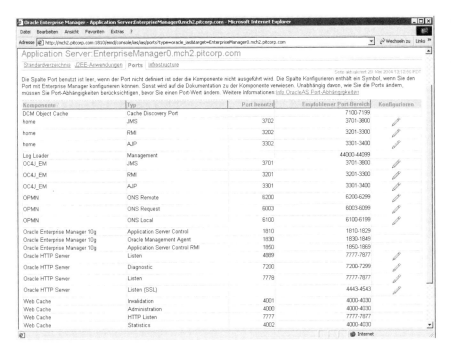

Abbildung 2.18:
Die verwendeten Ports im Internet Application Server

Für den Normalbtrieb können Sie also die iAS-Konsole herunterfahren, das spart Ressourcen auf dem Management Server.

```
$ emctl stop iasconsole
Oracle Enterprise Manager 10g Release 10.1.0.2.0.
Copyright (c) 1996, 2004 Oracle Corporation.  All rights reserved.
Stopping Oracle Enterprise Manager 10g Application
    Server Control ...  ... Stopped.
```

Das Stoppen der Komponenten erfolgt in der umgekehrten Reihenfolge.

Stoppen des EM Grid Control

1. Fahren Sie die Komponenten des Oracle-Prozess-Manager herunter.

    ```
    $ $ORACLE_HOME/opmn/bin/opmnctl stopall
    opmnctl: stopping opmn and all managed processes...
    ```

STEP

2. Stoppen Sie den Oracle Management Server.

    ```
    $ emctl stop oms
    Oracle Enterprise Manager 10g Release 10.1.0.2.0.
    Copyright (c) 1996, 2004 Oracle Corporation.  All rights reserved.
    Oracle Management Server is Down
    ```

3. Fahren Sie die Datenbank mit dem Repository herunter.

4. Stoppen Sie ggf. den Management Agent.

```
$ emctl stop agent
Oracle Enterprise Manager 10g Release 10.1.0.2.0.
Copyright (c) 1996, 2004 Oracle Corporation. All rights reserved.
Stopping agent ... stopped.
```

Eine sichere Umgebung herstellen

Die Architektur des Oracle Enterprise Manager Grid Control bietet viele Vorteile für die Verwaltung einer Enterprise Grid-Umgebung. Sie birgt jedoch auch Gefahren in Hinsicht auf die Sicherheit.

Alle Fäden laufen an einer zentralen Stelle zusammen. Diese Zentrale besteht aus dem Oracle Management Server mit seinem Repository sowie der angeschlossenen Konsolen in Form von Webbrowsern.

Die Verletzlichkeit des Enterprise Manager ist damit gleichzusetzen mit der Verletzlichkeit des Gesamtsystems. Das Gesamtsystem besteht dabei aus allen Oracle-Datenbanken eines Unternehmens oder eines Konzerns.

Diese potenzielle Gefahrenquelle sollte Sie aber nicht vom Einsatz des Enterprise Manager abhalten. Es existieren viele Verfahren und Methoden, um eine optimale Sicherheit herzustellen.

Die wohl wichtigste Aufgabe ist es, eine sichere Kommunikation zwischen den einzelnen Komponenten, dem Management Server, dem Management Agent und der Konsole (Webbrowser) herzustellen. In der Standard-Installation wird HTTP als Übertragungsprotokoll verwendet.

Dies sollte unbedingt auf HTTPS umgestellt werden. Auch wenn es bei HTTPS zu einer geringfügigen Verschlechterung der Performance bei der Übertragung kommt, ist eine Verwendung von HTTP viel zu riskant. Für die Autorisierung verwendet der OMS PKI-Technologie.

Für die Herstellung einer sicheren Umgebung im Framework des EM Grid Control ist folgende Reihenfolge einzuhalten:

1. Sicherheitsfeatures für den OMS aktivieren
2. Konfiguration der Features für alle Agents
3. Einschränkung des Zugriffs auf den Management Service

Konfiguration   Kapitel 2

Sicherheitsfeatures für den OMS aktivieren

STEP

1. Fahren Sie den Management Service, den HTTP-Server und die Komponenten des Application Servers herunter.

   ```
   $ $ORACLE_HOME/opmn/bin/opmnctl stopall
   opmnctl: stopping opmn and all managed processes...
   ```

2. Aktivieren Sie die Sicherheitsfeatures für den OMS.

   ```
   $ emctl secure oms
   Oracle Enterprise Manager 10g Release 10.1.0.2.0.
   Copyright (c) 1996, 2004 Oracle Corporation. All rights reserved.
   Enter Enterprise Manager Root Password :
   Enter Agent Registration password :
   Enter a Hostname for this OMS : mch2.pitcorp.com
   Checking Repository...   Done.
   Checking Repository for an existing Enterprise Manager Root Key...
        Done.
   Generating Enterprise Manager Root Key (this takes a minute)...   Done.
   Fetching Root Certificate from the Repository...   Done.
   Generating Registration Password Verifier in the Repository...   Done.
   Generating Oracle Wallet Password for Enterprise Manager OMS...   Done.
   Generating Oracle Wallet for Enterprise Manager OMS...   Done.
   Generating Oracle Wallet for iAS HTTP Server...   Done.
   Updating HTTPS port in emoms.properties file...   Done.
   Generating Oracle Wallet Distribution Service...   Done.
   Generating HTTPS Virtual Host for Enterprise Manager OMS...   Done.
   ```

3. Starten Sie den Management Service, HTTP-Server und Web Cache.

   ```
   $ $ORACLE_HOME/opmn/bin/opmnctl startall
   opmnctl: starting opmn and all managed processes...
   ```

4. Dieser Schritt muss für jeden Management Agent durchgeführt werden. Stoppen Sie den Agent, führen Sie die Aktivierung der Sicherheitsfeatures mit dem Befehl `emctl secure agent` durch und starten Sie danach den Agent wieder.

   ```
   $ emctl stop agent
   Oracle Enterprise Manager 10g Release 10.1.0.2.0.
   Copyright (c) 1996, 2004 Oracle Corporation. All rights reserved.
   Stopping agent ... stopped.
   $ emctl secure agent
   Oracle Enterprise Manager 10g Release 10.1.0.2.0.
   Copyright (c) 1996, 2004 Oracle Corporation. All rights reserved.
   Enter Agent Registration password :
   Requesting an HTTPS Upload URL from the OMS...   Done.
   Requesting an Oracle Wallet and Agent Key from the OMS...   Done.
   Check if HTTPS Upload URL is accessible from the agent...   Done.
   Configuring Agent for HTTPS...   Done.
   ```

Kapitel 2   Oracle Grid Control

```
EMD_URL set in /u01/oracle/product/10.1.0/em_2/sysman/config/
   emd.properties
$ emctl start agent
Oracle Enterprise Manager 10g Release 10.1.0.2.0.
Copyright (c) 1996, 2004 Oracle Corporation. All rights reserved.
Starting agent .... started.
```

5. Standardmäßig gibt es keine Einschränkung für den Zugriff auf den Management Server. Obwohl Sie soeben die sicheren Übertragungswege mit HTTPS eingerichtet haben, können die Agents immer noch via HTTP mit dem Management Server kommunizieren. Führen Sie die folgenden Schritte durch, um das Laden von Daten in den OMS auf HTTPS zu beschränken.

   - Stoppen Sie den Management Service und den HTTP-Server.

     ```
     $ $ORACLE_HOME/opmn/bin/opmnctl stopall
     opmnctl: stopping opmn and all managed processes...
     ```

   - Führen Sie im Verzeichnis $ORACLE_HOME/bin den Befehl emctl secure lock aus.

     ```
     $ emctl secure lock
     Oracle Enterprise Manager 10g Release 10.1.0.2.0.
     Copyright (c) 1996, 2004 Oracle Corporation. All rights reserved.
     Checking the security status of the OMS... Done.
     Updating HTTPS Virtual Host for Enterprise Manager OMS... Done.
     OMS Locked. Agents must be Secure and upload over HTTPS Port 4888.
     Starting the HTTP Server... Done.
     ```

   - Starten Sie den Management Service und den HTTP-Server.

     ```
     $ $ORACLE_HOME/opmn/bin/opmnctl startall
     opmnctl: starting opmn and all managed processes...
     ```

   - Prüfen Sie, ob die Übertragung mit HTTP unterbunden wird. Geben Sie dazu den folgenden URL in Ihren Browser ein:

     ```
     http://<myserver>.<mydomain>:4889/em/upload
     ```

     Wenn die Meldung FORBIDDEN erscheint, dann ist eine Kommunikation über http nicht mehr möglich.

     Prüfen Sie, ob die sichere Übertragung mit HTTPS funktioniert. Verwenden Sie dafür folgenden URL:

     ```
     https://<myserver>.<mydomian>:4888/em/upload
     ```

     Wenn Sie eine Meldung wie in Abbildung 2.20 erhalten, dann funktioniert die sichere Übertragung.

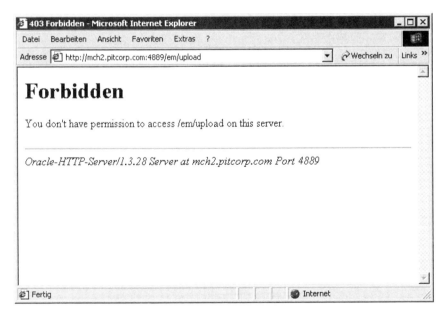

Abbildung 2.19:
Das Upload vom Agent mit HTTP testen

Abbildung 2.20:
Testen der sicheren Übertragung durch den Agent

Sie können die Einschränkung auf ausschließlich sichere Übertragung durch die Agents wieder ausschalten, indem Sie den Befehl `emctl secure unlock` verwenden. Führen Sie dieselben Schritte durch.

:-)
TIPP

> **!! STOP**
>
> *Beachten Sie, dass es keine Einschränkung für den Zugriff vom Browser auf dem Management Server gibt. Sie können nach wie vor mit dem HTTP-Protokoll zugreifen. Verwenden Sie möglichst auch für diesen Kommunikationsweg eine sichere Übertragung. Es ist ja nicht immer garantiert, dass Sie ein abgeschirmtes Netzwerk benutzen, für das ein Eindringen Fremder ausgeschlossen werden kann. Verwenden Sie den folgenden URL für einen sicheren Zugriff:*

```
https://<myserver>.<mydomain>:4445/em
```

2.2 Administration mit dem EM Grid Control

Mit der Einführung des Enterprise Manager 10g hat es einige Änderungen in der Architektur gegeben. Offensichtlich ist, dass der EM jetzt zu 100% browserbasierend ist. Ein Betrieb ohne einen Management Server ist damit nicht mehr möglich.

Verändert wurde auch die Kommunikation zwischen dem Management Server und dem Agent. Diese verwendet jetzt das HTTP- bzw. das HTTPS-Protokoll. Da die Kommunikation zwischen Konsole und Management Server ebenfalls über HTTP(S) läuft, ist der Enterprise Manager Internet-tauglich. Die Verbindung zwischen dem Management Server und dem Repository erfolgt über einen Thin-JDBC-Treiber.

Sie können jetzt auch einen PDA für die Datenbankadministration einsetzen. Speziell angepasste Seiten machen es möglich. Alles, was Sie benötigen, ist eine Internet-Verbindung oder ein Up-Link über Blue Tooth. Auf dem PDA muss ein Webbrowser installiert sein. Abbildung 2.21 gibt Ihnen einen Überblick der Architektur.

Das Hauptziel des Enterprise Manager ist selbstverständlich Verwaltung und Überwachung der Ziele. Der EM überwacht sich aber auch selbst. Schließlich funktioniert das Konzept nur dann, wenn die Komponenten des EM fehlerfrei laufen. Ist z.B. der Agent auf einem Zielsystem nicht verfügbar, dann werden keine Events durchgestellt oder es laufen keine Jobs. Durch Klicken auf das Register MANAGEMENT-SYSTEM gelangen Sie in den Bereich SELBSTÜBERWACHUNG.

Der *Backlog Loader* ist Bestandteil des Management Service. Er stößt in regelmäßigen Abständen das Laden von Metrikdaten der Zielsysteme an. Auf derselben Seite finden Sie aufgetretene Alerts.

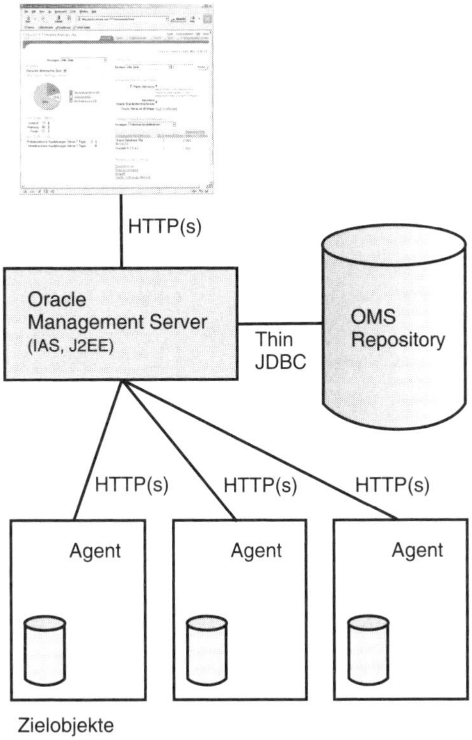

Administration mit dem EM Grid Control

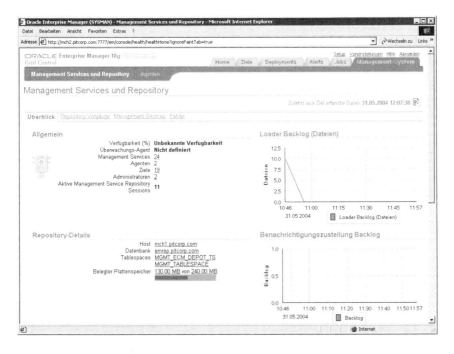

Abbildung 2.21:
Die Architektur des EM Grid Control

Abbildung 2.22:
Die Selbstüberwachung des Enterprise Manager

Kapitel 2   Oracle Grid Control

Die Selbstüberwachung wurde weitestgehend automatisiert. Wird ein Management Service oder ein Agent abnormal beendet, so versucht der Watchdog-Prozess einen Neustart. Mit Hilfe der Application Performance-Management-Features (APM) kann der Enterprise Manager wie jedes andere Ziel überwacht werden.

Für jede Zielkomponente, die Sie überwachen wollen, existiert eine Startseite. Sie können die Übersicht sowohl nach Zieltypen als auch nach Zielorten gruppieren. Wenn Sie auf das Register ZIELE klicken, dann sehen Sie in der Übersicht alle Server mit den wichtigsten Metrikdaten.

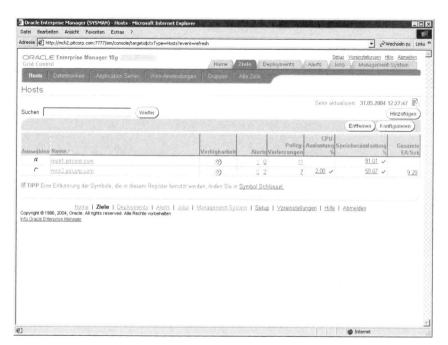

Abbildung 2.23: Die Host-Übersicht im Enterprise Manager

Für den Fall, dass Sie bestimmte Zieltypen suchen und miteinander vergleichen wollen, gehen Sie am besten über die Zielsuche der Startseite. Dort können Sie einen bestimmten Zieltyp, z.B. Listener, auswählen. Klicken Sie auf WEITER, um die Übersichtsseite anzuzeigen. Sie sehen auf einen Blick alle Listener im Grid sowie den aktuellen Status.

Klicken Sie anschließend auf das Verfügbarkeitssymbol, um die Seite mit Informationen zur historischen Verfügbarkeit der Komponente anzuzeigen. Neben Grafiken zur historischen Verfügbarkeit finden Sie Details zu den Ausfallzeiten. Diese Übersichten finden Sie für alle Zieltypen.

Administration mit dem EM Grid Control · Kapitel 2

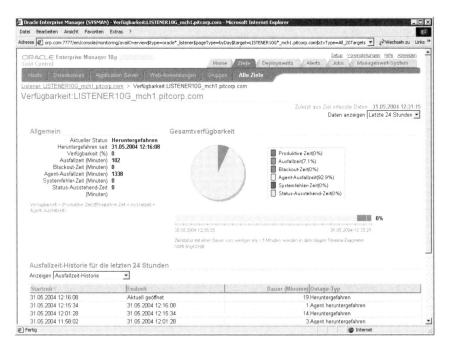

Abbildung 2.24:
Historie zur Ausfallzeit eines Listeners

Auch der Performance Manager ist im neuen Enterprise Manager integriert. Wählen Sie DATENBANKEN als Ziel aus und klicken Sie auf die Datenbank, die Sie überwachen wollen. Klicken Sie dann auf das Register PERFORMANCE. Hier erhalten Sie eine Performance-Übersicht zur Datenbank. An dieser Stelle können Sie weitere Details auswählen, z.B. TOP SQL. Das TOP SQL-Fenster bietet eine Übersicht der aktiven Sitzungen und Wartezustände. Sie können weiter ins Detail gehen und sich Einzelheiten zur SQL-Anweisung anschauen oder den Tuning Advisor ausführen (siehe Abbildung 2.25).

Analog können Sie sich die Performance von Servern anschauen und auch da in die Details gehen (siehe Abbildung 2.26).

Wenn eine Zielkomponente nicht verfügbar ist oder Schwellenwerte für Performancevorgaben überschritten werden, dann werden Alerts in der Konsole sichtbar und Benachrichtigungen versendet. Der Enterprise Manager unterstützt Benachrichtigung über E-Mail, SNMP-Traps oder eigene Skripte.

Der Super-Administrator führt die Konfiguration für die Benachrichtigungsmethoden durch. Dies erfolgt im SETUP unter dem Menüpunkt BENACHRICHTIGUNGSMETHODEN. Auf dieser Seite können SMTP-Server und weitere Benachrichtigungsmethoden eingerichtet werden (siehe Abbildung 2.27).

Kapitel 2   Oracle Grid Control

Abbildung 2.25:
Das Top SQL-Fenster im Enterprise Manager

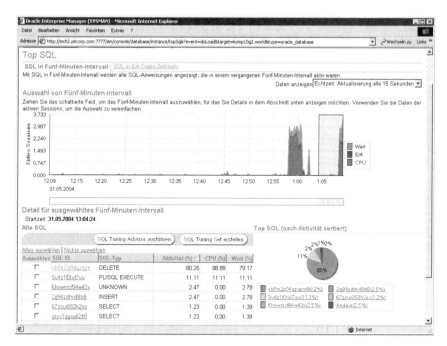

Abbildung 2.26:
Die Performance-Übersicht für Server

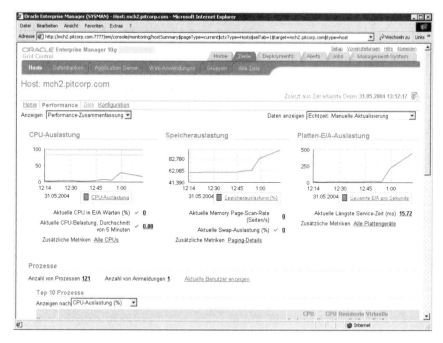

Administration mit dem EM Grid Control

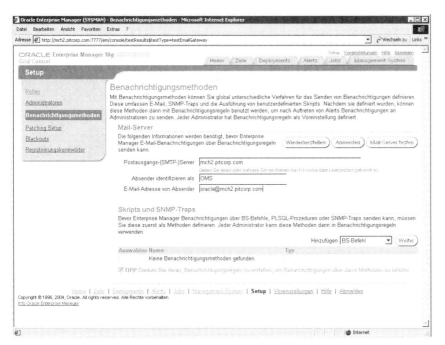

Abbildung 2.27:
Benachrichtigungsmethoden im Enterprise Manager einrichten

In Oracle 10g wird im Enterprise Manager nicht mehr von Events gesprochen. Hier gibt es eine Änderung in der Terminologie. Man verwendet nunmehr die Begriffe Alerts und Metriken. Alerts sind aufgetretene Fehler und Warnungen wie Nichtverfügbarkeit von Komponenten oder fehlgeschlagene Aktionen. Metriken sind Parameter, die ein Systemverhalten widerspiegeln und für die Schwellenwerte vordefiniert sind.

INFO

Unter SETUP können Sie auch Administratoren einrichten. Jeder Administrator, der den Enterprise Manager benutzt, sollte einen individuellen Account mit den entsprechenden Berechtigungen erhalten (siehe Abbildung 2.28).

Ein neues Feature im Enterprise Manager sind Gruppen. Wie Sie sich erinnern, ist die Verwaltung von Gruppen von Zielobjekten eine wesentliche Komponente des Grid Computing. Mit einer wachsenden Anzahl von Zielobjekten soll der Verwaltungsaufwand möglichst konstant bleiben. Das wird mit der Zusammenfassung von Zielen in Gruppen erreicht. Alle Zielobjekte in der Gruppe werden als Einheit behandelt. Die Konfiguration der Gruppe besitzt Gültigkeit für alle Mitglieder.

Klicken Sie für die Verwaltung von Gruppen auf den Menüpunkt GRUPPEN unter dem Register ZIELE. Sie können z.B. eine Gruppe von Datenbanken bilden. Die Gruppierungen können nach verschiedenen Kriterien vorgenommen werden, z.B. nach Standorten oder nach Applikationen.

Kapitel 2   Oracle Grid Control

Abbildung 2.28:
Administratoren im
Enterprise Manager
einrichten

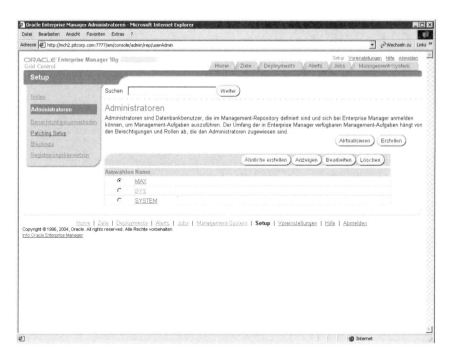

> :-) **TIPP**
>
> *Beachten Sie bei der Erstellung von Gruppen, dass Sie wahrscheinlich unterschiedliche Produktversionen verwenden. Es macht z.B. wenig Sinn, aufgrund der Unterschiede der Features und des Verhaltens einiger Parameter eine Datenbank der Version 7 mit einer Oracle 10g-Datenbank in einer Gruppe zu definieren (siehe Abbildung 2.29).*

Im Rahmen der Gruppen-Verwaltung können Sie die Metriken auswählen, die auf die Gruppe angewandt werden sollen. Auch dies kann ein Kriterium für die Gruppenbildung sein.

Die gebildeten Gruppen erscheinen als ein Zieltyp im Enterprise Manager. Auf der Startseite der Gruppe finden Sie in zusammengefasster Form Informationen zu Metriken, Alerts und Performance (siehe Abbildung 2.30).

Neu im Oracle 10g Enterprise Manager ist der Bereich Deployment. Das ist ein Feature, auf das sicher viele Administratoren gewartet haben und das die Administration wesentlich vereinfacht.

Hier können Sie übersichtlich darstellen, welche unterschiedlichen Produktversionen vorliegen. Das ist gerade bei der aktuellen Versionsvielfalt, die Oracle anbietet, mit normalen Mitteln ein recht aufwendiger Prozess. Dabei können Sie nicht nur Versionen erkennen, auch unterschiedliche Patch-Niveaus werden sichtbar.

Administration mit dem EM Grid Control Kapitel 2

Abbildung 2.29:
Gruppen von Datenbanken bilden

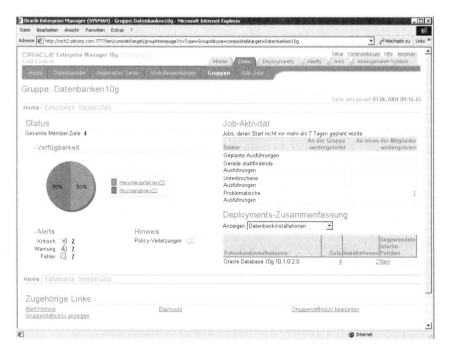

Abbildung 2.30:
Startseite einer Datenbank-Gruppe

Sie können weiterhin direkt im Metalink nach Patches suchen und diese für mehrere Datenbanken gleichzeitig bereitstellen. Es ist möglich, ein Oracle Home-Verzeichnis oder eine Datenbank zu klonen.

Kapitel 2   Oracle Grid Control

Abbildung 2.31:
Deployment-Übersicht von Datenbanken im Enterprise Manager

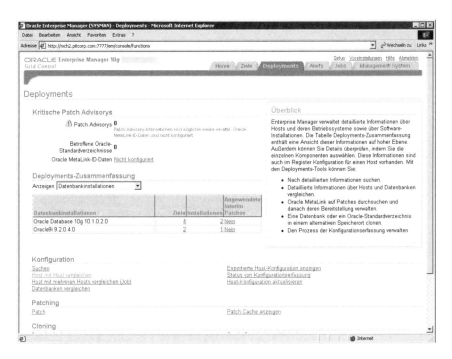

Ein äußerst nützliches Feature ist der Vergleich von Zielobjekten. Sie können Server- und Datenbankkonfigurationen miteinander vergleichen.

Mit Hilfe der Vergleichsfunktion im Enterprise Manager können Sie das Niveau der Standardisierung von Objekten deutlich erhöhen. Standardisierung bedeutet nicht nur sinkende Kosten für die Administration, sie ist auch eine wesentliche Voraussetzung für erfolgreiches Grid Computing. Sie vereinfacht die Gruppenbildung und die Administration von Gruppen. Je mehr Individualität Sie in Ziele hineinbringen, desto kostenintensiver und unflexibler wird Grid Computing.

Sie erhalten nach dem Vergleich eine Übersicht und können dann in die Details vordringen.

Auch die Jobs, die in Oracle9i unter dem Begriff Datenbank-Jobs bekannt waren und jetzt die Produktbezeichnung »Oracle Scheduler« tragen, wurden komplett überarbeitet und liegen in einer neuen Form vor. Detaillierte Informationen zum Thema Scheduler finden Sie in Kapitel 10 »Utilities«.

Migration älterer Versionen   Kapitel 2

Abbildung 2.32:
Der Vergleich von Datenbankkonfigurationen

2.3   Migration älterer Versionen

Eine Migration ist von den folgenden Versionen möglich:

- Oracle Enterprise Manager 2.2
- Oracle Enterprise Manager 9.0.1
- Oracle Enterprise Manager 9.2

Prüfen Sie, ob die folgenden Voraussetzungen erfüllt sind, bevor Sie mit der Migration beginnen:

- Die Komponenten des älteren Enterprise Manager (Konsole, Management Server, Intelligent Agent und Repository) müssen gestartet sein.
- Der Oracle Enterprise Manager Oracle 10g Grid Control muss installiert, konfiguriert und gestartet sein.
- Sie benötigen Benutzername und Passwort mit Administratorprivilegien für beide Systeme sowie für das Datenbank-Repository des alten und des neuen Management Servers.

Der Migrationsprozess gliedert sich in zwei Teile, der Konfiguration der Oracle 10g-Agents und der Migration des Repository.

Für die Verteilung der Agents stellt Oracle ein Skript zur Verfügung. Sie finden es im Home-Verzeichnis des Oracle 10g Enterprise Manager:

```
$ORACLE_HOME/sysman/agent_download/agentInstallJob.tcl
```

Das Skript muss als Tcl-Job im alten Enterprise Manager gestartet werden. Wählen Sie als Zieltyp »Server« aus. Selektieren Sie die Server, auf denen der Agent installiert werden soll. Geben Sie dem Skript im Feld Parameter die folgenden Werte mit:

1. den Namen des Servers, auf dem der Oracle 10g Management Server läuft.
2. die Port-Nummer des OMS, normalerweise 7778.
3. den Verzeichnistyp:
   - »-o« – Die Verzeichnisstruktur auf allen Servern ist gleich.
   - »-f« – Die Verzeichnisstruktur auf den einzelnen Servern ist verschieden und wird in einer Textdatei spezifiziert.
4. das Verzeichnisargument, entweder der Verzeichnisname oder der Name der Textdatei.

Die Parameter könnten so aussehen:

```
emhost.myname.com 7778 -o /u01/agent
emhost.myname.com 7778 -f hostdirs.txt
```

Die Textdatei hat einen einfachen Aufbau:

```
<hostname> <Verzeichnis>
```

Nach der Installation müssen die Agents konfiguriert werden. Dazu muss das Skript root.sh im Oracle Home-Verzeichnis des Agent ausgeführt werden. Auch diesen Schritt können Sie mit dem alten Enterprise Manager für alle Zielserver durchführen. Erstellen Sie einen neuen Job und wählen Sie als Task BETRIEBSSYSTEMKOMMANDO.

Der zweite Schritt besteht aus der Migration des Repositorys. Das Ziel ist die Übernahme von Benutzern, Privilegien, Gruppen und Bevorzugter ID-Daten.

Für die Migration stellt Oracle das Utility repo_mig zur Verfügung. Die Syntax lautet wie folgt:

repo_mig -preview|-migrate source_user/source_password@source_db dest_user/dest_password@dest_db

Wenn Sie das Utility mit dem Parameter –preview verwenden, dann wird die Migration nicht durchgeführt. Sie erhalten jedoch einen Report.

Nach erfolgreicher Migration ist der Enterprise Manager in Oracle 10g einsatzfähig.

Privilegien, Gruppen und Bevorzugte ID-Daten werden nur für Server, Datenbanken und Listener migriert.

3 Oracle Streams

Oracle Streams, in der Version 9i eingeführt, wurde in Oracle 10g deutlich verbessert. Gleichzeitig fand eine Neuordnung der Produkte statt. Das neue Oracle Streams besteht aus den folgenden Komponenten:

- Oracle Streams
- Oracle Streams Replication
- Oracle Streams Advanced Queuing

Hinter Oracle Streams verbirgt sich die eigentliche Streams-Technologie, die auch in anderen Produkten und Bereichen eingesetzt wird.

Oracle Streams Replication ist das neue Replikationsprodukt in Oracle. Es wurde für Oracle 10g neu entwickelt und basiert auf der Streams-Technologie. Es stellt damit ein Konkurrenzprodukt zu Oracle Advanced Replication dar. Advanced Replication wird in Oracle 10g aus Kompatibilitätsgründen noch mit ausgeliefert. Es findet also in diesem Bereich ein Technologiewechsel statt.

Migrieren Sie sobald wie möglich Anwendungen, die auf Oracle Advanced Replication basieren, nach Oracle Streams Replication. Es ist zu erwarten, dass Advanced Replication in späteren Versionen nicht mehr ausgeliefert wird. Zusätzlich können Sie die Vorteile von Streams Replication nutzen.

:-)
TIPP

Anders verhält es sich für Oracle Streams Advanced Queuing. Dahinter verbirgt sich das Produkt, das Sie als Oracle Advanced Queuing aus der vorangegangenen Version kennen, mit einigen Erweiterungen und Verbesserungen. Advanced Queuing ist im Gegensatz zu Oracle Replication ein wesentlich neueres Produkt.

Oracle Streams kann nunmehr als Technologie für gemeinsame Datenbenutzung angesehen werden und hat sich damit die folgenden Einsatzgebiete erschlossen:

- Event Management
- Replikation von Daten

➤ Message Queuing

➤ Data Warehouse ETL

➤ Data Protection

Mit Oracle Streams ist es also möglich, Nachrichten einzustellen, zu propagieren und auszulesen. Wird Streams für die Replikation eingesetzt, dann werden DML- und DDL-Änderungen von Datenbankobjekten aufgesammelt und den Zieldatenbanken zur Verfügung gestellt.

Darüber hinaus bietet Streams eine Infrastruktur zur Kommunikation an. Im Data-Warehouse-Umfeld stellt Streams eine flexible Technologie für ETL-Prozesse zur Verfügung.

Auch für den Bereich Data Protection ist Oracle Streams eine moderne Alternative. Eine Remote-Datenbank kann mit Änderungsinformationen der Primär-Datenbank gefüttert werden.

Logical Standby-Datenbanken werden benutzt, um z.B. eine identische Kopie einer Datenbank zu erzeugen, die im READ ONLY*-Modus läuft und damit für Abfragen zur Verfügung steht. Das entlastet die Primär-Datenbank. Logical Standby-Datenbanken unterliegen jedoch starken Restriktionen für Datentypen, auch gab es in der Vergangenheit immer wieder technische Probleme. Oracle Streams erreicht eine gleichartige Funktionalität und ist damit ein Konkurrenzprodukt zur Logical Standby-Datenbank. Es bietet allerdings eine bessere Flexibilität und einen größeren Funktionsumfang als die Standby-Datenbank.*

Nachdem Sie die neue Streams-Technologie im Detail kennen gelernt haben, werden Sie einige weitere Anwendungsgebiete für Ihre Applikationen entdecken.

Es ist auffällig, dass Oracle mit der Version 10g in eine Phase eingetreten ist, in der eine Reihe von langjährig erfolgreichen Technologien durch neue abgelöst werden. Einige der alteingesessenen Technologien genügen den heutigen und zukünftigen Anforderungen nicht mehr. Sie sind damit in der Situation, Lösungen mit gleichartigen Oracle-Produkten realisieren zu können. Entscheiden Sie sich dabei stets für das neue Produkt, um einerseits die Vorteile nutzen zu können und andererseits eine später notwendige Migration zu umgehen.

3.1 Streams-Technologie

Oracle Streams ist eine Technologie zur gemeinsamen Benutzung von Daten. Das gemeinsame Verwenden von Daten in verschiedenen Datenbanken oder in mehreren Anwendungen ist weit verbreitet.

Mit Oracle Streams wird der Datenfluss definiert, durchgeführt und kontrolliert. Änderungen in einer Datenbank werden aufgesammelt, zu den Zielen geleitet und dort konsumiert. Das sind die drei typischen Schritte in Oracle Streams: *Capture*, *Staging* und *Consumption*.

Abbildung 3.1:
Die Schritte in Oracle Streams

Die Streams-Architektur

Der Capture-Prozess ist der erste Schritt. Änderungen in einer Datenbank werden in den Online Redo Log-Dateien gespeichert, um die Wiederherstellbarkeit der Datenbank im Fall von Fehlern zu garantieren. Ein Hintergrundprozess liest die Online Redo Log-Dateien und filtert die Änderungen heraus. Diese werden formatiert und in so genannte Events umgewandelt. Ein solches Event wird *Logical Change Record* (LCR) genannt.

Es existieren zwei Arten von LCR, Row LCR und DDL LCR. Diese spiegeln Änderungen wider, die entweder auf DML- oder auf DDL-Basis gemacht wurden. Mit Hilfe von Regeln wird festgelegt, welche Änderungen aufgesammelt werden.

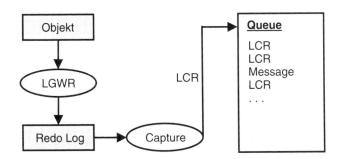

Abbildung 3.2:
Der Capture-Prozess für Oracle Streams

Streams verwendet Queues zum Einstellen von Events. Diese Events werden propagiert, um von Konsumenten verarbeitet zu werden. Zum Propagieren benutzt Streams eine so genannte *Source Queue*, die Queue des Konsumenten heißt *Destination Queue*. Der gesamte Prozess, in dem die Queues verarbeitet und gesteuert werden, wird Staging-Prozess genannt.

Abbildung 3.3:
Staging-Prozess in Oracle Streams

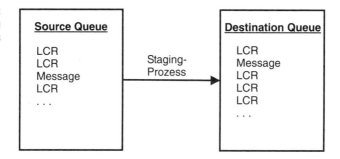

Der Konsument der Events von Streams ist ein Messaging Client. Regeln legen fest, welche Events vom Client verarbeitet werden. Das Auslesen der Events erfolgt durch den *Apply-Prozess*. Der Apply-Prozess arbeitet die Änderungen in die Zielobjekte ein. Die Einarbeitung kann direkt oder über eine benutzerdefinierte Prozedur erfolgen.

Abbildung 3.4:
Der Apply-Prozess in Oracle Streams

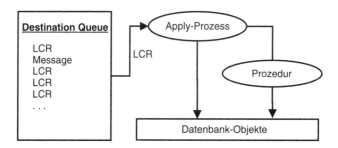

Nach dieser kurzen Architekturbeschreibung erahnen Sie bereits, welche Möglichkeiten sich mit Oracle Streams bieten.

Mit Hilfe von Oracle Transparent Gateway ist es möglich, Datenbanken anderer Hersteller in Oracle Streams einzubinden.

Die Queues in Oracle Streams benutzen einen Queue Buffer im Shared Memory. In früheren Versionen benutzte Streams den Shared Pool, wobei die maximale Ausnutzung auf 10% des Shared Pools begrenzt war.

In Oracle 10g wurde der neue Initialisierungsparameter STREAMS_POOL_SIZE eingeführt. Ist sein Wert größer als null, dann benutzt Streams den Streams Pool und nicht den Shared Pool. Der Streams Pool ist Bestandteil der SGA, das heißt, Sie müssen auch den Parameter SGA_MAX_SIZE entsprechend erhöhen.

Der Parameter STREAMS_POOL_SIZE ist dynamisch, das heißt, er kann ohne Neustart der Datenbank verändert werden. Wenn Sie den Parameter auf einen Wert größer null gesetzt haben und diesen dynamisch auf null setzen, dann wird der Streams Pool in der SGA entfernt. Allerdings wird kein Spei-

cher aus dem Shared Pool für Oracle Streams zur Verfügung gestellt, das heißt, Oracle Streams ist damit nicht mehr verfügbar. In diesem Fall muss ein Neustart der Datenbank erfolgen.

Administration von Streams

Dieser Abschnitt beschäftigt sich mit den Aktivitäten zur Vorbereitung einer Datenbank für den Einsatz von Oracle Streams.

Eine Oracle Streams-Umgebung herstellen

Zum Herstellen einer Umgebung für Oracle Streams ist es notwendig, einen Streams-Administrator zu erstellen. Er erhält die erforderlichen Privilegien, um Streams zu verwalten.

Benutzen Sie nicht die User SYS *oder* SYSTEM *als Streams-Administrator. Die Tablespace SYSTEM sollte nicht die Default Tablespace des Administrators sein. Erstellen Sie am besten eine spezielle Tablespace für diesen Zweck oder verwenden Sie* SYSAUX.

Die folgenden Schritte beschreiben, wie ein Streams-Administrator eingerichtet werden kann. Das muss auf jeder Datenbank erfolgen, auf der Sie Streams einsetzen.

Den Streams-Administrator einrichten

1. Erstellen Sie eine Tablespace für den Streams-Administrator.

   ```
   SQL> CREATE TABLESPACE sysstreams
     2  DATAFILE '/u02/oracle/komp10g2/sysstreams01.dbf'
     3  SIZE 30M REUSE AUTOEXTEND ON MAXSIZE UNLIMITED;
   Tablespace wurde angelegt.
   ```

2. Legen Sie einen neuen Benutzer an, der Streams-Administrator wird.

   ```
   SQL> CREATE USER streams_adm
     2  IDENTIFIED BY streams_adm
     3  DEFAULT TABLESPACE sysstreams;
   Benutzer wurde angelegt.
   ```

3. Geben Sie dem Benutzer die Privilegien CONNECT, RESOURCE und DBA.

   ```
   SQL> GRANT CONNECT, RESOURCE, DBA TO streams_adm;
   Benutzerzugriff (Grant) wurde erteilt.
   ```

4. Der Streams-Administrator benötigt weitere Privilegien, wenn er z.B. benutzerdefinierte Unterprogramme verwendet, die Abfragen über Streams an den Datenbankkatalog stellen. Während in Oracle9i die zusätzlichen Privilegien noch einzeln administriert werden mussten,

Kapitel 3 Oracle Streams

gibt es in Oracle 10g das Paket DBMS_STREAMS_AUTH. Mit Hilfe der Prozedur GRANT_ADMIN_PRIVILEGE kann ein Benutzer in die Lage versetzt werden, alle Streams-Operationen, wie Capture, Propagation, Queuing, Rules usw. ausführen zu können. Dabei können Sie wahlweise die Privilegien direkt zuweisen oder ein Skript erstellen, das Sie editieren und laufen lassen können.

- Das folgende Beispiel zeigt, wie die Privilegien direkt zugewiesen werden.

```
SQL> BEGIN
  2   DBMS_STREAMS_AUTH.GRANT_ADMIN_PRIVILEGE
      (grantee=>'streams_adm', grant_privileges=>true);
  3   END;
  4   /
PL/SQL-Prozedur wurde erfolgreich abgeschlossen.
```

- Alternativ können Sie ein Skript generieren.

```
SQL> CREATE DIRECTORY scripts AS
     '/u01/oracle/admin/komp10g2/scripts';
Verzeichnis wurde erstellt.
SQL> BEGIN
  2   DBMS_STREAMS_AUTH.GRANT_ADMIN_PRIVILEGE
      (grantee=>'streams_adm', grant_privileges=>false,
       file_name=>'streams_adm_privs.sql', directory_name=>'scripts');
  3   END;
  4   /
PL/SQL-Prozedur wurde erfolgreich abgeschlossen.
```

Es gibt eine Reihe von Initialisierungsparametern, die für die Anwendung von Streams gesetzt werden müssen. Passen Sie die Parameter an Ihre Streams-Umgebung an.

Tabelle 3.1: Initialisierungsparameter, die für Oracle Streams benötigt werden

Parameter	Beschreibung
COMPATIBLE	Muss auf 10.1.0.2.0 (bzw. neueste Oracle-Version) gesetzt sein, um die neuen Streams-Features von Oracle 10g benutzen zu können.
PROCESSES	Stellen Sie sicher, dass der Parameter groß genug ist, so dass alle mit Streams verbundenen Prozesse laufen können.
PARALLEL_MAX_SERVERS	In Streams können Capture- und Apply-Prozess parallele Server-Prozesse verwenden. Setzen Sie den Parameter groß genug, um genügend parallele Prozesse zur Verfügung zu haben.

Parameter	Beschreibung
REMOTE_ARCHIVE_ENABLE	Ermöglicht das Senden und Empfangen von Archived-Redo-Informationen zu und von anderen Datenbanken. Setzen Sie den Parameter auf beiden Seiten auf TRUE, wenn Sie das Feature Downstream Capture verwenden wollen.
SESSIONS	Jeder Hintergrundprozess benötigt eine Sitzung. Setzen Sie den Parameter groß genug, so dass alle Streams-Prozesse eine Verbindung aufbauen können.
SHARED_POOL_SIZE	Falls der Parameter STREAMS_POOL_SIZE auf null gesetzt ist, sollte der Shared Pool ca. 10% größer gemacht werden.
STREAMS_POOL_SIZE	Spezifiziert die Größe des Streams Pools. Er enthält Events und wird für die interne Kommunikation von parallelen Capture- und Apply-Prozessen verwendet. Als Faustregel gilt: 10 Mbyte für jeden Capture-Prozess, 1 Mbyte für jeden Apply-Prozess, 10 Mbyte für jedes Queue Staging Event.
TIMED_STATISTICS	Setzen Sie den Parameter auf TRUE, wenn Sie Performance-Statistiken über Streams sammeln wollen.
UNDO_RETENTION	Der Parameter sollte groß genug sein, um den Fehler »snapshot too old« zu vermeiden. Für den Einsatz von Oracle Streams sollte er mindestens auf 3600 stehen.
JOB_QUEUE_PROCESSES	Sollte für Streams mindestens auf »2« gesetzt werden. Als Faustregel gilt: max. Anzahl von Jobs, die parallel laufen, plus zwei.
LOG_ARCHIVE_DEST_n	Muss gesetzt werden, wenn Sie das Feature Downstream Capture verwenden.
LOG_ARCHIVE_DEST_STATE_n	Muss gesetzt werden, wenn Sie das Feature Downstream Capture verwenden.
OPEN_LINKS	Setzen Sie den Parameter für Streams mindestens auf vier.
GLOBAL_NAMES	Muss für alle Datenbanken, die in Streams eingebunden sind, auf TRUE gesetzt werden.

Tabelle 3.1: Initialisierungsparameter, die für Oracle Streams benötigt werden (Forts.)

Ein Capture-Prozess benutzt immer Online Redo Log-Informationen und greift nur auf Archived Redo Log-Dateien zurück, wenn das nicht möglich ist. Ein Downstream Capture-Prozess liest immer aus den Archived Redo Log-Dateien der Quelldatenbank. Deshalb muss die Datenbank im ARCHIVELOG*-Modus laufen und es müssen immer die notwendigen Archived Redo Log-Dateien zur Verfügung stehen.*

Stellen Sie außerdem sicher, das die in Oracle Streams eingebundenen Datenbanken gegenseitig über Oracle Net zu erreichen und mit Datenbank-Links untereinander verbunden sind. Der Datenbank-Link wird für administrative Zwecke eingesetzt.

Den Capture-Prozess verwalten

Es existieren zwei Optionen, einen Capture-Prozess zu erzeugen:

- ein Capture-Prozess, der Änderungen einer lokalen Datenbank aufsammelt
- ein Capture-Prozess, der Änderungen aus der Ferne von einer Downstream Database aufnimmt

Wenn der Capture-Prozess auf einer Downstream Database läuft, dann werden die Redo Log-Dateien von der Quell- zur Downstream-Datenbank kopiert und dort vom Capture-Prozess aufgenommen. Das Erzeugen eines Capture-Prozesses erfolgt mit den Prozeduren des Paketes DBMS_STREAMS_ADM.

Bevor Sie jedoch einen Capture-Prozess erzeugen können, müssen Sie eine Queue Table für Streams erstellen. Verwenden Sie dafür die Prozedur SET_UP_QUEUE wie im folgenden Beispiel.

```
SQL> BEGIN
  2   DBMS_STREAMS_ADM.SET_UP_QUEUE( queue_table=>'streams_queue_table',
queue_name=>'streams_queue');
  3   END;
  4   /
PL/SQL-Prozedur wurde erfolgreich abgeschlossen.
```

Die Queue Table wurde als Buffered Queue Table erstellt. Buffered Queues besitzen signifikante Performance-Vorteile gegenüber herkömmlichen Queues. Das neue View V$BUFFERED_QUEUES beschreibt alle Buffered Queues. Die Spalten haben folgende Bedeutung:

- NUM_MSGS: Anzahl der Nachrichten in der Queue
- SPILL_MSGS: Anzahl der Nachrichten in der Queue, die auf Platte geschrieben wurden
- CNUM_MSGS: Kumulative Anzahl der Nachrichten in der Queue
- CSPILL_MSGS: Kumulative Anzahl der Nachrichten in der Queue, die auf Platte geschrieben wurden

```
SQL> SELECT * FROM v$buffered_queues;
  QUEUE_ID QUEUE_SCHEMA QUEUE_NAME     STARTUP_    NUM_MSGS SPILL_MSGS
CNUM_MSGS CSPILL_MSGS
```

```
     11430 STREAMS_ADM  STREAMS_QUEUE 09.05.04          0             0
          0           0
```

Das folgende Beispiel erstellt einen Local-Capture-Prozess.

```
SQL> BEGIN
  2  DBMS_CAPTURE_ADM.CREATE_CAPTURE( queue_name=>'streams_queue',
capture_name=>'local_capture', start_scn=>null, source_database=>null,
use_database_link=>false, first_scn=>null);
  3  END;
  4  /
PL/SQL-Prozedur wurde erfolgreich abgeschlossen.
```

Der Capture-Prozess kann mit Hilfe des Paketes `DBMS_STREAMS_ADM` gestartet und gestoppt werden.

```
SQL> BEGIN
  2  DBMS_CAPTURE_ADM.START_CAPTURE( capture_name=>'local_capture');
  3  END;
  4  /
PL/SQL-Prozedur wurde erfolgreich abgeschlossen.
SQL> BEGIN
  2  DBMS_CAPTURE_ADM.STOP_CAPTURE( capture_name=>'local_capture');
  3  END;
  4  /
PL/SQL-Prozedur wurde erfolgreich abgeschlossen.
```

> *Die Verwaltung von Oracle Streams ist noch nicht im neuen Enterprise Manager integriert. Benutzen Sie stattdessen die Enterprise Manager-Java-Konsole.*
>
> :-) TIPP

Staging und Propagation

Das Staging erfolgt über die Queue Tables. Wie bereits erwähnt, überträgt der Staging-Prozess die Nachrichten aus der Source-Queue in die Destination-Queue.

Der Prozess der Übertragung von der Source-Queue in die Destination-Queue wird auch als *Propagation* bezeichnet. Mit Hilfe des Paketes `DBMS_STREAMS_ADM` können Sie eine Propagation erstellen. Dabei werden so genannte Rules definiert. Diese legen fest, wie die Propagation erfolgen soll.

Kapitel 3 Oracle Streams

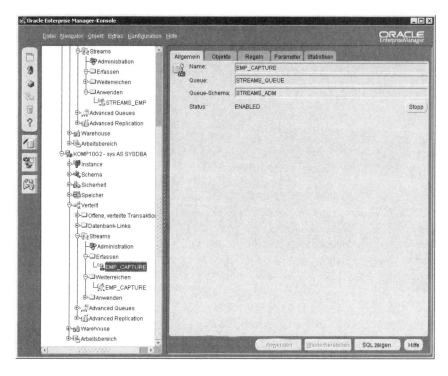

Abbildung 3.5:
Verwaltung von
Oracle Streams im
Enterprise Manager

Das folgende Beispiel zeigt, wie eine Propagation erstellt werden kann.

```
SQL> BEGIN
  2  DBMS_STREAMS_ADM.ADD_TABLE_PROPAGATION_RULES( table_name=>'komp10g.emp',
 streams_name=>'emp_stream', source_queue_name=>'streams_adm.streams_queue',
destination_queue_name=>'streams_queue', include_dml=>true,
include_ddl=>true, include_tagged_lcr=>false, source_database=>'komp10g2',
inclusion_rule=>true);
  3  END;
  4  /
PL/SQL-Prozedur wurde erfolgreich abgeschlossen.
```

Der Apply-Prozess

Der Apply-Prozess sorgt für das Einarbeiten der Events, die in der Destination-Queue als LCR vorliegen, in die Zieldatenbank. Das Starten des Apply-Prozesses erfolgt mit den Prozeduren der Pakete DBMS_STREAMS_ADM und DBMS_APPLY_ADM.

Auch für den Apply-Prozess können Rules definiert werden. Das folgende Beispiel zeigt, wie ein Apply-Prozess gestartet werden kann.

```
SQL> BEGIN
  2  DBMS_APPLY_ADM.CREATE_APPLY( queue_name=>'streams_queue', apply_name=>'s
treams_apply', apply_user=>'streams_adm', apply_captured=>true,source_databas
```

Streams-Technologie Kapitel 3

```
e=>'komp10g2');
  3  END;
  4  /
PL/SQL-Prozedur wurde erfolgreich abgeschlossen.
```

Ein komplettes Beispiel für Local Streams Capture

Eine Oracle Streams-Architektur bietet den Vorteil, dass sie einerseits sehr flexibel ist. Der Nachteil der vielen Optionen in den einzelnen Teilbereichen Capture, Staging und Applying ist, dass Erstellung und Konfiguration recht aufwendig sind. Die Oracle-Terminologie ist zudem teilweise verwirrend.

Das soll uns jedoch nicht davon abhalten, diese sehr nützliche und zukunftsweisende Technologie zu verwenden. Dieser Abschnitt beschreibt ein komplettes Beispiel, das Sie nachempfinden und auf Ihre Belange anpassen können.

Auf der Source-Datenbank sollen alle Ereignisse, die Veränderungen der Tabelle komp10g.emp hervorrufen, aufgesammelt werden. Diese werden über Staging- und Apply-Prozess in die Destination-Datenbank eingearbeitet. In Abbildung 3.6 finden Sie eine bildliche Darstellung der gewünschten Architektur.

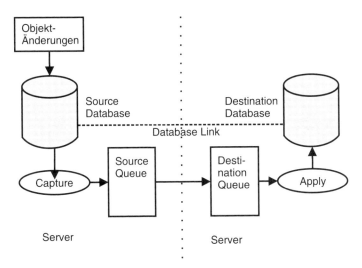

Abbildung 3.6:
Beispiel für Local Streams Capture

Die Konfiguration besteht aus zwei Teilen. Im ersten Teil erfolgt die Konfiguration der Destination Database, im zweiten die der Source Database. Dabei spielt es keine Rolle, ob die Datenbanken auf einem oder verschiedenen Servern laufen. Im vorliegenden Beispiel laufen die Datenbanken auf getrennten Servern.

Konfiguration von Oracle Streams auf der Destination Database

1. Öffnen Sie eine SQL*Plus-Sitzung als Streams-Administrator auf der Destination Database.

   ```
   SQL> CONNECT streams_adm/streams_adm@komp10g
   Connect durchgeführt.
   ```

2. Erstellen Sie eine Destination-Queue für Streams.

   ```
   SQL> BEGIN
     2  DBMS_STREAMS_ADM.SET_UP_QUEUE( queue_table=>'streams_queue_table',
        queue_name=>'streams_queue');
     3  END;
     4  /
   PL/SQL-Prozedur wurde erfolgreich abgeschlossen.
   ```

3. Definieren Sie die Rules für den Apply-Prozess auf der Destination Database. Es sollen alle DML-Änderungen für die Tabelle komp10g.emp eingearbeitet werden. Änderungen in der DDL sollen nicht berücksichtigt werden.

   ```
   SQL> BEGIN
     2  DBMS_STREAMS_ADM.ADD_TABLE_RULES( table_name=>'komp10g.emp',
        streams_type=>'apply', streams_name=>'streams_emp',
        queue_name=>'streams_adm.streams_queue',
        include_dml=>true, include_ddl=>false, source_database=>'komp10g2.wor
        ld');
     3  END;
     4  /
   PL/SQL-Prozedur wurde erfolgreich abgeschlossen.
   ```

Führen Sie die folgenden Schritte auf der Source Database aus.

Konfiguration von Oracle Streams auf der Source Database

1. Öffnen Sie eine SQL*Plus-Sitzung als Streams-Administrator.

   ```
   SQL> CONNECT streams_adm/streams_adm@komp10g2
   Connect durchgeführt.
   ```

2. Schalten Sie Supplemental Logging ein, um die Datenintegrität zu gewährleisten.

   ```
   SQL> ALTER DATABASE ADD SUPPLEMENTAL LOG DATA (PRIMARY KEY,
        UNIQUE INDEX) COLUMNS;
   Datenbank wurde geändert.
   ```

3. Führen Sie einen Log File Switch durch.

   ```
   SQL> ALTER SYSTEM SWITCH LOGFILE;
   System wurde geändert.
   ```

Streams-Technologie Kapitel 3

4. Erstellen Sie einen Datenbank-Link zur Destination Database. Verwenden Sie dafür den Benutzer streams_adm.

```
SQL> CREATE DATABASE LINK komp10g.world
  2   CONNECT TO streams_adm
  3   IDENTIFIED BY streams_adm
  4   USING
  5   '(DESCRIPTION=ADDRESS_LIST = (ADDRESS = (PROTOCOL=TCP)
      (HOST=mch1.pitcorp.com) (PORT=1521)))
      (CONNECT_DATA=(SERVICE_NAME=komp10g.world)))';
Datenbank-Link wurde angelegt.
```

5. Legen Sie eine Streams-Queue auf der Source-Datenbank an und definieren Sie die Rules für den Capture-Prozess. Es sollen DML-Änderungen in der Tabelle komp10g.emp erfasst werden.

```
SQL> BEGIN
  2   DBMS_STREAMS_ADM.SET_UP_QUEUE( queue_table=>'streams_queue_tables',
      queue_table_name=>'streams_queue');
PL/SQL-Prozedur wurde erfolgreich abgeschlossen.
SQL> BEGIN
  2   DBMS_STREAMS_ADM.ADD_TABLE_RULES( table_name=>'komp10g.emp',
      streams_type=>'capture', streams_name=>'emp_capture',
      queue_name=>'streams_adm.streams_queue', include_dml=>true,
      include_ddl=>false, source_database=>'komp10g2.world');
  3   END;
  4   /
PL/SQL-Prozedur wurde erfolgreich abgeschlossen.
```

6. Legen Sie die Propagation Rules für Oracle Streams fest.

```
SQL> BEGIN
  2   DBMS_STREAMS_ADM.ADD_TABLE_PROPAGATION_RULES(
      table_name=>'komp10g.emp', streams_name=>'emp_capture',
      source_queue_name=>'streams_adm.streams_queue',
      destination_queue_name=> 'streams_adm.streams_queue@komp10g.world',
      include_dml=>true, include_ddl=>false,
      source_database=>'komp10g2.world');
  3   END;
  4   /
PL/SQL-Prozedur wurde erfolgreich abgeschlossen.
```

7. Führen Sie zur Synchronisation einen Export und einen Import der Tabelle emp durch. Dies kann auf dem Server mit der Source Database erfolgen.

```
exp userid=streams_adm/
    streams_adm@komp10g2 tables=komp10g.emp file=tables.dmp grants=y
    rows=y log=tables.log object_consistent=y indexes=y
Export: Release 10.1.0.2.0 - Production on Mo Mai 10 11:59:18 2004
Copyright (c) 1982, 2004, Oracle.  All rights reserved.
```

```
Verbunden mit: Oracle Database 10g Enterprise Edition Release 10.1.0.2.0
    - Production
With the Partitioning, OLAP and Data Mining options
Exportieren in WE8ISO8859P1-Zeichensatz und AL16UTF16-NCHAR-
    Zeichensatz durchgeführt
Angegebene Tabellen werden gleich exportiert über 'Conventional Path'
Derzeitiger Benutzer ist auf KOMP10G gewechselt
. . Export der Tabelle                          EMP        10 Zeilen
    exportiert
Export erfolgreich und ohne Warnungen beendet.
imp streams_adm/
    streams_adm@komp10g full=y constraints=y file=tables.dmp ignore=y
    grants=y rows=y commit=y log=imptables.log streams_configuration=n
    streams_instantiation=y
Import: Release 10.1.0.2.0 - Production on Mo Mai 10 12:03:14 2004
Copyright (c) 1982, 2004, Oracle. All rights reserved.
Verbunden mit: Oracle Database 10g Enterprise Edition Release 10.1.0.2.0
    - Production
With the Partitioning, Oracle Label Security, OLAP and Data Mining
    options
       <
Export-Datei wurde von EXPORT:V10.01.00 über konventionellen Pfad
    erstellt
Importvorgang mit Zeichensatz WE8ISO8859P1 und
    Zeichensatz AL16UTF16 NCHAR durchgeführt
Import-Server verwendet Zeichensatz WE8ISO8859P15
    (mögliche Zeichensatzkonvertierung)
. Import STREAMS_ADM's Objekte in STREAMS_ADM
. Import KOMP10G's Objekte in KOMP10G
. . Import der Tabelle                         "EMP"       10 Zeilen
    importiert
Der Import-Vorgang endete erfolgreich und ohne Warnungen.
```

8. Auf der Tabelle in der Destination Database muss die *Instantiation SCN* gesetzt werden. Alle LCRs der Source Database, deren SCN höher als die der Instantiation SCN sind, werden auf die Tabelle in der Destination Database angewandt. Die Instantiation SCN wird zwar in einigen Fällen, wie bei exp oder imp automatisch gesetzt, manchmal ist jedoch auch das manuelle Setzen erforderlich. Selektieren Sie die aktuelle SCN der Source Database, in dem Sie die Spalte CURRENT_SCN in dem View V$DATABASE und wenden Sie diese in der Destination Database an.

```
SQL> BEGIN
  2  DBMS_APPLY_ADM.SET_TABLE_INSTANTIATION_SCN(
source_object_name=>'komp10g.emp',
    source_database_name=>'komp10g2.world', instantiation_scn=>6554323);
  3  END;
  4  /
PL/SQL-Prozedur wurde erfolgreich abgeschlossen.
```

Streams-Technologie   Kapitel 3

Damit sind die Konfigurationsschritte auf Source Database und Destination Database abgeschlossen. Jetzt können der Apply-Prozess auf der Destination Database und der Capture-Prozess auf der Source Database gestartet werden.

```
SQL> DECLARE
  2   v_started NUMBER;
  3   BEGIN
  4   SELECT DECODE(status, 'ENABLED', 1, 0)
  5   INTO v_started
  6   FROM DBA_APPLY WHERE APPLY_NAME='STREAMS_EMP';
  7   IF (v_started = 0) THEN
  8     DBMS_APPLY_ADM.START_APPLY( apply_name=>'streams_emp');
  9   END IF;
 10   END;
 11   /
PL/SQL-Prozedur wurde erfolgreich abgeschlossen.
```

Listing 3.1:
Den Apply-Prozess auf der Destination Database starten

```
SQL> DECLARE
  2   v_started NUMBER;
  3   BEGIN
  4   SELECT DECODE(status, 'ENABLED', 1, 0)
  5   INTO v_started
  6   FROM dba_capture
  7   WHERE capture_name='EMP_CAPTURE';
  8   IF (v_started = 0) THEN
  9     DBMS_CAPTURE_ADM.START_CAPTURE( capture_name=>'emp_capture');
 10   END IF;
 11   END;
 12   /
PL/SQL-Prozedur wurde erfolgreich abgeschlossen.
```

Listing 3.2:
Den Capture-Prozess auf der Source Database starten

Wenn Capture- und Apply-Prozess gestartet sind, sehen Sie diese als Hintergrundprozesse der Oracle-Datenbank. Die Capture-Prozesse besitzen die Namen cnnn, *die Apply-Prozesse die Namen* annn. *Die Anzahl der Prozesse hängt vom Grad der Parallelisierung ab.*

INFO

```
$ ps -ef|grep ora_c0
oracle    3996    1  0 12:20 ?        00:00:03 ora_c001_komp10g2
$ ps -ef|grep ora_a0
oracle    1686    1  0 12:15 ?        00:00:00 ora_a001_komp10g
```

Damit ist Oracle Streams in der gewählten Architektur vollständig konfiguriert und aktiviert. Überprüfen Sie nun, ob DML-Änderungen in der Source Database in der Destination Database ankommen. Fügen Sie dazu einen Satz in die Tabelle emp ein.

```
SQL> CONNECT streams_adm/streams_adm@komp10g2
Connect durchgeführt.
SQL> INSERT INTO komp10g.emp VALUES
  2  (4711, 'STREAMS', 'MANAGER', 7839, sysdate, 1200, 100, 10);
1 Zeile wurde erstellt.
SQL> COMMIT;
Transaktion mit COMMIT abgeschlossen.
SQL> CONNECT streams_adm/streams_adm@komp10g
Connect durchgeführt.
SQL> SELECT * FROM komp10g.emp
  2  WHERE empno = 4711;
    EMPNO ENAME      JOB            MGR HIREDATE        SAL       COMM
    DEPTNO
---------- ---------- --------- ---------- -------- ---------- ----------
----------
      4711 STREAMS    MANAGER         7839 10.05.04       1200        100
        10
```

Sie werden feststellen, dass die Aktualisierung der Destination Database zwar asynchron, aber recht zeitnah (in wenigen Sekunden) erfolgt. Nach der COMMIT-Anweisung führt Oracle Streams sofort Capture, Staging und Consumption durch. Die Geschwindigkeit hängt im Wesentlichen von der Geschwindigkeit der Queues sowie der Übertragungsgeschwindigkeit über das Netzwerk ab.

Kommt es zu Fehlern oder Problemen, dann müssen Sie Troubleshooting betreiben. Hier empfiehlt es sich, schrittweise vorzugehen, in der Reihenfolge, in der die Oracle Streams-Prozesse eingebunden sind. Wichtige Hinweise beinhalten die Views DBA_CAPTURE und DBA_APPLY, aber auch die Source- und Destination-Queues.

```
SQL> SELECT capture_name, status, error_number
  2  FROM dba_capture;
CAPTURE_NAME                      STATUS   ERROR_NUMBER
------------------------------    -------- ------------
EMP_CAPTURE                       ENABLED
SQL> SELECT apply_name, status, error_number
  2  FROM dba_apply;
APPLY_NAME                        STATUS   ERROR_NUMBER
------------------------------    -------- ------------
STREAMS_EMP                       ENABLED
```

Auch der Enterprise Manager bietet wertvolle Informationen und Statistiken. Beachten Sie, dass Oracle Streams noch nicht in den neuen webbasierenden Enterprise Manager integriert ist. Sie müssen also die Java-Konsole verwenden. In Abbildung 3.7 sehen Sie eine transaktionsbezogene Statistik des Apply-Prozesses. Die Features für Oracle Streams finden Sie unter den Verzweigungen VERTEILT/STREAMS.

Streams-Technologie

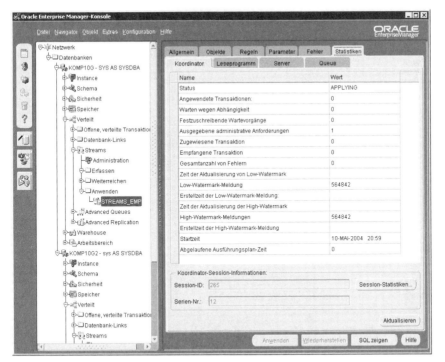

Abbildung 3.7:
Statistik des Apply-Prozesses von Oracle Streams im Enterprise Manager

Recht nützlich ist auch die Topologie-Übersicht, die Sie unter STREAMS/ADMINISTRATION finden.

Downstream Capture

Downstream Capture ist ein neues Feature in Oracle 10g. Normalerweise läuft in Oracle Streams der Capture-Prozess auf der Source Database. Mit Downstream Capture ist es möglich, das Capturing auf einer anderen Datenbank durchzuführen.

Die Datenbank, auf der der Capture-Prozess läuft, wird Downstream Database genannt. Die Destination Database kann sich auf einem beliebigen Server befinden, nicht zwangsläufig auf dem Downstream Server. Abbildung 3.9 illustriert die Architektur von Downstream Capture.

Downstream Capture eliminiert mögliche Performance-Engpässe in der Source Database.

Kapitel 3   Oracle Streams

Abbildung 3.8:
Topologie-Übersicht von Oracle Streams im Enterprise Manager

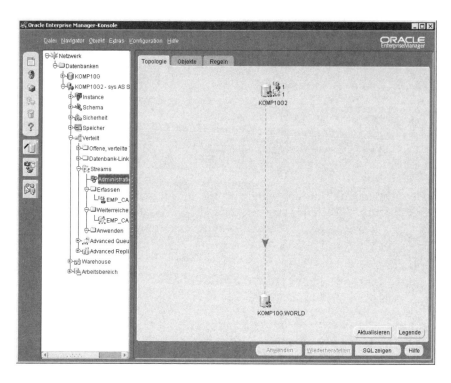

Abbildung 3.9:
Die Architektur von Oracle Streams Downstream Capture

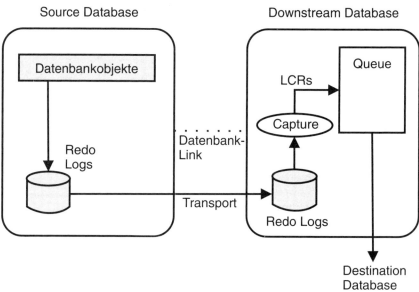

Da der Capture-Prozess nicht in der Source Database läuft, entlastet dies die Source Database. Die Archived Redo Log-Dateien werden von der Source Database zur Downstream Database transportiert. Für den Transport können Sie entweder den Log Transport Service der Datenbank, das Paket

`DBMS_FILE_TRANSFER` oder eine beliebige andere Methode wie z.B. `FTP` oder `SCP` verwenden.

Danach läuft der Prozess wieder wie gewohnt ab. Der Capture-Prozess sammelt die relevanten Änderungen auf, erzeugt LCRs und schreibt diese in eine Queue. Danach kann der Apply-Prozess erfolgen.

Unterscheiden Sie unbedingt zwischen Downstream Database und Destination Database. Die Downstream Database ist mit dem Capture-Prozess verbunden. Sie ist zwar in der Praxis häufig mit der Destination Database identisch, es ist aber nicht notwendig. Die Destination Database kann eine andere Datenbank sein und kann sich auf einem anderen Server befinden. Mit der Streams-Technologie wird dann die Destination Queue gefüllt und der Apply-Prozess fügt die Änderungen in die Destination Database ein.

Downstream Capture verfügt neben Entlastung der Source Database über weitere Vorteile:

- Eine Datenbank kann mehrere Capture-Prozesse von mehreren Source Databases ersetzen. Damit ist es möglich, einen einheitlichen Capture-Prozess für alle Source Databases zu definieren.
- Da sich die Redo Log-Dateien zusätzlich auf der Downstream Database befinden, besitzen Sie eine zusätzliche Sicherheitskopie Ihrer Redo Log-Dateien. Dieser zusätzliche Sicherheitsfaktor kann mit einer Standby-Datenbank verglichen werden.

Wie immer, gibt es auch Einschränkungen beim Einsatz einer Downstream Database:

- Sowohl Source Database als auch Downstream Database müssen die Version 10g besitzen.
- Beide Datenbanken müssen mit demselben Betriebssystem laufen, die Version kann jedoch verschieden sein.
- Die Hardware- und Betriebssystem-Architektur muss identisch sein. Sie können nicht 32-bit und 64-bit mischen.
- Die Source Database und die Downstream Database müssen jeweils über eigene Kontrolldateien verfügen.
- Nachdem der Capture-Prozess auf der Downstream Database erzeugt wurde, können der Datenbankname oder die Datenbank-ID der Source Database nicht verändert werden.

Das folgende Beispiel beschreibt, wie eine Downstream Database erstellt werden kann.

Erstellen einer Downstream Database

1. Konfigurieren Sie Oracle Net, so dass die Source Database mit der Downstream Database kommunizieren kann. Richten Sie den Transport Service für das Übertragen der Redo Log-Dateien ein. Sowohl Online- als auch Archived Redo Log-Dateien können für die Übertragung verwendet werden. In diesem Szenario werden die Archived Redo Log-Dateien benutzt.

```
SQL> CONNECT sys/manager@komp10g as sysdba
Connect durchgeführt.
SQL> ALTER SYSTEM SET
  2  log_archive_dest_2='SERVICE=komp10g.world ARCH MANDATORY NOREGISTER
     REOPEN=120
     TEMPLATE=/var/oracle/oradata/komp10g/archive2/
     downstream_%t_%s_%r.dbf';
System wurde geändert.
SQL> ALTER SYSTEM SET
  2  log_archive_dest_state_2=ENABLE;
System wurde geändert.
```

2. Schalten Sie das Supplemental Logging in der Source Database ein.

```
SQL> ALTER DATABASE ADD SUPPLEMENTAL LOG DATA
  2  (PRIMARY KEY, UNIQUE INDEX) COLUMNS;
Datenbank wurde geändert.
```

3. Erstellen Sie einen Datenbank-Link von der Downstream Database zur Source Database.

```
SQL> CONNECT streams_adm/streams_adm@komp10g
Connect durchgeführt.
SQL> CREATE DATABASE LINK komp10g2.world
  2  CONNECT TO streams_adm
  3  IDENTIFIED BY streams_adm
  4  USING 'komp10g2';
Datenbank-Link wurde angelegt.
```

4. Für den Capture-Prozess wird eine Queue auf der Downstream Database benötigt. Erstellen Sie diese mit der Prozedur SET_UP_QUEUE.

```
SQL> BEGIN
  2  DBMS_STREAMS_ADM.SET_UP_QUEUE( queue_table=>'streams_queue_table',
     queue_name=>'streams_queue');
  3  END;
  4  /
PL/SQL-Prozedur wurde erfolgreich abgeschlossen.
```

5. Starten Sie den Capture-Prozess.

    ```
    SQL> BEGIN
      2   DBMS_CAPTURE_ADM.CREATE_CAPTURE( queue_name=>'streams_queue',
         capture_name=>'down_capture', source_database=>'komp10g2.world',
         start_scn=>NULL, use_database_link=>TRUE,
         logfile_assignment=>'implicit');
      3   END;
      4   /
    PL/SQL-Prozedur wurde erfolgreich abgeschlossen.
    ```

6. Definieren Sie die Rules für den Capture-Prozess.

    ```
    SQL> BEGIN
      2   DBMS_STREAMS_ADM.ADD_TABLE_RULES( table_name=>'komp10g.emp',
         streams_type=>'capture', streams_name=>'down_capture',
         queue_name=>'streams_queue', include_dml=>TRUE, include_ddl=>FALSE,
         source_database=>'komp10g2.world', inclusion_rule=>TRUE);
      3   END;
      4   /
    PL/SQL-Prozedur wurde erfolgreich abgeschlossen.
    ```

7. Oracle verwendet Informationen aus dem Datenbankkatalog, um einen Log Miner-Katalog in der Downstream Database zu erzeugen. Führen Sie die Prozedur BUILD in der Source Database aus, um die Katalog-Informationen in die Redo Log-Dateien zu übertragen.

    ```
    SQL> BEGIN
      2   DBMS_CAPTURE_ADM.BUILD;
      3   END;
      4   /
    PL/SQL-Prozedur wurde erfolgreich abgeschlossen.
    ```

8. An dieser Stelle können Sie den Propagation- oder den Apply-Prozess definieren und starten. Selbstverständlich können Sie auch beide Prozesse konfigurieren. Im vorliegenden Beispiel wird ein Apply-Prozess erstellt und gestartet.

    ```
    SQL> BEGIN
      2   DBMS_APPLY_ADM.CREATE_APPLY( queue_name=>'streams_queue',
         apply_name=>'down_apply', apply_captured=>TRUE);
      3   END;
      4   /
    PL/SQL-Prozedur wurde erfolgreich abgeschlossen.
    SQL> BEGIN
      2   DBMS_APPLY_ADM.START_APPLY( apply_name=>'down_apply');
      3   END;
      4   /
    PL/SQL-Prozedur wurde erfolgreich abgeschlossen.
    ```

Kapitel 3   Oracle Streams

9. Starten Sie zum Schluss noch den Capture-Prozess.

```
SQL> BEGIN
  2  DBMS_CAPTURE_ADM.START_CAPTURE( capture_name=>'down_capture');
  3  END;
  4  /
PL/SQL-Prozedur wurde erfolgreich abgeschlossen.
```

Damit ist die Konfiguration der Downstream-Architektur abgeschlossen und aktiviert. Überprüfen Sie, ob die aufgesetzte Konfiguration funktioniert.

```
SQL> CONNECT streams_adm/streams_adm@komp10g2
Connect durchgeführt.
SQL> INSERT INTO komp10g.emp VALUES
  2  (4712, 'DOWNSTREAM', 'MANAGER', 7839, sysdate, 1500, 50, 10);
1 Zeile wurde erstellt.
SQL> COMMIT;
Transaktion mit COMMIT abgeschlossen.
SQL> ALTER SYSTEM SWITCH LOGFILE;
System wurde geändert.
SQL> CONNECT streams_adm/streams_adm@komp10g
Connect durchgeführt.
SQL> SELECT * FROM komp10g.emp
  2  WHERE empno = 4712;
    EMPNO ENAME      JOB            MGR HIREDATE       SAL       COMM
   DEPTNO
---------- ---------- --------- ---------- -------- ---------- ----------
----------
     4712 DOWNSTREAM MANAGER         7839 11.05.04       1500         50
       10
```

Der Logfile Switch im Test ist erforderlich, da im vorliegenden Beispiel die Archived Redo Log-Dateien für den Transport benutzt werden. Sie können auf die Online Redo Log-Dateien verwenden. Dann würde das Einarbeiten in die Destination Database zeitnaher erfolgen.

Wie Sie sicher erkannt haben, ist die Wirkungsweise von Downstream Capture einer Standby-Datenbank sehr ähnlich. Oracle Streams kann durchaus als Konkurrenzprodukt zu Data Guard angesehen werden.

Ein zusätzlicher Vorteil von Oracle Streams gegenüber Data Guard besteht darin, dass die Destination Database für Anwender geöffnet ist, sich also im OPEN-*Modus befindet. Das ist im Data Guard nur eingeschränkt möglich. Wenn Sie eine physische Standby-Datenbank öffnen, muss der Apply-Prozess gestoppt werden. Eine logische Standby-Datenbank kann zwar parallel im* READ ONLY-*Modus laufen, jedoch gibt es hier relativ viele Einschränkungen, z.B. bezüglich Datentypen. Eine Downstream Database kann bei fort-*

Streams-Technologie Kapitel 3

laufendem Apply-Prozess permanent geöffnet sein. Beachten Sie jedoch, dass Streams nicht alle Datentypen unterstützt. So werden z.B. selbst definierte Objekttypen, BFILE- oder auch XMLTYPE-Typen nicht unterstützt.

Die Überwachung von Downstream Capture erfolgt mit den Mitteln, die Oracle Streams zur Verfügung stellt. Das sind Views im Datenbankkatalog sowie die Java-Konsole des Enterprise Manager.

Mit Hilfe des Views DBA_CAPTURE können Sie herausfinden, welche Downstream Capture-Prozesse konfiguriert sind.

```
SQL> SELECT capture_name, queue_name,
  2  source_database, status
  3  FROM dba_capture
  4  WHERE source_database !=
  5  (SELECT * FROM global_name);
CAPTURE_NAME QUEUE_NAME     SOURCE_DATABASE STATUS
------------ -------------- --------------- --------
DOWN_CAPTURE STREAMS_QUEUE  KOMP10G2.WORLD  ENABLED
```

Listing 3.3:
Abfrage der Source Databases mit Downstream Capture

Im Enterprise Manager können Sie sich die Statistiken des Capture-Prozesses auf der Downstream Database anschauen. In Abbildung 3.10 ist der Status WAITING FOR REDO. Das bedeutet, der Capture-Prozess ist aktiviert und wartet auf die nächsten Redo Log-Informationen. Bei Problemen und Fehlern gibt Ihnen der Status wichtige Hinweise.

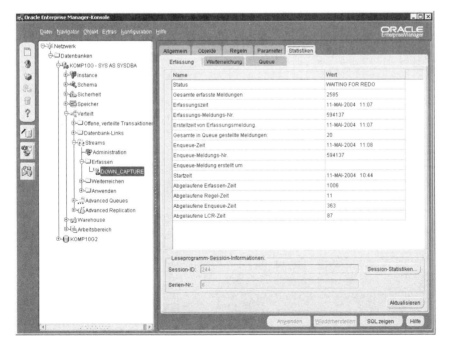

Abbildung 3.10:
Statistiken des Apply-Prozesses einer Downstream Database

3.2 Oracle Streams Replication

Oracle Streams Replication ist ein neues Produkt in Oracle 10*g*. Es ist eine Replikationslösung, die auf Oracle Streams-Technologie aufsetzt. Parallel dazu wird Oracle Advanced Replication aus Kompatibilitätsgründen noch mit ausgeliefert. Es ist jedoch zu empfehlen, nach Streams Replication zu migrieren, da Advanced Replication voraussichtlich in späteren Versionen nicht mehr ausgeliefert wird. Oracle bietet bereits Migrationsunterstützung an.

Da Streams Replication auf Streams-Technologie basiert, besteht die Architektur auch hier aus den drei Schritten Capture-Prozess, Propagation und Apply-Prozess (siehe Abbildung 3.1). Diese Prozesse laufen asynchron, die Übermittlung der Änderungsinformationen (LCRs) erfolgt mit Hilfe von Streams Advanced Queuing. In jedem der drei Prozesse können Regeln definiert werden.

Im Vergleich mit Advanced Replication weist Streams Replication die folgenden Vorteile und neuen Features aus:

- Unterstützung von Real Application Clusters
- Erstellen einer Datenbank mit RMAN oder Transportable Tablespaces
- Zusätzliche Attribute in den Logical Change Records (LCR)
- Neue Funktionen und Prozeduren
- Unterstützung für mehr Datentypen und Index Organized Tables

Konfiguration einer Umgebung

Die Konfiguration einer Streams Replication-Umgebung ist abhängig von der Architektur, die Sie einsetzen wollen. Oracle Streams Replication unterscheidet zwischen Single-Source- und Multiple Source-Umgebung. Es ist auch möglich, mehrere Destination Databases zu definieren. In diesem Abschnitt finden Sie eine Anleitung zum Erstellen einer Single-Source-Umgebung.

Enttäuschend ist die Unterstützung, die Oracle für die Verwaltung der Streams-Replication-Architekturen liefert. Es existiert kein Programm mit grafischer Oberfläche (abgesehen von den Streams-Verwaltungsfenstern im Enterprise Manager). Beim genauen Hinsehen muss man feststellen, dass Oracle Streams Replication eigentlich kein Produkt ist. Es basiert auf Streams und man muss sich die Replication-Architekturen selbst mit der Streams-Funktionalität zusammenbasteln. Das trifft auch für das Monitoring zu oder die Darstellungsmöglichkeiten von Topologien. An dieser Stelle besteht noch erheblicher Nachholbedarf.

Gut hingegen sind die Möglichkeiten für die so genannte *Instantiation*. Unter Instantiation versteht man das Einrichten von Ziel-Objekten oder einer ganzen Zieldatenbank. Wenn Sie mit einer Replikationsumgebung starten wollen, dann fehlen Ihnen in der Regel die Objekte und die Datenbanken, in die Sie replizieren wollen. Diese Objekte werden in der Terminologie von Advanced Replication als Materialized Views bezeichnet.

Für die Instantiation können folgende Werkzeuge eingesetzt werden, abhängig von den Objekten, die Sie erzeugen wollen:

- RMAN
- Transportable Tablespaces
- Data Pump

Wenn Sie eine neue Datenbank erstellen wollen, in die Sie hineinreplizieren, dann empfiehlt sich die Verwendung von RMAN. Die folgenden Schritte beschreiben, wie Sie RMAN für Instantiation benutzen können.

Instantiation von Streams Replication mit RMAN

1. Verwenden Sie den Recovery Manager zum Erstellen einer Komplettsicherung.

   ```
   $ rman target / catalog rman/rman@rman10
   Recovery Manager: Version 10.1.0.2.0 - Production
   Copyright (c) 1995, 2004, Oracle. All rights reserved.
   Mit Ziel-Datenbank verbunden: KOMP10G2 (DBID=3497543750)
   Verbindung mit Datenbank des Recovery-Katalogs
   RMAN> BACKUP DATABASE ARCHIVELOG ALL;
   Starten backup um 12.05.04
   . . .
   ```

2. Konfigurieren Sie einen Capture-Prozess auf der Source Database.

   ```
   SQL> BEGIN
     2  DBMS_STREAMS_ADM.ADD_GLOBAL_RULES( streams_type=>'capture',
        streams_name=>'replication',
        queue_name=>'streams_adm.streams_queue', include_dml=>true,
        include_ddl=>true, inclusion_rule=>true);
     3  END;
     4  /
   PL/SQL-Prozedur wurde erfolgreich abgeschlossen.
   ```

3. Bereiten Sie die Source Database für die Instantiation vor. Mit dem Ausführen der Prozedur PREPARE_GLOBAL_INSTANTIATION werden die Kataloginformationen aller Datenbankobjekte in die Redo Log-Dateien geschrieben. Diese Informationen sind für die Propagation in der Destination Database notwendig.

```
SQL> BEGIN
  2  DBMS_CAPTURE_ADM.PREPARE_GLOBAL_INSTANTIATION();
  3  END;
  4  /
PL/SQL-Prozedur wurde erfolgreich abgeschlossen.
```

4. Ermitteln Sie die aktuelle System Change Number (SCN) auf der Source Database.

```
SQL> DECLARE
  2  current_scn NUMBER;
  3  BEGIN
  4  current_scn := DBMS_FLASHBACK.GET_SYSTEM_CHANGE_NUMBER;
  5  DBMS_OUTPUT.PUT_LINE(current_scn);
  6  END;
  7  /
608491
PL/SQL-Prozedur wurde erfolgreich abgeschlossen.
```

5. Archivieren Sie die aktuelle Online Redo Log-Datei.

```
SQL> ALTER SYSTEM ARCHIVE LOG CURRENT;
System wurde geändert.
```

6. Erstellen Sie die Destination Database mit RMAN. Erzeugen Sie eine Auxiliary Database und verwenden Sie den RMAN-Befehl DUPLICATE DATABASE.

7. Erstellen Sie in der Destination Database eine Destination-Queue.

```
SQL> BEGIN
  2  DBMS_STREAMS_ADM.SET_UP_QUEUE( queue_table=>'streams_queue_table',
     queue_name=>'streams_queue');
  3  END;
  4  /
PL/SQL-Prozedur wurde erfolgreich abgeschlossen.
```

8. Erzeugen Sie einen Datenbank-Link von der Source Database zur Destination Database.

```
SQL> CREATE DATABASE LINK
  2  repl_link
  3  CONNECT TO streams_adm
  4  IDENTIFIED BY streams_adm
  5  USING 'komp10g3';
Datenbank-Link wurde angelegt.
```

9. Definieren Sie die Propagation zur Destination Database in der Source Database.

    ```
    SQL> BEGIN
      2  DBMS_STREAMS_ADM.ADD_GLOBAL_PROPAGATION_RULES(
         streams_name=>'replication',
         source_queue_name=> 'streams_adm.streams_queue',
         destination_queue_name=>'streams_adm.streams_queue@repl_link',
         include_dml=>true, include_ddl=>true,
         source_database=>'komp10g.world', inclusion_rule=>true);
      3  END;
      4  /
    PL/SQL-Prozedur wurde erfolgreich abgeschlossen.
    ```

10. Erstellen Sie in der Destination Database einen Apply-Prozess.

    ```
    SQL> BEGIN
      2  DBMS_APPLY_ADM.CREATE_APPLY( queue_name=>'streams_queue',
         apply_name=>'repl_apply', apply_user=>'streams_adm',
         apply_captured=>true, source_database=>'komp10g2');
      3  END;
      4  /
    PL/SQL-Prozedur wurde erfolgreich abgeschlossen.
    ```

11. Setzen Sie die System Change Number (SCN) für die Instantiation auf der Destination Database.

    ```
    SQL> BEGIN
      2  DBMS_APPLY_ADM.SET_GLOBAL_INSTANTIATION_SCN(
         source_database_name=>'komp10g2.world', instantiation_scn=>608491,
         recursive=>true);
      3  END;
      4  /
    PL/SQL-Prozedur wurde erfolgreich abgeschlossen.
    ```

12. Aktivieren Sie zum Schluss den Capture-Prozess und den Apply-Prozess.

    ```
    SQL> CONNECT streams_adm/streams_adm@komp10g2
    Connect durchgeführt.
    SQL> BEGIN
      2  DBMS_CAPTURE_ADM.START_CAPTURE( capture_name=>'replication');
      3  END;
      4  /
    PL/SQL-Prozedur wurde erfolgreich abgeschlossen.
    SQL> CONNECT streams_adm/streams_adm@komp10g3
    Connect durchgeführt.
    SQL> BEGIN
      2  DBMS_APPLY_ADM.START_APPLY( apply_name=>'repl_apply');
      3  END;
      4  /
    PL/SQL-Prozedur wurde erfolgreich abgeschlossen.
    ```

Kapitel 3   Oracle Streams

Damit ist die Instantiation einer Oracle Streams-Replication-Architektur abgeschlossen und alle erforderlichen Prozesse sind gestartet. Zur Bewertung der neuen Replikationstechnologie lässt sich Positives und Negatives anmerken:

- Erfreulich ist die Tatsache, dass Oracle Replication jetzt auf einer modernen Technologie unter Verwendung von Oracle Streams basiert. Auch das asynchrone Verhalten und die Verwendung von Advanced Queuing als Übertragungsmethode tragen entscheidend zur Erhöhung von Zuverlässigkeit und Datenkonsistenz bei.

- Negativ ist anzumerken, dass die Prozesse des Herstellens und der Überwachung einer Replikationsumgebung sehr aufwendig sind. Hier fehlen die entsprechenden Werkzeuge mit grafischer Oberfläche. Eine Mindestanforderung ist die Funktionalität, wie man sie im Enterprise Manager für Advanced Replication immer noch vorfindet. Eine Topologie-Übersicht wäre ebenfalls wünschenswert. Es ist zu erwarten, dass Oracle hier noch nachbessert. Bis dahin wird man sich wohl mit selbst gebastelten Skripten helfen müssen.

Überwachung von Streams Replication

Auch für die Überwachung von Oracle Streams Replication fehlen geeignete Werkzeuge. Hier ist man wieder auf Views des Datenbankkatalogs angewiesen. Da die Architektur vorwiegend auf Streams-Technologie basiert, bedeutet Überwachung von Replication eine Überwachung der Prozesse Capture, Propagation (Queues) und Apply.

Zusätzlich ist es erforderlich, die Instantiation zu kontrollieren. Mit der SQL-Abfrage in Listing 3.4 können Sie feststellen, welche Datenbankobjekte für die Instantiation vorbereitet wurden.

Listing 3.4: Abfrage von Objekten, die für die Instantiation vorbereitet wurden

```
SQL> SELECT table_owner, table_name, scn, timestamp
  2  FROM dba_capture_prepared_tables;
TABLE_OWNER   TABLE_NAME                          SCN TIMESTAMP
-----------   --------------------------   ---------- -------------------
KOMP10G       BONUS                            608399 12.05.2004 13:21:49
KOMP10G       SALGRADE                         608400 12.05.2004 13:21:49
...
```

Die Abfrage in Listing 3.5 liefert Informationen darüber, welche Instantiation SCN die einzelnen Objekte besitzen.

Listing 3.5: Abfrage der Instantiation SCN

```
SQL> SELECT source_object_owner, source_object_name, instantiation_scn
  2  FROM dba_apply_instantiated_objects;
SOURCE_OBJECT_OWNER SOURCE_OBJECT_NAME INSTANTIATION_SCN
------------------- ------------------ -----------------
```

```
KOMP10G          EMPLOYEE               608491
KOMP10G          EMP_DEPT               608491
. . .
```

Migration von Advanced Replication

Für die Migration von Advanced Replication nach Streams Replication stellt Oracle die Prozedur `DBMS_REPCAT.STREAMS_MIGRATION` zur Verfügung. Sie können eine Liste von Replikationsgruppen als Parameter übergeben. Die Prozedur generiert auf Basis dieser Informationen ein SQL-Skript, das dann in jeder Master-Datenbank von Advanced Replication ausgeführt wird.

Im Skript befinden sich Hinweise zu Objekten und Prozessen, die nicht nach Streams Replication migriert werden können. Sie können das generierte Skript nach Ihren Belangen anpassen.

```
SQL> DECLARE
  2   groups DBMS_UTILITY.NAME_ARRAY;
  3   BEGIN
  4   groups(1) := 'HR';
  5   groups(2) := 'SALES';
  6   DBMS_REPCAT.STREAMS_MIGRATION( gnames=>groups,
file_location=>'/home/oracle', filename=>'streams_mig.sql');
  7   END;
  8   /
PL/SQL-Prozedur wurde erfolgreich abgeschlossen.
```

Listing 3.6: Ein Skript mit dem Migrationstool erzeugen

Die Prozedur verwendet das Paket `UTL_FILE`. *Binden Sie deshalb das Verzeichnis, das Sie im Parameter* `file_location` *verwenden, in den Initialisierungsparameter* `UTL_FILE_DIR` *ein bzw. erstellen Sie ein Oracle Directory*

:-) TIPP

3.3 Oracle Streams Advanced Queuing

Hinter Oracle Streams Advanced Queuing verbirgt sich das Produkt, das Sie als Advanced Queuing aus früheren Oracle-Versionen kennen. Der neue Name wurde nicht nur aus Marketinggründen gewählt, er demonstriert auch die Integration von Advanced Queuing in Oracle Streams.

Advanced Queuing ist also einerseits ein Bestandteil und andererseits eine wesentliche Komponente der Streams-Technologie. Ohne Advanced Queuing ist Oracle Streams nicht funktionsfähig.

Oracle 10g stellt die folgenden Erweiterungen und Verbesserungen für Advanced Queuing bereit:

➡ neue Pakete `DBMS_AQ` und `DBMS_AQADM`

- Streams Messaging Client
- neue AQ-Typen für Array-Verarbeitung
- Vereinfachung der Konfiguration
- neue Views für Buffered Queues

Die Pakete DBMS_AQ und DBMS_AQADM wurden in Oracle 10g komplett überarbeitet. Sie bieten jetzt u.a. eine Unterstützung für Buffered Queues an.

Mit dem Streams Messaging Client ist es möglich, Nachrichten aus der Queue SYS.ANYDATA basierend auf Regeln auszulesen. Sie können einen Messaging Client erstellen, indem Sie DEQUEUE als Wert für den Parameter STREAMS_TYPE im Paket DBMS_STREAMS_ADM verwenden. Neu ist der AQ-Typ Message_Properties_T_Array.

Zur Vereinfachung der Konfiguration trägt das neue Paket DBMS_STREAMS_MESSAGING bei. Damit ist es einfacher, Nachrichten in Queues einzustellen bzw. aus Queues auszulesen, die mit der Prozedur DBMS_STREAMS_ADM.SET_UP_QUEUE erstellt wurden. Die Queue muss daher vom Typ SYS.ANYDATA sein.

SYS.ANYDATA ist ein neuer Queue-Typ in Oracle 10g, der für Oracle Streams eingeführt wurde. Damit können Nachrichten verschiedenen Typs in einer Queue verwendet werden. Ausnahmen bilden die folgenden Datentypen, die nicht in SYS.ANYDATA eingestellt werden können:

- CLOB
- BLOB
- NCLOB

Auch im Bereich Message Notifications gibt es Verbesserungen. Mit der neuen Prozedur SET_MESSAGE_NOTIFICATION im Paket DBMS_STREAMS_ADM können Sie Benachrichtigungen schicken lassen, wenn Nachrichten zum Auslesen zur Verfügung stehen. Die Benachrichtigung kann an eine E-Mail-Adresse, einen URL oder eine PL/SQL-Prozedur geschickt werden.

Die Architektur von Oracle Streams AQ

Message Queuing ist eine moderne Architektur, die insbesondere mit der Ausbreitung von Internet-Architekturen an Bedeutung gewonnen hat. So kommunizieren webbasierte Anwendungen vorwiegend asynchron über Message Queuing-Systeme miteinander.

Oracle Streams Advanced Queuing unterstützt eine Vielzahl von Architekturen und Protokollen, wie z.B. Oracle Net und HTTPS. AQ kann in alle

Oracle Streams Advanced Queuing — Kapitel 3

denkbaren Applikationsstrukturen integriert werden, was auch als *Integrated Application Environment* bezeichnet wird. In Abbildung 3.11 finden Sie eine Darstellung der Architekturmöglichkeiten.

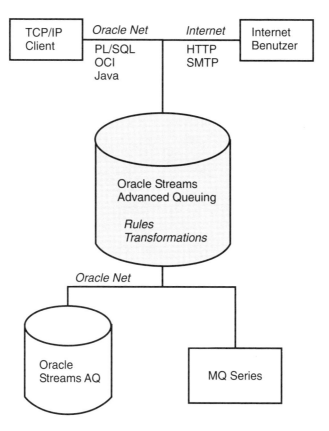

Abbildung 3.11:
Die Architektur von Oracle Streams AQ

Alle Nachrichten werden in einer Oracle-Datenbank gespeichert, was Vorteile gegenüber anderen Messaging-Systemen bietet. So besteht automatisch eine Transaktionssicherheit im Prozess der Nachrichtenübermittlung und es können sehr große Datenmengen in den Queues vorgehalten werden. Die Menge der vorgehaltenen Daten ist durch die Größe der Oracle-Datenbank begrenzt, die ja bekanntlich bereits mehrere hundert bzw. tausend Terabyte speichern kann.

Über einen Messaging Gateway Agent können mit wenig Aufwand Messaging-Systeme anderer Hersteller eingebunden werden.

AQ unterstützt den Einsatz für Internet- und Intranet-Applikationen durch vielfältige Protokolle. In Abbildung 3.12 finden Sie ein Beispiel für einen Einsatz von AQ im Internet-Umfeld.

Der Internet-Client sendet und empfängt Nachrichten in Form von XML-Dokumenten oder als SOAP Envelope. Diese werden durch den Webserver/Application Server verarbeitet. Dazu stellt Oracle ein Servlet bereit. Das AQ-Servlet stellt eine einfache Kommunikation mit den Queues zur Verfügung und kann Internet-Standard-Protokolle einfach verarbeiten.

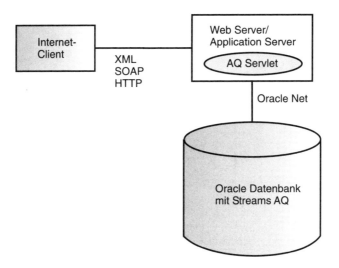

Abbildung 3.12: Eine Internet-Architektur mit Advanced Queuing

Der Absender einer Nachricht wird *Producer* genannt, wogegen der Empfänger *Consumer* heißt. Ein Consumer kann, muss aber nicht *Subscriber* einer Queue sein. Ein Subscriber ist ein Agent, der vom AQ-Administrator autorisiert ist, Nachrichten aus der Queue auszulesen. Häufig taucht im Zusammenhang mit AQ auch der Begriff *Recipient* auf. Recipient dient als Oberbegriff für den Empfänger einer Nachricht.

Advanced Queuing unterstützt *Multiconsumer Queues*. Theoretisch müsste ein Producer dieselbe Nachricht mehrfach, für jeden Recipient einstellen. Bei Verwendung von Multiconsumer Queues kann das vermieden werden. Die Nachricht wird dann nur einmal eingestellt und verbleibt so lange in der Queue, bis sie von allen Recipients ausgelesen wurde.

Nachrichten, die von mehreren Recipients ausgelesen werden können, werden auch *Publish/Subcsribe-Nachrichten* genannt. Für die Nachrichtenübermittlung mit Publish/Subscribe stehen zwei Methoden zur Verfügung, *Broadcast* und *Multicast*.

Broadcast ist mit dem Ausstrahlen von Fernseh-Sendern zu vergleichen, bei dem der Sender nicht weiß, wer das Programm konsumiert. Die Empfänger der Nachrichten sind Subscriber von Multiconsumer Queues.

Dagegen kann Multicast mit der Herausgabe eines Magazins verglichen werden, für das der Herausgeber die Abonnenten kennt. In AQ sendet der Publisher Nachrichten gezielt zu verschiedenen Recipients, die Subscriber sein können, aber nicht müssen.

Anwendungen verwenden häufig verschiedene Datenformate. In Advanced Queuing besteht die Möglichkeit einer *Transformation*. Eine Transformation ist eine SQL-Funktion, die einen Quelldatentyp als Parameter verarbeitet und den Zieldatentyp zurückliefert. Sie können eine Transformation beim Einstellen oder beim Auslesen von Nachrichten durchführen.

Sie können Oracle Streams AQ mit den folgenden Werkzeugen bearbeiten:

- PL/SQL unter Benutzung der Pakete `DBMS_AQ`, `DBMS_AQADM`, `DBMS_AQELM`
- C und C++ unter Verwendung des Oracle-OCI-Interface
- Java Messaging Service mit dem Paket `oracle.jms`
- Visual Basic mit Oracle Objects for OLE
- Internet Access mit HTTP

Eine Umgebung für AQ herstellen

Dieser Abschnitt beschreibt, wie Sie eine funktionsfähige Umgebung für Advanced Queuing herstellen können.

Überzeugen Sie sich, bevor Sie mit dem Einrichten beginnen, dass der Initialisierungsparameter `AQ_TM_PROCESSES` auf einen Wert größer null gesetzt ist. Er legt die Anzahl der Queue Monitor-Prozesse fest. Steht er auf null, dann wird kein Queue Monitor-Prozess gestartet. Dies hat zur Folge, dass z.B. Nachrichten nicht aus Multiconsumer-Queues gelöscht werden, wenn sie von allen Subscribern gelesen wurden.

Zuerst müssen Sie einen AQ-Administrator einrichten. Der Administrator erhält Privilegien zur Verwaltung der AQ-Architektur. Im Beispiel erhält der AQ-Administrator den Namen `AQADM` und der Benutzer von AQ den Namen `AQ`.

Obwohl der Datenbankadministrator alle erforderlichen Rechte für AQ besitzt, ist in der Praxis der DBA in der Regel nicht identisch mit dem AQ-Administrator. Es ist daher sinnvoll, einen AQ-Administrator anzulegen.

:-)
TIPP

```
SQL> CREATE USER aqadm IDENTIFIED BY aqadm;
Benutzer wurde angelegt.
SQL> GRANT CONNECT, RESOURCE TO aqadm;
Benutzerzugriff (Grant) wurde erteilt.
```

Listing 3.7:
AQ-Administrator und AQ-Benutzer anlegen

```
SQL> GRANT EXECUTE ON dbms_aqadm TO aqadm;
Benutzerzugriff (Grant) wurde erteilt.
SQL> GRANT AQ_ADMINISTRATOR_ROLE TO aqadm;
Benutzerzugriff (Grant) wurde erteilt.
SQL> CREATE USER aq IDENTIFIED BY aq;
Benutzer wurde angelegt.
SQL> GRANT CONNECT, RESOURCE TO aq;
Benutzerzugriff (Grant) wurde erteilt.
SQL> GRANT EXECUTE ON dbms_aq TO aq;
Benutzerzugriff (Grant) wurde erteilt.
```

Queue-Tabellen können mit verschiedenen Datentypen angelegt werden. Prüfen Sie vor dem Anlegen der Queue-Tabelle, welche Art von Daten transportiert werden sollen. Im Beispiel wird ein Object Type verwendet. Sie können individuell festlegen, welche Felder und Datentypen im Objekttyp enthalten sein sollen.

Listing 3.8: Eine Queue vom Typ Object Type erstellen

```
SQL> CREATE TYPE aq.message_typ AS OBJECT (
  2  subject     VARCHAR2(20),
  3  contents    VARCHAR2(60));
  4  /
Typ wurde erstellt.
SQL> EXEC DBMS_AQADM.CREATE_QUEUE_TABLE(
queue_table=>'aq.queue_tab_obj_table',
queue_payload_type=>'aq.message_typ');
PL/SQL-Prozedur wurde erfolgreich abgeschlossen.
SQL> EXEC DBMS_AQADM.CREATE_QUEUE( queue_name=>'aq.queue_tab_obj',
queue_table=>'aq.queue_tab_obj_table');
PL/SQL-Prozedur wurde erfolgreich abgeschlossen.
```

Die Queue besitzt nach dem Anlegen den Status »gestoppt«. Starten Sie die Queue mit der Prozedur START_QUEUE.

```
SQL> EXEC DBMS_AQADM.START_QUEUE( queue_name=>'aq.queue_tab_obj');
PL/SQL-Prozedur wurde erfolgreich abgeschlossen.
```

Verifizieren Sie mit dem View DBA_QUEUES, dass die Queue existiert und gestartet wurde. Ist die Queue gestartet, dann müssen die Spalten ENQUEUE_ENABLED und DEQUEUE_ENABLED den Wert YES besitzen. Die Queue ist damit bereit zum Einstellen und Auslesen von Nachrichten.

Listing 3.9: Eine Queue verifizieren

```
SQL> SELECT name, queue_type, enqueue_enabled, dequeue_enabled
  2  FROM dba_queues
  3  WHERE owner = 'AQ';
NAME                            QUEUE_TYPE         ENQUEUE DEQUE
------------------------------- ------------------ ------- -----
AQ$_QUEUE_TAB_OBJ_TABLE_E       EXCEPTION_QUEUE    NO      NO
QUEUE_TAB_OBJ                   NORMAL_QUEUE       YES     YES
```

Wie Sie sicher bemerkt haben, wurde neben der Queue mit dem Namen QUEUE_TAB_OBJ eine weitere mit dem Namen AQ$_QUEUE_TAB_OBJ_TABLE_E angelegt. Dabei handelt es sich um eine Exception-Queue. Sie wird standardmäßig mit jeder Queue angelegt. In einer Exception-Queue werden alle Nachrichten gespeichert, die nicht innerhalb der vorgegebenen Bedingungen oder des vorgegebenen Zeitfensters verarbeitet werden können. Die Spalten ENQUEUE_ENABLED und DEQUEUE_ENABLED sind für Exception-Queues immer auf NO gesetzt, da in sie nicht mit Interfaceoperationen geschrieben werden kann.

Sie können sich die Queue und die Queue-Tabelle auch mit dem Enterprise Manager ansehen. Beachten Sie, dass Oracle Streams nicht im neuen webbasierenden Enterprise Manager integriert sind. Sie müssen also den Java-Client des EM aufrufen. Neben allgemeinen Informationen zu Queue und Queue Table finden Sie auch Statistiken über die Queue.

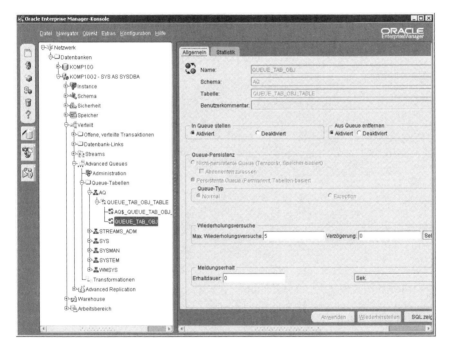

Abbildung 3.13:
Verwaltung von Advanced Queuing im Enterprise Manager

Sie müssen sich beim Anlegen einer Queue Table entscheiden, ob es sich um eine Multiconsumer Queue oder eine Singleconsumer Queue handeln soll. Wenn Sie nichts spezifizieren, wird standardmäßig eine Singleconsumer Queue angelegt.

Die soeben erstellte Singleconsumer Queue ist gestartet und damit bereit, Nachrichten zu empfangen. Wie bereits erwähnt, können Sie verschiedene Sprachen benutzen, um Nachrichten einzustellen und auszulesen. Dabei gibt es keine Einschränkungen. Sie können z.B. eine Nachricht mit PL/SQL einstellen und mit einem Java-Interface auslesen. Im vorliegenden Beispiel verwenden wir PL/SQL.

Die PL/SQL-Prozedur in Listing 3.10 stellt eine Nachricht vom Typ Object Type in die Queue ein. Verwenden Sie den Benutzer AQ, den wir als AQ-Benutzer angelegt haben.

Listing 3.10:
Eine Nachricht mit PL/SQL einstellen

```
SQL> CONNECT aq/aq@komp10g2
Connect durchgeführt.
SQL> DECLARE
  2  enqueue_options      DBMS_AQ.ENQUEUE_OPTIONS_T;
  3  message_properties   DBMS_AQ.MESSAGE_PROPERTIES_T;
  4  message_handle       RAW(16);
  5  message              AQ.MESSAGE_TYP;
  6  BEGIN
  7  message := message_typ('First AQ message','Enqueued with PL/SQL');
  8  DBMS_AQ.ENQUEUE(queue_name=>'queue_tab_obj',
enqueue_options=>enqueue_options, message_properties=>message_properties,
payload=>message, msgid=>message_handle);
  9  COMMIT;
 10  END;
 11  /
PL/SQL-Prozedur wurde erfolgreich abgeschlossen.
```

Die einfachste Methode, die Anzahl von Nachrichten in einer Queue zu ermitteln, ist ein Zählen von Sätzen in der Queue Table.

```
SQL> SELECT COUNT(*)
  2  FROM aq.queue_tab_obj_table
  3  WHERE q_name = 'QUEUE_TAB_OBJ';
COUNT(*)
----------
         1
```

Sie können gespeicherte Nachrichten auch im Enterprise Manager ansehen. Klicken Sie dazu mit der rechten Maustaste auf die Queue und wählen Sie im Kontext-Menü MELDUNGEN ANZEIGEN. Es öffnet sich ein Fenster, in dem Sie alle Nachrichten sehen, die in der Queue gespeichert sind.

Das Auslesen der Nachricht erfolgt analog zum Einstellen mit einer PL/SQL-Prozedur, die Sie in Listing 3.11 finden. Da es sich um eine Singleconsumer Queue handelt, wird die Nachricht nach dem Auslesen gelöscht. Alternativ können Sie die Option einstellen, dass die Nachricht nach dem Lesen in der Queue verbleiben soll. Das erfolgt über den Parameter DEQUEUE_MODE in den Dequeue Options.

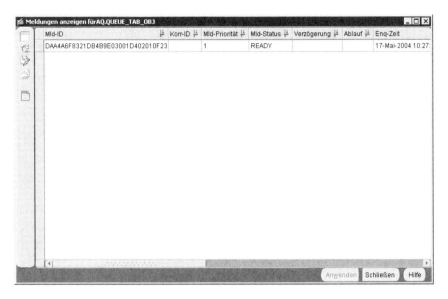

Abbildung 3.14:
Nachrichten im Enterprise Manager anzeigen

```
SQL> SET SERVEROUTPUT ON
SQL> DECLARE
  2   dequeue_options      DBMS_AQ.DEQUEUE_OPTIONS_T;
  3   message_properties   DBMS_AQ.MESSAGE_PROPERTIES_T;
  4   message_handle       RAW(16);
  5   message              AQ.MESSAGE_TYP;
  6  BEGIN
  7   DBMS_AQ.DEQUEUE(queue_name=>'queue_tab_obj',
dequeue_options=>dequeue_options, message_properties=>message_properties,
payload=>message, msgid=>message_handle);
  8   DBMS_OUTPUT.PUT_LINE(message.subject||' : '||message.contents);
  9  END;
 10  /
First AQ message : Enqueued with PL/SQL
PL/SQL-Prozedur wurde erfolgreich abgeschlossen.
```

Listing 3.11:
Eine Nachricht mit PL/SQL auslesen

Für das Einstellen und Auslesen von Nachrichten aus einer Queue sind Privilegien erforderlich. Der Besitzer der Queue erhält dieses Recht standardmäßig. Wenn jedoch andere Benutzer mit der Queue arbeiten sollen, dann müssen Sie diesen entsprechende Privilegien zuweisen. Es empfiehlt sich, den Benutzern einzeln Rechte an einer Queue zu geben. Verwenden Sie hierfür die Prozedur GRANT_ENQUEUE_PRIVILEGE *wie im folgenden Beispiel.*

:-)
TIPP

```
DBMS_AQADM.GRANT_QUEUE_PRIVILEGE(privilege=>'DEQUEUE', queue_name=>'AQ.QUEUE_
    TAB_OBJ', grantee=>'AQ_USER', grant_option=>FALSE);
COMMIT;
```

Alternativ können Sie die Privilegien ENQUEUE ANY QUEUE *und* DEQUEUE ANY QUEUE *vergeben. Seien Sie jedoch vorsichtig mit der Vergabe dieser Privilegien.*

Im folgenden Beispiel soll eine Multiconsumer-Queue angelegt werden. Wie Sie bereits wissen, muss der Queue-Typ beim Erstellen der Queue Table festgelegt werden.

Listing 3.12: Eine Multiconsumer-Queue erstellen

```
SQL> EXEC DBMS_AQADM.CREATE_QUEUE_TABLE( queue_table=>'aq.mcons_queue_table',
    multiple_consumers=>true, queue_payload_type=>'aq.message_typ');
PL/SQL-Prozedur wurde erfolgreich abgeschlossen.
SQL> EXEC DBMS_AQADM.CREATE_QUEUE( queue_name=>'aq.mcons_queue',
queue_table=>'aq.mcons_queue_table');
PL/SQL-Prozedur wurde erfolgreich abgeschlossen.
SQL> EXEC DBMS_AQADM.START_QUEUE( queue_name=>'aq.mcons_queue');
PL/SQL-Prozedur wurde erfolgreich abgeschlossen.
```

Für eine Multiconsumer Queue müssen Subscriber definiert werden. Nachrichten werden genau dann aus der Queue gelöscht, wenn alle Subscriber die Nachricht abgeholt haben. In Listing 3.13 sehen Sie, wie mit PL/SQL die Subscriber sub1 und sub2 zu einer Queue hinzugefügt werden.

Listing 3.13: Subscriber zu einer Multiconsumer-Queue hinzufügen

```
SQL> DECLARE
  2   subscriber     sys.aq$_agent;
  3   BEGIN
  4   subscriber := sys.aq$_agent( 'sub1', 'aq.mcons_queue', null);
  5   DBMS_AQADM.ADD_SUBSCRIBER( queue_name=>'aq.mcons_queue',
subscriber=>subscriber);
  6   subscriber := sys.aq$_agent( 'sub2', 'aq.mcons_queue', null);
  7   DBMS_AQADM.ADD_SUBSCRIBER( queue_name=>'aq.mcons_queue',
subscriber=>subscriber);
  8   END;
  9   /
PL/SQL-Prozedur wurde erfolgreich abgeschlossen.
```

In Listing 3.14 wird eine Nachricht in die Multiconsumer-Queue eingefügt. Die Nachricht ist für die Subscriber der Queue bestimmt.

Listing 3.14: Eine Nachricht in eine Multiconsumer-Queue für Subscriber einstellen

```
SQL> DECLARE
  2   enqueue_options     dbms_aq.enqueue_options_t;
  3   message_properties  dbms_aq.message_properties_t;
  4   recipients          dbms_aq.aq$_recipient_list_t;
  5   message_handle      RAW(16);
  6   message             message_typ;
  7   BEGIN
  8   message := message_typ('Multi Cons Message',
'Message is queued for subscribers');
  9   DBMS_AQ.ENQUEUE( queue_name=>'aq.mcons_queue',
enqueue_options=>enqueue_options, message_properties=>message_properties,
payload=>message, msgid=>message_handle);
 10   COMMIT;
 11   END;
 12   /
PL/SQL-Prozedur wurde erfolgreich abgeschlossen.
```

In Listing 3.15 werden alle vorhandenen Nachrichten für einen Subscriber aus der Multiconsumer Queue ausgelesen. Sind keine Nachrichten mehr vorhanden, dann wird eine Exception erzeugt und das Programm beendet. Dabei wird die Option no_wait verwendet, das heißt, das Programm wartet nicht, wenn keine Nachricht in der Queue gefunden wird.

Listing 3.15: Nachrichten aus einer Multiconsumer-Queue durch Subscriber auslesen

```
SQL> DECLARE
  2   dequeue_options       dbms_aq.dequeue_options_t;
  3   message_properties    dbms_aq.message_properties_t;
  4   message_handle        RAW(16);
  5   message               aq.message_typ;
  6   empty                 exception;
  7   pragma                exception_init( empty, -25228);
  8  BEGIN
  9   dequeue_options.wait := dbms_aq.no_wait;
 10   BEGIN
 11   dequeue_options.consumer_name := 'sub1';
 12   dequeue_options.navigation := DBMS_AQ.FIRST_MESSAGE;
 13   LOOP
 14     DBMS_AQ.DEQUEUE( queue_name=>'aq.mcons_queue',
dequeue_options=>dequeue_options,
message_properties=>message_properties,
payload=>message, msgid=>message_handle);
 15     DBMS_OUTPUT.PUT_LINE( message.subject || ' : ' || message.contents);
 16     dequeue_options.navigation := DBMS_AQ.NEXT_MESSAGE;
 17   END LOOP;
 18   EXCEPTION WHEN empty THEN
 19     DBMS_OUTPUT.PUT_LINE('Keine Nachrichten fuer SUB1');
 20   COMMIT;
 21   END;
 22  END;
 23  /
Multi Cons Message : Message is queued for subscribers
Keine Nachrichten fuer SUB1
PL/SQL-Prozedur wurde erfolgreich abgeschlossen.
```

Wenn Sie die Nachricht für den Subscriber SUB1 ausgelesen haben, dann werden Sie feststellen, dass die Nachricht noch in der Queue verbleibt, bis auch der Subscriber SUB2 die Nachricht ausgelesen hat. Im Enterprise Manager ist die Meldung für SUB1 als PROCESSED markiert, die für SUB2 besitzt den Status READY.

Auch wenn im Meldungsfenster des Enterprise Manager zwei Zeilen angezeigt werden, ist die Nachricht physisch nur einmal in der Queue vorhanden.

Kapitel 3   Oracle Streams

Abbildung 3.15:
Nachrichten einer Multiconsumer-Queue im Enterprise Manager anzeigen

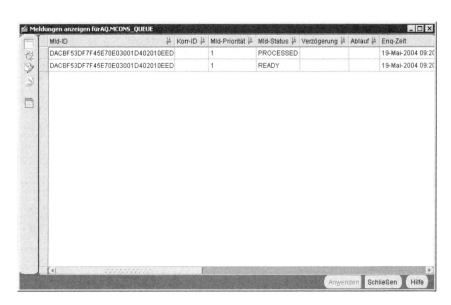

Sie können eine Subscriber-Liste überschreiben, indem Sie Recipients für die Nachricht angeben. Recipients sind Eigenschaften einer Nachricht, nicht einer Queue und können für jede Nachricht individuell gewählt werden. Recipients können, müssen aber nicht Subscriber der Queue sein. Die Definition erfolgt beim Einstellen der Nachricht in der folgenden Form:

```
recipients    dbms_aq.aq$_recipient_list_t;
. . .
recipients(1) := aq$_agent('SUB1', NULL, NULL);
message_properties.recipient_list := recipients;
```

Die Nachrichten verschwinden nicht sofort aus der Queue, wenn sie von allen Empfängern ausgelesen wurden. Es kann unter Umständen einige Sekunden dauern, bis die Queue bereinigt ist. Das Bereinigen von Multiconsumer Queues erfolgt durch einen Hintergrundprozess, der asynchron arbeitet und die Queues in regelmäßigen Abständen prüft.

Sie können den Inhalt von Nachrichten von einem Oracle-Datentyp in einen anderen umwandeln. Dieser Prozess heißt *Transformation* und wird von einer SQL-Funktion ausgeführt. Die Funktion verarbeitet den Quelltyp als Parameter und liefert den Zieltyp zurück. Sie können die Transformation beim Einstellen, Auslesen oder der Propagation von Nachrichten definieren.

Im folgenden Beispiel erfolgt eine Transformation der Nachrichten beim Auslesen. Die Nachricht soll an eine Internet-Applikation gesendet werden und deshalb beim Empfänger im XML-Format ankommen.

Eine Nachricht beim Auslesen transformieren

1. Erstellen Sie eine Funktion für die Transformation des Datentyps. Der Funktionsparameter muss den Datentyp der Nachricht besitzen.

```
SQL> CREATE OR REPLACE FUNCTION convert_to_xml( input message_typ)
  2 RETURN XMLType AS
  3 output XMLType;
  4 BEGIN
  5 SELECT SYS_XMLGEN(input) INTO output FROM dual;
  6 RETURN output;
  7 END;
  8 /
Funktion wurde erstellt.
```

2. Erstellen Sie eine Transformation unter Verwendung des Paketes DBMS_TRANSFORM. Geben Sie als Transformation die soeben erstellte Funktion CONVERT_TO_XML an.

```
SQL> EXEC DBMS_TRANSFORM.CREATE_TRANSFORMATION( schema=>'aq',
    name=>'xml_transformation', from_schema=>'aq',
    from_type=>'message_typ', to_schema=>'sys',
    to_type=>'XMLType',
    transformation=>'aq.convert_to_xml( source.user_data)');
PL/SQL-Prozedur wurde erfolgreich abgeschlossen.
```

3. Lesen Sie die Nachricht aus der Queue aus. Beachten Sie, dass die Nachricht nicht mehr vom Typ message_typ, sondern vom Typ XMLType ist, wenn Sie die Transformation in den Message Properties spezifizieren.

```
SQL> SET SERVEROUTPUT ON
SQL> DECLARE
  2 dequeue_options      DBMS_AQ.DEQUEUE_OPTIONS_T;
  3 message_properties   DBMS_AQ.MESSAGE_PROPERTIES_T;
  4 message_handle       RAW(16);
  5 message              XMLType;
  6 BEGIN
  7 dequeue_options.transformation := 'AQ.XML_TRANSFORMATION';
  8 DBMS_AQ.DEQUEUE(queue_name=>'queue_tab_obj',
    dequeue_options=>dequeue_options,
    message_properties=>message_properties, payload=>message,
    msgid=>message_handle);
  9 DBMS_OUTPUT.PUT_LINE(message.GETSTRINGVAL());
 10 END;
 11 /
<?xml version="1.0"?>
<ROW>
 <SUBJECT>Message 2</SUBJECT>
 <CONTENTS>Message for XML transformation</CONTENTS>
</ROW>
PL/SQL-Prozedur wurde erfolgreich abgeschlossen.
```

Die Verwaltung von AQ

Für die Verwaltung und Überwachung von Oracle Streams Advanced Queuing stehen der Enterprise Manager (Java-Konsole) und eine Reihe von Views aus dem Datenbankkatalog zur Verfügung. Eine Übersicht der vorhandenen Queues können Sie mit der SQL-Abfrage in Listing 3.16 erstellen. Aus den Spalten ENQUEUE_ENABLED und DEQUEUE_ENABLED ist ersichtlich, ob die Queue gestartet oder gestoppt ist. Exception-Queues sind immer gestoppt, da in sie nie direkt Nachrichten eingestellt werden können.

Listing 3.16: Übersicht der vorhandenen Queues

```
SQL> SELECT owner, name,
  2  enqueue_enabled, dequeue_enabled FROM dba_queues
  3  WHERE OWNER NOT IN ('SYS', 'SYSTEM', 'WMSYS', 'SYSMAN');
OWNER         NAME                          ENQUEUE DEQUEUE
------------  ----------------------------  ------- -------
AQ            AQ$_QUEUE_TAB_OBJ_TABLE_E     NO      NO
AQ            QUEUE_TAB_OBJ                 YES     YES
STREAMS_ADM   AQ$_STREAMS_QUEUE_TABLE_E     NO      NO
STREAMS_ADM   STREAMS_QUEUE                 YES     YES
AQ            AQ$_MCONS_QUEUE_TABLE_E       NO      NO
AQ            MCONS_QUEUE                   YES     YES
```

Mit Hilfe der Abfrage in Listing 3.17 erhalten Sie eine Übersicht der vorhandenen Queue Tables. Sie können auch erkennen, ob es sich um eine Singleconsumer- oder um eine Multiconsumer-Queue handelt.

Listing 3.17: Queue Tables abfragen

```
SQL> SELECT owner, queue_table, type, recipients
  2  FROM dba_queue_tables
  3  WHERE owner NOT IN ('SYS', 'SYSTEM', 'WMSYS', 'SYSMAN');
OWNER         QUEUE_TABLE             TYPE     RECIPIEN
------------  ----------------------  -------  --------
AQ            MCONS_QUEUE_TABLE       OBJECT   MULTIPLE
AQ            QUEUE_TAB_OBJ_TABLE     OBJECT   SINGLE
STREAMS_ADM   STREAMS_QUEUE_TABLE     OBJECT   MULTIPLE
```

Eine Statistik und Aussagen über Performance der einzelnen Queues und Queue Tables erhalten Sie mit dem View V$AQ. In der Spalte READY finden Sie die Anzahl der Nachrichten, die zur Abholung bereit stehen. Die Spalte EXPIRED markiert Nachrichten mit verletzten Abholbedingungen, z.B. Zeitüberschreitung. Schließlich finden Sie noch eine Statistik über totale und durchschnittliche Wartezeit. Darunter ist die Zeit zu verstehen, die Nachrichten auf ihre Abholung warten. Sollen Nachrichten immer sofort ausgelesen werden, dann erhalten Sie eine Statistik über die Performance beim Abholen von Nachrichten.

Oracle Streams Advanced Queuing Kapitel 3

```
SQL> SELECT a.owner, a.name, b.waiting,
  2  b.ready, b.expired, b.total_wait, b.average_wait
  3  FROM dba_queues a, v$aq b
  4  WHERE a.qid = b.qid
  5  AND a.owner NOT IN ('SYS', 'SYSTEM', 'WMSYS', 'SYSMAN');
OWNER         NAME                         WAITING      READY      EXPIRED
TOTAL_WAIT AVERAGE_WAIT
------------ -------------------------- ---------- ---------- ----------
---------- ------------
AQ            AQ$_QUEUE_TAB_OBJ_TABLE_E         0          0          0
         0            0
AQ            QUEUE_TAB_OBJ                     0         13          0
      7349   565,307692
STREAMS_ADM   AQ$_STREAMS_QUEUE_TABLE_E         0          0          0
         0            0
STREAMS_ADM   STREAMS_QUEUE                     0          0          0
         0            0
AQ            AQ$_MCONS_QUEUE_TABLE_E           0          0          0
         0            0
AQ            MCONS_QUEUE                       0          0          0
         0            0
```

Listing 3.18:
Statistiken der Queue Tables auswerten

Dieselbe Statistik erhalten Sie im Enterprise Manager pro Queue Table. Wählen Sie die entsprechende Queue Table aus und klicken Sie auf das Register STATISTIK.

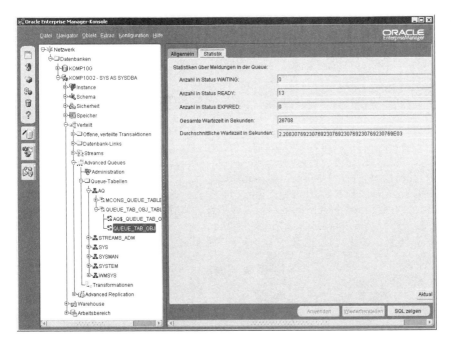

Abbildung 3.16:
Die Statistik einer Queue im Enterprise Manager anzeigen

4 Die sich selbst verwaltende Datenbank

Von Klaus Maier und Lutz Fröhlich

Oracle hat in die Version 10g eine ganze Reihe von Features implementiert, die eine automatische Verwaltung der Datenbank ermöglichen. Bereits in Oracle9*i* gab es erste Ansätze zur Selbstverwaltung. So wurden erstmals dynamische Initialisierungsparameter für die Shared-Memory-Verwaltung eingeführt.

Es war damit möglich, die Größen der einzelnen SGA-Komponenten im laufenden Betrieb anzupassen. Dies musste manuell durch den Administrator erfolgen. In der Version 10g geht Oracle einen Schritt weiter. Im automatischen Memory-Modus passt Oracle die SGA-Größen selbst abhängig vom aktuellen Workload an.

Mit der Einführung des Automatic Storage Managements ist es möglich, eine von Oracle gesteuerte, dynamische Verteilung von E/A-Aktivitäten zu konfigurieren.

Hinter diesen neuen Features steckt eine Strategie zur Umsetzung der folgenden Ziele:

- die Grid-Fähigkeit der Oracle-Datenbank erreichen
- Administrationsprozesse automatisieren
- Vereinfachung der Verwaltung

Erinnern Sie sich an die Diskussion zum Thema Grid Computing in Kapitel 1? Da wurde Provisioning auf allen Ebenen als ein Basisfeature herausgestellt. Wenn Sie sich in diesem Kapitel das Feature Automatic Storage Management näher anschauen, dann werden Sie feststellen, dass ASM genau das realisiert, nämlich Provisioning auf Dateiebene.

Eine Vereinfachung der Verwaltung und eine Automatisierung von Administrationsprozessen ist ein Ziel, das Oracle schon recht lange verfolgt. In Oracle 10g ist erstmalig eine konsequente Umsetzung dieses Ziels zu erkennen. Dahinter steckt der Plan, dass eine Oracle-Datenbank einerseits ihre

Komplexität und damit ihre Flexibilität behalten, andererseits so einfach zu administrieren sein soll wie eine Sybase-Datenbank oder ein SQL-Server.

Dabei sind Grid-Fähigkeit und Automatisierung keine separaten Ziele, sie bedingen einander.

Viele Administratoren stellen sich die Frage, ob mit einer zunehmenden Automatisierung und Vereinfachung von Administrationsprozessen der Bedarf an DBA-Tätigkeit abnehmen wird. Diese Frage ist klar mit »Nein« zu beantworten. In der Praxis werden automatische Features nie die Kreativität von menschlichem Gedankengut ersetzen können. Automatische Features werden immer nur eine gute, niemals ein optimale Konfiguration liefern können. Hinzu kommt, dass zwar verschiedene Administrationstätigkeiten einfacher und weniger zeitaufwendig geworden sind, andererseits die Architekturen und die Features immer komplexer werden. Denken Sie dabei nur an Hochverfügbarkeit, Data Guard u.Ä. Es findet also nur eine Verlagerung der Typen der DBA-Tätigkeiten statt mit keinesfalls sinkendem Administrationsvolumen.

Dieses Kapitel befasst sich mit den neuen Features zur Selbstverwaltung und Automatisierung. Im Einzelnen werden Sie die folgenden Themen kennen lernen:

- Automatic Storage Management (ASM)
- Automatic Memory Management (AMM)
- Automatic Workload Repository (AWR)
- Active Session History (ASH)
- Automatic Database Diagnostic Monitor (ADDM)

4.1 Automatic Storage Management (ASM)

Mit Automatic Storage Management stellt Oracle eine Technik bereit, um die immer komplexer werdende Administration des Plattenspeichers für Oracle-Datenbanken zu vereinfachen. Zusätzlich wird die gleichmäßige Verteilung der I/O-Belastung durch Verteilung der Datenbankdateien (Striping) automatisiert und Ausfallsicherheit über Spiegelung der Platten (Mirroring) gewährleistet. Dies ist für den Datenbankadministrator völlig transparent, das heißt, Oracle führt Striping und Mirroring automatisch durch, wenn Sie Platten hinzufügen oder entfernen. Zusätzlich wird durch das so genannte Rebalancing gewährleistet, das beim Hinzufügen oder Entfernen einer Platte die Datenbankdateien gleichmäßig auf die verfügbaren Platten verteilt werden. ASM bietet sich speziell für große Datenbanken in Produktionsumgebungen an, da auf die Verwendung eines Logical Volume

Manager (LVM) mit Striping und RAID-Funktionalität verzichtet werden kann und der Einsatz von Raw Devices unterstützt wird. ASM ist in die Oracle-Software integriert, das heißt, Sie müssen keine zusätzliche Software installieren. In Verbindung mit Oracle Managed Files (OMF) macht ASM die Administration der Datendateien besonders einfach, da nun keine Dateinamen und -verzeichnisse mehr angegeben werden müssen. OMF sorgt für die automatische Benennung der Dateien, ASM sorgt für automatisches Striping und Mirroring.

ASM-Funktionsweise

Automatic Storage Management wird über eine so genannte *ASM-Instanz* zur Verfügung gestellt. In dieser Instanz werden Diskgroups verwaltet, die von den Datenbanken benutzt werden, um ihre verschiedenen Daten wie Kontrolldateien, Datendateien oder Redo Log-Dateien abzulegen. Datenbanken, die ASM benutzen wollen, benötigen wie die ASM-Instanz Lese- und Schreibberechtigung für die Device-Dateien, die zu den verwendeten Diskgroups gehören. Eine Diskgroup besteht im Normalfall aus mehreren so genannten Failure Groups, denen die jeweiligen verwendeten Platten zugeordnet sind. Falls Sie für die Datenhaltung ein Platten-Subsystem verwenden, das bereits eine Spiegelung der Daten gewährleistet, können Sie auch auf Failure Groups verzichten.

Da Oracle über die Failure Groups die Spiegelung der Daten vornimmt, sollten Sie darauf achten, dass die Platten der verschiedenen Failure Groups auch an unterschiedlichen Plattencontrollern angeschlossen sind, um maximale Ausfallsicherheit zu gewährleisten. Auch sollten Sie bedenken, dass die Platten einer Diskgroup gleiche Charakteristik in Bezug auf Kapazität und Performance aufweisen, damit das Striping der Daten effizient ist.

Um den Datenbanken die Benutzung der ASM Diskgroups zu ermöglichen, muss die ASM-Instanz laufen. Deshalb sollte bei der ASM-Instanz wie bei einer normalen Datenbank genauso auf Verfügbarkeit geachtet werden.

Erstellung einer ASM-Instanz

Bevor wir eine ASM-Instanz anlegen können, müssen auf Betriebssystemebene einige Vorarbeiten durchgeführt werden. In unserem Beispiel verwenden wir einen Linux-Rechner. Alle folgenden Aktivitäten können nur als root-User durchgeführt werden. Um die Festplatten verwenden zu können, muss unter Linux das Block Device der Festplatte an ein Raw Device als Character Device gebunden werden. Dies ist notwendig, damit Oracle den Kernel-Block-Buffer umgehen kann und die I/O-Operationen direkt auf der Platte durchführen kann. Auf Unix-Derivaten wie Solaris oder HP-UX ist dies nicht notwendig, da hier für die Block Devices im Verzeichnis /dev/dsk

Kapitel 4   Die sich selbst verwaltende Datenbank

entsprechende Raw Devices im Verzeichnis /dev/rdsk vorhanden sind. Zuerst sollten wir prüfen, ob die Raw Devices, die wir verwenden wollen, bereits an ein Block Device gebunden sind:

Listing 4.1:
Abfragen von vorhandenen Raw-Device-Bindungen

```
# raw -qa
```

Unter den eventuell angezeigten Bindungen sollten die Raw Devices nicht enthalten sein, die wir verwenden wollen. Als Nächstes können wir die Raw Devices über folgendes Kommando an die Block Devices binden:

Listing 4.2:
Anlegen der Raw-Device-Bindungen

```
# raw /dev/raw/raw1 /dev/sdb
/dev/raw/raw1:  bound to major 8, minor 16
# raw /dev/raw/raw2 /dev/sdc
/dev/raw/raw2:  bound to major 8, minor 32
# raw /dev/raw/raw3 /dev/sdd
/dev/raw/raw3:  bound to major 8, minor 48
# raw /dev/raw/raw4 /dev/sde
/dev/raw/raw4:  bound to major 8, minor 64
# raw /dev/raw/raw5 /dev/sdf
/dev/raw/raw5:  bound to major 8, minor 80
# raw /dev/raw/raw6 /dev/sdg
/dev/raw/raw6:  bound to major 8, minor 96
# raw /dev/raw/raw7 /dev/sdh
/dev/raw/raw7:  bound to major 8, minor 112
# raw /dev/raw/raw8 /dev/sdi
/dev/raw/raw8:  bound to major 8, minor 128
```

Es kann sein, dass die Device-Dateien /dev/raw/raw? noch nicht existieren. In diesem Fall können Sie sie wie folgt anlegen. Achten Sie dabei auf die Device Minor Number, die sich im Dateinamen widerspiegelt. Diese Aktion müssen Sie nur einmal durchführen:

Listing 4.3:
Anlegen der Device-Dateien für die Raw Devices

```
# mknod /dev/raw/raw1 c 162 1
# mknod /dev/raw/raw2 c 162 2
```

Diese Einstellungen würden nach einem Neustart des Systems verloren gehen. Deshalb tragen wir sie in der Datei /etc/sysconfig/rawdevices ein:

Listing 4.4:
Einträge in der Datei /etc/sysconfig/rawdevices

```
/dev/raw/raw1 /dev/sdb
/dev/raw/raw2 /dev/sdc
/dev/raw/raw3 /dev/sdd
/dev/raw/raw4 /dev/sde
/dev/raw/raw5 /dev/sdf
/dev/raw/raw6 /dev/sdg
/dev/raw/raw7 /dev/sdh
/dev/raw/raw8 /dev/sdi
```

Automatic Storage Management (ASM)   Kapitel 4

Damit alle Instanzen auf die in den Diskgroups befindlichen Platten zugreifen können, muss der Oracle-Betriebssystembenutzer noch die entsprechenden Lese- und Schreibberechtigungen für die Raw Devices erhalten:

```
# chown oracle /dev/raw/raw[1-8]
```

Listing 4.5:
Vergabe der benötigen Lese- und Schreibberechtigungen

Als Nächstes erstellen wir eine Initialisierungsparameterdatei (initASM.ora) für unsere ASM-Instanz. Im Wesentlichen sind fünf Parameter relevant:

Parameter	Bedeutung
INSTANCE_TYPE	Der Typ der Instanz. Dieser Parameter muss auf ASM gesetzt werden.
DB_UNIQUE_NAME	Eindeutiger Name für die Instanz innerhalb eines Clusters oder auf dieser Node. Default ist +ASM.
ASM_POWER_LIMIT	Priorität für das Rebalancing von Platten. Ein höherer Wert beschleunigt das Rebalancing, benötigt aber auch mehr CPU und I/O-Bandbreite. Default ist 1.
ASM_DISKSTRING	Pfad, der beim Auffinden der verfügbaren Platten verwendet wird. Der Defaultwert ist abhängig vom verwendeten Betriebssystem.
ASM_DISKGROUPS	Liste der Diskgroups, die beim Startup automatisch gemountet werden, durch Komma getrennt. Default ist NULL.

Da für alle Parameter bis auf den INSTANCE_TYPE ein Defaultwert vorhanden ist, sieht die initASM.ora sehr einfach aus:

```
instance_type=ASM
background_dump_dest='/u01/oracle/admin/ASM/bdump'
user_dump_dest='/u01/oracle/admin/ASM/udump'
core_dump_dest='/u01/oracle/admin/ASM/cdump'
```

Listing 4.6:
Inhalt der initASM.ora

Vor dem Start der ASM-Datenbank legen wir noch die benötigten Dump-Verzeichnisse an:

```
$ mkdir -p /u01/oracle/admin/ASM/bdump
$ mkdir -p /u01/oracle/admin/ASM/cdump
$ mkdir -p /u01/oracle/admin/ASM/udump
```

Listing 4.7:
Anlegen der Dump-Verzeichnisse

Damit Sie ASM benutzen können, muss auf dem jeweiligen Rechner der Oracle Cluster Synchronization Service (CSS) laufen. Dieser ist für die Synchronisation zwischen ASM-Instanz und Datenbanken zuständig. Der entsprechende Eintrag in der /etc/inittab *und das Erzeugen des Sequenzerskripts* /etc/init.d/init.cssd *wird vom Skript* root.sh *bei der Installation von*

!!
STOP

Kapitel 4   Die sich selbst verwaltende Datenbank

Oracle durchgeführt. Falls Sie Ihre Datenbanken über ein Sequenzerskript in /etc/init.d *starten und stoppen, kann es zu Problemen kommen, da eventuell zum Zeitpunkt, an dem Ihre Datenbanken gestartet werden, der* init-*Prozess den CSS noch nicht gestartet hat. Sie sollten dann den Eintrag aus der* /etc/inittab *entfernen und den CSS direkt über das Skript* /etc/init.d/init.cssd *starten.*

Nachdem nun alle Vorarbeiten abgeschlossen sind, kann die ASM-Instanz unter Angabe der initASM.ora gestartet werden:

Listing 4.8:
Starten der ASM-Instanz

```
$ ORACLE_SID=ASM ; export ORACLE_SID
$ sqlplus /nolog
SQL*Plus: Release 10.1.0.2.0 - Production on Do Mai 20 13:48:08 2004
Copyright (c) 1982, 2004, Oracle. All rights reserved.
SQL> connect / as sysdba
Bei einer nicht hochgefahrenen Instance angemeldet.
SQL> startup nomount pfile='/u01/oracle/admin/ASM/scripts/initASM.ora'
OSM-Instance gestartet
Total System Global Area   100663296 bytes
Fixed Size                     777616 bytes
Variable Size                99885680 bytes
Database Buffers                    0 bytes
Redo Buffers                        0 bytes
```

Die Prozesse, die auf Betriebssystemebene gestartet werden, haben im Gegensatz zu einer normalen Oracle-Instanz das Präfix asm_:

Listing 4.9:
Prozesse der ASM-Instanz

```
$ ps -ef | grep ASM
oracle    2408     1  0 21:29 ?        00:00:00 asm_pmon_ASM
oracle    2410     1  0 21:29 ?        00:00:00 asm_mman_ASM
oracle    2412     1  0 21:29 ?        00:00:00 asm_dbw0_ASM
oracle    2414     1  0 21:29 ?        00:00:00 asm_lgwr_ASM
oracle    2416     1  0 21:29 ?        00:00:00 asm_ckpt_ASM
oracle    2418     1  0 21:29 ?        00:00:00 asm_smon_ASM
oracle    2420     1  0 21:29 ?        00:00:00 asm_rbal_ASM
```

Der Prozess asm_rbal_ASM koordiniert das Rebalancing der Diskgroups. Nun können wir unsere ersten Diskgroups anlegen:

Listing 4.10:
Erstellen von Diskgroups

```
SQL> CREATE DISKGROUP DG1 NORMAL REDUNDANCY
  2  FAILGROUP FG1 DISK '/dev/raw/raw1' NAME DISK1
  3  FAILGROUP FG2 DISK '/dev/raw/raw2' NAME DISK2;
Plattengruppe erstellt.
SQL> CREATE DISKGROUP DG2 NORMAL REDUNDANCY
  2  FAILGROUP FG1 DISK '/dev/raw/raw3' NAME DISK3
  3  FAILGROUP FG2 DISK '/dev/raw/raw4' NAME DISK4;
Plattengruppe erstellt.
```

Automatic Storage Management (ASM) Kapitel 4

In unserem Beispiel erstellen wir zwei Diskgroups mit jeweils zwei Platten. Durch die Angabe von NORMAL REDUNDANCY legen wir eine Spiegelung fest, bei der mindestens zwei Failure Groups angegeben werden müssen und maximal eine Failure Group ausfallen kann. Bei HIGH REDUNDANCY müssen mindestens drei Failure Groups angegeben werden und es können maximal zwei Failure Groups ausfallen. Falls Sie ein Platten-Subsystem verwenden, das die Spiegelung der Platten selbst durchführt, oder auf eine Spiegelung z.B. in einer Testumgebung verzichten wollen, können Sie dies durch die Angabe von EXTERNAL REDUNDANCY erreichen. Die Verwendung des Parameters FAILGROUP ist dann nicht erlaubt. Durch die Angabe des Parameters SIZE können Sie eine Größe für die Diskgroup bestimmen. Hier noch ein Beispiel mit Angabe von EXTERNAL REDUNDANCY und SIZE:

```
SQL> CREATE DISKGROUP DG3 EXTERNAL REDUNDANCY DISK '/dev/raw/raw5' NAME DISK5
  2  SIZE 200M;
Plattengruppe erstellt.
```

Listing 4.11: Erstellen einer Diskgroup unter Angabe von EXTERNAL REDUNDANCY und SIZE

Die vorhandenen Diskgroups können Sie sich über das View V$ASM_DISKGROUP anzeigen lassen:

```
SQL> SELECT NAME, STATE, TOTAL_MB, FREE_MB FROM V$ASM_DISKGROUP;
NAME                   STATE          TOTAL_MB    FREE_MB
---------------------- -------------- ----------- ----------
DG1                    MOUNTED        972         872
DG2                    MOUNTED        972         872
DG3                    MOUNTED        200         150
```

Listing 4.12: Anzeigen der vorhandenen Diskgroups

Diskgroups sind nach dem Erstellen automatisch gemountet.

INFO

Um eine Diskgroup manuell zu dismounten bzw. zu mounten, benutzen Sie folgende Befehle:

```
SQL> ALTER DISKGROUP DG3 DISMOUNT;
Plattengruppe geändert.
SQL> ALTER DISKGROUP DG3 MOUNT;
Plattengruppe geändert.
```

Listing 4.13: Diskgroups dismounten und mounten

Um eine Diskgroup zu löschen, verwenden wir den Befehl DROP DISKGROUP:

```
SQL> DROP DISKGROUP DG3;
Plattengruppe gelöscht.
```

Listing 4.14: Löschen einer Diskgroup

Zum Abschluss wollen wir noch eine Server-Parameterdatei für unsere ASM-Instanz erzeugen. Dies hat den Vorteil, dass Oracle den Initialisierungsparameter ASM_DISKGROUPS automatisch anpasst, wenn Sie eine Diskgroup mounten oder dismounten:

Kapitel 4 Die sich selbst verwaltende Datenbank

Listing 4.15:
Erzeugen des Server Parameter Files

```
SQL> CREATE SPFILE FROM pfile='/u01/oracle/admin/ASM/scripts/initASM.ora';
Datei erstellt.
```

ASM-Instanzen verfügen über kein Data Dictionary. Somit müssen Sie sich immer als Administrator anmelden. Wenn Sie sich lokal auf dem Datenbankserver befinden, melden Sie sich als SYS unter Benutzung von Betriebssystemauthentifizierung oder remote unter Verwendung einer Passwortdatei an der Datenbank an.

Erstellung einer Datenbank mit ASM

Die ASM-Instanz ist nun so weit vorbereitet, dass wir die angelegten Diskgroups in unseren Datenbanken verwenden können. In nachfolgender Tabelle finden Sie die Oracle-Dateitypen, die durch ASM unterstützt werden. Die Einstellung für Mirroring und Striping wird für die einzelnen Dateitypen durch so genannte Templates gesteuert. Für alle in der Tabelle genannten Dateitypen wird standardmäßig für NORMAL REDUNDANCY 2-fach-Spiegelung und für HIGH REDUNDANCY 3-fach-Spiegelung verwendet.

Tabelle 4.1: Von ASM unterstützte Dateitypen

Dateityp	Template	Striping
Kontrolldatei	CONTROLFILE	fein
Datendatei	DATAFILE	grob
Redo Log-Datei	ONLINELOG	fein
Archive Log-Datei	ARCHIVELOG	grob
Temporärdatei	TEMPFILE	grob
Backup pieces	BACKUPSET	grob
Datafile incremental backup pieces	BACKUPSET	grob
Archive log backup piece	BACKUPSET	grob
Datafile copy	DATAFILE	grob
Server-Parameterdatei	PARAMETERFILE	grob
Disaster-recovery-Konfiguration	DATAGUARDCONFIG	grob
Flashback-Log	FLASHBACK	fein
Change-tracking-Datei	CHANGETRACKING	grob
Data-Pump-Dump-Datei	DUMPSET	grob
Auto-backup-Datei	AUTOBACKUP	grob

Automatic Storage Management (ASM)   Kapitel 4

Bei einer Neuanlage einer Datenbank erstellen wir wiederum eine init.ora-Datei (initKOMPASM.ora).

```
db_block_size=8192
db_cache_size=25165824
db_domain=WORLD
db_name=KOMPASM
background_dump_dest=/u01/oracle/admin/KOMPASM/bdump
core_dump_dest=/u01/oracle/admin/KOMPASM/cdump
user_dump_dest=/u01/oracle/admin/KOMPASM/udump
java_pool_size=50331648
large_pool_size=8388608
shared_pool_size=99614720
pga_aggregate_target=25165824
sort_area_size=65536
undo_management=AUTO
undo_tablespace='UNDOTBS1'
db_create_file_dest='+DG1'
control_files='+DG1/KOMPASM/control01.ctl','+DG2/KOMPASM/control02.ctl'
log_archive_dest='+DG1/KOMPASM'
```

Listing 4.16:
Inhalt der init-KOMPASM.ora

Die Initialisierungsdatei ist hier absichtlich sehr einfach gehalten. Interessant ist die Verwendung der Diskgroups bei den Parametern db_create_file_dest, control_files und log_archive_dest. Auch für diese Datenbank legen wir vorher die benötigten Dump-Verzeichnisse an:

```
$ mkdir -p /u01/oracle/admin/KOMPASM/bdump
$ mkdir -p /u01/oracle/admin/KOMPASM/cdump
$ mkdir -p /u01/oracle/admin/KOMPASM/udump
```

Listing 4.17:
Anlegen der Dump-Verzeichnisse

Nun erzeugen wir die Datenbank:

```
$ ORACLE_SID=KOMPASM ; export ORACLE_SID
$ sqlplus /nolog
SQL*Plus: Release 10.1.0.2.0 - Production on So Mai 30 11:13:58 2004
Copyright (c) 1982, 2004, Oracle. All rights reserved.
SQL> connect / as sysdba
Bei einer nicht hochgefahrenen Instance angemeldet.
SQL> startup nomount pfile='/u01/oracle/admin/KOMPASM/scripts/
initKOMPASM.ora';
ORACLE-Instance hochgefahren.
Total System Global Area  188743680 bytes
Fixed Size                   778036 bytes
Variable Size             162537676 bytes
Database Buffers           25165824 bytes
Redo Buffers                 262144 bytes
SQL> CREATE DATABASE KOMPASM
  2  CONTROLFILE REUSE
  3  LOGFILE
```

Listing 4.18:
Anlegen der Datenbank

Kapitel 4   Die sich selbst verwaltende Datenbank

```
    4  GROUP 1 ('+DG1') SIZE 10240K,
    5  GROUP 2 ('+DG2') SIZE 10240K
    6  ARCHIVELOG
    7  DATAFILE '+DG1'
    8  SIZE 300M AUTOEXTEND ON NEXT 10240K MAXSIZE UNLIMITED
    9  EXTENT MANAGEMENT LOCAL
   10  SYSAUX DATAFILE '+DG1' SIZE 120M
   11  DEFAULT TEMPORARY TABLESPACE TEMP TEMPFILE '+DG1' SIZE 50M
   12  UNDO TABLESPACE UNDOTBS1 DATAFILE '+DG1' SIZE 100M
   13  CHARACTER SET UTF8
   14  USER SYS IDENTIFIED BY KOMPIOG USER SYSTEM IDENTIFIED BY KOMPIOG;
Datenbank wurde angelegt.
SQL> CREATE TABLESPACE USERS DATAFILE '+DG1'
    2  SIZE 100M EXTENT MANAGEMENT LOCAL SEGMENT SPACE MANAGEMENT AUTO;
Tablespace wurde angelegt.
SQL> ALTER DATABASE DEFAULT TABLESPACE USERS;
Datenbank wurde geändert.
SQL> CREATE TABLESPACE INDX DATAFILE '+DG2'
    2  SIZE 100M EXTENT MANAGEMENT LOCAL SEGMENT SPACE MANAGEMENT AUTO;
Tablespace wurde angelegt.
SQL> CREATE SPFILE FROM pfile='/u01/oracle/admin/KOMPASM/scripts/
initKOMPASM.ora';
Datei erstellt.
```

Das anschließende Ausführen der SQL-Skripte zum Erzeugen der Data Dictionary Views (`catalog.sql`) usw. wird hier nicht beschrieben. Die Vorgehensweise unterscheidet sich hierbei nicht von der Erstellung einer Datenbank ohne Benutzung von ASM. Sie können im Prinzip auch die Server-Parameterdatei in einer ASM Diskgroup ablegen. Es ist dann aber zu beachten, dass vorhandene Start- und Stoppskripte anpasst werden. Das von Oracle mitgelieferte Shell-Skript `dbstart` ist für die Verwendung einer Server-Parameterdatei in einer ASM Diskgroup nicht vorbereitet. Nach dem Start der Datenbank sind auch für diese Instanz spezielle Prozesse für die ASM-Funktionalität gestartet:

Listing 4.19: Prozesse der Instanz

```
$ ps -ef | grep _KOMPASM
oracle    2092    1  0 15:14 ?    00:00:00 ora_pmon_KOMPASM
oracle    2094    1  0 15:14 ?    00:00:00 ora_mman_KOMPASM
oracle    2096    1  0 15:14 ?    00:00:00 ora_dbw0_KOMPASM
oracle    2098    1  0 15:14 ?    00:00:00 ora_lgwr_KOMPASM
oracle    2100    1  0 15:14 ?    00:00:00 ora_ckpt_KOMPASM
oracle    2102    1  0 15:14 ?    00:00:00 ora_smon_KOMPASM
oracle    2104    1  0 15:14 ?    00:00:00 ora_reco_KOMPASM
oracle    2108    1  0 15:14 ?    00:00:00 ora_asmb_KOMPASM
oracle    2112    1  0 15:14 ?    00:00:00 ora_rbal_KOMPASM
oracle    2118    1  0 15:14 ?    00:00:00 ora_o001_KOMPASM
oracle    2122    1  0 15:14 ?    00:00:00 ora_arc0_KOMPASM
oracle    2124    1  0 15:14 ?    00:00:00 ora_arc1_KOMPASM
oracle    2128    1  0 15:14 ?    00:00:00 ora_qmnc_KOMPASM
```

```
oracle    2130    1   0 15:14 ?        00:00:00 ora_mmon_KOMPASM
oracle    2132    1   0 15:14 ?        00:00:00 ora_mmnl_KOMPASM
```

Der Prozess `ora_asmb_KOMPASM` nimmt Verbindung zum CSS auf und erhält von diesem den Connect String zur ASM-Instanz. Über den Prozess `ora_o001_KOMPASM` werden Nachrichten wie der Request zum Öffnen einer Datei an die ASM-Instanz gesendet. Die eigentlichen Block-I/O-Vorgänge werden nach wie vor von der Datenbankinstanz und nicht von der ASM-Instanz durchgeführt.

Es sei hier noch einmal darauf hingewiesen, dass Datenbanken, die Diskgroups verwenden, auf die ASM-Instanz angewiesen sind. Falls für die ASM-Instanz versehentlich ein Shutdown durchgeführt wird, werden auch die abhängigen Datenbanken beendet.

ASM spielt seine Vorteile vor allem beim Ändern des Plattenlayouts, d.h. beim Hinzufügen oder Entfernen von Platten aus. Hierbei führt der RBAL-Prozess automatisch das Rebalancing der Daten durch. Im folgenden Beispiel wollen wir unseren beiden bestehenden Diskgroups neue Platten hinzufügen:

```
SQL> ALTER DISKGROUP DG1 ADD FAILGROUP FG1 DISK '/dev/raw/raw5' NAME DISK5;
Plattengruppe geändert.
SQL> ALTER DISKGROUP DG1 ADD FAILGROUP FG2 DISK '/dev/raw/raw6' NAME DISK6;
Plattengruppe geändert.
SQL> ALTER DISKGROUP DG2 ADD FAILGROUP FG1 DISK '/dev/raw/raw7' NAME DISK7;
Plattengruppe geändert.
SQL> ALTER DISKGROUP DG2 ADD FAILGROUP FG2 DISK '/dev/raw/raw8' NAME DISK8;
Plattengruppe geändert.
```

Listing 4.20:
Hinzufügen von Platten an bestehende Diskgroups

Nach dem Hinzufügen der Platten können Sie sich über das View V$ASM_DISK die Kapazität anzeigen lassen:

```
SQL> SELECT NAME, TOTAL_MB, FREE_MB FROM V$ASM_DISK WHERE NAME IS NOT NULL
  2  ORDER BY NAME;
NAME                               TOTAL_MB    FREE_MB
---------------------------------- ---------- ----------
DISK1                                   486        307
DISK2                                   486        305
DISK3                                   486        457
DISK4                                   486        457
DISK5                                   486        315
DISK6                                   486        316
DISK7                                   486        465
DISK8                                   486        464
8 Zeilen ausgewählt.
```

Listing 4.21:
Kapazität einzelner Platten

Kapitel 4 Die sich selbst verwaltende Datenbank

Migration einer bestehenden Datenbank

Wenn Sie den Einsatz von ASM in Betracht ziehen, müssen normalerweise auch bestehende Datenbanken für die Verwendung von ASM migriert werden. Dazu wird der Recovery Manager (RMAN) benutzt. Falls in der zu konvertierenden Datenbank Block Change Tracking eingeschaltet ist, muss dies zuerst ausgeschaltet werden:

```
SQL> ALTER DATABASE DISABLE BLOCK CHANGE TRACKING;
Datenbank wurde geändert.
```

Listing 4.22: Ausschalten des Block Change Trackings

Handelt es sich bei der zu migrierenden Datenbank um eine Standby-Datenbank, muss der Recovery-Modus mit folgendem Kommando ausgeschaltet werden:

```
ALTER DATABASE RECOVER MANAGED STANDBY DATABASE CANCEL;
```

Danach werden die Parameter `control_files`, `log_archive_dest` und `db_create_file_dest` umgesetzt. In unserem Beispiel verwenden wir eine Server-Parameterdatei. Anschließend wird die Datenbank heruntergefahren:

```
SQL> ALTER SYSTEM SET control_files='+DG1/KOMP10G/control1.ctl','+DG2/
     KOMP10G/control2.ctl' SCOPE = SPFILE;
System wurde geändert.
SQL> ALTER SYSTEM SET log_archive_dest='+DG1/KOMP10G' SCOPE = SPFILE;
System wurde geändert.
SQL> ALTER SYSTEM SET db_create_file_dest='+DG1' SCOPE = SPFILE;
System wurde geändert.
SQL> shutdown immediate;
Datenbank geschlossen.
Datenbank abgehängt.
ORACLE-Instance heruntergefahren.
```

Listing 4.23: Umsetzen der Parameter in der Server-Parameterdatei

Nun können Sie sich mit RMAN anmelden und die Datenbank starten:

```
$ rman target /
Recovery Manager: Version 10.1.0.2.0 - Production
Copyright (c) 1995, 2004, Oracle. All rights reserved.
mit Zieldatenbank verbunden (nicht gestartet)
RMAN> STARTUP NOMOUNT;
mit Zieldatenbank verbunden (nicht gestartet)
Oracle-Instance gestartet
Gesamte System Global Area     188743680 Byte
Fixed Size                         778036 Byte
Variable Size                   162537676 Byte
Database Buffers                 25165824 Byte
Redo Buffers                       262144 Byte
```

Listing 4.24: Starten der Datenbank in den NOMOUNT-Modus mit RMAN

Automatic Storage Management (ASM)

Als Nächstes sichern wir die Kontrolldatei in die angegebenen Diskgroups zurück:

```
RMAN>  RESTORE CONTROLFILE FROM '/u01/oracle/product/10.1.0/oradata/KOMP10G/
   control01.ctl';
Starten restore um 30.05.04
Kanal ORA_DISK_1 wird benutzt
Kanal ORA_DISK_1: Kontrolldateikopie wurde kopiert
Ausgabedateiname=+DG1/komp10g/control1.ctl
Ausgabedateiname=+DG2/komp10g/control2.ctl
Beendet restore um 30.05.04
```

Listing 4.25:
Zurücksichern der Kontrolldatei

Jetzt können wir mit dem Zurücksichern der Datenbank beginnen:

```
RMAN> ALTER DATABASE MOUNT;
Datenbank angeschlossen
Freigegebener Kanal: ORA_DISK_1
RMAN> BACKUP AS COPY DATABASE FORMAT '+DG1';
Starten backup um 30.05.04
Kanal ORA_DISK_1 wird benutzt
Kanal ORA_DISK_1: Datendatei-Kopie wird gestartet
Eingabe-Datendatei fno=00002 Name=/u01/oracle/product/10.1.0/oradata/KOMP10G/
undotbs01.dbf
Ausgabedateiname=+DG1/komp10g/datafile/
undotbs1.258.3 tag=TAG20040530T210819 recid=2 stamp=527548231
Kanal ORA_DISK_1: Datendatei-Kopie abgeschlossen, abgelaufene Zeit: 00:02:17
Kanal ORA_DISK_1: Datendatei-Kopie wird gestartet
Eingabe-Datendatei fno=00001 Name=/u01/oracle/product/10.1.0/oradata/KOMP10G/
system01.dbf
Ausgabedateiname=+DG1/komp10g/datafile/
system.259.1 tag=TAG20040530T210819 recid=3 stamp=527548316
Kanal ORA_DISK_1: Datendatei-Kopie abgeschlossen, abgelaufene Zeit: 00:01:27
Kanal ORA_DISK_1: Datendatei-Kopie wird gestartet
Eingabe-Datendatei fno=00003 Name=/u01/oracle/product/10.1.0/oradata/KOMP10G/
sysaux01.dbf
Ausgabedateiname=+DG1/komp10g/datafile/
sysaux.260.1 tag=TAG20040530T210819 recid=4 stamp=527548367
Kanal ORA_DISK_1: Datendatei-Kopie abgeschlossen, abgelaufene Zeit: 00:00:45
Kanal ORA_DISK_1: Datendatei-Kopie wird gestartet
Eingabe-Datendatei fno=00004 Name=/u01/oracle/product/10.1.0/oradata/KOMP10G/
users01.dbf
Ausgabedateiname=+DG1/komp10g/datafile/
users.261.1 tag=TAG20040530T210819 recid=5 stamp=527548372
Kanal ORA_DISK_1: Datendatei-Kopie abgeschlossen, abgelaufene Zeit: 00:00:03
Kanal ORA_DISK_1: Datendatei-Kopie wird gestartet
Aktuelle Kontrolldatei wird kopiert
Ausgabedateiname=+DG1/komp10g/controlfile/
backup.262.1 tag=TAG20040530T210819 recid=6 stamp=527548375
Kanal ORA_DISK_1: Datendatei-Kopie abgeschlossen, abgelaufene Zeit: 00:00:03
Kanal ORA_DISK_1: Vollständiges Backup Set für Datendatei wird begonnen
```

Listing 4.26:
Zurücksichern der Tablespaces

Kapitel 4   Die sich selbst verwaltende Datenbank

```
Kanal ORA_DISK_1: Datendateien werden in Backup Set angegeben
Aktuelle SPFILE wird in Backup Set aufgenommen
Kanal ORA_DISK_1: Piece 1 wird auf 30.05.04 begonnen
Kanal ORA_DISK_1: Piece 1 auf 30.05.04 beendet
Stück-Handle=+DG1/komp10g/backupset/2004_05_30/
nnsnf0_tag20040530t210819_0.263.1 Kommentar=NONE
Kanal ORA_DISK_1: Backup Set vollständig, abgelaufene Zeit: 00:00:02
Beendet backup um 30.05.04
RMAN> SWITCH DATABASE TO COPY;
Datendatei 1 gewechselt zu Kopie von Datendatei "+DG1/komp10g/datafile/
system.259.1"
Datendatei 2 gewechselt zu Kopie von Datendatei "+DG1/komp10g/datafile/
undotbs1.258.3"
Datendatei 3 gewechselt zu Kopie von Datendatei "+DG1/komp10g/datafile/
sysaux.260.1"
Datendatei 4 gewechselt zu Kopie von Datendatei "+DG1/komp10g/datafile/
users.261.1"
RMAN> ALTER DATABASE OPEN;
Datenbank geöffnet
```

Da beim Backup die temporäre Tablespace nicht mit gesichert wird, müssen wir diese nun noch manuell in die Diskgroups migrieren:

Listing 4.27: Migration des temporären Tablespace

```
SQL> ALTER TABLESPACE TEMP ADD TEMPFILE '+DG1' SIZE 200M;
Tablespace wurde geändert.
SQL> ALTER DATABASE TEMPFILE '/u01/oracle/product/10.1.0/oradata/KOMP10G/
temp01.dbf' DROP INCLUDING DATAFILES;
Datenbank wurde geändert.
```

Auch die Online Redo Logs müssen manuell migriert werden. In der Oracle-Dokumentation wird hierzu eine PL/SQL-Prozedur mitgeliefert, mit der dies durchgeführt werden kann:

Listing 4.28: PL/SQL-Prozedur zum Migrieren der Online Redo Logs

```
set serveroutput on;
declare
  cursor orlc is select lf.member, l.bytes
    from v$log l, v$logfile lf
    where l.group# = lf.group#
    and lf.type = 'ONLINE'
    order by l.thread#, l.sequence#;
  type numTab_t is table of number index by binary_integer;
  type charTab_t is table of varchar2(1024) index by binary_integer;
  byteslist numTab_t;
  namelist charTab_t;
  procedure migrateorlfile(name IN varchar2, bytes IN number) is
    retry number;
    stmt varchar2(1024);
    als varchar2(1024) := 'alter system switch logfile';
  begin
```

```
      select count(*) into retry from v$logfile;
      stmt := 'alter database add logfile size ' || bytes;
      dbms_output.put_line(stmt);
      execute immediate stmt;
      stmt := 'alter database drop logfile ''' || name || '''';
      for i in 1..retry
      loop
        begin
          dbms_output.put_line(stmt);
          execute immediate stmt;
          exit;
        exception
        when others
        then
          if i > retry
          then
            raise;
          end if;
          dbms_output.put_line(als);
          execute immediate als;
        end;
      end loop;
  end;
begin
  open orlc;
  fetch orlc bulk collect into namelist, byteslist;
  close orlc;
  for i in 1..namelist.count
  loop
    migrateorlfile(namelist(i), byteslist(i));
  end loop;
end;
/
```

Damit ist die Migration abgeschlossen. Falls in Ihrer Datenbank Block Change Tracking ausgeschaltet war, schalten Sie es nun wieder ein:

```
SQL> ALTER DATABASE ENABLE BLOCK CHANGE TRACKING;
Datenbank wurde geändert.
```

Listing 4.29: Einschalten des Block Change Trackings

ASM Data Dictionary Views

Um Informationen über ASM abzufragen, stehen nachfolgend beschriebene Views zur Verfügung. Abhängig davon, ob sie aus der ASM-Instanz oder aus einer Datenbank, die ASM benutzt, abgefragt werden, liefern sie unterschiedliche Ergebnisse.

View	Beschreibung
V$ASM_DISKGROUP	Beschreibung der Diskgroups einer ASM-Instanz (Nummer, Name, Größe, Status, Redundanz-Typ). In einer DB-Instanz eine Zeile für jede Diskgroup, die verwendet wird.
V$ASM_CLIENT	Anzeige der Datenbanken, die diese Diskgroups benutzen. In einer DB-Instanz eine Zeile für die ASM-Instanz, die verwendet wird.
V$ASM_DISK	Verfügbare Platten. In einer DB-Instanz eine Zeile für jede Platte, die von dieser Instanz verwendet wird.
V$ASM_FILE	In der ASM-Instanz die Dateien, die zu einer Diskgroup gehören. In einer DB-Instanz keine Zeilen.
V$ASM_TEMPLATE	In der ASM-Instanz das Template für eine gemountete Diskgroup. In einer DB-Instanz keine Zeilen.
V$ASM_ALIAS	In der ASM-Instanz die Aliasnamen der Diskgroups. In einer DB-Instanz keine Zeilen.
V$ASM_OPERATION	In der ASM-Instanz die Anzeige von laufenden Operationen. In einer DB-Instanz keine Zeilen.

Ausfallsicherheit in ASM

Für die Datenhaltung von Datenbanken hat sich in größeren Unternehmen der Einsatz eines Platten-Subsystems wie z.B. Storage Area Networks (SAN) durchgesetzt. Hierbei wird die Ausfallsicherheit durch das Platten-Subsystem zur Verfügung gestellt und Sie können bei der Konfiguration der Diskgroups auf EXTERNAL REDUNDANCY zurückgreifen. Wenn Sie für Ihre Diskgroups NORMAL REDUNDANCY oder HIGH REDUNDANCY verwenden, so führt Oracle die Spiegelung der Daten auf den angegebenen Platten durch und nimmt im Falle eines Defekts einer Platte oder eines Controllers die betroffene Platte aus der Diskgroup. Dies ist für die beteiligten Datenbanken transparent. Sie müssen jedoch eine geeignete Überwachung der ASM-Instanz implementieren, um auf solche Ausfälle reagieren zu können.

Fällt eine Hardware-Komponente aus, so wird dies in der Datei alert<SID>.log *der ASM-Instanz mitprotokolliert. Sie sollten diese Datei regelmäßig überprüfen, um das defekte Gerät auszutauschen und eine eventuell hinzugefügte Ersatzplatte in die betroffene Diskgroup aufzunehmen, um diese wieder in einen voll funktionsfähigen Zustand zu bringen.*

4.2 Automatic Memory Management (AMM)

Automatic Memory Management ist ein weiteres neues Feature in Oracle 10g unter der Rubrik »Selbstverwaltende Datenbank«. In Oracle9i war es erstmals möglich, SGA-Parameter dynamisch, d.h. ohne Neustart der Datenbank, zu ändern. Die Änderungen müssen manuell durch den DBA erfolgen.

Ein manuelles Verwalten der SGA-Parameter ist recht komplex und zeitaufwendig. In Oracle 10g überwacht die Datenbank automatisch die wechselnden Anforderungen an die einzelnen Bereiche der SGA und weist Hauptspeicher basierend auf den aktuellen Anforderungen zu.

Wenn Sie AMM verwenden, müssen Sie nur drei Initialisierungsparameter spezifizieren:

- ➤ sga_target ist ein neuer Parameter in Oracle 10g. Er reflektiert die Gesamtgröße der SGA für AMM und umfasst die folgenden Komponenten:
    - Shared Pool
    - Buffer Cache
    - Log Buffer
    - Java Pool
    - Fixed SGA
    - Streams Pool
- ➤ sga_max_size bildet die statische Obergrenze der SGA.
- ➤ pga_aggregate_target definiert den reservierten Hauptspeicher für Sortierungen und Hash Joins.

Normalerweise besitzen sga_target *und* sga_max_size *dieselbe Größe. Wenn Sie den Parameter* sga_max_size *höher setzen, reservieren Sie einen Puffer für Arbeitsspitzen der Datenbank. Nach dem Start der Instanz kann* sga_target *dynamisch maximal bis zur Größe von* sga_max_size *erhöht werden. Dagegen kann* sga_max_size *nicht ohne Neustart der Datenbank verändert werden.*

Mit den neuen Parametern werden alte überflüssig. Sie können diese Parameter nach wie vor benutzen, wenn Sie manuelles SGA-Tuning durchführen

Kapitel 4   Die sich selbst verwaltende Datenbank

wollen. Sobald Sie aber AMM aktivieren, werden diese Parameter nur noch als Minimalwert betrachtet:

- db_cache_size
- db_nK_cache_size
- large_pool_size
- log_buffer
- shared_pool_size
- db_keep_cache_size
- db_recycle_cache_size
- java_pool_size
- streams_pool_size

Analog werden beim Setzen des Parameters pga_aggregate_target die folgenden Parameter behandelt:

- sort_area_size
- hash_area_size

Neben dem Begriff »Automatic Memory Management« finden Sie in Literatur und Dokumentation auch den Begriff »Automatic Shared Memory Management«. Es handelt sich dabei um ein und dasselbe Feature.

Die Funktionsweise von AMM

Der AMM verändert die Größen der Bereiche der SGA nach den aktuellen Anforderungen. Die Bereiche bleiben jedoch konstant bei einem Neustart der Datenbank. AMM merkt sich die Werte vor dem Herunterfahren der Instanz und verwendet diese wieder beim nächsten Start.

Geht im laufenden Betrieb z.B. die Hit Ratio des Buffer Cache nach unten und verfügt gleichzeitig der Shared Pool über nicht benötigte Speicherseiten, weist der AMM diese dem Buffer Cache zu. In der Praxis geschieht das über interne ALTER SYSTEM-Befehle bzw. über den üblichen Free/Malloc-Mechanismus auf unterer Ebene.

Das Aktivieren und Deaktivieren von AMM kann ohne Unterbrechung des laufenden Betriebs erfolgen. Wahlweise können Sie SQL*Plus oder den Enterprise Manager verwenden. Bestimmen Sie vorher die aktuelle Größe der SGA sowie den Wert des Parameters sga_max_size. Diese Werte ergeben den Spielraum für sga_target. Das Aktivieren von AMM erfolgt mit dem Setzen des dynamischen Parameters sga_target. Setzen Sie zum Deaktivieren des Features den Parameter auf null.

Automatic Memory Management (AMM)   Kapitel 4

```
SQL> show parameter sga_max
NAME                                 TYPE         VALUE
------------------------------------ ------------ ------
sga_max_size                         big integer  200M
SQL> SELECT ROUND(SUM(value)/1024/1024,0) FROM v$sga;
ROUND(SUM(VALUE)/1024/1024,0)
-----------------------------
                          200
SQL> ALTER SYSTEM SET sga_target=150M
  2  SCOPE=BOTH;
System wurde geändert.
```

Öffnen Sie zum Aktivieren von AMM im Enterprise Manager die Startseite der Datenbank. Klicken Sie auf den Link ZENTRALES ADVISORY im unteren Bereich der Seite und danach auf MEMORY ADVISOR. Sie erhalten eine Übersicht der aktuellen Aufteilung der SGA. Durch Klicken auf den Button AKTIVIEREN können Sie AMM einschalten. Geben Sie auf der Folgeseite noch den Wert für sga_target ein.

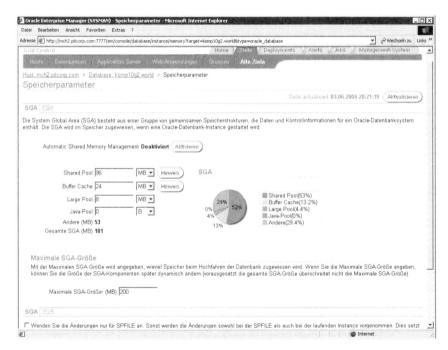

Abbildung 4.1:
Aktivieren von Automatic Memory Management im Enterprise Manager

Ist AMM aktiviert, dann finden Sie auf derselben Seite die aktuelle Aufteilung der SGA. Über SQL*Plus können Sie die Speichergrößen mit den folgenden Befehlen abfragen.

```
SQL> SELECT current_size FROM v$buffer_pool;
CURRENT_SIZE
```

Kapitel 4   Die sich selbst verwaltende Datenbank

```
            24
SQL> SELECT pool, ROUND(SUM(bytes)/1024/1024,0)
  2  FROM v$sgastat
  3  GROUP BY pool;
POOL         ROUND(SUM(BYTES)/1024/1024,0)
------------ -----------------------------
large pool                               8
shared pool                             96
streams pool                            52
```

Sie haben, auch wenn AMM aktiviert ist, Einfluss auf die Größen der einzelnen Bestandteile der SGA. Wenn Sie wie im folgenden Beispiel der Meinung sind, dass der Buffer Cache klein ist, können Sie eine minimale Größe festlegen. Falls nicht genügend freier Speicher vorhanden ist, wird eine Fehlermeldung zurückgegeben.

```
SQL> SELECT current_size FROM v$buffer_pool;
CURRENT_SIZE
------------
          12
SQL> ALTER SYSTEM SET db_cache_size=32M;
System wurde geändert.
SQL> SELECT current_size FROM v$buffer_pool;
CURRENT_SIZE
------------
          32
SQL> ALTER SYSTEM SET db_cache_size=100M;
ALTER SYSTEM SET db_cache_size=100M
*
FEHLER in Zeile 1:
ORA-32017: Fehler beim Aktualisieren von SPFILE
ORA-00384: Nicht genügend Speicher, um Cache zu vergrößern
```

Mit dem AMM wurden einige neue Views eingeführt, die Ihnen Auskunft über Status oder Historie geben. Das View V$SGA_DYNAMIC_FREE_MEMORY liefert die freie Speichermenge zurück, die für spätere Veränderungen zur Verfügung steht.

```
SQL> SELECT * FROM v$sga_dynamic_free_memory;
CURRENT_SIZE
------------
    62914560
```

Einen guten Überblick der Speicherkomponenten einschließlich der aktuellen Größe bietet das View V$SGAINFO. Die Spalte RESIZABLE sagt Ihnen, ob die Komponente mit AMM dynamisch verändert werden kann.

```
SQL> SELECT * FROM v$sgainfo;
NAME                              BYTES RES
--------------------------------- ---------- ---
Fixed SGA Size                      778156 No
Redo Buffers                        262144 No
Buffer Cache Size                 33554432 Yes
Shared Pool Size                  46137344 Yes
Large Pool Size                    4194304 Yes
Java Pool Size                     4194304 Yes
Streams Pool Size                 54525952 Yes
Granule Size                       4194304 No
Maximum SGA Size                 209715200 No
Startup overhead in Shared Pool   33554432 No
Free SGA Memory Available         62914560
```

Eine Historie der stattgefundenen Operationen mit Veränderung von Hauptspeichergrößen liefert das View V$SGA_RESIZE_OPS.

```
SQL> SELECT component, oper_type,
  2  initial_size, final_size, end_time
  3  FROM v$sga_resize_ops;
OMPONENT              OPER_TYPE     INITIAL_SIZE FINAL_SIZE END_TIME
--------------------- ------------- ------------ ---------- -----------------
--
EFAULT buffer cache   SHRINK            96468992   46137344 03.06.2004 21:03:
40
EFAULT buffer cache   SHRINK            46137344   12582912 03.06.2004 21:03:
   59
```

4.3 Automatic Workload Repository (AWR)

Das Automatic Workload Repository ist die neue, zentrale Infrastruktur zum Sammeln von Statistiken in Oracle 10g. Diese werden sowohl intern von automatischen Features der Datenbank genutzt als auch nach außen verschiedenen Diensten und Konsumenten zur Verfügung gestellt. Sie können die Statistiken im Enterprise Manager und in SQL*Plus abrufen.

AWR ähnelt sehr stark der Sammelstrategie von STATSPACK auf Ebene 5. Standardmäßig beträgt das Intervall zum Sammeln der Statistiken 30 Minuten bzw. eine Stunde für Top SQL. AWR sammelt die so genannten In-Memory-Statistiken, auch als V$-Views bekannt. Bei der Analyse der Statistiken werden die Deltas für bestimmte Perioden untersucht. Wie Sie es bereits von STATSPACK kennen, gehen die kumulativen Werte beim Herunterfahren der Instanz verloren.

Kapitel 4   Die sich selbst verwaltende Datenbank

TIPP *Wechseln Sie, wenn Sie bisher STATSPACK verwendet haben, zu AWR. Neben einigen funktionalen Vorteilen gegenüber STATSPACK ist AWR als das strategische, zentrale Werkzeug für das Sammeln von Statistiken zu sehen. Mit anderen Worten, AWR wird STATSPACK ablösen.*

Die AWR-Architektur

Das Repository befindet sich in Tabellen, die dem Benutzer SYS gehören. Diese werden standardmäßig in der Tablespace SYSAUX gespeichert. Das AWR besteht aus zwei Typen von Tabellen:

- Metadata-Tabellen
- Historische Statistik-Tabellen

Die Metadata-Tabellen dienen der Beschreibung und Kontrolle der Statistik-Tabellen. In den Statistik-Tabellen finden Sie die gesammelten Daten in Form von Snapshots.

Der Sammelprozess liest die In-Memory-Statistiken aus der SGA und schreibt sie in die AWR-Tabellen. Dies erfolgt durch den neuen Hintergrundprozess MMON.

```
$ ps -ef|grep mmon
oracle    3811     1  0 09:46 ?        00:00:00 ora_mmon_komp10g2
```

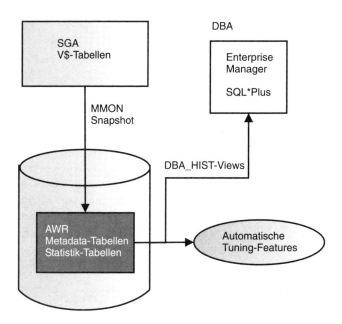

Abbildung 4.2: Die Architektur des Automatic Workload Repositorys

Das AWR verwalten

Die Frequenz für das Sammeln ist standardmäßig auf 30 Minuten gesetzt, Sie können das Intervall jedoch ändern. Dies erfolgt mit der Prozedur MODIFY_SNAPSHOT_SETTINGS. Als Parameter geben Sie die Aufbewahrungszeit und die Sammelhäufigkeit mit. Beide Parameterangaben werden in Minuten vorgenommen. Im folgenden Beispiel werden eine Sammelhäufigkeit von zehn Minuten und eine Aufbewahrungsfrist von zehn Tagen eingestellt.

```
SQL> BEGIN
  2  DBMS_WORKLOAD_REPOSITORY.MODIFY_SNAPSHOT_SETTINGS( retention=>14400,
interval=>10);
  3  END;
  4  /
PL/SQL-Prozedur wurde erfolgreich abgeschlossen.
```

Die aktuellen Werte können Sie mit dem View DBA_HIST_WR_CONTROL abfragen.

```
SQL> SELECT * FROM dba_hist_wr_control;
      DBID SNAP_INTERVAL           RETENTION
---------- --------------------    --------------------
3497543750 +00000 00:10:00.0       +00010 00:00:00.0
```

Sie können auch manuell Snapshots mit der Funktion CREATE_SNAPSHOT erstellen:

```
SQL> BEGIN
  2  DBMS_WORKLOAD_REPOSITORY.CREATE_SNAPSHOT();
  3  END;
  4  /
PL/SQL-Prozedur wurde erfolgreich abgeschlossen.
```

Das Löschen von Snapshots aus dem Repository erfolgt mit der Prozedur DROP_SNAPSHOT_RANGE. Sie können ein ganzes Intervall von Snapshots löschen. Befragen Sie für eine Übersicht der gespeicherten Snapshots das View DBA_HIST_SNAPSHOT.

```
SQL> SELECT snap_id, dbid, begin_interval_time
  2  FROM dba_hist_snapshot
  3  ORDER BY 1 DESC;
   SNAP_ID       DBID BEGIN_INTERVAL_TIME
---------- ---------- --------------------
       151 3497543750 04.06.04 09:57:00,931
       150 3497543750 04.06.04 09:46:26,000
       149 3497543750 03.06.04 21:11:42,226
       148 3497543750 03.06.04 21:01:03,000
SQL> BEGIN
```

```
   2  DBMS_WORKLOAD_REPOSITORY.DROP_SNAPSHOT_RANGE( low_snap_id=>150, high_sna
p_id=>151, dbid=>3497543750);
   3  END;
   4  /
PL/SQL-Prozedur wurde erfolgreich abgeschlossen.
```

Als *Baseline* wird ein Intervall von Snapshots bezeichnet. Baselines werden verwendet, um Vergleiche zu anderen Intervallen anzustellen und die Workloads zu vergleichen. Für die Verwaltung existieren die Prozeduren CREATE_BASELINE und DROP_BASELINE.

```
SQL> BEGIN
   2  DBMS_WORKLOAD_REPOSITORY.CREATE_BASELINE( start_snap_id=>140, end_snap_i
d=>144, baseline_name=>'komp_bl', dbid=>3497543750);
   3  END;
   4  /
PL/SQL-Prozedur wurde erfolgreich abgeschlossen.
```

Die metrischen Daten des Enterprise Manager sind statistische Daten, die von den AWR-Statistiken abgeleitet sind. Metrische Daten werden darüber hinaus von den Features für Selbstverwaltung und Selbst-Tuning verwendet. Metriken werden vom Hintergrundprozess MMON auf Basis des AWR-Repository aktualisiert.

Jede Metrik besitzt einen eindeutigen Identifier und einen Namen. Standardmäßig sind 183 Metriken definiert, die wiederum neun Gruppen zugeordnet sind. Auskunft über die definierten Metriken liefert das View V$METRICNAME. Die folgende Abfrage liefert eine Übersicht der Metrik-Gruppen:

```
SQL> SELECT DISTINCT group_name FROM v$metricname;
GROUP_NAME
-----------------------------------
Event Class Metrics
Event Metrics
File Metrics Long Duration
Service Metrics
Session Metrics Long Duration
Session Metrics Short Duration
System Metrics Long Duration
System Metrics Short Duration
Tablespace Metrics Long Duration
```

Das AWR auswerten

Es existiert eine ganze Reihe von Views, die Sie zur Auswertung des AWR heranziehen können. Sie beginnen alle mit dem Präfix DBA_HIST_. Durch Abfrage der Views können Sie individuelle Workload-Statistiken erstellen.

In der folgenden Abfrage wird die Größe des Buffer Cache dargestellt. Diese Informationen sind sehr interessant, wenn Sie Automatic Memory Management verwenden.

```
SQL> SELECT a.snap_id, a.value, b.end_interval_time
  2  FROM dba_hist_sga a, dba_hist_snapshot b
  3  WHERE a.name = 'Database Buffers'
  4  AND b.snap_id = a.snap_id
  5  ORDER BY 1;
     149    25165824 03.06.04 22:01:00,413
     152    12582912 04.06.04 10:20:38,154
     153    33554432 04.06.04 12:37:33,562
     154    33554432 04.06.04 12:50:54,882
```

Listing 4.30:
Abfrage der Größe des Buffer Cache

Viele Werte in den Statistiken sind kumulativ. Sie können dennoch kumulative Werte in einer SQL-Anweisung auswerten, indem Sie das View mit sich selbst vereinigen. Ein Beispiel dafür finden Sie in Listing 4.31. Das SQL-Skript liefert eine historische Übersicht der Hit Ratio des Buffer Cache.

```
SQL> SELECT a.snap_id, c.end_interval_time, b.name, b.block_size,
  2  ((b.consistent_gets - a.consistent_gets) +
  3  (b.db_block_gets - a.db_block_gets) -
  4  (b.physical_reads - a.physical_reads)) /
  5  ((b.consistent_gets - a.consistent_gets) +
  6  (b.db_block_gets - a.db_block_gets)) * 100 HitRatio
  7  FROM dba_hist_buffer_pool_stat a,
  8  dba_hist_buffer_pool_stat b,
  9  dba_hist_snapshot c
 10  WHERE b.snap_id = a.snap_id -1
 11  AND c.snap_id = b.snap_id
 12  AND b.name = a.name
 13  AND b.block_size = a.block_size
 14  AND ((b.consistent_gets - a.consistent_gets) +
 15  (b.db_block_gets - a.db_block_gets)) != 0
 16  ORDER BY 1;
SNAP_ END_INTERVAL_TIME        NAME    BLOCK_SIZE   HITRATIO
----- ---------------------    ------- ----------   ----------
  159 04.06.04 13:21:30,317    DEFAULT       8192   95,402951
  160 04.06.04 13:22:08,000    DEFAULT       8192   99,413869
  161 04.06.04 13:23:11,349    DEFAULT       8192   99,3823212
  162 04.06.04 13:23:36,764    DEFAULT       8192   99,4610562
  163 04.06.04 13:23:56,214    DEFAULT       8192   99,4314762
  164 04.06.04 13:24:13,232    DEFAULT       8192   99,1808235
```

Listing 4.31:
Historische Auswertung des Hit Ratio im Buffer Cache

So wie STATSPACK besitzt auch das AWR einen Standard-Report. Sie finden die Skripte awrrpt.sql und awrrpti.sql im Verzeichnis $ORACLE_HOME/rdbms/admin. Normalerweise können Sie das Skript awrrpt.sql verwenden. awrrpti.sql liefert den Report für eine spezielle Datenbank und Instanz. Sie müssen dieses Skript in einer RAC-Umgebung verwenden.

Kapitel 4   Die sich selbst verwaltende Datenbank

Rufen Sie das Skript aus SQL*Plus auf und geben Sie die gewünschten Werte ein. Das Ausgabeformat kann Text oder HTML sein.

```
SQL>  @$ORACLE_HOME/rdbms/admin/awrrpt
Current Instance
~~~~~~~~~~~~~~~~

   DB Id    DB Name      Inst Num Instance
----------- ------------ -------- ------------
 3497543750 KOMP10G2            1 komp10g2
Specify the Report Type
~~~~~~~~~~~~~~~~~~~~~~~
Would you like an HTML report, or a plain text report?
Enter 'html' for an HTML report, or 'text' for plain text
Defaults to 'html'
Geben Sie einen Wert für report_type ein: kompendium
Type Specified:  kompendium
Instances in this Workload Repository schema
~~~~~~~~~~~~~~~~~~~~~~~~~~~~~~~~~~~~~~~~~~~~
   DB Id     Inst Num DB Name      Instance     Host
----------- -------- ------------ ------------ ------------
* 3497543750        1 KOMP10G2     komp10g2     mch2.pitcorp
                                                .com
Using 3497543750 for database Id
Using          1 for instance number
Specify the number of days of snapshots to choose from
~~~~~~~~~~~~~~~~~~~~~~~~~~~~~~~~~~~~~~~~~~~~~~~~~~~~~~
Entering the number of days (n) will result in the most recent
(n) days of snapshots being listed.  Pressing <return> without
specifying a number lists all completed snapshots.
Listing the last 3 days of Completed Snapshots
                                                        Snap
Instance     DB Name        Snap Id    Snap Started    Level
------------ ------------ --------- ------------------ -----
komp10g2     KOMP10G2           139 02 Jun 2004 10:31      1
Specify the Begin and End Snapshot Ids
~~~~~~~~~~~~~~~~~~~~~~~~~~~~~~~~~~~~~~
Geben Sie einen Wert für begin_snap ein: 160
Begin Snapshot Id specified: 160
Geben Sie einen Wert für end_snap ein: 164
End   Snapshot Id specified: 164
Specify the Report Name
~~~~~~~~~~~~~~~~~~~~~~~
The default report file name is awrrpt_1_160_164.html.  To use this name,
press <return> to continue, otherwise enter an alternative.
Geben Sie einen Wert für report_name ein:
. . .
Report written to awrrpt_1_160_164.html
```

Im Beispiel wurde der Report in eine HTML-Datei geschrieben. Der Report ist recht umfangreich, jedoch sehr gut sortiert.

Active Session History (ASH)   Kapitel 4

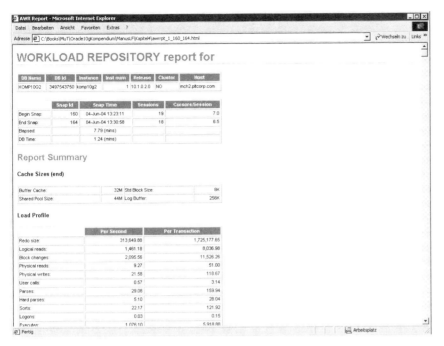

Abbildung 4.3:
AWR-Standardreport im HTML-Format

Wie bereits erwähnt, können Sie das Automatic Workload Repository auch mit dem Enterprise Manager verwalten. Sie können sowohl den Enterprise Manager Grid Control als auch den Enterprise Manager dbconsole verwenden. Gehen Sie dazu auf die Startseite (Standardverzeichnis) der Datenbank und wählen Sie das Register ADMINISTRATION. Klicken Sie auf den Link AUTOMATISCHES WORKLOAD REPOSITORY unter der Rubrik ERGEBNISSAMMLUNG.

Sie sehen die AWR-Startseite mit grundlegenden Informationen zur aktuellen Konfiguration und zum Snapshot-Status (siehe Abbildung 4.4).

Klicken Sie auf den Button BEARBEITEN, um die Einstellungen zu ändern. (siehe Abbildung 4.5)

4.4 Active Session History (ASH)

Das View `V$ACTIVE_SESSION_HISTORY` stellt historische Informationen zur Sitzungshistorie in der Instanz zur Verfügung. Es wird ebenfalls vom Hintergrundprozess MMON gefüllt und bei jedem AWR-Snapshot aktualisiert.

Kapitel 4   Die sich selbst verwaltende Datenbank

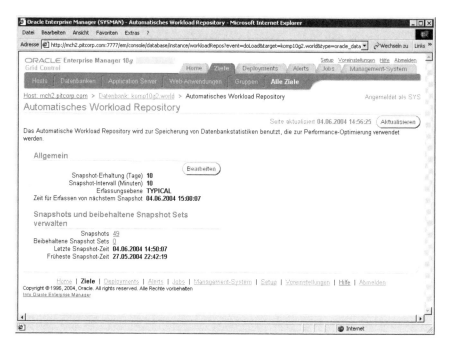

Abbildung 4.4:
Die Startseite des AWR im Enterprise Manager

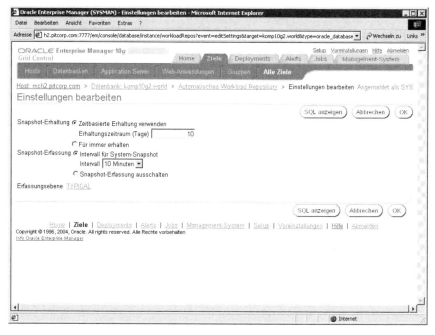

Abbildung 4.5:
Ändern der AWR-Einstellungen

Für aktive Sitzungen wird pro Sekunde ein Sample erstellt und in der SGA gespeichert. Die Samples werden nach einer gewissen Zeit überschrieben. Je größer die Systemaktivität ist, desto weniger Samples können gespeichert werden.

Teile der Informationen aus dem View V$ACTIVE_SESSION_HISTORY werden im Rahmen des Automatic Workload-Repository-Features zu Snapshot-Zeiten auf die Festplatte geschrieben.

Für Abfragen können Sie sowohl das View V$ACTIVE_SESSION_HISTORY als auch das AWR-View DBA_HIST_ACTIVE_SESS_HISTORY verwenden.

4.5 Automatic Database Diagnostic Monitor (ADDM)

Wie Sie in den vorhergehenden Abschnitten erfahren haben, existiert in Oracle 10g mit dem AWR ein umfangreiches Framework zum Sammeln von statistischen Informationen. Umfangreiche und zuverlässige Statistiken zu erhalten ist jedoch nur die eine Seite der Medaille, die andere ist das Auswerten der Informationen, um die richtigen Schlussfolgerungen zu ziehen.

Der Automatic Database Diagnostic Monitor analysiert regelmäßig die Daten des AWR, lokalisiert die Ursachen und macht Vorschläge für die Beseitigung der Probleme.

Der ADDM führt jedes Mal, wenn ein AWR-Snapshot erstellt wird, eine Analyse durch und speichert die Ergebnisse in der Datenbank. Sie können die Vorschläge des ADDM mit dem Enterprise Manager oder mit SQL*Plus anschauen.

Schauen Sie zuerst auf die Ergebnisse des ADDM, wenn Performance-Probleme in der Datenbank auftreten. Obwohl der ADDM nach einem bestimmten Schema vorgeht, kann er oft Probleme schneller und zuverlässiger adressieren. Die Ergebnisse des ADDM sind Vorschläge, die Sie befolgen können, aber nicht müssen. Häufig hilft der ADDM auch, im Voraus auf Probleme aufmerksam zu machen, die noch in der Zukunft liegen.

Die Verwaltung des ADDM

Der ADDM ist ein so genanntes »Out-of-the-box-Product«, das heißt, es sind keine Aktivitäten für die Installation erforderlich. Er läuft wie der AWR automatisch mit dem Start der Instanz und dem Öffnen der Datenbank. Der Initialisierungsparameter STATISTICS_LEVEL kontrolliert den ADDM. Er sollte auf TYPICAL (Standard) oder ALL stehen.

Kapitel 4   Die sich selbst verwaltende Datenbank

Der Wert TYPICAL stellt die Sammlung der wichtigsten Statistiken von Datenbank und Betriebssystem sicher. Er gewährleistet zusätzlich die beste Performance. Wenn Sie den Parameter auf ALL setzen, dann werden zusätzliche Statistiken des Betriebssystems sowie Ausführungspläne gesammelt.

!! STOP

Setzen Sie den Parameter STATISTICS_LEVEL *nicht auf* BASIC. *Damit werden nicht nur der ADDM, sondern auch der AWR und viele andere Features außer Kraft gesetzt.*

Im Enterprise Manager finden Sie auf der Startseite (Standardverzeichnis) unter der Kategorie DIAGNOSEZUSAMMENFASSUNG eine Übersicht der Ergebnisse des ADDM. Klicken Sie auf den Link ZENTRALES ADVISORY unter ZUGEHÖRIGE LINKS, den Sie auf der Webseite am unteren Ende finden. Auf der Seite ZENTRALES ADVISORY bekommen Sie eine Übersicht aller Ergebnisse.

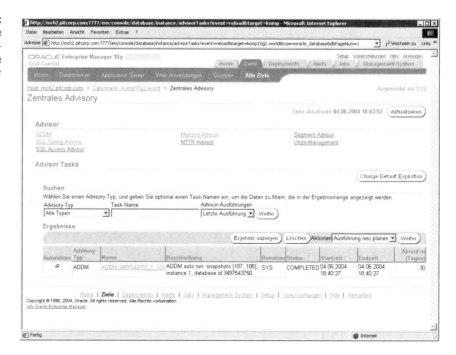

Abbildung 4.6: Die Übersichtsseite des Zentralen Advisory im Enterprise Manager

Wählen Sie einen Task aus der Liste aus und klicken Sie auf den Button ERGEBNIS ANZEIGEN. Es erscheint die Seite mit der Datenbank-Aktivität. Sie können einen Snapshot auswählen und weiter ins Detail gehen. Sie finden Buttons zum Anzeigen von ADDM-Berichten und Snapshots. Wenn Sie auf den Button ADDM TASK ERSTELLEN klicken, dann führt der ADDM eine Performance-Analyse für den vorgegebenen Zeitraum durch. Die Ergebnisse finden Sie in einer Liste auf der ADDM-Seite (siehe Abbildung 4.7).

Automatic Database Diagnostic Monitor (ADDM)   Kapitel 4

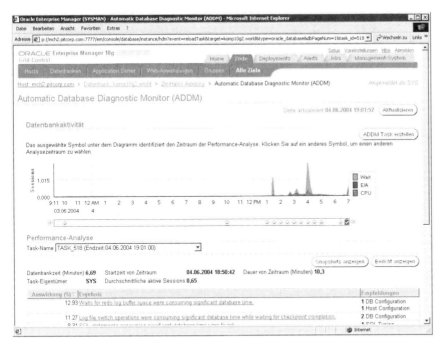

Abbildung 4.7:
Ergebnisse der
ADDM-Analyse

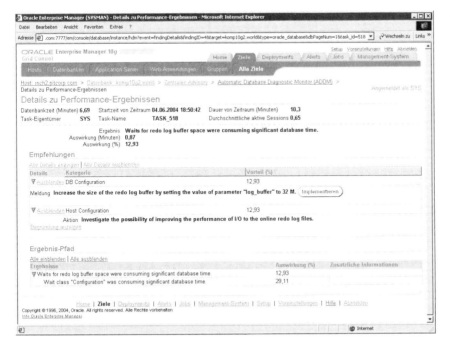

Abbildung 4.8:
Details zu Performance-Ergebnissen des ADDM im Enterprise Manager

Im vorliegenden Fall hat der ADDM u.a. das Ergebnis WAITS FOR REDO LOG BUFFER SPACE WERE CONSUMING SIGNIFICANT DATABASE TIME. Die Auswirkungsquote beträgt 12,93%. Mit anderen Worten, eine Beseitigung des

Problems würde zu einer Performance-Verbesserung in der Größenordnung von ca. 12 % führen. Der ADDM hat zwei Empfehlungen ausgesprochen, eine für die Datenbank- und eine für die Server-Konfiguration. Klicken Sie auf den Link, um die Details zu den Ergebnissen anzuzeigen (siehe Abbildung 4.8).

Die Empfehlung für eine Änderung der Datenbankkonfiguration lautet:

```
Increase the size of the redo log buffer by setting the value of parameter lo
g_buffer to 32M.
```

Daneben erscheint der Button IMPLEMENTIEREN. Der Enterprise Manager bietet die Möglichkeit an, die Änderung sofort durchzuführen.

Sie können den ADDM natürlich auch mit SQL*Plus bedienen. Ähnlich wie beim AWR können Sie durch Ausführen eines Skripts einen Report erstellen. Das Skript heißt addmrpt.sql und befindet sich im Verzeichnis $ORACLE_HOME/rdbms/admin.

```
SQL> @$ORACLE_HOME/rdbms/admin/addmrpt
Current Instance
~~~~~~~~~~~~~~~~

   DB Id    DB Name      Inst Num Instance
----------- ------------ -------- ------------
 3497543750 KOMP10G2            1 komp10g2
Instances in this Workload Repository schema
~~~~~~~~~~~~~~~~~~~~~~~~~~~~~~~~~~~~~~~~~~~~
   DB Id     Inst Num DB Name      Instance     Host
----------- -------- ------------ ------------ ------------
* 3497543750        1 KOMP10G2     komp10g2     mch2.pitcorp
                                                .com
Using 3497543750 for database Id
Using          1 for instance number
Specify the number of days of snapshots to choose from
~~~~~~~~~~~~~~~~~~~~~~~~~~~~~~~~~~~~~~~~~~~~~~~~~~~~~~
Entering the number of days (n) will result in the most recent
(n) days of snapshots being listed.  Pressing <return> without
specifying a number lists all completed snapshots.
Listing the last 3 days of Completed Snapshots
Specify the Begin and End Snapshot Ids
~~~~~~~~~~~~~~~~~~~~~~~~~~~~~~~~~~~~~~
Geben Sie einen Wert für begin_snap ein: 189
Begin Snapshot Id specified: 189
Geben Sie einen Wert für end_snap ein: 190
End   Snapshot Id specified: 190
Specify the Report Name
~~~~~~~~~~~~~~~~~~~~~~~
The default report file name is addmrpt_1_189_190.txt.  To use this name,
press <return> to continue, otherwise enter an alternative.
```

Sie finden die Ergebnisse in der Textdatei unter dem angegebenen Namen.

Oracle stellt darüber hinaus das Paket DBMS_ADVISOR *zur Verfügung. Damit können Sie eigene PL/SQL-Prozeduren erstellen und Aufgaben wie das Erstellen oder Aufrufen eines ADDM-Tasks ausführen. Sie können damit auch einen Report erstellen.*

Schließlich hält Oracle noch eine Reihe von Views bereit, die alle das Präfix DBA_ADVISOR_ tragen. Das View DBA_ADVISOR_FINDINGS enthält alle Empfehlungen. Über eine SQL-Abfrage können wir die Empfehlung bezüglich des Log Buffers, die wir bereits im Enterprise Manager gesehen haben, wiederfinden (diesmal sogar in Deutsch).

```
SQL> SELECT message FROM dba_advisor_findings
  2  WHERE task_name='TASK_518';
MESSAGE
--------------------------------------------------------
Wait-Ereignis "log file switch completion" in Wait-
Klasse "Configuration" hat wesentliche Datenbankzeit belegt.
. . .
Waits auf Speicherplatz im Redo Log Buffer haben wesentliche Datenbankzeit be
legt.
. . .
```

5 Hochverfügbarkeit und Skalierbarkeit

Real Application Clusters (RAC) ist Oracles Produkt für Hochverfügbarkeit und Skalierbarkeit von Datenbanken. Bis zur Version 8*i* hatte das Produkt den Namen Oracle Parallel Server (OPS). Mit der Einführung von Cache Fusion in Oracle9*i* wurde auch der Name geändert.

Die wohl wichtigste Neuerung für Real Application Clusters ist die Einführung von *Cluster Ready Services (CRS)*. CRS ist eine komplette Cluster-Verwaltungssoftware für alle Plattformen, die von Oracle 10g unterstützt werden.

Es ist nicht mehr erforderlich, Cluster Management-Software vom Hersteller des Betriebssystems oder von Drittanbietern einzusetzen, Cluster Ready Services übernimmt die wesentlichen Funktionen. Unter Oracle9*i* hat Oracle bereits Cluster Management-Software für die Betriebssysteme Linux und Windows zur Verfügung gestellt. Das Produkt ist unter dem Namen *Operating System Dependent Component (OSD)* bekannt.

In Oracle 10g kommunizieren die Cluster Ready Services mit der Cluster Management-Software des Betriebssystemherstellers oder der Drittanbieter, falls diese installiert ist. Die Kommunikation dient der Koordination der Membership-Informationen. Eine Ausnahme bilden die Betriebssysteme Linux und Windows, hier können beide Cluster Management-Systeme nebeneinander existieren, sie kommunizieren jedoch nicht miteinander.

Das *Oracle Cluster Registry (OCR)* enthält Informationen zur Konfiguration des CRS und der Datenbanken. Unter anderem werden Daten der Knoten, des Ressourcen-Profils und der Berechtigungsprüfung des *Event Manager (EVM)* gespeichert. Das Registry kann in einer Datei auf einem Cluster File System oder einem Shared Raw Device liegen.

Das vorliegende Kapitel beschäftigt sich mit den neuen Features für Real Application Clusters. Eine ausführliche Abhandlung von RAC finden Sie im Teil 5 »Real Application Clusters«.

Kapitel 5   Hochverfügbarkeit und Skalierbarkeit

5.1 Neue Features für Installation und Konfiguration

Der Installationsprozess unter Oracle 10g besteht aus zwei Phasen, der Installation des CRS und der Installation der Datenbank-Software. Für beide Installationen wird der Universal Installer verwendet, er muss also zweimal ausgeführt werden. Das Erstellen der Datenbank erfolgt mit dem Database Configuration Assistant (DBCA).

Neu in Oracle 10g ist der *Virtual Internet Protocol Configuration Assistant* (VIPCA). Mit seiner Hilfe werden die Virtual Internet-Protocol-Adressen der RAC-Datenbank konfiguriert.

Das Erstellen der SYSAUX-Tablespace ist zwingend für eine RAC-Datenbank. Darin werden Performance-Daten gespeichert. Für die Größe gilt die Faustregel (300 Mbyte + <Anzahl Instanzen>) * 250 Mbyte.

Das Utility gsdctl kann in Oracle 10g nicht mehr verwendet werden. Mit der CRS-Installation werden alle GSD-Prozesse gestoppt.

Der Cluster Manager in Oracle 10g wird als *Cluster Synchronization Service (CSS)* bezeichnet. Er besteht aus dem *Oracle Cluster Synchronization Service Daemon (OCSSD)*. In Windows-Betriebssystemen setzt sich der CSS aus den Diensten OracleCSService, OracleCRService und OracleEVMService zusammen.

Real Application Clusters unterstützt Automatic Storage Management (ASM) und Oracle Managed Files (OMF).

Die Datei srvConfig.loc heißt jetzt ocr.loc. Sie werden allerdings aus Kompatibilitätsgründen immer noch eine Datei srvConfig.loc vorfinden.

Real Application Clusters stellt ein Cluster-File-System für Linux und Windows zur Verfügung. Es wurde unter Oracle9i mit dem Namen *Oracle Cluster File System (OCFS)* eingeführt.

Für die Verwendung von Raw Devices unter Windows kann eine Raw Device Mapping-Datei verwendet werden. Damit wird die Zuordnung der Raw Partitions zum Datenbanknamen überflüssig. Der symbolische Link einer Raw Partition kann damit für alle Datenbank verwendet und wiederverwendet werden.

5.2 Neue Verwaltungsfeatures

Die neue integrierte Cluster Management-Software CRS kann auf allen Plattformen verwendet werden, die für RAC zertifiziert sind. In Oracle9i stand der so genannte OSD-Layer nur für Linux- und Windows-Betriebssysteme zur Verfügung. Die Funktionalität wurde in Oracle 10g wesentlich erweitert.

Der Cluster Ready Service (CRS) bildet die Clusterware, wogegen der Cluster Synchronization Service (CSS) als Cluster Manager-Software zu verstehen ist. Der CRS übernimmt die Verwaltung der Cluster-Datenbank einschließlich der Features Gruppen-Dienste, Verwaltung globaler Ressourcen und Hochverfügbarkeit.

Zur erweiterten Funktionalität gehört die Option, Workloads für Anwendungen zu definieren. Die Verwaltung der Workloads erfolgt über Dienste. Sie können festlegen, wann und wo die Dienste laufen.

Sowohl der Enterprise Manager dbconsole als auch der Enterprise Manager Grid Control unterstützen Administration und Monitoring von RAC-Datenbanken. Neu ist eine einfachere Drill Down-Funktionalität im Performance Manager sowie erweiterte Performance-Informationen für das gesamte Cluster. Sie können wichtige Performance-Werte für mehrere Cluster-Datenbanken auf einer Seite betrachten.

Mit dem neuen Database Configuration Assistant (DBCA) können Sie sowohl Datenbanken als auch einzelne Instanzen hinzunehmen und löschen. Das Service Control Utility (`srvctl`) unterstützt die Verwaltung von Diensten und ASM-Instanzen. Dienste können auch mit dem neuen Paket `DBMS_SERVICE` verwaltet werden.

Neu ist auch der Initialisierungsparameter `GCS_SERVER_PROCESSES`. Er legt fest, wie viele Prozesse für den Global Cache Service für eine Instanz verwendet werden sollen. Durch eine Vergrößerung des Wertes kann eine Verbesserung der Performance des Interconnect-Verkehrs erreicht werden. Der Standardwert ist »2«.

RAC unterstützt das automatische Disk-Based-Backup-Feature. Es vereinfacht die Administration von Backup and Recovery-bezogenen Aufgaben durch Verwendung einer Flashback Area als einheitlichem Speicherort für Dateien, die mit Backup and Recovery im Zusammenhang stehen. Die Flash Recovery Area kann eine ASM-Gruppe, ein Dateisystem oder ein Verzeichnis sein.

Weitere Informationen zur Flash Recovery Area finden Sie in Kapitel 7 »Backup and Recovery-Features«.

5.3 Deployment und Performance

Es gibt einige Grundregeln für das Erstellen von RAC-Datenbanken in Oracle 10g. Das Befolgen dieser Regeln wird Ihnen helfen, eine stabile und performante Clusterumgebung zu erstellen:

- Die Dateien der RAC-Datenbank müssen in einem Cluster Files System oder Raw Devices gespeichert werden.
- Benutzen Sie den Database Configuration Assistant (DBCA) zum Erstellen der Datenbank.
- Verwenden Sie ein Server Parameter File (SPFILE) für den Start der Instanzen und speichern Sie es in einem Cluster File System oder Raw Device.
- Definieren Sie RAC-Dienste mit dem DBCA und verwalten Sie diese mit dem Enterprise Manager oder dem Server Control Utility (srvctl).
- Verwenden Sie Automatische Undo-Verwaltung und Automatische Segment-Space-Verwaltung.
- Benutzen Sie den Automatic Database Diagnostic Monitor (ADDM) für ein effektives Tuning der RAC-Komponenten.

Der Recovery Manager (RMAN) ist das am besten geeignete Werkzeug für die Sicherung von RAC-Datenbanken. Für Backup und Restore gibt es nur wenige Besonderheiten gegenüber einer Single-Instance-Datenbank.

Die beste Unterstützung für einen optimalen Backup-, Restore- und Recovery-Prozess ist eine sinnvolle Architektur der zur Datenbank gehörenden Dateien und Verzeichnisse. Der häufigste Fehler, der an dieser Stelle noch begangen wird, ist das Speichern der Archived Redo Log-Dateien auf lokalen Dateisystemen. Häufig wird die Bedeutung der Dateien im Zusammenhang mit Restore und Recovery unterschätzt.

Das Speichern der Archived Redo Log-Dateien auf gemeinsamen Dateisystemen bietet mehrere Vorteile. Zum einen wird der Backup-Prozess beschleunigt, da der Transport der Dateien über eine Instanz erfolgen kann. Andernfalls muss ein Remote Channel verwendet werden, was eine erhöhte Belastung von Netzwerkressourcen und eine schlechtere Performance des Backup-Prozesses zur Folge hat.

Muss ein Media Recovery durchgeführt werden, dann benötigt die Instanz, die den Recovery-Prozess durchführt, die Archived Redo Log-Dateien aller Threads (Instanzen). Damit müssen Sie zusätzlich zum RMAN-Restore einen manuellen Restore-Prozess durchführen.

Dabei kann es nicht nur zu zeitlichen Verzögerungen kommen. Ist ein Knoten nicht verfügbar und die letzten Archived Redo Log-Dateien wurden noch nicht auf ein externes Medium gesichert, dann ist ein Point-in-Time Recovery nicht mehr gewährleistet. Auf dem gemeinsamen Dateisystem hingegen hat der Knoten, der das Recovery durchführt, in jedem Fall Zugriff auf die Dateien.

Die Überwachung der Aktivitäten auf dem Cluster Interconnect spielt eine wichtige Rolle. Die Kommunikation zwischen den Knoten hat großen Einfluss auf die Performance des Cache-Fusion-Features und damit auf die Performance des Clusters. Nur eine hinreichende gute Übertragungsgeschwindigkeit zwischen den Knoten garantiert die Skalierbarkeit der Datenbank.

In Oracle 10g können Sie den Parameter CLUSTER_INTERCONNECTS verwenden. Dieser liefert Oracle die Information, dass weitere Interconnect-Verbindungen zur Verfügung stehen. Er kann auch benutzt werden, um die Standardeinstellungen zu überschreiben. Sie können mehrere IP-Adressen, so wie im folgenden Beispiel, angeben.

```
CLUSTER_INTERCONNECTS=10.0.0.3:10.0.0.4
```

In einer RAC-Datenbank werden Informationen getrennt nach Instanz gespeichert. Dies erfolgt in den Views mit dem Präfix GV$_. Sie sind im Wesentlichen identisch zu den V$-Views und enthalten zusätzlich die Spalte INST_ID. Zum Erzeugen der Views müssen Sie beim Erstellen der Cluster-Datenbank das Skript catclust.sql laufen lassen.

Für RAC-Datenbanken werden zusätzliche Statistiken sowohl in den Performance-Views als auch im Automatic Workload Repository (AWR) aufgezeichnet. Dazu gehören:

- Statistiken über den Global Cache Service (GCS)
- Statistiken des Global Enqueue Service (GES)
- Global Cache current block busy event

Auch der neue Enterprise Manager bietet eine Reihe von Seiten zur Überwachung der Performance von RAC-Datenbanken. Eine Performance-Übersicht finden Sie auf der Startseite der Datenbank unter dem Register PERFORMANCE.

Kapitel 5   Hochverfügbarkeit und Skalierbarkeit

Abbildung 5.1:
Performance-Übersicht von RAC-Datenbanken

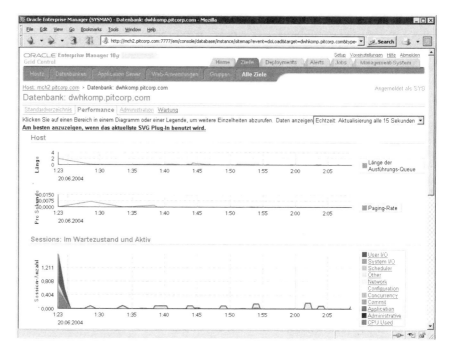

5.4 RAC Services

In Oracle 10g können bestimmte Workloads der Anwendungen als Services definiert werden. Ein Service kann eine einzelne Anwendung oder eine Gruppe von Komponenten mehrerer, zusammenhängender Anwendungen sein. Services können individuell verwaltet und kontrolliert werden.

In einer RAC-Datenbank können Services für eine Optimierung der Lastverteilung verwendet werden. Jeder Service kann einer oder mehreren Instanzen für den Normalbetrieb zugewiesen werden. Solche Instanzen werden auch *Preferred Instance* genannt. Zusätzlich können weitere, alternative Instanzen zugewiesen werden, für den Fall, dass eine Preferred Instance nicht verfügbar ist. Solche Instanzen nennt man *Available Instance*.

Auch in einer RAC-Datenbank können Metriken über die Umgebung und die Performance im Automatic Workload Repository (AWR) gespeichert werden. Services können zu Consumer Groups des Resource Manager zugeordnet werden. Damit wird eine feinmaschigere Zuweisung von Ressourcen erreicht.

Diese Funktionalität wird durch Cluster Ready Services (CRS) realisiert. CRS liefert die folgende Funktionlität:

- Verwaltung der Cluster-Datenbank einschließlich der Mitgliedschaft von Instanzen und Knoten
- Konfiguration und Kontrolle von Gruppendiensten
- Verwaltung globaler Ressourcen
- weitere Hochverfügbarkeitsfunktionen

Hochverfügbarkeitssysteme bestehen aus redundanten Hardware- und Software-Komponenten, um einen Single-Point-of-Failure auszuschließen. Kommt es zum Ausfall eines Knotens, überträgt der Cluster Ready Service die Ausführung der Prozesse an einen Backup-Knoten. Der Recovery-Prozess bringt Instanzen und Datenbank auf den aktuellen Stand und stellt unvollständige Transaktionen wieder her.

In der Einführung in dieses Kapitel haben wir Cluster Ready Services als Cluster Management-Software vorgestellt, die unabhängig von zusätzlicher Clusterware des Betriebssystemherstellers oder von Drittanbietern laufen kann. CRS liefert darüber hinaus die Funktionalität für Ausfallsicherheit und für die Verteilung von Ressourcen und Applikationsgruppen, so genannte RAC-Services. Erinnern Sie sich an die Anforderungen an das Grid Computing in Kapitel 1. Einer der wesentlichen Punkte ist das Provisioning auf allen Ebenen. CRS realisiert Application Provisioning durch die Definition von Services auf der Anwendungsebene. Und damit schließt sich der Kreis. Die Entwicklung einer unabhängigen Clusterware durch Oracle ist also kein Selbstzweck, sondern Notwendigkeit für die Realisierung der Grid-Datenbank.

Erstellen Sie für größere Hochverfügbarkeitsarchitekturen einen Service-Plan. In Tabelle 5.1 finden Sie ein Beispiel für ein Cluster mit vier Knoten.

Service	Pref. Instance	Avail. Instance	Priorität	Reaktionszeit
SALES	I01, I02	I03, I04	Hoch	0,5/1,0 Sek.
HR	I03	I04	Mittel	2,0/3,0 Sek
BATCH	I04	I03	Niedrig	3,0/5,0 Sek.

Tabelle 5.1: Beispiel für die Planung von RAC-Services

Der Service mit der Sales-Applikation besitzt die höchste Priorität. Er läuft im Normalbetrieb exklusiv auf den Instanzen I01 und I02 und wechselt im Fehlerfall nach I03 und I04. Die Reaktionszeiten legen die Schwellwerte für die Warnstufe und die kritische Stufe fest.

Kapitel 5 Hochverfügbarkeit und Skalierbarkeit

Das Hinzufügen der Datenbank sowie der Instanzen erfolgt, wie Sie das aus Oracle9i kennen, mit dem srvctl-Utility:

```
srvctl add database -d komp_rac -o $ORACLE_HOME
   -s $ORACLE_HOME/dbs/spfilekomp_rac
srvctl add instance -d komp_rac -i I01 -n mch1
srvctl add instance -d komp_rac -i I02 -n mch2
srvctl add instance -d komp_rac -i I03 -n mch3
srvctl add instance -d komp_rac -i I04 -n mch4
```

Die Konfiguration der Anwendungen erfolgt mit der CRS-Installation. Sie können aber auch weitere Knoten mit dem srvctl-Utility hinzunehmen:

```
srvctl add nodeapps -n mch5 -o $ORACLE_HOME -A '212.1.1.5/255.255.255.0/
if1|if2'
```

Im Parameter -A werden IP-Adresse, Subnetzmaske sowie die Namen der verwendeten Netzwerk-Interfaces verwendet.

Schließlich müssen noch die Service-Definitionen, wie in Tabelle 5.1 festgelegt, dem CRS bekannt gegeben werden. Dies erfolgt ebenfalls mit dem srvctl-Utility, so wie im folgenden Beispiel.

```
srvctl add service -d komp_rac -s SALES -r I01,I02 -a I03,I04
srvctl add service -d komp_rac -s HR -r I03 -a I04
srvctl add service -d komp_rac -s BATCH -r I04 -a I03
```

Damit ist die Konfiguration der RAC-Services auf der Server-Seite abgeschlossen. Wenn eine Client-Applikation gestartet wird, muss dem RAC bekannt gemacht werden, um welchen Service es sich handelt. Das erfolgt durch den TNS Connect Descriptor, mit dem die Verbindung aufgebaut wird. Für den Service SALES kann der Descriptor wie folgt aussehen:

```
SALES=(DESCRIPTION=
  (ADDRESS_LIST=
    (LOAD_BALANCE=ON)
    (FAIL_OVER=ON)
    (ADDRESS=(PROTOCOL=TCP)(HOST=mch1)(PORT=1531))
    (ADDRESS=(PROTOCOL=TCP)(HOST=mch2)(PORT=1531))
    (ADDRESS=(PROTOCOL=TCP)(HOST=mch3)(PORT=1531))
    (ADDRESS=(PROTOCOL=TCP)(HOST=mch4)(PORT=1531))
  )
  (CONNECT_DATA=(SERVICE_NAME=SALES))
)
```

RAC Services

Kapitel 5

Greift eine Applikation über den Dienstnamen SALES *auf die Datenbank zu, dann wird sie mit dem RAC-Service* SALES *verknüpft und vorzugsweise den Instanzen I01 und I02 zugewiesen. Im Fehlerfall erfolgt ein Failover auf die Instanzen I03 und I04.*

JDBC-Verbindungen mit dem Thin-Treiber verwenden keine TNS-Deskriptoren aus der Datei tnsnames.ora oder anderen Methoden. Auch hier können Dienste vorgegeben werden, so wie im folgenden Beispiel für eine Thin-JDBC-Verbindung.

```
URL="jdbc:oracle:thin@(DESCRIPTION=
  (ADDRESS_LIST=
    (LOAD_BALANCE=ON)
    (FAIL_OVER=ON)
    (ADDRESS=(PROTOCOL=TCP)(HOST=mch1)(PORT=1531))
    (ADDRESS=(PROTOCOL=TCP)(HOST=mch2)(PORT=1531))
    (ADDRESS=(PROTOCOL=TCP)(HOST=mch3)(PORT=1531))
    (ADDRESS=(PROTOCOL=TCP)(HOST=mch4)(PORT=1531)))
  (CONNECT_DATA=(SERVICE_NAME=SALES)))"
```

Der JDBC-OCI-Treiber kann dagegen die Deskriptoren aus der Datei tnsnames.ora nutzen.

Für ein wirksames Zuordnen der einzelnen Instanzen muss der Initialisierungsparameter REMOTE_LISTENER gesetzt werden. Damit ist gewährleistet, dass alle Listener alle Instanzen und die damit verbundenen Services kennen. Die einfachste Methode ist, einen Eintrag mit allen Knoten in der Datei tnsnames.ora vorzunehmen und den Alias im Parameter REMOTE_LISTENER zu spezifizieren.

```
# Eintrag in tnsnames.ora
LISTENERS_RAC=
  (ADDRESS_LIST=
    (ADDRESS=(PROTOKOL=TCP)(HOST=mch1)(PORT=1531))
    (ADDRESS=(PROTOKOL=TCP)(HOST=mch1)(PORT=1531))
    (ADDRESS=(PROTOKOL=TCP)(HOST=mch1)(PORT=1531))
    (ADDRESS=(PROTOKOL=TCP)(HOST=mch1)(PORT=1531))
  )
```

Damit ist auch die Konfiguration auf der Client-Seite abgeschlossen. Wenn Sie die Aktivitäten für alle Services ausgeführt haben, kann eine Zuordnung der Anwendungen zu den Preferred Instances und Available Instances erfolgen. Eine Übersicht aller Services erhalten Sie durch Abfrage des Views V$ACTIVE_SERVICES.

```
SQL> SELECT * FROM v$active_services;
SERVICE_ID NAME          NAME_HASH NETWORK_NAME        CREATION CREATION_DATE_
HASH
```

```
---------- ----------- ---------- ---------------------- --------  ------------
-----
        5 SALES        9924340 dwhkomp.pitcorp.com 10.06.04          31357214
      09
```

Die folgenden Schritte beschreiben, wie eine automatische Workload-Verwaltung für die Dienste aufgesetzt werden kann. Die Beschreibung erfolgt am Beispiel des Service SALES, die Konfiguration weiterer Dienste erfolgt analog.

Konfiguration einer automatischen Workload-Verwaltung für RAC

1. Erstellen Sie eine Consumer-Gruppe für jede Priorität, die für die Services zum Einsatz kommen soll.

    ```
    SQL> EXEC DBMS_RESOURCE_MANAGER.CREATE_PENDING_AREA;
    PL/SQL-Prozedur wurde erfolgreich abgeschlossen.
    SQL>  EXEC DBMS_RESOURCE_MANAGER.CREATE_CONSUMER_GROUP (
        consumer_group=>'PRIO_HOCH', comment=>'Consumer-Gruppe Prio Hoch');
    PL/SQL-Prozedur wurde erfolgreich abgeschlossen.
    ```

2. Verknüpfen Sie die Consumer-Gruppen mit den Services.

    ```
    SQL> EXEC DBMS_RESOURCE_MANAGER.SET_CONSUMER_GROUP_MAPPING (
        attribute=>DBMS_RESOURCE_MANAGER.SERVICE_NAME, value=>'SALES',
        consumer_group=>'PRIO_HOCH');
    PL/SQL-Prozedur wurde erfolgreich abgeschlossen.
    ```

3. Aktivieren Sie die Consumer-Gruppe durch Übergabe der Pending Area.

    ```
    SQL> EXEC DBMS_RESOURCE_MANAGER.SUBMIT_PENDING_AREA;
    PL/SQL-Prozedur wurde erfolgreich abgeschlossen.
    ```

Sie erhalten eine Übersicht der Zuordnungen zwischen Consumer-Gruppen und Services durch Abfrage des Views DBA_RSRC_GROUP_MAPPINGS.

```
SQL> SELECT attribute, value, consumer_group
  2  FROM DBA_RSRC_GROUP_MAPPINGS;
ATTRIBUTE              VALUE                CONSUMER_GROUP
--------------------   ------------------   ---------------
SERVICE_NAME           SALES                PRIO_HOCH
ORACLE_USER            SYS                  SYS_GROUP
ORACLE_USER            SYSTEM               SYS_GROUP
```

Sie können Consumer-Gruppen auch über den Enterprise Manager verwalten. Wählen Sie auf der Startseite der Datenbank das Register ADMINISTRATION. Klicken Sie auf den Link RESSOURCEN-NUTZUNGSGRUPPEN, den Sie unter der Rubrik RESOURCE MANAGER finden.

RAC Services

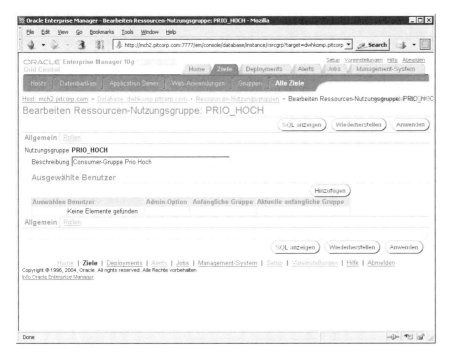

Abbildung 5.2:
Bearbeiten von Consumer-Gruppen im Enterprise Manager

Die Vorgabe der Schwellenwerte für die Reaktionszeiten erfolgt mit dem Paket DBMS_SERVER_ALERT.

```
SQL> EXEC DBMS_SERVER_ALERT.SET_THRESHOLD (
   dbms_server_alert.elapsed_time_per_call,
   dbms_server_alert.operator_ge, '500000',
   dbms_server_alert.operator_ge, '1000000', 1, 5, 'I01',
   dbms_server_alert.object_type_service, 'SALES');
PL/SQL-Prozedur wurde erfolgreich abgeschlossen.
```

Zum Schluss muss die Überwachung der Performance aktiviert werden. Verifizieren Sie durch Abfrage des Views DBA_ENABLED_AGGREGATIONS, dass die Services aktiviert sind.

```
SQL> EXEC DBMS_MONITOR.SERV_MOD_ACT_STAT_ENABLE (service_name=>'SALES',
   module_name=>'REPORTS', ACTION_NAME=>null);
PL/SQL-Prozedur wurde erfolgreich abgeschlossen.
SQL> SELECT * FROM dba_enabled_aggregations;
AGGREGATION_TYPE         PRIMARY_ID QUALIFIER_ QU
------------------------ ---------- ---------- --
SERVICE_MODULE_ACTION    SALES      REPORTS
```

Kapitel 5   Hochverfügbarkeit und Skalierbarkeit

Auch wenn das Erstellen der Konfiguration etwas aufwendig erscheint, bietet Oracle mit RAC-Services ein äußerst flexibles Feature zum Service Provisioning auf Applikationsebene an. Damit können nicht nur primäre und Failover-Instanzen für Anwendungsgruppen festgelegt werden, es ist auch möglich, eine Überwachung und Steuerung auf Basis des aktuellen Workloads zu konfigurieren.

6 Neuerungen für Data Guard

Data Guard hat sich spätestens seit Oracle9i zu einer beliebten und verbreiteten Architektur für Datenschutz entwickelt. Die Vorzüge liegen u.a. in der schnellen Verfügbarkeit bei Disaster Recovery.

Dieses Kapitel befasst sich mit neuen Features und Verbesserungen für Data Guard in Oracle 10g. Eine ausführliche Abhandlung des Produkts finden Sie in Kapitel 21 »Data Guard«.

In Data Guard finden Sie zwei grundlegende Architekturtypen, logische und physische Standby-Datenbanken. Beide teilen sich grundlegende Technologien, besitzen jedoch auch spezifische Unterschiede. In der folgenden Auflistung erhalten Sie einen Überblick der neuen Features.

- Real Time Apply
- Unterstützung für Flashback Database
- Archive Destinations auf Rollenbasis
- Verbesserte Übertragungssicherheit für Redo Log-Informationen
- Neues Verhalten bei STARTUP-, MOUNT- und OPEN-Kommandos für physische Standby-Datenbanken
- Maximum Protection Mode für logische Standby-Datenbanken
- Unterstützung für weitere Datentypen und für IOT-Tabellen
- PREPARE-Anweisung für Switchover
- Vereinfachtes Erstellen von logischen Standby-Datenbanken ohne Beeinträchtigung der Primär-Datenbank

6.1 Real Time Apply

Real Time Apply ist ein neues Feature in Oracle 10g. Normalerweise wartet der Log Apply Service auf eine Archived Redo Log-Datei, bevor die Änderungen in die Standby-Datenbank eingespielt werden. Redo Log-Informationen werden vom Remote File Service-Prozess (RFS) in Empfang genommen. Dieser schreibt die Informationen entweder in Archived Redo Log- oder in Standby Redo Log-Dateien.

Wenn Sie die Option Standby Redo Log-Dateien gewählt haben, dann können Sie optional das Real-Time-Apply-Feature aktivieren. Transaktionen oder DDL-Anweisungen werden sofort in die Standby Redo Log-Dateien geschrieben und in die Datenbank eingespielt.

Der Vorteil von Real Time Apply liegt in der erhöhten Datensicherheit und in den verringerten Failover- und Switchover-Zeiten. Die erhöhte Datensicherheit liegt in dem sofortigen Speichern in Redo Log-Dateien und in der Standy-Datenbank. Da die Standby-Datenbank mit der Primär-Datenbank synchron ist, entfällt ein zeitaufwendiger Recovery-Prozess in einer Failover-Situation.

Um Real Time Apply zu aktivieren, müssen Sie die folgenden SQL-Anweisungen verwenden:

- Für die physische Standby-Datenbank:

    ```
    ALTER DATABASE RECOVER MANAGED STANDBY DATABASE USING CURRENT LOGFILE
    DISCONNECT;
    ```

- Für die logische Standy-Datenbank:

    ```
    ALTER DATABASE START LOGICAL STANDBY APPLY IMMEDIATE;
    ```

Da die Standby-Datenbank im Managed Recovery-Modus läuft, ist es schwierig nachzuvollziehen, ob der Real Time Apply wirklich aktiviert ist. Ein Weg, das herauszufinden, ist die folgende SQL-Abfrage:

```
SQL> SELECT process, status
  2  FROM v$managed_standby;
PROCESS    STATUS
---------  ------------
ARCH       CONNECTED
ARCH       CONNECTED
MRP0       WAIT_FOR_LOG
RFS        RECEIVING
```

Wenn ein Prozess MRP oder MRP0 läuft, dann ist Real Time Apply aktiviert. Auskunft gibt auch das View V$ARHCIVED_DEST_STATUS:

```
SQL> SELECT dest_name, recovery_mode
  2  FROM v$archive_dest_status
  3  WHERE dest_id=2;
DEST_NAME                RECOVERY_MODE
--------------------     ----------------------
LOG_ARCHIVE_DEST_2       MANAGED REAL TIME APPLY
```

Falls Sie noch nicht überzeugt sind, können Sie die folgenden Praxistests durchführen. Es wird eine DML-Anweisung ausgeführt. Danach erfolgt kein Logfile Switch. Die Standby-Datenbank wird direkt überprüft, ob die Änderungen eingearbeitet sind.

```
SQL> CONNECT sys/manager@komp10g2 as sysdba
Connect durchgeführt.
SQL> INSERT INTO komp10g.dept
  2  VALUES(55,'REAL TIME','APPLY');
1 Zeile wurde erstellt.
SQL> COMMIT;
SQL> CONNECT sys/manager@komp10g2_sb AS SYSDBA
Connect durchgeführt.
SQL> ALTER DATABASE RECOVER MANAGED STANDBY DATABASE CANCEL;
Datenbank wurde geändert.
SQL> alter database open read only;
Datenbank wurde geändert.
SQL> SELECT * FROM komp10g.dept;
    DEPTNO DNAME            LOC
---------- --------------- -------------
  . . .
        55 REAL TIME        APPLY
```

> **TIPP** *Wenn Sie mit dem* `DELAY`*-Parameter eine Verzögerung für die Übertragung der Redo Log-Informationen und gleichzeitig Real Time Apply konfiguriert haben, dann wird der* `DELAY`*-Parameter ignoriert.*

Es bleibt noch die Frage zu beantworten, inwiefern Real Time Apply Einfluss auf die Performance hat. Falls der Apply-Prozess auf der Standby-Datenbank nicht hinterherkommt, fängt dieser automatisch an, Archived Redo Log-Dateien zu verarbeiten. Sobald der Apply-Prozess die Standby-Datenbank wieder auf den neuesten Stand gebracht hat, wechselt er automatisch zu den Standby Redo Log-Dateien.

Es entsteht also kein Nachteil für die Performance der Primär-Datenbank beim Einsatz von Real Time Apply. Das lässt sich in der Praxis leicht nachweisen.

6.2 Unterstützung für Flashback Database

Ein Problem einer Standby-Datenbank ist, wenn es zu Datenkorruption in der Primär-Datenbank kommt, wird diese auf die Standby-Datenbank übertragen. Damit sind beide Datenbanken zumindest teilweise unbrauchbar.

Als Lösung wurde häufig eine zeitliche Verzögerung mit dem `DELAY`-Parameter konfiguriert. Damit war es auch möglich, ein unbeabsichtigtes Löschen von Daten auf einfache Art und Weise rückgängig zu machen.

Kapitel 6   Neuerungen für Data Guard

Diese Lösung hat natürlich den Nachteil, dass in einer Havariesituation eine Lücke vorhanden ist, die unter Umständen nicht geschlossen werden kann.

Mit Hilfe des Flashback Database-Features in Oracle 10g kann auf einfache Art und Weise ein früherer Zustand der Datenbank wiederhergestellt werden. Damit wird die Konfiguration einer verzögerten Übertragung überflüssig.

Wenn Sie in einer Data-Guard-Architektur ein Flashback Database auf der Primär-Datenbank ausführen, wird die Datenbank mit der RESETLOGS-*Option geöffnet. In diesem Fall müssen Sie ein Flashback Database auf der Standby-Datenbank durchführen.*

Flashback einer physischen Standby-Datenbank

1. Stellen Sie sicher, dass der Flashback-Modus in der Datenbank aktiviert ist.

   ```
   SQL> SELECT name, flashback_on
     2  FROM v$database;
   NAME       FLA
   ---------- ---
   DWHKOMP2   YES
   ```

2. Bestimmen Sie auf der Primär-Datenbank die drittletzte System Change Number, bevor die RESETLOGS-Operation durchgeführt wurde.

   ```
   SQL> SELECT resetlogs_change# - 2 FROM v$database;
   RESETLOGS_CHANGE#-2
   -------------------
                339254
   ```

3. Ermitteln Sie die aktuelle SCN auf der Standby-Datenbank.

   ```
   SQL> SELECT current_scn FROM v$database;
   CURRENT_SCN
   -----------
        713161
   ```

4. Führen Sie die folgende Anweisung aus, falls die SCN auf der Standby-Datenbank größer als die auf der Primär-Datenbank ist.

   ```
   FLASHBACK STANDBY DATABASE TO SCN 339254;
   ```

5. Führen Sie die folgende Anweisung aus, falls die SCN auf der Standby-Datenbank kleiner ist. Damit wird der Apply-Prozess auf der Standby-Datenbank neu gestartet.

   ```
   ALTER DATABASE RECOVER MANAGED STANDBY DATABASE DISCONNECT;
   Datenbank wurde geändert.
   ```

Jetzt kann die Standby-Datenbank wieder neue Redo Log-Informationen von der Primär-Datenbank empfangen.

6.3 Archive Destinations auf Rollenbasis

Bei einem Rollentausch in Data Guard war es bisher notwendig, eine zweite Initialisierungsparameterdatei (oder SPFILE) zu verwenden oder den Parameter LOG_ARCHIVE_DEST_*n* beim Rollentausch zu ändern.

Der Initialisierungsparameter LOG_ARCHIVE_DEST_*n* kann in Oracle 10g mit dem neuen Attribut VALID_FOR verwendet werden. Damit ist die Parameterdatei bzw. das SPFILE unabhängig von der Rolle und muss nicht mehr verändert oder gewechselt werden. Das vereinfacht den Failover- und den Switchover-Prozess.

Das folgende Beispiel zeigt einen Parameter auf einer Primär-Datenbank. Er beschreibt die Übertragung von Online Redo Log-Informationen zur Standby-Datenbank. Da er nur in dem Fall aktiviert ist, dass die Datenbank eine Primär-Datenbank ist, muss er bei Rollenwechsel nicht entfernt werden.

```
log_archive_dest_2='SERVICE=komp10g2_sb OPTIONAL LGWR SYNC AFFIRM
VALID_FOR=(ONLINE_LOGFILES,PRIMARY_ROLE) DB_UNIQUE_NAME=komp10g2'
```

Andererseits soll die lokale Archivierung immer laufen, auch wenn die Datenbank zur Standby-Datenbank gemacht wird. Das wird wie im folgenden Beispiel durch die Option ALL_ROLES zum Ausdruck gebracht.

```
log_archive_dest_1='SERVICE=komp10g2_sb OPTIONAL LGWR SYNC AFFIRM
VALID_FOR=(ALL_LOGFILES,ALL_ROLES) DB_UNIQUE_NAME=komp10g2'
```

Analog können die Parameter in der Standby-Datenbank gesetzt werden. Das Attribut VALID_FOR umfasst zwei Parameter, die Archivierungsquelle und die Datenbankrolle.

Für die Archivierungsquelle sind die folgenden Werte zulässig:

- ALL_LOGFILES: Die Destination wird sowohl für Online als auch für Standby Redo Log-Dateien verwendet.
- ONLINE_LOGFILES: Wird nur für die Archivierung von Online Redo Log-Dateien benutzt.
- STANDBY_LOGFILES: Wird verwendet, wenn Standby Redo Log-Dateien archiviert werden, oder wenn Redo Log-Dateien von einer anderen Datenbank empfangen werden.

Kapitel 6   Neuerungen für Data Guard

Für die Datenbankrolle können Sie folgende Werte angeben:

- PRIMARY_ROLE: Die Destination wird nur verwendet, wenn die Datenbank eine Primär-Datenbank ist.
- STANDBY_ROLE: Wird verwendet, wenn die Datenbank eine physische oder logische Standby-Datenbank ist.
- ALL_ROLES: Parameter ist gültig für beide Rollen.

Das View V$ARCHIVE_DEST gibt Ihnen Auskunft darüber, welche Archiv-Destinationen zurzeit gültig sind.

```
SQL> SELECT dest_name, status, valid_now
  2  FROM v$archive_dest;
DEST_NAME            STATUS     VALID_NOW
-------------------  ---------  ----------------
LOG_ARCHIVE_DEST_1   VALID      YES
LOG_ARCHIVE_DEST_2   VALID      YES
...
```

6.4 Verbesserte Übertragungssicherheit für Redo Log-Informationen

Für die Übertragung von Redo Log-Inforationen ist der Log Transport Service verantwortlich. Er benutzt in Oracle 10g autorisierte Netzwerksitzungen.

Um eine sichere Übertragung zu gewährleisten, müssen alle im Data Guard eingebundenen Datenbanken eine Passwortdatei verwenden. Das Passwort muss auf allen Datenbanken identisch sein.

Erstellen einer Passwortdatei

1. Verwenden Sie für das Erstellen der Passwortdatei das ORAPWD-Programm. Die Datei muss sich im Verzeichnis $ORACLE_HOME/dbs befinden. Der Name ist orapw<SID> bzw. orapw für eine Passwortdatei vom Typ SHARED.

   orapwd file=initkomp10g2 password=manager entries=5

2. Setzen Sie den Initialisierungsparameter REMOTE_LOGIN_PASSWORDFILE auf EXCLUSIVE oder SHARED.

Für den Fall, dass Sie die Oracle-Advanced-Security-Option installiert haben, können Sie Verschlüsselung und Prüfsummen einstellen. Auch die Übertragung der Redo Log-Informationen erfolgt mit diesen Features.

6.5 Weitere neue Data-Guard-Features

Neu in Oracle 10g ist der Initialisierungsparameter DB_UNIQUE_NAME, er spezifiziert den eindeutigen Namen einer Datenbank in einer Data-Guard-Umgebung. Der Name muss eindeutig gewählt werden und darf in der Domain nicht zweimal vorkommen.

Die Kommandos STARTUP, MOUNT und OPEN verhalten sich auf einer physischen Standby-Datenbank unter Oracle 10g anders als unter bisherigen Versionen. Der Grund ist eine einfachere Benutzung von Standby-Datenbanken.

Der STARTUP-Befehl verwendet die Kontrolldatei, um herauszufinden, ob es sich um eine Primär-Datenbank oder um eine Standby-Datenbank handelt. Auf einer Standby-Datenbank ist das Verhalten wie folgt:

- Mit STARTUP wird für die physische Standby-Datenbank die Instanz gestartet, die Datenbank in den MOUNT-Status gebracht und anschließend im READ ONLY-Modus geöffnet. Was früher mit mehreren Befehlen umgesetzt werden musste, ist jetzt mit einem einzigen Befehl möglich.

- Der Befehl STARTUP MOUNT startet die Instanz und versetzt die Datenbank in den MOUNT-Status. Der Befehl MOUNT STANDBY DATABASE ist nicht mehr erforderlich. Der Managed-Recovery-Prozess wird damit nicht gestartet, das muss nach wie vor mit dem ALTER DATABASE-Befehl erfolgen. Schließlich können Sie ja verschiedene Optionen für den Managed-Recovery-Modus angeben.

- Sie können den Befehl ALTER DATABASE MOUNT ohne die zusätzlichen Wörter STANDBY DATABASE ausführen. Oracle erkennt automatisch, dass es sich um eine Standby-Datenbank handelt.

In Oracle9*i* wurden Standby Redo Log-Dateien für physische Standby-Datenbanken eingeführt. Neu in Oracle 10g ist die Möglichkeit, Standby Redo Log-Dateien für logische Standby-Datenbanken zu verwenden. Damit ist es möglich, logische Standby-Datenbanken im Maximum-Protection-Modus zu betreiben und eine Architektur ohne Datenverlust aufzusetzen.

Verwenden Sie für das Erstellen von Standby Redo Log-Dateien den ALTER DATABASE-Befehl so wie im folgenden Beispiel.

```
SQL> ALTER DATABASE
  2  ADD STANDBY LOGFILE
  3  '/u04/oracle/komp10g2/sb_redo01.log'
  4  SIZE 10485760;
Datenbank wurde geändert.
```

Die Anzahl und Größe von Standby Redo Log-Dateien muss mit den Online Redo Log-Dateien der Primär-Datenbank übereinstimmen. Standby Redo Log-Dateien können gespiegelt werden.

Standby Redo Log-Dateien bieten die folgenden Vorteile:

➤ In einer Failover-Situation stehen Data Guard mehr Redo Log-Informationen als bei der Verwendung von Archived Redo Log-Dateien zur Verfügung.

➤ Mit Standby Redo Log-Dateien ist es möglich, das Feature Real Time Apply einzusetzen.

➤ Es können der Maximum-Protection- und der Maximum-Availability-Modus verwendet werden.

Logische Standby-Datenbanken unterstützen jetzt auch die Datentypen LONG, LONG_RAW, CLOB und NCLOB im Multibyte-Format. Auch IOT-Tabellen werden unterstützt, insofern sie keine Overflow-Segmente oder LOB-Spalten besitzen.

Neu in Oracle 10g ist die PREPARE-Anweisung zur Vorbereitung eines Switchover-Prozesses für logische Standby-Datenbanken. Mit dieser Anweisung können Sie die Umgebung vorbereiten, ohne das Switchover durchzuführen. Damit wird z.B. der Logminer-Katalog erstellt. Der eigentliche Switchover-Prozess läuft dann wesentlich schneller ab. Abhängig von der Rolle hat die PREPARE-Anweisung folgende Syntax:

```
ALTER DATABASE PREPARE TO SWITCHOVER TO LOGICAL STANDBY;
ALTER DATABASE PREPARE TO SWITCHOVER TO PRIMARY;
```

Das Switchover erfolgt wie gewohnt mit folgenden Anweisungen:

```
ALTER DATABASE COMMIT TO SWITCHOVER TO STANDBY;
ALTER DATABASE COMMIT TO SWITCHOVER TO PRIMARY;
```

Danach kann der Apply Service auf der neuen Standby-Datenbank gestartet werden:

```
ALTER DATABASE START LOGICAL STANDBY APPLY;
```

Bisher war es recht schwierig, logische Standby-Datenbanken zu erstellen, ohne die Primär-Datenbank herunterzufahren. So musste z.B. die Datenbank in den QUIESCE-Status gebracht werden und die aktuelle SCN aufgezeichnet werden.

Dies entfällt in Oracle 10g. Die erforderlichen Informationen liest Oracle aus der Standby-Kontrolldatei. Die folgenden Schritte beschreiben, wie Sie eine logische Standby-Datenbank erzeugen können, ohne die Primär-Datenbank herunterzufahren.

Eine logische Standby-Datenbank ohne Unterbrechung des Betriebs der Primär-Datenbank erstellen

1. Führen Sie ein Online-Backup der Primär-Datenbank durch.

2. Erstellen Sie eine logische Standby-Kontrolldatei.

   ```
   SQL> ALTER DATABASE
     2  CREATE LOGICAL STANDBY CONTROLFILE
     3  AS '/home/oracle/logicalstdby.ctl';
   Datenbank wurde geändert.
   ```

3. Kopieren Sie die Dateien der Datensicherung und die logische Standby-Kontrolldatei auf den Server mit der Standby-Datenbank.

4. Starten Sie die Standby-Datenbank mit der logischen Standby-Kontrolldatei. Und konfigurieren Sie den Log Transport Service von der Primär-Datenbank zur logischen Standby-Datenbank.

5. Aktivieren Sie den Managed-Recovery-Modus für die Standby-Datenbank.

   ```
   ALTER DATABASE RECOVER MANAGED STANDBY DATABASE;
   Datenbank wurde geändert.
   ```

6. Starten Sie schließlich den Apply-Prozess.

   ```
   ALTER DATABASE START LOGICAL STANDBY APPLY;
   Datenbank wurde geändert.
   ```

Wenn in den vorhergehenden Versionen eine fehlerhafte Transaktion in einer logischen Standby-Datenbank übersprungen werden musste, dann musste das manuell erfolgen und der Apply-Prozess musste neu gestartet werden.

In Oracle 10g existiert eine Option, mit der fehlerhafte Transaktionen übersprungen werden und der Apply-Prozess automatisch neu gestartet wird. Sie müssen die Option beim Starten des Apply-Prozesses in der folgenden Form angeben:

```
ALTER DATABASE START LOGICAL STANDBY APPLY SKIP FAILED TRANSACTION;
Datenbank wurde geändert.
```

7 Backup and Recovery-Features

Im Bereich Backup and Recovery gibt es signifikante Neuerungen und Erweiterungen. Viele davon stehen in Zusammenhang mit der neuen Flashback-Funktionalität. *Flashback* bedeutet die Einführung einer Zeitachse in die Datenbank.

Die Flashback-Technologie wurde in Oracle9*i* eingeführt, konnte da aber nur begrenzt benutzt werden. In Oracle 10g wurde die Flashback-Funktionalität wesentlich erweitert und verbessert. Backup and Recovery profitiert sehr stark von dieser neuen Technologie.

Das zeitliche Zurückschauen auf den Zustand der Datenbank war bisher nur begrenzt möglich und mit größerem Aufwand verbunden. Im Bereich Datensicherung war es üblich, einen Export zu erstellen. Damit stand der Zustand einzelner Objekte zu einem bestimmten Zeitpunkt zur Verfügung. Wenn Sie jedoch Objekte zu einem Zeitpunkt benötigten, zu dem kein Export vorlag, gab es kaum eine Chance, an die Daten heranzukommen.

Eine weitere Möglichkeit war das Durchführen eines Incomplete Recovery der Datenbank bis zum gewünschten Zeitpunkt. Dies ist jedoch eine sehr aufwendige Prozedur und benötigte zusätzliche Hardware-Ressourcen.

Mit Hilfe der Flashback-Technologie ist es nun möglich, ohne großen Aufwand den Zustand von Objekten aus der Vergangenheit in die Gegenwart zu transportieren. Was im realen Leben nicht möglich ist, nämlich Fehler der Vergangenheit zu korrigieren, lässt sich in Oracle 10g umsetzen.

Hier sind die neuen Backup and Recovery-Features im Überblick:

- Flashback Database Backup and Recovery
- neue RMAN-Features
    - automatische Dateierstellung beim Recovery
    - automatisches Channel Failover für Backup und Restore
    - vereinfachtes Disk-Backup
    - vereinfachte Katalogisierung der Backup-Dateien

- De-Registrierung einer Datenbank
- verbessertes inkrementelles Backup
- vereinfachtes Recovery mit Resetlogs

➤ automatisches Tablespace Point-in-Time Recovery (TSPITR)

➤ weitere neue Backup-and-Recovery-Features

➤ der DROP DATABASE-Befehl

➤ der ALTER DATABASE BEGIN BACKUP-Befehl

7.1 Das Flashback-Database-Feature

In den Versionen vor Oracle 10g hatten von RMAN erzeugte Dateien und Dateien, die vom ARCH-Prozess geschrieben werden, keinen Bezug zueinander. Die Prozesse wussten nichts über die Größe der Dateisysteme, in die sie schreiben. Archive Log-Dateien und Backup Pieces mussten regelmäßig ausgelagert werden.

In Oracle 10g ist es möglich, alle Dateien, die Bezug zum Recovery haben, an einem Speicherort abzulegen. Dieser Ort wird *Flash Recovery Area* genannt. Folgende Dateien werden als Recovery-bezogene Dateien betrachtet:

➤ Online Redo Log-Dateien

➤ Archived Redo Log-Dateien

➤ Kontrolldateien

➤ Flashback-Log-Dateien

➤ Autobackups von Kontrolldateien

➤ RMAN Backup Pieces

➤ Kopien von Datenbankdateien

Die Oracle Flashback-Technologie ist hervorragend für die Korrektur von logischen Fehlern geeignet. Unter logischen Fehlern versteht man das unbeabsichtigte Löschen oder Verändern von Daten oder einzelnen Objekten in der Datenbank. Außerdem können Analysen von Änderungen in der Datenbank gemacht werden.

Das Flashback Database-Feature benutzt einen neuen Typ von Log-Dateien, die *Flashback Database Log* genannt werden. Oracle schreibt in periodischen Abständen Before Image-Datenblöcke in die Flashback Database Log-

Das Flashback-Database-Feature　　　　　Kapitel 7

Dateien. Mit Hilfe dieser Datenblöcke können Änderungen sehr schnell rückgängig gemacht werden.

Durch den neuen Typ von Log-Dateien ist es möglich, die Recovery-Zeiten gegenüber herkömmlichen Technologien erheblich zu verkürzen.

Das Schreiben der Flashback-Database-Log-Dateien übernimmt ein neuer Hintergrundprozess mit dem Namen RVWR. Dieser Prozess arbeitet nach einem ähnlichen Prinzip wie der Logwriter-Prozess (LGWR).

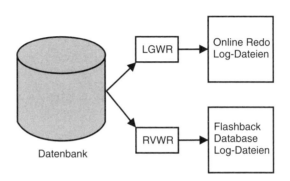

Abbildung 7.1: Log Writer und Flashback Database Writer

Der Hintergrundprozess ora_rvwr_<ORACLE_SID> wird nur gestartet, wenn das Flashback Database-Feature aktiviert ist. Der folgende Abschnitt beschreibt das Ein- und Ausschalten von Oracle Flashback Database.

Oracle startet keine Aktion, solange die Flash Recovery Area zu weniger als 90% gefüllt ist. Danach werden Warnungen an die Benutzer ausgegeben. Die RMAN Retention Policy wird benutzt, um festzulegen, welche Dateien gelöscht werden. Das geschieht, wenn die Recovery Area zu 100% gefüllt ist.

Mit dem Initialisierungsparameter DB_FLASHBACK_RETENTION_TARGET können Sie festlegen, wie lange Flashback Log-Dateien in der Recovery Area behalten werden sollen. Dateien werden nicht gelöscht, solange die Retention-Zeit nicht erreicht ist und noch freier Speicherplatz vorhanden ist.

Im Recovery Manager gibt es einen neuen Befehl für die Sicherung der Recovery Area. Es wird empfohlen, die Recovery Area auf ein Band zu sichern.

```
RMAN> BACKUP RECOVERY AREA;
```

Aktivieren der Flashback Database

Bevor Sie das Flashback Database-Feature aktivieren, müssen Sie eine Flash Recovery Area einrichten. Wenn Sie die Datenbank mit dem Database Con-

Kapitel 7 — Backup and Recovery-Features

figuration Assistant erstellt haben, dann wurden Sie gefragt, ob Sie eine Flash Recovery Area anlegen wollen. Ist das nicht geschehen, können Sie die Area im Nachhinein anlegen.

Legen Sie die Flash Recovery Area aus Datenschutz- und Performance-Gründen in ein separates Dateisystem auf eine separate Platte.

Das Flashback Database-Feature aktivieren

1. Stellen Sie sicher, dass die Datenbank im ARCHIVELOG-Modus läuft.

   ```
   SQL> SELECT log_mode FROM v$database;
   LOG_MODE
   ------------
   ARCHIVELOG
   ```

2. Legen Sie das Verzeichnis und die Größe der Flash Recovery Area durch Setzen der folgenden Parameter fest:

   ```
   SQL> ALTER SYSTEM SET db_recovery_file_dest='/u01/oracle/
       flash_recovery_area' SCOPE=BOTH;
   System wurde geändert.
   SQL> ALTER SYSTEM SET
     2  db_recovery_file_dest_size=2G
     3  SCOPE=BOTH;
   System wurde geändert.
   ```

3. Setzen Sie den Parameter db_flashback_retention_target. Er setzt die Obergrenze in Minuten fest, wie weit zurück das Database-Flashback-Feature funktioniert.

   ```
   SQL> ALTER SYSTEM SET
     2  db_flashback_retention_target=1440
     3  SCOPE=BOTH;
   System wurde geändert.
   ```

4. Aktivieren Sie Flashback Database im MOUNT EXCLUSIVE-Modus:

   ```
   SQL> startup mount exclusive
   ORACLE-Instance hochgefahren.
   Total System Global Area   138412032 bytes
   Fixed Size                    777796 bytes
   Variable Size              112206268 bytes
   Database Buffers            25165824 bytes
   Redo Buffers                  262144 bytes
   Datenbank mit MOUNT angeschlossen.
   SQL> ALTER DATABASE FLASHBACK ON;
   Datenbank wurde geändert.
   SQL> ALTER DATABASE OPEN;
   Datenbank wurde geändert.
   ```

Flashback Database Backup and Recovery

Kapitel 7

Das Ausschalten des Features erfolgt mit dem folgenden Befehl:

```
SQL> ALTER DATABASE FLASHBACK OFF;
Datenbank wurde geändert.
```

Das View V$DATABASE gibt Auskunft darüber, ob Flashback Database aktiviert ist:

```
SQL> SELECT flashback_on FROM v$database;
FLASHBACK_ON
------------
YES
```

Abbildung 7.2:
Verwaltung der
Flash Recovery Area
im Enterprise
Manager

Alternativ können Sie auch den Enterprise Manager zum Aktivieren des Features benutzen. Klicken Sie im STANDARDVERZEICHNIS unter der Kategorie HIGH AVAILABILITY auf FLASHBACK LOGGING. Es erscheint die Seite WIEDERHERSTELLUNGSEINSTELLUNGEN KONFIGURIEREN, die Sie in Abbildung 7.2 sehen. Hier können Sie die Flash Recovery Area verwalten.

7.2 Flashback Database Backup and Recovery

Die neue Flashback Database-Technologie impliziert eine Reihe von Verbesserungen im Bereich Backup and Recovery. Sie wird einige herkömmliche Technologien ablösen. Die Vorteile liegen in den schnelleren Recovery-Zeiten und der Einfachheit der Handhabung.

Prüfen Sie, ob die folgenden Voraussetzungen für das Flashback Database-Feature erfüllt sind:

- Die Datenbank muss im ARCHIVELOG-Modus laufen. Obwohl vorwiegend Flashback Database Log-Dateien verwendet werden, benutzt die FLASHBACK DATABASE-Operation auch Archived Redo Log-Dateien.
- Die Flash Recovery Area muss eingerichtet sein und in der Datenbank muss der Flashback-Modus eingeschaltet sein.
- In einer Real Application Clusters-Umgebung muss die Flash Recovery Area in einem Cluster File System oder in ASM liegen.

Es gelten die folgenden Einschränkungen, wenn der FLASHBACK DATABASE-Befehl ausgeführt wird:

- Für den Fall eines Media Failure (Zerstörung oder Verlust einer Datei) ist das Flashback Database-Feature nicht geeignet. Die Dateien, die zurückkonvertiert werden, müssen vollständig und fehlerfrei vorhanden sein. Liegt ein solcher Fehler vor, muss ein Media Recovery erfolgen, bevor der FLASHBACK DATABASE-Befehl angewandt werden kann.
- Das Flashback-Database-Feature funktioniert nicht, wenn die Kontrolldatei eine Backup-Kontrolldatei ist oder wenn die Kontrolldatei erstellt wurde, nachdem Flashback Database aktiviert wurde.
- Das Verkleinern einer Datenbankdatei kann mit Flashback Database nicht rückgängig gemacht werden.
- Flashback Database-Operationen können nicht weiter zurückgehen als bis zur ersten SCN, die in der Flash Recovery Area zur Verfügung steht. Mit der folgenden Abfrage können Sie diese herausfinden:

```
SQL> SELECT oldest_flashback_scn,
  2  oldest_flashback_time
  3  FROM v$flashback_database_log;
OLDEST_FLASHBACK_SCN OLDEST_FLASHBACK?TIME
-------------------- ---------------------
              194643    06.04.04 14:09:35
```

Der FLASHBACK DATABASE-Befehl

Eine Datenbank in einen früheren Zustand zu versetzen, war bisher eine recht aufwendige Geschichte. Es musste ein Point-in-Time Recovery durchgeführt werden, d.h. Rückspeichern eines Backups und Durchführen eines Incomplete Recovery.

Sie können FLASHBACK DATABASE entweder mit RMAN oder mit SQL*Plus ausführen. Die folgenden Schritte beschreiben die Vorgehensweise mit RMAN.

Flashback Database mit dem Recovery Manager

1. Verschaffen Sie sich einen Überblick über die aktuelle SCN und das mögliche Flashback-Fenster.

   ```
   SQL> SELECT current_scn FROM v$database;
   CURRENT_SCN
   -----------
        195816
   SQL> SELECT oldest_flashback_scn,
     2  oldest_flashback_time
     3  FROM v$flashback_database_log;
   OLDEST_FLASHBACK_SCN OLDEST_FLASHBACK_TIME
   -------------------- ---------------------
                 183418    05.04.04  18:53:36
   ```

2. Starten Sie die Datenbank im MOUNT EXCLUSIVE-Modus.

   ```
   SQL> STARTUP MOUNT EXCLUSIVE
   ORACLE-Instance hochgefahren.
   Total System Global Area  138412032 bytes
   Fixed Size                   777796 bytes
   Variable Size             112206268 bytes
   Database Buffers           25165824 bytes
   Redo Buffers                 262144 bytes
   Datenbank mit MOUNT angeschlossen.
   ```

3. Führen Sie den FLASHBACK DATABASE-Befehl im RMAN aus.

   ```
   $ rman target /
   Recovery Manager: Version 10.1.0.2.0 - Production
   Copyright (c) 1995, 2004, Oracle.  All rights reserved.
   Mit Ziel-Datenbank verbunden: KOMP10G2 (DBID=3497543750)
   RMAN> FLASHBACK DATABASE TO TIME
   2> "TO_TIMESTAMP('06.04.2004 03:00:00','DD.MM.YYYY HH24:MI:SS')";
   Starten flashback um 06.04.04
   Kontrolldatei der Zieldatenbank wird anstelle des Recovery-
      Katalogs verwendet
   Zugewiesener Kanal: ORA_DISK_1
   Kanal ORA_DISK_1: SID=269 Gerätetyp=DISK
   Starte Wiederherstellung des Datenträgers
   Wiederherstellung des Datenträgers beendet
   Beendet flashback um 06.04.04
   ```

4. War die Flashback-Operation erfolgreich, können Sie überprüfen, ob das gewünschte Ergebnis vorliegt. Öffnen Sie dazu die Datenbank im READ ONLY-Modus. Danach können Sie SQL-Abfragen durchführen, um den Zustand zu verifizieren.

   ```
   SQL> ALTER DATABASE OPEN READ ONLY;
   Datenbank wurde geändert.
   ```

Kapitel 7   Backup and Recovery-Features

5. An dieser Stelle gibt es mehrere Optionen:

– Falls die gewählte Flashback-Zeit nicht richtig war, können Sie die Datenbank zeitlich weiter nach vorn bringen, indem Sie den Befehl RECOVER DATABASE UNTIL benutzen. Müssen Sie den Zustand der Datenbank zeitlich nach hinten versetzen, dann können Sie den FLASHBACK DATABASE-Befehl erneut ausführen. Wollen Sie die Datenbank im ursprünglichen Zustand zurückhaben, geben Sie einfach ein RECOVER DATABASE ein.

– Wenn Sie nur einzelne Objekte zurückholen wollen, können Sie an dieser Stelle einen Export anfertigen und anschließend die Datenbank mit dem RECOVER DATABASE-Befehl in den Ausgangszustand zurückversetzen. Es gibt jedoch noch weitere Möglichkeiten, einzelne Daten oder Objekte mit der Flashback-Technologie zurückzugewinnen. Diese finden Sie weiter unten in diesem Abschnitt.

– Verwenden Sie den Befehl ALTER DATABASE OPEN RESETLOGS, um den aktuellen Zustand der Datenbank festzuschreiben.

```
RMAN> ALTER DATABASE OPEN RESETLOGS;
Kontrolldatei der Zieldatenbank wird anstelle des Recovery-
    Katalogs verwendet
Datenbank geöffnet
```

Sie werden feststellen, dass die Laufzeit der Flashback Database-Operation sehr kurz ist. Die Schnelligkeit der Operation und die Einfachheit in der Handhabung machen die wesentlichen Vorteile gegenüber der herkömmlichen Methode des Incomplete Recovery aus.

Als Zeitpunkt für die Flashback Database-Operation können Sie neben einem Timestamp auch die System Change Number (SCN) oder die Log Sequence Number verwenden. Die Syntax können Sie den folgenden Beispielen entnehmen:

```
FLASHBACK DATABASE TO SCN 190000;
FLASHBACK DATABASE TO SEQUENCE 23;
```

Sie können den FLASHBACK DATABASE-Befehl auch in SQL*Plus ausführen. Der Recovery Manager hat allerdings den Vorteil, dass im Bedarfsfall fehlende Dateien automatisch von einem Backup zurückgespeichert oder Archived Redo Log-Dateien eingebunden werden können. Bei der Verwendung von SQL*Plus müssen Sie sicherstellen, dass alle Dateien vorhanden sind und sich im richtigen Zustand befinden.

7.3 Flashback auf Tabellen-Ebene

Mit dem Flashback Database-Feature wird die gesamte Datenbank zurückgesetzt. Es kommt häufig vor, dass nur einzelne Tabellen in einen früheren Zustand zurückversetzt werden müssen. Oracle bietet deshalb eine Reihe von Features an, die ein Flashback auf Tabellen- bzw. Transaktionsebene ermöglichen.

Flashback Table

Mit dem Flashback Table-Feature können Sie einen Zustand einer oder mehrerer Tabellen aus der Vergangenheit wiederherstellen. Gleichzeitig werden alle mit der Tabelle verbundenen Objekte wie Indexe, Trigger oder Constraints wiederhergestellt.

Flashback-Table-Operationen funktionieren **nicht** für die folgenden Objekttypen:

- Cluster-Tabellen
- Advanced-Queuing-Tabellen
- System-Tabellen
- Statische Tabellen des Datenbankkatalogs
- Partitionen einer Tabelle
- Über Datenbank-Link angeschlossene Tabellen
- Materialized Views

Flashback Table ist ein sehr nützliches und komfortables Feature. Beachten Sie jedoch die folgenden Einschränkungen. Der FLASHBACK TABLE-*Befehl funktioniert nicht, wenn die folgenden DDL-Befehle verwendet wurden:*

- TRUNCATE TABLE
- ALTER TABLE...DROP COLUMN
- ALTER TABLE...DROP PARTITION
- ALTER TABLE...MOVE

Zum Ausführen einer Flashback Table-Operation verwendet Oracle die Informationen aus der Undo Tablespace. Der Initialisierungsparameter undo_retention legt fest, für welchen Zeitraum Undo-Informationen vor dem Überschreiben behalten werden. Setzen Sie den Parameterwert nach den Anforderungen für Flashback Table-Operationen fest. Beachten Sie jedoch, dass bei großem Transaktionsvolumen ein hoher Platzbedarf für die Undo Tablespace entstehen kann.

TIPP

Der Parameter undo_retention *allein reicht nicht aus, um ein Nichtüberschreiben der Informationen für den definierten Zeitraum zu garantieren. Wenn in der Undo Tablespace kein Platz mehr verfügbar ist, wird Oracle Undo-Segmente überschreiben, auch wenn die Werte für den Parameter* undo_retention *noch nicht erreicht sind. Sie müssen die Undo Tablespace mit der Option* RETENTION GUARANTEE *erstellen, um das Überschreiben innerhalb der vorgegebenen Zeit zu verhindern. Sie können den Tablespace-Parameter auch nachträglich, wie im folgenden Beispiel, ändern.*

```
SQL> ALTER TABLESPACE undotbs1
  2  RETENTION GUARANTEE;
Tablespace wurde geändert.
```

Überprüfen Sie, ob die folgenden Voraussetzungen erfüllt sind, bevor Sie das Flashback Table-Feature nutzten:

- Der Ausführende benötigt das Systemprivileg FLASHBACK ANY TABLE oder das FLASHBACK-Objektprivileg an der Tabelle.

- Aktivieren Sie Row Movement an der Tabelle mit Hilfe des folgenden Befehls:

```
SQL> ALTER TABLE emp
  2  ENABLE ROW MOVEMENT;
Tabelle wurde geändert.
```

Das folgende Beispiel zeigt, wie Sie den FLASHBACK TABLE-Befehl anwenden können.

Listing 7.1:
Beispiel für Flashback Table

```
SQL> SELECT current_scn FROM v$database;
CURRENT_SCN
-----------
     217834
SQL> SELECT sysdate FROM dual;
SYSDATE
-------------------
06.04.2004 19:08:26
SQL> SELECT empno, job, sal FROM emp
  2  WHERE job='SALESMAN';
     EMPNO JOB              SAL
---------- --------- ----------
      7499 SALESMAN        1600
      7521 SALESMAN        1250
      7654 SALESMAN        1250
      7844 SALESMAN        1500
SQL> UPDATE emp
  2  SET sal=sal+1000
  3  WHERE job='SALESMAN';
4 Zeilen wurden aktualisiert.
```

```
SQL> COMMIT;
Transaktion mit COMMIT abgeschlossen.
SQL> SELECT empno, job, sal FROM emp
  2  WHERE job='SALESMAN';
     EMPNO JOB               SAL
---------- --------- ----------
      7499 SALESMAN         2600
      7521 SALESMAN         2250
      7654 SALESMAN         2250
      7844 SALESMAN         2500
SQL> FLASHBACK TABLE emp
  2  TO SCN 217834;
Flashback abgeschlossen.
SQL> SELECT empno, job, sal FROM emp
  2  WHERE job='SALESMAN';
     EMPNO JOB               SAL
---------- --------- ----------
      7499 SALESMAN         1600
      7521 SALESMAN         1250
      7654 SALESMAN         1250
      7844 SALESMAN         1500
SQL> COMMIT;
Transaktion mit COMMIT abgeschlossen.
```

Flashback Row History

Flashback Row History wurde bereits in Oracle9*i* unter dem Begriff »Flashback Query« eingeführt. In Oracle 10g wurde die Funktionalität dahingehend erweitert, dass nun historische Daten für alle Zeilenversionen zurückgeholt werden können.

Flashback Row History liest also alle Zustände des Satzes im vorgegebenen Zeitraum. Voraussetzung ist, dass die Änderungen mit COMMIT abgeschlossen wurden. Das folgende Beispiel zeigt, wie der Befehl angewendet werden kann.

```
SQL> SELECT empno, job, sal FROM emp
  2  VERSIONS BETWEEN scn minvalue and maxvalue
  3  WHERE empno=7499;
     EMPNO JOB               SAL
---------- --------- ----------
      7499 SALESMAN         2600
      7499 SALESMAN         1600
```

Listing 7.2:
Beispiel für Flashback Row History

Sicher ist Ihnen aufgefallen, dass Flashback Row History nicht nur für Recovery-Anforderungen benutzt werden kann. Es ist auch bestens für Audit-Aufgaben geeignet. Beachten Sie jedoch, dass Sie auf der Zeitachse nicht beliebig weit zurückblicken können (Parameter undo_retention). *Regu-*

läre Audit-Operationen speichern Änderungsinformationen in der Datenbank oder im Dateisystem. Diese Informationen sind damit unbegrenzt verfügbar. Flashback Database stellt also eine sinnvolle Ergänzung von Audit-Aufgaben dar, kann sie jedoch nicht ersetzen.

Flashback Transaction History

Mit dem Flashback Transaction History-Feature ist es möglich, Änderungen auf Transaktionsniveau zu betrachten. Sie können dieses Feature in Kombination mit Flash Row History nutzen, um durch bestimmte Transaktionen vorgenommene Änderungen zurückzurollen.

Sie können das Feature auch für Audit-Aufgaben benutzen, es ist schneller beim Zurückrollen von Transaktionen als der LogMiner.

Das folgende Beispiel beschreibt, wie Flashback Transaktion History angewendet werden kann.

Der HR Manager stellt fest, dass der Wert für das Gehalt eines Mitarbeiters geändert wurde:

```
SQL> SELECT empno, ename, job, sal
  2  FROM emp
  3  VERSIONS BETWEEN SCN minvalue AND maxvalue
  4  WHERE ename='ALLEN';
    EMPNO ENAME      JOB             SAL
---------- ---------- --------- ----------
      7499 ALLEN      SALESMAN       2600
      7499 ALLEN      SALESMAN       1600
```

Daraufhin will er herausfinden, wer die Änderung zu welchem Zeitpunkt vorgenommen hat. Über die Spalte VERSIONS_XID, die für jede Änderung gepflegt wird, lässt sich die Verbindung zur Transaktion herstellen. Das View FLASHBACK_TRANSACTION_QUERY hilft ihm, die zugehörigen Sitzungsinformationen herauszufinden.

```
SQL> SELECT versions_xid, empno, ename, job, sal
  2  FROM emp
  3  VERSIONS BETWEEN SCN minvalue AND maxvalue
  4  WHERE ename='ALLEN';
VERSIONS_XID      EMPNO ENAME      JOB             SAL
---------------- ------ ---------- --------- ----------
03000A0078010000   7499 ALLEN      SALESMAN       1600
                   7499 ALLEN      SALESMAN       2600
SQL> SELECT commit_scn, commit_timestamp, logon_user
  2  operation, undo_sql
  3  FROM flashback_transaction_query
```

```
  4  WHERE xid='03000A0078010000';
COMMIT_SCN COMMIT_TIMESTAMP      OPERATION
UNDO_SQL
---------- -------------------- ------------------------
------------------------------------

    226988 07.04.2004 11:37:42 KOMP10G
update "KOMP10G"."EMP" set "SAL" = '2600'
where ROWID = 'AAACoOAAEAAAAAOAAA';
```

Es ist ersichtlich, wann und durch wen die Änderung erfolgt ist. Zusätzlich stellt die Abfrage noch das Undo-SQL zur Verfügung, d.h. den Befehl, mit dem die Änderung rückgängig gemacht werden kann.

Der Manager entschließt sich, die Änderung mit dem Flashback Table-Feature rückgängig zu machen:

```
SQL> FLASHBACK TABLE emp
  2  TO SCN 226987;
```

Es ist also recht komfortabel geworden, Änderungen nachzuvollziehen und rückgängig zu machen. Der Umgang mit den Flashback-Database-Features sollte jedoch sehr bewusst erfolgen. So werden im vorangegangenen Beispiel mit dem FLASHBACK TABLE-*Befehl alle in diesem Zeitraum gemachten Änderungen rückgängig gemacht. Sie sollten vorsichtig mit der Vergabe der Privilegien sein. Prinzipiell spricht nichts dagegen, jemandem, der Änderungsrechte auf eine Tabelle hat, auch Flashback-Operationen zu gestatten. Vergeben Sie jedoch das* FLASHBACK ANY TABLE-*Privileg nur in Ausnahmefällen. Damit kann ein Benutzer Änderungen in allen Tabellen rückgängig machen. Dieses Privileg sollte wie das* FLASHBACK DATABASE-*Privileg den Administratoren vorbehalten bleiben.*

Flashback Drop

In den vorangegangenen Versionen wurde ein Objekt mit einem DROP-Befehl permanent aus der Datenbank entfernt und konnte, mit Ausnahme von Recovery-Operationen, nicht wieder hergestellt werden.

In Oracle 10g wirft der DROP-Befehl das Objekt zuerst in den *Papierkorb* (*Recycle Bin*). Sie können das Objekt aus dem Papierkorb jederzeit wiederherstellen, solange es nicht permanent gelöscht wird.

Das ist ein weiteres Feature, das die Notwendigkeit eines Point-in-Time Recovery eliminiert.

Die folgenden Punkte beschreiben, wann Objekte aus dem Papierkorb entfernt werden:

- Sie werden permanent mit dem PURGE-Befehl gelöscht.
- Sie werden aus dem Papierkorb zurückgeholt.
- Die Tablespace muss erweitert werden.
- Es existiert kein Platz mehr in der Tablespace für neue Sätze oder Änderungen.

Beachten Sie, dass in Tablespaces, für die AUTOEXTEND *aktiviert ist, bei jeder Erweiterung der Papierkorb geleert wird. Wollen Sie das verhindern, müssen Sie* AUTOEXTEND *deaktivieren oder die Tablespace in der entsprechenden Größe anlegen, so dass eine automatische Erweiterung unwahrscheinlich wird.*

Es gelten die folgenden Einschränkungen für das Flashback Drop-Feature:

- Das Feature ist nur für Localy Managed Tablespaces verfügbar.
- Der Papierkorb steht nicht für System-Tablespaces zur Verfügung.
- Für Flashback Query auf Tabellen im Papierkorb muss der vom System vergebene, nicht der originale Name verwendet werden.
- Abhängige Objekte (z.B. LOB-Segmente) werden ebenfalls im Papierkorb gespeichert.
- Tabellen, die mit Fine Grained Auditing (FGA) oder Policies der Virtual Private Database (VPD) verknüpft sind, können nicht in den Papierkorb gebracht werden.
- Flashback Drop funktioniert nicht für IOT-Tabellen.
- Referenzielle Integritätsbedingungen werden nicht im Papierkorb gespeichert. Werden Objekte aus dem Papierkorb zurückgeholt, müssen diese neu erstellt werden.

Im folgenden Beispiel wird eine Tabelle zweimal angelegt und gelöscht.

```
SQL> CREATE TABLE komp(id NUMBER)
  2  TABLESPACE users;
Tabelle wurde angelegt.
SQL> DROP TABLE komp;
Tabelle wurde gelöscht.
```

Die Tabelle wird unter demselben Namen erneut angelegt und gelöscht.

```
SQL> CREATE TABLE komp(text VARCHAR2(30))
  2  TABLESPACE users;
```

```
Tabelle wurde angelegt.
SQL> DROP TABLE komp;
Tabelle wurde gelöscht.
```

Jetzt befindet sich die Tabelle zweimal im Papierkorb. Mit einer Abfrage des Views USER_RECYCLEBIN können Sie den Inhalt des Papierkorbs verifizieren.

```
SQL> SELECT object_name, original_name, droptime
  2  FROM user_recyclebin;
OBJECT_NAME                      ORIGINAL_NAME   DROPTIME
------------------------------   -------------   ----------
BIN$13elKDQj1h3gMAHUAgEb1g==$0   KOMP            2004-04-07:12:30:02
BIN$13elKDQk1h3gMAHUAgEb1g==$0   KOMP            2004-04-07:12:32:03
```

Es befinden sich zwei Versionen der Tabelle KOMP unter demselben Namen im Papierkorb. Beide Tabellen können zurückgeholt werden, jedoch muss mindestens eine umbenannt werden, da nicht zwei Objekte mit demselben Namen existieren können. Dabei gilt das Prinzip, dass die zuletzt gelöschte Tabelle zuerst recycelt wird.

```
SQL> FLASHBACK TABLE "BIN$13elKDQj1h3gMAHUAgEb1g==$0" TO BEFORE DROP
  2  RENAME TO komp1;
Flashback abgeschlossen.
SQL> desc komp1
 Name                    Null?    Typ
 ----------------------- -------- ----------------
 TEXT                             VARCHAR2(30)
SQL> FLASHBACK TABLE "BIN$13elKDQj1h3gMAHUAgEb1g==$0" TO BEFORE DROP
  2  RENAME TO komp2;
Flashback abgeschlossen.
SQL> desc komp2
 Name                    Null?    Typ
 ----------------------- -------- ----------------
 ID                               NUMBER
```

Wollen Sie eine Tabelle aus dem Papierkorb entfernen, dann können Sie, wie im folgenden Beispiel, den PURGE-Befehl und den neuen, von Oracle zugewiesenen Objektnamen verwenden.

```
SQL> DROP TABLE komp1;
Tabelle wurde gelöscht.
SQL> SELECT object_name, original_name
  2  FROM user_recyclebin;
OBJECT_NAME                      ORIGINAL_NAME
------------------------------   -------------
BIN$13elKDQl1h3gMAHUAgEb1g==$0   KOMP1
SQL> PURGE TABLE "BIN$13elKDQl1h3gMAHUAgEb1g==$0";
Tabelle bereinigt.
```

Sie können auch den Originalnamen der Tabelle im PURGE-Befehl angeben. Befinden sich mehrere Objekte mit diesem Namen im Papierkorb, wird das Objekt, das zuerst in den Papierkorb gebracht wurde, zuerst entfernt.

```
SQL> DROP TABLE komp2;
Tabelle wurde gelöscht.
SQL> PURGE TABLE komp2;
Tabelle bereinigt.
SQL> SELECT * FROM user_recyclebin;
Es wurden keine Zeilen ausgewählt
```

Sie können mit dem folgenden Befehl aller Objekte, die Ihnen gehören, aus dem Papierkorb entfernen.

```
PURGE RECYCLEBIN;
```

Wenn Sie über DBA-Privilegien verfügen, dann können Sie alle Objekte aller Benutzer aus dem Papierkorb entfernen:

```
PURGE DBA_RECYCLEBIN;
```

Es ist aber auch möglich, die Objekte einer bestimmten Tablespace aus dem Papierkorb zu entfernen:

```
PURGE TABLESPACE users;
```

Für die neuen Operationen sind die folgenden Privilegien erforderlich:

- FLASHBACK TABLE ... TO BEFORE DROP

    Hierfür ist das DROP-Privileg für die entsprechende Tabelle erforderlich, Jeder Benutzer, der einen DROP-Befehl ausführen darf, hat folgerichtig das Recht, diesen rückgängig zu machen.

- PURGE

    Dieses Privileg hängt ebenfalls am DROP-Privileg. Jeder Benutzer, der das DROP TABLE- oder DROP ANY TABLE-Privileg besitzt, darf den PURGE-Befehl ausführen.

!! STOP

Beachten Sie, dass seit Oracle 10g ein Objekt nach dem DROP-Befehl physisch mit all seinen Extents erhalten bleibt. Das bedeutet, dass auch der entsprechende Platz in der Tablespace weiterhin belegt wird. Um das zu verhindern, müssen Sie ein PURGE ausführen. Wie im folgenden Beispiel können Sie ein Objekt mit einem Befehl löschen und gleichzeitig aus dem Papierkorb entfernen.

```
SQL> DROP TABLE komp2 PURGE;
Tabelle wurde gelöscht.
```

```
SQL> SELECT * FROM user_recyclebin;
Es wurden keine Zeilen ausgewählt
```

7.4 Neue RMAN-Features

Automatische Dateierstellung beim Recovery

In Oracle 10g ist es möglich, Dateien im Recovery-Prozess zu erstellen, die niemals gesichert wurden. Sie benötigen die Archived Redo Log-Dateien angefangen vom Zeitpunkt, zu dem die Datei erstellt wurde.

Dabei sind die folgenden zwei Szenarien denkbar:

- Die Kontrolldatei kennt die Datei, jedoch steht keine Sicherung der Datei zur Verfügung.
- Die Kontrolldatei hat die Datei nicht registriert und die Datei wurde nicht gesichert.

Die folgenden Beispiele beschreiben beide Szenarien. Führen Sie zuerst eine Komplettsicherung mit dem Recovery Manager durch.

```
RMAN> BACKUP DATABASE ARCHIVELOG ALL DELETE INPUT;
Starten backup um 08.04.04
...
```

Automatische Dateierstellung beim Recovery, wenn die fehlende Datei der Kontrolldatei bekannt ist

1. Erweitern Sie die Tablespace USERS um eine neue Datei.

    ```
    SQL> ALTER TABLESPACE users
      2  ADD DATAFILE
      3  '/u02/oracle/komp10g2/users03.dbf'
      4  SIZE 5M;
    Tablespace wurde geändert.
    ```

2. Löschen Sie die Datei auf Betriebssystemebene. Bei einem Versuch, auf die Datei zuzugreifen, erhalten Sie eine Fehlermeldung.

    ```
    SQL> ! rm /u02/oracle/komp10g2/users03.dbf
    ORA-01171: Datendatei 6 wird offline gesetzt wegen Checkpoint-
       Fehler im Header
    ORA-01116: Fehler beim Öffnen der Datenbankdatei 6
    ORA-01110: Datendatei 6: '/u02/oracle/komp10g2/users03.dbf'
    ORA-27041: Offnen der Datei nicht moglich
    Linux Error: 2: No such file or directory
    Additional information: 3
    ```

Kapitel 7   Backup and Recovery-Features

3. Jetzt können Sie ein Recovery durchführen. RMAN holt sich die Informationen über die fehlende Datei aus der Kontrolldatei. Mit Hilfe der Archived Redo Log-Dateien wird ein Recovery durchgeführt und der letzte Zustand der Datei wiederhergestellt.

```
SQL> SELECT name, status
  2  FROM v$datafile;
NAME                                      STATUS
----------------------------------------  -------
/u02/oracle/komp10g2/system01.dbf         SYSTEM
/u02/oracle/komp10g2/undotbs01.dbf        ONLINE
/u02/oracle/komp10g2/sysaux01.dbf         ONLINE
/u02/oracle/komp10g2/users01.dbf          ONLINE
/u02/oracle/komp10g2/users02.dbf          ONLINE
/u02/oracle/komp10g2/users03.dbf          RECOVER
RMAN> RESTORE DATAFILE 6;
Starten restore um 08.04.04
Datendatei fno=6 Name=/u02/oracle/komp10g2/users03.dbf wird erstellt
Zurückschreiben nicht erfolgt; alle Dateien sind schreibgeschützt,
    offline oder bereits zurückgeschrieben
Beendet restore um 08.04.04
RMAN> RECOVER DATAFILE 6;
Starten recover um 08.04.04
Zugewiesener Kanal: ORA_DISK_1
Kanal ORA_DISK_1: SID=241 Gerätetyp=DISK
Starte Wiederherstellung des Datenträgers
Archive Log-Dateiname=/u05/oracle/komp10g2/archive/
    1_17_522770972.dbf Thread=1 Sequenz=17
Wiederherstellung des Datenträgers beendet
Beendet recover um 08.04.04
SQL> ALTER TABLESPACE users
  2  DATAFILE ONLINE;
Tablespace wurde geändert.
```

Wenn eine nicht gesicherte Datei nicht in der Kontrolldatei registriert ist, läuft das Recovery-Szenario in der folgenden Form ab.

Automatische Dateierstellung beim Recovery, wenn die fehlende Datei der Kontrolldatei nicht bekannt ist

1. Führen Sie ein Backup der Datenbank mit dem Recovery Manager durch.

    ```
    RMAN> BACKUP DATABASE ARCHIVELOG ALL DELETE INPUT;
    ```

2. Legen Sie eine neue Tablespace TOOLS an und erstellen Sie darin eine Tabelle.

    ```
    SQL> CREATE TABLESPACE tools
      2  DATAFILE '/u02/oracle/komp10g2/tools01.dbf'
      3  SIZE 5M;
    ```

```
Tablespace wurde angelegt.
SQL> CREATE TABLE rcvtest
  2  (id NUMBER)
  3  TABLESPACE tools;
Tabelle wurde angelegt.
SQL> INSERT INTO rcvtest
  2  VALUES (1);
1 Zeile wurde erstellt.
SQL> COMMIT;
Transaktion mit COMMIT abgeschlossen.
```

3. Löschen Sie nun die Datei der Tablespace TOOLS auf Betriebssystemebene.

    ```
    SQL> ! rm /u02/oracle/komp10g2/tools01.dbf
    ```

4. Speichern Sie die Kontrolldatei aus dem Backup in Punkt 1 zurück. Diese enthält keine Informationen über die neu angelegte Datei der Tablespace TOOLS. Damit sind sowohl die Datei als auch die zugehörige Information in der Kontrolldatei nicht verfügbar.

    ```
    RMAN> RESTORE CONTROLFILE;
    Starten restore um 08.04.04
    Zugewiesener Kanal: ORA_DISK_1
    Kanal ORA_DISK_1: SID=270 Gerätetyp=DISK
    Kanal ORA_DISK_1: Wiederherstellung von Datendatei-Backup Set beginnt
    Kanal ORA_DISK_1: Kontrolldatei wird wiederhergestellt
    Kanal ORA_DISK_1: Backup Piece 1 wurde wiederhergestellt
    Piece Handle=/u01/oracle/flash_recovery_area/KOMP10G2/autobackup/
        2004_04_08/o1_mf_s_522931888_07b4nkfo_.bkp Tag=TAG20040408T105128
    Kanal ORA_DISK_1: Wiederherstellung abgeschlossen
    Ausgabedateiname=/u03/oracle/komp10g2/control01.ctl
    Ausgabedateiname=/u03/oracle/komp10g2/control02.ctl
    Ausgabedateiname=/u03/oracle/komp10g2/control03.ctl
    Beendet restore um 08.04.04
    SQL> SELECT name, status
      2  FROM v$datafile;
    NAME                                         STATUS
    -------------------------------------------  -------
    /u02/oracle/komp10g2/system01.dbf            SYSTEM
    /u02/oracle/komp10g2/undotbs01.dbf           ONLINE
    /u02/oracle/komp10g2/users01.dbf             ONLINE
    /u02/oracle/komp10g2/users02.dbf             ONLINE
    /u02/oracle/komp10g2/users03.dbf             ONLINE
    ```

5. An dieser Stelle können Sie mit dem Recovery Manager ein Restore durchführen. Danach werden Sie feststellen, dass, wie nicht anders zu erwarten, die Datei der Tablespace TOOLS nicht mit zurückgespeichert wurde und auch der Kontrolldatei nicht bekannt ist.

Kapitel 7   Backup and Recovery-Features

```
SQL> SELECT name, status
  2  FROM v$datafile;
NAME                                              STATUS
------------------------------------------        -------
/u02/oracle/komp10g2/system01.dbf                 SYSTEM
/u02/oracle/komp10g2/undotbs01.dbf                ONLINE
/u02/oracle/komp10g2/sysaux01.dbf                 ONLINE
/u02/oracle/komp10g2/users01.dbf                  ONLINE
/u02/oracle/komp10g2/users02.dbf                  ONLINE
/u02/oracle/komp10g2/users03.dbf                  ONLINE
SQL> ! ls /u02/oracle/komp10g2
sysaux01.dbf  temp01.dbf      users01.dbf  users03.dbf system01.dbf  undo
    tbs01.dbf
users02.dbf
```

6. Der folgende Recovery-Befehl im RMAN führt nun automatisch ein Erstellen der Datei sowie ein Recovery durch.

```
RMAN> RECOVER DATABASE;
Starten recover um 08.04.04
Zugewiesener Kanal: ORA_DISK_1
Kanal ORA_DISK_1: SID=269 Gerätetyp=DISK
Starte Wiederherstellung des Datenträgers
Archive Log-Thread 1 Sequenz 2 bereits auf Platte als Datei /u04/oracle/
    komp10g2/redo01.log vorhanden
Archive Log-Dateiname=/u04/oracle/komp10g2/redo01.log Thread=1 Sequenz=2
Wiederherstellung des Datenträgers beendet
Beendet recover um 08.04.04
```

Automatisches Channel Failover für Backup und Restore

Wenn mehrere Channels für Backup- oder Restore-Operationen benutzt werden und bei einem ein Fehler auftritt, setzt RMAN die Operation mit den restlichen Channels fort. RMAN führt nicht, wie in früheren Versionen, einen Neustart des Prozesses durch.

Vereinfachtes Disk-Backup

In allen vorhergehenden Oracle-Versionen existierten zwei unterschiedliche RMAN-Befehl für eine Datensicherung: BACKUP und COPY. Mit dem BACKUP-Befehl werden so genannte *Backup Pieces* geschrieben, die ein spezielles Format haben und nur von RMAN selbst wieder gelesen werden können. Der COPY-Befehl hingegen erzeugt Eins-zu-eins-Kopien der Dateien einer Datenbank. Diese können mit anderen Methoden zurückgespeichert werden.

Jedoch gab es keinen COPY DATABASE-Befehl, der als Äquivalent zum BACKUP DATABASE-Befehl eine Datenbanksicherung in ihrer Gesamtheit vor-

Neue RMAN-Features

nimmt. Man musste alle zur Datenbank gehörenden Dateien ermitteln und diese einzeln mit COPY-Befehlen sichern.

In Oracle 10g gibt es den Befehl BACKUP AS COPY..., der sich wie ein BACKUP-Befehl verwenden lässt und die Sicherung als Imagekopien und nicht im RMAN-Format anlegt.

```
RMAN> BACKUP AS COPY
2> DATABASE ARCHIVELOG ALL;
Starten backup um 08.04.04
Vollständige Neusynchronisation des Recovery-Katalogs wird begonnen
Vollständige Neusynchronisation abgeschlossen
Zugewiesener Kanal: ORA_DISK_1
Kanal ORA_DISK_1: SID=258 Gerätetyp=DISK
Kanal ORA_DISK_1: Datendatei-Kopie wird gestartet
Eingabe-Datendatei fno=00001 Name=/u02/oracle/komp10g2/system01.dbf
Ausgabedateiname=/u05/oracle/komp10g2/backup/
KOMP10G2_29_1 tag=TAG20040408T145852 recid=11 stamp=522946749
Kanal ORA_DISK_1: Datendatei-Kopie abgeschlossen, abgelaufene Zeit: 00:00:25
...
Beendet backup um 08.04.04
```

Vereinfachte Katalogisierung von Backup-Dateien

In Oracle 10g ist der Umgang mit dem RMAN-Repository einfacher geworden. Wenn Sie z.B. Backup-Dateien gelöscht oder verschoben haben, musste ein Crosscheck gemacht und die als EXPIRED gekennzeichneten Registrierungen gelöscht werden. Jetzt gibt es zusätzlich die Option UNCATALOG, die Sie wie im folgenden Beispiel verwenden können:

```
RMAN> CHANGE DATAFILECOPY '/u05/oracle/komp10g2/backup/
KOMP10G2_31_1' UNCATALOG;
```

De-Registierung einer Datenbank

Vor Oracle 10g war es recht umständlich, eine Datenbank zu de-registrieren. Es mussten spezielle PL/SQL-Pakete in SQL*Plus aufgerufen werden, vorher galt es, die erforderlichen Parameter zu ermitteln.

Jetzt gibt es den UNREGISTER-Befehl im RMAN zum Löschen der Repository-Informationen für eine Datenbank.

```
RMAN> UNREGISTER DATABASE;
Datenbankname ist "KOMP10G2" und DBID ist 3497543750
Möchten Sie die Registrierung der Datenbank wirklich aufheben (geben Sie YES
oder NO ein)? YES
Registrierung von Datenbank in Recovery-Katalog aufgehoben
```

Verbessertes inkrementelles Backup

In Oracle 10g können Sie inkrementelle Backups auf Sicherungen anwenden, die mit dem COPY-Befehl erstellt wurden. Diese Dateien werden auch *Image Copies* genannt Diese Image Copies sind Eins-zu-eins-Kopien der Datenbankdateien, also keine RMAN-Dateien.

Durch periodisches Aktualisieren der Image Copies mit inkrementellen Backups werden diese in den aktuellen Status mit der aktuellen SCN versetzt. Vor Oracle 10g war es nur möglich, die Dateien komplett zu kopieren. Die Syntax können Sie dem folgenden Beispiel entnehmen:

```
RMAN> RECOVER DATAFILECOPY '/u05/oracle/komp10g2/backup/KOMP10G2_35_1';
Starten recover um 08.04.04
Zugewiesener Kanal: ORA_DISK_1
Kanal ORA_DISK_1: SID=272 Gerätetyp=DISK
Beendet recover um 08.04.04
```

> **TIPP** *Das neue inkrementelle Backup für Image Copies führt zu einer beachtlichen Reduzierung der Backup-Zeiten.*

Das inkrementelle RMAN-Backup wurde in seiner internen Technologie wesentlich verbessert. Es wird auch als *Change-Aware Incremental Backup* bezeichnet und führt zu einer signifikanten Verbesserung der Backup-Zeiten.

In den früheren Oracle-Versionen musste RMAN jeden einzelnen Block untersuchen, um festzustellen, ob sich dieser geändert hat. So wuchs die Zeit für ein inkrementelles Backup proportional zur Größe der Datei.

In Oracle 10g können Sie ein *Block Change Tracking File* erstellen, in dem alle seit dem letzten Backup geänderten Datenblöcke vermerkt werden. RMAN benutzt diese Datei, um die geänderten Blöcke herauszufinden. Damit wächst die Backup-Zeit proportional zur Menge der geänderten Blöcke und ist nicht mehr von der Größe der Tablespace-Datei abhängig.

Damit stellt sich die Frage, wie groß das Tracking File werden kann. Hier kann man alle Befürchtungen zerstreuen, es ist mit ca. 1/30000 der Datenbank zu rechnen. Das heißt für eine 1 Tbyte große Datenbank werden für das Tracking File etwa 10 Mbyte benötigt.

Das Tracking File wird standardmäßig nicht gepflegt. Mit dem folgenden Befehl können Sie das Tracking einschalten:

```
SQL> ALTER DATABASE ENABLE
  2  BLOCK CHANGE TRACKING
  3  USING FILE '/u05/oracle/komp10g2/backup/change_tracking' REUSE;
Datenbank wurde geändert.
```

Wenn Sie den Parameter `DB_CREATE_FILE_DEST` gesetzt haben, verwendet Oracle dieses Verzeichnis und vergibt den Dateinamen. In diesem Fall kann die `USING FILE`-Klausel weggelassen werden.

```
ALTER DATABASE ENABLE BLOCK CHANGE TRACKING;
```

Den Status können Sie mit dem View `V$BLOCK_CHANGE_TRACKING` erfragen:

```
SQL> SELECT * FROM v$block_change_tracking;
STATUS   FILENAME                                    BYTES
-------  -----------------------------------------  ----------
ENABLED  /u05/oracle/komp10g2/backup/change_tracking 11599872
```

Das Abschalten des Trackings erfolgt mit diesem Befehl:

```
ALTER DATABASE DISABLE BLOCK CHANGE TRACKING;
```

Vereinfachtes Recovery mit Resetlogs

Wenn Sie ein Incomplete Recovery oder ein Recovery mit einer Backup-Kontrolldatei durchführen, dann müssen Sie die Datenbank mit der Option `RESETLOGS` öffnen. Das Zurücksetzen der Online Redo Log-Dateien hat die folgenden Auswirkungen:

- Die aktuellen Online Redo Log-Dateien werden, falls vorhanden, archiviert und die aktuelle Log-Sequence-Nummer wird auf »1« gesetzt.
- Falls keine Online Redo Log-Dateien existieren, werden diese erstellt.
- Die Kontrolldatei wird mit den neuen Parametern für die Online Redo Log-Dateien aktualisiert.
- In die Tablespace-Dateien wird die aktuelle SCN eingetragen.

Mit dem Ausführen der `RESETLOGS`-Option entsteht eine neue Inkarnation der Datenbank. Für vorhergehende Oracle-Versionen wird empfohlen, direkt nach dem Erstellen einer neuen Inkarnation einer Datenbank eine Komplettsicherung durchzuführen. Das liegt darin begründet, dass es nicht möglich ist, ein Recovery mit zwei Inkarnationen einer Datenbank durchzuführen.

Zusätzlich war es erforderlich, den Recovery Manager auf die neue Inkarnation mit dem Befehl `RESET DATABASE` aufmerksam zu machen.

In Oracle 10g ist es nicht länger erforderlich, ein Backup nach dem Öffnen einer Datenbank mit der `RESETLOGS`-Option durchzuführen. Es ist nunmehr möglich, ein Recovery über zwei verschiedene Inkarnationen einer Datenbank durchzuführen. Auch der `RESET DATABASE`-Befehl kann weggelassen werden.

Dieses neue Verhalten vereinfacht auch die Wiederherstellung einer alten Primär-Datenbank in einer Standby-Architektur. Ausführliche Informationen zu diesem Thema finden Sie in Kapitel 6 »Neue Features für Data Guard«.

7.5 Automatisches TSPITR

Mit Tablespace Point-in-Time Recovery (TSPITR) ist es möglich, einzelne Tablespaces in einen früheren Zustand zu versetzen, ohne den Rest der Datenbank zu beeinträchtigen. TSPITR wird häufig angewandt, um den Zustand einer Tablespace zu einem früheren Zeitpunkt zurückzugewinnen.

Es wird eine so genannte *Auxiliary Instance* erzeugt, auf der ein Restore und ein Recovery der Tablespace bis zum gewünschten Zeitpunkt durchgeführt wird. Danach werden die Metadaten exportiert und in die Primär-Datenbank importiert.

Die Auxiliary Instance musste in früheren Versionen manuell erstellt werden. In Oracle 10g erstellt der Recovery Manager die Instanz automatisch auf demselben Server und entfernt sie, wenn das Recovery fertig ist. RMAN erstellt auch alle benötigten Dateien und entfernt diese zum Schluss.

TSPITR sollte dann eingesetzt werden, wenn es Geschwindigkeitsvorteile in der Recovery-Zeit gegenüber anderen Verfahren bietet, z.B. beim Rückgängigmachen eines TRUNCATE-Befehls für eine große Tabelle. Die folgenden Punkte beschreiben, wann es sich lohnt, TSPITR einzusetzen:

- einen Datenverlust mit dem TRUNCATE-Befehl für eine große Datenmenge rückgängig machen
- Rückgängigmachen logischer Fehler
- Zurückrollen falscher Batch-Jobs oder anderer DML-Befehle, die nur eine oder weinige Tablespaces beeinflusst haben

Sie werden sicher bemerkt haben, dass die hier angesprochenen Probleme auch mit dem neuen Flashback-Database-Feature gelöst werden können. In der Tat ist Flashback Database eine zu TSPITR konkurrierende Technologie. Allerdings hat damit TSPITR längst nicht ausgedient. Wenn z.B. ein TRUNCATE-Befehl unbeabsichtigt auf eine große Tabelle angewandt wurde, die sich in einer Tablespace befindet, dann ist TSPITR die bessere Variante. Erinnern Sie sich daran, dass Flashback Table TRUNCATE-Befehle nicht rückgängig machen kann, da hier Undo-Informationen verwendet werden. Das Flashback-Database-Feature ist auch keine gute Alternative. Einerseits werden die anderen Tablespaces mit zurückgerollt, zum anderen läuft der Prozess sehr lange. Das neue automatische TSPITR macht die Anwendung einfacher. Wägen Sie ab, wann TSPITR besser geeignet ist und wann Flashback Database.

Automatisches TSPITR

Mit dem folgenden RMAN-Befehl können Sie ein TSPITR durchführen.

```
ALTER TABLESPACE ... UNTIL ...;
```

Alles Weitere übernimmt RMAN, das Erstellen der Auxiliary Instance und der zugehörigen Dateien sowie das anschließende Löschen. Schauen Sie sich an, was RMAN alles erledigt. Das Listing 7.3 wurde gekürzt, es würde mehrere Seiten umfassen.

```
RMAN> RECOVER TABLESPACE users
UNTIL SCN 347801
AUXILIARY DESTINATION '/u05/oracle/komp10g2/backup';
zugewiesener Kanal: ORA_AUX_DISK_1
Kanal ORA_AUX_DISK_1: SID=29 Gerätetyp=DISK
Kanal ORA_AUX_DISK_1: Wiederherstellung von Datendatei-Backup Set beginnt
Kanal ORA_AUX_DISK_1: Kontrolldatei wird wiederhergestellt
Kanal ORA_AUX_DISK_1: Backup Piece 1 wurde wiederhergestellt
Piece Handle=/u01/oracle/flash_recovery_area/KOMP10G2/autobackup/2004_04_08/
o1_mf_s_522961365_07c1fpd6_.bkp Tag=TAG20040408T190245
Kanal ORA_AUX_DISK_1: Wiederherstellung abgeschlossen
Ausgabedateiname=/u05/oracle/komp10g2/backup/cntrl_tspitr_KOMP10G2_gyij.f
Beendet restore um 08.04.04
SQL-Anweisung: alter database mount clone database
SQL-Anweisung: alter system archive log current
SQL-Anweisung: begin dbms_backup_restore.AutoBackupFlag(FALSE); end;
Vollständige Neusynchronisation des Recovery-Katalogs wird begonnen
Vollständige Neusynchronisation abgeschlossen
Inhalt von Speicher-Skript:
{
# generated tablespace point-in-time recovery script
# set the until clause
set until   scn 347801;
plsql <<<-- tspitr_2
declare
  sqlstatement       varchar2(512);
  offline_not_needed exception;
  pragma exception_init(offline_not_needed, -01539);
begin
  sqlstatement := 'alter tablespace '|| 'USERS' ||' offline for recover';
. . .
. . .
Auxiliary-Instance-Datendatei /u05/oracle/komp10g2/backup/
TSPITR_KOMP10G2_GYIJ/onlinelog/o1_mf_1_07c1xm0r_.log gelöscht
Auxiliary-Instance-Datendatei /u05/oracle/komp10g2/backup/
TSPITR_KOMP10G2_GYIJ/onlinelog/o1_mf_2_07c1xmf6_.log gelöscht
Auxiliary-Instance-Datendatei /u05/oracle/komp10g2/backup/
TSPITR_KOMP10G2_GYIJ/onlinelog/o1_mf_3_07c1xmro_.log gelöscht
Beendet recover um 08.04.04
```

Listing 7.3:
Tablespace Point-in-Time Recovery (TSPITR) mit RMAN (gekürzt)

Automatisches TSPITR kann in seiner einfachen Bedienung durchaus mit Flashback Database konkurrieren. Sie können den gesamten Prozess mit einem einzigen Befehl durchführen. Zum Schluss müssen Sie nur noch die Tablespace in den ONLINE-Status versetzen.

```
SQL> ALTER TABLESPACE users ONLINE;
Tablespace wurde geändert.
```

Im hier vorliegenden Beispiel wurde ein TRUNCATE*-Befehl auf eine Tabelle mit zwei Millionen Sätzen angewandt. Das automatische TSPITR war dreimal so schnell wie ein* FLASHBACK DATABASE*-Befehl.*

7.6 Weitere neue Backup and Recovery-Features

Neu in Oracle 10g ist der DROP DATABASE-Befehl. Er löscht alle Datenbankdateien auf Betriebssystemebene, sowohl ASM- als auch Nicht-ASM-Dateien. Führen Sie die folgenden Schritte aus, um eine Datenbank zu löschen.

Löschen einer Datenbank mit DROP DATABASE

1. Die Datenbank muss geöffnet sein oder sich im MOUNT-Status befinden. Es dürfen keine weiteren Benutzer angemeldet sein.

   ```
   SQL> startup force mount
   ORACLE-Instance hochgefahren.
   ...
   ```

2. Führen Sie den DROP DATABASE-Befehl aus.

   ```
   DROP DATABASE;
   ```

3. Löschen Sie zur Datenbank gehörende Sicherungen und Archived Redo Log-Dateien.

Mit dem neuen Befehl ALTER DATABASE BEGIN BACKUP können Sie alle Tablespaces gleichzeitig in den Backup-Modus setzen. Das vereinfacht die Handhabung, denn Sie müssen nicht vorher die Namen der Tablespaces aus dem Datenbankkatalog lesen.

Für den Fall, dass parallel Transaktionen laufen, kann es besser sein, den Backup-Modus für die Tablespaces einzeln zu setzen, um die Belastung der Online Redo Log-Dateien zu reduzieren.

8 SQL Tuning Advisor

Von Klaus Maier

Der SQL Tuning Advisor unterstützt Sie bei der Analyse von SQL-Anweisungen. Er kann entweder durch den Oracle Enterprise Manager oder über PL/SQL durch das mitgelieferte Paket DBMS_SQLTUNE bedient werden. Wir wollen uns in den folgenden Beispielen auf die Benutzung des Advisors mittels PL/SQL beschränken.

Der SQL Tuning Advisor benutzt den Query-Optimierer, um dem Benutzer Informationen über die zu analysierenden SQL-Anweisungen zur Verfügung zu stellen. Dieser besitzt zwei verschiedene Modi. Den normalen Modus, bei dem der Optimierer die SQL-Anweisung kompiliert und den Ausführungsplan erzeugt. Dies muss relativ schnell erfolgen, da sonst die Performance der gesamten Abfrage beeinträchtigt wird. Der zweite Modus ist der Tuning-Modus. Im Tuning-Modus führt der Optimierer eine erweiterte Analyse durch, was mehrere Minuten dauern kann.

8.1 Analysearten des SQL Tuning Advisors

Die Analyse, die der Optimierer im Tuning-Modus durchführt, kann funktional in vier Bereiche unterteilt werden:

- Statistikanalyse

    Der Optimierer prüft, ob die zu analysierende Anweisung über aktuelle Statistiken verfügt. Fehlen diese, erzeugt der Optimierer eine Aufforderung zum Erstellen der benötigten Statistik.

- SQL-Profilvorschlag

    Falls Sie nicht die Möglichkeit haben, eine SQL-Anweisung aufgrund der vom SQL Tuning Advisor erstellten Optimierungsvorschläge zu verändern, bietet sich der Einsatz von so genannten *SQL-Profilen* an. Dies ist normalerweise beim Einsatz einer Fremdsoftware sinnvoll, an der Sie keine Änderungen vornehmen können. Wenn Sie das vom SQL Tuning Advisor erstellte SQL-Profil akzeptieren, wird dieses im Data Dictionary abgelegt und die darin enthaltenen Informationen werden vom Optimierer für die betroffene Anweisung verwendet, um den Ausführungsplan zu erzeugen.

➜ Zugriffspfadanalyse

Der SQL Tuning Advisor untersucht die Anweisungen auf fehlende Indexe und schlägt gegebenenfalls deren Erstellung vor. Da der SQL Tuning Advisor keine Vorhersagen der Auswirkung des empfohlenen Index unter Alltagsbedingungen liefern kann, können Sie zusätzlich die Hilfe des SQL Access Advisors in Anspruch nehmen, mit dem Sie den Index unter entsprechender Last analysieren können.

➜ SQL-Strukturanalyse

Die SQL-Anweisung wird auf semantische und syntaktische Probleme hin analysiert. Dies kann z.B. die Verwendung eines UNION ALL- anstelle eines UNION-Ausdrucks oder eines NOT EXISTS statt eines NOT IN sein.

> *Seien Sie bei den Vorschlägen des SQL Tuning Advisors im Bezug auf die SQL-Strukturanalyse vorsichtig. Sie sollten Ihre Anwendung sehr genau kennen, da durch die vorgeschlagenen Anpassungen eventuell veränderte Ergebnismengen entstehen können.*

8.2 SQL Tuning Advisor mit PL/SQL

Die Benutzung des SQL Tuning Advisors über PL/SQL wird durch das von Oracle mitgelieferte Paket dbms_sqltune ermöglicht. Dazu benötigen Sie die DBA-Rolle und das ADVISOR-Privileg:

Listing 8.1: Für den SQL Tuning Advisor benötigte Rechte

```
SQL> GRANT DBA TO KOMPENDIUM;
Benutzerzugriff (Grant) wurde erteilt.
SQL> GRANT ADVISOR TO KOMPENDIUM;
Benutzerzugriff (Grant) wurde erteilt.
```

Um das Tuning durchzuführen, muss zuerst ein so genannter *Tuning Task* erzeugt werden. Dazu steht die Prozedur CREATE_TUNING_TASK zur Verfügung. Es bestehen mehrere überladene Versionen dieser Prozedur. In der nachfolgenden Tabelle sind die Parameter für die einfachste Form beschrieben:

Tabelle 8.1: Parameter der Prozedur CREATE_TUNING_TASK

Parameter	Typ	Bedeutung
sql_text	CLOB	Die SQL-Anweisung, die analysiert werden soll
bind_list	SQL_BINDS	Eine Liste von Bind-Variablen
user_name	VARCHAR2	Schema, für das die SQL-Anweisung durchgeführt wird

Parameter	Typ	Bedeutung
scope	VARCHAR2	LIMITED oder COMPREHENSIVE. Im LIMITED-Umfang werden Statistikanalyse, Zugriffspfadanalyse, SQL-Strukturanalyse und SQL-Profilvorschlag durchgeführt. Im COMPREHENSIVE-Umfang kann zusätzlich ein Verarbeitungszeitlimit festgelegt werden.
time_limit	NUMBER	Die maximale Verarbeitungszeit für das Tuning
task_name	VARCHAR2	Name des Tasks
description	VARCHAR2	Eine Beschreibung des Tasks

Tabelle 8.1:
Parameter der Prozedur CREATE_TUNING_TASK (Forts.)

Im ersten Beispiel wollen wir eine einfache Abfrage auf alle Datensätze der Tabelle KUNDEN durchführen. Falls Sie den Parameter task_name nicht setzen, generiert Oracle einen eindeutigen Task-Namen:

```
SQL> SET SERVEROUTPUT ON;
SQL> DECLARE
  2   sql_text CLOB := 'SELECT * FROM KUNDEN';
  3   scope varchar2(30) := 'COMPREHENSIVE';
  4   time_limit number := 600;
  5   task_name VARCHAR2(30) := 'KOMPENDIUM';
  6   description varchar2(200) := 'Analyse Kunden Statement';
  7  BEGIN
  8    task_name := DBMS_SQLTUNE.CREATE_TUNING_TASK(
  9      sql_text => sql_text,
 10      scope => scope,
 11      time_limit => time_limit,
 12      task_name => task_name,
 13      description => description
 14    );
 15    dbms_output.put_line('Task Name: ' || task_name);
 16  END;
 17  /
Task Name: KOMPENDIUM
PL/SQL-Prozedur wurde erfolgreich abgeschlossen.
```

Listing 8.2:
Full Table Scan auf die Tabelle KUNDEN

Nachdem der Task erstellt ist, kann er mit der Prozedur EXECUTE_TUNING_TASK ausgeführt werden:

```
SQL> exec DBMS_SQLTUNE.EXECUTE_TUNING_TASK('KOMPENDIUM');
PL/SQL-Prozedur wurde erfolgreich abgeschlossen.
```

Listing 8.3:
Ausführen des Tasks

Beim Erstellen und Ausführen eines Tasks überprüft Oracle die Syntax der SQL-Anweisung nicht auf deren Richtigkeit.

Kapitel 8 **SQL Tuning Advisor**

Nun können wir uns die Vorschläge des SQL Tuning Advisors ansehen:

Listing 8.4:
Vorschläge des SQL
Tuning Advisors

```
SQL> SET LONG 100000
SQL> SET LONGCHUNKSIZE 100000
SQL> SET LINESIZE 100
SQL> SELECT DBMS_SQLTUNE.REPORT_TUNING_TASK( 'KOMPENDIUM') FROM DUAL;
DBMS_SQLTUNE.REPORT_TUNING_TASK('KOMPENDIUM')
-------------------------------------------------------------------------------
-----------------------
GENERAL INFORMATION SECTION
-------------------------------------------------------------------------------
--
Tuning Task Name      : KOMPENDIUM
Scope                 : COMPREHENSIVE
Time Limit(seconds):  600
Completion Status     : COMPLETED
Started at            : 06/20/2004 16:05:51
Completed at          : 06/20/2004 16:05:51
-------------------------------------------------------------------------------
--
SQL ID  : 25u2hgxg2j272
DBMS_SQLTUNE.REPORT_TUNING_TASK('KOMPENDIUM')
-------------------------------------------------------------------------------
-----------------------
SQL Text: SELECT * FROM KUNDEN
-------------------------------------------------------------------------------
--
FINDINGS SECTION (1 finding)
-------------------------------------------------------------------------------
--
1- Statistics Finding
---------------------
  Tabelle "KOMPENDIUM"."KUNDEN" und ihre Indexe wurden nicht analysiert.
  Recommendation
DBMS_SQLTUNE.REPORT_TUNING_TASK('KOMPENDIUM')
-------------------------------------------------------------------------------
-----------------------
--------------
    Sie sollten Optimizer-Statistiken für diese Tabelle und ihre Indexe
    erfassen.
    execute dbms_stats.gather_table_stats(ownname => 'KOMPENDIUM', tabname =>
          'KUNDEN', estimate_percent => DBMS_STATS.AUTO_SAMPLE_SIZE,
          method_opt => 'FOR ALL COLUMNS SIZE AUTO', cascade => TRUE)
  Rationale
  ---------
  · Der Optimizer erfordert aktuelle Statistiken für die Tabelle und ihre
    Indexe, um einen guten Ausführungsplan auszuwählen.
DBMS_SQLTUNE.REPORT_TUNING_TASK('KOMPENDIUM')
-------------------------------------------------------------------------------
-----------------------
```

SQL Tuning Advisor mit PL/SQL

Kapitel 8

```
-------------------------------------------------------------------
--
EXPLAIN PLANS SECTION
-------------------------------------------------------------------
--
1- Original
-----------
Plan hash value: 4174874551
--------------------------------------------------------
| Id | Operation          | Name   | Rows  | Bytes | Cost |
DBMS_SQLTUNE.REPORT_TUNING_TASK('KOMPENDIUM')
--------------------------------------------------------

--------------------------------------------------------
|  0 | SELECT STATEMENT   |        |       |       |      |
|  1 |  TABLE ACCESS FULL | KUNDEN |       |       |      |
--------------------------------------------------------
Note
-----
   - rule based optimizer used (consider using cbo)
```

Der Advisor erkennt, dass für die betroffene Tabelle noch keine Statistik erzeugt wurde. Wir wollen auf seinen Vorschlag eingehen und die Tabelle analysieren:

```
SQL> BEGIN
  2    dbms_stats.gather_table_stats(
  3      ownname => 'KOMPENDIUM',
  4      tabname => 'KUNDEN',
  5      estimate_percent => DBMS_STATS.AUTO_SAMPLE_SIZE,
  6      method_opt => 'FOR ALL COLUMNS SIZE AUTO'
  7    );
  8  END;
  9  /
PL/SQL-Prozedur wurde erfolgreich abgeschlossen.
```

Listing 8.5:
Analysieren der Tabelle KUNDEN

Nun können wir prüfen, ob wir den Advisor zufrieden gestellt haben. Wir verwenden denselben Task noch einmal, müssen ihn aber vor dem erneuten Ausführen mit der Prozedur RESET_TUNING_TASK zurücksetzen:

```
SQL> exec DBMS_SQLTUNE.RESET_TUNING_TASK('KOMPENDIUM');
PL/SQL-Prozedur wurde erfolgreich abgeschlossen.
SQL> exec DBMS_SQLTUNE.EXECUTE_TUNING_TASK('KOMPENDIUM');
PL/SQL-Prozedur wurde erfolgreich abgeschlossen.
SQL> SELECT DBMS_SQLTUNE.REPORT_TUNING_TASK( 'KOMPENDIUM') FROM DUAL;
DBMS_SQLTUNE.REPORT_TUNING_TASK('KOMPENDIUM')
-------------------------------------------------------------------
-----------------------
GENERAL INFORMATION SECTION
```

Listing 8.6:
Erneutes Ausführen des Advisors

Kapitel 8 SQL Tuning Advisor

```
-------------------------------------------------------------------------
--
Tuning Task Name    : KOMPENDIUM
Scope               : COMPREHENSIVE
Time Limit(seconds): 600
Completion Status   : COMPLETED
Started at          : 06/20/2004 16:17:21
Completed at        : 06/20/2004 16:17:21
-------------------------------------------------------------------------
--
SQL ID  : 25u2hgxg2j272
DBMS_SQLTUNE.REPORT_TUNING_TASK('KOMPENDIUM')
-------------------------------------------------------------------------
-----------------------
SQL Text: SELECT * FROM KUNDEN
-------------------------------------------------------------------------
--
There are no recommendations to improve the statement.
-------------------------------------------------------------------------
    --
```

Als zweites Beispiel wollen wir eine Abfrage auf die Tabelle POSTLEITZAHLEN durchführen. Auch für diese Tabelle sind keine Statistiken vorhanden. Außerdem besteht für diese Tabelle zwar ein eindeutiger Index auf den Attributen Land, PLZ und Ort, da wir aber in der WHERE-Klausel nicht auf das Attribut Land abfragen, kann Oracle diesen Index nicht verwenden. Wenn bereits ein Task mit dem von Ihnen gewählten Namen existiert, wird die Prozedur mit einem Fehler (ORA-13607) abgebrochen. Sie müssen den bestehenden Task dann zuerst löschen:

Listing 8.7: Abfrage mit unzureichender WHERE-Klausel

```
SQL> exec DBMS_SQLTUNE.DROP_TUNING_TASK('KOMPENDIUM');
PL/SQL-Prozedur wurde erfolgreich abgeschlossen.
 SQL> DECLARE
  2  sql_text CLOB := 'SELECT LAND, PLZ, ORT FROM POSTLEITZAHLEN WHERE PLZ =
''80999''';
  3  scope varchar2(30) := 'COMPREHENSIVE';
  4  time_limit number := 600;
  5  task_name VARCHAR2(30) := 'KOMPENDIUM';
  6  description varchar2(200) := 'Analyse Postleitzahlen Statement';
  7  BEGIN
  8    task_name := DBMS_SQLTUNE.CREATE_TUNING_TASK(
  9      sql_text => sql_text,
 10      scope => scope,
 11      time_limit => time_limit,
 12      task_name => task_name,
 13      description => description
 14    );
 15    dbms_output.put_line('Task Name: ' || task_name);
 16  END;
```

SQL Tuning Advisor mit PL/SQL — Kapitel 8

```
17  /
Task Name: KOMPENDIUM
PL/SQL-Prozedur wurde erfolgreich abgeschlossen.
 SQL> exec DBMS_SQLTUNE.EXECUTE_TUNING_TASK('KOMPENDIUM');
PL/SQL-Prozedur wurde erfolgreich abgeschlossen.
```

Auch hier sehen wir uns die Vorschläge des SQL Tuning Advisors an:

```
SQL> SELECT DBMS_SQLTUNE.REPORT_TUNING_TASK( 'KOMPENDIUM') FROM DUAL;
DBMS_SQLTUNE.REPORT_TUNING_TASK('KOMPENDIUM')
-------------------------------------------------------------------------
-----------------------
GENERAL INFORMATION SECTION
-------------------------------------------------------------------------
--
Tuning Task Name    : KOMPENDIUM
Scope               : COMPREHENSIVE
Time Limit(seconds) : 600
Completion Status   : COMPLETED
Started at          : 06/20/2004 16:22:54
Completed at        : 06/20/2004 16:22:54
-------------------------------------------------------------------------
--
SQL ID  : 2gq18py055rah
DBMS_SQLTUNE.REPORT_TUNING_TASK('KOMPENDIUM')
-------------------------------------------------------------------------
-----------------------
SQL Text: SELECT LAND, PLZ, ORT FROM POSTLEITZAHLEN WHERE PLZ = '80999'
-------------------------------------------------------------------------
--
FINDINGS SECTION (2 findings)
-------------------------------------------------------------------------
--
1- Statistics Finding
---------------------
  Tabelle "KOMPENDIUM"."POSTLEITZAHLEN" und ihre Indexe wurden nicht
  analysiert.
DBMS_SQLTUNE.REPORT_TUNING_TASK('KOMPENDIUM')
-------------------------------------------------------------------------
-----------------------
  Recommendation
  --------------
    Sie sollten Optimizer-Statistiken für diese Tabelle und ihre Indexe
    erfassen.
    execute dbms_stats.gather_table_stats(ownname => 'KOMPENDIUM', tabname =>
            'POSTLEITZAHLEN', estimate_percent =>
            DBMS_STATS.AUTO_SAMPLE_SIZE, method_opt => 'FOR ALL COLUMNS SIZE
            AUTO', cascade => TRUE)
  Rationale
  ---------
```

Listing 8.8:
Vorschläge des SQL Tuning Advisors

Kapitel 8   SQL Tuning Advisor

```
DBMS_SQLTUNE.REPORT_TUNING_TASK('KOMPENDIUM')
-------------------------------------------------------------------------------
-----------------------

  Der Optimizer erfordert aktuelle Statistiken für die Tabelle und ihre
  Indexe, um einen guten Ausführungsplan auszuwählen.
2- SQL Profile Finding (see explain plans section below)
---------------------------------------------------------

  Ein potenziell besserer Ausführungsplan wurde für diese Anweisung gefunden.
  Recommendation (estimated benefit: 88,31%)
  -----------------------------------------

    Sie sollten das empfohlene SQL-Profil akzeptieren.
    execute :profile_name := dbms_sqltune.accept_sql_profile(task_name =>
DBMS_SQLTUNE.REPORT_TUNING_TASK('KOMPENDIUM')
-------------------------------------------------------------------------------
-----------------------
                            'KOMPENDIUM')
-------------------------------------------------------------------------------
--
EXPLAIN PLANS SECTION
-------------------------------------------------------------------------------
--
1- Original With Adjusted Cost
------------------------------
Plan hash value: 3464331546
-------------------------------------------------------------------------------
-------
DBMS_SQLTUNE.REPORT_TUNING_TASK('KOMPENDIUM')
-------------------------------------------------------------------------------
-----------------------
| Id | Operation          | Name           | Rows  | Bytes | Cost (%CPU)| Tim
e   |
-------------------------------------------------------------------------------
-------
|  0 | SELECT STATEMENT   |                |    1  |    79 |   238   (2)| 00:
00:03 |
|  1 |  TABLE ACCESS FULL| POSTLEITZAHLEN  |    1  |    79 |   238   (2)| 00:
00:03 |
-------------------------------------------------------------------------------
-------

2- Using SQL Profile
--------------------
Plan hash value: 1536184301
-------------------------------------------------------------------------------
DBMS_SQLTUNE.REPORT_TUNING_TASK('KOMPENDIUM')
-------------------------------------------------------------------------------
-----------------------
| Id  | Operation       | Name    | Rows  | Bytes | Cost (%CPU)| Time     |
-------------------------------------------------------------------------------
|   0 | SELECT STATEMENT |        |     1 |    79 |    27   (0)| 00:00:01 |
|   1 |  INDEX SKIP SCAN | IDX_LPO |     1 |    79 |    27   (0)| 00:00:01 |
```

SQL Tuning Advisor mit PL/SQL

Wie Sie sehen, erkennt der Advisor außer der fehlenden Statistik den vorhandenen Index und schlägt die Erstellung eines Profils vor. Dies würde sich für eine Anwendung einer Fremdfirma anbieten. Wir können jedoch unsere Anweisung korrigieren und in die WHERE-Klausel die Abfrage auf das Land mit einbauen. Überprüfen wir, ob wir den Advisor zufrieden stellen können:

```
SQL> BEGIN
  2    dbms_stats.gather_table_stats(
  3      ownname => 'KOMPENDIUM',
  4      tabname => 'POSTLEITZAHLEN',
  5      estimate_percent => DBMS_STATS.AUTO_SAMPLE_SIZE,
  6      method_opt => 'FOR ALL COLUMNS SIZE AUTO'
  7    );
  8  END;
  9  /
PL/SQL-Prozedur wurde erfolgreich abgeschlossen.
SQL> exec DBMS_SQLTUNE.DROP_TUNING_TASK('KOMPENDIUM');
PL/SQL-Prozedur wurde erfolgreich abgeschlossen.
SQL> DECLARE
  2  sql_text CLOB := 'SELECT LAND, PLZ, ORT FROM POSTLEITZAHLEN WHERE LAND = ''D'' AND PLZ = ''80999''';
  3  scope varchar2(30) := 'COMPREHENSIVE';
  4  time_limit number := 600;
  5  task_name VARCHAR2(30) := 'KOMPENDIUM';
  6  description varchar2(200) := 'Analyse Postleitzahlen Statement';
  7  BEGIN
  8    task_name := DBMS_SQLTUNE.CREATE_TUNING_TASK(
  9      sql_text => sql_text,
 10      scope => scope,
 11      time_limit => time_limit,
 12      task_name => task_name,
 13      description => description
 14    );
 15    dbms_output.put_line('Task Name: ' || task_name);
 16  END;
 17  /
Task Name: KOMPENDIUM
PL/SQL-Prozedur wurde erfolgreich abgeschlossen.
SQL> exec DBMS_SQLTUNE.EXECUTE_TUNING_TASK('KOMPENDIUM');
PL/SQL-Prozedur wurde erfolgreich abgeschlossen.
SQL> SELECT DBMS_SQLTUNE.REPORT_TUNING_TASK( 'KOMPENDIUM') FROM DUAL;
DBMS_SQLTUNE.REPORT_TUNING_TASK('KOMPENDIUM')
-------------------------------------------------------------------------------
-----------------------
GENERAL INFORMATION SECTION
-------------------------------------------------------------------------------
--
Tuning Task Name   : KOMPENDIUM
Scope              : COMPREHENSIVE
```

Listing 8.9:
Ergebnis des SQL Tuning Advisors nach der Korrektur der Anweisung

Kapitel 8 SQL Tuning Advisor

```
Time Limit(seconds): 600
Completion Status   : COMPLETED
Started at          : 06/20/2004 20:55:50
Completed at        : 06/20/2004 20:55:50
-------------------------------------------------------------------------
--
SQL ID  : 91q9vascqyafb
DBMS_SQLTUNE.REPORT_TUNING_TASK('KOMPENDIUM')
-------------------------------------------------------------------------
----------------------
SQL Text: SELECT LAND, PLZ, ORT FROM POSTLEITZAHLEN WHERE LAND = 'D' AND PLZ
         = '80999'
-------------------------------------------------------------------------
--
There are no recommendations to improve the statement.
-------------------------------------------------------------------------
  --
```

Sie sehen, dass Sie der SQL Tuning Advisor sehr gut beim Performance-Tuning Ihrer Anwendungen unterstützen kann. Zusätzlich können Sie über den Advisor auch eine Menge über die Arbeitsweise des Optimierers erfahren.

9 Neue Sicherheitsfeatures

Die neuen Features im Bereich Datenbanksicherheit sind im Wesentlichen Erweiterungen und Verbesserungen in den Bereichen Virtual Private Database (VPD) und Fine Grained Auditing (FGA). Nicht zu vergessen ist das neue PL/SQL-Paket DBMS_CRYPTO, das eine breitere Verschlüsselungsmöglichkeit mit Industriestandardtechnologien gestattet.

Hier sind die wichtigsten neuen Security-Features im Überblick:

- Virtual Private Database
    - Einführung der VPD auf Spaltenebene
    - Static Policies und Dynamic Policies
    - Application Context unterstützt Parallel Query
- Auditing
    - Fine-grained Auditing für DML-Befehle
    - Uniform Audit Trail
- das neue Paket DBMS_CRYPTO

9.1 Erweiterung für die Virtual Private Database (VPD)

Die Virtual Private Database (VPD) wurde eingeführt in Oracle8*i* und hat viele neue Features in Oracle9*i* erhalten. VPD-Technologie zeichnet sich dadurch aus, dass die Zugriffskontrolle in der Datenbank integriert und damit nicht manipulierbar ist, wie in Architekturen, in denen Sicherheit in der Anwendung oder in der Middleware implementiert ist.

Ein weiterer Vorteil bei der Verwendung der VPD-Funktionalität ist eine Senkung der Total Cost of Ownership (TCO). Benutzerverwaltung wurde in den vergangenen Jahren immer aufwendiger. Viele Manager achten heute vor dem Einsatz von Anwendungen auf diese Komponente. VPD liefert einen wichtigen Beitrag zur Senkung von TCO, da mehrere Anwendungen die einmal implementierten Policies verwenden können.

VPD auf Spaltenebene

In Oracle9*i* ist die kleinstmögliche Granularität für die Virtual Private Database die Zeile. Das wurde in Oracle 10g erweitert, nunmehr ist auch Zugriffskontrolle auf Spaltenebene möglich. VPD auf Spaltenebene kann für Tabellen und Views implementiert werden.

Die zugehörige Security Policy wird dann aktiviert, wenn die entsprechende Spalte in einer SQL-Anweisung verwendet wird. Dabei gibt es zwei Verhaltensweisen der VPD:

- Standard-Verhalten

  Das Standard-Verhalten beschränkt die Anzahl der zurückgegebenen Zeilen. Es werden nur die Zeilen verarbeitet, die der Security Policy genügen.

- Spalten-Maskierung

  Dieses Verhaltensmuster liefert alle Zeilen, unabhängig von der Security Policy zurück. Werte, die durch die Security Policy beschränkt sind, werden durch NULL in der entsprechenden Spalte ersetzt.

VPD auf Spaltenebene kann auf Tabellen und Views angewandt werden, jedoch nicht auf Synonyme.

Das folgende Beispiel zeigt, wie Zugriffskontrolle auf Spaltenebene implementiert werden kann. Die Tabelle emp beinhaltet Informationen für alle Mitarbeiter und besitzt diese Struktur:

```
SQL> DESC emp
 Name                    Null?    Typ
 ----------------------- -------- ----------------
 EMPNO                   NOT NULL NUMBER(4)
 ENAME                            VARCHAR2(10)
 JOB                              VARCHAR2(9)
 MGR                              NUMBER(4)
 HIREDATE                         DATE
 SAL                              NUMBER(7,2)
 COMM                             NUMBER(7,2)
 DEPTNO                           NUMBER(2)
```

Jeder Benutzer soll nur die Gehaltsinformation zu seiner Abteilung sehen können. Die folgenden Schritte zeigen das Erstellen einer VPD auf Spaltenebene. Alle Schritte werden als Benutzer SYSTEM durchgeführt. Die Tabellen gehören zum Schema komp10g.

Erweiterung für die Virtual Private Database (VPD)　　　　Kapitel 9

Beachten Sie, dass für andere Benutzer, die VPD-Features implementieren wollen, das Systemprivileg CREATE ANY CONTEXT *erforderlich ist. Außerdem werden* EXECUTE-*Privilegien für das Paket* DBMS_RLS *benötigt.*

TIPP

Erstellen einer VPD auf Spaltenebene

1. Erstellen Sie ein Paket, mit dem der Application Context gesetzt werden kann und anschließend den zugehörigen Context.

   STEP

   ```
   SQL> CREATE OR REPLACE PACKAGE komp_ctx_col AS
     2   PROCEDURE set_cont;
     3   END;
     4  /
   Paket wurde erstellt.
   SQL> CREATE OR REPLACE PACKAGE BODY komp_ctx_col AS
     2   PROCEDURE set_cont IS
     3     v_deptno NUMBER;
     4   BEGIN
     5     SELECT deptno INTO v_deptno FROM komp10g.emp_dept
     6     WHERE UPPER(ename) = SYS_CONTEXT('USERENV','SESSION_USER');
     7     DBMS_SESSION.SET_CONTEXT ('emp_col','dept_number',v_deptno);
     8   END;
     9  END;
    10 /
   Paketrumpf wurde erstellt.
   CREATE CONTEXT emp_col USING system.komp_ctx_col;
   Kontext wurde erstellt.
   ```

2. Das Vorgehen ist analog dem Erstellen einer VPD auf Zeilenebene. Das heißt, im weiteren Verlauf muss eine Policy-Funktion erstellt und mit der Tabelle verknüpft werden. Beim Verknüpfen der Policy mit der Tabelle muss zusätzlich die relevante Spalte angegeben werden. Hierfür wurde in Oracle 10g der Parameter set_relevant_cols zur Funktion ADD_POLICY hinzugefügt.

   ```
   SQL> CREATE OR REPLACE FUNCTION emp_sal_policy (D1 VARCHAR2,
         D2 VARCHAR2)
     2   RETURN VARCHAR2 AS
     3   retstr VARCHAR2(300);
     4   BEGIN
     5     retstr := 'deptno = SYS_CONTEXT(''emp_col'',''dept_number'')';
     6     RETURN retstr;
     7   END;
     8  /
   Funktion wurde erstellt.
   BEGIN
   DBMS_RLS.ADD_POLICY (object_schema=>'komp10g', object_name=>'emp',
      policy_name=>'sal_policy', function_schema=>'system',
      policy_function=>'emp_sal_policy', sec_relevant_cols=>'sal');
   END;
   ```

Kapitel 9   Neue Sicherheitsfeatures

```
/
PL/SQL-Prozedur wurde erfolgreich abgeschlossen.
```

3. Überprüfen Sie, ob die Policy funktioniert. Führen Sie eine SQL-Abfrage mit und eine ohne die Spalte sal aus.

```
SQL> CONNECT king/king@komp10g2
Connect durchgeführt.
SQL> EXEC system.komp_ctx_col.set_cont;
PL/SQL-Prozedur wurde erfolgreich abgeschlossen.
SQL> SELECT ename, sal, deptno FROM emp;
ENAME            SAL       DEPTNO
---------- ---------- ----------
CLARK            2450         10
KING             5000         10
MILLER           1300         10
SQL> SELECT ename, job, deptno FROM emp;
ENAME      JOB           DEPTNO
---------- --------- ----------
ALLEN      SALESMAN          30
WARD       SALESMAN          30
JONES      MANAGER           20
MARTIN     SALESMAN          30
CLARK      MANAGER           10
KING       PRESIDENT         10
TURNER     SALESMAN          30
ADAMS      CLERK             20
MILLER     CLERK             10
```

4. Die erste Abfrage unter Punkt 3 liefert nur die Sätze, die der Security Policy genügen. Im Beispiel werden nur die Sätze zurückgegeben, die zur selben Abteilung gehören, wenn die Spalte sal in der Abfrage verwendet wird. Das ist das so genannte Standard-Verhalten. Sie können auch eine Spalten-Maskierung einstellen. Dann werden alle Zeilen angezeigt. Die Werte für die Spalte sal, die der Benutzer nicht sehen darf, werden mit NULL aufgefüllt. Für das Einstellen dieses Verhaltensmusters dient der Parameter sec_relevant_cols_opt. Stellen Sie dabei sicher, dass der Context nach dem Login gesetzt wird.

```
BEGIN
DBMS_RLS.ADD_POLICY (object_schema=>'komp10g', object_name=>'emp',
    policy_name=>'sal_policy', function_schema=>'system',
    policy_function=>'emp_sal_policy', sec_relevant_cols=>'sal',
    sec_relevant_cols_opt=>DBMS_RLS.ALL_ROWS);
END;
/
SQL> CONNECT king/king@komp10g2
Connect durchgeführt.
PL/SQL-Prozedur wurde erfolgreich abgeschlossen.
SQL> SELECT ename, sal, deptno FROM emp;
```

Erweiterung für die Virtual Private Database (VPD)

```
ENAME           SAL       DEPTNO
----------      --------  --------
ALLEN                     30
WARD                      30
JONES                     20
MARTIN                    30
CLARK           2450      10
KING            5000      10
TURNER                    30
ADAMS                     20
MILLER          1300      10
```

Die Spalten-Maskierung ist nur für SELECT-*Anweisungen anwendbar, nicht für* INSERT, UPDATE *oder* DELETE. *Sie können mehrere Spalten in eine Policy einbinden, diese müssen dann alle im Parameter* sec_relevant_cols *angegeben werden und werden durch Komma getrennt.*

Neue Policy-Typen

In Oracle 10g kann eine VPD Policy von mehreren Objekten gemeinsam benutzt werden. Das machte die Einführung neuer Policy-Typen notwendig.

Während es in Oracle9*i* nur einen dynamischen Typ gab, stehen in Oracle 10g die folgenden Typen zur Verfügung:

	Statische Typen	**Nicht statische Typen**
Single Object	Static	Dynamic
		Context Sensitive
Multiple Objects	Shared Static	Shared Context Sensitive

Tabelle 9.1: Zuordnung der neuen Policy-Typen in Oracle 10g

Die Policy-Typen werden häufig falsch interpretiert, was ihr Verhalten betrifft. Sie finden in der folgenden Tabelle eine Beschreibung aller in Oracle 10g zur Verfügung stehenden Typen. Der Typ wird über den Parameter policy_type der Prozedur DBMS_RLS.ADD_POLICY gesetzt. Der Standardwert ist DYNAMIC.

Policy-Typ	**Beschreibung**
STATIC	Es wird angenommen, dass das Prädikat immer gleich ist, unabhängig von der Laufzeitumgebung. Die Funktion wird nur einmal ausgeführt und dann in der SGA gehalten. Es wird jedoch nach dem aktuellen Application Context unterschieden, wenn z. B. die Funktion SYS_CONTEXT verwendet wird.

Tabelle 9.2: Beschreibung der Policy-Typen

Tabelle 9.2:
Beschreibung der
Policy-Typen
(Forts.)

Policy-Typ	Beschreibung
SHARED_STATIC	Besitzt dasselbe Verhaltensmuster wie der Typ STATIC. Er kann von verschiedenen Objekten gemeinsam benutzt werden.
CONTEXT_SENSITIVE	Oracle führt die Policy Function zur Laufzeit erneut aus, wenn Veränderungen im Context seit der letzten Benutzung erkannt werden.
SHARED_CONTEXT_SENSITIVE	Gleiches Verhalten wie CONTEXT_SENSITIVE. Überprüft zuerst, ob ein Prädikat mit gleicher Funktion und gleichem Typ in derselben Sitzung im Cache existiert. In diesem Fall wird die Funktion nicht erneut ausgeführt.
DYNAMIC	Oracle führt die Funktion immer erneut aus.

Erinnern Sie sich daran, was der Grund für die Unterscheidung von Static und Context Sensitive Policies war. Die Prädikate für eine Static Policy werden in der SGA gespeichert. Sie werden nicht für jede SQL-Anweisung neu ausgeführt, was eine bessere Performance zur Folge hat.

Andererseits birgt eine Static Policy die Gefahr, dass Änderungen in der Umgebung zur Laufzeit nicht erkannt werden. Versuchen Sie deshalb, die für den aktuellen Fall beste Variante zu finden. Das Ziel ist eine Minimierung der Laufzeit, ohne die Notwendigkeit des Erkennens dynamischer Veränderungen aufzugeben.

In Oracle 10g heißt der Parameter für die Festlegung des Policy-Typs policy_type. *Der Parameter* static_policy *kann aus Kompatibilitätsgründen noch verwendet werden, wird jedoch in zukünftigen Versionen verschwinden.*

Der Benutzer SYS *ist immer frei von VPD-Beschränkungen. Sie können andere Benutzer ebenfalls freischalten, indem Sie das Privileg* EXEMPT ACCESS POLICY *vergeben. Das ist z.B. nützlich, wenn der Benutzer einen Export mit allen Daten durchführen soll. Seien Sie jedoch sparsam mit der Vergabe dieses Privilegs, da damit die feinmaschige Zugriffskontrolle außer Kraft gesetzt wird.*

9.2 Neuerungen für Fine Grained Auditing

Die Möglichkeiten der Überwachung von Oracle-Datenbanken haben sich seit Oracle9*i* deutlich verbessert. Auch in Oracle 10g gibt es Erweiterungen für Fine Grained Auditig (FGA).

Fine Grained Auditing für DML-Befehle

FGA unterstützt jetzt auch DML-Befehle. Für die Funktion DBMS_FGA.ADD_POLICY wurde deshalb der neue Parameter STATEMENT_TYPES eingeführt. Er kann die Werte INSERT, UPDATE, DELETE und SELECT annehmen. Wird er weggelassen, ist der Standardwert SELECT. Damit ist eine Kompatibilität zu Oracle9i gegeben.

Ein Beispiel für DML-Auditing sehen Sie in Listing 9.1.

```
BEGIN
DBMS_FGA.ADD_POLICY (object_schema=>'komp10g', object_name=>'emp',
policy_name=>'emp_dml_policy', audit_condition=>'deptno = 10',
audit_column=>'sal', statement_types=>'INSERT,UPDATE,DELETE');
END;
/
```

Listing 9.1:
Fine Grained Auditing für DML-Befehle

Die DML-Anweisung erscheint im Audit Trail, auch wenn sie zurückgerollt wurde. Der Audit Trail enthält mit COMMIT *und mit* ROLLBACK *abgeschlossene Befehle. Sie können mit FGA nur feststellen, welche Anweisung ausgeführt worden ist. Um zusätzlich Informationen über den Zustand der Daten zu erfahren, können Sie Flashback Query verwenden.*

INFO

Uniform Audit Trail

In Oracle 10g ist es möglich, die Audit Trails für Standard Auditing und Fine Grained Auditing zusammen auszuwerten. Aus diesem Grund sammelt Oracle 10g die folgenden zusätzlichen Informationen im Standard Auditing:

- die System Change Number (SCN)
- den SQL-Text
- die vom SQL-Text verwendeten Binde-Variablen

Sie werden feststellen, dass sich folgerichtig das Views DBA_AUDIT_TRAIL und DBA_FGA_AUDIT_TRAIL gegenüber der Version 9i geändert haben. Allerdings sind einige Felder der Views immer noch verschieden, obwohl sie denselben Inhalt reflektieren. So heißt das Feld für den Datenbank-Benutzer einmal USERNAME und einmal DB_USER.

Allerdings existiert das View DBA_COMMON_AUDIT_TRAIL. Damit können Sie Informationen aus beiden Audit Trails selektieren. Zwar existieren damit physisch immer noch zwei Audit Trails (auch zwei Tabellen SYS.AUD$ und SYS.FGA_LOG$) für Standard Auditing und Fine Grained Auditing, allerdings ist die Auswertung einfacher geworden.

Kapitel 9   Neue Sicherheitsfeatures

9.3 Das Paket DBMS_CRYPTO

Das Paket DBMS_CRYPTO stellt eine Erweiterung der vorhandenen Verschlüsselungstechnologie dar. Es ersetzt das Paket DBMS_OBFUSCATION_TOOLKIT und stellt eine größere Bandbreite von Algorithmen zur Verfügung.

Im Detail unterstützt DBMS_CRYPTO die folgenden Features:

- verschiedene Verschlüsselungstechnologien:
    - DES
    - Advanced Encryption Standard (AES)
    - Triple DES (112- und 168-bit)
    - RC4

- kryptografische Hash-Algorithmen:
    - SHA-1
    - MD5
    - MD4

- Message Authentication Code (MAC):
    - SHA-1
    - MD5

- Padding Forms:
    - PKCS #5
    - Zeroes

- Block cipher chaining mode modifiers:
    - CBC, CFB, ECB, OFB

10 Utilities

Von Klaus Maier

Im Bereich der Utilities stellt Oracle in der Version 10g zwei Neuentwicklungen für bereits vorhandene Tools vor: Den Scheduler als neues Job-System und Data Pump für Export und Import. Obwohl für den Umstieg auf diese neuen Technologien etwas Lernaufwand auf Sie zukommen wird, lohnt sich dies aufgrund der erweiterten Möglichkeiten bzw. der besseren Performance gegenüber den alten Tools.

10.1 Der Scheduler

Oracle bietet die Möglichkeit, wiederkehrende Aufgaben anstelle von cron (Unix) oder at (Windows) von der Datenbank ausführen zu lassen. In der Oracle-Version 10g wurde ein neues Job-System eingeführt, der so genannte *Scheduler*. Der Scheduler wird entweder über das mitgelieferte Paket DBMS_SCHEDULER oder über den Enterprise Manager verwaltet. Das bisherige Paket DBMS_JOB kann weiterhin benutzt werden, allerdings bietet das Paket DBMS_SCHEDULER einiges an neuer Funktionalität. Der Scheduler besteht funktional aus drei Komponenten: Programmen, Schedules und Jobs.

- Programme

    Ein Programm ist eine Zusammenfassung von Metadaten wie Programmname, der Programmaktion und der Programmparameter. Eine Programmaktion ist zum Beispiel eine PL/SQL-Prozedur, eine Java-Prozedur, ein anonymer PL/SQL-Block oder ein externes Programm. Programme sind eigenständige Objekte, die von verschiedenen Benutzern bei der Erstellung von Jobs verwendet werden können.

- Schedules

    Schedules legen fest, wann und wie oft ein Job ausgeführt werden soll. Schedules sind ebenfalls eigenständige Objekte, die von Jobs referenziert werden können.

- Jobs

    Ein Job ist eine einmalige Aufgabe wie zum Beispiel das Laden einer Tabelle zu einer Zeit, in der die Datenbank nur wenig Last erfährt oder

der DBA nicht verfügbar ist oder periodisch immer wiederkehrende Aufgaben wie z.B. das wöchentliche Analysieren eines Schemas.

Diese drei Komponenten sind voneinander unabhängig, das heißt, Sie können beim Erstellen eines Jobs ein Programm und/oder einen Schedule angeben oder den Job ohne Angabe eines Programms oder Schedules erstellen.

Architekturübersicht

In der folgenden Skizze wird das Zusammenwirken der für den Scheduler zuständigen Prozesse dargestellt.

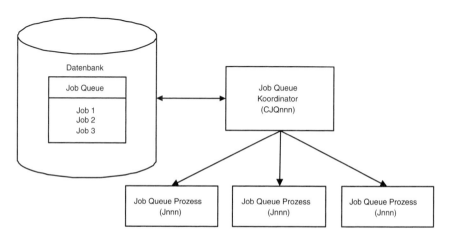

Abbildung 10.1: Architektur des Schedulers

▶ Benutzer erzeugen Datenbankjobs, die in die Job-Queue gestellt werden.

▶ Der Job-Koordinator nimmt Jobs aus der Job-Queue und übergibt sie einem Hintergrund-Job-Queue-Prozess (J*nnn*).

▶ Der Hintergrund-Job-Queue-Prozess arbeitet den Job ab und aktualisiert die Job-Informationen in der Job-Queue.

▶ In einer RAC-Konfiguration besteht nur eine Job-Queue. Jede Datenbank-Instanz verfügt über einen Job-Koordinator. Die Job-Koordinatoren kommunizieren untereinander, um die Job-Queue-Informationen zu synchronisieren.

Ein Job wird vom Hintergrundprozess »Job-Queue« (J*nnn*) ausgeführt. Diese Prozesse werden dynamisch vom Hintergrundprozess »Koordinator Job-Queue« (CJQ*nnn*) gestartet. CJQ*nnn* selektiert die Jobs, die für die Ausführung bereitstehen, periodisch aus der Job-Queue.

Der Scheduler

Sie können Informationen über die Job-Queue aus dem View `DBA_SCHEDULER_JOBS` erhalten.

Der Initialisierungsparameter `job_queue_processes` wird nur für das alte Paket `DBMS_JOB` verwendet. Für das neue Paket `DBMS_SCHEDULER` bestimmt der Job-Koordinator eigenständig, wie viele Job-Prozesse benötigt werden. Ist der Wert von `job_queue_processes` auf 0 gesetzt, werden Jobs des Paketes `DBMS_JOB` nicht ausgeführt.

Um einen Job auszuführen, erzeugt der J*nnn*-Prozess eine Datenbanksitzung. Der Job läuft in derselben Umgebung und mit den Privilegien des Besitzers des Jobs. Anzumerken ist, dass ein Job vom Job-Koordinator nicht parallel gestartet wird. Das heißt, ein Job, der aufgrund eines Locks auf einem Datensatz, den der Job ändern will, blockiert wird, überspringt eventuell ein Intervall, das in diesen Zeitraum fällt. Dies ist aber durchaus nützlich; dieselbe Funktionalität müsste bei Verwendung eines Unix-cron-Jobs z.B. durch Verwendung eines PIDFILES, in dem die Prozess-ID des Jobs hinterlegt ist, vom Anwender sichergestellt werden.

Jobs

Um einen Job erstellen zu können, benötigt der entsprechende Oracle-Benutzer das `CREATE JOB`-Systemrecht:

```
SQL> GRANT CREATE JOB TO KOMPENDIUM;
Benutzerzugriff (Grant) wurde erteilt.
```

Listing 10.1:
Systemrecht für Jobs vergeben

Jobs werden mit der Prozedur `DBMS_SCHEDULER.CREATE_JOB` erstellt. Nachfolgendes Beispiel erstellt einen Job für ein externes Programm, das täglich um 1 Uhr nachts aufgerufen wird:

```
SQL> BEGIN
  2   DBMS_SCHEDULER.CREATE_JOB (
  3     job_name => 'loaddwh',
  4     job_type => 'EXECUTABLE',
  5     job_action => '/home/kompendium/bin/loaddwh',
  6     start_date => trunc(sysdate)+1+1/24,
  7     repeat_interval => 'trunc(sysdate)+1+1/24',
  8     enabled => TRUE,
  9     comments => 'Shell-Script zum Laden des Kompendium DWH'
 10   );
 11 END;
 12 /
PL/SQL-Prozedur wurde erfolgreich abgeschlossen.
```

Listing 10.2:
Einen Job erzeugen

Hier eine Beschreibung der verfügbaren Parameter:

- job_name: Eindeutiger Name des Jobs. Sie können die Prozedur DBMS_SCHEDULER.GENERATE_JOB_NAME benutzen, um von Oracle eine eindeutige Job-Nr. generieren zu lassen.

- job_type: Der Typ des erzeugten Jobs. Erlaubte Werte sind PLSQL_BLOCK für einen anonymen PL/SQL-Block, STORED_PROCEDURE für eine in der Datenbank gespeicherte Prozedur oder EXECUTABLE für ein externes Programm.

- job_action: Die Aktion, die ausgeführt werden soll. Ein PL/SQL-Block muss mit einem Semikolon abgeschlossen werden. Für ein externes Programm müssen Sie den Programmnamen inklusive der vollen Pfadangabe angeben.

- number_of_arguments: Die Anzahl der Parameter, die der Job erwartet.

- programm_name: Der Name des Programms, den der Job verwenden soll.

- start_date: Der Zeitpunkt, an dem der Job gestartet werden soll. Wird als Parameter NULL übergeben, so wird der Job sofort ausgeführt, wenn der Parameter enabled auf TRUE gesetzt wird.

- repeat_interval: Legt fest, wie oft der Job ausgeführt werden soll. Wenn dieser Parameter NULL ist, wird der Job nur einmal zum angegebenen start_date ausgeführt. Sie können zur Festlegung des repeat_interval entweder PL/SQL-Ausdrücke oder so genannte Kalender-Ausdrücke verwenden.

- schedule_name: Der Name des Schedules, des Windows oder der Window-Gruppe, mit der dieser Job assoziiert ist. Windows werden weiter hinten erläutert.

- end_date: Der Zeitpunkt, nach dem der Job nicht mehr ausgeführt werden soll. Mit Erreichen dieses Zeitpunkts werden die Attribute STATE und ENABLED in den Views USER_SCHEUDLER_JOBS, ALL_SCHEUDLER_JOBS und DBA_SCHEDULER_JOBS auf COMPLETED und FALSE gesetzt.

- job_class: Die Job-Klasse, zu der der Job gehört. Der Eigentümer des Jobs muss EXECUTE-Privilegien für diese Jobklasse besitzen. Ist dieser Parameter NULL, so wird die Standard-Jobklasse verwendet.

- comments: Beschreibung des Jobs.

- enabled: Legt fest, ob der Job nach dem Erstellen aktiviert ist oder nicht. Standardmäßig wird ein Job mit FALSE erzeugt, das heißt, der Job ist in der Datenbank gespeichert, er wird aber vom Job-Koordinator nicht berücksichtigt.

- auto_drop: Legt fest, ob ein Job, nachdem er den Status COMPLETED hat, vom System gelöscht wird. Der Standardwert ist TRUE.

Oracle prüft beim Ausführen der Prozedur DBMS_SCHEDULER.CREATE_JOB *nicht, ob das angegebene Programm oder Executable auch wirklich existiert.*

Zu beachten ist, dass im Gegensatz zum alten DBMS_JOB-*Paket die neuen Prozeduren nicht mehr explizit durch eine* commit-*Anweisung abgeschlossen werden müssen. Das heißt, eventuell vor dem Erzeugen des Jobs ausgeführte DML-Anweisungen werden ebenfalls commited.*

In Oracle 10g wurden für Jobs zusätzlich zu den PL/SQL-Ausdrücken so genannte Kalender-Ausdrücke eingeführt, um die Verwaltung einfacher und flexibler zu gestalten.

- freq: Legt den Typ der Wiederholung fest. Dieser Wert muss angegeben werden. Mögliche Werte sind YEARLY, MONTHLY, WEEKLY, DAILY, HOURLY, MINUTELY und SECONDLY.
- interval: Legt den Wert der Wiederholung fest. Der Standardwert 1 bedeutet z.B. jede Woche für WEEKLY oder jeden Tag für DAILY.
- bymonth: Legt den Monat fest, in dem der Job ausgeführt werden soll. Sie können Nummern oder Monatsnamen verwenden.
- byweekno: Legt die Woche eines Jahres fest, in der der Job ausgeführt werden soll. Dieser Wert ist nur zulässig, wenn sie bei freq YEARLY angegeben haben.
- byyearday: Legt den Tag eines Jahres fest, an dem der Job ausgeführt werden soll.
- bymonthday: Legt den Tag eines Monats fest, an dem der Job ausgeführt werden soll.
- byday: Legt den Tag fest, an dem der Job ausgeführt werden soll.
- byhour: Legt die Stunde fest, an dem der Job ausgeführt werden soll. Gültige Werte sind 0 bis 23.
- byminute: Legt die Minute fest, an dem der Job ausgeführt werden soll. Gültige Werte sind 0 bis 59.
- bysecond: Legt die Sekunde fest, an dem der Job ausgeführt werden soll. Gültige Werte sind 0 bis 59.

Hier einige Beispiele für Kalenderausdrücke:

- Jeden Freitag: FREQ=WEEKLY; BYDAY=FRI;
- Jeden zweiten Freitag: FREQ=WEEKLY; INTERVAL=2; BYDAY=FRI;
- Letzter Tag jedes Monats: FREQ=MONTHLY; BYMONTHDAY-1;
- An jedem 10. März: FREQ=YEARLY; BYMONTH=MAR; BYMONTHDAY=10;

- Alle zehn Tage: FREQ=DAILY; INTERVAL=10;
- Jeden Tag um 16, 17 und 18 Uhr: FREQ=DAILY; BYHOUR=16,17,18;
- Jeden 15. des Monats: FREQ=MONTHLY; INTERVAL=2; BYMONTHDAY=15;
- Jeden 2. Mittwoch eines Monats: FREQ=MONTHLY; BYDAY=2WED;
- Am letzten Freitag des Jahres: FREQ=YEARLY; BYDAY=-1FRI;
- Alle 50 Stunden: FREQ=HOURLY; INTERVAL=50;
- Am letzten Tag jeden Monats: FREQ=MONTHLY; INTERVAL=2; BYMONTHDAY-1;

Über die Views DBA_SCHEDULER_JOBS, ALL_SCHEDULER_JOBS und USER_SCHEDULER_JOBS können Sie sich Informationen zu den vorhandenen Jobs anzeigen lassen:

Listing 10.3: Im Scheduler vorhandene Jobs abfragen

```
SQL> SELECT OWNER, JOB_NAME, ENABLED,
  2    TO_CHAR(START_DATE, 'DD.MM.YYYY HH24:MI:SS') START_DATE,
  3    TO_CHAR(LAST_START_DATE, 'DD.MM.YYYY HH24:MI:SS') LAST_DATE,
  4    TO_CHAR(NEXT_RUN_DATE, 'DD.MM.YYYY HH24:MI:SS') NEXT_DATE,
  5    FAILURE_COUNT, STATE
  6  FROM DBA_SCHEDULER_JOBS;
OWNER                          JOB_NAME                       ENABL START_DAT
E          LAST_DATE           NEXT_DATE           FAILURE_COUNT STATE
------------------------------ ------------------------------ ----- ---------
---------- ------------------- ------------------- ------------- -----------
---
SYS                            PURGE_LOG                      TRUE  02.03.200
4 03:00:00 30.03.2004 03:00:00 31.03.2004 03:00:00             0 SCHEDULED
SYS                            GATHER_STATS_JOB               TRUE
           30.03.2004 07:48:35                                 0 SCHEDULED
KOMPENDIUM                     LOADDWH                        TRUE  31.03.200
4 01:00:00                     31.03.2004 01:00:00             0 SCHEDULE
                                                                   D
```

Um zu überprüfen, ob ein Job erfolgreich ausgeführt wurde, stehen die Views DBA_SCHEDULER_JOB_RUN_DETAILS, ALL_SCHEDULER_JOB_RUN_DETAILS und USER_SCHEDULER_JOB_RUN_DETAILS zur Verfügung:

Listing 10.4: Prüfen, ob ein Job fehlerfrei ausgeführt werden konnte

```
SQL> SELECT OWNER, JOB_NAME, TO_CHAR(LOG_DATE, 'DD.MM.YYYY HH24:MI:SS') LOG_D
     ATE, ADDITIONAL_INFO
FROM DBA_SCHEDULER_JOB_RUN_DETAILS ORDER BY LOG_DATE;
  2
OWNER                          JOB_NAME                       LOG_DATE
------------------------------ ------------------------------ ----------------
----
ADDITIONAL_INFO
--------------------------------------------------------------------------------
--------------------------------------------------------------------------------
```

Der Scheduler   Kapitel 10

```
------------------------------------------------------------------
------------------
SYS                      PURGE_LOG              30.03.2004 12:0
0:00
KOMPENDIUM               LOADDWH                30.03.2004 12:1
0:20
ORA-27369: Job vom Typ EXECUTABLE nicht erfolgreich mit Exit-
  Code: No such file or directory
```

Mögliche Ursachen, warum ein Job nicht ausgeführt werden kann, sind für externe Programme z.B. falsche Pfadangaben oder fehlende Ausführrechte für den Eigentümer der Oracle-Datenbank. Um unser Beispiel zu korrigieren, benutzen wir die Prozedur DBMS_SCHEDULER.SET_ATTRIBUTE:

```
SQL> BEGIN
  2   DBMS_SCHEDULER.SET_ATTRIBUTE (
  3     name => 'loaddwh',
  4     attribute => 'job_action',
  5     value => '/home/kompendium/bin/loaddwh.sh'
  6   );
  7  END;
  8  /
PL/SQL-Prozedur wurde erfolgreich abgeschlossen.
```

Listing 10.5: Setzen eines Job-Attributs

Ein Job kann auch direkt gestartet werden. Dies ist über die Prozedur DBMS_SCHEDULER.RUN_JOB möglich:

```
SQL> BEGIN
  2    DBMS_SCHEDULER.RUN_JOB (job_name => 'loaddwh',
  3    use_current_session => true);
  4  END;
  5  /
PL/SQL-Prozedur wurde erfolgreich abgeschlossen.
```

Listing 10.6: Einen Job direkt aufrufen

Der zweite Parameter dieser Prozedur bestimmt, ob der Job in der aktuellen Session ausgeführt werden soll. Das direkte Starten ist zum Testen des Jobs sehr nützlich, da die eventuellen Fehlermeldungen direkt am Bildschirm erscheinen.

Mit der Prozedur DBMS_SCHEDULER.DISABLE lässt sich ein Job auf inaktiv setzen:

```
SQL> exec DBMS_SCHEDULER.DISABLE('loaddwh');
PL/SQL-Prozedur wurde erfolgreich abgeschlossen.
```

Listing 10.7: Einen Job inaktiv setzen

Um einen Job zu löschen, benutzen Sie die Prozedur DBMS_SCHEDULER.DROP_JOB:

Listing 10.8:
Löschen eines Jobs

```
SQL> exec DBMS_SCHEDULER.DROP_JOB('loaddwh');
PL/SQL-Prozedur wurde erfolgreich abgeschlossen.
```

Programme

Durch die Aufteilung des Scheduling-Mechanismus in Programm und Job besteht die Möglichkeit, Programme in so genannten Programm-Bibliotheken zu hinterlegen, die dann von verschiedenen Benutzern einem Job zugeordnet werden. Damit kann das gleiche Programm von verschiedenen Benutzern zu unterschiedlichen Zeiten und Intervallen gestartet werden und braucht nicht jedes Mal neu geschrieben zu werden. Dies erhöht gerade beim Typ PLSQL_BLOCK die Wartbarkeit, da die Anzahl der einzelnen Programme deutlich reduziert werden kann. Um ein Programm erstellen zu können, benötigt man das CREATE JOB-Systemrecht.

Listing 10.9:
Ein Programm erzeugen

```
SQL> BEGIN
  2   DBMS_SCHEDULER.CREATE_PROGRAM (
  3    program_name   => 'ANALYZE',
  4    program_type   => 'PLSQL_BLOCK',
  5    program_action => 'BEGIN
  6                        DBMS_STATS.GATHER_SCHEMA_STATS(USER);
  7                       END;',
  8    enabled        => TRUE,
  9    comments       => 'PL/SQL-Block zum Analysieren eines Schemas'
 10   );
 11 END;
 12 /
PL/SQL-Prozedur wurde erfolgreich abgeschlossen.
```

Hier eine Beschreibung der einzelnen Parameter:

- program_name: **Name des Programms**

- program_type: **Der Typ des ausführbaren Programms. Zurzeit werden unterstützt:** PLSQL_BLOCK, STORED_PROCEDURE **und** EXECUTABLE

- program_action: **Der Name des PL/SQL-Blocks, der Stored Procedure oder des ausführbaren Programms, das dem Programm zugeordnet ist**

- number_of_arguments: **Die Anzahl der Parameter, die an das Programm übergeben werden sollen (wird bei** program_type PLSQL_BLOCK **ignoriert)**

- enabled: **Steuert, ob das Programm beim Anlegen aktiviert werden soll**

- comments: **Beschreibung des Programms**

Der Scheduler

Kapitel 10

Die Views DBA_SCHEDULER_PROGRAMS, ALL_SCHEDULER_PROGRAMS und USER_SCHEDULER_PROGRAMS liefern Informationen zu den vorhandenen Programmen:

```
SQL> SELECT OWNER, PROGRAM_NAME, PROGRAM_TYPE, ENABLED FROM DBA_SCHEDULER_PRO
    GRAMS;
OWNER                          PROGRAM_NAME                   PROGRAM_TYPE
    ENABL
------------------------------ ------------------------------ ----------------
- -----
SYS                            PURGE_LOG_PROG                 STORED_PROCEDUR
E TRUE
SYS                            GATHER_STATS_PROG              STORED_PROCEDUR
E TRUE
SYSTEM                         ANALYZE                        PLSQL_BLOCK
      TRUE
```

Listing 10.10:
Informationen über Programme abfragen

Ein so erstelltes Programm kann über den Scheduler einem Job zugewiesen werden. Vorher müssen Sie für den Benutzer, der das Programm referenzieren möchte, noch die entsprechenden Rechte vergeben.

```
SQL> GRANT EXECUTE ON ANALYZE TO KOMPENDIUM;
Benutzerzugriff (Grant) wurde erteilt.
```

Listing 10.11:
Erteilen der Rechte für ein Programm

Nun kann das Programm vom Benutzer KOMPENDIUM referenziert werden.

```
SQL> BEGIN
  2   DBMS_SCHEDULER.CREATE_JOB (
  3     job_name => DBMS_SCHEDULER.GENERATE_JOB_NAME (USER || '_'),
  4     program_name => 'SYSTEM.ANALYZE',
  5     start_date => NULL,
  6     repeat_interval => 'FREQ=DAILY;INTERVAL=1;byhour=1',
  7     enabled => TRUE,
  8     comments => 'Analysieren des eigenen Schemas'
  9   );
 10  END;
 11  /
PL/SQL-Prozedur wurde erfolgreich abgeschlossen.
```

Listing 10.12:
Erzeugen eines Jobs mittels Angabe eines Programms

Die Prozedur DBMS_SCHEDULER.GENERATE_JOB_NAME kann verwendet werden, um sich von Oracle eindeutige Jobnamen über eine Sequenz erzeugen zu lassen.

Das Löschen eines Programms erledigt die Prozedur DBMS_SCHEDULER.DROP_PROGRAM:

```
SQL> exec DBMS_SCHEDULER.DROP_PROGRAM('ANALYZE', TRUE);
PL/SQL-Prozedur wurde erfolgreich abgeschlossen.
```

Listing 10.13:
Löschen eines Programms

Durch den zweiten Parameter können Sie das Löschen des Programms erzwingen, obwohl Jobs vorhanden sind, die dieses Programm referenzie-

Kapitel 10 Utilities

ren. Die vorhandenen Jobs werden vor dem Löschen des Programms deaktiviert.

Ausführungspläne (Schedules)

Durch einen Ausführungsplan (Schedule) kann man Ausführzeiten für Jobs oder Fenster (Windows) festlegen. Sobald ein Ausführungsplan erzeugt wurde, kann er von Jobs und Fenstern referenziert werden. Ein Ausführungsplan wird mit Zugriffsrechten für PUBLIC angelegt, das heißt, es müssen für einen Ausführungsplan keine Rechte für Benutzer vergeben werden. Um einen Ausführungsplan zu erstellen, benötigt man das CREATE JOB-Systemrecht.

Zum Erzeugen eines Ausführungsplans benutzen Sie die Prozedur DBMS_SCHEDULER.CREATE_SCHEDULE:

Listing 10.14:
Einen Ausführungsplan erzeugen

```
SQL> BEGIN
  2    DBMS_SCHEDULER.CREATE_SCHEDULE (
  3      schedule_name => 'ANALYZE_SCHEDULE',
  4      start_date => trunc(sysdate)+1+1/24,
  5      end_date => NULL,
  6      repeat_interval => 'FREQ=DAILY;INTERVAL=1;byhour=1',
  7      comments => 'Täglich um 1 Uhr nachts');
  8  END;
  9  /
PL/SQL-Prozedur wurde erfolgreich abgeschlossen.
```

Dieser Ausführungsplan kann nun für einen Job verwendet werden:

Listing 10.15:
Einen Ausführungsplan durch einen Job verwenden

```
SQL> BEGIN
  2    DBMS_SCHEDULER.CREATE_JOB (
  3      job_name => DBMS_SCHEDULER.GENERATE_JOB_NAME (USER || '_'),
  4      schedule_name => 'SYSTEM.ANALYZE_SCHEDULE',
  5      job_type => 'PLSQL_BLOCK',
  6      job_action => 'BEGIN
  7                       DBMS_STATS.GATHER_SCHEMA_STATS(USER);
  8                     END;',
  9      enabled => TRUE,
 10      comments => 'PL/SQL Block zum Analysieren eines Schemas'
 11    );
 12  END;
 13  /
PL/SQL-Prozedur wurde erfolgreich abgeschlossen.
```

Wird nun der Ausführungsplan geändert, sind davon automatisch alle Jobs betroffen, die diesen Ausführungsplan referenzieren:

Der Scheduler

```
SQL> BEGIN
  2  DBMS_SCHEDULER.SET_ATTRIBUTE (
  3    name => 'ANALYZE_SCHEDULE',
  4    attribute => 'repeat_interval',
  5    value => 'FREQ=WEEKLY; BYDAY=SUN'
  6  );
  7  END;
  8  /
PL/SQL-Prozedur wurde erfolgreich abgeschlossen.
```

Listing 10.16: Einen Ausführungsplan ändern

Über die Views DBA_SCHEDULER_SCHEDULES, ALL_SCHEDULER_SCHEDULES und USER_SCHEDULER_SCHEDULES lassen sich Informationen zu den vorhandenen Ausführungsplänen anzeigen:

```
SQL> SELECT OWNER, SCHEDULE_NAME, REPEAT_INTERVAL FROM DBA_SCHEDULER_SCHEDULE
    S;
OWNER                          SCHEDULE_NAME
------------------------------ ------------------------------
REPEAT_INTERVAL
--------------------------------------------------------------------------
------------------------
SYS                            DAILY_PURGE_SCHEDULE
freq=daily;byhour=3;byminute=0;bysecond=0
SYSTEM                         ANALYZE_SCHEDULE
FREQ=DAILY;INTERVAL=1;byhour=1
```

Listing 10.17: Informationen über Ausführungspläne abfragen

Ein Ausführungsplan wird mit folgender Prozedur gelöscht:

```
SQL> exec DBMS_SCHEDULER.DROP_SCHEDULE('ANALYZE_SCHEDULE', TRUE);
PL/SQL-Prozedur wurde erfolgreich abgeschlossen.
```

Listing 10.18: Einen Ausführungsplan löschen

Durch den zweiten Parameter können Sie das Löschen des Ausführungsplans erzwingen, obwohl Jobs vorhanden sind, die diesen Ausführungsplan referenzieren. Die vorhandenen Jobs werden vor dem Löschen des Ausführungsplans deaktiviert.

Job-Klassen (Job Classes)

Job-Klassen können dazu verwendet werden, Jobs mit gemeinsamen Charakteristiken zu gruppieren. Der Standard-Job-Klasse (DEFAULT_JOB_CLASS) werden alle Jobs zugeordnet, bei deren Erstellung keine Job-Klasse angegeben wurde. Für diese Job-Klasse ist das EXECUTE-Privileg an PUBLIC vergeben, wodurch sie alle Benutzer verwenden können. Um eine Job-Klasse zu erstellen, benötigen Sie das Systemprivileg MANAGE SCHEDULER. Alle erstellten Job-Klassen werden dem Schema SYS zugeordnet.

Ein Beispiel wäre eine Job-Klasse, um für einen sehr wichtigen Job möglichst viele Ressourcen zur Verfügung zu stellen:

Kapitel 10 — Utilities

Listing 10.19: Eine Job-Klasse erstellen

```
SQL> BEGIN
  2   DBMS_SCHEDULER.CREATE_JOB_CLASS (
  3      job_class_name => 'SYS_GROUP_JOB_CLASS',
  4      resource_consumer_group => 'SYS_GROUP');
  5   END;
  6  /
PL/SQL-Prozedur wurde erfolgreich abgeschlossen.
```

Über die Views DBA_SCHEDULER_JOB_CLASSES und ALL_SCHEDULER_JOB_CLASSES lassen sich Informationen zu den vorhandenen Job-Klassen anzeigen:

Listing 10.20: Informationen über Job-Klassen abfragen

```
SQL> SELECT JOB_CLASS_NAME, RESOURCE_CONSUMER_GROUP FROM DBA_SCHEDULER_JOB_CL
    ASSES;
JOB_CLASS_NAME                  RESOURCE_CONSUMER_GROUP
------------------------------  ------------------------------
DEFAULT_JOB_CLASS
AUTO_TASKS_JOB_CLASS            AUTO_TASK_CONSUMER_GROUP
SYS_GROUP_JOB_CLASS             SYS_GROUP
```

Diese Job-Klasse kann nun einem Job zugewiesen werden:

Listing 10.21: Zuweisen einer Job-Klasse an einen Job

```
SQL> BEGIN
  2   DBMS_SCHEDULER.SET_ATTRIBUTE (
  3     name => 'KOMPENDIUM.KOMPENDIUM_45',
  4     attribute => 'job_class',
  5     value => 'SYS_GROUP_JOB_CLASS'
  6   );
  7  END;
  8  /
PL/SQL-Prozedur wurde erfolgreich abgeschlossen.
```

Über die Prozedur DBA_SCHEDULER.DROP_JOB_CLASS kann eine Job-Klasse gelöscht werden. Falls Sie versuchen, eine Job-Klasse zu löschen, die bereits Jobs zugeordnet wurde, bekommen Sie eine Fehlermeldung. Dies kann durch folgenden Aufruf verhindert werden:

Listing 10.22: Eine Job-Klasse löschen

```
SQL> BEGIN
  2    DBMS_SCHEDULER.DROP_JOB_CLASS(
  3      job_class_name => 'SYS_GROUP_JOB_CLASS',
  4      force => true);
  5  END;
  6  /
PL/SQL-Prozedur wurde erfolgreich abgeschlossen.
```

Dadurch werden alle dieser Job-Klasse zugeordneten Jobs disabled und der Standard-Job-Klasse zugeordnet:

Der Scheduler Kapitel 10

```
SQL> SELECT JOB_NAME, ENABLED, STATE, JOB_CLASS
  2  FROM DBA_SCHEDULER_JOBS;
JOB_NAME                         ENABL STATE            JOB_CLASS
-------------------------------- ----- ---------------- -------------------------
PURGE_LOG                        TRUE  SCHEDULED        DEFAULT_JOB_CLASS
GATHER_STATS_JOB                 TRUE  SCHEDULED        AUTO_TASKS_JOB_CLASS
LOADDWH                          FALSE DISABLED         DEFAULT_JOB_CLASS
```

Listing 10.23:
Abfragen der Job-Klasse eines Jobs

Fenster (Windows)

Durch die Verwendung von Fenstern können Sie für einen bestimmten Zeitrahmen Ressourcenpläne festlegen. Vorstellbar wäre zum Beispiel ein Fenster für Tagesaktivitäten von 6:00 bis 22:00, in dem die Ressourcen für Jobs eingeschränkt werden, um in einer OLTP-Datenbank die Benutzer nicht zu beeinträchtigen, und ein Fenster für Nachtaktivitäten von 22:00 bis 6:00, um den Jobs hier erweiterte Ressourcen zur Verfügung zu stellen. Um ein Fenster zu erstellen, benötigen Sie das Systemprivileg MANAGE SCHEDULER. Die erstellten Fenster werden dem Schema SYS zugeordnet. Beim Erstellen von Fenstern kann entweder direkt eine Zeitangabe gemacht oder ein bestehender Ausführungsplan angegeben werden:

```
SQL> BEGIN
  2    DBMS_SCHEDULER.CREATE_WINDOW (
  3      window_name => 'TAGESFENSTER',
  4      start_date => trunc(sysdate)+(1/24*6),
  5      repeat_interval => 'FREQ=DAILY',
  6      resource_plan => 'TAGES_RESOURCE_PLAN',
  7      duration => interval '16' hour,
  8      comments => 'Tagesfenster'
  9    );
 10  END;
 11  /
PL/SQL-Prozedur wurde erfolgreich abgeschlossen.
SQL>
SQL> BEGIN
  2    DBMS_SCHEDULER.CREATE_WINDOW (
  3      window_name => 'NACHTFENSTER',
  4      start_date => trunc(sysdate)+(1/24*22),
  5      repeat_interval => 'FREQ=DAILY',
  6      resource_plan => 'NACHT_RESOURCE_PLAN',
  7      duration => interval '8' hour,
  8      comments => 'Nachtfenster'
  9    );
 10  END;
 11  /
PL/SQL-Prozedur wurde erfolgreich abgeschlossen.
```

Listing 10.24:
Fenster erzeugen

Kapitel 10   Utilities

Da das Tagesfenster erst beim nächsten Intervall aktiv werden würde, können Sie es vorher mit der Prozedur DBMS_SCHEDULER.OPEN_WINDOW aktiv schalten:

Listing 10.25:
Ein Fenster aktiv schalten

```
SQL> BEGIN
  2    DBMS_SCHEDULER.OPEN_WINDOW(
  3       window_name => 'TAGESFENSTER',
  4       duration => NULL
  5    );
  6  END;
  7  /
PL/SQL-Prozedur wurde erfolgreich abgeschlossen.
```

Die Views DBA_SCHEDULER_WINDOWS und ALL_SCHEDULER_WINDOWS liefern Informationen zu vorhandenen Fenstern:

Listing 10.26:
Informationen über Fenster anzeigen

```
SQL> SELECT WINDOW_NAME, RESOURCE_PLAN, START_DATE, REPEAT_INTERVAL, NEXT_STA
     RT_DATE, ENABLED, ACTIVE FROM DBA_SCHEDULER_WINDOWS;
WINDOW_NAME                      RESOURCE_PLAN                    START_DATE
-------------------------------- -------------------------------- ---------------
----------------------
REPEAT_INTERVAL
--------------------------------------------------------------------------------
----------------------
NEXT_START_DATE                                                                 E
NABL ACTIV
------------------------------------------------------------------------------ -
---- -----
WEEKNIGHT_WINDOW
freq=daily;byday=MON,TUE,WED,THU,FRI;byhour=22;byminute=0; bysecond=0
15.04.04 22:00:00,800000 -
08:00                                                       FALSE FALSE
WEEKEND_WINDOW
freq=daily;byday=SAT;byhour=0;byminute=0;bysecond=0
17.04.04 00:00:00,500000 -
08:00                                                       FALSE FALSE
NACHTFENSTER                     NACHT_RESOURCE_PLAN              16.04.04 22:00:
00,000000 +02:00
FREQ=DAILY
16.04.04 22:00:00,000000 +02:00                                                T
RUE   FALSE
TAGESFENSTER                     TAGES_RESOURCE_PLAN              16.04.04 06:00:
00,000000 +02:00
FREQ=DAILY
17.04.04 06:00:00,500000 +02:00                                                T
RUE   TRUE
```

Alle Jobs, die in den Zeitrahmen des festgelegten Fensters fallen, werden mit dessen zugeordneten Ressourcen ausgeführt. Um ein Fenster zu deaktivieren

Der Scheduler Kapitel 10

bzw. zu aktivieren, stehen die Prozeduren DBMS_SCHEDULER.DISABLE und DBMS_SCHEDULER.ENABLE zur Verfügung:

```
SQL> BEGIN
  2     DBMS_SCHEDULER.DISABLE ('SYS.TAGESFENSTER');
  3  END;
  4  /
PL/SQL-Prozedur wurde erfolgreich abgeschlossen.
```

Listing 10.27:
Ein Fenster deaktivieren

Falls Sie ein Fenster komplett löschen wollen, benutzen Sie die Prozedur DBMS_SCHEDULER.DROP_WINDOW. Hierbei müssen Sie darauf achten, dass Sie ein aktives Fenster nur durch Setzen des Parameters force auf true löschen können:

```
SQL> BEGIN
  2     DBMS_SCHEDULER.DROP_WINDOW (
  3        window_name => 'TAGESFENSTER',
  4        force => true
  5     );
  6  END;
  7  /
PL/SQL-Prozedur wurde erfolgreich abgeschlossen.
```

Listing 10.28:
Löschen eines Fensters mit Angabe des Parameters force

Verwaltung der Log-Historie

Der Scheduler schreibt für Jobs und Windows eine Log-Historie. Standardmäßig hält der Scheduler die Logs für eine Dauer von 30 Tagen vor. Es besteht jedoch die Möglichkeit, das Löschen der Historie Ihren eigenen Bedürfnissen anzupassen. Dazu benötigen Sie das Systemprivileg MANAGE SCHEDULER. Die Prozedur DBMS_SCHEDULER.SET_SCHEDULER_ATTRIBUTE bietet die Möglichkeit, den Zeitraum der Log-Historie zu verkürzen oder zu verlängern:

```
SQL> BEGIN
  2     DBMS_SCHEDULER.SET_SCHEDULER_ATTRIBUTE (
  3        'log_history', '15'
  4     );
  5  END;
  6  /
PL/SQL-Prozedur wurde erfolgreich abgeschlossen.
```

Listing 10.29:
Begrenzen der Log-Historie auf 15 Tage

Falls Sie die Historie für Windows kürzer und für Jobs länger vorhalten möchten, benutzen Sie die Prozedur DBMS_SCHEDULER.PURGE_LOG:

Listing 10.30:
Individuelles Begrenzen der Job-Log-Historie auf 30 und Window-Log-Historie auf zehn Tage

```
SQL> BEGIN
  2    DBMS_SCHEDULER.PURGE_LOG(
  3      log_history => 30,
  4      which_log => 'JOB_LOG'
  5    );
  6  END;
  7  /
PL/SQL-Prozedur wurde erfolgreich abgeschlossen.
SQL> BEGIN
  2    DBMS_SCHEDULER.PURGE_LOG(
  3      log_history => 10,
  4      which_log => 'WINDOW_LOG'
  5    );
  6  END;
  7  /
PL/SQL-Prozedur wurde erfolgreich abgeschlossen.
```

Um die Log-Historie manuell komplett zu löschen, rufen Sie die Prozedur `DBMS_SCHEDULER.PURGE_LOG` ohne Parameter auf:

Listing 10.31:
Log-Historie komplett löschen

```
SQL> EXEC DBMS_SCHEDULER.PURGE_LOG;
PL/SQL-Prozedur wurde erfolgreich abgeschlossen.
```

Verwaltung des Schedulers mit Oracle Enterprise Manager

Der Scheduler kann auch über den Oracle Enterprise Manager verwaltet werden. Sollen sich auch nicht privilegierte Benutzer anmelden können, muss vorher das Recht `SELECT ANY DICTIONARY` an die jeweiligen Benutzer vergeben werden:

```
SQL> GRANT SELECT ANY DICTIONARY TO KOMPENDIUM;
Benutzerzugriff (Grant) wurde erteilt.
```

Nachdem Sie sich angemeldet haben, wechseln Sie zuerst in den Menüpunkt ADMINISTRATION (siehe Abbildung 10.2).

Wählen Sie nun JOBS aus. Daraufhin gelangen Sie in die Übersicht der vorhandenen Jobs (siehe Abbildung 10.3).

Klicken Sie nun auf ERSTELLEN. Dadurch gelangen Sie in das Fenster zum Erstellen des Jobs (siehe Abbildung 10.4).

Nachdem Sie die entsprechenden Eingaben gemacht haben, klicken Sie auf AUSFÜHRUNGSPLAN, um den Ausführungsplan festzulegen (siehe Abbildung 10.5).

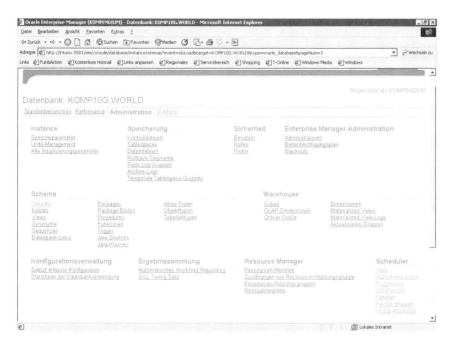

Abbildung 10.2:
Menüpunkt
ADMINISTRATION

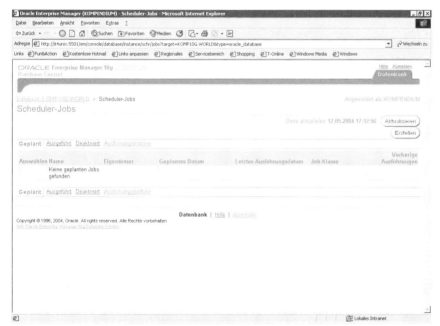

Abbildung 10.3:
Übersicht der vorhandenen Scheduler-Jobs

Über den Link OPTIONEN können Sie weitere Angaben zum Job machen. Wir übernehmen die Standardwerte:

Kapitel 10   Utilities

Abbildung 10.4:
Job erstellen

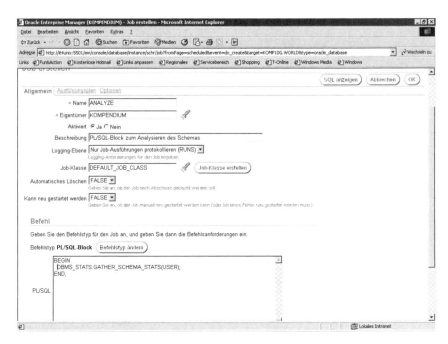

Abbildung 10.5:
Festlegen des Ausführungsplans

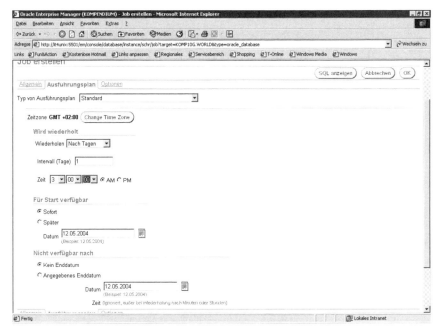

Wenn Sie nun auf OK klicken, wird der Job erstellt und Sie gelangen wieder in das Übersichtsfenster, in dem nun Ihr erstellter Job angezeigt wird:

Der Scheduler   Kapitel 10

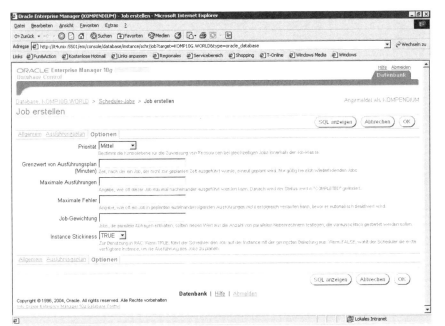

Abbildung 10.6:
Optionen

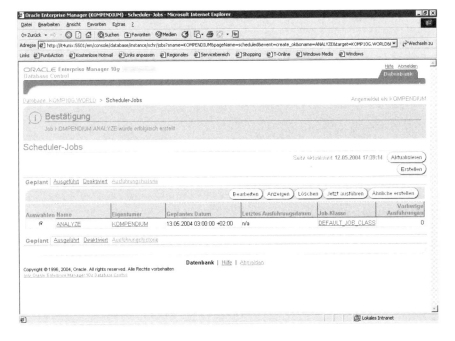

Abbildung 10.7:
Übersicht mit dem neuen Job

10.2 Data Pump

Data Pump ist ein neues Utility der Version 10g für das Exportieren und Importieren von Daten aus und in die Datenbank. Es eignet sich hervorragend für logische Datensicherungen und den Transport von Tabellen oder ganzen Schemas zwischen verschiedenen Datenbanken. Die mit Data Pump erstellten Dateien sind plattformunabhängig, das heißt, Sie können z.B. eine unter Unix erstellte Exportdatei unter Windows importieren. Dies ist unter anderem für Entwicklerteams sehr hilfreich, um Daten für Testzwecke aus einer Produktionsumgebung in eine Entwicklungsumgebung zu transferieren.

Data Pump unterstützt zwei Methoden für den Export und Import von Daten:

- Direct path: Die Daten werden direkt in die Datenbankdateien geschrieben. Es werden gleichzeitig mehrere Puffer gefüllt und es wird, wenn die Datenbank auf asynchrones I/O eingestellt ist, parallel in die Dateien geschrieben, während die Puffer wieder gefüllt werden. Unter bestimmten Umständen kann die Direct-Path-Methode von Data Pump nicht verwendet werden, z.B. wenn für die Tabelle aktive Datenbanktrigger bestehen oder ein Fremdschlüssel vorhanden ist.

- Externe Tabellen: Die Daten befinden sich außerhalb der Datenbank. Lediglich die Definition wird im Data Dictionary hinterlegt. Data Pump benutzt für den Zugriff auf externe Tabellen einen speziellen Treiber (ORACLE_DATAPUMP), der die Daten liest und schreibt.

Beide Methoden sind kompatibel zueinander, das heißt, Daten, die über Direct Path exportiert wurden, können über die Methode Externe Tabellen importiert werden. Data Pump entscheidet selbst, welche Methode verwendet werden kann.

Data-Pump-Architektur

Data Pump besteht aus mehreren eigenständigen Komponenten:

- Data-Pump-API, bestehend aus dem PL/SQL-Paket DBMS_DATAPUMP
- Metadata-API, bestehend aus dem PL/SQL-Paket DBMS_METADATA
- den Kommandozeilentools expdp für den Export von Daten aus der Datenbank und impdp für den Import in die Datenbank. Sie benutzen die Pakete DBMS_DATAPUMP und DBMS_METADATA, um die nötige Funktionalität zur Verfügung zu stellen. Die aus älteren Versionen von Oracle bekannten Tools exp und imp können weiterhin benutzt werden, Data

Pump bietet allerdings einiges mehr an Funktionalität und wesentlich bessere Performance als diese.

Folgende Aktivitäten werden von Oracle durchgeführt, wenn ein Benutzer einen Export (`expdp`) oder Import (`impdp`) durchführt:

1. Ein so genannter Master-Control-Prozess (MCP) wird im Hintergrund (dm*nn*) für den Job gestartet (z.B. `ora_dm00_KOMP10G`). Er ist für die Koordination der Worker-Prozesse, der Verwaltung der Master-Tabelle und die Kommunikation mit dem Client zuständig.

2. Die Worker-Prozesse (dw*nn*) werden gestartet (z.B. `ora_dw01_KOMP10G`). Durch die Angabe des Parameters PARALLEL kann die Anzahl dieser Worker-Prozesse bestimmt werden. Sie führen die eigentlichen Lese- und Schreiboperationen durch. Zusätzlich werden Server-Prozesse gestartet, die die Insert- und Select-Operationen auf der Datenbank durchführen. Im Falle eines Exports werden die benötigten Exportdateien angelegt. Im Falle eines Imports werden die Importdateien geöffnet.

3. Der MCP legt eine so genannte Master-Tabelle im Schema des Benutzers an, der den Export oder Import durchführt. In dieser Tabelle wird der Fortschritt des Jobs mitprotokolliert. Für einen Export werden Informationen über die exportierten Objekte und deren Anordnung in der Exportdatei abgespeichert. Am Ende des Exports wird die Master-Tabelle mit in die Exportdatei geschrieben. Bei einem Import wird die Master-Tabelle geladen, um die Reihenfolge des Imports der Datenbankobjekte zu steuern. Der Name der Master-Tabelle ist der gleiche wie der Name des Jobs, der gestartet wurde. Deshalb ist zu beachten, dass im jeweiligen Schema kein Objekt mit solch einem Namen existiert. Unabhängig davon, ob der Benutzer einen Export oder einen Import durchführt, wird die Master-Tabelle verwendet, um einen Job neu zu starten.

4. Nach erfolgreicher Durchführung des Jobs wird die Master-Tabelle gelöscht und die Worker-Prozesse beendet. Wurde der Job mit dem Kommando STOP_JOB gestoppt, bleibt die Master-Tabelle bestehen, um den Job zu einem späteren Zeitpunkt wieder starten zu können. Beim Abbruch eines Jobs mit dem Kommando KILL_JOB wird die Master-Tabelle ebenfalls gelöscht. Sollte der Job z.B. durch einen Datenbankabsturz beendet werden, bleibt die Master-Tabelle bestehen und Sie können sie entweder von Hand löschen oder sie dazu verwenden, um den Job fortzuführen.

Anders als bei exp *und* imp *wird bei Data Pump das Schreiben und Lesen der Daten komplett am Datenbankserver durchgeführt. Deshalb müssen Sie in der Datenbank ein Verzeichnisobjekt anlegen, in dem Data Pump die Daten ablegen kann. Auf Betriebssystemebene müssen Sie für den Oracle-Eigentümer die nötigen Schreib- und Leseberechtigungen vergeben.*

Kapitel 10   **Utilities**

Listing 10.32: Anlegen des Verzeichnisobjekts

```
SQL> CREATE DIRECTORY data_pump_transfer AS '/u01/oracle/transfer';
Verzeichnis wurde erstellt.
```

Um Betriebssystembenutzern die Möglichkeit zu geben, ihre Exportdateien auf dem Datenbankserver zu lesen und zu schreiben, können Sie unter Unix wie folgt vorgehen:

Ihr Systemadministrator legt eine spezielle Gruppe für den Datentransfer an, nimmt die entsprechenden Betriebssystembenutzer in die Gruppe auf und ändert die Gruppenattribute des Transferverzeichnisses:

```
# groupadd oratransfer
# usermod -G oratransfer kompendium
# chgrp oratransfer /u01/oracle/transfer
```

Als Eigentümer der Datenbank setzen Sie die benötigten Schreib- und Leserechte für das Transferverzeichnis:

```
$ chmod g+rwx /u01/oracle/transfer
```

Data Pump Data Dictionary Views

Für die Überwachung eines Data-Pump-Jobs sind folgende Views verfügbar:

- DBA_DATAPUMP_JOBS und USER_DATAPUMP_JOBS zur Anzeige von Informationen über laufende Data-Pump-Jobs.

Tabelle 10.1: Bedeutung der Attribute der Views DBA_DATAPUMP_JOBS und USER_DATAPUMP_JOBS

Attribut	Bedeutung
OWNER_NAME	Benutzer, der den Job gestartet hat (verfügbar nur bei DBA_DATAPUMP_JOBS)
JOB_NAME	Name des Jobs (entweder der vom Benutzer beim Erzeugen des Jobs angegebene Name oder der vom System generierte)
OPERATION	EXPORT oder IMPORT
JOB_MODE	Modus des Jobs z.B. TABLE, SCHEMA, TABLESPACE oder FULL
STATE	Status des Jobs. Folgende Werte sind möglich: UNDEFINED, DEFINING, EXECUTING, COMPLETING, COMPLETED, STOP PENDING, STOPPING, STOPPED, IDLING, NOT RUNNING
DEGREE	Anzahl der Worker-Prozesse, die den Job abarbeiten
ATTACHED_SESSIONS	Anzahl der Server-Prozesse, die die Select- oder Insert-Anweisungen durchführen

Data Pump Kapitel 10

➤ `DBA_DATAPUMP_SESSIONS` zur Anzeige von Informationen über die Benutzer-Sessions für einen Job.

Attribut	Bedeutung
OWNER_NAME	Benutzer, der den Job gestartet hat
JOB_NAME	Name des Jobs (entweder der vom Benutzer beim Erzeugen des Jobs angegebene Name oder der vom System generierte)
SADDR	Sessionadresse. Kann verwendet werden, um mit dem View V$SESSION zu joinen.

Tabelle 10.2: Anzeige von Informationen über die Benutzer-Sessions für einen Job

Data-Pump-API

Das Data-Pump-API (`DBMS_DATAPUMP`) kann dazu verwendet werden, eigene Prozeduren zum Export und Import von Daten zu schreiben. Die Tools `expdp` und `impdp` basieren auf diesem API.

Data-Pump-Export

Um einen Data-Pump-Export durchführen zu können, benötigen Sie die Rechte `CREATE SESSION`, `RESOURCE` und die Lese- bzw. Schreibberechtigung für das Verzeichnisobjekt:

```
SQL> GRANT CREATE SESSION TO KOMPENDIUM;
Benutzerzugriff (Grant) wurde erteilt.
SQL> GRANT RESOURCE TO KOMPENDIUM;
Benutzerzugriff (Grant) wurde erteilt.
SQL> GRANT WRITE ON DIRECTORY data_pump_transfer TO KOMPENDIUM;
Benutzerzugriff (Grant) wurde erteilt.
```

Listing 10.33: Vergabe der benötigten Rechte für einen Data-Pump-Export

In einem DOS-Fenster oder einer Unix-Shell kann nun der Export gestartet werden. Wollen Sie z.B. einen kompletten Export Ihres Schemas durchführen, geben Sie folgendes Kommando ein:

```
$ expdp kompendium/
    kompendium@komp10g.world DIRECTORY=data_pump_transfer DUMPFILE=komp%U.dmp
      FILESIZE=50M JOB_NAME=dp_export_job LOGFILE=kompendium.log
Export: Release 10.1.0.2.0 - Production on Sonntag, 09 Mai, 2004 21:00
Copyright (c) 2003, Oracle.  All rights reserved.
Angemeldet bei: Oracle Database 10g Enterprise Edition Release 10.1.0.2.0 -
 Production
With the Partitioning, Oracle Label Security, OLAP and Data Mining options
FLASHBACK automatisch aktiviert, um Datenbankintegrität aufrechtzuerhalten.
"KOMPENDIUM"."DP_EXPORT_JOB":  kompendium/
********@komp10g.world DIRECTORY=data_pump_transfer DUMPFILE=komp%U.dmp FILES
IZE=50M JOB_NAME=dp_export_job LOGFILE=kompendium.log  wird gestartet
```

Listing 10.34: Durchführen eines kompletten Data-Pump-Exports für ein Schema

Kapitel 10   Utilities

```
Schätzung erfolgt mit Methode BLOCKS...
Objekttyp SCHEMA_EXPORT/TABLE/TABLE_DATA wird verarbeitet
Gesamte Schätzung mit BLOCKS Methode: 3 MB
Objekttyp SCHEMA_EXPORT/SE_PRE_SCHEMA_PROCOBJACT/
PROCACT_SCHEMA wird verarbeitet
Objekttyp SCHEMA_EXPORT/TABLE/TABLE wird verarbeitet
Objekttyp SCHEMA_EXPORT/TABLE/INDEX/INDEX wird verarbeitet
Objekttyp SCHEMA_EXPORT/TABLE/CONSTRAINT/CONSTRAINT wird verarbeitet
Objekttyp SCHEMA_EXPORT/TABLE/INDEX/STATISTICS/
INDEX_STATISTICS wird verarbeitet
Objekttyp SCHEMA_EXPORT/TABLE/COMMENT wird verarbeitet
. . "KOMPENDIUM"."POSTLEITZAHLEN"                 1,909 MB
   85777 Zeilen exportiert
. . "KOMPENDIUM"."KUNDEN"                         0 KB
   0 Zeilen exportiert
. . "KOMPENDIUM"."LIEFERANTEN"                    0 KB
   0 Zeilen exportiert
Master-Tabelle "KOMPENDIUM"."DP_EXPORT_JOB" erfolgreich geladen/entladen
******************************************************************************
Für KOMPENDIUM.DP_EXPORT_JOB festgelegte Dump-Datei ist:
  /u01/oracle/transfer/komp01.dmp
Job "KOMPENDIUM"."DP_EXPORT_JOB" erfolgreich um 21:00 abgeschlossen
```

Das Beispiel führt einen kompletten Export des Schemas KOMPENDIUM durch. Durch den Aufruf expdp -help können Sie sich die genaue Syntax und die verfügbaren Parameter anzeigen lassen. Über das View USER_DATAPUMP_JOBS lassen sich Informationen über den Export anzeigen:

Listing 10.35: Informationen zum Data-Pump-Export

```
SQL> SELECT JOB_NAME, OPERATION, JOB_MODE, STATE FROM USER_DATAPUMP_JOBS;
JOB_NAME                          OPERATION                        JOB_MODE
                    STATE
--------------------------------  -------------------------------
------------------------------    -------
DP_EXPORT_JOB                     EXPORT
SCHEMA                            EXECUTING
```

Hier eine Beschreibung der wichtigsten Parameter für expdp.

Tabelle 10.3: Parameter für expdp

Parameter	Bedeutung
ATTACH [=[schema_name.]job_name]	Verbindet Sie mit einem bestehenden Data-Pump-Job
CONTENT={ALL | DATA_ONLY | METADATA_ONLY}	Filter, mit dem Sie bestimmen können, welche Art von Daten exportiert werden sollen
DIRECTORY=directory_object	Name des Verzeichnisobjekts in der Datenbank

Tabelle 10.3: Parameter für expdp (Forts.)

Parameter	Bedeutung
DUMPFILE=[*directory_object*:]*file_name* [, ...]	Name der Exportdatei. Es können mehrere Dateinamen durch Komma getrennt angeführt werden. Durch Angabe der Ersetzungsvariablen %U werden die Namen der erzeugten Dateien bei einer Überschreitung des Parameters FILESIZE oder bei Angabe des Parameters PARALLEL mit einer 2-stelligen numerischen Zahl erzeugt, z. B. komp01.dmp, komp02.dmp usw.
ESTIMATE_ONLY={y | n}	Es wird nur der Speicherplatz geschätzt, der für den Export benötigt würde.
EXCLUDE=*object_type*[:*name_clause*] [, ...]	Mit diesem Parameter können Sie bestimmte Objekte aus dem Export ausschließen.
FILESIZE=*integer*[B | K | M | G]	Angabe der max. Dateigröße für die Exportdateien. Gültige Werte sind B (Bytes), K (Kilobytes), M (Megabytes) und G (Gigabytes).
FULL={y | n}	Bestimmt, ob ein kompletter Datenbankexport durchgeführt werden soll. Für einen kompletten Datenbankexport müssen Sie die Rolle EXP_FULL_DATABASE gegranted haben. Beachten Sie bitte, dass die Schreibweise hier case sensitive ist, das heißt, Sie müssen y oder n in Kleinbuchstaben angeben.
INCLUDE = *object_type*[:*name_clause*] [, ...]	Angabe von Objekten, die für den Export berücksichtigt werden sollen. EXCLUDE und INCLUDE schließen sich gegenseitig aus.
JOB_NAME=*jobname_string*	Angabe eines Namens für den Export-Job. Der Name kann verwendet werden, um sich durch den Parameter ATTACH an einen bestehenden Job anzumelden.
LOGFILE=[*directory_object*:]*file_name*	Name der verwendeten Log-Datei
PARALLEL=*integer*	Anzahl der Prozesse, die für den Export-Job gestartet werden. Default ist 1.
PARFILE=[*directory_path*]*file_name*	Name der verwendeten Parameterdatei. Dies muss eine Datei auf dem Client sein.
QUERY = [*schema.*][*table_name*:]*query_clause*	Eine SQL-Bedingung, die auf alle oder bestimmte Tabellen angewendet wird

Tabelle 10.3: Parameter für expdp (Forts.)

Parameter	Bedeutung
TABLES=[schema_name.]table_name[:partition_name] [, ...]	Angabe einer oder mehrerer durch Komma getrennter Tabellen, die exportiert werden sollen
TABLESPACES=tablespace_name [, ...]	Angabe eines oder mehrerer durch Komma getrennter Tablespaces, die exportiert werden sollen

Es ist zu beachten, dass Data Pump den Export abbricht, falls die angegebene Exportdatei bereits vorhanden ist. Eine vorhandene Log-Datei wird überschrieben.

Soll der gleiche Export mehrmals durchgeführt werden oder müssen sehr viele Parameter angegeben werden, bietet es sich an, eine Parameterdatei anzulegen und den Export darüber zu steuern. Hier der Inhalt einer Parameterdatei:

Listing 10.36: Inhalt der Parameterdatei

```
DUMPFILE=komp%U.dmp
DIRECTORY=data_pump_transfer
LOGFILE=kompendium.log
JOB_NAME=dp_export_job
TABLES=POSTLEITZAHLEN
QUERY="WHERE LAND IN ('D', 'A', 'CH')"
```

Durch die Angabe der Parameter TABLES und QUERY erreichen wir, dass aus der Tabelle POSTLEITZAHLEN nur die Zeilen, in denen das Land D, A oder CH ist, exportiert werden. Der Aufruf erfolgt dann in folgender Syntax:

Listing 10.37: Data-Pump-Export unter Benutzung einer Parameterdatei

```
$ expdp kompendium/kompendium@komp10g.world PARFILE=expdp.par
Export: Release 10.1.0.2.0 - Production on Sonntag, 09 Mai, 2004 21:39
Copyright (c) 2003, Oracle.  All rights reserved.
Angemeldet bei: Oracle Database 10g Enterprise Edition Release 10.1.0.2.0 -
 Production
With the Partitioning, Oracle Label Security, OLAP and Data Mining options
"KOMPENDIUM"."DP_EXPORT_JOB":  kompendium/
********@komp10g.world PARFILE=expdp.par   wird gestartet
Schätzung erfolgt mit Methode BLOCKS...
Objekttyp TABLE_EXPORT/TABLE/TBL_TABLE_DATA/TABLE/TABLE_DATA wird verarbeitet
Gesamte Schätzung mit BLOCKS Methode: 3 MB
Objekttyp TABLE_EXPORT/TABLE/TABLE wird verarbeitet
Objekttyp TABLE_EXPORT/TABLE/INDEX/INDEX wird verarbeitet
. . "KOMPENDIUM"."POSTLEITZAHLEN"             1,560 MB   71265 Zeilen expor
tiert
Master-Tabelle "KOMPENDIUM"."DP_EXPORT_JOB" erfolgreich geladen/entladen
******************************************************************************
*
```

Für KOMPENDIUM.DP_EXPORT_JOB festgelegte Dump-Datei ist:
  /u01/oracle/transfer/komp01.dmp
Job "KOMPENDIUM"."DP_EXPORT_JOB" erfolgreich um 21:39 abgeschlossen
```

Ein großer Vorteil von Data Pump ist unter anderem, dass ein abgebrochener Job wieder an der Stelle gestartet werden kann, an der er abgebrochen ist. Stellen Sie sich vor, ein Export konnte nicht komplett durchgeführt werden, weil der Plattenplatz nicht ausreichte. Zuerst können Sie nun z.B. durch Hinzufügen einer weiteren Platte oder durch Löschen von nicht mehr gebrauchten Daten dafür sorgen, dass der Plattenplatz für den Rest des Exports ausreichen wird. Danach können Sie sich mit folgendem Befehl zum abgebrochenen Job verbinden:

```
$ expdp kompendium/kompendium@komp10g.world ATTACH=dp_export_job
```

Listing 10.38:
Verbinden zu einem bestehenden Job

Sie befinden sich nun im interaktiven Modus und können den Job wieder anstarten:

```
Export> continue
Job DP_EXPORT_JOB wurde bei Sonntag, 09 Mai, 2004 22:22   neu geöffnet
"KOMPENDIUM"."DP_EXPORT_JOB":  kompendium/
********@komp10g.world DIRECTORY=data_pump_transfer DUMPFILE=komp%U.dmp FILES
IZE=50M JOB_NAME=dp_export_job LOGFILE=komendium.log   wird neu gestartet
. . "KOMPENDIUM"."KUNDEN"                        0 KB        0 Zeilen expor
tiert
. . "KOMPENDIUM"."LIEFERANTEN"                   0 KB        0 Zeilen expor
tiert
Master-Tabelle "KOMPENDIUM"."DP_EXPORT_JOB" erfolgreich geladen/entladen
******************************************************************************
*
Für KOMPENDIUM.DP_EXPORT_JOB festgelegte Dump-Datei ist:
  /u01/oracle/transfer/komp01.dmp
  /u01/oracle/transfer/komp02.dmp
Job "KOMPENDIUM"."DP_EXPORT_JOB" mit 1 Fehler(n) um 22:22 abgeschlossen
```

Folgende Kommandos sind im interaktiven Modus für einen Export möglich:

Kommando	Bedeutung
ADD_FILE=[directory_object]file_name [,...]	Hinzufügen einer Exportdatei
CONTINUE_CLIENT (CONTINUE)	Umschalten des Modus von interaktiv in normal. Falls der Job gestoppt wurde, wird er fortgesetzt.
EXIT_CLIENT (EXIT)	Verlassen des interaktiven Modus
```

Kommando	Bedeutung
HELP	Anzeigen der Hilfe
KILL_JOB	Beenden des aktuellen Jobs
PARALLEL=*integer*	Verändern der parallelen Prozesse
START_JOB	Wiederanstarten eines Jobs
STATUS[=*integer*]	Anzeigen des Status. Sie können das Intervall in Sekunden angeben.
STOP_JOB[=IMMEDIATE]	Anhalten des aktuellen Jobs

Wenn Sie einen Export starten, befinden Sie sich im so genannten Logging-Modus. Bei großen Exports über mehrere Stunden wollen Sie oftmals nicht bis zum Ende an Ihrem Terminal warten. Data Pump bietet Ihnen die Möglichkeit, vom Logging-Modus in den interaktiven Modus umzuschalten. Dies erreichen Sie, indem Sie nach dem Start des Exports oder Imports STRG-C *drücken. Danach können Sie mit dem Kommando* EXIT *die Sitzung verlassen. Ihr Job läuft im Hintergrund weiter und Sie können sich über das schon beschriebene Kommando* ATTACH *zu einem späteren Zeitpunkt wieder verbinden.*

Data-Pump-Import

Nachdem Sie einen Export durchgeführt haben, wollen Sie diesen wahrscheinlich auch wieder in eine Datenbank importieren (falls der Export nicht ausschließlich einer logischen Datensicherung dient). Zuerst benötigen Sie dafür die Leserechte für das Verzeichnisobjekt, in dem sich die Exportdatei befindet:

Listing 10.39:
Vergabe der benötigten Rechte für einen Data-Pump-Import

```
SQL> GRANT READ,WRITE ON DIRECTORY data_pump_transfer TO KOMPENDIUM;
Benutzerzugriff (Grant) wurde erteilt.
```

Bitte beachten Sie, dass das Leserecht (wie auch das Schreibrecht) nichts mit den Rechten auf Betriebssystemebene zu tun hat, das heißt, eventuell muss Ihr Systemadministrator Ihnen zusätzlich diese Rechte geben, damit Sie die Exportdateien in das beim CREATE DIRECTORY *angegebene Verzeichnis kopieren können.*

Nun kann der Import mit einer Exportdatei durchgeführt werden:

```
$ impdp kompendium/
    kompendium@komp10g.world DIRECTORY=data_pump_transfer DUMPFILE=komp%U.dmp
    JOB_NAME=dp_import_job LOGFILE=komendium.log
Import: Release 10.1.0.2.0 - Production on Montag, 10 Mai, 2004 12:29
Copyright (c) 2003, Oracle.  All rights reserved.
Angemeldet bei: Oracle Database 10g Enterprise Edition Release 10.1.0.2.0 -
 Production
With the Partitioning, Oracle Label Security, OLAP and Data Mining options
Master-Tabelle "KOMPENDIUM"."DP_IMPORT_JOB" erfolgreich geladen/entladen
"KOMPENDIUM"."DP_IMPORT_JOB":  kompendium/
********@komp10g.world DIRECTORY=data_pump_transfer DUMPFILE=komp%U.dmp JOB_N
AME=dp_import_job LOGFILE=komendium.log  wird gestartet
Objekttyp SCHEMA_EXPORT/SE_PRE_SCHEMA_PROCOBJACT/
PROCACT_SCHEMA wird verarbeitet
Objekttyp SCHEMA_EXPORT/TABLE/TABLE wird verarbeitet
Objekttyp SCHEMA_EXPORT/TABLE/TABLE_DATA wird verarbeitet
. . "KOMPENDIUM"."POSTLEITZAHLEN"              95,21 MB 4288850 Zeilen impor
tiert
. . "KOMPENDIUM"."KUNDEN"                         0 KB       0 Zeilen impor
tiert
. . "KOMPENDIUM"."LIEFERANTEN"                    0 KB       0 Zeilen impor
tiert
Objekttyp SCHEMA_EXPORT/TABLE/INDEX/INDEX wird verarbeitet
Objekttyp SCHEMA_EXPORT/TABLE/CONSTRAINT/CONSTRAINT wird verarbeitet
Objekttyp SCHEMA_EXPORT/TABLE/INDEX/STATISTICS/
INDEX_STATISTICS wird verarbeitet
Job "KOMPENDIUM"."DP_IMPORT_JOB" erfolgreich um 12:30 abgeschlossen
```

Listing 10.40: Einen kompletten Data-Pump-Import für ein Schema durchführen

Zusätzlich zu den beim Export erwähnten Parametern hier noch die für den Import wichtigsten Parameter:

Parameter	Bedeutung
REMAP_DATAFILE=*source_datafile*:*target_datafile*	Dieser Parameter ist nützlich, wenn Sie Daten zwischen verschiedenen Betriebssystemplattformen transferieren wollen und die Konventionen für Dateinamen unterschiedlich sind.
REMAP_SCHEMA=*source_schema*:*target_schema*	Lädt die Objekte der Exportdatei in ein anderes Schema
REMAP_TABLESPACE=*source_tablespace*:*target_tablespace*	Weist alle Objekte in der Tablespace in der Exportdatei der angegebenen Tablespace zu.
SQL-FILE=[*directory_object*:]*file_name*	Erzeugt aus der Exportdatei eine SQL-Datei mit den entsprechenden DDL-Anweisungen. Die Exportdatei wird dabei nicht geladen.

Tabelle 10.4: Parameter für impdp

Kapitel 10   Utilities

Tabelle 10.4:
Parameter für impdp (Forts.)

Parameter	Bedeutung
TABLE_EXISTS_ACTION={SKIP | APPEND | TRUNCATE | REPLACE}	Bestimmt, wie sich der Import bei bestehenden Tabellen verhalten soll. SKIP überspringt eine bestehende Tabelle. Die Einstellung ist nur gültig, wenn der Parameter CONTENT nicht auf DATA_ONLY gesetzt ist. APPEND lädt Zeilen der Exporttabelle und ignoriert bestehende Zeilen. TRUNCATE löscht bestehende Zeilen und lädt dann die Zeilen aus der Exporttabelle. REPLACE löscht die bestehende Tabelle und erzeugt und lädt sie neu. Diese Einstellung ist ebenfalls nur gültig, wenn der Parameter CONTENT nicht auf DATA_ONLY gesetzt ist.
TRANSFORM = transform_name:value [:object_type]	Mit diesem Parameter können Sie die Segment- und Speichereinstellungen der durchgeführten DDL-Operationen beeinflussen. Dies ist z. B. nützlich, wenn Sie Daten aus einer Produktions- in eine Testumgebung transferieren und in der Testumgebung angepasste Einstellungen benötigt werden. Gültige Werte sind SEGMENT_ATTRIBUTES und STORAGE.

Für die Parameter REMAP_DATAFILE, REMAP_SCHEMA *und* REMAP_TABLESPACE *benötigen Sie das Recht* IMP_FULL_DATABASE.

Wie beim Export haben Sie auch beim Import die Möglichkeit, die Parameter über eine Parameterdatei zu bestimmen. Hier der Inhalt der Parameterdatei:

Listing 10.41:
Inhalt der Parameterdatei

```
DUMPFILE=komp%U.dmp
DIRECTORY=data_pump_transfer
LOGFILE=kompendium.log
JOB_NAME=dp_import_job
INCLUDE=TABLE:"IN ('POSTLEITZAHLEN')"
QUERY="WHERE LAND IN ('D')"
REMAP_SCHEMA=KOMPENDIUM:KOMPENDIUM2
REMAP_TABLESPACE=USERS:IMPORT
TRANSFORM=SEGMENT_ATTRIBUTES:N
```

In diesem Falle wollen wir nur die Tabelle POSTLEITZAHLEN mit den Postleitzahlen aus Deutschland laden. Der Import soll für das Schema KOMPENDIUM2 stattfinden. Außerdem wollen wir eine andere Tablespace verwenden und die Segment-Attribute nicht mit übernehmen. Da für einige der Parameter das Recht IMP_FULL_DATABASE benötigt wird, führen wir den Import mit dem Benutzer SYSTEM durch.

Data Pump

```
$ impdp system/k0mpiog@komp10g.world PARFILE=impdp.par
Import: Release 10.1.0.2.0 - Production on Montag, 10 Mai, 2004 16:04
Copyright (c) 2003, Oracle.  All rights reserved.
Angemeldet bei: Oracle Database 10g Enterprise Edition Release 10.1.0.2.0 -
 Production
With the Partitioning, Oracle Label Security, OLAP and Data Mining options
Master-Tabelle "SYSTEM"."DP_IMPORT_JOB" erfolgreich geladen/entladen
"SYSTEM"."DP_IMPORT_JOB":  system/
********@komp10g.world PARFILE=impdp.par  wird gestartet
Objekttyp SCHEMA_EXPORT/TABLE/TABLE wird verarbeitet
Objekttyp SCHEMA_EXPORT/TABLE/TABLE_DATA wird verarbeitet
. . "KOMPENDIUM2"."POSTLEITZAHLEN"           1,909 MB   19670 von 85777 Ze
ilen importiert
Objekttyp SCHEMA_EXPORT/TABLE/INDEX/INDEX wird verarbeitet
Job "SYSTEM"."DP_IMPORT_JOB" erfolgreich um 16:04 abgeschlossen
```

Listing 10.42: Data-Pump-Import unter Benutzung einer Parameterdatei

Ein weiterer nützlicher Parameter ist SQLFILE. Durch Angabe dieses Parameters können wir uns von Data Pump ein SQL-Skript mit DDL-Anweisungen generieren lassen, um die Objekte anzulegen. Dabei wird der eigentliche Import nicht durchgeführt.

```
$ impdp kompendium/
    kompendium@komp10g.world DUMPFILE=komp%U.dmp DIRECTORY=data_pump_transfer
    LOGFILE=kompendium.log SQLFILE=ddl.sql
Import: Release 10.1.0.2.0 - Production on Mittwoch, 12 Mai, 2004 11:43
Copyright (c) 2003, Oracle.  All rights reserved.
Angemeldet bei: Oracle Database 10g Enterprise Edition Release 10.1.0.2.0 -
 Production
With the Partitioning, Oracle Label Security, OLAP and Data Mining options
Master-Tabelle "KOMPENDIUM"."SYS_SQL_FILE_FULL_01" erfolgreich geladen/
entladen
"KOMPENDIUM"."SYS_SQL_FILE_FULL_01":  kompendium/
********@komp10g.world DUMPFILE=komp%U.dmp DIRECTORY=data_pump_transfer LOGFI
LE=kompendium.log SQLFILE=ddl.sql   wird gestartet
Objekttyp SCHEMA_EXPORT/SE_PRE_SCHEMA_PROCOBJACT/
PROCACT_SCHEMA wird verarbeitet
Objekttyp SCHEMA_EXPORT/TABLE/TABLE wird verarbeitet
Objekttyp SCHEMA_EXPORT/TABLE/INDEX/INDEX wird verarbeitet
Objekttyp SCHEMA_EXPORT/TABLE/CONSTRAINT/CONSTRAINT wird verarbeitet
Job "KOMPENDIUM"."SYS_SQL_FILE_FULL_01" erfolgreich um 11:43 abgeschlossen
```

Listing 10.43: Erzeugen des DDL-Skripts über Data-Pump-Import

Auch für den Import ist es möglich, sich zu einem abgebrochenen Job zu verbinden und diesen wieder zu starten. Als Beispiel wollen wir einen Import mit einer etwas größeren Exportdatei durchführen.

```
$ impdp kompendium/
    kompendium@komp10g.world DIRECTORY=data_pump_transfer DUMPFILE=komp%U.dmp
    JOB_NAME=dp_import_job LOGFILE=komendium.log
Import: Release 10.1.0.2.0 - Production on Montag, 10 Mai, 2004 18:36
```

Kapitel 10 Utilities

```
Copyright (c) 2003, Oracle.  All rights reserved.
Angemeldet bei: Oracle Database 10g Enterprise Edition Release 10.1.0.2.0 -
  Production
With the Partitioning, Oracle Label Security, OLAP and Data Mining options
Master-Tabelle "KOMPENDIUM"."DP_IMPORT_JOB" erfolgreich geladen/entladen
"KOMPENDIUM"."DP_IMPORT_JOB":  kompendium/
********@komp10g.world DIRECTORY=data_pump_transfer DUMPFILE=komp%U.dmp JOB_N
AME=dp_import_job LOGFILE=komendium.log  wird gestartet
Objekttyp SCHEMA_EXPORT/SE_PRE_SCHEMA_PROCOBJACT/
PROCACT_SCHEMA wird verarbeitet
Objekttyp SCHEMA_EXPORT/TABLE/TABLE wird verarbeitet
Objekttyp SCHEMA_EXPORT/TABLE/TABLE_DATA wird verarbeitet
. . "KOMPENDIUM"."POSTLEITZAHLEN"                190,4 MB 8577700 Zeilen impor
tiert
. . "KOMPENDIUM"."KUNDEN"                            0 KB       0 Zeilen impor
tiert
. . "KOMPENDIUM"."LIEFERANTEN"                       0 KB       0 Zeilen impor
tiert
Objekttyp SCHEMA_EXPORT/TABLE/INDEX/INDEX wird verarbeitet
```

Durch Drücken von [STRG]-[C] gelangen wir in den interaktiven Modus und können nun durch das Kommando EXIT zu unserer Unix-Shell zurückkehren. Hier ermitteln wir den Master- und Worker-Prozess und simulieren durch kill -9 einen Abbruch. Mögliche Ursachen für einen Abbruch eines Imports wären zum Beispiel ein Speicherplatzproblem einer Tablespace oder ein Absturz des Datenbankservers.

Listing 10.44:
Simulieren eines Import-Abbruchs

```
Import> exit

$ ps -ef | egrep 'ora_d[m,w]'
oracle   14006     1  7 18:36 ?        00:00:02 ora_dm00_KOMP10G
oracle   14008     1 34 18:36 ?        00:00:14 ora_dw01_KOMP10G
$ kill -9 14008 14006
```

Das View USER_DATAPUMP_JOBS enthält Informationen über den Zustand des Jobs:

Listing 10.45:
Abfragen von Informationen zu einem Job

```
SQL> SELECT OPERATION, JOB_MODE, STATE FROM USER_DATAPUMP_JOBS WHERE JOB_NAME
  = 'DP_IMPORT_JOB';
OPERATION                        JOB_MODE                         STATE
-------------------------------- -------------------------------- ---------------
----------------
IMPORT                           FULL                             NOT RUNNING
```

Zum Schluss verbinden wir uns zu unserem Job und starten ihn wieder:

Data Pump   Kapitel 10

```
$ impdp kompendium/kompendium@komp10g.world ATTACH=dp_import_job
Import: Release 10.1.0.2.0 - Production on Montag, 10 Mai, 2004 22:04
Copyright (c) 2003, Oracle.  All rights reserved.
Angemeldet bei: Oracle Database 10g Enterprise Edition Release 10.1.0.2.0 -
 Production
With the Partitioning, Oracle Label Security, OLAP and Data Mining options
Job: DP_IMPORT_JOB
  Eigentümer: KOMPENDIUM
  Vorgang: IMPORT
  Ersteller-Ber.: FALSE
  GUID: DA149B4177411F1BE030A8C0090236B6
  Startzeit: Montag, 10 Mai, 2004 22:03
  Modus: FULL
  Instance: KOMP10G
  Max. Parallelitätsgrad: 1
  EXPORT Job-Parameter:
     CLIENT_COMMAND         kompendium/
********@komp10g.world parfile=expdp.par
     DATA_ACCESS_METHOD     AUTOMATIC
     ESTIMATE               BLOCKS
     INCLUDE_METADATA       1
     LOG_FILE_DIRECTORY     DATA_PUMP_TRANSFER
     LOG_FILE_NAME          kompendium.log
     TABLE_CONSISTENCY      0
  IMPORT Job-Parameter:
  Parametername      Parameterwert:
     CLIENT_COMMAND         kompendium/
********@komp10g.world DIRECTORY=data_pump_transfer DUMPFILE=komp%U.dmp JOB_N
AME=dp_import_job LOGFILE=komendium.log
     DATA_ACCESS_METHOD     AUTOMATIC
     INCLUDE_METADATA       1
     LOG_FILE_DIRECTORY     DATA_PUMP_TRANSFER
     LOG_FILE_NAME          kompendium.log
     REUSE_DATAFILES        0
     SKIP_UNUSABLE_INDEXES 1
     TABLE_EXISTS_ACTION    SKIP
     STREAMS_CONFIGURATION 1
  Status: IDLING
  Verarbeitete Byte: 199.669.616
  Prozent erledigt: 99
  Aktueller Parallelitätsgrad: 1
  Anzahl von Job-Fehlern: 0
  Dump-Datei: /u01/oracle/transfer/komp%u.dmp
  Dump-Datei: /u01/oracle/transfer/komp01.dmp
Worker 1 Status:
  Status: UNDEFINED
  Objektschema: KOMPENDIUM
  Objektname: IDX_PLZ_LAND
  Objekttyp: SCHEMA_EXPORT/TABLE/INDEX/INDEX
```

Listing 10.46:
Einen abgebrochenen Job wieder starten

Kapitel 10   Utilities

```
Import> continue
"KOMPENDIUM"."DP_IMPORT_JOB":  kompendium/
********@komp10g.world DIRECTORY=data_pump_transfer DUMPFILE=komp%U.dmp JOB_N
AME=dp_import_job LOGFILE=komendium.log  wird neu gestartet
Objekttyp SCHEMA_EXPORT/TABLE/CONSTRAINT/CONSTRAINT wird verarbeitet
Job "KOMPENDIUM"."DP_IMPORT_JOB" erfolgreich um 22:06 abgeschlossen
```

Data Pump mit dem Oracle Enterprise Manager

Wie beim Scheduler kann ein Data-Pump-Export oder -Import auch über den Oracle Enterprise Manager durchgeführt werden.

Data-Pump-Export mit dem Oracle Enterprise Manager

Nachdem Sie sich angemeldet haben, wechseln Sie zunächst in den Menüpunkt WARTUNG und wählen hier aus den verfügbaren Dienstprogrammen IN DATEIEN EXPORTIEREN aus.

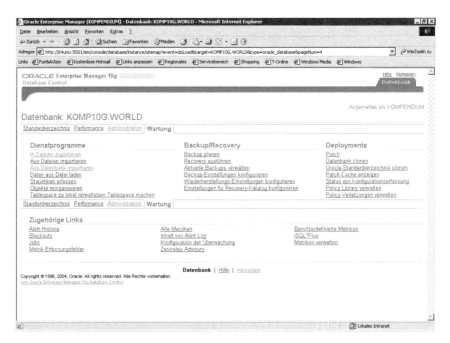

Abbildung 10.8:
Menüpunkt
WARTUNG

Hier besteht die Wahl zwischen einem Export für ein Schema oder für ausgewählte Tabellen. Zusätzlich müssen Sie Benutzername und Kennwort des Betriebssystembenutzers angeben.

Klicken Sie auf WEITER, um auf die Seite EXPORT: OPTIONEN zu gelangen. Hier lassen sich die Methode zur Schätzung des Plattenplatzes auswählen und die Parameter für das Verzeichnisobjekt und die Log-Datei eingeben.

Data Pump Kapitel 10

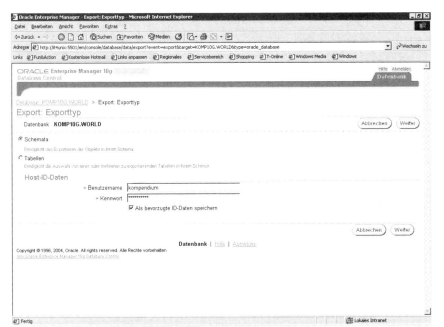

Abbildung 10.9:
Eingeben des Exporttyps

Abbildung 10.10:
Eingabe von Verzeichnisobjekt und Log-Datei

Über den Link ERWEITERTE OPTIONEN ANZEIGEN können Sie den Export weiter spezifizieren.

Kapitel 10 Utilities

Abbildung 10.11: Erweiterte Optionen für den Data-Pump-Export

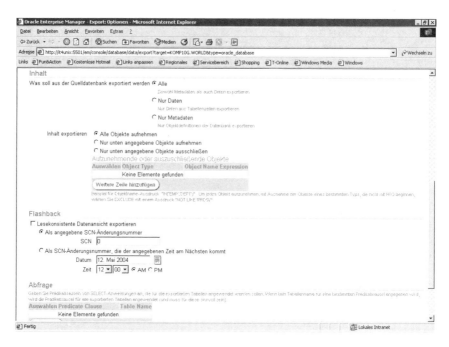

Klicken Sie auf WEITER, um das Verzeichnisobjekt, den Dateinamen und die maximale Dateigröße anzugeben.

Abbildung 10.12: Eingeben von Verzeichnisobjekt und Dateiname

Als Nächstes gelangen Sie in ein Fenster zur Eingabe von Parametern für die Ausführung. Neben der Angabe des Job-Namens und einer Beschreibung kann hier auch festgelegt werden, ob der Job erst zu einem späteren Zeitpunkt ausgeführt werden soll.

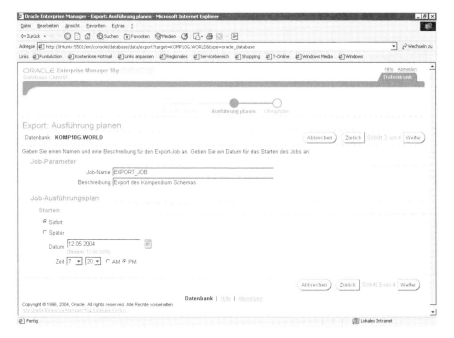

Abbildung 10.13:
Angaben zur Ausführung

Im letzten Fenster können Sie Ihre Angaben noch einmal überprüfen (siehe Abbildung 10.14).

Mit JOB WEITERLEITEN wird nun der Job gestartet. Falls Sie sich für eine Ausführung zu einem späteren Zeitpunkt entschieden haben, werden die zugehörigen Export- und Log-Dateien bereits angelegt, der Job erhält jedoch den Status NOT RUNNING. Sie können dies mit den Views DBA_DATAPUMP_JOBS oder USER_DATAPUMP_JOBS überprüfen (siehe Abbildung 10.15).

Über JOB ANZEIGEN können Sie sich Informationen zu Ihrem erstellten Job anzeigen lassen (siehe Abbildung 10.16).

Kapitel 10   Utilities

Abbildung 10.14:
Überprüfen der
Angaben

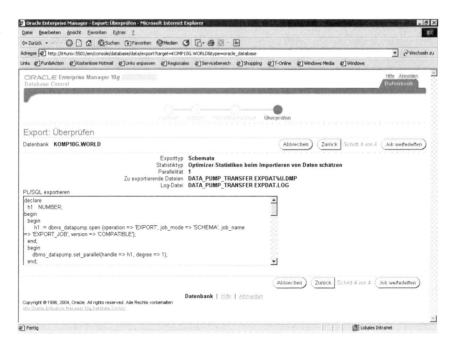

Abbildung 10.15:
Statusmeldung
nach dem Weiterleiten des Jobs

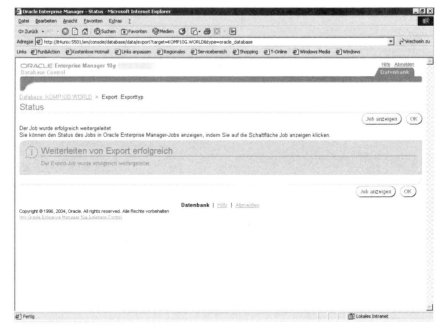

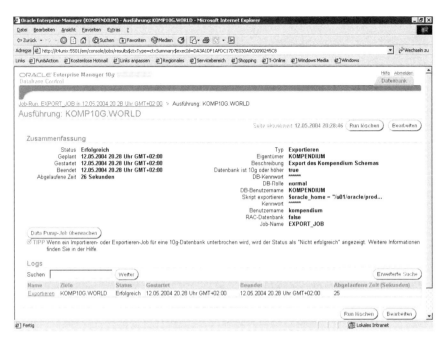

Abbildung 10.16:
Informationen zum Job

Data-Pump-Import mit dem Oracle Enterprise Manager

Auch beim Data-Pump-Import über den Oracle Enterprise Manager starten wir vom Menüpunkt WARTUNG. Aus den verfügbaren Dienstprogrammen wählen Sie den Menüpunkt AUS DATEIEN IMPORTIEREN aus. Falls Sie in der Auswahlliste DATENBANKVERSION VOR 10G angeben, führt der Enterprise Manager einen Import mit einer Exportdatei durch, die durch das von älteren Versionen verfügbare Utility exp erstellt wurde. Da wir einen Import auf Basis von Data-Pump-Export durchführen wollen, müssen wir die Werte für das Verzeichnisobjekt, die Exportdatei und den Importtyp angeben. Wie beim Export müssen Sie Benutzername und Kennwort des Betriebssystembenutzers eingeben (siehe Abbildung 10.17).

Über WEITER gelangt man in das nächste Fenster. Hier können Sie eine Tablespace neu zuordnen (siehe Abbildung 10.18).

Klicken Sie auf WEITER, um die Anzahl der Threads, das Verzeichnisobjekt und den Namen der Log-Datei anzugeben (siehe Abbildung 10.19).

Über den Link ERWEITERTE OPTIONEN ANZEIGEN lässt sich der Import weiter spezifizieren (siehe Abbildung 10.20).

Kapitel 10   Utilities

Abbildung 10.17:
Angaben zu Data-Pump-Import

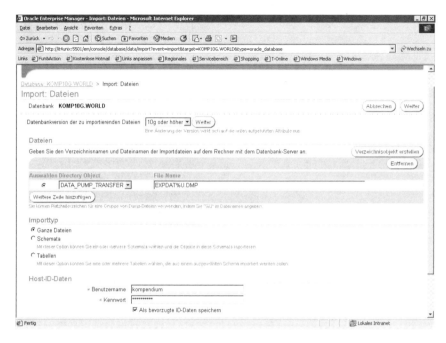

Abbildung 10.18:
Eine Tablespace neu zuordnen

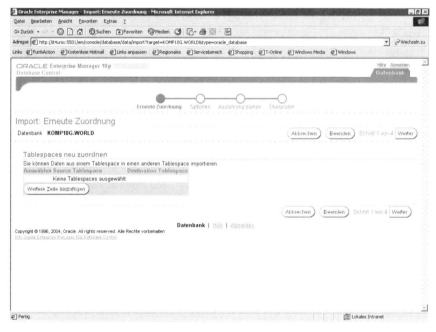

Data Pump   Kapitel 10

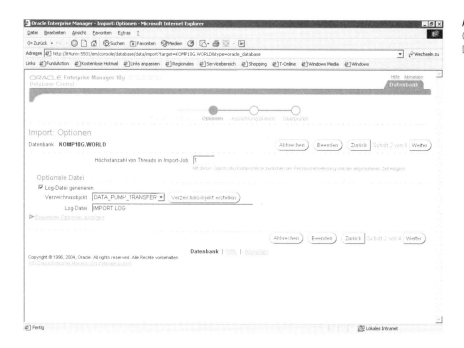

Abbildung 10.19:
Optionen für den
Data-Pump-Import

Abbildung 10.20:
Erweiterte Optionen
für den Data-Pump-
Import

Im nächsten Fenster besteht wie beim Export die Möglichkeit, Optionen für die Ausführung einzugeben. Neben der Angabe des Job-Namens und einer Beschreibung kann hier auch festgelegt werden, ob der Import erst zu einem späteren Zeitpunkt ausgeführt werden soll.

Kapitel 10 Utilities

Abbildung 10.21:
Ausführung planen

Im letzten Fenster lassen sich die Angaben noch einmal überprüfen:

Abbildung 10.22:
Überprüfen der Angaben

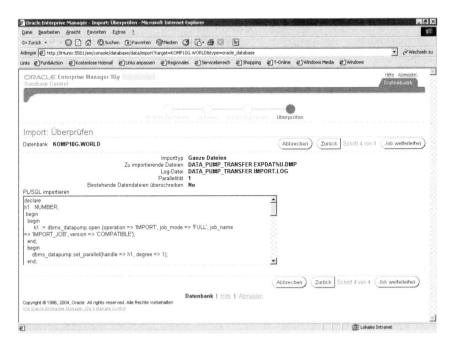

Mit JOB WEITERLEITEN wird nun der Import gestartet. Wie beim Data-Pump-Export besteht auch beim -Import die Möglichkeit, sich Informationen zum Job anzeigen zu lassen.

11 Oracle Net Services

Oracle bietet mit der Version 10g gleich eine ganze Reihe neuer und verbesserter Netzwerk-Features an. Das Ziel ist auch hier die Umsetzung der Grid-Technologie und eine weitgehende Automatisierung und Vereinfachung der Administration.

Das Netzwerk spielt im Bereich Grid Computing eine sehr wichtige Rolle. Eine verteilte Architektur ist in der Praxis nur funktionsfähig, wenn das unterliegende Netzwerk zuverlässig, schnell und einfach zu administrieren ist. Neben Features zur Vereinfachung der Administration liefert Oracle Net jetzt auch erweiterte Unterstützung für eine Verbesserung der Performance.

Der Enterprise Manager spielt eine zentrale Rolle für das Grid Computing. Um eines der Grundprinzipien, »Manage as One« (also die Administration von Zielgruppen) umzusetzen, ist es nur konsequent, dass Oracle Net-Konfigurationen jetzt auch mit dem Enterprise Manager möglich sind.

Hier sind die neuen Netzwerk-Features in einer Übersicht:

- High Speed Network-Support
- I/O Buffer Space
- Verbesserte Erkennung von Netzwerkproblemen
- Easy Connect
- Vereinfachte Konfiguration des Oracle LDAP-Servers
- Export von Directory Naming Entries
- Vereinfachung der Shared Server-Konfiguration
- Dynamische Konfiguration des Connection Manager
- Certificate Revocation Lists (CRLs)
- Konfiguration durch den Enterprise Manager

Kapitel 11 Oracle Net Services

Oracle Names wird ab der Version 10g als Benennungsmethode nicht mehr unterstützt. Migrieren Sie zur Directory Naming-Methode unter Verwendung des Oracle LDAP-Servers. In Kapitel 24 »Der Oracle LDAP-Server« finden Sie ausführliche Informationen zum Migrationsprozess.

11.1 I/O Buffer Space

TCP/IP verwendet Puffer, wenn Daten von und zu einer höheren oder niedrigeren Protokollebene übertragen werden. Die Größe dieser Puffer beeinflusst die Performance der Netzwerkübertragung. Für eine optimale Performance sollten die Sende- und Empfangspuffer groß genug sein, um alle Daten halten zu können, die gleichzeitig über das Netzwerk versendet und empfangen werden.

Oracle stellt die Parameter SEND_BUF_SIZE und RECV_BUF_SIZE zur Verfügung, um die Größe der Puffer einzustellen. Die Parameter werden in den Dateien listener.ora und sqlnet.ora gesetzt.

Seien Sie vorsichtig bei der Veränderung dieser Parameter. Sie beeinflussen nicht unerheblich die Performance von Netzwerk und Betriebssystem.

Sind die Parameter nicht gesetzt, verwendet Oracle einen Standard, der vom gewählten Betriebssystem abhängt. Für Unix-Systeme liegt der Standard etwa im Bereich von 16 Kbyte.

Es stellt sich natürlich die Frage, wie groß man den Puffer setzen soll. Es existiert eine einfache Formel, nach der die ungefähre Größe berechnet werden kann. Bestimmen Sie dazu die Roundtrip-Zeit zwischen Client und Server. Dieser Wert kann mit dem Ping-Befehl ermittelt werden.

In vielen Unternehmen ist der Ping-Befehl aus Sicherheitsgründen inzwischen deaktiviert worden. Wenden Sie sich in solch einem Fall an den Netzwerk-Support Ihrer Firma. Die Mitarbeiter können Ihnen die Roundtrip-Zeiten mitteilen.

```
$ ping mch1
PING mch1.pitcorp.com (212.1.1.1) 56(84) bytes of data.
64 bytes from mch1.pitcorp.com (212.1.1.1): icmp_seq=0 ttl=255 time=4.2 ms
64 bytes from mch1.pitcorp.com (212.1.1.1): icmp_seq=1 ttl=255 time=4.1 ms
64 bytes from mch1.pitcorp.com (212.1.1.1): icmp_seq=2 ttl=255 time=3.8 ms
```

Die Roundtrip-Zeit hat sich bei ca. vier Millisekunden eingependelt. Die Formel lautet wie folgt:

```
(<Kapazität in bit/sec> / 8) x (Roundtrip / 1000)
```

I/O Buffer Space   Kapitel 11

Im vorliegenden Beispiel ergibt sich der folgende Wert für ein Netzwerk mit der Bandbreite 100 Mbit/s.

```
(100000000/8) x (4 / 1000) = 50,000 Byte
```

Ein Puffer mit etwa 50 Kbyte wäre in diesem Fall der optimale Wert. Mit wachsenden Roundtrip-Zeiten steigt natürlich der Bedarf für einen größeren Puffer.

Die Konfigurationen auf Client- und Serverseite sind verschieden.

Konfiguration des I/O Buffer Space auf der Serverseite

1. Sie können die Parameter in der Datei listener.ora entweder für eine Beschreibung oder nur für eine spezielle Adresse setzen. Im folgenden Beispiel werden die Werte für eine Adresse gesetzt.

    ```
    LISTENER =
      (DESCRIPTION_LIST =
        (DESCRIPTION =
          (ADDRESS_LIST =
            (ADDRESS = (PROTOCOL = TCP)(HOST = 212.1.1.2)(PORT = 1521)
              (SEND_BUF_SIZE=51200)
              (RECV_BUF_SIZE=51200))
          )
          (ADDRESS_LIST =
            (ADDRESS = (PROTOCOL = IPC)(KEY = EXTPROC))
          )
        )
      )
    ```

2. Setzen Sie die Werte in der Datei sqlnet.ora.

    ```
    SEND_BUF_SIZE=51200
    RECV_BUF_SIZE=51200
    ```

Konfiguration des I/O Buffer Space auf der Client-Seite

1. Sie können die Parameter für alle Verbindungen in der Datei sqlnet.ora setzen. Für den Client ist es in der Regel ausreichend, nur den Empfangspuffer zu erhöhen, da dieser naturgemäß wenig Daten sendet und eine große Menge von Daten empfängt.

    ```
    RECV_BUF_SIZE=51200
    ```

2. Der Parameter in der Datei sqlnet.ora kann für spezielle Adressen in der Datei tnsnames.ora überschrieben werden.

    ```
    KOMP10G2 =
      (DESCRIPTION =
    ```

```
(ADDRESS_LIST =
  (ADDRESS = (PROTOCOL = TCP)(HOST = 212.1.1.2)(PORT = 1521)
    (SEND_BUF_SIZE = 61440)
    (RECV_BUF_SIZE = 81920)
  )
  (CONNECT_DATA =
    (SERVICE_NAME = komp10g2)
  )
)
```

> **TIPP** *Wenn Sie einen Shared Server konfiguriert haben, dann können Sie den Parameter in der Initialisierungsvariablen* DISPATCHERS *unterbringen. Damit können Sie den Wert in der Datei* sqlnet.ora *überschreiben.*

```
DISPATCHERS= "(ADDRESS = (PROTOCOLL = TCP) (SEND_BUF_SIZE = 51200) (RECV_BUF_
SIZE = 51200))"
```

11.2 Verbesserte Erkennung von Netzwerkproblemen

Für Datenbankoperationen, die von Netzwerkoperationen abhängig sind, besteht die Gefahr, dass bei einem Netzwerkausfall die aktuelle Operation über einen längeren Zeitraum auf Antwort vom Netzwerk wartet. Dadurch werden Ressourcen und Objekte blockiert.

In Oracle 10g können Sie Parameter in der Datei sqlnet.ora setzen, um dies zu verhindern. Durch Vorgabe von Time-out-Werten wird eine auf Antwort vom Netzwerk wartende Operation abgebrochen und die Ressourcen werden freigegeben. Diese Parameter sind Bestandteil der Advanced-Profile-Sektion der Datei sqlnet.ora. Sie können die Parameter mit einem Editor eintragen oder den Network Manager benutzen.

> **TIPP** *Verwenden Sie, wenn Sie wenig Erfahrung im Umgang mit den Konfigurationsdateien bzw. den neuen Parametern haben, den Net Manager. Er garantiert die richtige Schreibweise und Syntax der Eintragungen.*

Der Parameter SQLNET.SEND_TIMEOUT gibt einen Grenzwert für die Zeit vor, die für den erfolgreichen Abschluss einer Sende-Operation eines Datenbankservers zur Verfügung steht. Dieser Parameter ist sehr hilfreich für Umgebungen, in denen Clients sich nicht ordnungsgemäß abmelden und einfach das System herunterfahren. Die Angabe erfolgt in Sekunden.

Falls der Datenbankserver nicht in der Lage ist, den Prozess in der vorgegebenen Zeit abzuschließen, dann wird die Operation abgebrochen und es erscheinen folgende Fehlermeldungen in der Datei sqlnet.log:

```
TNS-12535: TNS: Timeout für Vorgang
ns second error code: 12608
```

Verbesserte Erkennung von Netzwerkproblemen Kapitel 11

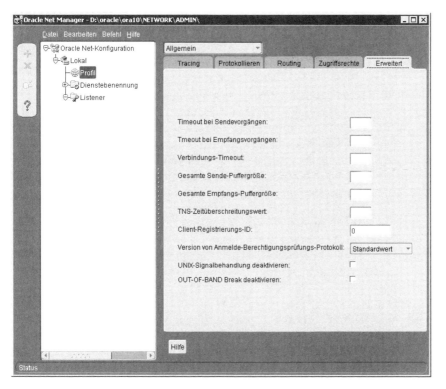

Abbildung 11.1:
Die Advanced-Profile-Sektion des Net Manager

Ohne diesen Parameter wird der Datenbankserver weiter Daten an den Client senden. Der Client ist möglicherweise bereits heruntergefahren oder so beschäftigt, dass er keine Daten empfangen kann.

Der Parameter kann auch auf dem Client gesetzt werden.

SQLNET.RECV_TIMEOUT begrenzt auf der Serverseite die Zeit, die der Datenbankserver wartet, bis ein Client Daten sendet, nachdem die Verbindung aufgebaut wurde. Bei Abbruch der Operation wird die folgende Meldung in die Datei sqlnet.log geschrieben:

```
TNS-12535: TNS: Timeout für Vorgang
ns second error code: 12609
```

Mit dem Parameter SQLNET.INBOUND_CONNECT_TIMEOUT wird die Zeit begrenzt, die ein Client zur Verfügung hat, um zum Datenbankserver eine Verbindung aufzunehmen und die erforderlichen Informationen zur Autorisierung zu liefern.

Weshalb wurde dieser Parameter eingeführt? Viren und Würmer treten immer häufiger in Erscheinung. Auch wenn sie offensichtlich vorwiegend bei Microsoft-Produkten Schaden anrichten, ist jede System-Software gut beraten, Sicherheitslöcher gar nicht erst auftreten zu lassen. Da offensichtlich bekannt ist, dass Microsoft-Betriebssysteme viele Sicherheitslöcher enthalten, bilden sie naturgemäß das häufigste Ziel von Attacken. Prävention sollte deshalb das oberste Ziel sein.

Gerade Programme wie der Oracle-Listener sind von ihrer Natur her besonders als Angriffsziel von Hackern geeignet. Listener-Programme werden häufig für eine so genannte Denial-of-Service-Attacke missbraucht. Dabei versuchen nicht autorisierte Clients, die Funktionalität des Listeners für reguläre Benutzer zu blockieren. Sie saugen einfach die Ressourcen des Listeners durch eine Überflutung mit Verbindungsanforderungen auf. Als Ergebnis ist der Listener in seiner Kapazität überlastet.

Um diesen Effekt zu minimieren, sollte die Zeit, die für eine erfolgreiche Anmeldung zur Verfügung steht, begrenzt werden. Damit werden Verbindungsversuche nach der vorgegebenen Zeit abgebrochen. Steht der Wert auf null, dann werden keine Testanfragen gesendet.

Der Parameter SQLNET.EXPIRE_TIME wird benutzt, um ein Zeitintervall festzulegen, in dem eine Testanfrage gesendet wird. Mit diesem Test kann festgestellt werden, ob die Client/Server-Verbindung noch aktiv ist. Falls das Testergebnis zeigt, dass die Verbindung nicht mehr aktiv ist, wird ein Fehler zurückgegeben und der Server-Prozess des Clients wird beendet.

Für den Parameter existieren die folgenden Einschränkungen:

- Er kann nicht für Bequeathed-Verbindungen verwendet werden.
- Obwohl das Testpaket sehr klein ist, kann es bei einer großen Anzahl von Verbindungen und bei einem kurzen Testintervall zu einer Beeinflussung der Netzwerk-Performance kommen.

Mit dem Parameter SQLNET.ALLOWED_LOGIN_VERSIONS können Sie festlegen, welche Protokollversionen erlaubt sind. Wird mit einer nicht erlaubten Version zugegriffen, dann führt der Authentifizierungsversuch zum Fehler. Standardmäßig sind Protokolle der Versionen 8*i*, 9*i* und 10g zugelassen.

11.3 Easy Connect

Easy Connect ist eine neue Benennungsmethode für Verbindungen zur Datenbank. Mit ihr vereinfacht sich der Verwaltungsaufwand, in dem eine Datenbankverbindung aufgebaut werden kann, ohne dass vorher eine Konfiguration von Net Service-Namen erforderlich ist. Mit Easy Connect ist das Erstellen einer Datei tnsnames.ora bzw. eine Directory Naming-Konfiguration über einen LDAP-Server nicht erforderlich. Zusätzlich werden Verbindungen zu verschiedenen Instanzen unterstützt, die auf demselben Server laufen.

Easy Connect

Mit Easy Connect geben Sie in der CONNECT-Anweisung neben Benutzernamen und Passwort zusätzlich den Namen oder die IP-Adresse des Datenbankservers, den Listenerport und den Service-Namen an. Die neue Syntax für die CONNECT-Anweisung sieht wie folgt aus:

CONNECT <username>/<passwd>@<host>[:port][/servicename]

Für JDBC-Verbindungen muss vor dem Verbindungsstring ein doppelter Schrägstrich erscheinen.

CONNECT <username>/<passwd>@//<host>[:portl[/servicename]

Wie Sie sehen, muss der Servername immer angegeben werden, die anderen Parameter sind optional. Wird keine Port-Nummer angegeben, dann nimmt Oracle an, dass es sich um den Standard-Port 1521 handelt. Beim Weglassen des Service-Namens versucht Oracle eine Verbindung zu einer Datenbank aufzubauen, die als Service-Name den Servernamen besitzt.

Easy Connect wird bei der Standardinstallation nicht als Benennungsmethode in der Datei sqlnet.ora eingetragen. Sie können den Eintrag mit einem Editor oder über den Oracle Net Manager vornehmen. Der Parameter für die Methode heißt EZCONNECT. Der Eintrag in der Datei sqlnet.ora könnte wie folgt aussehen:

NAMES.DIRECTORY_PATH= (TNSNAMES, EZCONNECT)

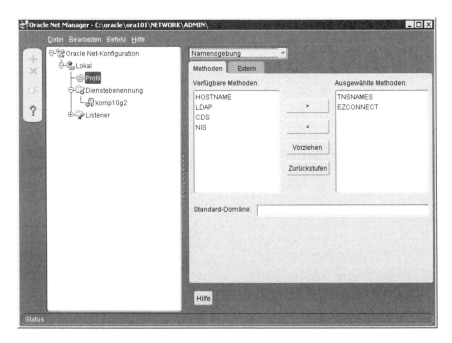

Abbildung 11.2:
Easy Connect mit dem Net Manager konfigurieren

Versuchen Sie anschließend eine Verbindung unter Verwendung von Easy Connect aufzubauen.

```
SQL> CONNECT system/manager@mch1:1532/komp10g
Connect durchgeführt.
```

Intern wandelt Oracle den Connect String in den folgenden Connect Descriptor um, wie Sie ihn aus der Datei tsnames.ora kennen.

```
(DESCRIPTION=
  (ADDRESS=(PROTOCOL=TCP)(HOST=mch1)(PORT=1532))
  (CONNECT_DATA=(SERVICE_NAME=komp10g))
)
```

Für die Verwendung von Easy Connect müssen folgende Voraussetzungen erfüllt sein:

- Das verwendete Protokoll ist sowohl auf dem Server als auch auf dem Client TCP/IP.
- Oracle Net Services muss in der Version 10g auf dem Client installiert sein.

Punkt 2 ist durchaus richtig. Sie können mit Easy Connect auf eine Oracle9i-Datenbank zugreifen, obwohl es dort das Feature nicht gibt. Oracle Net wandelt in dem Fall auf dem Client den Connect String in einen Connect Descriptor um und sendet dieselben Informationen, die normalerweise aus der Datei tsnames.ora *oder dem Internet Directory kommen würden.*

Der Connect String ist damit zwar sehr flexibel – Sie können praktisch jede Datenbank mit den Zusatzinformationen ansprechen –, jedoch auch sehr lang. Es ist außerdem nicht realistisch, dass Benutzer, die mit vielen Datenbanken umgehen, die Port-Nummer und den Service-Namen einer jeden Datenbank kennen.

Easy Connect bietet deshalb die Möglichkeit, einen Alias zu verwenden, ähnlich wie das in der Host Naming-Methode in Oracle9i der Fall war. Damit können Clients wieder den gewohnten Connect String in der Form <username>/<password>@alias verwenden. Die folgenden Schritte beschreiben, wie diese Methode konfiguriert wird.

Easy Connect mit einem Alias einrichten

1. Konfigurieren Sie den Listener, so dass der Service-Name der Datenbank registriert wird. Dafür gibt es zwei Möglichkeiten:

1. Die Datenbank führt normalerweise eine Selbstregistrierung beim Listener durch. Läuft der Listener auf Port 1521 mit dem Protokoll TCP/IP, dann sind keine weiteren Maßnahmen erforderlich. Andernfalls muss der Initialisierungsparameter LOCAL_LISTENER gesetzt werden.

2. Wenn die Datenbank keinen Listener zur Selbstregistrierung findet, dann muss die Datenbank in der SID-Liste der Datei listener.ora mit dem Global Name so wie im folgenden Beispiel eingetragen werden.

   ```
   SID_LIST_LISTENER =
     (SID_LIST =
       (SID_DESC =
         (GLOBAL_NAME = komp10g2.world)
         (ORACLE_HOME = /u01/oracle/product/10.1.0/db_1)
       )
     )
   ```

2. Stellen Sie die Umgebung für die Auflösung des Host-Namens bereit. Dies kann in einem Domain Name Server, einem NIS-System oder in der Datei /etc/hosts geschehen. Wo Sie die Konfiguration vornehmen müssen, hängt von der Art und Weise der Netzwerkkonfiguration ab. Die Konfiguration muss auf dem Client-Computer erfolgen. Verwenden Sie als Alias für den Host einfach den Service-Namen der Datenbank. Die Datei /etc/hosts könnte dann so aussehen:

   ```
   # IP address    host name         alias
   212.1.1.2       mch2.pitcorp.com  komp10g2
   ```

3. Überprüfen Sie, ob die Verbindung funktioniert. Entfernen Sie vorher evtl. Einträge in der Datei tnsnames.ora unter demselben Namen oder verwenden Sie Easy Connect als einzige Benennungsmethode.

   ```
   SQL> CONNECT system/manager@komp10g2
   Connect durchgeführt.
   ```

Für Windows-Betriebssysteme finden Sie die Datei hosts *im Verzeichnis* %SystemRoot%\system32\drivers\etc. *Windows verwendet auch die Datei* lmhosts, *die sich im selben Verzeichnis befindet.* %SystemRoot% *ist in der Regel* c:\winnt.

11.4 Vereinfachte Konfiguration des Oracle LDAP-Servers

In Oracle 10g benötigen Clients keine Konfiguration für die Benutzung des Internet Directory in Form der Datei ldap.ora, so wie das in Oracle9i noch notwendig war. Wenn ein Oracle Internet Directory Server oder ein Microsoft Active Directory beim Domain Name System (DNS) registriert ist, dann sind Clients automatisch in der Lage, den Directory Server zu finden und den Oracle-Standard-Kontext zu benutzen. Eine lokale Konfiguration ist damit nicht mehr erforderlich.

Mit der Version 10g endet die Unterstützung des Oracle Names Servers (ONS). Seine Funktionalität wird durch die Benennungsmethode Directory Naming abgelöst. Der Client holt sich die Verbindungsinformationen aus dem Internet Directory, dem Oracle LDAP-Server.

11.5 Export von Directory Naming Entries

Ebenfalls ein neues Feature ist das Exportieren von Einträgen im LDAP-Server in eine lokale Datei tnsnames.ora. Das Verteilen dieser Datei auf die Clients bietet eine zusätzliche Sicherheit, falls der Directory Server temporär nicht verfügbar ist. Der Export erfolgt mit dem Enterprise Manager.

Die folgenden Schritte beschreiben das Vorgehen:

1. Gehen Sie zur Seite ORACLE NET ADMINISTRATION. Sie erreichen die Seiten über die Startseite (Standardverzeichnis) der Datenbank. Klicken Sie dort auf den Link des Listeners. Klicken Sie auf der Startseite des Listeners auf den Link NET SERVICES ADMINISTRATION. Er befindet sich unten auf der Seite unter der Rubrik ZUGEHÖRIGE LINKS.

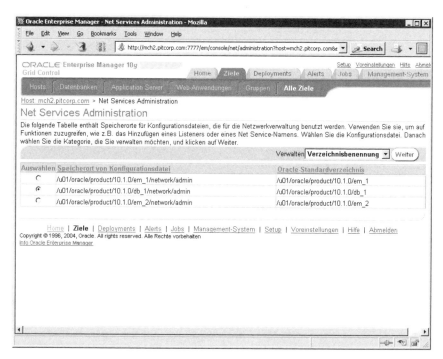

Abbildung 11.3:
Die Oracle-Net-Administrations-Seite

2. Wählen Sie den Speicherort der Konfigurationsdateien sowie den Konfigurationstyp VERZEICHNISBENENNUNG aus der Dropdown-Liste aus und klicken Sie auf WEITER. Geben Sie im nächsten Fenster die bevorzugten ID-Daten des Servers ein.

3. Es erscheint die Login-Seite des Directory Servers. Verwenden Sie einen autorisierten Benutzer oder den Administrator-Account.

4. Klicken Sie auf das Register NET SERVICE NAMES. Wählen Sie in der Sektion SIMPLE SEARCH den Kontext für Net Service Names.

5. Klicken Sie auf den Button TNSNAMES.ORA SPEICHERN.

11.6 Vereinfachung der Shared Server-Konfiguration

Die Shared Server-Konfiguration ist flexibler geworden. Wenn Sie zwei Server-Modelle verwenden, dann können Sie jetzt einfach zwischen dem Shared Server und dem Dedicated Server hin- und herschalten, ohne einen Dispatcher zu starten. Wenn ein Shared Server konfiguriert ist und ein Client sendet eine Verbindungsanforderung zu einem Zeitpunkt, zu dem kein Dispatcher registriert ist, dann stellt Oracle eine dedizierte Verbindung zur Verfügung.

Um sicherzustellen, dass sich die Clients immer zu einem Dispatcher verbinden, muss der Parameter SERVER=SHARED im Connect Descriptor gesetzt werden.

```
KOMP10G2 =
  (DESCRIPTION =
    (ADDRESS_LIST =
      (ADDRESS = (PROTOCOL = TCP)(HOST = mch2.pitcorp.com)(PORT = 1521))
    )
    (CONNECT_DATA =
      (SERVICE_NAME = komp10g2)
      (SERVER=SHARED)
    )
  )
```

Sie können umgekehrt eine dedizierte Verbindung in einer Shared Server-Konfiguration anfordern. Das ist erforderlich, wenn z.B. Batchprozesse gestartet werden sollen, da die Dispatcher mit einer schnellen Folge von SQL-Anweisungen überfordert wären. Auch Administratorsitzungen sollten über dedizierte Verbindungen erfolgen, da nicht alle Befehle über einen Dispatcher ausführbar sind. Setzen Sie für die Anforderung einer dedizierten Verbindung den Parameter SERVER=DEDICATED *im Connect Descriptor. Sie können auch eine globale Einstellung auf dem Client für alle Verbindungen vornehmen. Tragen Sie in diesem Fall die Zeile* USE_DEDICATED_SERVER=ON *in der Datei* sqlnet.ora *ein.*

:-) TIPP

Sie können die Einstellung auch über den Net Manager vornehmen. Markieren Sie im linken Baum PROFIL und wählen Sie ALLGEMEIN aus der Dropdown-Liste aus. Klicken Sie anschließend auf das Register ROUTING.

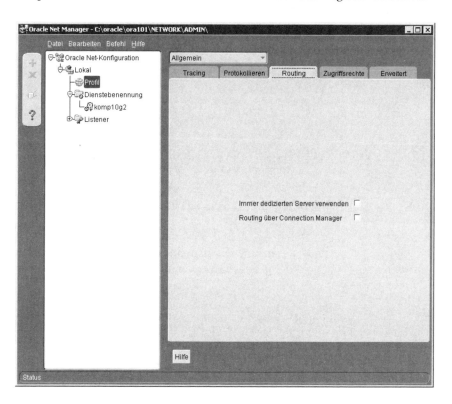

Abbildung 11.4:
Dedizierte Verbindungsoption im Net Agent einstellen

Der Parameter USE_DEDICATED_SERVER=ON *überschreibt alle Werte aus der Datei* tnsnames.ora. *Es wird also immer eine dedizierte Verbindung angefordert.*

11.7 Dynamische Konfiguration des Connection Manager

Der Oracle Connection Manager (OCM) ist grundsätzlich ein Proxy-Server, der in erster Linie zwei Ziele verfolgt, Connection Pooling und Zugriffskontrolle.

In Oracle 10g können Sie jetzt die Konfiguration des Connection Manager ändern, ohne dass ein Neustart erforderlich ist. Die dynamische Änderung der Konfiguration erfolgt mit dem SET-Kommando. Sie können folgenden Parameter ändern:

```
$ cmctl
CMCTL for Linux: Version 10.1.0.2.0 - Production on 08-JUN-2004 11:17:10
Copyright (c) 1996, 2004, Oracle. All rights reserved.
```

Dynamische Konfiguration des Connection Manager   Kapitel 11

```
Willkommen in CMCTL. Geben Sie "help" ein, um Information zu erhalten.
CMCTL> SET
Die folgenden Vorgänge sind nach set verfügbar.
Stern (*) bezeichnet eine Option oder einen erweiterten Befehl:
aso_authentication_filter     connection_statistics
event                         idle_timeout
inbound_connect_timeout       log_directory
log_level                     outbound_connect_timeout
password                      session_timeout
trace_directory               trace_level
```

> !! STOP
>
> *Dynamische Änderungen, die Sie mit dem* SET-*Kommando vornehmen, bleiben nur bis zum Neustart des Connection Manager erhalten. Sie können nicht in der Konfigurationsdatei* cman.ora *gespeichert werden. Einzige Ausnahme ist der* SAVE_PASSWD-*Befehl.*

Die Konfiguration des Connection Manager erfolgt in drei Schritten:

1. Konfiguration des OCM auf dem Server
2. Konfiguration der Clients
3. Zusätzliche Optionen bereitstellen und den OCM aktivieren

Erstellen Sie für die Konfiguration des OCM auf dem Server eine Datei mit dem Namen cman.ora. Diese muss sich im $TNS_ADMIN-Verzeichnis befinden. Ein Beispiel finden Sie in dem folgenden Listing.

```
CMAN_KOMP=
  (CONFIGURATION=
    (ADDRESS=(PROTOCOL=TCP)(HOST=mch2)(PORT=1541))
    (RULE_LIST=
      (RULE=(SRC=212.1.1.13) (DST=mch2) (SRV=*) (ACT=ACCEPT))
    (PARAMETER_LIST=
      (MAX_GATEWAY_PROCESSES=12)
      (MIN_GATEWAY_PROCESSES=2)
      (REMOTE_ADMIN=YES)
    )
  )
)
```

Listing 11.1:
Beispiel einer Konfigurationsdatei cman.ora

Der Name des Connection Manager ist CMAN_KOMP. Er hört auf dem TCP/IP-Port-Nummer 1541. Mit Hilfe des RULE_LIST-Parameters können Sie festlegen, welche Verbindungsversuche akzeptiert oder abgewiesen werden.

Auf dem Client kann ein ganz normaler Connection Descriptor konfiguriert werden, z.B. in der Datei tnsnames.ora. Verwenden Sie dabei die Port-Nummer des Connection Manager, nicht die des Listeners.

```
KOMP10G2 =
  (DESCRIPTION =
    (ADDRESS_LIST =
      (ADDRESS = (PROTOCOL = TCP)(HOST = mch2.pitcorp.com)(PORT = 1541))
    )
    (CONNECT_DATA =
      (SERVICE_NAME = komp10g2)
    )
  )
```

Schließlich muss der Connection Manager noch mit der Datenbank kommunizieren, die er bedienen soll. Ähnlich wie beim Listener erfolgt eine Registrierung des Dienstes der Datenbank. Läuft der Connection Manager auf Port 1521 mit dem Protokoll TCP/IP, dann erfolgt eine automatische Registrierung durch die Datenbank und es ist keine weitere Konfiguration erforderlich.

Andernfalls muss der Initialisierungsparameter REMOTE_LISTENER gesetzt werden, der auf einen Eintrag in der Datei tnsnames.ora verweist.

```
REMOTE_LISTENER=proxy
proxy =
  (ADDRESS = (PROTOCOL = TCP) (HOST = mch2.pitcorp.com) (PORT = 1541))
```

11.8 Certificate Revocation Lists (CRLs)

Oracle Advanced Security unterstützt die Protokolle Secure Socket Layers (SSL) und Transport Layer Security (TSL) für sichere Übertragung. Dabei wird eine Public-Key-Infrastruktur (PKI) für die Berechtigungsprüfung eingesetzt.

Oracle verwendet Certificate Authority (CA) als PKI-Komponente. Dabei handelt es sich um eine unabhängige Komponente, die Zertifizierungen für die Identität von Benutzern vergibt.

Es wird jeweils ein Paar bestehend aus einem Public Key und einem Private Key gebildet. Der Public Key ist frei verfügbar und wird zum Verschlüsseln von Nachrichten verwendet, die nur vom Besitzer des zugehörigen Private Key entschlüsselt werden können.

Mit anderen Worten, das Vergeben eines Zertifikats durch den CA besteht aus der Zuordnung eines Public Key- und Private Key-Paares zur Identität eines Benutzers. Ein Zertifikat behält seine Gültigkeit für eine gewisse Zeit. Bestimmte Ereignisse können ein Zertifikat ungültig machen.

Wenn das geschieht, zieht die CA die Zertifizierung zurück und fügt die Seriennummer zur Certificate Revocation List hinzu. Die CA veröffentlicht CRLs, um die Benutzer darüber zu informieren, dass ein bestimmter Public Key nicht mehr zur Verfügung steht.

Auf der Serverseite werden die Zertifikate der Clients auf Gültigkeits- und Revocation-Status unter Hinzunehmen der CRL geprüft. Wenn die Überprüfung der CRL-Prüfung in der Oracle-10g-Datenbank eingeschaltet ist, dann sucht Oracle nach CRLs im Dateisystem bzw. im Oracle Internet Directory.

Die Certificate Authority spezifiziert den Ort, an dem die CRL publiziert wird. Der Oracle-Server lädt CRLs über HTTP oder LDAP. Die Verarbeitung von Certificate Revocation Lists muss auf der Oracle-Serverseite eingeschaltet werden.

Die CRL-Verarbeitung wird durch Setzen des Parameters SSL_CERT_REVOCATION auf den Wert REQUIRED oder REQUESTED in der Konfigurationsdatei sqlnet.ora eingeschaltet. Das Speichern von CRLs im lokalen Dateisystem oder im Internet Directory erfolgt mit dem Utility orapki. Bedauerlicherweise existiert keine Beschreibung des Werkzeugs, eine kleine Online-Hilfe zur Syntax kann jedoch abgerufen werden.

```
$ orapki crl
crl:
display [-crl [url|filename]] <-wallet [wallet]> <-summary> <-complete>
hash [-crl [url|filename]] <-wallet [wallet]> <-symlink [directory]>
    <-copy [directory]> <-summary>
upload [-crl [url|filename]] [-ldap [host:port]] [-user [user]]
    <-wallet [wallet]> <-summary>
list [-ldap [host:port]]
delete [-issuer [ [issuer]] [-ldap [host:port]] [-user [user]]
    <-wallet [wallet]> <-summary>
help
```

Die Aktivierung von CRLs muss auf dem Server und auf dem Client erfolgen. Selbstverständlich können Sie auch den Net Manager benutzen. Markieren Sie PROFILE im linken Fenster und wählen Sie ORACLE ADVANCED SECURITY aus der Dropdown-Liste. Klicken Sie anschließend auf das Register SSL. Wählen Sie als Konfigurationsziel CLIENT oder SERVER aus.

Die Übersetzung ins Deutsche ist an dieser Stelle nicht hundertprozentig gelungen. Die CRL-Aktivierung finden Sie unter dem Begriff WIDERRUFSPRÜFUNG. In der Dropdown-Liste können Sie ERFORDERLICH (Required) bzw. ANGEFORDERT (Requested) auswählen.

Abbildung 11.5:
CRLs mit dem Net Manager aktivieren

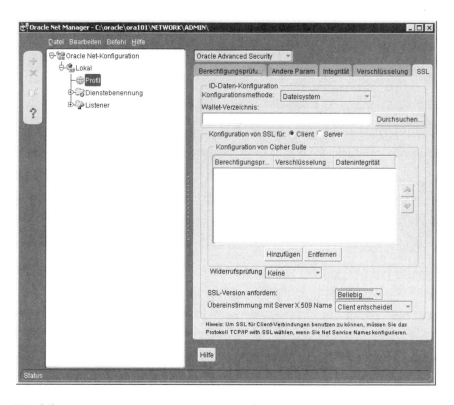

Wird der Parameter SSL_CERT_REVOCATION auf REQUIRED gesetzt, dann wird eine Verbindungsanforderung abgewiesen, wenn keine CRL gefunden wird. REQUESTED bedeutet, dass der CRL-Status geprüft wird, falls eine CRL verfügbar ist. Wird keine CRL gefunden, dann spielt dies bei der Entscheidung über die Zertifikatsvergabe keine Rolle.

TIPP

Speichern Sie CRLs möglichst im Oracle Internet Directory. Das Speichern an einer zentralen Stelle reduziert die Verwaltungskosten pro Benutzer.

11.9 Konfiguration durch den Enterprise Manager

Der Oracle 10g Enterprise Manager Grid Control unterstützt die Konfiguration von Oracle Net Services für ein beliebiges Oracle-Home-Verzeichnis in verschiedenen Dateisystemen. Erinnern Sie sich an die Grundprinzipien von Grid Computing. Das Prinzip »Manage as One« bedeutet eine Zusammenfassung von Zielen in Gruppen. Eine Gruppe kann als ein logisches Objekt administriert werden.

Diese Funktionalität bietet der Enterprise Manager auch für die Netzwerkadministration. Sie können Listener, Benennungsmethoden und Speicherorte für Konfigurationsdateien verwalten.

Klicken Sie auf der Startseite der Datenbank (Standardverzeichnis) auf den Link für den Listener. Es erscheint die Startseite des Listeners. Zur Administrationsseite gelangen Sie über den Link NET SERVICES ADMINISTRATION unter der Sektion ZUGEHÖRIGE LINKS.

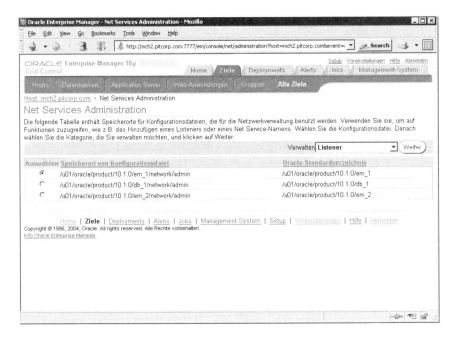

Abbildung 11.6:
Die Seite NET SERVICES ADMINISTRATION im Enterprise Manager

Wählen Sie aus der Dropdown-Liste die Komponente aus, die Sie bearbeiten wollen, und klicken Sie auf WEITER.

Für die gleichzeitige Bearbeitung mehrerer Listener ist es notwendig, diese in einer Gruppe zusammenzufassen. Wählen Sie das Register ZIELE und klicken Sie auf GRUPPEN. Suchen Sie in der Dropdown-Liste HINZUFÜGEN den Eintrag GRUPPE und klicken Sie auf WEITER. Wählen Sie auf der nächsten Seite die Listener aus, die Sie zu einer Gruppe zusammenfassen wollen, und vergeben Sie einen Gruppennamen.

Auf der nächsten Seite können Sie Metriken hinzunehmen. Überprüfen Sie die Konfiguration und klicken Sie auf den Button FERTIG. Die neue Gruppe finden Sie unter den Registern ZIELE und GRUPPEN.

Kapitel 11   Oracle Net Services

Abbildung 11.7:
Die Listener-Konfiguration im Enterprise Manager bearbeiten

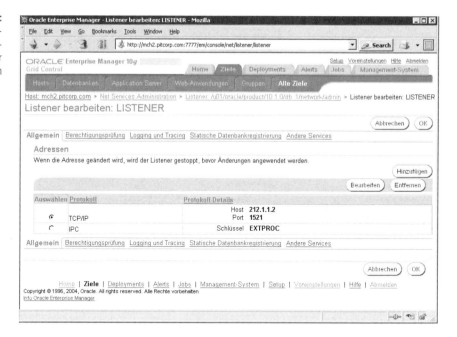

Abbildung 11.8:
Listener für die Gruppenbildung auswählen

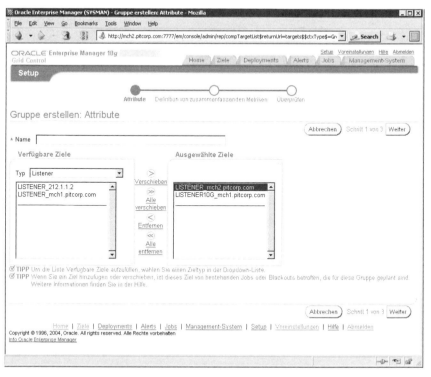

Konfiguration durch den Enterprise Manager Kapitel 11

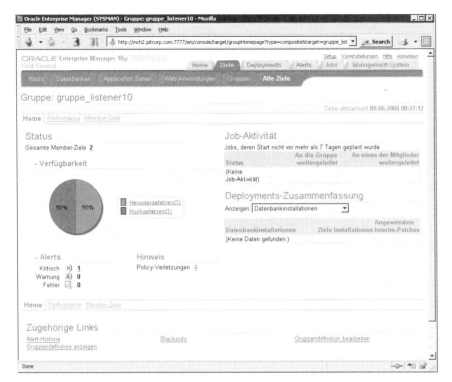

Abbildung 11.9:
Die Startseite einer Listener-Gruppe

12 Data Warehouse und Business Intelligence

Data Warehouse, OLAP und Business Intelligence sind Einsatzgebiete für Datenbanken, die von Oracle von Anfang an unterstützt wurden. Mit der wachsenden Verbreitung von Data Warehouse-Projekten Mitte der neunziger Jahre hat Oracle begonnen, spezielle Features zur Verfügung zu stellen. Jede neue Version enthielt einen nicht unerheblichen Anteil neuer Features.

Dieser Trend setzt sich auch in Oracle 10g fort. Im Einzelnen finden Sie folgende neue Features und Erweiterungen:

- Verbesserungen für Materialized Views
- Verbesserungen bei Query Rewrite
- Das neue Paket DBMS_DIMENSION sowie weitere Verbesserungen im Summary Management
- SQL Tuning und Workload-Verwaltung mit dem SQLAccess Advisor
- Erweiterungen für biometrische Daten
- Vereinfachte Zugriffe für das Data Mining
- Synchrones und asynchrones Change Data Capture (CDC)
- XML-Unterstützung für Analytical Workspace und erweiterte Funktionalität im Bereich OLAP
- Eine neue MODEL-Klausel für effizientere SQL-Abfragen
- Unterstützung von DWH-Datenbanken durch den neuen Enterprise Manager
- Neue Data-Pump-Technologie sowie Verbesserungen für den LogMiner

Diese Übersicht zeigt bereits, dass Data Warehousing nach wie vor ein sehr wichtiges Thema für Oracle ist. Oracle-Datenbanken werden auch in der Zukunft eine maßgebliche Rolle im Data Warehouse-Bereich spielen. Freuen Sie sich auf die vielen neuen Features, mit denen Sie Ihr DWH-Umfeld effizienter und einfacher gestalten können.

Kapitel 12   Data Warehouse und Business Intelligence

TIPP

Das vorliegende Kapitel bezieht sich in den Beispielen auf Beispiel-Schemata, die Oracle mitliefert. Erstellen Sie eine Data Warehouse-Datenbank, in dem Sie im Database Configuration Assistant als Datenbank-Template DATA WAREHOUSE *auswählen und die Installation der* BEISPIEL-SCHEMATA *markieren.*

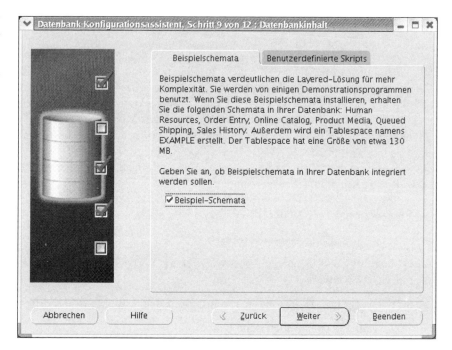

Abbildung 12.1:
BEISPIEL-SCHEMATA bei der Installation einer Data-Warehouse-Datenbank auswählen

12.1 Materialized Views

Materialized Views (MV) sind sehr gut zur Summenbildung im Data-Warehouse-Umfeld geeignet. Summenbildung ist ein sehr wichtiges und komplexes Unterfangen. Sie hat einen bedeutenden Einfluss auf die Performance von DWH-Datenbanken. Inzwischen existieren umfangreiche Regeln und Features zur Unterstützung. All das wird unter dem Begriff *Summary Management* zusammengefasst.

Der Vorteil von Materialized Views gegenüber anderen Lösungen zur Summenbildung liegt in der höheren Transparenz und besseren Performance, da lang laufende Operationen vorberechnet werden.

Bei der Erstellung von Materialized Views können Sie festlegen, ob die Aktualisierung mit der Option ON DEMAND oder mit der Option ON COMMIT erfolgen soll. Im Fall von ON COMMIT wird das MV aktualisiert, wenn die Transaktion mit COMMIT abgeschlossen wird. Damit ist das Materialized View immer aktuell. Wählen Sie ON DEMAND, dann erfolgt die Aktualisierung mit dem Aufruf von Prozeduren des Paketes DBMS_MVIEW.

Oracle 10g stellt speziell optimierte Mechanismen zur Aktualisierung von MVs für Data Warehouse-Datenbanken zur Verfügung. Die Optimierungen werden durch folgende Features erreicht:

- Partition Change Tracking (PCT)
- Fast Refresh für Materialized Views with Joins Only (MJV)
- Unterstützung der Aktualisierung von Nested Materialized Views

Sind die Quelltabellen partitioniert, erfolgt die Aktualisierung des MV nach der Partition Change Tracking-Methode (PCT). In der Regel werden nicht alle Partitionen geändert. Oracle ist dann in der Lage, die Sätze in dem MV zu identifizieren, die von der Aktualisierung betroffen sind. Es muss also nicht das gesamte MV, sondern es müssen nur die betroffenen Sätze aktualisiert werden. PCT existierte bereits in Oracle9*i*, allerdings nur für Range und Range Hash Partitioning. Neu in Oracle 10g ist die Erweiterung auf List Partitioning.

Ein Materialized View muss die folgenden Bedingungen erfüllen, um Partition Change Tracking verwenden zu können:

- Mindestens eine der von MVs referenzierten Tabellen muss partitioniert sein.
- Partitionierte Tabellen müssen Range Partitioning oder List Partitioning verwenden.
- Der oberste Partitionsschlüssel darf nur aus einer einzelnen Spalte bestehen.
- Änderung dürfen ausschließlich in der partitionierten Tabelle erfolgen.
- Der Initialisierungsparameter COMPATIBLE muss auf 9.0 oder höher gesetzt sein.
- PCT unterstützt keine Materialized Views, die auf Views oder Tabellen in anderen Datenbanken verweisen bzw. Outer Joins verwenden.
- PCT unterstützt keine UNION ALL-Optionen.

Das folgende Beispiel erfüllt die Voraussetzungen für Partition Change Tracking. Nehmen wir an, das MV referenziert die folgende partitionierte Tabelle.

Kapitel 12 Data Warehouse und Business Intelligence

Listing 12.1:
Eine partitionierte Tabelle für Partition Change Tracking erstellen

```
SQL> CREATE TABLE sales (
  2   customer_id   NUMBER,
  3   time_id       NUMBER,
  4   month         NUMBER(2),
  5   amount        NUMBER(8,2))
  6   PARTITION BY LIST (month) (
  7   PARTITION month1 VALUES (1,2,3),
  8   PARTITION month2 VALUES (4,5,6),
  9   PARTITION month3 VALUES (7,8,9),
 10   PARTITION month4 VALUES (10,11,12),
 11   PARTITION invalid VALUES (DEFAULT));
Tabelle wurde erstellt.
```

Ein Materialized View wurde mit der folgenden Anweisung erstellt. Dabei ist es erforderlich, zuerst ein Materialized View Log zu erstellen.

Listing 12.2:
Ein Materialized View erstellen

```
SQL> CREATE MATERIALIZED VIEW LOG
  2   ON komp10g.sales
  3   TABLESPACE users
  4   WITH ROWID(MONTH),
  5   SEQUENCE INCLUDING NEW VALUES;
Log von Materialized View wurde erstellt.
SQL> CREATE MATERIALIZED VIEW sales_sum
  2   REFRESH FAST ON DEMAND
  3   ENABLE QUERY REWRITE
  4   AS
  5   SELECT month, count(*) AS deals
  6   FROM sales
  7   GROUP BY month;
Materialized View wurde erstellt.
```

> **TIPP**
>
> Sie können auch den neuen Enterprise Manager für die Verwaltung von Materialized Views verwenden. Zwar steht die Java-Konsole ebenfalls noch für die Administration zur Verfügung, jedoch überwiegend aus Kompatibilitätsgründen. Sie wird in späteren Versionen nicht mehr ausgeliefert werden.

An dieser Stelle stellt sich die Frage, wie man feststellen kann, ob die Aktualisierung des Materialized Views tatsächlich Partition Change Tracking verwendet. Der Enterprise Manager besitzt eine sehr gute Übersichtsseite der aktivierten Features von Materialized Views.

Klicken Sie auf der Startseite (Standardverzeichnis) der Datenbank auf den Link für das Register ADMINISTRATION. Unter der Rubrik WAREHOUSE finden Sie den Link MATERIALIZED VIEWS. Damit gelangen Sie zur Seite MATERIALIZED VIEWS. Dort können Sie MVs selektieren und bearbeiten. Klicken Sie jetzt auf das MV, das Sie bearbeiten wollen.

Materialized Views   Kapitel 12

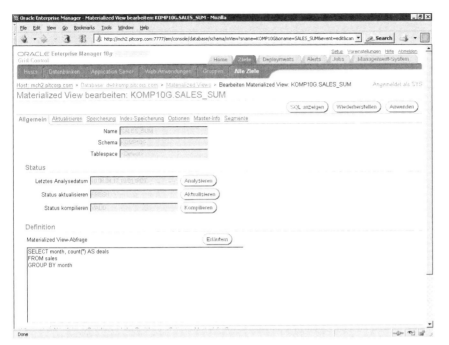

Abbildung 12.2:
Ein Materialized View im Enterprise Manager bearbeiten

Klicken Sie auf den Button ERLÄUTERN. Es erscheint eine Seite mit allen Refresh-Optionen. Hier sehen Sie u.a., ob PCT aktiviert ist.

Abbildung 12.3:
Die Aktualisierungsoptionen für Materialized Views

Bisher unterstützte die Fast-Refresh-Methode nicht Materialized Views with Joins Only. In Oracle 10g ist das möglich. Es gibt jedoch noch die folgenden Einschränkungen:

- Das MV darf keine GROUP BY-Klausel enthalten.
- Wenn die WHERE-Klausel einen Outer Join enthält, dann muss ein UNIQUE CONTRAINT für die Vereinigungsbedingung des Inner Join existieren.
- Wenn Outer Joins verwendet werden, darf die WHERE-Klausel keine Selektionen mehr enthalten. Außerdem müssen alle JOIN-Bedingungen mit »AND« verknüpft werden und den Gleichheitsoperator verwenden.
- Die Row-IDs aller Tabellen müssen in der SELECT-Liste der SQL-Abfrage auftauchen.
- Es müssen Materialized View Logs mit Row-IDs für alle Tabellen existieren.

Wenn Sie vor Oracle 10g Aktualisierungen von Materialized Views mit dem Paket DBMS_MVIEW durchgeführt haben, dann erfolgte nur eine Aktualisierung der ersten Stufe. Mit anderen Worten, wenn sich das MV auf andere MVs bezog, dann wurden diese nicht mit aktualisiert. Solche Konstruktionen werden als *Nested Materialized Views* bezeichnet.

In Oracle 10g hat Oracle den Aktualisierungsmechanismus geändert. Alle einem Nested MV unterliegenden MVs werden zuerst in der Reihenfolge der Abhängigkeiten aktualisiert. Danach erfolgt die Aktualisierung des Nested MV.

12.2 Query Rewrite

Query Rewrite, ins Deutsche auch mit »Neuschreiben der Abfrage« übersetzt, stand bereits in früheren Oracle-Versionen zur Verfügung. Das Feature ist einer der wesentlichsten Vorteile bei der Verwendung von Materialized Views. Es ermöglicht die Umwandlung von SQL-Abfragen unter Einbeziehung der Summenbildung in Form von Materialized Views.

Stellt der Benutzer eine SQL-Abfrage an eine Detail-Tabelle, dann prüft Query Rewrite, ob die Abfrage unter Einbeziehung kumulativer Tabellen und Materialized Views umgewandelt werden kann.

In Oracle 10g wurden die Möglichkeiten für den Einsatz von Query Rewrite wesentlich erweitert. War das Feature in den früheren Versionen im Wesentlichen auf einzelne MVs beschränkt, dann können jetzt mehrere MVs und Basistabellen eingebunden werden. Das Ergebnis ist, dass viel mehr SQL-Abfragen in den Genuss kommen, dieses Feature nutzen zu können.

Query Rewrite

Für die Benutzung von Query Rewrite müssen die folgenden Voraussetzungen erfüllt sein:

➤ Query Rewrite muss in der Datenbank aktiviert sein. Das erfolgt mit Hilfe des Initialisierungsparameters QUERY_REWRITE_ENABLED. Setzen Sie zur Aktivierung den Parameter auf den Wert TRUE.

➤ Aktivieren Sie das Materialized View für Query Rewrite. Das wird normalerweise beim Erstellen des MV als Option angegeben. Sie können auch im Nachhinein Query Rewrite mit dem folgenden Befehl aktivieren:

```
SQL> ALTER MATERIALIZED VIEW
  2  komp10g.sales_sum
  3  ENABLE QUERY REWRITE;
Materialized View wurde geändert.
```

Diese Einstellungsoptionen erscheinen auf den ersten Blick recht strikt. Bedenken Sie jedoch, das Query Rewrite in der Regel nur in Data-Warehouse-Datenbanken erwünscht ist. Für OLTP-Datenbanken soll das Feature möglichst vermieden werden. Auch kommt es in der Praxis nicht selten vor, dass sich operative und Data-Warehouse-Daten (oder Data Marts) in ein und derselben Datenbank befinden.

Wie lässt sich nun feststellen, ob Query Rewrite für eine SQL-Abfrage funktioniert? Am einfachsten ist es, den Explain-Plan zu überprüfen.

```
SQL> EXPLAIN PLAN FOR
  2  SELECT month, count(*)
  3  FROM komp10g.sales
  4  WHERE month=6
  5  GROUP BY month;
EXPLAIN PLAN ausgeführt.
SQL> @utlxpls
PLAN_TABLE_OUTPUT
--------------------------------------------------------
Plan hash value: 3152709736
--------------------------------------------------------
| Id  | Operation                   | Name      | Rows  | Bytes | Cost (%CPU)| Time     |
--------------------------------------------------------
|   0 | SELECT STATEMENT            |           |     1 |    26 |     2   (0)| 00:00:01 |
|*  1 |  MAT_VIEW REWRITE ACCESS FULL| SALES_SUM |     1 |    26 |     2   (0)| 00:00:01 |
--------------------------------------------------------

Predicate Information (identified by operation id):
--------------------------------------------------
```

```
PLAN_TABLE_OUTPUT
-----------------------------------------------    ---------
   1 - filter("SALES_SUM"."MONTH"=6)
```

Mit dem Explain-Plan können Sie zwar feststellen, ob Query Rewrite funktioniert oder nicht, es ist jedoch unter Umständen schwierig herauszufinden, weshalb Query Rewrite nicht verwendet wird. Im Paket DBMS_MVIEW gibt es die Prozedur EXPLAIN_REWRITE, die Ihnen weitere Informationen liefert.

Legen Sie vor Benutzung der Prozedur EXPLAIN_REWRITE *die Tabelle* EXPLAIN_REWRITE *an. Verwenden Sie das Skript* utlxrw.sql, *das Sie im Verzeichnis* $ORACLE_HOME/rdbms/admin *finden.*

```
SQL> EXEC dbms_mview.explain_rewrite('SELECT month, count(*)
   FROM komp10g.sales WHERE month=3 GROUP BY month');
PL/SQL-Prozedur wurde erfolgreich abgeschlossen.
SQL> SELECT message FROM rewrite_table;
MESSAGE
---------------------------------------------------------
QSM-01026: Neuschreiben von Abfrage ist deaktiviert für SALES_SUM
...
```

In der Tabelle REWRITE_TABLE wurden in Oracle 10g folgende neue Spalten hinzugefügt:

- mv_in_msg: Der Name des Materialized Views
- measure_in_msg: Der Spaltenname des betroffenen Wertes
- join_back_tbl: Der Name der Tabelle, für die ein Join Back ausgeführt wurde
- original_cost: Kosten der SQL-Abfrage ohne Rewrite
- rewritten_cost: Kosten der SQL-Abfrage nach dem Rewrite

Funktioniert das Query Rewrite nicht, dann wird häufig gewünscht, dass die Ausführung der SQL-Abfrage abgebrochen wird. Abfragen im Data Warehouse laufen dann nicht selten mehrere Stunden und belasten die Systemressourcen. Viele Abfragen laufen nicht unter ständiger Aufsicht der Benutzer, sondern mehr oder weniger im Hintergrund. Da kommt es schon vor, dass eine Abfrage mehrere Stunden läuft und dann abgebrochen wird. Ein sofortiger Abbruch hilft, Systemressourcen zu sparen.

In Oracle 10g können Sie den Hint rewrite_or_error verwenden. Oracle bricht die Ausführung der SQL-Abfrage ab und liefert den Fehler ORA-30393 zurück, wenn Query Rewrite nicht erfolgreich war.

Query Rewrite

Kapitel 12

```
SQL> SELECT /*+ REWRITE_OR_ERROR */ month, count(*)
  2  FROM sales
  3  GROUP BY month;
FROM sales
     *
FEHLER in Zeile 2:
ORA-30393: Ein Abfrageblock in der Anweisung wurde nicht neu geschrieben
```

Danach können Sie die Prozedur DBMS_MVIEW.EXPLAIN_REWRITE verwenden und die Ursache erforschen.

In Oracle9*i* bestand das Problem, dass der Parameter für den SQL-Text in der Prozedur DBMS_MVIEW.EXPLAIN_REWRITE nicht größer als 32 Kbyte sein durfte. In Oracle 10g können Sie den Abfragetext als CLOB übergeben. Der Datentyp CLOB kann bis zu 4 Gbyte groß werden.

Eine Ranking-Funktion vergleicht den Rang von Datensätzen auf der Basis von Werten oder Prozentsätzen der Maße. Die Standardsortierung in RANK() ist aufsteigend (ASC). Das Schlüsselwort ASC kann also weggelassen werden. Oracle 10g führt auch ein Query Rewrite durch, wenn das Materialized View mit dem Schlüsselwort und die SQL-Abfrage ohne das Schlüsselwort geschrieben ist und umgekehrt.

Allgemein lässt sich sagen, dass in Oracle 10g die SQL-Abfrage und das Materialized View in den Textpassagen nicht identisch sein müssen, damit Query Rewrite funktioniert.

Normalerweise werden im beschreibenden Text eines Materialized Views die Spaltennamen identisch zu den Spaltennamen der referenzierten Tabellen gewählt. Konflikte werden durch Vergabe von Aliasnamen gelöst.

Die Verwendung von Aliasnamen hat jedoch Konsequenzen. So kann das Feature Full Text Match Rewrite nicht verwendet werden. Full Text Match Rewrite bedeutet, dass ein Query Rewrite dann stattfindet, wenn der Text des Materialized Views und der SQL-Abfrage identisch sind.

In Oracle 10g wurde deshalb die Syntax für den CREATE MATERIALIZED VIEW-Befehl erweitert. Wenn Sie eine Alias-Liste angeben, dann werden die Namenskonflikte gelöst, ohne dass Aliasnamen in der SELECT-Liste des MV verwendet werden müssen. Im folgenden Beispiel wird eine Alias-Liste verwendet:

```
SQL> CREATE MATERIALIZED VIEW sales_prod_sum
(sales_time, prod_time)
ENABLE QUERY REWRITE
AS
SELECT a.time, b.time
```

```
FROM sales a, product b
WHERE a.product_id = b.product_id;
Materialized View wurde erstellt.
```

12.3 Summary Management

Neben Query Rewrite gibt es weitere Neuerungen im Bereich Summary Management. So gibt es in Oracle 10g Verbesserungen für die Wartung von Partitionen. Für ein partitioniertes Materialized View sind jetzt folgende Operationen zulässig:

- DROP PARTITION
- TRUNCATE PARTITION
- EXCHANGE PARTITION

Damit ist es nicht länger notwendig, ALTER TABLE-Anweisungen auf der Tabelle auszuführen, die das Materialized View enthält.

Der Explain-Plan für Materialized Views wurde verändert. Das betrifft sowohl die Tabelle PLAN_TABLE als auch das View V$SQL_PLAN. Es wird der MV-Typ anstelle des Tabellen-Typs angezeigt. Außerdem sehen Sie die Benutzung des MV als ein Ergebnis von Query Rewrite.

```
SQL> EXPLAIN PLAN FOR
  2  SELECT month, count(*)
  3  FROM sales
  4  GROUP BY month;
EXPLAIN PLAN ausgeführt.
PLAN_TABLE_OUTPUT
---------------------------------------------------------
Plan hash value: 3152709736
---------------------------------------------------------
| Id  | Operation                    | Name      | Rows  | Bytes | Cost (%CPU)| Time     |
---------------------------------------------------------
|   0 | SELECT STATEMENT             |           |    12 |    84 |     2   (0)| 00:00:01 |
|   1 |  MAT_VIEW REWRITE ACCESS FULL| SALES_SUM |    12 |    84 |     2   (0)| 00:00:01 |
---------------------------------------------------------
```

Ein Materialized View Log ist mit der Quelltabelle eines MV verbunden. Darin werden Informationen des MV gespeichert. Die Anweisung ALTER MATRERIALIZED VIEW LOG ADD hat stets Fehler gebracht, wenn die entsprechende Option bereits spezifiziert war. Mit der neuen FORCE-Option wird der Fehler ignoriert und die neuen Spezifikationen werden übernommen.

```
SQL> ALTER MATERIALIZED VIEW LOG ON sales
  2  ADD (month);
ALTER MATERIALIZED VIEW LOG ON sales
*
FEHLER in Zeile 1:
ORA-12027: Filterspalte doppelt vorhanden
SQL> ALTER MATERIALIZED VIEW LOG FORCE
  2  ON sales
  3  ADD (month);
Log von Materialized View wurde geändert.
```

Es war immer recht aufwendig, Dimension Tables zu beschreiben. In Oracle 10g gibt es eine große Erleichterung in Form des Paketes DBMS_DIMENSION. Verwenden Sie die Prozedur DESCRIBE_DIMENSION, wenn Sie eine Beschreibung wünschen. Mit der Prozedur VALIDATE_DIMENSION können Sie eine Überprüfung durchführen.

```
SQL> SET SERVEROUTPUT ON SIZE 1000000
 SQL> BEGIN
  2  DBMS_DIMENSION.DESCRIBE_DIMENSION ('sh.customers_dim');
  3  END;
  4  /
DIMENSION SH.CUSTOMERS_DIM
LEVEL CITY IS SH.CUSTOMERS.CUST_CITY_ID
LEVEL COUNTRY IS SH.COUNTRIES.COUNTRY_ID
LEVEL CUSTOMER IS SH.CUSTOMERS.CUST_ID
LEVEL CUST_TOTAL IS SH.CUSTOMERS.CUST_TOTAL_ID
LEVEL GEOG_TOTAL IS SH.COUNTRIES.COUNTRY_TOTAL_ID
LEVEL REGION IS SH.COUNTRIES.COUNTRY_REGION_ID
LEVEL STATE IS SH.CUSTOMERS.CUST_STATE_PROVINCE_ID
LEVEL SUBREGION IS SH.COUNTRIES.COUNTRY_SUBREGION_ID
HIERARCHY CUST_ROLLUP (
CUSTOMER CHILD OF
CITY CHILD OF
STATE CHILD OF
CUST_TOTAL
)
HIERARCHY GEOG_ROLLUP (
CUSTOMER CHILD OF
CITY CHILD OF
STATE CHILD OF
COUNTRY CHILD OF
SUBREGION CHILD OF
REGION CHILD OF
GEOG_TOTAL
JOIN KEY SH.CUSTOMERS.COUNTRY_ID REFERENCES COUNTRY
)
ATTRIBUTE CITY LEVEL CITY DETERMINES SH.CUSTOMERS.CUST_CITY
ATTRIBUTE COUNTRY LEVEL COUNTRY DETERMINES SH.COUNTRIES.COUNTRY_ISO_CODE
```

```
ATTRIBUTE COUNTRY LEVEL COUNTRY DETERMINES SH.COUNTRIES.COUNTRY_NAME
ATTRIBUTE CUSTOMER LEVEL CUSTOMER DETERMINES SH.CUSTOMERS.CUST_CREDIT_LIMIT
ATTRIBUTE CUSTOMER LEVEL CUSTOMER DETERMINES SH.CUSTOMERS.CUST_EMAIL
ATTRIBUTE CUSTOMER LEVEL CUSTOMER DETERMINES SH.CUSTOMERS.CUST_FIRST_NAME
ATTRIBUTE CUSTOMER LEVEL CUSTOMER DETERMINES SH.CUSTOMERS.CUST_GENDER
ATTRIBUTE CUSTOMER LEVEL CUSTOMER DETERMINES SH.CUSTOMERS.CUST_INCOME_LEVEL
ATTRIBUTE CUSTOMER LEVEL CUSTOMER DETERMINES SH.CUSTOMERS.CUST_LAST_NAME
ATTRIBUTE CUSTOMER LEVEL CUSTOMER DETERMINES SH.CUSTOMERS.CUST_MAIN_PHONE_NUM
BER
ATTRIBUTE CUSTOMER LEVEL CUSTOMER DETERMINES SH.CUSTOMERS.CUST_MARITAL_STATUS
ATTRIBUTE CUSTOMER LEVEL CUSTOMER DETERMINES SH.CUSTOMERS.CUST_POSTAL_CODE
ATTRIBUTE CUSTOMER LEVEL CUSTOMER DETERMINES SH.CUSTOMERS.CUST_STREET_ADDRESS
ATTRIBUTE CUSTOMER LEVEL CUSTOMER DETERMINES SH.CUSTOMERS.CUST_YEAR_OF_BIRTH
ATTRIBUTE CUST_TOTAL LEVEL CUST_TOTAL DETERMINES SH.CUSTOMERS.CUST_TOTAL
ATTRIBUTE GEOG_TOTAL LEVEL GEOG_TOTAL DETERMINES SH.COUNTRIES.COUNTRY_TOTAL
ATTRIBUTE REGION LEVEL REGION DETERMINES SH.COUNTRIES.COUNTRY_REGION
ATTRIBUTE STATE LEVEL STATE DETERMINES SH.CUSTOMERS.CUST_STATE_PROVINCE
ATTRIBUTE SUBREGION LEVEL SUBREGION DETERMINES SH.COUNTRIES.COUNTRY_SUBREGION
PL/SQL-Prozedur wurde erfolgreich abgeschlossen.
```

Alternativ können Sie den Enterprise Manager verwenden. Wählen Sie auf der Startseite der Datenbank das Register ADMINISTRATION. Unter der Rubrik WAREHOUSE finden Sie den Link DIMENSIONEN. Damit gelangen Sie zur Übersichtsseite. Wenn Sie die Dimension markiert haben, können Sie in der Dropdown-Liste zwischen den Aktionen DEPENDENCYS ANZEIGEN und DDL GENERIEREN wählen.

12.4 Der SQLAccess Advisor

Mit Oracle9i wurde begonnen, Advisory-Funktionalität, insbesondere für Data-Warehouse-Datenbanken einzuführen. Das Ziel war die Erstellung und Bewertung von Materialized Views für das Summary Management. Das Produkt nennt sich *Oracle9i Summary Advisor* und besteht aus einer Reihe von Funktionen und Prozeduren.

Oracle 10g wartet mit einem neuen Produkt unter dem Namen *SQLAccess Advisor* auf. Sein Ziel besteht ebenfalls in der Verbesserung der Performance. Er gibt Empfehlungen für Materialized Views, Materialized View Logs und Indexe, bezogen auf einen spezifischen Workload.

Und darin liegt die Verbesserung gegenüber dem Summary Advisor. Empfehlungen, die auf einen bestimmten Workload aufsetzen, sind wesentlich praxisnäher und hilfreicher.

Der SQLAccess Advisor

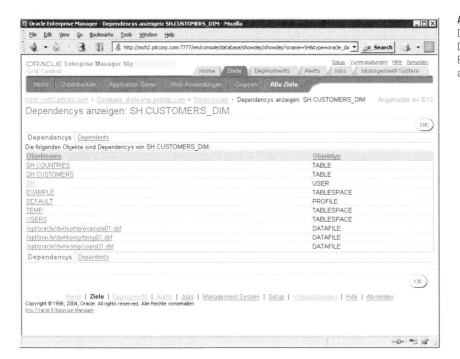

Abbildung 12.4:
Dependencys für Dimensionen im Enterprise Manager anzeigen

Abbildung 12.5:
DDL für eine Dimension erzeugen

Dabei empfiehlt er sowohl B-Tree- als auch Bitmap-Indexe. Der SQLAccess Advisor kann entweder Indexe oder Materialized Views oder beides in seine Analysen einbeziehen.

Der Oracle 10g SQLAccess Advisor ersetzt den Oracle9i Summary Advisor mit erweiterter Funktionalität. Er spricht Empfehlungen unter der Berücksichtigung von Workload-Situationen aus. Zur Nutzung der Funktionalität des SQLAccess Advisors benötigen Sie das Systemprivileg ADVISOR.

Der SQLAccess Advisor führt einen Prozess aus, der aus vier Phasen besteht:

- einen Task erstellen
- den Workload festlegen
- Empfehlungen erstellen
- Empfehlungen implementieren

Sie können das Paket DBMS_ADVISOR *oder den Oracle Enterprise Manager für den SQLAccess Advisor verwenden. Beachten Sie jedoch, dass der Wizard im Enterprise Manager nicht den vollen Funktionsumfang bietet.*

Das Erstellen einer Aufgabe erfolgt mit der Prozedur CREATE_TASK. Der Advisor erstellt den Task und vergibt eine Task-ID.

Listing 12.3:
Einen Task für den SQLAccess Advisor erstellen

```
SQL> DECLARE
  2    task_id NUMBER;
  3    task_name VARCHAR2(255);
  4  BEGIN
  5    task_name := 'Kompendium DWH 2';
  6    DBMS_ADVISOR.CREATE_TASK('SQL Access Advisor', :task_id, :task_name);
  7    DBMS_OUTPUT.PUT_LINE(:task_id);
  8  END;
  9  /
14
PL/SQL-Prozedur wurde erfolgreich abgeschlossen.
```

Merken Sie sich an dieser Stelle die Task-ID. Mit deren Hilfe wird es einfacher, den Task anzusprechen.

Der Workload ist eine wichtige Eingangsgröße für den Advisor. Der Workload wird als *Full Workload* bezeichnet, wenn sich alle SQL-Anweisungen der Anwendungen im Workload befinden. Fehlen Anweisungen, dann handelt es sich um einen *Partial Workload*.

Der SQLAccess Advisor

Starten Sie den SQLAccess Advisor möglichst nur mit einem Full Workload. Ein Partial Workload liefert nie die kompletten Empfehlungen. So wird der Advisor vorschlagen, Indexe oder Materialized Views zu löschen, wenn entsprechende SQL-Anweisungen fehlen.

TIPP

Für die Definition des Workloads gibt es mehrere Optionen. Der SQLAccess Advisor kann den Workload aus den folgenden Quellen beziehen:

- SQL Tuning Set
- Laden eines benutzerdefinierten Workloads
- Laden des SQL Cache
- Benutzung eines hypothetischen Workloads
- Workload des Oracle9*i* Summary Advisors

Im folgenden Beispiel wird der Workload aus dem SQL Cache geladen.

```
SQL> SET SERVEROUTPUT ON
SQL> DECLARE
  2    saved_statements NUMBER;
  3    failed_statements NUMBER;
  4  BEGIN
  5  DBMS_ADVISOR.IMPORT_SQLWKLD_SQLCACHE('TYPICAL', 'APPEND', 2,
:saved_statements, :failed_statements);
  6  DBMS_OUTPUT.PUT_LINE('Saved: '||TO_CHAR(:saved_statements));
  7  DBMS_OUTPUT.PUT_LINE('Failed: '||TO_CHAR(:failed_statements));
  8  END;
  9  /
Saved: 25
Failed: 29
PL/SQL-Prozedur wurde erfolgreich abgeschlossen.
```

Listing 12.4: Den Workload für den SQLAccess Advisor laden

Die nächste Phase besteht in der Erstellung der Empfehlungen.

```
EXEC DBMS_ADVISOR.EXECUTE_TASK('Kompendium DWH 2');
PL/SQL-Prozedur wurde erfolgreich abgeschlossen.
```

Für die Auswertung können Sie das View USER_ADVISOR_RECOMMENDATIONS abfragen. Sie erhalten eine Recommendation-ID. Sortieren Sie die Empfehlungen nach der Spalte BENEFIT. Das hilft Ihnen, sich auf die profitabelsten Empfehlungen zu konzentrieren.

```
SQL> SELECT rec_id, rank, benefit
  2  FROM user_advisor_recommendations
  3  WHERE task_name = 'Kompendium DWH 2'
  4  ORDER BY benefit DESC;
    REC_ID      RANK     BENEFIT
```

Listing 12.5: Ausgabe der Empfehlungen nach Benefit

Kapitel 12 Data Warehouse und Business Intelligence

```
         4          3        128
         5          4          5
         6          5          2
         7          6          1
         1          1          0
         9          7          0
         8          7          0
         3          2          0
         2          2          0
9 Zeilen ausgewählt.
```

Sie können ebenfalls herausfinden, welche SQL-Abfrage den größten Vorteil (Benefit) von der Umsetzung einer Empfehlung genießt. Führen Sie dazu die Abfrage aus Listing 12.6 aus.

Listing 12.6:
SQL-Anweisungen ermitteln, die am besten von der Umsetzung der Empfehlung profitieren

```
SQL> SELECT sql_id, rec_id, precost, postcost,
  2  (precost-postcost)*100/precost AS perc_benefit
  3  FROM user_advisor_sqla_wk_stmts
  4  WHERE task_name = 'Kompendium DWH 2'
  5  ORDER BY perc_benefit DESC;
    SQL_ID     REC_ID    PRECOST   POSTCOST PERC_BENEFIT
---------- ---------- ---------- ---------- ------------
        80          4        134          6   95,5223881
        84          5          7          2   71,4285714
        86          7          4          3           25
        83          6         16         14         12,5
```

Mit der folgenden Abfrage können Sie sich den Benutzernamen und die SQL-Anweisung von Empfehlung 4 anzeigen lassen.

```
SQL> SELECT username, sql_text
  2  FROM user_advisor_sqla_wk_stmts
  3  WHERE sql_id = 80;
USERNAME                  SQL_TEXT
------------------------  -------------------------------
SYS                       select count(*) from
                          komp10g.sales
```

Schließlich möchten wir noch erfahren, welche Empfehlung der SQLAccess Advisor ausgesprochen hat. Hierzu benötigen Sie eine etwas komplexere Abfrage. In Listing 12.7 finden Sie eine Prozedur, mit deren Hilfe die Abfrage ausgeführt werden kann.

Listing 12.7:
Prozedur zur Anzeige von Empfehlungen

```
SQL> CREATE OR REPLACE PROCEDURE list_recom
  2  (p_task_name IN VARCHAR2, p_rec_id IN NUMBER) AS
  3  CURSOR c IS
  4    SELECT DISTINCT action_id, command, attr1, attr2, attr3, attr4
  5    FROM user_advisor_actions
```

```
 6    WHERE task_name = p_task_name
 7    AND rec_id = p_rec_id
 8    ORDER BY action_id;
 9    v_action    NUMBER;
10    v_command   VARCHAR2(32);
11    v_attr1     VARCHAR2(4000);
12    v_attr2     VARCHAR2(4000);
13    v_attr3     VARCHAR2(4000);
14    v_attr4     VARCHAR2(4000);
15  BEGIN
16    OPEN c;
17    DBMS_OUTPUT.PUT_LINE('Task: '|| p_task_name);
18    LOOP
19      FETCH c INTO v_action, v_command, v_attr1, v_attr2, v_attr3, v_attr4;
20      IF c%NOTFOUND THEN
21         EXIT;
22      END IF;
23      DBMS_OUTPUT.PUT_LINE('Action-ID:  ' || v_action);
24      DBMS_OUTPUT.PUT_LINE('Command:    ' || v_command);
25      DBMS_OUTPUT.PUT_LINE(SUBSTR(v_attr1,1,40));
26      DBMS_OUTPUT.PUT_LINE(SUBSTR(v_attr2,1,40));
27      DBMS_OUTPUT.PUT_LINE(SUBSTR(v_attr3,1,40));
28      DBMS_OUTPUT.PUT_LINE(SUBSTR(v_attr4,1,40));
29    END LOOP;
30    CLOSE c;
31  END;
32  /
Prozedur wurde angelegt.
```

Testen Sie die Prozedur mit dem kürzlich erstellten Task und der zugehörigen Empfehlungsnummer.

```
SQL> EXEC list_recom('Kompendium DWH 2', 4);
Task: DWH
Action-ID:  5
CREATE MATERIALIZED VIEW LOG
"KOMP1OG"."SALES"
ROWID, SEQUENCE
INCLUDING NEW VALUES
Action-ID:  7
CREATE MATERIALIZED VIEW
"SYS"."MV$$_001E0000"
REFRESH FAST WITH ROWID
ENABLE QUERY REWRITE
Action-ID:  8
GATHER TABLE STATISTICS
"SYS"."MV$$_001E0000"
PL/SQL-Prozedur wurde erfolgreich abgeschlossen.
```

Wie Sie sehen, besteht eine Empfehlung aus mehreren Aktionen. Jede Aktion besitzt eine Aktions-ID.

Die letzte Phase ist die Umsetzung der Empfehlungen. Zwar könnten Sie im vorliegenden Fall die Empfehlungen einfach mit »Copy and Paste« nach SQL*Plus kopieren und ausführen, bedenken Sie jedoch, dass Empfehlungen durchaus komplexer Natur sein können.

Oracle stellt deshalb eine Prozedur zur Verfügung, mit deren Hilfe Sie SQL-Dateien generieren können. Die Prozedur heißt CREATE_FILE und befindet sich im Paket DBMS_ADVISOR.

Das Skript wird ins Dateisystem geschrieben, das heißt, Sie müssen vorher ein Directory erstellen.

```
SQL> CREATE DIRECTORY advisor AS '/home/oracle/adv';
Verzeichnis wurde erstellt.
SQL> GRANT READ ON DIRECTORY advisor TO PUBLIC;
Benutzerzugriff (Grant) wurde erteilt.
SQL> GRANT WRITE ON DIRECTORY advisor TO PUBLIC;
Benutzerzugriff (Grant) wurde erteilt.
SQL> EXEC DBMS_ADVISOR.CREATE_FILE (DBMS_ADVISOR.GET_TASK_SCRIPT('DWH'),
'ADVISOR', 'adw_dwh.sql');
PL/SQL-Prozedur wurde erfolgreich abgeschlossen.
```

Sie erhalten ein komplettes SQL-Skript, das Sie bearbeiten und ausführen können. Unter anderem finden Sie Empfehlung 4 wieder.

```
Rem  SQL Access Advisor: Version 10.1.0.1 - Production
Rem
Rem  Benutzername:      SYS
Rem  Task:              Kompendium DWH 2
Rem  Ausführungsdatum:  11/06/2004 16:33
Rem
set feedback 1
set linesize 80
set trimspool on
set tab off
set pagesize 60
whenever sqlerror CONTINUE
CREATE MATERIALIZED VIEW LOG ON
    "XDB"."XDB$ROOT_INFO"
    WITH ROWID, SEQUENCE
    INCLUDING NEW VALUES;
CREATE MATERIALIZED VIEW LOG ON
    "KOMP10G"."PLAN_TABLE"
    WITH ROWID, SEQUENCE("PLAN_ID","ID")
    INCLUDING NEW VALUES;
```

Der SQLAccess Advisor

```
CREATE MATERIALIZED VIEW LOG ON
    "KOMP10G"."SALES"
    WITH ROWID, SEQUENCE
    INCLUDING NEW VALUES;
CREATE MATERIALIZED VIEW "SYS"."MV$$_001E0000"
    REFRESH FAST WITH ROWID
    ENABLE QUERY REWRITE
    AS SELECT COUNT(*) M1 FROM KOMP10G.SALES;
begin
dbms_stats.gather_table_stats('"SYS"','"MV$$_001E0000"',NULL,
dbms_stats.auto_sample_size);
end;
/
. . .
```

Komfortabler können Sie den SQLAccess Advisor mit dem Enterprise Manager bedienen. Auf der Startseite der Datenbank (Standardverzeichnis) finden Sie am unteren Ende den Link ZENTRALES ADVISORY. Dort finden Sie den Task in der Advisory-Liste wieder. Markieren Sie den Task und klicken Sie auf den Button ERGEBNIS ANZEIGEN. Sie sehen die Listen der Empfehlungen, u.a. die berühmte Empfehlung Nummer 4.

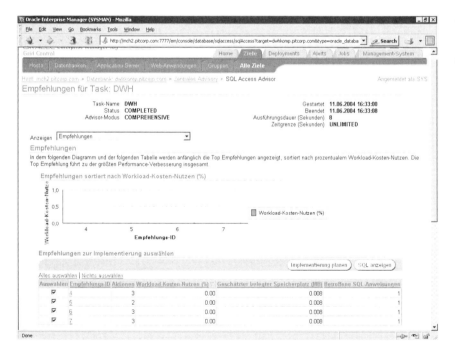

Abbildung 12.6:
Empfehlungsliste im SQLAccess Advisory

Durch Klicken auf die Empfehlungs-ID verzweigen Sie zur Detailanzeige der Empfehlung. Dort sehen Sie die einzelnen Aktionen, die Sie bereits aus den vorangegangenen Abfragen kennen.

Kapitel 12 Data Warehouse und Business Intelligence

Abbildung 12.7:
Detailanzeige einer
Empfehlung im
Enterprise Manager

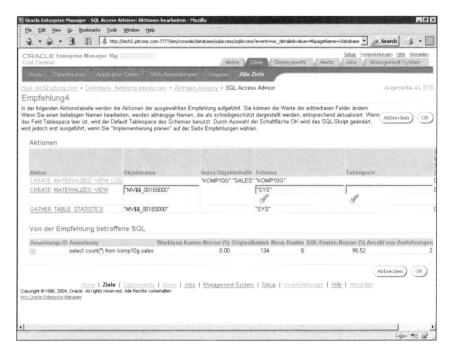

Achten Sie auf den Button IMPLEMENTIERUNG PLANEN auf der Empfehlungsseite. Markieren Sie einen Task und klicken Sie auf den Button. Es erscheint die Seite IMPLEMENTIERUNG PLANEN.

Sie können einen Job erstellen, der die Implementierung durchführt. Sie haben die Wahl zwischen einer sofortigen oder einer späteren Ausführung. Häufig werden solche Aufgaben in Nacht- oder Wochenendläufen erledigt, um den Einfluss auf den laufenden Betrieb gering zu halten. Durch Klicken auf den Button WEITERLEITEN wird der Job zur Ausführung bereitgestellt.

Detaillierte Hinweise zum Umgang mit dem Job-System finden Sie in Kapitel 10 »Utilities«, in dem u.a. der Scheduler dargestellt wird.

Die Frage, ob vorzugsweise das PL/SQL-Paket `DBMS_ADVISOR` *oder der Enterprise Manager benutzt werden soll, ist nicht eindeutig zu beantworten. Zwar ist die Benutzung des Enterprise Manager recht komfortabel, er besitzt jedoch einen geringeren Funktionsumfang. Das Paket kann Advisory-Aufgaben im Batch bearbeiten und Sie können einen größeren Automatisierungsgrad erreichen. Es kann durchaus sinnvoll sein, die Empfehlungen ungesehen zu übernehmen und zu implementieren. Diesen Prozess können Sie mit einem Skript realisieren. Für Ad-hoc-Abfragen ist möglicherweise der Enterprise Manager besser geeignet. Hier können Sie sich, ohne Parameter und Syntax kennen zu müssen, zum Ergebnis durchklicken.*

Der SQLAccess Advisor

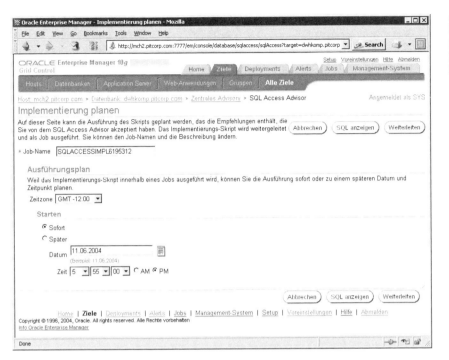

Abbildung 12.8:
Die Implementierung einer Empfehlung im Enterprise Manager planen

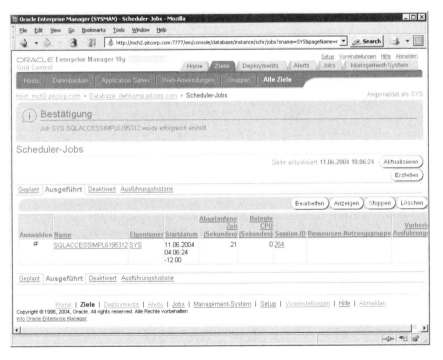

Abbildung 12.9:
Die Implementierung einer Empfehlung anstoßen

Vielleicht kennen Sie noch aus Oracle9*i* die Prozedur DBMS_MVIEW.EXPLAIN_ MVIEW. Sie wurde benutzt, um die Optionen eines Materialized Views festzustellen. Sie konnten z.B. erfahren, ob der Fast-Refresh-Mechanismus verfügbar oder Query Rewrite aktiviert ist.

In Oracle 10g wird diese Funktionalität von der Prozedur DBMS_ADVISOR. TUNE_MVIEW übernommen. Die Prozedur stellt Ihnen Empfehlungen zur Verfügung, mit deren Hilfe Fast Refresh und Query Rewrite verfügbar gemacht werden können.

An die Prozedur wird die SQL-Anweisung übergeben, die zum Erstellen des Materialized Views benutzt werden soll.

```
SQL> VARIABLE task_name VARCHAR2(255);
SQL> EXEC :task_name := 'TUNE_SALES';
SQL> BEGIN
  2 DBMS_ADVISOR.TUNE_MVIEW(:task_name, 'CREATE MATERIALIZED VIEW sales_sum
REFRESH FAST ON DEMAND
ENABLE QUERY REWRITE AS SELECT month, count(*) AS deals FROM sales
GROUP BY month');
  3 END;
  4 /
PL/SQL-Prozedur wurde erfolgreich abgeschlossen.
```

Die Ergebnisse werden in dem View DBA_TUNE_MVIEW gespeichert.

```
SQL> SELECT statement
  2 FROM dba_tune_mview
  3 WHERE task_name = 'TUNE_SALES'
  4 ORDER BY script_type, action_id;
STATEMENT
--------------------------------------------------------
ALTER MATERIALIZED VIEW LOG FORCE ON "KOMP10G"."SALES" ADD ROWID,
SEQUENCE ("MONTH")  INCLUDING NEW VALUES
CREATE MATERIALIZED VIEW KOMP10G.SALES_SUM   REFRESH FAST WITH ROWID
ENABLE QUERY REWRITE AS SELECT KOMP10G.SALES.MONTH C1, COUNT(*) M1
FROM KOMP10G.SALES GROUP BY KOMP10G.SALES.MONTH
DROP MATERIALIZED VIEW KOMP10G.SALES_SUM
```

12.5 Biometrische Daten

Biometrische Daten spielen eine immer bedeutendere Rolle im Zusammenhang mit Datenbanken. Diese Daten können sehr vielfältig sein. Da stellt sich die Frage, wie die Daten so in der Datenbank gespeichert werden, dass sie effizient wiedergefunden werden können.

Sicherlich können Sie einen Fingerabdruck oder Augenhintergrund als BLOB hinterlegen, doch wie soll man in einer Datenbank mit Millionen oder Milliarden von Sätzen diese Daten schnell wiederfinden können?

Es hat sich in den letzen Jahren ein komplett neuer Wissenschaftszweig herausgebildet, die *Bioinformatik*. Dieser beschäftigt sich intensiv mit diesen Themen. Hauptforschungsrichtung bilden Schnittstellen zwischen Molekularbiologie und Computertechnologie.

In Oracle 10g finden sich erste Ansätze, die sich dieser Problematik annehmen. Eines der Features ist *Sequence Alignment*. Es ermöglicht den Vergleich neuer Sequenzen mit vorher charakterisierten Sequenzen.

Das am weitesten verbreitete Werkzeug ist *Basic Local Alignment Search Tool (BLAST)*. Dabei handelt es sich um eine Sammlung von Algorithmen für Sequence Alignment. Folgende Funktionen stehen in Oracle 10g zur Verfügung:

- BLASTN_MATCH – führt eine Suche für nukleotide Sequenzen durch
- BLASTP_MATCH – für die Suche von Protein-Sequenzen
- TBLAST_MATCH – für eine Suche mit Übersetzungen
- BLASTN_ALIGN und BLASTP_ALIGN – für Alignment-Informationen

12.6 Data Mining

Oracle hat die Struktur für das Data Mining verändert. In Oracle9*i* wurde das Schema ODM für das Speichern der Benutzerdaten und der Meta-Data-Informationen genutzt. Die Ein- und Ausgabeobjekte wurden im Schema ODM_MTR gespeichert.

Oracle 10g hat eine andere Schema-Struktur. DMSYS enthält das Repository für die Metadaten. Jeder Benutzer kann ein eigenes Schema für das Data Mining anlegen. Die neue Struktur bietet folgende Vorteile:

- Der Zugriff auf die Metadaten im Schema DMSYS kann besser begrenzt und kontrolliert werden.
- Jeder Benutzer speichert die Datengruppen für Ein- und Ausgabe in seinem Schema. Das führt zu einer Verbesserung der Performance.

In Oracle 10g können Sie Data Mining-Funktionen auf Text-Dokumente zur Bestimmung von Schlüsselwörtern und Themen anwenden. Diese Schlüsselwörter werden für Kategorisierung und Klassifizierung der Dokumente verwendet. Sie können auch eine Kombination aus Text- und anderen Spalten zur Kategorisierung benutzen.

Für neu zu speichernde Dokumente müssen Sie Klassifizierungsinformationen zur Verfügung stellen. Für den Klassifizierungsprozess sind die folgenden Schritte erforderlich:

- Erstellen Sie eine Übungstabelle und füllen Sie diese mit dem Inhalt des Dokumentes.
- Erstellen Sie eine Kategorie-Tabelle mit den Kategorie-Zuweisungen für das Übungsdokument.
- Erzeugen Sie Regeln für die Klassifizierung auf Basis der Übungsdokumente.
- Verwenden Sie die Regeln zur Klassifizierung aller neuen Dokumente.

12.7 Change Data Capture (CDC)

Change Data Capture wurde als neues Feature in Oracle9*i* eingeführt. Da das Laden eines Data Warehouse oder Data Marts ein recht aufwendiger Prozess ist, kann das Laden von Delta-Informationen sehr viel Zeit und Ressourcen sparen.

Die Bereitstellung und Aufbereitung der Delta-Informationen übernimmt Change Data Capture. Dabei handelt es sich um ein fertiges, so genanntes Out-of-the-Box-Produkt. Es ist bereits in der Datenbank installiert.

CDC basiert auf dem Publish-Subscribe-Modell. Die Verarbeitung im Change Data Capture in Oracle9*i* war stets synchron. Bei der synchronen Methode werden Trigger für das Aufzeichnen der Delta-Informationen verwendet. Dabei mussten die Änderungstabellen in derselben Datenbank wie die Quelltabellen liegen.

In Oracle 10g haben Sie die Wahl zwischen synchronem und asynchronem CDC. Beim asynchronen Modus handelt es sich um eine völlig andere Architektur. Die Änderungsdaten werden nach jeder COMMIT-Anweisung aus den Redo Log-Dateien gelesen.

Der asynchrone Modus von Change Data Capture benötigt Supplemental Logging in der Quelldatenbank. Die Einstellung erfolgt mit dem Befehl ALTER DATABASE ADD SUPPLEMENTAL LOG DATA. *Beachten Sie an dieser Stelle, dass Supplemental Logging einen gewissen Overhead beim Schreiben der Redo Log-Dateien erzeugt und damit Auswirkungen auf die Performance hat.*

Change Data Capture (CDC)   Kapitel 12

Im asynchronen Modus gibt es zwei Methoden für das Sammeln von Änderungsinformationen:

- HotLog
- AutoLog

Bei der *HotLog-Methode* werden die Änderungsinformationen direkt aus den Online Redo Log-Dateien der Quelldatenbank gelesen. Der Vorteil dieser Methode liegt in der kurzen Zeitspanne zwischen dem Absetzen der COMMIT-Anweisung und der Ankunft der Änderungsdaten in den Änderungstabellen. Die Änderungstabellen müssen sich in der Quelldatenbank befinden.

Der Log-Writer-Prozess der Datenbank schreibt die Änderungen in die Online Redo Log-Dateien. Change Data Capture benutzt einen Oracle-Streams-Prozess für das automatische Laden der Änderungstabellen.

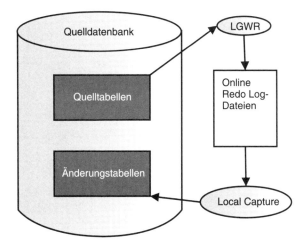

Abbildung 12.10:
Die Architektur für asynchrones CDC mit HotLog

Die *AutoLog-Methode* verwendet den Log Transport Service für die Übertragung der Redo Log-Dateien von der Quell- zur Staging-Datenbank. Der Remote File Service-Prozess (RFS), der Ihnen sicherlich aus der Data-Guard-Architektur bekannt ist, empfängt die Redo Log-Informationen und speichert sie in lokalen Redo Log-Dateien. Der Downstream-Capture-Prozess von Oracle Streams übernimmt die Einarbeitung in die Staging-Tabellen.

> *Bei der Vielzahl der Optionen stellt sich die Frage, welche Architektur zu bevorzugen ist. Es gibt sicher keine individuelle Antwort auf die Frage, jede Architektur in sich hat Vorzüge und Nachteile. Die synchrone Methode ist Trigger-basierend und kann somit negativen Einfluss auf die Performance haben. Zudem müssen die Änderungstabellen in der Quelldatenbank gespeichert werden. Es wird zusätzlich Platz benötigt und die Ressourcen*

TIPP

Kapitel 12   Data Warehouse und Business Intelligence

der Quelldatenbank werden beim Füllen der Änderungsdaten belastet. Ähnlich verhält es sich bei der asynchronen Methode mit HotLog. Allerdings ist hier der Performance-Einfluss auf das Quellschema wesentlich geringer, da keine Trigger verwendet werden. Die flexibelste Methode ist asynchrones CDC mit AutoLog. Hier werden die benötigten Ressourcen entzerrt. Die Änderungstabellen können in einer separaten Datenbank auf einem anderen Server untergebracht werden. Diese Methode hat den geringsten Einfluss auf die Performance der Quelldatenbank. Insbesondere für große Datenbanken ist diese Methode die beste.

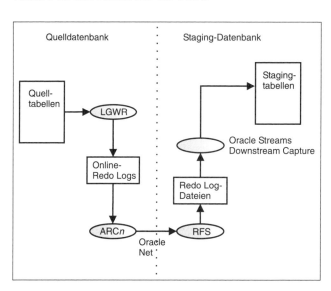

Abbildung 12.11:
Die Architektur für asynchrones CDC mit AutoLog

Die Vorteile für das asynchrone Change Data Capture mit AutoLog sind sehr überzeugend und den anderen Methoden überlegen. Der Nachteil dieser Methode liegt in der aufwendigen Konfiguration. Im Gegensatz zum CDC in Oracle9*i* kann man bei der asynchronen Methode bei weitem nicht von einem Out-of-the-Box-Feature sprechen. Hier lässt Oracle die Datenbankadministratoren ziemlich im Regen stehen. Da dürfen wir in späteren Releases mehr erwarten.

Das ändert jedoch nichts an der Nützlichkeit des Features und an der Tatsache, dass mit asynchronem CDC eine wesentliche Entspannung im ETL-Prozess gerade bei großen Datenbanken erreicht werden kann. Das folgende Beispiel beschreibt, wie Sie asynchrones Change Data Capture mit AutoLog aufsetzen können. Die Quelldatenbank heißt komp10g und befindet sich auf dem Server mch1. Auf mch2 läuft die Datenbank dwhkomp mit Data Warehouse und Staging-Tabellen. Die Tabelle orders beinhaltet mehrere Millionen Sätze, jedoch nur wenige tägliche Änderungen. Ihre Daten spiegeln sich im DWH als Fact Table wider und werden vorher in die Staging-Tabelle sta_orders geladen.

Change Data Capture (CDC)

Eine Architektur für asynchrones Change Data Capture mit AutoLog erstellen

STEP

1. Stellen Sie sicher, dass die Quelldatenbank im ARCHIVELOG-Modus läuft. CDC mit AutoLog verwendet Oracle Streams Downstream Capture. Setzen Sie folgende Initialisierungsparameter auf der Quelldatenbank.

   - JAVA_POOL_SIZE: Mindestens auf 50.000.000
   - COMPATIBLE: 10.1.0
   - LOG_ARCHIVE_DEST_2: Aktiviert für den Log Transport Service zur Staging-Datenbank.
     ```
     LOG_ARCHIVE_DEST_2="SERVICE=DWHKOMP LGWR ASYNC OPTIONAL NOREGISTER"
     ```

2. Setzen Sie die folgenden Parameter auf der Staging-Database:

   - STREAMS_POOL_SIZE: 50 Mbyte plus Anzahl der Change Sets multipliziert mit 12 Mbyte
   - JAVA_POOL_SIZE: Mindestens auf 50.000.000
   - COMPATIBLE: 10.1.0
   - JOB_QUEUE_PROCESSES: 2

3. Bereiten Sie die Quelldatenbank für CDC vor. Setzen Sie den FORCE LOGGING-Modus, um ein Schreiben ohne Logging in die Datenbank zu verhindern. Erstellen Sie außerdem eine Unconditional Log Group für alle Spalten der Tabelle orders, für die Änderungen aufgezeichnet werden sollen.

   ```
   SQL> ALTER DATABASE FORCE LOGGING;
   Datenbank wurde geändert.
   SQL> ALTER TABLE komp10g.orders
     2  ADD SUPPLEMENTAL LOG GROUP log_group_orders
     3  (order_id, customer_id, order_mode,
   order_status, order_total,
     4  sales_rep_id, order_date) ALWAYS;
   Tabelle wurde geändert.
   ```

4. Legen Sie in der Staging-Datenbank einen Benutzer an, der als Publisher für CDC fungiert. Weisen Sie dem Publisher die erforderlichen Privilegien zu.

   ```
   SQL> CREATE USER cdcpub
     2  IDENTIFIED BY cdcpub
     3  DEFAULT TABLESPACE users
     4  QUOTA UNLIMITED ON SYSTEM
     5  QUOTA UNLIMITED ON SYSAUX;
   Benutzer wurde angelegt.
    SQL> GRANT CONNECT, RESOURCE, DBA TO cdcpub;
   Benutzerzugriff (Grant) wurde erteilt.
   ```

```
SQL> BEGIN
  2   DBMS_STREAMS_AUTH.GRANT_ADMIN_PRIVILEGE (grantee=>'cdcpub');
  3   END;
  4   /
PL/SQL-Prozedur wurde erfolgreich abgeschlossen.
```

5. Erstellen Sie den Datenbankkatalog für den LogMiner in der Primär-Datenbank. Der Log Transport Service überträgt den Katalog zur Staging-Datenbank. Halten Sie die SCN fest, sie wird später benötigt, wenn der Publisher die Änderungsquelle erstellt.

```
SQL> SET SERVEROUTPUT ON
SQL> VARIABLE v_scn NUMBER;
SQL> BEGIN
  2   :v_scn := 0;
  3   DBMS_CAPTURE_ADM.BUILD(:v_scn);
  4   DBMS_OUTPUT.PUT_LINE(:v_scn);
  5   END;
  6   /
758869
PL/SQL-Prozedur wurde erfolgreich abgeschlossen.
```

6. Bereiten Sie im nächsten Schritt die Quelltabellen für asynchrones CDC vor.

```
SQL> BEGIN
  2   DBMS_CAPTURE_ADM.PREPARE_TABLE_INSTANTIATION (
      table_name=>'komp10g.orders');
  3   END;
  4   /
PL/SQL-Prozedur wurde erfolgreich abgeschlossen.
```

7. Bestimmen Sie den Global Name der Quelldatenbank für spätere Verwendung.

```
SQL> SELECT * FROM global_name;
GLOBAL_NAME
--------------------------------
KOMP10G.WORLD
```

8. Für den Capture-Prozess muss eine Änderungsquelle erstellt werden. Sie beschreibt die Quelldatenbank, auf der die Änderungen gesammelt werden. Verwenden Sie den Global Database Name als Datenbanknamen und die SCN, die Sie in Schritt 5 ermittelt haben.

```
SQL> BEGIN
  2    DBMS_CDC_PUBLISH.CREATE_AUTOLOG_CHANGE_SOURCE (
      change_source_name=>'orders_source',
      description=>'orders source',
      source_database=>'KOMP10G.WORLD', first_scn=>758869);
  3   END;
```

```
    4  /
PL/SQL-Prozedur wurde erfolgreich abgeschlossen.
```

9. Erstellen Sie das Change Set. Gleichzeitig werden der Capture- und der Apply-Prozess von Oracle Streams erstellt, jedoch nicht gestartet.

```
SQL> BEGIN
  2   DBMS_CDC_PUBLISH.CREATE_CHANGE_SET (
      change_set_name=>'orders_change',
      description=>'orders change',
      change_source_name=>'orders_source',
      stop_on_ddl=>'Y');
  3  END;
  4  /
PL/SQL-Prozedur wurde erfolgreich abgeschlossen.
```

10. Für das Erstellen der Change Table existiert eine Prozedur. Erzeugen Sie die Change Table nicht mit dem CREATE TABLE-Befehl. Eine Change Table besteht physisch aus sieben Tabellen mit vordefinierter Struktur. Es sind Tabellen von Advanced Queuing.

```
SQL>  BEGIN
  2   DBMS_CDC_PUBLISH.CREATE_CHANGE_TABLE (owner=>'cdcpub',
      change_table_name=>'change_orders',
      change_set_name=>'orders_change', source_schema=>'KOMP10G',
      source_table=>'ORDERS', column_type_list=>'ORDER_ID NUMBER(12),
      CUSTOMER_ID NUMBER(12), ORDER_MODE VARCHAR2(8),
      ORDER_STATUS NUMBER(2), ORDER_TOTAL NUMBER(8),
      SALES_REP_ID NUMBER(12), ORDER_DATE DATE',
      capture_values=>'BOTH', rs_id=>'Y', row_id=>'N',
      user_id=>'N', timestamp=>'N', object_id=>'N',
      source_colmap=>'N', target_colmap=>'Y',
      options_string=>'TABLESPACE users');
  3  END;
  4  /
PL/SQL-Prozedur wurde erfolgreich abgeschlossen.
```

11. Das Change Set ist an dieser Stelle noch inaktiv. Aktivieren Sie das Change Set mit dem folgenden Prozeduraufruf. Damit werden der Oracle-Streams-Capture- und der Apply-Prozess aktiviert.

```
SQL> BEGIN
  2   DBMS_CDC_PUBLISH.ALTER_CHANGE_SET (
      change_set_name=>'orders_change', enable_capture=>'Y');
  3  END;
  4  /
PL/SQL-Prozedur wurde erfolgreich abgeschlossen.
```

Das war der Erstellungsprozess für asynchrones Data Capture mit AutoLog. Es stellt sich die Frage, wie der Prozess überwacht und Probleme erkannt werden können. Change Data Capture verwendet Oracle Streams. Um exakt zu sein, hinter CDC steckt die Downstream-Architektur von Oracle Streams. Die Aufgabe, CDC zu überwachen, kann deshalb gleichgesetzt werden mit der Überwachung der Downstream-Architektur. Das heißt, Sie müssen die soeben erstellten Prozesse für Capture und Apply kontrollieren sowie die Queues überwachen.

Am einfachsten erfolgt die Überwachung mit der Enterprise-Manager-Java-Konsole. Öffnen Sie im Baum im linken Panel den Zweig VERTEILT. Unter STREAMS und ANWENDEN finden Sie den Apply-Prozess, der bei der CDC-Konfiguration erstellt wurde. Sein Name beginnt mit dem Präfix CDC$.

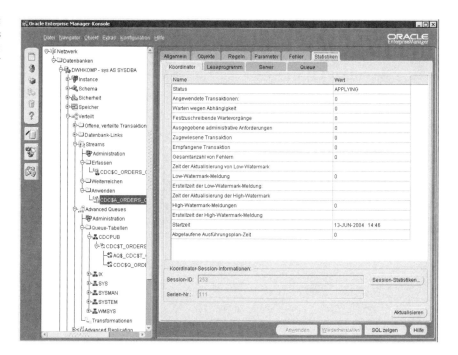

Abbildung 12.12: Überwachung des Apply-Prozesses im Enterprise Manager

Die zugehörige Queue finden Sie unter ADVANCED QUEUES und QUEUE-TABELLEN. Auch sie beginnt mit dem Präfix CDC$ und im Kommentar finden Sie die Bemerkung Asynchronous Change Data Capture Queue. Wie Sie sehen, wurde eine Multiconsumer Queue angelegt.

Unterm Strich betrachtet verbirgt sich hinter asynchronem CDC eine Downstream-Architektur von Oracle Streams, in der Regeln definiert sind, wie bestimmte Änderungen in der Quelldatenbank zu erfassen und einzuarbeiten sind. Die Änderungen befinden sich in einer Multiconsumer-Queue und können nun zur Weiterverarbeitung gelesen werden.

Change Data Capture (CDC)   Kapitel 12

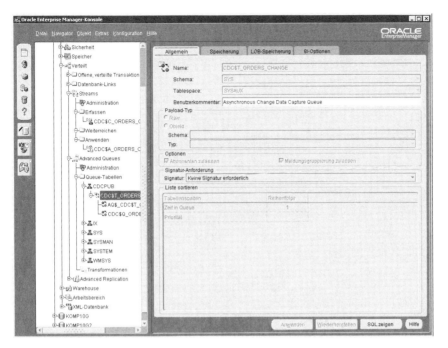

Abbildung 12.13:
Überwachen der Queue für asynchrones CDC

Dazu ist es erforderlich, Subscriber zu definieren. Auch hierfür hält Oracle Prozeduren bereit. Die folgenden Schritte beschreiben, wie Subscriber erstellt werden können.

Erstellen von Subscribern im Change-Data-Capture-Prozess

1. Ermitteln Sie die Quelltabellen, für die Zugriffsrechte bestehen.

    ```
    SQL> SELECT * FROM all_source_tables;
    SOURCE_SCHEMA_NAME              SOURCE_TABLE_NAME
    ------------------------------  --------------------
    KOMP10G                         ORDERS
    ```

2. Die definierten Change Sets und Spalten erhält der Subscriber durch Abfrage des Views ALL_PUBLISHED_COLUMNS.

    ```
    SQL> SELECT UNIQUE change_set_name, column_name, pub_id
      2  FROM all_published_columns
      3  WHERE source_schema_name='KOMP10G'
      4* AND source_table_name='ORDERS'
    CHANGE_SET_NAME     COLUMN_NAME             PUB_ID
    ------------------  ----------------------  ----------
    ORDERS_CHANGE       CUSTOMER_ID             50842
    ORDERS_CHANGE       ORDER_DATE              50842
    ORDERS_CHANGE       ORDER_ID                50842
    ORDERS_CHANGE       ORDER_MODE              50842
    ORDERS_CHANGE       ORDER_STATUS            50842
    ```

[KOMPENDIUM] Oracle 10g

Kapitel 12   Data Warehouse und Business Intelligence

```
ORDERS_CHANGE         ORDER_TOTAL           50842
ORDERS_CHANGE         SALES_REP_ID          50842
```

3. Erstellen Sie eine Subscription unter Verwendung der Prozedur CREATE_SUBSCRIPTION.

```
SQL> BEGIN
  2   DBMS_CDC_SUBSCRIBE.CREATE_SUBSCRIPTION (
     change_set_name=>'ORDERS_CHANGE',
     description=>'Change for Orders',
     subscription_name=>'ORDERS_SUB');
  3   END;
  4   /
PL/SQL-Prozedur wurde erfolgreich abgeschlossen.
```

4. Der Subscriber muss nun die Prozedur SUBSCRIBE ausführen.

```
SQL> BEGIN
  2   DBMS_CDC_SUBSCRIBE.SUBSCRIBE (subscription_name=>'ORDERS_SUB',
     source_schema=>'KOMP10G', source_table=>'ORDERS',
     column_list=>'CUSTOMER_ID, ORDER_ID, SALES_REP_ID',
     subscriber_view=>'ORDERS_VIEW'
);
  3   END;
  4   /
PL/SQL-Prozedur wurde erfolgreich abgeschlossen.
```

5. Zum Schluss muss die Subscription aktiviert werden. Mit der Aktivierung wird ein leeres Subscriber-View erstellt. Der Subscriber verwendet im weiteren Prozess das View, um die Änderungen zu lesen.

```
SQL> BEGIN
  2   DBMS_CDC_SUBSCRIBE.ACTIVATE_SUBSCRIPTION (
     subscription_name=>'ORDERS_SUB');
  3   END;
  4   /
PL/SQL-Prozedur wurde erfolgreich abgeschlossen.
```

Wenn Sie sich das Subscriber-View anschauen, dann werden Sie feststellen, dass eine SELECT-Anweisung auf die Änderungstabelle erfolgt, eingeschränkt auf die Spalten, die der Subscriber bestellt hat.

Listing 12.8: Definition des Subscriber-Views

```
SELECT OPERATION$, CSCN$, COMMIT_TIMESTAMP$, XIDUSN$, XIDSLT$,
XIDSEQ$, RSID$, TARGET_COLMAP$, "CUSTOMER_ID", "ORDER_ID",
"SALES_REP_ID" FROM "CDCPUB"."CHANGE_ORDERS"
WHERE CSCN$ >= 1 AND CSCN$ <= 0
```

Im Paket DBMS_CDC_SUBSCRIBE finden Sie weitere Prozeduren, mit deren Hilfe Sie Gruppen von Änderungsdaten definieren können. Damit können die Änderungsdaten schrittweise gelesen und im Staging-Bereich des Data

Warehouse verarbeitet werden. Das Lesen der Daten im gewählten Subscriber-Fenster erfolgt durch Abfrage des Subscriber-Views.

Als Fazit lässt sich ziehen, dass Oracle mit einer sehr flexiblen Architektur für asynchrones Change Data Capture unter Verwendung von Oracle Streams aufwartet. Der Einfluss auf die Primär-Datenbank wird gering gehalten, die Auswertungsmöglichkeiten durch mehrere Subscriber sind sehr flexibel. Allerdings ist der Konfigurationsprozess unter Verwendung der PL/SQL-Pakete sehr aufwendig. Hier gibt es noch Nachholbedarf für folgende Versionen, zumal Oracle Streams in Oracle 10g in vielen Oracle-Produktionen und -Optionen die Basistechnologie bildet.

12.8   OLAP

Oracle 10g stellt neue OLAP-Features zur Verfügung. Es gibt eine ganze Reihe von neuen APIs für PL/SQL und XML. Diese unterstützen das Erstellen von Cube Workspaces, Dimensionen, Größen und Aggregationen. Sie haben die Wahl zwischen PL/SQL-Paketen und dem Oracle Enterprise Manager. Der Benutzer muss damit nicht mehr die einzelnen DML-Befehle für OLAP kennen.

Die neuen OLAP-Features bieten außerdem eine verbesserte Kontrolle für die Benutzung und Auswahl von Hierarchien. So ist es möglich, Selektionen hierarchisch zu sortieren.

12.9   SQL Modeling

Mit Hilfe der MODEL-Klausel ist es möglich, ein mehrdimensionales Array aus den Ergebnissen einer SQL-Abfrage zu bilden. Sie können weiterhin Regeln mit dem Array verknüpfen und somit neue Werte erstellen.

Es ist eine durchaus übliche Vorgehensweise, die Ergebnisse von SQL-Abfragen auf den Client-PC zu übertragen und dort in ein Tabellenkalkulationssystem zu laden und weiterzubearbeiten. Dieser Schritt wird mit der neuen MODEL-Klausel überflüssig, die Kalkulationen und das Erstellen von Reports kann nun bis zum Ende auf dem Datenbankserver erfolgen.

Das folgende Beispiel verwendet Tabellen aus dem Schema SH, das mit den Beispielen installiert wurde. Erstellen Sie zuerst ein View mit einer mehrdimensionalen Abfrage auf die Fact Table sales und zugehörigen Dimension Tables.

Kapitel 12   Data Warehouse und Business Intelligence

Listing 12.9:
Ein View für eine mehrdimensionale Abfrage anlegen

```
SQL> CREATE OR REPLACE VIEW sh.sales_view
  2  AS
  3  SELECT country_name, prod_name, calendar_year,
  4    SUM(amount_sold) sales, COUNT(amount_sold) cnt,
  5    MAX(calendar_year)
KEEP (DENSE_RANK FIRST ORDER BY SUM(amount_sold) DESC)
  6    OVER (PARTITION BY country_name, prod_name) best_year,
  7    MAX(calendar_year)
KEEP (DENSE_RANK LAST ORDER BY SUM(amount_sold) DESC)
  8    OVER (PARTITION BY country_name, prod_name) worst_year
  9  FROM sales a, times b, customers c, countries d, products e
 10  WHERE a.time_id = b.time_id AND a.prod_id = e.prod_id AND
 11    a.cust_id = c.cust_id AND c.country_id=d.country_id
 12  GROUP BY country_name, prod_name, calendar_year;
View wurde angelegt.
```

Mit der MODEL-Klausel können Sie ein mehrdimensionales Array erstellen. Dabei gibt es drei Typen von Spalten: Partitioning, Dimension und Measures.

Die Regeln in der MODEL-Klausel werden auf alle Partition-Spalten angewandt. Dimension-Spalten definieren das mehrdimensionale Array. Measures können wie Werte in den Fact-Tabellen in einem Star-Schema betrachtet werden.

Für die Manipulation der Werte des mehrdimensionalen Arrays werden in der MODEL-Klausel so genannte Rules definiert. Eine der Regeln im Beispiel besagt, dass die Verkaufswerte für das Produkt »Bounce« im Jahr 2002 so groß sein sollen wie die Summe der Verkaufswerte für die Jahre 2000 und 2001.

Listing 12.10:
Beispiel für die MODEL-Klausel

```
SQL> SELECT country_name, prod_name, calendar_year, sales
  2  FROM sh.sales_view
  3  WHERE country_name IN ('Italy', 'Japan')
  4  AND prod_name = 'Bounce'
  5  MODEL
  6  PARTITION BY (country_name) DIMENSION BY (prod_name, calendar_year)
  7  MEASURES (sales sales)
  8  RULES
  9  (sales['Bounce', 2002] = sales['Bounce', 2001] + sales['Bounce', 2000],
 10  sales['Y Box', 2002] = sales['Y Box', 2001],
 11  sales['All_Products', 2002] = sales['Bounce', 2002] + sales['Y Box', 200
2])
 12  ORDER BY country_name, prod_name, calendar_year;
COUNTRY_NA PROD_NAME          CALENDAR_YEAR      SALES
---------- ------------------ -------------- ----------
Italy      All_Products       2002
Italy      Bounce             1999              2474,78
Italy      Bounce             2000              4333,69
```

```
Italy      Bounce              2001      4846,3
Italy      Bounce              2002      9179,99
Italy      Y Box               2002
Japan      All_Products        2002
Japan      Bounce              1999      2961,3
Japan      Bounce              2000      5133,53
Japan      Bounce              2001      6303,6
Japan      Bounce              2002     11437,13
Japan      Y Box               2002
12 Zeilen ausgewählt.
```

12.10 DWH-Unterstützung durch den Enterprise Manager

Der Enterprise Manager liefert umfangreiche Unterstützung für die Verwaltung von Data Warehouse-Datenbanken. Viele Features haben Sie in diesem Kapitel bereits kennen gelernt, angefangen bei Materialized Views, dem Summary Management über den SQLAccess Advisor bis zu Change Data Capture.

Die Seiten für Data Warehouse-Unterstützung finden Sie auf der Datenbankseite unter dem Register ADMINISTRATION in der Rubrik WAREHOUSE. Neben den bereits vorgestellten Seiten können Sie Cubes und Dimensions für Oracle OLAP verwalten.

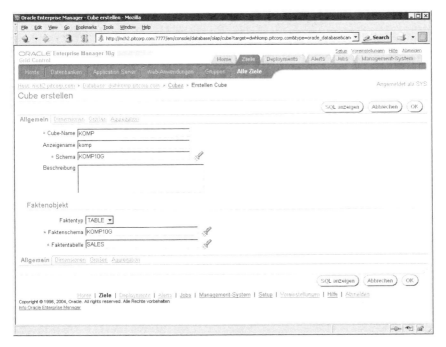

Abbildung 12.14:
Ein OLAP Cube mit dem Enterprise Manager erstellen

Abbildung 12.15:
OLAP-Dimensionen verwalten

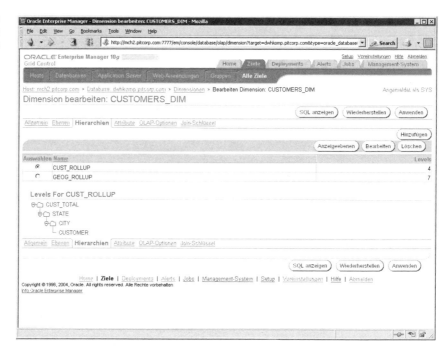

Beachten Sie, dass die Funktionalität für Change Data Capture (sowie für Oracle Streams) in der Enterprise Manager Java-Konsole integriert ist. Offensichtlich handelt es sich hierbei um eine Übergangslösung. Der Trend geht bei Oracle eindeutig zum webbasierenden Enterprise Manager.

Dabei können Sie wieder zwischen zwei Optionen wählen, dem Enterprise Manager dbconsole, der für die Verwaltung der aktuellen Datenbank zuständig ist, und dem Enterprise Manager Grid Control für die Verwaltung aller Datenbanken im Grid.

Die Seiten für die Unterstützung von Data Warehouse-Datenbanken finden Sie in beiden Versionen. Jede Version verfügt über ein eigenes Repository. Sie sollten sich deshalb für eine Version zur dauerhaften Benutzung entscheiden.

Auch die Java-Konsole enthält noch Data Warehouse-Funktionalität. So finden Sie Features zur Bearbeitung von OLAP Cubes, -Dimensionen und Materialized Views. Es gibt jedoch Versionsprobleme zwischen dem neuen Enterprise Manager und der Java-Konsole. Sie erhalten eine Warnung, wenn Sie z.B. Dimensionen mit der Java-Konsole bearbeiten wollen, die mit dem EM Grid Control erstellt wurden. Hier gibt es noch Klärungsbedarf seitens Oracle, welcher Teil des Enterprise Manager benutzt werden sollte. Verwenden Sie im Zweifelsfall den neuen Enterprise Manager bzw. die PL/SQL-Pakete.

DWH-Unterstützung durch den Enterprise Manager Kapitel 12

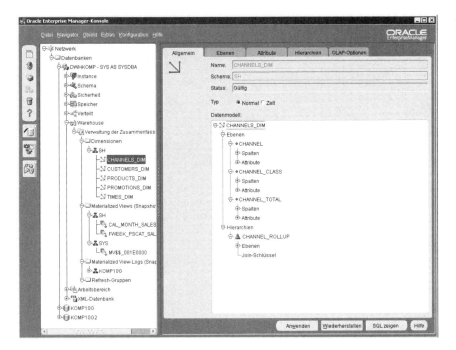

Abbildung 12.16:
Unterstützung für OLAP-Cubes und -Dimensionen in der EM-Java-Konsole

Ein weiteres neues Feature in Oracle 10g, von dem Data Warehouse-Datenbanken profitieren, ist das Data Pump-Utility. Es ist als eine Verbesserung von Import/Export anzusehen, das nicht zuletzt Performance-Vorteile beim Laden bringt. Detaillierte Informationen zu Data Pump finden Sie in Kapitel 10 »Utilities«.

13 Der Enterprise Manager

In Kapitel 2 haben Sie bereits einiges über den Enterprise Manager Grid Control im Zusammenhang mit der neuen Grid-Funktionalität erfahren. Der Enterprise Manager tritt in Oracle 10g in mehreren Variationen und Formen auf. Dabei gibt es größere Schnittmengen in der Funktionalität, alte und neue Features.

Das vorliegende Kapitel soll dazu beitragen, Zielsetzungen, Einsatzgebiete und Architekturen zu verdeutlichen und Entscheidungshilfen geben, welche Variante für welche Umgebung sinnvoll ist. Darüber hinaus geben wir Praxishilfen und liefern Konfigurationsbeispiele. In Oracle 10g besteht der Enterprise Manager immerhin aus den folgenden sechs Komponenten:

- dem Enterprise Manager 10g Grid Control
- den Enterprise Manager 10g-Komponenten, die mit dem Management Agent installiert werden
- den Enterprise Manager 10g-Komponenten, die mit dem Oracle Application Server installiert werden
- der Enterprise Manager 10g Database Control. Er wird in der Dokumentation auch als »EM dbconsole« bzw. »Enterprise Manager, der mit der Oracle 10g Datenbank installiert wird« bezeichnet.
- der Enterprise Manager 10g Java-Konsole
- dem Enterprise Manager 10g To Go (EM2GO)

Der *Enterprise Manager 10g Grid Control* dient der Administration und Überwachung aller Oracle-Datenbanken im Unternehmen über eine zentrale Stelle. Darüber hinaus beinhaltete er Features für das Grid Computing. Er ist in seiner Zielrichtung mit dem Enterprise Manager von Oracle9*i* unter Verwendung des Management Servers zu vergleichen. Der EM Grid Control speichert Daten über alle Zielobjekte in einem zentralen Repository. Er beschränkt sich nicht auf Datenbanken als Zielobjekte, sondern verwaltet folgende Ziele:

- Application Server
- Datenbanken

- HTTP-Server und OC4J
- EM Web Cache
- Listener
- Agents
- Server
- Web-Anwendungen
- Gruppen für das Grid Computing
- Oracle Collaboration Suite

Basis für die Architektur des EM Grid Control bildet ein Oracle Application Server mit einen Oracle-HTTP-Server (Apache), einer Infrastruktur-Datenbank sowie J2EE-Containern (OC4J). Er benötigt außerdem einen Agent auf allen Servern mit zu verwaltenden Zielobjekten.

Dagegen ist das Einsatzgebiet des *Enterprise Manager 10g Database Control* auf eine einzige Datenbank und mit ihr direkt verbundene Ziele ausgerichtet. Er verwendet ebenfalls ein eigenes Repository, das in der Zieldatenbank gespeichert wird. Der EM Database Control bietet eine ähnliche Funktionalität wie der EM Grid Control, allerdings fehlen die Grid-bezogenen Features.

Beide Variationen des Enterprise Manager sind webbasierend. Diese neue Architektur erlaubt eine Administration von einem beliebigen Ort, sogar außerhalb von Firewalls. Für die Übertragung zwischen Konsole und Management Server kann HTTPS als Protokoll eingesetzt werden. Die Administration ist damit sicher, auch über öffentliche Verbindungen.

Das Prinzip »Managing from Anywhere« wird zusätzlich durch den *Enterprise Manager To Go (EM2GO)* unterstützt. Der EM2GO unterstützt die Administration auf einem PDA. Auch er basiert auf einem Web-Interface und kann mit einem PDA-Browser bedient werden. Der EM2GO wird vom selben Management Server bedient, damit ist eine einheitliche Administration möglich.

Oracle liefert ebenfalls noch die *Java-Konsole* unter dem Begriff Enterprise Manager aus. Sie können die Basisfunktionen wie Schema- oder Benutzerverwaltung nach wie vor verwenden. Allerdings kann die Konsole ausschließlich im Standalone-Betrieb verwendet werden, eine Verbindung zum Management Server ist nicht möglich. Die GUI weist kaum Veränderungen gegenüber der Version 9i auf. Der Grund für die Auslieferung liegt in der Wahrung der Kompatibilität und der Tatsache, dass einige Funktionen noch nicht im neuen webbasierenden EM integriert sind. Das betrifft vor allem die Produkte Oracle Streams, Oracle Advanced Queuing und Oracle Advanced Replication.

13.1 Die Architektur des EM Grid Control

Eine grundlegende Änderung in Oracle 10g ist die veränderte Verzeichnisstruktur. War es früher, bis auf wenige Ausnahmen, üblich, alle Produkte einer Version in einem Oracle-Home-Verzeichnis zu installieren, hat Oracle jetzt einen neuen Weg eingeschlagen. Die Basisprodukte müssen in eigenen Oracle Home-Verzeichnissen installiert werden. Das betrifft z.B. Datenbank, Management Agent und EM Grid Control.

Sie werden festgestellt haben, dass die Vorschläge des Universal Installer für Home-Verzeichnisse dem Rechnung tragen. Die folgenden Verzeichnisse liefern ein Beispiel für die Trennung der Oracle-Software auf einem Server.

- Oracle-Home-Verzeichnis für die 10g-Datenbank:

  /u01/oracle/product/10.1.0/db_1

- Oracle-Home-Verzeichnis für den Management Server des EM Grid Control:

  /u01/oracle/product/10.1.0/em_1

- Oracle-Home-Verzeichnis für den Management Agent:

  /u01/oracle/product/10.1.0/em_2

- Home-Verzeichnis der Oracle9i-Datenbank, die als EM-Repository und Infrastruktur-Datenbank des Management Servers fungiert:

  /u01/oracle/product/9.2.0

Diese Struktur ist flexibel und macht die Oracle-Basisprodukte voneinander unabhängig. Sie hat jedoch auch Konsequenzen für die Administration, insbesondere wenn Sie mehrere Produkte auf einem Server konfigurieren. So müssen Sie stets die Umgebungsvariablen wechseln. Das betrifft im Wesentlichen $ORACLE_HOME *und* $PATH*, die am Anfang auf* $ORACLE_HOME/bin *zeigen muss. Dies ist erforderlich, da die Oracle Home-Verzeichnisse Skripte und Binärdateien mit denselben Namen besitzen. So werden z.B. der Management Server und der Management Agent mit dem Skript* emctl *gestartet und gestoppt.*

Kapitel 13 Der Enterprise Manager

Für den EM Grid Control benötigen Sie die Komponenten Management Server (Oracle Application Server) einschließlich Datenbank für das Repository und Management Agent. Die Komponenten werden separat von der Datenbank installiert und befinden Sie auf den Installationsmedien für EM Grid Control.

Eine Beschreibung der Installationsschritte finden Sie in Kapitel 2 »Oracle Grid Control«.

Da der Server mit dem Management Server gleichzeitig ein Zielsystem ist, benötigt er einen Management Agent so wie alle anderen Ziele. Der EM 10g Grid Control ist in der Lage, Zielobjekte für Oracle9*i* und Oracle8*i* zu verwalten. Er kann jedoch ausschließlich mit Agents der Version 10g kommunizieren. Mit anderen Worten, Sie müssen auf allen Servern, die Sie verwalten wollen, einen 10g-Agent installieren. Zum Zeitpunkt, als dieses Buch geschrieben wurde, existierten Agents noch nicht für alle Plattformen, insbesondere nicht für ältere 32-bit-Systeme. Mit Sicherheit wird Oracle Agents für weitere Plattformen zur Verfügung stellen.

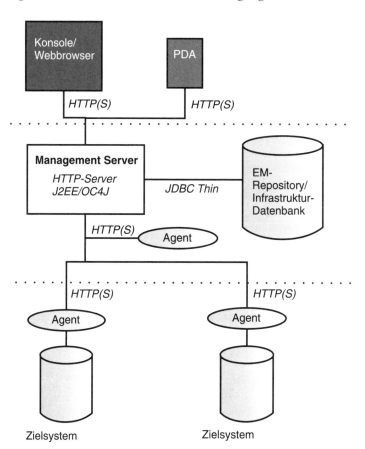

Abbildung 13.1: Die Architektur des EM Grid Control

Das EM-Repository befindet sich in der Infrastruktur-Datenbank des Oracle Application Servers. Die Version der Datenbank muss 9*i* (Release 1 oder Release 2) sein. Am unproblematischsten lässt sich mit der Version 9.2.0.4.0 arbeiten.

13.2 Die Architektur des EM Database Control

Wahlweise können Sie den Enterprise Manager 10g Database Control benutzen, übrigens auch parallel zum EM Grid Control. Der EM Database Control bringt seine eigene Infrastruktur mit eigenem Repository und eigenem HTTP-Server mit, der typischerweise auf einem anderen Port läuft.

Vermeiden Sie in der Praxis möglichst, beide Systeme parallel zu betreiben. Obwohl es technisch keine Probleme gibt, bauen Sie Redundanzen auf, die später schwer zu verwalten sind.

:-)
TIPP

Der EM Database Control eignet sich vor allem für kleinere Umgebungen oder abgeschirmte Insellösungen, für die der EM Grid Control zu aufwendig wäre. Das Repository befindet sich in der Zieldatenbank, eine zusätzliche Infrastruktur-Datenbank wird nicht benötigt.

Die Konfiguration des EM Database Control erfolgt mit dem Database Configuration Assistant (DBCA). Im Schritt 4 haben Sie die Möglichkeit, auszuwählen, welche Variante des EM konfiguriert werden soll. Wenn Sie die DATABASE CONTROL FÜR DATENBANKVERWALTUNG BENUTZEN markieren, dann werden der Management Server und das Repository komplett konfiguriert (siehe Abbildung 13.2).

Der HTTP-Server hört standardmäßig auf dem Port 5500, der URL für die Login-Seite lautet dann:

http://<myserver>.<mydomain>:5500/em

Für weitere Datenbanken auf demselben Server wird jeweils der nächste freie Port verwendet.

13.3 Enterprise Manager Security

Die neue Architektur des Enterprise Manager eröffnet neue Möglichkeiten des Zugriffs für Administratoren. Eine Installation von Software auf dem Client, der als EM-Konsole dient, ist nicht erforderlich. Alles, was benötigt wird, ist ein Webbrowser und eine Netzwerkverbindung zum Management Server, in welcher Form auch immer.

Kapitel 13   Der Enterprise Manager

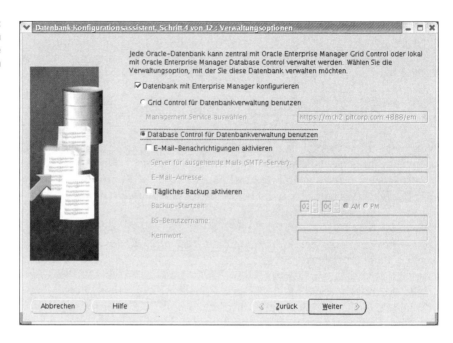

Abbildung 13.2:
Die Konfiguration des EM Database Control auswählen

Den typischen Datenbankadministrator, der sozusagen fest verdrahtet im Unternehmen hinter der Firewall sitzt, gibt es vielerorts nicht mehr. Oracle-Datenbankadministration ist teuer geworden, für kleinere Unternehmen lohnt es oft nicht, eine Vollzeitstelle zu besetzen. Aufgrund der breiten Funktionalität, die Oracle inzwischen abdeckt, werden häufig Spezialisten für bestimmte Oracle-Produkte oder -Optionen benötigt.

Das hat zur Folge, dass ein Administrator nicht selten mehrere Unternehmen an verschiedenen Orten betreut. Firmen versuchen, Datenbankadministration an andere Unternehmen outzusourcen. Remote-Administration findet aus diesen Gründen immer weitere Verbreitung.

Der neue Enterprise Manager unterstützt das Prinzip »Managing from Anywhere«. Ausreichend sind eine Verbindung zum Management Server und ein Browser, egal ob von einem fest verdrahteten PC, einem über Wireless LAN angeschlossenen Laptop oder von einem PDA.

Allerdings erfordert die neue flexible Architektur, dass mehr Aufwand in das Thema Sicherheit gesteckt wird. Sicherheitstechnisch ist es schon ein gewaltiger Unterschied, ob die Administration hinter einer Firewall auf einem PC mit verkabeltem Netzwerk stattfindet oder ob der Administrator mit einem Laptop im Biergarten sitzt, der über Wireless LAN angeschlossen eine Internet-Verbindung nutzt.

Sicher ist der Biergarten nicht der Standardarbeitsplatz für Datenbankadministratoren, jedoch wird sich Remote-Administration weiter verbreiten. Das bedeutet in der Regel, dass der Administrator von seinem Arbeitsplatz oder von unterwegs aus eine öffentliche Netzwerkverbindung für die Übertragung zwischen Management-Konsole und Management Server benutzt. Das kann eine Wählleitung oder auch das Internet sein.

Die Zielsysteme sind besonders in großen Konzernen heute über die ganze Welt zerstreut. Auch hier werden nicht immer eigene, abgeschirmte Leitungen verwendet. Standleitungen werden von Drittanbietern gemietet. Also muss auch die Datenübertragung zwischen den Management Agents und dem Management Server gesichert erfolgen.

Vergessen Sie beim Thema Sicherheit nicht, dass Attacken nicht nur von außen stattfinden. Im Gegenteil, Statistiken belegen, dass der größere Anteil an Sicherheitsverletzungen innerhalb der Firewall, also von eigenen Mitarbeitern oder Vertragspartnern verursacht wird. Ein sicheres User-Management ist deshalb ebenso wichtig.

Lassen Sie sich von der neuen Architektur des Enterprise Manager nicht davon abhalten, deren Möglichkeiten zu nutzen. Sicher ist der EM vom Sicherheitsaspekt her gesehen sehr kritisch, da über ihn weitere Türen aufgestoßen werden können Auch eine Administration über öffentliche Netze ist sicher, wenn Sie die elementaren Sicherheitsregeln befolgen. In diesem Abschnitt erfahren Sie, was für einen sicheren Betrieb des Enterprise Manager erforderlich ist.

Die Basis für eine sichere Verwendung des Enterprise Manager ist eine sichere Übertragung zwischen Management Agent und Management Server sowie zwischen Management-Konsole und Management Server. Die Standardkonfiguration gestattet eine Übertragung mit HTTP.

Sie können eine gesicherte Übertragung mit dem HTTPS-Protokoll zwischen Agent und Management Server erzwingen. Die Konfiguration der sicheren Übertragung ist in Kapitel 2 »Oracle Grid Control« beschrieben.

Es gibt leider im Enterprise Manager selbst keine Möglichkeit, den Zugriff mit HTTP von der Konsole auf den Management Server zu verbieten. Allerdings haben Netzwerk- und Firewall-Administratoren Möglichkeiten, eine unsichere Übertragung auszuschließen.

Stellen Sie in jedem Fall sicher, dass die Kommunikation zwischen Konsole und Management Server sowie zwischen Management Server und Agent ausschließlich über HTTPS erfolgt.

Sie können im Enterprise Manager sehen, ob die Übertragung zwischen dem Agent und dem Management Server gesichert erfolgt. Gehen Sie auf die

Kapitel 13 Der Enterprise Manager

Startseite des Agents. Unter der Rubrik HOCHLADEN finden Sie die Zeile SICHERES HOCHLADEN. Die möglichen Werte sind JA und NEIN.

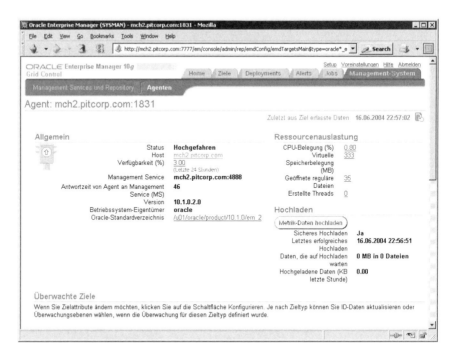

Abbildung 13.3:
Sichere Verbindung zwischen Management Agent und Management Server überprüfen

Der Enterprise Manager verwendet ein Agent Registration-Passwort, um zu überprüfen, dass der Management Agent autorisiert ist, seine Daten in den Management Service zu laden. Voraussetzung für die Verwendung eines Agent Registration-Passworts ist die Konfiguration einer sicheren Übertragung mit HTTPS zwischen Agent und Management Server.

Das Setzen der Kennwörter erfolgt im Enterprise Manager. Klicken Sie auf den Link SETUP. In der linken Menüleiste finden Sie den Eintrag REGISTRIERUNGSKENNWÖRTER (siehe Abbildung 13.4).

Schalten Sie für die Datenbank, in der sich das Repository des Enterprise Manager befindet, die Advanced Security-Features ein. Verwenden Sie Encryption und Checksumming. Hinweise zur Benutzung von Advanced Security finden Sie in Kapitel 17 »Datenbanksicherheit«.

Nach dem Einschalten von Encryption und Checksumming auf der Datenbankseite müssen die Features im Management Service aktiviert werden. Das erfolgt in der Datei $ORACLE_HOME/network/admin/emoms.properties. Setzen Sie die erforderlichen Parameter wie im folgenden Beispiel:

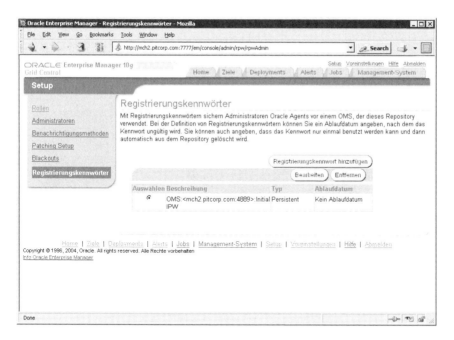

Abbildung 13.4:
Setzen von Registrierungskennwörtern für den Agent

```
oracle.sysman.emRep.dbConn.enableEncryption=true
oracle.net.encryption_client=REQUESTED
oracle.net.encryption_types_client=(DES40C)
oracle.net.crypto_checksum_client=REQUESTED
oracle.net.crypto_checksum_types_client=(MD5)
```

Mit der Aktivierung der Features auf beiden Seiten erfolgt eine sichere Übertragung zwischen Management Server und Management Repository.

Wenn Sie den Enterprise Manager in Ihrem Unternehmen einsetzen, dann werden Sie auf Firewalls stoßen, die entsprechend konfiguriert werden müssen.

Führen Sie die Konfiguration der Firewalls als letzen Schritt durch. Die Problemanalyse ist einfacher, wenn die Konfiguration auf Basis einer funktionierenden Architektur erfolgt.

:-)
TIPP

Wollen Sie Datenbankadministration von einem Ort durchführen, der sich außerhalb der Firma befindet, dann gibt es verschiedene Möglichkeiten zur Verbindung mit dem Management Server. Eine von Haus aus sichere Methode ist die Verwendung eines Virtual Private Network (VPN). Das VPN übernimmt die Verschlüsselung der Daten und Sie können arbeiten, als würden Sie sich innerhalb der Firewall befinden.

Eine andere Möglichkeit ist, die Verbindung zwischen Webbrowser und Management Server über ein öffentliches Netzwerk herzustellen. Benutzen

Sie in diesem Fall niemals eine unverschlüsselte Verbindung mit HTTP. Eine sichere Übertragung ist mit HTTPS gewährleistet. Um dies technisch zu garantieren, können Sie einfach den Port für HTTPS freischalten und den Port für HTTP sperren. Damit sind unsichere Verbindungen ausgeschlossen.

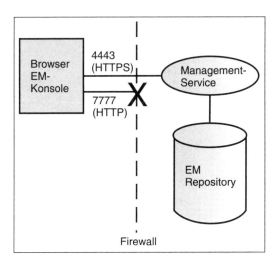

Abbildung 13.5: Konfiguration der Firewall zwischen Konsole und Management Server

Versucht ein Benutzer das HTTP-Protokoll über den HTTPS-Port zu verwenden, so erhält er eine Fehlermeldung. Ist der HTTP-Port gesperrt, gibt es keine andere Möglichkeit, als HTTPS zu verwenden.

Standardmäßig wird für den Zugriff auf den Management Server der Port 7777 (HTTP) bzw. 4443 (HTTPS) verwendet. Es ist durchaus sinnvoll, die Port-Nummern zu ändern, um so Hackerattacken zu erschweren. Hacker versuchen häufig, über bekannte Port-Nummern einzudringen bzw. Verbindungen zu stören.

Falls der Management Agent auf einem Server hinter einer Firewall installiert ist, dann müssen Sie zwei Konfigurationsschritte durchführen:

- Konfiguration der Firewall, so dass ankommende Anfragen über HTTPS durchgelassen werden
- Konfiguration des Management Agents zur Benutzung eines Proxy-Servers für das Hochladen von Daten zum Management Service

Standardmäßig wird der Port 1830 für die Übertragung verwendet. Auch dieser Port sollte geändert werden, um Hackerattacken zu erschweren.

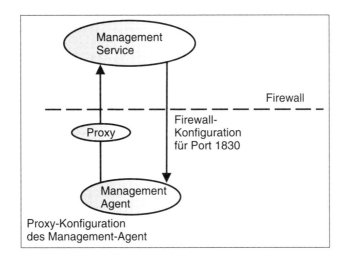

Abbildung 13.6:
Konfiguration des Management Agents für den Einsatz einer Firewall

Führen Sie die folgenden Schritte durch, um den Agent für den Proxy-Server zu konfigurieren.

1. Bearbeiten Sie die Konfigurationsdatei `emd.properties` im Verzeichnis `$ORACLE_HOME/sysman/config` mit einem Texteditor. Setzen Sie folgende Parameter:

   ```
   REPOSITORY_PROXYHOST=mch1.pitcorp.com
   REPOSITORY_PROXYPORT=8080
   ```

2. Führen Sie einen Neustart des Management Agents durch.

14 Weitere neue Features

Oracle 10g ist die Datenbank mit dem größten Umfang an neuen Features verglichen mit allen vorangegangenen neuen Versionen. Viele haben Sie bereits kennen gelernt. In diesem Kapitel finden Sie die neuen Features oder Verbesserungen, die produktübergreifenden Charakter haben oder sich nur schwer einem bestimmten Produkt oder einer Option zuordnen lassen.

14.1 Die Tablespace SYSAUX

Die Tablespace SYSAUX ist für die Aufnahme von Objekten bestimmt, die nicht dem Benutzer SYS gehören und normalerweise in der SYSTEM-Tablespace untergebracht wurden.

Oracle selbst geht auch mit gutem Beispiel voran und bringt eine ganze Reihe von Tabellen, wie im folgenden Listing zu sehen ist, in der Tablespace SYSAUX unter.

```
SQL> SELECT owner, count(*)
  2  FROM dba_tables
  3  WHERE tablespace_name = 'SYSAUX'
  4  GROUP BY owner;
OWNER                            COUNT(*)
------------------------------ ----------
CDCPUB                                  3
CTXSYS                                 26
DBSNMP                                  4
DMSYS                                  43
EXFSYS                                  8
MDSYS                                  24
OLAPSYS                               114
ORDSYS                                  4
SYS                                   184
SYSMAN                                302
SYSTEM                                 13
WKSYS                                  40
WK_TEST                                 9
WMSYS                                  33
XDB                                     6
```

Kapitel 14   Weitere neue Features

Die SYSAUX-Tablespace wird mit dem Erstellen der Datenbank angelegt. Die Syntax sehen Sie im folgenden Beispiel:

```
CREATE DATABASE kompend
MAXINSTANCES 1
MAXLOGHISTORY 1
MAXLOGFILES 32
MAXLOGMEMBERS 5
MAXDATAFILES 100
DATAFILE '/var/oracle/kompend/system01.dbf'
SIZE 300M EXTENT MANAGEMENT LOCAL
SYSAUX DATAFILE '/var/oracle/kompend/sysaux01.dbf'
SIZE 200M REUSE
DEFAULT TEMPORARY TABLESPACE
...
```

Mit der neuen Tablespace macht Oracle einen weiteren Schritt bei der Umsetzung von OFA-Richtlinien. In Oracle 10g können mit einem CREATE DATABASE-Befehl die Tablespaces SYSTEM, SYSAUX und TEMPORARY erstellt werden.

Die Tablespace SYSAUX ist zwingend notwendig für den Betrieb einer Oracle 10g-Datenbank. Bei einem Datenbank-Upgrade müssen Sie darauf achten, dass die Tablespace angelegt wird. Wenn Sie den Database Upgrade Assistant verwenden, dann wird die Tablespace automatisch angelegt. Detaillierte Informationen zu diesem Thema finden Sie in Kapitel 20 »Migration und Upgrade auf Oracle 10g«. Allerdings führt der Verlust der SYSAUX-Tablespace nicht zu einem System-Crash, sondern nur zum Verlust der abhängigen Funktionen.

14.2   Neue Verwaltungsfeatures

Erstmalig in der Geschichte von Oracle-Datenbanken gibt es einen DROP DATABASE-Befehl. Es werden alle Tablespace-Dateien, Online Redo Log-Dateien, Kontrolldateien sowie das SPFILE gelöscht. Nicht gelöscht werden Archived Redo Log-Dateien und Backups sowie Raw Partitions.

Eine Datenbank muss sich im MOUNT-Status befinden, damit sie gelöscht werden kann. Die Dateien werden gelöscht, anschließend wird die Instanz heruntergefahren.

```
SQL> startup mount restrict
ORACLE-Instance hochgefahren.
Total System Global Area   419430400 bytes
Fixed Size                    779160 bytes
Variable Size              393223272 bytes
Database Buffers            25165824 bytes
```

Neue Verwaltungsfeatures

```
Redo Buffers                262144 bytes
Datenbank mit MOUNT angeschlossen.
SQL> DROP DATABASE;
Datenbank gelöscht.
Verbindung zu Oracle Database 10g Enterprise Edition Release 10.1.0.2.0 -
 Production
With the Partitioning, Oracle Label Security, OLAP and Data Mining options
   beendet
```

Es erfolgt keine Sicherheitsabfrage. Wenn Sie den DROP DATABASE-*Befehl abschicken, wird die Datenbank unwiderruflich gelöscht.*

Oracle 10g stellt ein verbessertes Wait-Event-Modell zur Verfügung. Das Wait-Event-Modell registriert alle Ereignisse, die zu Wartezuständen führen, und speichert diese in V$-Views. Dies schafft die Voraussetzungen für ein erfolgreiches Tuning durch den Datenbankadministrator. Neben Erweiterungen von Views existiert eine Reihe neuer Views, die Sie in der folgenden Übersicht sehen:

- v$system_wait_class liefert Zeiten für Warte-Ereignisse sowie die in jeder Klasse verbrauchte Zeit für die gesamte Instanz.
- v$session_wait_class speichert die Anzahl von Warte-Ereignissen auf Sitzungsbasis.
- v$session_wait_history zeigt die letzten zehn Warte-Ereignisse für alle aktiven Sitzungen an.
- v$event_histogramm für die Darstellung eines Histogramms der Anzahl der Ereignisse sowie der maximalen und Gesamt-Wartezeit.
- v$file_histogram stellt ein Histogramm aller einzelnen Block-Lesevorgänge dar. Die Darstellung erfolgt pro Datei.
- v$temp_histogram liefert ein Histogramm aller Block-Lesevorgänge pro temporärer Datei.

In vorangegangen Versionen haben Sie wahrscheinlich Wartezustände durch eine Vereinigung der Views v$session und v$session_wait analysiert. In Oracle 10g erhalten Sie alle notwendigen Informationen durch Abfrage des Views v$session, so wie im folgenden Beispiel:

```
SQL> SELECT wait_class, count(username)
  2  FROM v$session
  3  GROUP BY wait_class;
 WAIT_CLASS     COUNT(USERNAME)
 ------------   ---------------
 Idle                         3
 Network                     12
```

Kapitel 14   Weitere neue Features

Neu ist auch die Spalte SERVICE_NAME in dem View v$session. Diese Erweiterung trägt dem Service-Konzept in Oracle 10g Rechnung.

```
SQL> SELECT service_name, count(*)
  2  FROM v$session
  3  GROUP BY service_name;
SERVICE_NAME              COUNT(*)
-------------------     ----------
SYS$BACKGROUND                  15
SYS$USERS                        4
dwhkomp.pitcorp.com              1
```

Das View v$event_name wurde erweitert um die Spalten WAIT_CLASS# und WAIT_CLASS. Klassen dienen der Gruppierung von Ereignissen und damit der besseren Übersichtlichkeit.

```
SQL> SELECT wait_class, name
  2  FROM v$event_name
  3  WHERE wait_class#=9;
WAIT_CLASS              NAME
--------------------    -----------------------------
System I/O              ksfd: async disk IO
System I/O              io done
System I/O              control file sequential read
System I/O              control file single write
System I/O              control file parallel write
System I/O              recovery read
System I/O              ARCH wait for pending I/Os
System I/O              LGWR sequential i/o
System I/O              LGWR random i/o
System I/O              RFS sequential i/o
...
```

Durch Abfrage des Views V$SYSTEM_WAIT_CLASS erhalten Sie eine sehr gute Gesamtübersicht aller systembezogenen Warte-Ereignissen nach Wait-Klassen.

```
SQL> SELECT wait_class, total_waits, time_waited
  2  FROM v$system_wait_class;
WAIT_CLASS           TOTAL_WAITS TIME_WAITED
-------------------- ----------- -----------
Other                         81        4632
Application                    6           0
Configuration                  5           6
Concurrency                    1           1
Commit                         6          17
Idle                       14501     5052370
```

```
Network               116        0
User I/O             3706     1861
System I/O           2521      271
```

14.3 Tabellen und Indexe

Für Index Organized Tables (IOT) gibt es in Oracle 10g eine Reihe von funktionalen Erweiterungen. So können IOTs jetzt mit der List-Partitioning-Option partitioniert werden. Das folgende Beispiel zeigt, wie eine IOT mit List Partitioning angelegt werden kann.

```
SQL> CREATE TABLE sales (
  2  sales_id     NUMBER,
  3  account#     VARCHAR2(10),
  4  account_name VARCHAR2(30),
  5  state        VARCHAR2(2),
  6  amount       NUMBER(8,2),
  7  PRIMARY KEY (sales_id, state))
  8  ORGANIZATION INDEX
  9  INCLUDING state
 10  OVERFLOW TABLESPACE users
 11  PARTITION BY LIST (state)
 12  (PARTITION east VALUES('NY','CT'),
 13  PARTITION west VALUES('OR','CA'),
 14  PARTITION other VALUES (DEFAULT));
Tabelle wurde angelegt.
```

Listing 14.1:
Eine IOT mit List Partitioning anlegen

Es gibt weitere gute Nachrichten für Data-Warehouse-Datenbanken. Partitionierte IOT-Tabellen können jetzt LOB-Spalten enthalten. In Listing 14.2 wird eine IOT mit Range Partitioning und einer LOB-Spalte angelegt.

```
SQL> CREATE TABLE iot_lob
  2  (id    NUMBER    PRIMARY KEY,
  3  text   CLOB)
  4  ORGANIZATION INDEX
  5  PARTITION BY RANGE (id)
  6  (PARTITION p1 VALUES LESS THAN (1000),
  7  PARTITION p2 VALUES LESS THAN (2000));
Tabelle wurde angelegt.
```

Listing 14.2:
Eine partitionierte IOT mit LOB-Spalte anlegen

Der neue Enterprise Manager bietet eine umfangreiche Funktionalität zur Bearbeitung von Partitionen und partitionierten Indexen.

Abbildung 14.1:
Partitionen im Enterprise Manager bearbeiten

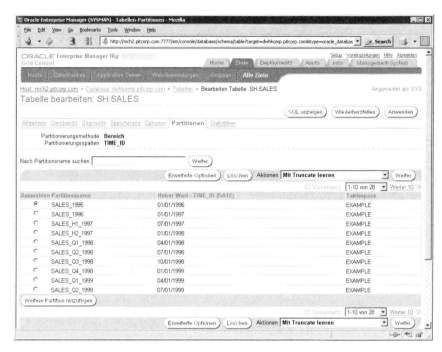

14.4 DML und DDL

Oracle 10g stellt eine Funktionalität zur Verfügung, mit der es möglich ist, eine Tabellenkalkulation in der Datenbank durchzuführen. Gerade im Data-Warehouse-Umfeld ist es weit verbreitet, SQL-Abfragen an die Datenbank zu stellen und das Ergebnis in ein Tabellenkalkulationsprogramm zu laden. Dort werden die Daten nachbereitet bzw. weiteraufbereitet. Das Feature wird auch als *SQL-MODEL* bezeichnet. Weitere Informationen zu diesem Thema finden Sie in Kapitel 12 »Data Warehouse und Business Intelligence«.

Für hierarchische SQL-Abfragen wird häufig die CONNECT BY PRIOR-Option verwendet. Für diesen Zweck wurden folgende neue Pseudo-Spalten in Oracle 10g geschaffen:

- CONNECT_BY_ISCYCLE
- CONNECT_BY_ISLEAF
- CONNECT_BY_ROOT

Eine typische hierarchische Tabelle ist emp im Schema scott. Die Spalte empno enthält die eindeutige ID eines jeden Mitarbeiters. In der Spalte mgr befindet sich die Mitarbeiter-ID des Vorgesetzten. So ist der Vorgesetzte des Mitarbeiters SMITH der Mitarbeiter FORD mit der ID 7902. Der Mitarbeiter KING ist Präsident, richtigerweise steht niemand in der Hierarchie darüber.

```
SQL> SELECT empno, ename, job, mgr
  2  FROM emp;
     EMPNO ENAME      JOB              MGR
---------- ---------- --------- ----------
      7369 SMITH      CLERK           7902
      7499 ALLEN      SALESMAN        7698
      7521 WARD       SALESMAN        7698
      7566 JONES      MANAGER         7839
      7654 MARTIN     SALESMAN        7698
      7698 BLAKE      MANAGER         7839
      7782 CLARK      MANAGER         7839
      7788 SCOTT      ANALYST         7566
      7839 KING       PRESIDENT
      7844 TURNER     SALESMAN        7698
      7876 ADAMS      CLERK           7788
      7900 JAMES      CLERK           7698
      7902 FORD       ANALYST         7566
      7934 MILLER     CLERK           7782
```

Für eine hierarchische Darstellung der Unterstellungsverhältnisse würden Sie eine SQL-Abfrage ähnlich wie in Listing 14.3 wählen.

```
SQL> SELECT LPAD(' ', level)||ename Mitarbeiter, level
  2  FROM emp
  3  START WITH ename='KING'
  4* CONNECT BY PRIOR empno=mgr;
MITARBEITER          LEVEL
-------------------- ----------
 KING                     1
  JONES                   2
   SCOTT                  3
    ADAMS                 4
   FORD                   3
    SMITH                 4
  BLAKE                   2
   ALLEN                  3
   WARD                   3
   MARTIN                 3
   TURNER                 3
   JAMES                  3
  CLARK                   2
   MILLER                 3
```

Listing 14.3:
Hierarchische Darstellung in einer SQL-Abfrage

Eine andere Darstellungsform mit Anzeige des Pfades liefert die Abfrage in Listing 14.4.

Listing 14.4:
Hierarchische Abfrage mit Darstellung des Pfades

```
SQL> SELECT ename, level, SYS_CONNECT_BY_PATH(ename, '/') path
  2  FROM emp
  3  START WITH ename='KING'
  4  CONNECT BY PRIOR empno=mgr;
ENAME           LEVEL PATH
---------- ---------- ------------------------------
KING                1 /KING
JONES               2 /KING/JONES
SCOTT               3 /KING/JONES/SCOTT
ADAMS               4 /KING/JONES/SCOTT/ADAMS
FORD                3 /KING/JONES/FORD
SMITH               4 /KING/JONES/FORD/SMITH
BLAKE               2 /KING/BLAKE
ALLEN               3 /KING/BLAKE/ALLEN
WARD                3 /KING/BLAKE/WARD
MARTIN              3 /KING/BLAKE/MARTIN
TURNER              3 /KING/BLAKE/TURNER
JAMES               3 /KING/BLAKE/JAMES
CLARK               2 /KING/CLARK
MILLER              3 /KING/CLARK/MILLER
```

Die Pseudo-Spalte CONNECT_BY_ISLEAF liefert den Wert »1« zurück, wenn der Satz einen Endknoten in der Hierarchie darstellt, sonst den Wert »0«.

Listing 14.5:
Beispiel für die Pseudospalte connect_by_isleaf

```
SQL> SELECT ename, level, connect_by_isleaf Leaf,
  2  SYS_CONNECT_BY_PATH(ename, '/') path
  3  FROM emp
  4  START WITH ename='KING'
  5  CONNECT BY PRIOR empno=mgr;
ENAME           LEVEL       LEAF PATH
---------- ---------- ---------- ------------------------
KING                1          0 /KING
JONES               2          0 /KING/JONES
SCOTT               3          0 /KING/JONES/SCOTT
ADAMS               4          1 /KING/JONES/SCOTT/ADAMS
FORD                3          0 /KING/JONES/FORD
SMITH               4          1 /KING/JONES/FORD/SMITH
BLAKE               2          0 /KING/BLAKE
ALLEN               3          1 /KING/BLAKE/ALLEN
WARD                3          1 /KING/BLAKE/WARD
MARTIN              3          1 /KING/BLAKE/MARTIN
TURNER              3          1 /KING/BLAKE/TURNER
JAMES               3          1 /KING/BLAKE/JAMES
CLARK               2          0 /KING/CLARK
MILLER              3          1 /KING/CLARK/MILLER
```

Die Pseudo-Spalte CONNECT_BY_ISCYCLE liefert eine »1« zurück, wenn ein interner Loop besteht. Im selben Stil beschreibt die Spalte CONNECT_BY_ROOT den Wert des obersten Knotens.

Oracle 10g stellt die neue Pseudo-Spalte `ORA_ROWSCN` zur Verfügung. Die Spalte enthält für jede Version der Zeile die System Change Number (SCN). Mit Hilfe der Funktion `SCN_TO_TIMESTAMP` kann die SCN in einen Timestamp umgewandelt werden.

```
SQL> SELECT ora_rowscn, ename
  2  FROM emp;
ORA_ROWSCN ENAME
---------- ----------
    581676 SMITH
    581676 ALLEN
    581676 WARD
    581676 JONES
    581676 MARTIN
    581676 BLAKE
    581676 CLARK
    581676 SCOTT
    581676 KING
    581676 TURNER
    581676 ADAMS
    581676 JAMES
    581676 FORD
    581676 MILLER
SQL> SELECT SCN_TO_TIMESTAMP(ora_rowscn) Zeit, ename
  2  FROM emp
ZEIT                            ENAME
------------------------------- ----------
28.06.04 16:34:11,000000000 SMITH
28.06.04 16:34:11,000000000 ALLEN
28.06.04 16:34:11,000000000 WARD
28.06.04 16:34:11,000000000 JONES
28.06.04 16:34:11,000000000 MARTIN
28.06.04 16:34:11,000000000 BLAKE
28.06.04 16:34:11,000000000 CLARK
28.06.04 16:34:11,000000000 SCOTT
28.06.04 16:34:11,000000000 KING
28.06.04 16:34:11,000000000 TURNER
28.06.04 16:34:11,000000000 ADAMS
28.06.04 16:34:11,000000000 JAMES
28.06.04 16:34:11,000000000 FORD
28.06.04 16:34:11,000000000 MILLER
```

14.5 Tablespace-Verwaltung

In Oracle 10g existiert ein neues Feature mit dem Namen *Temporary Tablespace Group*. In einer Gruppe werden Temporary Tablespaces zusammengefasst. Eine Gruppe wird nicht explizit angelegt, sie entsteht, sobald die erste Temporary Tablespace zugewiesen wird.

Wo liegen nun die Vorteile solcher Gruppen? Es können mehrere Temporary Tablespaces für eine Datenbank angesprochen werden. Benutzer können mehrere Temporary Tablespaces in verschiedenen Sitzungen gleichzeitig verwenden. Weiterhin kann eine einzige SQL-Anweisung mehrere Temporary Tablespaces für Sortiervorgänge benutzen.

Wie im folgenden Beispiel können Sie beim Erstellen einer Temporary Tablespace eine Gruppe zuweisen.

```
SQL> CREATE TEMPORARY TABLESPACE temp02
  2  TEMPFILE '/opt/oracle/dwhkomp/temp02.dbf'
  3  SIZE 500M
  4  TABLESPACE GROUP temp_g1;
Tablespace wurde angelegt.
```

Vorhandene Tablespaces können ebenfalls Gruppen zugeordnet werden.

```
SQL> ALTER TABLESPACE temp
  2  TABLESPACE GROUP temp_g1;
Tablespace wurde geändert.
```

In diesem Zusammenhang wurde das View DBA_TABLESPACE_GROUPS eingeführt. Es gibt Ihnen eine Übersicht der vorhandenen Tablespace-Gruppen.

```
SQL> SELECT * FROM dba_tablespace_groups;
GROUP_NAME                      TABLESPACE_NAME
------------------------------  ----------------
TEMP_G1                         TEMP
TEMP_G1                         TEMP02
```

Mit der folgenden Anweisung werden einem Benutzer mehrere Temporary Tablespaces zugewiesen. Eine einzige SQL-Anweisung des Benutzers komp10g kann damit mehrere Temporary Tablespaces verwenden.

```
SQL> ALTER USER komp10g
  2  TEMPORARY TABLESPACE temp_g1;
Benutzer wurde geändert.
```

In Oracle 10g ist es nun möglich, Tablespaces mit einem einzigen Befehl umzubenennen. Beachten Sie jedoch die folgenden Einschränkungen:

- Der Parameter COMPATIBLE muss mindestens auf 10.1.0 gesetzt sein.
- Die Tablespace muss den Status ONLINE besitzen.
- Alle Tablespace-Dateien müssen den Status ONLINE besitzen.
- Die Tablespaces SYSTEM und SYSAUX können nicht umbenannt werden.

Tablespace-Verwaltung   Kapitel 14

```
SQL> ALTER TABLESPACE users RENAME TO tools;
Tablespace wurde geändert.
```

Mit der Änderung des Namens wird auch der Name der Default Tablespace der einzelnen Benutzer geändert.

Das Feature vereinfacht sowohl die Tablespace-Migration innerhalb einer Datenbank als auch den Transport von Tablespaces zwischen Datenbanken.

Eine *Bigfile Tablespace (BFT)* besteht aus nur einer Tablespace-Datei, die sehr groß werden kann. Die Vorteile der Verwendung von Bigfile Tablespaces liegen vor allem im Data-Warehouse-Umfeld. Der Administrationsaufwand wird vermindert, da die Anzahl der zu verwaltenden Dateien deutlich reduziert wird. BFTs können bis zu acht Exabyte (das sind acht Millionen Terabyte) groß werden. Bigfile Tablespaces werden vom Automatic Storage Management unterstützt. Eine ASM-Datei kann dabei bis zu 2,4 Terabyte groß werden.

Detaillierte Informationen zum Thema ASM finden Sie in Kapitel 4 »Die sich selbst verwaltende Datenbank«.

Das Anlegen einer Bigfile Tablespace erfolgt mit der Option BIGFILE.

```
SQL> CREATE BIGFILE TABLESPACE big_ts
  2  DATAFILE '/opt/oracle/dwhkomp/big_ts.dbf'
  3  SIZE 5000M;
Tablespace wurde angelegt.
```

Eine Erweiterung der Tablespace erfolgt mit der RESIZE-Option. In das View DBA_TABLESPACES wurde zusätzlich die Spalte BIGFILE aufgenommen, um die Tablespace-Typen unterscheiden zu können.

```
SQL> SELECT tablespace_name, bigfile
  2  FROM dba_tablespaces;
TABLESPACE_NAME                 BIG
------------------------------  ---
SYSTEM                          NO
UNDOTBS1                        NO
SYSAUX                          NO
TEMP                            NO
USERS                           NO
EXAMPLE                         NO
TEMP02                          NO
BIG_TS                          YES
```

Kapitel 14   Weitere neue Features

Bigfile Tablespaces weisen ein anderes ROWID-Format auf. Die ROWID besteht aus vier Teilen, enthält jedoch keine relative Dateinummer:

- Objektnummer des Segments (6-stellig)
- Verschlüsselte Blocknummer (9-stellig)
- Slot-Nummer zur Identifizierung einer Zeile innerhalb eines Blocks (3-stellig)

Neu sind auch Plattform-übergreifende Transportable Tablespaces. Das heißt, Sie können eine Tablespace z.B. aus einer Windows-Datenbank in eine Solaris-Datenbank transportieren. Diese Methode ist natürlich wesentlich effizienter als Export und Import. Der Plattformnamen Ihrer Datenbank ist in dem View V$DATABASE gespeichert.

```
SQL> SELECT name, platform_id, platform_name
  2  FROM v$database;
NAME       PLATFORM_ID PLATFORM_NAME
---------- ----------- -----------------------
DWHKOMP             10 Linux IA (32-bit)
```

Oracle unterstützt zurzeit zehn Plattformen für Transportable Tablespaces. Sie sind in Tabelle 14.1 zusammengefasst.

Tabelle 14.1: Unterstützte Plattformen für Transportable Tablespaces

ID	Plattform-Name	Endian
1	Solaris [tm] OE (32-bit)	Big
2	Solaris [tm] OE (64-bit)	Big
3	HP-UX (64-bit)	Big
4	HP-UX IA (64-bit)	Big
5	HP Tru64 UNIX	Little
6	AIX-Based Systems (64-bit)	Big
7	Microsoft Windows NT	Little
10	Linux IA (32-bit)	Little
11	Linux IA (64-bit)	Little
15	HP Open VMS	Little

Transportable Tablespaces werden in vielen Oracle-Produkten und -Optionen verwendet. Angefangen bei Backup and Recovery über Oracle Streams, Standby-Datenbanken bis zum Data Warehouse. Beachten Sie jedoch folgende Einschränkungen:

- Beide Datenbanken müssen denselben Zeichensatz und nationalen Zeichensatz verwenden.
- Auf der Zieldatenbank darf keine Tablespace mit demselben Namen existieren. Sie können ggf. die Tablespace in der Zieldatenbank umbenennen.
- Die zu transportierenden Tablespaces müssen »self-contained« sein, das heißt, es dürfen keine Abhängigkeiten nach außen bestehen.

Beim Transport einer Tablespace auf eine andere Plattform muss keine Konvertierung vorgenommen werden, wenn beide Datenbanken dasselbe Endian-Format besitzen. Das Endian-Format legt fest, ob die Plattform bei Repräsentation einer Zahl zuerst das hochwertigere Byte (Big Endian) oder das niederwertigere Byte (Little Endian) verwendet.

Wollen Sie z.B. eine Tablespace von Windows (Little Endian) nach Solaris (Big Endian) transportieren, dann müssen Sie eine Konvertierung mit dem Recovery Manager vornehmen.

```
RMAN> CONVERT TABLESPACE 'TOOLS'
TO PLATFORM = 'Solaris [tm] OE (64-bit)'
DB_FILE_NAME_CONVERT = 'D:\oracle\oradata\tools01.dbf',
   '/var/oracle/komp10g/tools01.dbf';
```

14.6 Initialisierungsparameter

In Tabelle 14.2 finden Sie eine Zusammenstellung der neuen Parameter in Oracle 10g.

Name	Standardwert	Beschreibung
create_stored_outlines	NULL	Legt fest, ob Oracle automatisch Outlines für jede SQL-Anweisung speichern soll. Mögliche Werte sind TRUE oder FALSE.
db_flashback_retention_target	1440	Maximalzeit in Minuten für die Aufbewahrung von Flashback-Informationen
db_recovery_file_dest	NULL	Standardverzeichnis für die Flash Recovery Area
db_recovery_file_dest_size	0	Obergrenze für den Platz in der Flash Recovery Area

Tabelle 14.2: Neue Initialisierungsparameter in Oracle 10g

Tabelle 14.2: Neue Initialisierungsparameter in Oracle 10g (Forts.)

Name	Standardwert	Beschreibung
db_unique_name	db_name	Name für die eindeutige Identifikation der Datenbank in einer Data-Guard-Architektur
ddl_wait_for_locks	FALSE	Legt fest, ob DDL-Befehle warten und zu Ende ausgeführt werden sollen anstelle eines Timeouts, wenn nicht alle Locks möglich sind
instance_type	RDBMS	Legt fest, ob es sich um eine Datenbank-Instanz oder eine ASM-Instanz handelt. Mögliche Werte sind RDBMS und ASM
ldap_directory_access	NULL	Benutzung eines LDAP-Servers für die Identifizierung von Benutzern
log_archive_config	NULL	Aktiviert das Senden von Redo Log-Dateien zu anderen Servern
plsql_code_type	INTERPRETED	Übersetzungsmodus für PL/SQL. Mögliche Werte sind INTERPRETED und NATIVE
plsql_debug	FALSE	Legt fest, ob SQL-Quellcode zum Debuggen übersetzt wird
plsql_optimize_level	1	Höhere Werte veranlassen den Compiler zu einer besseren Optimierung. Mögliche Werte sind 0, 1 und 2
plsql_warnings	NULL	Aktivieren von Warnungen des Compilers
resumable_timeout	0	Aktivieren des Resumable Timeouts
sga_target	0	Automatische Größenzuweisung von Shared-Memory-Komponenten
skip_unusable_indexes	TRUE	Fehlerhafte Indexe ignorieren
smtp_out_server	NULL	Spezifiziert SMTP-Server und -Port
sqltune_category	DEFAULT	Legt die Kategorie für SQL-Profile fest
streams_pool_size	0	Größe des Streams Pools für Buffered Queues

Teil 2 Administration von Datenbank und Infrastruktur

Kapitel 15: Die Oracle-Datenbank-Architektur 343
Kapitel 16: Planung und Realisierung einer Datenbank-Infrastruktur 359
Kapitel 17: Datenbanksicherheit 399
Kapitel 18: Datenbank-Tuning 437
Kapitel 19: Backup and Recovery 491

15 Die Oracle-Datenbank-Architektur

Dieses Kapitel gibt Ihnen einen Einblick in die Architektur der Oracle-10g-Datenbank. Die Kenntnis der Architektur ist für den Administrator äußerst wichtig. Nur wenn Sie Aufbau, Zusammenhänge und Prozessabläufe kennen, sind Sie in der Lage, Architekturen zu planen, zu implementieren und zu optimieren sowie Fehler vorzeitig zu erkennen und zu beseitigen.

Es gehört mit Sicherheit ein gewisses Maß an Übung und Erfahrung dazu, um die gesamte Architektur kennen zu lernen und zu verstehen. In diesem Kapitel finden Sie eine Übersicht der wichtigsten Architektur-Komponenten. Es ist eine Einführung und kann später zum Nachschlagen dienen.

Wir verwenden in diesem Buch bewusst, soweit sinnvoll, die englischen Originalbegriffe und übersetzen diese nur zögerlich. Das hilft Ihnen, die Dokumentationen flüssiger zu lesen.

15.1 Übersicht der Architektur

Die wohl wichtigsten und am häufigsten verwendeten Begriffe sind *Datenbank* und *Instanz*. Eine Datenbank ist die Zusammenfassung von physischen Dateien wie Tablespace-Dateien, Log-Dateien, Kontrolldateien. Eine Instanz besteht aus Hauptspeicherstrukturen wie Shared-Memory-Segmenten und Server-Prozessen.

Zu jeder Datenbank gehört mindestens eine Instanz. Eine Datenbank kann mehrere Instanzen bedienen, wie das bei Real Application Clusters (RAC), dem Nachfolger von Oracle Parallel Server, der Fall ist.

Ausführliche Informationen zu diesem Thema finden Sie in Teil 5 »Real Application Clusters«.

Die Struktur der Datenbank

Eine Oracle-Datenbank wird nach logischen und physischen Strukturen unterschieden. Logische Strukturen sind Schema-Objekte wie Tabellen, Indexe oder Segmente. Physische Strukturen sind Dateien auf Betriebssystemebene wie Tablespace-Dateien oder Kontrolldateien.

Im Folgenden sind die grundlegenden Komponenten in der logischen Struktur beschrieben.

- *Tablespaces* sind Unterteilungseinheiten der Datenbank. Eine Tablespace gruppiert logische Strukturen zusammen. So können die Objekte einer Anwendung in einer Tablespace zusammengefasst werden. Eine Oracle-Datenbank besteht aus mehreren Tablespaces. In der SYSTEM-Tablespace befindet sich u.a. der Datenbankkatalog. Es kann keine Datenbank ohne SYSTEM-Tablespace geben.

- *Datenblöcke* sind die kleinste Speichereinheit in Oracle. Ein Oracle-Datenblock ist das Vielfache eines Datenblocks des Betriebssystems. Zulässige Blockgrößen in Oracle 10g sind 2 Kbyte, 4 Kbyte, 8 Kbyte, 16 Kbyte und 32 Kbyte.

- *Extents* sind Gruppen von kontinuierlich zusammenhängenden Datenblöcken.

Segmente sind Gruppen von Extents, die eine logische Struktur bilden. Solche logische Strukturen sind Tabellen, Indexe, Cluster usw.

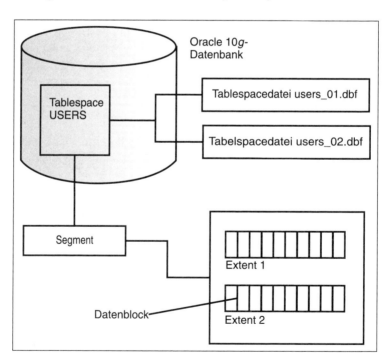

Abbildung 15.1: Dateistruktur einer Oracle-Datenbank

In Oracle 10g gibt es elf Typen von Segmenten. Im Wesentlichen sind das Daten- und Index-Segmente sowie Rollback- (bzw. UNDO-) und temporäre Segmente. Dazu kommen spezielle Segmente für LOBs, Cluster und Partitionen. Die elf Typen sind:

- CLUSTER
- INDEX
- INDEX PARTITION
- LOB PARTITION
- LOBINDEX
- LOBSEGMENT
- NESTED TABLE
- ROLLBACK
- TABLE
- TABLE PARTITION
- TYPE2 UNDO

Die Oracle-Datenbankstruktur besteht aus folgenden Dateigruppen:

- Tablespace-Dateien
- Kontrolldateien
- Redo Log-Dateien
- Flashback-Dateien

Tablespace-Dateien sind die physische Umsetzung der Tablespaces. Eine Tablespace kann aus mehreren Tablespace-Dateien bestehen, andererseits kann eine Tablespace-Datei nur einer Tablespace zugeordnet sein.

Redo Log-Dateien speichern alle Änderungen, die in der Datenbank gemacht werden. Jede Datenbank benötigt mindestens zwei Online Redo Log-Dateien. Redo Log-Dateien können gespiegelt werden.

Jede Datenbank benötigt mindestens eine *Kontrolldatei*. Sie speichert Informationen über die physische Datenbankstruktur, wie den Datenbanknamen oder die Namen und Verzeichnisse der Tablespace- und Redo Log-Dateien. Auch die Kontrolldatei kann gespiegelt werden.

Die Struktur der Instanz

Die Strukturen der Instanz werden benutzt, um Datenbankobjekte in den Hauptspeicher zu laden und damit die Verarbeitungsgeschwindigkeit zu erhöhen. Die Hauptspeicherstrukturen werden initialisiert, wenn die Instanz gestartet wird.

Kapitel 15   Die Oracle-Datenbank-Architektur

Physisch gibt es Unterschiede zwischen Unix und Windows. Während unter Unix separate Server-Prozesse gestartet werden, wird unter Windows jeweils ein Thread vom Hauptprogramm `oracle.exe` *generiert.*

Der wesentliche Teil der Instanz ist die System Global Area (SGA), die sich im Shared Memory befindet. Dagegen befindet sich die Program Global Area (PGA) im Non-Shared Memory.

Die System Global Area setzt sich aus den folgenden Grundstrukturen zusammen:

- Database Buffer Cache
- Redo Log Buffer
- Shared Pool
- Java Pool
- Large Pool
- Streams Pool
- Data Dictionary Cache

Abbildung 15.2 zeigt die Oracle-Hauptspeicher-Strukturen in einer Übersicht.

Abbildung 15.2:
Die Strukturen einer Instanz

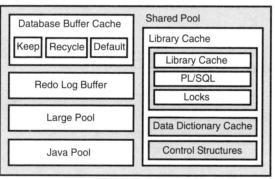

Der Database Buffer Cache

Der Buffer Cache hält Kopien von Datenblöcken der Tablespaces im Hauptspeicher. Er kann von allen Server-Prozessen benutzt werden, die mit der Datenbank verbunden sind. Es gibt drei Buffer-Arten:

- *Dirty Buffer* sind Blöcke, die in die Dateien geschrieben werden müssen, da sie gegenüber dem Original in der Datei verändert wurden.
- *Free Buffer* enthalten keine Daten bzw. stehen zum Überschreiben zur Verfügung. Sie werden gefüllt mit Daten von der Festplatte.
- *Pinned Buffer* sind Datenblöcke, die gerade benutzt werden oder für zukünftige Benutzung reserviert sind.

Seit Oracle9i gibt es die dynamische SGA. Die Größen von Buffer Cache, Shared Pool und Large Pool können verändert werden, ohne die Instanz herunterzufahren.

Oracle verwendet zwei Listen, um den Buffer Cache zu verwalten. Die *Write List* (auch Dirty Buffer List genannt) registriert alle Buffer, die verändert wurden und auf die Platte geschrieben werden müssen. Die *LRU-Liste* (Least Recently Used List) enthält FreeBuffer, Pinned Buffer und Dirty Buffer, die noch nicht in der Write List stehen. In der LRU-Liste stehen die zuletzt benutzten Blöcke vorn.

Wenn ein Prozess auf den Buffer zugreift, dann werden die Datenblöcke an den Anfang der LRU-Liste gesetzt. Gleichzeitig werden Buffer aus dem Ende der Liste herausgeschoben. Mit diesem Mechanismus wird garantiert, dass sich häufig benutzte Daten immer im Buffer Cache befinden.

Es gibt eine Ausnahme von dieser Vorgehensweise, nämlich dann, wenn ein Full Table Scan durchgeführt wird. In diesem Fall werden die Buffer an das Ende der LRU-Liste geschrieben. Damit wird verhindert, dass der Buffer Cache komplett durchgespült wird und andere häufig benutzte Buffer überschrieben werden.

Fordert ein Oracle-Prozess einen Datenblock an, wird zuerst geprüft, ob sich dieser im Buffer Cache befindet. Ist der Block im Buffer Cache verfügbar, dann nennt man diese Situation einen *Cache Hit*. Wenn der Block im Buffer Cache nicht verfügbar ist, muss er von der Festplatte gelesen werden. Dies nennt man einen *Cache Miss*.

Bevor Oracle einen Datenblock von der Festplatte in den Buffer Cache laden kann, muss ein freier Buffer gefunden werden. Der Server-Prozess sucht, bis er einen freien Buffer gefunden hat oder bis ein Schwellenwert erreicht wird.

Findet der Prozess während dieses Suchlaufs einen Dirty Buffer, entfernt er diesen von der LRU-Liste und trägt ihn in die Write-Liste ein. Anschließend sucht er weiter. Findet der Prozess einen freien Buffer, lädt er den Block aus der Tablespace und trägt ihn am Anfang der LRU-Liste ein.

Hat der Prozess bei Erreichen des Schwellenwertes keinen freien Buffer gefunden, hört er auf zu suchen und signalisiert die Situation dem Database-Writer-Prozess. Der Database-Writer-Prozess schreibt dann Dirty Buffer in die Tablespaces.

In Oracle 10g ist es möglich, verschiedene Blockgrößen in einer Datenbank zu verwalten. Folgerichtig gibt es für jede verwendete Blockgröße einen eigenen Buffer Cache.

Es gibt drei Buffer-Cache-Typen, KEEP-, RECYCLE- und DEFAULT-Buffer.

Während der KEEP-Buffer momentan nicht benötigte Blöcke behält, werden sie vom RECYCLE-Buffer sofort entfernt, wenn sie nicht mehr gebraucht werden. Der DEFAULT-Buffer benutzt den LRU-Mechanismus wie beschrieben.

KEEP- und RECYCLE-Buffer gibt es nur für die Standard-Blockgröße der Datenbank. Subcaches für andere Blockgrößen sind immer DEFAULT-Buffer.

Redo Log Buffer

Der *Redo Log Buffer* hält die Daten für die Redo Log-Dateien. Das sind Änderungen, die in der Datenbank mittels INSERT-, UPDATE-, DELETE-, CREATE-, ALTER- oder DROP-Anweisungen gemacht werden. Der Log-Writer-Prozess (LGWR) schreibt die Daten in die aktive Online Redo Log-Datei.

Library Cache

Der *Library Cache* enthält SQL-Anweisungen, PL/SQL-Prozeduren und -Pakete sowie Kontrollstrukturen wie z.B. Locks. Oracle unterscheidet SQL-Befehle danach, ob sie in der *Shared SQL Area* oder in der *Private SQL Area* ausgeführt werden.

Befindet sich eine SQL-Anweisung in der Shared SQL Area, wurde sie bereits geparst und es existiert ein Explain-Plan. Führt jetzt ein anderer Benutzer dieselbe Anweisung aus, kann der Parsing-Prozess eingespart und die Anweisung sofort ausgeführt werden.

Es gibt SQL-Anweisungen, die nicht in der Shared SQL Area ausgeführt werden können. Das ist z.B. dann der Fall, wenn mit Binde-Variablen gearbeitet wird. Dann schreibt Oracle die Anweisung in die Private SQL Area, wo es eine Verwaltung für Binde-Variablen gibt.

Oracle führt PL/SQL-Programme auf dieselbe Art und Weise aus wie SQL-Anweisungen. Sie werden in die *Shared PL/SQL Area* geladen.

Data Dictionary Cache

Der *Data Dictionary Cache* speichert Objekte aus dem Datenbankkatalog. Der Datenbankkatalog ist eine Sammlung von Tabellen und Views, die Metadaten über die Datenbank speichern. Oracle greift regelmäßig beim Parsen von SQL-Anweisungen auf den Datenbankkatalog zu.

Large Pool

Der *Large Pool* ist ein optionaler Speicherbereich für die folgenden Objekte:

- Speicher für die Sitzungen beim Shared Server
- I/O-Server-Prozess
- Backup- und Restore-Operationen
- Message Buffer für parallele Abfragen

Streams Pool

Der *Streams Pool* wurde in Oracle 10g eingeführt. Er dient der Speicherung von Buffered Queues. Bufferd Queues besitzen signifikante Performance-Vorteile gegenüber herkömmlichen Queues. Buffered Queues kommen vorwiegend im Rahmen von Oracle Streams zum Einsatz.

Die Größe des Streams Pools wird mit dem Initialisierungsparameter STREAMS_POOL_SIZE festgelegt.

Program Global Area (PGA)

Die PGA befindet sich im Gegensatz zur SGA nicht im Shared Memory, sondern im Non-Shared Memory. Der Inhalt der PGA ist abhängig vom Datenbankmodus. In einem Dedicated Server speichert die PGA den Stack Space und Sitzungsinformationen. In einem Shared Server speichert die PGA nur den Stack Space, während sich die Sitzungsinformationen in der SGA befinden.

Ein wichtiger Bestandteil der PGA ist die Sort Area. Sortieroperationen werden bei SQL-Anweisungen mit ORDER BY oder GROUP BY, aber auch beim Erstellen von Indexen ausgeführt. Im Shared Server befindet sich die Sort Area in der SGA.

Kapitel 15   Die Oracle-Datenbank-Architektur

15.2 Hintergrundprozesse

Die Hintergrundprozesse stellen die Verbindung zwischen den Dateien der Datenbank und den Hauptspeicherstrukturen der Instanz her. Die Prozesse werden von der Instanz verwaltet und müssen nicht administriert werden.

Die Server-Prozesse, die für einen Benutzer in einer Client/Server-Umgebung gestartet werden, sind keine Hintergrundprozesse. Sie werden auch als auf dem Server laufende Benutzerprozesse bezeichnet.

In Abbildung 15.3 sehen Sie die Beziehungen zu den Hintergrundprozessen.

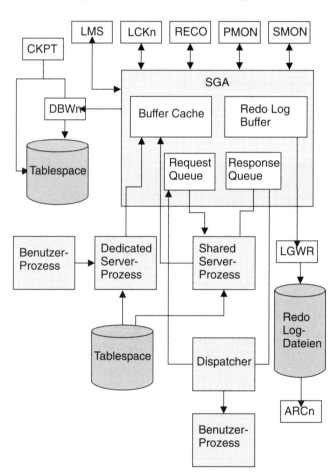

Abbildung 15.3: Die wichtigsten Hintergrundprozesse in Oracle 10g

Jeder Hintergrundprozess erfüllt eine bestimmte Funktion. Nur wenn alle notwendigen Prozesse fehlerfrei laufen, ist die Datenbank funktionsfähig. Im Folgenden sind die Funktionen der einzelnen Prozesse beschrieben.

- Der *System Monitor (SMON)* führt beim Starten der Instanz, falls erforderlich, ein Instance oder Crash Recovery durch. Außerdem ist SMON für das Löschen von temporären Segmenten verantwortlich, die nicht mehr benutzt werden. SMON erwacht regelmäßig und kontrolliert, ob er gebraucht wird. Andere Prozesse rufen SMON auf, wenn sie feststellen, dass eine Aufgabe auszuführen ist.

- Der *Process Monitor (PMON)* entfernt Benutzerprozesse, die nicht erfolgreich beendet wurden. Gleichzeitig gibt er alle Ressourcen frei, die der Prozess benutzt hat. Wie SMON wacht PMON regelmäßig auf und überprüft, ob Aufgaben zu erledigen sind.

- Der *Database Writer (DBWn)* ist verantwortlich für die Verwaltung des Inhalts des Data Buffer Cache. Seine Hauptaufgabe ist es, aus dem Buffer Cache in die Dateien der Tablespaces zu schreiben. Obwohl ein DBWR-Prozess (DBW0) im Normalfall ausreicht, können Sie weitere Prozesse konfigurieren, um die Performance zu verbessern. DBW*n* schreibt Dirty Buffer, die am Ende der LRU-Liste stehen, in die Dateien. DBW*n* wird unter den folgenden Bedingungen aktiv:
  - Ein Server-Prozess kann keinen freien Buffer finden und erreicht den Schwellenwert für das Suchen nach freien Buffern. Daraufhin benachrichtigt er den DBW*n*-Prozess.
  - Periodisch, wenn ein Checkpoint ausgeführt wird

- Der *Log Writer (LGWR)* ist verantwortlich für die Verwaltung der Redo Log Buffer. Er schreibt Redo Log Buffer in die Redo Log-Dateien auf der Festplatte. LGWR wird zu den folgenden Ereignissen aktiviert:
  - COMMIT-Anweisung durch einen Benutzerprozess
  - alle drei Sekunden
  - wenn der Redo Log Buffer zu einem Drittel gefüllt ist
  - wenn der DBW*n*-Prozess Dirty Buffer auf die Festplatte schreibt

- Checkpoints zwingen den DBW*n*-Prozess, alle Dirty Buffer auf die Festplatte zu schreiben. Der *Checkpoint Process (CKPT)* ändert die Header aller Dateien sowie die Kontrolldatei, um den Checkpoint aufzuzeichnen. Checkpoints treten unter den folgenden Umständen auf:
  - Eine Online Redo Log-Datei ist voll und es wird ein Log Switch ausgelöst.
  - Der im Parameter LOG_CHECKPOINT_INTERVAL gesetzte Wert wird erreicht.
  - Es gibt eine Zeitüberschreitung für die Häufigkeit von Checkpoints. Dieser Wert wird im Initialisierungsparameter LOG_CHECKPOINT_TIMEOUT

gesetzt. Auch der Parameter FAST_START_MTTR_TARGET hat Einfluss auf die Häufigkeit von Checkpoints.

- Der *Archiver Process (ARCH)* kopiert Online Redo Log-Dateien in Archive Redo Log-Dateien. Dieser Prozess existiert nur, wenn die Datenbank im ARCHIVELOG-Modus betrieben wird. Eine Instanz kann bis zu zehn ARCH-Prozesse (ARC0 bis ARC9) präsent haben. Der LGWR-Prozess startet weitere ARCn-Prozesse, wenn die momentan vorhandene Anzahl nicht ausreicht.

- Der *Recoverer Process (RECO)* löst Fehler auf, die in Zusammenhang mit verteilten Transaktionen stehen. Er verbindet sich automatisch zu der anderen Datenbank, die in die verteilte Transaktion eingebunden ist. Kann RECO keine erfolgreiche Verbindung aufbauen, versucht er es nach einer gewissen Zeit erneut.

- Der *Job Queue Process (CJQn)* bedient Oracles Job-Queue-Verwaltung. Er ist verantwortlich für die Ausführung und das Weiterleiten. CJQn arbeitet nach dem folgenden Schema:

  1. Der koordinierende Prozess CJQ0 liest periodisch Jobs, die ausgeführt werden sollen, aus der Tabelle JOB$.
  2. CJQ0 startet einen Slave-Prozess (J000 bis J999), in dem der Job ausgeführt wird.
  3. Der Job-Queue-Prozess führt die Jobs aus, einen nach dem anderen.
  4. Müssen keine Jobs mehr ausgeführt werden, versetzt er sich selbst in den Sleep-Status, ist jedoch für weitere Aufträge bereit.

- Der *Queue Monitor Process (QMNn)* ist ein optionaler Prozess für den Einsatz von Oracle Advanced Queuing. Er überwacht die Nachrichtenwarteschlangen. Sie können bis zu zehn Prozesse konfigurieren.

- Der *Dispatcher Process (Dnnn)* ist Teil der Shared-Server-Architektur. In einem Shared Server muss mindestens ein Dispatcher-Prozess laufen.

- Der *Server Process (Snnn)* bedient in einer Shared-Server-Architektur Dispatcher und Verbindungen zu Benutzern, die eine dedizierte Verbindung angefordert haben.

Wenn Sie die Parallel Query-Option aktiviert haben, werden die Ressourcen für eine Abfrage auf mehrere Prozesse verteilt. Dazu braucht es mehrere *Parallel Server-Prozesse (Pnnn)*. Sie können die Anzahl der Parallel-Server-Prozesse mit dem Initialisierungsparameter PARALLEL_MIN_SERVERS festlegen.

In Oracle 10g gibt es eine Reihe weiterer Hintergrundprozesse. Diese beziehen sich auf bestimmte Produkte und Optionen und sind nur sichtbar, wenn das Produkt verwendet bzw. die Option aktiviert wird. Andere Prozesse werden unter Umständen nur zeitweise aktiviert. Dazu gehören die folgenden:

- MMON – Führt verschiedene Verwaltungsaufgaben im Hintergrund aus. Dazu gehören das Versenden von Alerts, das Aufzeichnen von Snapshot-Informationen sowie das Einfangen von Statistiken.
- MMNL – Dient dem Ausführen von Verwaltungsaufgaben wie Sitzungshistorie oder Berechnung von Metriken.
- MMAN – Wird für interne Aufgaben verwendet.
- RBAL – Koordiniert die Aktivität von Disk-Gruppen im Automatic Storage Management.
- OSMB – Wird ebenfalls von Automatic Storage Management verwendet.

Der Hintergrundprozess RVWR wird vom Flashback-Database-Feature verwendet. Er schreibt die Flashback-Database-Log-Dateien und wird nur gestartet, wenn Flashback Database aktiviert ist.

Wenn Sie Real Appication Clusters verwenden, dann werden Sie weitere Prozesse sehen. Detaillierte Information zum Thema RAC finden Sie in Teil 5 »Real Application Clusters«.

15.3 Prozessabläufe

Die einzelnen Prozesse laufen asynchron und weitestgehend unabhängig voneinander. Die Abläufe sind durchaus komplex. Im vorliegenden Abschnitt erhalten Sie einen Überblick der wichtigsten Prozessabläufe einer Oracle 10g-Datenbank.

Benutzerprozesse

Wenn ein Anwender eine Applikation aufruft, dann startet Oracle einen Benutzerprozess auf dem Datenbankserver. Dabei ist es egal, ob die Applikation direkt auf dem Datenbankserver oder auf dem Client läuft. Im letzteren Fall spricht man von *Client/Server-Architektur*.

Im Detail erfolgt die Aufnahme einer Verbindung sowie das Erstellen eines Benutzerprozesses folgendermaßen:

1. Der Client sendet eine Anforderung zum Herstellen einer Verbindung an den Oracle Listener.

Kapitel 15   Die Oracle-Datenbank-Architektur

2. Der Listener startet einen Benutzerprozess auf dem Server und kappt die vorhandene Netzwerk-Verbindung, so dass sich der nächste Benutzer anmelden kann.

3. Der Listener sendet die Verbindungsinformation an den Client. Der Client verbindet sich direkt mit dem Benutzerprozess.

4. Über die neue Verbindung kommuniziert der Benutzerprozess einerseits mit dem Client, andererseits mit der Instanz.

Kommt es zu einer Unterbrechung oder einem Absturz der Anwendung auf dem Client, geht zwar die Verbindung verloren, aber der Benutzerprozess auf dem Server läuft vorerst weiter. Der Hintergrundprozess PMON spürt den Prozess auf und beendet ihn.

Der hier beschriebene Vorgang bezieht sich auf eine Datenbank im Dedicated-Server-Modus. Die Unterschiede zwischen Dedicated Server und Shared Server finden Sie weiter hinten in diesem Kapitel.

Checkpoints

Ein Checkpoint ist ein Ereignis, bei dem geänderte Datenblöcke aus dem Buffer Cache in die Dateien auf die Festplatte geschrieben werden. Gleichzeitig aktualisiert der Checkpoint-Prozess (CKPT) die Kontrolldatei und die Header der Tablespace-Dateien. Ein Checkpoint wird aufgerufen, wenn die aktuelle Online Redo Log-Datei zu 90 % gefüllt ist oder einer der Initialisierungsparameterwerte erreicht ist.

Mit der folgenden Anweisung können Sie einen Checkpoint manuell auslösen:

```
ALTER SYSTEM CHECKPOINT;
```

Die Größe der Online Redo Log-Dateien hat Einfluss auf die Performance eines Checkpoints. Bei kleinen Redo Log-Dateien wird öfter ein Log Switch ausgelöst und damit ein Checkpoint. Verantwortlich für das Wegschreiben der Dirty Buffer ist der Hintergrundprozess DBW*n*. Je größer die Intervalle zwischen den Checkpoints werden, desto länger dauert der Checkpoint.

Beachten Sie, dass durch das COMMIT *in einer Anwendung die geänderten Datenblöcke nicht vom Buffer Cache in die Dateien geschrieben werden. Erst bei einem Checkpoint werden diese Daten auch tatsächlich auf die Festplatte geschrieben.*

Oracle führt Instance und Crash Recovery automatisch durch, es ist kein Eingreifen durch den Administrator erforderlich. Sie haben jedoch Einfluss auf die Zeit, die Oracle für das Recovery benötigt. In Oracle9i wurde das neue Feature Fast Start Time-Based Recovery (FSTBR) eingeführt. Damit können Sie die maximale Recovery-Zeit festlegen. Das Festlegen erfolgt mit Hilfe des Initialisierungsparameters FAST_START_MTTR_TARGET.

SQL-Anweisungen verarbeiten

SQL-Anweisungen werden in drei Stufen verarbeitet:

- *Parsing* ist die erste Stufe. Wenn eine Anwendung eine SQL-Anweisung aufruft, dann wird ein so genannter *Parse Call* abgesetzt, der die folgenden Aktionen ausführt:
  - Prüfen der Syntax der SQL-Anweisung auf Fehler und Kontrollieren der Gültigkeit von Tabellen- und Spaltennamen
  - Überprüfen der Privilegien des Benutzers
  - Bestimmen des optimalen Explain-Plans (Optimizer)
  - Finden einer SQL Area für die Anweisung

- *Execute* ist die zweite Stufe. Für INSERT-, UPDATE- und DELETE-Anweisungen setzt Oracle ein Lock auf den betroffenen Zeilen, bis die Transaktion abgeschlossen ist. Für SELECT-Anweisungen sind keine Locks erforderlich.

- Die dritte Stufe, *Fetch*, ist nur für SELECT-Anweisungen relevant.

  Nach Abschluss der Anweisung werden die Ergebnisse an den Benutzerprozess weitergegeben. Das Ergebnis ist eine Matrix. Die Zeilen können von der Anwendung einzeln oder in Gruppen geholt werden.

15.4 Dedicated Server und Shared Server

Sie können eine Oracle-Datenbank entweder im Dedicated Server- oder im Shared Server-Modus betreiben. Während im Dedicated Server-Modus für jede Client-Verbindung ein Benutzerprozess auf dem Datenbankserver gestartet wird, teilen sich im Shared Server-Modus mehrere Benutzer einen Prozess.

Sie erinnern sich sicherlich, dass Sie vom Database Configuration Assistant gefragt wurden, in welchem der beiden Modi die Instanz laufen soll. Das bedeutet nicht, dass Sie sich beim Erstellen der Datenbank endgültig festlegen. Sie können später beliebig hin- und herschalten. Allerdings muss dazu die Instanz heruntergefahren werden.

Kapitel 15 — Die Oracle-Datenbank-Architektur

In einem Shared Server sind mehr Prozesse und ein größerer Overhead in der Kommunikation zwischen der Client-Applikation und der Instanz eingebunden. Es gibt zwei wichtige Gründe, einen Shared Server einzusetzen:

→ Sehr viele Benutzer sind gleichzeitig an der Datenbank angemeldet und der Datenbankserver verfügt nicht über genügend Hauptspeicher, um für jeden Client einen Benutzerprozess zu erstellen.

→ Es ist unklar, wie viele parallele Benutzer sich gleichzeitig an die Datenbank anmelden werden. Diese Situation tritt vor allem bei Internet-Datenbanken auf. Hier sollten Sie ein hohes Maß an Skalierbarkeit vorhalten. Es ist keine Seltenheit, dass die Datenbank plötzlich das Zehn- oder Zwanzigfache an Sitzungen verkraften muss. Nur der Shared Server ist in dieser Größenordnung skalierbar.

> **TIPP**
> *Setzen Sie den Shared Server nicht für ein Data Warehouse ein. Der Shared Server hat seine Anwendungsgebiete im OLTP- und Internet-Umfeld. Aufgrund seiner Architektur mit Request- und Response-Queue ist er uneffektiv für lang laufende Abfragen. Dagegen besitzen OLTP-Systeme eine große Anzahl von inaktiven Sitzungen und die SQL-Anweisungen werden schnell beantwortet.*

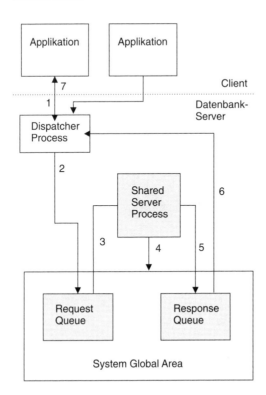

Abbildung 15.4: Shared-Server-Konfiguration

Dedicated Server und Shared Server — Kapitel 15

Beim Start einer Instanz im Shared-Server-Modus wird eine feste Anzahl von Shared-Server-Prozessen erstellt. Wenn ein Benutzer eine Anfrage (1) stellt, dann platziert der Dispatcher diese Anfrage in der Request-Queue (2). Ein Shared-Server-Prozess liest die Anfrage aus der Request-Queue (3). Hat er die Anfrage bearbeitet (4), stellt er das Ergebnis in die Response-Queue (5). Jeder Dispatcher hat eine eigene Response-Queue in der SGA. Der Dispatcher liest das Ergebnis aus der Response-Queue (6) und sendet es an den Client (7).

Der Shared Server hat seinen Namen offiziell in Oracle9i erhalten. In früheren Versionen wurde er häufig als Multithreaded Server (MTS) bezeichnet.

16 Planung und Realisierung einer Datenbank-Infrastruktur

Zwei grundlegende Aufgaben haben Sie bereits durchgeführt. Die Installation der Software und das Erstellen einer Datenbank sind Aufgaben, die ein DBA regelmäßig ausführt. Einige Schritte haben Sie dabei recht schnell vollzogen und viele Standard-Annahmen getroffen. Deshalb wird dieses Kapitel diese Themen u.a. noch einmal aufgreifen und vertiefen.

Was gehört noch zu den Aufgaben eines Oracle-Datenbankadministrators? Die Aufgaben sind im Laufe der Jahre so vielfältig wie in keinem anderen IT-Bereich geworden.

Das hängt sicherlich mit der hohen Anzahl von neuen Features zusammen, die in den letzten Jahren dazugekommen sind. Bedenken Sie nur, welche Komponenten heute zu Oracle gehören. Da ist nicht nur die Datenbank, zu Oracle gehören HTTP-Server, Application Server, Enterprise Manager, Data-Warehouse-Applikationen, Entwicklungstools wie JDeveloper oder Forms, Management Server, Java JVM, XML und so weiter und so fort.

Dieses Kapitel konzentriert sich ausschließlich auf die Datenbank und wendet sich an Leser, die neu im Bereich Oracle-Datenbankadministration sind.

Eine Einteilung der Aufgaben ist sicher schwierig, dennoch werden Sie in vielen Projekten die folgenden Strukturen wiedererkennen.

- Installation und Konfiguration von Oracle-Software und von Datenbanken sowie Upgrade und Migration
- Überwachung und Optimierung von Datenbanken sowie Backup and Recovery
- Gewährleistung von Verfügbarkeit und Sicherheit
- Planung und Unterstützung des Entwicklungsprozesses
- Unterstützung von Integrationsprozessen zur Vorbereitung der Produktion
- Support für Datenbanken im produktiven Umfeld

Daran ist zu erkennen, dass ein DBA in alle Phasen und Projektzyklen eingebunden sein kann. In größeren Projekten oder Anwendungen ist es üblich, dass mehrere Administratoren eingesetzt und die Aufgabenbereiche aufgeteilt werden. Aber auch dann werden Sie in den anderen Bereichen arbeiten, denn eine gegenseitige Vertretung aufgrund von Urlaub, Krankheit oder auch im Schichtbetrieb muss gewährleistet sein.

Vielen der aufgezählten Aufgaben sind Kapitel und Abschnitte in diesem Buch gewidmet. So finden Sie z.B. ein größeres Kapitel über Backup and Recovery oder Datenbanksicherheit. Dieses Kapitel umfasst die folgenden Themen:

- Physisches Datenbank-Layout
- Benutzer und Rollen
- Verwaltung von Schemas
- Überwachung von Datenbanken

Führen Sie administrative Aufgaben in SQL*Plus mit einem Benutzer-Account aus, der die Rolle DBA besitzt. Die Verwaltung von Benutzern und Rollen ist im Abschnitt 16.2 erläutert. In der Regel besitzt jeder DBA einen eigenen Account und nur einer oder wenige kennen das Passwort für SYSTEM und SYS. Verwenden Sie SYSTEM, wenn Sie noch keinen individuellen DBA-Account angelegt haben.

16.1 Physisches Datenbanklayout

Physisches Datenbanklayout ist das Verteilen von Tablespaces und Dateien. Dies dient nicht in erster Linie der Übersichtlichkeit, sondern ist ein wichtiger Faktor für die Performance einer Datenbank. Im Rahmen der Installation haben Sie Elemente der Optimal Flexible Architecture (OFA) bereits kennen gelernt und umgesetzt. OFA spielt eine wichtige Rolle für das physische Datenbanklayout und gibt eine Reihe überaus sinnvoller Empfehlungen.

OFA-Empfehlungen

Die SYSTEM-Tablespace speichert die Tabellen des Datenbankkatalogs. Der Datenbankkatalog enthält Informationen über alle Objekte der Datenbank. Damit ist die SYSTEM-Tablespace gut ausgelastet und es gibt viele Zugriffe im laufenden Betrieb.

Verhindern Sie, dass andere Objekte, wie z.B. Tabellen oder Indexe anderer Benutzer, in der SYSTEM-*Tablespace gespeichert werden. Das kann zu einer Überlastung der Tablespace und zu größeren Performance-Problemen führen. Neu in Oracle 10g ist die Tablespace* SYSAUX. *Sie wurde eingeführt, um Tabellen und Indexe aufzunehmen, die normalerweise in der Tablespace* SYSTEM *gespeichert werden, jedoch nicht systembezogen sind.*

!! STOP

Mit Hilfe der Abfrage in Listing 16.1 können Sie feststellen, ob sich fremde Objekte in der SYSTEM-Tablespace befinden.

```
SQL> SELECT owner,segment_name,segment_type
  2  FROM dba_segments
  3  WHERE tablespace_name = 'SYSTEM'
  4  AND owner NOT IN
  5  ('SYS','SYSTEM','LBACSYS','MDSYS','OUTLN',
  6* 'WMSYS','ORDSYS')
SQL> /
Es wurden keine Zeilen ausgewählt
```

Listing 16.1: Fremde Objekte in der SYSTEM-Tablespace erkennen

Sie können auch verhindern, dass ein Benutzer bewusst Objekte in der SYSTEM-Tablespace anlegt. Setzen Sie den Quota-Wert für den betroffenen Benutzer auf null.

```
ALTER USER new_user QUOTA 0 ON SYSTEM;
```

Falls ein Benutzer das Systemprivileg UNLIMITED TABLESPACE *oder die Rolle* RESOURCE *besitzt, sind alle Quota unwirksam. Vergeben Sie deshalb diese Privilegien sehr zurückhaltend.*

:-) TIPP

Eine weitere Empfehlung für das physische Layout ist das Trennen von Anwendungsdaten und -indexen. Auf Datensegmente wird häufig zugegriffen und sie verzeichnen eine hohe Anzahl von Transaktionen. Eine Isolation, möglicherweise ein Speichern auf einer separaten Festplatte, führt zu einer Verbesserung der Performance. Tabellen unterliegen einer höheren Gefahr von Fragmentierung.

Indexe sollten nicht mit Tabellen in derselben Tablespace gespeichert werden. Bei vielen Abfragen werden beide gelesen. Eine Verteilung entlastet die Aktivität dieser Festplattenbereiche.

Es gibt mehrere Möglichkeiten, Tabellen und Indexe im Nachhinein zu trennen. Für wenige Indexe eignet sich der Befehl ALTER INDEX REBUILD.

```
SQL> ALTER INDEX aq$_qtab_t
  2  REBUILD TABLESPACE indx;
Index wurde geändert.
```

TIPP

Wenn Sie eine größere Anzahl von Indexen in eine andere Tablespace verschieben wollen, dann sollten Sie Export und Import mit dem Parameter indexfile *benutzen.*

INFO

An dieser Stelle ist ein Hinweis zum Oracle Enterprise Manager (OEM) erforderlich. Der OEM ist eine grafische Oberfläche zur Datenbankadministration. Dort können Sie viele Aufgaben, die hier über die Kommandozeile administriert werden, bequem per Mausklick erledigen. Der OEM ist mit Sicherheit ein effektives Werkzeug, das in der täglichen Administration Zeit spart. Wir empfehlen jedoch, dass Sie vor allem am Anfang über SQL*Plus administrieren. SQL*Plus hat außerdem den Vorteil, dass Batch-Dateien für die Administration erstellt werden können und dass die Bearbeitung von mehreren Objekten effektiver ist als im OEM. In der Praxis werden OEM und Kommandozeile gemischt eingesetzt. Detaillierte Information über den Oracle Enterprise Manager finden Sie in den Kapiteln 1 und 13.

Wenn Sie eine Tabelle mit Primärschlüssel anlegen, dann erstellt Oracle automatisch einen Index. Auch hier können Sie Tabelle und Index trennen. Im Beispiel in Listing 16.2 wird der Index für den Primärschlüssel in der Tablespace INDX angelegt, wogegen die Tabelle in der Tablespace USERS erstellt wird.

Listing 16.2:
Tabellen und Indexe in getrennten Tablespaces speichern

```
SQL> CREATE TABLE book (
  2  isbn    NUMBER,
  3  author VARCHAR2(35),
  4  title  VARCHAR2(35),
  5  CONSTRAINT book_pk PRIMARY KEY (isbn)
  6  USING INDEX TABLESPACE indx)
  7  TABLESPACE users;
Tabelle wurde angelegt.
```

Die Tablespace TOOLS sollte für Anwendungen von Drittanbietern verwendet werden. Viele dieser Werkzeuge greifen auf ein Repository zurück. Leider beachten viele Drittanbieter nicht die Hinweise zur OFA und speichern Tabellen und Indexe in einer Tablespace. Es empfiehlt sich deshalb, eine Tablespace TOOLS_INDX anzulegen und die Indexe nachträglich zu trennen.

Wenn Sie manuelles UNDO-Management verwenden, dann gehören Rollbacksegmente unbedingt in eine separate Tablespace. Ein Rollbacksegment befindet sich in der SYSTEM-Tablespace. Es wird vorwiegend zur Erstellung der Datenbank benötigt und sollte nicht für den laufenden Betrieb benutzt werden.

Seit Oracle9i gibt es automatisches UNDO-Management, das die Funktionalität von Rollbacksegmenten übernimmt. Hierfür ist ein spezieller Tablespace-Typ erforderlich. Damit ist eine Trennung automatisch gegeben.

Wichtig ist auch, temporäre Segmente in mindestens einer separaten Tablespace unterzubringen. Temporäre Segmente werden dynamisch erzeugt und nach Abschluss der Operation wieder freigegeben. Sie werden für Sortieroperationen (z.B. SELECT...ORDER BY, Indexerstellung) benötigt.

Jedem Benutzer kann standardmäßig eine Temporary Tablespace zugewiesen werden. Es ist auch sinnvoll, Benutzer in Gruppen einzuteilen und nach Charakteristik verschiedene Temporary Tablespaces zuzuweisen.

Mit der Einführung von Oracle9i existiert das Konzept der Default Temporary Tablespace. Sie wird systemweit gesetzt und bezieht sich auf alle Benutzer, denen explizit keine Temporary Tablespace zugewiesen wurde. Mit der folgenden SQL-Abfrage können Sie den Namen der Default Temporary Tablespace ermitteln.

```
SQL> SELECT property_name, property_value
  2  FROM database_properties
  3  WHERE property_name = 'DEFAULT_TEMP_TABLESPACE';
PROPERTY_NAME                  PROPERTY_VALUE
------------------------------ ----------------
DEFAULT_TEMP_TABLESPACE        TEMP
```

Die Zuweisung erfolgt mit dem Befehl ALTER DATABASE DEFAULT TEMPORARY TABLESPACE.

Zur Planung des physischen Layouts gehört auch, die Dateien zu strukturieren. Jede Tablespace benötigt mindestens eine Tablespace-Datei. Ein intelligentes Verteilen dieser Dateien bringt erhebliche Vorteile für die Performance der Datenbank. Sie werden später erfahren, wie die Aktivität der Dateien überwacht und optimiert werden kann.

Aber nicht nur die Dateien der Tablespaces müssen verteilt werden, auch Redo Log- und Kontrolldateien dürfen Sie in diesem Prozess nicht vergessen.

Online Redo Log-Dateien sind kritisch für den Betrieb der Datenbank und sollten deshalb gespiegelt werden. Allerdings ist ein Spiegeln auf derselben Festplatte wenig sinnvoll, da bei einem Hardware-Defekt diese ebenfalls unbrauchbar sein können. Das Gleiche gilt für Kontrolldateien.

Kapitel 16 Planung und Realisierung einer Datenbank-Infrastruktur

Häufig wird empfohlen, bei der Auswahl der Hardware darauf zu achten, dass viele kleine Festplatten besser als wenige große sind. Dies ist jedoch kaum noch zu realisieren. Festplatten besitzen inzwischen eine Mindestgröße oder es werden Platten-Subsysteme verwendet. Performance ist heute eher über Caching oder schnelle Dateisysteme (z.B. Journaled File System) zu erreichen.

Es ist wichtig, die E/A-Aktivität von Dateien zu überwachen und ggf. eine Umverteilung vorzunehmen. In den Kapiteln, die sich mit Überwachung und Optimierung beschäftigen, werden diese Themen ausreichend diskutiert. Schauen Sie sich jedoch an dieser Stelle schon mal eine Abfrage an, die eine Statistik über die Aktivität von Dateien liefert.

Listing 16.3:
Statistik über die Aktivität von Tablespace-Dateien

```
SQL> SELECT b.name, a.phyblkrd+a.phyblkwrt TOTAL,
  2  a.phyblkrd, a.phyblkwrt
  3  FROM v$filestat a, v$datafile b
  4  WHERE b.file# = a.file#
  5  ORDER BY 1;
NAME                                  TOTAL PHYBL PHYBLKWRT
------------------------------------- ----- ----- ---------
/opt/oracle/dwhkomp/example01.dbf        42    36         6
/opt/oracle/dwhkomp/sysaux01.dbf        409  3015      4394
/opt/oracle/dwhkomp/system01.dbf       7176  6202       974
/opt/oracle/dwhkomp/undotbs01.dbf      2769    29      2740
/opt/oracle/dwhkomp/users01.dbf          29    13        16
```

An diesem Beispiel ist zu erkennen, dass die Datei der Tablespace SYSTEM eine überhöhte Aktivität aufweist. Beachten Sie in solchen Fällen das vorher diskutierte Problem von Objekten in der SYSTEM-Tablespace.

Mit dem Feature Automatic Storage Management (ASM) verwaltet Oracle die Verteilung der Dateien selbst, um die E/A-Aktivitäten über alle Festplatten auszubalancieren. Detaillierte Informationen zu diesem Thema finden Sie in Kapitel 4 »Die sich selbst verwaltende Datenbank«.

Natürlich gibt es nicht **das** Standard-Layout für eine Oracle-Datenbank. Denken Sie nur an die unterschiedlichen Einsatzgebiete, die es inzwischen für eine Oracle-Datenbank gibt. Die folgenden Empfehlungen beziehen sich auf Standardfälle in den einzelnen Kategorien.

Physisches Layout für kleine und Entwicklungsdatenbanken

Für kleine Entwicklungsdatenbanken werden Sie typischerweise die folgenden Tablespaces einsetzen: SYSTEM, DATA, INDEX, RBS oder UNDO, TEMP, USERS und TOOLS. Ein Aufteilen auf verschiedene Festplatten ist zwar sinnvoll, jedoch nicht notwendig. Bei den zurzeit üblichen Festplattenkapazitäten von 40 bis

80 Gbyte dürfte es eher schwierig werden, da Entwicklungsdatenbanken diese Werte selten überschreiten.

Physisches Layout für OLTP-Datenbanken in der Produktion

OLTP-Datenbanken müssen viele, aber kleine Transaktionen unterstützen. Ein typisches Layout besteht aus den folgenden Tablespaces: SYSTEM, DATA1, DATA2, INDEX1, INDEX2, RBS oder UNDO, TEMP und TOOLS. In DATA1 und INDEX1 werden Tabellen und Indexe mit großem Wachstumspotenzial gespeichert. Dagegen beinhalten DATA2 und INDEX2 relativ statische Objekte.

Die Tablespaces DATA1 und INDEX1 wachsen in einer OLTP-Umgebung sehr schnell, während die anderen kaum Veränderungen aufweisen. Das sind auch die Dateien mit der größten Ein- und Ausgabe-Aktivität. Sie sollten deshalb auf separate Festplatten verteilt werden.

Die SYSTEM-Tablespace sollte ebenfalls isoliert werden. Gerade bei OLTP wird der Datenbankkatalog häufig abgefragt.

Physisches Layout für ein Data Warehouse

In keinem anderen Bereich ist das physische Datenbanklayout so wichtig. Aufgrund der riesigen Datenmengen, die in einem Data Warehouse zu verarbeiten sind, übt das physische Layout einen signifikanten Einfluss auf die Performance der Anwendung aus.

An dieser Stelle macht es wenig Sinn, ein Standard-Layout in Form von Tablespaces zu empfehlen, da nicht zuletzt aus Gründen der Vereinfachung der Administration eine starke Aufteilung erfolgt. Das Unterbringen einzelner Tabellen in nur einer Tablespace ist keine Seltenheit. Das geht sogar so weit, dass Partitionen großer Fact Tables eigene Tablespaces und Dateien zugewiesen bekommen.

Dimension Tables sind in der Regel kleiner und können zusammen in einer Tablespace untergebracht werden. Sie sollten Materialized Views und deren Indexe unbedingt trennen. Auch das Separieren aggregierter Fact Tables von normalen Fact Tables wird empfohlen. Trennen Sie wie in den anderen Fällen die System- und die Undo-Tablespace von den anderen.

Schauen Sie sich auch den Ladeprozess an. Häufig werden ASCII-Dateien zuerst in so genannte Staging Tables geschrieben und dann mit Transaktionen weiterverarbeitet. ASCII-Dateien und Staging Tables sollten sich in keinem Fall auf derselben Festplatte befinden. Fassen Sie auch die Staging Tables in einer oder mehreren Tablespaces zusammen und trennen Sie diese von den übrigen Tablespaces des Data Warehouse.

In früheren Versionen war die Wahl der Storage-Parameter eine wichtige Komponente für die Verbesserung der Performance. Die Storage-Parameter legen die Größe und das Wachstum von Extents fest. Mit der Einführung von lokal verwalteten Tablespaces, für die eine automatische Verwaltung der Extents stattfindet, verliert diese Aufgabe ihre Bedeutung. Eine Ausnahme bildet das Data Warehouse, wo gerne noch eigene Storage-Parameter festgelegt werden. Wollen Sie jedoch lokal verwaltete Tablespaces für große Tabellen verwenden, dann sollten Sie zumindest die Option Uniform Size verwenden und große Extents bilden. Mit automatischer Extent-Zuweisung kommt es zu Performance-Problemen.

Datenbankdateien verschieben

Oracle empfiehlt den Einsatz von Automatic Storage Management. Jedoch ist das Umfeld für ASM nicht immer gegeben, zumal eine extra Datenbank für die ASM-Verwaltung benötigt wird. Einen manuellen Tuning-Prozess wird es auch in Oracle 10g geben.

Nachdem Sie eine Datenbank erstellt haben, werden Sie feststellen, dass die Aufteilung der Dateien noch nicht optimal ist. Um Hot Spots zu beseitigen, müssen Sie Dateien verschieben.

Ein einfaches Kopieren auf Betriebssystemebene führt nicht zum Erfolg, da Oracle u.a. die Verzeichnisse in der Kontrolldatei speichert. Das würde die Instanz zum Absturz bringen und ein Neustart wäre erfolglos.

Es gibt zwei Methoden, eine Tablespace-Datei zu verschieben, die ALTER DATABASE-Methode und die ALTER TABLESPACE-Methode. Der Nachteil bei der ALTER DATABASE-Methode ist, dass die Datenbank geschlossen werden muss, während bei der ALTER TABLESPACE-Methode nur die betroffene Tablespace zeitweise nicht verfügbar ist.

Verschieben einer Datei nach der ALTER DATABASE-*Methode*

1. Schließen Sie die Datenbank.

   ```
   SQL> connect / as sysdba
   Connect durchgeführt.
   SQL> shutdown immediate
   Datenbank geschlossen.
   Datenbank abgehängt.
   ORACLE-Instanz heruntergefahren.
   ```

2. Verschieben Sie die Tablespace-Datei auf Betriebssystemebene.

   ```
   $ mv /u02/oradata/komp/tools01.dbf
   /u08/oradata/komp/tools01.dbf
   ```

3. Starten Sie die Instanz mit der MOUNT-Option. Sie können die Datenbank an dieser Stelle nicht öffnen. Oracle würde einen Fehler bringen, da die Datei tools01.dbf im alten Verzeichnis nicht mehr vorhanden ist.

```
SQL> startup mount
ORACLE-Instanz hochgefahren.
Total System Global Area   235999352 bytes
Fixed Size                    450680 bytes
Variable Size              201326592 bytes
Database Buffers            33554432 bytes
Redo Buffers                  667648 bytes
Datenbank mit MOUNT angeschlossen.
```

4. Benennen Sie die Datei mit dem ALTER DATABASE-Kommando um.

```
SQL> ALTER DATABASE
  2  RENAME FILE
  3  '/u02/oradata/komp/tools01.dbf'
  4  TO '/u08/oradata/komp/tools01.dbf';
Datenbank wurde geändert.
```

5. Jetzt können Sie die Datenbank für den normalen Betrieb öffnen.

```
SQL> ALTER DATABASE OPEN;
Datenbank wurde geändert.
```

Bei der ALTER TABLESPACE-Methode wird die betroffene Tablespace kurzzeitig in den Offline-Modus versetzt. Die Datenbank bleibt geöffnet. Anwender, die während dieser Zeit auf die Daten der Tablespace zugreifen, erhalten die Fehlermeldung ORA-00376:

```
ORA-00376: Datei 8 kann zur Zeit nicht gelesen werden
ORA-01110: Datendatei 8: '/u02/oradata/komp/tools01.dbf '
```

Verschieben einer Datei nach der ALTER TABLESPACE-*Methode*

1. Bringen Sie die Tablespace in den OFFLINE-Modus.

```
SQL> ALTER TABLESPACE tools OFFLINE;
Tablespace wurde geändert.
```

2. Verschieben Sie die Datei mit einem Kommando des Betriebssystems.

```
$ mv /u02/oradata/komp/tools01.dbf
/u08/oradata/komp/tools01.dbf
```

3. Benennen Sie die Datei in der Datenbank um.

```
SQL> ALTER TABLESPACE tools
  2  RENAME DATAFILE
  3  '/u02/oradata/komp/tools01.dbf'
```

```
        4 TO '/u08/oradata/komp/tools01.dbf';
Tablespace wurde geändert.
```

4. Versetzen Sie die Tablespace in den ONLINE-Modus. Damit ist das Verschieben der Datei abgeschlossen und die Datenbank kann wieder im vollen Umfang benutzt werden.

```
SQL> ALTER TABLESPACE tools ONLINE;
Tablespace wurde geändert.
```

Die ALTER TABLESPACE-*Methode ist nicht geeignet, wenn Sie eine Datei der* SYSTEM-*Tablespace verschieben wollen.*

Sie können viele administrative Aufgaben auch mit dem Oracle Enterprise Manager durchführen. Er bietet den Vorteil einer komfortablen grafischen Oberfläche. Allerdings lässt sich die ALTER DATABASE-Methode mit dem OEM nicht durchführen, da seine Funktionalität eingeschränkt ist, wenn sich die Datenbank im MOUNT- oder NOMOUNT-Status befindet.

Obwohl der OEM eine komfortable Oberfläche bietet, sollten Sie sich nicht alleine darauf verlassen. Bestimmte administrative Aufgaben lassen sich nur mit SQL*Plus ausführen.

Die folgenden Schritte beschreiben zum Vergleich das Verschieben einer Tablespace-Datei unter Einsatz des Oracle Enterprise Manager. Diesmal läuft Oracle unter einem Windows-Betriebssystem.

Verschieben einer Datei nach der ALTER TABLESPACE-*Methode unter Benutzung des Oracle Enterprise Manager*

1. Genau wie in SQL*Plus muss zuerst die Tablespace offline gesetzt werden. Klicken Sie auf der Datenbankseite auf das Register ADMINISTRATION. Unter der Sektion SPEICHERUNG finden Sie den Link TABLESPACES. Wählen Sie die entsprechende Tablespace aus. Auf der nächsten Seite können Sie die Tablespace offline setzen.

2. Verschieben Sie die Datei im Windows-Explorer durch »Drag&Drop« mit der Maus.

3. Ändern Sie im Enterprise Manager auf der Seite BEARBEITEN DATENDATEI den Wert im Feld DATEIVERZEICHNIS und klicken Sie auf ANWENDEN.

4. Setzen Sie auf der Seite BEARBEITEN TABLESPACE die Tablespace wieder online.

Online Redo Log-Dateien können verschoben werden, wenn die Datenbank geschlossen ist. Das Vorgehen ist dasselbe wie bei der ALTER DATABASE-Methode.

Physisches Datenbanklayout

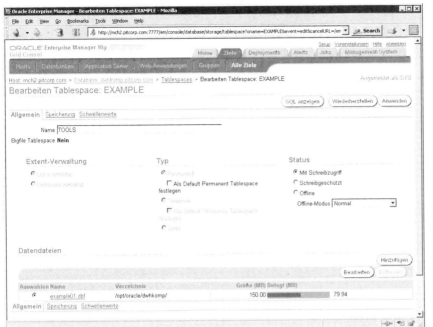

Abbildung 16.1:
Eine Tablespace im Enterprise Manager offline setzen

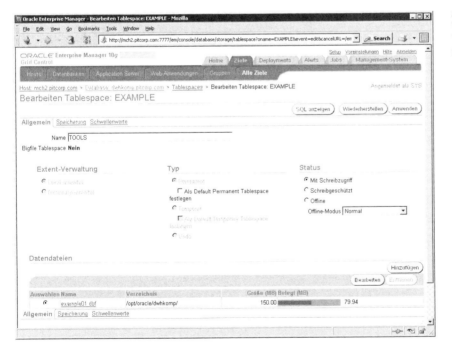

Abbildung 16.2:
Verschieben einer Tablespace-Datei im Internet Explorer

Kapitel 16   Planung und Realisierung einer Datenbank-Infrastruktur

Abbildung 16.3:
Den Dateipfad im Enterprise Manager ändern

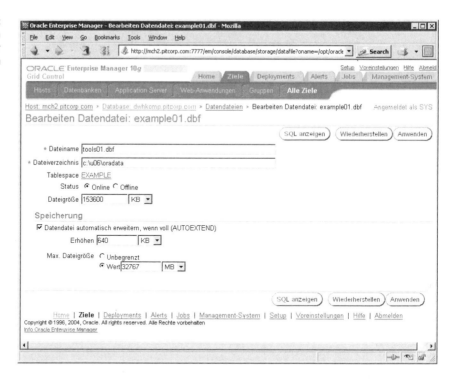

Abbildung 16.4:
Eine Tablespace online setzen

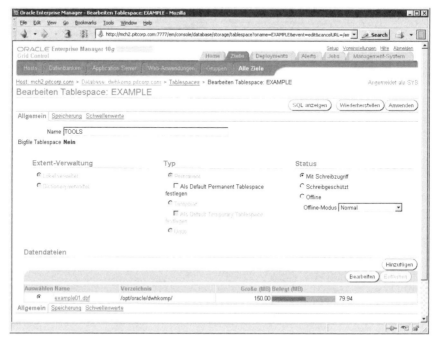

Die Dateinamen für die Kontrolldateien sind als Initialisierungsparameter definiert. Wenn Sie eine init<SID>.ora als Parameterdatei verwenden, dann können Sie die Datei und die entsprechenden Parameter ändern.

Verwenden Sie jedoch ein Server Parameter File (SPFILE), dann müssen Sie die folgenden Schritte ausführen:

1. Erstellen Sie eine Initialisierungsparameterdatei aus dem aktuellen SPFILE.

    ```
    SQL> CREATE PFILE='$ORACLE_HOME/dbs/initkomp.ora'
    FROM SPFILE;
    Datei erstellt.
    ```

2. Schließen Sie die Datenbank.

    ```
    SQL> shutdown immediate
    Datenbank geschlossen.
    Datenbank abgehängt.
    ORACLE-Instanz heruntergefahren.
    ```

3. Verschieben Sie die Kontrolldatei in das neue Verzeichnis.

    ```
    $ mv /u03/oradata/komp/control03.ctl
    /u08/oradata/komp
    ```

4. Ändern Sie mit einem Texteditor den Dateinamen in der Initialisierungsparameterdatei.

    ```
    $ vi initkomp.ora
    ...
    *.control_files=
    '/u03/oradata/komp/control01.ctl',
    '/u03/oradata/komp/control02.ctl',
    '/u08/oradata/komp/control03.ctl'
    ...
    ```

5. Überschreiben Sie das SPFILE mit der gerade geänderten Parameterdatei.

    ```
    SQL> CREATE SPFILE FROM
      2  PFILE='$ORACLE_HOME/dbs/initkomp.ora';
    Datei erstellt.
    ```

6. Jetzt können Sie die Datenbank mit dem geänderten SPFILE starten.

    ```
    SQL> startup
    ORACLE-Instanz hochgefahren.
    Total System Global Area   235999352 bytes
    Fixed Size                    450680 bytes
    Variable Size              201326592 bytes
    Database Buffers            33554432 bytes
    Redo Buffers                  667648 bytes
    ```

Kapitel 16 Planung und Realisierung einer Datenbank-Infrastruktur

```
Datenbank mit MOUNT angeschlossen.
Datenbank geöffnet.
```

TIPP

Mit Oracle9i wurden OMF-Dateien eingeführt. OMF-Dateinamen werden von Oracle verwaltet. Für das Verschieben von OMF-Dateien gibt es einige Besonderheiten zu beachten.

16.2 Benutzer, Rollen und Privilegien

Sie benötigen einen Benutzer-Account, um Zugriff auf die Datenbank zu bekommen. Jeder Account besitzt ein Passwort zur Autorisierung. Ein Datenbank-Account kann mit einem Betriebssystem-Account verbunden werden.

Privilegien können einem Benutzer-Account direkt oder über eine Rolle zugewiesen werden. Rollen können Privilegien und andere Rollen enthalten.

TIPP

Weisen Sie einem Benutzer Privilegien nie direkt, sondern immer über Rollen zu. Das führt zu einer Vereinfachung der Administration und macht das Sicherheitskonzept übersichtlicher.

Auch Benutzer, Rollen und Privilegien können Sie wahlweise mit SQL*Plus oder mit dem Oracle Enterprise Manager verwalten.

Benutzer verwalten

Sie können einen Benutzer mit der CREATE USER-Anweisung erstellen. Dazu müssen Sie das CREATE USER-Privileg besitzen.

TIPP

Das CREATE USER-Privileg ist sehr mächtig. Achten Sie darauf, dass möglichst wenige Administratoren dieses Privileg besitzen.

Im folgenden Beispiel wird ein Benutzer erstellt. Ihm wird die Default-Tablespace USERS zugewiesen. Erstellt der Benutzer ein Objekt, ohne explizit eine Tablespace zu spezifizieren, so wird es in der Default-Tablespace erstellt.

```
SQL> CREATE USER kompendium
  2  IDENTIFIED BY kompendium
  3  DEFAULT TABLESPACE users;
Benutzer wurde angelegt.
```

Benutzer, Rollen und Privilegien

Wenn Sie jetzt versuchen, sich unter diesem Benutzer anzumelden, gibt Oracle die folgende Fehlermeldung zurück:

```
SQL> CONNECT kompendium/kompendium@komp
ERROR:
ORA-01045: user KOMPENDIUM lacks CREATE SESSION
privilege; logon denied
```

Ohne das CREATE SESSION-Privileg kann sich kein Benutzer anmelden. In der Praxis wird häufig die Rolle CONNECT vergeben, die unter anderem das CREATE SESSION-Privileg enthält. Nachdem der Benutzer die Rolle CONNECT erhalten hat, kann er sich anmelden.

```
SQL> CONNECT system/system@komp
Connect durchgeführt.
SQL> GRANT CONNECT TO kompendium;
Benutzerzugriff (Grant) wurde erteilt.
SQL> CONNECT kompendium/kompendium@komp
Connect durchgeführt.
```

Oracle empfiehlt, eigene Rollen zu erstellen. Die mitgelieferten Rollen wie CONNECT *oder* RESOURCE *könnten in zukünftigen Versionen nicht mehr mit ausgeliefert werden. Dann entstehen Probleme bei einem Upgrade.*

:-)
TIPP

Wenn Sie jetzt versuchen, eine Tabelle anzulegen, gibt Oracle die folgende Fehlermeldung zurück:

```
ORA-01950: keine Berechtigungen für Tablespace 'USERS'
```

Ein neu erstellter Benutzer hat von Haus aus keine Speicherplatz-Anteile an den Tablespaces. Diese Speicherplatz-Anteile werden *Quota* genannt. Da sich Benutzer Tablespaces häufig teilen, können Sie als Administrator festlegen, wie viel Quota jeder Benutzer an einer Tablespace erhält. Im folgenden Beispiel werden dem neuen Benutzer 50 Mbyte an der Tablespace USERS zugewiesen. Danach kann der Benutzer Datenbankobjekte erstellen und verwenden, solange die 50 Mbyte nicht überschritten werden.

```
SQL> CONNECT system/system@komp
Connect durchgeführt.
SQL> ALTER USER kompendium
  2  QUOTA 50M ON users;
Benutzer wurde geändert.
SQL> CONNECT kompendium/kompendium@komp
Connect durchgeführt.
SQL> CREATE TABLE book(
  2  isbn NUMBER,
  3  title VARCHAR2(30));
Tabelle wurde angelegt.
```

Benutzer benötigen keine Quota für Temporary Tablespaces. Temporäre Segmente können ohne zusätzliche Privilegien erstellt werden.

Jeder Benutzer besitzt ein Profil. Ein Profil beschränkt Datenbank-Ressourcen und regelt die Passwortpolice. Wird einem Benutzer kein spezielles Profil zugewiesen, erhält er das Profil DEFAULT. Abbildung 16.5 zeigt die Standard-Einstellungen des Profils DEFAULT im Oracle Enterprise Manager. Als Administrator können Sie natürlich die Werte des Profils verändern oder neue Profile erstellen.

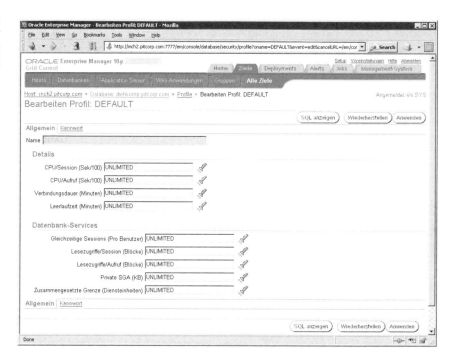

Abbildung 16.5: Das Profil DEFAULT im Enterprise Manager verwalten

Profile können auch verwendet werden, um eine Passwortpolice vorzugeben. So können Sie z.B. ein Kennwort nach einer bestimmten Zeit ablaufen lassen oder bei nicht erfolgreicher Anmeldung sperren. Eine Übersicht der Optionen für Passwortpolicen bietet der Enterprise Manager. Unter dem Register KENNWORT finden Sie das Feld KOMPLEXITÄTSFUNKTION. Dort können Sie eine Funktion eintragen, die das Überprüfen eines neuen Kennworts durchführt.

Der Database Configuration Assistant sperrt standardmäßig alle Accounts, mit Ausnahme von SYS, SYSTEM und DBSNMP. Das folgende Skript führt ein Entsperren für alle Accounts durch.

Benutzer, Rollen und Privilegien — Kapitel 16

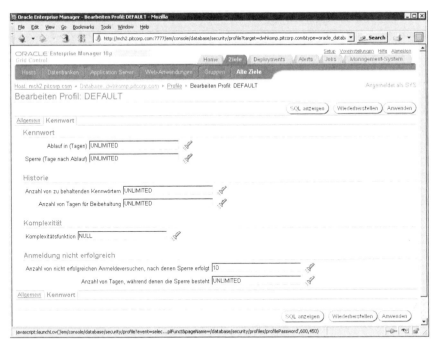

Abbildung 16.6:
Die Kennwortfunktion verwalten

```
SQL> SET HEADING OFF
SQL> SET FEEDBACK OFF
SQL> SET PAGESIZE 0
SQL> SPOOL unlock.sql
SQL> SELECT 'ALTER USER '||username||' ACCOUNT UNLOCK;'
FROM dba_users;
ALTER USER AQADM ACCOUNT UNLOCK;
ALTER USER AQUSER ACCOUNT UNLOCK;
...
ALTER USER QS_CS ACCOUNT UNLOCK;
SQL> SPOOL OFF
```

Listing 16.4:
UNLOCK-Anweisungen für alle Benutzer der Datenbank erstellen

Im Listing 16.4 wird mit Hilfe einer SQL-Anweisung eine ganze Liste von SQL-Anweisungen erzeugt. Die SPOOL-Anweisung leitet die Bildschirmausgabe in die Datei unlock.sql um. Diese Datei können Sie in SQL*Plus mit dem Kommando START (@) ausführen.

```
SQL> @unlock.sql
Benutzer wurde geändert.
...
Benutzer wurde geändert.
```

TIPP

Listing 16.4 ist ein typisches Beispiel für die Überlegenheit von SQL*Plus gegenüber dem Oracle Enterprise Manager in diesem Fall. Im OEM müssen Sie mit Mausklicks jeden Benutzer einzeln bearbeiten, um das gleiche Ergebnis zu erreichen.

Zusätzlich zur Standard-Passwortpolice können Sie eine eigene Prozedur erstellen, die weitere Regeln für Passwörter überprüft. In Listing 16.5 sehen Sie ein Beispiel für eine solche Funktion, die einen Fehler erzeugt, wenn die Länge des Passworts kleiner als fünf ist. Die Prozedur muss unter dem Schema SYS angelegt werden.

Listing 16.5:
Erstellen einer Funktion zur Passwort-Überprüfung

```
SQL> CREATE OR REPLACE FUNCTION password_verification (
  2  username VARCHAR2,
  3  password VARCHAR2,
  4  old_passowrd VARCHAR2)
  5  RETURN BOOLEAN IS
  6  BEGIN
  7  IF LENGTH(password) < 5 THEN
  8    raise_application_error(-20001,'Passwort muss aus
  9  mindestens 5 Zeichen bestehen');
 10    RETURN false;
 11  END IF;
 12  RETURN true;
 13  END;
 14  /
Funktion wurde erstellt.
```

Weisen Sie mit der folgenden Anweisung die Funktion dem DEFAULT-Profil zu.

```
SQL> ALTER PROFILE default
  2  LIMIT
  3  PASSWORD_VERIFY_FUNCTION password_verification;
Profil wurde geändert.
```

Wenn Sie jetzt versuchen, ein Passwort zu vergeben, das weniger als fünf Stellen lang ist, wird eine Fehlermeldung erzeugt.

```
SQL> ALTER USER kompendium
  2  IDENTIFIED BY x;
ALTER USER kompendium
FEHLER in Zeile 1:
ORA-28003: Kennwortüberprüfung für eingegebenes Kennwort
misslungen
ORA-20001: Passwort muss aus mindestens 5 Zeichen bestehen
```

Datenbank-Accounts können mit Accounts des Betriebssystems verbunden werden. Meldet sich ein Benutzer erfolgreich auf Betriebssystemebene an,

Benutzer, Rollen und Privilegien — Kapitel 16

erhält er automatisch Zugang zur Datenbank, ohne erneut Benutzername und Passwort eingeben zu müssen. Die Anmeldung muss auf dem Rechner erfolgen, auf dem die Datenbank läuft. Führen Sie die folgenden Schritte aus, um eine Identifikation auf Betriebssystemebene einzurichten.

Einrichten der Betriebssystem-Identifikation

STEP

1. Erstellen Sie einen Account für den Benutzer kompendium unter Unix.
2. Richten Sie einen Benutzer-Account unter Oracle ein, mit dem Namen ops$kompendium und der Option IDENTIFIED EXTERNALLY.

   ```
   SQL> CREATE USER ops$kompendium
     2  IDENTIFIED EXTERNALLY
     3  DEFAULT TABLESPACE users;
   Benutzer wurde angelegt.
   SQL> GRANT CONNECT TO ops$kompendium;
   Benutzerzugriff (Grant) wurde erteilt.
   ```

3. Loggen Sie sich als Benutzer kompendium in Unix ein. Durch dieses Einloggen werden Sie als hinreichend authentifiziert betrachtet und Sie können sich in die Datenbank ohne weiteres Kennwort einloggen. Der Connect String ist ein einfaches »/«. Rufen Sie SQL*Plus in der folgenden Form auf: sqlplus /.

   ```
   $ su - kompendium
   Password:
   $ sqlplus /
   SQL*Plus: Release 10.1.0.2.0 - Production on Tue Oct 1 0:18:25 2002
   Copyright (c) 1982, 2004, Oracle Corporation.  All
   rights reserved.
   Connected to:
   Oracle10g Enterprise Edition Release 10.1.0.2.0 -
   Production
   With the Partitioning, Oracle Label Security, OLAP and
   Oracle Data Mining options
   JServer Release 10.1.0.2.0 - Production
   SQL> SHOW USER
   USER is "OPS$KOMPENDIUM"
   ```

Rollen und Privilegien verwalten

Rollen werden von Administratoren erstellt und werden benutzt, um Privilegien oder andere Rollen zusammenzufassen. Privilegien verkörpern das Recht, spezielle SQL-Anweisungen ausführen oder auf Benutzer-Objekte zugreifen zu können. Oracle unterscheidet zwischen System- und Objektprivilegien.

> !! STOP
>
> *Systemprivilegien besitzen viel Macht, um wichtige Operationen in der Datenbank durchzuführen. Sie sollten deshalb mit Vorsicht vergeben werden. Es ist sicherer, Objektprivilegien für ausgewählte Objekte zu vergeben als Systemprivilegien, die einen generellen Zugriff erlauben. Jeder Benutzer ist automatisch Besitzer der Objekte, die sich unter seinem Schema befinden, und hat volles Zugriffsrecht auf diese Objekte.*

Das Systempriveleg `SELECT ANY TABLE` erlaubt dem Benutzer, alle Tabellen in der Datenbank zu lesen. Das birgt die Gefahr, dass der Benutzer Zugriffsrechte auf Tabellen bekommt, die er nicht haben sollte. Besser ist es, mit der Zuweisung eines Objektprivilegs einzelne Objekte freizugeben. Im folgenden Beispiel erhält der Benutzer kompendium Leserechte auf die Tabelle household_facts *im Schema* dwh.

```
SQL> GRANT SELECT ON dwh.household_facts
  2  TO kompendium;
Benutzerzugriff (Grant) wurde erteilt.
```

Erteilte Privilegien können mit der `REVOKE`-Anweisung wieder entzogen werden:

```
SQL> REVOKE SELECT ON dwh.household_facts
  2  FROM kompendium;
Benutzerzugriff wurde aufgehoben (Revoke).
```

Sie können beim Erteilen von Privilegien die Option `WITH GRANT OPTION` benutzen. Dann erhält der Benutzer, dem das Privileg zugewiesen wird, das Recht, dieses Privileg an andere Benutzer weiterzugeben.

```
SQL> GRANT SELECT ON dwh.household_facts
  2  TO kompendium
  3  WITH GRANT OPTION;
Benutzerzugriff (Grant) wurde erteilt.
```

> *In Oracle9i wurden die Berechtigungen für Zuweisungen geändert. Ein Benutzer darf seitdem Privilegien für die Objekte anderer Benutzer zuweisen, sofern er das Privileg* `GRANT ANY PRIVILEGE` *besitzt. In älteren Versionen konnte nur der Besitzer eines Objekts solche Zuweisungen tätigen. Selbst ein Benutzer mit DBA-Rolle oder die Benutzer* SYS *und* SYSTEM *hatten dieses Recht nicht.*

> !! STOP
>
> *Wenn Sie dem Benutzer* PUBLIC *ein Privileg zuweisen, dann weisen Sie dieses Privileg allen Benutzern der Datenbank zu.*

Das Zuweisen von Objektprivilegien muss nicht zwangsläufig mehr Aufwand bedeuten als das Zuweisen von Systemprivilegien. Im folgenden Beispiel sollen alle Tabellen eines Data Warehouse im Schema dwh einer Gruppe von Benutzern mit Leserecht zur Verfügung gestellt werden. Die Vergabe des Privilegs SELECT ANY TABLE würde zur Folge haben, dass der Benutzer auch alle anderen Tabellen in der Datenbank selektieren darf.

Im Skript in Listing 16.6 wird eine Rolle erstellt, die alle Objektprivilegien zugewiesen bekommt. Diese Rolle wird dann allen Data-Warehouse-Benutzern zugewiesen. Kommt später ein weiteres Objekt dazu, muss dieses nur der Rolle und nicht jedem einzelnen Benutzer zugewiesen werden.

```
SQL> CONNECT system/system@komp
Connect durchgeführt.
SQL> CREATE ROLE dwh_reader;
Rolle wurde angelegt.
SQL> SET HEADING OFF
SQL> SET FEEDBACK OFF
SQL> SET PAGES 0
SQL>  SPOOL grant.sql
SQL> SELECT 'GRANT SELECT ON dwh.'||table_name||'
TO dhw_reader;'
  2  FROM dba_tables
  3  WHERE owner = 'DWH';
GRANT SELECT ON dwh.ACCOUNTS TO dhw_reader;
GRANT SELECT ON dwh.ACCOUNT_DIM TO dhw_reader;
GRANT SELECT ON dwh.BRANCH_DIM TO dhw_reader;
GRANT SELECT ON dwh.HOUSEHOLD_DIM TO dhw_reader;
GRANT SELECT ON dwh.HOUSEHOLD_FACTS TO dhw_reader;
GRANT SELECT ON dwh.PRODUCT_DIM TO dhw_reader;
GRANT SELECT ON dwh.STATUS_DIM TO dhw_reader;
GRANT SELECT ON dwh.TIME_DIM TO dhw_reader;
SQL> SPOOL OFF
SQL> @grant
SQL> GRANT dwh_reader TO kompendium;
Benutzerzugriff (Grant) wurde erteilt.
```

Listing 16.6: Objektprivilegien zuteilen

Benutzer, die Tabellenprivilegien über eine Rolle besitzen, können keine Views oder Prozeduren erstellen, die sich auf diese Tabellen beziehen.

Selbstverständlich können Sie mit Hilfe des Datenbankkatalogs herausfinden, welche Rollen den einzelnen Benutzern zugewiesen sind:

```
SQL> SELECT * FROM dba_role_privs
  2  WHERE grantee = 'KOMPENDIUM';
GRANTEE           GRANTED_ROLE         ADM DEF
----------------  -------------------  --- ---
KOMPENDIUM        CONNECT              NO  YES
KOMPENDIUM        DWH_READER           NO  YES
```

Die zugewiesenen Systemprivilegien liefert das View DBA_SYS_PRIVS.

```
SQL> SELECT * FROM dba_sys_privs
  2  WHERE grantee = 'KOMPENDIUM';
GRANTEE                 PRIVILEGE                       ADM
----------------------  ------------------------------  ---
KOMPENDIUM              SELECT ANY TABLE                NO
```

16.3 Schemas verwalten

Ein *Schema* ist eine Gruppe von Datenbankobjekten, die einem Benutzer gehört. Beim Erstellen eines Benutzers wird automatisch ein Schema unter gleichem Namen angelegt. Erstellt ein Benutzer ein Objekt, dann wird dies unter seinem Schema angelegt, es sei denn, ein anderer Schemaname wird angegeben.

Das Beispiel in Listing 16.7 zeigt, wie eine Tabelle unter dem eigenen sowie unter einem fremden Schema angelegt werden kann.

Listing 16.7:
Eine Tabelle in einem fremden Schema anlegen

```
SQL> CONNECT kompendium/kompendium@komp
Connect durchgeführt.
SQL> CREATE TABLE book (
  2  isbn    NUMBER,
  3  title   VARCHAR2(30));
SQL> DROP TABLE book;
Tabelle wurde gelöscht.
SQL> CONNECT system/system@komp
Connect durchgeführt.
SQL> CREATE TABLE kompendium.book (
  2  isbn    NUMBER,
  3  title   VARCHAR2(30));
Tabelle wurde angelegt.
```

Jeder Benutzer hat das Recht, unter dem eigenen Schema Objekte anzulegen, zu ändern und zu löschen. Für die Manipulation von Objekten anderer Schemas sind ANY*-Privilegien notwendig. So wird für das Erstellen einer Tabelle das Privileg* CREATE ANY TABLE *gebraucht.*

Dieser Abschnitt beschäftigt sich mit der Verwaltung von Schemas und im Einzelnen mit den folgenden Datenbankobjekten:

- Tabellen
- Indexe
- Views
- Synonyme
- Sequenzen
- Cluster

Tabellen

Das Anlegen einer Tabelle erfolgt mit der CREATE TABLE-Anweisung. Die gesamte Syntax der CREATE TABLE-Anweisung ist sehr komplex. Die am häufigsten verwendeten Optionen sind die TABLESPACE- und die STORAGE-Klausel. Mit der STORAGE-Klausel können u.a. die folgenden Parameter vorgegeben werden:

- INITIAL bestimmt die Größe des ersten Extents.
- NEXT legt die Größe des nächsten Extents fest.
- Mit MAXEXTENTS wird die Anzahl von Extents begrenzt.
- PCTINCREASE drückt aus, um wie viel % das nächste Extent gegenüber seinem Vorgänger wachsen soll.

Oracle empfiehlt die Verwendung von lokal verwalteten Tablespaces. In dem Fall werden die angegebenen Storage-Parameter ignoriert und die Verwaltung wird komplett von Oracle übernommen. Vom Datenbankkatalog verwaltete Tablespaces haben jedoch keineswegs ausgedient. Gerade für große Tabellen in einem Data Warehouse ist eine eigene Extent-Verwaltung von Vorteil.

```
SQL> CREATE TABLE accounts (
  2   account_id      NUMBER(14),
  3   account_owner   NUMBER(10),
  4   balance         NUMBER(10,2),
  5   last_balance    NUMBER(10,2),
  6   changed         DATE)
  7   TABLESPACE users
STORAGE (INITIAL 128K NEXT 128K MAXEXTENTS 200
PCTINCREASE 50);
Tabelle wurde angelegt.
```

Listing 16.8:
Eine Tabelle mit Tablespace- und Storage-Option anlegen

Primärschlüssel können entweder direkt mit dem Erstellen der Tabelle angelegt oder später hinzugefügt werden. Das Erstellen der Tabelle accounts mit der Spalte account_id als Primärschlüssel sieht dann so aus:

```
SQL> CREATE TABLE accounts (
  2   account_id      NUMBER(14)
  3   CONSTRAINT pk_accounts PRIMARY KEY,
  4   account_owner   NUMBER(10),
  5   balance         NUMBER(10,2),
  6   last_balance    NUMBER(10,2),
  7   changed         DATE)
  8   TABLESPACE users;
Tabelle wurde angelegt.
```

Listing 16.9:
Anlegen einer Tabelle mit Primärschlüssel

Ein Primärschlüssel kann mit dem folgenden Befehl zu einer Tabelle hinzugefügt werden:

```
ALTER TABLE accounts
ADD CONSTRAINT
PRIMARY KEY pk_accounts (account_id));
```

Ein Fremdschlüssel ist eine Spalte einer Tabelle, die eine Beziehung zu einem Feld einer anderen Tabelle hat. Die Spalte in der anderen Tabelle muss ein Primärschlüssel sein. Diese Art von Constraints nennt man *Referenzielle Integritätsbedingungen*.

Listing 16.10: Einen Fremdschlüssel in einer Tabelle hinzufügen

```
SQL> ALTER TABLE household_facts
  2  ADD CONSTRAINT
  3  FOREIGN KEY
  4  REFERENCES time_dim (time_key);
Tabelle wurde geändert.
```

Tabellen können mit Hilfe der ALTER TABLE-Anweisung geändert werden. Im folgenden Beispiel wird eine Spalte hinzugefügt.

Listing 16.11: Eine Spalte zu einer Tabelle hinzufügen

```
SQL> ALTER TABLE accounts
  2  ADD (last_used DATE);
Tabelle wurde geändert.
```

TIPP

Seit Oracle9i ist es möglich, Tabellen online neu zu definieren. Die Re-Definition von Tabellen erfolgt im laufenden Betrieb, es können DML-Operationen auf der Tabelle während der Re-Definition ausgeführt werden. Dabei wird eine Interims-Tabelle angelegt, um die laufenden Transaktionen aufzunehmen. Das Sperren der Tabelle, auch bei sehr großen Tabellen, ist nur für den Bruchteil einer Sekunde erforderlich.

Tabellen können in ein anderes Segment oder eine andere Tablespace verschoben werden. Im folgenden Beispiel wird die Tabelle accounts von der Tablespace users in die Tablespace tools verschoben.

Listing 16.12: Eine Tabelle in eine andere Tablespace verschieben

```
SQL> SELECT tablespace_name
  2  FROM dba_tables
  3  WHERE table_name = 'ACCOUNTS';
TABLESPACE_NAME
------------------------------
USERS
SQL> ALTER TABLE dwh.accounts MOVE
  2  TABLESPACE tools;
Tabelle wurde geändert.
SQL> SELECT tablespace_name
  2  FROM dba_tables
  3  WHERE table_name = 'ACCOUNTS';
```

```
TABLESPACE_NAME
------------------------------
TOOLS
```

Die bisher erstellten Tabellen sind permanent. Sie können jedoch auch eine temporäre Tabelle erstellen. Während die Tabellendefinition einer temporären Tabelle für alle Sitzungen sichtbar ist, können die Daten nur in der Sitzung gesehen werden, in der sie eingegeben werden. Mit der ON COMMIT-Option legen Sie fest, ob die Tabelle transaktionsspezifisch oder sitzungsspezifisch ist. Die Optionen besitzen die folgenden Eigenschaften:

- ON COMMIT DELETE ROWS definiert, dass die Tabelle transaktionsspezifisch ist und alle Datensätze nach jedem COMMIT gelöscht werden.
- ON COMMIT PRESERVE ROWS bedeutet, dass die Tabelle sitzungsspezifisch ist. Die Tabelle wird geleert, wenn die Sitzung zu Ende ist.

Sie können Indexe an temporären Tabellen erstellen. Diese sind dann auch temporär und sind so wie die zugehörige Tabelle sitzungs- oder transaktionsspezifisch.

In Listing 16.13 wird eine temporäre, transaktionsspezifische Tabelle erstellt.

```
SQL> CREATE GLOBAL TEMPORARY TABLE dwl_load_section (
  2    time_from  DATE,
  3    time_to    DATE,
  4    section    VARCHAR2(30))
  5  ON COMMIT DELETE ROWS;
Tabelle wurde angelegt.
```

Listing 16.13:
Eine temporäre
Tabelle erstellen

Insbesondere im Data-Warehouse-Bereich, aber auch generell, werden große Tabellen partitioniert. Partitionierte Tabellen sind schneller in der Verarbeitung und lassen sich besser verwalten.

Speichern Sie Partitionen in einer separaten Tablespace. Das ist zwar technisch nicht zwingend erforderlich, bietet jedoch die folgenden Vorteile:

- *Die Wahrscheinlichkeit für eine Zerstörung der Daten wird verringert.*
- *Jede Partition kann einzeln gesichert und wiederhergestellt werden.*
- *Load Balancing für die Festplattenlaufwerke wird einfacher.*
- *Es kommt zu Vereinfachung der Verwaltung und Erhöhung der Verfügbarkeit.*

Kapitel 16 Planung und Realisierung einer Datenbank-Infrastruktur

In Oracle 10g gibt es die folgenden Partitionierungsmethoden:

- Range Partitioning
- Hash Partitioning
- List Partitioning
- Composite Range-Hash Partitioning
- Composite Range-List Partitioning

Welche Methode für eine Tabelle optimal ist, hängt von den Daten und der Art der SQL-Anweisungen ab. In Listing 16.14 sehen Sie ein Beispiel für Range Partitioning.

Listing 16.14: Eine partitionierte Tabelle nach der Range-Partitioning-Methode erstellen

```
SQL> CREATE TABLE accounts_part (
  2    account_id      NUMBER(14),
  3    account_owner   NUMBER(10),
  4    account_state   VARCHAR2(2),
  5    balance         NUMBER(10,2),
  6    last_changed    DATE)
  7  PARTITION BY RANGE(last_changed)
  8    (PARTITION accounts_1 VALUES LESS THAN
(TO_DATE('01.01.2001','DD.MM.YYYY')),
  9     PARTITION accounts_2 VALUES LESS THAN
(TO_DATE('01.01.2002','DD.MM.YYYY')),
 10     PARTITION accounts_3 VALUES LESS THAN
(TO_DATE('01.01.2003','DD.MM.YYYY')));
Tabelle wurde angelegt.
```

Wenn Sie den Cost-Based Optimizer (CBO) verwenden, müssen Tabellen regelmäßig analysiert werden. Bei der Analyse werden Informationen über Daten und Tabellen in den Datenbankkatalog geschrieben. Diese Informationen benutzt der CBO für das Erstellen der Abfragepläne.

!! STOP

Der Cost-Based Optimizer (CBO) funktioniert nur korrekt, wenn Tabellen regelmäßig analysiert werden.

Statistiken können sowohl einzeln als auch für ein gesamtes Schema gesammelt werden. Mit dem folgenden Befehl wird eine einzelne Tabelle analysiert.

```
SQL> ANALYZE TABLE accounts_part COMPUTE STATISTICS;
Tabelle wurde analysiert.
```

Mit Hilfe von Paketen können Sie auch ganze Schemas analysieren und verschiedene Analyse-Methoden auswählen. Die COMPUTE-Methode läuft bei gro-

Schemas verwalten

ßen Tabellen sehr lange. Hier ist es sinnvoll, die ESTIMATE-Methode bzw. Sample-Größen zu verwenden.

Verwenden Sie zum Analysieren von Objekten das Paket DBMS_STATS, **nicht** *das Paket* DBMS_UTILITY. DBMS_STATS *stellt die richtigen Statistiken für den Oracle 10g Optimizer zur Verfügung und bietet darüber hinaus weitere wertvolle Features.*

Im folgenden Beispiel werden die Statistiken für ein ganzes Schema mit der COMPUTE-Methode erstellt:

```
SQL> EXEC DBMS_STATS.GATHER_SCHEMA_STATS('KOMP10G');
PL/SQL-Prozedur wurde erfolgreich abgeschlossen.
```

Mit der Abfrage in Listing 16.15 können Sie feststellen, wann die Statistiken für die Tabelle das letzte Mal aktualisiert worden sind.

```
SQL> SELECT table_name, last_analyzed
  2  FROM user_tables;
TABLE_NAME                     LAST_ANALYZED
------------------------------ -------------------
ACCOUNTS                       03.10.2002 14:15:42
ACCOUNTS_PART                  03.10.2002 14:15:42
ACCOUNT_DIM                    03.10.2002 14:15:42
BRANCH_DIM                     03.10.2002 14:15:42
DWL_LOAD_SECTION               03.10.2002 14:15:42
HOUSEHOLD_DIM                  03.10.2002 14:15:42
```

Listing 16.15: Das Datum für die letzte Analyse von Tabellen abfragen

Index-organisierte Tabellen sind wie ein B-Tree-Index aufgebaut, enthalten jedoch keine Row-IDs, sondern Daten.

Indexe

Jeder Index-Eintrag in Oracle besteht aus einem Schlüsselwert und einer ROWID. Ein Index wird explizit mit der CREATE INDEX-Anweisung erstellt.

```
SQL> CREATE INDEX i1_accounts
  2  ON accounts (account_owner);
Index wurde angelegt.
```

Eindeutige Indexe garantieren, dass keiner der Werte in der indexierten Spalte doppelt vorkommt. Ein eindeutiger Index wird mit der Option UNIQUE in der CREATE INDEX-Anweisung erstellt. Existieren bereits doppelte Werte in der Spalte, dann kann der Index nicht erstellt werden und Oracle gibt die Fehlermeldung ORA-01452 zurück.

```
SQL> CREATE UNIQUE INDEX i1_accounts
  2  ON accounts (account_owner);
ON accounts (account_owner)
   *
FEHLER in Zeile 2:
ORA-01452: CREATE UNIQUE INDEX nicht ausführbar;
doppelte Schlüssel gefunden
```

Umgekehrt kann kein Satz eingefügt werden, wenn dies zu einer Verletzung der Eindeutigkeit bei einem bestehenden eindeutigen Index führen würde.

Indexe werden implizit beim Erstellen einer Tabelle erzeugt, wenn ein Primärschlüssel oder ein Unique Constraint definiert werden. In diesem Fall vergibt Oracle den Indexnamen. Sie können den Namen über den Datenbankkatalog herausfinden.

Listing 16.16: Einen Index implizit anlegen

```
SQL> CREATE TABLE accounts (
  2  account_id      NUMBER(14) PRIMARY KEY,
  3  account_owner   NUMBER(10),
  4  account_state   VARCHAR2(2),
  5  balance         NUMBER(10,2),
  6  last_changed    DATE);
Tabelle wurde angelegt.
SQL> SELECT index_name
  2  FROM user_indexes
  3  WHERE table_name = 'ACCOUNTS';
INDEX_NAME
------------------------------
SYS_C003266
```

Auch Indexe müssen analysiert werden, damit der Cost-Based Optimizer korrekte Ergebnisse liefert.

Indexe können auch online erstellt werden. Die zugehörige Tabelle kann verändert werden, während die Erstellung des Index läuft. Sie können einen Index online erstellen, wenn Sie die ONLINE-Option in der CREATE INDEX-Anweisung verwenden.

```
SQL> CREATE INDEX i1_accounts
  2  ON accounts (account_owner) ONLINE;
Index wurde angelegt.
```

Führen Sie keine großen Transaktionen gegen die Tabelle aus, während der Indexaufbau im Online-Modus läuft. Die Transaktion hält ein Lock während einer langen Transaktion. Das hat zur Folge, dass der Indexaufbau erst abgeschlossen werden kann, wenn die Transaktion durch COMMIT *oder* ROLLBACK *beendet worden ist. Zum Beispiel ist es nicht sinnvoll, einen Index online zu erstellen, während der Ladeprozess für ein Data Warehouse läuft.*

Neben den bisher betrachteten B-Tree-Indexen gibt es noch *Bitmap-Indexe*. Ein Bitmap-Index ist nicht wie ein Baum aufgebaut, er verwendet ein Bitmuster, um die Spalten abzubilden. Bitmap-Indexe sollten nur dann verwendet werden, wenn es wenige unterschiedliche Werte in der indizierten Spalte gibt. Das folgende Beispiel verdeutlicht das Prinzip, wie ein Bitmap-Index aufgebaut ist.

```
männlich: 1 0 0 1 0 0 0 1 1 1 0 1 0 1 0 0 0 1
weiblich: 0 1 1 0 1 1 1 0 0 0 1 0 1 0 1 1 1 0
```

Das Bitmap besitzt eine Verbindung zur ROWID. Der Zugriff auf die Tabelle erfolgt über die ROWID und ist damit sehr schnell. Bitmap-Indexe werden vorwiegend für große Tabellen und im Data-Warehouse-Bereich eingesetzt.

Erstellen Sie keinen Bitmap-Index, wenn die Anzahl der unterschiedlichen Werte in der Spalte groß ist. Ein Bitmap-Index ist dann uneffektiv und Sie sollten einen B-Tree-Index erstellen.

!! STOP

Verwenden Sie die Optionen UNRECOVERABLE *oder* NOLOGGING, *wenn Sie Indexe an großen Tabellen erstellen. Diese Option beschleunigt den Indexaufbau erheblich.*

:-) TIPP

Views

Ein View ist eine maßgeschneiderte Ansicht von Daten aus einer oder mehreren Tabellen. Die Ergebnisse einer Abfrage werden wie eine Tabelle behandelt. Ein View wird mit der CREATE VIEW-Anweisung erstellt.

```
SQL> CREATE VIEW name_balance AS
  2  SELECT a.primary_name, b.primary_balance
  3  FROM account_dim a, household_facts b
  4  WHERE b.account_key = a.account_key;
View wurde angelegt.
SQL> DESC name_balance
 Name                   Null?    Typ
 ---------------------- -------- ---------------------
 PRIMARY_NAME                    VARCHAR2(30)
 PRIMARY_BALANCE                 NUMBER(8,2)
SQL> SELECT * FROM name_balance
  2  WHERE primary_name = 'Smith';
PRIMARY_NAME                     PRIMARY_BALANCE
------------------------------   ---------------
Smith                                    6465,65
```

Listing 16.17:
Ein View erstellen und abfragen

Sie können ein View anlegen, auch wenn referenzierte Tabellen oder Spalten fehlen. In diesem Fall wird das View als »mit Fehlern erstellt« betrachtet. Allerdings kann das View nicht benutzt werden, bis alle Objekte existieren.

Um ein View mit Fehlern zu erstellen, müssen Sie die FORCE-Klausel verwenden. Den Status eines Objekts können Sie über das View user_objects erfragen.

Listing 16.18: Ein View mit der FORCE-Option erstellen

```
SQL> CREATE FORCE VIEW name_balance2 AS
  2  SELECT a.primary_name, b.primary_balance,
b.last_balance
  3  FROM account_dim a, household_facts b
  4  WHERE b.account_key = a.account_key;
Warnung: View wurde mit Kompilierungsfehlern erstellt.
SQL> SELECT object_name, status
  2  FROM user_objects
  3  WHERE object_type = 'VIEW';
OBJECT_NAME    STATUS
-------------  -------
NAME_BALANCE   VALID
NAME_BALANCE2  INVALID
```

Synonyme

Ein *Synonym* ist ein Alias für ein Objekt in einem Schema. Synonyme dienen in erster Linie der Bequemlichkeit, erfüllen jedoch auch Sicherheitsfunktionen. Oracle unterscheidet Synonyme nach PUBLIC und PRIVATE. Ein Public-Synonym kann von jedem Benutzer verwendet werden. Dagegen wirkt ein Private-Synonym nur in dem Schema, in dem es definiert ist.

Um ein Private Synonym in Ihrem eigenen Schema anlegen zu können, benötigen Sie das Privileg CREATE SYNONYM. *Zum Anlegen eines Private-Synonyms in einem anderen Schema benötigen Sie* CREATE ANY SYNONYM *und* CREATE PUBLIC SYNONYM, *um ein Public-Synonym anlegen zu können.*

Wird kein Synonym erstellt, können andere Benutzer trotzdem auf das Objekt zugreifen, indem der Objektname mit dem Schemanamen qualifiziert wird. Das sieht dann so aus:

```
SQL> SELECT COUNT(1) FROM dwh.accounts;
```

Wollen Sie z.B. anderen Benutzern einen Lesezugriff nur unter dem Objektnamen ermöglichen, sind zwei Dinge zu tun:

- Zugriffsrechte auf das Objekt für andere Benutzer erteilen
- ein Synonym für das Objekt erstellen

In Listing 16.19 wird allen Benutzern Lesezugriff auf die Tabelle accounts unter dem Schema DWH erteilt und ein Public-Synonym erstellt.

Schemas verwalten

```
SQL> CONNECT dwh/dwh@komp
Connect durchgeführt.
SQL> GRANT SELECT ON accounts TO PUBLIC;
Benutzerzugriff (Grant) wurde erteilt.
SQL> CONNECT system/system@komp
Connect durchgeführt.
SQL> CREATE PUBLIC SYNONYM accounts FOR dwh.accounts;
Synonym wurde angelegt.
SQL> CONNECT kompendium/kompendium@komp
Connect durchgeführt.
SQL> SELECT count(*) FROM accounts;
  COUNT(*)
----------
    758493
```

Listing 16.19:
Zugriffsrechte erteilen und ein Public-Synonym erstellen

Verwenden Sie in Ihrer praktischen Arbeit ein GRANT TO PUBLIC *nur sehr vorsichtig. Damit werden Objektprivilegien allen anderen (auch später angelegten) Benutzern erteilt. Besser ist es, diese Rechte einer Rolle und die Rolle den einzelnen Benutzern zuzuweisen.*

!!
STOP

Sequenzen

Sequenzen werden verwendet, um den Programmieraufwand für eine Liste von fortlaufenden Zahlen zu vereinfachen. Außerdem garantieren Sequenzen die Eindeutigkeit über mehrere Benutzer. Ein häufiger Anwendungsfall ist das Erstellen von Primärschlüsseln.

Das Erstellen einer Sequenz erfolgt mit der CREATE SEQUENCE-Anweisung.

```
SQL> CREATE SEQUENCE account_seq
  2   INCREMENT BY 1
  3   START WITH 1
  4   NOMAXVALUE
  5   NOCYCLE
  6   CACHE 15;
Sequenz wurde angelegt.
```

Listing 16.20:
Eine Sequenz erstellen

Die CACHE-Option dient der Verbesserung der Performance. Sie stellt eine Liste von 15 Sequenz-Nummern in den Hauptspeicher und ermöglicht somit einen schnelleren Zugriff.

Wie eine Sequenz in einer SQL-Anweisung verwendet werden kann, zeigt das Listing 16.21.

```
SQL> INSERT INTO accounts
  2   (account_id, balance, last_changed)
  3   VALUES
```

Listing 16.21:
Eine Sequenz in einer SQL-Anweisung verwenden

```
     4  (account_seq.nextval, 6374.43, SYSDATE);
1 Zeile wurde erstellt.
```

Cluster

In einem Cluster werden Spalten von Tabellen, auf die häufig gemeinsam zugegriffen wird, zusammen gespeichert. Das verbessert die Performance für Abfragen. Der *Cluster Key* besteht aus den Spalten, die die Tabellen gemeinsam haben. Der Cluster Key muss beim Erstellen des Clusters festgelegt werden.

Vergewissern Sie sich, bevor Sie ein Cluster anlegen, dass die Tabellen für ein Cluster geeignet sind. Andernfalls kann es zu größeren Performance-Problemen kommen. Cluster-Tabellen müssen die folgenden Voraussetzungen erfüllen:

- *Die Tabellen werden vorwiegend für Abfragen benutzt,* INSERT-, UPDATE- *oder* DELETE-*Operationen sind eher selten.*

- *Die Datensätze aller Tabellen im Cluster werden häufig zusammen abgefragt und in Join-Klauseln verwendet.*

Zuerst muss das Cluster erstellt werden, danach die Cluster-Tabellen. Die folgenden Schritte zeigen, wie ein Cluster einschließlich Tabellen erstellt werden kann. Das Cluster soll aus den Tabellen account und owner bestehen. Gemeinsamer Cluster Key ist owner_id.

Ein Cluster erstellen

1. Erstellen Sie das Cluster mit der CREATE CLUSTER-Anweisung.

   ```
   SQL> CREATE CLUSTER account_owner
     2  (owner_id NUMBER(10))
     3  TABLESPACE users;
   Cluster wurde angelegt.
   ```

2. Im zweiten Schritt werden die Cluster-Tabellen account und owner erstellt. Die CLUSTER-Option spezifiziert, dass die Tabelle Teil des Clusters ist.

   ```
   SQL> CREATE TABLE owner (
     2  owner_id    NUMBER(10) PRIMARY KEY,
     3  owner_name VARCHAR2(30))
     4  CLUSTER account_owner (owner_id);
   Tabelle wurde angelegt.
   SQL> CREATE TABLE accounts (
     2  account_id  NUMBER(10) PRIMARY KEY,
     3  balance     NUMBER(12,2),
     4  owner_id    NUMBER(10) REFERENCES owner)
   ```

```
    5  CLUSTER account_owner (owner_id);
Tabelle wurde angelegt.
```

3. Zum Schluss ist der Cluster-Index zu erzeugen. Der Index muss vorhanden sein, bevor Daten in das Cluster eingefügt werden können.

```
SQL> CREATE INDEX account_owner_index
  2  ON CLUSTER account_owner
  3  TABLESPACE users;
Index wurde angelegt.
```

Wenn Sie eine einzelne Tabelle von einem Cluster entfernen, entfernt Oracle jede Zeile Schritt für Schritt. Es ist effektiver, die DROP CLUSTER*-Anweisung mit der Option* INCLUDING TABLES *zu verwenden. Das Entfernen einzelner Tabellen ist nur sinnvoll, wenn Teile des Clusters erhalten werden sollen.*

16.4 Überwachung von Datenbanken

Die Überwachung von Datenbanken ist eine der wichtigsten Aufgaben des Administrators. Die gesamte Strategie wird auf das Ziel ausgelegt, potenzielle Probleme zu erkennen und zu verhindern, bevor sie auftreten. Kommt es zu einem Problem, dann muss der DBA schnell und präzise informiert werden. Überwachung hat aber auch die Funktion, Statistiken für die Optimierung der Datenbank zu sammeln.

Es gibt in diesem Buch eine Reihe von Kapiteln, die sich ausführlich mit dem Thema Überwachung beschäftigen. Deshalb gibt dieser Abschnitt nur einen kurzen Überblick über die Möglichkeiten und die Bedeutung der Überwachung einer Datenbank. In den folgenden Kapiteln finden Sie mehr zu diesem Thema:

- *Kapitel 2 »Oracle Grid Control«*
- *Kapitel 4 »Die sich selbst verwaltende Datenbank«*
- *Kapitel 8 »SQL Tuning Advisor«*

Die Überwachung einer Datenbank beschränkt sich nicht auf die Datenbank selbst. Auch das Umfeld in Form von Betriebssystem, Hardware und Netzwerk ist zu betrachten. Haben Sie zum Beispiel Dateien für automatische Erweiterung konfiguriert, müssen Sie befürchten, dass das Dateisystem überläuft. Eine Überwachung des freien Speicherplatzes ist die Konsequenz.

Sie können die folgenden Werkzeuge für die Überwachung einsetzen:

- Oracle Enterprise Manager
- das Automatic Workload Repository (AWR)

Kapitel 16   Planung und Realisierung einer Datenbank-Infrastruktur

- Tools und Utilities des Betriebssystems
- Überwachungs- und Optimierungswerkzeuge von Drittanbietern
- eigene Programme und Skripte

Der Oracle Enterprise Manager bietet die besten Optionen für eine Überwachung. Sie können Jobs und Ereignisse für verschiedene Ziele erstellen. Für Ereignisse können Schwellenwerte festgesetzt werden. Wird ein Schwellenwert erreicht, kann der Administrator über ein Benachrichtigungssystem per E-Mail und Pager sofort informiert werden.

STATSPACK wurde in Oracle 10g durch das Automatic Workload Repository abgelöst. Es kann für die Überwachung mit eingesetzt werden, wobei die Hauptfunktion das Sammeln von Statistiken zur Optimierung der Datenbank ist.

Unter Unix und Windows existieren eine Reihe von Kommandos, die für die Überwachung herangezogen werden können. Für die Optimierung können top (Unix) sowie der Windows Performance-Monitor verwendet werden.

Es gibt eine Reihe von Drittanbietern, die Werkzeuge zur Überwachung und Optimierung zur Verfügung stellen. Zu den bekanntesten gehören BMC Software und Quest.

Eigene Programme und Skripte werden zur Ergänzung der anderen Werkzeuge eingesetzt.

Ein typischer Fehler ist Platzmangel in einer Tablespace. Der OEM bietet ein Standard-Ereignis für dieses Problem an. Aber auch eine Abfrage im Datenbankkatalog liefert diese Informationen.

Listing 16.22: Den freien Speicherplatz in den Tablespaces abfragen

```
SQL> SELECT tablespace_name,
ROUND(SUM(bytes)/1024/1024,0) FREI_MB
  2    FROM dba_free_space
  3    GROUP BY tablespace_name;
TABLESPACE_NAME                    FREI_MB
------------------------------   ----------
CWMLITE                                 11
DRSYS                                   10
EXAMPLE                                 81
INDX                                    25
ODM                                     11
OEM_REPOSITORY                           3
SYSTEM                                   1
TOOLS                                   10
UNDOTBS1                               321
```

```
USERS                          24
XDB                             0
```

Nun, da Sie grundlegende Kenntnisse über die Architektur von Oracle 10g besitzen und die wichtigsten Aufgaben eines Datenbankadministrators bewältigen können, stellen wir im folgenden Abschnitt einige Skripte vor, die Sie in Ihrer praktischen Tätigkeit einsetzen können.

16.5 Praktische Tipps zur Datenbankadministration

Dieser Abschnitt beinhaltet praktische Tipps, Lösungen sowie Programme und Skripte für die Oracle-Datenbankadministration. Es ist nach dem How-To-Prinzip aufgebaut. Das Kapitel unterstützt die weitere Einarbeitung und kann später zum Nachschlagen benutzt werden.

Abbrechen von Sitzungen

In manchen Situationen ist es notwendig, eine Datenbanksitzung abzubrechen. Ist z.B. ein länger bestehender Lock aufgetreten, dann ist das häufig die einzige Lösung. Wird eine Sitzung abgebrochen, erfolgt ein Rollback der letzten Transaktion und alle Ressourcen werden sofort freigegeben.

Den Abbruch können Sie mit der Anweisung ALTER SYSTEM KILL SESSION vornehmen. Als Parameter sind Serial# und Session-ID zu übergeben. Der erste Schritt ist deshalb das Identifizieren der Sitzung. Das SQL-Skript in Listing 16.23 gibt eine Übersicht aller Sitzungen aus.

Listing 16.23: Abfrage der aktuellen Datenbanksitzungen

```
SQL> SELECT b.spid, a.sid, a.serial#, a.username,
a.osuser, a.program
  2  FROM v$session a, v$process b
  3  WHERE a.paddr = b.addr
  4  AND a.type='USER';
SPID            SID       SERIAL# USERNAME   OSUSER
PROGRAM
----------- ---------- ---------- ---------- ----------
--- ----------------------------------------
1133              7          1               oracle
oracle@munich (CJQ0)
1135              8          1               oracle
oracle@munich (J001)
1227              9         10    OEM_MUNICH oracle
/u01/app/oracle/jre/1.1.8/bin/../bin/i686/native
1303             11         18    SYSTEM
Administrator sqlplusw.exe
1254             12        194    OEM_MUNICH oracle
/u01/app/oracle/jre/1.1.8/bin/../bin/i686/native
1256             13         32    OEM_MUNICH oracle
```

Kapitel 16 Planung und Realisierung einer Datenbank-Infrastruktur

```
/u01/app/oracle/jre/1.1.8/bin/../bin/i686/native
1258                14         9 OEM_MUNICH oracle
/u01/app/oracle/jre/1.1.8/bin/../bin/i686/native
1263                15        29 OEM_MUNICH oracle
/u01/app/oracle/jre/1.1.8/bin/../bin/i686/native
1266                16         6 OEM_MUNICH oracle
/u01/app/oracle/jre/1.1.8/bin/../bin/i686/native
1271                17        12 OEM_MUNICH oracle
/u01/app/oracle/jre/1.1.8/bin/../bin/i686/native
1274                18         6 OEM_MUNICH oracle
/u01/app/oracle/jre/1.1.8/bin/../bin/i686/native
 1276               19        12 OEM_MUNICH oracle
/u01/app/oracle/jre/1.1.8/bin/../bin/i686/native
1278                20        12 OEM_MUNICH oracle
/u01/app/oracle/jre/1.1.8/bin/../bin/i686/native
1283                21         7 OEM_MUNICH oracle
/u01/app/oracle/jre/1.1.8/bin/../bin/i686/native
1288                23        28 SYSTEM       oracle
/u01/app/oracle/jre/1.1.8/bin/../bin/i686/native
1295                24       300 SYSTEM
Administrator sqlplus.exe
```

Die erste Spalte SPID ist die ID des Benutzerprozesses auf dem Datenbankserver. Dieser Prozess ist auf Unix-Ebene sichtbar:

```
$ ps -ef|grep 1295
oracle    1295     1  0 08:11 pts/0    00:00:00
oraclekomp (LOCAL=NO)
SQL> ALTER SYSTEM KILL SESSION '24,300';
System wurde geändert.
```

Im SQL*Plus der abgebrochenen Sitzung erscheint dann die folgende Fehlermeldung:

```
FEHLER in Zeile 1:
ORA-00028: Ihre Session wurde abgebrochen
```

Ein unbekanntes Passwort temporär ändern

Passwörter werden verschlüsselt in der Datenbank gespeichert. Es gibt Situationen, in denen Sie sich als ein bestimmter Benutzer anmelden müssen. Als Administrator kennen Sie natürlich nicht die Passwörter der anderen Benutzer. Sie können zwar ein neues Passwort vergeben, jedoch kann sich der Benutzer hinterher nicht mehr einloggen, da er das geänderte Passwort nicht kennt.

In der folgenden Vorgehensweise erstellt der Administrator eine ALTER USER-Anweisung, die das Passwort auf den ursprünglichen Wert zurücksetzt.

```
SQL> CONNECT system/system@komp
Connect durchgeführt.
SQL> SPOOL password.sql
SQL> SELECT 'ALTER USER kompendium IDENTIFIED BY VALUES
'''||password||''';'
  2  FROM DBA_USERS
  3  WHERE username='KOMPENDIUM';
ALTER USER kompendium IDENTIFIED BY VALUES
'57FFC0F92B2384F8';
SQL> SPOOL OFF
SQL> ALTER USER kompendium IDENTIFIED BY temp_pw;
Benutzer wurde geändert.
SQL> CONNECT kompendium/temp_pw@komp
Connect durchgeführt.
SQL> CONNECT system/system@komp
Connect durchgeführt.
SQL> @password
Benutzer wurde geändert.
```

Listing 16.24: Ein unbekanntes Passwort temporär ändern

Den Administrator über Trace-Dateien informieren

Für den Fall, dass Oracle Trace-Dateien erzeugt, ist es wichtig, dass der DBA darüber informiert wird. Das Skript in Listing 16.25 überprüft das Vorhandensein von Trace-Dateien und sendet sie per E-Mail an den Administrator. Zuerst werden die Verzeichnisse mit einer SQL-Abfrage ermittelt. Exstieren keine Trace-Dateien in diesen Verzeichnissen, dann bricht der Job ab, andernfalls werden sie per E-Mail übertragen.

```
#!/bin/ksh
# trace_info.sh
# Trace File Alert
# Copyright (c) 2000 by Lutz Frohlich
# Initialize all variable
ORALCE_SID=$1
export ORACLE_SID
USERNAME=$2
export USERNAME
PASSWORD=$3
export PASSWORD
ORACLE_BASE=/u01/app/oracle
ORACLE_HOME=$ORACLE_BASE/product/9.2.0.1.0
date > trace_files.out
# get directories for trace
echo "SET HEADING OFF
SET FEEDBACK OFF
SET PAGES 0
SELECT value FROM v\$parameter
WHERE name = 'background_dump_dest'
OR name = 'user_dump_dest';
```

Listing 16.25: Den Administrator über Trace-Dateien informieren

```
EXIT " |
sqlplus -s ${USERNAME}/${PASSWORD} > path.out
for directory in `cat path.out`; do
echo "Looking for trace files in $directory"
find ${directory} -name "*.trc" -print >>
trace_files.out
done
NUM_FILES=`cat trace_files.out|wc -l`
n_files=`expr NUM_FILES`
if [ $n_files -lt 2 ]
then
echo "No trace files found."
exit 0
fi
echo "Trace files found."
mailx -s "$ORACLE_SID Oracle trace files found"\
dba@db-experts.com
```

Der Aufruf des Skripts erfolgt mit den Parametern <SID> <Benutzername> <Passwort>:

```
$ ./trace_info.sh komp system system
```

Alle SQL-Anweisungen finden, die auf eine Tabelle zugreifen

Manchmal ist es wichtig zu wissen, welche SQL-Anweisungen gerade auf eine Tabelle zugreifen.

Listing 16.26:
SQL-Anweisungen finden, die auf eine bestimmte Tabelle zugreifen

```
SQL> SET LINESIZE 1000
SQL> SET HEADING OFF
SQL> SET PAGES 500
SQL> SELECT sql_text
  2  FROM v$sql
  3  WHERE UPPER(sql_text) LIKE '%DBA_TABLES%';
SELECT sql_text FROM v$sql WHERE UPPER(sql_text) LIKE
'%DBA_TABLES%'
/* OracleOEM */ select count(*) from (select owner from
sys.dba_tables where table_name = 'SMP_REP_V'
/* OracleOEM */ select count(*) from sys.dba_tables
where table_name = 'SMP_VDS_REPOS_VERSION' and o
```

Die Datei alert.log nach Fehlern durchsuchen

Schwere Fehler schreibt Oracle in die Datei alert<SID>.log. Sie sollten als Administrator diese Datei regelmäßig überwachen. Im Skript in Listing 16.27 wird nach Fehlern vom Typ ORA-00600 gesucht.

Praktische Tipps zur Datenbankadministration — Kapitel 16

```ksh
#!/bin/ksh
# alert_info.sh
# Find errors in alert.log
# Copyright (c) 2000 by Lutz Frohlich
# Initialize all variable
ORALCE_SID=$1
export ORACLE_SID
USERNAME=$2
export USERNAME
PASSWORD=$3
export PASSWORD
ORACLE_BASE=/u01/app/oracle
ORACLE_HOME=$ORACLE_BASE/product/9.2.0.1.0
date > alert.out
# get directories for alert.log
echo "SET HEADING OFF
SET FEEDBACK OFF
SET PAGES 0
SELECT value FROM v\$parameter
WHERE name = 'background_dump_dest' ;
EXIT " |
sqlplus -s ${USERNAME}/${PASSWORD} > path.out
for directory in `cat path.out`; do
ALERT_FILE=${directory}/alert_${ORACLE_SID}.log
cat ${ALERT_FILE}|grep "ORA-00600" >> alert.out
done
NUM_FILES=`cat alert.out|wc -l`
n_files=`expr NUM_FILES`
if [ $n_files -lt 2 ]
then
echo "No errors found."
exit 0
fi
echo "Errors found."
mailx -s "$ORACLE_SID Oracle trace files found"\
dba@db-experts.com
```

Listing 16.27:
Die Datei alert.log nach Fehlern durchsuchen

Den freien Platz in Tablespaces überwachen

Mit den Skripts in Listing 16.28 und Listing 16.29 können Sie den freien Speicherplatz in den Tablespaces überwachen und einen Trend-Report erstellen.

Zuerst wird eine Tabelle zum Aufnehmen der Statistik angelegt.

```
SQL> CREATE TABLE free_space_monitoring (
  2    snapshot_time     DATE DEFAULT SYSDATE,
  3    tablespace_name   VARCHAR2(30),
  4    free_space_mb     NUMBER);
Tabelle wurde angelegt.
```

Listing 16.28:
Tabelle zur Aufnahme der Tablespace-Statistik erstellen

Mit der folgenden SQL-Anweisung werden die Werte in regelmäßigen Abständen in die Tabelle geschrieben.

Listing 16.29:
Die Statistik-Tabelle füllen

```
SQL> INSERT INTO free_space_monitoring
  2  (tablespace_name, free_space_mb)
  3  SELECT tablespace_name, SUM(bytes/1024/1024)
  4  FROM dba_free_space
  5  GROUP BY tablespace_name;
17 Zeilen wurden erstellt.
```

Die Verwendung von Temp-Segmenten überwachen

In Tablespaces vom Typ TEMPORARY kommt es gelegentlich zu Platzproblemen. Die Tablespaces werden von mehreren Benutzern verwendet, häufig ist es jedoch eine einzige Sitzung bzw. eine SQL-Anweisung, die das Überlaufen verursacht. Mit dem folgenden Skript können Sie feststellen, welche Sitzung wie viel Platz in der Temporary Tablespace belegt. Die Spalte MB liefert den Wert im Megabyte. Dabei wird eine Blockgröße von 8 Kbyte zugrunde gelegt.

Listing 16.30:
Die Belegung der Temporary Tablespaces überwachen

```
SQL> SELECT b.tablespace, b.segfile#, b.segblk#,
  2  b.blocks, b.blocks/1024*8, a.sid, a.serial#, a.username,
  3  a.osuser, a.status
  4  FROM v$session a, v$sort_usage b
  5  WHERE a.saddr = b.session_addr
  6  ORDER BY b.tablespace, b.segfile#, b.segblk#, b.blocks;
TABLESPACE                       SEGFILE#   SEGBLK#    BLOCKS
B.BLOCKS/1024*8      SID   SERIA
-------------------------------- ---------- ---------- ----------
--------------- ---------- --------
TEMP                                   201       3721       128
              1        260         12
```

17 Datenbanksicherheit

Oracle-Datenbanksicherheit hat viele Gesichter und ist häufig Bestandteil einer komplexen IT-Landschaft. Obwohl sich dieses Kapitel primär mit Datenbanksicherheit beschäftigt, ist die Betrachtungsweise immer auf die Umgebung und das Gesamtkonzept gerichtet. Isolierte Sicherheitslösungen sind von vornherein zum Scheitern verurteilt. Datenbanksicherheit muss sich in das Gesamtkonzept integrieren und dieses ausfüllen.

So hat sich z.B. die Virtual Private Database (VPD) zu einem unverzichtbaren Feature entwickelt. VPD-Technologie zeichnet sich dadurch aus, dass die Zugriffskontrolle in der Datenbank integriert ist und damit nicht manipulierbar wie in Architekturen, in denen Sicherheit in der Anwendung oder in der Middleware implementiert ist. Es bringt wenig, eine Straßensperre zu errichten, wenn die restliche Umgebung frei zugänglich ist.

Eine leider noch weit verbreitete Auffassung ist, dass ein Abschotten nach außen, z.B. durch Firewalls, einen Großteil der Sicherheitslücken schließt. Datei gibt es hinreichende Statistiken, die aussagen, dass 80% des Datenverlustes oder Datendiebstahls durch Insider hervorgerufen wird. Die besten Firewalls der Welt sind nutzlos, wenn die Täter in Ihr Unternehmen durch den Haupteingang hinein- und hinausgelangen können.

Immer noch finden ca. 40% der Einbrüche von außen trotz des Vorhandenseins von Firewalls statt.

Datenbanksicherheit spielt in jedem Sicherheitskonzept eine zentrale Rolle. Die Datenbank ist natürlicherweise **der** Speicherort aller unternehmenskritischen Daten. Dazu kommt der Umstand, dass immer mehr Datenbanken geteilt benutzt werden, sei es zwischen unterschiedlichen Bereichen eines Unternehmens oder zwischen verschiedenen Unternehmen.

Allein im Oracle-Umfeld umfasst das Thema mehrere Bereiche, angefangen von der integrierten Sicherheit über Netzwerksicherheit bis hin zur Applikation oder Middleware. Das Kapitel beschreibt all diese Komponenten und beschäftigt sich mit der Integration von Oracle-Sicherheit in das Gesamtkonzept.

Kapitel 17   Datenbanksicherheit

17.1 Benutzer, Rollen und Profile

Oracle besitzt im Gegensatz zu anderen Datenbankbetriebssystemen von jeher eine integrierte Benutzerverwaltung. Was in der Vergangenheit als nutzloser Zusatzaufwand verachtet wurde, hat sich zwischenzeitlich als nicht mehr wegzudenkendes Sicherheitsfeature behauptet.

Jeder Benutzer benötigt einen Account in der Datenbank, um auf die Datenbank zugreifen zu können. Jeder Account besitzt ein Passwort zur Autorisierung. Es ist möglich, einen Datenbank-Account mit einem Betriebssystem-Account zu verbinden. In diesem Fall wird der Benutzer als zugriffsberechtigt angesehen, wenn er sich erfolgreich im Betriebssystem autorisiert hat. Das Anmelden an der Datenbank erfolgt dann ohne Benutzer-ID und Passwort.

Privilegien können einem Benutzer direkt oder über Rollen zugewiesen werden. Rollen können Privilegien und andere Rollen enthalten.

Weisen Sie einem Benutzer Privilegien nie direkt, sondern immer über Rollen zu. Das führt zu einer Vereinfachung der Administration und macht das Sicherheitskonzept übersichtlicher.

Profile sind Vorgaben über das Verhalten während einer Sitzung, beschränken System-Ressourcen und legen die Passwortpolice fest. Jeder Benutzer besitzt genau ein Profil. Standardmäßig wird das Profil DEFAULT zugewiesen, das automatisch beim Erstellen der Datenbank angelegt wird.

Sie können die Verwaltung von Benutzern, Rollen und Profilen wahlweise mit SQL*Plus oder mit dem Enterprise Manager durchführen.

In Oracle9i wurde die XML-Funktionalität neu eingeführt. Unter anderem stellt diese einen HTTP- und FTP-Zugriff und ein virtuelles Dateisystem zum Upload von XML-Dokumenten zur Verfügung. Die Anmeldung an diesem virtuellen Dateisystem erfolgt unter einem normalen Datenbank-Account.

Damit existiert ein neuer Zugangsweg zur Datenbank, der auch unter Sicherheitsaspekten betrachtet werden muss. Zum Beispiel existiert standardmäßig der Ordner /PUBLIC, in den alle Datenbank-Benutzer beliebig Dokumente einstellen können. Nähere Informationen finden Sie im Kapitel 22 » Oracle-XML-Datenbank «.

Wenn Sie die XML-Funktionalität nicht benötigen, sollten Sie den HTTP- und FTP-Zugang bis auf weiteres abschalten, indem Sie die TCP/IP-Ports mit folgendem Skript auf 0 (null) setzen.

SQL> ?/rdbms/admin/catxdbdbca.sql

Benutzer und Rollen verwalten

Ein Benutzer wird mit dem CREATE USER-Befehl angelegt. Dazu müssen Sie das CREATE USER-Privileg besitzen, das Sie mit der DBA-Rolle automatisch haben.

Das CREATE USER-Privileg ist sehr mächtig. Achten Sie darauf, dass möglichst wenige Benutzer dieses Privileg besitzen.

Im folgenden Beispiel wird ein Benutzer mit dem Namen komp10g angelegt. Ihm wird die Default Tablespace USERS zugewiesen. Erstellt der Benutzer ein Objekt, ohne explizit eine Tablespace zu spezifizieren, so wird es in der Default Tablespace erstellt. In der Klausel IDENTIFIED BY wird das Passwort festgelegt. Es wird verschlüsselt in der Datenbank gespeichert.

```
SQL> CREATE USER komp10g
  2  IDENTIFIED BY komp10g
  3  DEFAULT TABLESPACE users;
Benutzer wurde angelegt.
```

Listing 17.1:
Erstellen eines Benutzers

Seit Oracle 10g gibt es die *Default Permanent Tablespace*. Diese gilt für die gesamte Datenbank und wird verwendet, wenn einem Benutzer keine Default Tablespace zugewiesen wurde.

Wenn Sie jetzt versuchen, sich unter diesem Benutzer anzumelden, erhalten Sie eine Fehlermeldung:

```
SQL> CONNECT komp10g/komp10g
ERROR:
ORA-01045: Benutzer KOMP10G hat keine CREATE SESSION-Berechtigung; Anmeldung abgelehnt.
Achtung: Sie sind nicht mehr mit ORACLE verbunden.
```

Ohne das CREATE SESSION-Privileg kann sich kein Benutzer anmelden. In der Praxis wird häufig die Rolle CONNECT vergeben, die unter anderem das CREATE SESSION-Privileg enthält. Nachdem der Benutzer die Rolle CONNECT erhalten hat, kann er sich anmelden.

```
SQL> CONNECT system/manager
Connect durchgeführt.
SQL> GRANT connect TO komp10g;
Benutzerzugriff (Grant) wurde erteilt.
SQL> CONNECT komp10g/komp10g
Connect durchgeführt.
```

Listing 17.2:
Zuweisen von Rollen

Kapitel 17 Datenbanksicherheit

!! STOP

Es wird empfohlen, eigene Rollen zu erstellen. Die vordefinierten Rollen wie CONNECT *oder* RESOURCE *könnten in zukünftigen Versionen nicht mehr mit ausgeliefert werden. Damit entstehen zusätzliche Probleme beim Upgrade.*

Wenn Sie jetzt versuchen, eine Tabelle anzulegen, gibt Oracle die folgende Fehlermeldung zurück:

```
ORA-01950: keine Berechtigungen für Tablespace 'USERS'
```

Ein neu erstellter Benutzer hat von Haus aus keine Speicherplatzanteile an den Tablespaces. Die Anteile werden *Quota* genannt. Da sich Benutzer Tablespaces häufig teilen, können Sie als Administrator festlegen, wie viel Quota jeder Benutzer an einer Tablespace erhält. Im folgenden Beispiel werden dem neuen Benutzer 50 Mbyte an der Tablespace USERS zugewiesen.

Listing 17.3:
Einem Benutzer
Quota an einer
Tablespace zuteilen

```
SQL> ALTER USER komp10g
  2  QUOTA 50M ON users;
Benutzer wurde geändert.
SQL> CONNECT komp10g/komp10g
Connect durchgeführt.
SQL> CREATE TABLE book (
  2  isbn NUMBER,
  3  title VARCHAR2(30));
Tabelle wurde angelegt.
```

Benutzer benötigen keine Quota für Temporary Tablespaces und Undo Tablespaces. Diese Segmente können ohne zusätzliche Privilegien erstellt werden und werden von Oracle verwaltet.

Alternativ können Sie die Verwaltung von Benutzern und Rollen auch über den Enterprise Manager vornehmen.

Detaillierte Informationen über Konfiguration und Einsatz des Enterprise Manager finden Sie in Kapitel 13 »Oracle Enterprise Manager«.

Im Register VERWALTUNG finden Sie unter der Gruppe SICHERHEIT die Kategorien BENUTZER, ROLLEN und PROFILE. Wenn Sie auf BENUTZER klicken, erscheint die Benutzer-Übersicht.

Hier können Sie einen Benutzer zur Bearbeitung auswählen. Auf der Seite BENUTZER BEARBEITEN finden Sie in den einzelnen Registern alle Funktionen, die Sie zur Bearbeitung benötigen.

Die Frage, ob es effektiver ist, SQL*Plus oder den Enterprise Manager zu verwenden, kann nicht pauschal beantwortet werden. Es hängt nicht zuletzt von der aktuellen Aufgabe ab.

Benutzer, Rollen und Profile — Kapitel 17

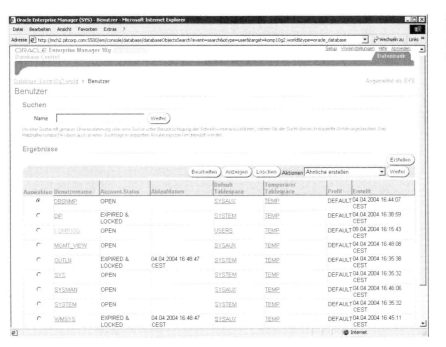

Abbildung 17.1:
Benutzer-Übersicht im Enterprise Manager

Abbildung 17.2:
Einen Benutzer im Enterprise Manager bearbeiten

Die Bearbeitung von Profilen ist eine Aufgabe, die sehr selten erledigt wird. Da lohnt es sich kaum, die umfangreiche Syntax zu lernen. Hier würde klar der Enterprise Manager den Vorzug bekommen.

Kapitel 17   Datenbanksicherheit

Wenn Sie jedoch viele Objekte bearbeiten müssen, kann das Durchklicken recht zeitaufwendig sein. Wie im folgenden Beispiel kann dann SQL*Plus seine Stärken ausspielen.

Beim Erstellen einer Datenbank mit dem Database Configuration Assistant werden alle Accounts, mit Ausnahme von SYS, SYSTEM und DBSNMP gesperrt. Mit dem folgenden Skript können Sie alle Accounts entsperren.

Listing 17.4:
Skript zum Entsperren aller Accounts

```
SET HEADING OFF
SET FEEDBACK OFF
SET PAGESIZE 0
SPOOL unlock.sql
SELECT 'ALTER USER '||username||' ACCOUNT UNLOCK;'
FROM dba_users;
SPOOL OFF
@unlock
```

Datenbank-Accounts können mit Accounts des Betriebssystems verknüpft werden. Meldet sich ein Benutzer erfolgreich auf Betriebssystemebene an, erhält er automatisch Zugang zur Datenbank, ohne erneut Benutzername und Passwort eingeben zu müssen. Die Anmeldung muss auf dem Rechner erfolgen, auf dem die Datenbank läuft.

Führen Sie die folgenden Schritte aus, um eine Identifikation über das Betriebssystem einzurichten.

Die Betriebssystem-Identifikation einrichten

1. Erstellen Sie einen Benutzer mit dem Namen kompendium unter Unix.

2. Richten Sie einen Benutzer-Account in der Datenbank mit dem Namen ops$kompendium und der Option IDENTIFIED EXTERNALLY ein.

   ```
   SQL> CREATE USER ops$kompendium
     2  IDENTIFIED EXTERNALLY
     3  DEFAULT TABLESPACE users;
   Benutzer wurde angelegt.
   ```

3. Loggen Sie sich als Benutzer kompendium unter Unix ein. Durch die Anmeldung werden Sie als hinreichend autorisiert betrachtet und können sich ohne Angabe von Benutzername und Passwort an der Datenbank anmelden. Mit einem »/« teilen Sie Oracle mit, eine externe Identifikation vorzunehmen.

   ```
   $ su - kompendium
   Password:
   [kompendium@mch2 kompendium]$ sqlplus /
   SQL*Plus: Release 10.1.0.2.0 - Production on Fr Apr 9 18:54:20 2004
   Copyright (c) 1982, 2004, Oracle.  All rights reserved.
   ```

```
Verbunden mit:
Oracle Database 10g Enterprise Edition Release 10.1.0.2.0 - Production
With the Partitioning, OLAP and Data Mining options
SQL> SHOW USER
USER ist "OPS$KOMPENDIUM"
```

Die Autorisierung über das Betriebssystem funktioniert auch mit Windows. Das Präfix OPS$ *dient der Identifizierung und kann mit Hilfe des Initialisierungsparameters* OS_AUTHENT_PREFIX *auf einen anderen Wert gesetzt werden.*

Profile verwalten

Ein Profil beschränkt Datenbank-Ressourcen und regelt die Passwortpolice. Jedem Benutzer muss genau ein Profil zugewiesen sein. Wird beim Erstellen eines Benutzers kein Profil spezifiziert, erhält er das Profil DEFAULT.

Abbildung 17.3 zeigt die Standard-Einstellung des Profils DEFAULT im Enterprise Manager. Als Administrator können Sie die Standardeinstellungen verändern.

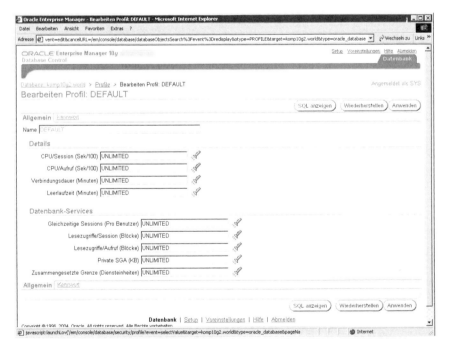

Abbildung 17.3:
Profile im Enterprise Manager bearbeiten

Kapitel 17 Datenbanksicherheit

> **:-)** *Lassen Sie das Profil* DEFAULT *unverändert. Erstellen Sie stattdessen ein neues*
> **TIPP** *Profil und setzen Sie dort die gewünschten Werte. Wie im folgenden Beispiel können Sie dann den Benutzern das entsprechende Profil zuweisen.*

```
ALTER USER komp10g PROFILE kompendium;
```

Zusätzlich zu den Passwortpolicen können Sie eine eigene Funktion erstellen, die die Komplexität des zu vergebenden Passworts prüft. In Listing 17.1 finden Sie ein Beispiel für eine Komplexitätsfunktion. Diese prüft die folgenden Kriterien:

- Das Passwort muss mindestens ein Zeichen und eine Zahl enthalten und muss eine Mindestlänge von vier Zeichen haben.
- Einfach zu ratende Wörter wie »oracle« oder »database« werden abgewiesen.
- Das Passwort darf nicht gleich oder ähnlich dem Benutzernamen sein.

Listing 17.5:
Beispiel für eine Passwort-Komplexitätsfunktion

```
CREATE OR REPLACE FUNCTION verify_function
(username varchar2,
  password varchar2,
  old_password varchar2)
RETURN boolean IS
  n boolean;
  m integer;
  differ integer;
  isdigit boolean;
  ischar  boolean;
  ispunct boolean;
  digitarray varchar2(20);
  punctarray varchar2(25);
  chararray varchar2(52);
BEGIN
   digitarray:= '0123456789';
   chararray:= 'abcdefghijklmnopqrstuvwxyzABCDEFGHIJKLMNOPQRSTUVWXYZ';
   -- Pruefen, ob Benutzername und Passwort gleich sind
   IF NLS_LOWER(password) = NLS_LOWER(username) THEN
      raise_application_error(-
20001, 'Passwort ist gleich oder aehnlich Benutzername');
   END IF;
   -- Pruefen, ob Passwort mindestens 4 Zeichen lang ist
   IF length(password) < 4 THEN
      raise_application_error(-
20002, 'Passwort muss mindestens 4 Zeichen lang sein');
   END IF;
   -- Pruefen auf leicht zu erratende Woerter
   IF NLS_LOWER(password) IN ('welcome', 'database', 'account', 'user',
'password', 'oracle', 'computer', 'abcd') THEN
       raise_application_error(-20002, 'Passwort zu einfach');
```

```
   END IF;
   -- Passwort muss mindestens ein Zeichen und eine Zahl enthalten
   -- 1. Pruefen auf Zahl
   isdigit:=FALSE;
   m := length(password);
   FOR i IN 1..10 LOOP
      FOR j IN 1..m LOOP
         IF substr(password,j,1) = substr(digitarray,i,1) THEN
            isdigit:=TRUE;
             GOTO findchar;
         END IF;
      END LOOP;
   END LOOP;
   IF isdigit = FALSE THEN
      raise_application_error(-
20003, 'Passwort muss mindestens eine Zahl enthalten');
   END IF;
   -- 2. Pruefen auf Zeichen
   <<findchar>>
   ischar:=FALSE;
   FOR i IN 1..length(chararray) LOOP
      FOR j IN 1..m LOOP
         IF substr(password,j,1) = substr(chararray,i,1) THEN
            ischar:=TRUE;
             GOTO endsearch;
         END IF;
      END LOOP;
   END LOOP;
   IF ischar = FALSE THEN
      raise_application_error(-
20003, 'Passwort muss mindestens einen Buchstaben enthalten');
   END IF;
  <<endsearch>>
   RETURN(TRUE);
END;
```

Die folgenden Schritte beschreiben, wie Sie die Funktion in ein Profil einbinden können.

Einbinden einer Passwort-Komplexitätsfunktion

1. Kompilieren Sie die Funktion als Benutzer SYS.
2. Weisen Sie die Funktion, wie im folgenden Beispiel, einem Profil zu.

    ```
    ALTER PROFILE KOMPENDIUM
    LIMIT PASSWORD_VERIFICATION_FUNCTION
    PASSWORD_VERIFICATION;
    ```

3. Prüfen Sie, ob die Funktion wirksam ist.

```
SQL> ALTER USER komp10g
  2  IDENTIFIED BY oracle;
ALTER USER komp10g
*
FEHLER in Zeile 1:
ORA-28003: Kennwortüberprüfung für eingegebenes Kennwort nicht
    erfolgreich
ORA-20002: Passwort zu einfach
SQL> ALTER USER komp10g
  2  IDENTIFIED BY kompendium;
ALTER USER komp10g
*
FEHLER in Zeile 1:
ORA-28003: Kennwortüberprüfung für eingegebenes Kennwort nicht
    erfolgreich
ORA-20003: Passwort muss mindestens eine Zahl enthalten
```

17.2 Die Virtual Private Database (VPD)

Virtual Private Database ist eine feinmaschige Zugriffskontrolle, die in der Datenbank implementiert ist. VPD ist die sicherste Art einer Zugriffskontrolle. Sie funktioniert unabhängig davon, mit welchen Tools oder Anwendungen auf die Datenbank zugegriffen wird.

In Abbildung 17.4 sehen Sie, wie die VPD aufgebaut ist. Die folgenden Schritte beschreiben den Vorgang.

1. Der Benutzer schickt eine SQL-Anweisung an die Datenbank.
2. Oracle prüft, ob eine Security Policy mit der Tabelle verknüpft ist. Ist das der Fall, wird die Policy Function aufgerufen.
3. Die Policy Function liefert ein Prädikat.
4. Oracle fügt ein Prädikat zur WHERE-Klausel der SQL-Anweisung hinzu und führt die modifizierte Anweisung aus.
5. Der Benutzer erhält das Ergebnis.

Zur Realisierung der VPD-Funktionalität werden die folgenden Features herangezogen:

- Application Context
- Fine Grained Access Control

Die Virtual Private Database (VPD)   Kapitel 17

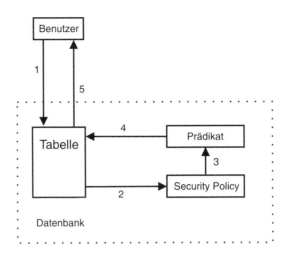

Abbildung 17.4:
Die Architektur
der Virtual Private
Database

Diese werden im weiteren Verlauf des Kapitels näher erläutert. Die Terminologie und die Benutzung der Begriffe für die VPD sind, insbesondere in der Oracle-Dokumentation, sehr verwirrend. Aus diesem Grund soll an dieser Stelle ein Beispiel dazu dienen, die Architektur zu verdeutlichen.

Die Tabelle emp enthält Informationen zu allen Angestellten. Jeder Angestellte ist einer Abteilung über eine Abteilungsnummer zugeordnet und soll nur Zugriff auf Sätze mit der eigenen Abteilungsnummer haben. Vor Implementierung der VPD-Funktionalität erhält der Benutzer king die folgenden Abfrageergebnisse.

```
SQL> SELECT empno, ename, job, sal, deptno
  2  FROM emp;
     EMPNO ENAME      JOB             SAL     DEPTNO
---------- ---------- --------- ---------- ----------
      7499 ALLEN      SALESMAN        1600         30
      7521 WARD       SALESMAN        1250         30
      7566 JONES      MANAGER         2975         20
      7654 MARTIN     SALESMAN        1250         30
      7782 CLARK      MANAGER         2450         10
      7839 KING       PRESIDENT       5000         10
      7844 TURNER     SALESMAN        1500         30
      7876 ADAMS      CLERK           1100         20
      7934 MILLER     CLERK           1300         10
9 Zeilen ausgewählt.
```

Listing 17.6:
Abfrageergebnis
ohne VPD-Implementierung

Es existiert weiterhin eine Tabelle mit dem Name emp_dept, die eine Verbindung zwischen Angestellten und Abteilung herstellt.

```
SQL> SELECT * FROM emp_dept;
ENAME          DEPTNO
---------- ----------
```

Listing 17.7:
Inhalt der Tabelle
emp_dept

[KOMPENDIUM] Oracle 10g   409

Kapitel 17   Datenbanksicherheit

```
ALLEN         30
WARD          30
JONES         20
MARTIN        30
CLARK         10
KING          10
TURNER        30
ADAMS         20
MILLER        10
9 Zeilen ausgewählt.
```

Die folgenden Schritte beschreiben, wie eine VPD im vorliegenden Beispiel aufgesetzt werden kann. Auf die Details der einzelnen Schritte wird im weiteren Verlauf des Abschnitts noch eingegangen.

Erstellen einer Virtual Private Database

1. Erstellen Sie im ersten Schritt ein Paket, das den Kontext für die Anwendung setzt. In diesem Fall soll die Abteilungsnummer gesetzt werden.

   ```
   SQL> CREATE OR REPLACE PACKAGE komp_ctx AS
     2    PROCEDURE deptno;
     3  END;
     4  /
   Paket wurde erstellt.
   SQL> CREATE OR REPLACE PACKAGE BODY komp_ctx AS
     1  PROCEDURE deptno IS
     2    v_deptno NUMBER;
     3  BEGIN
     4    SELECT deptno INTO v_deptno FROM emp_dept
     5      WHERE ename = SYS_CONTEXT('USERENV' ,'SESSION_USER');
     6    DBMS_SESSION.SET_CONTEXT(
   'emp_ctx','dept_number',v_deptno);
     7    END;
     8  END;
   /
   Paketrumpf wurde erstellt.
   ```

2. Erstellen Sie den Application Context.

   ```
   SQL> CREATE CONTEXT emp_ctx USING system.komp_ctx;
   Kontext wurde erstellt.
   ```

3. Stellen Sie sicher, dass der Application Context durch das Paket `komp_ctx` gesetzt wird. Die beste Methode ist, einen Login-Trigger zu erstellen.

   ```
   SQL> CREATE OR REPLACE TRIGGER after_logon
     2  AFTER LOGON ON DATABASE
     3  BEGIN
   ```

Die Virtual Private Database (VPD)   Kapitel 17

```
  4    system.komp_ctx.deptno;
  5  END;
  6  /
Trigger wurde erstellt.
```

4. Überprüfen Sie, ob der Application Context gesetzt wird.

```
SQL> CONNECT king/king@komp10g2
Connect durchgeführt.
SQL> SELECT SYS_CONTEXT('emp_ctx','dept_number') FROM dual;
SYS_CONTEXT('EMP_CTX','DEPT_NUMBER')
------------------------------------
10
```

5. Der VPD muss das Prädikat bekannt gegeben werden, das in die WHERE-Klausel aufgenommen wird. Dies geschieht über eine Funktion. In diesem Fall soll die Abteilungsnummer als Kriterium dienen.

```
SQL> CREATE OR REPLACE PACKAGE emp_security AS
  2    FUNCTION depart_sec (D1 VARCHAR2, D2 VARCHAR2)
  3    RETURN VARCHAR2;
  4  END;
  5  /
Paket wurde erstellt.
SQL> CREATE OR REPLACE PACKAGE BODY emp_security AS
  2    FUNCTION depart_sec (D1 VARCHAR2, D2 VARCHAR2)
  3    RETURN VARCHAR2
  4    IS
  5    v_predicate VARCHAR2(2000);
  6    BEGIN
  7    v_predicate := 'deptno = SYS_CONTEXT(''emp_ctx'',''dept_number'')';
  8    RETURN v_predicate;
  9    END;
 10  END;
 11  /
Paketrumpf wurde erstellt.
```

6. Abschließend muss eine Security Policy erstellt und mit der Tabelle verbunden werden. Für die Verwaltung von Policen dient das Paket DBMS_RLS. Alternativ kann der Policy Manager verwendet werden, auf den später noch kurz eingegangen wird.

```
SQL> BEGIN
  2    DBMS_RLS.ADD_POLICY('komp10g','emp','dep_policy','system',
      'emp_security.depart_sec','SELECT');
  3  END;
  4  /
PL/SQL-Prozedur wurde erfolgreich abgeschlossen.
```

7. Damit ist die gewünschte VPD-Funktionalität implementiert. Überprüfen Sie, ob Sie das gewünschte Ergebnis erhalten.

```
SQL> CONNECT king/king
Connect durchgeführt.
SQL> SELECT empno, ename, deptno FROM emp;
     EMPNO ENAME          DEPTNO
---------- ---------- ----------
      7782 CLARK              10
      7839 KING               10
      7934 MILLER             10
```

Es gibt keine feste Regel, in welchem Schema die Pakete für den Application Context und die Policy angelegt werden. Sie müssen nur sicherstellen, dass alle Benutzer Zugriff darauf haben und die erforderlichen Privilegien besitzen.

Mit dem Beispiel ist deutlich geworden, wie eine Virtual Private Database funktioniert. Auch wenn die Handhabung etwas umständlich erscheint, lässt sich doch ganz klar sagen, dass die VPD vielen anderen Lösungen dadurch überlegen ist, dass die Security Policy direkt an der Tabelle aufgehängt ist und es keine Möglichkeit gibt, diese zu umgehen. Beachten Sie, dass die VPD auch Einfluss auf Werkzeuge wie Export und Import hat.

Security Policies gelten nicht für den Benutzer SYS. Geben Sie jedem anderen Benutzer das Systemprivileg EXEMPT ACCESS POLICY, für den die Anwendung der Policies unterdrückt werden soll.

Die Virtual Private Database eignet sich hervorragend für eine Anwendung mit Mandanten-Fähigkeit. Sie können die Steuerung der Mandanten-Abhängigkeit aus der Anwendung herauslösen und einfach in der VPD implementieren. Die Benutzung einer Datenbank durch mehrere Kunden wird mit der VPD einfacher und sicherer.

Selbstverständlich gibt es zu den Themen »Application Context« und »Security Policies« noch einiges mehr zu sagen. Im Folgenden finden Sie detaillierte Informationen zu diesen Themen.

Application Context

Wie das vorangegangene Beispiel gezeigt hat, können mit Hilfe des Features Application Context Attribute einer Anwendung definiert und abgefragt werden. Die Attribute werden in der UGA und in der SGA gespeichert.

Im Folgenden ist die generelle Vorgehensweise für die Benutzung von Application Context zusammengefasst:

1. Erstellen Sie ein PL/SQL-Paket, das den Kontext für die Anweisung setzt.
2. Benutzen Sie den CREATE CONTEXT-Befehl, um einen Kontext zu erstellen und mit der Kontext-Funktion zu verbinden.
3. Stellen Sie sicher, dass der Kontext gesetzt ist, bevor der Anwender mit der Tabelle arbeitet. Das lässt sich am besten mit einem LOGON-Trigger realisieren.
4. Verwenden Sie den Kontext in einer Policy Function der VPD.

Mit der Funktion SET_CONTEXT können Attribute definiert werden. Die Funktion hat die folgende Syntax:

```
DBMS_SESSION.SET_CONTEXT('namespace','attribute',value);
```

Ein *Namespace* bezeichnet eine Gruppe von Variablen im Kontext. Innerhalb eines jeden Namespace müssen die Namen der Variablen eindeutig sein. Es existiert ein vordefinierter Namespace mit dem Namen USERENV. Darin finden Sie eine Reihe bereits vordefinierter Attribute, die in Zusammenhang mit der Oracle-Sitzung stehen.

Attribute sind Variablen innerhalb eines Namespace, denen ein Wert zugewiesen ist.

Die Abfrage von Attributen erfolgt mit der Funktion SYS_CONTEXT, wie im folgenden Beispiel zu sehen ist:

```
SQL> SELECT SYS_CONTEXT('USERENV','SESSION_USER') FROM dual;
SYS_CONTEXT('USERENV','SESSION_USER')
-------------------------------------
KING
```

Die Einführung von *Global Application Context* in Oracle9*i* war notwendig geworden, da im Fall von Anwendungen mit einer Middle Tier häufig Connection Pooling eingesetzt wird. Mehrere Benutzer identifizieren sich gegenüber der Applikation. Diese wiederum benutzt einen einzigen Account, um sich an der Datenbank anzumelden. In solch einer Umgebung ist es mit lokalem Application Context nicht möglich, sitzungsbezogene Attribute für jeden einzelnen Benutzer zu pflegen.

Mit Hilfe von Global Application Context können Kontextinformationen in der SGA gespeichert werden. Dies ist sinnvoll für alle Anwendungen, die einen sitzungsbezogenen Kontext nicht verwenden können. Es wird mit einem Identifier gearbeitet, der jedem Benutzer zugewiesen werden kann.

Das Paket DBMS_SESSION bietet Prozeduren an, mit deren Hilfe der Global Application Context verwaltet werden kann. In Tabelle 17.1 finden Sie eine Übersicht dieser Prozeduren.

Tabelle 17.1: Prozeduren des Paketes DBMS_SESSION für Global Application Context

Prozedur	Beschreibung
SET_CONTEXT	Setzt den Application Context für eine spezielle Client-ID
CLEAR_CONTEXT	Löscht den Application Context für eine spezielle Client-ID
SET_IDENTIFIER	Definiert die ID für eine Anwendungssitzung. Nach Ausführung benutzen Aufrufe von SYS_CONTEXT ausschließlich den mit dieser ID verbundenen Context.
CLEAR_IDENTIFIER	Löscht die ID, die mit SET_IDENTIFIER gesetzt wurde

Das folgende Szenario beschreibt, wie ein Global Application Context verwendet wird.

1. Es muss ein Global Application Context erstellt werden. Das erfolgt mit der Option ACCESSED GLOBALLY. Dabei ist app_proc eine Prozedur, die aufgerufen wird, wenn der Kontext gesetzt wird.

   ```
   SQL> CREATE CONTEXT app_server
     2  USING app_proc ACCESSED GLOBALLY;
   Kontext wurde erstellt.
   ```

2. Jetzt wird der Application Server gestartet. Dieser stellt eine Verbindung mit der Datenbank unter dem generischen Benutzer komp10g her.

3. Der Benutzer Fred meldet sich am Application Server an. Dort bekommt er die Client-ID 4711 zugewiesen. Für die Verbindung zur Datenbank benutzt der Application Server den Account komp10g, den sich Fred mit anderen Benutzern teilt. Die Client-ID wird an den Browser von Fred zurückgegeben.

4. Der Application Server initialisiert den GAC für Fred durch Aufruf der Prozedur app_proc. Darin erfolgt der Aufruf der Prozedur SET_CONTEXT. Damit wird für den Benutzer mit der ID 4711 das Attribut depart_id auf den Wert 10 gesetzt.

   ```
   SQL> BEGIN
     2  DBMS_SESSION.SET_CONTEXT('app_server','depart_id',10,'komp10g',4711);
     3  END;
     4  /
   PL/SQL-Prozedur wurde erfolgreich abgeschlossen.
   ```

Beachten Sie, dass der vierte Parameter mit dem Namen des Benutzers übereinstimmt, der Zugriff auf den GAC besitzen soll. In diesem Fall wäre selbst der Benutzer SYS *nicht in der Lage, den Kontext zu sehen, da dieser ausschließlich dem Benutzer* komp10g *mit der ID 4711 zugeordnet ist.*

5. Der Application Server setzt nun den Identifier für den Benutzer Fred. Jedes Mal, wenn Fred auf die Datenbank zugreift, wird er so seinen eigenen Kontext vorfinden.

```
SQL> BEGIN
  2    DBMS_SESSION.SET_IDENTIFIER(4711);
  3    END;
  4    /
PL/SQL-Prozedur wurde erfolgreich abgeschlossen.
```

6. Wenn Fred seine Sitzung beendet, löscht der Application Server den zugehörigen Kontext mit dem folgenden Befehl:

```
SQL> BEGIN
  2    DBMS_SESSION.CLEAR_IDENTIFIER();
  3    END;
  4    /
PL/SQL-Prozedur wurde erfolgreich abgeschlossen.
```

Policy Groups

Eine Policy Group besteht aus mehreren Policen, die zu einer Anwendung gehören. Die Einführung von Gruppen war notwendig geworden, um verschiedene Policen für verschiedene Anwendungen ein und derselben Tabelle zuzuordnen. Oracle benutzt den Driving Context, um festzustellen, welche Policy verwendet werden soll.

Die Standard Policy Group ist SYS_DEFAULT. Wenn Sie keine spezielle Gruppe angeben, wird eine Police dieser Gruppe zugeordnet.

Das folgende Beispiel beschreibt, wie mit Policy Groups gearbeitet werden kann. Verwendet werden die Tabellen employee und orders mit diesem Inhalt:

```
SQL> SELECT * FROM employee;
    EMP_ID FIRSTNAME    LASTNAME              LO DE
---------- ------------ --------------------- -- --
         1 Steve        Miller                GA IT
         2 Scott        Tiger                 GA HR
         3 Tom          Franks                FL HR
         4 Harry        Fuller                FL IT
SQL> SELECT * FROM orders;
  ORDER_ID     AMOUNT LO DE
---------- ---------- -- --
```

Listing 17.8:
Inhalt der Tabellen employee und orders

```
       1    3454,45 GA IT
       2  324893,34 FL IT
       3   34545,11 FL HR
       4     234,99 GA HR
```

Zwei Anwendungen wollen unterschiedliche Policen für die Tabelle orders verwenden. Die eine Anwendung möchte den Zugriff nach Location, die andere nach Department begrenzen. Ohne Verwendung von Gruppen würden beide Policen zusammen verwendet, das heißt, beide Bedingungen würden zur WHERE-Klausel hinzugefügt.

Die folgenden Schritte zeigen, wie nach Anwendung getrennte Policen erstellt werden können.

Verwendung von Policy Groups in einer VPD

1. Erstellen Sie zuerst einen Driving Application Context. Dieser setzt die aktive Anwendung.

    ```
    SQL> CREATE CONTEXT drivectx USING system.appsec;
    Kontext wurde erstellt.
    SQL> CREATE OR REPLACE PACKAGE appsec AS
      2    PROCEDURE setcont(policy_group VARCHAR2);
      3  END;
      4  /
    Paket wurde erstellt.
    CREATE OR REPLACE PACKAGE BODY appsec AS
    PROCEDURE setcont(policy_group VARCHAR2) IS
    v_department VARCHAR2(2);
    v_location   VARCHAR2(2);
    BEGIN
    DBMS_SESSION.SET_CONTEXT('drivectx','active_app',policy_group);
    SELECT department INTO v_department
    FROM employee WHERE UPPER(lastname) = SYS_CONTEXT('USERENV',
    'SESSION_USER');
    DBMS_SESSION.SET_CONTEXT('drivectx','department',v_department);
    SELECT location INTO v_location
    FROM employee WHERE UPPER(lastname) = SYS_CONTEXT('USERENV',
        'SESSION_USER');
    DBMS_SESSION.SET_CONTEXT('drivectx','location',v_location);
    END;
    END;
    /
    Paketrumpf wurde erstellt.
    ```

2. Definieren Sie den Driving Context für die Tabelle orders.

    ```
    SQL> BEGIN
      2    DBMS_RLS.ADD_POLICY_CONTEXT ('komp10g','orders','drivectx','active_
        app');
    ```

Die Virtual Private Database (VPD) Kapitel 17

```
 3  END;
 4  /
PL/SQL-Prozedur wurde erfolgreich abgeschlossen.
```

3. Erstellen Sie die Policy Group DEPARTMENT und fügen Sie eine Policy zu dieser Gruppe hinzu.

```
CREATE OR REPLACE FUNCTION dep_policy
(D1 VARCHAR2, D2 VARCHAR2)
RETURN VARCHAR2 AS
BEGIN
   RETURN 'SYS_CONTEXT(''drivectx'',''department'') = department';
END;
/
Funktion wurde erstellt.
BEGIN
DBMS_RLS.CREATE_POLICY_GROUP('komp10g','orders','department');
END;
PL/SQL-Prozedur wurde erfolgreich abgeschlossen.
BEGIN
DBMS_RLS.ADD_GROUPED_POLICY('komp10g','orders','department',
    'dep_security','system','dep_policy');
END;
PL/SQL-Prozedur wurde erfolgreich abgeschlossen.
```

4. Für die zweite Anwendung wird eine Policy Group LOCATION benötigt.

```
CREATE OR REPLACE FUNCTION loc_policy
(D1 VARCHAR2, D2 VARCHAR2)
RETURN VARCHAR2 AS
BEGIN
RETURN 'SYS_CONTEXT(''drivectx'',''location'') = location';
END;
/
Funktion wurde erstellt.
BEGIN
DBMS_RLS.CREATE_POLICY_GROUP('komp10g','orders','location');
END;
/
PL/SQL-Prozedur wurde erfolgreich abgeschlossen.
BEGIN
DBMS_RLS.ADD_GROUPED_POLICY('komp10g','orders','location',
    'loc_security','system','loc_policy');
END;
/
PL/SQL-Prozedur wurde erfolgreich abgeschlossen.
```

5. Testen Sie die Konfiguration. Wenn Sie sich als MILLER anmelden, dann sollten Sie für die erste Anwendung alle Sätze mit der Location GA und für die zweite Anwendung alle Sätze mit dem Department IT sehen.

Kapitel 17 Datenbanksicherheit

```
SQL> CONNECT miller/miller@komp10g2
Connect durchgeführt.
SQL> EXEC system.appsec.setcont('DEPARTMENT');
PL/SQL-Prozedur wurde erfolgreich abgeschlossen.
SQL> SELECT * FROM orders;
  ORDER_ID    AMOUNT LO DE
---------- ---------- -- --
         1    3454,45 GA IT
         2  324893,34 FL IT
SQL> EXEC system.appsec.setcont('LOCATION');
PL/SQL-Prozedur wurde erfolgreich abgeschlossen.
SQL> SELECT * FROM orders;
  ORDER_ID    AMOUNT LO DE
---------- ---------- -- --
         1    3454,45 GA IT
         4     234,99 GA HR
```

Es ist also möglich, anwendungsbezogene Policen mit Tabellen zu verbinden. Jede Anwendung kann eigene Bedingungen unabhängig von anderen Anwendungen definieren.

Erweiterungen für den Bereich Virtual Private Database in Oracle 10g finden Sie in Kapitel 9 »Neue Sicherheitsfeatures«.

Mit Flashback Query ist es möglich, Daten zu einem bestimmten Zeitpunkt in der Vergangenheit zu selektieren. Wenn Sie VPD im Zusammenhang mit Flashback Query verwenden, müssen Sie beachten, dass die aktuellen VPD-Policen zur Anwendung kommen. Waren zum Zeitpunkt, den die Daten widerspiegeln, andere Policen aktiviert, müssen Sie dies entsprechend berücksichtigen. Es wird keine Historie über VPD-Policen gepflegt.

Der Oracle Policy Manager

Für eine einfachere Verwaltung von Application Context, Policy und Policy Group gibt es den Oracle Policy Manager. Der Policy Manager besitzt eine grafische Oberfläche und wird mit dem Befehl oemapp opm oder über das Windows-Menü gestartet.

17.3 Oracle Auditing

Auditing spielt eine wichtige Rolle im Sicherheitskonzept eines Unternehmens. Auch wenn Sie Privilegien und Policies gewissenhaft implementiert haben, schützt das nicht vollständig vor Sicherheitsverletzungen. Mit Hilfe von Auditing können Sie verdächtige und fragwürdige Aktivitäten herausfiltern.

Oracle Auditing　　Kapitel 17

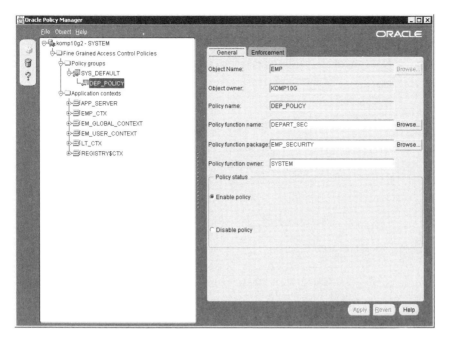

Abbildung 17.5:
Der Oracle Policy Manager

Die Möglichkeiten zum Auditing einer Oracle-Datenbank haben sich mit den letzten Versionen stark erweitert. Am Anfang soll deshalb eine Übersicht stehen, welche Möglichkeiten des Auditings es gibt. In Tabelle 17.2 finden Sie eine Übersicht der Auditing-Arten.

Auditing-Art	Beschreibung
Object Auditing	Basiert auf der Überwachung spezieller Datenbankobjekte, unabhängig vom verwendeten Befehl oder von benutzten Privilegien. Betrifft alle Benutzer der Datenbank.
Statement Auditing	Dient der Überwachung bestimmter Befehle und Befehlstypen unabhängig von den Objekten, auf die sie angewandt werden. Kann auf bestimmte oder alle Benutzer angewandt werden.
Privilege Auditing	Fokus liegt auf der Überwachung bestimmter, starker Systemprivilegien, unabhängig vom Benutzer oder den betroffenen Objekten. Kann auf bestimmte oder alle Benutzer angewandt werden.
Session Auditing	Aufzeichnen von Login-Versuchen
Fine Grained Auditig (FGA)	Gestattet feinmaschiges Auditing bis zur Zeilen- und Spaltenebene

Tabelle 17.2:
Auditing-Arten in Oracle 10g

{ KOMPENDIUM } Oracle 10g

Audit Trail

Es gibt zwei verschiedene Möglichkeiten, die Auditing-Informationen einer Oracle-Datenbank zu hinterlegen. Dies wird als *Audit Trail* bezeichnet.

- Database Audit Trail
- File System Audit Trail

Bei Verwendung des Database Audit Trails werden die Auditing-Informationen in der Tabelle SYS.AUD$ (darüber liegt das View DBA_AUDIT_TRAIL für vereinfachtem Zugriff) bzw. in der Tabelle SYS.FGA_LOG$ (mit dem View DBA_FGA_AUDIT_TRAIL) für Fine Grained Auditing gespeichert.

> **TIPP**
> *Mit dem View* DBA_COMMON_AUDIT_TRAIL *ist es möglich, gleichzeitig auf die Tabellen* SYS.AUD$ *und* SYS.FGA_LOG$ *zuzugreifen.*

Auditing-Informationen können im Audit Trail des Betriebssystems gespeichert werden, falls dieser für Oracle verfügbar gemacht wird. Andernfalls werden diese in eine Datei außerhalb der Datenbank geschrieben. Die Dateien werden für gewöhnlich nach der Prozess-ID benannt und in das Verzeichnis geschrieben, das mit dem Initialisierungsparameter AUDIT_FILE_DEST spezifiziert ist.

> **STOP**
> *Für Windows-Betriebssysteme gibt es keine Möglichkeit, den Audit Trail in das Windows-Dateisystem zu schreiben. Der Initialisierungsparameter* AUDIT_FILE_DEST *existiert nicht auf dieser Plattform. Alle Audit-Sätze werden in das Event Log geschrieben.*

Welcher Audit Trail verwendet werden soll, wird mit dem Initialisierungsparameter AUDIT_TRAIL festgelegt. In Tabelle 17.3 finden Sie eine Übersicht der möglichen Parameter. Der Standardwert ist NONE.

Tabelle 17.3: Mögliche Parameter für AUDIT_TRAIL

Parameter	Bedeutung
DB	Auditing ist eingeschaltet. Der Audit Trail ist Database Audit Trail. Die Sätze werden in die Tabelle SYS.AUD$ geschrieben.
DB_EXTENDED	Entspricht dem Parameter DB. Zusätzlich werden die Spalten SQLBIND und SQLTEXT gefüllt. Darin befinden sich Werte für Binde-Variablen und der SQL-Text.
OS	Auditing ist eingeschaltet. Alle Audit-Sätze werden in eine Datei des Betriebssystems geschrieben. Ausnahme Windows-Betriebssysteme.
NONE	Standard-Auditing ist ausgeschaltet.

Oracle Auditing — Kapitel 17

Die Tabelle SYS.AUD$ *wird automatisch beim Erstellen der Datenbank angelegt. Allerdings wird sie von Oracle in die Tablespace* SYSTEM *gelegt. Das kann bei intensiven Auditing-Operationen zu einer Überlastung oder zum Volllaufen der* SYSTEM-*Tablespace führen. Eigentlich hat Oracle ja extra für solche Zwecke die neue Tablespace* SYSAUX *eingeführt, jedoch in diesem Fall die Strategie nicht konsequent umgesetzt. Verschieben Sie für intensive Auditing-Operationen die Tabelle nach* SYSAUX *oder in eine andere Tablespace. Dieselben Aussagen gelten für die Tabelle* SYS.FGA_LOG$.

Verschieben der Tabelle SYS.AUD$ *in die Tablespace* SYSAUX

1. Verschieben Sie die Tabelle mit dem MOVE-Befehl.

   ```
   SQL> ALTER TABLE aud$ MOVE TABLESPACE SYSAUX;
   Tabelle wurde geändert.
   ```

2. Überprüfen Sie, ob die Operation erfolgreich war.

   ```
   SQL> SELECT owner, table_name, tablespace_name
     2  FROM dba_tables
     3  WHERE table_name='AUD$';
   OWNER      TABLE_NAME      TABLESPACE_NAME
   ---------- --------------- ---------------
   SYS        AUD$            SYSAUX
   ```

Für die verschiedenen Auditing-Arten können die folgenden Auditing-Optionen gesetzt werden:

- BY SESSION/BY ACCESS

  Mit der Option BY SESSION schreibt Oracle einen Satz für alle SQL-Anweisungen desselben Typs pro Sitzung. Die Option BY ACCESS veranlasst Oracle, einen Satz für jeden einzelnen Zugriff zu schreiben.

- WHENEVER SUCCESSFUL/WHENEVER NOT SUCCESSFUL

  Mit diesen Optionen werden nur die erfolgreichen bzw. nur die fehlgeschlagenen Operationen aufgezeichnet.

Für die folgenden Beispiele soll der Database Audit Trail verwendet werden. Der Initialisierungsparameter kann nicht dynamisch verändert werden, das heißt, die Datenbank muss heruntergefahren werden. Führen Sie die folgenden Schritte durch, um den Database Audit Trail einzuschalten.

Einschalten des Database Audit Trails

1. Ändern Sie den Initialisierungsparameter AUDIT_TRAIL im SPFILE.

   ```
   SQL> ALTER SYSTEM SET audit_trail=DB SCOPE=SPFILE;
   System wurde geändert.
   ```

2. Führen Sie einen Neustart der Datenbank durch.

```
SQL> SHUTDOWN IMMEDIATE
SQL> STARTUP
```

Object Auditing

Object Auditing basiert auf speziellen Datenbankobjekten und Aktionen, die damit durchgeführt werden. Im folgenden Beispiel werden alle SELECT-Zugriffe auf die Tabelle emp überwacht.

```
SQL> AUDIT SELECT ON komp10g.emp BY ACCESS;
AUDIT wurde erfolgreich ausgeführt.
```

Mit einer Abfrage des Views DBA_AUDIT_TRAIL lassen sich alle Zugriffe mit einer SELECT-Anweisung überprüfen.

```
SQL> SELECT os_username, username,action_name, timestamp
  2  FROM dba_audit_trail;
OS_USERNAME    USERNAME       ACTION_NAME    TIMESTAMP
-----------    -----------    -----------    ---------------
oracle         KOMP10G        SELECT         01.05.2004 19:32:33
```

Der AUDIT-Befehl kann mit einer DEFAULT-Option verwendet werden. Damit wird Auditing für alle Objekte automatisch eingeschaltet, die in der Zukunft erstellt werden.

```
SQL> AUDIT SELECT ON DEFAULT BY ACCESS;
AUDIT wurde erfolgreich ausgeführt.
```

Sie können die eingestellten Default-Optionen mit dem View ALL_DEF_AUDIT_OPTS anschauen:

```
SQL> SELECT * FROM ALL_DEF_AUDIT_OPTS;
ALT AUD COM DEL GRA IND INS LOC REN SEL UPD REF EXE FBK
--- --- --- --- --- --- --- --- --- --- --- --- --- ---
-/- -/- -/- -/- -/- -/- -/- -/- -/- A/A -/- -/- -/- -/-
```

Im Folgenden wird eine neue Tabelle angelegt. Wie zu sehen ist, wird diese automatisch in den Audit Trail eingebunden.

```
SQL> CREATE TABLE aud_test
  2  (id NUMBER);
Tabelle wurde angelegt.
SQL> SELECT * FROM aud_test;
SQL> SELECT username, obj_name, action_name
  2  FROM dba_audit_trail;
USERNAME       OBJ_NAME       ACTION_NAME
```

```
KOMP10G     EMP           SELECT
KOMP10G     AUD_TEST      SELECT
```

Sie können Auditing-Eintellungen mit dem Befehl NOAUDIT wieder aufheben.

```
SQL> NOAUDIT SELECT ON DEFAULT;
NOAUDIT wurde erfolgreich ausgeführt.
SQL> SELECT * FROM ALL_DEF_AUDIT_OPTS;
ALT AUD COM DEL GRA IND INS LOC REN SEL UPD REF EXE FBK
--- --- --- --- --- --- --- --- --- --- --- --- --- ---
-/- -/- -/- -/- -/- -/- -/- -/- -/- -/- -/- -/- -/- -/-
```

Statement Auditing

Statement Auditing ist möglich sowohl für DML- als auch für DDL-Befehle. Ein Audit-Satz wird geschrieben, wenn ein bestimmter Befehl ausgeführt wird. Statement Auditing bezieht sich immer auf bestimmte Benutzer, das heißt, es müssen mindestens ein Benutzer oder eine Benutzerliste angegeben werden.

Im folgenden Beispiel werden alle Aktivitäten des Benutzers komp10g aufgezeichnet, bei denen eine Tabelle oder ein View erstellt werden.

```
SQL> AUDIT create table, create view BY komp10g;
AUDIT wurde erfolgreich ausgeführt.
SQL> CONNECT komp10g/komp10g@komp10g2
Connect durchgeführt.
SQL> CREATE VIEW emp_view
  2  AS SELECT * FROM emp;
View wurde angelegt.
SQL> SELECT username, obj_name, action_name, timestamp
  2  FROM dba_audit_trail;
USERNAME    OBJ_NAME      ACTION_NAME   TIMESTAMP
---------   -----------   -----------   ----------------
KOMP10G     EMP_VIEW      CREATE VIEW   02.05.2004 12:26:19
...
```

Privilege Auditing

Privilege Auditing ist besonders interessant für Benutzer mit starken Privilegien. Gerade in dem Bereich ist es häufig schwierig nachzuvollziehen, was passiert ist. Auch sind privilegierte Benutzer häufiger Angriffsziel von Hackern.

Wenn zum Beispiel mehrere Benutzer das Privileg DROP ANY TABLE besitzen, haben sie das Recht, eine beliebige Tabelle in der Datenbank zu löschen. Es ist dann fast unmöglich festzustellen, durch wen eine bestimmte Tabelle gelöscht wurde.

Im Gegensatz zum Statement Auditing muss hier kein Benutzer angegeben werden. Damit können bestimmte Privilegien für alle Benutzer überwacht werden. Das Einschalten des Auditings für das Privileg DROP ANY VIEW sieht so aus:

```
SQL> AUDIT drop any view BY ACCESS;
AUDIT wurde erfolgreich ausgeführt.
SQL> SELECT username, obj_name, action_name, timestamp
  2  FROM dba_audit_trail;
USERNAME   OBJ_NAME     ACTION_NAME   TIMESTAMP
---------- ------------ ------------- --------------------
KING       EMP_VIEW     DROP VIEW     02.05.2004 12:43:44
...
```

Session Auditing

Jeder Versuch, eine Verbindung zur Datenbank aufzubauen, kann aufgezeichnet werden. Mit dem Kommando AUDIT SESSION wird das Aufzeichnen aller Login-Versuche aktiviert. Um nur bestimmte Benutzer zu überwachen, kann eine Liste von Benutzernamen angegeben werden. Außerdem können nur erfolgreiche oder nur nicht erfolgreiche Versuche protokolliert werden. Im folgenden Beispiel werden alle gescheiterten Login-Versuche des Benutzers komp10g überwacht.

```
SQL> AUDIT SESSION BY komp10g WHENEVER NOT SUCCESSFUL;
AUDIT wurde erfolgreich ausgeführt.
SQL> CONNECT komp10g/xxx@komp10g2
ERROR:
ORA-01017: Benutzername/Kennwort ungültig; Anmeldung abgewiesen.
SQL> SELECT os_username, username,
  2  DECODE(returncode,'0', 'Verbunden', 'Fehler '||TO_CHAR(returncode)),
  3  timestamp
  4  FROM dba_audit_session;
OS_USERNAM USERNAME     ERFOLG        TIMESTAMP
---------- ------------ ------------- --------------------
oracle     KOMP10G      Fehler 1017   03.05.2004 11:38:01
```

Auditing von SYSDBA-Aktivitäten

Wenn sich ein Benutzer mit dem Privileg SYSDBA oder SYSOPER an der Datenbank anmeldet, wird erwartet, dass dies zum Ausführen administrativer Aktivitäten, wie Startup, Shoutdown usw., dient. In den Versionen bis einschließlich Oracle8*i* war es nicht möglich, Auditing für diese Benutzer zu aktivieren.

Oracle Auditing

Seit Oracle9*i* können alle Aktivitäten dieser Benutzer im Audit Trail aufgezeichnet werden. Dazu muss der Initialisierungsparameter AUDIT_SYS_OPERATIONS auf TRUE gesetzt werden. Der Parameter kann nicht dynamisch geändert werden, das heißt, die Datenbank muss neu gestartet werden.

Auditing-Konfiguration und Audit Trail

Wie Sie sicherlich festgestellt haben, bietet bereits das Standard-Auditing eine vielfältige Palette von Konfigurationen und Einstellungen. Da passiert es recht schnell, dass man den Überblick verliert. Sind zu viele Audit-Optionen eingestellt, die nicht gebraucht werden, wächst der Audit Trail sehr schnell. Bedenken Sie außerdem, dass Auditing die Performance der Datenbank negativ beeinflusst. Sind andererseits zu wenig Optionen gesetzt oder sind irgendwo Lücken zu verzeichnen, dann ist Ihr Auditing unvollständig und Sie erfahren möglicherweise nichts von Sicherheitsverletzungen.

Leider bietet Oracle keine grafische Oberfläche zur Verwaltung des Auditings. Auch der neue Enterprise Manager bietet diese Möglichkeit nicht.

Wenn Sie mit Object Auditing arbeiten, kann das bei vielen Objekten schnell unübersichtlich werden. Das Skript in Listing 17.9 gibt Ihnen eine Übersicht der gesetzten Optionen. Dabei werden die Systembenutzer ausgeblendet und nur die Objekte angezeigt, für die Auditing aktiviert ist.

```sql
SQL> SELECT * FROM dba_obj_audit_opts
  2  WHERE owner NOT IN ('SYSMAN','WMSYS','SYS','SYSTEM','DBSNMP','OUTLN')
  3  AND (alt != '-/-'
  4  OR aud != '-/-'
  5  OR com != '-/-'
  6  OR del != '-/-'
  7  OR gra != '-/-'
  8  OR ind != '-/-'
  9  OR ins != '-/-'
 10  OR loc != '-/-'
 11  OR ren != '-/-'
 12  OR sel != '-/-'
 13  OR upd != '-/-'
 14  OR ref != '-/-'
 15  OR exe != '-/-'
 16  OR cre != '-/-'
 17  OR rea != '-/-'
 18  OR wri != '-/-'
 19  OR fbk != '-/-')
 20  ORDER BY owner, object_name;
OWNER      OBJECT_NAME  OBJECT_TY ALT AUD COM DEL GRA IND INS LOC REN SEL UPD
REF EXE CRE REA WRI FBK
```

Listing 17.9:
Abfrage der gesetzten Optionen für Object Auditing

Kapitel 17   Datenbanksicherheit

```
---------- ----------- --------- --- --- --- --- --- --- --- --- --- --- ---
--- --- --- --- --- ---
KOMP10G    EMP         TABLE     -/- -/- -/- -/- -/- -/- -/- -/- -/- A/A -/-
-/- -/- -/- -/- -/- -/-
```

In Listing 17.9 ist zu sehen, dass für die Tabelle emp Auditing für SELECT-Operation aktiviert ist.

Für Statement Auditing können Sie das Skript in Listing 17.10 verwenden. Wenn die Spalte USER_NAME leer ist, dann ist Auditing für alle Benutzer aktiviert.

Listing 17.10:
Abfrage der Einstellungen für Statement Auditing

```
SQL> COLUMN user_name FORMAT a14
  2  COLUMN audit_option FORMAT a14
  3  COLUMN success FORMAT a14
  4  COLUMN failure FORMAT a14
  5  SELECT user_name, audit_option, success, failure
  6  FROM dba_stmt_audit_opts
  7  ORDER BY user_name, audit_option;
USER_NAME   AUDIT_OPTION    SUCCESS         FAILURE
----------- --------------- --------------- ---------------
KOMP10G     CREATE TABLE    BY ACCESS       BY ACCESS
KOMP10G     CREATE VIEW     BY ACCESS       BY ACCESS
            DROP ANY TABLE  BY ACCESS       BY ACCESS
            DROP ANY VIEW   BY ACCESS       BY ACCESS
```

Analog können Sie die Einstellungen für Privilege Auditing abfragen. Das Skript hierzu finden Sie in Listing 17.11.

Listing 17.11:
Konfiguration für Privilege Auditing

```
COLUMN user_name FORMAT a15
COLUMN privilege FORMAT a15
COLUMN success FORMAT a15
COLUMN failure FORMAT a15
SELECT privilege, user_name, success, failure
FROM dba_priv_audit_opts
ORDER BY privilege, user_name;
PRIVILEGE       USER_NAME   SUCCESS         FAILURE
--------------- ----------- --------------- ---------------
CREATE TABLE    KOMP10G     BY ACCESS       BY ACCESS
CREATE VIEW     KOMP10G     BY ACCESS       BY ACCESS
DROP ANY TABLE              BY ACCESS       BY ACCESS
DROP ANY VIEW               BY ACCESS       BY ACCESS
```

> **:-) TIPP**
>
> Die Tabelle für den Audit Trail kann, abhängig vom gewählten Setup, sehr schnell anwachsen. Sie ist dann nicht nur schwerer zu warten, Abfragen dauern möglicherweise sehr lange. Archivieren Sie deshalb die Tabellen in regelmäßigen Abständen. Sinnvoll ist eine Archivierung älterer Sätze in einer Archiv-Tabelle. Diese kann exportiert und danach gelöscht werden. Eine andere Variante ist das Verwenden von transportablen Tablespaces.

Fine Grained Auditing (FGA)

In Oracle9*i* eingeführt, gestattet Fine Grained Auditing eine Zugriffsüberwachung basierend auf dem Inhalt von Daten. FGA ist analog zur Virtual Private Database direkt in der Datenbank implementiert, ein Umgehen des Features ist deshalb ausgeschlossen.

Wahrscheinlich haben Sie sich die Frage gestellt, ob solche Aufgaben nicht auch mit Triggern gelöst werden. Trigger sind an dieser Stelle sehr kostenintensiv. Ein Trigger wird für jeden verarbeiteten Satz aufgerufen und verarbeitet, wogegen FGA nur aktiv wird, wenn die relevante Spalte und der zugehörige SQL-Typ verwendet werden oder wenn das entsprechende Kriterium erfüllt ist.

Fine Grained Auditing ist ein separates Produkt und wird nicht mit dem Initialisierungsparameter AUDIT_TRAIL aktiviert. Dieser ist nur für das so genannte Standard-Auditing zuständig, das Sie in den vorangegangenen Abschnitten kennen gelernt haben. Die Konfiguration erfolgt ähnlich wie bei VPD über Policen.

Der Audit Trail befindet sich in der Tabelle SYS.FGA_LOG$. Diese wird beim Erstellen der Datenbank angelegt. Leider legt Oracle die Tabelle immer noch in die Tablespace SYSTEM.

Da die Tabelle eine Spalte vom Typ LONG *enthält, kann der Befehl* ALTER TABLE ... MOVE *nicht angewandt werden, um die Tabelle* FGA_LOG$ *in eine andere Tablespace zu verschieben. Sie können die Tabelle neu erstellen, indem Sie entweder das Paket* DBMS_METADATA *verwenden, um die DDL zu erstellen, oder Sie holen sich den* CREATE TABLE-*Befehl aus dem Skript* sql.bsq, *das Sie im Verzeichnis* $ORACLE_HOME/rdbms/admin *finden.*

Das folgende Beispiel zeigt, wie Fine Grained Auditing konfiguriert werden kann.

Konfiguration von Fine Grained Auditing

1. Erstellen Sie eine Policy unter Verwendung des PL/SQL-Paketes DBMS_FGA. Es sollen alle SELECT-Anweisungen geloggt werden, für die in der Spalte sal ein Wert größer als 4000 auftritt.

   ```
   BEGIN
   DBMS_FGA.ADD_POLICY (object_schema=>'komp10g', object_name=>'emp',
      policy_name=>'fga_emp', audit_condition=>'sal > 4000',
      audit_column=>'sal');
   END;
   /
   PL/SQL-Prozedur wurde erfolgreich abgeschlossen.
   ```

Kapitel 17 — Datenbanksicherheit

2. Provozieren Sie mit dem folgenden SQL-Befehl einen Audit-Satz.

```
SQL> CONNECT komp10g/komp10g
Connect durchgeführt.
SQL> SELECT ename, job, sal
  2  FROM emp
  3  WHERE sal > 4000;
ENAME      JOB         SAL
---------- --------- -----
KING       PRESIDENT  5000
```

3. Überprüfen Sie im Audit Trail, ob die Policy funktioniert.

```
SQL> SELECT timestamp, db_user, sql_text
  2  FROM dba_fga_audit_trail;
02.05.2004 15:34:12 KOMP10G    SELECT ename, job, sal
                               FROM emp
                               WHERE sal > 4000
```

Die folgenden SELECT-Anweisungen würden für die soeben erstellte Policy keinen Audit-Satz erzeugen:

```
SELECT * FROM emp WHERE sal < 4000;
SELECT ename, job FROM emp;
```

Dagegen würde der Befehl `SELECT ename, job, sal FROM emp` in den Audit Trail geschrieben.

Damit ist klar, wann die Policy greift. Genau dann, wenn die relevante Spalte selektiert wird und zusätzlich die Audit-Bedingung erfüllt ist. Jede Zeile, die auf Grundlage der Policy zurückgegeben wird, heißt »interessante Zeile«. Jedoch wird pro SQL-Anweisung maximal eine interessante Zeile erstellt. Die interessante Zeile wird in einer autonomen Transaktion gespeichert.

Leider stellt Oracle für Fine Grained Auditing keine grafische Oberfläche zur Verwaltung und Manipulation zur Verfügung. Das View `DBA_AUDIT_POLICIES` liefert Informationen über gespeicherte Policies.

```
SQL> SELECT object_name, object_schema, policy_column, policy_text
  2  FROM dba_audit_policies;
OBJECT_NAME  OBJECT_SCHEM  POLICY_COLUM  POLICY_TEXT
------------ ------------- ------------- ----------------
EMP          KOMP10G       SAL           sal > 4000
```

Für Tabellen können mehrere Policies definiert sein. Alle werden unabhängig voneinander abgearbeitet. Policies können deaktiviert werden. Sie müssen also nicht gelöscht und neu erstellt werden, falls sie für einen gewissen

Zeitraum ausgesetzt werden sollen. Dafür stehen die Prozeduren `DISABLE_POLICY` und `ENABLE_POLICY` zur Verfügung.

In Oracle 10g lässt sich Fine Grained Auditing auch für DML-Operationen einsetzen. Weitere Informationen dazu finden Sie in Kapitel 9 »Neue Sicherheitsfeatures«.

FGA und Flashback Query

Mit Fine Grained Auditing ist es möglich festzustellen, welche `SELECT`-Anweisung ein Benutzer ausgeführt hat. Im Fall einer Sicherheitsverletzung ist es zur Schadensbegrenzung wichtig, feststellen zu können, welche Daten er zu diesem Zeitpunkt gesehen hat. Die Daten können sich seit dem Zugriff signifikant verändert haben.

Im Audit Trail finden Sie den Zeitpunkt, zu dem der Benutzerzugriff erfolgt ist. Diese Information können Sie im Flashback Query verwenden und den Zustand der Daten zu diesem Zeitpunkt ermitteln. Umgekehrt können Sie aus dem Zustand der Datenbank in der Vergangenheit feststellen, wer gewisse Daten gesehen hat.

FGA und Flashback Query sind keine konkurrierenden Produkte, sie ergänzen einander auf sehr sinnvolle Art und Weise.

Weitere Auditing-Operationen

Bis hierher haben Sie Auditing-Operationen kennen gelernt, die in Abhängigkeit von bestimmten Operationen, Objekten oder Privilegien Aktivitäten von Benutzern aufzeichnen. Zum Thema Auditing gehört jedoch auch das Überwachen von Grants.

Wie Sie wissen, gibt es verschiedene Arten von Grants. In einer komplexen Datenbank mit vielen Benutzern, Rollen und Objekten kann man schnell den Überblick verlieren. Wenn dann noch eine große Änderungsfrequenz hinzukommt, schleichen sich schnell ungewollte Privilegien ins System ein.

Grant Auditing hinkt in seiner Wichtigkeit keineswegs den anderen Auditing-Arten hinterher. Im Gegenteil, je mehr Sie in Grant Auditing investieren, desto geringer wird Ihr Aufwand für Standard Auditing und FGA sein. Beachten Sie auch, das Grant Auditing zu den präventiven Aktivitäten gehört, wogegen die anderen Audit-Arten Sie im Nachhinein darüber informieren, dass möglicherweise Sicherheitsverletzungen stattgefunden haben.

Oracle stellt kein Werkzeug zur Verfügung, das komfortables Grant Auditing ermöglicht. Mit Hilfe des neuen Enterprise Manager können Sie ein-

Kapitel 17   Datenbanksicherheit

zelne Grants prüfen und bearbeiten, für ein Grant Auditing komplexer Verknüpfungen ist er jedoch nicht geeignet.

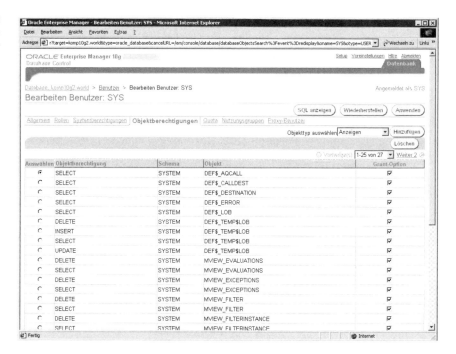

Abbildung 17.6: Grants im Enterprise Manager

In diesem Abschnitt des Buches werden Sie nützliche Views und Skripte kennen lernen, mit denen Sie ein Grant Auditing durchführen können. Am Anfang erfahren Sie einige goldene Regeln für den Umgang mit Grants.

> **TIPP**
>
> *Goldene Regeln für den Umgang mit Grants*
>
> → *Kein Benutzer, mit Ausnahme der Datenbankadministratoren, sollte Systemprivilegien mit der* ADMIN-*Option besitzen.*
>
> → *Normale Benutzer benötigen keine Objektprivilegien wie* CREATE TABLE, CREATE SYNONYM, DROP TABLE *usw.*
>
> → *Starke Privilegien, die es ermöglichen, datenbankweite Operationen vorzunehmen, wie z.B.* DROP ANY TABLE, *sollten Administratoren vorbehalten bleiben. Sie sind deshalb gefährlich, weil sie die Schema-Struktur unterwandern. Das ist besonders kritisch, wenn sich mehrere Applikationen oder Mandanten in einer Datenbank befinden.*
>
> → *Weisen Sie System- und Objektprivilegien nie direkt Benutzern zu, verwenden Sie immer Rollen.*
>
> → *Normale Benutzer sollten nur das* CREATE SESSION-*Privileg besitzen, nicht* CONNECT *und* RESOURCE.

Die folgenden Skripte helfen Ihnen im täglichen Umgang mit Grants. Sie können Reports erzeugen und diese nach bestimmten Kriterien auswerten.

Mit dem Skript in Listing 17.12 können Sie herausfinden, welche Objektprivilegien Benutzern direkt zugewiesen sind. Dies sollte vermieden werden, weisen Sie Objektprivilegien immer über Rollen zu.

```
SQL> COLUMN grantee FORMAT a12
SQL> COLUMN privilege FORMAT a12
SQL> COLUMN owner FORMAT a10
SQL> COLUMN grantor FORMAT a10
SQL> SELECT a.grantee, a.privilege,
  2  a.owner, a.table_name,
  3  a.grantor, b.object_type
  4  FROM dba_tab_privs a, dba_objects b
  5  WHERE a.grantee IN (SELECT username FROM dba_users)
  6  AND a.grantee NOT IN
  7  ('SYS','SYSTEM','DBSNMP','WMSYS','SYSMAN','OUTLN')
  8  AND a.owner = b.owner
  9  AND a.table_name = b.object_name
 10  ORDER BY a.grantee, a.owner, a.table_name;
RANTEE       PRIVILEGE    OWNER      TABLE_NAME                     GRANTOR
    OBJECT_TYPE
------------ ------------ ---------- ------------------------------ ------
---- ------------------
KING         EXECUTE      SYS        DBMS_SESSION                   SYS
    PACKAGE
KING         EXECUTE      SYS        DBMS_SESSION                   SYS
    PACKAGE BODY
MGMT_VIEW    EXECUTE      SYSMAN     SETEMVIEWUSERCONTEXT           SYSMAN
    PROCEDURE
```

Listing 17.12:
Objektprivilegien, die Benutzern direkt zugewiesen sind

Objektprivilegien sollten Benutzern über Rollen zugeordnet werden. Mit dem Skript in Listing 17.13 können Sie feststellen, welche Objekte Benutzern über Rollen zugewiesen sind.

```
SQL> COLUMN grantee FORMAT a12
SQL> COLUMN privilege FORMAT a12
SQL> COLUMN owner FORMAT a10
SQL> COLUMN role FORMAT a10
SQL> SELECT DISTINCT
b.grantee, a.privilege, a.owner, a.table_name, a.role
  2  FROM role_tab_privs a,
  3  dba_role_privs b,
  4  role_role_privs c
  5  WHERE (a.role = b.granted_role
  6  OR (a.role = c.granted_role AND c.role = b.granted_role))
  7  AND b.grantee IN (SELECT username FROM dba_users)
  8  AND b.grantee NOT IN
```

Listing 17.13:
Objektprivilegien, die über Rollen zugeordnet sind

```
          9 ('SYS','SYSTEM','DBSNMP','WMSYS','SYSMAN','OUTLN');
GRANTEE     PRIVIL  OWNER   TABLE_NAME            ROLE
----------  ------  -----   -------------------   ----
MGMT_VIEW   SELECT  SYSMAN  MGMT$ALERT_CURRENT    MGMT_USER
MGMT_VIEW   SELECT  SYSMAN  MGMT$ALERT_HISTORY    MGMT_USER
...
```

Neben Objektprivilegien werden Systemprivilegien auch vorwiegend über Rollen zugewiesen. Mit den Skript in Listing 17.14 können Sie die Zuordnungen herausfinden.

Listing 17.14: Systemprivilegien, die über Rollen zugeordnet sind

```
COLUMN grantee FORMAT a12
COLUMN privilege FORMAT a20
COLUMN role FORMAT a15
SELECT DISTINCT b.grantee, a.role, a.privilege
FROM role_sys_privs a,
dba_role_privs b,
role_role_privs c
WHERE (a.role = b.granted_role
OR (a.role = c.granted_role AND c.role = b.granted_role))
AND b.grantee IN (SELECT username FROM dba_users)
AND b.grantee NOT IN
('SYS','SYSTEM','DBSNMP','WMSYS','SYSMAN','OUTLN');
GRANTEE       ROLE              PRIVILEGE
------------  ---------------   --------------------
MGMT_VIEW     MGMT_USER         CREATE SESSION
MGMT_VIEW     MGMT_USER         CREATE TRIGGER
```

17.4 Netzwerksicherheit

Sicherheit kann nur in ihrer Gesamtheit effektiv funktionieren. Jedes Sicherheitskonzept ist nur so stark wie seine schwächste Stelle. Eine wichtige Komponente ist die Netzwerksicherheit.

Sicherheit und der Oracle Listener

Die Rolle des Listeners ist recht einfach. Der Client nimmt Kontakt mit dem Listener auf und fordert eine Datenbankverbindung an. Der Listener startet einen Server-Prozess und gibt dessen Adresse dem Client zurück. In einer Shared-Server-Konfiguration ist es die Adresse eines Dispatchers.

Listener sind häufige Angriffsziele von Hackern. Es ist bekannt, dass sie häufig den Standard-Port 1521 benutzen. So könnte einfach ein sehr großer String an den Listener geschickt werden. Der Listener kann diese Datenmasse nicht behandeln und verursacht einen Buffer Overflow-Fehler. Das Ergebnis ist ein Denial of Service, das heißt, der Listener ist funktionsunfähig.

Netzwerksicherheit

Auch das Werkzeug lsnrctl bietet einige Möglichkeiten, den normalen Betrieb zu stören. So kann der Listener einfach gestoppt werden, ohne dass sich der Benutzer auf dem Server anmelden muss. Das lässt sich von einem Remote Client erledigen. Die Vergabe eines Listener-Passworts ist deshalb fast zwingend. Die folgenden Schritte beschreiben, wie Sie ein verschlüsseltes Listener-Passwort setzen können.

Setzen eines verschlüsselten Listener-Passworts

1. Starten Sie das Listener Control Utility und setzen Sie die Option save_config_on_Stopp sowie das Passwort.

    ```
    $ lsnrctl
    LSNRCTL for Linux: Version 10.1.0.2.0 - Production on 03-MAI-
        2004 23:45:49
    Copyright (c) 1991, 2004, Oracle. All rights reserved.
    Willkommen in LSNRCTL. Geben Sie "help" ein, um Information zu erhalten.
    LSNRCTL> set save_config_on_stop on
    Verbindung mit (DESCRIPTION=(ADDRESS=(PROTOCOL=TCP)(HOST=212.1.1.2)
        (PORT=1521))) wird aufgebaut
    LISTENER Parameter "save_config_on_stop" ist auf ON gesetzt
    Der Befehl wurde erfolgreich ausgeführt.
    LSNRCTL> change_password
    Old password:
    New password:
    Reenter new password:
    Verbindung mit (DESCRIPTION=(ADDRESS=(PROTOCOL=TCP)(HOST=212.1.1.2)
        (PORT=1521))) wird aufgebaut
    Kennwort für LISTENER geändert
    Der Befehl wurde erfolgreich ausgeführt.
    ```

2. Überprüfen Sie die neuen Einträge in der Datei listener.ora. Dort

    ```
    #----ADDED BY TNSLSNR 03-MAI-2004 23:49:59---
    SAVE_CONFIG_ON_STOP_LISTENER = ON
    #-----------------------------------------
    #----ADDED BY TNSLSNR 03-MAI-2004 23:50:46---
    PASSWORDS_LISTENER = 37BFED1832FB436A
    #-----------------------------------------
    ```

3. Testen Sie, ob das Passwort funktioniert.

    ```
    $ lsnrctl
    LSNRCTL for Linux: Version 10.1.0.2.0 - Production on 04-MAI-
        2004 00:02:34
    Copyright (c) 1991, 2004, Oracle. All rights reserved.
    Willkommen in LSNRCTL. Geben Sie "help" ein, um Information zu erhalten.
    LSNRCTL> set password
    Password:
    Der Befehl wurde erfolgreich ausgeführt.
    LSNRCTL> stop
    ```

Kapitel 17   Datenbanksicherheit

```
Verbindung mit (DESCRIPTION=(ADDRESS=(PROTOCOL=TCP)(HOST=212.1.1.2)(PORT
    =1521))) wird aufgebaut
Der Befehl wurde erfolgreich ausgeführt.
```

Externe Programme

Seit der Version 8 ist es möglich, externe C-Programme aus der Datenbank heraus aufzurufen. Damit war eine Möglichkeit geschaffen, PL/SQL-Programme zu erweitern. Die Vorteile liegen in der erweiterten Funktionalität und einer besseren Performance. Die Konfiguration befindet sich in der Datei listener.ora. Dort finden Sie die folgenden Einträge:

Listing 17.15:
Einträge für externe Programme in der Datei listener.ora

```
(SID_DESC =
  (SID_NAME = PLSExtProc)
  (ORACLE_HOME = /u01/oracle/product/10.1.0/db_1)
  (PROGRAM = extproc)
)
. . .
(ADDRESS_LIST =
  (ADDRESS = (PROTOCOL = IPC)(KEY = EXTPROC))
)
```

Die externen Programme weisen den Listener an, die System-Kommandos in ihrem Auftrag zu starten. Da der Listener mit den Privilegien des Benutzers oracle läuft, besitzt die externe Prozedur dieselben Privilegien.

Das bedeutet aber auch, dass z.B. dem Benutzer oracle gehörende Dateien gelöscht werden können. Die Einträge in der Datei listener.ora werden standardmäßig erzeugt. Löschen Sie die Einträge, wie in Listing 17.15 zu sehen, aus der Datei listener.ora, wenn Sie keine externen Prozeduren verwenden.

TIPP

Falls Sie externe Prozeduren benötigen, können Sie einen weiteren Listener unter einem anderen Namen erstellen, der die Konfiguration für externe Prozeduren enthält. Dieser kann separat hoch- und heruntergefahren werden. Sie können den zweiten Listener genau dann starten, wenn externe Prozeduren laufen sollen, und für die übrige Zeit herunterfahren.

Checksumming und Encryption

Eine weit verbreitete Methode sind Hackerangriffe über das Netzwerk durch Abhören desselben. Damit ist ein Datendiebstahl möglich, ohne dass in die Datenbank selbst eingebrochen werden muss.

Neben dem Diebstahl von Daten müssen Sie auch mit Veränderung oder Verstümmelung rechnen. Oracle bietet Encryption an, um die Daten zu verschlüsseln und damit für Dritte unlesbar zu machen. Mit Hilfe von Checksumming kann eine unberechtigte Veränderung von Daten erkannt werden.

Die Konfiguration wird in der Datei `sqlnet.ora` vorgenommen. Die Einstellung muss sowohl auf dem Client als auch auf dem Server erfolgen. Client und Server verhandeln miteinander, ob Checksumming und Encryption verwendet werden. In Tabelle 17.4 finden Sie eine Übersicht dieser Parameter.

Parameter	Bedeutung
SQLNET.CRYPTO_CHECKSUM_CLIENT	Spezifiziert, ob Checksumming auf dem Client eingeschaltet ist
SQLNET.CRYPTO_CHECKSUM_SERVER	Legt fest, ob Checksumming auf dem Server eingeschaltet ist
SQLNET.ENCRYPTION_CLIENT	Spezifiziert, ob Encryption auf dem Client aktiviert ist
SQLNET.ENCRYPTION_SERVER	Spezifiziert, ob Encryption auf dem Server aktiviert ist
SQLNET.CRYPTO_CHECKSUM_TYPE_CLIENT	Legt den Prüfsummenalgorithmus auf dem Client fest, z.B. MD5, SHA1
SQLNET.CRYPTO_CHECKSUM_TYPE_SERVER	Legt den Prüfsummenalgorithmus auf dem Server fest
SQLNET.ENCRYPTION_TYPES_CLIENT	Legt den Typ der Verschlüsselung auf dem Client fest
SQLNET.ENCRYPTION_TYPES_SERVER	Legt den Typ der Verschlüsselung auf dem Server fest

Tabelle 17.4: Parameter für Checksumming und Encryption

Für die ersten vier Parameter aus Tabelle 17.4 können die folgenden Werte verwendet werden:

- ACCEPTED. Wird aktiviert, wenn die andere Seite die Parameter REQUESTED oder REQUIRED verwendet. Dabei muss die andere Seite dieselbe Verschlüsselungs- oder Prüfsummenmethode verwenden.
- REJECTED. Die Methode wird nicht zugelassen. Wenn die andere Seite REQUIRED verwendet, kann keine Verbindung aufgebaut werden.
- REQUESTED. Die Methode wird aktiviert, wenn die andere Seite ACCEPTED, REQUESTED oder REQUIRED verwendet.
- REQUIRED. Die Verbindung schlägt fehl, wenn auf der anderen Seite REJECTED spezifiziert ist oder kein kompatibler Algorithmus angegeben ist.

Kapitel 17 Datenbanksicherheit

In Oracle 10g wurde das PL/SQL-Paket DBMS_CRYPTO *eingeführt. Damit können weitere Verschlüsselungstechnologien verwendet werden. Detail finden Sie in Kapitel 9 »Neue Sicherheitsfeatures«.*

18 Datenbank-Tuning

Oracle plant seit längerem, das Umfeld für eine sich selbst verwaltende Datenbank zu schaffen. Während man in Oracle9*i* mit der Einführung von dynamischen Parametern für die Shared Memory-Verwaltung nur von ersten Ansätzen sprechen konnte, finden sich in Oracle 10g die ersten Features, die ein automatisches Tuning in Abhängigkeit vom aktuellen Workload, ohne Eingriff durch den DBA, durchführen.

Es ist zu erwarten, dass Oracle diesen Weg konsequent weitergeht. Automatisches Tuning oder eine sich selbst verwaltende Datenbank bietet Vorzüge in mehreren Bereichen:

- Die Datenbankparameter können dynamisch, abhängig vom aktuellen Workload der Datenbank, angepasst werden. Dagegen ist eine statische Konfiguration immer ein Kompromiss, der alle Situationen über die Zeitachse gleichermaßen bedienen muss.

- Mit dem Einstieg in die Welt des Grid Computing ist ein Service Provisioning auf allen Ebenen erforderlich.

- Für kleine und mittlere Datenbanken nimmt der Anteil der Einflussnahme durch den Datenbankadministrator ab. Das macht die Oracle-Datenbank konkurrenzfähiger gegenüber Datenbanken wie Sybase oder Informix.

Bei genauer Betrachtung lässt sich jedoch sagen, dass generell der Administrationsaufwand einer Oracle 10g-Datenbank gegenüber früheren Versionen nicht kleiner geworden ist. Die Einsparungen an Administration durch automatische Features und Vereinfachungen werden durch die große Anzahl neuer Produkte und Features kompensiert. Es erfolgt also eine Verlagerung der Charakteristik der administrativen Aufgaben.

Wenn wir über Oracle 10g-Datenbank-Tuning sprechen, dann lassen sich die Aktivitäten in folgende Kategorien einteilen:

- Performance-Planung

- Optimierung von Instanz und Datenbank

- Einrichtung automatischer Tuning-Features

18.1 Performance-Planung

Performance-Planung bekommt einen immer größeren Einfluss auf die Leistungsfähigkeit des Endsystems. Vor wenigen Jahren war die Standardvorgehensweise noch, eine Datenbank aufzusetzen und danach schrittweise zu optimieren. Dieses Vorgehen ist heute nicht mehr ausreichend. Bereits bei Festlegung der Architektur kann durch falsche Entscheidungen die Leistungsfähigkeit des Systems stark eingeschränkt werden. Das lässt sich auch später durch Tuning-Maßnahmen oder durch Einsatz leistungsstärkerer Hardware nicht in vollem Umfang korrigieren.

So bringt der Einsatz einer Real Application Clusters-Architektur nicht nur eine Erhöhung der Verfügbarkeit, sondern auch eine nicht unerhebliche Verbesserung an Performance.

So hat in einem Projekt die Verfügbarkeit bei der Auswahl einer RAC-Architektur eine untergeordnete Rolle gespielt. Es sollte ein Advanced Queuing-System zum Einsatz kommen, bei dem eine Durchsatzrate von zweitausend Nachrichten pro Sekunde erforderlich war. Oracle Advanced Queuing speichert alle Nachrichten in der Datenbank. Die Flaschenhälse bilden dabei die Online Redo Log-Dateien sowie die Undo-Tablespaces. Da in einer RAC-Architektur jede Instanz über eigene Redo Log-Dateien und Undo-Tablespaces verfügt, konnte ein Skalierungsfaktor von 0,8 erreicht werden. Das heißt, mit zwei Instanzen konnte der Durchsatz auf 180%, bei vier Instanzen auf ca. 320% erhöht werden.

Skalierbarkeit spielt häufig im Internetbereich die erste Geige. Es ist fast unmöglich einzuschätzen, wie sich die Zugriffszahlen entwickeln werden. Auch hier kann einfach durch Hinzunahme weiterer Knoten eine Erhöhung der Performance erfolgen. Dabei ist keine Änderung in der Applikation erforderlich. Bekanntlich machen die Applikationskosten den Löwenanteil von Internetprojekten aus. RAC bietet in diesem Fall die perfekte Kombination aus einem hohen Maß an Skalierbarkeit und Hochverfügbarkeit.

Es gibt weitere Optionen, um Performance bereits bei der Architekturerstellung zu planen. So können Sie sich für eine logische Standby-Datenbank entscheiden, die mit Oracle Streams aktuell gehalten wird. Alle Benutzerabfragen und Reports können dann auf die Standby-Datenbank umgeleitet werden. Zusätzlich können Sie die Primär-Datenbank für DML-Befehle und die Standby-Datenbank für SQL-Abfragen optimieren. Das Maß an Entlastung, das Sie auf der Primär-Datenbank damit erreichen, erhalten Sie selten durch den Einsatz leistungsfähigerer Hardware. Zudem ist die letztere Methode wesentlich teurer.

Führen Sie vor der endgültigen Architektur-Entscheidung einen Proof-of-Concept-Test durch. Damit können Sie u.a. beweisen, dass die vorgeschlagene Architektur die erforderlichen Performance-Werte liefert. Dabei ist immer noch Raum für spätere Tuning-Aktivitäten.

:-)
TIPP

Zur Performance-Planung gehört auch die richtige Auswahl und die Dimensionierung der Hardware-Komponenten. Wenn Sie ein ausfallsicheres System benötigen, dann werden Sie von vornherein Festplatten oder Subsysteme spiegeln oder evtl. ein RAID-System einsetzen wollen.

Für eine Data Warehouse-Datenbank stehen andere Aspekte im Vordergrund. Hier kommt es fast in erster Linie auf Performance an, alle anderen Aspekte treten in den Hintergrund. Auch Verfügbarkeit spielt eher eine untergeordnete Rolle. Es werden riesige Datenmengen verarbeitet, die nur schwer in den Buffer Cache passen. Besonderer Wert sollte deshalb auf hohe Durchsatzraten für E/A-Vorgänge gelegt werden. Hier macht es also wenig Sinn, Festplatten zu spiegeln oder RAID-5-Systeme einzusetzen.

Das Datenbank-Modell hat ebenfalls einen wichtigen Einfluss auf die Performance des produktiven Systems. In der Praxis zeigt sich, dass logisch perfekte Modelle nicht immer die beste Performance liefern. Verwenden Sie z.B. hierarchische Tabellen, die sehr groß sind, dann laufen die Abfragen sehr lang und haben einen großen Ressourcen-Verbrauch. Ein Modell ohne Redundanzen ist zwar erstrebenswert, jedoch kann ein gewisses Maß von Datenredundanz eine deutliche Erhöhung der Performance zur Folge haben. Nicht umsonst ist ein Data Warehouse mit einem Star-Schema ein hochredundantes System.

Formulieren Sie, bevor Sie mit der Performance-Planung beginnen, eindeutige Zielsetzungen. Systeme können sehr unterschiedliche Prioritäten aufweisen. So kann einerseits die Laufzeit der Applikation, andererseits eine optimale Strukturierung der Daten im Vordergrund stehen. Erfüllen Sie nur die Mindestanforderungen an die Performance und versuchen Sie nicht, die optimale Performance auf Kosten von Nachteilen in anderen Bereichen herauszuholen. In der Zielsetzung sollten auch Anforderungen an die Skalierbarkeit enthalten sein. Hochskalierbare Systeme sind in der Regel teurer und erfordern eine komplexere Architektur.

:-)
TIPP

18.2 Optimierung von Instanz und Datenbank

Oracle hat mit der Version 10g begonnen, automatische Tuning-Features auszuliefern. Damit ist es möglich, über die Zeitachse Datenbankparameter abhängig vom aktuellen Workload dynamisch zu verändern. Ausführliche Informationen dazu finden Sie in Abschnitt 18.3 dieses Kapitels.

Der vorliegende Abschnitt beschäftigt sich mit der Optimierung eines statischen Systems, bei dem sich die Parameter und Rahmenbedingungen über die Zeitachse nicht verändern. Der Datenbankadministrator sammelt Statistiken, um die Performance-Probleme zu lokalisieren und zu analysieren. Danach unternimmt er Schritte, um die Performance zu verbessern. Dabei werden Parameter angepasst und bleiben wieder konstant bis zum nächsten Tuning.

Sammeln Sie Ihre ersten Tuning-Erfahrungen mit statischen Systemen. Die Kenntnis der Auswirkungen von Initialisierungsparametern sowie Erfahrungen zum effektiven Vorgehen bei der Lösung von Performanceproblemen sind Grundvoraussetzung für einen erfolgreichen Tuning-Prozess. Automatische Tuning-Features lösen bei weitem nicht alle Performance-Probleme. Hier sind manuelle Eingriffe ebenso erforderlich, mit dem zusätzlichen Faktor von dynamischen Zuständen des Datenbanksystems.

Eine performante Datenbank erstellen

Datenbank-Tuning beginnt mit der Ersterstellung einer Datenbank und ihrer Objekte. Bereits hier können Sie durch Abweichung von der Standardkonfiguration erste Performance-Verbesserungen erreichen.

Physische Objekte

In Oracle 10g haben Sie die Möglichkeit, mehrere Temporary Tablespaces zu einer Gruppe zusammenzufassen. Damit kann eine SQL-Anweisung mehrere Tablespaces gleichzeitig benutzen. Wenn in Ihrem System viele Sortierprozesse laufen, können Sie mit Hilfe von Gruppen für Temporary Tablespaces eine Performance-Verbesserung erreichen. Weitere Informationen zu diesem Thema finden Sie in Kapitel 14 »Weitere neue Features«.

Die Größe der Online Redo Log-Dateien hat Einfluss auf die Performance der Datenbank. Das Verhalten des Log-Writer-Prozesses (DBWn) hängt von deren Größe ab.

In der Regel garantieren große Redo Log-Dateien eine bessere Performance. Kleine Dateien vergrößern die Checkpoint-Häufigkeit. Es gibt keine Regel, wie groß die Redo Log-Dateien sein sollen, aber Größen von mehreren hundert Megabyte bis in den Gigabyte-Bereich hinein sind durchaus keine Seltenheit mehr. Ein Wechsel der Log-Datei alle zwanzig Minuten ist ein guter Anhaltspunkt.

Segmente

Beim Erstellen einer Tabelle reserviert Oracle Speicherplatz in Form eines Extents. Wächst die Tabelle durch Einfügen von Daten, werden weitere Extents hinzugenommen.

Besteht ein Segment aus vielen kleinen Extents, die unter Umständen noch wahllos über die Festplatte verteilt sind, dann nennt man diese Situation Fragmentierung. Ein stark fragmentiertes Segment führt zu einer signifikanten Verschlechterung der Performance. Handelt es sich dabei um eine häufig frequentierte Tabelle, kann es zu Wartezeiten von mehreren Minuten kommen.

Tablespaces, in denen der Administrator die Verwaltung der Segmente bestimmt, werden »Vom Datenbankkatalog verwaltete Tablespaces« genannt, da die Informationen über Größe und Anzahl von Extents im Datenbankkatalog hinterlegt werden.

Lokal verwaltete Tablespaces gibt es seit Oracle8*i*. Dabei übernimmt Oracle die Verwaltung der Extents in Form von Bitmaps und Sie haben nur wenig Einflussnahme.

Verwenden Sie in Oracle 10g für kleine bis große Segmente lokal verwaltete Tablespaces. Das vermindert den Verwaltungsaufwand und bringt keine Nachteile für die Performance mit sich. Für sehr große Segmente kann es Sinn machen, vom Datenbankkatalog verwaltete Tablespaces zu verwenden. Wenn Sie große lokal verwaltete Tablespaces erstellen, dann sollten Sie eine gleichförmige Extent-Zuweisung verwenden.

:-)
TIPP

Der effizienteste Weg, Indexe zu erstellen, ist, zuerst die Daten in die Tabelle zu laden, ohne dass ein Index angelegt ist, und hinterher die Indexe zu erstellen.

Auch beim Erstellen der Indexe lässt sich viel Zeit sparen. Entscheidend für die Geschwindigkeit beim Indexaufbau ist die Sort Area. Eine Erhöhung des Parameters SORT_AREA_SIZE vergrößert die Sort Area und Oracle führt bei der Erstellung des Index weniger Zugriffe auf die Festplatte durch.

Ein Index kann mit der Option UNRECOVERABLE erstellt werden. In diesem Fall werden wesentlich weniger Redo-Informationen erzeugt.

Hauptspeicher-Verwaltung

Oracle speichert Informationen im Hauptspeicher, um Plattenzugriffe zu reduzieren. Das Ziel ist deshalb, die Anzahl der Festplattenzugriffe so gering wie möglich zu halten und die Informationen im Hauptspeicher verfügbar zu machen.

Seit Oracle9*i* ist es möglich, die Größen für den Shared Pool, den Large Pool und den Buffer Cache dynamisch, d.h. ohne Neustart der Instanz, zu verändern.

TIPP

Achten Sie darauf, dass die System Global Area (SGA) komplett im realen Hauptspeicher läuft. Eine Benutzung der Swap-Datei führt zu großen Performanceverlusten und verfälscht die Bilder, die Sie von den Statistiken erhalten. Problemlösungen sind eine Verkleinerung der SGA oder eine Erhöhung der realen Hauptspeichergröße.

Der Parameter LOCK_SGA *kann auf einigen Plattformen benutzt werden, um die SGA im realen Hauptspeicher festzubinden. Damit wird ein Schreiben in die Auslagerungsdatei vermieden.*

Wie groß die einzelnen Pools zu wählen sind, hängt von Last und Größe der Datenbank sowie von der Art der Anwendung und SQL-Anweisungen ab. Generell gilt die Aussage: Je größer, desto besser. Da aber der reale Speicher begrenzt ist, macht es keinen Sinn, Speicher einerseits zu verschenken, wenn er an anderer Stelle benötigt wird.

Festplatten-Aktivitäten

Die Architektur einer Oracle-Datenbank garantiert, dass Performance nicht durch Wartezeiten auf Ein- und Ausgabeaktivitäten der Festplatte eingeschränkt wird. Allerdings wird in der Praxis ein intelligentes E/A-Layout vorausgesetzt.

Bei einem schlechten E/A-Layout kann es zu großen Verlusten an Performance kommen. Eine gute E/A-Performance beginnt deshalb bereits bei der Auswahl der Hardware. Der Durchsatz in Megabyte pro Sekunde ist eine wichtige Größe.

Ein intelligentes Verteilen von Dateien auf verschiedene Festplatten (Striping) trägt entscheidend zur Erhöhung des E/A-Durchsatzes bei. Es gibt verschiedene Formen des Stripings. Weit verbreitet ist die Methode, große und häufig benutzte Tablespaces auf mehrere Dateien aufzuteilen und diese auf verschiedene Festplatten zu verteilen. Dann sind mehrere Festplatten parallel mit dem Lesen beschäftigt.

TIPP

Die Art der Verteilung von Dateien hängt stark vom Einsatzgebiet ab. Während in einer OLTP-Datenbank die Online Redo Log-Dateien stark beschäftigt sind und deshalb unbedingt separiert werden müssen, werden sie im Data Warehouse von SQL-Abfragen nicht benutzt.

Auch bei einem sehr guten Anfangslayout werden Sie im laufenden Betrieb feststellen, dass die Verteilung noch nicht optimal ist. Eine Überwachung der E/A-Aktivitäten ist deshalb wichtig. Hot Spots können identifiziert und beseitigt werden.

Es werden immer häufiger Festplatten-Subsysteme eingesetzt, die über SAN oder NAS angeschlossen werden. Die Verwaltung und die Zuweisung erfolgt dann über Logical Volume Manager. Auch hier gibt es eine Möglichkeit zur Einflussnahme auf die Verteilung von Dateien. So können Dateien über verschiedene Disk-Gruppen verteilt werden und liegen dann auch physisch getrennt.

Auch die richtige Wahl der Blockgröße trägt zur Verbesserung der Performance bei. Während in einem Data Warehouse höhere Blockgrößen Verbesserungen erzielen, kann im OLTP-System ein Gegeneffekt eintreten. Im Folgenden finden Sie einige Regeln, die Ihnen helfen, die richtige Blockgröße für Ihr System zu bestimmen.

Für Lesezugriffe gilt:

- Für kurze Sätze und überwiegend zufällige Lesezugriffe sind kleinere Blockgrößen besser.
- Sind die Sätze kurz und wird überwiegend sequenziell zugegriffen, dann sind größere Blöcke besser.
- Wenn die Sätze sehr lang sind und LOBs in großer Anzahl enthalten, dann sind größere Blöcke zu bevorzugen.

Für Schreibzugriffe gilt:

- Für OLTP-Datenbanken mit vielen Transaktionen sollte die Blockgröße nicht zu groß gewählt werden. Im Falle eines Kompromisses ist der kleinere Wert zu bevorzugen.

Für ein Data Warehouse sollten eher große Blöcke verwendet werden, auch wenn das zu einer Verlangsamung im Ladeprozess führt.

Wenn Sie sich nicht sicher sind, welche Blockgröße Sie wählen sollen, dann ist 8 Kbyte ein guter Kompromiss, der eventuell nicht optimal ist, aber andererseits auch keine Probleme verursacht.

Crash Recovery

Oracle führt ein Crash Recovery durch, wenn sich die Datenbank in einem inkonsistenten Zustand befindet. Das ist z.B. der Fall bei einem Neustart nach einem `shutdown abort`.

Die Zeit für ein Crash Recovery kann sehr lang sein, wenn der letzte Checkpoint lange zurückliegt. Zu häufige Checkpoints andererseits führen zu einer Verschlechterung der Performance. An dieser Stelle ist also ein Kompromiss zu finden.

Mit dem Parameter `fast_start_mttr_target` ist es möglich, die Recovery-Zeit zu steuern.

Statistiken sammeln

Das Sammeln von Statistiken ist die Basis für ein erfolgreiches Performance-Tuning. Nur mit Hilfe der Statistiken können Sie sich ein komplettes Bild über die Aktivitäten in der Datenbank machen. Sie können kritische Ereignisse und Engpässe erkennen und gezielt Statistiken abfragen.

Sammeln Sie Statistiken über längere Zeiträume. Archivieren Sie ältere Statistiken, aber löschen Sie diese nicht. Nur mit einer kompletten Historie sind Sie in der Lage, die richtigen Schlüsse über das System zu ziehen.

Oracle stellt die folgenden Mittel zum Sammeln von Statistiken zur Verfügung:

- das Automatic Workload Repository (AWR)
- die V$-Views im Datenbankkatalog

Sie können die gesammelten Informationen des AWR für die Datenbank-Optimierung verwenden. Das Einführen des AWR dient jedoch in erster Linie der Verwendung durch die automatischen Tuning Features. Das Automatic Workload Repository wurde auf der Basis von STATSPACK weiterentwickelt und löst STATSPACK ab. Weitere Informationen zum Thema AWR finden Sie in Kapitel 4 »Die sich selbst verwaltende Datenbank«.

Beachten Sie, dass beim Herunterfahren einer Instanz die Statistiken in den V$-Views gelöscht werden. Wenn Sie also Statistiken über einen längeren Zeitraum sammeln wollen, reichen die V$-Views alleine nicht aus.

Der Enterprise Manager bietet Momentaufnahmen für Performance-Werte. Klicken Sie zur Anzeige auf das Register PERFORMANCE der Datenbank-Seite.

Die V$-Views sind die Basis für alle Werkzeuge zum Sammeln und Anzeigen von Statistiken. Sie können darauf aufbauend Ihre eigenen Performance-Werkzeuge erstellen. Allerdings decken die vorhandenen Tools die Statistiken ab, die Sie in der Praxis benötigen.

Als Administrator sollten Sie die wichtigsten Views kennen. Nicht immer stehen bei Kunden ad hoc die entsprechenden Werkzeuge zur Verfügung. Dann können Sie notwendige Informationen über SQL*Plus abfragen.

Optimierung von Instanz und Datenbank — Kapitel 18

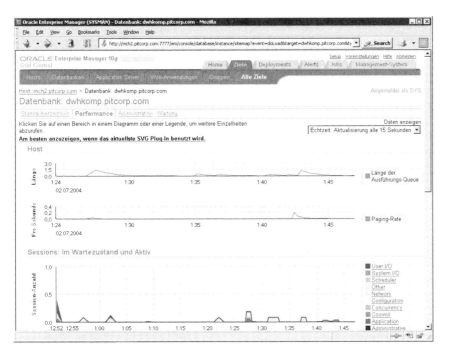

Abbildung 18.1:
Die Performance-Übersicht im Enterprise Manager

Die V$-Views lassen sich in drei Kategorien einteilen:

- Current State Views
- Counter/Accumulator Views
- Information Views

Current State Views spiegeln den aktuellen Zustand in der Datenbank wider. In Tabelle 18.1 finden Sie eine Übersicht.

View	Beschreibung
V$LOCK	Locks, die momentan gehalten oder angefordert werden
V$LATCHHOLDER	Sitzungen und Prozesse, die ein Latch aufweisen
V$OPEN_CURSOR	Alle in der Instanz offenen Cursor
V$SESSION	Alle offenen Sitzungen
V$SESSION_WAIT	Ressourcen, auf die momentan gewartet wird

Tabelle 18.1:
Current State Views

Counter/Accumulater Views speichern, wie oft bestimmte Aktivitäten seit dem Start der Instanz stattgefunden haben.

Tabelle 18.2: Counter/Accumulator-Views

View	Beschreibung
V$DB_OBJECT_CACHE	Statistik des Shared Pools auf Objekt-Niveau
V$FILESTAT	E/A-Aktivitäten auf Datei-Niveau
V$LATCH	Zusammenfassung von Latch-Aktivitäten
V$LATCH_CHILDREN	Aktivitäten von Child Latches
V$LIBRARY_CACHE	Statistik für den Shared Pool auf Namespace-Niveau
V$LIBRARY_CACHE_MEMORY	Zusammenfassung über die Benutzung des Library Cache
V$MYSTAT	Zusammenfassung über die Benutzung von Ressourcen der eigenen Sitzung
V$ROLLSTAT	Zusammenfassung der Aktivität von Rollbacksegmenten
V$ROWCACHE	Zusammenfassung der Aktivitäten des Dictionary Cache
V$SEGMENT_STATISTICS	Überwachung der Segment-Statistik
V$SEGSTAT	Realzeit-Überwachung von Segmenten
V$SESSION_EVENT	Zusammenfassung der Warte-Ereignisse in der aktuellen Sitzung
V$SESSTAT	Ressourcen-Benutzung, seit die Sitzung existiert
V$LIBRARY_CACHE_MEMORY	Simulation des LRU-Mechanismus im Shared Pool
V$SQL	Detailinformationen für Cursor von V$SQLAREA
V$SQLAREA	SQL-Befehle im Shared Pool
V$SYSSTAT	Zusammenfassung der Benutzung von Ressourcen
V$SYSTEM_EVENT	Zusammenfassung von Ressourcen, auf die gewartet wurde
V$UNDOSTAT	Historie der Benutzung von UNDO im Zehn-Minuten-Takt
V$WAITSTAT	Buffer Waits pro Block

Information Views sind weniger dynamisch als Current State Views.

View	Beschreibung
V$MTTR_TARGET_ADVICE	Empfehlungen des MTTR Advisors, wenn der Parameter `fast_start_mttr_target` gesetzt ist
V$PARAMETER V$SYSTEM_PARAMETER	Parameter der aktuellen Sitzung und Instanz-Parameter
V$PROCESS	Server-Prozesse
V$SEGSTAT_NAME	Segment-Statistik
V$SQL_PLAN	Ausführungsplan des letzten Cursors
V$SQL_PLAN_STATISTICS	Details für den Ausführungsplan
V$SQL_TEXT	Text der SQL-Anweisungen im Shared Pool

Tabelle 18.3: Information Views

Oracle 10g stellt Performance-Views zur Verfügung, die sich auf das Automatic Storage Management beziehen.

View	Beschreibung
V$ASM_DISKGROUP	Beschreibung der Diskgroups einer ASM-Instanz (Nummer, Name, Größe, Status, Redundanz-Typ). In einer DB-Instanz eine Zeile für jede Diskgroup, die verwendet wird.
V$ASM_CLIENT	Anzeige der Datenbanken, die diese Diskgroups benutzen. In einer DB-Instanz eine Zeile für die ASM-Instanz, die verwendet wird
V$ASM_DISK	Verfügbare Platten. In einer DB-Instanz eine Zeile für jede Platte, die von dieser Instanz verwendet wird.
V$ASM_FILE	In der ASM-Instanz die Dateien, die zu einer Diskgroup gehören. In einer DB-Instanz keine Zeilen.
V$ASM_TEMPLATE	In der ASM-Instanz das Template für eine gemountete Diskgroup. In einer DB-Instanz keine Zeilen.
V$ASM_ALIAS	In der ASM-Instanz die Alias-Namen der Diskgroups. In einer DB-Instanz keine Zeilen.
V$ASM_OPERATION	In der ASM-Instanz die Anzeige von laufenden Operationen. In einer DB-Instanz keine Zeilen.

Tabelle 18.4: Views für das Automatic Storage Management

Neu in Oracle 10g sind eine Reihe von Views für das verbesserte Wait-Event-Modell.

Tabelle 18.5:
Neue V$-Views für das Wait-Event-Modell

View	Beschreibung
V$SYSTEM_WAIT_CLASS	Liefert Zeiten für Warte-Ereignisse sowie die in jeder Klasse verbrauchte Zeit für die gesamte Instanz
V$SESSION_WAIT_CLASS	Speichert die Anzahl von Warte-Ereignissen auf Sitzungsbasis
V$SESSION_WAIT_HISTORY	Zeigt die letzten zehn Warte-Ereignisse für alle aktiven Sitzungen an
V$EVENT_HISTOGRAMM	Für die Darstellung eines Histogramms der Anzahl der Ereignisse sowie der maximalen und Gesamt-Wartezeit
V$FILE_HISTOGRAMM	Stellt ein Histogramm aller einzelnen Block-Lesevorgänge dar. Die Darstellung erfolgt pro Datei.
V$TEMP_HISTOGRAMM	Liefert ein Histogramm aller Block-Lesevorgänge pro temporärer Datei

In einer Real-Application-Clusters-Datenbank existieren Views mit dem Präfix GV$. *Diese enthalten eine Spalte mit der Instanznummer und führen eine datenbankübergreifende Statistik.*

Eine Oracle 10g-Datenbank optimieren

Wenn im täglichen Sprachgebrauch von der Optimierung einer Oracle-Datenbank gesprochen wird, dann ist diese Terminologie eigentlich nicht exakt. Optimiert werden sowohl die Instanz mit ihren Hauptspeicher-Objekten als auch die Datenbank mit ihren Dateien. In diesem Abschnitt beschäftigen wir uns also mit der Optimierung von Instanz und Datenbank.

Den Shared Pool optimieren

Der Shared Pool ist der Teil der SGA, in dem SQL- und PL/SQL-Anweisungen gespeichert werden. Er wird nach dem LRU-Prinzip (Least Recently Used) verwaltet. Wenn der Shared Pool voll ist, werden die Anweisungen hinausgeworfen, die am wenigsten benutzt wurden.

Wenn ein Benutzer eine SQL- oder PL/SQL-Anweisung an die Datenbank sendet, dann werden einige Aktionen durchgeführt, bevor die Anweisung selbst ausgeführt wird.

1. Zuerst konvertiert Oracle die Anweisung in einen numerischen Code.
2. Danach werden die Zeichen von einem Hash-Algorithmus verarbeitet und es wird ein Hashed Value erzeugt.

3. Der Benutzerprozess auf dem Server prüft dann, ob dieser Hashed Value bereits im Shared Pool existiert.

4. Falls der Hashed Value existiert, verwendet der Server-Prozess diese Version und führt die Anweisung aus. Existiert der Hashed Value nicht im Shared Pool, dann führt der Server-Prozess ein Parsing durch, bevor die Anweisung ausgeführt wird. Das Parsing produziert viel Mehraufwand und kostet Zeit. Die folgenden Schritte werden beim Parsing durchgeführt:

   - Überprüfen der Anweisung auf Syntax-Fehler
   - Auflösen der Objekte und Überprüfung im Datenbankkatalog, ob diese Objekte existieren
   - Statistiken der Objekte aus dem Datenbankkatalog lesen
   - Einen Ausführungsplan bestimmen und vorbereiten
   - Überprüfen der Objektprivilegien des Benutzers
   - Erstellen einer kompilierten Version der Anweisung (P-Code)

Dieser Parsing-Prozess kann vermieden werden, wenn sich viele Anweisungen als kompilierte Versionen im Shared Pool befinden. Das Auffinden einer kompilierten Version wird *Cache Hit* genannt. *Cache Miss* wird die Situation genannt, dass keine kompilierte Version im Shared Pool existiert und der Server-Prozess die Anweisung parsen muss.

Damit es zu einem Cache Hit kommt, müssen beide Anweisungen möglichst exakt übereinstimmen. Die kleinste Abweichung, z.B. Großbuchstaben statt Kleinbuchstaben, führt zu einem Cache Miss. Über den Initialisierungsparameter CURSOR_SHARING *können Sie steuern, wann die Anweisungen als gleich angesehen werden. Die möglichen Werte sind* EXACT, SIMILAR *und* FORCE. *Ist der Parameter auf* EXACT *(Default) gesetzt, dann werden nur absolut identische Texte als gleiche Statements angesehen.* SIMILAR *gestattet Unterschiede in einigen Literalen und* FORCE *in allen Literalen. Andere Werte als* EXACT *beinhalten die Gefahr, dass unterschiedliche Befehle als gleich angesehen werden. Das Problem mit den Literalen kann umgangen werden, wenn Binde-Variablen in den Applikationen benutzt werden.*

Das Optimierungsziel für den Shared Pool ist, die Anzahl von Cache Hits zu maximieren. Der Shared Pool besteht aus den folgenden drei Komponenten:

- Library Cache
- Data Dictionary Cache
- User Global Area

Kapitel 18   Datenbank-Tuning

Im Library Cache werden SQL- und PL/SQL-Anweisungen gespeichert. Für eine Anweisung werden die folgenden Informationen gespeichert:

- der Text der Anweisung
- der Hashed Value
- die kompilierte Version der Anweisung (P-Code)
- alle relevanten Statistiken
- der Ausführungsplan

Diese Informationen können mit Hilfe des Views V$SQLAREA abgefragt werden.

```
SQL> SELECT  sql_text, hash_value, command_type
  2  FROM v$sqlarea;
SQL_TEXT                                            HASH_VALUE    C
--------------------------------------------------- ----------  ----
select jf.flaglength, js.siglength, jm.m            296149349      3
ethodlength, jc.ownerlength, jc.classlen
gth, jm.cookiesize from triggerjavaf$ jf
, triggerjavas$ js, triggerjavac$ jc, tr
iggerjavam$ jm where jf.obj#=:1 and jf.o
bj#=js.obj# and js.obj#=jc.obj# and jc.o
bj#=jm.obj#
. . .
```

Beachten Sie, dass das View V$SQLAREA *nur die ersten 80 Zeichen der Anweisungen speichert. Die komplette Anweisung finden Sie in* V$SQLTEXT.

Das View V$SQLAREA enthält auch Informationen über die Benutzung von Ressourcen. So können Sie, wie im Listing, die Anweisungen abfragen, die eine große Leseaktivität von der Festplatte aufweisen.

```
SQL> SELECT  sql_text, disk_reads
  2  FROM v$sqlarea
  3  ORDER BY 2 DESC;
SQL_TEXT                                            DISK_READS
--------------------------------------------------- ----------
select a.schema, a.name, b.name, b.event               454
id from system.aq$_queues b, system.aq$_
queue_tables a, sys.aq$_queue_table_affi
nities t where a.objno = b.table_objno
and t.table_objno = b.table_objno and bi
tand(b.properties, 512) = 512 and t.owne
r_instance = :1
. . .
```

Optimierung von Instanz und Datenbank

Der Enterprise Manager bietet eine Reihe von Seiten für die Überwachung des Shared Pools. Auf der Datenbankseite finden Sie unter dem Register PERFORMANCE den Link TOP SQL. Auf der Seite TOP SQL erhalten Sie eine Gesamtübersicht und können in die Top SQL-Anweisungen verzweigen. Dort finden Sie neben dem Ausführungsplan viele Statistiken.

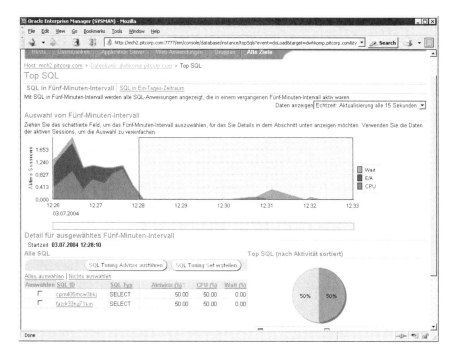

Abbildung 18.2:
Die TOP-SQL-Seite im Enterprise Manager

Data Dictionary Cache

Wenn eine SQL- oder PL/SQL-Anweisung ausgeführt wird, wird der Datenbankkatalog nach Objekten und Spaltennamen abgefragt. Es wird überprüft, ob diese Objekte existieren und ob verwendete Namen korrekt sind.

Wie die Anweisung selbst, werden auch Informationen des Datenbankkatalogs in einem Cache gespeichert. Hierfür wird der Data Dictionary Cache verwendet. Auch der Data Dictionary Cache funktioniert nach dem LRU-Mechanismus.

Wie beim Library Cache wird die Performance des Dictionary Cache über die Hit Ratio gemessen. Die Hit Ratio kann mit Hilfe des Views V$ROWCACHE bestimmt werden.

```
SQL> connect sys/manager@dwhkomp as sysdba
Connect durchgeführt.
SQL> SELECT 1 - (SUM(getmisses)/SUM(gets))
  2  FROM v$rowcache;
```

Listing 18.1:
Die Hit Ratio des Data Dictionary Cache abfragen

```
1-(SUM(GETMISSES)/SUM(GETS))
---------------------------
                   ,84002997
```

Der Shared Pool sollte vergrößert werden, wenn die Hit Ratio des Data Dictionary Cache weniger als 85 % beträgt.

User Global Area

Die User Global Area (UGA) existiert im Shared Pool nur, wenn die Shared-Server-Option benutzt wird. Dann ist die UGA ein Cache für Benutzer- und Sitzungsinformationen.

Diese Informationen müssen sich im Shared Pool befinden, weil sich in der Shared Server-Architektur mehrere Benutzer einen Server-Prozess teilen.

Jetzt stellt sich natürlich die Frage, was zu tun ist, um die Performance des Shared Pools zu verbessern. Wir empfehlen die folgenden Aktionen.

- den Shared Pool vergrößern
- Platz schaffen für große PL/SQL-Anweisungen
- wichtige Anweisungen im Shared Pool behalten
- Wiederverwendung von Programmcode fördern
- einen Large Pool verwenden

Den Shared Pool vergrößern

Die Vergrößerung des Shared Pools ist der einfachste Weg, die Hit Ratio zu erhöhen und damit die Performance zu verbessern. Damit sinkt die Wahrscheinlichkeit, dass Informationen wegen Platzmangel nach dem LRU-Mechanismus entfernt werden.

Es tritt sehr selten auf, dass die Hit Ratio für den Library Cache gut und für den Dictionary Cache schlecht ist (oder umgekehrt). Die Hit Ratio für beide Caches verbessert oder verschlechtert sich relativ gleichmäßig.

Die Größe des Shared Pools wird durch den Initialisierungsparameter `shared_pool_size` festgelegt.

In Oracle 10g ist es möglich, den Parameter `shared_pool_size` dynamisch, das heißt ohne Neustart der Instanz zu verändern.

Platz schaffen für große SQL-Anweisungen

Wenn eine Anwendung große PL/SQL-Pakete häufig aufruft, besteht die Gefahr, dass viele andere Anweisungen nach dem LRU-Mechanismus aus dem Library Cache entfernt werden.

Dadurch wird die Hit Ratio stark abgesenkt. Um diese Problem zu vermeiden, bietet Oracle die Möglichkeit, diese großen Pakete in die Shared Pool Reserved Area auszulagern.

Die Größe wird durch den Initialisierungsparameter `shared_pool_reserved_size` bestimmt. Sie kann bis zu 50 % der Größe des Shared Pools betragen.

Eine Möglichkeit, die optimale Größe des Reserved Pools zu bestimmen, ist, die PL/SQL-Pakete zu überwachen. Die Abfrage in Listing 18.2 zeigt die Paketnamen und ihre Größe im Library Cache an.

```
SQL> SELECT owner, name, sharable_mem
  2  FROM v$db_object_cache
  3  WHERE TYPE IN ('PACKAGE','PACKAGE BODY')
  4  AND owner != 'SYS'
  5  ORDER BY 3 DESC;
OWNER         NAME                       SHARABLE_MEM
------------  -------------------------  ------------
WKSYS         WK_ADM                            93500
WKSYS         WK_JOB                            38808
DBSNMP        MGMT_RESPONSE                     24840
XDB           DBMS_XDBZ0                        20122
XDB           DBMS_XDBZ0                        15370
```

Listing 18.2: Große Pakete im Library Cache anzeigen

Die Auslastung der Reserved Area können Sie mit Hilfe des Views `v$shared_pool_reserved` überwachen.

```
SQL> SELECT free_space, avg_free_size
  2  FROM v$shared_pool_reserved;
FREE_SPACE AVG_FREE_SIZE
---------- -------------
   5086152      203446,08
```

Listing 18.3: Den freien Platz in der Reserved Area des Shared Pools abfragen

Wichtige Anweisungen im Shared Pool behalten

Wenn es gelingt, PL/SQL-Code, der häufig von Anwendungen benutzt wird, permanent im Shared Pool zu belassen, verbessert sich die Hit Ratio und damit die Performance.

Dieses Verfahren wird als *Pinning* bezeichnet. Für das Pinning eines Paketes benötigen Sie das Paket `DBMS_SHARED_POOL`. Das Paket ist nicht standardmäßig installiert. Listing 18.4 zeigt, wie Sie dieses Paket installieren können.

Listing 18.4:
Das Paket
DBMS_SHARED_POOL installieren

```
SQL> CONNECT / AS SYSDBA
Connect durchgeführt.
SQL> @dbmspool
Paket wurde erstellt.
Benutzerzugriff (Grant) wurde erteilt.
View wurde angelegt.
Paketrumpf wurde erstellt.
```

Pinnen Sie ein Paket mit dem folgenden Prozedur-Aufruf.

```
SQL> EXEC SYS.DBMS_SHARED_POOL.KEEP('SYS.STANDARD');
PL/SQL-Prozedur wurde erfolgreich abgeschlossen.
```

Gepinnte Objekte können Sie über die folgende Abfrage identifizieren.

Listing 18.5:
Gepinnte Objekte abfragen

```
SQL> SELECT owner, name, type
  2  FROM v$db_object_cache
  3  WHERE kept = 'YES';
OWNER        NAME                    TYPE
------------ ----------------------- ---------------
SYS          HISTGRM$                TABLE
SYS          java/util/Arrays$Array  JAVA CLASS
             List
SYS          java/lang/ThreadGroup   JAVA CLASS
SYS          /8dba2ab7_PolicyTableR  JAVA CLASS
             owConsta
```

Wiederverwendung von Programmcode fördern

Ein weiterer Weg, die Hit Ratio im Shared Pool zu verbessern, ist, Programmcode so oft wie möglich wiederzuverwenden. Zwei Anweisungen werden nur als gleich betrachtet, wenn sie denselben Hashed Value besitzen. Bereits geringe Unterschiede im SQL-Text führen zu unterschiedlichen Hashed Values.

Die Verwendung von Binde-Variablen fördert die Wiederbenutzung von Programmcode. Für die folgenden Anweisungen werden verschiedene Hashed Values berechnet:

```
SELECT * FROM account_dim WHERE last_name='Miller';
SELECT * FROM account_dim WHERE last_name='Smith';
```

Wird jedoch eine Binde-Variable wie im folgenden Beispiel benutzt, so werden die Anweisungen als identisch betrachtet.

```
SELECT * FROM account_dim WHERE last_name=:name;
```

Binde-Variablen können aber auch negative Auswirkungen auf die Performance haben. Da sie keine echten Werte sind, sondern nur Container für Werte bilden, kann der Cost-Based Optimizer nicht immer die richtige Entscheidung treffen.

Einen Large Pool verwenden

Alle vorhergehenden Aktionen können unter Umständen nicht ausreichen, die Performance signifikant zu verbessern, z.B. wenn Sie den Recovery Manager oder den Shared-Server-Modus verwenden.

Oracle stellt dafür den Large Pool zur Verfügung. Setzen Sie den Initialisierungsparameter `large_pool_size` auf einen Wert größer 0, um einen Large Pool zu erzeugen. Mit der Abfrage in Listing 18.6 können Sie feststellen, welche Objekte den Large Pool benutzen.

```
SQL> SELECT name, bytes
  2  FROM v$sgastat
  3  WHERE pool = 'large pool';
NAME                     BYTES
---------------------- ----------
PX msg pool              206208
free memory             8182400
```

Listing 18.6:
Objekte im Large Pool abfragen

Optimierung des Buffer Cache

Im Buffer Cache werden Datenblöcke von Segmenten gespeichert. Der Buffer Cache wird nach dem LRU-Prinzip verwaltet. Jeder Buffer hat die Größe eines Blocks. Datenblöcke können zu den folgenden Objekten gehören:

- Tabellen
- Indexen
- Cluster
- Large Objects (LOB)
- LOB-Indexen
- Rollbacksegmenten
- Temporären Segmenten

Der Buffer Cache wird gemeinsam von der LRU-Liste, einer Dirty-Liste, dem Server-Prozess des Benutzers sowie dem Database Writer (DBW*n*) verwaltet.

Die LRU-Liste

Auch der Buffer Cache wird nach dem LRU-Algorithmus verwaltet. Ist der Buffer Cache voll, werden Datenblöcke entfernt, die am Ende der LRU-Liste stehen. Mit diesem Prinzip bleiben die Blöcke, die zuletzt benutzt wurden, im Buffer Cache.

Wenn Daten angefordert werden, liest der Server-Prozess die Blöcke von der Festplatte und platziert sie an den Anfang der LRU-Liste. Die Buffer bleiben in der LRU-Liste, werden aber mit dem Lesen neuer Blöcke nach hinten verschoben.

Erfolgt ein Zugriff auf einen Buffer, während er in der LRU-Liste steht, dann wird dieser an den Anfang der LRU-Liste gestellt.

Der LRU-Algorithmus wird anders gehandhabt, wenn ein Full Table Scan (FTS) ausgeführt wird. Die Buffer werden sofort am Ende der LRU-Liste platziert. Damit wird verhindert, dass alle Buffer aus dem Cache entfernt werden.

Die Dirty-Liste

Es gibt die folgenden drei Buffer-Typen im Buffer Cache:

- `Free`. Der Buffer wird zurzeit nicht benutzt.
- `Pinned`. Der Buffer wird momentan von einem Server-Prozess benutzt.
- `Dirty`. Der Buffer wird zurzeit nicht benutzt und wurde noch nicht vom DBW*n* auf die Festplatte geschrieben.

Der Server-Prozess kann Free Buffer einfach überschreiben, wenn Blöcke von der Festplatte gelesen werden. Dirty Buffer können nicht überschrieben werden, bevor sie auf die Festplatte geschrieben wurden.

Dieser Mechanismus wird *Dirty-Liste* genannt. Die Liste registriert alle Blöcke, die verändert und nicht auf die Festplatte geschrieben wurden. Das Schreiben der Buffer auf die Festplatte übernimmt der Hintergrundprozess Database Writer (DBW*n*).

Server-Prozesse der Benutzer

Wenn der Server-Prozess eines Benutzers die Daten im Buffer Cache nicht vorfindet, dann liest er die Datenblöcke von der Festplatte und schreibt sie in den Buffer Cache.

Bevor die Blöcke von der Platte gelesen werden können, müssen freie Blöcke im Buffer Cache gefunden werden. Der Server-Prozess sucht einen freien

Block unter Benutzung der LRU-Liste und der Dirty-Liste in der folgenden Art und Weise:

- Während der Server-Prozess die LRU-Liste nach freien Blöcken durchsucht, werden alle Dirty Buffer in die Dirty-Liste verschoben.
- Die Dirty-Liste wird dadurch immer größer. Wenn der Schwellenwert erreicht wird, schreibt der Database Writer Dirty Buffer auf die Festplatte.
- Der Database Writer kann auch dann Dirty Buffer auf die Festplatte schreiben, wenn der Schwellenwert noch nicht erreicht ist. Das passiert dann, wenn der Server-Prozess zu viele Buffer untersucht hat, ohne einen freien zu finden. In diesem Fall schreibt DWBn Dirty Buffer direkt von der LRU-Liste auf die Platte.

Wenn ein Server-Prozess einen Buffer im Cache findet, kann dieser Daten enthalten, die nicht durch ein COMMIT abgeschlossen wurden. Oracle gestattet jedoch nicht, dass ein anderer Benutzer diese Daten sieht. Die Dateninhalte vor der Änderung befinden sich im Rollback- oder Undo-Segment. Diese Segmente werden auch im Buffer Cache gespeichert.

Der Database Writer (DBWn)

Es gibt eine Reihe von Ereignissen, die den Database Writer zwingen, Buffer auf die Festplatte zu schreiben. Die Liste der Ereignisse finden Sie in Tabelle 18.6.

Ereignis	Aktion des DBWn
Die Dirty-Liste erreicht ihren Schwellenwert.	DBWn schreibt Buffer aus der Dirty-Liste weg.
Die LRU-Liste wurde zu lange durchsucht, ohne einen freien Buffer zu finden.	DBWn schreibt Buffer direkt aus der LRU-Liste weg.
Alle drei Sekunden	DBWn schreibt Dirty Buffer von der LRU-Liste in die Dirty-Liste. Wird der Schwellenwert erreicht, dann werden diese Buffer auf die Festplatte geschrieben.
Checkpoint	DBWn verschiebt alle Dirty Buffer von der LRU-Liste in die Dirty-Liste und schreibt sie weg.
Tablespace im Backup-Modus	DBWn verschiebt alle Dirty Buffer der Tablespace von der LRU-Liste in die Dirty-Liste und schreibt sie weg.

Tabelle 18.6: Ereignisse, die den Database Writer anstoßen

Tabelle 18.6:
Ereignisse, die den Database Writer anstoßen (Forts.)

Ereignis	Aktion des DBWn
Tablespace Offline Temporary	DBWn verschiebt Dirty Buffer dieser Tablespace von der LRU-Liste in die Dirty-Liste und schreibt sie weg.
Drop Segment	DBWn schreibt die Dirty Buffer dieses Segments vorher auf die Festplatte.

Die Performance des Buffer Cache messen

Der wichtigste Indikator für die Performance des Buffer Cache ist die Hit Ratio. Eine große Hit Ratio bedeutet, dass die Benutzerprozesse Daten überwiegend im Buffer Cache finden und nur selten auf die Festplatte zugreifen.

Ein Cache Miss tritt dann auf, wenn der Server-Prozess eines Benutzers die benötigten Buffer nicht im Buffer Cache findet und diese von der Festplatte lesen muss. Das View V$SYSSTAT speichert drei Statistiken, die zur Bestimmung der Hit Ratio herangezogen werden können:

- `Physical Reads` ist die Anzahl von Datenblöcken, die seit dem letzten Start der Instanz von der Festplatte in den Buffer Cache gelesen wurden.

- `DB Block Gets` ist die Anzahl aller Anforderungen für Daten, die direkt aus den Segmenten mit Ausnahme von Rollback- und Undo-Segmenten gelesen wurden.

- `Consistent Gets` ist die Anzahl aller Anforderungen für Daten, die aus Gründen der Lesekonsistenz aus Rollback- und Undo-Segmenten bedient wurden.

Aus diesen Werten kann die Hit Ratio bestimmt werden. Die Abfrage in Tabelle 18.6 ermittelt das Verhältnis zwischen Zugriffen auf den Buffer Cache und Zugriffen auf die Festplatte.

Listing 18.7: Die Hit Ratio des Buffer Cache bestimmen

```
SQL> SELECT 1-(a.value / (b.value + c.value))
  2  "Hit Ratio"
  3  FROM v$sysstat a, v$sysstat b, v$sysstat c
  4  WHERE a.name = 'physical reads'
  5  AND b.name = 'db block gets'
  6  AND c.name = 'consistent gets';
Hit Ratio
----------
,990704986
```

Optimierung von Instanz und Datenbank Kapitel 18

Eine gut optimierte OTLP-Datenbank sollte eine Buffer Cache Hit Ratio von mehr als 90 % aufweisen.

INFO

Für den Optimierungsprozess ist es wichtig, die Hit Ratio des Buffer Cache für individuelle Benutzer zu kennen. Es ist durchaus möglich, dass die allgemeine Performance der Datenbank in Ordnung ist, aber einzelne Benutzer Probleme berichten. Die Abfrage in Listing 18.8 liefert die Hit Ratio pro Benutzer.

```
SQL> SELECT b.username, b.osuser,
  2  (1-a.physical_reads / (a.block_gets+a.consistent_gets)) "Hit Ratio"
  3  FROM v$sess_io a, v$session b
  4  WHERE a.sid = b.sid
  5  AND (a.block_gets + a.consistent_gets) != 0
  6  AND b.username IS NOT NULL;
USERNAME   OSUSER         Hit Ratio
---------- -------------- ---------
DBSNMP     oracle         ,986853637
SYS        oracle         ,983943803
SYS        Administrator          1
DBSNMP     oracle         ,998837278
SYS        oracle         ,953183521
```

Listing 18.8:
Dir Hit Ratio des Buffer Cache pro Benutzer bestimmen

Es gibt eine Reihe von Statistiken über Cash Misses. Mit deren Hilfe lässt sich analysieren, wie effektiv der LRU-Algorithmus arbeitet. Sie können die folgenden Werte abfragen:

- `Free Buffer Inspected` – Anzahl der untersuchten Buffer, bevor ein freier gefunden wurde.
- `Free Buffer Waits` – Anzahl von Warte-Ereignissen, während freie Buffer gesucht wurden.
- `Buffer Busy Waits` – Anzahl von Warte-Ereignissen, bis ein freier Buffer zur Verfügung stand.

Eine große oder ständig wachsende Anzahl von diesen Werten zeigt an, dass die Server-Prozesse zu viel Zeit verbringen, um freie Buffer im Buffer Cache zu finden. Mit Hilfe der Abfrage in Listing 18.9 können Sie diese Statistikwerte abfragen.

```
SQL> SELECT name, value
  2  FROM v$sysstat
  3  WHERE name IN
  4  ('free buffer inspected',
'free buffer waits','buffer busy waits');
NAME                                       VALUE
------------------------------------------ ----------
free buffer inspected                      2343
```

Listing 18.9:
LRU-Statistiken für den Buffer Cache abfragen

Kapitel 18   Datenbank-Tuning

```
buffer busy waits                         1287
free buffer waits                         1343
```

Verwenden Sie die Abfrage in Listing 18.10, um festzustellen, welche Objekte momentan wie viele Blöcke im Buffer Cache belegen.

Listing 18.10:
Objekte im Buffer Cache anzeigen

```
SQL> SELECT object_name, object_type,
  count(*) "Anz. Buffer"
  2  FROM x$bh a, dba_objects b
  3  WHERE a.obj = b.object_id
  4  AND owner NOT IN ('SYS','SYSTEM')
  5  GROUP BY object_name, object_type
  6  ORDER BY 3 DESC;
OBJECT_NAME                     OBJECT_TYPE   Anz. Buffer
------------------------------  ------------  -----------
SMP_VTM_DISPLAY_STATE           TABLE                   8
SMP_VDG_NODE_LIST               TABLE                   7
SMP_VDD_OPERATIONS_TABLE        TABLE                   7
XDB$CONFIG                      TABLE                   6
AQ$_QS_ES_ORDERS_MQTAB_S        TABLE                   6
AQ$_QS_OS_ORDERS_MQTAB_S        TABLE                   6
AQ$_QS_CS_ORDER_STATUS_QT_S     TABLE                   6
AQ$_QS_OS_ORDERS_PR_MQTAB_S     TABLE                   6
```

Das ultimative Ziel zur Verbesserung der Performance lautet für den Buffer Cache, die Hit Ratio zu erhöhen. Das kann mit den folgenden Strategien erreicht werden:

- den Buffer Cache vergrößern
- verschiedene Buffer Pools verwenden
- Tabellen im Buffer Cache festnageln
- Indexe sinnvoll einsetzen

Den Buffer Cache vergrößern

Der einfachste Weg zur Verbesserung der Performance ist, den Buffer Cache zu vergrößern. Je größer der Buffer Cache ist, desto geringer ist die Wahrscheinlichkeit, dass Buffer durch den LRU-Mechanismus aus dem Buffer Cache entfernt werden.

Eine Vergrößerung des Buffer Cache erhöht nicht nur die Hit Ratio, auch die Anzahl von Warte-Ereignissen wie `buffer busy waits` oder `free buffer waits` geht zurück.

Die Hit Ratio verändert sich nicht linear zur Erhöhung der Buffer-Cache-Größe. Eine Verdoppelung des Buffer Cache führt nicht zu einer Verdoppelung der Hit Ratio.

INFO

Verschiedene Buffer Pools verwenden

Von vornherein benutzen alle Segmente denselben Buffer Pool, den so genannten *Default Pool*. Der Default Pool besitzt die Standard-Blockgröße der Datenbank. Ein Pool mit abweichender Blockgröße wird als *Subcache* bezeichnet.

Ein Subcache wird nach den Mechanismen des Default Pools verwaltet. Oracle unterscheidet die folgenden drei Pool-Typen, die unterschiedlich verwaltet werden:

- `Keep Pool` – Für Segmente, die permanent im Buffer Cache bleiben sollen
- `Recycle Pool` – Für Segmente, die nur kurzfristig im Cache behalten werden sollen
- `Default Pool` – Standard-Pool für alle Objekte mit Standard-Blockgröße, für die weder `KEEP` noch `RECYCLE` spezifiziert wurde

Als Administrator müssen Sie festlegen, welcher Pool für welche Segmente geeignet ist. Dazu sollten Sie die Anwendung und das Datenmodell kennen.

Nützliche Informationen liefert auch das View `V$BH`. Es wurde für den Parallel Server entwickelt, steht aber auch für Single Instance zur Verfügung. Die Abfrage in Listing 18.11 gibt alle Datenbankobjekte zurück, die sich im Buffer Pool befinden. Die Liste ist absteigend nach der Buffer-Anzahl sortiert.

```
SQL> SELECT a.owner, a.object_name, a.object_type,
  2    COUNT(*)
  3  FROM dba_objects a, v$bh b
  4  WHERE a.object_id = b.objd
  5  AND owner NOT IN ('SYS','SYSTEM')
  6  GROUP BY a.owner, a.object_name, a.object_type
  7  HAVING COUNT(*) > 2
  8  ORDER BY 4 DESC;
OWNER        OBJECT_NAME                  OBJECT_TYPE        COU
------------ ---------------------------- ----------------- ----
DBSNMP       MGMT_RESPONSE_CAPTURE        TABLE               11
DBSNMP       MGMT_RESPONSE_CONFIG         TABLE                6
DBSNMP       MGMT_RESPONSE_BASELINE       TABLE                6
```

Listing 18.11:
Objekte im Buffer Cache anzeigen

Nachdem Sie festgelegt haben, welche Objekte in welchem Pool gespeichert werden sollen, gilt es zu bestimmen, wie groß die einzelnen Pools sein sol-

Kapitel 18   Datenbank-Tuning

len. Die aktuelle Größe einer Tabelle kann mit der folgenden Abfrage ermittelt werden.

Listing 18.12:
Die Größe einer
Tabelle ermitteln

```
SQL> SELECT owner, table_name, blocks
  2  FROM dba_tables
  3  WHERE owner = 'SH';
OWNER        TABLE_NAME                           BLOCKS
-----------  -----------------------------------  ----------
SH           SALES                                  1768
SH           COSTS                                   206
SH           TIMES                                    59
SH           PRODUCTS                                  5
SH           CHANNELS                                  4
```

Die Statistiken in den Views DBA_TABLES *und* DBA_INDEXES *werden nur bereitgestellt, wenn die Objekte analysiert sind. Analysieren Sie deshalb die Tabellen und Indexe. Verwenden Sie für das Erstellen von Statistiken das Paket* DBMS_STATS.

Seit Oracle9*i* ist es möglich, Tablespaces mit unterschiedlichen Blockgrößen in einer Datenbank zu verwenden. Vom Datenbankstandard abweichende Blockgrößen benötigen einen separaten Buffer Pool. In Tabelle 18.7 finden Sie eine Übersicht der Initialisierungsparameter zum Einstellen der Größen der Buffer Pools.

Tabelle 18.7:
Initialisierungsparameter für Buffer Pools

Parameter	Bedeutung
DB_CACHE_SIZE	Größe des Default Buffer Pools in Byte. »K«, »M«, »G« kann verwendet werden für Kilo-, Mega- und Gigabyte.
DB_CACHE_nK_SIZE	Größe der Subcaches für andere Blockgrößen. »n« ist die Blockgröße und kann die Werte 2, 4, 8, 16, 32 annehmen. Für die Standard-Blockgröße der Datenbank kann kein Subcache eingerichtet werden, hierfür ist DB_CACHE_SIZE zu verwenden.
DB_KEEP_CACHE_SIZE	Größe des Keep Pools in Byte, Kilo-, Mega- oder Gigabyte. Der Keep Pool kann nur für die Standard-Blockgröße verwendet werden.
DB_RECYCLE_CACHE_SIZE	Größe des Recycle Pools in Byte, Kilo-, Mega- oder Gigabyte. Der Recycle Pool kann nur für die Standard-Blockgröße verwendet werden.

Die Parameter in Tabelle 18.7 können dynamisch geändert werden, das heißt, ein Neustart der Instanz ist nicht erforderlich. Listing 18.13 zeigt ein Beispiel.

```
SQL> SHOW PARAMETER CACHE;
NAME                                 TYPE        VALUE
------------------------------------ ----------- ------
db_cache_size                        big integer 33554432
db_keep_cache_size                   big integer 16777216
db_recycle_cache_size                big integer 0
db_16k_cache_size                    big integer 16777216
db_2k_cache_size                     big integer 0
db_32k_cache_size                    big integer 0
db_4k_cache_size                     big integer 0
...
SQL> ALTER SYSTEM SET db_keep_cache_size=10M;
System wurde geändert.
SQL> ALTER SYSTEM SET db_recycle_cache_size=20M;
System wurde geändert.
```

Listing 18.13: Buffer Pools anzeigen und dynamisch ändern

Mit einer ALTER TABLE- oder einer ALTER INDEX-Anweisung können Sie, so wie in Listing 18.14, ein Objekt einem Buffer Pool zuordnen.

```
SQL> ALTER TABLE dwh.household_facts
  2  STORAGE (BUFFER_POOL RECYCLE);
Tabelle wurde geändert.
SQL> ALTER TABLE dwh.time_dim
  2  STORAGE (BUFFER_POOL KEEP);
Tabelle wurde geändert.
```

Listing 18.14: Ein Objekt einem Buffer Pool zuweisen

Mit der Abfrage in Listing 18.15 können Sie feststellen, welches Objekt sich in welchem Pool befindet. Sie können die Pool-Zuweisungen jederzeit dynamisch verändern.

```
SQL> SELECT segment_name, segment_type, buffer_pool
  2  FROM dba_segments
  3  WHERE owner = 'DWH';
SEGMENT_NAME        SEGMENT_ BUFFER_
------------------- -------- -------
HOUSEHOLD_FACTS     TABLE    RECYCLE
ACCOUNT_DIM         TABLE    DEFAULT
BRANCH_DIM          TABLE    DEFAULT
HOUSEHOLD_DIM       TABLE    DEFAULT
PRODUCT_DIM         TABLE    DEFAULT
STATUS_DIM          TABLE    DEFAULT
TIME_DIM            TABLE    KEEP
ACCOUNTS_PART       TABLE PA DEFAULT
```

Listing 18.15: Die Zuordnung von Objekten zu Buffer Pools abfragen

Kapitel 18 — Datenbank-Tuning

Die Buffer bleiben nach Ausführung der ALTER TABLE-Anweisung zunächst im ursprünglichen Pool. Erst wenn die Blöcke das nächste Mal von der Festplatte gelesen werden, gelangen sie in den neuen Pool.

Die Performance der Buffer Pools kann mit Hilfe des Views V$BUFFER_POOL_STATISTICS überwacht werden. Die Abfrage in Listing 18.16 zeigt die Hit Ratio pro Pool.

Listing 18.16:
Performance der
Buffer Pools
abfragen

```
SQL> SELECT name, block_size,
  2  DECODE(db_block_gets + consistent_gets,
  3  0,0,1-(physical_reads / (db_block_gets +
consistent_gets))) "Hit Ratio"
  4  FROM v$buffer_pool_statistics;
NAME                 BLOCK_SIZE  Hit Ratio
-------------------- ----------  ----------
KEEP                       8192  ,958333333
RECYCLE                    8192  ,571428571
DEFAULT                    8192  ,904970208
DEFAULT                   16384           1
```

Wahrscheinlich haben Sie damit gerechnet, dass der Keep Pool näher bei 100 % liegt. Beachten Sie, dass es sich um eine kumulative Statistik seit dem letzten Start der Instanz handelt und die Datenblöcke mindestens einmal von der Festplatte gelesen werden müssen. Außerdem wird auch der Keep Pool nach dem LRU-Prinzip verwaltet.

Tabellen mit Buffer Pools fest verbinden

Unabhängig davon, in welchem Pool Sie ein Objekt platzieren, wird es mit einem LRU-Mechanismus verwaltet. Normalerweise werden die Buffer an den Anfang der LRU-Liste gestellt. Im Fall eines Full Table Scan werden die Buffer jedoch ans Ende der LRU-Liste platziert.

Das kann zu Optimierungsproblemen führen. Für kleine Tabellen, wie z.B. Lookup-Tabellen, plant der Cost-Based Optimizer in der Regel einen Full Table Scan. Diese Tabellen fallen dann relativ schnell wieder aus dem Buffer Pool heraus, obwohl es sinnvoller wäre, sie möglichst lange zu behalten.

Ein Weg, diesem Problem zu begegnen, ist die Benutzung von Cache Tables. Datenblöcke dieser Tabellen werden in jedem Fall an den Anfang der LRU-Liste gestellt. Es gibt die folgenden Möglichkeiten, Cache Tables zu implementieren:

- während die Tabelle erstellt wird
- mit einem ALTER TABLE-Befehl
- durch Optimizer Hints

Fügen Sie einfach die CACHE-Option in der CREATE TABLE-Anweisung hinzu, um eine Cache Table zu erstellen.

```
SQL> CREATE TABLE cache_test (
  2  id NUMBER) CACHE;
Tabelle wurde angelegt.
```

Mit dem ALTER TABLE-Befehl können Sie die CACHE-Option ein- und ausschalten.

```
SQL> ALTER TABLE cache_test NOCACHE;
Tabelle wurde geändert.
SQL> ALTER TABLE cache_test CACHE;
Tabelle wurde geändert.
```

Auch mit einem Optimizer Hint können Sie eine Tabelle als Cache Table behandeln. Allerdings wird hierbei die Tabelle nicht permanent geändert, die CACHE-Option gilt nur für die Anweisung.

```
SQL> SELECT /*+ CACHE */ * FROM cache_test;
```

Mit der folgenden Anweisung können Sie alle Cache Tables identifizieren.

```
SQL> SELECT owner, table_name
  2  FROM dba_tables
  3  WHERE LTRIM(cache) = 'Y';
OWNER         TABLE_NAME
-----------   ---------------
SYS           CACHE_TEST
```

Listing 18.17:
Cache Tables ermitteln

Indexe sinnvoll einsetzen

Den wohl größten Einfluss auf die Performance des Buffer Cache haben Indexe. Wenn durch Verwendung eines Index der Explain-Plan so geändert wird, dass ein Full Table Scan vermieden wird, kommt es zwangsläufig zu viel weniger Leseoperationen von der Festplatte.

Den Redo Log Buffer optimieren

Der Redo Log Buffer ist der Cache für Online Redo Log-Dateien. Online Redo Log-Dateien speichern Roll-Forward-Informationen, die für Recovery-Prozesse benötigt werden. Alle Änderungen werden gespeichert und können bei Bedarf wiederholt werden.

Die Server-Prozesse der Benutzer schreiben Redo Log-Informationen in den Redo Log Buffer. Im Gegensatz zu den bisher beschriebenen Pools funktioniert der Redo Log Buffer nicht nach dem LRU-Mechanismus.

Der Redo Log Buffer kann als ein Trichter verstanden werden, in den Informationen hineinlaufen und der von Zeit zu Zeit geleert wird. Der Hintergrundprozess Log Writer (LGWR) ist verantwortlich für das Leeren des Redo Log Buffers. Diese Daten werden in die aktuelle Online Redo Log-Datei geschrieben. Um genügend Freiraum für neue Daten zur Verfügung zu halten, wird der LGWR in den folgenden Situationen zum Entleeren des Buffers angewiesen:

- bei einem COMMIT durch eine Anwendung
- alle drei Sekunden
- Der Redo Log Buffer ist zu einem Drittel gefüllt
- Ein Checkpoint tritt auf

Da der LGWR bei all diesen Ereignissen aktiv wird, kommt es sehr selten zum Überlaufen des Buffers. Als Administrator können Sie nur die letzten zwei Ereignisse kontrollieren.

Sie können die Größe des Redo Log Buffers festlegen und damit bestimmen, wann der Füllungsgrad von einem Drittel erreicht wird. Das Festlegen der Buffer-Größe ist u.a. Gegenstand dieses Abschnitts.

Ein Checkpoint ist ein konsistenter Zustand der Datenbank. Wenn ein Checkpoint auftritt, werden die folgenden Aktivitäten durchgeführt:

- Alle Buffer des Buffer Cache, die zu abgeschlossenen Transaktionen gehören, werden auf die Festplatte geschrieben.
- Der komplette Inhalt des Redo Log Buffers wird in die Online Redo Log-Dateien geschrieben.
- Die Kontrolldateien und die Header der Tablespace-Dateien werden mit einer neuen System Change Number (SCN) aktualisiert.

Im Falle eines Instanz-Fehlers müssen also nur die Transaktionen wiederhergestellt werden, die nach dem letzten Checkpoint aufgetreten sind. Checkpoints werden angestoßen, wenn die folgenden Ereignisse auftreten:

- bei einem shutdown mit Ausnahme der Option abort
- wenn ein Log Switch von der aktuellen Online Redo Log-Datei auf die nächste erfolgt
- Der DBA erzwingt einen Checkpoint mit der Anweisung ALTER SYSTEM CHECKPOINT.
- Der Schwellenwert von Initialisierungsparametern wird erreicht.

Optimierung von Instanz und Datenbank — Kapitel 18

Die Parameter `log_checkpoint_interval` und `log_checkpoint_timeout` legen Schwellenwerte fest, bei deren Erreichen ein Checkpoint ausgeführt wird.

Der Parameter `log_checkpoint_interval` bestimmt die Menge von Daten, die in die Online Redo Log-Dateien geschrieben werden können, bevor ein Checkpoint ausgelöst wird. Die Angabe erfolgt in Anzahl von Betriebssystem-Blöcken. Die Blockgröße auf dem Betriebssystem (sie beträgt in der Regel 512 Byte) ist nicht identisch mit der Blockgröße der Datenbank.

Mit dem Parameter `log_checkpoint_timeout` wird festgelegt, wie viele Sekunden verstreichen können, bevor ein Checkpoint ausgelöst wird.

In Oracle9i wurde der Initialisierungsparameter `fast_start_mttr_target` *zur Vorgabe der Recovery-Zeit eingeführt. Die Zeitangabe erfolgt in Sekunden und legt fest, wie viel Zeit für ein Crash Recovery zur Verfügung steht. Dieser Parameter beeinflusst die Häufigkeit des Auftretens von Checkpoints. Beachten Sie, dass* `log_checkpoint_interval` *und* `log_checkpoint_timeout` *den Parameter* `fast_start_mttr_target` *überschreiben.*

:-) TIPP

Wenn die Datenbank im `ARCHIVELOG`-Modus läuft, kopiert der Hintergrundprozess `ARCH` die Online Redo Log-Dateien in ein Archiv. In Abbildung 18.3 sehen Sie die Architektur des Redo Log-Mechanismus.

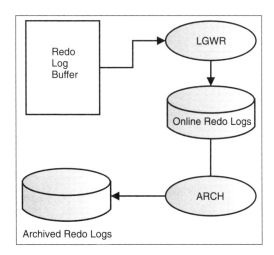

Abbildung 18.3: Die Redo Log-Architektur

Ein Weg zum Messen der Performance des Redo Log Buffers ist, die Häufigkeit und die Länge von Warte-Ereignissen der Server-Prozesse zu ermitteln. Für diese Statistiken stehen die Views `V$SYSSTAT` und `V$SESSION_EVENT` zur Verfügung.

Kapitel 18 — Datenbank-Tuning

In V$SYSSTAT werden alle relevanten Statistiken des Redo Log Buffers aufgezeichnet. Der Wert für redo entries spiegelt die Anzahl von Einträgen in den Redo Log Buffer durch Server-Prozesse seit dem Start der Instanz wider. Die Statistik redo buffer allocation retries ist die Anzahl von Wiederholungen, die der Server-Prozess gestartet hat, um Daten im Redo Log Buffer zu platzieren. Die Abfrage in Listing 18.18 ermittelt die Retry Ratio des Redo Log Buffers.

Listing 18.18:
Die Retry Ratio des Redo Log Buffers bestimmen

```
SQL> SELECT a.value/b.value "Retry Ratio"
  2  FROM v$sysstat a, v$sysstat b
  3  WHERE a.name='redo buffer allocation retries'
  4  AND b.name='redo entries';
Retry Ratio
-----------
   ,00009602
```

Im Idealfall würde der Server-Prozess nie warten, um Blöcke in den Redo Log Buffer zu schreiben. Ein starkes Anwachsen der Retry Ratio ist ein Indiz dafür, dass der Redo Log Buffer optimiert werden muss.

TIPP

Die Retry Ratio des Log Buffers sollte weniger als ein % betragen. Ist sie größer, muss der Redo Log Buffer vergrößert werden.

Die Statistik redo log space requests misst, wie oft der LGWR-Prozess auf einen Log Switch warten musste.

Listing 18.19:
Statistik über das Warten auf einen Log Switch

```
SQL> SELECT name, value
  2  FROM v$sysstat
  3  WHERE name='redo log space requests';
NAME                                                         VALUE
------------------------------------------------------- ----------
redo log space requests                                          6
```

Während eines Log Switch kann der LGWR-Prozess keine Daten aus dem Redo Log Buffer wegschreiben. Das kann zu Wartezuständen für den Server-Prozess führen. Damit wird ein Wiederholungsversuch ausgelöst, der sich in der Statistik niederschlägt. Eine starke Erhöhung der Statistik redo log space requests ist ein sicheres Zeichen dafür, dass die Online Redo Log-Dateien zu klein sind.

Das View V$SESSION_WAIT liefert mehr Informationen zu den Warte-Ereignissen. Die Statistik log buffer space zeigt, wie lange eine Sitzung warten musste, um einen Eintrag im Redo Log Buffer zu platzieren.

Listing 18.20:
Warte-Statistiken des Views V$SESSION_WAIT

```
SQL> SELECT b.username, a.seconds_in_wait, a.state
  2  FROM v$session_wait a, v$session b
  3  WHERE a.sid = b.sid
```

```
   4  AND event = 'log buffer space';
USERNAME SECONDS_IN_WAIT    STATE
-------- --------------- ----------
SYSTEM                45   WAITING
```

Manchmal werden Checkpoints gestartet, jedoch nicht erfolgreich beendet, weil der vorher gestartete Checkpoint noch nicht abgeschlossen war. Solche Ereignisse teilt Ihnen die Statistik `log file switch (checkpoint incomplete)` mit.

```
SQL> SELECT event, total_waits, average_wait
  2  FROM v$system_event
  3  WHERE event LIKE 'log file switch%';
EVENT                            TOTAL_WAITS AVERAGE_WAIT
-------------------------------- ----------- ------------
log file switch (checkpoint i              6           32
ncomplete)
```

Listing 18.21:
Nicht erfolgreiche Checkpoints anzeigen

Jetzt wissen Sie, wie der Redo Log Buffer funktioniert und wie er überwacht werden kann. Zur Verbesserung der Performance gibt es die folgenden Methoden:

- den Redo Log Buffer vergrößern
- die Effizienz der Checkpoints verbessern
- die Archivierung beschleunigen
- weniger Redo-Daten erzeugen

Den Redo Log Buffer vergrößern

Der einfachste Weg, die Performance des Redo Log Buffers zu verbessern, ist, ihn zu vergrößern. Je größer der Redo Log Buffer ist, desto geringer ist die Wahrscheinlichkeit, dass ein Server-Prozess keinen Platz für Redo Buffer findet. Die Größe des Redo Log Buffers wird durch den Initialisierungsparameter `log_buffer` festgesetzt.

Wenn Sie den Redo Log Buffer zu klein machen, setzt Oracle ihn automatisch auf einen Standardwert hoch. Dieser Standardwert ist abhängig von der Plattform.

Vergrößern Sie den Rego Log Buffer so lange, bis die Retry Ratio keine Verbesserung mehr aufweist oder Warte-Ereignisse aus den Statistiken verschwinden.

Kapitel 18   Datenbank-Tuning

Die Effizienz von Checkpoints verbessern

Ein Checkpoint bedeutet viele E/A-Aktivitäten für die Festplatten. Wird ein Checkpoint gestartet, dann sollte er auch erfolgreich beendet werden. Wenn nicht, führt das zu einer zusätzlichen Systembelastung, ohne dass ein Vorteil für den Recovery-Prozess herausgesprungen ist.

> **:-) TIPP**
>
> *Vergrößern Sie die Online Redo Log-Dateien, wenn die Statistiken unvollständige Checkpoints aufweisen. Dann dauert es länger, bis eine Log-Datei gefüllt wird und ein Checkpoint durch einen Log Switch ausgelöst wird.*

Die Archivierung beschleunigen

Ein weiterer potenzieller Flaschenhals ist der Hintergrundprozess ARC*n*. Wenn LGWR in eine Redo Log-Datei schreiben will, die gerade archiviert wird, dann wartet der Prozess so lange, bis die Archivierung beendet ist.

LGWR startet automatisch weitere ARC*n*-Prozesse, wenn diese Situation auftritt. Sie können die Wahrscheinlichkeit verringern, dass der ARC*n*-Prozess einen Log Switch behindert, indem Sie das Wegschreiben ins Archiv beschleunigen oder die Anzahl der Redo Log-Dateien erhöhen.

Weniger Redo-Daten erzeugen

Eine zusätzliche Maßnahme zur Verbesserung der Redo Log Buffer-Performance ist, weniger Redo-Informationen im System zu erzeugen. Mit Hilfe der Option UNRECOVERABLE oder NOLOGGING kann der Logging-Mechanismus umgangen werden. In diesem Fall wird nur ein so genanntes Invalidation Redo in den Redo Log Buffer geschrieben. Listing 18.22 zeigt ein Beispiel.

Listing 18.22:
Die Option UNRECOVERABLE verwenden

```
SQL> CREATE TABLE accounts_history
  2  AS SELECT * FROM accounts
  3  UNRECOVERABLE;
Tabelle wurde angelegt.
```

> **!! STOP**
>
> *Beachten Sie, dass im Fall eines Recovery diese Tabelle unter Umständen nicht wiederhergestellt werden kann, da keine Roll-Forward-Informationen existieren. Führen Sie deshalb ein Backup aus, nachdem Sie die Option* UNRECOVERABLE *verwendet haben.*

Die Option NOLOGGING hat denselben Effekt wie UNRECOVERABLE. Allerdings kann diese Option einem Objekt permanent zugewiesen werden. Sie können das Schlüsselwort NOLOGGING beim Erstellen einer Tabelle angeben.

```
SQL> CREATE TABLE ... NOLOGGING;
```

Diese Option kann mit der ALTER TABLE-Anweisung ein- und ausgeschaltet werden. Auswirkung hat die Option NOLOGGING allerdings nur auf den

SQL*Loader im Direct-Path-Modus. In allen anderen Situationen wird
»normales« Redo geschrieben.

```
SQL> ALTER TABLE ... LOGGING;
SQL> ALTER TABLE ... NOLOGGING;
```

Mit der folgenden Abfrage können Sie feststellen, welche Tabellen als
NOLOGGING deklariert sind.

```
SQL> SELECT owner, table_name
  2  FROM dba_tables
  3  WHERE logging = 'NO';
OWNER         TABLE_NAME
------------- ------------------------------
DWH           DWL_LOAD_SECTION
SYSTEM        HOUSEHOLD_FACTS2
DWH           ACCOUNTS_HISTORY
```

Listing 18.23:
NOLOGGING-Tabellen anzeigen

Den Streams Pool optimieren

Der Streams Pool ist neu in Oracle 10g und wird von Buffered Queues
benutzt. Buffered Queues wurden in Zusammenhang mit Oracle Streams
eingeführt. Die Größe des Streams Pools wird mit dem Parameter
STREAMS_POOL_SIZE festgelegt. Der Streams Pool ist Bestandteil der SGA, er
muss also in den Wert für SGA_MAX_SIZE eingerechnet werden.

Falls STREAMS_POOL_SIZE auf 0 gesetzt ist, werden maximal 10% des Shared
Pools für den Streams Pool benutzt. Vergrößern Sie die Größe des Pools um
die folgenden Werte:

- 10 Mbyte für jeden Capture-Prozess
- 1 Mbyte für jeden Apply-Prozess
- 10 Mbyte für jede Capture-Queue

Die SQL-Abfrage in Listing 18.24 liefert die aktuelle Belegung des Streams
Pools.

```
SQL> SELECT * FROM v$sgastat
  2  WHERE pool='streams pool';
POOL          NAME                           BYTES
------------- ------------------------------ ----------
streams pool  Sender info                         2828
streams pool  free memory                     75476344
streams pool  recov_kgqmctx                        256
streams pool  apply shared t                      4248
streams pool  kwqbsinfy:bqgc                      4004
streams pool  qtree_kwqpspse                        36
```

Listing 18.24:
Die Belegung des Streams Pools abfragen

```
streams pool recov_kgqbtctx                      4496
streams pool spilled:kwqbls                      4232
streams pool deqtree_kgqmctx                       36
streams pool msgtree_kgqmctx                       36
streams pool substree_kgqmctx                      36
streams pool kwqbcqini:spilledovermsgs            920
```

Ein- und Ausgabe-Aktivitäten (E/A)

Die Dateien der Datenbank bestehen aus Datenblöcken. Die Blöcke beinhalten die Daten der einzelnen Segmente. Die Server-Prozesse der Benutzer lesen die Blöcke in den Buffer Cache und der Hintergrundprozess Database Writer (DBWn) schreibt sie zurück auf die Festplatte.

Sie können die E/A-Performance mit den Views V$FILESTAT und V$DATAFILE oder mit dem Performance Manager messen. Die Abfrage in Listing 18.25 liefert die wichtigsten E/A-Statistiken der Datenbankdateien.

Listing 18.25:
E/A-Statistiken abfragen

```
SQL> SELECT name, phyrds, phywrts,
  2  avgiotim, miniotim, maxiowtm, maxiortm
  3  FROM v$filestat a, v$datafile b
  4  WHERE a.file# = b.file#;
NAME                                  PHYRDS     PHYWRTS   AVGIOTIM   MINIOTIM
     MAXIOWTM   MAXIORTM
------------------------------------ ---------- ---------- ---------- ----------
 ---------- ----------
/opt/oracle/dwhkomp/system01.dbf          3140        149          0
      0          2          8
/opt/oracle/dwhkomp/undotbs01.dbf           23         84          0
      0          2          4
/opt/oracle/dwhkomp/sysaux01.dbf           574        666          0
      0          4          8
/opt/oracle/dwhkomp/users01.dbf              5          2          0
      0          1          0
/opt/oracle/dwhkomp/example01.dbf            7          2          0
      0          1          2
/opt/oracle/dwhkomp/big_ts.dbf               5          2          0
      0          1          1
```

Die Bedeutung der Werte ist in Tabelle 18.1 beschrieben.

Tabelle 18.8:
Bedeutung der Spalten der E/A-Statistik

Spalte	Beschreibung
PHYRDS	Anzahl der physischen Lesezugriffe
PHYWRTS	Anzahl der physischen Schreibzugriffe
AVGIOTIM	Durchschnittszeit in Millisekunden, die für E/A-Operationen gebraucht wurde

Optimierung von Instanz und Datenbank

Spalte	Beschreibung
MINIOTIM	Minimale Zeit in Millisekunden, die für E/A-Operationen gebraucht wurde
MAXIOWTM	Maximale Zeit in Millisekunden, die für Schreiboperationen gebraucht wurde
MAXIORTM	Maximale Zeit in Millisekunden, die für Leseoperationen gebraucht wurde

Tabelle 18.8: Bedeutung der Spalten der E/A-Statistik (Forts.)

Das Beispiel in Listing 18.25 zeigt, dass E/A-Operationen einigermaßen gleichmäßig verteilt sind. Die SYSTEM-Tablespace weist eine erhöhte Aktivität aus. Sollte die E/A-Aktivität der SYSTEM-Tablespace ungewöhnlich stark ansteigen, dann ist entweder der Dictionary Cache zu klein oder es befinden sich andere Benutzer-Objekte darin.

Damit die Statistiken in V$FILESTAT *erzeugt werden, muss der Initialisierungsparameter* timed_statistics *auf* true *gesetzt sein.*

:-)
TIPP

Auch für E/A-Aktivitäten gibt es mehrere Ansätze, die Performance zu verbessern:

- E/A-Aktivitäten ausbalancieren
- Striping von Dateien
- lokal verwaltete Tablespaces verwenden
- den Wert des Parameters db_file_multiblock_read_count erhöhen

E/A-Aktivitäten ausbalancieren

Der einfachste Weg, eine Balance der E/A-Aktivitäten zu erreichen, ist, den Richtlinien der Optimal Flexible Architecture (OFA) zu folgen und Daten und Indexe auf verschiedene Tablespaces zu verteilen. In Tabelle 18.9 finden Sie eine einfache Verteilungsstrategie.

Tablespace	Inhalt
SYSTEM	Datenbankkatalog
USERS	Standard-Tablespace für Benutzer
TOOLS	Tablespace für weitere Werkzeuge und Repositories
UNDO/RBS	UNDO- oder Rollbacksegmente
TEMP	Tablespace für temporäre Segmente

Tabelle 18.9: Verteilungsstrategie nach OFA-Richtlinien

Kapitel 18 Datenbank-Tuning

Tabelle 18.9:
Verteilungsstrategie nach OFA-Richtlinien
(Forts.)

Tablespace	Inhalt
DATA	Tabellen der Applikation
INDEX	Indexe der Applikation

Dies stellt nur eine sehr einfache Form der Aufteilung dar. Wenn mehrere Applikationen auf der Datenbank laufen, dann sollte jede Anwendung eine eigene Daten- und Index-Tablespace bekommen. Bei VLDBs und im Data-Warehouse-Umfeld ist die Aufteilung noch stärker, bis hin zu einer eigenen Tablespace pro partitionierter Tabelle.

Striping von Daten

Die Idee vom Verteilen der Dateien auf verschiedene Festplatten kann durch das Striping erweitert werden. Striping bedeutet, dass eine Tablespace über mehrere Festplatten verteilt wird. Das erhöht die Performance, da mehrere Leseköpfe gleichzeitig mit dem Lesen oder Schreiben von Daten beschäftigt sind.

In Oracle 10g wurde das Feature Automatic Storage Management (ASM) eingeführt. ASM organisiert eine dynamische Verteilung der E/A-Belastung in Abhängigkeit vom aktuellen Workload. Detaillierte Informationen zu diesem Thema finden Sie in Kapitel 4 »Die sich selbst verwaltende Datenbank«.

ASM benötigt eine separate Datenbank für die Verwaltung. Ob es sich lohnt, ASM einzusetzen, hängt nicht zuletzt von der Art des Workloads einer Datenbank ab. Manuelles Striping ist wichtig, wenn Sie ASM nicht einsetzen.

In Abbildung 18.4 sehen Sie, was Striping bewirkt. Werden Daten aus der Tabelle accounts gelesen, dann sind im günstigen Fall drei Leseköpfe mit E/A-Operationen beschäftigt. Das hat eine erhebliche Verbesserung der E/A-Performance zur Folge.

Heute werden häufig Disk-Subsysteme eingesetzt. Die Zuweisung der Festplatten erfolgt dabei über Logical Volume Manager. Auch da können Sie ein Striping vornehmen und die Tablespace-Dateien verteilen. Ein Problem ist auch, dass die Kapazitäten der Festplatten immer größer werden, was die Möglichkeiten für eine Verteilung einschränkt. Die folgenden Schritte zeigen am Beispiel der Tabelle accounts, wie ein solches Striping über mehrere Dateisysteme durchgeführt werden kann.

Optimierung von Instanz und Datenbank Kapitel 18

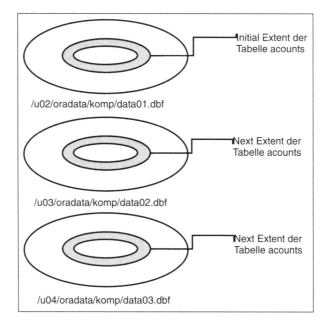

Abbildung 18.4:
Manuelles Striping von Daten

Striping einer Tabelle über mehrere Festplatten

1. Erstellen Sie eine Tablespace mit drei Dateien, die jeweils auf einer separaten Festplatte liegen.

   ```
   SQL> CREATE TABLESPACE dat
     2  DATAFILE '/u02/oradata/komp/dat01.dbf'
     3  SIZE 5M;
   Tablespace wurde angelegt.
   SQL> ALTER TABLESPACE dat
     2  ADD DATAFILE '/u03/oradata/komp/dat02.dbf'
     3  SIZE 5M;
   Tablespace wurde geändert.
   SQL> ALTER TABLESPACE dat
     2  ADD DATAFILE '/u04/oradata/komp/dat03.dbf'
     3  SIZE 5M;
   Tablespace wurde geändert.
   ```

2. Die Tabelle accounts wird ohne Besonderheiten erstellt unter Angabe der STORAGE-Parameter.

   ```
   SQL> CREATE TABLE accounts (
     2  account_id     NUMBER(14),
     3  account_owner  NUMBER(10),
     4  balance        NUMBER(10,2),
     5  last_balance   NUMBER(10,2),
     6  changed        DATE)
     7  STORAGE (INITIAL 1M NEXT 1M PCTINCREASE 0)
   ```

[KOMPENDIUM] Oracle 10g 475

```
               8  TABLESPACE dat;
           Tabelle wurde angelegt.
```

3. Mit dem Anlegen der Tabelle hat Oracle das INITIAL EXTENT in der Datei /u02/oradata/komp/dat01.dbf angelegt. Normalerweise braucht sich ein Administrator nicht um das Anlegen weiterer Extents zu kümmern, da Oracle das automatisch macht, wenn die Tabelle wächst. In diesem Fall sollen jedoch die weiteren Extents nicht wahllos, sondern gezielt in den Dateien auf den anderen Festplatten angelegt werden. Mit den folgenden Anweisungen können Sie weitere Extents manuell anlegen.

```
SQL> ALTER TABLE accounts
  2  ALLOCATE EXTENT
  3  (DATAFILE '/u03/oradata/komp/dat02.dbf'
  4  SIZE 1M);
Tabelle wurde geändert.
SQL> ALTER TABLE accounts
  2  ALLOCATE EXTENT
  3  (DATAFILE '/u04/oradata/komp/dat03.dbf'
  4  SIZE 1M);
Tabelle wurde geändert.
```

Manuelles Striping für große Datenbanken ist sehr aufwendig. Dort bietet sich eine intelligente Verteilung der E/A-Aktivitäten über das Disk-Subsystem bzw. der Einsatz von ASM an.

Lokal verwaltete Tablespaces verwenden

Lokal verwaltete Tablespaces benutzen zur Verwaltung der Extents anstelle des Datenbankkatalogs eine Bitmap im Header einer jeden Datei. Dadurch können Extents schneller akquiriert und freigegeben werden, ohne dass auf die SYSTEM-Tablespace zugegriffen werden muss.

Lokal verwaltete Tablespaces sind in der Lage, eine große Anzahl von Extents effektiver zu verwalten und die Fragmentierung zu reduzieren.

Es hat sich jedoch gezeigt, dass für sehr große Tabellen immer noch eine bessere Performance mit vom Datenbankkatalog verwalteten Tablespaces erzielt werden kann. Falls Sie große Tabellen in lokal verwalteten Tablespaces einsetzen wollen, dann sollten Sie unbedingt die Option »Gleichförmige Zuweisung« mit großen Extents verwenden.

Den Parameter db_file_multiblock_read_count erhöhen

Dieser Initialisierungsparameter bestimmt die maximale Größe von Datenbankblöcken, die vom Server-Prozess des Benutzers gelesen werden, wenn ein Full Table Scan (FTS) ausgeführt wird. Je größer der Parameter ist, desto mehr Daten können mit einem einzigen Zugriff gelesen werden.

Optimierung von Instanz und Datenbank   Kapitel 18

In Data-Warehouse- und DSS-Applikationen sollte dieser Parameter sehr hoch gesetzt werden, da Full Table Scans häufig auftreten. Für OLTP-Systeme ist er eher uninteressant, da vorwiegend Nested-Loop-Operationen mit Index-Zugriff ausgeführt werden.

Mit der Abfrage in Listing 18.26 können Sie feststellen, wie viele Full Table Scans in Ihrer Datenbank ausgeführt wurden.

```
SQL> SELECT name, value
  2  FROM v$sysstat
  3  WHERE name='table scans (long tables)';
NAME                                    VALUE
--------------------------------------- ----------
table scans (long tables)                121
```

Listing 18.26:
Die Anzahl von Full Table Scans ermitteln

Oracle bietet die Möglichkeit, so genannte Raw Devices zu verwenden. Auf diesen Festplatten wird kein Dateisystem angelegt. Die Oracle-Datenbank verwaltet diese Volumes selbst. Raw Devices sind eine Option der Dateiverwaltung für Real Application Clusters.

Raw Devices sind beachtlich schneller, da eine Menge an Overhead durch die Systemverwaltung wegfällt. Allerdings erreichen mittlerweile Journal File Systems (JFS) ähnliche Werte. Raw Devices haben den Nachteil, dass der Administrationsaufwand wesentlich höher ist, und zwar in allen Bereichen, bis hin zu Backup and Recovery. Denken Sie nur daran, dass Sie Dateien nicht mehr mit einem Copy-Befehl kopieren können. Für Performance-kritische Anwendungen kann es durchaus sinnvoll sein, Raw Devices zu verwenden.

Die Performance des Database-Writer-Prozesses (DBWn)

Der Database Writer ist verantwortlich für das Schreiben von Datenblöcken aus dem Buffer Cache in die Dateien der Tablespaces.

Die Views V$SYSTEM_EVENT und V$SYSSTAT liefern Informationen über die Performance des DBWn-Prozesses. Die Systemereignisse buffer busy wait und db file parallel write stellen Informationen zu Performance-Problemen zur Verfügung.

Dabei bedeutet buffer busy wait, dass auf freie Buffer im Buffer Cache gewartet werden musste. Einige dieser Ereignisse können auf uneffektive oder zu langsame Arbeit des DBWn-Prozesses beim Wegschreiben von Dirty Buffern zurückzuführen sein.

Das Ereignis db file parallel write deutet auf Probleme beim gleichzeitigen Schreiben von Blöcken hin. Die Ursache kann eine langsame Festplatte sein

Kapitel 18   Datenbank-Tuning

oder einfach die Tatsache, dass der DBW*n*-Prozess mit dem Schreiben nicht hinterherkommt. In Listing 18.27 werden diese Ereignisse abgefragt.

Listing 18.27:
Warte-Ereignisse
des Database
Writers abfragen

```
SQL> SELECT event, total_waits, average_wait
  2  FROM v$system_event
  3  WHERE event IN
  4  ('buffer busy wait','db file parallel write');
EVENT                            TOTAL_WAITS AVERAGE_WAIT
-------------------------------- ----------- ------------
db file parallel write                   896            0
```

In diesem Beispiel sind insgesamt 896 Warte-Ereignisse für paralleles Schreiben seit dem Start der Instanz aufgetreten. Da jedoch die Wartezeiten nahe bei null liegen, gibt es keine ernsthaften Performance-Probleme, die in Zusammenhang mit dem DBW*n*-Prozess stehen.

Interessant ist auch das Ereignis write complete waits. Tritt es auf, dann hat der Server-Prozess darauf gewartet, dass der DBW*n* Blöcke aus dem Buffer Cache wegschreibt.

> **TIPP**
> *Hohe oder ständig steigende Werte der Ereignisse* buffer busy wait *oder* db file parallel write *sind ein Indiz dafür, dass der Database Writer nicht effektiv arbeitet. Das hat schwerwiegende Auswirkungen auf die Performance der gesamten Datenbank.*

Weitere wichtige Statistiken für den Database Writer liefert das View V$SYSSTAT. Die Statistik redo log space requests sagt aus, dass ein Wartezustand für das Schreiben eines Redo Logs nach einem Log Switch aufgetreten ist. Da die Datenbank bei einem Log Switch einen Checkpoint ausführt, müssen beide Hintergrundprozesse, sowohl DBW*n* als auch LGWR, ihre Schreib-Aktivitäten beenden, bevor LGWR beginnen kann, in die nächste Online Redo Log-Datei zu schreiben.

Wenn DBW*n* die Datenblöcke aus dem Buffer Cache nicht schnell genug wegschreiben kann, tritt das Ereignis redo log space requests auf. Die folgende Abfrage zeigt die Statistik an.

Listing 18.28:
Die Anzahl der War-
tezustände bei
einem Log Switch
abfragen

```
SQL> SELECT name, value
  2  FROM v$sysstat
  3  WHERE name = 'redo log space requests';
NAME                                VALUE
-------------------------------- ---------
redo log space requests                12
```

Auch die Statistiken DBWR buffers scanned und DBWR lru scans spiegeln die Effektivität des Database Writers wider. DBWR buffers scanned liefert die Anzahl von Buffern im Buffer Cache, die untersucht wurden, um einen

Dirty Buffer zu finden. Der Database Writer wird dann uneffektiv, wenn er aufgefordert wird, Dirty Buffer wegzuschreiben, und gleichzeitig die LRU-Liste untersucht.

In Listing 18.29 wird die Anzahl der untersuchten Buffer durch die Anzahl der Abfragen der LRU-Liste geteilt. Das Ergebnis ist die Anzahl von Buffern, die bei jeder LRU-Abfrage untersucht wurden.

```
SQL> SELECT a.value/b.value
  2  FROM v$sysstat a, v$sysstat b
  3  WHERE a.name = 'DBWR buffers scanned'
  4  AND b.name = 'DBWR lru scans';
A.VALUE/B.VALUE
---------------
       23.2343
```

Listing 18.29:
Anzahl der untersuchten Buffer pro LRU

Auch hier stellt sich die Frage, wie der Database Writer optimiert werden kann. Es gibt zwei Initialisierungsparameter, die die Performance des Database Writers beeinflussen:

- DBWR_IO_SLAVES
- DB_WRITER_PROCESSES

Der Parameter dbwr_io_slaves bestimmt die Anzahl von Slave-Prozessen des Database Writers, die beim Hochfahren der Instanz gestartet werden. Die Slave-Prozesse sind dem Database Writer-Prozess sehr ähnlich. Sie führen allerdings nur Schreiboperationen aus und verschieben keinen Buffer von der LRU-Liste in die Dirty-Liste.

Das Ziel der Slave-Prozesse ist, auf Systemen, die nur synchrones E/A zulassen, einen asynchronen E/A-Modus zu simulieren. Auch der Archiver (ARC*n*), der Log Writer (LGWR) und der Recovery Manager können Slave-Prozesse erzeugen.

Der Standardwert für dbwr_io_slaves ist 0. Die Höchstzahl ist abhängig vom Betriebssystem.

Wenn Sie den Parameter dbwr_io_slaves auf einen Wert größer null setzen, dann werden automatisch Slave-Prozesse für Database Writer, Archiver, Log Writer und Recovery Manager gestartet. Ein einzelner Start der Slave-Prozesse ist nicht möglich.

In Abbildung 18.5 sehen Sie, wie der Database Writer mit seinen Slave-Prozessen asynchrones E/A simuliert.

Abbildung 18.5:
Database Writer mit und ohne Slave-Prozess

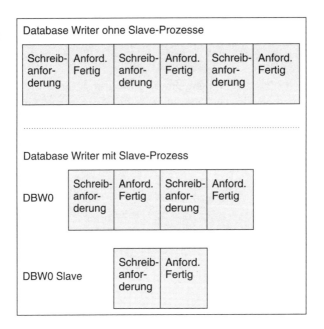

Der Database Writer wartet bei jeder Schreibanforderung, bis das Betriebssystem die Fertigstellung signalisiert. Mit der Verwendung von Slave-Prozessen können die Schreibanforderungen parallel laufen.

Bei der Verwendung von asynchroner Ein- und Ausgabe muss der Database Writer nicht auf ein Signal vom Betriebssystem warten, sondern kann sofort den nächsten Schreibauftrag absetzen. Auf den meisten Plattformen steht asynchrones E/A nur auf Raw Devices zur Verfügung.

Slave-Prozesse helfen, die E/A-Performance zu verbessern, jedoch sind sie nicht in der Lage, alle Funktionen auszuführen. Die Verwaltung der Dirty-Liste und der LRU-Liste kann nur der Database Writer selbst durchführen.

Mit Hilfe des Initialisierungsparameters `db_writer_processes` können Sie zusätzliche Database Writer-Prozesse starten.

Sie können nicht gleichzeitig mehrere Database-Writer-Prozesse und Slave-Prozesse benutzen. Wenn Sie einen Wert größer null für `dbwr_io_slaves` angeben, hat der Wert für `db_writer_processes` keinen Effekt und es wird nur ein Database Writer gestartet.

Auf Systemen mit nur einer CPU ist es nicht sinnvoll, mehrere Database-Writer-Prozesse zu starten. Wenn mehrere Prozesse gegen eine CPU laufen, führt der damit verbundene Overhead eher zu einer Verschlechterung der Performance.

Segmente optimal verwalten

Seit Oracle9i existiert eine automatische Segmentverwaltung. Damit wird eine bessere Performance durch die Verwaltung über Bitmaps anstelle von Freelists erzielt. Automatische Segmentverwaltung gibt es nur für lokal verwaltete Tablespaces. Verwenden Sie lokal verwaltete Tablespaces mit automatischer Segmentverwaltung. Die anderen Optionen existieren noch aus Gründen der Abwärtskompatibilität.

:-) TIPP

Segmente wie Tabellen oder Indexe speichern ihre Daten in Blöcken. Die Standard-Blockgröße wird beim Anlegen der Datenbank festgelegt. Seit Oracle9*i* ist es möglich, Tablespaces mit unterschiedlichen Blockgrößen in einer Datenbank zu verwalten. Die SYSTEM-Tablespace besitzt immer die Standard-Blockgröße.

Mit der folgenden Abfrage können Sie feststellen, welche Blockgrößen die Tablespaces in Ihrer Datenbank besitzen.

```
SQL> SELECT tablespace_name, block_size
  2  FROM dba_tablespaces;
TABLESPACE_NAME                BLOCK_SIZE
------------------------------ ----------
SYSTEM                               8192
UNDOTBS1                             8192
SYSAUX                               8192
TEMP                                 8192
USERS                                8192
EXAMPLE                              8192
TEMP02                               8192
BIG_TS                              16384
```

Listing 18.30:
Die Blockgrößen der Tablespaces abfragen

Die geeignete Blockgröße für eine Datenbank ist abhängig vom Typ der Anwendung, die auf der Datenbank läuft. Das Bestimmen der richtigen Blockgröße setzt die Kenntnis der Anwendung und Erfahrung voraus. Es gibt jedoch die folgenden Faustregeln.

Für Lesezugriffe gilt:

- Für kurze Sätze und überwiegend zufällige Lesezugriffe sind kleinere Blockgrößen besser.
- Sind die Sätze kurz und wird überwiegend sequenziell zugegriffen, dann sind größere Blöcke besser.
- Wenn die Sätze sehr lang sind und LOBs in großer Anzahl enthalten, dann sind größere Blöcke zu bevorzugen.

Für Schreibzugriffe gilt:

- Für OLTP-Datenbanken mit vielen Transaktionen sollte die Blockgröße nicht zu groß gewählt werden. Im Falle eines Kompromisses ist der kleinere Wert zu bevorzugen.
- Für ein Data Warehouse sollten eher große Blöcke verwendet werden, auch wenn das zu einer Verlangsamung im Ladeprozess führt.

STOP
Beachten Sie, dass große Blöcke die Wahrscheinlichkeit für Block Contention erhöhen und einen größeren Buffer Cache benötigen, um eine akzeptable Hit Ratio zu erreichen.

TIPP
Wenn Sie sich nicht sicher sind, welche Blockgröße Sie wählen sollen, dann ist 8 Kbyte ein guter Kompromiss, der eventuell nicht optimal ist, aber andererseits auch keine Probleme verursacht.

Row Chaining und Row Migration

Die Blockgröße hat auch Einfluss auf Row Chaining und Row Migration. Wenn ein Datensatz eingefügt wird und die Größe eines Datenblocks übersteigt, dann wird er in mehreren Blöcken untergebracht. Dieser Vorgang wird als *Row Chaining* bezeichnet.

Row Chaining ist schlecht für die Performance, da mehrere Blöcke für einen Satz gelesen werden müssen.

TIPP
Vermeiden Sie Row Chaining, indem Sie eine hinreichend große Blockgröße wählen. In Oracle 10g können Tablespaces mit verschiedenen Blockgrößen in einer Datenbank verwaltet werden.

Row Migration tritt auf, wenn ein Datensatz geändert wird und der geänderte Satz so groß wird, dass er nicht mehr in den Block passt. Da die ROWID identisch bleiben muss, verschiebt Oracle in diesem Fall den kompletten Datensatz in einen neuen Block.

TIPP
Row Migration ist schlecht für die Performance, da eine Menge Overhead mit der Verschiebung des Datensatzes in einen neuen Block ausgelöst wird. Sie können Row Migration vermeiden, indem Sie den Parameter PCTFREE erhöhen.

Mit der Abfrage in Listing 18.31 können Sie herausfinden, ob Row Chaining oder Row Migration in Ihrer Datenbank ein Problem ist.

Optimierung von Instanz und Datenbank

```
SQL> SELECT table_name, chain_cnt
  2  FROM dba_tables
  3  WHERE chain_cnt > 0;
TABLE_NAME              CHAIN_CNT
--------------------    ----------
HOUSEHOLD_FACTS              134
```

Listing 18.31:
Tabellen mit Row Chaining und Row Migration abfragen

Die Spalte CHAIN_CNT im View DBA_TABLES wird nur gefüllt, wenn die Tabellen analysiert sind. Tabellen können einzeln mit dem ANALYZE-Befehl analysiert werden. Sie können alternativ ein komplettes Schema mit der Prozedur ANALYZE_SCHEMA analysieren.

```
SQL> ANALYZE TABLE dwh.household_facts COMPUTE STATISTICS;
Tabelle wurde analysiert.
SQL> EXEC dbms_utility.analyze_schema('DWH','COMPUTE');
PL/SQL-Prozedur wurde erfolgreich abgeschlossen.
```

Oracle liefert das Skript utlchain.sql aus, mit dessen Hilfe Sie Row Chaining identifizieren und beseitigen können.

Row Chaining identifizieren und beseitigen

1. Führen Sie das Skript utlchain.sql aus. Es erstellt die Tabelle CHAINED_ROWS.

    ```
    $ cd $ORACLE_HOME/rdbms/admin
    $ sqlplus /nolog
    SQL> connect / as sysdba
    Connect durchgeführt.
    SQL> @utlchain
    Tabelle wurde angelegt.
    ```

2. Analysieren Sie die Tabelle mit der folgenden Anweisung.

    ```
    SQL> ANALYZE TABLE system.accounts LIST CHAINED ROWS;
    Tabelle wurde analysiert.
    ```

3. Jetzt können Sie sich die identifizierten Sätze in der Tabelle CHAINED_ROWS anschauen.

    ```
    SQL> SELECT owner_name, table_name, head_rowid
      2  FROM chained_rows;
    OWNER_NAME          TABLE_NAME    HEAD_ROWID
    ------------------  ------------  ------------------
    DWH                 ACCOUNTS      AAAHpfAABAAASSSAAB
    DWH                 ACCOUNTS      AAAHpfAABAAASSSAAD
    DWH                 ACCOUNTS      AAAHpfAABAAASSSAAG
    DWH                 ACCOUNTS      AAAHpfAABAAASSSAAI
    DWH                 ACCOUNTS      AAAHpfAABAAASSSAAL
    DWH                 ACCOUNTS      AAAHpfAABAAASSSAAN
    DWH                 ACCOUNTS      AAAHpfAABAAASSSAAQ
    ```

Kapitel 18   Datenbank-Tuning

```
DWH                     ACCOUNTS        AAAHpfAABAAASSSAAS
DWH                     ACCOUNTS        AAAHpfAABAAASSSAAV
```

4. Kopieren Sie sie im nächsten Schritt in eine temporäre Tabelle.

```
SQL> CREATE TABLE accounts_temp
  2  AS SELECT * FROM accounts
  3  WHERE rowid IN
  4  SELECT head_rowid FROM chained_rows);
Tabelle wurde angelegt.
```

5. Jetzt können Sie die Sätze aus der Tabelle löschen und aus der temporären Tabelle wieder einfügen.

```
SQL> DELETE FROM accounts
  2  WHERE rowid IN
  3  (SELECT head_rowid FROM chained_rows);
9 Zeilen wurden gelöscht.
SQL> INSERT INTO accounts
  2  SELECT * FROM accounts_temp;
9 Zeilen wurden erstellt.
SQL> COMMIT;
Transaktion mit COMMIT abgeschlossen.
```

6. Zum Schluss können Sie überprüfen, ob der Vorgang erfolgreich war.

```
SQL> ANALYZE TABLE accounts COMPUTE STATISTICS;
Tabelle wurde analysiert.
SQL> SELECT table_name, chain_cnt
  2  FROM dba_tables
  3  WHERE table_name = 'ACCOUNTS';
TABLE_NAME      CHAIN_CNT
------------    ----------
ACCOUNTS                0
```

Das High-Watermark bei Full Table Scans

Ein Segment benutzt Datenblöcke, um Extents zu erzeugen. Oracle speichert die größte Blocknummer, die jemals von dem Segment benutzt wurde. Die Block-ID wird *High Watermark* genannt.

Das High Watermark wird nicht verändert, wenn Sätze gelöscht werden und damit leere Blöcke entstehen. Wenn ein Full Table Scan durchgeführt wird, dann liest Oracle alle Blöcke bis zum High Watermark, auch die leeren.

Das folgende Beispiel zeigt, wie ein High Watermark die Performance beeinflussen kann. Obwohl sich nur ein Datensatz in der Tabelle befindet, braucht die Abfrage sehr lange.

```
SQL> SELECT count(*) FROM household_facts3;
  COUNT(*)
----------
         1
Abgelaufen: 00:00:23.01
```

Oracle liest in diesem Beispiel eine große Anzahl leerer Blöcke. Wenn Sie sich in Listing 18.32 die Blockzahlen anschauen, ist die Laufzeit nicht mehr verwunderlich.

```
SQL> SELECT table_name, empty_blocks, blocks
  2  FROM dba_tables
  3  WHERE table_name = 'HOUSEHOLD_FACTS';
TABLE_NAME                       EMPTY_BLOCKS      BLOCKS
-------------------------------- ------------ ----------
HOUSEHOLD_FACTS3                            0      42736
```

Listing 18.32:
Die Blockanzahlen unter und über High-Watermark für eine Tabelle abfragen

Die Spalte EMPTY_BLOCKS enthält die Anzahl von Blöcken über dem High-Watermark, wogegen BLOCKS die Blöcke unter High-Watermark zählt. Da die Tabelle fast leer ist, existieren viele leere Blöcke.

Verwenden Sie für lokal verwaltete Tabellen mit automatischer Segmentverwaltung das Paket DBMS_SPACE für Informationen über unbenutzten Platz und zum Herabsetzen des High-Watermarks.

TIPP

Optimierung von Sortieraktivitäten

Sortieroperationen finden im Hauptspeicher und auf der Festpatte statt. Operationen auf der Festplatte sind schlecht für die Performance. Deshalb lautet das Optimierungsziel, Sortieroperationen möglichst zu vermeiden. Sind sie unvermeidbar, dann sollte der Prozess möglichst im Hauptspeicher und nicht auf der Festplatte ablaufen.

Die folgenden SQL-Anweisungen bzw. -Klauseln verursachen Sortieroperationen:

- ORDER BY
- GROUP BY
- SELECT DISTINCT
- CREATE INDEX
- ANALYZE
- UNION
- INTERSECT
- MINUS
- Joins zwischen Tabellen mit nicht indexierten Spalten

Kapitel 18 Datenbank-Tuning

Die Menge an Hauptspeicher, die für Sortieroperationen zur Verfügung steht, wird durch die Initialisierungsparameter SORT_AREA_SIZE und SORT_AREA_RETAINED_SIZE festgelegt.

Der Parameter SORT_AREA_SIZE bestimmt, wie viel Hauptspeicher für jeden Benutzerprozess für Sortieroperationen reserviert wird. Ist die Sortieroperation kleiner, wird sie komplett im Hauptspeicher ausgeführt.

Ist sie größer, so wird sie in Stücke zerteilt. Diese Stücke werden in die temporäre Tablespace geschrieben. Sind alle Einzelstücke sortiert, dann werden die Ergebnisse in einem abschließenden Lauf zusammengeführt.

Beim Shared Server wird die Sort Area eines jeden Benutzers in der User Global Area (UGA) angelegt.

Wenn der Sortiervorgang abgeschlossen ist, reduziert der Benutzerprozess die Größe der Sort Area auf die im Initialisierungsparameter SORT_AREA_RETAIND_SIZE festgelegte Größe

Sortieraktivitäten können mit den Views V$SYSSTAT und V$SORT_SEGMENT überwacht werden. Außerdem können Sie, wie fast immer, auch den Performance Manager oder STATSPACK verwenden.

Das View V$SYSSTAT kennt die Statistiken sorts (memory) und sorts (disk). Das Verhältnis dieser Werte ist die In-Memory Sort Ratio.

Listing 18.33:
Die In-Memory Sort Ratio bestimmen

```
SQL> SELECT a.value/(b.value + a.value) "Sort Ratio"
  2  FROM v$sysstat a, v$sysstat b
  3  WHERE a.name = 'sorts (memory)'
  4  AND b.name = 'sorts (disk)';
Sort Ratio
----------
,999921036
```

In einer gut optimierten Datenbank ist die In-Memory Sort Ratio größer als 0,95. Das heißt, mehr als 95 % aller Sortieraktivitäten finden im Hauptspeicher statt.

Eine Verbesserung der Performance können Sie mit den folgenden Maßnahmen erreichen:

- Sortiervorgänge vermeiden
- Vergrößerung der Sort Area

Sortiervorgänge vermeiden

Sortiervorgänge laufen lange und binden viele Ressourcen. Das Vermeiden von Sortier-Prozessen ist die erste und beste Maßnahme. Die folgenden Punkte geben einige Hinweise, wie Sie Sortiervorgänge vermeiden können.

- Benutzen Sie, wenn möglich, UNION ALL anstelle von UNION.
- Stellen Sie sicher, dass Tabellen, die in einer Join-Operation verwendet werden, indexiert sind.
- Erzeugen Sie Indexe auf Spalten, die in Anweisungen mit ORDER BY- und GROUP BY-Klauseln verwendet werden.

Benutzen Sie die COMPUTE-Option bei der Analyse von Tabellen und Indexen.

Vergrößerung der Sort Area

Mit einer Vergrößerung der Sort Area werden mehr Sortier-Prozesse im Hauptspeicher durchgeführt.

Vergeben Sie die Größe der Sort Area vorsichtig. Beachten Sie dabei, dass eine Sort Area pro Benutzer angelegt wird. Bei 1.000 Benutzern und einer Sort Area von einem Mbyte wird schon mal ein Gigabyte Hauptspeicher benötigt, wenn alle Benutzer gleichzeitig sortieren. Stellen Sie deshalb sicher, dass eine Vergrößerung der Sort Area auch die gewünschten Effekte erzeugt.

Seit Oracle9*i* gibt es den Initialisierungsparameter PGA_AGGREGATE_TARGET. Er spezifiziert, wie viel Hauptspeicher in der PGA allen Server-Prozessen der Instanz zur Verfügung gestellt wird. Oracle versucht, die Größe des Private Memorys nicht über diese Größe hinaus anwachsen zu lassen.

Bestimmen Sie zum Setzen dieses Parameters, wie viel Hauptspeicher der Oracle-Instanz zur Verfügung steht, und subtrahieren Sie die Größe der SGA. Den Rest können Sie im Parameter PGA_AGGREGATE_TARGET spezifizieren.

18.3 Einrichtung automatischer Tuning-Features

Mit Oracle 10g wird eine Reihe von automatischen Tuning-Features eingeführt. Das Ziel ist eine dynamische Anpassung der Datenbankkonfiguration abhängig von den Bedürfnissen des aktuellen Workloads.

Das setzt natürlich voraus, dass den Tuning-Features Statistiken und Metriken bekannt sind. Die Sammlung der Statistiken übernimmt das Automatic Workload Repository (AWR). Statistiken über Sitzungen werden in der Active Session History (ASH) gespeichert.

Detaillierte Informationen über das AWR sowie automatische Tuning-Features finden Sie in Kapitel 4 »Die sich selbst verwaltende Datenbank«.

Das Aktivieren von automatischen Tuning-Features führt nicht zwangsläufig zur Lösung aller Performance-Probleme in der Datenbank. Tritt z.B. während einer Peak-Zeit ein Engpass im Buffer Cache auf, dann versucht zwar das Automatic Memory Management (AMM), dem Buffer Cache mehr Shared Memory zuzuweisen, kann jedoch nicht über die Maximalgrenze der SGA hinausgehen, die durch den Parameter SGA_TARGET festgelegt wird.

Wollen Sie den Performance-Problemen auf den Grund gehen, dann müssen Sie die Datenbankkonfiguration kennen, so wie sie zu diesem Zeitpunkt bestanden hat. Die Informationen erhalten Sie ebenfalls aus dem AWR.

In diesem Fall würden Sie auch nicht generell den Buffer Cache vergrößern, da möglicherweise der Shared Memory außerhalb der Peak-Zeit von anderen Komponenten stärker benötigt wird. Sie würden den Parameter SGA_TARGET hoch setzen, um dem AMM zu ermöglichen, innerhalb der Peak-Zeit dem Buffer Cache mehr Shared Memory zuzuweisen.

Viele automatischen Tuning-Features muss man bei genauerem Hinsehen als halbautomatisch bezeichnen. Das sind die so genannten Advisories.

Advisories verwenden ebenfalls das AWR als Basis für die Entscheidungsfindung, führen jedoch nicht automatisch eine Änderung der Datenbankkonfiguration durch. Der Datenbankadministrator trifft die Entscheidung, welche Empfehlungen umgesetzt werden sollen.

Zu den Advisories gehören:

- Automatic Database Diagnostic Monitor (ADDM)
- SQL Tuning Advisor
- SQL Access Advisor
- Memory Advisor
- MTTR Advisor
- Segment Advisor
- Undo-Advisor

Advisories erleichtern die Umsetzung der Empfehlung. Die Benutzung der Advisories kann mit PL/SQL-Paketen oder dem Enterprise Manager erfolgen. Zur Seite ZENTRALES ADVISORY im Enterprise Manager gelangen Sie

Einrichtung automatischer Tuning-Features | Kapitel 18

über die Startseite der Datenbank. Den Link finden Sie am unteren Ende der Seite.

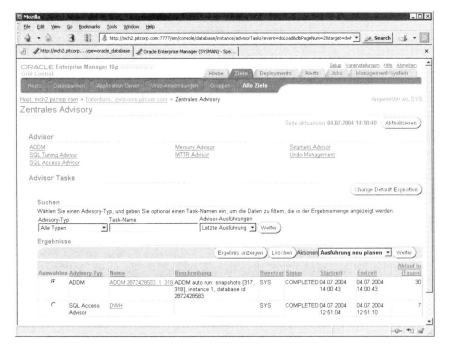

Abbildung 18.6:
Das ZENTRALE ADVISORY im Enterprise Manager

End to End Application Tracing vereinfacht den Prozess der Diagnose von Performance-Problemen in einer n-tier-Umgebung. Anfragen des Clients werden über eine Middle-Tier an die Datenbank weitergeleitet. Dabei ist es oft schwierig, die Session des Clients bis zur Datenbank zu verfolgen. End to End Application Tracing verwendet die Client-ID zur Verfolgung der Sitzung bis zur Datenbank.

19 Backup and Recovery

Backup and Recovery gehören zu den Standardaufgaben eines Datenbankadministrators. In der heutigen Zeit, in der RAID-Systeme, gespiegelte Festplatten und Standby-Datenbanken nahezu zum Standard geworden sind, wird Backup and Recovery häufig vernachlässigt oder als »notwendiges Übel« eingestuft.

Diese Betrachtungsweise hat allerdings schon so manche Probleme bereitet. Häufig läuft über Jahre hinweg alles gut, doch was passiert, wenn Sie den Anwendern mitteilen müssen, dass die Datenbank nicht wiederhergestellt werden kann? Das kann zu erheblichem Schaden im Unternehmen führen.

Wenn dieser Tage so viel über Verfügbarkeit gesprochen wird, dann muss man klar sagen, dass ausschließlich eine gut abgestimmte und ausgetestete Backup-and-Recovery-Strategie die gesunde Basis für die Verfügbarkeit von Datenbanken darstellt. Alle weiteren Maßnahmen sind zusätzliche Sicherheiten oder dienen der Beschleunigung der Wiederherstellung im Havariefall.

Machen Sie sich in Ihrer Gruppe und Ihrem Unternehmen stark dafür, dass Backup and Recovery die angemessene Bedeutung erlangt und die erforderlichen Hard- und Software-Ressourcen zur Verfügung gestellt werden.

Backup and Recovery sollte immer als eine Einheit gesehen werden. Wenn Sie eine Backup-Strategie entwickeln, dann müssen Sie die Konsequenzen für das Recovery im Auge behalten und umgekehrt. Man kann heute eigentlich kein Standard-Rezept für Backup and Recovery mehr geben. Dafür sind die Einsatzmöglichkeiten und Architekturen von Oracle-Datenbanken zu vielfältig geworden. Denken Sie nur an die vielen Möglichkeiten in den Bereichen Internet/Intranet, OLTP, Data Warehouse sowie an Standby-Lösungen oder Replikationsmechanismen.

Das vorliegende Kapitel gibt einen umfassenden Abriss über Backup and Recovery. Die neuen Features der Version 10g sind, wie für andere Themen auch, im Teil 1 »Neue Architektur und neue Features« herausgestellt.

Kapitel 19   Backup and Recovery

19.1 Begriffe

In der »Oracle-Welt« wird eine Reihe von Begriffen im Zusammenhang mit Backup and Recovery verwendet. Diese werden Sie in der Online-Dokumentation und in vielen Artikeln und White Papers wiederfinden.

Oracle unterscheidet zwei Grundarten: *Physical Backup* und *Logical Backup*. Physical Backups sind der Haupt-Gegenstand einer Backup-and-Recovery-Strategie und beinhalten das Sichern von zur Datenbank gehörenden Dateien und Informationen. Dagegen beziehen sich Logical Backups auf einzelne Datenbankobjekte wie Tabellen oder Prozeduren. Sie werden häufig als Ergänzung zum Physical Backup verwendet.

Für Physical Backups gibt es zwei Vorgehensweisen, getrennt nach den eingesetzten Werkzeugen. Als *User-Managed Backup and Recovery* bezeichnet man alle Methoden, die nicht den Recovery Manager (RMAN) verwenden. *RMAN Backup and Recovery* beinhaltet inzwischen sehr viele Vorzüge gegenüber User-Managed Backup and Recovery, das nur noch in Ausnahmefällen verwendet werden sollte.

> **TIPP** *Verwenden Sie, wann immer es möglich ist, den Recovery Manager zur Umsetzung Ihrer Backup-and-Recovery-Strategie. Die Vorteile werden Sie in diesem Kapitel kennen lernen.*

Der Begriff »Recovery« wird in Dokumentationen häufig zweideutig verwendet, da der *Recovery-Prozess* aus zwei Teilen besteht, dem *Restore* (also dem Rückspeichern gesicherter Daten von einem Backup-Medium) und dem eigentlichen *Recovery* der Datenbank (also dem Versetzen aller Dateien der Datenbank in einen konsistenten Zustand). Wenn in diesem Buch vom Recovery-Prozess gesprochen wird, dann sind Restore and Recovery gemeint.

Eine Datenbank kann entweder im ARCHIVELOG- oder im NOARCHIVELOG-Modus betrieben werden. Während im ARCHIVELOG-Modus die Online Redo Log-Dateien vor dem Überschreiben in ein Archiv gesichert werden, gehen im NOARCHIVELOG-Modus die Roll-Forward-Informationen durch das Überschreiben verloren. Aus diesem Grund garantiert nur der ARCHIVELOG-Modus ein Point-in-Time Recovery (also ein Recovery aller abgeschlossenen Transaktionen bis zum Fehlerzeitpunkt). Dagegen kann im NOARCHIVELOG-Modus in der Regel nur der Zustand zum Zeitpunkt des letzten Backups wiederhergestellt werden.

Der ARCHIVELOG-*Modus bietet die besseren Optionen für den Recovery-Prozess und ist Standard für viele produktive Datenbanken. Er benötigt mehr Festplattenkapazität und bedingt eine geringe Mehrbelastung von System-Ressourcen.*

Zwei weitere Methoden sind *Online Backup* und *Offline Backup* (auch *Hot Backup* und *Cold Backup* genannt). Während beim Online Backup die Datenbank für den Anwender verfügbar bleibt, muss sie für das Offline Backup geschlossen werden.

Stellen Sie jedoch sicher, dass während eines Online Backups keine Transaktionen mit großen Datenvolumen, wie z.B. das Laden eines Data Warehouse, laufen. Die Daten werden in der Zeit, in der sich eine Tablespace im Backup-Modus befindet, in die Redo Log-Dateien geschrieben, nicht in die Tablespace.

Ein Online-Backup ist nur möglich, wenn die Datenbank im ARCHIVELOG-Modus läuft. Oracle unterscheidet im Zusammenhang mit Backup and Recovery die folgenden Fehlerarten:

- Media Failure
- Database Instance Failure
- Statement Failure
- Process Failure
- Network Failure
- User Error

Ein *Media Failure* tritt auf, wenn eine Datenbankdatei nicht gelesen oder geschrieben werden kann. In der Regel liegt ein technischer Defekt der Festplatte, des Controlers oder des Disk Subsystems vor.

Ein *Instance Failure* liegt vor, wenn ein Problem die Instanz vom Normalbetrieb abhält. Typische Ursachen sind Unterbrechungen infolge Stromausfalls oder ein Absturz des Betriebssystems. Auch ein SHUTDOWN ABORT oder ein STARTUP FORCE führen zu einem Instance Failure.

Ein logischer Fehler bei der Behandlung eines Befehls in einer Anwendung wird *Statement Failure* genannt. Das ist z.B. der Fall, wenn eine INSERT-Anweisung abbricht, weil die Tablespace voll ist und nicht erweitert werden kann. Dann meldet Oracle einen Fehler und die Transaktion wird zurückgerollt. Ein Recovery ist in diesem Fall nicht erforderlich.

Ein *Process Failure* ist gleichzusetzen mit einer abnormalen Unterbrechung eines Prozesses der Instanz oder eines Benutzers. Die Instanz kann weiterlaufen, wenn es sich um einen Benutzerprozess handelt. Der Hintergrundprozess PMON erkennt abgebrochene Prozesse und veranlasst das Ausführen eines Rollbacks. Daraufhin werden alle von diesem Prozess benutzten Ressourcen freigegeben. In einer Client/Server-Umgebung tritt dieses Szenario auf, wenn die Anwendung auf dem Client in einer offenen Transaktion abgebrochen wird. Im Falle eines abgebrochenen Hintergrundprozesses kann die Instanz in der Regel nicht weiterlaufen und beendet sich selbsttätig.

Ein *Network Failure* wird bedingt durch die Unterbrechung der Netzwerk-Verbindung zwischen Client und Server oder zwischen Server und Server. Kommt es zu einer Unterbrechung des Prozesses (z.B. bei einer verteilten Transaktion), dann nimmt sich der Hintergrundprozess PMON des Problems an und handelt wie im letzten Absatz beschrieben. Im Falle einer verteilten Transaktion löst der Hintergrundprozess RECO auf allen beteiligten Datenbanken, sobald die Netzwerkverbindungen wieder funktionieren.

Ein *User Error* ist ein Fehler, der vor allem den logischen Inhalt der Datenbank betrifft. Typisch sind das unbeabsichtigte Löschen von Sätzen oder Tabellen. Eine Bereinigung des Fehlers ist z.B. durch das Rückspeichern aus einem Export oder mit Flashback Query möglich.

Backups werden nach zwei Methoden, *Consistent Backup* und *Inconsistent Backup* unterschieden.

In einem Consistent Backup sind alle Tablespace-Dateien und Kontrolldateien mit einem Checkpoint abgeschlossen und weisen dieselbe System Change Number (SCN) auf. Der einzige Weg für ein Consistent Backup ist, die Instanz mit den Optionen NORMAL, IMMEDIATE oder TRANSACTIONAL herunterzufahren und das Backup im geschlossenen Zustand der Datenbank auszuführen.

Wenn Sie das Restore eines Consistent Backups ausführen, muss kein Recovery durchgeführt werden, da sich die Datenbank bereits im konsistenten Zustand befindet. Consistent Backup ist die einzige verwendbare Methode, wenn die Datenbank im NOARCHIVELOG-*Modus läuft.*

Ein Inconsistent Backup ist eine Sicherung, bei der nicht alle Dateien mit derselben SCN abgeschlossen wurden. Oracle kann eine Datenbank erst öffnen, wenn alle Dateien dieselbe SCN besitzen. In diesem Fall muss deshalb ein Recovery erfolgen.

Ein Inconsistent Backup stellt im Vergleich zu einem Consistent Backup kein erhöhtes Sicherheitsrisiko dar. Sie müssen nur sicherstellen, dass alle Archived Redo Log-Dateien gesichert werden und keine Lücke auftritt.

Der Recovery-Prozess im Falle einer Single Instance-Datenbank wird als *Crash Recovery* bezeichnet. Dagegen heißt das Wiederherstellen einer Instanz in einer Real Application Clusters-Architektur *Instance Recovery*.

Beide Methoden haben eine ähnliche Vorgehensweise. Sie benutzen die aktuellen Online Redo Log-Dateien, um die letzten Änderungen in die Tablespaces einzuspielen. Sie greifen immer nur auf Online-, niemals auf Archived Redo Log-Dateien zurück.

Oracle führt automatisch ein Recovery durch, wenn die Datenbank das erste Mal nach einem Absturz geöffnet wird oder wenn ausgefallene Instanzen in einer Real Application Clusters-Architektur wieder gestartet werden. Das können Sie einfach nachvollziehen, indem Sie eine Datenbank mit SHUTDOWN ABORT schließen und erneut starten. Sie erhalten beim Starten keine Meldung, dass ein Recovery durchgeführt wird. Es erfolgt jedoch eine Protokollierung in der Datei alert.log:

```
Completed crash recovery at
 Thread 1: logseq 11, block 13870, scn 0.431491
 111 data blocks read, 111 data blocks written, 353 redo blocks read
```

Listing 19.1:
Protokoll über ein Crash Recovery in der Datei alert.log

Oracle führt Instance und Crash Recovery automatisch durch, es ist kein Eingreifen durch den Administrator erforderlich. Sie haben jedoch Einfluss auf die Zeit, die Oracle für das Recovery benötigt. In Oracle9i wurde das neue Feature Fast Start Time-Based Recovery (FSTBR) eingeführt. Damit können Sie die maximale Recovery-Zeit festlegen. Das Festlegen erfolgt mit Hilfe des Initialisierungsparameters FAST_START_MTTR_TARGET.

Media Recovery ist die Methode zum Wiederherstellen zerstörter Dateien. Das Ziel ist es, nach Lese- oder Schreibfehlern mit einer oder mehreren Dateien die Integrität der Datenbank wiederherzustellen. Wie beim Crash Recovery werden Redo Log-Dateien verwendet, um die Tablespaces wieder auf einen aktuellen Stand zu bringen. Allerdings werden hier, falls erforderlich, auch die Archived Redo Log-Dateien mit herangezogen.

Media Recovery läuft nicht automatisch, ein manuelles Eingreifen des Administrators ist erforderlich. Defekte Dateien können nicht geöffnet werden, bis das Media Recovery erfolgreich beendet ist.

Die folgenden Vorgänge erfordern ein Media Recovery:

- Eine Datei muss vom letzten Backup zurückgespeichert werden. Diese Datei besitzt natürlich nicht die aktuelle SCN und muss mittels Media Recovery auf den aktuellen Stand gebracht werden.
- Eine Datei wurde »offline« gesetzt, ohne die Option OFFLINE NORMAL zu verwenden.
- Alle Kontrolldateien sind zerstört und Sie führen ein Restore vom letzten Backup durch. Obwohl alle Tablespace-Dateien aktuell sind, muss ein Media Recovery durchgeführt werden, das bei der SCN der zurückgespeicherten Kontrolldateien beginnt.

Block Media Recovery (BMR) wurde in Oracle9i eingeführt. Der Einsatz ist dann sinnvoll, wenn eine geringe Anzahl von Datenblöcken defekt ist. Dann müssen weder die Tablespace noch die betroffene Datei offline gesetzt werden und die Benutzer können normal weiterarbeiten. Es kommt nur zum Fehler, wenn defekte Blöcke angefordert werden.

Flash Recovery Area ist ein Directory, ein Dateisystem oder eine Disk Group im Automatic Storage Management (ASM), die als Standard-Speicher für Recovery-Dateien dienen. Die Verwendung einer Flash Recovery Area ist Voraussetzung für das Flashback-Database-Feature. Flashback Database ist ein neues Feature in Oracle 10g.

Für das Verständnis des Recovery-Prozesses ist es wichtig zu wissen, was beim Anwenden von Redo Log-Dateien auf die Datenbank passiert. Die Datenblöcke im Buffer Cache der SGA werden aus Performance-Gründen nur dann in die Tablespaces geschrieben, wenn es erforderlich ist. Der aktuelle Stand der Datenbank befindet sich also im Buffer Cache und nicht in den Dateien der Tablespaces. Erst bei einem Checkpoint werden alle Datenblöcke auf die Festplatte geschrieben.

Auch wenn Sie als Benutzer ein COMMIT ausführen, werden die Datenblöcke in der Regel nicht in die Dateien geschrieben. Würde die Datenbank an dieser Stelle abstürzen, dann wären die Daten nur in den Redo Log-Dateien verfügbar.

Oracle führt ein Recovery in zwei Phasen durch. Die erste Phase ist ein »Roll Forward« unter Verwendung der Redo Log-Dateien. Danach weisen die Tablespaces Änderungen auf, für die kein COMMIT durchgeführt wurde (offene Transaktionen). Um die Konsistenz der Datenbank wiederherzustellen, führt der Recovery-Prozess in der zweiten Phase ein globales ROLLBACK unter Verwendung der Undo-Segmente durch.

19.2 Strategien

Bevor Sie eine Produktionsdatenbank in Betrieb nehmen, sollten Sie eine Strategie für Backup and Recovery entwickelt und die notwendigen Programme und Skripte erstellt und getestet haben. Dieser Abschnitt beschäftigt sich mit den wichtigsten Richtlinien und Überlegungen zum Erstellen einer passenden Strategie.

Bevor Sie eine Strategie entwickeln, müssen Sie die Anforderungen an die Datenbank genau kennen. Anforderungen können in verschiedenen Formen definiert werden. Sie können z.B. Teil der Projektdokumentation sein oder vertraglich als Support Level Agreement (SLA) aufgesetzt sein.

Es ist wichtig, dass Sie die Anforderungen an die Datenbank in schriftlicher Form festhalten und gegenüber Kunden und Anwendern bekannt machen. Wenn Sie sich einmal für eine Strategie auf Basis dieser Anforderungen entschieden haben, kann es sehr aufwendig sein, die Strategie zu wechseln und eine neue Lösung zu implementieren. Zusätzlich läuft das häufig nicht ohne Störungen des laufenden Betriebs ab.

:-) TIPP

Die folgenden zwei Anforderungen bilden die Basis einer jeden Strategie:

- Verfügbarkeit der Datenbank für die Anwender
- akzeptierte Zeiten für Restore and Recovery

Die Anforderungen an die Verfügbarkeit können vielfältig sein, global oder detailliert formuliert werden. Es gibt auch keine Regel, wie die Anforderungen zu formulieren sind. Sie müssen sich sicher sein, dass sich die Anforderungen in Einklang mit der ausgewählten Architektur befinden. So können Sie z.B. die Zeiten für ein Crash-Recovery garantieren, nicht aber die Zeiten für ein Media-Recovery, wenn nicht geklärt ist, wie viel Zeit benötigt wird, um defekte Platten auszutauschen oder etwa einen ganzen Server zu wechseln.

Sind die Eckdaten bekannt, dann können Sie sich im ersten Schritt überlegen, ob Sie die Datenbank im ARCHIVELOG- oder NOARCHIVELOG-Modus laufen lassen.

Für eine Datenbank im NOARCHIVELOG-Modus können Sie kein Point-in-Time Recovery garantieren. Kommt es zu einem Crash, stehen im schlechtesten Fall die Daten zum Zeitpunkt des letzten Backups zur Verfügung. Es kann also zu größerem Datenverlust kommen. Der ARCHIVELOG-Modus hat sich deshalb als Standard für Produktionsdatenbanken durchgesetzt.

!! STOP

Im nächsten Schritt müssen Sie sich die Frage beantworten, in welchem Rhythmus das Backup laufen soll und wie viel Zeit Sie für den Backup-Prozess zur Verfügung haben. Auch wenn die Datenbank im `ARCHIVELOG`-Modus läuft, ist unter Umständen ein tägliches Backup einem wöchentlichen vorzuziehen. Ein Media Recovery kann sehr lange dauern, wenn z.B. die aufgelaufenen Redo Log-Dateien für eine ganze Woche verarbeitet werden müssen.

In jedem Fall sollten Sie die Größe der Datenbank kennen und das Backup-Volumen einschätzen. Daraus lassen sich Schlüsse auf die Laufzeit des Backups und die benötigten Speicherkapazitäten für die Backup-Medien ziehen.

Es ist wichtig, dass Sie das Aufkommen an Archived Redo Log-Dateien pro Zeiteinheit kennen. Daraus können Sie schlussfolgern, in welchem Rhythmus die Dateien auf ein externes Backup-Medium gesichert und von der Festplatte gelöscht werden müssen. Suchen Sie hierfür einen Kompromiss. Einerseits darf das Dateisystem nicht voll laufen, andererseits sollten sich möglichst viele Archived Redo Log-Dateien auf der Festplatte befinden. Ein Rückspeichern kostet zusätzlich Zeit im Falle eines Recovery.

Es ist weiterhin zu berücksichtigen, ob die Datenbank zum Zeitpunkt des Backups verfügbar sein muss oder nicht. Danach können Sie entscheiden, ob Sie ein Online- oder ein Offline-Backup durchführen.

:-)
TIPP

Lassen Sie sich bei der Entscheidung zwischen Consistent und Inconsistent Backup nicht von Ihrem Gefühl leiten. Häufig hört man die Aussage, man habe ein besseres Gefühl, wenn ein Cold-Backup gemacht wird. Die geforderten Verfügbarkeitszeiten gestatten es heute kaum noch, eine Datenbank fürs Backup herunterzufahren. Wichtiger ist an dieser Stelle, dass Sie Backups regelmäßig für Kontrollzwecke zurückspeichern.

Da Backup and Recovery stets als Einheit zu sehen sind, müssen Sie sich an dieser Stelle überlegen, welche Recovery-Strategie Sie fahren wollen.

Sie müssen sich auch im Klaren darüber sein, was Sie im Fall eines Hardware-Defekts tun. Hier geht die Spannbreite von Wechseln einer Festplatte bis zum Austausch des gesamten Servers. Schauen Sie sich auch die Verträge mit Ihren Hardware-Lieferanten an. Planen und testen Sie das Ausweichen auf einen anderen Server für den Fall, dass der defekte Server nicht planmäßig wieder zum Laufen kommt. In diesem Zusammenhang müssen Sie sich auch überlegen, ob Sie einen Server in Reserve bereitstellen wollen oder ob die vorhandenen Kapazitäten es erlauben, Datenbanken für die Zeit der Havarie auf anderen Server unterzubringen.

Spielen Sie alle denkbaren Szenarien und Havariemöglichkeiten durch. Nur wenn Sie sicher sind, dass alle Fälle durch Ihre Strategie abgedeckt sind, sollten Sie mit der Umsetzung beginnen.

Mit diesen Eckdaten sind Sie bereits in der Lage, sich auf eine Backup-and-Recovery-Strategie festzulegen. Im Folgenden sind einige wichtige Regeln zusammengefasst, die Sie kennen sollten:

- **Die Goldene Regel für Backup and Recovery**

    Sie sollten stets einen Satz von Dateien zur Verfügung haben, der es Ihnen ermöglicht, die Datenbank wiederherzustellen. Ein solcher Satz wird *Redundancy Set* genannt. Vergessen Sie in diesem Zusammenhang nicht, dass zu diesem Satz neben den Tablespace-, Kontroll- und Redo Log-Dateien auch das SPFILE bzw. die Datei initSID.ora gehören. Sichern Sie auch die Datei alert_SID.log. Obwohl sie für ein Recovery nicht zwingend erforderlich ist, enthält sie wichtige Informationen über die Datenbank, die im Falle eines Defekts äußerst nützlich sein kann. Vergessen Sie auch nicht Konfigurationsdateien wie listener.ora oder tnsnames.ora.

- **Spiegeln von Kontroll- und Redo Log-Dateien**

    Der Verlust von Kontroll- und Online Redo Log-Dateien ist kritisch, da unter Umständen ein Recovery nicht mehr möglich ist. Spiegeln Sie mindestens zwei Kopien der Kontrolldateien auf verschiedenen Festplatten bzw. in verschiedenen Dateisystemen. Verfahren Sie auf die gleiche Art mit den Online Redo Log-Dateien.

- **Ein Backup vor und nach Strukturänderungen sowie Upgrades von Produkten und Anwendungen durchführen**

    Führen Sie in jedem Fall Backups im Rahmen größerer Strukturänderungen (z.B. Änderung des Tablespace-Layouts oder in Redo Log-Gruppen) und bei Upgrade zu einer höheren Datenbankversion oder Einspielen eines Patches durch. Vor und nach Produkt-Upgrades von Applikationen empfiehlt sich ein Export, da hier die Möglichkeit besteht, einfach einzelne Tabellen oder andere Objekt zurückzuspeichern.

- **Häufig benutzte Tablespaces öfter sichern**

    Es macht durchaus Sinn, häufig benutzte Tablespaces öfter zu sichern als andere. Mit dieser Strategie sparen Sie nicht nur Platz auf den Backup-Medien, Sie verkürzen auch die Recovery-Zeit (MTTR).

- **Backups nach Operationen mit der Option NOLOGGING**

    Für Data-Warehouse-Anwendungen wird im Ladeprozess gerne die Option NOLOGGING benutzt. Damit erreichen Sie zwar eine nicht zu verachtende Beschleunigung des Ladeprozesses, erkaufen sich jedoch diesen Vorteil mit Einschränkungen in der Verfügbarkeit. Führen Sie deshalb ein Backup direkt nach dem Laden durch.

➤ **Aufzeichnungen über die Konfiguration des Servers**

Während eines Recovery-Prozesses können jede Menge Stresssituationen auftreten. Deshalb ist es wichtig, dass Sie die wichtigsten Parameter der Hard- und Software-Umgebung zur Verfügung haben. Bei einem Totalausfall des Servers können Sie auch nicht mehr nachschauen.

➤ **Dateien auf fehlerhafte Blöcke überprüfen**

Die Tatsache, dass ein Backup ohne Fehler durchgelaufen ist, bedeutet nicht zwangsläufig, dass es für ein Recovery verwendbar ist. Es können sich fehlerhafte Datenblöcke in den Dateien befinden, die nicht bemerkt worden sind. Verwenden Sie für eine Validierung das Utility DBVERIFY oder den Recovery Manager. Wenn Sie RMAN für das Erstellen des Backups verwenden, erfolgt automatisch eine Validierung.

Nachdem Sie Ihre Backup and Recovery-Strategie erfolgreich ausgearbeitet haben, können Sie mit der Umsetzung beginnen. An dieser Stelle ist die Entscheidung zu treffen, welches Werkzeug eingesetzt werden soll.

> **TIPP** *Verwenden Sie nach Möglichkeit den Recovery Manager. Er bietet viele Vorteile gegenüber User-Managed Backup and Recovery. Neben einer automatischen Validierung von Datenblöcken funktioniert Block Media Recovery nur mit RMAN.*

Wenn Sie Ihre Strategie mit einer der beiden Methoden implementiert haben, können Sie mit der Testphase beginnen. Es sollte getestet werden, ob die Strategie allen denkbaren Crash-Situationen standhält. Spielen Sie deshalb mehrere Szenarien in der Praxis durch.

> **TIPP** *Führen Sie auch, nachdem Backup and Recovery erfolgreich implementiert wurden, in regelmäßigen Abständen Tests in Bezug auf Brauchbarkeit des Backups durch. Sie können das Backup auf einem anderen Server zurückspeichern und die so entstandene Datenbank auf Brauchbarkeit untersuchen.*

19.3 Der Recovery Manager (RMAN)

Der Recovery Manager ist das bevorzugte Werkzeug für Backup, Restore and Recovery einer Oracle-Datenbank. Insbesondere wenn viele Datenbanken betreut werden müssen, erleichtert RMAN die Verwaltungsaufgaben. In der folgenden Tabelle sind die Vorteile von RMAN gegenüber User-Managed Recovery zusammengestellt:

Recovery Manager	User-Managed Backup and Recovery
Tablespaces müssen für Online-Backup nicht in den Backup-Modus versetzt werden. RMAN garantiert eine konsistente Sicherung.	Tablespaces können beim Online-Backup nur im Backup-Modus gesichert werden. Dies führt zu Performanceverlusten für die Anwender während des Backups.
Kann die Flash Recovery Area benutzen	Flash Recovery Area kann nicht genutzt werden.
Ist in der Lage, ein inkrementelles Backup durchzuführen. Dabei werden nur die Datenblöcke gesichert, die sich seit dem letzten Backup geändert haben.	Inkrementelles Backup ist nicht möglich.
Überprüft jeden Datenblock beim Backup auf Fehler	Fehlerprüfung wird nicht angeboten.
Besitzt ein API für den Anschluss eines Media-Manager von Drittanbietern (z.B. Legato, Tivoli)	Backup-Management-Systeme müssen selbst eingebunden werden.
Speichert alle wichtigen Informationen zu Backup and Recovery in einem Repository	Der Backup-Operator muss die Informationen selbst zusammenstellen und verwalten.
Führt automatisch eine Parallelisierung von Backup- und Restore-Operationen durch	Parallele Prozesse müssen manuell geplant und implementiert werden.
Ist plattformunabhängig. RMAN-Skripte laufen auf allen Betriebssystemen.	Es müssen separate Skripte für Unix und Windows gepflegt werden.
Automatische Verwaltung von Archived Redo Log-Dateien	Die Verwaltung der Archived Redo Log-Dateien muss manuell durch den Backup-Operator erfolgen.

Tabelle 19.1: Vorteile von RMAN gegenüber User-Managed Backup and Recovery

RMAN ist Bestandteil des RDBMS und erfordert keine zusätzliche Installation. Er ist in erster Linie ein Kommandozeilen-Werkzeug, einige Features können über den Enterprise Manager benutzt werden.

Aufgrund der überzeugenden Vorteile, die der Recovery Manager bietet, wird User-Managed Backup and Recovery in der Praxis nur noch in Ausnahmefällen eingesetzt. Aus diesem Grund wird in diesem Buch auf das Thema komplett verzichtet. Die wichtigsten Recovery-Szenarien werden unter Verwendung von RMAN erläutert, können jedoch analog auf User-Managed Backup and Recovery angewandt werden.

Die RMAN-Architektur

Der Recovery Manager kann Backup-Informationen an zwei Stellen speichern, in der Kontrolldatei oder im Repository. Sie können RMAN durchaus ohne Repository verwenden und nur mit den Informationen aus der Kontrolldatei Backup and Recovery-Operationen durchführen. Allerdings können Sie die volle RMAN-Funktionalität nur mit Repository ausnutzen.

Setzen Sie RMAN möglichst mit Repository ein. Die Benutzung des Repositorys bietet die folgenden Vorteile:

- *Die Funktionalität kann in vollem Umfang ausgenutzt werden.*
- *Der Recovery-Katalog im Repository beinhaltet wertvolle historische Informationen, die in der Kontrolldatei nach gewisser Zeit überschrieben werden.*

RMAN benutzt eine Client/Server-Architektur mit einer Binärdatei rman bzw. rman.exe auf der Client-Seite. Der Recovery-Katalog kann sich in einer beliebigen Datenbank befinden, eine separate Datenbank wird jedoch empfohlen.

Beachten Sie, dass für Target-Datenbanken der Version 10g die Datenbank, die das RMAN-Repository aufnimmt, die Version 9.0.1 oder höher besitzen muss.

Wenn sich der RMAN-Client zu einer Zieldatenbank verbindet, werden auf dem Target-Server zwei dedizierte Prozesse gestartet. Alle Backup-and-Recovery-Operationen werden von Server-Prozessen unter Regie des RMAN-Clients ausgeführt. Die Operationen laufen also lokal und nicht über das Netzwerk.

RMAN führt fast alle Befehle in zwei Phasen aus, in einer Kompilierungs- und einer Ausführungsphase. In der Kompilierungsphase wird bestimmt, welche Objekte benutzt werden. In der Ausführungsphase sendet der RMAN-Client einen Aufruf an die Zieldatenbank, überwacht den Prozess und erhält die Ergebnisse zurück.

Einen Recovery-Katalog erstellen und verwalten

Wählen Sie eine Datenbank für den Recovery-Katalog aus. Prinzipiell können Sie den Katalog in einer beliebigen Datenbank unterbringen, es ist jedoch zu empfehlen, dass er eine eigene Datenbank erhält.

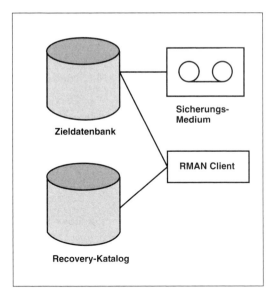

Abbildung 19.1:
Die Architektur des Recovery Manager

Wenn sich der Recovery-Katalog eine Datenbank mit anderen Anwendungen teilt, dann ist er von deren Wartungsplan abhängig. Ist die Datenbank nicht verfügbar, können unter Umständen Backup-and-Recovery-Operationen nicht durchgeführt werden.

!!
STOP

Führen Sie die folgenden Schritte aus, um einen Recovery-Katalog zu erstellen.

Einen Recovery-Katalog erstellen

1. Erstellen Sie eine Tablespace, die den Recovery-Katalog aufnimmt.

   ```
   SQL> CREATE TABLESPACE rman_ts
     2  DATAFILE '/var/oracle/oradata/rman10/rman_ts'
     3  SIZE 50M;
   Tablespace wurde angelegt.
   ```

STEP

2. Erzeugen Sie den Besitzer des Katalogs.

   ```
   SQL> CREATE USER rman
     2  IDENTIFIED BY rman
     3  DEFAULT TABLESPACE rman_ts
     4  QUOTA UNLIMITED ON rman_ts;
   Benutzer wurde angelegt.
   ```

3. Ordnen Sie dem Besitzer des Katalogs die Rolle RECOVERY_CATALOG_OWNER zu. Damit wird er in die Lage versetzt, den Katalog zu verwalten.

Kapitel 19   Backup and Recovery

```
SQL> GRANT CONNECT, RESOURCE, RECOVERY_CATALOG_OWNER
  2  TO rman;
Benutzerzugriff (Grant) wurde erteilt.
```

4. Benutzen Sie den RMAN-Client, um den Katalog zu erstellen.

```
$ rman catalog rman/rman@rman10
Recovery Manager: Version 10.1.0.2.0 - Production
Copyright (c) 1995, 2004, Oracle. All rights reserved.
Verbindung mit Datenbank des Recovery-Katalogs
Recovery-Katalog nicht installiert
RMAN> CREATE CATALOG
Recovery-Katalog erstellt
```

Jede Zieldatenbank muss im Recovery-Katalog registriert werden. RMAN holt sich alle notwendigen Informationen von der Zieldatenbank. Jede Datenbank erhält eine eindeutige ID. Die folgenden Schritte beschreiben, wie eine Datenbank registriert wird.

Eine Zieldatenbank registrieren

1. Starten Sie RMAN und stellen Sie eine Verbindung zur Katalog- und zur Zieldatenbank her.

```
$ rman target / catalog rman/rman@rman10
Recovery Manager: Version 10.1.0.2.0 - Production
Copyright (c) 1995, 2004, Oracle. All rights reserved.
Mit Ziel-Datenbank verbunden: KOMP10G (DBID=3266381275)
Verbindung mit Datenbank des Recovery-Katalogs
RMAN> REGISTER DATABASE;
Datenbank im Recovery-Katalog registriert
Vollständige Neusynchronisation des Recovery-Katalogs wird begonnen
Vollständige Neusynchronisation abgeschlossen
```

2. Testen Sie mit dem Kommando REPORT SCHEMA, ob die Registrierung erfolgreich war. Mit der Registrierung holt sich RMAN alle notwendigen Datei-Informationen und trägt sie ins Repository ein.

```
RMAN> REPORT SCHEMA;
Bericht: Datenbankschema
Datei KB      Tablespace            RB-Segmente Datendateiname
---- ----------  --------------------  ----------- ----------
1      307200 SYSTEM                YES         /var/oracle/oradata/
       komp10g/system01.dbf
2      204800 UNDOTBS1              YES         /var/oracle/oradata/
       komp10g/undotbs01.dbf
3      153600 SYSAUX                NO          /var/oracle/oradata/
       komp10g/sysaux01.dbf
4        5120 USERS                 NO          /var/oracle/oradata/
       komp10g/users01.dbf
```

RMAN synchronisiert, wenn erforderlich, automatisch den Recovery-Katalog mit der Zieldatenbank. Kommandos wie BACKUP, COPY oder DELETE führen gleichzeitig eine automatische Synchronisation durch. Sie können aber auch mit dem Befehl RESYNC CATALOG eine manuelle Synchronisation durchführen.

Um ein reibungsloses Backup and Recovery zu gewährleisten, muss der Recovery-Katalog immer verfügbar sein. Dabei sind unbedingt eine teure Hochverfügbarkeits- oder eine Standby-Lösung erforderlich. Sie können einfach eine zweite Datenbank aufsetzen und darin einen Recovery-Katalog erstellen. Die normalen Operationen führen Sie mit dem primären Katalog durch. Den sekundären Katalog aktualisieren Sie einfach nach jeder Katalogänderung mit einem RESYNC CATALOG-Befehl. Dieser Befehl kann ans Ende der Backup-Skripte angehängt werden.

:-)
TIPP

RMAN-Konfiguration

Standard-Konfigurationen

Seit Oracle9*i* ist es möglich, *Automatic Channels* zu konfigurieren. Das sind Channel-Parameter, die permanent über eine RMAN-Sitzung hinaus im Recovery-Katalog gespeichert werden. Das bedeutet, Sie müssen nicht für jedes Backup Channels manuell konfigurieren. Automatic Channels können immer mit einem ALLOCATE CHANNEL-Befehl manuell überschrieben werden.

Sie können sich die aktuelle RMAN-Konfiguration mit dem Befehl SHOW ALL anzeigen lassen:

```
RMAN> SHOW ALL;
RMAN-Konfigurationsparameter sind:
CONFIGURE RETENTION POLICY TO REDUNDANCY 1; # default
CONFIGURE BACKUP OPTIMIZATION OFF; # default
CONFIGURE DEFAULT DEVICE TYPE TO DISK; # default
CONFIGURE CONTROLFILE AUTOBACKUP OFF; # default
CONFIGURE CONTROLFILE AUTOBACKUP FORMAT FOR DEVICE TYPE DISK TO '%F';
# default
CONFIGURE DEVICE TYPE DISK PARALLELISM 1 BACKUP TYPE TO BACKUPSET; # default
CONFIGURE DATAFILE BACKUP COPIES FOR DEVICE TYPE DISK TO 1; # default
CONFIGURE ARCHIVELOG BACKUP COPIES FOR DEVICE TYPE DISK TO 1; # default
CONFIGURE MAXSETSIZE TO UNLIMITED; # default
CONFIGURE ARCHIVELOG DELETION POLICY TO NONE; # default
CONFIGURE SNAPSHOT CONTROLFILE NAME TO '/var/oracle/product/10.1.0/dbs/
    snapcf_komp10g.f'; # default
```

Listing 19.2:
Die aktuelle RMAN-Konfiguration mit SHOW ALL anzeigen

Die Konfiguration eines Automatic Channels erfolgt mit dem CONFIGURE CHANNEL-Befehl:

Listing 19.3:
Einen Automatic Channel in RMAN konfigurieren

```
RMAN> CONFIGURE CHANNEL DEVICE TYPE DISK FORMAT = '/var/oracle/oradata/
    komp10g/backup/%s_%t_backup/bck';
Neue RMAN-Konfigurationsparameter:
CONFIGURE CHANNEL DEVICE TYPE DISK FORMAT   '/var/oracle/oradata/komp10g/
backup/%s_%t_backup/bck';
Neue RMAN-Konfigurationsparameter wurden erfolgreich gespeichert
Vollständige Neusynchronisation des Recovery-Katalogs wird begonnen
Vollständige Neusynchronisation abgeschlossen
```

Mit dem Kommando SHOW CHANNEL können Automatic Channels angezeigt werden.

Listing 19.4:
Automatic Channels in RMAN anzeigen

```
RMAN> SHOW CHANNEL;
RMAN-Konfigurationsparameter sind:
CONFIGURE CHANNEL DEVICE TYPE DISK FORMAT   '/var/oracle/oradata/komp10g/
    backup/%s_%t_backup/bck';
```

Obwohl Automatic Channels manuell überschrieben werden können, kann es erforderlich sein, diese zu löschen. Das erfolgt mit dem Kommando CONFIGURE CHANNEL ... CLEAR.

Listing 19.5:
Automatic-Channel-Konfiguration löschen

```
RMAN> CONFIGURE CHANNEL DEVICE TYPE DISK CLEAR;
Alte RMAN-Konfigurationsparameter:
CONFIGURE CHANNEL DEVICE TYPE DISK FORMAT   '/var/oracle/oradata/komp10g/
backup/%s_%t_backup/bck';
Alte RMAN-Konfigurationsparameter wurden erfolgreich gelöscht
Vollständige Neusynchronisation des Recovery-Katalogs wird begonnen
Vollständige Neusynchronisation abgeschlossen
```

Mit Hilfe von Automatic Channels können Sie ein RMAN-Backup mit einem einzigen Befehl, BACKUP DATABASE, durchführen. RMAN benutzt den Default Device Type (siehe Listing 19.2) und den dafür konfigurierten Channel.

Die Flash Recovery Area

Flashback Queries wurden bereits in Oracle9*i* eingeführt. Die Bewegung einer Datenbank auf der Zeitachse bietet viele Vorteile für mehrere Oracle-Produkte und -Optionen. Die Möglichkeit, auf historische Daten zurückzugreifen, wurde unter Oracle 10g wesentlich erweitert und steht als neues Feature unter dem Begriff *Oracle Flashback Technology* zur Verfügung.

Auch der Recovery Manager profitiert von dieser neuen Technologie und bietet vielfältige elegante Erweiterungen. Denken Sie nur daran, was bisher zu tun war, wenn versehentlich eine Tabelle gelöscht wurde. Man konnte einen Export benutzen, um die Tabelle zurückzuspeichern.

Ein Export spiegelt jedoch den Zustand der Datenbank zu einem fixen Zeitpunkt wider und liegt in der Regel weiter zurück. Die Daten sind damit nicht aktuell und spiegeln nicht den Zustand der Tabelle zum Zeitpunkt des Löschens wider. Das Rückspeichern des letzten Backups und ein Recovery zum Fehlerzeitpunkt ist nicht nur zeitintensiv, Sie benötigen außerdem den gesamten Platz der Datenbank zusätzlich auf einem anderen System.

Der Recovery Manager bietet die folgenden Optionen eines logischen Recoverys, ohne einen Export zu benutzen:

- Rückspulen des Zustands der gesamten Datenbank zu einen definierten Zeitpunkt. Dieses Feature wird auch als *Flashback Database* bezeichnet.
- Recovery von ungewollten Änderungen in einer Tabelle. Es ist möglich, den Zustand der Tabelle von einem früheren Zeitpunkt wiederherzustellen. Diese Änderungen können »online« erfolgen, d.h. ohne Unterbrechung des laufenden Betriebs.
- Recovery von früheren verschiedenen Zeilen-Versionen einer Tabelle
- Rückgängigmachen einer DROP TABLE-Anweisung
- Anschauen von Änderungen, die von einer bestimmten Transaktion gemacht wurden

Detaillierte Informationen zu den Themen »Oracle Flashback Technology« und »RMAN Flashback« finden Sie im Teil 1 »Neue Architektur und neue Features«.

Retention Policies (Aufbewahrungsregeln)

Beim Erstellen von Backups ist es wichtig festzulegen, wie lange die archivierten Dateien aufbewahrt werden sollen. RMAN kennt zwei Regel-Optionen:

- Recovery Window
- Redundancy

Mit »Recovery Window« können Sie ein Zeitfenster für die Aufbewahrung von Sicherungen vorgeben. Im folgenden Beispiel wird ein Zeitfenster von acht Tagen festgelegt.

```
RMAN> CONFIGURE RETENTION POLICY TO RECOVERY WINDOW OF 8 DAYS;
Neue RMAN-Konfigurationsparameter:
CONFIGURE RETENTION POLICY TO RECOVERY WINDOW OF 8 DAYS;
Neue RMAN-Konfigurationsparameter wurden erfolgreich gespeichert
Vollständige Neusynchronisation des Recovery-Katalogs wird begonnen
Vollständige Neusynchronisation abgeschlossen
```

Listing 19.6:
Eine Retention Policy mit Recovery Window festlegen

Kapitel 19   Backup and Recovery

Die Redundancy-Regel definiert eine fixe Anzahl von Sicherungen, die nicht überschrieben werden sollen.

Listing 19.7: Eine Retention Policy mit Redundancy festlegen

```
RMAN> CONFIGURE RETENTION POLICY TO REDUNDANCY 4;
Alte RMAN-Konfigurationsparameter:
CONFIGURE RETENTION POLICY TO RECOVERY WINDOW OF 8 DAYS;
Neue RMAN-Konfigurationsparameter:
CONFIGURE RETENTION POLICY TO REDUNDANCY 4;
Neue RMAN-Konfigurationsparameter wurden erfolgreich gespeichert
Vollständige Neusynchronisation des Recovery-Katalogs wird begonnen
Vollständige Neusynchronisation abgeschlossen
```

Der RMAN-Standard ist REDUNDANCY 1. Sie können diesen mit dem folgenden Befehl wiederherstellen.

Listing 19.8: Den Retention-Policy-Standard wiederherstellen

```
RMAN> CONFIGURE RETENTION POLICY CLEAR;
Alte RMAN-Konfigurationsparameter:
CONFIGURE RETENTION POLICY TO REDUNDANCY 4;
RMAN-
Konfigurationsparameter wurden erfolgreich auf Standardwert zurückgesetzt
Vollständige Neusynchronisation des Recovery-Katalogs wird begonnen
Vollständige Neusynchronisation abgeschlossen
RMAN> SHOW RETENTION POLICY;
RMAN-Konfigurationsparameter sind:
CONFIGURE RETENTION POLICY TO REDUNDANCY 1; # default
```

Die laut Retention Policy verfallenen Backups können mit dem Befehl REPORT OBSOLETE angezeigt und mit DELETE OBSOLETE gelöscht werden.

Listing 19.9: Verfallene Backups anzeigen und löschen

```
RMAN> REPORT OBSOLETE;
RMAN-Sperr-Policy wird für den Befehl angewendet
RMAN-Sperr-Policy ist auf Redundanz 1 festgelegt
Bericht: veraltete Backups und Kopien
Typ              Schlüssel   Abschlusszeit     Dateiname/Handle
-------------------- ------ ------------------- ---------
Backup Set     139      21.03.04
   Backup Piece      141     21.03.04        /var/oracle/oradata/komp10g/
backup/KOMP10G_3_521381908_b
ackup.bcp
Backup Set     140      21.03.04
   Backup Piece      142     21.03.04        /var/oracle/oradata/komp10g/
backup/KOMP10G_4_521381983_backup.bcp
Backup Set     153      21.03.04
   Backup Piece      157     21.03.04        /var/oracle/oradata/komp10g/
backup/cltc-3266381275-20040321-00

RMAN> DELETE OBSOLETE;
RMAN-Sperr-Policy wird für den Befehl angewendet
RMAN-Sperr-Policy ist auf Redundanz 1 festgelegt
```

Der Recovery Manager (RMAN)   Kapitel 19

```
Kanal ORA_DISK_1 wird benutzt
Die folgenden veralteten Backups und Kopien werden gelöscht:
Typ              Schlüssel   Abschlusszeit    Dateiname/Handle
-------------------- ------ ------------------ ---------
Backup Set    139    21.03.04
  Backup Piece      141    21.03.04           /var/oracle/oradata/komp10g/
backup/KOMP10G_3_521381908_backup.bcp
Backup Set    140    21.03.04
  Backup Piece      142    21.03.04           /var/oracle/oradata/komp10g/
backup/KOMP10G_4_521381983_backup.bcp
Backup Set    153    21.03.04
  Backup Piece      157    21.03.04           /var/oracle/oradata/komp10g/
backup/cltc-3266381275-20040321-00
Möchten Sie die obigen Objekte wirklich löschen (geben Sie YES oder NO ein)?
YES
Backup Piece gelöscht
Backup Piece-Handle=/var/oracle/oradata/komp10g/backup/
KOMP10G_3_521381908_backup.bcp Recid=2 Stempel=521381908
Backup Piece gelöscht
Backup Piece-Handle=/var/oracle/oradata/komp10g/backup/
KOMP10G_4_521381983_backup.bcp Recid=3 Stempel=521381984
Backup Piece gelöscht
Backup Piece-Handle=/var/oracle/oradata/komp10g/backup/cltc-3266381275-
20040321-00 Recid=4 Stempel=521381990
Archive Log gelöscht
3 Objekte gelöscht
```

Mit dem Befehl DELETE OBSOLETE *werden im Sinne der Retention Policy verfallene Sicherungen vom Backup-Medium physisch gelöscht und der Recovery-Katalog wird aktualisiert.*

Backup and Recovery-Szenarien mit RMAN

In diesem Abschnitt werden häufig auftretende Szenarien für Backup and Recovery aufgezeigt.

Sie können die mitgelieferten Beispiele benutzen, um die Szenarien nachzuvollziehen. Die Beispiele sind getestet, jedoch kann es bei Restore- und Recovery-Operationen zu Benutzer- oder Systemfehlern kommen. Führen Sie vorher ein konsistentes Full Backup der Datenbank durch, um diese im Bedarfsfall einfach zurückholen zu können. Fertigen Sie dazu bei geschlossener Datenbank eine Kopie aller Datenbankdateien an.

Backup mit RMAN

Mit RMAN können Sie die folgenden Objekte sichern:

- gesamte Datenbank
- Tablespaces
- Tablespace-Dateien
- Archived Redo Log-Dateien
- Kontrolldateien
- Server Parameter File
- Backup Set

Ein *Backup Set* ist ein logisches Objekt, das aus einem oder mehreren physischen Backup-Objekten besteht.

Ein Backup Set wird im RMAN-Format geschrieben. Die gesicherten Dateien sind also nur mit RMAN lesbar. Damit ist ein Rückspeichern nur mit RMAN möglich.

Oracle schreibt bei der Sicherung Dateien, die als *Backup Pieces* bezeichnet werden. Die maximale Größe der Backup Pieces kann festgelegt werden. Dabei nimmt RMAN keine Rücksicht darauf, dass ein Quellobjekt in nur einem Backup Piece liegt. Die Grenzen sind fließend.

Mit dem BACKUP-Befehl können Tablespace-Dateien, Archived Redo Log-Dateien, Kontrolldateien und das SPFILE gesichert werden. Sicherungen mit RMAN können bei geöffneter oder geschlossener Datenbank erfolgen.

Beachten Sie, dass auch das Backup einer geschlossenen Datenbank inkonsistent sein kann, wenn z.B. die Datenbank mit shutdown abort *geschlossen wurde. Führen Sie deshalb vor einer konsistenten Sicherung mindestens ein* shutdown immediate *aus.*

RMAN unterscheidet zwischen *Full Backup* und *Incremental Backup*. Während bei einem Full Backup alle Datenblöcke gesichert werden, zieht ein Incremental Backup nur die Änderungen seit der letzten Sicherung ab.

Die Komplettsicherung einer Datenbank ist sehr einfach. Mit dem Befehl BACKUP DATABASE werden alle notwendigen Dateien gesichert. Sollen gleichzeitig die Archived Redo Log-Dateien mit gesichert werden, kann das mit dem Befehl BACKUP DATABASE ARCHIVELOG ALL erfolgen. Das ist wesentlich einfacher und sicherer im Vergleich zum User-Managed Backup, wo die zu sichernden Dateien einzeln bestimmt werden müssen und einiges mehr.

Es empfiehlt sich, eine RMAN-Standard-Konfiguration für jede Datenbank zu erstellen. Diese wird im Repository gespeichert und kann in jedem RUN-Befehl überschrieben werden.

Für die folgenden Beispiele sind die folgenden Standard-Parameter konfiguriert:

```
CONFIGURE RETENTION POLICY TO REDUNDANCY 2;
CONFIGURE BACKUP OPTIMIZATION ON;
CONFIGURE CONTROLFILE AUTOBACKUP ON;
CONFIGURE CONTROLFILE AUTOBACKUP FORMAT FOR DEVICE TYPE DISK TO
'/var/oracle/oradata/komp10g/backup/%F';
CONFIGURE CHANNEL DEVICE TYPE DISK FORMAT
    '/var/oracle/oradata/komp10g/backup/%d_%s_%t_backup.bcp';
```

Mit der Konfiguration CONTROLFILE AUTOBACKUP ON werden automatisch die aktuelle Kontrolldatei und das SPFILE mit gesichert.

Passen Sie die Standard-Konfiguration an Ihre Umgebung an. Mit dem Befehl SHOW ALL können Sie die aktuelle Konfiguration abrufen.

```
RMAN> SHOW ALL;
RMAN-Konfigurationsparameter sind:
CONFIGURE RETENTION POLICY TO REDUNDANCY 2;
CONFIGURE BACKUP OPTIMIZATION ON;
CONFIGURE DEFAULT DEVICE TYPE TO DISK; # default
CONFIGURE CONTROLFILE AUTOBACKUP ON;
CONFIGURE CONTROLFILE AUTOBACKUP FORMAT FOR DEVICE TYPE DISK TO
'/var/oracle/oradata/komp10g/backup/%F';
CONFIGURE DEVICE TYPE DISK PARALLELISM 1 BACKUP TYPE TO BACKUPSET; # default
CONFIGURE DATAFILE BACKUP COPIES FOR DEVICE TYPE DISK TO 1; # default
CONFIGURE ARCHIVELOG BACKUP COPIES FOR DEVICE TYPE DISK TO 1; # default
CONFIGURE CHANNEL DEVICE TYPE DISK FORMAT
'/var/oracle/oradata/komp10g/backup/%d_%s_%t_backup.bcp';
CONFIGURE MAXSETSIZE TO UNLIMITED; # default
CONFIGURE ARCHIVELOG DELETION POLICY TO NONE; # default
CONFIGURE SNAPSHOT CONTROLFILE NAME TO
    '/var/oracle/product/10.1.0/dbs/snapcf_komp10g.f'; # default
```

Listing 19.10: Die RMAN-Standard-Konfiguration abfragen

Die Beispieldatenbank KOMP10G läuft im ARCHIVELOG-Modus. Nach Setzen der Standard-Konfiguration können Sie mit einem einzigen Befehl die komplette Datenbank sichern. Der Befehl lautet BACKUP DATABASE ARCHIVELOG ALL DELETE INPUT. Das heißt, die Datenbank wird vollständig inklusive aller Archived Redo Log-Dateien gesichert. Danach werden die Archived Redo Log-Dateien gelöscht.

```
RMAN> BACKUP DATABASE ARCHIVELOG ALL DELETE INPUT;
Starten backup um 21.03.04
Zugewiesener Kanal: ORA_DISK_1
```

Listing 19.11: Full Backup der Zieldatenbank mit RMAN

Kapitel 19   Backup and Recovery

```
Kanal ORA_DISK_1: SID=256 Gerätetyp=DISK
Kanal ORA_DISK_1: Vollständiges Backup Set für Datendatei wird begonnen
Kanal ORA_DISK_1: Datendateien werden in Backup Set angegeben
Eingabe-Datendatei fno=00001 Name=/var/oracle/oradata/komp10g/system01.dbf
Eingabe-Datendatei fno=00002 Name=/var/oracle/oradata/komp10g/undotbs01.dbf
Eingabe-Datendatei fno=00003 Name=/var/oracle/oradata/komp10g/sysaux01.dbf
Eingabe-Datendatei fno=00004 Name=/var/oracle/oradata/komp10g/users01.dbf
Kanal ORA_DISK_1: Piece 1 wird auf 21.03.04 begonnen
Kanal ORA_DISK_1: Piece 1 auf 21.03.04 beendet
Stück-Handle=/var/oracle/oradata/komp10g/backup/
KOMP10G_8_521386806_backup.bcp Kommentar=NONE
Kanal ORA_DISK_1: Backup Set vollständig, abgelaufene Zeit: 00:01:15
Kanal ORA_DISK_1: Backup Set für Archive Log wird begonnen
Kanal ORA_DISK_1: Archive Logs in Backup Set werden angegeben
Eingabe-Archive-Log-Thread=1 Sequenz=72 Recid=4 Stempel=521386762
Kanal ORA_DISK_1: Piece 1 wird auf 21.03.04 begonnen
Kanal ORA_DISK_1: Piece 1 auf 21.03.04 beendet
Stück-Handle=/var/oracle/oradata/komp10g/backup/
KOMP10G_9_521386882_backup.bcp Kommentar=NONE
Kanal ORA_DISK_1: Backup Set vollständig, abgelaufene Zeit: 00:00:02
Kanal ORA_DISK_1: Archive Log(s) werden gelöscht
Archive Log-Dateiname=/var/oracle/oradata/komp10g/archive/
1_72_521306011.dbf Recid=4 Stempel=521386762
Beendet backup um 21.03.04
Starten Control File and SPFILE Autobackup um 21.03.04
Stück-Handle=/var/oracle/oradata/komp10g/backup/c-3266381275-20040321-
02 Kommentar=NONE
Beendet Control File and SPFILE Autobackup um 21.03.04
```

Schauen Sie sich an, welche Dateien RMAN geschrieben hat. Diese Dateien werden Backup Pieces genannt. Sie sind im RMAN-Format und können nur mit RMAN wieder gelesen werden. Das Backup besteht aus zwei Backup Pieces sowie einer Datei mit Kontrolldatei und SPFILE.

Listing 19.12:
Liste der RMAN Backup Pieces

```
$ cd /var/oracle/oradata/komp10g/backup
$ ls -l
total 318336
-rw-r-----   1 oracle   oinstall  2949120 Mar 21 13:41
c-3266381275-20040321-02
-rw-r-----   1 oracle   oinstall  316522496 Mar 21 13:41
KOMP10G_8_521386806_backup.bcp
-rw-r-----   1 oracle   oinstall  6172672 Mar 21 13:41
   KOMP10G_9_521386882_backup.bcp
```

RMAN speichert die Informationen für alle Sicherungen im Repository. Sie können sich diese mit den Befehlen LIST BACKUP und LIST BACKUP SUMMARY anschauen:

Der Recovery Manager (RMAN)   Kapitel 19

```
RMAN> LIST BACKUP SUMMARY;
Liste mit Backups
===============
Schlüssel    TY LV S Gerätetyp Abschluss-Zeit #Pieces #Kopien Kompr Tag
-------  -- -- - --------- --------------- ------- -----
208      B  F  A DISK      21.03.04         1       1       NO     TAG2004
0321T134006
209      B  A  A DISK      21.03.04         1       1       NO     TAG2004
0321T134006
222      B  F  A DISK      21.03.04         1       1       NO     TAG2004
0321T134125
RMAN> LIST BACKUP;
Liste mit Backup Sets
===================
BS-Schlüssel  Typ LV-Größe    Gerätetyp Abgelaufene Zeit Abschluss-Zeit
-------  ---- -- ---------- ----------- -------------  ----
208      Full    301M       DISK        00:01:13       21.03.04
         BP-
Schlüssel: 212    Status: AVAILABLE  Kompr: NO  Tag: TAG20040321T134006
         Piece-Name: /var/oracle/oradata/komp10g/backup/
KOMP10G_8_521386806_backup.bcp
  Liste mit Datendateien in Backup Set 208
  Datei LV Typ Ckp SCN   Ckp Zeit Name
  ---- -- ---- ---------- -------- ----
  1        Full 201415    21.03.04 /var/oracle/oradata/komp10g/system01.dbf
  2        Full 201415    21.03.04 /var/oracle/oradata/komp10g/undotbs01.dbf
  3        Full 201415    21.03.04 /var/oracle/oradata/komp10g/sysaux01.dbf
  4        Full 201415    21.03.04 /var/oracle/oradata/komp10g/users01.dbf
BS-Schlüsselgröße     Gerätetyp Abgelaufene Zeit Abschluss-Zeit
-------  ---------- ----------- -------------  ------------
209      5M         DISK        00:00:01       21.03.04
         BP-
Schlüssel: 213    Status: AVAILABLE  Kompr: NO  Tag: TAG20040321T134006
         Piece-Name: /var/oracle/oradata/komp10g/backup/
KOMP10G_9_521386882_backup.bcp
  Liste mit archivierten Logs in Backup Set 209
  Thrd Seq    Niedrige SCN   Niedrige Zeit Nächste SCN   Nächste Zeit
  ---- ------ ---------- ------------- ---------- -----
  1    72     197202         21.03.04      201389        21.03.04
BS-Schlüssel  Typ LV-Größe    Gerätetyp Abgelaufene Zeit Abschluss-Zeit
-------  ---- -- ---------- ----------- -------------  ----
222      Full    2M         DISK        00:00:01       21.03.04
         BP-
Schlüssel: 224    Status: AVAILABLE  Kompr: NO  Tag: TAG20040321T134125
         Piece-Name: /var/oracle/oradata/komp10g/backup/c-3266381275-20040321-
02
  Kontrolldatei enthalten: Ckp SCN: 201452    Ckp-Zeit: 21.03.04
  SPFILE enthalten: Änderungszeit: 21.03.04
```

Listing 19.13:
Die LIST BACKUP-Anweisung

Mit RMAN können Sie auch einzelne Tablespaces oder Dateien sichern:

Kapitel 19   Backup and Recovery

Listing 19.14:
Tablespace-Sicherung mit RMAN

```
RMAN> BACKUP TABLESPACE SYSAUX;
Starten backup um 21.03.04
Kanal ORA_DISK_1 wird benutzt
Kanal ORA_DISK_1: Vollständiges Backup Set für Datendatei wird begonnen
Kanal ORA_DISK_1: Datendateien werden in Backup Set angegeben
Eingabe-Datendatei fno=00003 Name=/var/oracle/oradata/komp10g/sysaux01.dbf
Kanal ORA_DISK_1: Piece 1 wird auf 21.03.04 begonnen
Kanal ORA_DISK_1: Piece 1 auf 21.03.04 beendet
Stück-Handle=/var/oracle/oradata/komp10g/backup/
KOMP10G_11_521388273_backup.bcp Kommentar=NONE
Kanal ORA_DISK_1: Backup Set vollständig, abgelaufene Zeit: 00:00:15
Beendet backup um 21.03.04
Starten Control File and SPFILE Autobackup um 21.03.04
Stück-Handle=/var/oracle/oradata/komp10g/backup/c-3266381275-20040321-
03 Kommentar=NONE
Beendet Control File and SPFILE Autobackup um 21.03.04
```

Der Befehl zum Sichern einer bestimmten Datei lautet:

```
BACKUP DATAFILE '/var/oracle/oradata/komp10g/system01.dbf';
```

Für ein Incremental Backup können Sie Stufen verwenden. Ein Backup mit der Stufe »0« ist die erste Sicherung. Ein Backup mit der Stufe »1« sichert nur Blöcke, die sich seit dem letzten Backup mit der Stufe »0« oder »1« geändert haben.

Listing 19.15:
Incremental Backup der Stufe »0«

```
RMAN> BACKUP INCREMENTAL LEVEL=0 DATABASE;
Starten backup um 21.03.04
Kanal ORA_DISK_1 wird benutzt
Kanal ORA_DISK_1: Backup Set von Datendatei auf inkrementeller Ebene 0 wird b
egonnen
Kanal ORA_DISK_1: Datendateien werden in Backup Set angegeben
Eingabe-Datendatei fno=00001 Name=/var/oracle/oradata/komp10g/system01.dbf
Eingabe-Datendatei fno=00002 Name=/var/oracle/oradata/komp10g/undotbs01.dbf
Eingabe-Datendatei fno=00003 Name=/var/oracle/oradata/komp10g/sysaux01.dbf
Eingabe-Datendatei fno=00004 Name=/var/oracle/oradata/komp10g/users01.dbf
Kanal ORA_DISK_1: Piece 1 wird auf 21.03.04 begonnen
Kanal ORA_DISK_1: Piece 1 auf 21.03.04 beendet
Stück-Handle=/var/oracle/oradata/komp10g/backup/
KOMP10G_15_521388654_backup.bcp Kommentar=NONE
Kanal ORA_DISK_1: Backup Set vollständig, abgelaufene Zeit: 00:01:25
Beendet backup um 21.03.04
Starten Control File and SPFILE Autobackup um 21.03.04
Stück-Handle=/var/oracle/oradata/komp10g/backup/c-3266381275-20040321-
05 Kommentar=NONE
Beendet Control File and SPFILE Autobackup um 21.03.04
```

Wenn Sie jetzt ein Incremental Backup der Stufe »1« durchführen, werden Sie feststellen, dass das Backup Piece sehr klein ist.

Mit Setzen des Parameters BACKUP OPTIMIZATION ON *verhindern Sie, dass eine Datei erneut gesichert wird, obwohl sie sich bereits auf dem Backup-Medium befindet und nicht verändert wurde. Hiermit erreichen Sie eine weitere Verringerung der Sicherungszeiten.*

Bei der Sicherung von Archived Redo Log-Dateien können Sie eine Filteroption angeben. Mit der Option ALL sichert RMAN alle Dateien, die sich noch nicht in einem gültigen Backup Piece befinden.

Mit der Option DELETE INPUT werden die gesicherten Dateien aus dem Archiv gelöscht.

Beachten Sie, dass mit der Option DELETE INPUT *zwar freier Speicherplatz auf der Festplatte geschaffen wird, jedoch im Falle eines Restore and Recovery die benötigten Dateien vom Backup-Medium zurückgespeichert werden müssen. Das erhöht die Recovery- und damit die Ausfallzeit der Datenbank. Finden Sie deshalb einen guten Kompromiss zwischen bestmöglicher Archivierung und guten Recovery-Zeiten.*

Sie haben die Möglichkeit, Archived Redo Log-Dateien für eine bestimmte Zeit im Archiv zu belassen. Im folgenden Beispiel werden nur Dateien gesichert und gelöscht, die älter als ein Tag sind.

```
BACKUP ARCHIVELOG UNTIL TIME 'SYSDATE-1' DELETE INPUT;
```

Sie wollen möglicherweise in regelmäßigen Abständen alle vorhandenen Archived Redo Log-Dateien sichern, um eine größere Sicherheit zu erreichen, gleichzeitig aber auch die letzten Dateien im Archiv behalten, um schnelle Restore-Zeiten zu gewährleisten. Das können Sie mit einer Kombination der folgenden Befehle erreichen:

```
BACKUP ARCHIVELOG ALL;
BACKUP ARCHIVELOG UNTIL TIME 'SYSDATE-1' DELETE INPUT;
```

Im ersten Schritt werden alle neuen Dateien gesichert und nicht im Archiv gelöscht. Mit dem zweiten Befehl wird erreicht, dass nur Dateien, die älter als ein Tag sind, aus dem Archiv gelöscht werden. Da RMAN bereits gesicherte Dateien nicht erneut sichert, entsteht keine zusätzliche Belastung für das Backup.

Wie Sie gesehen haben, ist RMAN sehr komfortabel und flexibel. Sie brauchen sich nicht darum zu kümmern, welche Dateien gesichert werden müssen. Außerdem weiß RMAN, wo sich die gesicherten Dateien befinden, was das Rückspeichern erleichtert.

Kapitel 19   Backup and Recovery

Allerdings können Sicherungen, die mit dem BACKUP-Befehl erstellt wurden, auch nur von RMAN wieder gelesen werden. Wenn Sie jedoch eine Sicherung benötigen, für die RMAN zur Rückspeicherung nicht zur Verfügung steht, dann können Sie den COPY-Befehl verwenden.

Beachten Sie, dass mit dem COPY-Befehl keine Incremental Backups erstellt werden können. RMAN kopiert nur komplette Dateien.

Das folgende Beispiel zeigt, wie Sie ein Consistent Backup mit RMAN unter Verwendung des COPY-Befehls erstellen können. Für ein Consistent Backup ist es erforderlich, die Datenbank im MOUNT-Status zu öffnen.

Ein Consistent Backup mit RMAN unter Verwendung des COPY-Befehls erstellen

1. Öffnen Sie die Datenbank mit der MOUNT-Option.

   ```
   $ rman target / catalog rman/rman@rman10
   Recovery Manager: Version 10.1.0.2.0 - Production
   Copyright (c) 1995, 2004, Oracle.  All rights reserved.
   mit Zieldatenbank verbunden (nicht gestartet)
   Verbindung mit Datenbank des Recovery-Katalogs
   RMAN> STARTUP MOUNT;
   Oracle-Instance gestartet
   Datenbank angeschlossen
   Gesamte System Global Area   138412032 Byte
   Fixed Size                      777796 Byte
   Variable Size                112206268 Byte
   Database Buffers              25165824 Byte
   Redo Buffers                    262144 Byte
   ```

2. Erzeugen Sie einen Schema-Report, um die zu sichernden Dateien zu identifizieren.

   ```
   RMAN> REPORT SCHEMA;
   Bericht: Datenbankschema
   Datei KB      Tablespace            RB-Segmente Datendateiname
   ---- ---------- -------------------- ------- ------
   1      307200 SYSTEM                YES        /var/oracle/oradata/
          komp10g/system01.dbf
   2      204800 UNDOTBS1              YES        /var/oracle/oradata/
          komp10g/undotbs01.dbf
   3      153600 SYSAUX                NO         /var/oracle/oradata/
          komp10g/sysaux01.dbf
   4        5120 USERS                 NO         /var/oracle/oradata/
          komp10g/users01.dbf
   ```

3. Benutzen Sie den COPY-Befehl, um alle relevanten Dateien zu sichern.

```
RMAN> COPY
2> DATAFILE 1 TO '/var/oracle/oradata/komp10g/backup/system01.dbf',
3> DATAFILE 2 TO '/var/oracle/oradata/komp10g/backup/undotbs01.dbf',
4> DATAFILE 3 TO '/var/oracle/oradata/komp10g/backup/sysaux01.dbf',
5> DATAFILE 4 TO '/var/oracle/oradata/komp10g/backup/users01.dbf',
6> CURRENT CONTROLFILE TO '/var/oracle/oradata/komp10g/backup/
   control01.ctl';
...
Ausgabedateiname=/var/oracle/oradata/komp10g/backup/
   control01.ctl tag=TAG20040321T170741 recid=5 stamp=521399339
Kanal ORA_DISK_1: Datendatei-
   Kopie abgeschlossen, abgelaufene Zeit: 00:00:01
Beendet backup um 21.03.04
Starten Control File and SPFILE Autobackup um 21.03.04
Stück-Handle=/var/oracle/oradata/komp10g/backup/c-3266381275-20040321-
   08 Kommentar=NONE
Beendet Control File and SPFILE Autobackup um 21.03.04
```

4. Mit dem Befehl LIST COPY können Sie sich die Kopien anzeigen lassen.

```
Liste mit Datendatei-Kopien
Schlüssel   Datei S Abschluss-Zeit Ckp SCN    Ckp Zeit     Name
-------     ----  - --------------- ----------- -----------
343         1     A 21.03.04        204467     21.03.04    /var/oracle/
   oradata/komp10g/backup/system01.dbf
344         2     A 21.03.04        204467     21.03.04    /var/oracle/
   oradata/komp10g/backup/undotbs01.dbf
345         3     A 21.03.04        204467     21.03.04    /var/oracle/
   oradata/komp10g/backup/sysaux01.dbf
346         4     A 21.03.04        204467     21.03.04    /var/oracle/
   oradata/komp10g/backup/users01.dbf
```

Restore and Recovery mit RMAN

Dieser Abschnitt beschäftigt sich mit verschiedenen Szenarien für Restore and Recovery. Welches Szenario am besten geeignet ist, hängt von der aktuellen Situation ab. Zwar gibt es gewisse Standard-Fälle, jedoch unterliegt die Auswahl oder Zusammenstellung eines Szenarios immer der Einschätzung des Datenbankadministrators.

Bei der Auswahl des »besten« Szenarios spielen viele Gesichtspunkte eine Rolle, von der zur Verfügung stehenden Zeit über das gewünschte Sicherheitsniveau und die zu gewährleistende Verfügbarkeit der Datenbank bis hin zur Erfahrung des Administrators.

Häufig sind Administratoren unsicher, ob die mit RMAN erstellten Sicherungen für ein Restore and Recovery auch ausreichen. Schließlich sind alle Dateien in Backup Pieces versteckt. Ein regelmäßiges Überprüfen, ob die Backups auch vollständig sind, ist deshalb wichtig.

Als erstes Szenario soll deshalb das so genannte *Disaster Recovery* beschrieben werden. Unter Disaster Recovery verstcht man den Verlust aller Dateien einer Oracle-Datenbank. Dies kann gleichbedeutend mit der Notwendigkeit sein, die Datenbank auf einem anderen Host zurückzuspeichern. Das kann durch eine Havariesituation ausgelöst werden oder einfach durch das Verlangen, Gültigkeit und Vollständigkeit von Sicherungen zu überprüfen.

Das folgende Beispiel zeigt, wie ein Disaster Recovery mit RMAN durchgeführt werden kann. Die Datenbank läuft im ARCHIVELOG-Modus und es wird vorausgesetzt, dass ein gültiges RMAN-Backup existiert. Dieses wurde mit dem folgenden Befehl erstellt:

```
BACKUP DATABASE ARCHIVELOG ALL DELETE INPUT;
```

Disaster Recovery mit RMAN

1. Es wird davon ausgegangen, dass alle Dateien verloren sind. Dazu wird die Datenbank-ID der Zieldatenbank benötigt. Diese können Sie mit der folgenden Abfrage im Recovery-Katalog ermitteln.

   ```
   $ sqlplus rman/rman@rman10
   SQL> SELECT a.db_name, b.db_id
     2  FROM dbinc a, db b
     3  WHERE a.db_key = b.db_key;
   DB_NAME     DB_ID
   --------    ----------
   KOMP10G     3266381275
   ```

2. Starten Sie RMAN und setzen Sie die ermittelte Datenbank-ID.

   ```
   $ rman target / catalog rman/rman@rman10
   Recovery Manager: Version 10.1.0.2.0 - Production
   Copyright (c) 1995, 2004, Oracle. All rights reserved.
   mit Zieldatenbank verbunden (nicht gestartet)
   Verbindung mit Datenbank des Recovery-Katalogs
   RMAN> SET DBID 3266381275;
   Befehl wird ausgeführt: SET DBID
   Datenbankname ist "KOMP10G" und DBID ist 3266381275
   ```

3. Starten Sie die Instanz im NOMOUNT-Status. Hierzu benötigen Sie weder init.ora noch SPFILE (wir gehen ja davon aus, dass alle Daten verloren sind). RMAN startet die Instanz mit einer Dummy-Parameterdatei.

   ```
   RMAN> STARTUP FORCE NOMOUNT;
   Start nicht erfolgreich: ORA-01078: failure in processing system
       parameters
   LRM-00109: Parameterdatei '/var/oracle/product/10.1.0/dbs/
       initkomp10g.ora' kann nicht ge¿ffnet werden
   Versuch, Oracle-Instance ohne Parameterdateien zu starten...
   Oracle-Instance gestartet
   ```

```
Gesamte System Global Area    113246208 Byte
Fixed Size                       777676 Byte
Variable Size                  61874740 Byte
Database Buffers               50331648 Byte
Redo Buffers                     262144 Byte
```

4. Zuerst benötigen wir das SPFILE. Dieses wurde ja automatisch ins RMAN-Backup eingebunden. Führen Sie den folgenden Befehl aus, um das SPFILE zurückzuspeichern.

   ```
   RMAN> RESTORE SPFILE FROM AUTOBACKUP;
   Starten restore um 21.03.04
   Kanal ORA_DISK_1 wird benutzt
   Kanal ORA_DISK_1: autom. Backup gefunden: /var/oracle/oradata/komp10g/
       backup/c-3266381275-20040321-09
   Kanal ORA_DISK_1: Wiederherstellung von SPFILE aus autom. Backup
       abgeschlossen
   Beendet restore um 21.03.04
   ```

5. Speichern Sie nun die Kontrolldatei aus dem Autobackup zurück.

   ```
   RMAN> RESTORE CONTROLFILE FROM AUTOBACKUP;
   Starten restore um 21.03.04
   Kanal ORA_DISK_1 wird benutzt
   Kanal ORA_DISK_1: Kontrolldatei wird wiederhergestellt
   Kanal ORA_DISK_1: Wiederherstellung abgeschlossen
   Ausgabedateiname=/var/oracle/product/10.1.0/dbs/cntrlkomp10g.dbf
   Beendet restore um 21.03.04
   ```

6. Kopieren Sie jetzt die Kontrolldatei in die Verzeichnisse der Datenbank und duplizieren Sie dieses.

7. Jetzt kann die Datenbank im MOUNT-Status angehängt werden.

   ```
   RMAN> ALTER DATABASE MOUNT;
   Datenbank angeschlossen
   Freigegebener Kanal: ORA_DISK_1
   ```

8. Nun können die Tablespace-Dateien zurückgespeichert werden. Da RMAN genau weiß, in welchem Backup Piece sich die letzte Sicherung befindet und auch die Zielverzeichnisses kennt, ist ein einfaches RESTORE DATABASE ausreichend. Speichern Sie, falls erforderlich, auch die Archived Redo Log-Dateien mit dem Befehl RESTORE ARCHIVELOG ALL zurück.

   ```
   RMAN> RESTORE DATABASE;
   Starten restore um 21.03.04
   Zugewiesener Kanal: ORA_DISK_1
   Kanal ORA_DISK_1: SID=29 Gerätetyp=DISK
   Kanal ORA_DISK_1: Wiederherstellung von Datendatei-Backup Set beginnt
   Kanal ORA_DISK_1: Datendatei(en) werden zum Wiederherstellen aus Backup
       Set angegeben
   ```

```
Datendatei 00001 wird wiederhergestellt zu /var/oracle/oradata/komp10g/
    system01.dbf
Datendatei 00002 wird wiederhergestellt zu /var/oracle/oradata/komp10g/
    undotbs01.dbf
Datendatei 00003 wird wiederhergestellt zu /var/oracle/oradata/komp10g/
    sysaux01.dbf
Datendatei 00004 wird wiederhergestellt zu /var/oracle/oradata/komp10g/
    users01.dbf
Kanal ORA_DISK_1: Backup Piece 1 wurde wiederhergestellt
Piece Handle=/var/oracle/oradata/komp10g/backup/
    KOMP10G_27_521401789_backup.bcp Tag=TAG20040321T174948
Kanal ORA_DISK_1: Wiederherstellung abgeschlossen
Beendet restore um 21.03.04
```

9. Führen Sie ein Recovery durch und öffnen Sie die Datenbank.

```
SQL> RECOVER DATABASE UNTIL CANCEL USING BACKUP CONTROLFILE;
ORA-00279: Änderung 205855, erstellt von 03/21/
    2004 17:49:49. Erforderlich für
Thread 1
ORA-00289: Vorschlag: /var/oracle/product/10.1.0/dbs/
    arch1_76_521306011.dbf
ORA-00280: Änderung 205855 für Thread 1 in Sequenz #76
Log angeben: {<RET>=suggested | filename | AUTO | CANCEL}
CANCEL
Wiederherstellung des Datenträgers abgebrochen.
SQL> ALTER DATABASE OPEN RESETLOGS;
Datenbank wurde geändert.
```

10. Durch das Öffnen der Datenbank mit der RESETLOGS-Option wurde eine neue Inkarnation der Datenbank erstellt. RMAN hat das registriert und im Recovery-Katalog gespeichert. Die neue Inkarnation wird automatisch auf CURRENT gesetzt. Sie können sich die Historie in RMAN anschauen.

```
RMAN> LIST INCARNATION;
Liste mit Datenbankinkarnationen
DB Schl  Ink Schl DB-Name  DB-
    ID            STATUS Rücks. SCN  Rücks.zeit
-------- -------- -------- ---------------- --- -----
1        2        KOMP10G  3266381275       PARENT  1        20.03.04
1        1290     KOMP10G  3266381275       CURRENT 205856   21.03.04
```

An diesem Beispiel lässt sich auch gut nachvollziehen, dass ein explizites Backup der aktuellen Online Redo Log-Datei mit dem Befehl ALTER SYSTEM SWITCH LOGFILE *nicht erforderlich ist. Dies wird automatisch von* RMAN *ausgeführt. Es genügt also* CONTROLFILE AUTOBACKUP ON *zu setzen und ein* BACKUP DATABASE ARCHIVELOG ALL *auszuführen. Dies ist hinreichend, um ein Disaster Recovery durchzuführen.*

Das nächste Szenario beschreibt Restore and Recovery im Falle einer verloren gegangenen oder beschädigten Tablespace-Datei. Dies ist wohl eines der häufigsten Recovery-Szenarien. Hierfür kann es verschiedene Ursachen geben, von Hardware-Defekten bis zum unbeabsichtigten Löschen. Das folgende Beispiel bezieht sich auf eine Datenbank, die im ARCHIVELOG-Modus läuft.

Überprüfen Sie, ob möglicherweise nur wenig Blöcke in der Datei beschädigt sind. In diesem Fall ist ein Block Media Recovery (BMR) wesentlich besser geeignet. Ein Beispiel zu BMR finden Sie in diesem Abschnitt.

TIPP

Recovery einer verloren gegangenen oder beschädigten Tablespace

1. Setzen Sie die Tablespace mit der verloren gegangenen Datei in den OFFLINE-Modus. Die Tablespace ist für Anwender bis zum Abschluss des Recovery-Prozesses nicht verfügbar. Die Datenbank kann jedoch weiterlaufen.

   ```
   SQL> ALTER TABLESPACE users OFFLINE IMMEDIATE;
   Tablespace wurde geändert.
   ```

2. Speichern Sie die Tablespace mit RMAN zurück.

   ```
   RMAN> RESTORE TABLESPACE users;
   Starten restore um 28.03.04
   Zugewiesener Kanal: ORA_DISK_1
   Kanal ORA_DISK_1: SID=250 Gerätetyp=DISK
   Datendatei fno=4 Name=/var/oracle/oradata/komp10g/
      users01.dbf wird erstellt
   Beendet restore um 28.03.04
   ```

3. Jetzt kann ein Recovery der Tablespace durchgeführt werden.

   ```
   RMAN> RECOVER TABLESPACE users;
   Starten recover um 28.03.04
   Zugewiesener Kanal: ORA_DISK_1
   Kanal ORA_DISK_1: SID=261 Gerätetyp=DISK
   Starte Wiederherstellung des Datenträgers
   Wiederherstellung des Datenträgers beendet
   Beendet recover um 28.03.04
   ```

4. Setzen Sie zum Schluss die Tablespace wieder in den ONLINE-Modus, um sie den Anwendern wieder verfügbar zu machen.

   ```
   RMAN> SQL "ALTER TABLESPACE users ONLINE";
   SQL-Anweisung: ALTER TABLESPACE users ONLINE
   ```

Kritisch kann der Verlust von Online Redo Log-Dateien sein. Online Redo Log-Dateien werden in der Regel gespiegelt. Wenn Sie also nicht alle Member einer Redo Log-Gruppe verlieren, ist das Wiederherstellen relativ simpel, wie das folgende Beispiel zeigt.

Recovery bei Verlust nicht aller Member einer Redo Log-Gruppe

1. Ermitteln Sie den Dateinamen der defekten Log-Datei mit der folgenden SQL-Abfrage.

   ```
   SQL> SELECT group#, status, member
     2  FROM v$logfile;
      GROUP# STATUS  MEMBER
   ---------- ------- ---------------------------------------
           1 INVALID /var/oracle/oradata/komp10g/redo01.log
           2         /var/oracle/oradata/komp10g/redo02.log
           3         /var/oracle/oradata/komp10g/redo03.log
   ```

2. Entfernen Sie die Log-Datei aus der Gruppe.

   ```
   SQL> ALTER DATABASE DROP LOGFILE MEMBER
     2  '/var/oracle/oradata/komp10g/redo01.log';
   Datenbank wurde geändert.
   ```

3. Erstellen Sie ein neues Member für die betroffene Log-Gruppe.

   ```
   SQL> ALTER DATABASE ADD LOGFILE MEMBER
     2  '/var/oracle/oradata/komp10g/red01.log' TO GROUP 1;
   Datenbank wurde geändert.
   ```

Wenn alle Member einer Online Redo Log-Gruppe unbrauchbar oder wenn die Dateien nicht gespiegelt sind, ist eine andere Vorgehensweise erforderlich. Ist der Status der betroffenen Log-Gruppe inaktiv, dann kann das Wiederherstellen wie im folgenden Beispiel erfolgen.

Recovery bei Verlust aller Member einer Redo Log-Gruppe

1. Stellen Sie die Dateinamen und die Log-Gruppe mit der folgenden Abfrage fest.

   ```
   SQL> SELECT * FROM v$logfile;
      GROUP# STATUS  TYPE    MEMBER                                  IS_
   ---------- ------- ------- --------------------------------------- ---
           1 INVALID ONLINE  /var/oracle/oradata/komp10g/red01.log    NO
           2         ONLINE  /var/oracle/oradata/komp10g/redo02.log   NO
           3         ONLINE  /var/oracle/oradata/komp10g/redo03.log   NO
           1 INVALID ONLINE  /var/oracle/oradata/komp10g/redo01_2.log NO
           2         ONLINE  /var/oracle/oradata/komp10g/redo02_2.log NO
           3         ONLINE  /var/oracle/oradata/komp10g/redo03_2.log NO
   ```

2. Überzeugen Sie sich, dass die betroffene Gruppe inaktiv ist.

```
SQL> SELECT group#, status, archived
  2  FROM v$log;
    GROUP# STATUS            ARC
---------- ---------------- ---
         1 INACTIVE          YES
         2 INACTIVE          YES
         3 CURRENT           NO
```

3. Öffnen Sie die Datenbank mit STARTUP MOUNT im MOUNT-Status.

4. Reinitialisieren Sie die defekte Log-Gruppe mit dem folgenden Befehl. Oracle benutzt die Archived Redo Log-Dateien, um die Online Log Member wiederherzustellen.

   ```
   SQL> ALTER DATABASE CLEAR LOGFILE GROUP 1;
   Datenbank wurde geändert.
   ```

5. Öffnen Sie die Datenbank mit dem Befehl ALTER DATABASE OPEN.

Ein ebenso häufig benötigtes Szenario ist *Database Point-in-Time Recovery (DBPITR)*, das auch als *Incomplete Recovery* bezeichnet wird.

> *Eine Alternative zum Database Point-in-Time Recovery ist das Flashback-Database-Feature. Damit kann der Restore-Prozess eingespart werden. Es kann jedoch nur dann erfolgreich angewandt werden, wenn sich alle erforderlichen Dateien in der Flash Recovery Area befinden und nicht überschrieben wurden.*
>
> :-) TIPP

Block Media Recovery (BMR) wurde in Oracle9i eingeführt. BMR ermöglicht es, ein Recovery auf Datenblock-Ebene durchzuführen und damit die MTTR (Mean Time to Recover) zu verringern. Möglicherweise ist Ihnen der folgende Fehler bereits über den Weg gelaufen:

```
ORA-01578 Oracle-Datenblock beschädigt (Datei Nr. 12, Block Nr. 8)
ORA-01110 Datendatei 12: '/var/oracle/oradata/komp10g/sysaux01.dbf'
```

Ohne Block Media Recovery müsste die defekte Datei von der letzten Sicherung zurückgespeichert und ein Recovery durchgeführt werden. Das kann zwar bei laufender Datenbank erfolgen, jedoch sind in dieser Zeit keine in der Datei enthaltenen Daten für den Anwender verfügbar.

Da liegt doch die Idee nahe, ein Recovery nicht für die gesamte Datei, sondern nur für die defekten Datenblöcke durchzuführen. Damit würden während des Recoverys nur die defekten Blöcke nicht zur Verfügung stehen.

Der Recovery-Prozess muss manuell ausgeführt werden. Aus der Fehlermeldung können Sie Datei- und Blocknummer entnehmen und dann den Recovery-Befehl, wie im folgenden Beispiel, in RMAN ausführen:

Kapitel 19 Backup and Recovery

Listing 19.16: Block Media Recovery mit RMAN

```
RMAN> BLOCKRECOVER DATAFILE 12 BLOCK 8 FROM BACKUPSET;
Starten blockrecover um 28.03.04
Vollständige Neusynchronisation des Recovery-Katalogs wird begonnen
Vollständige Neusynchronisation abgeschlossen
Zugewiesener Kanal: ORA_DISK_1
Kanal ORA_DISK_1: SID=251 Gerätetyp=DISK
Starte Wiederherstellung des Datenträgers
Wiederherstellung des Datenträgers beendet
Beendet blockrecover um 28.03.04
```

RMAN benutzt das letzte Backup und die Redo Log-Dateien für das Recovery. Die betroffene Datei und Tablespace bleiben online, während der Recovery-Prozess läuft. Alle intakten Blöcke können während dieser Zeit normal verarbeitet werden. Blöcke, die als defekt markiert sind, können nicht benutzt werden, der Anwender erhält eine Fehlermeldung.

Block Media Recovery ist nicht für größere Schäden oder eine unbekannte Größe von Schäden geeignet. Dann ist ein Media Recovery der Datei die bessere Lösung.

Für Block Media Recovery gelten die folgenden Restriktionen:

- BMR kann nur mit RMAN, nicht mit SQL*Plus durchgeführt werden.
- Sie können nur ein vollständiges Recovery durchführen.
- Das Recovery kann nur mit Datenblöcken ausgeführt werden, die als defekt markiert sind. Eine Markierung erfolgt beim Ausführen eines BACKUP- oder BACKUP VALIDATE-Befehls. Sie können mit dem View V$DATABASE_BLOCK_CORRUPTION abgefragt werden.
- Für BMR kann nur ein mit RMAN erstelltes Full Backup herangezogen werden. Incremental Backups können nicht benutzt werden.

Ebenfalls in Oracle9i wurden *Restartable Backups* eingeführt. Dabei werden bei Wiederholung eines abgebrochenen Backups nur die Dateien verarbeitet, die noch nicht erfolgreich gesichert wurden. Der folgende Befehl ist ein Beispiel für das Wiederholen eines Backups:

```
BACKUP DATABASE NOT BACKED UP SINCE TIME 'SYSDATE-1';
```

Obwohl RMAN primär für Backup and Recovery entwickelt wurde, hat er inzwischen weitere Anwendungsgebiete gefunden. So können Sie mit RMAN beispielsweise eine Datenbank duplizieren oder eine Standby-Datenbank für Data Guard erzeugen. Auch da überzeugen die Vorteile von RMAN gegenüber anderen Werkzeugen.

RMAN Backups mit dem Enterprise Manager (EM)

Der Enterprise Manager unterstützt, wie bereits in früheren Versionen, den Recovery Manager in Form eines grafischen Benutzer-Interface. Allerdings gibt es einige signifikante Änderungen in Architektur und Aussehen. So ist der neue Enterprise Manager zu 100% browserbasierend. Zwar wird der Enterprise Manager Client noch mit ausgeliefert, es ist jedoch zu erwarten, dass er in späteren Versionen von der browserbasierenden Version abgelöst wird.

Allerdings gibt es Produkte und Optionen in Oracle 10g, die Sie ausschließlich mit der Java-Konsole des Enterprise Manager verwalten können. Dazu gehören Oracle Streams, Advanced Replication, Advanced Queuing, die XML-Datenbank, Oracle Spatial und Workspace.

Eine detaillierte Beschreibung der neuen Architektur und der neuen Funktionalität des Enterprise Manager finden Sie in Kapitel 13 »Der Enterprise Manager«.

Starten Sie einen Browser und verbinden Sie sich mit dem Enterprise Manager über den folgenden URL:

```
http://my_database_server:5500/em
```

Es erscheint die Login-Seite. Verwenden Sie an dieser Stelle einen Account, der die DBA-Rolle besitzt. Für Backup-and-Recovery-Operationen ist es vorteilhaft, den Benutzer SYS zu verwenden.

Nach erfolgreichem Login erscheint die Startseite. Wählen Sie das Register WARTUNG aus. Unter der Gruppe BACKUP/RECOVERY finden Sie, wie in Abbildung 19.3, alle verfügbaren Funktionen.

Wählen Sie den Menüpunkt WIEDERHERSTELLUNGS-EINSTELLUNGEN KONFIGURIEREN aus. Wenn Sie den EM zum ersten Mal verwenden, erhalten Sie die Fehlermeldung Fehlerhafte Recovery-Kataloginformationen. Klicken Sie auf den Button RECOVERY-KATALOGINFORMATIONEN BEARBEITEN. Spezifizieren Sie, wie in Abbildung 19.4, die erforderlichen Informationen für den Recovery-Katalog und klicken Sie auf OK.

Unter dem Punkt BACKUP-EINSTELLUNGEN KONFIGURIEREN können Sie eine RMAN-Konfiguration vornehmen, wie Sie das bereits von der Kommandozeile her kennen. Dort haben Sie den CONFIGURE-Befehl verwendet. Die Konfiguration konnten Sie mit SHOW ALL abfragen.

Wenn Sie ein RMAN-Backup über den Enterprise Manager konfigurieren, wird ein Job erstellt, der vom Oracle Scheduler ausgeführt wird. Das folgende Beispiel zeigt, wie ein RMAN-Backup im Enterprise Manager konfiguriert werden kann.

Kapitel 19   Backup and Recovery

Abbildung 19.2:
Die Login-Seite des Enterprise Manager

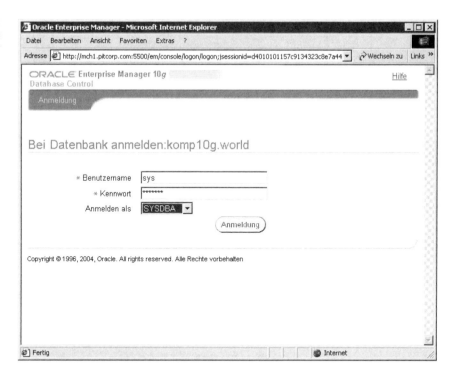

Abbildung 19.3:
Verfügbare Funktionen für Backup and Recovery im Enterprise Manager

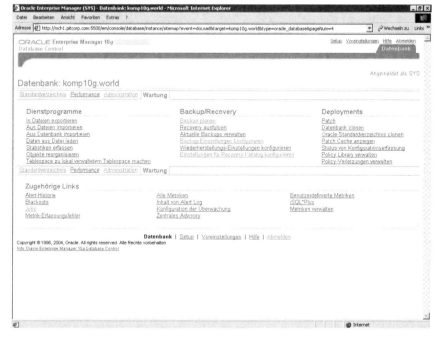

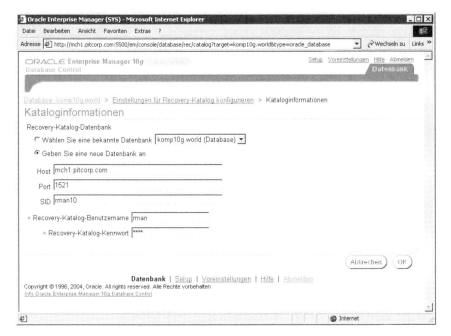

Abbildung 19.4:
Daten für den Recovery-Katalog erfassen

Konfiguration eines RMAN-Backups mit dem Enterprise Manager

1. Wählen Sie die Funktion BACKUP PLANEN. Im ersten Schritt können Sie die Backup-Strategie festlegen. Wählen Sie VON ORACLE EMPFOHLEN als Strategie und PLATTE als Backup-Ziel. Klicken Sie auf den WEITER-Button.

2. Es erscheint die Seite BACKUP PLANEN: SETUP. Verifizieren Sie die Angaben und klicken Sie auf WEITER. Jetzt können Sie wie in Abbildung 19.6 eine Zeit für das Backup festlegen.

3. Schließlich können Sie eine Überprüfung der eingegebenen Konfiguration vornehmen und ggf. das RMAN-Skript anpassen. Klicken Sie auf JOB WEITERLEITEN, wenn die Angaben stimmen.

4. Den zugehörigen Job finden Sie unter WARTUNG/ZUGEHÖRIGE LINKS/ JOBS auf der Seite JOB-AKTIVITÄT.

5. Sie können sehen, ob der Job erfolgreich gelaufen ist. Für weitere Details können Sie auf den STATUS-Link klicken.

Analog zum Backup können Sie ebenfalls Restore- und Recovery-Operationen mit dem Enterprise Manager durchführen. Ob Sie den Enterprise Manager oder die Kommandozeile für Backup and Recovery vorziehen, ist Ihnen überlassen. Komplexe Recovery-Szenarien lassen sich besser mit der Kommandozeile erledigen. Hier werden Aufgaben auch direkt ausgeführt und laufen nicht über das Job-System. Dagegen bietet der Enterprise Manager ein höheres Maß an Komfort.

Kapitel 19   Backup and Recovery

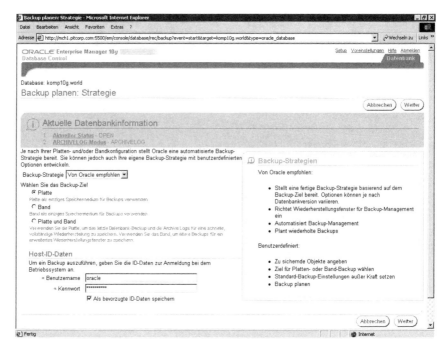

Abbildung 19.5: Backup-Strategie im Enterprise Manager festlegen

Abbildung 19.6: Backup-Zeiten im Enterprise Manager festlegen

Der Recovery Manager (RMAN)   Kapitel 19

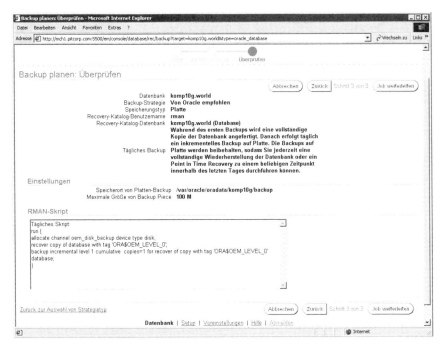

Abbildung 19.7:
Einen Backup-Job im Enterprise-Manager weiterleiten

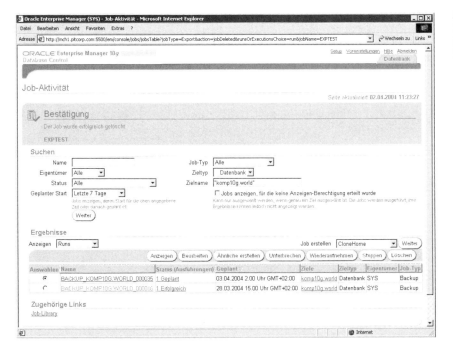

Abbildung 19.8:
Die Job-Aktivität im Enterprise Manager überprüfen

Abbildung 19.9:
Detailansicht des RMAN-Backups

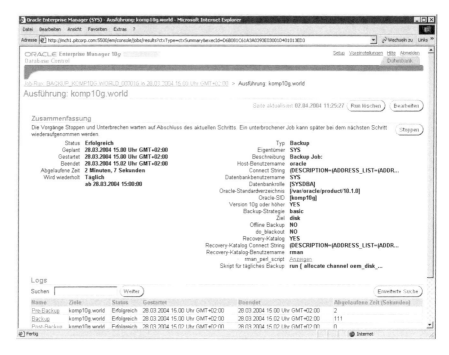

19.4 Oracle-Export und -Import

Sicher haben Sie die Kommandozeilen-Werkzeuge exp und imp in früheren Oracle-Version häufig verwendet. Sie waren aufgrund ihrer Einfachheit und Flexibilität eine sinnvolle Ergänzung zum regulären Backup. Ein weiterer Grund für die Verwendung von Export und Import war die Möglichkeit, einfach einzelne Objekte zurückzuspeichern.

Unter diesem Gesichtspunkt haben Export und Import mit den neuen Features der Version 10g jede Menge Konkurrenz bekommen. Denken Sie nur an die *Flashback Database*. Des Weiteren gibt es für Export und Import von Daten *Oracle Data Pump Export* und *Import*. Obwohl deren Funktionalität ähnlich zum herkömmlichen Export und Import ist, handelt es sich jedoch um ein komplett anderes Werkzeug, das nicht kompatibel zu Export und Import ist.

Export und Import werden in Oracle 10g aus Kompatibilitätsgründen noch mit ausgeliefert. Es ist jedoch zu erwarten, dass sie von »Oracle Data Pump« abgelöst werden und eines Tages obsolet werden. Deshalb sei an dieser Stelle auf den Teil 1 »Neue Architektur und neue Features« verwiesen, in dem Sie ausführliche Informationen über die Themen »Flashback Database« und »Oracle Data Pump« finden.

Teil 3 Administration weiterer Produkte und Optionen

Kapitel 20:	Migration und Upgrade auf Oracle 10g	533
Kapitel 21:	Data Guard	555
Kapitel 22:	Oracle-XML-Datenbank	587
Kapitel 23:	Oracle Net Services	639

20 Migration und Upgrade auf Oracle 10g

Die Begriffe Migration und Upgrade werden mehrdeutig verwendet. In einigen Dokumenten versteht man unter Migration den Übergang von einem Datenbankhersteller zu einem anderen. Das Oracle-Produkt »Migration Workbench« beschäftigt sich ausschließlich mit diesem Thema.

Wir verstehen unter *Migration* eine Ansammlung von Prozessen, die erforderlich sind, um Daten und Funktionen in eine Oracle-Datenbank einer bestimmten Version zu transformieren und dort lauffähig zu machen.

Dagegen ist *Upgrade* die Umstellung von einer niedrigeren Oracle-Version auf eine höhere mit Übernahme aller Daten und Funktionen. Das Ziel ist es, anfangs dieselbe Funktionalität zu erreichen.

Dieses Kapitel beschäftigt sich primär mit dem Upgrade auf die Oracle-Version 10.1.0.2.0. Das war die letzte verfügbare Version zum Zeitpunkt, als dieses Buch geschrieben wurde. Auch wenn es für spätere Versionen geringfügige Erweiterungen geben wird, behalten die hier beschriebenen Prozesse und Tipps für ein Upgrade auf alle Oracle-10g-Versionen ihre Gültigkeit.

20.1 Übersicht

Für einen erfolgreichen Upgrade-Prozess sind mehrere Schritte erforderlich. Ein einfacher Export und Import mit anschließender Problembeseitigung führt nur selten zum Erfolg. Das Ziel des Gesamtprozesses ist es, mit einer möglichst kurzen Unterbrechung des laufenden Betriebs die volle Funktionsfähigkeit aller Anwendungen in der neuen Umgebung wiederherzustellen.

Die folgenden Schritte garantieren ein erfolgreiches Upgrade:

1. Das Upgrade vorbereiten
2. Den Upgrade-Prozess testen
3. Die im Upgrade-Test verwendete Testdatenbank mit den Anwendungen testen
4. Die Produktionsdatenbank vorbereiten

5. Das Upgrade für die Produktionsdatenbank durchführen
6. Optimierung und Feineinstellung der neuen Oracle-10g-Datenbank

Für den Upgrade-Prozess selbst können Sie die folgenden Methoden verwenden:

- Benutzung des Database Upgrade Assistants (DBUA)
- Manuelles Upgrade unter Verwendung von SQL-Skripten und Utilities
- Erstellen eines vollen oder teilweisen Exports mit anschließendem Import
- Kopieren der Daten von der alten in die neue Datenbank unter Verwendung des COPY-Befehls in SQL*Plus

Alle Methoden haben ihre Vor- und Nachteile, bezogen auf Zuverlässigkeit, Aufwand und Laufzeit.

TIPP

Oracle empfiehlt sehr stark die Verwendung des DBUA. Er ist die sicherste und zuverlässigste Methode für ein Upgrade nach Oracle 10g. Bei allen anderen Methoden sind mehr manuelle Schritte erforderlich, was eine potenzielle Fehlerquelle darstellt. Oracle-Software und -Datenbank haben mit der Version 10g einen außerordentlich hohen Komplexitätsgrad erreicht. Sie müssen sich mit den einzelnen Optionen und Produkten sehr gut auskennen, wenn Sie planen, ein manuelles Upgrade durchzuführen.

Der Oracle-Datenbankadministrator trägt üblicherweise die Hauptverantwortung für den Upgrade-Prozess. Er verfügt über die größte Kompetenz und den besten Überblick. Andere Teams, wie z.B. Betriebssystem-Administration oder Storage Management, werden im Rahmen des Layouts der neuen Datenbank benötigt und müssen während des Upgrades für Problemlösungen zur Verfügung stehen.

TIPP

Stellen Sie sicher, bevor Sie als Datenbankadministrator die Hauptverantwortung für einen Upgrade-Prozess übernehmen, dass die folgenden Voraussetzungen erfüllt sind:

- *Der DBA wird in alle den Upgrade-Prozess betreffenden Entscheidungen einbezogen.*
- *Er legt die technischen Rahmenbedingungen fest und bestimmt die Upgrade-Methode.*
- *Der Datenbankadministrator leitet den Entwicklungsprozess sowie die Tests für das Upgrade.*
- *Der Upgrade-Prozess im Produktionsumfeld wird vom DBA und seinem Team durchgeführt.*

20.2 Das Upgrade vorbereiten

Das Ändern der Wortgröße von 32-bit auf 64-bit sollte nicht direkt während des Upgrades, sondern im Anschluss oder vorher erfolgen. Hinweise dazu finden Sie im Abschnitt »Nachbereitung des Upgrades«.

:-) TIPP

Das Upgrade vorbereiten und planen

Für ein erfolgreiches Upgrade ist es wichtig, dass Sie die neuen Features und Unterschiede der Version 10g gegenüber früheren Versionen kennen. Kein Migrationswerkzeug kann bei einem Upgrade-Prozess die Kreativität des Datenbankadministrators ersetzen. Ausführliche Informationen über neue Features und Produkte finden Sie im Teil 1 dieses Buches.

Im ersten Schritt der Vorbereitung müssen Sie den Weg bestimmen, den Sie im Upgrade-Prozess einschlagen wollen. Der Weg ist abhängig von der Version, von der Sie das Upgrade durchführen. In Tabelle 20.1 finden Sie versionsabhängig Empfehlungen für den zu beschreitenden Weg.

Aktuelle Version	Weg
7.3.3 und niedriger, 7.3.4, 8.0.3, 8.0.4, 8.0.5	Ein direktes Upgrade wird nicht unterstützt. Führen Sie ein Upgrade zu einer höheren Version und anschließend das Upgrade auf 10.1.0.2.0 durch.
8.0.6	Direktes Upgrade wird unterstützt. Folgen Sie die Anleitungen in diesem Kapitel.
8.1.5, 8.1.6	Ein direktes Upgrade wird nicht unterstützt. Führen Sie ein Upgrade zu einer höheren Version und anschließend das Upgrade auf 10.1.0.2.0 durch.
8.1.7, 9.0.1, 9.2	Direktes Upgrade wird unterstützt. Folgen Sie die Anleitungen in diesem Kapitel.

Tabelle 20.1: Den Weg für das Upgrade bestimmen

Nachdem Sie den Weg für das Upgrade bestimmt haben, müssen Sie die Upgrade-Methode auswählen. Wie bereits erwähnt, ist der Database Upgrade Agent (DBUA) die zuverlässigste Methode. Aber auch eine der anderen Methoden kann zielführend sein.

Die Auswahl der Methode ist entscheidend für die Dauer des Upgrade-Prozesses. Um Konsistenz zu bewahren, steht die Datenbank während des Upgrades nicht für Anwendungen zur Verfügung. Sprechen Sie deshalb vorher mit Ihren Anwendern ab, wie lange der Upgrade-Prozess dauern darf.

:-) TIPP

Die Vor- und Nachteile der einzelnen Methoden sind im Folgenden zusammengestellt.

Database Upgrade Assistant (DBUA)

- Der DBUA führt folgende vorbereitende Aufgaben durch:
    - Analyse der Datenbank sowie bestimmen, für welche Komponenten ein Upgrade erforderlich ist
    - Überprüfung des verfügbaren Platzes in der SYSTEM-Tablespace
    - Backup der Datenbankdateien
    - Notwendige Anpassungen in der Parameterdatei
- Filtert alle erwarteten Fehler während des Upgrade-Prozesses
- Stellt sicher, dass hinreichende Hardware-Ressourcen vorhanden sind
- Sehr gute Performance, da keine Daten übertragen werden müssen

Manuelles Upgrade

- Alle vorbereitenden Aufgaben müssen manuell durchgeführt werden.
- Für einige Komponenten wird kein automatisches Upgrade durchgeführt.
- Der Prozess ist fehleranfälliger.
- Sie haben mehr Kontrolle über Details.
- Sehr gute Performance beim Übertragen der Daten

Export und Import

- Alle vorbereitenden Aufgaben müssen manuell durchgeführt werden.
- Manueller Prozess ist fehleranfälliger.
- Führt automatisch ein Defragmentieren der Daten durch
- Export ist ein zusätzliches Backup.
- Upgrade-Prozess läuft wesentlich länger als mit DBUA oder bei manuellem Upgrade.

Kopieren der Daten

- Besitzt die gleichen Vor- und Nachteile wie Export und Import
- Ist besser als Export und Import, wenn nur ein Teil der Daten übernommen werden soll

Installieren Sie Oracle 10g nicht über ein Home-Verzeichnis von Oracle8i, Oracle8 oder Oracle7, wenn sich alte und neue Datenbank auf demselben Server befinden sollen. Sie können problemlos mehrere Oracle Home-Verzeichnisse auf einem Datenbankserver verwalten.

!!
STOP

Der Upgrade-Prozess sollte keinesfalls beginnen, bevor eine komplette Sicherung der Datenbank erstellt wurde. Es kann auch bei bester Planung und Vorbereitung zu Problemen beim Upgrade kommen.

Erstellen Sie eine Backup-Strategie und vergessen Sie nicht die Zeit, die für das Backup benötigt wird, zur Gesamtzeit-Ausfallzeit hinzuzunehmen. Überprüfen Sie auch den Zeitbedarf und die Sicherheit Ihres Recovery-Prozesses.

:-)
TIPP

Den Upgrade-Prozess testen

Als verantwortlicher Datenbankadministrator für das Upgrade müssen Sie einen Testplan entwickeln. Der Testplan sollte die folgenden Gebiete umfassen:

- *Upgrade-Test.* Testen Sie den ausgewählten Weg und führen Sie alle Schritte aus und bewerten Sie diese.
- *Funktionstest.* Überprüfen Sie, ob alle Komponenten in der neuen Datenbank funktionieren. Dazu gehören Datenbank, Netzwerk und Komponenten der Anwendung.
- *Integrationstest.* Testen Sie die Anwendungen mit der neuen Datenbank. Grundsätzlich ist bei Oracle eine sehr gute Aufwärtskompatibilität gegeben, jedoch kann es vorkommen, dass Programmierer Features verwendet haben, die in höheren Versionen nicht mehr unterstützt werden.
- *Performance-Test der Datenbank.* Insbesondere wenn Sie vom Rule-Based zum Cost-Based Optimizer wechseln, ändert sich der Ausführungsplan für viele SQL-Anweisungen. Hier ist ein längerer Tuning-Prozess erforderlich.
- *Performance-Test des Upgrade-Prozesses.* Nach Abschluss der Vorbereitungsphase müssen Sie Auskunft darüber geben können, wie lange das Upgrade laufen wird. Haben Sie konkrete Vorgaben, dann sollten Sie die Testphase dazu nutzen, den Prozess für das Zeitfenster passend zu machen und den Prozess zu optimieren.

Binden Sie Anwender und Entwickler in den Funktions- und in den Integrationstest mit ein.

Zu den Aufgaben des Administrators gehört, eine Testumgebung zu schaffen, die die Produktionsumgebung nicht beeinträchtigt. Da auch immer die Gefahr besteht, dass bei einem Test Objekte unbeabsichtigt gelöscht werden, sollten Sie eine Testdatenbank erstellen, die einen Teil der Daten der Produktionsdatenbank enthält.

> **STOP**
> *Führen Sie das Upgrade mit der Produktionsdatenbank nicht durch, bevor der Prozess ausreichend getestet ist und ein hohes Maß an Sicherheit und Vertrauen erreicht ist.*

20.3 Den Upgrade-Prozess durchführen

> **TIPP**
> *Wenn Sie den Upgrade-Prozess auf einer RAC-Datenbank durchführen, dann sollten Sie darauf achten, dass die hier beschriebenen Aktivitäten exklusiv auf einer Instanz durchgeführt werden.*

Wenn Sie das Upgrade auf Oracle 10g durchführen, dann werden die Statistiken des Optimizers für alle Tabellen des Datenbankkatalogs gesammelt, die keine Statistiken besitzen. Dieser Schritt verbraucht viel Zeit. Wenn Sie eine Oracle9i-Datenbank upgraden, dann können Sie diesen Schritt umgehen, indem Sie vor dem Upgrade die Statistiken sammeln und exportieren. Dies muss für die Schemas SYS, SYSTEM, DBSNMP sowie alle anderen systembezogenen Schemas wie XDB, OUTLN, DMSYS etc. erfolgen. In Listing 20.1 finden Sie ein Beispiel-Skript.

Listing 20.1:
System-Statistiken erstellen

```
SQL> BEGIN
  2  DBMS_STATS.GATHER_SCHEMA_STATS ('SYS',cascade=>TRUE);
  3  END;
SQL> /
PL/SQL-Prozedur wurde erfolgreich abgeschlossen.
```

Der erste Schritt ist die Installation der Oracle-10g-Software. Wenn Sie den Database Upgrade Assistant als Methode ausgewählt haben, können Sie diesen entweder direkt während der Installation aufrufen oder hinterher separat ausführen.

> **REF**
> *Im Anhang dieses Buches finden Sie im Kapitel A eine Anleitung für die Installation der Oracle-10g-Software.*

Upgrade mit dem Database Upgrade Asisstant

Die folgenden Schritte beschreiben die Benutzung des DBUA. In diesem Fall befinden sich die alte und die neue Datenbank auf demselben Server. Es wird ein Upgrade der Version 9.2.0.4.0 auf die Version 10.1.0.2.0 durchgeführt.

Ein Upgrade mit dem Database Upgrade Assistant durchführen

1. Starten Sie den DBUA auf der Kommandozeile mit dem Befehl dbua oder über das Programmmenü unter Windows. Nach einem Begrüßungsfenster erscheint eine Übersicht, unter der Sie die Datenbank auswählen können, die Sie upgraden wollen.

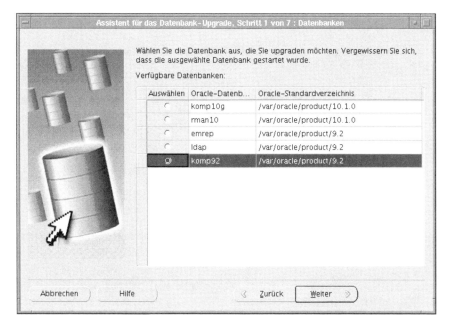

Abbildung 20.1:
Die Datenbank im DBUA auswählen

2. Wenn Sie auf WEITER klicken, untersucht der DBUA die Datenbank. Im zweiten Schritt erhalten Sie den Hinweis, dass die neue Oracle-10g-Datenbank eine SYSAUX-Tablespace benötigt. An dieser Stelle können Sie die Parameter für die Tablespace angeben.

3. Im nächsten Schritt können Sie festlegen, ob alle Objekte nach Beendigung des Upgrades kompiliert werden sollen. Markieren Sie diese Option.

4. Der DBUA erinnert Sie an dieser Stelle noch einmal daran, ein Backup der Datenbank durchzuführen. Wenn Sie das noch nicht getan haben, ist hier die letzte Gelegenheit.

5. In diesem Schritt können Sie sich für eine Verwaltungsmethode des Enterprise Manager entscheiden. Sie können entweder für die Verwaltung den EM Grid Control oder den EM Database Control auswählen. Informationen zu diesem Thema finden Sie in den Kapiteln 2 und 13. Wählen Sie, wenn Sie unsicher sind, den EM Database Control aus.

6. Danach können Sie noch die Passwörter für die System-Accounts festlegen.

Abbildung 20.2:
Die Parameter für die SYSAUX-Tablespace eingeben

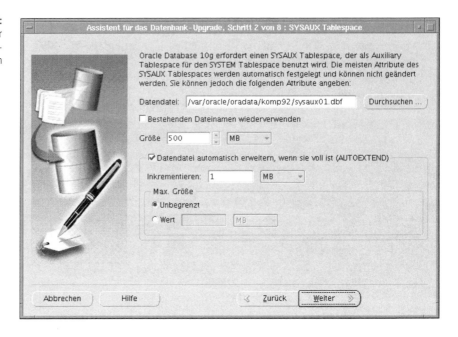

Abbildung 20.3:
Die Verwaltungsmethode des Enterprise Manager auswählen

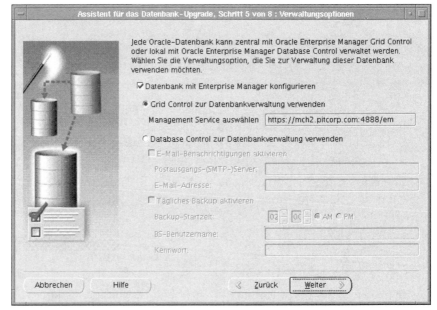

7. Zum Schluss erhalten Sie eine Übersicht der gewählten Optionen und Parameter. Verifizieren Sie deren Richtigkeit, bevor Sie den Upgrade-Prozess durch Drücken der Schaltfläche BEENDEN starten.

Den Upgrade-Prozess durchführen   Kapitel 20

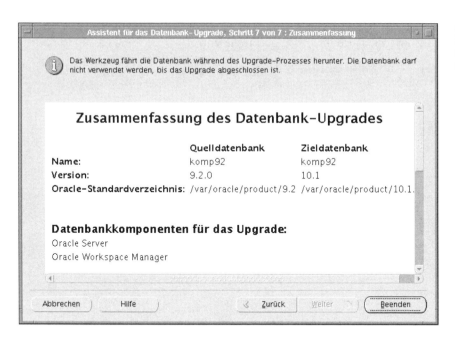

Abbildung 20.4:
Die Parameter und Optionen im DBUA überprüfen

8. Der DBUA startet das Upgrade und Sie können den Fortschritt beobachten.

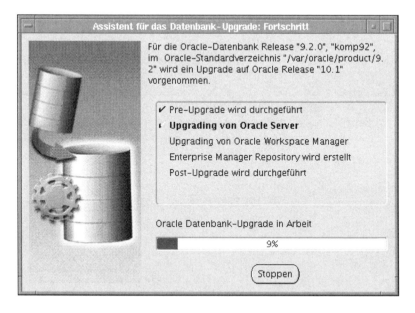

Abbildung 20.5:
Fortschritt des Database Upgrade Assistants

9. Im letzten Fenster des DBUA erhalten Sie Informationen über den Verlauf des Upgrades. War das Upgrade erfolgreich, dann lesen Sie als erstes Ergebnis den Satz »Datenbank-Upgrade wurde erfolgreich abgeschlossen, und die Datenbank ist einsatzbereit.« Sie können an dieser

Stelle noch die Datenbank-Kennwörter verwalten. Standardmäßig werden alle Accounts, mit Ausnahme von SYS, SYSTEM und DBSNMP gesperrt.

Abbildung 20.6:
Die Ergebnisse des Upgrade verifizieren

Beachten Sie, dass ggf. noch Änderungen an den Dateien tnsnames.ora und listener.ora vorzunehmen sind. Schließlich soll die neue Datenbank von einem Listener der Version 10g bedient werden.

Mit der folgenden Abfrage können Sie verifizieren, dass die Datenbank nun kompatibel zur Version 10g ist.

```
SQL> SELECT * FROM v$version;
BANNER
----------------------------------------------------------------
Oracle Database 10g Enterprise Edition Release 10.1.0.2.0 - Prod
PL/SQL Release 10.1.0.2.0 - Production
CORE    10.1.0.2.0      Production
TNS for Linux: Version 10.1.0.2.0 - Production
NLSRTL Version 10.1.0.2.0 - Production
```

Den Upgrade-Prozess durchführen   Kapitel 20

Der Database Upgrade Assistant ändert nicht den Initialisierungsparameter COMPATIBLE. *Dieses Vorgehen ist richtig, denn das oberste Ziel der Migration ist, im ersten Schritt dieselbe Funktionalität wieder herzustellen. Ändern Sie diesen Parameter später, wenn die Tests mit der neuen Datenbank erfolgreich waren und Sie planen, Features der Version 10g einzusetzen.*

Der Enteprise Manager Grid Control erkennt nach dem Upgrade die Datenbank automatisch als Oracle 10g-Datenbank und aktualisiert sein Repository mit den neuen Parametern.

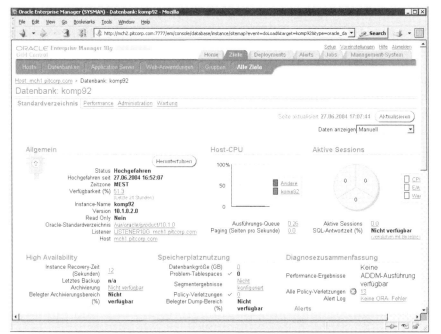

Abbildung 20.7:
Die Datenbank im Enterprise Manager nach dem Upgrade

Sicher haben Sie im vorangegangenen Prozess einen entscheidenden Vorteil festgestellt, den die DBUA-Methode bietet. Der DBUA führt eine In-sich-Transformation der Datenbank durch. Die Dateien und Komponenten werden auf Oracle-10g-Niveau transformiert, ohne dass eine zweite Datenbank benötigt wird. Die Methode »Import und Export« sowie »Kopieren der Daten« benötigen eine parallel existierende Oracle 10g-Datenbank. Damit benötigen Sie den doppelten Platz, was insbesondere bei großen Datenbanken zum Problem werden kann. Der Einsatz eines zweiten Servers hat wiederum den Nachteil, dass die Daten über das Netzwerk laufen müssen, was zu einer beachtlichen Verlängerung des Upgrade-Prozesses führt.

INFO

Kapitel 20   Migration und Upgrade auf Oracle 10g

> **!! STOP**
>
> *Setzen Sie die entsprechenden Umgebungsvariablen wie* ORACLE_HOME *und* PATH *nach dem Upgrade auf die neue Version. Starten Sie nicht eine Oracle-10g-Datenbank mit der Oracle-Software älterer Versionen.*

Manuelles Upgrade

Ein manuelles Upgrade läuft aus technischer Sicht ähnlich ab wie die DBUA-Methode. Allerdings müssen Sie viele Schritte selbst ausführen und erhalten bei vielen Entscheidungen keine Vorschläge und Unterstützung.

Der Vorteil eines manuellen Upgrades liegt in der stärkeren Kontrolle über Details im Upgrade-Prozess. Bei dieser Methode ist es besonders wichtig, dass Sie über gute Kenntnisse von Oracle 10g verfügen.

Führen Sie vor dem eigentlichen Upgrade-Prozess eine Analyse der Datenbank durch. Für die Analyse stellt Oracle ein Pre-Upgrade Information Tool zur Verfügung. Führen Sie die folgenden Schritte zur Analyse der Datenbank durch.

Eine Datenbank für manuelles Upgrade analysieren

1. Melden Sie sich mit dem SYSTEM-Account an die Datenbank an. Kopieren Sie die Datei utlu101i.sql aus dem Verzeichnis $ORACLE_HOME/rdbms/admin in ein Arbeitsverzeichnis, das außerhalb von $ORACLE_HOME liegt.

2. Starten Sie SQL*Plus und melden Sie sich mit einem Account an, der SYSDBA-Privilegien besitzt. Führen Sie das Skript utlu101.sql aus und spoolen Sie das Ergebnis in eine Datei.

```
SQL> SPOOL upgrade.log
SQL> @utlu101i
Oracle Database 10.1 Upgrade Information Tool    06-27-2004 20:04:04
.
****************************************************
Database:
---------
--> name: KOMP92
--> version: 9.2.0.4.0
--> compatibility: 9.2.0.0.0
****************************************************
Logfiles: [make adjustments in the current environment]
----------------------------------------------------
The existing log files are adequate. No changes are required.
****************************************************
Tablespaces: [make adjustments in the current environment]
----------------------------------------------------
> SYSTEM tablespace is adequate for the upgrade.
.... owner: SYS
```

Den Upgrade-Prozess durchführen Kapitel 20

```
.... minimum required size: 269 MB
*****************************************************
Options: [present in existing database]
--------------------------------------
--> Partitioning
WARNING: Listed option(s) must be installed with Oracle Database 10.1
*****************************************************
Update Parameters: [Update Oracle Database 10.1 init.ora or spfile]
------------------------------------------------------
WARNING: --> "shared_pool_size" needs to be increased to at least "150944944"
--> "pga_aggregate_target" is already at "25165824" calculated new value is
"25165824"
--
> "large_pool_size" is already at "8388608" calculated new value is "8388608"
WARNING: --> "java_pool_size" needs to be increased to at least "50331648"
*****************************************************
Deprecated Parameters: [Update Oracle Database 10.1 init.ora or spfile]
------------------------------------------------------
-- No deprecated parameters found. No changes are required.
*****************************************************
Obsolete Parameters: [Update Oracle Database 10.1 init.ora or spfile]
------------------------------------------------------
--> "hash_join_enabled"
*****************************************************
Components: [The following database components will be upgraded or installed]
------------------------------------------------------
--> Oracle Catalog Views         [upgrade]   VALID
--> Oracle Packages and Types    [upgrade]   VALID
--> Oracle Workspace Manager     [upgrade]   VALID
*****************************************************
*****************************************************
SYSAUX Tablespace: [Create tablespace in Oracle Database 10.1 environment]
------------------------------------------------------
--> New "SYSAUX" tablespace
.... minimum required size for database upgrade: 500 MB
Please create the new SYSAUX Tablespace AFTER the Oracle Database 10.1 server
 is started and BEFORE you invoke the upgrade script.
*****************************************************
Oracle Database 10g: Changes in Default Behavior
------------------------------------------------
This page describes some of the changes in the behavior of Oracle Database
10g from that of previous releases. In some cases the default values of
some parameters have changed.  In other cases new behaviors/
requirements have been introduced that may affect current
scripts or applications. More detailed information is in the documentation.
SQL OPTIMIZER
The Cost Based Optimizer (CBO) is now enabled by default.
* Rule-based optimization is not supported in 10g (setting OPTIMIZER_MODE to
RULE or CHOOSE is not supported).  See Chapter 12, "Introduction to the
Optimizer," in Oracle Database Performance Tuning Guide.
```

Kapitel 20   Migration und Upgrade auf Oracle 10g

* Collection of optimizer statistics is now performed by default, automatically for all schemas (including SYS), for pre-
existing databases upgraded to 10g, and for newly created 10g databases. Gathering optimizer statistics on stale objects is scheduled by default to occur daily during the maintenance window. See Chapter 15, "Managing Optimizer Statistics" in Oracle Performance Tuning Guide.
* See the Oracle Database Upgrade Guide for changes in behavior for the COMPUTE STATISTICS clause of CREATE INDEX, and for behavior changes in SKIP_UNUSABLE_INDEXES.

UPGRADE/DOWNGRADE
* After upgrading to 10g, the minimum supported release to downgrade to is Oracle 9i R2 release 9.2.0.3 (or later), and the minimum value for COMPATIBLE is 9.2.0. The only supported downgrade path is for those users who have kept COMPATIBLE=9.2.0 and have an installed 9i R2 (release 9.2.0.3 or later) executable. Users upgrading to 10g from prior releases (such as Oracle 8, Oracle 8i or 9iR1) cannot downgrade to 9i R2 unless they first install 9i R2. When upgrading to10g, by default the database will remain at 9i R2 file format compatibility, so the on disk structures that 10g writes are compatible with 9i R2 structures; this makes it possible to downgrade to 9i R2. Once file format compatibility has been explicitly advanced to 10g (using COMPATIBLE=10.x.x), it is no longer possible to downgrade. See the Oracle Database Upgrade Guide.
* A SYSAUX tablespace is created upon upgrade to 10g. The SYSAUX tablespace serves as an auxiliary tablespace to the SYSTEM tablespace. Because it is the default tablespace for many Oracle features and products that previously required their own tablespaces, it reduces the number of tablespaces required by Oracle that you, as a DBA, must maintain.

MANAGEABILITY
* Database performance statistics are now collected by the Automatic Workload Repository (AWR) database component, automatically upon upgrade to 10g and also for newly created 10g databases. This data is stored in the SYSAUX tablespace, and is used by the database for automatic generation of performance recommendations. See Chapter 5, "Automatic Performance Statistics" in the Oracle Database Performance Tuning Guide.
* If you currently use Statspack for performance data gathering, see section 1. of the Statspack readme (spdoc.txt in the RDBMSADMIN directory) for directions on using Statspack in 10g to avoid conflict with the AWR.

MEMORY
* Automatic PGA Memory Management is now enabled by default (unless PGA_AGGREGATE_TARGET is explicitly set to 0 or WORKAREA_SIZE_POLICY is explicitly set to MANUAL).
PGA_AGGREGATE_TARGET is defaulted to 20% of the SGA size, unless explicitly set. Oracle recommends tuning the value of PGA_AGGREGATE_TARGET after upgrading. See Chapter 14 of the Oracle Database Performance Tuning Guide.
* Previously, the number of SQL cursors cached by PL/
SQL was determined by OPEN_CURSORS. In 10g, the number of cursors cached is determined by SESSION_CACHED_CURSORS. See the Oracle Database Reference manual.
* SHARED_POOL_SIZE must increase to include the space needed for shared pool overhead.

```
* The default value of DB_BLOCK_SIZE is operating system specific, but is
typically 8KB (was typically 2KB in previous releases).
TRANSACTION/SPACE
* Dropped objects are now moved to the recycle bin, where the space is only
reused when it is needed. This allows 'undropping' a table using the FLASHBAC
K DROP feature.  See Chapter 14 of the Oracle Database Administrator's Guide.
* Auto tuning undo retention is on by default. For more information, see
Chapter 10, "Managing the Undo Tablespace," in the Oracle Database
Administrator's Guide.
CREATE DATABASE
* In addition to the SYSTEM tablespace, a SYSAUX tablespace is always
created at database creation, and upon upgrade to 10g. The SYSAUX tablespace
serves as an auxiliary tablespace to the SYSTEM tablespace. Because it is
the default tablespace for many Oracle features and products that previously
required their own tablespaces, it reduces the number of tablespaces
required by Oracle that you, as a DBA, must maintain. See Chapter 2,
"Creating a Database," in the Oracle Database Administrator's Guide.
* In 10g, by default all new databases are created with 10g file format
compatibility. This means you can immediately use all the 10g features.
Once a database uses 10g compatible file formats, it is not possible to
downgrade this database to prior releases. Minimum and default logfile sizes
are larger. Minimum is now 4 MB, default is 50MB, unless you are using
Oracle Managed Files (OMF) when it is 100 MB.
PL/SQL procedure successfully completed.
SQL> spool off
```

Sie erhalten eine Reihe von Empfehlungen, die Sie mit dem Upgrade-Prozess umsetzen müssen. Führen Sie folgende Änderungen für das Upgrade durch:

- Erhöhen des Parameters SHARED_POOL_SIZE auf mindestens 150.944.944.
- Erhöhen des Parameters JAVA_POOL_SIZE auf mindestens 50.331.648.
- Erstellen der Tablespace SYSAUX mit einer Größe von 500 Mbyte, nachdem die Oracle-10g-Instanz gestartet wurde und bevor das Upgrade-Skript aufgerufen wird.

Der manuelle Upgrade-Prozess macht eine Reihe von Schritten erforderlich. Im Folgenden finden Sie ein Beispiel für das Upgrade einer Standard-Datenbank der Version 9.2.0.4.0.

Ein manuelles Datenbank-Upgrade auf die Version 10g durchführen

1. Führen Sie die notwendigen Anpassungen der Initialisierungsparameter durch. Kopieren Sie die Konfigurationsdateien aus dem Oracle-Home-Verzeichnis der Version 9i in das Oracle-Home-Verzeichnis der Version 10g. Dazu gehören die Passwortdatei, das SPFILE oder die Initialisierungsparameterdatei.

Kapitel 20   Migration und Upgrade auf Oracle 10g

2. Überprüfen Sie, ob sich ungültige Objekte in der Datenbank befinden. Dieser Schritt erspart Ihnen zusätzlichen Aufwand. Damit können Sie nach den Upgrade sofort erkennen, ob ungültige Objekte eine Folge des Upgrades sind.

3. Setzen Sie den Parameter CLUSTER_DATABASE auf FALSE, falls Sie das Upgrade für eine RAC-Datenbank durchführen. Führen Sie das Upgrade auf einem Knoten durch.

4. Stoppen Sie die Instanz und ändern Sie die Umgebungsvariablen ORACLE_HOME, PATH, LD_LIBRARY_PATH. Alle müssen auf das Oracle-Home-Verzeichnis von Oracle 10g zeigen.

```
SQL> shutdown immediate
Database closed.
Database dismounted.
ORACLE instance shut down.
$ export ORACLE_HOME=/var/oracle/product/10.1.0
$ export PATH=$ORACLE_HOME/bin:$PATH
```

5. Wechseln Sie in das Verzeichnis $ORACLE_HOME/rdbms/admin. Starten Sie SQL*Plus und verwenden Sie das Kommando STARTUP UPGRADE.

```
$ sqlplus "/as sysdba"
SQL*Plus: Release 10.1.0.2.0 - Production on Sun Jun 27 20:50:07 2004
Copyright (c) 1982, 2004, Oracle.  All rights reserved.
Connected to an idle instance.
SQL> startup upgrade
ORACLE instance started.
Total System Global Area  369098752 bytes
Fixed Size                   778920 bytes
Variable Size             342891864 bytes
Database Buffers           25165824 bytes
Redo Buffers                 262144 bytes
Database mounted.
Database opened.
```

6. Erstellen Sie die SYSAUX-Tablespace wie empfohlen.

```
SQL> CREATE TABLESPACE sysaux
  2  DATAFILE '/var/oracle/oradata/komp92/sysaux01.dbf'
  3  SIZE 500M REUSE
  4  EXTENT MANAGEMENT LOCAL
  5  SEGMENT SPACE MANAGEMENT AUTO
  6  ONLINE;
Tablespace created.
```

7. Öffnen Sie eine Spool-Datei, um mögliche Fehler später zu verifizieren.

```
SQL> SPOOL /home/oracle/upgrade.log
```

Den Upgrade-Prozess durchführen

8. Führen Sie das Skript u<old_version>.sql aus. Dabei steht <old_version> für die Versionsnummer, von der aus Sie das Upgrade durchführen. In unserem Fall ist das u0902000.sql.

9. Überprüfen Sie die Spool-Datei, ob Fehler aufgetreten sind. Am Ende des Skripts erhalten Sie eine Übersicht und den Status der Server-Komponenten. Das Skript ist erfolgreich gelaufen, wenn alle den Status VALID besitzen.

   ```
   COMP_ID     COMP_NAME                            STATUS    VERSION
   ----------  -----------------------------------  --------  ----------
   CATALOG     Oracle Database Catalog Views        VALID     10.1.0.2.0
   CATPROC     Oracle Database Packages and Types   VALID     10.1.0.2.0
   OWM         Oracle Workspace Manager             VALID     10.1.0.2.0
   ```

10. Führen Sie das Skript utlu101s.sql mit dem Parameter TEXT aus. Sie erhalten somit den Status des Upgrades.

    ```
    SQL> @utlu101s TEXT
    PL/SQL procedure successfully completed.
    Oracle Database 10.1 Upgrade Status Tool    27-JUN-2004 09:58:44
    --> Oracle Database Catalog Views         Normal successful completion
    --> Oracle Database Packages and Types    Normal successful completion
    --> Oracle Workspace Manager              Normal successful completion
    No problems detected during upgrade
    PL/SQL procedure successfully completed.
    ```

11. Führen Sie einen Neustart der Instanz durch und kompilieren Sie die übrigen PL/SQL-Programme mit dem Skript utlrp.sql.

    ```
    SQL> shutdown immediate
    SQL> startup
    SQL> @utlrp
    TIMESTAMP
    --------------------------------------------------
    COMP_TIMESTAMP UTLRP_BGN  2004-06-27 22:01:19
    1 row selected.
    PL/SQL procedure successfully completed.
    TIMESTAMP
    --------------------------------------------------
    COMP_TIMESTAMP UTLRP_END  2004-06-27 22:02:31
    1 row selected.
    PL/SQL procedure successfully completed.
    PL/SQL procedure successfully completed.
    ```

12. Überprüfen Sie, ob sich ungültige Objekte in der Datenbank befinden. Vergleichen Sie die Objekte mit denen, die Sie in Schritt 2 festgestellt haben.

    ```
    SQL> SELECT count(*) FROM dba_objects
      2  WHERE status='INVALID';
    ```

```
            COUNT(*)
         ----------
                  0
```

Damit ist der manuelle Upgrade-Prozess abgeschlossen und die Datenbank besitzt nun die Version 10g.

```
SQL> SELECT * FROM v$version;
BANNER
----------------------------------------------------------------
Oracle Database 10g Enterprise Edition Release 10.1.0.2.0 - Prod
PL/SQL Release 10.1.0.2.0 - Production
CORE    10.1.0.2.0      Production
TNS for Linux: Version 10.1.0.2.0 - Production
NLSRTL Version 10.1.0.2.0 - Production
```

20.4 Nachbereitung des Upgrades

TIPP

Erstellen Sie nach erfolgreichem Upgrade zuerst eine Sicherung der Datenbank. Da noch keine Sicherung der Datenbank in der Version 10g existiert, müssten Sie im Fehlerfall zur alten Version zurückgehen.

Nach dem Upgrade sind alle Accounts mit Ausnahme von SYS, SYSTEM und DBSNMP gelockt. Geben Sie die Accounts frei und vergeben Sie ggf. neue Passwörter.

```
SQL> SELECT username, account_status
  2  FROM dba_users;
USERNAME                          ACCOUNT_STATUS
-------------------------------   ------------------
DBSNMP                            OPEN
SYS                               OPEN
SYSTEM                            OPEN
WMSYS                             EXPIRED & LOCKED
OUTLN                             EXPIRED & LOCKED
DIP                               EXPIRED & LOCKED
```

LOB-Datentypen besitzen viele Vorzüge gegenüber LONG-Datentypen. Eine Migration der Datentypen muss natürlich in Absprache mit dem Applikationsteam erfolgen. Sie können die Spaltenmigration mit einem einzigen Befehl durchführen:

```
ALTER TABLE <table_name> MODIFY (<column_name> CLOB);
```

Ändern Sie die Dateien listener.ora, da jetzt der Oracle-10g-Listener für die Datenbank zuständig ist. Vergessen Sie nicht, die Clients entsprechend ihrer Benennungsmethoden anzupassen.

Wenn Sie den Recovery Manager für die Sicherung der Datenbank verwenden, dann müssen Sie das Repository anpassen. Verwenden Sie dazu den Recovery Manager der Version 10g.

```
ran target / catalog rman/rman@komp
RMAN> UPGRADE CATALOG
```

Nach erfolgreichem Upgrade können Sie die Wortgröße von 32-bit auf 64-bit ändern.

Ändern der Wortgröße

1. Starten Sie SQL*Plus und verbinden Sie sich mit SYSDBA-Privilegien. Schließen Sie die Datenbank mit shutdown immediate.

2. An dieser Stelle sollte unbedingt eine Offline-Sicherung erfolgen. Das Ändern der Wortgröße ist keine triviale Angelegenheit und bei Problemen muss die Sicherung zurückgespielt und die Transformation wiederholt werden.

3. Deinstallieren Sie die Software aus dem aktuellen Oracle Home-Verzeichnis und installieren Sie die Software mit der neuen Wortgröße im selben Verzeichnis. Sichern Sie vorher Parameterdateien, die sich im Home-Verzeichnis befinden.

4. Wechseln Sie in das Verzeichnis $ORACLE_HOME/rdbms/admin und starten Sie SQL*Plus. Starten Sie die Datenbank im RESTRICT-Modus.

   ```
   SQL> startup restrict
   ```

5. Führen Sie das Skript utlirp.sql aus. Damit werden alle PL/SQL-Module als ungültig markiert. Beim nächsten Aufruf findet dann automatisch eine Neukompilierung statt. Der Code ist damit auf die Wortgröße von 64 Bit transformiert. Wenn Sie die Neukompilierung sofort durchführen möchten, dann können Sie zusätzlich das Skript utlrp.sql ausführen.

   ```
   SQL> @utlirp.sql
   SQL> @utlrp.sql
   ```

6. Damit ist die Änderung der Wortgröße beendet und Sie können die Datenbank für den normalen Betrieb freigeben.

   ```
   SQL> ALTER SYSTEM DISABLE RESTRICTED SESSION;
   ```

20.5 Wichtige Hinweise für Änderungen in Oracle 10g

Die folgenden Initialisierungsparameter wurden in Oracle 10g zurückgestuft:

- BUFFER_POOL_KEEP (ersetzt durch DB_KEEP_CACHE_SIZE)
- BUFFER_POOL_RECYCLE (ersetzt durch DB_RECYCLE_CACH_SIZE)
- GLOBAL_CONTEXT_POOL_SIZE
- LOCK_NAME_SPACE
- LOG_ARCHIVE_START
- MAX_ENABLED_ROLES
- PARALLEL_AUTOMATIC_TUNING
- PLSQL_COMPILER_FLAGS (ersetzt durch PLSQL_CODE_TYPE und PLSQL_DEBUG)

Im Folgenden finden Sie eine Liste von Parametern, die in Oracle 10g nicht mehr gültig sind.

```
DBLINK_ENCRYPT_LOGIN
HASH_JOIN_ENABLED
LOG_PARALLELISM
MAX_ROLLBACK_SEGMENTS
MTS_CIRCUITS
MTS_DISPATCHERS
MTS_LISTENER_ADDRESS
MTS_MAX_DISPATCHERS
MTS_MAX_SERVERS
MTS_MULTIPLE_LISTENERS
MTS_SERVERS
MTS_SERVICE
MTS_SESSIONS
OPTIMIZER_MAX_PERMUTATIONS
ORACLE_TRACE_COLLECTION_NAME
ORACLE_TRACE_COLLECTION_PATH
ORACLE_TRACE_COLLECTION_SIZE
ORACLE_TRACE_ENABLE
ORACLE_TRACE_FACILITY_NAME
ORACLE_TRACE_FACILITY_PATH
PARTITION_VIEW_ENABLED
PLSQL_NATIVE_C_COMPILER
PLSQL_NATIVE_LINKER
PLSQL_NATIVE_MAKE_FILE_NAME
PLSQL_NATIVE_MAKE_UTILITY
ROW_LOCKING
SERIALIZABLE
```

```
TRANSACTION_AUDITING
UNDO_SUPPRESS_ERRORS
```

In Oracle 10g wurde der Standardwert des Parameters DB_BLOCK_SIZE von 8 Kbyte auf 2 Kbyte geändert. Sie erhalten einen Fehler, falls der Parameter nicht gesetzt ist.

Falls der Parameter COMPATIBLE auf 10.0.0 oder höher gesetzt ist, dann muss LOG_ARCHIVE_FORMAT alle der folgenden drei Elemente enthalten:

- %s für die Sequenznummer
- %r für die Reset Logs-ID
- %t für die Thread-Nummer

Dies ist erforderlich, um die Namensgebung der Dateien eindeutig zu gestalten.

Ein leerer Parameter DB_DOMAIN (Null String) kann unter Oracle 10g zu Verbindungsproblemen führen. Setzen Sie den Parameter auf WORLD, wenn Sie kein Domain-Konzept pflegen.

Die SYSTEM-Tablespace kann von Dictionary Managed zu Locally Managed migriert werden. Dafür stellt Oracle die Prozedur TABLESPACE_MIGRATE_TO_LOCAL im Paket DBMS_SPACE_ADMIN zur Verfügung. Es müssen jedoch die folgenden Bedingungen erfüllt sein:

- Die Datenbank besitzt eine Default Temporary Tablespace. Diese ist nicht die SYSTEM-Tablespace.
- Es gibt keine Rollbacksegmente in der Tablespace.
- Die Datenbank ist im Modus RESTRICTED.

21 Data Guard

Oracle Data Guard ist eine Sammlung von Programmen zur Erstellung, Konfiguration und Überwachung von Standby-Datenbanken. Standby-Datenbanken sind eine zusätzliche Sicherheitskopie und dienen einer hohen Verfügbarkeit. Sie ermöglichen schnelles Disaster Recovery auf komfortable Weise.

Wenn die Primär-Datenbank nicht verfügbar ist, sei es geplant oder ungeplant, kann die Standby-Datenbank aktiviert werden und die Dienste der Primär-Datenbank übernehmen.

Standby-Datenbanken leisten einen wichtigen Beitrag zur Erhöhung der Verfügbarkeit von Datenbanken im Unternehmen. Sie können in sehr kurzer Zeit aktiviert werden und die Rolle der Primär-Datenbanken übernehmen. Sie befinden sich in der Regel im selben Zustand wie die Primär-Datenbanken oder sind nur wenige Transaktionen zurück. Die Aktivierungszeiten sind daher sehr klein, ein aufwendiges Einrichten von Servern für das Disaster Recovery entfällt ebenso wie ein langwieriges Rückspeichern von Backups und das Durchführen von längeren Recovery-Prozessen.

In Oracle9*i* Release 2 erfolgten viele wichtige Erweiterungen und Verbesserungen. Prozesse, die vorher häufig mit selbst gestrickten Programmen und Prozeduren erledigt wurden, übernimmt seitdem das Produkt Data Guard. Es bietet inzwischen eine komplette Umgebung für Erstellung und Verwaltung von Standby-Datenbanken.

Im vorliegenden Kapitel finden Sie einen ausführlichen Abriss über Data Guard in Oracle 10g. Die neuen Features sind explizit in Kapitel 6 »Neuerungen für Data Guard« herausgestellt.

21.1 Architektur

Oracle unterscheidet zwei grundlegende Typen von Standby-Datenbanken, die *logische Standby-Datenbank* und die *physische Standby-Datenbank*. Sie verwenden viele Technologien und Funktionen gemeinsam, unterscheiden sich jedoch wesentlich in ihrer Ausrichtung und Funktionalität.

Kapitel 21   Data Guard

Eine physische Standby-Datenbank ist eine 1:1-Kopie der Primär-Datenbank. Sie befindet sich ständig im Recovery-Modus und wird durch Redo Log-Information der Primär-Datenbank synchron gehalten. Damit ist klar, dass die Ausrichtung von physischen Standby-Datenbanken eindeutig dem Datenschutz und der Verwendung für das Disaster Recovery dient.

Dagegen enthält eine logische Standby-Datenbank alle logischen Informationen der Primär-Datenbank, sie kann jedoch in ihrem physischen Layout verschieden sein. Die Synchronisation erfolgt ebenfalls auf der Basis von Redo Log-Informationen, jedoch erfolgt das Einarbeiten der Aktualisierungen nicht über den Recovery-Modus. Ein Prozess wandelt Redo Log-Informationen unter Verwendung von Logminer-Technologien in SQL-Anweisungen um, die dann auf der Datenbank ausgeführt werden. Eine logische Standby-Datenbank kann im READ ONLY-Modus geöffnet sein und gleichzeitig Aktualisierungen von der Primär-Datenbank einarbeiten. Damit kann eine logische Standby-Datenbank neben der Datensicherung auch der Entlastung der Primär-Datenbank dienen. So können Reportwesen oder SQL-Abfragen komplett auf der Standby-Datenbank ausgeführt werden.

> **!! STOP**
>
> *Beachten Sie, dass es für logische Standby-Datenbanken, trotz Erweiterungen in Oracle 10g, immer noch Einschränkungen für den Gebrauch von Datentypen gibt. Prüfen Sie deshalb, bevor Sie eine Architekturentscheidung treffen, ob die verwendeten Datentypen von logischen Standby-Datenbanken unterstützt werden.*

> **:-) TIPP**
>
> *Eingeführt in Oracle9i und wesentlich verbessert und erweitert in Oracle 10g hat sich Oracle Streams zu einem Konkurrenzprodukt für logische Standby-Datenbanken entwickelt. Hier gibt es weniger Einschränkungen für Datentypen und die Destination Database, die durchaus die Rolle einer Standby-Datenbank übernehmen kann, ist im READ WRITE-Modus geöffnet. Ausführliche Informationen zum diesem Thema finden Sie in Kapitel 3 »Oracle Streams«.*

Data Guard unterscheidet die folgenden drei Modi für den Schutz der Primär-Datenbank:

- Maximum Protection
- Maximum Availability
- Maximum Performance

Der *Maximum Protection-Modus* garantiert, dass kein Datenverlust im Falle einer Havarie der Primär-Datenbank stattfindet. Um das zu erreichen, müssen die Redo Log-Informationen für jede einzelne Transaktion sowohl auf der Primär-Datenbank geschrieben, als auch auf die Standby-Datenbank übertragen und dort eingearbeitet werden, bevor ein COMMIT bestätigt werden kann.

Maximum Protection garantiert zwar, dass die Standby-Datenbank lückenlos alle abgeschlossenen Transaktionen der Primär-Datenbank enthält, es gibt jedoch Konsequenzen aus dieser Situation, die Sie kennen sollten. Der Maximum Protection-Modus hat Auswirkung auf die Performance der Primär-Datenbank, insbesondere wenn eine hohe Aktivität von Transaktionen vorliegt. Weiterhin wird die Primär-Datenbank sofort geschlossen, wenn sie keine funktionierende Standby-Datenbank findet. Richten Sie deshalb den Maximum Protection-Modus nie mit nur einer Standby-Datenbank ein. Das Risiko wäre einfach zu groß, dass bei Nichtverfügbarkeit der Standby-Datenbank, was bereits durch Netzwerkprobleme ausgelöst werden kann, die Primär-Datenbank zwangsweise geschlossen wird.

Maximum Availability entschärft den Einfluss auf die Primär-Datenbank, garantiert aber dabei immer noch einen sehr geringen Datenverlust im Havariefall. Ähnlich wie im Maximum Protection-Modus erfolgt das Bestätigen des Abschlusses einer Transaktion erst, nachdem die zugehörigen Redo Log-Informationen erfolgreich auf mindestens eine Standby-Datenbank geschrieben wurden. Allerdings wird die Primär-Datenbank nicht geschlossen, wenn keine Standby-Datenbank verfügbar ist. Die Primär-Datenbank operiert im Maximum Performance-Modus, bis mindestens eine Standby-Datenbank wieder verfügbar ist und alle entstandenen Lücken von Redo Log-Informationen geschlossen wurden.

Der *Maximum Performance-Modus*, der übrigens der Standard ist, falls Sie nichts anderes einstellen, bietet Datenschutz mit dem geringsten Einfluss auf die Primär-Datenbank. Ein erfolgreicher Transaktionsabschluss wird auf der Primär-Datenbank bestätigt, sobald die Redo-Informationen lokal geschrieben wurden. Das entspricht dem Verhalten einer Datenbank ohne Data Guard. Die Übertragung auf die Standby-Datenbanken erfolgt asynchron und unabhängig vom Abschluss der Transaktion. Das entschärft zwar den Einfluss auf die Primär-Datenbank, erhöht jedoch das Risiko des Datenverlusts im Falle einer Havarie.

Wie Sie sehen, hat jeder Modus seine Vor- und Nachteile. Die Vorteile einer hohen Datensicherheit erkauft man sich mit Nachteilen bei Performance und Einfluss auf die Primär-Datenbank. Welchen Sie letztendlich verwenden, hängt von Ihrer Infrastruktur und den Anforderungen an Datensicherheit ab.

Verwenden Sie jedoch niemals den Maximum Protection-Modus mit nur einer Standby-Datenbank. Das Risiko, dass bei Nichtverfügbarkeit der Standby-Datenbank auch die Primär-Datenbank nicht verfügbar wird, ist einfach zu groß. Damit verkehren Sie das, was Sie erreichen wollen, nämlich eine erhöhte Verfügbarkeit Ihrer Datenbank, ins Gegenteil. Konfigurieren Sie für diesen Fall mindestens zwei Standby-Datenbanken, die möglichst über verschiedene Netzwerke angebunden sind.

Einen guten Kompromiss stellt der Maximum Availability-Modus dar. Er garantiert einerseits nur geringen Datenverlust und kann andererseits kein Herunterfahren der Primär-Datenbank verursachen.

Wenn Performance das wichtigste Kriterium für Ihre Datenbank ist, dann sollten Sie auf den Maximum Performance-Modus ausweichen. Nur dieser garantiert ein vollständig unabhängiges Arbeiten wie bei einer Datenbank ohne Data Guard-Konfiguration.

Die Data Guard-Operationen werden von Diensten durchgeführt. Im Wesentlichen werden die folgenden drei Dienste verwendet:

- Log Transport Service
- Log Apply Service
- Role Management Service

Der *Log Transport Service* organisiert und kontrolliert die Übertragung der Redo Log-Informationen von der Primär- zu den Standby-Datenbanken. Der *Log Apply Service* arbeitet die übertragenen Redo Log-Informationen automatisch in die Standby-Datenbank ein. Dieser Vorgang wird auch *Managed Recovery* genannt.

In einer Data Guard-Umgebung kann eine Datenbank zwei Rollen spielen, *Primary Role* und *Standby Role*. Im Fehlerfall müssen Sie die Standby-Datenbank zur Primär-Datenbank machen, die Primär-Datenbank kann dabei die Rolle der Standby-Datenbank übernehmen. Das heißt, Sie müssen die Rollen der Datenbanken neu verteilen. Der *Role Management Service* unterstützt und kontrolliert diesen Rollentausch.

Der *Data Guard Broker* ist ein verteiltes Framework zur Erstellung, Verwaltung und Überwachung von Data Guard-Architekturen. Es werden zwei Schnittstellen angeboten, er kann per grafischem Benutzer-Interface oder auf der Kommandozeile bedient werden. Das grafische Interface befindet sich im Enterprise Manager.

21.2 Physische Standby-Datenbanken

Dieser Abschnitt beschreibt an einem Beispiel, wie eine Data-Guard-Architektur mit einer physischen Standby-Datenbank erstellt werden kann. Dabei wird die Standby-Datenbank auf einem anderen Server platziert. Wenn Sie lediglich einen Rechner zum Nachvollziehen des Beispiels zur Verfügung haben, dann müssen Sie nur beachten, dass der Instanzname und die Dateistruktur geändert werden müssen. Entsprechende Hinweise finden Sie in den einzelnen Punkten.

Der Prozess des Erstellens einer physischen Standby-Datenbank lässt sich in die folgenden drei Schritte untergliedern:

1. die Primär-Datenbank für die Einbindung in Data Guard vorbereiten
2. die Standby-Datenbank erzeugen
3. Data Guard aktivieren und überwachen

Im vorliegenden Beispiel wird eine manuelle Erstellung und Konfiguration durchgeführt. Es gibt auch die Möglichkeit, Konfigurationen mit dem Data Guard Broker zu erstellen. Hinweise dazu finden Sie am Ende dieses Kapitels. In der Praxis wird von vielen Administratoren die manuelle Methode bevorzugt. Sie bietet zudem den Vorteil, dass Skripte erstellt werden können, mit denen Standard-Konfigurationen beliebig oft und automatisiert wiederholt werden können.

Im vorliegenden Beispiel wird eine Data Guard-Architektur im Maximum Protection-Modus konfiguriert. Sie können nach Abschluss der Installation das Verhalten und den Einfluss in verschiedenen Situationen testen.

Die Konfiguration des Beispiels erfolgt auf einem Unix-Betriebssystem. Sie können die Schritte ohne Einschränkung auf ein Windows-Betriebssystem übertragen, indem Sie die betriebssystemspezifischen Besonderheiten beachten. An wichtigen Stellen wird darauf hingewiesen.

Abbildung 21.1 zeigt, welche Architektur wir aufsetzen wollen. Wir benutzen den Log Writer (LGWR) für den Transport der Redo Log-Informationen. Im Normalbetrieb werden Online Redo Log-Informationen übertragen. Auf der Standby-Seite übernimmt der Remote File Service (RFS) die Redo Log-Informationen und schreibt sie in die Standby Redo Log-Dateien. Der Managed Recovery-Prozess (MRP) liest die Daten aus den Standby Redo Log-Dateien und arbeitet sie in die Datenbank ein.

Im Normalbetrieb werden keine Archived Redo Log-Dateien übertragen. Der Archive-Prozess auf der Standby-Seite schreibt eigene Archived Redo Log-Dateien.

Kommt es zu Unterbrechungen des Normalbetriebs, werden möglicherweise auf der Primärseite Online Redo Log-Dateien überschrieben. Damit würde beim Wiederanlauf eine Lücke auf der Standby-Seite entstehen.

Kapitel 21 Data Guard

Der FAL-Client fordert in diesem Fall vom FAL-Server die fehlenden Archived Redo Log-Dateien an und ergänzt sie im Archiv. Der MRP-Prozess führt das Recovery aus den Archived Redo Log-Dateien durch und stellt anschließend wieder auf Normalbetrieb um, indem er Standby Redo Log-Dateien verarbeitet. Damit ist die Lücke geschlossen.

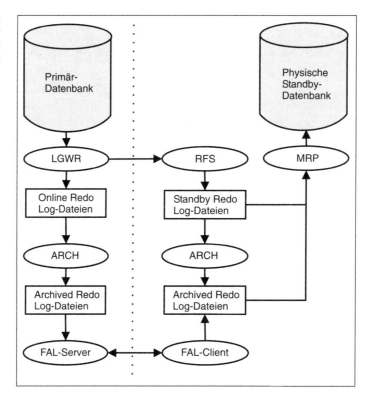

Abbildung 21.1: Architektur einer physischen Standby-Datenbank

Sie können die Prozesse als normale Hintergrundprozesse auf Betriebssystemebene sehen:

```
$ ps -ef|grep ora_
oracle    1128    1  0 17:37 ?       00:00:00 ora_pmon_komp10g2
oracle    1130    1  0 17:37 ?       00:00:00 ora_mman_komp10g2
oracle    1132    1  0 17:37 ?       00:00:00 ora_dbw0_komp10g2
oracle    1134    1  0 17:37 ?       00:00:00 ora_lgwr_komp10g2
oracle    1136    1  0 17:37 ?       00:00:00 ora_ckpt_komp10g2
oracle    1138    1  0 17:37 ?       00:00:00 ora_smon_komp10g2
oracle    1140    1  0 17:37 ?       00:00:00 ora_reco_komp10g2
oracle    1142    1  0 17:37 ?       00:00:00 ora_cjq0_komp10g2
oracle    1146    1  0 17:38 ?       00:00:00 ora_arc0_komp10g2
oracle    1148    1  0 17:38 ?       00:00:00 ora_arc1_komp10g2
oracle    1175    1  0 17:39 ?       00:00:00 ora_mrp0_komp10g2
```

Die Primär-Datenbank vorbereiten

Im vorliegenden Beispiel befindet sich die Primär-Datenbank auf dem Server MCH2 und besitzt den Instanznamen KOMP10G2. Die Standby-Datenbank wird auf dem Server MCH1 erstellt und erhält denselben Instanznamen. Beide Datenbanken sollen sich durch den Parameter DB_UNIQUE_NAME unterscheiden, der PRIMARY und STANDBY ist. Der ARCHIVELOG-Modus ist zwingende Voraussetzung für Data Guard.

Die Primärdatenbank für Data Guard vorbereiten

1. Aktivieren Sie den FORCE LOGGING-Modus. Damit verhindern Sie, dass Anwender die NOLOGGING-Option verwenden und somit ein Logging in bestimmten Situationen umgangen wird. Das würde einer Synchronisation der Standby-Datenbank im Wege stehen.

   ```
   SQL> CONNECT sys/manager@komp10g2 as sysdba;
   Connect durchgeführt.
   SQL> ALTER DATABASE FORCE LOGGING;
   Datenbank wurde geändert.
   ```

2. Erstellen Sie eine Passwortdatei, falls noch keine existiert. Jede in Data Guard eingebundene Datenbank muss eine Passwortdatei besitzen, da sonst die Übertragung von Redo Log-Informationen nicht funktioniert. Die Passwortdatei befindet sich standardmäßig im Verzeichnis $ORACLE_HOME/dbs (bzw. %ORACLE_HOME%\database für Windows-Betriebssysteme). Der Name der Passwortdatei ist orapw<SID>. Setzen Sie nach dem Erstellen der Datei den Initialisierungsparameter REMOTE_LOGIN_PASSWORDFILE auf EXCLUSIVE.

   ```
   $ orapwd file=orapwkomp10g2 password=manager entries=5
   ```

3. Definieren Sie die erforderlichen Initialisierungsparameter für den Einsatz von Data Guard:

   - DB_UNIQUE_NAME setzt einen eindeutigen Namen für jede Datenbank. Dieser Name ist der Datenbank eindeutig zugeordnet und bleibt auch beim Rollenwechsel erhalten.

   - LOG_ARCHIVE_CONFIG spezifiziert das Attribut DG_CONFIG mit den Unique-Namen von Primär- und Standby-Datenbank.

   - LOG_ARCHIVE_DEST_*n* für die Übertragung der Redo Log-Informationen zur Standby-Datenbank.

   - FAL_SERVER und FAL_CLIENT für den Net-Service-Namen der Datenbank, wo der FAL-Server bzw. der FAL-Client laufen. FAL-Server und -Client sind Prozesse, die automatisch Lücken bei den Archived Redo Log-Dateien schließen.

- `DB_FILE_NAME_CONVERT` dient als Übersetzungstabelle, wenn die Standby-Datenbank eine andere Verzeichnisstruktur für die Dateien verwendet. Das ist insbesondere dann erforderlich, wenn sich die Standby-Datenbank auf demselben Server befindet.

- `LOG_FILE_NAME_CONVERT` ist eine Übersetzungstabelle der Verzeichnisstruktur für Online Redo Log-Dateien.

- `STANDBY_FILE_MANAGEMENT` sollte auf `AUTO` stehen, wenn Dateien, die in der Primär-Datenbank neu angelegt oder gelöscht werden, analog in der Standby-Datenbank behandelt werden sollen.

Im vorliegenden Beispiel sehen die zusätzlichen Parameter wie folgt aus:

```
*.db_unique_name=primary
*.fal_server=komp10g2
*.fal_client=komp10g2_sb
*.standby_file_management=AUTO
```

Die Standby-Datenbank erzeugen

Für das Erzeugen der Standby-Datenbank können Sie unterschiedliche Methoden verwenden. Eine Möglichkeit ist, die Dateien und Archived Redo Log-Dateien einzeln in die Verzeichnisse der Standby-Datenbank zu kopieren. Das ist jedoch ein sehr fehleranfälliger und aufwendiger Prozess. Außerdem muss die Primär-Datenbank geschlossen werden.

Einfacher und zuverlässiger ist die Verwendung des Recovery Manager. Er kennt die Speicherorte aller zur Datenbank gehörenden Dateien und erstellt die Standby-Datenbank automatisch. Das kann online erfolgen, das heißt, die Primär-Datenbank muss nicht zur Erstellung der Standby-Datenbank geschlossen werden.

Eine Data Guard-Umgebung erstellen

Erstellen einer Standby-Datenbank mit dem Recovery Manager

1. Erstellen Sie ein Online-Backup der Primär-Datenbank mit dem Recovery-Manager.

   ```
   $ rman target / catalog rman/rman@rman10
   Recovery Manager: Version 10.1.0.2.0 - Production
   Copyright (c) 1995, 2004, Oracle. All rights reserved.
   Mit Ziel-Datenbank verbunden: KOMP10G2 (DBID=3497543750)
   Verbindung mit Datenbank des Recovery-Katalogs
   RMAN> RUN {
   2> ALLOCATE CHANNEL d1 DEVICE TYPE DISK;
   3> BACKUP DATABASE INCLUDE CURRENT CONTROLFILE FOR STANDBY;
   4> SQL "ALTER SYSTEM ARCHIVE LOG CURRENT";
   ```

Physische Standby-Datenbanken Kapitel 21

```
5> BACKUP ARCHIVELOG FROM SEQUENCE 160;
6> RELEASE CHANNEL d1;
7> }
Freigegebener Kanal: ORA_DISK_1
Zugewiesener Kanal: d1
Kanal d1: SID=258 Gerätetyp=DISK
Starten backup um 21.05.04
Kanal d1: Vollständiges Backup Set für Datendatei wird begonnen
. . .
Beendet backup um 21.05.04
Starten Control File and SPFILE Autobackup um 21.05.04
Stück-Handle=/u05/oracle/komp10g2/backup/c-3497543750-20040521-
   03 Kommentar=NONE
Beendet Control File and SPFILE Autobackup um 21.05.04
Freigegebener Kanal: d1
```

2. Kopieren Sie die soeben erstellten Backup Pieces des Recovery Manager auf den Server, auf dem die Standby-Datenbank erzeugt werden soll. Wenn Sie die Standby-Datenbank auf demselben Server erstellen, dann entfällt dieser Schritt. Die Backup Pieces müssen sich auf dem Standby-Server im gleichen Verzeichnis befinden.

3. Erstellen Sie eine Initialisierungsparameterdatei. Benutzen Sie die Parameterdatei der Primär-Datenbank und passen Sie diese an. Für das Beispiel wurden die folgenden Parameter geändert bzw. neu hinzugefügt:

   ```
   *.db_unique_name=primary
   *.fal_server=komp10g2
   *.fal_client=komp10g2_sb
   *.standby_file_management=AUTO
   *.log_archive_config='DG_CONFIG=(primary,standby)'
   *.service_name=komp10g2
   ```

4. Passen Sie die Dateien tnsnames.ora und listener.ora an, so dass auf beiden Servern Zugriff auf alle Datenbanken besteht.

5. Erstellen Sie auf dem Standby-Server eine Passwortdatei.

6. Setzen Sie in der Datei SQLNET.ORA den Parameter EXPIRE_TIME auf »2«. Damit wird die Erkennung unterbrochener Netzwerkverbindungen aktiviert und auf zwei Minuten gesetzt.

   ```
   SQLNET.EXPIRE_TIME=2
   ```

7. Für den Fall, dass Sie auf einem Windows-Betriebssystem arbeiten, müssen Sie zusätzlich den neuen Dienst für die Instanz erstellen.

   ```
   oradim -new -sid komp10g2
   ```

8. Starten Sie die Standby-Instanz im Status NOMOUNT.

Kapitel 21 Data Guard

```
SQL> startup nomount
ORACLE-Instance hochgefahren.
Total System Global Area  209715200 bytes
Fixed Size                   778156 bytes
Variable Size             183509076 bytes
Database Buffers           25165824 bytes
Redo Buffers                 262144 bytes
```

9. Starten Sie den Recovery Manager auf dem Server mit der Primär-Datenbank und verbinden Sie sich sowohl zur Primär-Datenbank als auch zur Instanz der Standby-Datenbank. Führen Sie anschließend den Befehl DUPLICATE TARGET DATABASE aus. RMAN erstellt die Standby-Datenbank.

```
$ rman target / catalog rman/rman@rman10 auxiliary sys/
     manager@komp10g2_sb
Recovery Manager: Version 10.1.0.2.0 - Production
Copyright (c) 1995, 2004, Oracle. All rights reserved.
Mit Ziel-Datenbank verbunden: KOMP10G2 (DBID=3497543750)
Verbindung mit Datenbank des Recovery-Katalogs
Bei Hilfsdatenbank angemeldet: KOMP10G2 (DBID=3497543750)
RMAN> RUN {
2> ALLOCATE AUXILIARY CHANNEL aux1 DEVICE TYPE DISK;
3> DUPLICATE TARGET DATABASE FOR STANDBY NOFILENAMECHECK;
4> RELEASE CHANNEL aux1;
5> }
Zugewiesener Kanal: aux1
Kanal aux1: SID=270 Gerätetyp=DISK
Starten Duplicate Db um 21.05.04
Inhalt von Speicher-Skript:
{
   restore clone standby controlfile;
   sql clone 'alter database mount standby database';
}
Speicher-Skript wird ausgeführt
Starten restore um 21.05.04
. . .
Kanal aux1: Wiederherstellung abgeschlossen
Beendet restore um 21.05.04
Inhalt von Speicher-Skript:
{
   switch clone datafile all;
}
Speicher-Skript wird ausgeführt
Datendatei 1 gegen Datendateikopie ausgetauscht
Eingabe-Datendateikopie RECID=28 Stempel=526761405 Dateiname=/u02/
    oracle/komp10g2/system01.dbf
. . .
Beendet Duplicate Db um 21.05.04
Freigegebener Kanal: aux1
```

10. Die Standby-Datenbank befindet sich nach dem DUPLICATE DATABASE-Befehl im MOUNT-Status. Da die Datenbank im Maximum-Availability-Modus laufen soll, werden zusätzlich Standby Redo Log-Dateien benötigt. Diese müssen in Anzahl und Größe mit den Redo Log-Dateien der Primär-Datenbank übereinstimmen.

    ```
    SQL> ALTER DATABASE
      2   ADD STANDBY LOGFILE
      3   '/u04/oracle/komp10g2/sb_redo01.log'
      4   SIZE 10485760;
    Datenbank wurde geändert. SQL> ALTER DATABASE
      2   ADD STANDBY LOGFILE
      3   '/u04/oracle/komp10g2/sb_redo02.log'
      4   SIZE 10485760;
    Datenbank wurde geändert.
    SQL> ALTER DATABASE
      2   ADD STANDBY LOGFILE
      3   '/u04/oracle/komp10g2/sb_redo03.log'
      4   SIZE 10485760;
    Datenbank wurde geändert.
    ```

11. Erstellen Sie eine Datei für die Temporary Tablespace.

    ```
    SQL> STARTUP OPEN READ ONLY
    ORACLE-Instance hochgefahren.
    Total System Global Area   209715200 bytes
    Fixed Size                    778156 bytes
    Variable Size              183509076 bytes
    Database Buffers            25165824 bytes
    Redo Buffers                  262144 bytes
    Datenbank mit MOUNT angeschlossen.
    Datenbank geöffnet.
    SQL> ALTER TABLESPACE TEMP
      2   ADD TEMPFILE
      3   '/u02/oracle/komp10g2/temp01.dbf'
      4   SIZE 20971520;
    Tablespace wurde geändert.
    ```

12. Starten Sie den Managed Recovery-Modus.

    ```
    SQL> ALTER DATABASE RECOVER MANAGED STANDBY DATABASE DISCONNECT;
    Datenbank wurde geändert.
    ```

13. Aktivieren Sie die Übertragung der Redo Log-Informationen auf der Primär-Datenbank durch Setzen des Initialisierungsparameters.

    ```
    log_archive_dest_2='SERVICE=komp10g2_sb OPTIONAL LGWR SYNC AFFIRM VALID_
        FOR=(ONLINE_LOGFILES,PRIMARY_ROLE) DB_UNIQUE_NAME=komp10g2_sb'
    ```

14. Setzen Sie den Maximum Availability-Modus.

```
SQL> STARTUP MOUNT EXCLUSIVE;
ORACLE-Instance hochgefahren.
Total System Global Area  209715200 bytes
Fixed Size                    778156 bytes
Variable Size              183509076 bytes
Database Buffers            25165824 bytes
Redo Buffers                  262144 bytes
Datenbank mit MOUNT angeschlossen.
SQL> ALTER DATABASE SET STANDBY DATABASE TO MAXIMIZE AVAILABILITY;
Datenbank wurde geändert.
SQL> ALTER DATABASE OPEN;
Datenbank wurde geändert.
```

Wenn Sie mehr als eine Standby-Datenbank verwenden, dann sollten Sie den Initialisierungsparameter LOG_ARCHIVE_MIN_SUCCEED *setzen. Er legt die minimale Anzahl von Archived-Log-Zielen fest, auf die erfolgreich geschrieben werden muss, bevor ein Log Switch als erfolgreich angesehen wird. Der Standardwert ist 1.*

Damit ist die Data Guard-Konfiguration im Maximum Availability-Modus vollständig aufgesetzt. Der folgende Abschnitt beschäftigt sich mit Verwaltung und Überwachung.

Verwaltung und Überwachung

Da sich die Standby-Datenbank im Managed Recovery-Modus befindet, werden Änderungen zwar nach jeder COMMIT-Anweisung übertragen, sie sind jedoch von außen nicht sichtbar. Führen Sie die folgenden Schritte durch, um festzustellen, ob die Übertragung der Archived Redo Log-Dateien ordnungsgemäß funktioniert.

Die Funktionalität einer physischen Standby-Datenbank überprüfen

1. Identifizieren Sie die Archived Redo Log-Dateien in der Standby-Datenbank.

```
SQL> SELECT sequence#, next_time
  2  FROM v$archived_log
  3  ORDER BY 1;
 SEQUENCE# NEXT_TIME
---------- --------------------
       162 21.05.2004 17:01:15
       163 21.05.2004 17:01:16
       164 22.05.2004 12:15:44
       165 22.05.2004 12:16:03
       166 22.05.2004 12:32:18
       167 22.05.2004 12:50:20
       168 22.05.2004 12:56:38
       169 22.05.2004 13:03:52
```

Physische Standby-Datenbanken

```
    170 22.05.2004 13:06:31
    171 22.05.2004 13:24:14
```

2. Führen Sie einen Log Switch auf der Primär-Datenbank durch.

   ```
   SQL> ALTER SYSTEM SWITCH LOGFILE;
   System wurde geändert.
   ```

3. Fragen Sie die Archived Redo Log-Dateien in der Standby-Datenbank erneut ab. Daran können Sie erkennen, ob die Dateien übertragen wurden.

   ```
   SQL> SELECT sequence#, next_time
     2  FROM V$ARCHIVED_LOG
     3  ORDER BY 1;
    SEQUENCE# NEXT_TIME
   ---------- -------------------
          162 21.05.2004 17:01:15
          163 21.05.2004 17:01:16
          164 22.05.2004 12:15:44
          165 22.05.2004 12:16:03
          166 22.05.2004 12:32:18
          167 22.05.2004 12:50:20
          168 22.05.2004 12:56:38
          169 22.05.2004 13:03:52
          170 22.05.2004 13:06:31
          171 22.05.2004 13:24:14
          172 22.05.2004 13:38:12
   ```

Aus den vorhergehenden Tests erkennen Sie nicht, wie der Status der Einarbeitung von Änderungen in der Standby-Datenbank ist. Durch Abfrage des Views V$MANAGED_STANDBY können Sie den Status der einzelnen Prozesse feststellen.

```
SQL> SELECT process, status, sequence#, block#
  2  FROM V$MANAGED_STANDBY;
PROCESS   STATUS        SEQUENCE#   BLOCK#
--------- ------------- ---------- ----------
ARCH      CONNECTED            0         0
ARCH      CONNECTED            0         0
MRP0      WAIT_FOR_LOG       173         0
```

Sie können sehen, dass der ARCH-Prozess den letzen Log Switch für die Sequenz 172 durchgeführt hat und der MRP-Prozess, der die Redo Log-Informationen auf der Standby-Datenbank entgegennimmt, die aktuelle Sequenz einarbeitet. Der MRP-Prozess ist der Managed-Recovery-Prozess.

Wenn Sie das Ergebnis mit der Primär-Datenbank vergleichen, werden Sie, wie in der folgenden Abfrage, feststellen, dass es sich bei der Sequenz Nummer 173 auch auf der Primär-Datenbank um die aktuelle handelt. Es besteht also keine Lücke bei der Übertragung der Redo Log-Informationen.

```
SQL> SELECT group#, sequence#, archived, status
  2  FROM v$log;
    GROUP#   SEQUENCE# ARC STATUS
---------- ---------- --- ----------------
         1        173 NO  CURRENT
         2        172 YES INACTIVE
         3        171 YES INACTIVE
```

Wichtige Informationen und Fehlermeldungen erhalten Sie durch Abfrage des Views V$DATAGUARD_STATUS.

```
SQL> SELECT message
  2  FROM v$dataguard_status
  3  ORDER BY timestamp;
...
ARC0: Creating local archive destination LOG_ARCHIVE_DEST_1:
 '/u05/oracle/komp10g2/archive/1_172_522958279.dbf' (thread
1 sequence 172)
ARC0: Closing local archive destination LOG_ARCHIVE_DEST_1:
'/u05/oracle/komp10g2/archive/1_172_522958279.dbf'
Committing creation of archivelog '/u05/oracle/komp10g2/arch
ive/1_172_522958279.dbf'
ARC0: Completed archiving  log 2 thread 1 sequence 172
```

Sie können weiterhin überprüfen, ob DDL-Befehle übertragen und ausgeführt werden, indem Sie in der Primär-Datenbank eine Datei hinzufügen.

```
SQL> ALTER TABLESPACE USERS
  2  ADD DATAFILE
  3  '/u02/oracle/komp10g2/users05.dbf'
  4  SIZE 1M;
Tablespace wurde geändert.
```

Wenn Sie Real-Time Apply verwenden wollen, d.h. das direkte Einarbeiten von Transaktionen in die Standby-Datenbank ohne zeitliche Verzögerung, dann müssen Sie den Managed Recovery-Prozess mit der folgenden SQL-Anweisung starten.

```
SQL> ALTER DATABASE RECOVER MANAGED STANDBY DATABASE
  2  USING CURRENT LOGFILE DISCONNECT;
Datenbank wurde geändert.
```

In dem Fall können Sie erkennen, dass die neue Datei auch in der Standby-Datenbank sofort angelegt wird.

Physische Standby-Datenbanken

Wir haben den Maximum Availability-Modus gewählt, um die Primär-Datenbank für Anwender weiter offen zu halten, auch wenn die Standby-Datenbank nicht verfügbar ist. Da der FAL-Server und FAL-Client aktiviert sind,

Um dies zu testen, wird die Standby-Datenbank heruntergefahren und auf der Primär-Datenbank werden Log Switches ausgeführt, bis mindestens eine Online Redo Log-Datei überschrieben wurde. Nach einem Neustart der Standby-Datenbank wird diese mit den übertragenen Archived Redo Log-Dateien aktualisiert und empfängt danach wieder Online Redo Log-Informationen.

```
SQL> ALTER DATABASE RECOVER MANAGED STANDBY DATABASE CANCEL;
Datenbank wurde geändert.
SQL> SHUTDOWN;
ORA-01109: Datenbank nicht geöffnet
Datenbank abgehängt.
ORACLE-Instance heruntergefahren.
SQL> CONNECT sys/manager@komp10g2 AS SYSDBA
Connect durchgeführt.
SQL> ALTER SYSTEM SWITCH LOGFILE;
System wurde geändert.
SQL> /
System wurde geändert.
SQL> /
System wurde geändert.
SQL> /
System wurde geändert.
SQL> CONNECT sys/manager@komp10g2_sb AS SYSDBA
Connect durchgeführt.
SQL> STARTUP MOUNT;
ORACLE-Instance hochgefahren.
Total System Global Area   209715200 bytes
Fixed Size                    778156 bytes
Variable Size              183509076 bytes
Database Buffers            25165824 bytes
Redo Buffers                  262144 bytes
Datenbank mit MOUNT angeschlossen.
SQL> ALTER DATABASE RECOVER MANAGED STANDBY DATABASE DISCONNECT;
Datenbank wurde geändert.
```

Sie konnten feststellen, dass die Primär-Datenbank ohne Einschränkung weitergelaufen ist. Zu überprüfen ist nun noch, ob die Lücke nach dem Wiederanlauf geschlossen werden konnte und ob die Standby-Datenbank aktuell ist. Führen Sie die folgende SQL-Abfrage auf beiden Datenbanken aus.

```
SQL> SELECT sequence#, next_time
  2  FROM v$archived_log
  3  ORDER BY 1;
SEQUENCE# NEXT_TIME
---------- --------------------
...
       178 22.05.2004 14:37:01
       179 22.05.2004 14:37:02
       180 22.05.2004 14:37:04
       181 22.05.2004 14:39:17
       182 22.05.2004 14:41:52
SEQUENCE# NEXT_TIME
---------- --------------------
       178 22.05.2004 14:37:01
       179 22.05.2004 14:37:02
       180 22.05.2004 14:37:04
       181 22.05.2004 14:39:17
       182 22.05.2004 14:41:52
```

Damit ist erwiesen, dass die Lücke in den Archived Redo Log-Dateien geschlossen ist. Überprüfen Sie jetzt noch, ob das Einarbeiten der Redo Log-Informationen aktuell ist.

```
SQL> SELECT process, status, sequence#, block#
  2  FROM v$managed_standby;
PROCESS   STATUS         SEQUENCE#     BLOCK#
--------- ------------- ----------- ----------
ARCH      CONNECTED              0          0
ARCH      CLOSING              182          1
MRP0      WAIT_FOR_LOG         183          0
RFS       RECEIVING              0          0
RFS       WRITING              183       4703
RFS       RECEIVING              0          0
```

Auch das ist offensichtlich der Fall. Die vorliegende Architektur stellt eine recht gute Möglichkeit dar, das Risiko an Datenverlust gering zu halten, ohne die Performance und die Verfügbarkeit der Primär-Datenbank stark zu beeinflussen.

Failover und Switchover

Unter *Failover* versteht man den Wechsel der Standby-Datenbank zur Primär-Datenbank im Fall eines Fehlers. Dabei kann es sich sowohl um einfache Fehler als auch um Totalverlust handeln, was auch als *Desaster Recovery* bezeichnet wird. Dagegen bezeichnet man mit *Switchover* einen geplanten Wechsel, z.B. um Wartungsarbeiten auf der Primär-Datenbank durchführen zu können.

Physische Standby-Datenbanken

Ein Failover beschränkt sich in der Regel darauf, die Standby-Datenbank zur Primär-Datenbank zu machen. Bei einem Switchover kann zusätzlich die Primär-Datenbank zur neuen Standby-Datenbank werden. Diese Tauschoperationen werden auch als *Role Management* bezeichnet.

Während es bei einem Switchover zu keinem Datenverlust kommt, ist bei einem Failover Datenverlust möglich, abhängig vom verwendeten Protection-Modus.

Vergessen Sie beim Aufsetzen einer Data Guard-Architektur nicht, auf der Primär-Datenbank Standby Redo Log-Dateien zu erstellen. Auch wenn diese im Normalbetrieb nicht benötigt werden, sind sie erforderlich, wenn bei einem Switchover die Primär-Datenbank zur Standby-Datenbank gemacht wird. Sie müssen in Anzahl und Größe mit den Online Redo Log-Dateien übereinstimmen.

```
SQL> ALTER DATABASE
  2  ADD STANDBY LOGFILE
  3  '/u04/oracle/komp10g2/sb_redo01.log'
  4  SIZE 10485760;
Datenbank wurde geändert.
```

Switchover werden in der Praxis eher selten durchgeführt. Die folgenden Schritte beschreiben ein typisches Failover-Szenario für eine physische Standby-Datenbank.

Führen Sie die folgenden Schritte aus, um die Standby-Datenbank zu aktivieren, jedoch keinesfalls den Befehl ALTER DATABASE ACTIVATE STANDBY DATABASE. *Dies führt zu Datenverlust.*

Um festzustellen, ob die letzte Transaktion in der neuen Primär-Datenbank verfügbar ist, fügen wir auf der alten Primär-Datenbank einen Satz in die Tabelle komp10g.dept ein. Führen Sie anschließend ein SHUTDOWN ABORT aus, um einen Crash zu simulieren.

```
SQL> INSERT INTO komp10g.dept
  2  VALUES (88, 'VOR CRASH', 'PRIMARY');
1 Zeile wurde erstellt.
SQL> COMMIT;
Transaktion mit COMMIT abgeschlossen.
SQL> SHUTDOWN ABORT
ORACLE-Instance heruntergefahren.
```

Kapitel 21   Data Guard

Failover für eine physische Standby-Datenbank

1. Stellen Sie fest, ob eine Lücke bei den Archived Redo Log-Dateien vorliegt. Falls eine Lücke existiert, kopieren Sie, wenn möglich, alle fehlenden Archived Redo Log-Dateien auf den Standby-Server und führen Sie den Befehl ALTER DATABASE REGISTER PHYSICAL LOGFILE 'Dateiname'; aus.

   ```
   SQL> SELECT thread#, low_sequence#, high_sequence#
     2  FROM v$archive_gap;
   Es wurden keine Zeilen ausgewählt
   ```

2. Führen Sie die folgende SQL-Anweisung auf der Standby-Datenbank durch. Damit wird der Managed Recovery-Modus beendet.

   ```
   SQL> ALTER DATABASE RECOVER MANAGED STANDBY DATABASE FINISH;
   Datenbank wurde geändert.
   ```

3. Machen Sie die Standby-Datenbank zur Primär-Datenbank.

   ```
   SQL> ALTER DATABASE COMMIT TO SWITCHOVER TO PRIMARY;
   Datenbank wurde geändert.
   ```

4. Damit ist die Datenbank eine Primär-Datenbank. Starten Sie die Datenbank neu. Danach steht sie für die Anwender zur Verfügung.

   ```
   SQL> SHUTDOWN IMMEDIATE
   ORA-01507: Datenbank nicht mit Mount angeschlossen
   ORACLE-Instance heruntergefahren.
   SQL> STARTUP
   ORACLE-Instance hochgefahren.
   Total System Global Area   209715200 bytes
   Fixed Size                    778156 bytes
   Variable Size              183509076 bytes
   Database Buffers            25165824 bytes
   Redo Buffers                  262144 bytes
   Datenbank mit MOUNT angeschlossen.
   Datenbank geöffnet.
   ```

Überprüfen Sie, ob der Satz, der kurz vor dem Crash eingefügt wurde, in der Tabelle dept sichtbar ist.

```
SQL> SELECT * FROM komp10g.dept;
    DEPTNO DNAME           LOC
---------- --------------- -------------
        10 ACCOUNTING      NEW YORK
        20 RESEARCH        DALLAS
        30 SALES           CHICAGO
        40 OPERATIONS      BOSTON
        88 VOR CRASH       PRIMARY
```

Es hat offensichtlich kein Datenverlust stattgefunden. Das ist im Maximum-Availability-Modus immer der Fall, wenn bis zum Crash-Zeitpunkt eine funktionierende Verbindung zwischen Primär- und Standby-Datenbank bestanden hat. Das Aktivieren der Standby-Datenbank war sehr schnell abgeschlossen, ein Desaster-Recovery mit Restore des letzen Backups und anschließendem Recovery hätte wesentlich mehr Zeit in Anspruch genommen, es kann mehrere Stunden dauern.

Führen Sie nach Aktivierung der neuen Primär-Datenbank eine Komplettsicherung durch, bevor Sie die Datenbank den Anwendern zur Verfügung stellen.

TIPP

21.3 Logische Standby-Datenbanken

Logische Standby-Datenbanken bieten gegenüber physischen Standby-Datenbanken den Vorteil, dass sie im READ ONLY-Modus geöffnet sein können, während gleichzeitig die Aktualisierungen von der Primär-Datenbank laufen. Anwender können mit der Datenbank verbunden sein und SQL-Abfragen und Reports generieren. Logische Standby-Datenbanken können damit nicht nur zur Datensicherung, sondern auch zur Entlastung der Primär-Datenbank verwendet werden.

Dies ist aufgrund einer anderen Technologie bei der Aktualisierung der Standby-Datenbank möglich. Zwar dienen auch hier Redo Log-Dateien der Primär-Datenbank als Quelle, jedoch werden Redo Log-Informationen nicht direkt im Recovery-Modus verarbeitet. Sie werden mit Hilfe der Logminer-Technologie in SQL-Anweisungen umgewandelt.

Allerdings gibt es für logische Standby-Datenbanken weit reichende Einschränkungen. Die folgenden Datentypen werden nicht unterstützt:

- BFILE
- ROWID und UROWID
- XMLType
- Benutzerdefinierte Datentypen
- VARRAYS
- Objekttypen
- Nested Tables

Für Tabellen existieren die folgenden Einschränkungen:

- komprimierte Tabellen
- Schemas, die mit Oracle mitgeliefert werden

Um festzustellen, welche Objekte nicht unterstützt werden, können Sie das View `DBA_LOGSTDBY_UNSUPPORTED` abfragen.

```
SQL> SELECT table_name, column_name, data_type
  2  FROM dba_logstdby_unsupported
  3  WHERE owner='KOMP10G';
TABLE_NAME    COLUMN_NAME  DATA_TYPE
------------  -----------  -----------
XML_TABLE     TEXT         XMLTYPE
```

Das View `LOG_STDBY_SKIP` sagt Ihnen, welche Schemas von der Übertragung zur Standby-Datenbank ausgeschlossen sind.

```
SQL> SELECT owner, statement_opt
  2  FROM dba_logstdby_skip;
OWNER         STATEMENT_OPT
------------  ------------------
MGMT_VIEW     INTERNAL SCHEMA
DBSNMP        INTERNAL SCHEMA
SYSMAN        INTERNAL SCHEMA
SYS           INTERNAL SCHEMA
SYSTEM        INTERNAL SCHEMA
OUTLN         INTERNAL SCHEMA
DIP           INTERNAL SCHEMA
WMSYS         INTERNAL SCHEMA
```

Die folgenden SQL-Anweisungen werden auf der logischen Standby-Datenbank nicht ausgeführt:

- ALTER SYSTEM
- ALTER DATABASE
- ALTER SESSION
- ALTER MATERIALIZED VIEW
- CREATE MATERIALIZED VIEW
- CREATE DATABASE
- CREATE DATABASE LINK
- CREATE PFILE/CREATE SPFILE
- CREATE CONTROLFILE
- DROP MATERIALIZED VIEW
- DROP DATABASE LINK
- LOCK TABLE
- SET TRANSACTION
- SET ROLE

Logische Standby-Datenbanken

Für logische Standby-Datenbanken existiert zusätzlich das Problem, dass die ROWIDs nicht zwangsläufig mit denen der Primär-Datenbank übereinstimmen. Das führt natürlich zu Problemen für Tabellen, die keinen Primärschlüssel oder Unique-Index besitzen. Oracle empfiehlt, alle Tabellen mit einem Primärschlüssel oder Unique-Index zu versehen. Dabei besteht auch die Möglichkeit, einen deaktivierten Primärschlüssel zu erstellen.

Das View DBA_LOGSTDBY_NOT_UNIQUE zeigt Ihnen die Tabellen, für die weder Primärschlüssel noch Unique-Indexe existieren.

```
SQL> SELECT table_name, bad_column
  2  FROM dba_logstdby_not_unique
  3  WHERE owner='KOMP10G';
TABLE_NAME    B
------------  -
BOOK          N
EMP           N
DEPT          N
BONUS         N
SALGRADE      N
DUMMY         N
ORDERS        N
EMP_DEPT      N
EMPLOYEE      N
```

Nachdem Sie alle Einschränkungen kennen, können Sie entscheiden, ob Sie eine logische Standby-Datenbank einsetzen wollen. Das ist stark von der Primär-Datenbank abhängig, von den verwendeten Datentypen und der Art der Anwendung. Wenn die Datenbank z.B. viele Tabellen mit nicht unterstützten Datentypen enthält und wenig Primärschlüssel oder Unique-Indexe besitzt, kann die Konfiguration einer logischen Standby-Datenbank sehr schnell mit großem Aufwand verbunden sein, wobei Sie zusätzlich mit Einschränkungen leben müssen.

Eine Alternative zur logischen Standby-Datenbank finden Sie in Oracle Streams bzw. Oracle Streams Replication. Oracle Streams wurde in Oracle 10g wesentlich erweitert und verbessert. Auch bei dieser Architektur kann die Destination Database gleichzeitig geöffnet sein und die Änderungen von der Primär-Datenbank einspielen. Für Oracle Streams existieren weniger Einschränkungen als für logische Standby-Datenbanken. Ausführliche Informationen zu diesem Thema finden Sie in Kapitel 3 »Oracle Streams«.

:-)
TIPP

Das Erstellen einer logischen Standby-Datenbank erfolgt ähnlich wie das Erstellen einer physischen Standby-Datenbank. Auch hier kann das Kopieren der Datenbank online, d.h. ohne Herunterfahren der Primär-Datenbank erfolgen.

Eine detaillierte Beschreibung für das neue, vereinfachte Erstellen einer logischen Standby-Datenbank in Oracle 10g finden Sie in Kapitel 6 »Neuerungen für Data Guard«.

Data Guard kann auch im Zusammenhang mit Real Application Clusters eingesetzt werden. Dabei kann die Standby-Datenbank alternativ eine Single Instance-Datenbank oder eine RAC-Datenbank sein.

21.4 Data Guard Broker

Oracle Data Guard Broker gruppiert Primär- und Standby-Datenbanken in logische Gruppen. Diese können als logische Einheit administriert und überwacht werden. Der DG Broker besitzt zwei Schnittstellen, ein grafisches User-Interface im Rahmen des Oracle 10g Enterprise Manager Grid Control sowie ein Kommandozeilen-Werkzeug mit dem Namen DGMGRL.

Im Folgenden finden Sie die wichtigsten Features und Vorzüge des Data Guard Broker zusammengefasst.

- automatische Erstellung von Data-Guard-Konfigurationen
- Hinzunahme weiterer Standby-Datenbanken zu existierenden DG-Konfigurationen
- Verwaltung aller zur Konfiguration gehörenden Datenbanken, Log-Transport- und Log-Apply-Dienste
- Rollentausch mit einem einzigen Befehl für Switchover und Failover
- Überwachung der Konfiguration, Sammlung von Statistiken sowie Erstellen von Auswertungen

Das Kernstück des DG Broker bildet der Data-Guard-Monitor. Er besteht aus dem Hintergrundprozess DMON und den zugehörigen Konfigurationsdateien. Der DMON-Prozess läuft für alle Instanzen, die in die DG-Broker-Konfiguration eingebunden sind.

Die DMON-Prozesse kommunizieren untereinander über TNS und benutzen den Initialisierungsparameter LOCAL_LISTENER. Die Clients unterhalten sich mit einem oder mehreren Data-Guard-Monitoren.

Voraussetzungen prüfen

Der Data Guard Broker ist Bestandteil der Oracle RDBMS Enterprise Edition. Die Installation zusätzlicher Software ist nicht erforderlich. Die folgenden Voraussetzungen müssen erfüllt sein, bevor Sie Data Guard Broker benutzen können.

Data Guard Broker — Kapitel 21

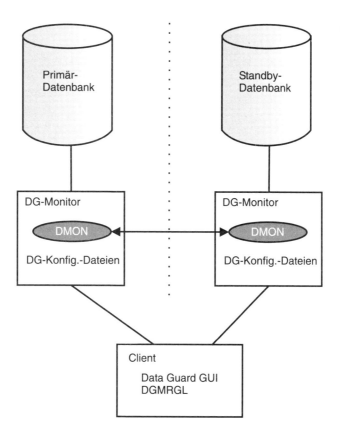

Abbildung 21.2:
Die Architektur des
Data Guard Broker

Voraussetzungen für die Benutzung von Data Guard Broker

1. Für den Start der Instanz muss sowohl für die Primär- als auch für die Standby-Datenbanken ein SPFILE verwendet werden. Ist der Initialisierungsparameter spfile nicht leer, dann wurde die Instanz mit einem SPFILE gestartet.

   ```
   SQL> show parameter spfile
   NAME                                 TYPE        VALUE
   ------------------------------------ ----------- ---
   spfile                               string      /u01/oracle/product/
       10.1.0/db_
   1/dbs/spfilekomp10g2.ora
   ```

2. Der Initialisierungsparameter DG_BROKER_START muss für alle einzubindenden Datenbanken auf TRUE gesetzt sein.

   ```
   SQL> show parameter dg_broker_start
   NAME                         TYPE        VALUE
   ---------------------------- ----------- --------
   dg_broker_start              boolean     TRUE
   ```

3. Setzen Sie den Parameter LOCAL_LISTENER auf allen Instanzen.

   ```
   SQL> show parameter local_listener
   NAME                                 TYPE        VALUE
   ------------------------------------ ----------- -----------
   local_listener                       string      LISTENER
   ```

4. Damit der Command Line Client Instanzen neu starten kann, muss ein spezieller Service für jeden Listener registriert werden. Der Service erhält den Namen <db_unique_name>_DGMGRL.<db_domain>. Fügen Sie den Eintrag, wie im folgenden Beispiel, in die Datei listener.ora ein.

   ```
   SID_LIST_LISTENER =
     (SID_LIST =
       (SID_DESC =
         (SID_NAME = komp10g2)
         (GLOBAL_NAME = komp10g2_DGMGRL.world)
         (ORACLE_HOME = /u01/oracle/product/10.1.0/db_1)
       )
     )
   ```

5. Alle Standby-Datenbanken müssen sich im MOUNT-Status befinden und alle Primär-Datenbanken geöffnet sein.

6. Der Initialisierungsparameter COMPATIBLE muss auf 9.2.0 oder höher gesetzt sein.

Eine DG Broker-Konfiguration erstellen

Sind alle Voraussetzungen erfüllt, dann wird der Data-Guard-Monitor automatisch mit der Instanz gestartet. Der Broker ist gestartet, wenn auf allen Data Guard-Instanzen der DMON-Prozess läuft.

```
$ ps -ef|grep dmon
oracle    3802     1  0 10:20 ?        00:00:00 ora_dmon_komp10g2
```

Sollte der Prozess nicht laufen, dann sind nicht alle Voraussetzungen erfüllt. Der DG Broker schreibt eine Log-Datei mit dem Namen drc<SID>.log in das Verzeichnis, auf das der Initialisierungsparameter BACKGROUND_DUMP_DEST verweist. Falls es noch Konfigurationsprobleme gibt, dann finden Sie in der Log-Datei wertvolle Hinweise. Schauen Sie die Datei zum jetzigen Zeitpunkt der Konfiguration an. Sie könnte wie folgt aussehen:

```
DG 2004-06-02-10:21:27        0 2 0 DMON: cannot open configuration file
   "/u01/oracle/product/10.1.0/db_1/dbs/dr2komp10g2.dat", retrying
DG 2004-06-02-10:21:29        0 2 0 DMON: cannot open configuration file
"/u01/oracle/product/10.1.0/db_1/dbs/dr2komp10g2.dat", retrying
DG 2004-06-02-10:21:31        0 2 0 DMON: cannot open configuration file
"/u01/oracle/product/10.1.0/db_1/dbs/dr2komp10g2.dat"
```

Data Guard Broker

```
DG 2004-06-02-10:21:31      0 2 0   ORA-27037: unable to obtain file status
DG 2004-06-02-10:21:31      0 2 0   Linux Error: 2: No such file
  or directory
DG 2004-06-02-10:21:31      0 2 0   Additional information: 3
DG 2004-06-02-10:21:31      0 2 0 DMON: Configuration does not exist,
  server ready.
DG 2004-06-02-10:30:01      0 2 527769001 DMON: MON_PROPERTY
  operation completed.
```

Wie Sie sehen, hat der DG Broker-Monitor versucht, die Konfigurationsdatei zu öffnen, ist jedoch gescheitert. Zwar funktioniert die Data Guard-Architektur, jedoch ist dem Broker die Konfiguration unbekannt.

Die Konfigurationsdateien werden nicht beim erstmaligen Start des DMON-*Prozesses angelegt. Die Oracle-Dokumentation ist an dieser Stelle fehlerhaft. Das Anlegen der Konfigurationsdateien erfolgt mit dem Erstellen der DG-Broker-Konfiguration.*

Die Konfiguration des DG Broker muss also zusätzlich erstellt werden. Dabei können Sie zwischen zwei Vorgehensweisen wählen:

➡ die DG Broker-Konfiguration während des Aufsetzens der Data Guard-Architektur erstellen

➡ die DG Broker-Konfiguration nachträglich bei vorhandener Data Guard-Architektur erstellen

Da unsere Data Guard-Architektur bereits läuft, entscheiden wir uns für die zweite Variante. Für das Erstellen einer DG Broker-Konfiguration können Sie wahlweise die grafische Oberfläche des Enterprise Manager oder das Kommandozeilen-Utility DGMGRL benutzen. Im folgenden Beispiel wird eine Broker-Konfiguration mit DGMGRL erstellt und anschließend mit dem Enterprise Manager bearbeitet.

Eine DG-Broker-Konfiguration bei bestehenden Datenbanken mit DGMGRL *erstellen*

1. Starten Sie das Kommandozeilenwerkzeug für den Data Guard Broker auf dem Server mit der Primär-Datenbank und melden Sie sich als Benutzer SYS an der Datenbank an.

   ```
   $ dgmgrl
   DGMGRL for Linux: Version 10.1.0.2.0 Production
   Copyright (c) 2000, 2004, Oracle. All rights reserved.
   Willkommen bei DGMGRL, geben Sie "help" für weitere Informationen ein.
   DGMGRL> CONNECT sys/manager
   Angemeldet.
   ```

2. Verwenden Sie den CREATE CONFIGURATION-Befehl, um die Broker-Konfiguration für die Primär-Datenbank zu erstellen. Der verwendete Datenbankname muss dem Initialisierungsparameter DB_UNIQUE_NAME entsprechen. An dieser Stelle werden die Konfigurationsdateien im Verzeichnis $ORACLE_HOME/dbs angelegt. Sie besitzen die Namen dr1<SID>.dat und dr2<SID>.dat.

```
DGMGRL> CREATE CONFIGURATION 'SB_PHYSICAL' AS
> PRIMARY DATABASE IS 'komp10g2'
> CONNECT IDENTIFIER IS komp10g2;
Konfiguration "SB_PHYSICAL" erstellt mit Primär-Datenbank "komp10g2".
```

3. Fügen Sie die Standby-Datenbank zur Konfiguration hinzu. Verwenden Sie auch hier wieder den DB_UNIQUE_NAME als Datenbanknamen.

```
DGMGRL> ADD DATABASE 'komp10g2_sb' AS
> CONNECT IDENTIFIER IS komp10g2_sb
> MAINTAINED AS PHYSICAL;
Datenbank "komp10g2_sb" hinzugefügt.
```

4. An dieser Stelle können Sie weitere Standby-Datenbanken hinzufügen. Verifizieren Sie die Konfiguration mit dem Kommando SHOW CONFIGURATION.

```
DGMGRL> SHOW CONFIGURATION;
Configuration
  Name:             SB_PHYSICAL
  Enabled:          NO
  Protection Mode: MaxAvailability
  Databases:
    komp10g2    - Primary database
    komp10g2_sb - Physical standby database
Aktueller Status für "SB_PHYSICAL":
```

5. Aktivieren Sie die Konfiguration. Und die Datenbanken.

```
DGMGRL> ENABLE CONFIGURATION;
Aktiviert
DGMGRL> SHOW CONFIGURATION;
Configuration
  Name:             SB_PHYSICAL
  Enabled:          YES
  Protection Mode: MaxAvailability
  Databases:
    komp10g2    - Primary database
    komp10g2_sb - Physical standby database
Aktueller Status für "SB_PHYSICAL":
SUCCESS
```

Data Guard Broker   Kapitel 21

6. Im letzten Schritt können Sie die Standby-Datenbank aktivieren. Führen Sie diesen Schritt nur durch, falls die Standby-Datenbank noch nicht im Managed Recovery-Modus läuft.

```
DGMGRL> ENABLE DATABASE 'komp10g2_sb';
Aktiviert
DGMGRL> SHOW DATABASE 'komp10g2_sb';
Database
  Name:              komp10g2_sb
  Role:              PHYSICAL STANDBY
  Enabled:           YES
  Intended State:    ONLINE
  Instance(s):
    komp10g2
Aktueller Status für "komp10g2_sb":
SUCCESS
```

Sie können für die Verwaltung des Data Guard Broker auch den Enterprise Manager einsetzen. Wählen Sie die Primär-Datenbank als Ziel aus und klicken Sie auf dem Link mit dem Datenbanknamen. So gelangen Sie zur Startseite der Datenbank.

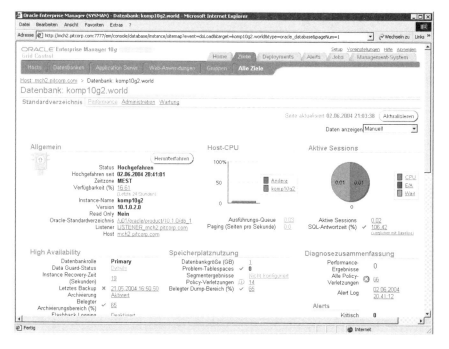

Abbildung 21.3:
Die Startseite der Primär-Datenbank

Klicken Sie im Abschnitt HIGH AVAILABILITY in der Zeile DATA GUARD-STATUS auf den Link DETAILS. Sie erhalten eine Übersicht der Data Guard-Konfiguration. Neben Statusinformationen und einer Liste der Standby-

Datenbanken sehen Sie ein Diagramm der noch nicht übertragenen und noch nicht eingearbeiteten Redo Log-Informationen.

Abbildung 21.4:
Übersicht der Data-Guard-Konfiguration

Sehr nützlich ist die Performance-Übersicht, die Sie erhalten, wenn Sie auf den Link im unteren Bereich klicken. Neben einem historischen Verlauf der archivierten und eingearbeiteten Daten können Sie den Fortschritt der übertragenen und der eingearbeiteten Redo Log-Informationen überwachen.

Da für die Übertragung Online Redo Log-Dateien verwendet werden, ist die aktuelle Größe der nicht empfangenen Daten im Normalbetrieb null oder nahe null. Falls eine größere Lücke auftritt, gibt es Probleme beim Log Transport Service, der möglicherweise in einer zu langsamen Netzwerkverbindung begründet ist. In der vorliegenden Konfiguration wird es immer nicht angewendete Daten geben, da das Real Time Apply-Feature nicht aktiviert ist.

Nützlich sind auch die Informationen zu den Log Services. Neben dem Status sehen Sie die aktuelle Log-Sequence auf der Primär- und auf der Standby-Seite.

Sie können die Aktivierung des Real Time Apply-Features mit dem Enterprise Manager oder mit DGMGRL vornehmen.

Data Guard Broker

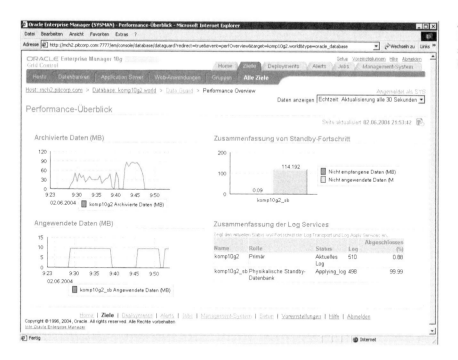

Abbildung 21.5:
Performance-Übersicht der Standby-Konfiguration

```
$ dgmgrl
DGMGRL for Linux: Version 10.1.0.2.0 Production
Copyright (c) 2000, 2004, Oracle. All rights reserved.
Willkommen bei DGMGRL, geben Sie "help" für weitere Informationen ein.
DGMGRL> connect sys/manager
Angemeldet.
DGMGRL> EDIT DATABASE 'komp10g2_sb' SET PROPERTY 'RealTimeApply'=ON;
Attribut "RealTimeApply" aktualisiert.
```

Nach der Aktivierung von Real Time Apply sollte die Menge von nicht angewendeten Daten bei null liegen, da eine sofortige Einarbeitung erfolgt. Größere Mengen nicht eingearbeiteter Daten sind auf Performance-Probleme der Standby-Datenbank zurückzuführen.

Die Konfigurationsdateien des Data Guard Broker werden standardmäßig ins Verzeichnis $ORACLE_HOME/dbs *(bzw.* %ORACLE_HOME%\database *für Windows) gelegt. Sie können andere Verzeichnisse und Dateinamen wählen, indem Sie die Initialisierungsparameter* DG_BROKER_CONFIG_FILE_n *anpassen.*

:-)
TIPP

```
NAME                   VALUE
---------------------- ------------------------------
dg_broker_config_file1 /u01/oracle/product/10.1.0/
                       db_1/dbs/dr1komp10g2.dat
dg_broker_config_file2 /u01/oracle/product/10.1.0/
                       db_1/dbs/dr2komp10g2.dat
```

Abbildung 21.6:
Performance-Übersicht bei Real Time Apply

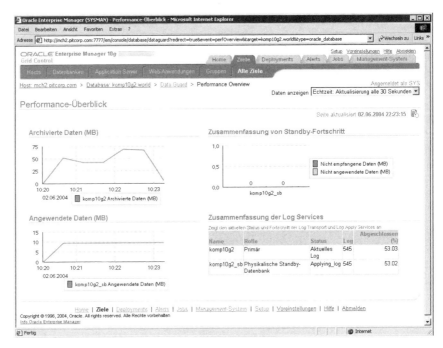

Zusätzlich werden für die Überwachung von Data Guard Metriken festgelegt. In Tabelle 21.1 finden Sie einer Übersicht der Metriken, die Sie festlegen können.

Tabelle 21.1:
Metriken für Data Guard

Metrik	Beschreibung
Data-Guard-Status	Überprüft den Status aller in der Broker-Konfiguration enthaltenen Datenbanken
Nicht angewendete Daten (Mbyte)	Daten, die zwar auf der Standby-Seite empfangen, jedoch nicht eingearbeitet wurden.
Nicht angewendete Daten (Logs)	Anzahl der nicht eingearbeiteten Redo Log-Dateien
Nicht empfangene Daten (Mbyte)	Lücke zwischen der aktuellen Log-Datei auf der Primär-Datenbank und den empfangenen Log-Dateien in der Standby-Datenbank
Nicht empfangene Daten (Logs)	Anzahl der nicht empfangenen Daten auf der Standby-Datenbank

Upgrade von der Version 9.2

Für ein Upgrade muss die Data-Guard-Broker-Konfiguration neu erstellt werden.

Führen Sie die folgenden Schritte durch:

1. Entfernen Sie die aktuelle Broker-Konfiguration mit dem DGMGRL-Utility der Version 9.2. Verwenden Sie den Befehl REMOVE CONFIGURATION.
2. Setzen Sie den auf die Standby-Datenbank verweisenden Initialisierungsparameter LOG_ARCHIVE_DEST_*n* auf Blank.
3. Führen Sie das Upgrade der Oracle-Software sowie der Datenbanken durch.
4. Erstellen Sie eine neue Data-Guard-Broker-Konfiguration mit dem DGMGRL-Utility von Oracle 10g. Das Erstellen einer neuen Konfiguration erfolgt mit dem Befehl CREATE CONFIGURATION.

Failover mit Data Guard Broker

Data Guard Broker unterstützt zwei Failover-Methoden:

- Complete Failover
- Immediate Failover

Complete Failover ist die Standardmethode. Die Methode versucht, die maximale Datenmenge wiederherzustellen und alle anderen zur Konfiguration gehörenden Standby-Datenbanken weiterhin als Standby-Datenbank der neuen Primär-Datenbank laufen zu lassen.

Wenn Sie ein *Immediate Failover* durchführen, dann müssen alle anderen Datenbanken der Konfiguration neu aufgesetzt werden. Es kommt mit großer Wahrscheinlichkeit zu einem Datenverlust.

Führen Sie ein Immediate Failover nur in einer Notsituation durch. Die Standby-Datenbank wird im aktuellen Status zur Primär-Datenbank umgewandelt und es wird kein weiteres Recovery durchgeführt. Das hat zur Folge, dass es sehr wahrscheinlich zu Datenverlust kommt. Die Größe des Datenverlustes hängt von der aktuellen Lücke und dem gewählten Protection-Modus ab.

Melden Sie sich für die Failover-Operation auf dem Server mit der Standby-Datenbank an. Die Server mit der Primär-Datenbank können ja im Havariefall nicht mehr verfügbar sein. Starten Sie das DGMGRL-Utility und geben Sie den Failover-Befehl ein.

```
$ dgmgrl
DGMGRL for Linux: Version 10.1.0.2.0 Production
Copyright (c) 2000, 2004, Oracle. All rights reserved.
Willkommen bei DGMGRL, geben Sie "help" für weitere Informationen ein.
```

Kapitel 21 Data Guard

```
DGMGRL> SHOW CONFIGURATION
Configuration
  Name:            SB_PHYSICAL
  Enabled:         YES
  Protection Mode: MaxAvailability
  Databases:
    komp10g2    - Primary database
    komp10g2_sb - Physical standby database
Aktueller Status für "SB_PHYSICAL":
SUCCESS
DGMGRL> FAILOVER TO komp10g2_sb;
Failover wird JETZT vorgenommen. Bitte warten...
ORA-01109: Datenbank nicht geöffnet
Datenbank abgehängt.
ORACLE-Instance heruntergefahren.
Vorgang erfordert Hochfahren der Instance "komp10g2" in Datenbank "komp10g2_s
b".
Instance "komp10g2" wird gestartet...
Instance "komp10g2" gestartet.
Failover erfolgreich. Neue Primär-Datenbank ist "komp10g2_sb"
```

Damit ist der Failover-Prozess abgeschlossen und die alte Standby-Datenbank steht als neue Primär-Datenbank zur Verfügung. Die Broker-Konfiguration spiegelt die neue Situation wider.

```
DGMGRL> SHOW CONFIGURATION;
Configuration
  Name:            SB_PHYSICAL
  Enabled:         YES
  Protection Mode: MaxPerformance
  Databases:
    komp10g2    - Physical standby database (disabled)
    komp10g2_sb - Primary database
Aktueller Status für "SB_PHYSICAL":
SUCCESS
```

Ein wesentlicher Vorteil des Einsatzes von Data Guard Broker liegt also in der einfachen Administration. Sein Einsatz ist besonders zu empfehlen, wenn Sie viele oder komplexe Data Guard-Konfigurationen zu verwalten haben.

Nach dem Failover befindet sich die neue Primär-Datenbank im Maximum Performance-Modus. Wenn Sie weitere Standby-Datenbanken zur Verfügung haben und einen anderen Protection-Modus einstellen wollen, dann müssen Sie diesen Schritt zusätzlich mit der bekannten Methode durchführen.

22 Oracle-XML-Datenbank

Von Carsten Czarski

Die Bedeutung der *eXtensible Markup Language* ist seit der Verabschiedung des entsprechenden Standards 1996 durch das *World Wide Web Consortium (W3C)* stetig gestiegen.

22.1 XML – ein kurzer Abriss

XML ist eine Auszeichnungssprache (*Markup Language*). Das bedeutet, dass die eigentlichen Dokumentinhalte durch *XML-Tags* besonders gekennzeichnet werden. Ein sehr bekanntes Beispiel für eine Auszeichnungssprache ist die *Hypertext Markup Language* (HTML). Während bei HTML die Namen der Tags und damit der Sprachumfang fest definiert ist, ist das bei XML nicht der Fall. XML ist eine Metasprache und beschreibt daher den Rahmen, innerhalb dessen der Anwender die Namen der Tags und damit den Sprachumfang festlegt.

Somit enthalten XML-Dokumente neben den eigentlichen Daten auch *Metadaten* in Form der Tags und beschreiben sich damit selbst. Abbildung 22.1 zeigt ein Beispiel für ein XML-Dokument. Anhand der XML-Tags ist sofort zu erkennen, dass es sich dabei um eine Order handelt.

Man spricht von *wohlgeformtem XML*, wenn die Hierarchie der XML-Tags intakt ist, jedes öffnende Tag (kunde) also entsprechend geschlossen (/kunde) ist. Wenn die Hierarchie, wie das Beispiel in Listing 22.1 zeigt, nicht intakt ist, liegt vom Grundsatz her kein XML-Dokument vor, jedes XML-Werkzeug wird die Bearbeitung mit einer Fehlermeldung abbrechen.

```
<order>
  <kunde>
    <name>
  </kunde>
    </name>
</order>
```

Listing 22.1:
Datei mit ungültiger Hierarchie

Abbildung 22.1:
Beispiel für ein XML-Dokument

Grundsätzlich gilt, dass »Wohlgeformtheit« die Minimalanforderung an ein XML-Dokument ist. Die weiteren Regeln des XML-Standards sollen hier nicht ausführlich erläutert werden; dazu wird die Lektüre spezieller Literatur zum Thema XML empfohlen. Für das Verständnis dieses Kapitels reichen die erläuterten Regeln aus.

Das Prinzip für XML an sich ist nicht neu. Die *Standardized Generalized Markup Language (SGML)* existiert schon seit längerer Zeit und sieht ebenfalls die Definition von Tags zur Aufnahme der Metadaten vor.

SGML erwies sich jedoch für die breite Nutzung als zu komplex und nur schwer handhabbar. Man suchte nach einem einfacheren Konzept. XML wurde daher nicht von Grund auf neu entwickelt, vielmehr nutzte man Teile von SGML und definierte daraus den XML-Standard. XML ist also eine Teilmenge von SGML und daher ist jedes XML-Dokument auch ein SGML-Dokument. Da XML eine Teilmenge von SGML ist, sind SGML-Dokumente jedoch nicht zwingend XML-Dokumente.

Das primäre Ziel des W3C bei der Definition des XML-Standards war die Trennung zwischen Inhalt und Layout der zahllosen Seiten im Internet. Die in HTML geschriebenen Dokumente im Internet haben ebenso wie die unzähligen Dokumente des Alltags das Problem, dass Inhalt und Layout miteinander vermischt sind. Strukturinformationen wie beim Beispiel in Abbildung 22.1 sind nicht vorhanden. Daher ist es auch eine äußerst schwierige Aufgabe, das Layout solcher Dokumente nachträglich zu ändern oder solche Dokumente automatisiert auszuwerten.

Daher wurde *XSLT* (*eXtensible Stylesheet Language Transformations*) fast zeitgleich zum XML-Standard vom W3C verabschiedet. Mit XSLT lassen sich XML-Dokumente transformieren. Ziel einer solchen Transformation kann ein XML-Dokument mit einer anderen Struktur, aber auch ein HTML- oder ein einfaches Textdokument sein.

Der vielleicht wichtigste Vorteil von XML ist die strenge Standardisierung. Neben dem XML-Standard, der Format und Syntax von XML festlegt, existieren zahlreiche weitere Standards, die auch festlegen, wie mit XML-Dokumenten umgegangen werden sollte. Da diese Standards öffentlich sind, existieren im Internet zahlreiche quelloffene und kommerzielle Software-Module, die diese Standards implementieren.

Wenn es darum geht, XML-Dokumente mit Programmen zu bearbeiten, ist es insofern nicht nötig, dass der *XML-Parser* selbst geschrieben wird. Ein Software-Modul, das das XML-Dokument und seine Inhalte liest, wird als XML-Parser bezeichnet. Der Markt stellt zahlreiche XML-Parser als fertige Module in vielen Programmiersprachen zur Verfügung. Der Programmierer kann sich daher auf das fachliche Problem konzentrieren.

Neben dem vom W3C anvisierten primären Ziel von XML, der Trennung zwischen Inhalt und Layout von Dokumenten, erwuchs »aus der Praxis« das zweite Anwendungsgebiet von XML, der Datenaustausch.

Die Vorteile von XML für den Datenaustausch liegen klar auf der Hand:

- Das Format für Abgrenzung von Datenfeldern, aber auch für die Abgrenzung von Daten und Metadaten, ist im XML-Standard bereits festgelegt und muss daher nicht neu definiert werden. XML berücksichtigt bereits Fallstricke wie Sonder- oder Steuerzeichen und erspart dem Projekt somit das Erstellen umfangreicher Definitionen.
- Der Markt stellt zahlreiche Software-Module zur Bearbeitung von XML zur Verfügung. Die Ressourcen des Projektes können somit auf die fachlichen Probleme konzentriert werden.

Bei der Arbeit mit XML sollte man jedoch stets im Hinterkopf behalten, dass der Standard ursprünglich das Ziel der Trennung zwischen Layout und Inhalt hatte. Dieses Wissen ist für die Vermeidung typischer Probleme, die bei der Anwendung von XML in der Praxis auftreten können, äußerst hilfreich.

22.2 XML in Datenbanken speichern

Die immer stärkere Nutzung von XML auch für »geschäftskritische Anwendungen« wirft fast automatisch die Frage nach Speicherung der XML-

Dokumente auf. Die richtige Speicherung in Datenbanken ist ein viel diskutiertes Thema. Zwar gibt es viele spezielle Lösungen zur Speicherung von XML-Dokumenten, die Praxis hat jedoch gezeigt, dass besonders die Integration der XML-Dokumente mit den bestehenden Datenbeständen von besonderer Wichtigkeit ist.

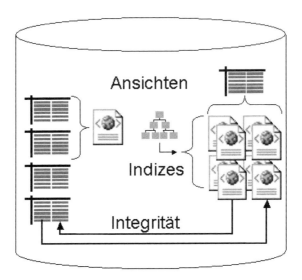

Abbildung 22.2: Integration zwischen XML und relationalen Daten

Spezielle XML-Server bieten neben der Umsetzung von XML-Standards gute Performance. Man läuft jedoch Gefahr, eine »XML-Insel« in der IT-Landschaft aufzubauen, deren spätere Integration mit den übrigen Komponenten zeit- und kostenintensiv ist.

»Klassische« Verfahren

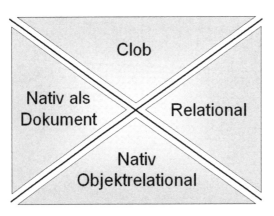

Abbildung 22.3: Speichervarianten für XML-Dokumente

Die Speicherart richtet sich nach den Anforderungen der Anwendung:

- Konkurrierender Zugriff
- Vokabularänderung
- Ladeperformance
- Abfrage-Performance
- Redundanzen
- XML Schema Support

In Abbildung 22.3 sind verschiedene Varianten der Speicherung von XML in Datenbanken dargestellt. Die Varianten RELATIONAL und CLOB gehen dabei nicht vom Vorhandensein besonderer XML-Funktionalität in der Datenbank aus und sind daher in allen Datenbanken denkbar. Dieses Kapitel beschäftigt sich im Folgenden mit der XML-Funktionalität in der Oracle-Datenbank und daher mit den »nativen Varianten«. Zuvor soll jedoch kurz auf den möglichen Nutzen der Varianten CLOB und RELATIONAL eingegangen werden.

Die Speicherung als CLOB ist sicherlich die einfachste denkbare Möglichkeit, XML-Dokumente zu speichern. Voraussetzung ist die Definition einer Tabelle mit einer Spalte vom Typ CLOB. Die Datenbank hat in diesem Fall jedoch keine Kenntnis über die Tatsache, dass hier mit XML gearbeitet wird. Insofern kann sie noch nicht einmal prüfen, ob die Dokumente überhaupt wohlgeformte XML-Dokumente sind.

Bei der relationalen Variante werden die XML-Dokumente zerlegt, die Inhalte werden anschließend in normalen relationalen Tabellen gespeichert. Das Zerlegen geschieht normalerweise außerhalb der Datenbank. In der Datenbank finden sich die Daten der XML-Dokumente in gewöhnlichen Tabellen; die Besonderheiten von XML werden nicht gespeichert. Diese Variante bringt daher einige Herausforderungen mit sich.

- Die Abbildung einer komplexen hierarchischen Struktur auf flache Tabellen kann Performance-Probleme mit sich bringen. Zum Wiederherstellen des XML-Dokumentes aus den relationalen Tabellen sind oft komplizierte SQL-Abfragen mit vielen JOIN-Bedingungen erforderlich.

- Die Nutzdaten können im XML-Dokument als *XML-Attribut* (Abbildung 22.4) oder als Inhalt eines XML-Tags (Abbildung 22.5) (*XML-Element*) hinterlegt sein. Diesen feinen Unterschied macht eine relationale Tabellenspalte nicht; soll das XML-Dokument jedoch eins zu eins wiederhergestellt werden können, darf diese Information nicht verloren gehen.

- XML-Dokumente können Wiederholungsstrukturen enthalten. Die Reihenfolge der wiederholten Tags ist nach dem XML-Standard von Bedeutung (Abbildung 22.6). (Hier wird nochmals deutlich, dass XML ursprünglich für *Dokumente* vorgesehen war.) In einer relationalen Tabelle spielt die Reihenfolge der Tabellenzeilen jedoch keine Rolle.

- XML-Dokumente können Kommentare beinhalten (Abbildung 22.7). Auch diese Informationen müssen ggf. gespeichert und wiederhergestellt werden. Ein relationales Datenmodell sieht grundsätzlich keinen Platz für diese Informationen vor.

Abbildung 22.4:
Hinterlegung der Information als XML-Attribut

Abbildung 22.5:
Hinterlegung der Information als XML-Element

Abbildung 22.6:
Die Reihenfolge der XML-Tags ist von Bedeutung

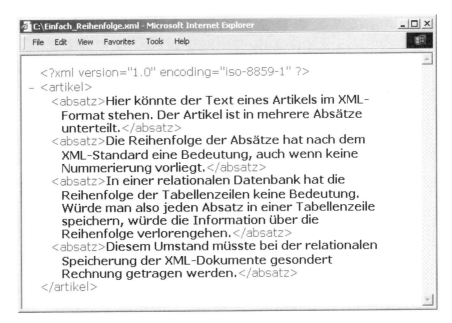

Die Praxis bietet jedoch viele Fälle, in denen diese Herausforderungen ohne Bedeutung sind. Das ist insbesondere der Fall, wenn XML als reines Transportformat dient und nach Übernahme der Daten in das relationale Datenmodell keine Bedeutung mehr hat. Der Ladevorgang in ein Data Warehouse ist ein typisches Praxisbeispiel. In diesem Fall ist die relationale Speicherung häufig die richtige Variante, da die 1:1-Wiederherstellung des XML-Dokumentes oder die Nutzung von XML-spezifischen Abfragesprachen keine Anforderung ist.

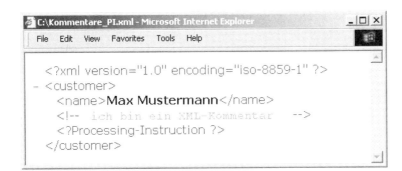

Abbildung 22.7:
Processing-Instructions und Kommentare in XML

Native Speicherung von XML-Dokumenten

Wenn es um die Berücksichtigung der beschriebenen XML-Besonderheiten bei der Speicherung von XML-Dokumenten geht, wird in der Diskussion der Begriff der *nativen XML-Speicherung* verwendet.

Am besten nähert man sich diesem Begriff durch die Definition von Anforderungen, die eine Datenbank erfüllen muss, um als native XML-Datenbank zu gelten.

Eine recht gute Definition von Kimbro Staken findet man im Internet unter http://www.xml.com/pub/a/2001/10/31/nativexmldb.html.

Eine native XML-Datenbank muss demnach folgende Anforderungen erfüllen:

- Gespeicherte XML-Dokumente müssen so wiederhergestellt werden können, dass nach dem XML-Standard das gleiche Dokument vorliegt. Das bedeutet insbesondere die vollständige Speicherung und Wiederherstellung von:
  - Kommentaren im XML-Dokument
  - Processing Instructions
  - Der Reihenfolge der Elemente in Wiederholungsstrukturen
  - Daten als XML-Attribut oder XML-Element
- Die Datenbank muss den Zugriff auf die XML-Dokumente mit standardisierten Abfragesprachen wie XPath über offene Internet-Protokolle wie HTTP, FTP oder WebDAV ermöglichen.

Man trifft recht häufig auf die Aussage, dass XML-Dokumente nur in speziellen XML-Datenbanken nativ gespeichert werden können. Dabei wird jedoch übersehen, dass es allein auf die Erfüllung der genannten Anforderungen und nicht auf die jeweilige Implementierung ankommt.

Somit kann jede Datenbank eine native XML-Datenbank sein, ob die Datenbank relational, objektrelational oder eine andere Speicherungsform verwendet, spielt dabei keine Rolle.

22.3   Architektur der Oracle XML-Datenbank

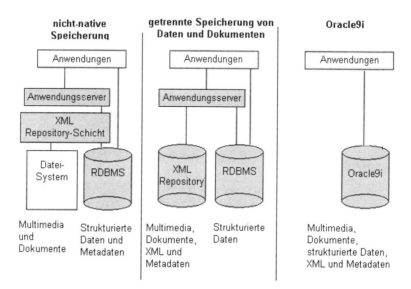

Abbildung 22.8: Architekturen für XML-Datenbanken im Vergleich

Abbildung 22.8 zeigt nochmals die verschiedenen nicht-nativen und nativen Ansätze zur Speicherung von XML-Dokumenten. Normalerweise sind XML-Dokumente nicht die einzigen Daten in der IT-Landschaft eines Unternehmens. Strukturierte, relationale Daten sind ebenfalls vorhanden. Aus diesem Grund wurde die XML-Funktionalität nicht als separate Software neben dem Oracle-Datenbankkern zur Verfügung gestellt, sondern in diesen integriert (Abbildung 22.9).

Nach Durchführung einer Standard-Installation steht die XML-Funktionalität sofort und vollständig zur Verfügung. Wie Abbildung 22.9 zeigt, bietet die Datenbank die Möglichkeit zum Zugriff mit offenen Protokollen wie HTTP, WebDAV und FTP.

Außerdem enthält Oracle 10g den User XDB als Eigentümer des XML DB Repositorys. Dieses liegt ab Oracle 10g standardmäßig in der Tablespace SYSAUX, in Oracle9i liegt es in der Tablespace XDB. Das Repository enthält unter anderem ein *virtuelles Dateisystem*, das die Datenbank dem Anwender präsentiert, sobald er sich mit WebDAV oder FTP verbindet.

Architektur der Oracle XML-Datenbank

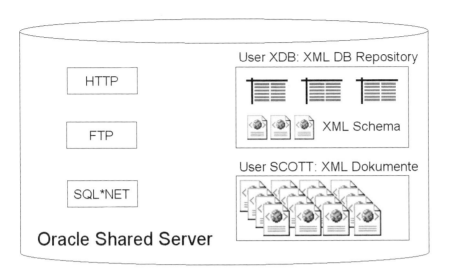

Abbildung 22.9:
Architektur der Oracle-XML-Datenbank

Nach dem Hochfahren der Datenbank werden Protokollserver für FTP sowohl auf Port 2100 und für HTTP-Server auf Port 8080 geöffnet. Beide Zugänge können Sie mit Windows-2000-Bordmitteln testen.

Die Protokollserver werden durch die *Shared-Server-Architektur* (früher *Multi-Threaded-Server/MTS*) genannt) zur Verfügung gestellt. HTTP-, WebDAV- oder FTP-Zugriffe sind insofern nur dann möglich, wenn die Shared-Server-Architektur entsprechend aktiviert wurde. Das bedeutet jedoch nicht, dass dann nur noch mit der Shared-Server-Architektur gearbeitet werden muss. Es können nach wie vor Datenbankverbindungen mit dedizierten Server-Prozessen geöffnet werden.

Die TCP/IP-Ports lassen sich leicht ändern. Dies geschieht durch Aufrufen des Skripts `$ORACLE_HOME/rdbms/admin/catxdbdbca.sql`. *Wenn ein Port auf 0 (null) gesetzt wird, wird der jeweilige Zugang abgeschaltet.*

:-)
TIPP

Wenn Sie den Internet Explorer 5 einsetzen, empfiehlt sich ein Upgrade auf die Version 6. Den WebDAV-Zugriff können Sie im Windows-Explorer in den NETWORK PLACES einrichten (Abbildung 22.10). Anschließend können Sie die XML-Datenbank analog zu einem Windows-Netzlaufwerk nutzen. Wenn Windows Sie zur Anmeldung auffordert, verwenden Sie ein normales Datenbank-Benutzerkonto.

In Abbildung 22.11 sehen Sie den Zugriff auf Oracle mit WebDAV. Gut erkennbar sind die Ressourcen, also die Ordner und Dateien. Diese Ordner sind im Dateisystem des Servers nicht vorhanden. Sie sehen ein rein virtuelles Dateisystem. Zu den Ordnern und Dateien gibt es entsprechende Einträge im XML-DB-Repository. Standardmäßig finden Sie die Ordner PUBLIC und SYS sowie ein XML-Dokument mit dem Namen XDBCONFIG.XML.

Kapitel 22   Oracle-XML-Datenbank

Abbildung 22.10:
Einrichtung eines
NETWORK PLACE

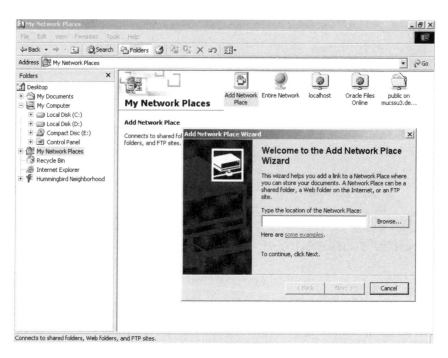

Abbildung 22.11:
WebDAV-Zugriff auf
die Oracle-Datenbank

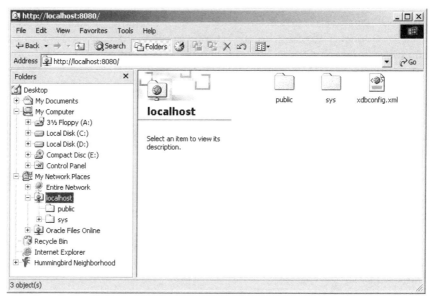

Das virtuelle Dateisystem ist auch mit einem Berechtigungskonzept ausgestattet. Jede Ressource ist mit einer *Access Control List* versehen. Die ACL regelt, welcher Datenbank-User die Ressource lesen oder schreiben kann. Unter dem Pfad /sys/acls finden Sie einige vordefinierte ACLs.

Architektur der Oracle XML-Datenbank

Der Ordner PUBLIC steht Ihnen für Tests der XML-Datenbank zur Verfügung. Alle Datenbank-Benutzerkonten haben dort sowohl Lese- als auch Schreibrechte. Der Ordner SYS enthält eine Art Data Dictionary für die XML-Datenbank. Sie sollten keine eigenen Dokumente in diesen Ordner oder seine Unterordner ablegen. Sie können jedes in Oracle registrierte XML-Schema in den Unterordnern von SYS finden.

Jeder Datenbankuser kann nach einer Standardinstallation in den Ordner PUBLIC schreiben. Eine Begrenzung der Datenmenge gibt es nicht. Aus Sicherheitsgründen empfiehlt es sich daher, /PUBLIC entweder mit einer restriktiveren ACL zu versehen oder zu löschen.

TIPP

Das Dokument XDBCONFIG.XML enthält Einstellungen für die Protokollserver. Dort finden Sie unter anderem die jeweiligen TCP/IP-Ports für HTTP und FTP oder die Zeiten für das jeweilige Session-Timeout. Wenn Sie diese Einstellungen ändern möchten, müssen Sie XDBCONFIG.XML ändern.

Auf der CD finden Sie unter dem Namen changeSessionTimeout.sql *ein Skript, mit dem Sie den Session-Timeout für FTP ändern können. Dieser ist normalerweise auf sechs Sekunden eingestellt; eine Zeitspanne, die sich beim »Spielen« mit der XML-DB als zu kurz erweist.*

CD

Sie können auch mit SQL auf das virtuelle Dateisystem im XML-DB-Repository zugreifen. Dazu steht Ihnen PATH_VIEW und das PL/SQL-Paket DBMS_XDB zur Verfügung

```
SQL> select PATH from PATH_VIEW;
PATH
-----------------------------------------------
/home
/public
/sys
/sys/acls
/sys/acls/all_all_acl.xml
/sys/acls/all_owner_acl.xml
/sys/acls/bootstrap_acl.xml
/sys/acls/ro_all_acl.xml
/sys/log
/sys/schemas
```

Listing 22.2:
Zugriff auf das XML-DB-Repository mit SQL

Jeder Eintrag in PATH_VIEW ist eine Ressource. Ein WebDAV- oder FTP-Client zeigt exakt die gleichen Ressourcen. Ressourcen sind entweder Ordner oder Dateien. Das XML-DB-Repository kann grundsätzlich alle Dokumente aufnehmen.

Listing 22.3: Anlegen eines Ordners mit Hilfe von DBMS_XDB

```
SQL> declare
  2    result boolean;
  3  begin
  4    result:=DBMS_XDB.CREATEFOLDER('/Kompendium');
  5  end;
  6  /
PL/SQL procedure successfully completed.
SQL> commit;
Commit complete.
```

Mit DBMS_XDB können Sie neben dem Anlegen von Ordnern auch Ressourcen erstellen (DBMS_XDB.CREATERESOURCE) oder löschen (DBMS_XDB.DELETERESOURCE). Es bietet Ihnen Zugriffe, wie man es von der Dateisystem-Schnittstelle einer Programmiersprache gewohnt ist.

Eine Ressource ist entweder im XML-DB-Repository selbst oder in einer XMLTYPE-Tabelle eines Datenbankusers gespeichert.

Die im Folgenden dargestellten Beispiele können Sie mit jedem beliebigen Datenbankuser nachvollziehen. Zum Umgang mit der Oracle-XML-DB werden keine besonderen Systemprivilegien benötigt.

Abbildung 22.12: Ein Beispiel für XML-Dokumente

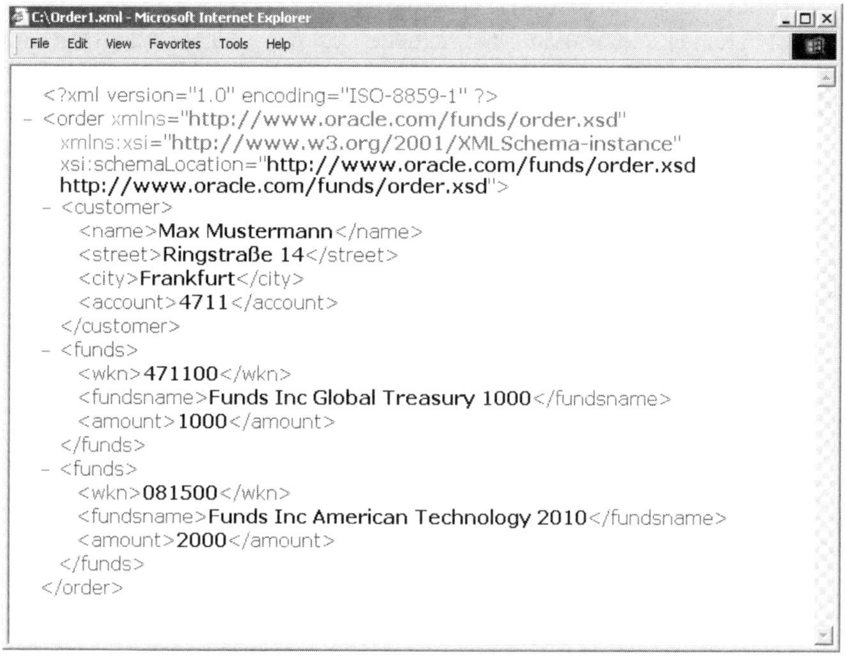
C:\Order1.xml - Microsoft Internet Explorer
File Edit View Favorites Tools Help
<?xml version="1.0" encoding="ISO-8859-1" ?>
- <order xmlns="http://www.oracle.com/funds/order.xsd"
xmlns:xsi="http://www.w3.org/2001/XMLSchema-instance"
xsi:schemaLocation="http://www.oracle.com/funds/order.xsd
http://www.oracle.com/funds/order.xsd">
- <customer>
<name>Max Mustermann</name>
<street>Ringstraße 14</street>
<city>Frankfurt</city>
<account>4711</account>
</customer>
- <funds>
<wkn>471100</wkn>
<fundsname>Funds Inc Global Treasury 1000</fundsname>
<amount>1000</amount>
</funds>
- <funds>
<wkn>081500</wkn>
<fundsname>Funds Inc American Technology 2010</fundsname>
<amount>2000</amount>
</funds>
</order>

Abbildung 22.12 zeigt das Beispiel für XML-Dokumente, auf das sich die folgenden Ausführungen dieses Kapitels beziehen werden.

Die Oracle-Datenbank ist mit einem eigenen Datentyp für XML-Dokumente (XMLTYPE) ausgestattet. XMLTYPE nimmt nur wohlgeformte XML-Dokumente und kann für alle Tabellenspalten verwendet werden.

Die Datenbank stellt sicher, dass XML-Dokumente beim Abrufen so wiederhergestellt werden, wie sie gespeichert wurden. Außerdem erlaubt die Datenbank beim Umgang mit XML-Dokumenten die Nutzung standardkonformer Abfragesprachen wie XPath.

22.4 Speicherungsformen

Die richtige Speicherungsform

Wenn eine Tabellenspalte vom Typ XMLTYPE definiert ist, bedeutet das zunächst nur, dass die Spalte XML-Dokumente enthält. Die XML-Dokumente können auf zweierlei Art und Weise gespeichert werden:

- dokumentorientierte Speicherungsform (CLOB-basiert)
- objektrelationale Speicherungsform

In der Literatur stößt man häufig auf die Klassifizierung von XML-Dokumenten in *datenorientiertes* und *dokumentorientiertes* XML.

Dokumentorientiertes XML ist das vom W3C ursprünglich anvisierte Anwendungsgebiet von XML und fokussiert auf das Dokument als solches. Eine einzelne Information aus dem XML-Dokument hat ohne seinen Kontext keine Bedeutung und ist wertlos. Ein typisches Beispiel ist ein Presseartikel. Ein einzelner Absatz aus diesem Artikel ist ohne den Rest wertlos. Der Nutzen von dokumentorientiertem XML ergibt sich durch das layoutneutrale XML-Format. Mit dokumentorientiertem XML wird im Normalfall wie folgt gearbeitet:

- Zugriffe erfolgen auf das ganze Dokument. Auf Dokumentteile oder einzelne Elemente wird nicht oder nur selten zugegriffen.
- Dokumente werden anhand von Volltextabfragen gesucht. Größer- oder Kleiner-als-Abfragen werden normalerweise nicht getätigt.
- Die Dokumente werden häufig in ein anderes Layout (HTML) transformiert. Dazu kommt XSLT zum Einsatz.

Der Einsatz von datenorientiertem XML wurde in der Praxis entwickelt und wird normalerweise im Datenaustausch verwendet. Hier ist der Dokumentkontext nur von untergeordneter Bedeutung. Einzelne Abschnitte bzw. Elemente können auch sinnvollen Informationsgehalt haben, wenn sie für sich alleine stehen. Ein typisches Beispiel ist eine Preisliste im XML-Format. Ein Auszug aus der Preisliste ist der Preis für ein bestimmtes Produkt. Dieser Ausschnitt ist auch für sich alleine gesehen eine sinnvolle Information. Datenorientiertes XML stellt andere Anforderungen als dokumentorientiertes XML:

- Da einzelne Elemente oder Teildokumente auch ohne ihren Kontext eine sinnvolle Bedeutung haben, ist es durchaus üblich, dass diese für sich alleine abgefragt werden.
- Volltextsuche findet normalerweise nicht statt; dagegen sind Größer- oder Kleiner-als-Abfragen üblich.
- Sehr wichtig ist die Integration mit anderen Daten oder Systemen. Eine gängige Anforderung ist, die XML-Dokumente mit bestehenden relationalen Tabellen zu integrieren.

Dokumentorientiertes XML wird in der Oracle-Datenbank dokumentorientiert gespeichert. Diese Form der Speicherung wird in Absatz 22.4.2 erläutert. Für datenorientiertes XML ist meist die objektrelationale Speicherungsform (Absatz 22.4.3) sinnvoll.

In der Praxis zeigt sich, dass häufig mit Mischformen zwischen dokumentorientiertem und datenorientiertem XML gearbeitet wird. Ein typisches Beispiel dafür sind Zeitungsartikel, die in einem Archiv gespeichert werden. Ein solches XML-Dokument enthält normalerweise einen Abschnitt mit (strukturierten) Metadaten und einen Abschnitt mit dem eher unstrukturierten Text des Artikels. Bei einem solchen XML-Dokument sind die Merkmale von daten- und dokumentorientiertem XML vereint. Auf den strukturierten Metadaten-Teil treffen die Merkmale und Anforderungen von datenorientiertem XML und auf den unstrukturierten Teil die von dokumentorientiertem XML zu.

Die Wahl der Speicherungsform hat in der Oracle-Datenbank (im Gegensatz zu manch anderem Anbieter) keine Konsequenzen hinsichtlich des Zugriffs auf die XML-Dokumente. Die Art und Weise, wie mit XML-Dokumenten in Oracle 10g umgegangen wird, ist von der gewählten Speicherungsform unabhängig. Die Speicherungsform hat jedoch massiven Einfluss auf die Performance, mit der die Zugriffe ablaufen werden. Eine ungünstige Speicherungsform bewirkt also nicht, dass eine Datenbankanwendung nicht funktioniert, sie wird jedoch mit schlechterer Performance funktionieren. Da gute Performance immer im Interesse der Projektbeteiligten ist, sollte die Speicherungsform für XML-Dokumente von Anfang an sorgfältig gewählt werden.

Bei den angesprochenen Mischformen wäre es insofern am günstigsten, wenn beide Speicherungsformen für ein und dieselbe Dokumentstruktur

Dokumentbasierte Speicherung

Dokumentorientiertes XML wird in der Oracle-Datenbank als Textstrom gespeichert. Dabei wird zwar der Datentyp XMLTYPE verwendet; tatsächlich wird das Dokument als CLOB gespeichert.

Um diese Speicherungsform zu nutzen, müssen Sie lediglich eine Tabelle oder eine Tabellenspalte vom Typ XMLTYPE erstellen (Listing 22.4).

```
SQL> create table XML_DOKUMENTBASIERT_1 of xmltype;
Table created.
SQL> create table XML_DOKUMENTBASIERT_2
  2  (
  3    ID    number(10),
  4    DOC   xmltype
  5  )
  6  xmltype column DOC store as clob;
Table created.
```

Listing 22.4:
XML-Tabelle mit dokumentbasierter Speicherungsform

Mit SQL-Anweisungen können Sie anschließend sowohl neue XML-Dokumente in diese Tabelle einfügen, als auch vorhandene XML-Dokumente ändern oder löschen.

```
SQL> insert into XML_DOKUMENTBASIERT_2 (id, doc)
  2  values (1, XMLTYPE('<?xml version="1.0" ... '));
1 row created.
```

Listing 22.5:
XML-Dokumente einfügen

Die dokumentorientierte Speicherungsform nimmt auf die Struktur der XML-Dokumente keine Rücksicht; daher ist diese der Datenbank auch unbekannt. Die XMLTYPE-Tabelle oder -Tabellenspalte kann insofern XML-Dokumente unterschiedlichster Strukturen aufnehmen.

Eine weitere Möglichkeit, XML dokumentorientiert zu speichern, ist das einfache Kopieren der Dokumente ins XML-DB-Repository mit FTP, WebDAV oder der PL/SQL-Prozedur DBMS_XDB.CREATERESOURCE. Wenn für diese XML-Dokumente noch kein XML-Schema registriert wurde (dieser Vorgang wird im nächsten Abschnitt ausführlich erläutert), wird das Dokument im Repository dokumentorientiert abgelegt.

Wenn XML dokumentorientiert im XML-DB-Repository gespeichert wird, ist es in der Tabelle XDB$RESOURCE *im Schema* XDB *enthalten. Auf diese Tabelle sollte nicht direkt zugegriffen werden, dazu stehen die weiter oben beschriebenen Views* RESOURCE_VIEW *und* PATH_VIEW *zur Verfügung.*

Objektrelationale Speicherungsform

Bei der objektrelationalen Speicherungsform berücksichtigt die Oracle-Datenbank die Struktur der XML-Dokumente; insofern muss diese zunächst bekannt gemacht werden. Eine Tabelle, die XML-Dokumente objektrelational speichert, kann daher nur gleich strukturierte XML-Dokumente aufnehmen.

XML und die objektorientierte Methodik sind stark verwandt, wenn man die Objekt*methoden* von der Betrachtung ausnimmt. Jedes XML-Dokument kann man sich auch als Objekt im Hauptspeicher vorstellen; genauso kann man jedes Objekt, lässt man die Objektmethoden außer Acht, auch als XML-Dokument darstellen. Dieses Konzept wird auch daran deutlich, dass es am Markt zahlreiche kommerzielle und quelloffene Produkte zur Abbildung von XML-Dokumenten auf Objekte einer Programmiersprache gibt.

Das gleiche Konzept wird auch in der Oracle-Datenbank für die objektrelationale Speicherung verfolgt.

Exkurs — **Objektorientierung in der Oracle-Datenbank**

In der Oracle-Datenbank wurde die Objektorientierung mit Version 8.0 eingeführt und in den folgenden Versionen sukzessive erweitert. Die wichtigsten Erweiterungen erfolgten mit Einführung der Objektvererbung oder der multidimensionalen Arrays in Version 9*i*. Damit ist es möglich, neben den bereits vorhandenen eingebauten Datentypen eigene und damit ein komplettes Typensystem zu definieren.

Benutzerdefinierte Datentypen (*object types*) können analog zu den eingebauten Typen in allen Tabellenspalten verwendet werden. Dabei ist aber zu beachten, dass diese Objekte nicht separat gespeichert werden. Vielmehr werden deren Attribute in relationale Tabellenspalten, die dem Anwender jedoch verborgen bleiben, abgelegt. Insofern stellt die Datenbank eine objektorientierte Schnittstelle bei relationaler Speicherung zur Verfügung. Aus diesem Grund wird die Oracle-Datenbank auch als *objektrelationale* Datenbank bezeichnet.

Oracle nutzt diese Technologie selbst sehr intensiv. Eingebaute Pakete wie Oracle Advanced Queuing oder InterMedia basieren auf den Objekttypen.

Da jedes XML-Dokument als Objekt aufgefasst werden kann, wird es unter Nutzung der objektrelationalen Fähigkeiten in der Datenbank als Objekt gespeichert. Bevor dies geschehen kann, müssen jedoch die entsprechenden Objekttypen angelegt werden. Damit ist auch die Struktur der XML-Dokumente in der Datenbank bekannt.

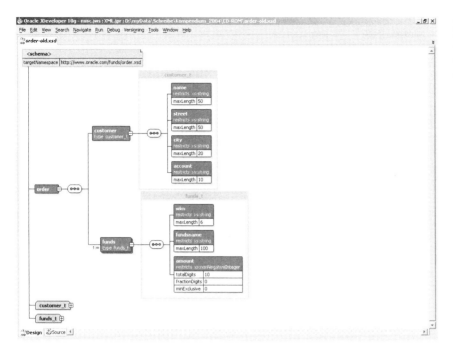

Abbildung 22.13:
XML-Struktur als Objektmodell im Oracle 10g JDeveloper

Nun ist es denkbar, dass der Anwender die Objekttypen in der Datenbank anhand der Struktur seiner XML-Dokumente selbst erstellt. Das ist jedoch nicht erforderlich, da die Datenbank eine bereits vorhandene Strukturbeschreibung für XML-Dokumente lesen und die Strukturen selbst generieren kann.

Diese Strukturbeschreibung muss als *XML-Schema* vorliegen. XML-Schema ist als Standard seit 2001 verabschiedet und ist neben DTD die zweite gängige Form zur Beschreibung von XML-Strukturen. DTDs sind zwar Bestandteil des XML-Standards an sich, ihnen fehlt jedoch die Möglichkeit zur Definition von Datentypen. Dieser Mangel war neben anderen Schwächen von DTD einer der wichtigsten Gründe für die Verabschiedung von XML-Schema als Standard.

Die Bekanntmachung einer XML-Struktur in der Oracle-Datenbank mittels eines XML-Schemas wird als Schemaregistrierung bezeichnet. Dazu steht das PL/SQL-Paket DBMS_XMLSCHEMA zur Verfügung. Es enthält die mehrfach überladene Prozedur REGISTERSCHEMA sowie die Prozedur REGISTERURI. Die Registrierung mit dem PL/SQL-Paket wird im Folgenden detailliert beschrieben. Darüber hinaus ist die Registrierung auch mit der Enterprise-Manager-Java-Konsole oder auch mit Werkzeugen wie XML Spy möglich.

Listing 22.6: Prozedur DBMS_XMLSCHEMA.REGISTERURI

```
PROCEDURE REGISTERURI
Argument Name                  Typ                    In/Out Defaultwert?
------------------             ----------------       ------ --------
SCHEMAURL                      VARCHAR2               IN
SCHEMADOCURI                   VARCHAR2               IN
LOCAL                          BOOLEAN                IN     DEFAULT
GENTYPES                       BOOLEAN                IN     DEFAULT
GENBEAN                        BOOLEAN                IN     DEFAULT
GENTABLES                      BOOLEAN                IN     DEFAULT
FORCE                          BOOLEAN                IN     DEFAULT
OWNER                          VARCHAR2               IN     DEFAULT
```

Im Folgenden wird die Prozedur REGISTERURI verwendet, sie unterscheidet sich von REGISTERSCHEMA nur durch den zweiten Parameter. Während REGISTERSCHEMA hier den Text des XML-Schemas in einem CLOB, VARCHAR2, BFILE oder BLOB erwartet, benötigt REGISTERURI hier nur einen Pfad. Dieser Pfad verweist auf das XML-Schemadokument.

Achten Sie darauf, dass der Pfad, der bei der Prozedur REGISTERURI angegeben wird, sich auf das XML-DB-Repository und nicht auf das Dateisystem des Datenbankservers bezieht.

Das Registrieren eines XML-Schemas ist also ein recht einfacher Prozess. Zunächst wird das XML-Schema mit FTP oder WebDAV ins XML-DB-Repository geladen. Der Ordner spielt dabei keine Rolle, für erste Tests können Sie ruhig /PUBLIC verwenden.

Die Datei mit dem XML-Schema finden Sie auch auf der CD-ROM (order.xsd).

Listing 22.7: Registrieren eines XML-Schemas

```
SQL> begin
  2    DBMS_XMLSCHEMA.REGISTERURI(
  3      schemaurl => 'XML_Struktur_Der_Order',
  4      schemadocuri => '/public/order.xsd'
  5    );
  6  end;
  7  /
```

Der erste Parameter schemaurl gibt dem registrierten XML-Schema lediglich einen Namen. Sie können dazu jede beliebige Zeichenkette verwenden, die Verwendung einer tatsächlich vorhandenen Internet-Adresse ist nicht notwendig. Auch wird die Datenbank, sofern Sie einen korrekten URL verwenden, nicht versuchen, diese zu kontaktieren.

Es hat sich jedoch durchgesetzt, Namensräume wegen der globalen Eindeutigkeit mit URL zu benennen. Aus diesem Grund heißt der Parameter schemaurl.

Sie müssen nur die ersten zwei Parameter verwenden, die anderen sind mit Standardwerten versehen. Im Folgenden sind die wichtigsten kurz erläutert.

- LOCAL:

    Sie können ein XML-Schema *lokal* oder *global* registrieren. Die Standardeinstellung ist lokal, also TRUE. Ein globales XML-Schema kann auch von einem anderen Datenbankuser verwendet werden.

- GENTABLES:

    Normalerweise erstellt die Datenbank mit der Registrierung des XML-Schemas automatisch eine Tabelle zur Speicherung der zugehörigen XML-Dokumente. Das kann mit diesem Parameter unterdrückt werden; die Tabelle muss dann manuell erstellt werden.

- OWNER:

    Datenbankadministratoren können mit diesem Parameter ein XML-Schema für einen anderen Datenbankuser registrieren.

Einstellungen an den anderen Parametern sind nicht empfehlenswert und sollten nur in Ausnahmefällen erfolgen.

Die Views USER_XML_SCHEMAS, ALL_XML_SCHEMAS bzw. DBA_XML_SCHEMAS geben Auskunft über die in die Datenbank registrierten XML-Schemas:

```
SQL> SELECT schema_url, local FROM user_xml_schemas;
SCHEMA_URL                LOCAL
------------------------- -----
XML_Struktur_der_Order    YES
```

Listing 22.8:
View
USER_XML_SCHEMAS

Wenn Sie ein bereits registriertes XML-Schema wieder löschen möchten, tun Sie das mit DBMS_XMLSCHEMA.DELETESCHEMA (Listing 22.9). Der Parameter DELETE_OPTION gibt dabei an, was mit den abhängigen Objekten passieren soll. DELETE_CASCADE_FORCE ist die am häufigsten gebrauchte Option und löscht alle abhängigen Objekttypen, Tabellen und Dokumente. Diese würden ansonsten ohnehin ungültig, da das sie beschreibende XML-Schema nun fehlt.

```
SQL> begin
  2    DBMS_XMLSCHEMA.DELETESCHEMA(
  3      schemaurl => 'XML_Struktur_Der_Order',
  4      delete_option =>
```

Listing 22.9:
Löschen eines registrierten XML-Schemas

```
5         DBMS_XMLSCHEMA.DELETE_CASCADE_FORCE
6     );
7 end;
8 /
```

Wie bereits beschrieben, bildet die Datenbank bei der Schemaregistrierung die im XML-Schema definierte Objektstruktur nach. Das lässt sich ebenfalls mit dem Abfragen der Data-Dictionary-Views nachvollziehen.

Listing 22.10:
Mit der Schemaregistrierung angelegte Datenbankobjekte

```
SQL> select OBJECT_NAME, OBJECT_TYPE
  2  from USER_OBJECTS;
OBJECT_NAME                     OBJECT_TYPE
------------------------------  ------------------
customer_t142_T                 TYPE
funds_t141_T                    TYPE
funds144_COLL                   TYPE
order143_T                      TYPE
order145_TAB$xd                 TRIGGER
order145_TAB                    TABLE
SYS_C005247                     INDEX
```

Wie in Listing 22.10 erkennbar ist, wurden insgesamt vier Objekttypen (TYPE), eine Tabelle mit Index und ein Trigger erstellt.

Die Tabelle order145_TAB dient als so genannte *default table*. Diese Tabelle nimmt standardmäßig alle XML-Dokumente auf, die per FTP, WebDAV oder mit DBMS_XDB.CREATERESOURCE in die Datenbank geladen wurden und zum soeben registrieren XML-Schema passen. Insofern ist die Tabelle mit dem XML-Schema und den Objekttypen verknüpft, wie die nachfolgende Bildschirmausgabe deutlich zeigt.

Listing 22.11:
Beschreibung der Tabelle order145_TAB

```
SQL> desc "order145_TAB"
 Name                            Null?    Type
 ------------------------------  -------- ------------------
TABLE of SYS.XMLTYPE(XMLSchema "XML_Struktur_Der_Order"
Element "order") STORAGE Object-relational TYPE order143_T"
```

Ein XML-Dokument wird in der Datenbank durch ein Objekt vom Typ order143_T repräsentiert. Wenn ein XML-Dokument gespeichert wird, wird ein Objekt diesen Typs erzeugt und in die Tabelle gespeichert.

Es ist natürlich auch möglich, eigene Tabellen mit objektrelationaler Speicherungsform anzulegen. Ein bereits registriertes XML-Schema muss dann explizit referenziert werden.

Speicherungsformen   Kapitel 22

```
SQL> create table MEINE_ORDER_TABELLE(
  2    id              number(10),
  3    order_dokument  XMLTYPE
  4  )
  5  xmltype column order_dokument
  6    store as object relational
  7  xmlschema "XML_Struktur_Der_Order"
  8  element "order"
```

Listing 22.12:
Eigene Tabelle mit
objektrelationaler
XML-Speicherung

In eine solche Tabelle können nun XML-Dokumente mit SQL-Anweisungen eingefügt werden, sie können dort auch geändert oder gelöscht werden.

Wenn XML-Dokumente in diese Tabellen gespeichert werden, wird dieses Objektmodell genutzt. Die Objekttypen werden mit den Daten des XML-Dokumentes instanziert und dann in die Tabelle gespeichert. Das XML-Dokument liegt anschließend als Objekt und nicht mehr als Text in der Datenbank vor. Wenn das XML-Dokument abgerufen wird, erzeugt die Datenbank die Textrepräsentation anhand der gespeicherten Objekte neu.

Fortgeschrittene Speicherungsform

Der folgende Abschnitt beschreibt, wie die objektrelationale Speicherungsform beeinflusst werden kann, um fortgeschrittene Techniken zu realisieren. Insbesondere die Mischung von dokumentorientierter und objektrelationaler Speicherungsform in einem Dokument ist hier beschrieben.

Wenn ein XML-Schema in der Datenbank registriert wird, wird die darin festgehaltene Struktur feingranular, also 1:1 als Objektmodell in der Datenbank abgelegt. Jedes Element oder Attribut findet sich als Bestandteil eines Datenbankobjekttyps wieder. Die Namen der Objekttypen leiten sich, wie Listing 22.10 zeigt, aus den Bezeichnungen im XML-Schema ab. Die angehängte Zahl dient dazu, die Namen im Datenbankschema eindeutig zu machen.

Wenn das datenbankinterne Objektmodell beeinflusst werden soll, müssen während der Registrierung des XML-Schemas zusätzliche Informationen bereitstehen. Diese Zusatzinformationen werden als *Schema-Annotations* in das XML-Schema aufgenommen. Damit dieses dadurch nicht Oracle-proprietär wird, werden die Schema-Annotations durch einen eigenen Namensraum von den übrigen Definitionen abgegrenzt. Der Oracle-Namensraum heißt http://xmlns.oracle.com/xdb.

Dieser Namensraum muss vor Nutzung der Schema-Annotations im XML-Schema deklariert werden. Abbildung 22.14 zeigt das entsprechende Attribut. Von nun an werden alle Oracle-Schema-Annotations mit dem Präfix xdb

Abbildung 22.14:
Oracle-Namensraum im XML-Schema bekannt machen

```
<xs:schema targetNamespace="http://www.oracle.com/funds/order.xsd"
    xmlns="http://www.oracle.com/funds/order.xsd"
    xmlns:xs="http://www.w3.org/2001/XMLSchema" elementFormDefault="qualified"
    attributeFormDefault="unqualified" xmlns:xdb="http://xmlns.oracle.com/xdb">
```

TIPP

Das Namensraum-Konzept im XML-Standard macht es möglich, Zusatzinformationen für mehrere Anwendungen im gleichen XML-Schema aufzunehmen. Jede Anwendung hat dabei, wie die Oracle-Datenbank, ihren eigenen Namensraum. Durch die Namensräume können die jeweiligen Informationen voneinander abgegrenzt werden und eine Anwendung X kann die Schema-Annotations für die Oracle-Datenbank exakt abgrenzen und entsprechend – ignorieren.

Mit den Oracle-Schema-Annotations kann die interne Nachbildung der XML-Struktur sehr stark beeinflusst werden. Im Folgenden sind die wichtigsten Möglichkeiten, auf die im Rahmen dieses Kapitels eingegangen wird, kurz zusammengefasst:

- Die Namensgebung der Datenbankobjekttypen kann beeinflusst werden (SQLName bzw. SQLType)
- Der zu verwendende Datentyp kann festgelegt werden (SQLType). Damit ist es auch möglich, bestimmte Teile des XML-Dokumentes dokumentorientiert zu speichern.
- Der Name der Tabelle für die XML-Dokumente kann festgelegt werden (defaultTable).

Es gibt noch mehr Schema-Annotations, alle zu beschreiben würde jedoch den Rahmen dieses Kapitels sprengen. Außerdem sind nicht alle Schema-Annotations von gleicher Wichtigkeit, viele werden nur in Ausnahmefällen benötigt.

Auf der CD-ROM finden Sie ein XML-Schema mit Oracle-Schema-Annotations in der Datei order_MitSchemaAnnotations.xsd. *Wenn Sie es registrieren wollen, löschen Sie zunächst das bereits registrierte XML-Schema mit* DBMS_XMLSCHEMA.DELETESCHEMA *und registrieren dann das neue. Dazu steht Ihnen das Skript* registerAnnotatedSchema.sql *zur Verfügung.*

Die Namensgebung der Objekttypen beeinflussen

SQLType bzw. SQLName werden im XML-Schema in die Elementdefinition aufgenommen und legen den Namen des korrespondierenden Objekttyps in der Datenbank fest.

```
<xs:element name="order">
 - <xs:complexType xdb:SQLType="ORDER_T">
  - <xs:sequence>
     <xs:element name="customer" type="customer_t"
       xdb:SQLName="CUSTOMER" />
```

Abbildung 22.15:
XML-Schema-Annotation SQL-Name

Listing 22.13 zeigt, wie der interne Name des Objekttyps für das Wurzel-Element ORDER festgelegt wird. Im Gegensatz zu Listing 22.10 und Listing 22.11 heißt der Objekttyp nun nicht mehr ORDER143_T, sondern ORDER_T. Weiterhin wird das Attribut für den Kunden mit dem Namen CUSTOMER belegt. Analog dazu können nun alle internen Namen nach eigenen Wünschen festgelegt werden.

```
SQL> describe ORDER_T
 Name                          Null?    Type
 ----------------------------- -------- -----------------
 SYS_XDBPD$                             XDB.XDB$RAW_LIST_T
 CUSTOMER                               customer_t233_T
 funds                                  funds234_COLL
```

Listing 22.13:
Objekttyp ORDER_T nach Anwendung von SQLName

Datentypen für die XML-Elemente festlegen

SQLType kann auch dazu genutzt werden, den Datentyp eines Elements im internen Objektmodell gezielt zu setzen. Im folgenden Beispiel wird festgelegt, dass der ganze Abschnitt mit den Kundeninformationen als CLOB gespeichert wird. Darin werden auch die in der Hierarchie darunter liegenden Elemente einbezogen. So ist es möglich, objektrelationale und dokumentorientierte Speicherungsformen zu mischen.

```
<xs:complexType xdb:SQLType="ORDER_T">
 - <xs:sequence>
    <xs:element name="customer" type="customer_t"
      xdb:SQLName="CUSTOMER" xdb:SQLType="CLOB" />
```

Abbildung 22.16:
Speicherung des XML-Elements CUSTOMER als CLOB

Wie an der Definition des Objekttyps ORDER_T erkennbar ist, werden die Attribute des Kunden wie STREET, CITY und ACCOUNT nun nicht mehr als Objektattribute hinterlegt. Vielmehr wird der Dokumentabschnitt, so wie er ist, als CLOB gespeichert.

```
SQL> describe ORDER_T
 Name                          Null?    Type
 ----------------------------- -------- -----------------
 SYS_XDBPD$                             XDB.XDB$RAW_LIST_T
 CUSTOMER                               CLOB
 funds                                  funds238_COLL
```

Listing 22.14:
Objekttyp ORDER_T mit dokumentorientierter Speicherung für das Element customer

Tabellennamen festlegen

Listing 22.11 zeigt, dass die während der Registrierung des XML-Schemas generierte Tabelle den Namen `order145_TAB` trägt. Mit der Schema-Annotation `defaultTable` wird der Tabellenname explizit festgelegt. Das hat insbesondere den Vorteil, dass der Tabellenname auch stabil bleibt, wenn das XML-Schema mehrfach gelöscht und wieder neu registriert wird. Automatisch generierte Namen ändern sich mit jeder neuen Registrierung des XML-Schemas.

```
<xs:element name="order" xdb:defaultTable="ORDER_TAB">
 - <xs:complexType xdb:SQLType="ORDER_T">
   - <xs:sequence>
     <xs:element name="customer" type="customer_t"
      xdb:SQLName="CUSTOMER" xdb:SQLType="CLOB" />
```

Abbildung 22.17: Tabellennamen mit `defaultTable` festlegen

Natürlich kann der Name der XML-Tabelle auch nachträglich mit einem `ALTER TABLE RENAME` geändert werden.

22.5 Umgang mit XML-Dokumenten

Nachdem der vorangehende Abschnitt die Speicherungsformen im Detail beschrieben hat, beschreibt der folgende den Umgang mit XML-Dokumenten, also wie sie gespeichert, gesucht und bearbeitet werden können.

Die Oracle-Datenbank stellt, wie schon beschrieben, zum Umgang mit XML-Dokumenten verschiedene Zugriffswege zur Verfügung. Mit dem XML-DB-Repository kann analog zu einem Dateisystem auf XML-Dokumente in der Datenbank zugegriffen werden. Dazu stehen die Internet-Protokolle FTP, WebDAV oder das PL/SQL-Paket `DBMS_XDB` zur Verfügung.

Das Dateisystem im XML-DB-Repository ist jedoch, wie weiter vorne bereits erläutert, virtuell. Die XML-Dokumente liegen tatsächlich in Tabellen, entweder sind sie objektrelational in der Default Table eines registrierten XML-Schemas oder dokumentorientiert in der Tabelle `XDB$RESOURCE` gespeichert. Eine Datei im virtuellen Dateisystem ist insofern immer mit einer Zeile in einer Tabelle verknüpft.

Wenn ein XML-Dokument mit FTP oder WebDAV in die Datenbank geladen wird, gibt es keine Möglichkeit, eine bestimmte Tabelle anzugeben, in die das Dokument gespeichert werden soll. Das FTP-Kommando lautet `put order.xml`, die Angabe einer Tabelle wird vom Protokoll nicht vorgesehen. Für WebDAV gilt das Gleiche.

Wenn bereits ein XML-Schema registriert wurde, dürfte der Wunsch nach Speicherung der XML-Dokumente in der jeweiligen Default Table vorhanden sein. Die Datenbank muss also, wenn ein solches XML-Dokument per FTP oder WebDAV in die Datenbank geladen wird, die Verbindung zum bereits registrierten XML-Schema herstellen.

Dazu nutzt sie die vom W3C vorgesehene Methode, ein XML-Schema in einem XML-Dokument (der Instanz) zu referenzieren.

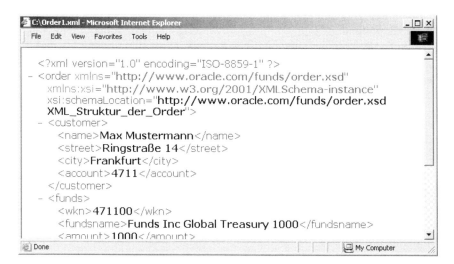

Abbildung 22.18:
Ein XML-Schema wird referenziert

Im Tag order ist das Attribut xsi:schemaLocation zu erkennen. Im Wert dieses Attributs ist die Zeichenkette, mit der das XML-Schema registriert wurde (XML_Struktur_der_Order), zu erkennen. Beim Laden von XML-Dokumenten per FTP oder WebDAV wird speziell diese Zeichenkette von der Datenbank gelesen und mit den bereits registrierten XML-Schemas abgeglichen. Wenn eine Übereinstimmung vorhanden ist, wird das XML-Dokument in die während der Registrierung angelegte Default Table (in diesem Fall order145_TAB) eingefügt. Wenn keine Übereinstimmung vorhanden ist, wird das XML-Dokument ins XML-DB-Repository, also in die Tabelle XDB$RESOURCE gespeichert.

Nachdem ein Dokument ins XML-DB-Repository geladen wurde, kann man auch anhand der Dateigröße feststellen, wie es gespeichert wurde. Wenn die XML-Dokumente zu einem vorher registrierten XML-Schema passen, wurden sie objektrelational in der Default Table gespeichert und haben im virtuellen Dateisystem eine Größe von null.

```
ftp> dir
200 PORT Command successful
150 ASCII Data Connection
-rw-r--r--  1 SCOTT   oracle        0 MAY 02 20:15 Order1.xml
-rw-r--r--  1 SCOTT   oracle        0 MAY 02 20:15 Order2.xml
```

Listing 22.15:
Directory Listing nach Hochladen der XML-Dokumente

Kapitel 22   Oracle-XML-Datenbank

Ein XML-Dokument kann auch direkt mit SQL in die Tabelle eingefügt werden. Dazu muss der Datentyp XMLTYPE explizit angesprochen werden, wie Listing 22.16 zeigt.

Listing 22.16:
XML-Dokument mit SQL-INSERT einfügen

```
SQL> insert into "order145_TAB"
  2  values (xmltype('<order xmlns="..."'));
```

Während beim Hochladen von XML-Dokumenten mit FTP oder WebDAV das XML-Schema wie in Abbildung 22.18 referenziert werden muss, ist das beim SQL INSERT nicht unbedingt nötig. Zwar führt der Versuch, ein XML-Dokument ohne Referenz zum registrierten XML-Schema per SQL einzufügen, zu einer Fehlermeldung (Listing 22.17), diese kann jedoch leicht umgangen werden.

Listing 22.17:
SQL-INSERT – Referenz auf XML-Schema fehlt

```
SQL> insert into "order145_TAB"
  2* values (xmltype('<order><customer><name>...'));
insert into "order145_TAB"
            *
ERROR at line 1:
ORA-19007: Schema - does not match expected
XML_Struktur_Der_Order.
```

Listing 22.18:
SQL-INSERT – Manuelle Referenz zum XML-Schema

```
SQL> insert into "order145_TAB"
  2  values(
  3    xmltype(
  4      '<order><customer><name>...'
  5    ).createschemabasedxml('XML_Struktur_Der_Order')
  6  );
```

Listing 22.18 zeigt, wie die Funktion CREATESCHEMABASEDXML genutzt wird, um ein XML-Dokument ohne Referenz zum registrierten XML-Schema dennoch in die Tabelle einzufügen. Somit können auch solche XML-Dokumente objektrelational in der Oracle-Datenbank gespeichert werden.

Wenn Sie XML-Dokumente in einer Tabelle objektrelational speichern, wird nicht vollständig geprüft, ob es zum XML-Schema konform ist. Das Dokument ist für die Datenbank akzeptabel, wenn es in das bei der Registrierung des XML-Schemas erzeugte Objektmodell passt.

XML-Schema erlaubt jedoch noch weiter gehende Prüfungen. So können die Inhalte von XML-Elementen unter anderem mit Hilfe von regulären Ausdrücken geprüft werden. Diese Prüfungen werden von der Oracle-Datenbank standardmäßig nicht durchgeführt. Der Grund dafür ist, dass die zu speichernden XML-Dokumente in vielen Projekten bereits geprüft sind und eine erneute Prüfung unnötig Ressourcen verbrauchen würde.

Umgang mit XML-Dokumenten Kapitel 22

Soll die vollständige Validierung gegen das XML-Schema dennoch stattfinden, so kann sie mit Hilfe eines kurzen RDBMS-Triggers erzwungen werden. Dieser Trigger verwendet die Funktion SCHEMAVALIDATE.

```
SQL> create trigger tr_schemavalidate
  2    before insert on "order145_TAB"
  3    for each row
  4    begin
  5      :new.object_value.schemavalidate;
  6    end;
  7  /
```

Listing 22.19:
Vollständige
W3C-XML-Schemavalidierung
durchsetzen

XML-Dokumente abfragen

Analog zum Einfügen können XML-Dokumente auch per FTP, WebDAV oder SQL abgerufen werden. Ein XML-Dokument wird am einfachsten mit FTP oder WebDAV wieder abgerufen. Dazu wird einfach die Datei, die hochgeladen wurde, wieder heruntergeladen. Da FTP und WebDAV dateiorientierte Protokolle sind, kann auf diesem Weg nur das vollständige XML-Dokument abgerufen werden. Zum Zugriff muss man den Pfad im XML-DB-Repository kennen und Zugriffe auf einzelne Elemente oder ein Teildokument sind nicht möglich.

Eine weitere einfache Möglichkeit zum Abfragen der XML-Dokumente bietet die Oracle-Datenbank über das HTTP-Protokoll. Somit können XML-Informationen durch Angabe eines URL abgerufen werden. Abbildung 22.19 zeigt, wie eine Abfrage auf die XML-Dokumente mit einem normalen Internet-Browser ausgeführt wird. Dazu wurde folgender URL verwendet.

```
http://localhost:8080/oradb/SCOTT/order145_TAB/ROW/
  order[customer/name="Max Mustermann"]/funds/fundsname
```

Abbildung 22.19:
Zugriff auf XML-Dokumentknoten durch HTTP

Der URL setzt sich wie folgt zusammen:

- Rechnernamen und TCP/IP-Port, auf dem die Datenbank auf HTTP-Anfragen wartet, werden angesprochen.
- oradb ist eine von der Datenbank vorgegebene Zeichenkette. Diese ist zwar änderbar, das ist normalerweise aber nicht nötig.
- SCOTT ist das Datenbankschema, in dem die Tabelle liegt. Wenn Sie mit einem anderen Benutzernamen arbeiten, fügen Sie diesen in Großbuchstaben hier ein.
- order145_TAB ist der Name der Tabelle. Achten Sie auf Groß- und Kleinschreibung bei den Tabellennamen.
- Daran ist der XPath-Ausdruck, der die Fonds-Bezeichnungen der Orders von Max Mustermann auswählt, angehängt.

Diese Form des HTTP-Zugriffs kann für alle, also auch für relationale Tabellen in der Oracle-Datenbank genutzt werden.

Im Vergleich zu den eingangs dargestellten Zugriffen über das XML-DB-Repository, in dem über Pfad und Dateinamen auf Dokumente zugegriffen wird, erfolgt der Zugriff hier über Tabellennamen und mit der Möglichkeit der Einschränkung über XPath. Die Oracle-Datenbank bietet also je nach Anforderung den nötigen Zugriffsweg an.

XPath ist eine vom W3C standardisierte Abfragesprache für XML-Dokumente. XPath navigiert in den hierarchischen XML-Dokumenten und verwendet dabei eine Syntax, die dem Dateisystem auf der Festplatte ähnlich ist. Die folgende Tabelle stellt die wichtigsten Elemente von XPath kurz vor:

Tabelle 22.1: XPath-Syntax

XPath-Syntax-Element	Beschreibung
/ /order	Bezeichnet das Wurzelelement (*Root-Element*) des XML-Dokumentes.
/ /order/customer	Pfad-Trennzeichen zur Navigation zu den Kind-Elementen des jeweiligen Knotens. Das Beispiel selektiert, ausgehend vom Knoten order, den Knoten customer.
* /order/*	Identifiziert alle Kind-Elemente des jeweiligen Knotens. Das Beispiel selektiert alle Kindknoten des Wurzelknotens order.
// //name	Identifiziert alle Nachkommen des jeweiligen Knotens, gleichgültig, ob es direkte Kind-Elemente sind oder ob sie in der Hierarchie weiter unten stehen. Das Beispiel selektiert alle Elemente mit dem Tag name, egal wo sie im Dokument vorkommen.

Umgang mit XML-Dokumenten

Tabelle 22.1:
XPath-Syntax
(Forts.)

XPath-Syntax-Element	Beschreibung
@ k /order/@id	Kennzeichnet ein XML-Attribut. Das Beispiel selektiert das Attribut im Wurzelknoten order.
[] /order[@id=1]	Bezeichnet ein so genanntes XPath-*Predicate*, also eine einschränkende Bedingung. Das Beispiel selektiert den Wurzelknoten order, aber nur, wenn das Attribut id den Wert 1 hat. In die eckigen Klammern kann auch eine Zahl (x) eingetragen werden, dann wird in einer 1:n-Beziehung das x-te Element ausgewählt.

Natürlich erlaubt die Oracle-Datenbank auch den Zugriff mit SQL. Der einfachste denkbare Zugriff auf die XML-Dokumente ist mit der folgenden SQL-Anweisung möglich.

```
SQL> select object_value from "order145_TAB"
```

Diese SQL-Anweisung selektiert das ganze XML-Dokument. object_value ist ein vordefiniertes Schlüsselwort. Eine Tabellenspalte kann man hier nicht verwenden, da diese Tabelle eine Objekttabelle ohne Spalten ist (Listing 22.11). Verwenden Sie object_value, wenn Sie, wie in diesem Beispiel, keine Tabellenspalte nutzen können. Wenn Sie eine Tabellenspalte nutzen können, verwenden Sie diese.

Die Oracle-Datenbank speichert ein XML-Dokument in einer Tabellenzeile. Nachdem man per FTP zwei Dokumente eingefügt hat (Listing 22.15), lässt sich dies mit bekannter SQL-Syntax überprüfen:

```
SQL> select count(object_value) from "order145_TAB"
COUNT(OBJECT_VALUE)
-------------------
                  2
```

Mit SQL kann demnach einfach auf ganze XML-Dokumente zugegriffen werden. Da jedes XML-Dokument in einer Tabellenzeile abgelegt ist, werden spezielle SQL-Funktionen benötigt, um auf Teile der Dokumente oder auf einzelne Elemente zuzugreifen.

Die gewählte Speicherungsform hat keinen Einfluss auf die Ergebnisse der Abfragen. Sie kann jedoch massiven Einfluss auf die Performance haben, wie in Abschnitt 22.6 ausführlich dargestellt wird.

Kapitel 22 Oracle-XML-Datenbank

Im Einzelnen stehen folgende Funktionen zur Verfügung:

- EXTRACT(doc XMLTYPE, xpath VARCHAR2)

    Diese Funktion extrahiert aus einem XML-Dokument den durch den XPath-Ausdruck festgelegten Teil.

- EXTRACTVALUE(doc XMLTYPE, xpath VARCHAR2)

    Diese Funktion arbeitet wie EXTRACT, jedoch liefert sie nur skalare Werte zurück. Wenn der XPath-Ausdruck größere XML-Fragmente selektiert, wird eine Fehlermeldung ausgelöst.

- EXISTSNODE(doc XMLTYPE, xpath VARCHAR2)

    Diese Funktion prüft, ob der Knoten existiert, auf den der XPath-Ausdruck zeigt. Wenn ja, liefert die Funktion eine 1 zurück, ansonsten eine 0.

Die XML-Dokumente wurden in die Tabelle order145_TAB eingefügt. Eine Abfrage, die auf die Namen der Kunden abzielt, würde wie in Listing 22.20 dargestellt aussehen.

Listing 22.20: SQL-Abfrage auf die Namen der Kunden

```
SQL> select
  2     EXTRACTVALUE(object_value,'/order/customer/name')
  3  from "order145_TAB";
EXTRACTVALUE(OBJECT_VALUE,'/ORDER/CUSTOMER/NAME')
-------------------------------------------------
Max Mustermann
Fritz Meier
```

Die Funktionen können beliebig verwendet werden. Auch die mehrfache Verwendung in der SELECT-Liste oder in der WHERE-Klausel ist kein Problem. PL/SQL unterstützt die Funktionen, abgesehen von EXTRACTVALUE, ebenso. Eine weitere Anwendung ist im Folgenden dargestellt. Dabei wird nur der Kunde mit der Kontonummer 4711 ausgewählt. Die Funktion EXISTSNODE verwendet hier einen XPath-Ausdruck mit einem *Predicate*.

Listing 22.21: SQL-Abfrage auf den Namen des Kunden mit der Kontonummer 4711

```
SQL> select
  2     EXTRACTVALUE(object_value,'/order/customer/name')
  3  from "order145_TAB"
  4  where EXISTSNODE(
  5     object_value
  6     ,'/order/customer[account=4711]'
  7  )=1;
EXTRACTVALUE(OBJECT_VALUE,'/ORDER/CUSTOMER/NAME')
-------------------------------------------------
Max Mustermann
```

Sollen XML-Dokumente in der Datenbank geändert werden, bietet die Oracle-Datenbank dazu zwei Wege an:

- Das komplette XML-Dokument wird ersetzt.
- Es wird ein *Piecewise Update* vorgenommen, dabei wird nur der Teil des Dokumentes berührt, der von der Änderung betroffen ist.

Der Austausch des kompletten XML-Dokumentes ist recht einfach, ein einfaches Überschreiben mit WebDAV oder FTP oder ein SQL-UPDATE reichen aus.

Zur gezielten Änderung von Elementen im XML-Dokument steht die SQL-Funktion updateXML zur Verfügung. Ein Anwendungsbeispiel ist im folgenden Listing 22.22 dargestellt. Der Name des Kontoinhabers von Konto 4711 wird auf FRIEDA MUSTERMANN geändert.

```
SQL> update "order145_TAB"
  2   set object_value = updatexml(
  3     object_value,
  4     '/order/customer/name/text()',
  5     'Frieda Mustermann'
  6   )
  7   where existsnode(
  8     object_value,
  9     '/order/customer[account=4711]'
 10   )=1;
```

Listing 22.22:
Piecewise Update
mit SQL

Wenn das im folgenden Abschnitt näher beschriebene Query Rewrite greifen kann, wird in diesem Beispiel nur das betroffene Element geändert. Dazu müssen die von der Änderung betroffenen Elemente objektrelational gespeichert sein. Ist das nicht der Fall, führt die Datenbank die Änderung zunächst im Hauptspeicher mit Hilfe von DOM-Bäumen durch und tauscht anschließend das komplette XML-Dokument aus.

Bei objektrelationaler Speicherung kann Query Rewrite greifen. Dann sind Piecewise Updates möglich. Piecewise Updates bedeuten gegenüber dem Austausch des kompletten Dokumentes massive Performance-Vorteile.

22.6 Abfrageoptimierung

Wie beschrieben, hat die gewählte Speicherungsform starken Einfluss auf die Performance von Abfragen. Im Folgenden wird beschrieben, wie die Oracle-Datenbank Abfragen auf XML-Dokumente optimiert. Als Beispiel dient die Abfrage in Listing 22.23.

Listing 22.23:
Beispiel zur Abfrageoptimierung

```
SQL> select object_value from "order145_TAB"
  2  where existsnode(
  3    object_value,
  4    '/order/customer[name="Max Mustermann"]'
  5  )=1;
```

Wird die objektrelationale Speicherungsform gewählt, liegt das XML-Dokument nicht mehr als Text, sondern als Objekt vor (Abbildung 22.20). Dieses Objekt ist in der normalerweise nicht sichtbaren Tabellenspalte XML-DATA abgelegt.

bild_20

Abbildung 22.20: XML-Dokument und Spalte XMLDATA

Das folgende Listing 22.24 macht nochmals deutlich, wie die Oracle-Datenbank XML-Dokumente objektrelational speichert. Die dokumentorientierte Speicherungsform wird zum Vergleich in Listing 22.25 dargestellt. Dazu wurde die in Listing 22.4 erstellte Tabelle ORDER_DOKUMENTBASIERT_1 herangezogen. Es sei angenommen, dass die XML-Dokumente aus order145_TAB in diese hineinkopiert wurden.

Beide Listings zeigen, dass die Spalte XMLDATA auch direkt abgefragt werden kann.

Listing 22.24:
Objektrelationale Speicherung der XML-Dokumente

```
SQL> select xmldata from "order145_TAB";
XMLDATA(SYS_XDBPD$, customer(SYS_XDBPD$, name, street,
-----------------------------------------------------
order143_T(XDB$RAW_LIST_T('1303030084000084010183020130
687474703A2F2F7777772E6F7261636C652E636F6D2F66756E6473
2F6F726465722E78736420584D4C5F537472756B7475725F4465725F
4F7264657200818002'), customer_t142_T(XDB$RAW_LIST_T('1
30F000000010203'), 'Max Mustermann', 'Ringstraße 14', '
Frankfurt', '4711'), funds144_COLL(funds_t141_T(XDB$RAW
...
order143_T(XDB$RAW_LIST_T('1303030084000084010183020130
687474703A2F2F7777772E6F7261636C652E636F6D2F66756E6473
2F6F726465722E78736420584D4C5F537472756B7475725F4465725F
4F7264657200818003'), customer_t142_T(XDB$RAW_LIST_T('1
30F000000010203'), 'Fritz Meier', 'Die Strasse 37', 'Mü
nchen', '0815'), funds144_COLL(funds_t141_T(XDB$RAW_LIS
...
```

Listing 22.25:
Dokumentorientierte Speicherung der XML-Dokumente

```
SQL> select xmldata from ORDER_DOKUMENTBASIERT_1;
XMLDATA
-----------------------------------------------------
<?xml version="1.0" encoding="ISO-8859-1"?>
<order xmlns="http://www.oracle.com/funds/order.xsd" xm
lns:xsi="http://www.w3.org/2001/XMLSchema-instance" xsi
:schemaLocation="http://www.oracle.com/funds/o ...
<?xml version="1.0" encoding="ISO-8859-1"?>
```

Abfrageoptimierung

```
<order xmlns="http://www.oracle.com/funds/order.xsd" xm
lns:xsi="http://www.w3.org/2001/XMLSchema-instance" xsi
:schemaLocation="http://www.oracle.com/funds/o ...
```

Die Listings zeigen deutlich die Unterschiede zwischen den Speicherungsformen. Bei der objektrelationalen Speicherungsform ist es nun leicht denkbar, die Objektstrukturen direkt zu nutzen.

```
SQL> select o.xmldata."customer"."street"
  2  from "order145_TAB" o
  3  where o.xmldata."customer"."name"='Max Mustermann';
XMLDATA.customer.street
------------------------------------------------
Ringstraße 14
```

Listing 22.26: Direkter Zugriff auf die objektrelationalen Strukturen

Natürlich ist ein analoger Zugriff auf die Tabelle mit der dokumentorientierten Speicherungsform nicht möglich.

```
SQL> select o.xmldata."customer"."street"
  2* from ORDER_DOKUMENTBASIERT_1 o
  3  where o.xmldata."customer"."name"='Max Mustermann';
select o.xmldata."customer"."name"
            *
ERROR at line 3:
ORA-00904: "O"."XMLDATA"."customer"."name": invalid
identifier
```

Listing 22.27: Versuch des Objektzugriffs bei dokumentorientierter Speicherungsform

Es ist einleuchtend, dass eine Anwendung, in der die Datenbankzugriffe analog zu Listing 22.26 implementiert werden, abhängig von der objektrelationalen Speicherungsform wäre. Die Abfragen würden, wie Listing 22.27 zeigt, nicht mehr funktionieren, wenn man die Speicherungsform auf dokumentorientiert ändert.

Aus diesem Grund sollte der Anwendungsentwickler oder Endanwender die direkten Objektzugriffe *nicht* verwenden. Die Oracle-Datenbank verwendet den direkten Objektzugriff wenn möglich automatisch, indem sie die SQL-Anweisungen entsprechend umschreibt. Dieser Vorgang wird *Query Rewrite* genannt.

Query Rewrite findet bei dokumentorientierter Speicherungsform natürlich nicht statt. Die SQL-Anweisung wird dennoch ausgeführt, wobei die Datenbank in diesem Fall das als Text vorliegende XML-Dokument liest, im Hauptspeicher einen Objektbaum aufbaut und anhand dieses Objektbaums die gewünschten Dokumentknoten extrahiert.

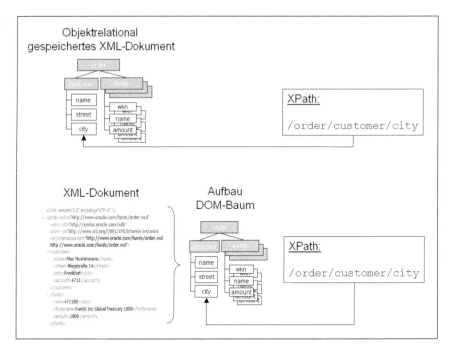

Abbildung 22.21: Zugriffe auf XML bei objektrelationaler Speicherung im Vergleich zur CLOB-Speicherungsform

Der Objektbaum, der bei Abfragen auf dokumentorientiert gespeicherten XML-Dokumenten aufgebaut ist, ist ein so genannter DOM-Tree. DOM steht für Document Object Model und beschreibt, wie XML-Dokumente unabhängig von einer bestimmten Programmiersprache als Objekt im Hauptspeicher dargestellt werden.

Die Erstellung eines DOM ist sehr ressourcenintensiv. Für den Speicherbedarf kann man als Faustregel den Faktor 5 bis 10 annehmen (bei komplexen Hierarchien ist eher 10, bei einfachen Strukturen eher 5 anzunehmen), demnach ist der DOM eines XML-Dokumentes, das auf der Platte 1 Mbyte groß ist, im Hauptspeicher ca. 5 Mbyte bis 10 Mbyte groß.

Es dürfte einleuchtend sein, dass es bei Zugriffen auf einzelne Elemente oder Teildokumente oberstes Optimierungsziel sein sollte, Query Rewrite zu ermöglichen und damit die Erstellung von DOM-Bäumen zu verhindern. Dies sei anhand eines kurzen Rechenbeispiels erläutert (Indexe werden dabei noch gar nicht berücksichtigt):

Angenommen, die XML-Dokumente haben eine einfache Struktur und sind im Schnitt 10 Kilobyte groß. Die Tabelle enthält 1 Million Dokumente und es arbeiten im Schnitt 50 Anwender parallel auf der Datenbank. Zum Aufbau eines DOM-Baums braucht die Datenbank 5 Millisekunden.

Der DOM-Baum für ein Dokument dürfte in etwa 100 Kbyte groß sein. Wenn der ganze Dokumentbestand nach bestimmten Merkmalen durchsucht werden soll, müssen demnach 1 Million DOM-Bäume aufgebaut werden. Das dauert dann 5.000 Sekunden (ca. 1 Stunde und 20 Minuten).

Aus diesem Grunde führt die Datenbank Query Rewrite, wenn es möglich ist, auch durch. Bei objektrelationaler Speicherung wird die Abfrage aus Listing 22.23 also automatisch durch die aus Listing 22.26 ersetzt. Wenn Query Rewrite nicht möglich ist, wird die Anweisung mit Hilfe eines DOM ausgeführt.

Query Rewrite hat auch Auswirkungen auf die Indexierbarkeit von Elementen. Vorerst werden nur relationale B-Baum-Indexe betrachtet, zu Volltextindexen finden sich unter 22.7 noch einige Ausführungen. Das folgende Listing zeigt, wie ein B-Baum-Index auf ein objektrelational gespeichertes Element angelegt wird. Auch hier wendet die Datenbank Query Rewrite an, der XPath-Ausdruck wird also umgeschrieben und die Datenbank erstellt einen Index für das objektrelational gespeicherte Element xmldata."customer"."name". Vergessen Sie nicht, Statistiken für die Tabelle zu erzeugen und aktuell zu halten, damit der Optimizer den Index richtig nutzt.

```
SQL> create index idx_customer_name
  2  on "order145_TAB"
  3  (extractvalue(object_value,'/order/customer/name'))
  4  /
Index created.
```

Listing 22.28:
Indexierung eines XML-Elements bei objektrelationaler Speicherung

Damit Query Rewrite richtig funktionieren kann, müssen jedoch einige Voraussetzungen erfüllt sein. Die wichtigste, die objektrelationale Speicherung, wurde bereits genannt. Hinzu kommen einige Anforderungen an den verwendeten XPath-Ausdruck. Einige seien hier beispielhaft genannt.

- XPath-Wildcards dürfen nur dann verwendet werden, wenn sie zu genau einem Element in der Dokumenthierarchie führen.
- In der Hierarchie darf nur »abwärts« (also immer zu den Kind-Elementen) navigiert werden. Eine mit XPath grundsätzlich zulässige Navigation nach oben oder seitwärts darf nicht verwendet werden.
- Es sollten – von einigen Ausnahmen abgesehen – keine XPath-Funktionen verwendet werden.

Wenn diese Voraussetzungen nicht erfüllt sind, kann die Datenbank kein Query Rewrite durchführen. Die Anweisung wird zwar ausgeführt, jedoch unter Zuhilfenahme von DOM-Bäumen und mit den oben beschriebenen Auswirkungen auf die Performance.

Kapitel 22   Oracle-XML-Datenbank

Wenn die Ausführung einer SQL-Anweisung sehr lange dauert, lohnt es sich, zunächst zu untersuchen, ob die Datenbank Query Rewrite anwenden kann. Da diese Information bei einem EXPLAIN PLAN nicht angezeigt wird, empfiehlt sich folgende Vorgehensweise:

Listing 22.29:
Fehlermeldung auslösen, wenn Query Rewrite nicht möglich

```
SQL> alter session set events='19021 trace name context forever, level 0x1';
Session altered.
```

Die Anweisung in Listing 22.29 führt dazu, dass die Datenbank eine Fehlermeldung auslöst, wenn Query Rewrite nicht möglich ist. Der Normalfall ist der, dass die Anweisung auf jeden Fall ausgeführt wird. Setzen Sie anschließend die Anweisung erneut ab:

Listing 22.30:
SQL-Anweisung erneut absetzen

```
SQL> select object_value from "order145_TAB"
  2  where existsnode(
  3     object_value,
  4     '/order[//name="Max Mustermann"]'
  5  ) = 1;
ERROR:
ORA-19022: XML XPath functions are disabled
```

Listing 22.30 zeigt, dass Query Rewrite für diese Anweisung nicht möglich war. Der Grund dafür ist offensichtlich die XPath-Wildcard //name. Das ist in dieser Anweisung recht leicht zu erkennen, bei einer komplexeren SQL-Anweisung mit 20 oder 30 extractvalue-Funktionen kann es schwierig sein, diejenige zu finden, die Query Rewrite unmöglich macht. Im nächsten Schritt geht es nun darum, von der Datenbank die Information über das fehlgeschlagene Query Rewrite zu erhalten. Dies muss gesondert aktiviert werden.

Listing 22.31:
Query Rewrite Tracing aktivieren

```
SQL> alter session set events='19027 trace name context forever,
     level 0x2000';
Session altered.
```

Die Informationen über Query Rewrite werden nun in die Trace-Datei für die laufende Sitzung geschrieben. Setzen Sie die Anweisung nun nochmals ab.

Listing 22.32:
Query-Rewrite-Informationen in der Trace-Datei

```
NO REWRITE
   XPath ==> /order[//name="Max Mustermann"]
   Reason ==> not none path under root or pred root
   Current Location Path ==>
      axis:None given
      nodetest:wildcard name
      strval:name
      uri:http://www.oracle.com/funds/order.xsd
      slash:dslash
```

Listing 22.32 und Listing 22.33 zeigen die Informationen, die bei fehlgeschlagenem Query Rewrite in die Trace-Datei geschrieben werden. Zunächst wird der »verantwortliche« XPath-Ausdruck angezeigt, anschließend findet man Informationen über den Grund des fehlgeschlagenen Query Rewrite. In Listing 22.32 wurde eine XPath-Wildcard (dslash) verwendet. In Listing 22.33 wurde mit preceding-sibling in der Hierarchie seitwärts (*sibling* = *Geschwister*) navigiert.

```
NO REWRITE
  XPath ==> /order/customer/street[preceding-sibling::name="Max Mustermann"]
  Reason ==> non abstract type and non xmlgen of scalar
  Current Location Path ==>
    axis:preceding-sibling
    nodetest:wildcard name
    strval:name
    uri:http://www.oracle.com/funds/order.xsd
    slash:none
```

Listing 22.33:
Trace-Information bei nicht direkter XPath-Navigation

Anhand dieser Informationen lässt sich das SQL-Statement optimieren, bis jeder XPath-Ausdruck umgeschrieben werden kann.

Query Rewrite wird, wie bereits beschrieben, für *alle* SQL-Anweisungen angewendet. Auch SQL-UPDATE-Operationen können so von Query Rewrite profitieren. Ohne Query Rewrite wird die Update-Operation wie folgt ausgeführt:

- Lesen des Dokumentes aus der Tabelle
- Aufbau des DOM
- Ausführung der Änderung im DOM
- Zurückschreiben des gesamten Dokumentes in die Tabelle

Mit Query Rewrite kann die gewünschte Änderung direkt in der Objektstruktur erfolgen. Nicht nur die Erstellung des DOM entfällt, vielmehr wird nur der Teil des Dokumentes geändert, der von der Änderung betroffen ist.

22.7 Volltextsuche in XML-Dokumenten

Insbesondere bei dokumentorientiertem XML besteht häufig die Anforderung nach einer Volltextsuche in den Dokumenten. Die Oracle-Datenbank enthält *Oracle TEXT*, einen integrierten Volltextindex. Oracle TEXT ist Bestandteil aller Datenbankeditionen und kann auch mit XML-Dokumenten umgehen.

Kapitel 22   Oracle-XML-Datenbank

XML stellt besondere Anforderungen an einen Volltextindex. Ein Volltextindex, der nicht auf XML-Dokumente vorbereitet ist, indexiert auch die XML-Tags, so dass im vorliegenden Beispiel eine Suche nach dem Wort ORDER für jedes Dokument einen Treffer auslösen würde. Weiterhin sollte der Textindex es ermöglichen, nur in bestimmten Dokumentabschnitten zu suchen.

Listing 22.34 zeigt, wie ein Volltextindex auf die XML-Dokumente angelegt werden kann.

Listing 22.34: Erstellung eines Volltextindex

```
SQL> create index idx_volltext
  2  on "order145_TAB" o (value(o))
  3  indextype is ctxsys.context
  4  parameters
  5  ('section group ctxsys.path_section_group')
  6  /
```

Nach Erstellung des Volltextindex kann dieser sofort genutzt werden. Er stellt die SQL-Funktion CONTAINS zur Verfügung.

Listing 22.35: Nutzung des Volltextindex

```
SQL> select object_value from "order145_TAB"
  2  where contains
  3  (object_value, 'Global INPATH (/order/funds)')>1;
```

Listing 22.35 zeigt, wie der Volltextindex genutzt wird. Die Abfrage selektiert alle XML-Dokumente, in denen das Wort GLOBAL vorkommt. Dieses Beispiel sucht jedoch nur in einem bestimmten Abschnitt der XML-Dokumente.

Möchte man im gesamten Dokument suchen, so sollte man die XPath-Einschränkung in der CONTAINS-Funktion weglassen.

Listing 22.36: Nutzung des Volltextindex – Suche im gesamten Dokument

```
SQL> select object_value from "order145_TAB"
  2  where contains
  3  (object_value, 'Global') > 1;
```

In diesem Beispiel wurde der Volltextindex auf das gesamte Dokument angelegt. Mit einem User Data Store ist es auch möglich, nur bestimmte Abschnitte im XML-Dokument zu indexieren und damit mehr Kontrolle über die Indexgröße zu erhalten. Dies ist bei sehr großen Dokumentbeständen und entsprechend großen Volltextindexen von Bedeutung.

Stylesheet-Transformationen   Kapitel 22

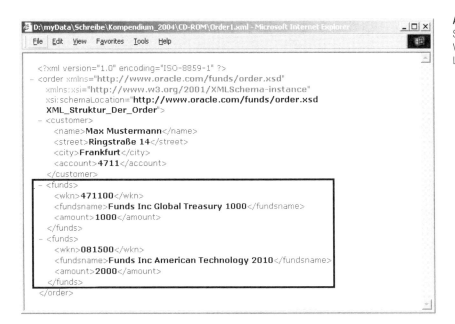

Abbildung 22.22:
Suchbereich der Volltextabfrage aus Listing 22.35

22.8 Stylesheet-Transformationen

Der W3C-Standard *eXtensible Stylesheet Language (XSL)* definiert eine Transformationssprache für XML. Damit können XML-Dokumente in andere XML-, Text- oder HTML-Dokumente umgewandelt werden.

Die Oracle-Datenbank ist in der Lage, XML-Dokumente mit W3C-konformen XSLT-Stylesheets zu transformieren. Dies ist einerseits auf SQL-Ebene mit der Funktion XMLTransform und über HTTP mit dem Parameter transform möglich.

Die ursprüngliche Idee von Stylesheet-Transformationen war die Anwendung eines bestimmten Layouts auf XML-Dokumente. Denkbar sind jedoch auch andere Anwendungsgebiete:

- Strukturveränderungen
- Ausblendung bestimmter Inhalte

Insbesondere bei der Ausblendung bestimmter Inhalte lassen sich die Möglichkeiten einer Datenbank hervorragend anwenden. Das folgende Beispiel zeigt, wie mit Hilfe eines XSLT-Stylesheets in den Orderdokumenten die Kontonummer der Kunden ausgeblendet werden kann.

Listing 22.37: Stylesheet-Transformation als View nutzen

```
SQL> create view order_restricted as
  2  select XMLTransform(
  3    object_value,
  4    xdburitype(
  5      '/public/Ausblenden_Kontonummer.xsl'
  6    ).getXML()
  7  ) as order_dokument
  8  from "order145_TAB";
View created.
```

Das XSLT-Stylesheet wurde vorher mit FTP oder WebDAV ins XML-DB-Repository in den Ordner /PUBLIC geladen. Das View liefert das transformierte XML-Dokument zurück, in dem die Kontonummer des Kunden durch XXX ersetzt wird.

Listing 22.38: Selektieren des Views

```
SQL> select order_dokument from order_restricted;
ORDER_DOCUMENT
-----------------------------------------------------------
<order xmlns="http://www.oracle.com/funds/order.xsd">
  <customer>
    <name>Max Mustermann</name>
    <street>Ringstraße 14</street>
    <city>Frankfurt</city>
    <account>XXX</account>
  </customer>
  <funds>
```

Für dieses XML-View gelten die gleichen Grundsätze wie für alle Views in der Oracle-Datenbank. Demnach lassen sich Views sehr gut zum Information Hiding verwenden. Ein Dritter, der als User HUGO mit der Datenbank verbunden ist und das SELECT-Privileg an diesem View besitzt, sieht nur dieses XML-Dokument mit der Kontonummer XXX. Er hat keine Möglichkeit, die Originaldokumente oder das Stylesheet, mit dem die Kontonummer entfernt wurde, einzusehen.

Stylesheet-Transformationen werden immer mit Hilfe von DOM-Bäumen durchgeführt. Zunächst wird ein DOM-Baum für das Originaldokument (Source Tree) aufgebaut, dann wird während des Transformationsvorgangs sukzessive der DOM-Baum des Ergebnisdokumentes aufgebaut (Result Tree). Zum Schluss wird das XML-Dokument aus dem Result Tree ausgegeben.

Wenn Sie also vorhaben, große Dokumentbestände mit Stylesheets zu transformieren, beachten Sie bitte die Auswirkungen auf CPU- und Hauptspeicherbedarf für Ihr Vorhaben.

Stylesheet-Transformationen

Ein weiterer wichtiger Ansatzpunkt für Stylesheet-Transformationen in der Datenbank ist das Zusammenfassen von XML-Dokumenten und die anschließende Transformation des zusammengefassten Dokumentes.

Außerhalb der Datenbank würde das bedeuten, dass man ein Programm schreibt, das die einzelnen Dokumente liest, diese zu einem neuen Dokument zusammenfasst und das Ergebnis dann transformiert. Die Oracle-Datenbank kann die Bordmittel zum Aggregieren von Daten benutzen; damit lässt sich eine solche Anforderung wesentlich leichter umsetzen.

Als Beispiel soll ein XSLT-Stylesheet dienen, das zunächst die Orders zusammenfasst und dann alle Orderpositionen in einem HTML-Dokument zusammenstellt. Es findet also nicht die Transformation von *einem* Dokument zu *einem* anderen statt, sondern vielmehr die Transformation von *vielen* Ausgangsdokumenten zu *einem* Zieldokument.

```
SQL> create view orderpositionen as
  2  select xmltransform(
  3    (select xmlagg(object_value) from "order145_TAB")
  4    ,xdburitype(
  5      '/public/Order_Zusammenfassung.xsl'
  6    ).getXML()
  7  ).getclobval() as order_zusammenfassung_html
  8  from dual;
View created.
```

Listing 22.39:
XML-Dokumente zusammenfassen und transformieren

Abbildung 22.23 zeigt die Sicht auf das generierte HTML-Dokument im Browser. Die SQL-Funktion XMLAgg() übernimmt hier also eine Aufgabe, für die man außerhalb der Datenbank recht viel Arbeit investieren müsste.

Bei HTTP-Zugriffen auf die Datenbank werden XSLT-Transformationen mit dem HTTP-Parameter transform *ausgelöst.*

1. Wie in Abschnitt 22.5.1 selektieren Sie die Tabelle order145_TAB.
2. Hängen Sie an diesen URL den HTTP-Parameter transform an. Der Wert ist der Pfad des Stylesheets im XML-Repository. Dieses Beispiel wandelt die XML-Orders in der Tabelle in eine HTML-Ansicht analog zum in Listing 22.39 erstellten View um.

Sie finden das XSLT-Stylesheet Order_HTML.xsl *auf der CD-ROM. Kopieren Sie es in das XML-DB-Repository, um das Beispiel nachvollziehen zu können.*

```
http://localhost:8080/oradb/<DB-USER>/order145_
TAB?transform=/public/Order_HTML.xsl
```

Abbildung 22.23:
Aggregation mehrerer Dokumente und Transformation in ein HTML-Dokument

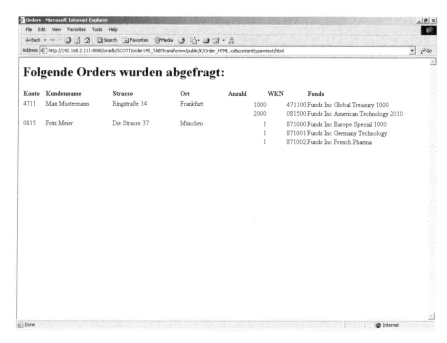

3. Das Ergebnis der Transformation soll ein HTML-Dokument sein. Fügen Sie dazu den HTTP-Parameter contenttype mit dem Wert text/html hinzu.

```
http://localhost:8080/oradb/<DB-USER>/ORDER145_
TAB?transform=/public/Order_HTML.xsl&contenttype=text/html
```

22.9 Integration

Da XML-Dokumente und relationale Tabellen in ein und derselben Datenbank liegen, ist eine besonders enge Integration möglich. Die Oracle-Datenbank erlaubt es, sowohl XML-Dokumente als relationale Tabellen als auch relationale Tabellen oder Views als XML-Dokumente darzustellen.

Relationale Sichten auf XML-Dokumente

In Abschnitt 22.5.1 wurde bereits erläutert, wie mit SQL auf XML-Dokumente zugegriffen werden kann. Eine solche Anweisung kann nun einfach mit Hilfe eines CREATE VIEW gespeichert werden.

Listing 22.40:
Relationale Sicht auf die XML-Dokumente

```
SQL> create or replace view order_view
  1   as
  2   select
  3     extractvalue(value(o),'/order/customer/name')
  4       as CNAME,
```

```
 5    extractvalue(value(o),'/order/customer/city')
 6       as CCITY,
 7    extractvalue(value(pos),'/funds/wkn')
 8       as FWKN,
 9    extractvalue(value(pos),'/funds/fundsname')
10       as FNAME
11  from "order145_TAB" o,
13  table
14    (xmlsequence
15       (extract(value(o),'/order/funds'))
16    ) pos
```

Listing 22.40 zeigt, wie ein relationales View auf XML-Dokumente erstellt wird. Achten Sie dabei besonders auf die Zeilen 13 und 14. Der Ausdruck `table(xmlsequence(...))` bildet die hierarchische Struktur eines XML-Dokumentes auf ein flaches relationales View ab. Diese Funktionalität kann auch geschachtelt werden, so dass relationale Views auch auf XML-Dokumente mit komplexen Hierarchien erstellt werden können.

Das folgende Listing 22.41 zeigt das Ergebnis einer describe-Anweisung für das soeben erstellte View. Es ist leicht zu erkennen, dass dieses View von nun an wie eine gewöhnliche relationale Tabelle behandelt werden kann.

```
SQL> describe order_view
 Name                           Null?    Type
 ------------------------------ -------- ------------------
 CNAME                                   VARCHAR2(50 CHAR)
 CCITY                                   VARCHAR2(20 CHAR)
 FWKN                                    VARCHAR2(6)
 FNAME                                   VARCHAR2(100)
```

Listing 22.41:
DESCRIBE-Anweisung für das relationale View

```
SQL> select * from order_view;
CNAME            CCITY       FWKN    FNAME
---------------  ---------   ------  ---------------------
Eva Musterfrau   Trier       871000  Funds Inc Europe Spe
Fritz Meier      Munchen     871000  Funds Inc Europe Spe
Fritz Meier      Munchen     871001  Funds Inc Germany Te
Fritz Meier      Munchen     871002  Funds Inc French Pha
Max Mustermann   Frankfurt   471100  Funds Inc Global Tre
Max Mustermann   Frankfurt   081500  Funds Inc American T
```

Listing 22.42:
SELECT-Anweisung auf das relationale View

Views können sehr gut genutzt werden, um gespeicherte XML-Dokumente für Werkzeuge und Anwendungen, die nicht mit XML umgehen können, nutzbar zu machen. Um mit dem View arbeiten zu können, muss man nichts über dessen Definition wissen. Häufig wird die Information über den Aufbau des Views auch gezielt versteckt. Dies geschieht, indem das SELECT-Privileg an dem View an einen anderen Datenbankuser vergeben wird. Dieser

User kann das View nun selektieren, über dessen Aufbau und die eigentliche Quelle der Daten kann er jedoch nichts erfahren.

> :-) TIPP
>
> *Gerade bei relationalen Views auf XML-Dokumente sollte besonders darauf geachtet werden, dass alle XPath-Ausdrücke durch Query Rewrite optimiert werden können. Wenn das View durch die Erstellung von DOM-Bäumen ausgeführt wird, ergibt sich eine sehr schlechte Performance.*
>
> *Wenn mit dem View, wie soeben beschrieben, die eigentliche Datenquelle, also das XML-Dokument, verdeckt werden soll, wird vom Endanwender auch eine der relationalen Tabelle ähnliche Performance erwartet. Diese ist jedoch nur gegeben, wenn Query Rewrite zum Einsatz kommen kann.*

XML-Views auf relationale Tabellen

So wie relationale Views auf XML-Dokumente möglich sind, können auch XML-Views auf relationale Tabellen angelegt werden. Somit kann die Generierung von XML-Dokumenten aus relationalen Tabellen, eine in der Praxis recht häufige Anforderung, direkt und sehr effizient in der Datenbank durchgeführt werden.

Über die HTTP-Schnittstelle können diese generierten XML-Dokumente auch direkt per Browser oder HTTP-Werkzeugen wie GNU-wget abgerufen werden.

Der einfachste Fall ist in Abbildung 22.24 dargestellt. Die Oracle-Datenbank kann XML-Dokumente aus relationalen Tabellen ohne Vorarbeit erzeugen. Der URL wird dabei analog zum Zugriff auf eine XML-Tabelle aufgebaut und lautet in diesem Beispiel <host>:<port>/oradb/SCOTT/EMP.

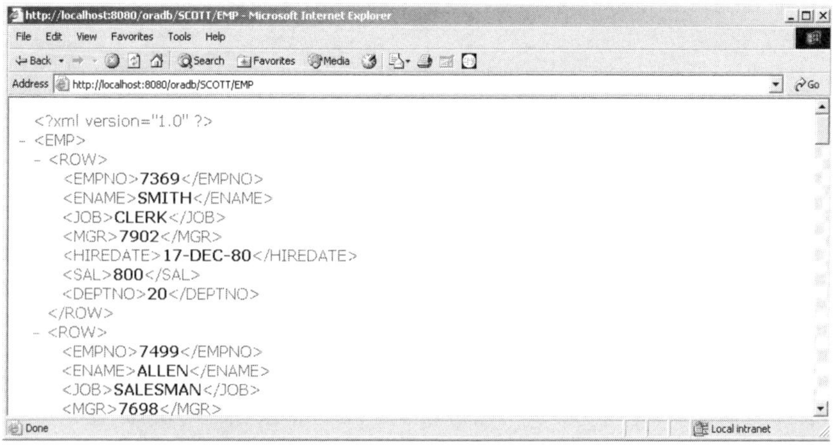

Abbildung 22.24: Relationale Tabelle als XML-Dokument durch HTTP

Der HTTP-Zugang kann nicht nur mit dem Browser genutzt werden. Durch Kommandozeilen-Werkzeuge wie wget kann diese Funktionalität auch von Skripten genutzt werden.

```
$ wget -O - --http-user SCOTT --http-passwd tiger http://192.168.2.111:8080/
   oradb/SCOTT/EMP
--14:08:46--  http://192.168.2.111:8080/oradb/SCOTT/EMP
           => `-'
Connecting to 192.168.2.111:8080... connected!
HTTP request sent, awaiting response... 200 OK
Length: unspecified [text/xml]
    0K09C0
<?xml version="1.0"?>
<EMP>
 <ROW>
  <EMPNO>7369</EMPNO>
  <ENAME>SMITH</ENAME>
  <JOB>CLERK</JOB>
```

Listing 22.43: HTTP-Zugriff auf die Oracle-Datenbank mit wget

Das XML-Dokument wurde von der Oracle-Datenbank generiert. Es hat stets diese einfache, flache Struktur. Wenn komplexere, hierarchische Strukturen gefordert sind, ist ein eigenes XML-View nötig. Dies wird im Folgenden anhand der bekannten Tabellen EMP und DEPT demonstriert.

```
SQL> create or replace view emp_xml as
  2  select
  3    XMLElement(
  4      "Department",
  5      XMLAttributes(deptno as "DepartmentNumber"),
  6      XMLElement("DepartmentName", d.dname),
  7      (select XMLAgg(
  8         XMLElement(
  9           "DepartmentWorker",
 10           XMLAttributes(
 11              e.empno as "employeeNumber"
 12           ),
 13           XMLForest(
 14              e.ename as "employeeName",
 15              e.sal as "employeeSalary"
 16           )
 17         )
 18       )
 19       from emp e where e.deptno = d.deptno
 20      )
 21    ) as XML_DOKUMENT
 22  from dept d;
```

Listing 22.44: XML-View auf relationale Tabellen EMP und DEPT

Listing 22.44 enthält die SQL-Anweisung zur Erstellung des XML-Views EMP_XML. Die verwendeten SQL-Funktionen wie XMLElement oder XMLAttributes sind SQLX-Anweisungen. SQLX ist ein in Arbeit befindlicher Standard zur Generierung von XML-Dokumenten aus relationalen Tabellen. SQLX wird Teil des SQL2003-Standards werden. In der Oracle-Datenbank ist ein Teil von SQLX bereits implementiert. Es ist davon auszugehen, dass andere Datenbankanbieter diesen Funktionssatz ebenfalls implementieren werden. Im Gegensatz zum XML-Dokument aus Abbildung 22.24 haben diese XML-Dokumente eine komplexere hierarchische Struktur, in der die Mitarbeiter ihrer jeweiligen Abteilung untergeordnet sind (Abbildung 22.25).

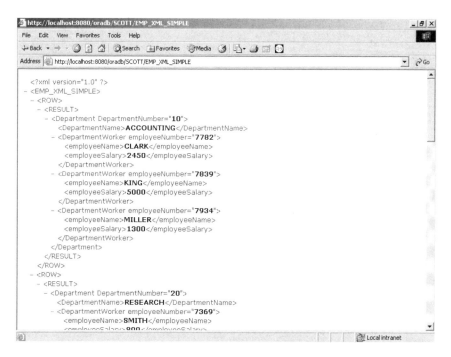

Abbildung 22.25: XML-View mit komplexerer Struktur

Das XML-View liefert grundsätzlich den Datentyp XMLTYPE zurück. Demnach sind mit dem »virtuellen« XML-Dokument Operationen analog zu einem in der Datenbank gespeicherten XML-Dokument möglich. Das folgende Listing 22.45 zeigt, wie das View mit EXTRACTVALUE bzw. EXISTSNODE und XPath-Ausdrücken abgefragt wird.

Listing 22.45: Abfrage auf ein XML-View mit EXTRACTVALUE

```
SQL> select
  2    extractvalue(
  3      XML_DOKUMENT,
  4      '/Department/DepartmentName'
  5    ) as dname
  6  from emp_xml where existsnode(
  7    XML_DOKUMENT,
  8    '/Department[DepartmentName="ACCOUNTING"]'
  9  )=1
```

Integration

Die Oracle-Datenbank optimiert auch Abfragen auf XML-Views mit Query Rewrite. Demnach wird auch diese Abfrage intern umgeschrieben, so dass intern eine relationale Abfrage ausgeführt wird. Auch hier gilt jedoch, dass sehr komplexe XPath-Ausdrücke mitunter nicht optimiert werden können. In diesem Fall wird die Abfrage ebenfalls ausgeführt, allerdings werden wie bei gespeicherten XML-Dokumenten dazu intern DOM-Bäume erstellt, was sich negativ auf die Performance auswirken dürfte.

Wenn SELECT-*Anweisungen auf XML-Views lange Ausführungszeiten haben, prüfen Sie auch hier, ob Query Rewrite erfolgen kann. Beachten Sie dazu die Ausführungen unter 22.6.*

:-)
TIPP

Referenzielle Integrität

Anforderungen nach Integration zwischen XML-Dokumenten und relationalen Tabellen können sich im Bedarf nach referenzieller Integrität zwischen den XML-Dokumenten und relationalen Tabellen ausdrücken.

Wenn die objektrelationale Speicherungsform für XML-Dokumente ausgewählt wurde, können solche Fremdschlüsselbeziehungen erstellt werden. Das Beispiel in Listing 22.46 zeigt, wie eine solche Fremdschlüsselbeziehung in der Datenbank hinterlegt wird. Der Fremdschlüssel stellt sicher, dass nur Orders von bereits in der Stammdatentabelle vorhandenen Kunden aufgenommen werden. Dazu wird die Kontonummer des Kunden, die im XML-Dokument im Element /ORDER/CUSTOMER/ACCOUNT enthalten ist, mit der Spalte ACCOUNT in der Tabelle KUNDEN_TAB verglichen.

Um dieses Beispiel nachvollziehen zu können, benötigen Sie die Stammdatentabelle. Auf der CD-ROM finden Sie in der Datei erstelleStammdatentabelle.sql *ein Skript, das eine solche Tabelle erzeugt und mit einigen Zeilen füllt.*

```
SQL> ALTER TABLE "order145_TAB"
  2   ADD CONSTRAINT fk_customer_account
  3   FOREIGN KEY (xmldata."customer"."account")
  4   REFERENCES kunden_tab (account)
```

Listing 22.46:
SQL-Anweisung zur Erstellung eines Fremdschlüssels

Diese Integritätsbedingung wird immer durchgesetzt, gleich welcher Weg zum Einfügen bzw. Hochladen des XML-Dokumentes in die Datenbank verwendet wird. Listing 22.47 zeigt den FTP-Ladeversuch mit einem XML-Dokument, das eine ungültige Kontonummer enthält.

```
ftp> put Order_ungueltig.xml
200 PORT Command successful
150 ASCII Data Connection
550- Error Response
```

Listing 22.47:
FTP-Ladeversuch mit ungültigem Dokument

```
ORA-00604: error occurred at recursive SQL level 1
ORA-02291: integrity constraint
(XMLDEMO.FK_CUSTOMER_ACCOUNT) violated - parent key
not found
550 End Error Response
ftp: 649 bytes sent in 0.00Seconds 649000.00Kbytes/sec.
ftp>
```

Dieses Verhalten können Sie mit der Datei order_ungueltig.xml *auf der CD-ROM nachvollziehen.*

XML-Schema-Evolution

Mit der Oracle-Datenbank 10g wurde die XML-Schema-Evolution als neue Funktionalität eingeführt. Schema-Evolution bezeichnet die nachträgliche Änderung der im XML-Schema hinterlegten Dokumentstrukturen. XML-Schema-Evolution sollte die Art der möglichen Änderungen nicht einschränken und daher sowohl das Hinzufügen als auch das Entfernen von Elementen oder Attributen ermöglichen. Ebenso sollte es möglich sein, nur die bestehende Hierarchie zu ändern.

Schema-Evolution stellt das Projekt jedoch vor einige Fragen, die unbedingt vorab geklärt werden müssen. Insofern sollte jedes Projekt auch frühzeitig entscheiden, ob Änderungen an den Dokumentstrukturen erwünscht sind und wie sie in der Datenbank umgesetzt werden sollen.

- Was geschieht bei Änderungen der XML-Strukturen mit den bereits gespeicherten Dokumenten? Sollen sie auf die neue Struktur migriert werden oder müssen sie (unter Umständen aus juristischen Gründen) in der alten Struktur erhalten bleiben?

- Wie greifen Anwendungen auf die XML-Dokumente zu? Wenn XPath-Ausdrücke, die auf die alte Dokumentstruktur passen, verwendet werden, müssen diese unter Umständen angepasst werden.

Bei dokumentbasierter Speicherung werden die XML-Dokumente intern als Textstrom (CLOB) gespeichert. Die Datenbank kennt die Strukturen nicht, insofern verursacht deren Änderung keinen Mehraufwand. Wenn die alten Dokumente in ihrer Struktur erhalten bleiben sollen, können die Dokumente mit der neuen Struktur zu den alten in die gleiche oder eine neue Tabelle hinzugefügt werden?

Sollen die Dokumente mit der alten Struktur auf die neue Struktur migriert werden, kann dies mit Hilfe von XSLT-Stylesheets einfach durchgeführt werden.

Während bei der dokumentorientierten Speicherung auch XML-Dokumente unterschiedlicher Strukturen in ein und dieselbe Tabelle abgelegt werden können, ist dies bei objektrelationaler Speicherung nicht möglich. Jede Tabelle ist mit einer Objektstruktur verknüpft und kann insofern nur Dokumente aufnehmen, die dieser Struktur entsprechen. Da die XML-Strukturen in der Datenbank explizit nachgebildet werden, erfordern Änderungen an den XML-Strukturen entsprechend höheren Aufwand.

Auch bei der objektrelationalen Speicherung muss festgelegt werden, ob die Dokumente mit der alten Struktur erhalten bleiben sollen oder nicht. Sollen die alten Strukturen erhalten bleiben, so findet – streng genommen – keine Schema-Evolution statt. Erforderlich ist die zusätzliche Registrierung des neuen XML-Schemas. Während dieses Vorgang werden die neuen XML-Strukturen – neben den alten – in der Datenbank angelegt. Weiterhin entsteht eine neue XML-Tabelle für die XML-Dokumente mit der neuen Struktur. Diese Vorgehensweise ist bereits mit Oracle9*i* möglich.

Sollen die alten XML-Strukturen migriert werden, so musste die Schema-Evolution in Oracle9*i* manuell durchgeführt werden. Dazu waren die im Folgenden aufgeführten Schritte erforderlich:

1. Exportieren der alten XML-Dokumente
2. Löschen des registrierten XML-Schemas und der Dokumente aus der Datenbank
3. Anpassen der alten XML-Dokumente auf die neue Struktur außerhalb der Datenbank
4. Registrieren des neuen XML-Schemas in der Datenbank
5. Laden der migrierten XML-Dokumente in die Datenbank

Diese Schritte sind in Oracle 10g nun automatisiert möglich. Dazu steht im PL/SQL-Paket DBMS_XMLSCHEMA die Prozedur COPYEVOLVE zur Verfügung.

```
PROCEDURE COPYEVOLVE
 Argument Name           Type                  In/Out Default?
 ------------------      --------------------  ------ --------
 SCHEMAURLS              XDB$STRING_LIST_T     IN
 NEWSCHEMAS              XMLSEQUENCETYPE       IN
 TRANSFORMS              XMLSEQUENCETYPE       IN     DEFAULT
 PRESERVEOLDDOCS         BOOLEAN               IN     DEFAULT
 MAPTABNAME              VARCHAR2              IN     DEFAULT
 GENERATETABLES          BOOLEAN               IN     DEFAULT
 FORCE                   BOOLEAN               IN     DEFAULT
 SCHEMAOWNERS            XDB$STRING_LIST_T     IN     DEFAULT
```

Listing 22.48:
Signatur der Prozedur COPYEVOLVE

Kapitel 22 Oracle-XML-Datenbank

Beim Aufrufen der Prozedur führt die Datenbank die o.g. Schritte automatisch aus. Zunächst werden die XML-Dokumente in eine temporäre Tabelle ausgelagert. Anschließend wird das alte XML-Schema gelöscht und das neue registriert. Nun werden die ausgelagerten XML-Dokumente mit dem mitgelieferten XSLT-Stylesheet an die neue Struktur angepasst und dann in die neue Tabelle kopiert. Zum Schluss löscht die Datenbank die temporäre Tabelle. Dieser Schritt kann unterdrückt werden, indem der Parameter PRESERVEOLDDOCS auf TRUE gesetzt wird.

Listing 22.49 zeigt den Aufruf der Prozedur COPYEVOLVE. Es geht davon aus, dass das neue XML-Schema und das XSLT-Stylesheet im XML-DB-Repository in den Ordner /PUBLIC kopiert wurden. Zunächst werden sie in ein PL/SQL-*VARRAY* übernommen, anschließend wird DBMS_XMLSCHEMA.COPYEVOLVE aufgerufen. Wenn mehrere XML-Schemas und Stylesheets angegeben werden, kann Schema-Evolution auch für mehrere XML-Schemas auf einmal durchgeführt werden. Wichtig ist dies, wenn registrierte XML-Schemas voneinander abhängig sind.

Auf der CD-ROM finden Sie das XSLT-Stylesheet order_SchemaEvolution.xsl *und das XML-Schema* order_SchemaEvolution.xsd. *Das Beispiel fügt im Element* CUSTOMER *zusätzlich das Element* COUNTRY *ein und ändert unterhalb von* FUNDS *das Element* WKN *in* ISIN.

Mit order_SchemaEvolution_back.xsl *und* order.xsd *machen Sie den Vorgang wieder rückgängig.*

Listing 22.49:
PL/SQL-Skript zur Schema-Evolution

```
declare
  urllst    xdb$string_list_t;
  xsdlst    xmlsequencetype;
  xsllst    xmlsequencetype;
  xsd       xmltype;
  xsl       xmltype;
begin
  urllst := xdb$string_list_t('XML_Struktur_Der_Order');
  select xdburitype
    ('/public/orderSchemaEvolution.xsd').getxml()
  into xsd from dual;
  select xdburitype
    ('/public/Schema_Evolution.xsl').getxml()
  into xsl from dual;
  xsdlst := xmlsequencetype(xsd);
  xsllst := xmlsequencetype(xsl);
  dbms_xmlschema.copyevolve(
    schemaurls => url_lst,
    newschemas => xsd_lst,
    transforms => xsl_lst
  );
end;
```

Da die alte Tabelle gelöscht wird, werden auch abhängige Objekte wie Trigger gelöscht. Es empfiehlt sich also, diese Objekte zunächst zu sichern. Die Datenbank stellt dazu Hilfen wie das PL/SQL-Paket DBMS_METADATA zur Verfügung.

Die Datenbank führt die Schema-Evolution so weit möglich als atomare Transaktion durch. Bei Fehlern wird der Vorgang zurückgerollt. Da zur Schema-Evolution jedoch DDL-Anweisungen erforderlich sind, kann der normale Transaktionsmechanismus dazu nicht genutzt werden (eine DDL-Anweisung löst ein implizites COMMIT aus). Die Prozedur COPYEVOLVE führt daher kompensierende DDL-Anweisungen aus; sie legt die alten Strukturen so weit möglich neu an.

Testen Sie den Vorgang, bevor Sie ihn mit einem großen Dokumentbestand durchführen. Die Oracle-Datenbank stellt im Fehlerfall die alten Strukturen zwar wieder her, abhängige Objekte wie storage parameter *oder selbst geschriebene RDBMS-Trigger können jedoch verloren gehen. Zum Test empfiehlt sich folgende Vorgehensweise:*

:-)
TIPP

1. *Testen Sie zunächst außerhalb der Datenbank, ob das XSLT-Stylesheet die Dokumente korrekt umwandelt und ob die Struktur der generierten Dokumente richtig ist. Dazu können Werkzeuge wie der Oracle JDeveloper oder Altova XML Spy wertvolle Hilfe leisten.*

2. *Testen Sie nun, ob das XSLT-Stylesheet auch in der Datenbank so arbeitet, wie Sie es erwarten.*

3. *Führen Sie die Schema-Evolution mit einem Testbestand durch.*

Da COPYEVOLVE die nötigen Arbeitsschritte zur Schema-Evolution automatisch durchführt, ist der Vorgang im Vergleich zu Oracle9*i* wesentlich vereinfacht worden.

Zu beachten ist jedoch, dass die Datenbank die XML-Dokumente, wie der Name der Prozedur nahe legt, kopiert. Entsprechend zum vorhandenen Dokumentbestand muss also Plattenplatz zum Auslagern zur Verfügung stehen. Neben dem Plattenplatz zur Auslagerung dürfte der Vorgang insbesondere bei großen Dokumentbeständen und komplexen Strukturänderungen sehr zeitintensiv sein, da jedes Dokument mit dem XSLT-Stylesheet auf die neue Struktur migriert wird.

Schema-Evolution bleibt bei objektrelationaler Speicherungsform auch in Oracle 10g ein aufwendiger Prozess, wenn die alten Dokumente auf die neue Struktur migriert werden müssen. Unproblematisch ist der Vorgang, wenn die alten Dokumente erhalten bleiben, oder bei dokumentorientierter Speicherung.

Abbildung 22.26:
Gegenüberstellung der Aufwände für Schema-Evolution nach Speicherungsform und Vorgehensweise für die bestehenden XML-Dokumente

		Speicherungsform	
		Objektrelational	Dokumentorientiert (CLOB)
Vorgehensweise für bestehende XML-Dokumente	migrieren	Automatische Schema-Evolution mit der Prozedur COPYEVOLVE im Paket DBMS_XMLSCHEMA.	Manuelle Anwendung von XSLT-Stylesheets zum Migrieren der XML-Dokumente. Die Datenbank speichert die Strukturen nicht explizit, daher sind hier keine Aktionen erforderlich.
	beibehalten	Die neuen XML-Dokumente können nicht zusammen mit den alten in der gleichen Tabelle gespeichert werden Die Registrierung des neuen XML Schemas und die Erstellung einer neuen Tabelle für die neuen XML-Dokumente ist nötig.	Speichern der neuen XML-Dokumente zusammen mit den alten in die gleiche Tabelle oder Erstellen einer neuen Tabelle. Es sind keine besonderen Aktionen erforderlich.

Die Praxis stellt recht häufig Anforderungen nach XML-Schema-Evolution und Anforderungen, die mit objektrelationaler Speicherung gelöst werden können. Meist besteht die Anforderung nach Schema-Evolution jedoch nur für Teilbereiche der XML-Dokumente. Weiter vorne wurde beschrieben, wie bestimmte Dokumentteile mit Hilfe von Schema-Annotations als CLOB und andere objektrelational abgelegt werden können. Die Teile, die häufigen Strukturänderungen unterliegen, können dann dokumentorientiert abgelegt werden, was den Vorgang der Schema-Evolution stark vereinfacht.

23 Oracle Net Services

Netzwerke müssen sorgfältig geplant werden. Sie können nicht nur Performance-Probleme verursachen, sie sind auch ein wichtiger Bestandteil im Sicherheitskonzept. Die Planung und Verwaltung der Netzwerk-Architektur liegt im Aufgabenbereich von Netzwerkadministratoren. Aber auch als Datenbankadministrator haben Sie Verantwortlichkeiten für den Implementierungsprozess des Netzwerks. So sollten Sie:

- die vorhandenen Optionen zur Netzwerkkonfiguration verstehen
- eng mit Netzwerkadministratoren zusammenarbeiten, um konsistente und zuverlässige Verbindungen zu den Oracle-Servern zu garantieren
- Verbindungsprobleme auf Client, Middleware und Server identifizieren können
- die Implementierung von besonderen Sicherheitsfeatures vorsehen

Netzwerk-Architekturen sind in den letzten Jahren komplexer geworden. In Abbildung 23.1 sehen Sie eine typische Architektur mit einer E-Business-Anwendung.

Oracle Net wird verwendet, um eine Verbindung zum Oracle-Datenbankserver herzustellen und die Kommunikation zwischen Oracle-Instanzen, Clients, Application Servern und anderen verteilten Oracle-Komponenten abzuwickeln.

Oracle Net bietet die folgenden Vorteile:

- Unterstützung für unterschiedliche Protokolle wie TCP/IP, TCP/IP mit SSL, IPC, Named Pipes, IPX, DECnet
- Plattformunabhängigkeit. Oracle Net läuft auf Unix-, Windows- und Mainframe-Betriebssystemen.
- Java Connectivity. Oracle Net unterstützt Enterprise JavaBeans, CORBA sowie IIOP- und GIOP-Protokolle
- Offenes API für eigene Schnittstellen zu Oracle Net

Kapitel 23   Oracle Net Services

Abbildung 23.1:
Typische E-Business-Architektur

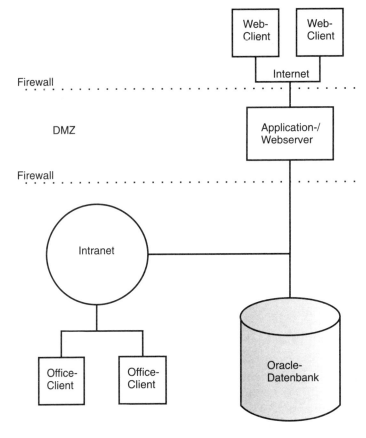

Anstelle eines Webservers im Intranet ist auch der Einsatz des Oracle Connection Manager denkbar. Der *Oracle Connection Manager* ist ein Middleware-Produkt, das die folgenden Skalierbarkeit-Features zur Verfügung stellt:

- Mit *Connection Concentration* können sich mehrere Clients über eine Netzwerkverbindung zum Oracle-Server verbinden.
- *Client Access Control* als Mini-Firewall
- *Multi Protocol Interchange* ermöglicht Client und Server verschiedene Netzwerkprotokolle zu benutzen. Der Connection Manager funktioniert als Übersetzer.

Die Netzwerkkonfiguration erfolgt über Konfigurationsdateien. Zur Unterstützung kann der Oracle Net Manager verwendet werden. Der Net Manager besitzt eine grafische Oberfläche.

Die Oracle-Net-Architektur   Kapitel 23

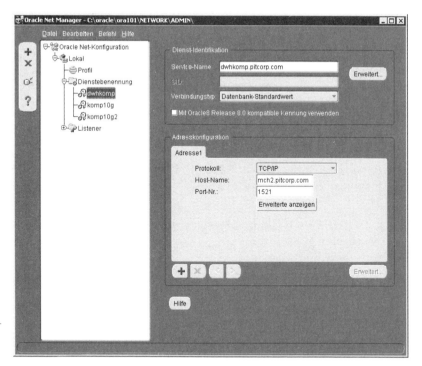

Abbildung 23.2:
Der Oracle Net Manager

23.1 Die Oracle-Net-Architektur

Die folgenden Schritte werden ausgeführt, wenn ein Client eine Verbindung zu einer Oracle-Datenbank aufbaut:

1. Der Anwender gibt die Verbindungsinformationen ein.
2. Der Client versucht, den Server zu finden.
3. Wenn der Serverstandort aufgelöst ist, kontaktiert der Client den Server.
4. Der Server erhält einen Verbindungsantrag und überprüft die Gültigkeit.
5. Wenn der Server die Anfrage akzeptiert, sendet er eine Nachricht zum Client und die Verbindung wird hergestellt.
6. Wird die Anfrage zurückgewiesen, dann sendet der Server eine Fehlermeldung zum Client.

Wenn die Verbindungsinformationen eingegeben sind, versucht der Client, den Server zu finden. Wie der Client versucht, den Listener auf dem Datenbankserver zu finden, hängt von der gewählten Methode zur Namensgebung ab. Die folgenden Methoden stehen zur Verfügung:

- *Local Naming Option (tnsnames)*. Die Verbindungsbeschreibung befindet sich in der Textdatei tnsnames.ora auf dem Client.
- *Easy Connect Naming Option (EZCONNECT)*. Angabe des Connect-Strings direkt in der CONNECT-Anweisung. Funktioniert nur mit TCP/IP und einem Oracle-10g-Client.
- *Hostnaming Option*. Diese Option steht nur für TCP/IP zur Verfügung. Voraussetzung ist, dass ein External Naming Service wie DNS oder eine HOSTS-Datei verwendet wird.
- *External Naming Service Option*. Hier werden die Verbindungsinformationen von Drittanbieter-Software geliefert. Ein Beispiel ist Novell-NDS.
- *LDAP*. Die Verbindungsinformationen werden in einem LDAP-Server gespeichert.

> **STOP**
>
> *Seit Oracle 10g wird der Oracle Names Server (ONS) nicht mehr ausgeliefert. Migrieren Sie Ihren ONS zu LDAP.*

Sie können diese Methoden kombinieren, indem Sie die Reihenfolge der Methoden festlegen. Oracle springt dann von Methode zu Methode, bis die Verbindungsinformationen zur Verfügung stehen.

Die Benennungsmethoden werden durch den Parameter NAMES.DIRECTORY_PATH in der Datei sqlnet.ora festgelegt. Im folgenden Beispiel sind die Benennungsmethoden Local Naming, Hostnaming und Easy Connect konfiguriert.

```
# SQLNET.ORA Network Configuration File:
 D:\oracle\ora92\network\admin\sqlnet.ora
# Generated by Oracle configuration tools.
NAMES.DIRECTORY_PATH = (TNSNAMES, HOSTNAME, EZCONNECT)
```

Tabelle 23.1 zeigt die möglichen Werte für diesen Parameter.

Wert	Bedeutung
TNSNAMES	Die Auflösung erfolgt über die lokale Datei TNSNAMES.ORA.
LDAP	Die Auflösung erfolgt über einen LDAP-Server.
EZCONNECT	Eingabe des Connect-Strings in der CONNECT-Anweisung
HOSTNAME	Die Auflösung erfolgt über einen Namensauflösungsdienst wie DNS oder eine HOSTS-Datei.
NIS	Die Auflösung erfolgt über Network Information Service.

Tabelle 23.1: Werte für NAMES.DIRECTORY_PATH

Die Oracle-Net-Architektur

Sie können die Benennungsmethoden auch mit dem Net Manager einstellen. Markieren Sie dazu im linken Panel PROFIL und wählen Sie NAMENSGEBUNG in der Pulldown-Liste aus.

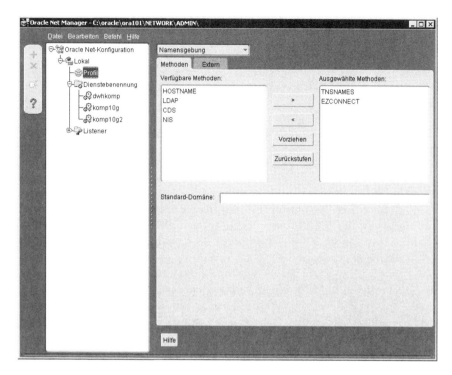

Abbildung 23.3: Benennungsmethoden mit dem Net Manager festlegen

Die Local-Naming-Option speichert die Verbindungsinformationen in der lokalen Textdatei tnsnames.ora.

Das Standard-Verzeichnis für die Dateien tnsnames.ora *und* sqlnet.ora *ist* $ORACLE_HOME/network/admin. *Sie können diese Dateien in einem anderen Verzeichnis unterbringen, wenn Sie die Umgebungsvariable* TNS_ADMIN *auf diesen Pfad setzen. Unter Windows kann* TNS_ADMIN *auch in dem Registry untergebracht werden.*

INFO

Oracle sucht in der folgenden Reihenfolge nach den Parameterdateien:

1. im aktuellen Verzeichnis
2. im Verzeichnis TNS_ADMIN, falls die Variable gesetzt ist
3. im Verzeichnis $ORACLE_HOME/network/admin

In Listing 23.1 sehen Sie ein Beispiel für eine Datei tnsnames.ora.

Listing 23.1: Verbindungsinformationen in der Datei tnsnames.ora

```
# TNSNAMES.ORA Network Configuration File:
D:\oracle\ora101\network\admin\tnsnames.ora
# Generated by Oracle configuration tools.
KOMP =
  (DESCRIPTION =
    (ADDRESS_LIST =
      (ADDRESS = (PROTOCOL = TCP)(HOST = 212.1.1.1)(PORT
= 1521))
    )
    (CONNECT_DATA =
      (SERVICE_NAME = komp.world)
    )
  )
```

Wie Sie sehen, enthält die Beschreibung alle notwendigen Informationen, die Protokoll-Bezeichnung TCP für TCP/IP, den Host-Namen in Form der IP-Adresse sowie den TCP/IP-Port 1521, auf den der Listener hört. Schließlich wird über den Service-Namen sichergestellt, dass die Verbindung zur richtigen Datenbank erfolgt.

Der Alias für diese Verbindungsbeschreibung ist »KOMP«, auch Connection Descriptor oder Host-Zeichenfolge genannt. Diesen Alias geben Sie neben Benutzernamen und Passwort ein, wenn Sie sich zur Instanz verbinden.

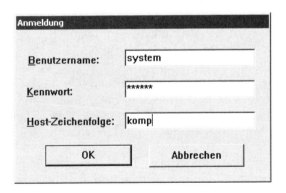

Abbildung 23.4: Anmeldebildschirm

> **TIPP** *Benutzen Sie nach Möglichkeit den Net Manager, um Neueinträge oder Änderungen in der Datei* tnsnames.ora *vorzunehmen. Zwar können Sie diese Datei mit einem Texteditor bearbeiten, es besteht jedoch mit dieser Methode eher die Gefahr, dass die Datei anschließend nicht korrekt funktioniert.*

Unter dem Zweig DIENSTBENENNUNG im Oracle Net Manager können Sie neue Datenbanken hinzunehmen oder vorhandene bearbeiten oder löschen.

Die Oracle-Net-Architektur | Kapitel 23

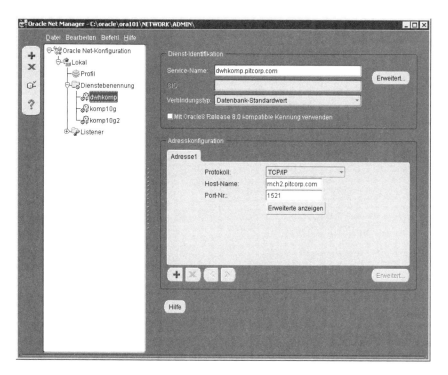

Abbildung 23.5:
Datenbankdienste im Net Manager bearbeiten

Der Verbindungsprozess zu einer Oracle 10g-Datenbank bei Local Naming läuft wie folgt ab:

1. Der Client holt die Verbindungsinformationen aus der Datei tnsnames.ora.
2. Der Client kontaktiert den Listener auf dem Datenbankserver.
3. Der Listener startet einen dedizierten Server-Prozess oder weist die Verbindung zu einem Dispatcher um.
4. Der Server schickt die Verbindungsinformation für den Prozess zum Client.
5. Der Client stellt die Verbindung zum Listener bzw. Dispatcher über einen anderen Port her.

Die Benutzung eines LDAP-Servers ist mit einem Anruf bei der Telefon-Auskunft zu vergleichen. Sie nennen dem Mitarbeiter eine Stadt und einen Namen und erhalten die Telefonnummer der Person, die Sie anrufen wollen, zurück.

Ein Client kontaktiert den LDAP-Server und gibt ihm den Net-Service-Namen. Wird die entsprechende Information gefunden, dann erhält der

Client die Verbindungsinformationen zurück. Mit diesen Informationen kann der Client den Server kontaktieren.

Das Erstellen einer Verbindung über einen LDAP-Server läuft in den folgenden Schritten ab.

Eine Datenbankverbindung über einen LDAP-Server herstellen

1. Der Client kontaktiert den LDAP-Server.
2. Der LDAP-Server schickt die Verbindungsinformationen zurück.
3. Der Client kontaktiert den Listener.
4. Der Server startet einen dedizierten Prozess oder weist die Verbindung zu einem Dispatcher um.

Die Hostnaming-Methode verlangt keine Konfigurationsdateien auf dem Client. Allerdings gibt es einige Einschränkungen, da Standardannahmen gemacht werden. Diese Methode funktioniert nur mit TCP/IP und dem Port 1521.

Bei der Hostnaming-Methode werden die folgenden Schritte ausgeführt.

Verbindungsschritte mit der Hostnaming-Option

1. Der Client kontaktiert den DNS-Server oder liest die lokale HOSTS-Datei.
2. Der Client kontaktiert den Oracle-Listener.
3. Der Server startet einen dedizierten Prozess oder weist die Verbindung zu einem Dispatcher um.
4. Der Server sendet die Verbindungsinformationen an den Client.

Informationen zur Easy-Connect-Methode finden Sie in den neuen Features in Kapitel 11 »Oracle Net Services«.

Wenn der Client über eine der Benennungsmethoden die Verbindungsinformationen erhalten hat, nimmt er Kontakt mit dem Datenbankserver über das Netzwerk auf.

Auf dem Server läuft der Oracle-Listener-Prozess. Der Listener wartet auf Verbindungsversuche durch den Client. Wenn ein Client den Listener kontaktiert, dann übergibt er ihm die Verbindungsinformationen.

Die Konfigurationsdatei des Oracle Listeners heißt `listener.ora` *und befindet sich im Verzeichnis* `$ORACLE_HOME/network/admin` *bzw. in dem durch die Umgebungsvariable* `TNS_ADMIN` *spezifizierten Verzeichnis.*

Der Listener führt anschließend eine der folgenden Aktivitäten für den Client aus:

- Erstellen eines neuen Server-Prozesses, der den Client exklusiv bedient. Die Verbindung wird *Dedicated Connection* genannt.
- dem Client einen Dispatcher-Prozess zuweisen. Dispatcher existieren nur auf einem Shared Server. Diese Verbindung wird SHARED SERVER CONNECTION genannt.

Dedicated Connection

Nachdem der Listener den Server-Prozess gestartet hat, übergibt er die Kontrolle über diesen Prozess an den Client.

Shared Server Connection

In einer Shared-Server-Umgebung kommuniziert der Client nicht mit einem Server-Prozess, sondern mit einem Dispatcher. Der Grund ist, dass mehrere Clients sich einen Server-Prozess teilen und der Dispatcher die Kommunikation verwaltet.

Der Verbindungsablauf ist sonst ähnlich, der Listener stellt die Verbindung zwischen Client und Dispatcher her.

23.2 Oracle Net Server-Konfiguration

Der Oracle Listener ist ein Prozess unter Unix und ein Dienst unter Windows. Er kann von der Kommandozeile oder über den Oracle Enterprise Manager verwaltet werden.

Mit dem Utility `lsnrctl` wird der Listener von der Kommandozeile verwaltet. Sie können den Listener mit dem Kommando `start` starten.

```
$ lsnrctl
LSNRCTL for Linux: Version 10.1.0.2.0 - Production on 04-JUL-2004 18:47:25
Copyright (c) 1991, 2004, Oracle.  All rights reserved.
Willkommen in LSNRCTL. Geben Sie "help" ein, um Information zu erhalten.
LSNRCTL> start
/u01/oracle/product/10.1.0/db_1/bin/tnslsnr wird gestartet: Bitte warten...
TNSLSNR for Linux: Version 10.1.0.2.0 - Production
Die System-Parameterdatei ist /u01/oracle/product/10.1.0/db_1/network/admin/listener.ora
```

Listing 23.2:
Den Listener mit
`lsnrctl` starten

```
Log-Meldungen wurden geschrieben in: /u01/oracle/product/10.1.0/db_1/network/
log/listener.log
Listen auf: (DESCRIPTION=(ADDRESS=(PROTOCOL=tcp)(HOST=212.1.1.2)(PORT=1521)))
Listen auf: (DESCRIPTION=(ADDRESS=(PROTOCOL=ipc)(KEY=EXTPROC)))
Verbindung mit (DESCRIPTION=(ADDRESS=(PROTOCOL=TCP)(HOST=212.1.1.2)(PORT=1521
))) wird aufgebaut
STATUS des LISTENER
------------------------
Alias                     LISTENER
Version                   TNSLSNR for Linux: Version 10.1.0.2.0 - Production
Startdatum                04-JUL-2004 18:47:29
Uptime                    0 Tage 0 Std. 0 Min. 0 Sek.
Trace-Ebene               off
Sicherheit                ON: Local OS Authentication
SNMP                      OFF
Parameterdatei des Listeners /u01/oracle/product/10.1.0/db_1/network/admin/
listener.ora
Log-Datei des Listeners    /u01/oracle/product/10.1.0/db_1/network/log/
listener.log
Zusammenfassung Listening-Endpunkte...
  (DESCRIPTION=(ADDRESS=(PROTOCOL=tcp)(HOST=212.1.1.2)(PORT=1521)))
  (DESCRIPTION=(ADDRESS=(PROTOCOL=ipc)(KEY=EXTPROC)))
Services Übersicht...
Dienst "PLSExtProc" hat 1 Instance(s).
  Instance "PLSExtProc", Status UNKNOWN, hat 1 Handler für diesen Dienst...
Dienst "dwhkomp" hat 1 Instance(s).
  Instance "dwhkomp", Status UNKNOWN, hat 1 Handler für diesen Dienst...
Dienst "komp10g2" hat 1 Instance(s).
  Instance "komp10g2", Status UNKNOWN, hat 2 Handler für diesen Dienst...
Der Befehl wurde erfolgreich ausgeführt.
```

Beim Start schreibt der Listener wichtige Information aus, z.B. an welchem Port er hört und welche Instanz er bedient. Die gleichen Informationen erhalten Sie, wenn Sie das Kommando status eingeben.

Mit stop können Sie den Listener-Prozess beenden.

Listing 23.3:
Den Listener beenden

```
LSNRCTL> stop
Verbindung mit (DESCRIPTION=(ADDRESS=(PROTOCOL=TCP)(HOST=212.1.1.2)
(PORT=1521))) wird aufgebaut
Der Befehl wurde erfolgreich ausgeführt.
```

Bei einer Änderung der Konfigurationsdatei listener.ora *wird die neue Konfiguration nicht automatisch übernommen. Sie können das Kommando* reload *verwenden, um die neue Konfiguration zu laden. Damit muss der Listener nicht gestoppt werden.*

Shared Server-Konfiguration

Listing 23.4: Eine neue Listener-Konfiguration laden

```
LSNRCTL> reload
Verbindung mit (DESCRIPTION=(ADDRESS=(PROTOCOL=TCP)(HOST=212.1.1.2)
(PORT=1521))) wird aufgebaut
Der Befehl wurde erfolgreich ausgeführt.
```

In Listing 23.5 sehen Sie eine typische Konfigurationsdatei `listener.ora`. Im ersten Teil, der Description List, wird definiert, welches Protokoll er bedienen, und im Fall von TCP/IP, an welchem Port er auf Client-Anfragen hören soll. Im zweiten Teil, der SID-Liste, wird spezifiziert, welche Datenbanken er bedienen soll.

Listing 23.5: Die Konfigurationsdatei `listener.ora`

```
# LISTENER.ORA Network Configuration File:
/u01/app/oracle/product/10.1.0/network/admin/
listener.ora
# Generated by Oracle configuration tools.
LISTENER =
  (DESCRIPTION_LIST =
    (DESCRIPTION =
      (ADDRESS_LIST =
        (ADDRESS = (PROTOCOL = TCP)(HOST = munich)
(PORT = 1521))
      )
      (ADDRESS_LIST =
        (ADDRESS = (PROTOCOL = IPC)(KEY = EXTPROC))
      )
    )
  )
SID_LIST_LISTENER =
  (SID_LIST =
    (SID_DESC =
      (SID_NAME = PLSExtProc)
      (ORACLE_HOME = /u01/app/oracle/product/10.1.0)
      (PROGRAM = extproc)
    )
    (SID_DESC =
      (GLOBAL_DBNAME = komp.world)
      (ORACLE_HOME = /u01/app/oracle/product/10.1.0)
      (SID_NAME = komp)
    )
  )
```

Sie können die Datei `listener.ora` mit einem Texteditor bearbeiten. Es wird jedoch empfohlen, den Net Manager für die Konfiguration zu verwenden.

23.3 Shared Server-Konfiguration

Der Unterschied zwischen einer Dedicated- und einer Shared Server-Konfiguration lässt sich am besten mit einem Beispiel erklären.

Kapitel 23   Oracle Net Services

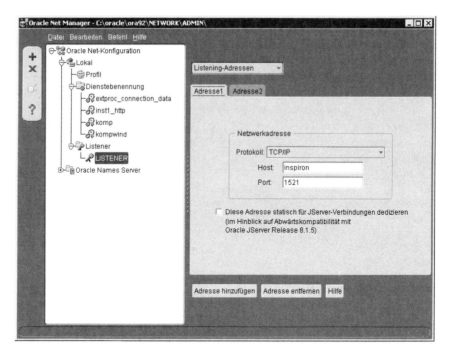

Abbildung 23.6:
Den Listener mit den Net Manager konfigurieren

Wenn Sie ein teures Restaurant besuchen, dann bekommen Sie unter Umständen einen Kellner zugeteilt, der sich exklusiv um Ihren Tisch kümmert. Ein Dedicated Server funktioniert so ähnlich. Jedem Benutzer wird ein Server-Prozess zugeteilt, der ihn exklusiv bedient.

Viele Restaurants funktionieren wie ein Shared Server. Ein Kellner kümmert sich um Ihren, aber auch um andere Tische. Das ist gut für das Restaurant, da mit demselben Personal eine steigende Anzahl von Gästen bedient werden kann.

Im gleichen Stil funktioniert ein Shared Server, nur dass die Kellner Dispatcher heißen. Der Client verbindet sich mit einem Dispatcher und nicht mit einem Server-Prozess. Die Kommunikation zwischen Client und Server läuft in den folgenden Schritten ab:

1. Der Client stellt eine Anfrage an den ihm zugewiesenen Dispatcher.
2. Der Dispatcher stellt die Anfrage in die Request-Queue.

3. Einer der Shared-Server-Prozesse verarbeitet die Anfrage.
4. Der Server-Prozess stellt die Antwort in die Response-Queue des Dispatchers ein.
5. Der Dispatcher liest die Response-Queue aus und gibt die Antwort an den Client zurück.

Die Vorteile des Shared Servers liegen damit auf der Hand:

- verbraucht weniger Hauptspeicher, da sich mehrere Benutzer einen Server-Prozess teilen.
- verfügt über ein hohes Maß an Skalierbarkeit.

Für Anwendungen, die viel Netzwerkverkehr erzeugen, ist der Shared Server nicht geeignet. Wenn zu viele Anfragen an einen Dispatcher gestellt werden, kann er leicht zum Flaschenhals werden.

Ein Shared Server ist deshalb auch nicht geeignet, wenn Sie eine Verbesserung der Performance erreichen wollen.

Der Listener spielt eine wichtige Rolle für den Shared Server. Er ist verantwortlich dafür, dem Client die Adresse des Dispatchers zu übermitteln, mit dem er sich verbindet. Der Listener weist den Dispatcher zu, der am wenigsten beschäftigt ist. Er übernimmt also die Funktion eines Load Balancers für Dispatcher.

Die Konfiguration des Shared Servers erfolgt im Wesentlichen mit dem Initialisierungsparameter `dispatchers`. Sie können die Konfiguration aber auch mit dem Database Configuration Assistant vornehmen. Die folgenden Schritte zeigen, wie Sie aus einem vorhandenen Dedicated Server einen Shared Server machen.

Einen Shared Server konfigurieren

1. Starten Sie den Database Configuration Assistant. Wählen Sie als Vorgang DATENBANKOPTIONEN KONFIGURIEREN aus.
2. Wählen Sie im zweiten Schritt die Datenbank aus, die Sie konfigurieren wollen. Klicken Sie auf WEITER im dritten Schritt.

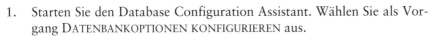

Kapitel 23   Oracle Net Services

Abbildung 23.7:
Den Vorgang
DATENBANKOPTIONEN
KONFIGURIEREN auswählen

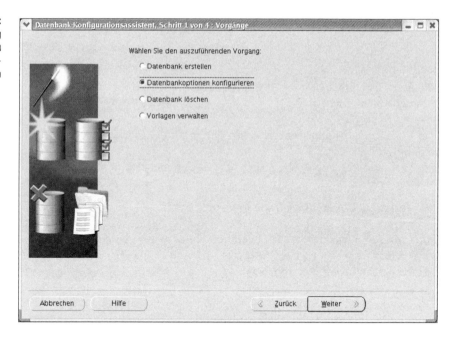

Abbildung 23.8:
Parameter für Dispatcher festlegen

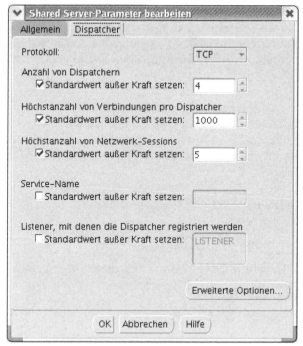

3. Markieren Sie in Schritt 4 die Option SHARED SERVER und klicken Sie auf den Button GEMEINSAME VERBINDUNGSPARAMETER BEARBEITEN. Es erscheint ein Fenster, in dem Sie die Shared-Server-Parameter eingeben können. Um die Anzahl der Dispatcher zu schätzen, können Sie die folgende Formel verwenden:

```
Anz. Disp. = CEIL(Max. Anz. Sitzungen / Verbindungen
pro Dispatcher)
```

Wenn Sie beispielsweise mit 3.500 konkurrierenden Sitzungen und 100 Sitzungen pro Dispatcher rechnen, dann sollten mindestens 35 Dispatcher konfiguriert werden.

4. Unter dem Reiter ALLGEMEIN können Sie Connection Pooling und Multiplexing konfigurieren. Um Multiplexing verwenden zu können, müssen Sie den Connection Manager verwenden.

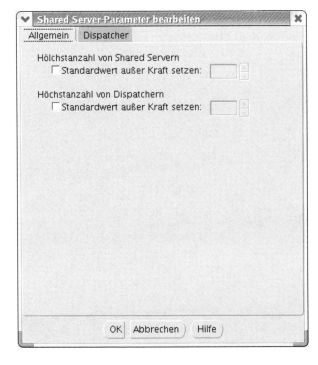

Abbildung 23.9:
Shared-Server-
Parameter festlegen

5. Klicken Sie auf den Button BEENDEN. Zum Schluss bietet Ihnen der DBCA an, die Instanz neu zu starten, damit die neue Konfiguration wirksam wird.

Schauen Sie sich die geänderten Initialisierungsparameter an:

```
SQL> SHOW PARAMETER disp
NAME                TYPE    VALUE
------------------------------------ ----------- -------
dispatchers         string  (protocol=TCP)(disp=4)(con=1000)
max_dispatchers     integer 5
```

Der Parameter `dispatchers` gibt vor, dass vier Dispatcher beim Start der Instanz gestartet werden sollen. Maximal werden 1.000 Clients pro Dispatcher bedient. Es können nicht mehr als fünf Dispatcher gestartet werden.

```
SQL> SHOW PARAMETER shared_server
NAME                                 TYPE         VALUE
------------------------------------ ----------- ------
max_shared_servers                   integer      20
shared_servers                       integer      1
```

Beim Start der Instanz wird ein Shared Server-Prozess gestartet. Insgesamt sind es nicht mehr als 20 Prozesse.

Teil 4 Data Warehouse

Kapitel 24: Ein Data Warehouse planen   657
Kapitel 25: Die Data Warehouse-Architektur   665
Kapitel 26: ETL in der Praxis   677
Kapitel 27: Data Warehouse-Administration   701
Kapitel 28: Analyse und Reports   725

24 Ein Data Warehouse planen

Die in einem Data Warehouse (DWH) gespeicherten Daten sind redundant. Sie finden sich in anderen Datenpools eines Unternehmens wieder. Wozu wird also ein Data Warehouse benötigt?

Das Hauptziel eines Data Warehouse-Projekts ist, die Entscheidungsfindung im Unternehmen zu unterstützen. Aus diesem Grund werden Data Warehouse- und Data Mart-Anwendungen auch als *Decision Support-Systeme (DSS)* bezeichnet. Weshalb können dann die Informationen nicht direkt aus den operativen Systemen gewonnen werden?

Prinzipiell ist das möglich, aber aus den folgenden Gründen nicht praktikabel:

- Die Datenmodelle operativer Systeme sind für DSS-Abfragen nur begrenzt geeignet.
- Die Informationen sind in der Regel über mehrere Datenbanken, Datenbanksysteme unterschiedlicher Hersteller und Standorte verteilt.
- Der Anwender besitzt keinen Überblick über die Bedeutung der Daten und wo diese zu finden sind.
- Die Aufbereitung der Daten ist komplex und aufwendig.
- Aggregierte Tabellen stehen nur selten zur Verfügung.
- Zugriffsberechtigungen für unterschiedliche Datenpools sind komplex und erfordern einen großen Administrationsaufwand.
- DSS-Abfragen stören den operativen Betrieb und verschlechtern die Performance der operativen Datenbanken.
- Die Konfiguration einer Data Warehouse-Datenbank ist konträr zur Konfiguration für den OLTP-Betrieb.

Ein Data Warehouse ist heute in vielen Unternehmen nicht mehr wegzudenken. In ihm laufen die wichtigsten Informationen einer Firma zusammen. Der Anwender hat die Möglichkeit, Daten aus verschiedenen Blickwinkeln und in unterschiedlicher Tiefe zu betrachten.

Data Warehouse-Projekte sind dennoch im Vergleich zu anderen Anwendungen relativ teuer. Dazu tragen sowohl die Planungs- und Entwicklungskosten als auch die Hardware und die Software-Lizenzen bei. Ein relativ großes Team von Spezialisten ist notwendig, um ein Data Warehouse zu planen und umzusetzen. Datenbankserver benötigen häufig mehrere Terabyte an Festplattenspeicher, einen großen Hauptspeicher und viele CPUs.

Eine der wichtigsten Herausforderungen für den Administrator ist, eine gute Performance zu erreichen. Aufgrund ihrer Größe können Data Warehouse-Datenbanken nicht wie »normale Datenbanken« administriert werden. Data Warehouse-Projekte führen teilweise aufgrund schlechter Performance nicht zu einem erfolgreichen Ende. Zwar ist Performance in einem Data Warehouse nicht alles, aber ohne gute Performance ist alles nichts.

Ein *Data Mart* ist eine Datenbank, die häufig an ein Data Warehouse gekoppelt ist und eine spezielle Betrachtungsweise der Daten bietet. Er kann mit dem Laden an der Ecke verglichen werden, wo es ein eingeschränktes Sortiment gibt, während der Supermarkt nahezu alle Waren anbietet. Häufig werden Data Marts nach fachlichen Schwerpunkten gebildet, z.B. Vertrieb, Produktion oder Rechnungswesen.

Ein Data Mart ist wesentlich kleiner und billiger als ein Data Warehouse. Informationen stehen in einem Bruchteil der Zeit zur Verfügung, die eine Abfrage in einem Data Warehouse benötigen würde.

TIPP

Das Erstellen eines Data Mart ist eine sinnvolle und pragmatische Strategie, ein Unternehmen an ein Data Warehouse heranzuführen. Ein Data Mart ist wesentlich billiger und kann in relativ kurzer Zeit realisiert werden. So können Sie die Anwender schrittweise mit der Umgebung vertraut machen und für ein Data Warehouse begeistern.

24.1 Erste Schritte zur Planung

Die goldene Regel für die Planung eines Data Warehouse ist, mit den geschäftlichen Zielen zu beginnen und am Anfang technologische Aspekte völlig außer Acht zu lassen. Im Vordergrund sollte also die Frage stehen, welche geschäftlichen Ziele mit dem Projekt erreicht und welche Geschäftsfelder abgedeckt werden sollen.

Auch sollte von Anfang an die Frage gestellt werden, welchen »Return of Investment« das geplante DSS-System bringen wird. Obwohl die Kosten für ein Data Warehouse sehr hoch sind, kann es andererseits beachtliche Verbesserungen der Unternehmensprozesse und der Wettbewerbsfähigkeit auslösen.

Gerade wenn Ihr Unternehmen einem verstärkten Wettbewerb ausgesetzt ist, hilft ein Data Warehouse, entscheidende Vorteile gegenüber Mitbewerbern herauszuarbeiten. Die Ergebnisse können vielseitig sein, angefangen von Einsparungen im Einkauf bis zu wesentlichen Verbesserungen in den Bereichen Marketing und Vertrieb. Ein Data Warehouse kann Marketingaktionen effizienter machen und vertriebssteigernde Effekte haben. Bilden Sie also das Data Warehouse für die Geschäftsfelder, von denen Sie sich die größten Effekte versprechen.

Sind die Projektziele bekannt und akzeptiert, dann sollte eine Machbarkeitsstudie erstellt werden. Sie untergliedert sich in folgende zwei Schwerpunkte:

- Technische Machbarkeitsstudie: Sind die Anforderungen mit der verfügbaren Technologie erfüllbar?
- Ökonomische Machbarkeitsstudie: Kann der Return of Investment mit den vorliegenden Fakten gesichert werden?

24.2 Ein Projektteam bilden

Data-Warehouse-Projekte stellen hohe Anforderungen an das Team. Es werden unterschiedliche Spezialisten benötigt, um ein DWH-Projekt erfolgreich zu Ende zu führen. Im Team sollten sich mindestens die folgenden Personen befinden, wobei je nach Schwerpunkt Funktionen auch mehrfach besetzt werden können:

- DWH-Projektleiter
- Technischer Teamleiter
- Business Analyst
- Data Warehouse-Architekt
- Datenbankadministrator
- ETL-Spezialist
- Spezialist für DSS-Abfragen und Reports

Der *DWH-Projektleiter* trägt die Verantwortung für das Gesamtprojekt. Er muss sicherstellen, dass alle geschäftlichen und technischen Ziele des Projekts erreicht werden. Zu seinen Hauptaufgaben gehört die Kommunikation mit den Anwendern (Business Sponsor) und der Geschäftsleitung auf der einen und den Technikern im Team auf der anderen Seite.

Der *Technische Teamleiter* muss in der Lage sein, alle Einzelheiten des Projekts zu verstehen und zu überblicken. Er ist verantwortlich für die technische

Abwicklung in allen Phasen, von der Entwicklung bis zur Produktionseinführung. Er verantwortet gleichermaßen Entwicklung und Administration.

Der *Business Analyst* beschäftigt sich mit den funktionalen Details im Projekt. Er stellt sicher, dass die Projekterwartungen von der funktionalen und der geschäftlichen Seite umgesetzt werden.

Der *DWH-Architekt* muss sowohl die technische Seite als auch die Anforderungen des Geschäftsmodells verstehen. Er ist verantwortlich für die Auswahl der Werkzeuge, das Aufsetzen der Architektur und das Erstellen des Datenmodells.

Der *Datenbankadministrator* spielt eine Schlüsselrolle im Team. Er unterstützt den DWH-Architekten und ist verantwortlich für die Performance des DWH. Weiterhin leistet er Entwickler-Support.

ETL-Prozesse (kurz für Extraction, Transformation, Load) können recht komplex werden. Der Grad der Komplexität hängt von der Zerklüftung der Struktur der operativen Systeme ab. Es gibt eine Reihe von Werkzeugen, die den ETL-Prozess unterstützen. Häufig wird deshalb für diese Aufgabe ein Spezialist benötigt.

Für *DSS-Abfragen und Reports* gibt es mehrere Anforderungen. So müssen die Daten für die Anwender transparent gemacht werden, das heißt, die Bedeutung der Daten muss vermittelt werden. Ein wichtiger Punkt ist auch die Zusammenstellung performanter Abfragen und Reports. Für die Abfragen von DWH-Datenbanken gibt es spezielle Anwendungen, so genannte *Decision-Support-Systeme*. Der DSS-Spezialist betreut diese Systeme und unterstützt die Anwender in der Benutzung.

Die Zusammenstellung eines kompetenten Teams ist eine wichtige Voraussetzung für die erfolgreiche Abwicklung eines Data Warehouse-Projekts. Nicht nur die Tatsache, dass hochgradige Spezialisten benötigt werden, sondern auch der Umstand, dass das Projekt nur mit einem Team, das kommuniziert und offen mit Problemen umgeht, zum Erfolg geführt werden kann, unterstreicht die Bedeutung der Teambildung.

24.3 Die Rolle des Datenbankadministrators

Der Datenbankadministrator spielt eine Schlüsselrolle im Data Warehouse-Projekt. Wie bereits erwähnt, besitzt ein Data Warehouse die Besonderheit, dass Tabellen sehr groß werden. Performance ist deshalb ein wichtiger Faktor. Das betrifft sowohl DSS-Abfragen als auch den Ladeprozess.

Die folgenden Punkte spiegeln die Hauptaufgaben des Datenbankadministrators wider. Zwar besitzen einige Punkte Gültigkeit für viele Datenbankprojekte, jedoch haben sie im Data Warehouse eine besondere Bedeutung.

- Unterstützung des logischen Designs sowie der Planung und Implementierung des physischen Designs
- Optimierung der Datenbankkonfiguration
- Sicherstellung der Verfügbarkeit
- Implementierung einer Sicherheitsstrategie
- Entwicklung der Architektur sowie Auswahl der Werkzeuge und Unterstützung der Entwicklung im ETL-Prozess
- Unterstützung der Entwickler
- Erstellung und Umsetzung einer Strategie für Backup and Recovery
- Prognose und Kontrolle des Wachstums der Datenbank
- Kontrolle der Datenqualität
- Überwachung der Performance von DSS-Abfragen und des Ladeprozesses

Als Datenbankadministrator in einem Data Warehouse-Projekt sollten Sie Einfluss auf das logische Datenmodell ausüben. Betrachten Sie das Datenmodell weniger aus dem Blickwinkel der Geschäftsprozesse, als vielmehr aus Überlegungen zur Optimierung der Performance heraus.

Für das physische Design trägt der Datenbankadministrator die Hauptverantwortung. Physisches Design beginnt mit der Auswahl von Hardware und Werkzeugen. So müssen Sie z.B. entscheiden, ob ein RAID-System zum Einsatz kommen soll oder ob ein manuelles Striping mehr Vorteile bringt. Mit der Auswahl des richtigen ETL-Tools lassen sich nicht nur Synergieeffekte bei der Entwicklung erzielen, auch der Ladeprozess selbst kann optimiert werden. So können z.B. wesentlich kürzere Ladezeiten erzielt werden, wenn die Verwendung von Staging-Tabellen vermieden werden kann. Das Aufteilen von Tabellen in Partitionen und Verteilen auf mehrere Tablespaces, Controller und Festplatten vervollständigen die Aufgaben für das physische Design.

Oracle 10g bietet eine große Anzahl von Features für das Data Warehouse. Nutzen Sie die Features aus und machen Sie diese Entwicklern und Designern bekannt.

:-)
TIPP

Vergessen Sie an dieser Stelle nicht, dass Parallelisierung eine wichtige Rolle spielt. Parallelisierung beginnt bei der Hardware-Auswahl und der Bestimmung der Anzahl von CPUs.

Die Optimierung der Datenbankkonfiguration hat viele Aspekte. Ein leider häufiger Fehler wird bereits beim Design dahingehend begangen, dass DSS-Abfragen und ETL-Prozesse parallel laufen. Der Nachteil besteht darin, dass die Konfiguration einer Datenbank (das gilt im Übrigen nicht nur für Oracle) für Transaktionen in Form von Massendatenladen konträr zur Konfiguration für lang laufende SQL-Abfragen ist. Im Endeffekt müssen Sie Kompromisse bei der Konfiguration eingehen, die beiden Seiten genügen, und Sie haben keine Chance, die Datenbank wirklich zu optimieren.

> **TIPP**
>
> *Stellen Sie sicher, dass ETL-Prozesse und DSS-Abfragen zeitlich getrennt laufen. Die Ladevorgänge sollten nachts laufen und die Masse der DSS-Abfragen zu den Bürozeiten stattfinden. Falls z.B. Informationen einer stündlichen Aktualisierung bedürfen, dann halten Sie diese am besten aus dem Data Warehouse heraus und bringen sie in einem Data Mart unter.*

In der Praxis sieht das so aus, dass zwei optimierte Datenbankkonfigurationen erstellt werden, eine für DSS-Abfragen und die andere für ETL. In früheren Oracle-Versionen bestand die Notwendigkeit, die Datenbank vor und nach dem Ladeprozess neu zu starten. Oracle 10g bietet eine wachsende Anzahl von dynamischen Parametern, so dass ein Neustart nicht erforderlich sein muss. Andererseits bedingt ein Data Warehouse nicht eine hohe Verfügbarkeit, auch wenn das gelegentlich behauptet wird.

Die Sicherstellung der Verfügbarkeit einer Data Warehouse-Datenbank hat vielfältige Aspekte. Ein wichtiger Punkt ist, die Zeiten für den Ladeprozess klein zu halten. Es macht wenig Sinn, DSS-Abfragen während des Ladeprozesses laufen zu lassen. In dieser Zeit ist die Datenbank für Transaktionen optimiert, Abfragen laufen wesentlich länger und verschlingen zusätzlich Ressourcen. Auch eine intelligente Backup and Recovery-Strategie trägt zu einer hohen Verfügbarkeit bei.

Ein Data Warehouse enthält wichtige Informationen eines Unternehmens, die wesentlich zur Entscheidungsfindung beitragen. Es muss deshalb gegenüber Sicherheitsverletzungen besonders geschützt werden. Auch gibt es rechtliche Anforderungen an den Datenschutz, die an dieser Stelle beachtet werden müssen. So dürfen z.B. bestimmte Personaldaten nur von einem bestimmten Personenkreis eingesehen werden.

Oracle 10g besitzt eine Reihe zusätzlicher Sicherheitsfeatures. Sie finden diese in Kapitel 9 »Neue Sicherheitsfeatures«. Das Feature Virtual Private Database (VPD) bietet sehr gute Möglichkeiten der Zugriffskontrolle auf Zeilen- und Spaltenebene. Neben der Zugriffskontrolle können Sie auch Auditing auf Datenbank-Ebene einsetzen.

Die Entwicklung der Module für den Ladeprozess verschlingt erfahrungsgemäß den Hauptteil der Entwicklungsarbeiten. Es gibt eine Reihe von ETL-Anwendungen, die diese Entwicklungsarbeiten reduzieren und den Ladeprozess transparenter machen. Diese Tools haben auch positiven Einfluss auf die Performance des Ladeprozesses. Daten können aus operativen Systemen gelesen werden und direkt, ohne Umweg über Flat Files, in das Data Warehouse geladen werden.

Die Oracle-Datenbank selbst bietet eine Reihe von ETL-Features, die Sie ohne zusätzliche Kosten nutzen können.

Achten Sie unbedingt auf Transparenz im Ladeprozess. Es bringt wenig, individuelle Programme zu entwickeln, die nur von »Spezialisten« geändert werden können. Gerade der Ladeprozess erfordert laufende Änderungen, da sich operative Systeme ebenfalls verändern. ETL-Transparenz ist auch ein wichtiger Punkt für die Validierung von Daten. Gelegentlich gibt es Zweifel, ob gewisse Werte das darstellen, was sie sollen. Für eine Überprüfung müssen dann die Quellen sowie die Verarbeitung im Ladeprozess herangezogen werden.

Entwickler haben häufig wenig Erfahrung bei der Optimierung von SQL-Anweisungen. Der Datenbankadministrator wird dabei häufig zur Unterstützung herangezogen.

Für die Entwicklung und Umsetzung einer Strategie für Backup and Recovery sind die Besonderheiten des Data Warehouse zu beachten. Die Datenmengen sind riesig, das heißt, eine tägliche Gesamtsicherung ist in den seltensten Fällen zu empfehlen. Der Recovery Manager (RMAN) ermöglicht die Durchführung inkrementeller Sicherungen.

Ausführliche Informationen zu diesem Thema finden Sie in Kapitel 19 »Backup and Recovery«.

Es ist häufig wenig sinnvoll, die Datenbank im ARCHIVELOG-Modus laufen zu lassen. In einem sauber aufgesetzten Data Warehouse verändert sich die Datenbank nur im Ladeprozess. Da ist es ggf. schneller, das Laden zu wiederholen, als ein Restore und Recovery durchzuführen. Da ein Data Warehouse kein Hochverfügbarkeitssystem ist, kann die Datenbank für das Backup heruntergefahren werden. Der NOARCHIVELOG-Modus beschleunigt dann wiederum den Ladeprozess und erhöht an dieser Stelle die Verfügbarkeit.

Kapitel 24 Ein Data Warehouse planen

Als Datenbankadministrator müssen Sie die Größe der Datenbank prognostizieren und das weitere Wachstum überwachen. Dabei geht es nicht nur um die Tatsache, dass genügend Hardware-Ressourcen zur Verfügung stehen müssen. Mit wachsender Datenbank ändern sich die Laufzeiten sowohl für den Ladeprozess als auch für DSS-Abfragen. Der Performanceverlust ist nicht zwangsläufig linear, es kann zu einem dramatischen Einbruch kommen.

Zu den Aufgaben des Datenbankadministrators gehört ebenfalls die Überwachung der Datenqualität. Auch wenn Kontrollen in ETL-Module eingebunden sind, muss der DBA sicherstellen, dass alle Prozesse ordnungsgemäß durchlaufen. Wird z.B. nicht gemerkt, dass nur Teile der Daten geladen wurden, führt das zu falschen Ergebnissen und damit zu falschen Unternehmensentscheidungen.

> **:-) TIPP**
>
> *Erstellen Sie ein ereignisgesteuertes System, das im Fall von Fehlern bei den Lademodulen Benachrichtigungen auslöst. Das kann mit eigenen Skripten erfolgen, aber auch der Oracle Enterprise Manager ist hierfür bestens geeignet. Wichtig ist dabei, dass die Kontrolle mit einem unabhängigen Werkzeug erfolgt, das nicht im ETL-Prozess verwendet wird. Auch ein einfaches Zählen und Vergleichen von Sätzen ist für kritische Daten sinnvoll.*

Der Datenbankadministrator sollte nicht warten, bis sich Anwender über mangelhafte Performance beschweren. Auch wenn sich das Wachstum der Datenbank im geplanten Rahmen bewegt, kann sich die Laufzeit einzelner Abfragen überproportional verschlechtern. Kontrollieren Sie deshalb regelmäßig die Laufzeit. Eine Trendanalyse ist in diesem Fall sehr hilfreich. Werden kritische Abfragen rechtzeitig erkannt, können frühzeitig Maßnahmen wie z.B. das Erstellen von aggregierten Tabellen eingeleitet werden.

25 Die Data Warehouse-Architektur

Dieses Kapitel beschäftigt sich mit der Architektur sowie dem logischen und physischen Design für ein Data Warehouse. Der Begriff des Data Warehouse wird teilweise sehr weit gefasst. Wir verstehen unter einem Data Warehouse eine relationale Datenbank, die für Abfragen und Analysen aufbereitet ist. In der Datenbank laufen die wichtigsten Daten des Unternehmens zusammen. Es bezieht seine Daten aus den operativen Systemen, ist jedoch physisch davon getrennt.

25.1 Architektur-Übersicht

Eine typische Data Warehouse-Architektur sehen Sie in Abbildung 25.1. Kommen die Daten aus vielen verschiedenen Quellen, dann wird häufig eine so genannte *Staging Area* verwendet. Diese besteht aus Tabellen einer Oracle-Datenbank. Die in der Staging Area zusammengefassten Daten können dann weiter für das Data Warehouse aufbereitet werden. Die Struktur der Daten in der Staging Area ähnelt stark den Quellsystemen. Im eigentlichen Ladeprozess erfolgt die Denormalisierung der Daten.

Im Umfeld von großen Data Warehouse-Datenbanken werden häufig Data Marts gebildet. Das sind kleinere Datenbanken, die Daten eines Bereichs umfassen und speziell aufbereitet sind. Der Vorteil von Data Marts liegt in der schnelleren Verfügbarkeit der Daten in Abfragen und Reports und der besseren Transparenz für den Anwender.

Die Benutzer greifen für Auswertungen auf die Data Marts und direkt auf das Data Warehouse zu. Dabei wird zwischen Reports (immer wiederkehrenden Abfragen) und so genannten Ad-hoc Queries (spontanen Abfragen) unterschieden. Für Abfragen, Reports und Data Mining werden spezielle Werkzeuge, so genannte OLAP-Tools eingesetzt. Diese verwalten die Metadaten, erleichtern und speichern Abfragen und unterstützen die Anwender in vielerlei Hinsicht, wie z.B. beim Summary Management.

Kapitel 25   Die Data Warehouse-Architektur

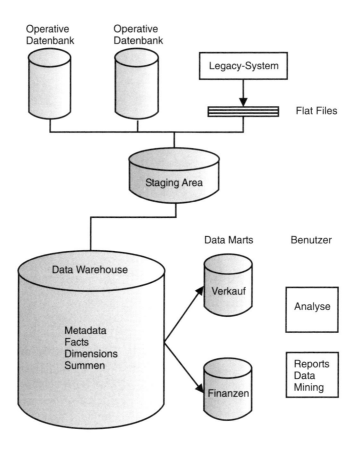

Abbildung 25.1: Data-Warehouse-Architektur

25.2 Logisches Design

Im Gegensatz zu operativen Datenbanken, auch OLTP-Datenbanken genannt, unterscheidet sich das Datenmodell vor allem darin, dass es stark denormalisiert ist. In Tabelle 25.1 finden Sie einer Übersicht der wichtigsten Unterschiede zwischen einer OLTP- und einer Data Warehouse-Datenbank.

OLTP	Data Warehouse
Normalisiert	Denormalisiert
Einsatz weniger Indexe	Einsatz vieler Indexe
Wenige aggregierte Tabellen	Viele aggregierte Tabellen
Viele Transaktionen (DML)	Transaktionen nur beim Laden, sonst vorwiegend SQL-Abfragen

Tabelle 25.1: Unterschiede zwischen einer OLTP- und einer Data-Warehouse-Datenbank

In einer normalisierten Datenbank gibt es keine bzw. nur wenig Redundanz in den Daten. Dagegen ist eine denormalisierte Datenbank gut gefüllt mit Redundanzen. In den folgenden Punkten sind die wichtigsten Unterschiede in den Anforderungen zwischen OLTP und Data Warehouse zusammengefasst.

- *Verfügbarkeit.* In einem Data Warehouse besitzt das Thema Verfügbarkeit nicht die oberste Priorität. Zwar will man die Datenbank möglichst lange verfügbar halten, andererseits wird die Produktion nicht direkt beeinflusst, wenn die Datenbank nicht verfügbar ist. Häufig werden Entscheidungen getroffen, bei denen die Argumente zur Performance-Verbesserung höher eingestuft werden.

- *Änderungen von Daten.* Ein Data Warehouse wird in regelmäßigen Abständen durch den ETL-Prozess (Extraction, Transformation, Loading) aktualisiert und erweitert. ETL-Prozesse laufen in benutzerarmen Zeiten und führen viele Transaktionen durch. Außerhalb des Ladevorgangs werden keine oder nur wenige Transaktionen durchgeführt.

- *Abfrage-Arten.* In Data Warehouse-Datenbanken sind SQL-Abfragen geteilt in Reports und Ad-hoc Queries. Ad-hoc Queries sind schwierig zu optimieren, da sie dem Administrator vor der ersten Ausführung nicht bekannt sind. In einer OLTP-Datenbank kennt der Administrator alle oder zumindest alle kritischen SQL-Befehle und kann entsprechende Optimierungsmaßnahmen treffen.

- *Skalierbarkeit.* Der Workload in einem Data Warehouse ist schwer zu planen. Die Anzahl der gleichzeitig aktiven Benutzer unterliegt großen Schwankungen, ebenso die Anzahl von Ad-hoc-Abfragen. Skalierbarkeit ist deshalb ein wichtiger Faktor bei der Planung eines Data Warehouse.

- *Historische Daten.* In einem Data Warehouse werden mehrere Jahre an historischen Daten gespeichert. Die Datenbanken werden deshalb sehr groß. Ein hoher Grad an Denormalisierung lässt zusätzlich die Datenbank sehr schnell wachsen.

- *Anwender-Operationen.* Während in OLTP-Systemen in einer SQL-Anweisung nur wenige Datensätze verarbeitet werden, kann die Anzahl von Datensätzen im DWH sehr groß sein. Das erhöht den Verbrauch an Ressourcen erheblich.

- *Redundanz.* Aufgrund ihrer denormalisierten Struktur werden Daten redundant gespeichert. Dies führt zu einem großen Datenvolumen. Ohne aggregierte Tabellen sind SQL-Abfragen nicht in vertretbarer Zeit zu realisieren.

Ein Problem ist auch, dass die optimalen Datenbankkonfigurationen für ETL-Prozesse und DSS-Abfragen kontrovers sind. In einem ETL-Prozess laufen sehr viele Transaktionen und kaum SQL-Abfragen. Dagegen führen DSS-Abfragen keine Transaktionen, jedoch SQL-Anweisungen mit Joins über mehrere Tabellen durch.

Verwenden Sie deshalb nach Möglichkeit unterschiedliche Datenbankkonfigurationen. Das Laden findet ohnehin zu Zeiten statt, in den keine oder nur wenige DSS-Abfragen laufen und umgekehrt. Beachten Sie jedoch, dass für die Änderung der Konfiguration die Datenbank u. U. neu gestartet werden muss. Allerdings gibt es immer mehr dynamische Parameter, die dies nicht zwingend erforderlich machen.

Das logische Data-Warehouse-Design ist konzeptionell und abstrakt. Dabei werden Details zur Implementierung nicht betrachtet. Das Ziel des logischen Designs ist es, den Rahmen für die benötigten Informationen abzustecken, diese zu sammeln und in einem Datenmodell zu verankern.

Ein verbreitetes Modell im Data Warehouse-Bereich ist das Star-Schema. In der Mitte befinden sich eine oder mehrere Fact Tables, die von Dimension Tables umgeben sind.

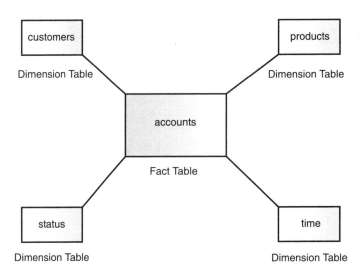

Abbildung 25.2: Das Star-Schema

In einer *Fact Table* werden die numerischen Werte einer Information gespeichert. Solche Werte sind z. B. Stückzahl, Preis oder Mehrwertsteuer. Neben den eigentlichen Fakten enthält eine Fact Table Fremdschlüssel, die auf die Dimension Tables verweisen.

Fact Tables enthalten sehr viele Datensätze und können deshalb sehr groß werden. Halten Sie deshalb die Satzlänge so kurz wie möglich und speichern Sie keine beschreibenden Daten. Eine Fact Table sollte ausschließlich numerische Spalten für Fakten und Fremdschlüssel enthalten.

:-)
TIPP

In einer *Dimension Table* werden die beschreibenden Daten der Dimensionen gespeichert. Sie besitzen einen Primärschlüssel, auf den die Fremdschlüssel der Fact Tables zeigen. Dimension Tables enthalten vergleichsweise wenig Sätze, haben jedoch eine größere Satzlänge.

Ein sehr wichtiger Punkt beim Erstellen eines Datenmodells ist die Festlegung des Feinheitsgrades. Im Englischen werden die Ausdrücke »Grain« oder »Granularity« verwendet. Sie können in diesem Zusammenhang mit »Körnung« oder »Feinheitsgrad« übersetzt werden. Mit dem Feinheitsgrad legen Sie fest, wie detailliert die Informationen sind, die im Data Warehouse gespeichert werden sollen. Die Wahl des Feinheitsgrades hat massiven Einfluss auf die Größe des Data Warehouse. So kann eine zusätzliche Stufe an Granularity eine Verzehnfachung der Größe des Data Warehouse zur Folge haben. Die Kunst liegt nun darin, einen Kompromiss zwischen den folgenden Argumenten zu finden:

INFO

- *Ein hoher Feinheitsgrad, der Informationen so detailliert wie möglich speichert, garantiert Ihnen, dass alle Informationen aus dem Data Warehouse abgerufen werden können. Je höher der Feinheitsgrad gewählt wird, desto größer wird das Data Warehouse und desto länger laufen die SQL-Abfragen.*

- *Ein niedrigerer Feinheitsgrad garantiert eine gute Performance, da die Gesamtgröße des Data Warehouse kleiner ist. Allerdings müssen Sie befürchten, dass nicht alle Informationen aus dem Data Warehouse bezogen werden können, weil Detail-Informationen fehlen.*

Falls Sie bei der Wahl des Feinheitsgrades unentschlossen sind, dann wählen Sie im Zweifelsfall den höheren Feinheitsgrad. Das Schlechteste, was Ihnen passieren kann, ist, ein teures Data-Warehouse-Projekt zu realisieren und dann festzustellen, dass wichtige Auswertungen nicht möglich sind. Das setzt die Akzeptanz des Data Warehouse im Unternehmen erheblich herab und schließt die Gefahr ein, dass Anwender sich die Informationen aus anderen Quellen besorgen und damit das Projekt stirbt. Eine schlechtere Performance können Sie immer durch technische Maßnahmen oder das Anhängen von Data Marts verbessern.

:-)
TIPP

Das Datenmodell eines Data Warehouse ist stark abhängig von der Branche. Es existieren viele branchenspezifische Empfehlungen für das Design eines Data Warehouse. Das Beispiel in diesem Abschnitt ist ein Star-Schema für eine Bank.

Eine Bank verfügt über eine Produktpalette mit Giro- und Sparkonten, einer Reihe von Kreditprodukten sowie Schließfächern. Der Feinheitsgrad wird so gewählt, dass die Konteninformationen eines jeden Kunden auf Monatsbasis verfügbar sind. In Abbildung 25.3 finden Sie die Tabellen des Star-Schemas. Es besitzt eine Fact Table mit dem Namen account_facts sowie Dimension Tables für Kunden, Zeit, Status, Filialen und Produkte.

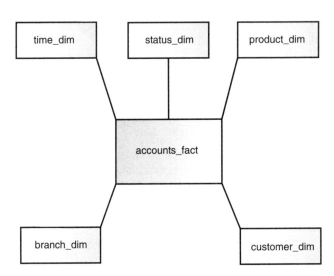

Abbildung 25.3: Star-Schema-Datenmodell für eine Bank

Im Zusammenhang mit DSS-Abfragen tritt häufig der Begriff *Drill Down* auf. Drill Down im Data Warehouse bedeutet: »Zeig mir mehr Detailinformationen.« Weiter ins Detail zu gehen, bedeutet für gewöhnlich, eine zusätzliche Dimension in die Abfrage oder den Report aufzunehmen. Drill Down ist eine typische Vorgehensweise zur Annäherung an die gewünschten Informationen. Die Abfragen mit wenig Dimensionen laufen schnell, da hierfür Summary Tables verwendet werden. Ein tieferes Eindringen lässt die Abfragen langsamer werden und will deshalb gut durchdacht sein.

Der wohl wichtigste Beitrag zur Verbesserung der Performance sind *Aggregates*. Aggregates sind aufsummierte Tabellen, in denen Summen über Dimensionen gebildet werden. Sie werden wie Fact Tables behandelt. Moderne OLAP-Tools, aber auch die Oracle-Datenbank (Feature Query Rewrite) sind mittlerweile in der Lage, die SQL-Anweisung des Benutzer so zu verändern, dass die aggregierte Tabelle anstelle der vom Benutzer vorgegebenen Fact Table verwendet wird, wenn dasselbe Ergebnis geliefert wird.

Aggregates müssen im ETL-Prozess gebildet oder aktualisiert werden. Man erkauft also eine bessere Performance für DSS-Abfragen mit zusätzlichen Aufwänden beim Füllen des Data Warehouse. Welche Aggregates gebildet werden sollen, hängt von der Nachfrage der Benutzer ab.

Dimension Tables sind oft hierarchisch aufgebaut. Die Dimension Table Kunden enthält naturgemäß demografische Informationen. Sauberer von der Logik her gesehen ist es, eine weitere Dimension Table für demografische Informationen einzuführen. Diese würde dann eine Eins-zu-*n*-Beziehung zur Dimension Table customer_dim besitzen. Ein solches Modell wird als *Snowflake-Struktur* bezeichnet. In Abbildung 25.4 sehen Sie die Struktur eines typischen Snowflake-Modells.

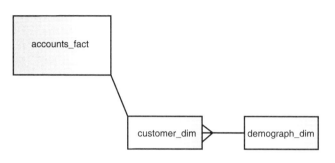

Abbildung 25.4:
Snowflake-Modell

Auch wenn Snowflakes das Modell übersichtlicher machen und logisch sauber sind, sollten diese nur zögerlich eingesetzt werden. Abfragen, die Snowflake-Tabellen enthalten, liefern eine schlechte Performance. Unter diesem Gesichtspunkt ist es besser, die Snowflake-Tabelle als vollwertige Dimension mit einem eigenen Fremdschlüssel in den Fact Tables einzuführen. Andererseits vergrößern sich dadurch die Fact Tables, was dem Grundsatz widerspricht, die Satzlängen möglichst kurz zu halten. Sie werden feststellen, dass sich im Data Warehouse in vielen Fällen Performance mit mehr Speicherplatz erkaufen lässt.

:-)
TIPP

Abbildung 25.5 zeigt die Relationen bei Verwendung eines Snowflake-Designs. In einer SQL-Abfrage müssen drei Tabellen hierarchisch vereinigt werden.

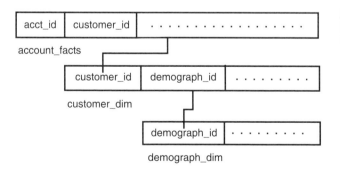

Abbildung 25.5:
Relationen mit Snowflake-Modell

Werden die demografischen Informationen zu einer Dimension erhoben, dann wird die Hierarchie wesentlich flacher, wie in Abbildung 25.6 zu sehen ist.

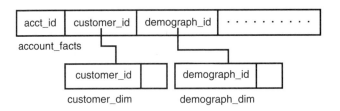

Abbildung 25.6:
Relationen ohne
Snnowflake-Modell

25.3 Physisches Design

Wenn das logische Design fertig ist, erfolgt der Schritt zum physischen Design. Während ein logisches Design aus abstrakten Entities, Attributen und Relationen besteht, befasst sich das physische Design mit der Implementierung der Oracle-Datenbank.

Ein Entity wird zur Tabelle, ein Attribut zur Spalte und eine Relation zu Primär- und Fremdschlüssel. Zusätzlich werden Indexe, Views und Materialized Views erstellt. Physisches Design ist aber mehr als nur die Umsetzung des Datenmodells. So müssen außerdem Tabellen auf Tablespaces verteilt und in Partitionen unterteilt werden.

Wie bereits erwähnt, ist Performance einer der wichtigsten Punkte für die erfolgreiche Umsetzung eines Data-Warehouse-Projekts und eine der wichtigsten Aufgaben für den Datenbankadministrator. Ein gutes physisches Design ist die beste Grundlage für ein performantes Data Warehouse. Bei der zu erwartenden Größe der Tabellen und Partitionen ist es im Übrigen nicht trivial, später signifikante Änderungen im physischen Design vorzunehmen.

> **TIPP**
> *Achten Sie auf ein gutes physisches Design bereits am Anfang der Implementierung. Design-Änderungen später nachzuziehen, ist ein sehr aufwendiger Prozess. Schlechtes Design liefert schlechte Performance, die kaum mit anderen Mitteln zu korrigieren ist.*

Tabellen und Partitionen

Partitionierte Tabellen sind eine gute Möglichkeit, große Fact Tables in verwaltbare Einheiten zu unterteilen. DSS-Abfragen werden damit performanter und es werden weniger Ressourcen verbraucht. Das Hauptkriterium für die Aufteilung in Partitionen sollte die optimale Performance für Abfragen sein, ein weiteres Kriterium ist die Administrierbarkeit.

Wie Tabellen am besten in Partitionen aufgeteilt werden sollten, hängt von der Art der Daten und der Abfragen ab. Wenn Sie z.B. Daten für zwei Jahre im Data Warehouse halten und sich viele Abfragen auf einen bestimmten

Monat beziehen, dann empfiehlt es sich, eine Partition für jeden Monat zu bilden. Wenn dann eine Abfrage für einen bestimmten Monat erfolgt, greift Oracle nur auf eine Partition zu, d.h. in diesem Fall auf ein Vierundzwanzigstel der Daten. Das macht gerade bei einem Full Table Scan (FTS) einen gewaltigen Unterschied für Geschwindigkeit und Ressourcenverbrauch.

Denken Sie an dieser Stelle auch an Administrationsaufgaben wie Backup, Recovery und Archivierung. Wenn nur aktuelle Daten geladen werden, dann unterliegt nur die letzte Partition Veränderungen im Ladeprozess. Die anderen Partitionen bleiben unverändert und müssen deshalb auch nicht ständig gesichert werden. Soll zum Monatswechsel ein Monat an Daten aus dem Data Warehouse archiviert werden, dann kann einfach eine Partition entfernt werden.

Beachten Sie, dass partitionierte Tabellen einen erhöhten Verwaltungsaufwand bedingen. Setzen Sie diese deshalb nur dort ein, wo auch positive Effekte für die Performance zu erwarten sind.

:-)
TIPP

Ein weiteres interessantes Feature ist die Kompression von Datensegmenten. Segmentkompression wurde in Oracle9i eingeführt und kann auf Heap-organisierte einschließlich partitionierte Tabellen angewandt werden. Obwohl Kompression im OLTP-Umfeld selten verwendet wird, kommt sie im Data-Warehouse-Umfeld öfter zum Einsatz.

Datensegmente werden in komprimierter Form in der Datenbank gespeichert und beschleunigen damit DSS-Abfragen. Durch die Komprimierungs- und Dekomprimierungsvorgänge entsteht eine erhöhte CPU-Belastung.

Integritätsbedingungen

Integritätsbedingungen werden verwendet, um Geschäftsregeln zu implementieren. In OLTP-System dienen sie der Verhinderung des Einfügens falscher Datensätze und der Wahrung der Integrität der Daten. In einem Data Warehouse erfolgt das Einfügen und Ändern von Daten ausschließlich über Ladeprozeduren, die bereits qualitätsgesichert sind.

Die Funktion der Gewährleistung der Datenqualität durch Integritätsbedingungen spielt deshalb im Data Warehouse eine untergeordnete Rolle. Es gibt jedoch einen Aspekt, weshalb Sie insbesondere Fremdschlüssel implementieren sollten. Viele OLAP-Werkzeuge bilden Annahmen über den logischen Zusammenhang der Daten auf Basis dieser Constraints. Abfragen können somit besser generiert werden und Anwender können das Datenmodell besser verstehen.

Die folgenden Integritätsbedingungen sind typisch für ein Data Warehouse:

- Eindeutigkeit
- Fremdschlüssel

Eindeutigkeit wird über einen Primärschlüssel und über Unique Constraints erreicht. Beide benötigen einen Index. Im Data Warehouse besteht jedoch die Besonderheit, dass die Tabellen sehr groß sind und ein Indexaufbau viel Zeit und Ressourcen verbraucht sowie Festplattenkapazität belegt. Hinzu kommt, dass diese Arten von Indexen sehr selten von SQL-Abfragen benötigt werden.

> **TIPP** *Mit der folgenden Anweisung können Sie eine Integritätsbedingung zur Eindeutigkeit definieren, ohne dass ein Index aufgebaut wird.*

```
SQL> ALTER TABLE account_facts
  2  ADD CONSTRAINT account_unique
  3  UNIQUE (customer_id) DISABLE VALIDATE;
Tabelle wurde geändert.
```

Fremdschlüssel validieren in einem Star-Schema die Beziehungen zwischen Fact Tables und Dimension Tables. Es gibt jedoch Situationen, in denen Sie diese Bedingungen mit der Option ENABLE NOVALIDATE in Kraft setzen sollten. Dies ist für folgende Fälle zu empfehlen:

- Die Tabellen enthalten bereits Daten, die die Integritätsbedingungen nicht erfüllen. Sie wollen diese aber für zukünftig zu ladende Daten in Kraft setzen.
- Eine Integritätsbedingung wird sofort benötigt.

Materialized Views

Materialized Views können im Data Warehouse vielfältig eingesetzt werden. Das wohl wichtigste Einsatzgebiet ist das *Summary Management*. Summaries sind aggregierte Tabellen und Views. Sie sind ein unverzichtbarer Bestandteil zum Erreichen einer akzeptablen Performance im Data Warehouse.

Vor Oracle8*i* verschlang die Verwaltung von aggregierten Tabellen einen nicht unerheblichen Teil des Entwicklungsaufwands. Summentabellen wurden manuell erstellt, indexiert und im Ladeprozess durch spezielle Module erstellt und aktualisiert. Mit der Einführung des Summary Managements wurden Entwickler und Administratoren entlastet und der Anwender musste die Summentabellen nicht mehr explizit kennen.

Jetzt erstellt der Datenbankadministrator Materialized Views anstelle von Summentabellen. Wenn der Anwender eine SQL-Abfrage abschickt, garantiert der Query-Rewrite-Mechanismus (deutsch »Neuschreiben der Abfrage«), dass die summierten Daten des Materialized Views anstelle der detaillierten Tabelle benutzt werden.

E/A-Hardware und Striping

Eine schnelle Hardware für E/A-Operationen ist eine wichtige Basis für gute Performance des Data Warehouse. Nicht optimierte E/A-Operationen werden häufig zum Flaschenhals, insbesondere wenn die Datenbank wächst. Für ein Data Warehouse wird deshalb häufig ein gezieltes Striping von Tablespace-Dateien vorgenommen.

Kommen Platten-Subsysteme zum Einsatz, dann sollte auch hier eine Verteilung auf verschiedene Gruppen und Logical Volumes vorgenommen werden.

Interessanterweise kommen immer noch RAID-Systeme im Data Warehouse zum Einsatz. Dabei ist zu beachten, dass nicht alle RAID-Systeme sinnvoll für den Einsatz in einer Data-Warehouse-Datenbank sind. Insbesondere RAID 5 liefert eine schlechte Performance. Zudem gibt es keinen Grund, RAID 5 einzusetzen, da Verfügbarkeit nicht das wichtigste Kriterium bildet.

Im Folgenden sind die Vor- und Nachteile von RAID-Systemen für den Einsatz im Data Warehouse zusammengefasst:

- *RAID 0* ist ein nicht redundantes System, das heißt, es kann zu Datenverlusten bei einem Festplattenfehler kommen. Wird eine der Festplatten unbrauchbar, gibt es keine Möglichkeit, die verlorenen Daten wiederherzustellen. Allerdings gewährleistet RAID 0 den besten Durchsatz im Vergleich zu anderen RAID-Systemen.

- *RAID 1* ist ein redundantes System. Es erreicht Redundanz durch das Spiegeln von Dateien. Wenn ein Festplattenfehler auftritt, kann auf die gespiegelten Dateien zurückgegriffen werden. Allerdings benötigt RAID 1 viel Platz, was gerade im Data-Warehouse-Umfeld kritisch ist. Das Lesen von Daten ist schneller als bei einfacher Speicherung, da das System die Festplatte, von der die Leseoperationen erfolgen sollen, frei wählen kann und immer auf die schnellere Antwort zurückgreift.

- *RAID 5* bietet Datenredundanz und speichert zusätzlich Paritätsinformationen. Diese werden auf alle Festplatten verteilt. Der E/A-Durchsatz ist geringer als bei RAID 0 und RAID 1. Die Datenredundanz wird im Gegensatz zu RAID 1 vorwiegend auf Software-Ebene erreicht, das macht das System langsamer. RAID 5 bietet eine hohe Ausfallsicherheit, ist jedoch für ein Data Warehouse aufgrund der geringeren Durchsatzraten nur bedingt geeignet.

> **TIPP**
> *Es lässt sich keine allgemeine Empfehlung aussprechen, ob und welche RAID-Variante eingesetzt werden sollte. Das ist abhängig von der Größe der Datenbank und dem zur Verfügung stehendem Budget. Bedenken Sie jedoch, dass Performance der wichtigste Punkt in einem Data-Warehouse-Projekt ist. Ausfallsicherheit ist dem untergeordnet.*

Parallelisierung

In großen Datenbanken erreicht man mit Parallelisierung eine beachtliche Steigerung an Performance. Kein Data Warehouse sollte ohne parallele Prozesse laufen. Das betrifft sowohl die DSS-Abfragen als auch den ETL-Prozess.

> **TIPP**
> *Beachten Sie bereits bei der Auswahl der Hardware, dass sehr große Datenbanken ohne Parallelisierung von Haus aus keine gute Performance liefern. Der Datenbankserver sollte deshalb mit vielen CPUs ausgestattet sein. Wie viele CPUs letztendlich benötigt werden, hängt auch von der Anzahl der gleichzeitigen Benutzer ab. Im Gegensatz zu OLTP-Systemen laufen die Abfragen wesentlich länger, das heißt, es gibt mehr konkurrierende SQL-Anweisungen.*

Parallelisierung beschleunigt vor allem die folgenden Prozesse:

- Full Table Scans (FTS) für große Tabellen
- Erstellen großer Indexe
- Bulk-Operationen mit INSERT, UPDATE und DELETE
- Erstellen von aggregierten Tabellen oder Materialized Views

Es gehört auch zu den Aufgaben des Datenbankadministrators, Parallelisierung zu planen, zu steuern und zu überwachen.

26 ETL in der Praxis

ETL steht für »Extraction, Transformation and Loading«. ETL ist eine der aufwendigsten Aufgaben in einem Data Warehouse-Projekt. Zu ETL gehört nicht nur die technische Realisierung des Ladevorgangs. Es beginnt mit der Identifizierung der Datenquellen.

Die Identifizierung der Datenquellen ist kein trivialer Prozess. Häufig sind Daten in operativen Systemen redundant gespeichert. Dabei ist auch zu überprüfen, wie zuverlässig die identifizierten Datenquellen sind. Auch die Frage nach der Konsistenz der Quellen ist dabei zu berücksichtigen. Deshalb gehört zur Identifizierung ein Qualitätssicherungsprozess.

Sind die Datenquellen identifiziert, müssen die Daten extrahiert werden. Bei großen Unternehmen bestehen die Quellen aus unterschiedlichen Systemen, die auf verschiedenen Plattformen laufen. Das können Datenbanken oder Datenpools sein, die auf Servern, Mainframes oder Minirechnern laufen. Dabei können die Daten weltweit über mehrere Standorte verteilt sein.

Nach dem Entladen müssen die Daten transportiert werden. Auch wenn der Transport heute weitestgehend über Netzwerke erfolgt, sind auch hier einige Punkte zu beachten. So muss der Gesamtprozess durch Überwachung gesichert werden. Auch Sicherheitsaspekte gilt es zu beachten. Werden Daten z.B. über ein öffentliches Netzwerk übertragen, muss über Verschlüsselungsalgorithmen nachgedacht werden. Mit Hilfe von Checksumming kann die Qualität der Daten kontrolliert werden.

Beachten Sie, dass die Aufwände für Ver- und Entschlüsselung bzw. Checksumming zur Übertragungszeit hinzugerechnet werden müssen. Dabei muss sichergestellt werden, dass alle Daten zur geplanten Ladezeit auf dem Zielsystem entschlüsselt zur Verfügung stehen.

In der Regel liegen die Daten nach dem Transport zum Zielsystem in einem zur Quelle identischen oder ähnlichen Format vor. Aufgrund der Vielfältigkeit der operativen Systeme ist beim Laden eine Transformation notwendig. Formate für Datum und Uhrzeit unterscheiden sich häufig.

Da die zu ladende Datenmenge groß ist, werden hohe Anforderungen an die Performance des Ladeprozesses gestellt. Schließlich werden die Daten nicht eins zu eins geladen, sie müssen in die Struktur des Star-Schemas übertragen werden.

Die hier beschriebene ETL-Methode stellt das klassische Vorgehen dar, wie es in großen Unternehmen mit vielen verschiedene Datenquellen häufig angewandt wird. Das schließt nicht aus, dass in anderen Umgebungen andere Vorgehensweisen gewählt werden. So kann es durchaus Sinn machen, die Staging Area wegzulassen, wenn Ihre Quellen ausschließlich aus relationalen Datenbanksystemen bestehen, die über Netzwerk erreichbar sind. Mit Hilfe von ETL-Werkzeugen ist ein Direktladen aus den Quellsystemen in das Data Warehouse möglich. Das Weglassen der Staging Area verkürzt die Ladezeit und spart Ressourcen. Bestehen die Datenquellen aus Oracle-Datenbanken, kann Change Data Capture (CDC) verwendet werden. Damit kann ein inkrementelles Laden erfolgen, was ebenfalls zu einer signifikanten Verkürzung des Ladeprozesses beiträgt.

Wie bereits erwähnt, spielt die Qualitätssicherung im ETL-Prozess eine wichtige Rolle. Das betrifft nicht nur die operativen Tätigkeiten, d. h. die Absicherung, dass alle Daten vollständig geladen werden. Auch die Auswahl der »richtigen« Daten in den Quellsystemen ist bedeutsam. Schließlich ist das Data Warehouse die Basis für die Entscheidungsfindung im Unternehmen. Falsche Daten implizieren falsche Entscheidungen. Beachten Sie in diesem Zusammenhang auch, dass es immer wieder zu Änderungen in den operativen Systemen kommt, die möglicherweise nicht an das DWH-Team kommuniziert werden.

26.1 ETL-Werkzeuge

Oracle stellt eine Reihe von ETL-Features zur Verfügung. In Oracle 10g wurden einige neue Features eingeführt bzw. bestehende erweitert. Eine Beschreibung der neuen Data Warehouse-Features finden Sie in Kapitel 12 »Data Warehouse und Business Intelligence«.

Das Produkt Oracle Transparent Gateways bietet die Möglichkeit, direkt auf Datenbanken anderer Hersteller wie IBM, Informix (zu IBM gehörend) oder Sybase zuzugreifen. Dabei können diese Datenbanken wie Oracle-Datenbanken behandelt werden, das heißt, die Tabellen können direkt in SQL-Abfragen eingebunden werden, als wären sie lokale Tabellen. Das spart den Umweg über Flat Files. Auch der Oracle Warehouse Builder besitzt ETL-Features.

Es gibt ETL-Werkzeuge von Drittanbietern, eines der verbreitetsten ist das Produkt PowerMart der Firma Informatica. PowerMart besitzt Schnittstellen zu den wichtigsten Datenbanken und ist in der Lage, Daten aus den Quelldatenbanken zu extrahieren und ohne Zwischenablage in das Data Warehouse zu laden. Er zeichnet sich durch eine sehr gute Performance mit schnellen Extrahier- und Lademethoden aus. PowerMart besitzt eine grafische Oberfläche und ist damit sehr transparent.

Ist die Quelle eine Oracle-Datenbank, dann empfiehlt sich auch der Einsatz von Oracle-Features. In der Vergangenheit kam häufig Oracle Advanced Replication zum Einsatz. Im Zuge der Ablösung von Advanced Replication durch Oracle Streams sollten Sie jedoch für neue Projekte Streams favorisieren. Es bietet eine Reihe von Vorzügen gegenüber dem alten System. Für das inkrementelle Laden bietet sich Change Data Capture (CDC) an, das ebenfalls auf Oracle-Streams-Technologie basiert.

Für Quelldaten aus Legacy-System ist es häufig notwendig, Flat Files zu bilden und diese in die Staging Area oder direkt ins Data Warehouse zu laden. Für das Laden von Flat Files bietet sich der SQL*Loader an, der fast alle Dateiformen performant laden kann.

Ein weiteres, sehr interessantes ETL-Feature ist »Transportable Tablespaces«. Damit können komplette Tablespaces direkt in die Data-Warehouse- oder die Staging-Datenbank kopiert werden. Das Transportieren von Tablespaces ist schneller als alle anderen Formen für Extraction, Transformation und Loading. In Oracle 10g ist es nun auch möglich, Tablespaces Plattform-übergreifend zu transportieren. So können Sie eine Tablespace aus einer operativen Datenbank, die unter Windows läuft, in das Data Warehouse auf Solaris transportieren.

Auf alle Werkzeuge detailliert einzugehen, würde den Rahmen dieses Buches sprengen. Deshalb beschränkt sich das vorliegende Kapitel auf ETL-Features und Werkzeuge, die im Oracle 10g-Datenbanksystem enthalten sind. Dies ist auch der Bereich, in den der Datenbankadministrator eingebunden wird. Für Werkzeuge wie Informatica werden häufig Spezialisten ins Team gebracht. ETL-Features der Oracle-Datenbank sind vielen anderen STL-Werkzeugen überlegen, da sie die Features der Datenbank besser ausnutzen.

Versuchen Sie, die Transformation der Quelldaten in den Ladeprozess zu integrieren. Dies spart Ladezeit gegenüber einem zusätzlichen Transformationsschritt. Viele der hier diskutierten Lade-Werkzeuge bieten die Möglichkeit der Transformation von Daten.

Kapitel 26   ETL in der Praxis

26.2   Der SQL*Loader

Der SQL*Loader ist Bestandteil der Oracle 10g-Datenbank und muss nicht extra installiert werden. Er ist Bestandteil der Enterprise Edition und der Standard Edition. Er bietet u.a. die folgenden Features:

- Es können Daten innerhalb einer Sitzung aus mehreren Dateien geladen werden.
- Daten können innerhalb einer Sitzung in mehrere Tabellen geladen werden.
- Daten können selektiv (in Abhängigkeit von Inhalt) geladen werden.
- Es ist möglich, Daten mit Hilfe von SQL-Funktionen im Ladevorgang direkt zu transformieren.

Die Architektur des SQL*Loaders ist in Abbildung 26.1 dargestellt. Die Kontrolldatei beschreibt die Struktur der Flat Files sowie die Ziele des Ladevorgangs. In der Log- bzw. Discard-Datei finden Sie ein Protokoll des Ladevorgangs. Nicht geladene Daten werden in eine Bad-Datei geschrieben.

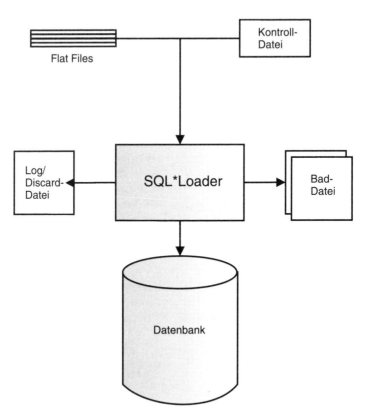

Abbildung 26.1:
Die Architektur des SQL*Loaders

Der SQL*Loader unterscheidet die folgenden Formate für Eingabedateien:

- Fixed Record-Format
- Variable Record-Format
- Stream Record-Format

Ein Flat File liegt im Fixed Record-Format vor, wenn alle Zeilen dieselbe Länge besitzen. Es liefert die beste Performance im Ladeprozess. Beim Variable Record-Format befindet sich die Länge eines jeden Satzes am Satzanfang. Beim Stream Record-Format wird die Satzlänge nicht angegeben. Der SQL*Loader identifiziert das Satzende in Form eines Record Terminators.

Das Kontrolldatei für ein Fixed Record-Format könnte folgendermaßen aussehen:

```
load data
infile 'load.txt'
into table test
fields terminated by ',' optionally enclosed by '"'
(column1, column2, column3)
```

Im Beispiel besitzt die Eingabedatei den Name load.txt. Die Felder sind durch Komma getrennt und als Feldbegrenzer kann das Zeichen »"« auftreten.

Liegen die Flat Files im Variable Record-Format vor, dann muss in der INFILE-Klausel der Kontrolldatei angegeben werden, welche Länge das Längenfeld besitzt. Im folgenden Beispiel ist es vier Zeichen lang:

```
laod data
infile 'load.txt' "var 4"
into table test
fields terminated by ',' optionally enclosed by '"'
(column1, column2)
```

Die Eingabedatei könnte dann folgendermaßen aussehen:

```
0012feld1,feld1,0006feld2
0004abc,0012abcdefghijkl
```

Im Stream Record-Format wird keine Datensatzlänge spezifiziert. Stattdessen bildet der SQL*Loader Sätze, indem er nach einem Satztrennzeichen sucht. Im folgenden Beispiel wird ein Pipe »|« als Satztrennzeichen verwendet.

```
load data
infile 'load.txt' "str '|'"
into table test
fields terminated by ',' optionally enclosed by '"'
(column1, column2)
```

Mit dieser Kontrolldatei kann die folgende Eingabedatei geladen werden:

```
Houston,TX|Atlanta,GA|Albany,NY|San Francisco,CA
```

Sätze, die vom SQL*Loader nicht in die Tabellen geladen werden können, werden in die Bad-Datei geschrieben. Das kann der Fall sein, wenn entweder Fehler in der Eingabedatei oder in den Tabellen vorliegen.

Sie können aus den folgenden Lademethoden auswählen:

- INSERT: Diese Methode ist der Standard. Alle Tabellen müssen vor dem Laden leer sein.

- REPLACE: Die Tabelle wird vor dem Laden geleert. Der SQL*Loader führt einen DELETE-Befehl aus.

- TRUNCATE: Der SQL*Loader leert die Tabellen vor dem Laden mit einem TRUNCATE-Befehl.

- APPEND: Die in der Tabelle vorhandenen Sätze bleiben erhalten und die Sätze aus der Eingabedatei werden angefügt.

Geben Sie den Befehl sqlldr auf der Kommandozeile ein, um eine Beschreibung der Parameter des SQL*Loaders zu erhalten:

```
$ sqlldr
SQL*Loader: Release 10.1.0.2.0 - Production on Tue Jul 13 10:05:14 2004
Copyright (c) 1982, 2004, Oracle.  All rights reserved.
Usage: SQLLDR keyword=value [,keyword=value,...]
Valid Keywords:
    userid -- ORACLE username/password
   control -- control file name
       log -- log file name
       bad -- bad file name
      data -- data file name
   discard -- discard file name
discardmax -- number of discards to allow          (Default all)
      skip -- number of logical records to skip    (Default 0)
      load -- number of logical records to load    (Default all)
    errors -- number of errors to allow            (Default 50)
      rows -- number of rows in conventional path bind array or between
direct path data saves
              (Default: Conventional path 64, Direct path all)
  bindsize -- size of conventional path bind array in bytes  (Default 256000)
```

```
    silent -- suppress messages during run
(header,feedback,errors,discards,partitions)
    direct -- use direct path                       (Default FALSE)
   parfile -- parameter file: name of file that contains parameter
specifications
  parallel -- do parallel load                      (Default FALSE)
      file -- file to allocate extents from
skip_unusable_indexes -- disallow/
allow unusable indexes or index partitions  (Default FALSE)
skip_index_maintenance --
 do not maintain indexes, mark affected indexes as unusable  (Default FALSE)
commit_discontinued --
 commit loaded rows when load is discontinued  (Default FALSE)
  readsize -- size of read buffer                   (Default 1048576)
external_table --
 use external table for load; NOT_USED, GENERATE_ONLY, EXECUTE  (Default NOT_
USED)
columnarrayrows --
 number of rows for direct path column array  (Default 5000)
streamsize -- size of direct path stream buffer in bytes  (Default 256000)
multithreading -- use multithreading in direct path
 resumable --
 enable or disable resumable for current session  (Default FALSE)
resumable_name -- text string to help identify resumable statement
resumable_timeout -- wait time (in seconds) for RESUMABLE  (Default 7200)
date_cache -- size (in entries) of date conversion cache  (Default 1000)
PLEASE NOTE: Command-
   line parameters may be specified either by position or by keywords.  An
   example of the former cases 'sqlldr scott/
   tiger foo'; an example of the latter is 'sqlldr control=foo userid=scott/
   tiger'.  One may specify parameters by position before but not after
   parameters specified by keywords.  For example, 'sqlldr scott/tiger
   control=foo logfile=log' is allowed, but 'sqlldr scott/tiger
   control=foo log' is not, even though the position of the parameter 'log'
   is correct.
```

Im Beispiel in Listing 26.1 wird die Tabelle product_dim aus einer typischen ASCII-Datei geladen, deren Felder durch Komma getrennt sind. Die Eingabedatei sieht folgendermaßen aus:

```
1,Checking Account,Account
2,Savings Account,Account
3,Visa Card,Card
4,Master Card,Card
5,AMEX Card,Card
6,Dicoverer Card,Card
7,Mortgage,Loan
8,Car Loan,Loan
9,Consumer Loan,Loan
10,Safety Box,Box
```

Kapitel 26   ETL in der Praxis

Um diese Datei in die Tabelle account_facts zu laden, wird die folgende Kontrolldatei benötigt:

```
load data
infile '26_02.txt'
into table account_facts insert
fields terminated by ','
(customer_key, time_key, status_key, product_key, branch_key, balance,
    transactions, account_number)
```

Somit kann der SQL*Loader gestartet werden. Da die INSERT-Methode gewählt wurde, muss die Tabelle leer sein.

Listing 26.1:
Laden der Tabelle
product_dim mit
dem SQL*Loader

```
$ sqlldr userid=komp10g/komp10g@dwhkomp control=26_01.ctl
SQL*Loader: Release 10.1.0.2.0 - Production on Tue Jul 13 10:27:43 2004
Copyright (c) 1982, 2004, Oracle. All rights reserved.
Commit point reached - logical record count 9
Commit point reached - logical record count 10
```

Der SQL*Loader hat die Log-Datei 26_01.log geschrieben. Hier können Sie am schnellsten feststellen, ob Fehler aufgetreten sind. Am Ende der Datei befindet sich eine Übersicht der gelesenen, geladenen und fehlerhaften Sätze. Die Log-Datei für das Beispiel hat folgenden Inhalt:

```
SQL*Loader: Release 10.1.0.2.0 - Production on Tue Jul 13 10:27:43 2004
Copyright (c) 1982, 2004, Oracle. All rights reserved.
Control File:   26_01.ctl
Data File:      26_01.txt
  Bad File:     26_01.bad
  Discard File: none specified
 (Allow all discards)
Number to load: ALL
Number to skip: 0
Errors allowed: 50
Bind array:     64 rows, maximum of 256000 bytes
Continuation:    none specified
Path used:      Conventional
Table PRODUCT_DIM, loaded from every logical record.
Insert option in effect for this table: INSERT
    Column Name                  Position   Len  Term Encl Datatype
------------------------------ ---------- ----- ---- ---- -------------------
--
PRODUCT_KEY                         FIRST     *    ,         CHARACTER
PRODUCT_DESC                         NEXT     *    ,         CHARACTER
PRODUCT_TYPE                         NEXT     *    ,         CHARACTER
Table PRODUCT_DIM:
  10 Rows successfully loaded.
  0 Rows not loaded due to data errors.
  0 Rows not loaded because all WHEN clauses were failed.
  0 Rows not loaded because all fields were null.
```

```
Space allocated for bind array:              49536 bytes(64 rows)
Read   buffer bytes: 1048576
Total logical records skipped:          0
Total logical records read:            10
Total logical records rejected:         0
Total logical records discarded:        0
Run began on Tue Jul 13 10:27:43 2004
Run ended on Tue Jul 13 10:27:44 2004
Elapsed time was:     00:00:00.43
CPU time was:         00:00:00.09
```

Sie erhalten mit der Log-Datei eine umfangreiche Statistik, die insbesondere bei großen Tabellen und für die Qualitätssicherung wichtig ist.

Der SQL*Loader unterscheidet die folgenden Lademethoden:

- Conventional Path Load (Standard)
- Direct Path Load

Beim Conventional Path Load werden INSERT-Anweisungen, d.h. normale Transaktionen ausgeführt. Auf der Oracle-Datenbank laufen dieselben Mechanismen ab, als wenn Sie eine INSERT-Anweisung mit SQL*Plus eingeben.

Ein Direct Path Load umgeht dagegen den normalen Transaktionsmechanismus. Oracle bildet eine Matrix-Struktur und daraus Datenblöcke. Diese Blöcke werden dann direkt in die Tablespace geschrieben. Das Laden im Direct-Path-Modus läuft wesentlich schneller als im Conventional-Path-Modus. Zur Demonstration werden im folgenden Beispiel 480.000 Sätze in die Tabelle account_facts geladen.

Die Eingabe-Datei 26_02.txt *mit 480.000 Zeilen finden Sie auf der CD-ROM.*

Die Kontrolldatei sieht wie folgt aus:

```
load data
infile '26_02.txt'
into table account_facts insert
fields terminated by ','
(customer_key, time_key, status_key, product_key, branch_key, balance, transa
   ctions, account_number)
```

Laden Sie zuerst die Datei im Conventional Path-Modus. Dieser Modus ist Standard, das heißt, es muss nichts zusätzlich spezifiziert werden.

```
$ sqlldr userid=komp10g/komp10g@demo control=26_02.ctl
SQL*Loader: Release 10.1.0.2.0 - Production on Tue Jul 13 10:52:38 2004
Copyright (c) 1982, 2004, Oracle. All rights reserved.
Commit point reached - logical record count 64
```

Listing 26.2:
SQL*Loader im Conventional-Path-Modus

```
Commit point reached - logical record count 128
Commit point reached - logical record count 192
Commit point reached - logical record count 256
Commit point reached - logical record count 320
Commit point reached - logical record count 384
...
```

Das Laden hat in der Beispieldatenbank ca. 90 Sekunden gedauert. Laden Sie nun dieselbe Tabelle im Direct Path-Modus. Geben Sie dazu die Option direct=true im sqlldr-Aufruf an.

Listing 26.3:
SQL*Loader im Direct-Path-Modus

```
C:\Books\MuT\Oracle10gKompendium\ManusLF\Kapitel26>sqlldr userid=komp10g/
   komp10g@demo control=26_02.ctl direct=true
SQL*Loader: Release 10.1.0.2.0 - Production on Tue Jul 13 11:04:38 2004
Copyright (c) 1982, 2004, Oracle.  All rights reserved.
Load completed - logical record count 480000.
```

Im Direct Path-Modus ergab sich eine Laufzeit von fünf Sekunden. Damit war das Laden um das 18fache schneller.

Beachten Sie, dass im Direct-Path-Modus die Integritätsbedingungen NOT NULL *und* UNIQUE *in Kraft gesetzt sind. Referenzielle Integritätsbedingungen, die auf andere Tabellen verweisen, sind deaktiviert. Tabellentrigger werden nicht ausgeführt. Das Laden im Direct Path-Modus kann parallelisiert werden, wodurch noch kürzere Laufzeiten erreicht werden. In der Praxis können im Direct Path-Modus mehrere hundert Gigabyte pro Stunde geladen werden.*

Seit Oracle9*i* werden externe Tabellen unterstützt. Das sind Dateien, die sich im Betriebssystem befinden und über eine vorgefertigte oder selbst definierte Schnittstelle wie Tabellen einer Oracle-Datenbank behandelt werden können. Allerdings kann aus externen Tabellen nur gelesen werden. INSERT-, UPDATE- und DELETE-Anweisungen sind nicht gestattet. Externe Tabellen können keine Indexe und Integritätsbedingungen besitzen. Externe Tabellen sind ein weiteres Feature zum Laden von Daten in ein Data Warehouse.

Im folgenden Beispiel soll die Tabelle account_dim geladen werden. Das Flatfile besitzt folgenden Aufbau:

```
4711|Smith||||94627|01.12.2001
4712|Miller||||76453|23.08.2002
4713|Chin||||12765|31.12.1999
```

Um die externe Tabelle zu erzeugen, müssen die Verzeichnisse, in denen sich die Flat Files befinden, der Datenbank bekannt gemacht werden. Dies erfolgt mit der CREATE DIRECTORY-Anweisung.

Der SQL*Loader

```
SQL> CREATE OR REPLACE DIRECTORY load_dir AS
  2  '/u05/utl_file/load_dir';
Verzeichnis wurde erstellt.
SQL> SELECT * FROM all_directories;
OWNER    DIRECTORY_NA DIRECTORY_PATH
-------- ------------ -----------------------
SYS      LOAD_DIR     /u05/utl_file/load_dir
```

Listing 26.4:
Eine Verzeichnis für externe Tabellen erstellen

Nun kann die externe Tabelle erstellt werden.

```
SQL> CREATE TABLE ext_account_dim (
  2  account_key      NUMBER(8),
  3  primary_name     VARCHAR2(30),
  4  secondary_name   VARCHAR2(30),
  5  address          VARCHAR2(40),
  6  city             VARCHAR2(30),
  7  zip              VARCHAR2(5),
  8  opened           DATE)
  9  ORGANIZATION EXTERNAL (
 10  TYPE oracle_loader
 11  DEFAULT DIRECTORY load_dir
 12  ACCESS PARAMETERS (
 13  RECORDS DELIMITED BY NEWLINE
 14  badfile load_dir:'account_dim.bad'
 15  logfile load_dir:'account_dim.log'
 16  FIELDS TERMINATED BY '|'
 17  MISSING FIELD VALUES ARE NULL (account_key,
 18  primary_name,
 19  secondary_name,
 20  address,
 21  city,
 22  zip,
 23  opened CHAR date_format date mask "DD.MM.YYYY"))
 24  LOCATION('account_dim.asc'))
 25  REJECT LIMIT UNLIMITED;
Tabelle wurde angelegt.
```

Listing 26.5:
Eine externe Tabelle erstellen

Der erste Teil des CREATE TABLE-Befehls sieht so aus, wie Sie das von normalen Tabellen her kennen. Im Weiteren wird die Klausel ORGANIZATION EXTERNAL verwendet. Sie signalisiert, dass es sich um eine externe Tabelle handelt.

Der Typ oracle_loader legt fest, dass der SQL*Loader als Access Driver benutzt werden soll. Sie können auch eigene Access Driver schreiben, dafür stellt Oracle ein API zur Verfügung. Als Default Directory können Sie mehrere Verzeichnisse angeben, in denen die Flat Files liegen.

In Oracle 10g kann auch der neue Typ oracle_datapump verwendet werden.

:-)
TIPP

Der Teil zur Beschreibung der Access-Parameter wird vom Access Driver interpretiert. Im Beispiel sind Analogien zur Kontrolldatei des SQL*Loaders zu erkennen. Neben der Definition für Trennzeichen werden die Dateinamen für Bad- und Log-Datei festgelegt. Im Weiteren werden Felder und Feldformate des Flat Files beschrieben. Schließlich wird der Dateiname spezifiziert. Die Option REJECT LIMIT legt fest, wie viele fehlerhafte Sätze verarbeitet werden, bis die Operation abgebrochen wird.

Wenn Sie jetzt in SQL*Plus eine SELECT-Anweisung eingeben, erhalten Sie den Inhalt der externen Tabelle.

Listing 26.6:
Eine externe Tabelle abfragen

```
SQL> SELECT * FROM ext_account_dim;
ACCOUNT_KEY PRIMARY_ SECO ADDR CITY ZIP   OPENED
----------- -------- ---- ---- ---- ----- --------
       4711 Smith                   94627 01.12.01
       4712 Miller                  76453 23.08.02
       4713 Chin                    12765 31.12.99
```

Jetzt kann das Flat File mit einem SQL-Befehl in eine interne Tabelle geladen werden.

Listing 26.7:
Eine externe Tabelle laden

```
SQL> INSERT INTO account_dim
  2  (account_key, primary_name, zip, opened)
  3  SELECT
  4  account_key, primary_name, zip, opened
  5  FROM ext_account_dim;
3 Zeilen wurden erstellt.
```

Zwar existieren naturgemäß viele Einschränkungen für externe Tabellen, Sie können jedoch eine externe Tabelle mit einer internen Tabelle vereinigen.

Listing 26.8:
Eine externe Tabelle mit einer internen Tabelle verbinden

```
SQL> SELECT a.account_key, a.primary_name,
  2  b.primary_balance, b.transaction_count
  3  FROM ext_account_dim a, household_facts b
  4  WHERE a.account_key = b.account_key;
ACCOUNT_KEY PRIMARY_ PRIMARY_BALANCE TRANSACTION_COUNT
----------- -------- --------------- -----------------
       4711 Smith            4356.34                43
```

Auch bei der Verwendung von externen Tabellen im Ladeprozess können Sie eine Transformation der Daten durchführen. Dabei steht Ihnen die umfangreiche Palette von vordefinierten Oracle-Funktionen zur Verfügung.

Eine externe Tabelle kann mit dem Befehl DROP TABLE gelöscht werden. Dabei wird selbstverständlich nur die Tabellenbeschreibung in der Datenbank, nicht das externe Flat File gelöscht. Auch kann der ALTER TABLE-Befehl zum Hinzufügen oder Löschen von Spalten verwendet werden. Für die Verwal-

tung externer Tabellen existieren die Views DBA_EXTERNAL_TABLES und
DBA_EXTERNAL_LOCATIONS.

```
SQL> SELECT * FROM dba_external_locations;
OWNER     TABLE_NAME         LOCATION              DIR DIRECTORY_NA
--------  -----------------  --------------------  --- ------------
SYS       EXT_ACCOUNT_DIM    account_dim.asc       SYS LOAD_DIR
```

Externe Tabellen stellen keinen Ersatz für den SQL*Loader dar. Der SQL*Loader kann in speziellen Fällen effektiver sein. So kann es erforderlich sein, dass der Ladeprozess auf indexierte Tabellen und Staging-Tabellen zurückgreifen muss.

26.3 Tabellen-Funktionen

Die Verwendung von Staging-Tabellen bedeutet ja nicht nur, dass mehr Festplattenkapazität benötigt wird, sondern auch Ressourcen wie CPU und Hauptspeicher werden herangezogen. Die Staging Area wird hauptsächlich benötigt, um Konvertierungen in die Struktur des Star-Schemas durchzuführen und Transformationen vorzunehmen.

Mit Hilfe von Tabellen-Funktionen kann mehr Logik in den Ladeprozess gebracht werden und die Staging Area kann unter Umständen eingespart werden. Tabellen-Funktionen verarbeiten die Eingangsdaten, transformieren diese und können ein Funktionsergebnis in anderen Formaten zurückliefern.

Eine Tabellen-Funktion kann in der FROM-Klausel einer SELECT-Anweisung aufgerufen werden. Die Eingabeparameter einer Tabellen-Funktion können in Form einer Collection vorliegen, d.h. als VARRAY, NESTED TABLE oder REF CURSOR. Rückgabedaten können vom Typ VARRAY oder NESTED TABLE sein. Im folgenden Beispiel wird eine Tabellen-Funktion erstellt, die aus einer externen Tabelle eine interne aggregierte Tabelle erstellt. Vor dem Schreiben der Funktion sind jedoch einige Vorbereitungen zu treffen. Erstellen Sie zunächst die Objekte und Objekttypen wie in Listing 26.9.

```
SQL> CREATE TYPE household_facts_type AS OBJECT (
  2    account_key        NUMBER(8),
  3    household_key      NUMBER(8),
  4    branch_key         NUMBER(8),
  5    product_key        NUMBER(8),
  6    status_key         NUMBER(8),
  7    time_key           NUMBER(8),
  8    primary_balance    NUMBER(8,2),
  9    transaction_count NUMBER(6));
 10  /
```

Listing 26.9:
Objekte für eine
Tabellen-Funktion
erstellen

Kapitel 26   ETL in der Praxis

```
Typ wurde erstellt.
SQL> CREATE TYPE household_facts_table
  2  AS TABLE OF household_facts_type;
  3  /
Typ wurde erstellt.
```

Des Weiteren wird ein REF CURSOR benötigt. Listing 26.10 zeigt, wie solch ein Cursor in Form eines Paketes definiert werden kann.

Listing 26.10:
Einen REF CURSOR für eine Tabellen-Funktion erstellen

```
SQL> CREATE OR REPLACE PACKAGE cursor_package AS
  2  TYPE household_facts_rec IS RECORD(
  3  account_key       NUMBER(8),
  4  household_key     NUMBER(8),
  5  branch_key        NUMBER(8),
  6  product_key       NUMBER(8),
  7  status_key        NUMBER(8),
  8  time_key          NUMBER(8),
  9  primary_balance   NUMBER(8,2),
 10  transaction_count NUMBER(6));
 11  TYPE household_facts_rectab IS TABLE OF
 12  household_facts_rec;
 13  TYPE ref_cursor IS REF CURSOR RETURN
 14  household_facts_rec;
 15  END;
 16  /
Paket wurde erstellt.
```

Der erstellte REF CURSOR kann später in einer SELECT-Anweisung verwendet werden. Er ist gleichzeitig Eingabe-Parameter der Tabellen-Funktion. Aufgabe der Funktion ist es, die Werte primary_balance und transaction_count über alle Dimensionen pro Quartal zu summieren und die Ergebnisse als Tabelle auszugeben. Die Ergebnisse können dann in eine aggregierte Tabelle geladen werden. Den Quellcode der Tabellen-Funktion finden Sie in Listing 26.11.

Listing 26.11:
Die Tabellen-Funktion AggrFacts

```
SQL> CREATE OR REPLACE FUNCTION AggrFacts
  2  (cin cursor_package.ref_cursor)
  3  RETURN household_facts_table AS
  4  rin cin%ROWTYPE;
  5  ret_set household_facts_table :=
  6  household_facts_table();
  7  TYPE balance_t IS TABLE OF NUMBER;
  8  TYPE count_t IS TABLE OF NUMBER;
  9  sum_balance balance_t := balance_t();
 10  sum_count count_t := count_t();
 11  i NUMBER;
 12  BEGIN
 13  FOR i IN 1..4 LOOP
 14    sum_balance.extend;
```

```
15    sum_balance(i) := 0;
16    sum_count.extend;
17    sum_count(i) := 0;
18    ret_set.extend;
19  END LOOP;
20  LOOP
21    FETCH cin INTO rin;
22    EXIT WHEN cin%NOTFOUND;
23    IF rin.time_key < 5 THEN
24      sum_balance(rin.time_key) := sum_balance(rin.time_key) +     rin.pri
mary_balance;
25      sum_count(rin.time_key) :=   sum_count(rin.time_key) +   rin.transacti
on_count;
26    END IF;
27  END LOOP;
28  FOR i IN 1..4 LOOP
29    ret_set(i) :=   household_facts_type(0,0,0,0,0,i,sum_balance(i), sum_c
ount(i));
30  END LOOP;
31  CLOSE cin;
32  RETURN ret_set;
33  END;
34  /
Funktion wurde erstellt.
```

Eingabe-Parameter der Funktion ist der REF CURSOR, der vorher definiert wurde. Die Verwendung eines REF CURSOR an dieser Stelle hat den Vorteil, dass eine beliebige SELECT-Anweisung an die Funktion übergeben werden kann. Der Ausgabe-Parameter ist vom Typ NESTED TABLE und kann damit von SQL-Anweisungen weiter verarbeitet werden.

Das Beispiel in Listing 26.12 zeigt, wie eine Tabellen-Funktion in einer SELECT-Anweisung verwendet werden kann. Beachten Sie, dass über die Definition des REF CURSOR eine beliebige SELECT-Anweisung verwendet werden kann, solange das Ergebnis der Anwendung zum definierten Cursor kompatibel ist.

```
SQL> SELECT time_key, primary_balance, transaction_count
  2  FROM TABLE(AggrFacts(CURSOR(SELECT * FROM
  3  ext_household_facts)));
TIME_KEY PRIMARY_BALANCE TRANSACTION_COUNT
-------- --------------- -----------------
       1       324325,57              3456
       2          343,77                 2
       3         3534,61               112
       4        19976,23               232
```

Listing 26.12:
SELECT-Anweisung mit Tabellen-Funktion

Das Laden in die Tabelle kann dann mit einer INSERT-Anweisung erfolgen. Die Tabellen-Funktion übernimmt die Aufbereitung der Ausgabedaten. Die

Listing 26.13:
Laden der aggregierten Tabelle mit einer Tabellen-Funktion

Laufzeit ist wesentlich schneller als mit einer PL/SQL-Prozedur unter Verwendung eines Cursors.

```
SQL> INSERT INTO household_facts_agg (
  2   time_key, primary_balance, transaction_count)
  3   SELECT time_key, primary_balance, transaction_count
  4   FROM TABLE (AggrFacts(CURSOR(SELECT * FROM
  5   ext_household_facts)));
4 Zeilen wurden erstellt.
```

26.4 Change Data Capture (CDC)

Change Data Capture (CDC) ist eine effektive Methode zum Laden eines Data Warehouse, wenn sich die Quelldaten in einer Oracle-Datenbank befinden und der Anteil der Änderungen gegenüber dem Gesamtdatenbestand klein ist. In den Quelldatenbanken werden die Änderungen seit der letzten Aktualisierung aufgefangen, zur Zieldatenbank transportiert und dort eingearbeitet.

Die Vorteile von CDC sind in den folgenden Punkten zusammengefasst.

- Der Ladevorgang wird beschleunigt, da nur die Änderungen seit der letzten Aktualisierung eingespielt werden.
- Die Einarbeitung erfolgt direkt in die Zieldatenbank, ein Umweg über Flat Files entfällt.
- Der Prozess ist sicher, es ist keine Individualprogrammierung erforderlich.
- Die Änderungsdaten stehen sofort zur Verfügung.

In Oracle 10g gibt es zwei Methoden: *synchrones* und *asynchrones CDC*. Die asynchrone Methode wurde in Oracle 10g neu eingeführt. Sie basiert auf Oracle Streams-Technologie. Synchrones CDC benutzt Trigger in der Quelldatenbank für das Mitschneiden von Änderungen.

Detaillierte Informationen zum Thema asynchrones Change Data Capture finden Sie in Kapitel 12 »Data Warehouse und Business Intelligence« im Teil »Neue Features«.

Beide Methoden verwenden ein Publish-and-Subscribe-Modell. Der Publisher registriert die Änderungen für die ausgewählten Quelltabellen und bietet sie zur Weiterverarbeitung an. Subscriber erhalten Zugriff auf die Änderungsdaten. Für beide Methoden ist eine Staging Area im Data Warehouse erforderlich, in der die Änderungsdaten gespeichert werden. Die Struktur der Daten entspricht der Struktur der Quelltabellen. Allerdings ist die Datenmenge in der Regel klein.

Bei synchronem CDC schreiben Trigger die Änderungsdaten in Änderungstabellen. Die Änderungstabellen werden über Subscriber-Views publiziert. Die Subscriber benutzen die Views, um die Daten ins Data Warehouse zu laden.

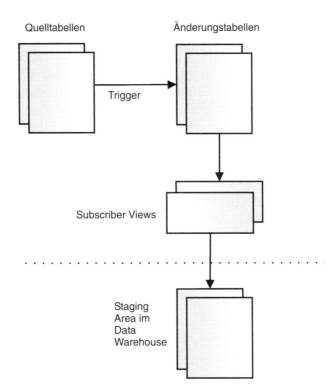

Abbildung 26.2:
Architektur für synchrones Change Data Capture

Synchrones CDC hat einen größeren Einfluss auf die Performance der Quelldatenbank als asynchrones CDC. Eine Transaktion ist erst abgeschlossen, wenn die Trigger ausgeführt wurden und die Daten in den Änderungstabellen gespeichert sind.

Die folgenden Schritte liefern ein Beispiel für synchrones Change Data Capture. Die Fact Table household_facts in einem Data Warehouse wird aus der Tabelle accounts eines operativen Systems gefüllt. Da die Tabellen sehr groß sind, wäre ein komplettes Neuladen sehr aufwendig. Die Tabelle accounts ist aus CDC-Sicht die Quelltabelle. Zuerst muss durch den Publisher eine Änderungstabelle erstellt werden. Der Publisher ist der DBA der operativen Datenbank.

Listing 26.14:
Eine Änderungstabelle für CDC erstellen

```
SQL> EXEC dbms_cdc_publish.create_change_table (owner=>'KOMP10G',
    change_table_name=>'CT_ACCOUNTS', change_set_name =>'SYNC_SET',
    source_schema=>'KOMP10G', source_table=>'ACCOUNTS',
    column_type_list=>'account_id NUMBER(14), balance NUMBER(10,2)',
    capture_values=>'new', rs_id=>'y', row_id=>'y', user_id=>'n',
    timestamp=>'n', object_id=>'n', source_colmap=>'y',
    target_colmap=>'y', options_string=>NULL);
PL/SQL-Prozedur wurde erfolgreich abgeschlossen.
```

Mit der Prozedur haben Sie die Änderungstabelle ct_accounts erstellt. Dabei sind nur die Spalten account_id und balance für die Änderungen relevant. Der Parameter capture_values legt fest, dass nur neue Daten in die Änderungstabelle geschrieben werden sollen. Als Subscriber wurde der Benutzer dwh festgelegt. Mit der Anweisung in Listing 26.15 gibt der Publisher dem Subscriber Lesezugriff auf die Änderungstabelle.

Listing 26.15:
Leseberechtigung für die Änderungstabelle erteilen

```
SQL> GRANT SELECT on ct_accounts TO dwh;
Benutzerzugriff (Grant) wurde erteilt.
```

Im nächsten Schritt muss der Subscriber eine Subscription erwerben. Führen Sie dazu die folgenden Schritte durch.

Eine Subscription für Change Data Capture erwerben

1. Der Subscriber muss herausfinden, welche Tabellen publiziert wurden.

    ```
    SQL> SELECT * FROM all_source_tables;
    SOURCE_SCHEMA_NAME              SOURCE_TABLE_NAME
    ------------------------------  ------------------
    KOMP10G                         ACCOUNTS
    ```

2. Im nächsten Schritt muss der Subscriber ein so genanntes Subscription Handle erwerben.

Listing 26.16:
Ein Subscription Handle erwerben

```
SQL> SET SERVEROUTPUT ON
SQL> DECLARE
  2  sub_handle NUMBER;
  3  BEGIN
  4  dbms_logmnr_cdc_subscribe. get_subscription_handle (
     change_set => 'SYNC_SET', description => 'Data for DWH',
     subscription_handle => sub_handle);
  5  DBMS_OUTPUT.PUT_LINE('Subscription Handle: ' ||
     TO_CHAR(sub_handle));
  6  END;
  7  /
Subscription Handle: 1
PL/SQL-Prozedur wurde erfolgreich abgeschlossen.
```

3. Jetzt kann die Subscription für die Quelltabelle erworben werden. Dabei gibt der Subscriber die Spalten an, die ihn interessieren. Um festzustellen, auf welche Spalten Zugriff erteilt wurde, kann das View ALL_PUBLISHED_COLUMNS abgefragt werden.

```
SQL> DECLARE
  2   sub_handle NUMBER;
  3  BEGIN
  4    sub_handle := 1;
  5    dbms_cdc_subscribe.subscribe(
  6    subscription_handle => sub_handle, source_schema =>
  7    'komp10g', source_table => 'accounts', column_list =>
  8    'account_id, balance');
  9  END;
 10  /
PL/SQL-Prozedur wurde erfolgreich abgeschlossen.
SQL> SELECT handle, source_table_name, column_name
  2  FROM user_subscribed_columns;
    HANDLE SOURCE_TABLE_NAME              COLUMN_NAME
---------- ------------------------------ -----------
         1 ACCOUNTS                       ACCOUNT_ID
         1 ACCOUNTS                       BALANCE
```

Listing 26.17: Eine Subscription erwerben

4. Ist der Subscriber bereit, Daten zu empfangen, kann er die Subscription aktivieren.

```
SQL> DECLARE
  2   sub_handle NUMBER;
  3  BEGIN
  4   sub_handle := 1;
  5   dbms_cdc_subscribe.activate_subscription(
  6   subscription_handle => sub_handle);
  7  END;
  8  /
PL/SQL-Prozedur wurde erfolgreich abgeschlossen.
```

Listing 26.18: Eine Subscription aktivieren

5. Im nächsten Schritt wird die Obergrenze (High Water Mark) definiert. Das Subscriber-Fenster bleibt leer, solange die Prozedur EXTEND_WINDOW nicht aufgerufen wurde. Beim ersten Aufruf wird die Untergrenze festgelegt. Bei jedem weiteren Aufruf wird die Grenze nach oben verschoben.

```
SQL> EXEC dbms_logmnr_cdc_subscribe.extend_window (1);
PL/SQL-Prozedur wurde erfolgreich abgeschlossen.
SQL> SELECT username, status, last_extended
  2  FROM user_subscriptions
  3  WHERE handle = 1;
```

Listing 26.19: Die Obergrenze für die Subscription festlegen

```
USERNAME                        S LAST_EXTENDED
------------------------------- - -------------------
DWH                             A 15.07.2004 21:22:06
```

6. In diesem Schritt wird das Subscriber-View erstellt.

Listing 26.20: Das Subscriber-View erstellen

```
SQL> DECLARE
  2   sub_handle NUMBER;
  3   viewname   VARCHAR2(30);
  4  BEGIN
  5   sub_handle := 1;
  6   dbms_cdc_subscribe.prepare_subscriber_view(
  7    subscription_handle => sub_handle,
  8    source_schema => 'komp10g',
  9    source_table => 'accounts',
 10    view_name => viewname);
 11   dbms_output.put_line(viewname);
 12  END;
 13  /
CDC#CV$150395
PL/SQL-Prozedur wurde erfolgreich abgeschlossen.
```

7. Nun können die Änderungsdaten gelesen und ins Data Warehouse geladen werden. Das kann z.B. mit einer INSERT-Anweisung erfolgen.

```
SQL> SELECT operation$, account_id, balance
  2  FROM CDC#CV$150395;
OP ACCOUNT_ID   BALANCE
-- ----------   ---------
I     100001      34.45
I     100002    5445.53
```

26.5 Transportable Tablespaces

Transportable Tablespaces sind ein überaus effizienter Weg, Daten in ein Data Warehouse zu bringen. Es sind keine aufwendigen Entlade- und Ladeprozesse erforderlich, die Tablespace wird einfach von einer Datenbank in eine andere transportiert und mit ihr alle Daten. Aber auch für das Übertragen aus dem Data Warehouse in einen Data Mart ist das Feature sehr gut geeignet.

In Oracle 10g ist es möglich, Tablespaces zwischen verschiedenen Plattformen und Betriebssystemen zu transportieren. Das folgende Beispiel beschreibt, wie eine Tablespace aus einer Windows-Datenbank in eine Linux-Datenbank transportiert werden kann.

Transportable Tablespaces — Kapitel 26

Eine Tablespace Plattform-übergreifend transportieren

1. Überprüfen Sie, ob die Plattformen den Transport unterstützen. Da das Endian-Format gleich ist, ist keine Konvertierung erforderlich.

    ```
    SQL> SELECT b.platform_name, endian_format
      2  FROM v$transportable_platform a, v$database b
      3  WHERE a.platform_name = b.platform_name;
    PLATFORM_NAME                    ENDIAN_FORMAT
    -----------------------------    --------------
    Microsoft Windows IA (32-bit)    Little
    SQL> SELECT b.platform_name, endian_format
      2  FROM v$transportable_platform a, v$database b
      3  WHERE a.platform_name = b.platform_name;
    PLATFORM_NAME                    ENDIAN_FORMAT
    -----------------------------    --------------
    Linux IA (32-bit)                Little
    ```

2. Sie können eine Tablespace nur dann transportieren, wenn sie »self-contained« ist, das heißt, wenn keine Objektreferenzen in andere Tablespaces bestehen. Verwenden Sie die Prozedur TRANSPORT_SET_CHECK, um dies zu überprüfen.

    ```
    SQL> BEGIN
      2  DBMS_TTS.TRANSPORT_SET_CHECK( 'transport',true);
      3  END;
      4  /
    PL/SQL-Prozedur wurde erfolgreich abgeschlossen.
    SQL> SELECT * FROM TRANSPORT_SET_VIOLATIONS;
    Es wurden keine Zeilen ausgewählt
    ```

3. Erstellen Sie ein Transportable Tablespace Set. Verwenden Sie dazu Data Pump und RMAN.

    ```
    SQL> ALTER TABLESPACE transport READ ONLY;
    Tablespace wurde geändert.
    C:\Temp>expdp system/manager dumpfile=ts.dmp
        TRANSPORT_TABLESPACES=transport DIRECTORY=dpump
    Export: Release 10.1.0.2.0 - Production on Thursday, 15 July, 2004 21:32
    Copyright (c) 2003, Oracle. All rights reserved.
    Connected to: Oracle Database 10g Enterprise Edition Release 10.1.0.2.0
        - Production
    With the Partitioning, OLAP and Data Mining options
    Starting "SYSTEM"."SYS_EXPORT_TRANSPORTABLE_01":  system/********
        dumpfile=ts.dmp TRANSPORT_TABLESPACES=transport DIRECTORY=dpump
    Processing object type TRANSPORTABLE_EXPORT/PLUGTS_BLK
    Processing object type TRANSPORTABLE_EXPORT/TTE_POSTINST/PLUGTS_BLK
    Master table "SYSTEM"."SYS_EXPORT_TRANSPORTABLE_01" successfully loaded/
        unloaded
    ******************************************************************************
    ```

```
Dump file set for SYSTEM.SYS_EXPORT_TRANSPORTABLE_01 is:
  C:\TEMP\TS.DMP
Job "SYSTEM"."SYS_EXPORT_TRANSPORTABLE_01" successfully completed at
    21:33
C:\Temp>rman target /
Recovery Manager: Release 10.1.0.2.0 - Production
Copyright (c) 1995, 2004, Oracle.  All rights reserved.
connected to target database: DEMO (DBID=3275678797)
RMAN> CONVERT TABLESPACE transport
2> TO PLATFORM 'Linux IA (32-bit)'
3> FORMAT 'c:\temp\%U';
Starting backup at 15.07.04
using target database controlfile instead of recovery catalog
allocated channel: ORA_DISK_1
channel ORA_DISK_1: sid=141 devtype=DISK
channel ORA_DISK_1: starting datafile conversion
input datafile fno=00005 name=D:\ORACLE\ORADATA\DEMO\TRANSPORT01.DBF
converted datafile=C:\TEMP\DATA_D-DEMO_I-3275678797_TS-TRANSPORT_FNO-
    5_01FQVFAO
channel ORA_DISK_1: datafile conversion complete, elapsed time: 00:00:04
Finished backup at 15.07.04
```

4. Transportieren Sie das Tablespace Set zur neuen Datenbank.

5. Integrieren Sie das Tablespace Set in die Zieldatenbank.

```
impdp system/manager DUMPFILE=TS.DMP DIRECTORY=tsimp
    TRANSPORT_DATAFILES=transport01.dbf
Import: Release 10.1.0.2.0 - Production on Donnerstag, 15 Juli, 2004
    23:12
Copyright (c) 2003, Oracle.  All rights reserved.
Angemeldet bei: Oracle Database 10g Enterprise Edition Release
    10.1.0.2.0 - Production
With the Partitioning, Oracle Label Security, OLAP and Data Mining
    options
Master-Tabelle "SYSTEM"."SYS_IMPORT_TRANSPORTABLE_01" erfolgreich
    geladen/entladen
"SYSTEM"."SYS_IMPORT_TRANSPORTABLE_01":  system/******** DUMPFILE=TS.DMP
    DIRECTORY=tsimp TRANSPORT_DATAFILES=/u01/oracle/product/10.1.0/db_1/
    oradata/dwhkomp2/transport01.dbf  wird gestartet
Objekttyp TRANSPORTABLE_EXPORT/PLUGTS_BLK wird verarbeitet
Objekttyp TRANSPORTABLE_EXPORT/TTE_POSTINST/PLUGTS_BLK wird verarbeitet
Job "SYSTEM"."SYS_IMPORT_TRANSPORTABLE_01" erfolgreich um 23:13
    abgeschlossen
```

6. Setzen Sie die transportierte Tablespace online.

```
SQL> SELECT tablespace_name, status
  2  FROM dba_tablespaces;
TABLESPACE_NAME                STATUS
------------------------------ ---------
```

```
SYSTEM                          ONLINE
UNDOTBS1                        ONLINE
SYSAUX                          ONLINE
TEMP                            ONLINE
USERS                           ONLINE
EXAMPLE                         ONLINE
TRANSPORT                       READ ONLY
SQL> ALTER TABLESPACE transport READ WRITE;
Tablespace wurde geändert.
```

26.6 Weitere ETL-Features

Beim Laden ist es erforderlich, Daten aus einer externen Quelle auf mehrere Tabellen im Data Warehouse zu verteilen. Bisher musste das mit Hilfe von mehreren INSERT-Befehlen erfolgen. Seit Oracle9*i* gibt es den INSERT-Befehl für mehrere Tabellen. Damit können Sie eine Logik bereits im Ladeprozess unterbringen und Staging-Tabellen vermeiden.

Der INSERT-Befehl erlaubt das Laden mit und ohne Bedingung. Wird keine Bedingung angegeben, dann werden alle Sätze geladen. In Befehlen mit Bedingungen kann für jede Zieltabelle eine WHEN-Klausel benutzt werden. Listing 26.21 zeigt ein Beispiel für einen INSERT-Befehl in zwei Tabellen ohne Bedingung.

```
SQL> INSERT ALL
  2    INTO account_dim
  3    (account_key, zip, opened)
  4    VALUES (account_key, zip, opened)
  5    INTO account_dim_history
  6    (account_key, primary_name, opened)
  7    VALUES (account_key, primary_name, opened)
  8    SELECT account_key, primary_name,
  9    zip, opened
 10    FROM ext_account_dim;
6 Zeilen wurden erstellt.
```

Listing 26.21: INSERT-Befehl in zwei Tabellen ohne Bedingung

Der INSERT-Befehl für mehrere Tabellen kann auch auf dieselbe Tabelle angewandt werden. Dazu werden einfach mehrere INTO-Klauseln verwendet, die sich auf dieselbe Tabelle beziehen. Das ist eine effektive Methode, um Daten von einem denormalisierten Format in ein normalisiertes Format zu überführen. Im Beispiel in Listing 26.22 werden Sätze mehrfach mit verschiedenem time_key in die Tabelle household_facts geladen.

```
SQL> INSERT ALL
  2    INTO household_facts VALUES (
  3    account_key, household_key,branch_key, product_key,
  4    status_key,1,primary_balance,transaction_count)
```

Listing 26.22: Daten mehrfach in dieselbe Tabelle einfügen

Kapitel 26 ETL in der Praxis

```
   5  INTO household_facts VALUES (
   6  account_key, household_key,branch_key, product_key,
   7  status_key,2,primary_balance,transaction_count)
   8  SELECT * FROM ext_household_facts;
6 Zeilen wurden erstellt.
```

Für jede einzelne INTO-Klausel kann eine separate Bedingung unter Benutzung des Schlüsselwortes WHEN angegeben werden. Der Befehl INSERT ALL prüft die Bedingung für jeden selektierten Satz, wogegen INSERT FIRST die Prüfung abbricht, sobald eine der Bedingungen erfüllt ist. Folgerichtig gibt es für INSERT FIRST einen ELSE-Zweig, der für alle Sätze gilt, für die keine der WHEN-Bedingungen erfüllt ist.

Listing 26.23:
Der INSERT FIRST-Befehl für mehrere Tabellen

```
SQL> INSERT FIRST
  2  WHEN time_key > 2 THEN
  3  INTO household_facts
  4  WHEN time_key > 1 THEN
  5  INTO household_facts_hist1
  6  ELSE
  7  INTO household_facts_hist2
  8  SELECT * FROM ext_household_facts;
3 Zeilen wurden erstellt.
```

TIPP

Mit diesen SQL-Befehlen kann der Umweg über Staging-Tabellen zumindest teilweise umgangen werden. Damit kann der ETL-Prozess beschleunigt werden. Vermeiden Sie Staging-Tabellen, wo immer es möglich ist.

Ein weiteres Feature zum Einbinden von Logik in den Ladeprozess ist die MERGE-Anweisung. Vor Einführung der MERGE-Anweisung konnte eine adäquate Funktionalität nur mit einem PL/SQL-Programm unter Verwendung von Cursor erreicht werden. PL/SQL-Programme sind zwar sehr flexibel, aber auch langsam im Vergleich zu SQL-Befehlen. Mit der MERGE-Anweisung kann unterschieden werden, ob der zu ladende Satz bereits in der Zieltabelle vorhanden ist. Im Beispiel in Listing 26.24 wird eine externe Tabelle direkt in die Fact Table geladen. Ist der Satz bereits vorhanden, dann wird ein UPDATE-Befehl durchgeführt, ansonsten wird der Satz eingefügt.

Listing 26.24:
Die MERGE-Anweisung

```
SQL> MERGE INTO household_facts a
  2  USING ext_household_facts b
  3  ON (a.account_key = b.account_key)
  4  WHEN MATCHED THEN
  5  UPDATE SET a.primary_balance = b.primary_balance
  6  WHEN NOT MATCHED THEN
  7  INSERT
  8  (account_key, primary_balance)
  9  VALUES
 10* (b.account_key, b.primary_balance);
1000090 Zeilen integriert.
```

27 Data Warehouse-Administration

Das vorliegenden Kapitel beschäftigt sich mit der Administration von Data Warehouse-Datenbanken. Wie Sie bereits festgestellt haben, gibt es im Data Warehouse eine Reihe von Besonderheiten, die es von anderen Datenbankanwendungen unterscheidet. Ein bedeutender Unterschied ist die Menge an Daten in der Datenbank. Nicht selten erreichen DWH-Datenbanken eine Größe von mehreren Terabyte.

Die Aufnahme der Daten stellt technisch kein Problem dar, so kann in Oracle 10g ein Bigfile Tablespace bis zu 8 Exabyte (8 Millionen Terabyte) aufnehmen. Auch sind die Kosten für Festplattenspeicher drastisch gesunken. Die wohl größte Herausforderung für die Datenbankadministratoren liegt im Erreichen einer akzeptablen Performance für DSS-Abfragen und den Ladeprozess. Das erfordert die Ausnutzung der Features, die Oracle für das Data Warehouse zur Verfügung stellt.

Für die Beispiele in diesem Kapitel verwenden wir ein Star-Schema. Im Folgenden finden Sie Skripte zum Anlegen und Füllen des Schemas. Es handelt sich dabei um ein Beispiel-Schema für das Data Warehouse einer Bank. Wie immer befinden sich die Skripte auf der CD-ROM. Die Dateinamen referenzieren zu den Nummern der Listings, so finden Sie das Skript für Listing 27.01 unter dem Dateinamen 27_01.sql.

Legen Sie zuerst einen Schema-Besitzer mit dem Namen dwh an.

```
SQL> CREATE USER dwh
  2  IDENTIFIED BY dwh
  3  DEFAULT TABLESPACE users;
Benutzer wurde angelegt.
SQL> GRANT CONNECT, RESOURCE TO dwh;
Benutzerzugriff (Grant) wurde erteilt.
SQL> -- Erzeugen der Tabellen fuer DWH Oracle10g Kompendium

SQL> CREATE TABLE time_dim (
  2  time_key        NUMBER   PRIMARY KEY,
  3  year            VARCHAR2(4),
  4  fiscal_quarter  NUMBER(2));
Tabelle wurde angelegt.
SQL> CREATE TABLE status_dim (
```

Listing 27.1:
Den Schema-Besitzer des Star-Schemas anlegen

Listing 27.2:
Die Tabellen für das Star-Schema erstellen

```
  2  status_key        NUMBER   PRIMARY KEY,
  3  status_desc       VARCHAR2(30),
  4  new_accout        VARCHAR2(1),
  5  closed_account    VARCHAR2(1));
Tabelle wurde angelegt.
SQL> CREATE TABLE product_dim (
  2  product_key       NUMBER   PRIMARY KEY,
  3  product_desc      VARCHAR2(30),
  4  product_type      VARCHAR2(10));
Tabelle wurde angelegt.
SQL> CREATE TABLE branch_dim (
  2  branch_key        NUMBER   PRIMARY KEY,
  3  branch_name       VARCHAR2(30),
  4  branch_address    VARCHAR2(30),
  5  branch_city       VARCHAR2(30),
  6  branch_state      VARCHAR2(2),
  7  branch_zip        VARCHAR2(5),
  8  branch_type       VARCHAR2(20));
Tabelle wurde angelegt.
SQL> CREATE TABLE customer_dim (
  2  customer_key      NUMBER   PRIMARY KEY,
  3  customer_name1    VARCHAR2(30),
  4  customer_name2    VARCHAR2(20),
  5  customer_address  VARCHAR2(30),
  6  customer_city     VARCHAR2(20),
  7  customer_state    VARCHAR2(2),
  8  customer_zip      VARCHAR2(5),
  9  customre_phone    VARCHAR2(20));
Tabelle wurde angelegt.
SQL> CREATE TABLE account_facts (
  2  customer_key      NUMBER,
  3  time_key          NUMBER,
  4  status_key        NUMBER,
  5  product_key       NUMBER,
  6  branch_key        NUMBER,
  7  balance           NUMBER(8,2),
  8  transactions      NUMBER(5),
  9  account_number    NUMBER(10));
Tabelle wurde angelegt.
SQL> ALTER TABLE account_facts ADD CONSTRAINT fk_acc_cust
  2  FOREIGN KEY (customer_key) REFERENCES customer_dim (customer_key);
Tabelle wurde geändert.
SQL> ALTER TABLE account_facts ADD CONSTRAINT fk_acc_time
  2  FOREIGN KEY (time_key) REFERENCES time_dim (time_key);
Tabelle wurde geändert.
SQL> ALTER TABLE account_facts ADD CONSTRAINT fk_acc_status
  2  FOREIGN KEY (status_key) REFERENCES status_dim (status_key);
Tabelle wurde geändert.
SQL> ALTER TABLE account_facts ADD CONSTRAINT fk_acc_stat
  2  FOREIGN KEY (product_key) REFERENCES product_dim (product_key);
```

```
Tabelle wurde geändert.
SQL> ALTER TABLE account_facts ADD CONSTRAINT fk_acc_prod
  2  FOREIGN KEY (branch_key) REFERENCES branch_dim (branch_key);
Tabelle wurde geändert.
```

Jetzt werden die Tabellen mit Daten gefüllt. Zur Wahrung der Integritätsbedingungen müssen zuerst die Dimension Tables und danach die Fact Table gefüllt werden. Zwar können die Integritätsbedingungen beim Laden deaktiviert werden, allerdings ist dann die Integrität des Schemas nicht mehr gewährleistet. Die Skripte zum Füllen von Dimension und Fact Tables finden Sie in den Dateien 27_02a.sql und 27_02b.sql auf der CD-ROM.

Erstellen Sie nun die Indexe an der Fact Table gemäß Listing 27.3.

```
SQL> CREATE INDEX i_customer_key
  2  ON account_facts (customer_key)
  3  UNRECOVERABLE;
Index wurde angelegt.
SQL> CREATE INDEX i_time_key
  2  ON account_facts (time_key)
  3  UNRECOVERABLE;
Index wurde angelegt.
SQL> CREATE INDEX i_status_key
  2  ON account_facts (status_key)
  3  UNRECOVERABLE;
Index wurde angelegt.
SQL> CREATE INDEX i_product_key
  2  ON account_facts (product_key)
  3  UNRECOVERABLE;
Index wurde angelegt.
SQL> CREATE INDEX i_branch_key
  2  ON account_facts (branch_key)
  3  UNRECOVERABLE;
Index wurde angelegt.
```

Listing 27.3:
Indexe an der Fact Table erstellen

Vergessen Sie nicht, Tabellen und Indexe zu analysieren. Andernfalls kann der Cost Based Optimizer nicht korrekt arbeiten.

```
SQL> BEGIN
  2  DBMS_STATS.GATHER_SCHEMA_STATS('DWH');
  3  END;
  4  /
PL/SQL-Prozedur wurde erfolgreich abgeschlossen.
```

27.1 Partitionierung

Partitionierung von großen Tabellen und Indexen ist eine effektive Methode, SQL-Abfragen und den Ladeprozess performanter zu machen.

Partitionierung unterstützt die Parallelisierung von Operationen der Oracle-Datenbank. Aber auch die Administration einer Data-Warehouse-Datenbank wird damit erleichtert. Oracle bietet folgende Partitionierungsmethoden für Tabellen:

- Range Partitioning
- Hash Partitioning
- List Partitioning
- Composite Partitioning

Bei der *Range Partitioning*-Methode werden die Partitionen auf der Basis von Bereichen eines Schlüssels gebildet. Für die Tabelle accounts_fact bietet sich an, ein Range Partitioning mit dem time_key als Schlüssel vorzunehmen. So kann für die letzten drei Jahre pro Jahr eine Partition erstellt werden. Die Schlüssel für die einzelnen Partitionen lassen sich durch eine Abfrage bestimmen.

```
SQL> SELECT year, MIN(time_key), MAX(time_key)
  2  FROM time_dim
  3  WHERE year IN (2002,2003,2004)
  4  GROUP BY year;
YEAR MIN(TIME_KEY) MAX(TIME_KEY)
---- ------------- -------------
2002             5             8
2003             9            12
2004            13            16
```

Für eine bessere Verteilung der Daten und eine Erleichterung der Administration wird pro Partition eine Tablespace gebildet.

Listing 27.4:
Tablespaces für Partitionen anlegen

```
SQL> CREATE TABLESPACE accounts_2002
  2  LOGGING
  3  DATAFILE '/u01/oracle/product/10.1.0/db_1/oradata/dwhkomp2/accounts_2002_01.dbf' SIZE 100M AUTOEXTEND
  4  ON NEXT  100M MAXSIZE UNLIMITED EXTENT MANAGEMENT LOCAL
  5  SEGMENT SPACE MANAGEMENT  AUTO;
Tablespace wurde angelegt.
SQL> CREATE TABLESPACE accounts_2003
  2  LOGGING
  3  DATAFILE '/u01/oracle/product/10.1.0/db_1/oradata/dwhkomp2/accounts_2003_01.dbf' SIZE 100M AUTOEXTEND
  4  ON NEXT  100M MAXSIZE UNLIMITED EXTENT MANAGEMENT LOCAL
  5  SEGMENT SPACE MANAGEMENT  AUTO;
Tablespace wurde angelegt.
SQL> CREATE TABLESPACE accounts_2004
  2  LOGGING
```

Partitionierung

```
   3  DATAFILE '/u01/oracle/product/10.1.0/db_1/oradata/dwhkomp2/
accounts_2004_01.dbf' SIZE 100M AUTOEXTEND
   4  ON NEXT  100M MAXSIZE UNLIMITED EXTENT MANAGEMENT LOCAL
   5  SEGMENT SPACE MANAGEMENT   AUTO;
Tablespace wurde angelegt.
SQL> CREATE TABLESPACE accounts_other
   2  LOGGING
   3  DATAFILE '/u01/oracle/product/10.1.0/db_1/oradata/dwhkomp2/
accounts_other_01.dbf' SIZE 100M AUTOEXTEND
   4  ON NEXT  100M MAXSIZE UNLIMITED EXTENT MANAGEMENT LOCAL
   5  SEGMENT SPACE MANAGEMENT   AUTO;
Tablespace wurde angelegt.
```

Jetzt kann die partitionierte Tabelle angelegt werden. Vergessen Sie nicht, eine Partition für alle restlichen Daten anzulegen, deren Schlüssel nicht in die Partitionen passt.

```
SQL> CREATE TABLE account_facts (
   2   customer_key     NUMBER,
   3   time_key         NUMBER,
   4   status_key       NUMBER,
   5   product_key      NUMBER,
   6   branch_key       NUMBER,
   7   balance          NUMBER(8,2),
   8   transactions     NUMBER(5),
   9   account_number   NUMBER(10))
  10  PARTITION BY RANGE (time_key)
  11  (PARTITION p_2002 VALUES LESS THAN (9)
  12   TABLESPACE accounts_2002,
  13   PARTITION p_2003 VALUES LESS THAN (13)
  14   TABLESPACE accounts_2003,
  15   PARTITION p_2004 VALUES LESS THAN (17)
  16   TABLESPACE accounts_2004,
  17   PARTITION p_other VALUES LESS THAN (MAXVALUE)
  18   TABLESPACE accounts_other);
Tabelle wurde angelegt.
```

Listing 27.5:
Eine Tabelle mit Range Partitioning anlegen

Wenn Sie eine Abfrage auf eine partitionierte Tabelle erstellen, dann erkennt Oracle, welche Partitionen zur Ausführung erforderlich sind. Mit Hilfe des Explain-Plans können Sie feststellen, welche Partitionen abgefragt werden.

```
SQL> EXPLAIN PLAN FOR
   2  SELECT SUM(transactions)
   3  FROM account_facts
   4  WHERE time_key < 9;
EXPLAIN PLAN ausgeführt.
SQL> @utlxpls
PLAN_TABLE_OUTPUT
```

Listing 27.6:
Der Explain-Plan für eine partitionierte Tabelle

```
-----------------------------------------------------------------
Plan hash value: 3410857209
-----------------------------------------------------------------
| Id | Operation              | Name         | Rows | Bytes | Cost (%CPU)
| Time    | Pstart| Pstop |
-----------------------------------------------------------------
|  0 | SELECT STATEMENT       |              |   1  |    6  |  460   (8)
| 00:00:06 |       |       |
|  1 |  SORT AGGREGATE        |              |   1  |    6  |
|    |       |       |
|  2 |   PARTITION RANGE SINGLE|             | 482K | 2829K |  460   (8)
| 00:00:06 |   1   |   1   |
|  3 |    TABLE ACCESS FULL   | ACCOUNT_FACTS| 482K | 2829K |  460   (8)
| 00:00:06 |   1   |   1   |
-----------------------------------------------------------------
```

In den Spalten Pstart und Pstop finden Sie die Partitionsnummern. Mit der folgenden Abfrage können Sie feststellen, welche Partitionen sich dahinter verbergen.

Listing 27.7:
Den Partitionsnamen abfragen

```
SQL> SELECT partition_name, high_value,
partition_position
  2  FROM user_tab_partitions
  3  WHERE TABLE_NAME='ACCOUNT_FACTS';
PARTITION_NAME   HIGH_VALUE    PARTITION_POSITION
---------------  ------------  ------------------
P_2002           9                              1
P_2003           13                             2
P_2004           17                             3
P_OTHER          MAXVALUE                       4
```

Sie können, wie in der folgenden Abfrage, in einer SQL-Abfrage eine konkrete Partition ansprechen.

```
SQL> SELECT count(*)
  2  FROM account_facts
  3  PARTITION (p_2002)
  4  WHERE time_key < 9;
COUNT(*)
---------
   480000
```

Doch was passiert, wenn sich Daten in einer anderen Partition befinden? Oracle liefert nur die Daten zurück, die sich in der ausgewählten Partition und nicht in anderen Partitionen der Tabelle befinden.

Partitionierung   Kapitel 27

```
SQL> SELECT count(*)
  2  FROM account_facts
  3  PARTITION (p_2003)
  4  WHERE time_key < 9;
  COUNT(*)
----------
         0
```

Es besteht keine Notwendigkeit, eine SQL-Abfrage auf eine bestimmte Partition zu beschränken. Der Cost Based Optimizer zieht nur die erforderlichen Partitionen für die Abfrage hinzu, das heißt, es entsteht kein Unterschied für die Performance der Abfrage.

:-)
TIPP

Beim *Hash Partitioning* werden die Daten nach einem Hash-Algorithmus auf die Partitionen verteilt. Es wird eine annähernd gleichmäßige Verteilung der Daten auf alle Partitionen erreicht. Hash Partitioning kann angewandt werden, wenn kein Schlüssel zur Verfügung steht, der eine sinnvolle Aufteilung der Daten nach bestimmten Kriterien unterstützt. In Listing 27.8 finden Sie ein Beispiel für das Erstellen einer Tabelle mit Hash Partitioning. Die Erstellung der Tabelle ist mit wenig Aufwand verbunden. Sie geben nur die Anzahl der gewünschten Partitionen an und Oracle vergibt die Partitionsnamen automatisch.

```
SQL> CREATE TABLE account_facts_2 (
  2    customer_key      NUMBER,
  3    time_key          NUMBER,
  4    status_key        NUMBER,
  5    product_key       NUMBER,
  6    branch_key        NUMBER,
  7    balance           NUMBER(8,2),
  8    transactions      NUMBER(5),
  9    account_number    NUMBER(10))
 10  PARTITION BY HASH (customer_key)
 11  PARTITIONS 4;
Tabelle wurde angelegt.
```

Listing 27.8:
Eine Tabelle mit Hash Partitioning anlegen

Mit *List Partitioning* können Sie direkt festlegen, welche Schlüsselwerte zu welcher Partition gehören sollen. Der Vorteil gegenüber dem Range Partitioning besteht darin, dass Sie Schlüsselwerte einer Partition zuordnen können, auch wenn sie nicht einen zusammenhängenden Schlüsselbereich bilden. Das Listing 27.9 liefert ein Beispiel für das Erstellen einer Tabelle mit List Partitioning.

```
SQL> CREATE TABLE customer_dim_2 (
  2    customer_key      NUMBER    PRIMARY KEY,
  3    customer_name1    VARCHAR2(30),
  4    customer_name2    VARCHAR2(20),
  5    customer_address  VARCHAR2(30),
```

Listing 27.9:
Eine Tabelle mit List Partitioning erstellen

Kapitel 27 Data Warehouse-Administration

```
  6  customer_city    VARCHAR2(20),
  7  customer_state   VARCHAR2(2),
  8  customer_zip     VARCHAR2(5),
  9  customre_phone   VARCHAR2(20))
 10  PARTITION BY LIST(customer_state)
 11  (PARTITION p_west VALUES ('CA','OR','WA'),
 12   PARTITION p_east VALUES ('NY','CT','FL'));
Tabelle wurde angelegt.
```

Es stellt sich die Frage, was passiert, wenn ein Schlüsselwert keiner Partition zugeordnet werden kann. Sie erhalten einen Oracle-Fehler so wie im folgenden Beispiel.

```
SQL> INSERT INTO customer_dim_2
  2  (customer_state)
  3  VALUES ('TX');
INSERT INTO customer_dim_2
            *
FEHLER in Zeile 1:
ORA-14400: Eingefügter Partitionsschlüssel kann keiner Partition zugeordnet
    werden
```

> **:-) TIPP**
>
> *Erstellen Sie für alle Partitionsarten immer eine Partition zur Aufnahme der restlichen oder der fehlerhaften Schlüsselwerte. Damit vermeiden Sie Oracle-Fehler beim Laden.*

Im Fall einer Tabelle mit List Partitioning können Sie, so wie in Listing 27.10, eine Partition mit dem Wert DEFAULT anlegen.

Listing 27.10: Eine Partition mit dem Wert DEFAULT hinzufügen

```
SQL> ALTER TABLE customer_dim_2
  2  ADD PARTITION p_defaul VALUES (DEFAULT);
Tabelle wurde geändert.
```

Jetzt können Sie beliebige Werte für den Schlüssel in der Tabelle speichern.

```
SQL> INSERT INTO customer_dim_2
  2  (customer_state)
  3  VALUES ('TX');
1 Zeile wurde erstellt.
```

Mit *Composite Partitioning* können Sie Range Partitioning mit Hash Partitioning und List Partitioning kombinieren. Die Daten werden zuerst in die Bereiche des Range Partitioning und danach in die Sub-Partitionen des Hash Partitioning bzw. des List Partitioning verteilt.

Listing 27.11: Eine Tabelle mit Composite Partitioning anlegen

```
SQL> CREATE TABLE account_facts_3 (
  2  customer_key    NUMBER,
  3  time_key        NUMBER,
```

```
 4   status_key       NUMBER,
 5   product_key      NUMBER,
 6   branch_key       NUMBER,
 7   balance          NUMBER(8,2),
 8   transactions     NUMBER(5),
 9   account_number   NUMBER(10))
10  PARTITION BY RANGE (time_key)
11  SUBPARTITION BY LIST(product_key)
12  (PARTITION p_2002 VALUES LESS THAN (9)
13  (SUBPARTITION p_prod11 VALUES (1,4),
14  SUBPARTITION p_prod12 VALUES (2,3,5)),
15  PARTITION p_2003 VALUES LESS THAN (13)
16  (SUBPARTITION p_prod21 VALUES (1,4),
17  SUBPARTITION p_prod22 VALUES (2,3,5))
18  );
Tabelle wurde angelegt.
```

27.2 Indexe

Mit der Verwendung von partitionierten Tabellen stellt sich die Frage nach partitionierten Indexen. In Oracle 10g gibt es zwei Arten:

- Local Partitioned Index
- Global Partitioned Index

Ein *Local Partitioned Index* besteht aus Schlüsseln, die ausschließlich auf Datensätze der zugehörigen Partition verweisen. Oracle erstellt für jede Partition der Tabelle einen Local Partitioned Index. Wird eine Partition der Tabelle gelöscht, geteilt, zusammengefasst oder hinzugefügt, dann werden die zugehörigen Indexpartitionen automatisch gepflegt und der neuen Partitionierungsstruktur angepasst. Ein Local Partitioned Index bietet folgenden Vorteile:

- Wird bei Wartungsarbeiten die Struktur der Partitionierung verändert (SPLIT, ADD, MERGE), dann müssen nur die lokalen Indexe neu gebildet werden, die zu den geänderten Tabellenpartitionen gehören.
- Die Zeit für Wartungsarbeiten wird deutlich reduziert, da nicht der gesamte Index neu erstellt oder aktualisiert werden muss.
- Durch die eindeutige Zuordnung zu einer Tabellenpartition kann der Optimizer einen effizienteren Explain-Plan erstellen.
- Recovery-Zeiten für Partitionen werden wesentlich verkürzt.

In Listing 27.12 finden Sie die Syntax für das Erstellen lokaler Indexe an der Fact Table account_facts. Durch Angabe des Schlüsselworts PARALLEL wird die Indexerstellung parallelisiert. Das führt zu einer Beschleunigung des Erstellungsprozesses.

Listing 27.12:
Einen Local Partitioned Index erstellen

```
SQL> CREATE INDEX i_customer_key
  2  ON account_facts(customer_key)
  3  TABLESPACE dwhind
  4  PARALLEL (DEGREE DEFAULT)
  5  LOCAL
  6  (PARTITION "P_2002" ,
  7  PARTITION "P_2003" ,
  8  PARTITION "P_2004" ,
  9  PARTITION "P_OTHER" );
Index wurde angelegt.
```

Ein *Global Partitioned Index* ist schwerer zu verwalten, da er über die gesamte Tabelle gebildet wird. Kommt es zu Veränderungen in der Struktur der Tabellenpartitionen (MOVE, SPLIT, DROP, ADD), dann muss der gesamte Index neu erstellt bzw. aktualisiert werden. Dieser Indextyp ist für große partitionierte Tabellen nicht zu empfehlen.

> **TIPP**
>
> *Ein weiterer Vorteil eines Local Partitioned Index ist die Möglichkeit, die einzelnen Partitionen in unterschiedlichen Tablespaces unterzubringen und damit eine bessere Verteilung auf unterschiedliche Festplatten oder Disk-Gruppen zu erreichen. Werden zusätzlich die Prozesse noch parallelisiert, dann kann z.B. bei einem Index Scan eine sehr gute Performance auch über sehr große Tabellen erreicht werden.*

Bitmap-Indexe kommen in Data Warehouse-Datenbanken recht häufig zum Einsatz. Bitmap-Indexe sind besser als B-Tree-Indexe, wenn die folgenden Voraussetzungen erfüllt sind:

- Die Anzahl der unterschiedlichen Werte im Index ist gering gegenüber der Anzahl der Index-Einträge.
- Der Index muss nicht permanent aktualisiert werden, er wird überwiegend von Abfragen benutzt, nicht im Zusammenhang mit DML-Anweisungen.

Beide Voraussetzungen sind im Data Warehouse häufig erfüllt. So wird der Index in der Regel nur beim Ladevorgang erstellt oder aktualisiert und für den Rest der Zeit von DSS-Abfragen verwendet. Gerade in einem Star-Schema weisen viele Index-Einträge nur eine geringe Anzahl von unterschiedlichen Werten auf. Das trifft auf Indexschlüssel zu, die durch die Fremdschlüssel in den Fact Tables gebildet werden. Ein klassisches Beispiel ist ein Index über die Spalte »Geschlecht«, die nur zwei Werte aufweist. Oracle speichert pro Indexeintrag eine Bitmap, so wie im folgenden Beispiel:

```
männlich 0 1 1 0 1 0 1 1 1 1 0 0 0 1
weiblich 1 0 0 1 0 1 0 0 0 0 1 1 1 0
```

Jede Bitmap besitzt eine Verbindung zur ROWID. Wie beim B-Tree-Index werden die Daten über die ROWID gelesen.

In unserem Beispiel-Data-Warehouse ist der status_key ein sehr guter Kandidat für einen Bitmap-Index. Er kann nur sechs unterschiedliche Werte aufweisen. Die Anweisung in Listing 27.13 erstellt einen Bitmap-Index.

```
SQL> CREATE BITMAP INDEX i_status_key
  2  ON account_facts (status_key)
  3  TABLESPACE dwhind
  4  PARALLEL (DEGREE DEFAULT)
  5  LOCAL
  6  (PARTITION "P_2002",
  7  PARTITION "P_2003",
  8  PARTITION "P_2004",
  9  PARTITION "P_OTHER");
Index wurde angelegt.
```

Listing 27.13:
Einen Bitmap-Index erstellen

Ein Bitmap-Index ist immer lokal. Sie können keinen globalen Bitmap-Index für eine partitinionierte Tabelle erstellen. Der Erstellungsprozess für einen Bitmap-Index ist naturgemäß wesentlich kürzer als für einen B-Tree-Index, da keine aufwendigen Sortiervorgänge erforderlich sind.

Die folgenden Punkte fassen die Vorteile von Bitmap-Indexen zusammen:

- Die Laufzeiten für SQL-Abfragen werden reduziert.
- Ein Bitmap-Index benötigt weniger Speicher auf der Festplatte und im Hauptspeicher.
- Die Erstellung eines Bitmap-Index ist schneller und verbraucht weniger Ressourcen. Damit wird der Ladeprozess deutlich entlastet.

Seit Oracle9i können so genannte *Bitmap Join-Indexe* erstellt werden. Dabei handelt es sich um einen Bitmap-Index für mehr als eine Tabelle. Die ROWIDs für alle beteiligten Tabellen werden im Index gespeichert. Bitmap-Join-Indexe sind in Data Warehouse-Datenbanken besonders interessant für die Verbindung von Fact und Dimension Tables.

```
SQL> CREATE BITMAP INDEX i_status_key_join
  2  ON account_facts(status_dim.status_key)
  3  FROM account_facts, status_dim
  4  WHERE account_facts.status_key =
status_dim.status_key
  5  TABLESPACE dwhind
  6  PARALLEL (DEGREE DEFAULT)
```

Listing 27.14:
Einen Bitmap-Join-Index anlegen

```
7 LOCAL;
Index wurde angelegt.
```

Für Bitmap Join-Indexe existieren folgende Einschränkungen:

- Parallele DML-Anweisung an der Fact Table werden nicht unterstützt.
- Bitmap Join-Indexe können nicht für IOT und temporäre Tabellen gebildet werden.
- Jede Tabelle darf nur einmal in der Vereinigung auftreten.
- Es darf nur eine Tabelle gleichzeitig geändert werden.
- Die Spalten der Dimension Table müssen ein Primärschlüssel sein oder einen Unique Constraint aufweisen.

27.3 Materialized Views (MV)

Materialized Views werden im Data Warehouse zum Replizieren von Daten und für das Summary Management verwendet. In den Anfängen des Data Warehouse wurde die Summenbildung häufig vernachlässigt. Die Folge war eine schlechte Performance, da die Informationen häufig mit Full Table Scans (FTS) auf den Fact Tables gesammelt wurden. Dabei ist nicht nur die Tatsache zu beachten, dass die Abfragen selbst lange laufen, sie binden auch Ressourcen, die dringend für andere Abfragen benötigt werden, und reduzieren damit die Performance des Data Warehouse in seiner Gesamtheit.

Inzwischen hat man erkannt, dass Summen den wohl wichtigsten Einfluss auf die Geschwindigkeit von DSS-Abfragen ausüben. Folgerichtig wurde der Begriff *Summary Management* eingeführt. Das Summary Management beschäftigt sich mit allen Methoden zur Summenbildung im Data Warehouse.

Die Oracle-10g-Datenbank selbst bietet eine Reihe von Features für das Summary Management an. Mit Query Rewrite (deutsch: »Neuschreiben der Abfrage«) wird eine SQL-Abfrage durch die Oracle-Datenbank geändert. Dabei wird das Materialized View mit den summierten Werten anstelle der Originaltabelle verwendet. Der SQLAccess Advisor gibt Empfehlungen zur Erstellung und Verwendung von Materialized Views in Abhängigkeit vom aktuellen Workload.

Detaillierte Informationen zum SQLAccess Advisor finden Sie in Kapitel 12 »Data Warehouse und Business Intelligence« im Teil »Neue Features«.

Materialized Views (MV)

> *OLAP-Werkzeuge wie Business Objects bieten ebenfalls ein Summary Management an, vor allem das Neuschreiben der Abfrage. Nutzen Sie möglichst die Oracle-Features. Diese sind in der Datenbank integriert und damit unabhängig vom Werkzeug, mit dem die SQL-Abfragen gestellt werden.*
>
> :-) TIPP

Im Data Warehouse werden Materialized Views für folgende Zwecke erstellt:

- Bildung von Summen zur Beschleunigung der Abfragen. Summenbildung bedeutet, dass eine oder mehrere Dimensionen herausgestrichen werden.

- Erstellen von Vereinigungen über mehrere Dimensionen. Es werden keine Summen gebildet, sondern eine Fact Table mit mehreren Dimension Tables vereinigt. Man spart sich später die Vereinigungen in den SQL-Abfragen, die lange laufen und viele Ressourcen verschlingen.

- Materialized Views können verschachtelt werden, das heißt, ein Materilized View basiert auf der SQL-Abfrage eines anderen. Verschachtelte MVs werden häufig verwendet, um Summen über MVs zu bilden, die zur Vereinigung mehrerer Dimensionen erstellt wurden.

Für Materialized Views existieren zwei Refresh-Methoden, FAST und COMPLETE. Mit der Mehtode COMPLETE wird ein kompletter Neuaufbau des MV vorgenommen. Diese Methode läuft bei großen Tabellen sehr lange und verbraucht viele Ressourcen und ist deshalb für ein Data Warehouse relativ uninteressant. Die Methode FAST REFRESH speichert die Änderungen und arbeitet diese in das MV ein. Das ist die bevorzugte Methode für eine Data Warehouse-Datenbank. Sie können alternativ das Schlüsselwort FORCE verwenden, dann führt Oracle ein FAST REFRESH durch, wenn das möglich ist, sonst ein COMPLETE REFRESH.

Für die Methode FAST REFRESH wird ein Materializied View Log benötigt. Darin werden die Änderungen zur Aktualisierung des MV gespeichert. Physisch ist ein Materialized View Log eine Tabelle.

Im folgenden Beispiel soll ein Materialized View über die Fact Table account_facts mit dem Ziel der Summenbildung erstellt werden. Es sollen Summen pro Geschäftsstelle, Produkt und Zeitraum gebildet werden, das heißt, die Dimensionen customer_dim und status_dim werden ausgelassen.

Für die Aktualisierung soll die FAST REFRESH-Methode verwendet werden. Dazu ist es erforderlich, ein Materialized View Log für die Tabelle account_facts zu erstellen.

Listing 27.15: Ein Materialized View Log erstellen

```
SQL> CREATE MATERIALIZED VIEW LOG
  2  ON account_facts
  3  TABLESPACE users PARALLEL ( DEGREE DEFAULT )
  4  WITH ROWID (ACCOUNT_NUMBER, BALANCE, BRANCH_KEY, CUSTOMER_KEY, PRODUCT_KEY, STATUS_KEY, TIME_KEY, TRANSACTIONS), SEQUENCE
  5  INCLUDING NEW VALUES;
Log von Materialized View wurde erstellt.
```

Jetzt kann das Materialized View erstellt werden. Beachten Sie, dass mit der Option BULD IMMEDIATE ein sofortiges Füllen des MV mit Daten erfolgt. Die Erstellung kann deshalb einige Zeit in Anspruch nehmen.

Listing 27.16: Ein Materialized View für die Summenbildung erstellen

```
SQL> CREATE MATERIALIZED VIEW sum_acct_1
  2  TABLESPACE users
  3  BUILD IMMEDIATE
  4  REFRESH FAST
  5  ON DEMAND
  6  ENABLE QUERY REWRITE
  7  AS
  8  SELECT time_key, branch_key, product_key,
  9  SUM(transactions) trans, SUM(balance) bal
 10  FROM account_facts
 11  GROUP BY time_key, branch_key, product_key;
Materialized View wurde erstellt.
```

In der Option ON DEMAND wird festgelegt, dass die Aktualisierung auf Anforderung erfolgt. Hierfür stellt Oracle das Paket DBMS_MVIEW zur Verfügung. Das ist die Standard-Vorgehensweise im Data Warehouse, da die Datenbank nur im ETL-Prozess geändert wird. Mit ENABLE QUERY REWRITE aktivieren Sie das Neuschreiben der Abfrage für das MV.

> **TIPP** *Das Neuschreiben der Abfrage kann auf Datenbankebene ein- und ausgeschaltet werden. Achten Sie im Data Warehouse darauf, dass der Initialisierungsparameter* query_rewrite_enabled *auf* TRUE *gesetzt ist und damit das Feature für die Datenbank eingeschaltet ist. Sie haben immer noch die Möglichkeit, es für einzelne Materialized Views oder auf Session-Ebene auszuschalten.*

Wenn Sie das soeben gebildete Materialized View in einer typischen Data-Warehouse-Abfrage verwenden, so wie in Listing 27.17, dann werden Sie feststellen, dass die Ausführungszeit aufgrund der gebildeten Summen sehr gering ist.

Listing 27.17: Eine SQL-Abfrage auf das Materialized View

```
SQL> SELECT a.year, a.fiscal_quarter q, b.branch_city, d.product_desc, c.trans
  2  FROM time_dim a, branch_dim b, sum_acct_1 c, product_dim d
  3  WHERE a.time_key = c.time_key
  4  AND b.branch_key = c.branch_key
```

Materialized Views (MV) Kapitel 27

```
  5  AND d.product_key = c.product_key
  6  AND a.year = 2004
  7  AND a.fiscal_quarter = 2
  8  AND b.branch_city = 'Munich';
YEAR          Q BRANCH PRODUCT_DESC             TRANS
----          - ------ --------------------    -------
2004          2 Munich Checking Account         29432
2004          2 Munich Savings Account            400
2004          2 Munich Visa Card                   12
2004          2 Munich Master Card                456
2004          2 Munich AMEX Card                 7879
2004          2 Munich Dicoverer Card           28788
2004          2 Munich Mortgage                    78
2004          2 Munich Car Loan                   757
2004          2 Munich Consumer Loan              676
2004          2 Munich Safety Box                  56
```

Jetzt ist es natürlich kaum praktikabel, dass der Anwender in einem komplexen Data Warehouse alle Summentabellen (MVs) kennt und in Abhängigkeit von der Abfrage die richtige auswählt. Das Summary Management von Oracle ermöglicht, dass die SQL-Abfrage unter Verwendung der Fact Table gestellt wird, die Datenbank die Abfrage umschreibt und das Materialized View verwendet.

Wenn Sie die Abfrage aus Listing 27.17 so umschreiben, dass die Fact Table eingebunden wird, dann werden Sie feststellen, dass Sie das Ergebnis in derselben Zeit zurückbekommen. Die Verwendung des Materialized Views wird bestätigt, wenn Sie den Explain-Plan erstellen.

```
SQL> EXPLAIN PLAN FOR
  2  SELECT a.year, a.fiscal_quarter q, b.branch_city, d.product_desc, SUM(tr
ansactions)
  3  FROM time_dim a, branch_dim b, account_facts c, product_dim d
  4  WHERE a.time_key = c.time_key
  5  AND b.branch_key = c.branch_key
  6  AND d.product_key = c.product_key
  7  AND a.year = 2004
  8  AND a.fiscal_quarter = 2
  9  AND b.branch_city = 'Munich'
 10  GROUP BY a.year, a.fiscal_quarter , b.branch_city, d.product_desc;
EXPLAIN PLAN ausgeführt.
SQL> @utlxpls
PLAN_TABLE_OUTPUT
--------------------------------------------------------
Plan hash value: 3359179667
--------------------------------------------------------
| Id  | Operation                      | Name      | Rows  | Bytes | Cost (
%CPU)| Time     |
--------------------------------------------------------
```

Listing 27.18:
Query Rewrite mit dem Explain-Plan kontrollieren

Kapitel 27   Data Warehouse-Administration

```
|   0 | SELECT STATEMENT          |             |     4 |   212 |    45
  (9)| 00:00:01 |
|   1 |  SORT GROUP BY            |             |     4 |   212 |    45
  (9)| 00:00:01 |
|*  2 |   HASH JOIN               |             |    10 |   530 |    44
  (7)| 00:00:01 |
|   3 |    MERGE JOIN CARTESIAN   |             |    10 |   390 |     9
  (0)| 00:00:01 |
|   4 |     MERGE JOIN CARTESIAN  |             |     1 |    23 |     6
  (0)| 00:00:01 |
|*  5 |      TABLE ACCESS FULL    | TIME_DIM    |     1 |    11 |     3
  (0)| 00:00:01 |
|   6 |      BUFFER SORT          |             |     1 |    12 |     3
  (0)| 00:00:01 |
|*  7 |       TABLE ACCESS FULL   | BRANCH_DIM  |     1 |    12 |     3
  (0)| 00:00:01 |
|   8 |     BUFFER SORT           |             |    10 |   160 |     6
  (0)| 00:00:01 |
|   9 |      TABLE ACCESS FULL    | PRODUCT_DIM |    10 |   160 |     3
  (0)| 00:00:01 |
|  10 |    MAT_VIEW REWRITE ACCESS FULL| SUM_ACCT_1 | 42809 |  585K|    33
  (4)| 00:00:01 |
--------------------------------------------------------
```

Materialized Views können auch zur Vereinigung mit mehreren Dimension Tables gebildet werden. Dabei werden keine Summen gebildet. Solche MVs machen dann Sinn, wenn die Vereinigungen viele Ressourcen verbrauchen und eine lange Laufzeit aufweisen.

Für die FAST REFRESH-Methode müssen folgende Voraussetzungen erfüllt sein:

➤ Für jede Tabelle muss ein Materialized View Log mit ROWID existieren.

➤ Die ROWIDs aller Tabellen müssen in der SELECT-Liste des MV erscheinen.

Listing 27.19: Ein Materialized View für Vereinigungen erstellen

```
SQL> CREATE MATERIALIZED VIEW LOG ON time_dim WITH ROWID;
Log von Materialized View wurde erstellt.
SQL> CREATE MATERIALIZED VIEW LOG ON customer_dim WITH ROWID;
Log von Materialized View wurde erstellt.
SQL> CREATE MATERIALIZED VIEW join_acct_time_cust
  2  TABLESPACE users
  3  BUILD IMMEDIATE
  4  REFRESH FAST
  5  ON DEMAND
  6  ENABLE QUERY REWRITE
  7  AS
  8  SELECT a.rowid acct_rowid, b.rowid time_rowid, c.rowid cust_rowid,
  9  c.customer_name1, c.customre_phone,
 10  b.year, b.fiscal_quarter,
 11  a.transactions, a.balance
```

```
12  FROM account_facts a, time_dim b, customer_dim c
13  WHERE c.customer_key = a.customer_key
14  AND b.time_key = a.time_key;
Materialized View wurde erstellt.
```

Benötigen Sie eine Summenbildung über Werte, die das soeben gebildete MV enthält, dann werden Sie aus Performance-Gründen vorzugsweise auf dieses View zurückgreifen anstatt auf die Fact Table. Ein Materialized View, das auf andere Materialized Views zugreift, wird *verschachteltes Materialized View* genannt.

Das MV, das für die Definition eines weiteren MV verwendet wird, muss ein Materialized View Log besitzen, wenn Sie die FAST REFRESH-Methode verwenden.

```
SQL> CREATE MATERIALIZED VIEW LOG ON join_acct_time_cust WITH ROWID;
Log von Materialized View wurde erstellt.
SQL> CREATE MATERIALIZED VIEW sum_join_acct
  2    TABLESPACE users
  3    BUILD IMMEDIATE
  4    REFRESH FAST
  5    ON DEMAND
  6    ENABLE QUERY REWRITE
  7    AS
  8    SELECT year, SUM(transactions)
  9    FROM join_acct_time_cust
 10    GROUP BY year;
Materialized View wurde erstellt.
```

Listing 27.20: Ein verschachteltes Materialized View erstellen

Beachten Sie bei Verwendung von verschachtelten Materialized Views, dass die Aktualisierung in der Reihenfolge der Abhängigkeiten erfolgen muss. Wenn Sie das Paket DBMS_MVIEW *für die Aktualisierung verwenden, dann können Sie den Parameter* NESTED *auf* TRUE *setzen und damit den gesamten Baum aktualisieren.*

TIPP

Sie können Materialized Views auch im Enterprise Manager verwalten. Wählen Sie das Register ADMINISTRATION auf der Datenbankseite. Unter der Kategorie WAREHOUSE finden Sie die Links MATERIALIZED VIEWS und MATERIALIZED VIEW LOGS.

Wie Sie gesehen haben, ist die Partitionierung von Tabellen ein wesentlicher Beitrag zur Verbesserung von Performance und Wartbarkeit in einem Data Warehouse. Materialized Views, die zur Summenbildung erstellt werden, sind in der Regel wesentlich kleiner als Fact Tables. Allerdings können sie auch hinreichend groß werden, wenn z.B. nur eine Dimension weggelassen wird.

Kapitel 27   Data Warehouse-Administration

Abbildung 27.1:
Materialized Views im Enterprise Manager verwalten

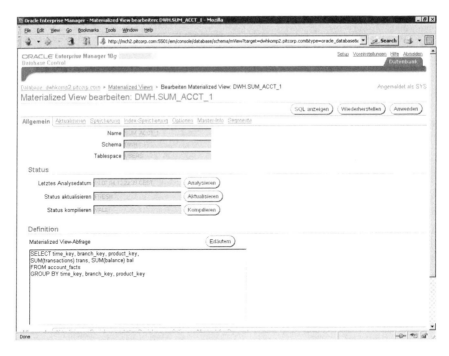

Abbildung 27.2:
Materialized View Logs im Enterprise Manager verwalten

Materialized Views (MV)

Materialized Views, die zum Zwecke der Vereinigung vom Fact Tables und Dimension Tables erstellt werden, erreichen häufig ähnliche Größen wie Fact Tables. Die Partitionierung von Materialized Views ist also durchaus ein Thema.

```sql
SQL> CREATE MATERIALIZED VIEW p_sum_acct
  2  TABLESPACE users
  3  PARALLEL PARTITION BY RANGE (time_key)
  4  (PARTITION p_2002 VALUES LESS THAN (9),
  5   PARTITION p_2003 VALUES LESS THAN (13),
  6   PARTITION p_2004 VALUES LESS THAN (17),
  7   PARTITION p_other VALUES LESS THAN (MAXVALUE))
  8  BUILD IMMEDIATE
  9  REFRESH FAST
 10  ON DEMAND
 11  ENABLE QUERY REWRITE
 12  AS
 13  SELECT time_key, branch_key, product_key,
 14  SUM(transactions) trans, SUM(balance) bal
 15  FROM account_facts
 16  GROUP BY time_key, branch_key, product_key;
Materialized View wurde erstellt.
```

Listing 27.21:
Ein partitioniertes Materialized View erstellen

Ist die Fact Table partitioniert, dann können Sie unter zusätzlichen Voraussetzungen von *Partition Change Tracking (PCT)* Gebrauch machen. Mit PCT ist es möglich, die Zeilen in des Materialized Views zu identifizieren, die aufgrund von Änderungen einzelner Partitionen in der Fact Table nicht mehr aktuell sind. Sie können also eine Beziehung zwischen Sätzen in dem Materialized View und den Partitionen der Fact Table herstellen.

Mit PCT können Sie den Aktualisierungsprozess des Materialized Views wesentlich beschleunigen. Wird z.B. eine Partition der Fact Table entfernt, dann können die zugehörigen Sätze in dem MV identifiziert und gelöscht werden. Dieser Vorgang ist wesentlich schneller als ein Neuaufbau oder eine Aktualisierung des MV.

Beachten Sie bei Einsparungen von intensiven Prozessen im Data Warehouse immer, dass nicht nur der Prozess selbst beschleunigt wird, sondern auch die nicht benötigten Ressourcen anderen Prozessen zur Verfügung stehen. Dies ist umso wichtiger, als dass Data-Warehouse-Datenbanken häufig die zur Verfügung stehenden Ressourcen (CPU, Memory, E/A-Aktivität) fast zu 100% ausnutzen. Sie erzielen also durch die Ausnutzung der Oracle-Features für das Data Warehouse einen Doppeleffekt.

:-)
TIPP

Für den Einsatz von Partition Change Tracking müssen folgende Voraussetzungen erfüllt sein:

- Die Fact Table, von der das MV gebildet wurde, muss partitioniert sein. Die zur Partitionierung verwendete Methode kann Range Partitioning, List Partitioning oder Composite Partitioning sein.
- Der oberste Schlüssel, der zur Partitionierung verwendet wird, darf nur aus eine einzigen Spalte bestehen.
- Die Spalte, die für die Partitionierung der Fact Table herangezogen wurde, muss in der SELECT-Liste des Materialized Views enthalten sein.
- Der Initialisierungsparameter COMPATIBILITY muss auf 9.0.0.0.0 oder höher gesetzt sein
- UNION ALL und Materialized Views, die sich auf Views beziehen, werden nicht unterstützt.

Eine Relation zur Partition der Fact Table kann hergestellt werden, wenn der Partition Key in die SELECT-Liste des Materialized Views aufgenommen wird. Im Beispiel in Listing 27.22 ist der time_key Bestandteil der SELECT-Liste. Der time_key ist gleichzeitig Partition Key der Fact Table, die mit Hilfe des Skripts aus Listing 27.5 erstellt wurde.

Listing 27.22: Ein Materialized View mit Partition Change Tracking erstellen

```
SQL> CREATE MATERIALIZED VIEW sum_acct
  2   TABLESPACE users
  3   BUILD IMMEDIATE
  4   REFRESH FAST
  5   ON DEMAND
  6   ENABLE QUERY REWRITE
  7   AS
  8   SELECT time_key, branch_key, product_key,
  9   SUM(transactions) trans, SUM(balance) bal
 10   FROM account_facts
 11   GROUP BY time_key, branch_key, product_key;
Materialized View wurde erstellt.
```

Alternativ können Sie die Funktion PMARKER aus dem Paket DBMS_MVIEW verwenden. Sie liefert die Partition-ID der Fact Table zurück, in der sich die Sätze befinden. In dem Fall muss der Partition Key nicht zusätzlich in der SELECT-Liste auftauchen.

Listing 27.23: Ein Materialized View mit Partition Marker erstellen

```
SQL> CREATE MATERIALIZED VIEW sum_acct_2
  2   TABLESPACE users
  3   BUILD IMMEDIATE
  4   REFRESH FAST
  5   ON DEMAND
  6   ENABLE QUERY REWRITE
  7   AS
```

```
  8  SELECT DBMS_MVIEW.PMARKER(rowid), branch_key, product_key,
  9  SUM(transactions) trans, SUM(balance) bal
 10  FROM account_facts
 11  GROUP BY DBMS_MVIEW.PMARKER(rowid), branch_key, product_key;
Materialized View wurde erstellt.
```

Im Gegensatz zu anderen Funktionen verhindert PMARKER *nicht Query Rewrite, auch wenn der Rewrite-Modus* QUERY_REWRITE_INTEGRITY=ENFORCED *ist.*

Wird eine DML- oder eine DDL-Operation auf einer Tabelle, auf deren Basis ein Materialized View gebildet wurde, ausgeführt, dann wird das Materialized View als ungültig markiert. Mit der folgenden Anweisung kann das MV wieder gültig gemacht werden.

```
SQL> ALTER MATERIALIZED VIEW p_sum_acct COMPILE;
Materialized View wurde geändert.
```

Nach einem Refresh wird ein Materielized View automatisch als gültig gekennzeichnet. Sie können den Status mit dem View DBA_MVIEWS abfragen.

```
SQL> SELECT owner, mview_name, compile_state
  2  FROM dba_mviews
  3  WHERE owner='DWH';
OWNER   MVIEW_NAME             COMPILE_
-------- ---------------------- --------
DWH     P_SUM_ACCT             VALID
DWH     SUM_ACCT_1             VALID
DWH     JOIN_ACCT_TIME_CUST    VALID
```

Listing 27.24:
Den Status eines Materialized Views abfragen

27.4 Backup and Recovery

Backup and Recovery für ein Data Warehouse unterscheidet sich technisch nicht von Backup and Recovery für OLTP-Datenbanken. Aufgrund der Größe von Data Warehouse-Datenbanken gibt es jedoch einige Besonderheiten zu beachten.

So müssen Sie berücksichtigen, dass ein erneutes Laden schneller sein kann als ein Restore mit Recovery. Die Backup-Strategie hängt auch davon ab, in welchem Rhythmus das DWH geladen wird. Üblich sind tägliche oder wöchentliche Ladevorgänge.

Da Data Warehouse-Datenbanken sehr groß sind, sind tägliche Gesamtsicherungen nicht zu empfehlen. Dabei stellt sich die Frage, ob die Datenbank im ARCHIVELOG-Modus betrieben werden sollte. Bedenken Sie, dass Änderungen nur während des Ladeprozesses vorgenommen werden und dass eine

Wiederholung des Ladevorgangs schneller sein kann als ein Restore und Recovery.

Der ARCHIVELOG-Modus für ein Data Warehouse bringt folgende Nachteile mit sich:

- Der Ladeprozess wird verlangsamt.
- Ein Recovery kann sehr lange laufen, insbesondere, wenn die letzte Gesamtsicherung länger zurückliegt.

Andererseits können Sie im NOARCHIVELOG-Modus nur eine OFFLINE-Sicherung durchführen, das heißt, die Datenbank ist während der Sicherung nicht verfügbar.

Es gibt sicher keine Universallösung, da die Backup-Strategie auch von der geforderten Verfügbarkeit abhängt. Obwohl Data Warehouse-Datenbanken keine Hochverfügbarkeitssysteme sind, ist es jedoch häufig der Fall, dass eine möglichst hohe Verfügbarkeit erreicht werden soll.

Bekommt die Forderung nach Verfügbarkeit nicht die oberste Priorität, dann lässt sich folgende Strategie empfehlen:

- Die Datenbank läuft im NOARCHIVELOG-Modus.
- Einmal wöchentlich erfolgt eine Gesamtsicherung im OFFLINE-Status.
- Täglich bzw. montags bis freitags wird nach dem Ladevorgang eine inkrementelle OFFLINE-Sicherung angefertigt. Alternativ kann entschieden werden, auf eine tägliche Sicherung zu verzichten und im Havariefall die letzte Wochensicherung einzuspielen und die Ladevorgänge für die ausstehenden Tage zu wiederholen.

Wird eine höhere Verfügbarkeit gefordert, dann müssen Sie in Betracht ziehen, die Datenbank im ARCHIVELOG-Modus laufen zu lassen. Dies beeinträchtigt die Performance des Ladeprozesses erheblich und Sie können Features, die das Logging ausschalten, nicht benutzen. In dem Fall lässt sich folgende Strategie empfehlen:

- Die Datenbank läuft im ARCHIVELOG-Modus.
- Einmal wöchentlich erfolgt eine Gesamtsicherung im ONLINE- oder OFFLINE-Modus.
- Täglich kann eine inkrementelle Sicherung erfolgen. Auf die tägliche Sicherung kann verzichtet werden, stattdessen kann im Havariefall ein Recovery, von der letzten Wochensicherung ausgehend, durchgeführt werden.

Wenn Sie eine Staging Area verwenden, dann sollten Sie diese in eigenen Tablespaces unterbringen. Dann können Sie diese einfach von der Sicherung ausschließen.

Es gibt keine Notwendigkeit, die Datenbank außerhalb der festgelegten Ladezeiten zu verändern. In der Praxis wird jedoch versucht, das Prinzip zu unterwandern. Sie können das verhindern, indem Sie die Tablespaces oder die gesamte Datenbank außerhalb der Ladezeiten in den READ ONLY-Status setzen.

Detaillierte Informationen zum Thema Datenbanksicherung finden Sie in Kapitel 19 »Backup and Recovery«.

28 Analyse und Reports

Das Auffinden, Auslesen und die Aufbereitung der in einem Data Warehouse gespeicherten Daten ist ein weiterer Schwerpunkt in einem Data-Warehouse-Projekt. Dabei handelt es sich keineswegs um einen trivialen Vorgang.

Einerseits gilt es, die für eine Auswertung benötigten Daten zu finden und auszuwählen, andererseits müssen die Daten in akzeptabler Zeit ausgelesen und in der gewünschten Form aufbereitet werden.

Es werden zwei Arten von Abfragen unterschieden, *Reports* und *Ad-hoc Queries*. Reports sind gespeicherte, immer wiederkehrende Abfragen, wogegen Ad-hoc Queries spontan eingestellt werden.

Weshalb ist dieser Unterschied so wichtig? In großen Data-Warehouse-Datenbanken können Abfragen sehr lange laufen. Ein Report ist dem Administrator bekannt, das heißt, er kann die Voraussetzungen schaffen, dass er performant und mit reduziertem Ressourcenverbrauch ausgeführt wird. Ad-hoc Queries werden kurz vor ihrer Ausführung zusammengestellt. Hier besteht keine Einflussnahme durch den Administrator.

Dabei sind die Möglichkeiten für das Tuning von Reports vielschichtig. Sie reichen von der Optimierung der SQL-Texte unter Verwendung von Optimizer Hints, über das Summary Management bis zur Auslagerung von Daten in Data Marts.

Ad-hoc Queries entstehen aus einem spontanen Bedarf heraus. Dabei werden häufig mehrere Abfragen abgesetzt, bis die gewünschten Daten ausgelesen sind. Unter Umständen bewegt man sich auf verschiedenen Ebenen und dringt tiefer ins Detail vor. Dieser Vorgang wird *Drill Down* genannt. Drill Down im Data Warehouse bedeutet die Hinzunahme weiterer Dimensionen.

Achten Sie darauf, dass der Anteil von Ad-hoc Queries gegenüber Reports nicht zu groß wird. Ad-hoc Queries laufen in der Regel länger und verbrauchen wertvolle Ressourcen. Sollte von vornherein klar sein, dass der Anteil von Ad-hoc Queries sehr hoch ist, dann sollte die Architektur überdacht werden. So können Sie zusätzliche Data Marts erstellen oder OLAP und

Data Mining einsetzen. OLAP steht für Online Analytic Processing. Dabei handelt es sich um eine spezielle Speicherform in der Datenbank. Die Daten werden nicht in relationaler, sondern in einer mehrdimensionalen Form gespeichert. Damit kann einerseits eine bessere Performance für Abfragen erreicht werden, andererseits wird das Aufspüren von Informationen erleichtert. Im Zusammengang mit OLAP gibt es spezielle Data-Mining-Tools und -Methoden, die das Vorgehen bei Ad-hoc-Abfragen und -Analysen besser unterstützen.

Oracle unterstützt das Erstellen von Analysen und Reports durch spezielle Features. Es gibt Analyse- und Report-Werkzeuge anderer Hersteller, die eine grafische Oberfläche bieten. Diese Werkzeuge werden *OLAP-Tools* genannt, obwohl sie vorwiegend für Abfragen von relationalen Data-Warehouse-Datenbanken geeignet sind. Das bekannteste ist Business Objects.

Einige der Features der OLAP-Tools sind in der Oracle-Datenbank enthalten. Sie besitzen z.B. ein Summary Management. An dieser Stelle müssen Sie überlegen, auf welcher Schicht die Features eingesetzt werden sollen. Die Verwendung in der Oracle-Datenbank bietet den Vorteil, dass sie unabhängig von den eingesetzten Client-Programmen funktioniert. So funktioniert das Query Rewrite auch, wenn Sie eine SQL-Anweisung mit SQL*Plus abschicken.

Das vorliegende Kapitel beschäftigt sich ausschließlich mit den Features für Analyse und Reporting, die Bestandteil der Oracle-Datenbank sind.

28.1 SQL für Data Warehouse-Abfragen

Oracle 10g stellt ein umfangreiches Paket von SQL-Funktionen für Analyse und Reporting für eine Data-Warehouse-Datenbank zur Verfügung. Dabei handelt es sich um so genannte Built-In Functions, die Bestandteil des SQL-Prozessors sind. Diese Funktionen lassen sich in folgende Gruppen unterteilen:

- Ranking-Funktionen
- Lag/Lead-Analyse
- First/Last-Analyse
- Moving Window-Funktionen
- Linear Regression-Funktionen

In Tabelle 28.1 finden Sie eine Kurzbeschreibung der Funktionsgruppen.

Funktionstyp	Beschreibung
Ranking	Berechnung von Rängen und Prozentsätzen
Windowing	Berechnung von kumulativen und laufenden Summen
Reporting	Berechnung von Anteilen, z.B. Marktanteilen
LAG/LEAD	Finden eines Satzes, der eine bestimmte Anzahl von Sätzen entfernt ist
FIRST/LAST	Finden des ersten oder letzten Satzes in einer Gruppe
Linear Regression	Berechnung von linearer Rückentwicklung und anderen Statistiken
Inverse Percentile	Finden von Werten, die einem gewissen Prozentsatz entsprechen
Hypothetical Rank and Distribution	Bestimmen des Rangs oder Prozentsatzes, den ein Satz hätte, wenn er in eine Datenmenge eingefügt würde

Tabelle 28.1: Gruppen analytischer Funktionen

Analytische Funktionen werden in mehreren Schritten verarbeitet:

1. Ausführung der SQL-Anweisung unter Berücksichtigung der Klauseln für JOINS, WHERE, GROUP BY und HAVING.
2. Erstellen von Partitionen für das Resultset. Die analytischen Funktionen werden auf jeden Datensatz in jeder Partition angewandt. Dieser Schritt wird parallelisiert.
3. Zum Schluss wird, falls erforderlich, die ORDER BY-Klausel berücksichtigt und die Ergebnisse werden sortiert.

Analytische Funktionen können parallelisiert werden. Dadurch entsteht eine signifikante Verbesserung der Performance.

Im zweiten Schritt werden Partitionen für das Zwischenergebnis gebildet. Diese Partitionen haben keine Beziehung zu den Partitionen einer Tabelle. Ein Vorzug dieses Vorgehens ist, dass die anschließenden Sortiervorgänge zur Berücksichtigung der GROUP BY-Klausel parallelisiert werden können.

Außerdem kann für jeden Satz in den Partitionen ein gleitendes Fenster definiert werden. Dieses Fenster umfasst einen bestimmten Bereich von Sätzen, auf die analytische Funktionen angewandt werden können. Jedes Fenster besteht aus einer Anfangs- und einer Endzeile. Anfang und Ende können sich innerhalb der Partition bewegen. Im Extremfall kann ein Fenster alle Datensätze einschließen.

Kapitel 28 Analyse und Reports

Jede Berechnung, die mit Hilfe einer analytischen Funktion ausgeführt wird, basiert auf der aktuellen Zeile. Sie dient als Referenzpunkt, alle Positionen werden relativ zur aktuellen Zeile berechnet. In Abbildung 28.1 ist Zeile 103 die aktuelle Zeile. Das Fenster reicht (einschließlich) von Zeile 83 (aktuelle Zeile minus 20) bis Zeile 124 (aktuelle Zeile plus 21). Mit dem Verschieben der aktuellen Zeile verschiebt sich das Fenster.

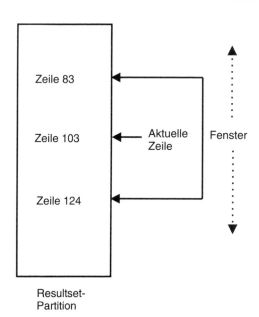

Abbildung 28.1: Aktuelle Zeile und Fenster in einer Partition

Eine Ranking-Funktion berechnet den Rang eines Satzes im Vergleich zu den anderen Sätzen abhängig von bestimmten Regeln. Im folgenden Beispiel werden Quartalssummen über Kontostände und Transaktionen gebildet.

Listing 28.1: SQL-Abfrage mit RANK-Funktion

```
SQL> SELECT a.fiscal_quarter fq,SUM(b.balance)
  2  balance,
  3  sum(b.transactions) transactions,
  4  RANK() OVER (ORDER BY SUM(b.balance)) AS
  5  default_rank,
  6  RANK() OVER (ORDER BY SUM(b.transactions)) AS
  7  second_rank
  8  FROM time_dim a, account_facts b
  9  WHERE b.time_key = a.time_key
 10  GROUP BY a.fiscal_quarter;
FQ    BALANCE    TRANSACTIONS  DEFAULT_RANK  SECOND_RANK
---   ----------  ------------  ------------  -----------
  1   2223375000   5058900000             1            1
  2   2231625000   5105100000             3            2
  3   2239875000   5082000000             2            3
  4   2248125000   5128200000             4            4
```

Die ORDER BY-Klausel gibt an, nach welchen Kriterien der Rang gebildet werden soll. Im Beispiel wurden keine Partitionen erstellt, damit wird die RANK-Funktion auf alle Sätze angewandt. Bei der Verwendung von mehreren RANK-Funktionen bestimmt die letzte die Sortierreihenfolge für die Ausgabe.

Im folgenden Beispiel sollen die drei besten Niederlassungen für den Monat August ermittelt werden. Dafür bietet sich die Verwendung einer Top-N-Ranking-Funktion an. Die Ranking-Funktion wird über ein Sub-Query gelegt.

```
SQL> SELECT * FROM (
  2  SELECT a.branch_city,sum(b.balance),
  3  RANK() OVER (ORDER BY SUM(b.balance) DESC)
  4  AS branch_rank
  5  FROM branch_dim a, account_facts b
  6  WHERE b.branch_key = a.branch_key
  7  AND b.time_key =8
  8  GROUP BY a.branch_city)
  9  WHERE branch_rank < 4;
BRANCH_CITY            SUM(B.BALANCE) BRANCH_RANK
---------------------- -------------- -----------
Albany                         438750           1
Atlanta                          3837           2
Chicago                           250           3
```

Listing 28.2:
Beispiel für eine Top-N-Ranking-Abfrage

Die Funktion ROW_NUMBER weist dem Resultset eine sequenzielle Nummer in der Reihenfolge der Sätze zu, wie sie durch die ORDER BY-Klausel definiert ist.

```
SQL> SELECT a.year, a.fiscal_quarter, SUM(b.transactions) trans,
  2  ROW_NUMBER() OVER (ORDER BY SUM(b.transactions) DESC) AS ROW_NUMBER
  3  FROM time_dim a, account_facts b
  4  WHERE a.time_key = b.time_key
  5  AND a.year = 2004
  6  GROUP BY a.year, a.fiscal_quarter;
YEAR FISCAL_QUARTER      TRANS ROW_NUMBER
---- -------------- ---------- ----------
2004              4    3360000          1
2004              3    3150000          2
2004              2    2940000          3
2004              1    2730000          4
```

Listing 28.3:
Die Funktion ROW_NUMBER verwenden

Windowing-Funktionen sind sehr nützlich, wenn in einer Zeile verschiedene kumulative Werte dargestellt werden sollen. Sie können die Grenzen für die Fenster angeben und Partitionen definieren.

In Listing 28.4 wird eine kumulative, aggregierte Funktion verwendet. In der Spalte CUM_TRANS werden die summierten Werte der Spalte TRANS kumulativ aufsummiert.

Listing 28.4:
Kumulative und aggregierte Funktionen

```
SQL> SELECT a.year, a.fiscal_quarter,
  2  TO_CHAR(SUM(b.transactions),'9999999999999') AS TRANS,
  3  TO_CHAR(SUM(SUM(b.transactions))
  4  OVER (PARTITION BY a.year ORDER BY a.year, a.fiscal_quarter
  5  ROWS UNBOUNDED PRECEDING),'9999999999999') AS CUM_TRANS
  6  FROM time_dim a, account_facts b
  7  WHERE year = 2003
  8  GROUP BY a.year, a.fiscal_quarter
  9  ORDER BY a.year, a.fiscal_quarter;
YEAR FISCAL_QUARTER TRANS           CUM_TRANS
---- -------------- --------------  --------------

2003              1    20374200000     20374200000
2003              2    20374200000     40748400000
2003              3    20374200000     61122600000
2003              4    20374200000     81496800000
```

In der Abfrage in Listing 28.5 wird zusätzlich eine Spalte mit dem Durchschnittswert der letzten vier Monate gebildet. Das Fenster schließt den aktuellen Satz sowie die vorhergehenden drei Sätze ein.

Listing 28.5:
Windowing-Funktion mit logischer Verschiebung

```
SQL> SELECT a.year, a.fiscal_quarter,
  2  TO_CHAR(AVG(b.transactions),'9999999999999') AS TRANS,
  3  TO_CHAR(SUM(SUM(b.transactions))
  4  OVER (ORDER BY a.year, a.fiscal_quarter
  5  ROWS 3 PRECEDING) ,'9999999999999') AS AVG_TRANS
  6  FROM time_dim a, account_facts b
  7  WHERE year = 2001
  8  GROUP BY a.year, a.fiscal_quarter
  9  ORDER BY a.year, a.fiscal_quarter;
YEAR FISCAL_QUARTER TRANS           AVG_TRANS
---- -------------- --------------  --------------

2001              1            772            6767
2001              2            435             123
2001              3           1273             435
2001              4           2384             987
```

Die CUME_DIST-Funktion berechnet die Position eines Wertes für einen speziellen Wertebereich. Die Funktion ist vergleichbar mit der RANK-Funktion.

Listing 28.6:
Die CUME_DIST-Funktion

```
SQL> SELECT a.year, a.fiscal_quarter,
  2  TO_CHAR(SUM(b.transactions), '999999999999999') TRANSACTIONS,
  3  CUME_DIST() OVER (PARTITION BY a.year
  4  ORDER BY SUM(b.transactions)) AS CUME_DIST
  5  FROM time_dim a, account_facts b
  6  WHERE year = 2003
  7  GROUP BY a.year, a.fiscal_quarter;
     YEAR FISCAL_QUARTER TRANSACTIONS      CUME_DIST
     ---- -------------- ----------------  ---------

     2003              2             4567        ,25
     2003              4            23432         ,5
```

```
2003           3            543543         ,75
2003           1            885583          1
```

Während CUME_DIST die Prozentwerte relativ zur Gesamtmenge liefert, bezieht sich PERCENT_RANK auf die Anzahl der gezählten Sätze, bei null beginnend.

```
SQL> SELECT a.year, a.fiscal_quarter,
  2  TO_CHAR(SUM(b.transactions), '9999999999999999') TRANSACTIONS,
  3  PERCENT_RANK() OVER (PARTITION BY a.year
  4  ORDER BY SUM(b.transactions)) AS RANK
  5  FROM time_dim a, account_facts b
  6  WHERE year = 2003
  7  GROUP BY a.year, a.fiscal_quarter;
     YEAR FISCAL_QUARTER TRANSACTIONS           RANK
---------- -------------- ------------------ ----------
     2003           2            4567             0
     2003           4           23432   ,333333333
     2003           3          543543   ,666666667
     2003           1          885583            1
```

Listing 28.7:
Die analytische Funktion PERCENT_RANK

Interessant ist auch die Möglichkeit, innerhalb einer Anweisung Gruppen zu bilden und innerhalb der Gruppen Berechnungen durchzuführen. In der Abfrage in Listing 28.8 wird eine Partition pro Jahr gebildet und innerhalb dieser Partition werden aggregierte Werte berechnet. So repräsentiert die Spalte CUM_TRANS eine kumulative Aufsummierung der Transaktionen für ein Jahr. Mit dem Jahreswechsel beginnt die Aufsummierung wieder bei null.

```
SQL> SELECT a.year, a.fiscal_quarter,
  2  TO_CHAR(SUM(b.transactions)) TRANS,
  3  TO_CHAR(SUM(SUM(b.transactions))
  4  OVER (PARTITION BY a.year
  5  ORDER BY a.year, a.fiscal_quarter
  6  ROWS UNBOUNDED PRECEDING),'9999999999999')
  7  FROM time_dim a, account_facts b
  8  WHERE year IN (2002,2003)
  9  GROUP BY a.year, a.fiscal_quarter
 10  ORDER BY a.year, a.fiscal_quarter;
     YEAR FISCAL_QUARTER TRANS        CUM_TRANS
---------- -------------- ------------ --------------
     2002           1 34543              34543
     2002           2 5678               40221
     2002           3 149758            189979
     2002           4 32844             222823
     2003           1 885583            885583
     2003           2 4567              890150
     2003           3 543543           1433693
     2003           4 23432            1457125
```

Listing 28.8:
Gruppenfunktion durch Bildung von Partitionen

Die Abfrage in Listing 28.9 verwendet ein wanderndes Fenster. In der Spalte AVG wird der Durchschnittswert der Transaktion für die letzen vier Monate gebildet. Mit dem Wandern der aktuellen Zeile bewegt sich auch das Fenster, so wie in Abbildung 28.1 dargestellt.

Listing 28.9: Ein wanderndes Fenster verwenden

```
SQL> SELECT a.year, a.fiscal_quarter,
  2  TO_CHAR(SUM(b.transactions)) TRANS,
  3  TO_CHAR(AVG(SUM(b.transactions))
  4  OVER (ORDER BY a.year, a.fiscal_quarter
  5  ROWS 3 PRECEDING),'9999999999999') AVG
  6  FROM time_dim a, account_facts b
  7  WHERE year IN (2002,2003)
  8  GROUP BY a.year, a.fiscal_quarter
  9  ORDER BY a.year, a.fiscal_quarter;
     YEAR FISCAL_QUARTER TRANS           AVG
     ---------- -------------- ------------- --------------
     2002                  1 34543           34543
     2002                  2 5678            20111
     2002                  3 149758          63326
     2002                  4 32844           55706
     2003                  1 885583          268466
     2003                  2 4567            268188
     2003                  3 543543          366634
     2003                  4 23432           364281
```

Es existiert eine ganze Reihe weiterer analytischer Funktionen gemäß der Kategorisierung von Tabelle 28.1. Diese Funktionen sind sehr nützlich, da eine weitere Aufbereitung der Daten überflüssig wird. Häufig wird bei der Auswertung von Ergebnissen aus dem Data Warehouse ein zusätzlicher manueller Schritt eingefügt. Daten werden z.B. in eine Tabellenkalkulation geladen und dort nachbearbeitet. Dieser Schritt kann mit Hilfe der analytischen Funktion entfallen bzw. automatisiert werden. Auch das Modeling reduziert die Aufwände für eine nachträgliche Aufbereitung der Abfrageergebnisse.

28.2 Modeling

Die MODEL-Klausel ist ein neues Feature in Oracle 10g. Sie können aus dem Resultset einer SQL-Abfrage ein mehrdimensionales Array bilden und darauf so genannte *Rules* anwenden. Die Rules führen Berechnungen auf dem Array durch und erstellen das gewünschte Format. Die Möglichkeiten sind durchaus mit denen zu vergleichen, die Sie bei der Aufbereitung von Resultsets in einer Tabellenkalkulation haben. Der Vorteil beim SQL-Modeling besteht darin, dass es automatisiert werden kann. Die komplette Aufbereitung wird damit vom Datenbankserver vorgenommen, was bei großen Arrays schneller ist als in einem Kalkulationssystem.

Modeling   Kapitel 28

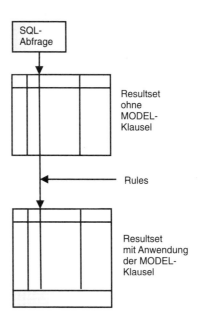

Abbildung 28.2:
SQL-Modeling

Im Beispiel in Listing 28.10 sind Rules definiert. Danach werden z.B. die Werte für 2002 als Summe der Werte für 2000 und 2001 gebildet. Das SQL-Modeling integriert diese Werte in das Abfrageergebnis, als würden diese Sätze existieren.

```
SQL> SELECT country_name, prod_name, calendar_year, sales
  2  FROM sh.sales_view
  3  WHERE country_name IN ('Italy', 'Japan')
  4  AND prod_name = 'Bounce'
  5  MODEL
  6  PARTITION BY (country_name) DIMENSION BY (prod_name, calendar_year)
  7  MEASURES (sales sales)
  8  RULES
  9  (sales['Bounce', 2002] = sales['Bounce', 2001] + sales['Bounce', 2000],
 10  sales['Y Box', 2002] = sales['Y Box', 2001],
 11  sales['All_Products', 2002] = sales['Bounce', 2002] +
sales['Y Box', 2002])
 12  ORDER BY country_name, prod_name, calendar_year;
COUNTRY_NAME PROD_NAME           CALENDAR_YEAR      SALES
------------ ------------------- -------------- ----------
Italy        Bounce                       1999    2474,78
Italy        Bounce                       2000    4333,69
Italy        Bounce                       2001    4846,30
Italy        Bounce                       2002    9179,99
Japan        Bounce                       1999    2961,30
Japan        Bounce                       2000    5133,53
Japan        Bounce                       2001    6303,60
Japan        Bounce                       2002   11437,13
 . . .
```

Listing 28.10:
Beispiel für SQL-Modeling

Mit SQL-Modeling können Sie u.a. folgende Funktionen durchführen:

- Symbolische Zellenadressierung. Die Zeilenwerte von Measure-Spalten werden wie Zellen behandelt. Diese können adressiert und verändert werden. Die symbolische Adressierung wurde in Listing 28.10 verwendet.

- Symbolische Array-Berechnung. Für die symbolischen Zellen können Formeln verwendet werden. Die Berechnung erfolgt dann für das gesamte Array, so wie in Listing 28.10:

    ```
    (sales['Bounce', 2002] = sales['Bounce', 2001] +
    sales['Bounce', 2000]
    ```

- Sie können eine UPSERT- und eine UPDATE-Option verwenden. Mit UPSERT wird die Zelle erstellt, falls sie nicht existiert, und geändert, falls sie vorhanden ist. Dagegen führt die UPDATE-Option nur eine Änderung durch und fügt keine neuen Zellen ein. Eine UPSERT-Option könnte folgendermaßen aussehen:

    ```
    UPSERT transactions [2004, 2] = transactions [2003, 2] - 1000
    ```

- Für Dimensionen können Wildcards verwendet werden. Das Schlüsselwort für eine Wildcard ist ANY.

    ```
    UPSERT transactions [2004, ANY] = transactions [2003, 1] - 1000
    ```

- Verwendung der CV-Funktion. Sie können die CV-Funktion verwenden, um die Werte einer Spalte einer Dimension Table einzufügen. Das erspart die mehrfache Definition einer Rule. Damit können die Regeln

    ```
    sales[country='Spain', year=2003] = 1.5 * sales['Spain', 2002],
    sales[country='Japan', year=2003] = 1.5 * sales['Japan', 2002],
    sales[country='Italy', year=2003] = 1.5 * sales['Italy', 2002]
    ```

    durch folgende Regel ersetzt werden:

    ```
    salse[country IN ('Spain','Japan','Italy'), year=2003] = 1.5 * sales[CV(
        country), 2002]
    ```

Weitere Funktionen stehen zur Verfügung. Diese Auswahl lässt bereits erahnen, dass es sich um ein wirklich universell einsetzbares Feature handelt.

Teil 5   Real Application Clusters

Kapitel 29: RAC-Architektur	737
Kapitel 30: Installation und Konfiguration von Real Application Clusters	749
Kapitel 31: Administration von Real Application Clusters	783

29 RAC-Architektur

Das Produkt Real Application Clusters (RAC) ist seit Oracle9*i* auf dem Markt. Es ist der Nachfolger von Oracle Parallel Server (OPS). Dabei ging es nicht primär um einen Namenswechsel, mit der Einführung von RAC wurde eine neue Technologie für die gemeinsame Benutzung von Datenblöcken eingeführt, das *Cache Fusion*.

Der Oracle Parallel Server hatte einen recht geringen Verbreitungsgrad aufgrund von Performance-Problemen für bestimmte Anwendungstypen. Er benutzt ein so genanntes *Block Pinging*-Verfahren für die gemeinsame Benutzung von Datenblöcken auf allen Knoten des Clusters. Wenn eine Instanz einen Datenblock anfordert, der sich im Buffer Cache eines anderen Knotens befindet, dann schreibt das Block Pinging auf die Festplatte und wird von dort durch die zweite Instanz gelesen.

Man kann sich gut vorstellen, dass Applikationen, die ein intensives Block Sharing verursachen, eine schlechte Performance liefern und hohe E/A-Aktivitäten hervorrufen. Bei der Cache-Fusion-Technologie erfolgen Austausch und Verwaltung der Datenblöcke über das Netzwerk, dem so genannten *Cluster Interconnect*. Der Cluster Interconnect wird auch als *Private Network* bezeichnet. Diese Verbindungen sind schnell und ermöglichen ein großes Transfervolumen.

Häufig werden für das Private Network TCP/IP-Verbindungen auf Basis eines schnellen Netzwerks eingesetzt. Mit einem Gigabit-Ethernet laufen viele Architekturen mit zwei Knoten zumindest akzeptabel. Nun ist TCP/IP zwar ein sehr sicheres, jedoch bei weitem nicht das schnellste Netzwerkprotokoll. Deswegen ist man in den letzten Jahren dazu übergegangen, spezielle Highspeed-Netzwerke wie z. B. InfiniBand zu entwickeln und einzusetzen.

Die Cache Fusion-Technologie ist so schnell, dass damit nicht nur Performance-Engpässe vermieden werden, sondern eine wesentliche Verbesserung der Performance gegenüber einer Single Instance-Datenbank erreicht wird. Damit wird RAC zu einem echt skalierbaren Datenbanksystem. Die Verwendung von Real Application Clusters bietet die folgenden Vorteile:

- Hochverfügbarkeit durch Cluster-Architektur
- Performance-Steigerung durch Cache Fusion
- Skalierbarkeit durch Performance-Verbesserung bei Hinzunahme von Knoten

29.1 Cluster-Architekturen im Vergleich

Der Markt für Cluster-Datenbanksysteme ist nicht gerade üppig ausgestattet. Zudem unterscheiden sich die Systeme stark in ihrer Architektur. IBM bietet die DB2 Shared Database als Alternative an. Im Gegensatz zu RAC ist DB2 eine *Shared Nothing-Datenbank*.

In einer Shared Nothing-Umgebung verwendet jeder Knoten einen Festplattenbereich, auf den nur er zugreifen kann. Für Cluster-Datenbanken bedeutet das, dass eine Teilmenge der Datenbank einem bestimmten Knoten zugeordnet wird und exklusiv von diesem verwaltet und bearbeitet wird. In Abbildung 29.1 sehen Sie eine typische Shared Nothing-Architektur.

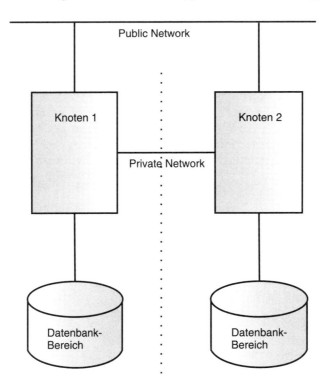

Abbildung 29.1: Eine Shared-Nothing-Cluster-Architektur

Die Shared Nothing-Architektur besitzt eine Reihe von Nachteilen. Ist zum Beispiel der Datenbankbereich des Knotens 1 nicht vom Knoten 2 aus erreichbar, dann ist die Failover-Funktionalität stark eingeschränkt. Der

Datenbankbereich des verlorenen Knotens muss dann wiederhergestellt und einem anderen Knoten zugeordnet werden. Diese Prozesse sind in der Regel nicht automatisiert.

Es gibt Shared Nothing-Architekturen, die ein automatisches Failover unterstützen, indem die Daten mindestens zwei Knoten verfügbar gemacht werden. Das geschieht über Replikationsmechanismen, die von Triggern gesteuert werden. Dieses Vorgehen beschleunigt zwar den Failover-Prozess, impliziert aber auch eine Reihe von zusätzlichen Problemen. So geht die Performance der Transaktionen stark nach unten und die Daten werden redundant gespeichert, d.h., Sie benötigen mindestens die doppelte Festplattenkapazität. Diese Maßnahmen heben die Performance-Vorteile des Clusters fast vollständig wieder auf und negieren damit die Skalierbarkeit.

Real Application Clusters besitzt eine *Shared Everything-Architektur.* Alle Daten in der Datenbank stehen allen Knoten für Lesen und Schreiben zur Verfügung. Mehrere Instanzen greifen auf ein gemeinsames Disk Array zu. Disk Arrays sind in der Regel über SAN oder NAS mit Fibre-Optic-Kabeln angebunden und verwenden ein Cluster File System. Auch Raw Devices können verwendet werden. Aus dem Buffer Cache für eine Instanz wird ein Global Cache über alle Knoten, der von einem *Global Cache Service (GCS)* verwaltet wird. Datenblöcke, die sich im Buffer Cache mehrerer Knoten befinden, werden gesperrt, um Konflikte beim Schreiben durch den Database Writer auf das Disk Array zu vermeiden. Der Austausch der Blöcke sowie deren Verwaltung erfolgt über das Private Network.

Die Vorteile einer Shared Everything-Architektur liegen auf der Hand:

- Beim Ausfall eines Knotens kann ein automatisches Failover bis hin zur Übernahme der laufenden Sitzungen durch den übernehmenden Knoten erfolgen. Abhängig von der aktuellen Last kann ein solches Failover im Sekunden-Bereich erfolgen, das heißt, der Anwender merkt in der Regel nicht, dass ein Failover stattgefunden hat.

- Da keine fixe Zuordnung zwischen Daten und Knoten besteht, ist eine optimale Lastverteilung möglich. So kann eine SQL-Anweisung auf mehrere Knoten verteilt und parallel ausgeführt werden.

- Ohne die fixe Zuordnung von Daten oder Applikationen ist eine Lastverteilung in Abhängigkeit vom aktuellen Workload möglich.

- Diese Vorteile garantieren ein hohes Maß an Skalierbarkeit. In Extremfällen kann eine Skalierbarkeit von annähernd eins zu eins erreicht werden, das heißt, durch eine Verdoppelung der Knoten kann annähernd eine Verdoppelung der Performance erreicht werden.

Kapitel 29 RAC-Architektur

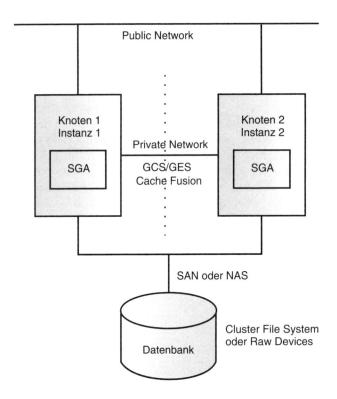

Abbildung 29.2: Die Shared-Everything-Architektur von RAC

INFO

In Oracle9i gab es für RAC eine Primary/Secondary-Konfiguration (auch Aktiv/Passiv-Konfiguration genannt). Dabei wird nur die Primary Instance benutzt, die Secondary Instance wird im Failover-Szenario aktiviert. Solche Architekturen werden für Applikationen eingesetzt, für die nur die Ausfallsicherheit eine Rolle spielt, nicht Lastverteilung und Skalierbarkeit. In Oracle 10g wird ein solches Verhalten durch die HA-Dienste der Cluster Ready Services (CRS) unterstützt. Deshalb macht es keinen Sinn, einen ganzen Knoten als passiv zu konfigurieren. Bei der Migration einer Primary/Secondary-Konfiguration von Oracle9i nach Oracle 10g sollten Sie deshalb alle Instanzen aktiv setzen und die zugehörigen HA-Dienste verwenden. Setzen Sie dazu den Dienst auf einer Instanz »Preferred« und »Available« auf der zweiten. Der Dienst läuft dann im Normalbetrieb ausschließlich auf der ersten und nur im Failover-Fall auf der zweiten Instanz. Damit erzielen Sie eine Aktiv/Passiv-Konfiguration auf Dienstebene.

Seit dem Anschlag auf das World Trade Center in New York ist in vielen Unternehmen ein neues Bewusstsein für Ausfallsicherheit und Verfügbarkeit entstanden. Eine Stunde Ausfallzeit einer kritischen Applikation kann für Unternehmen einen Verlust in Millionenhöhe bedeuten. Wird ein Data Center Opfer eines Terroranschlags, kann es Tage dauern, bis die Applikationen wieder laufen.

Es wird dazu übergegangen, für kritische Anwendungen auch die Disk Arrays mit der Datenbank zwischen Data Centern zu spiegeln. Entsprechende SAN-Lösungen existieren bereits.

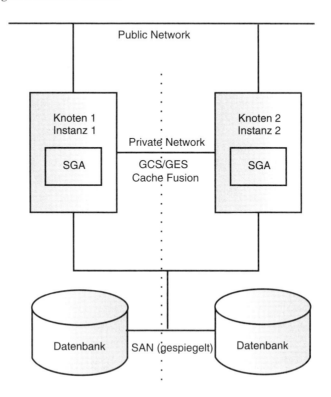

Abbildung 29.3:
RAC-Architektur mit gespiegeltem Disk-Subsystem

29.2 Die RAC-Prozesse

Die Cluster-Funktionalität wird durch die Daemons der Cluster Ready Services (CRS) sowie zusätzliche Hintergrundprozesse der Datenbank erreicht. Die Cluster Ready Services setzen sich aus folgenden Komponenten zusammen:

- *Oracle Cluster Synchronization Services (OCSS)* mit dem Daemon `ocssd.bin`. Er verwaltet die Mitgliedschaft der Knoten im Cluster. Ein Fehler dieses Prozesses löst einen Neustart des Knotens aus.

- *Oracle Cluster Ready Services (OCR)* mit dem Daemon `crsd.bin`. Verwaltet die HA-Dienste von Oracle und unterstützt den Recovery-Prozess des Clusters.

- *Event Manager (EVM)* mit dem Daemon `evm.bin`. Der Prozess verwaltet Callouts.

Kapitel 29 RAC-Architektur

> *Process Monitor (OPROC)* mit dem Daemon `oprocd.bin`. Diesen Prozess sehen Sie nur, wenn keine zusätzliche Clusterware anderer Hersteller verwendet wird. Er stellt eine Basisfunktionalität für die Clusterverwaltung bereit.

Unter Unix können Sie die Prozesse sehen:

```
$ ps -ef|grep crs
   oracle 11053 10457  0   Jul 21 ?        0:01 /data/oracle/product/10.1.0/
crs/bin/evmlogger.bin -o /data/oracle/product/10.1.
   oracle 10822 10458  0   Jul 21 ?        2:32 /data/oracle/product/10.1.0/
crs/bin/ocssd.bin
     root 10462     1  0   Jul 21 ?        5:14 /data/oracle/product/10.1.0/
crs/bin/crsd.bin
   oracle 10457     1  0   Jul 21 ?        0:11 /data/oracle/product/10.1.0/
   crs/bin/evmd.bin
```

Wenn Sie in das Betriebssystem schauen, dann werden Sie für eine RAC-Datenbank die folgenden zusätzlichen Hintergrundprozesse sehen:

> LMON – Das ist der Global Enqueue Service Monitor. Er verwaltet globale Ressourcen und überwacht die ordnungsgemäße Funktion des GCS.

> LCKn - Verwaltet Enqueue Requests auf einer Instanz sowie Anfragen an andere Instanzen

> LMSn - Der Global Cache-Service-Prozess bearbeitet Nachrichten des GCS, die von anderen Knoten kommen. Er erstellt eine konsistente Kopie eines Datenblocks und sendet diese an die Instanz, von der die Anforderung gekommen ist. LMSn steuert außerdem den Nachrichtenfluss an die anderen Instanzen.

> LMDn – Der Resource Agent-Prozess bearbeitet Anfragen nach Ressourcen durch den GES. Er garantiert die automatische Deadlock-Erkennung.

> DIAG - Der Diagnose-Daemon sammelt Diagnose-Daten bei Fehlern, die durch Prozesse der Instanz verursacht werden.

Der Global Cache Service (LMSn-Prozess) verwaltet Status und Zugriffsprivilegien der Datenblöcke auf allen Instanzen. Der GCS speichert die Informationen über die Blöcke im Global Resource Directory, das sich im Shared Pool befindet. Das folgende Listing zeigt die RAC-spezifischen Hintergrundprozesse:

```
ps -ef|grep ora_
   oracle  8011     1  0   Jul 22 ? 0:30 ora_lms0_RACT1
   oracle  8105     1  0   Jul 22 ? 0:00 ora_qmnc_RACT1
```

```
oracle  8021    1  0   Jul 22 ? 0:58 ora_ckpt_RACT1
oracle  8013    1  0   Jul 22 ? 0:37 ora_lms1_RACT1
oracle  8023    1  0   Jul 22 ? 1:35 ora_smon_RACT1
oracle  8007    1  0   Jul 22 ? 0:34 ora_lmon_RACT1
oracle 14460    1  0   Jul 22 ? 0:00 ora_q001_RACT1
oracle  8107    1  0   Jul 22 ? 2:15 ora_mmon_RACT1
oracle  8015    1  0   Jul 22 ? 0:00 ora_mman_RACT1
oracle  8109    1  0   Jul 22 ? 1:13 ora_mmnl_RACT1
oracle  8017    1  0   Jul 22 ? 0:31 ora_dbw0_RACT1
oracle  8009    1  0   Jul 22 ? 2:27 ora_lmd0_RACT1
oracle  8030    1  0   Jul 22 ? 0:00 ora_reco_RACT1
oracle  8003    1  0   Jul 22 ? 0:08 ora_pmon_RACT1
oracle  8005    1  0   Jul 22 ? 0:01 ora_diag_RACT1
oracle  8134    1  0   Jul 22 ? 0:23 ora_pz99_RACT1
oracle  8034    1  0   Jul 22 ? 0:24 ora_lck0_RACT1
oracle  8019    1  0   Jul 22 ? 0:19 ora_lgwr_RACT1
oracle  8032    1  0   Jul 22 ? 0:16 ora_cjq0_RACT1
```

29.3 Cache Fusion

Eine RAC-Architektur besteht aus mehreren Knoten. Auf jedem Knoten läuft eine Instanz, die alle gemeinsam auf die Datenbank zugreifen. Jede Instanz besitzt einen Buffer Cache, der sich nicht von einer Single-Instance-Datenbank unterscheidet.

Wenn ein Benutzer sich zu einer RAC-Datenbank verbindet, wird ein Benutzerprozess auf einem Knoten gestartet. Die Datenblöcke werden in den Buffer Cache geladen, wo sie verändert werden können. Wenn jetzt ein Benutzerprozess auf einem anderen Knoten einen Datenblock anfordert, der sich bereits im Buffer Cache eines anderen Knotens befindet, kann er diesen nicht einfach von der Festplatte lesen. Der Block könnte auf dem ersten Knoten bereits verändert worden sein, also ein Dirty Block sein.

Sie ahnen sicherlich, dass für die Verwaltung des Global Cache ein komplexer Verwaltungsmechanismus erforderlich ist. Schließlich müssen die Daten konsistent über alle Knoten, die Tablespace und die Redo Log-Dateien gehalten werden. Die Wahrung der Konsistenz der Datenblöcke über das gesamte Cluster wird als *Cache Coherency* bezeichnet. Das Locking von Sätzen und Tabellen (und damit von Datenblöcken) muss auf den Global Cache, d.h. auf die lokalen Buffer Caches aller Instanzen ausgedehnt werden. All das realisiert Cache Fusion.

Basis von Cache Fusion ist das *Multi-Version Consistency Model*. Das Modell unterscheidet zwischen einem *Current Block* und mehreren *Consistent Read*-Versionen (CR) für denselben Block. Der Current Block enthält alle Änderungen, die mit COMMIT abgeschlossen wurden oder auch nicht. Ein Consistent-Read-Block ist ein konsistenter Snapshot von einem früheren

Zeitpunkt. Ein Datenblock kann sich also im Buffer Cache auf mehreren Knoten in unterschiedlichen Versionen befinden.

Damit wird die Lesekonsistenz, wie Sie sie von einer Single Instance-Datenbank her kennen, für das gesamte Cluster garantiert. Lesekonsistenz bedeutet, dass Sie bei einer SQL-Abfrage den konsistenten Zustand der Daten zurückbekommen, so wie er zu Beginn der Abfrage bestanden hat. Mit anderen Worten, Änderungen der Daten, die während der Laufzeit der Abfrage erfolgen, haben keinen Einfluss auf das Ergebnis der Abfrage. Dieses Grundprinzip der Oracle-Datenbank ist damit auch auf einem RAC-System garantiert.

Auch das Locking unterscheidet sich in seiner Funktionalität nach außen nicht von einer Single Instance-Datenbank. Lesezugriffe sind unabhängig von Locks, die auf der Ressource liegen. Umgekehrt warten Schreibzugriffe nicht auf Lesezugriffe. Nur gleichzeitige Schreibversuche werden durch den Locking-Mechanismus gesteuert, hier kann es zu Wartezuständen kommen.

Die Hauptaufgabe des *Global Cache Service* ist die Verwaltung und Überwachung der Datenblöcke. Dazu gehört die Information, wo sich der Block befindet und welchen Status und welche Version er besitzt. Außerdem ist er verantwortlich für den Transport der Blöcke zwischen den Instanzen.

Der *Global Enqueue Service* verwaltet den Status aller Enqueue-Mechanismen im Cluster. Darunter fällt die Zugriffsverwaltung auf den Library Cache, den Dictionary Cache sowie von Transaktionen. Der GES kümmert sich also um alle Prozesse, die ein Sperren von Ressourcen benötigen. Folgende Ressourcen werden vom GES verwaltet:

- Locks von Zeilen und Tabellen
- Locks im Library Cache
- Locks im Dictionary Cache

GCS und GES speichern ihre Informationen im *Global Resource Directory* (GRD). Das GRD befindet sich im Shared Pool auf allen Instanzen. Es ist also ein verteilter Datenspeicher und damit fehlertolerant. Folgende Informationen sind im GRD verfügbar:

- Data Block Address (DBA)
- Speicherort der aktuellsten Version eines Datenblocks (CR)
- Status des Datenblocks
- Rolle des Datenblocks (lokal oder global)

Cache Fusion

Ein Datenblock kann sich in mehreren Instanzen des Clusters befinden. Dabei kann er verschiedene Modi besitzen:

- Shared Mode (S) – Der Datenblock kann nicht von einem anderen Prozess verändert werden, ein gemeinsamer Zugriff ist jedoch erlaubt.
- Exclusive Mode (X) – Andere Prozesse können nur lesend auf den Block zugreifen.
- Null Mode (N) – Für den Block wurden noch keine Zugriffsrechte vergeben.

Wird ein Datenblock zum ersten Mal in den Buffer Cache einer Instanz gelesen und von keiner anderen Instanz gehalten, dann wird er als *Lokaler Datenblock* bezeichnet.

Wurde der Block verändert und zu einer anderen Instanz übertragen, dann handelt es sich um einen *Globalen Datenblock*.

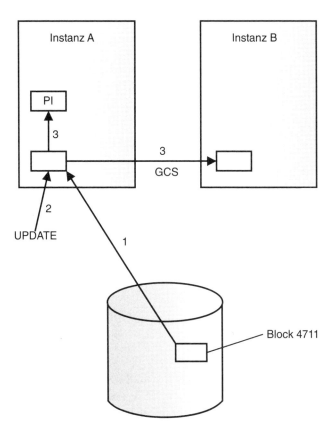

Abbildung 29.4: Das Past-Image-Konzept

Grundlage für die Wahrung der Konsistenz der Datenblöcke in einer RAC-Umgebung bildet das *Past Image-Konzept*. Ein Datenblock wird angefordert und erstmalig aus der Tablespace in den Buffer Cache von Instanz A gelesen (1). Danach wird er durch eine DML-Anweisung (2) modifiziert. Damit ist der Block ein so genannter Dirty Block. Auch ein Dirty Block wird nicht sofort auf die Festplatte geschrieben, er bleibt zunächst im Buffer Cache. Jetzt fordert Instanz B den Block an. Instanz A erstellt ein Past Image (PI) des Blocks und behält dieses im Hauptspeicher. Gleichzeitig wird der Block nach Instanz B übertragen (3).

Wird der Block von mehreren Instanzen angefordert, dann werden mehrere PI-Blöcke in Instanz A erstellt. Das Past Image stellt eine Sicherung dar. Im Fehlerfall kann die aktuelle Version des Blocks wiederhergestellt werden. Past-Image-Kopien sind nicht identisch mit Current-Read-Blöcken (CR). CR-Blöcke werden benötigt, um konsistente Daten zur Verfügung zu stellen, wogegen PI-Blöcke für das Recovery verwendet werden.

Die Lock-Modi werden mit drei Zeichen abgekürzt. Das erste Zeichen repräsentiert den Lock-Modus, das zweite die Rolle und das dritte kennzeichnet die Existenz eines PI-Blocks. Die häufigsten Modi sind in Tabelle 29.1 zusammengefasst.

Tabelle 29.1: Lock-Modi des Global Cache Service

Lock-Modus	Beschreibung
XL0	Exklusives Lock, Lokaler Block, kein PI
SL0	Shared Lock, Lokaler Block, kein PI
NL0	Kein Lock, Lokaler Block, kein PI
XG0	Exklusives Lock, Globaler Block, kein PI, Instanz ist Besitzer
SG0	Shared Lock, Globaler Block, kein PI, Instanz ist Besitzer
NG0	Kein Lock, Globaler Block, kein PI, Instanz ist Besitzer
XG1	Exklusives Lock, Globaler Block, Instanz besitzt PI
SG1	Shared Lock, Globaler Block, Instanz besitzt PI
NG1	Kein Lock, Globaler Block, Instanz besitzt PI

Die Abläufe des Cache Fusion-Algorithmus lassen sich am besten an Hand von Szenarien erklären. Dazu finden Sie im Folgenden zwei Beispiele.

Das erste ist ein Read/Read-Szenario. Die Instanz A benötigt einen Datenblock und sendet eine Anforderung an den GCS (1). Der GCS besitzt die Information, dass der Block in Instanz 2 existiert und leitet die Anforderung an Instanz B weiter (2). Der Block befindet sich im Shared-Modus. Instanz B sendet eine Kopie des Blocks zu Instanz A und behält den Status »Shared Local« (3). Instanz B informiert den GCS über den Status des Datenblocks und die Tatsache, dass eine Kopie zu Instanz A gesendet wurde (4).

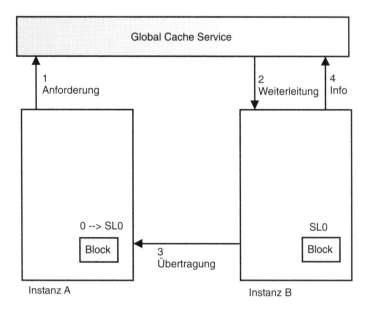

Abbildung 29.5: Read/Read-Szenario von Cache Fusion

Obwohl die Abläufe des Cache Fusion-Algorithmus recht komplex sind (das ist ja ein einfaches Szenario), sind die Aktionen sehr schnell, da nur Hauptspeicher und Netzwerk eingebunden sind. E/A-Aktivitäten treten beim Lesen der Blöcke aus den Tablespaces sowie beim Schreiben, z.B. wenn ein Checkpoint erfolgt, auf.

In einem Write/Write-Szenario will Instanz A einen Datenblock verändern und sendet eine Anforderung an den GCS (1). Der GCS leitet die Anforderung an Instanz B weiter, da diese den Block hält (2). Instanz B sendet den Block zu Instanz A und führt gleichzeitig eine Änderung des Modus durch (3) und erstellt ein Past Image. Der Block erhält jetzt den Modus »NG1«, d.h. nicht gesperrt, globaler Block und Past Image erstellt. Instanz B informiert den GCS über die Änderung des Status sowie die Tatsache, das eine Kopie des Blocks zu Instanz A gesendet wurde. Instanz A setzt den Modus nach seiner Änderung auf XG0, also gesperrt, global und »kein Past Image erstellt«.

Kommt es zum Ausfall einer Instanz, dann führt Oracle einen Recovery-Prozess durch. Der Prozess schließt die folgenden Schritte ein:

1. Zuerst werden die Enqueue-Parameter des GES neu konfiguriert. Dazu wird das Global Resource Directory eingefroren und alle GCS-Anforderungen in den Wartestatus gesetzt.

Abbildung 29.6:
Write/Write-Szenario von Cache Fusion

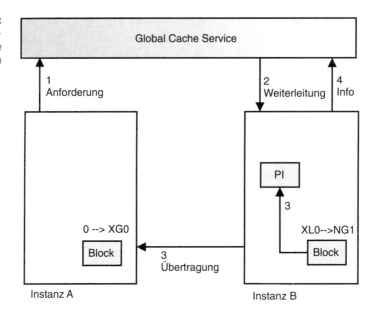

2. Die GCS-Resourcen werden auf die aktiven Instanzen verteilt. Eine der aktiven Instanzen wird zur Recovery-Instanz ernannt.

3. Der GCS führt ein Recovery von Datenblöcken unter Hinzunahme von Past-Image-Blöcken durch.

4. Das GRD wird wieder freigegeben, ebenso Ressourcen, die nicht vom Recovery-Prozess betroffen sind.

5. Der SMON-Prozess arbeitet die Redo Log-Daten der ausgefallenen Instanz in die aktuelle Redo Log-Datei ein.

6. Jetzt beginnt der Recovery-Prozess mit den Redo Log-Dateien. Es wird ein Block-Recovery durchgeführt. Die Blöcke werden nach erfolgreichem Recovery freigegeben.

7. Das System wird für den normalen Betrieb wieder freigegeben, wenn das Recovery für alle Datenblöcke abgeschlossen ist.

30 Installation und Konfiguration von Real Application Clusters

Oracle 10g Real Application Clusters unterstützt fast alle Plattformen, die für die Oracle-Datenbank zertifiziert sind. Im Detail gibt es jedoch Unterschiede. Zum Zeitpunkt, als dieses Buch geschrieben wurde, waren noch nicht alle Plattformen zertifiziert, die unter Oracle9i zertifiziert waren. So ist z.B. Red Hat Linux ES 3.0 zertifiziert und SUSE Linux ES nicht.

Schauen Sie sich vor der Auswahl von Betriebssystem und Cluster-Software die Zertifizierungsmatrix an. Sie finden diese unter http://metalink.oracle.com. *Für nicht zertifizierte Plattformen erhalten Sie von Oracle keinen oder nur eingeschränkten Support.*

:-)
TIPP

Neben der Auswahl des Betriebssystems müssen Sie die Entscheidung treffen, ob zusätzliche Cluster-Software von anderen Herstellern eingesetzt werden soll oder nicht. Oracle 10g RAC läuft mit und ohne zusätzliche Clusterware auf allen Plattformen. In Oracle9i war das nur für Linux und Windows der Fall.

Der Einsatz zusätzlicher Clusterware hängt nicht zuletzt von der Bestimmung des Servers ab. Handelt es sich um einen reinen Datenbankserver, dann ist es in der Regel ausreichend, die Oracle-Clusterware allein zu verwenden. Sollen auf dem Server weitere Komponenten der Applikation, wie z.B. ein Application Server, laufen oder benötigen Sie Cluster-Funktionalität, die über das, was Oracle anbietet, hinausgeht, dann sollten Sie zusätzliche, mit RAC kompatible Clusterware einsetzen.

Der Installationsvorgang besteht aus folgenden vier Schritten:

- Vorbereitung der Installation
- Installation der Cluster Ready Services (CRS)
- Installation der Oracle-Software
- Erstellen der RAC-Datenbank

Kapitel 30   Installation und Konfiguration von Real Application Clusters

30.1 Vorbereitung der Installation

Die Vorbereitung der Installation für Real Application Clusters ähnelt den Installationsvorbereitungen für Single Instance-Datenbanken, weist aber auch eine Reihe von Besonderheiten auf. Die hier beschriebenen Schritte beziehen sich auf ein Linux-Betriebssystem. Die Aufgaben sind zwar plattformabhängig, für Unix-Systeme jedoch sehr ähnlich. Sie müssen nur die bekannten Unterschiede beachten. So entfällt z.B. die Konfiguration der Kernel-Parameter für AIX:

Hardware-Voraussetzungen

In Tabelle 30.1 sind die minimalen Anforderungen an die Hardware zusammengefasst. Das Erfüllen der minimalen Anforderungen bedeutet nicht, dass das System performant läuft. Sie können Real Application Clusters nicht korrekt installieren, wenn Sie sich unterhalb der Minimalwerte bewegen.

Voraussetzung	Wert
Physischer Hauptspeicher	512 Mbyte
Auslagerungsdatei für virtuellen Hauptspeicher	1 Gbyte oder die doppelte Größe des realen Hauptspeichers
Freier Platz im Verzeichnis /tmp	400 Mbyte
Freier Speicherplatz für die Oracle-Software	4 Gbyte

Tabelle 30.1: Hardware-Anforderungen für die Installation von Real Application Clusters

Jeder Knoten benötigt mindestens zwei Netzwerk-Adapter, einen für das *Public Network* und einen für das *Private Network*, auch *Cluster Interconnect* genannt. Während das Public Network für die Kommunikation des Clusters nach außen (also mit Applikationen und Benutzern) zuständig ist, dient das Private Network der Kommunikation zwischen den Cluster-Knoten und den RAC-Instanzen.

!! STOP

Die Interface-Namen, die den Netzwerk-Adaptern zugeordnet sind, müssen für alle Knoten im Cluster identisch sein. Die Adapter für das Public Network müssen TCP/IP unterstützen.

Zwei Netzwerk-Adapter stellen das Minimum dar. Sie können weitere Adapter für Redundanz und Lastverteilung installieren. Bei Systemen mit hohen Ansprüchen an die Verfügbarkeit sollte eine redundante Interconnect-Architektur zum Einsatz kommen. Für den Cluster-Interconnect sollte mindestens eine Gigabit-Verbindung zum Einsatz kommen.

Für ein Cluster mit zwei Knoten benötigen Sie mindestens fünf IP-Adressen, pro Knoten je eine für das Public Network und das Private Network sowie eine virtuelle IP-Adresse für das gesamte Cluster. Die virtuelle IP-Adresse (VIP) repräsentiert das Cluster nach außen, wenn nicht ein spezieller Knoten angesprochen werden soll. Dabei sollten die Adressen für das Public Network sowie die VIP im Domain Name System registriert sein. Die Adressen für das Private Network können hingegen in der Datei /etc/hosts eingetragen werden.

Unter Linux können Sie die Konfiguration der Adapter mit dem Befehl ifconfig abfragen:

```
[root@mch2 root]# ifconfig
eth0      Link encap:Ethernet   HWaddr 00:50:FC:8B:38:AE
          inet addr:212.1.1.2  Bcast:212.1.1.255  Mask:255.255.255.0
          UP BROADCAST RUNNING MULTICAST  MTU:1500  Metric:1
          RX packets:350 errors:0 dropped:0 overruns:0 frame:0
          TX packets:33 errors:0 dropped:0 overruns:0 carrier:0
          collisions:0 txqueuelen:1000
          RX bytes:29358 (28.6 Kb)  TX bytes:2721 (2.6 Kb)
          Interrupt:5 Base address:0xc000
eth1      Link encap: Ethernet   HWaddr 00:50:FC:8B:38:AE
          inet addr:192.1.1.2  Bcast:192.1.1.255  Mask:255.255.255.0
          UP BROADCAST RUNNING MULTICAST  MTU:1500  Metric:1
          RX packets:350 errors:0 dropped:0 overruns:0 frame:0
          TX packets:33 errors:0 dropped:0 overruns:0 carrier:0
          collisions:0 txqueuelen:1000
          RX bytes:73822 (72.0 Kb)  TX bytes:73822 (72.0 Kb)
```

Software-Voraussetzungen

Schauen Sie vor Auswahl des Betriebssystems in die Oracle-Zertifizierungsmatrix, die Sie im Metalink finden. Nicht alle Systeme, die für eine Single-Instance-Datenbank zertifiziert sind, sind auch für RAC zertifiziert. Wichtig ist, dass alle erforderlichen Patches und Pakete für das entsprechende Betriebssystem installiert sind. Die aktuelle Version des Betriebssystems erhalten Sie mit folgendem Kommando:

```
[root@mch2 root]# uname -a
Linux mch2.pitcorp.com 2.4.21-
   15.ELorafw1 #1 Thu Jun 10 14:30:40 PDT 2004 i686 i686 i386 GNU/Linux
```

Wenn Sie das Oracle Cluster File System (OCFS) einsetzen wollen, dann benötigen Sie die Version 1.0.9-12 oder höher. OCFS kann von der Webseite http://otn.oracle.com heruntergeladen werden.

Kapitel 30 Installation und Konfiguration von Real Application Clusters

TIPP

Sie benötigen kein OCFS, wenn Sie eines der folgenden Produkte einsetzen:

➤ *Cluster File System eines anderen Herstellers*

➤ *Automatic Storage Management*

➤ *Raw Devices*

Erstellen Sie, wie bei der Installation einer Single-Instance-Datenbank, einen Benutzer oracle als Besitzer der Oracle-Software sowie die zugehörigen Gruppen OSDBA, OSOPER und INVENTORY. Die Primärgruppe des Benutzers oracle ist INVENTORY. Erstellen Sie den Benutzer und die Gruppen auf allen Knoten.

```
[root@mch2 root]# groupadd oinstall
[root@mch2 root]# groupadd dba
[root@mch2 root]# useradd -g oinstall -G dba oracle
```

Bevor Sie mit der Installation beginnen können, müssen Sie Secure Shell (SSH) auf allen Knoten konfigurieren. Die folgenden Schritte beschreiben die Konfiguration von SSH für den Benutzer oracle.

SSH für den Benutzer oracle *konfigurieren*

STEP

1. Erstellen Sie das Verzeichnis .ssh im Home-Verzeichnis von oracle.

   ```
   [oracle@mch1 oracle]$ mkdir .ssh
   [oracle@mch1 oracle]$ chmod 755 ~/.ssh
   ```

2. Erstellen Sie einen Public Key und einen Private Key für RSA und DSA.

   ```
   [oracle@mch1 oracle]$ /usr/bin/ssh-keygen -t rsa
   Generating public/private rsa key pair.
   Enter file in which to save the key (/home/oracle/.ssh/id_rsa):
   Enter passphrase (empty for no passphrase):
   Enter same passphrase again:
   Your identification has been saved in /home/oracle/.ssh/id_rsa.
   Your public key has been saved in /home/oracle/.ssh/id_rsa.pub.
   The key fingerprint is:
   c0:1c:e6:68:27:80:50:c1:8b:45:3f:b1:45:81:d8:81 oracle@mch1.pitcorp.com
   [oracle@mch1 oracle]$ /usr/bin/ssh-keygen -t dsa
   Generating public/private dsa key pair.
   Enter file in which to save the key (/home/oracle/.ssh/id_dsa):
   Enter passphrase (empty for no passphrase):
   Enter same passphrase again:
   Your identification has been saved in /home/oracle/.ssh/id_dsa.
   Your public key has been saved in /home/oracle/.ssh/id_dsa.pub.
   The key fingerprint is:
   5a:34:79:fa:75:c2:14:bf:5a:97:57:68:d4:c4:d1:86 oracle@mch1.pitcorp.com
   ```

3. Kopieren Sie im Verzeichnis $HOME/.ssh den Inhalt der Dateien id_rsa.pub und id_das.pub in die Datei authorized_keys auf allen Knoten.

4. Ändern Sie die Rechte an der Datei authorized_keys.

    ```
    $ chmod 644 authorized_keys
    ```

5. Schließlich muss der Oracle-Installer noch die Möglichkeit erhalten, sich SSH und SCP zum anderen Knoten ohne Passwort verbinden zu können.

    ```
    [oracle@mch1 oracle]$ exec /usr/bin/ssh-agent $SHELL
    [oracle@mch1 oracle]$ /usr/bin/ssh-add
    Enter passphrase for /home/oracle/.ssh/id_rsa:
    Identity added: /home/oracle/.ssh/id_rsa
    (/home/oracle/.ssh/id_rsa)
    Identity added: /home/oracle/.ssh/id_dsa
    (/home/oracle/.ssh/id_dsa)
    ```

6. Überprüfen Sie die SSH-Verbindung.

    ```
    [oracle@mch1 oracle]$ ssh mch2.pitcorp.com date
    Fri Jul 23 00:03:05 CEST 2004
    ```

Konfigurieren Sie die Kernel-Parameter. Tragen Sie die Werte in die Datei /etc-sysctl.conf ein, um die Änderungen permanent zu machen.

```
kernel.shmall = 2097152
kernel.shmmax = 2147483648
kernel.shmmni = 4096
kernel.sem = 250 32000 100 128
fs.file-max = 65536
net.ipv4.ip_local_port_range = 1024 65000
```

Beachten Sie, dass die Konfigurationsvorbereitungen auf allen Knoten des Clusters vorgenommen werden müssen.

:-)
TIPP

Erstellen Sie alle lokalen und Cluster-Dateisysteme und Verzeichnisse. Es wird empfohlen, die Oracle-Software auf lokalen Dateisystemen und nicht auf Cluster-Dateisystemen zu installieren. Der Oracle Universal Installer unterstützt diesen Prozess, indem er mit Hilfe von SSH und SCP die Installation von einem Knoten aus auf alle anderen Knoten des Clusters verteilt.

Alle zur Datenbank gehörenden Dateien (Tablespace-Dateien, Log-Dateien, Kontrolldateien) müssen sich im Cluster File System oder auf Raw Devices befinden.

30.2 Installation der Cluster Ready Services (CRS)

Die Installation der Cluster Ready Services muss vor der Installation der übrigen Oracle-Software sowie der Datenbank erfolgen. CRS beinhaltet die Cluster-Software von Oracle 10g. Sie kann mit oder ohne zusätzliche Clusterware laufen.

Cluster Ready Services benötigt ein Oracle Cluster Registry (OCR) mit einer Mindestgröße von 100 Mbyte und eine so genannte Voting Disk mit einer Größe von 20 Mbyte. Beide müssen entweder Dateien im Cluster File System oder Raw Devices sein.

Die Interface-Namen müssen auf Betriebssystemebene auf allen Knoten identisch sein. Wenn Sie z.B. eth0 *für das Public Interface verwenden, dann muss dieses auf allen Knoten so heißen.*

Die Installation von CRS muss in einem separaten Oracle-Home-Verzeichnis erfolgen. Seit Oracle 10g gibt es produktabhängige Oracle-Home-Verzeichnisse. Als Konsequenz werden dazu weitere Unterverzeichnisse angelegt. Für die vorliegende Installation werden folgende Verzeichnisse verwendet:

Oracle Home für CRS: /data/oracle/product/10.1.0/crs

Oracle Home für Datenbank: /data/oracle/product/10.1.0/db_1

Die CRS-Software befindet sich auf einer separaten CD. Die folgenden Schritte beschreiben die Installation von Cluster Ready Services. Die Installation wird auf einem Knoten gestartet. Der Universal Installer verteilt die Installation auf alle Knoten im Cluster. Damit muss die Installation nur einmal laufen.

Installation von Cluster Ready Services (CRS) mit dem Universal Installer

1. Starten Sie den Universal Installer von der CRS-CD.

    ```
    $ Disk1/runInstaller
    ```

2. Nach einem Begrüßungsfenster und der Auswahl des Oracle-Home-Verzeichnisses erscheint das Fenster zur Auswahl der Produktsprachen. Fügen Sie »German« hinzu, falls Sie das Produkt in deutscher Sprache benutzen wollen. »English« wird immer installiert.

3. Im nächsten Fenster erfolgt die Eingabe der Cluster-Konfiguration. Es wird ein Cluster-Name festgelegt und die Knotennamen für Public Interface und Private Interface für alle Knoten eingegeben. Beachten Sie, dass es sich dabei um die Knotennamen handelt, so wie sie in der Datei /etc/hosts bzw. im DNS gespeichert sind.

Installation der Cluster Ready Services (CRS) Kapitel 30

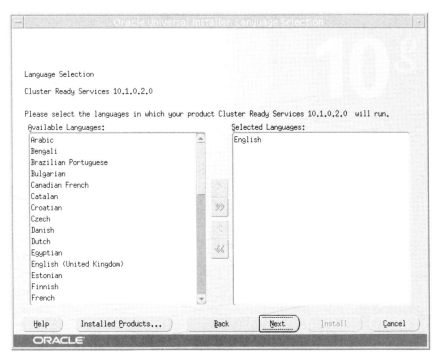

Abbildung 30.1:
Die Produktsprache auswählen

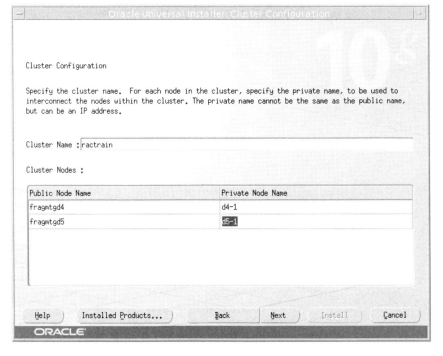

Abbildung 30.2:
Die Knotennamen für Public Interface und für Private Interface eingeben

4. Geben Sie im folgenden Schritt die Interface-Namen, die Subnetz-Adresse sowie den Interface-Typ (Public oder Private) ein.

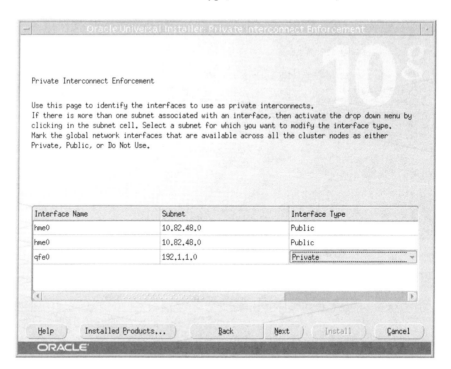

Abbildung 30.3:
Interface-Informationen eingeben

5. Es erfolgt die Abfrage des Dateinamens oder Raw Device für das Oracle Cluster Registry (OCR). Geben Sie den Pfad einschließlich Dateinamen ein. Den Dateinamen können Sie frei wählen.

6. Im nächsten Fenster wird der Name für die Voting Disk des Cluster Synchronization Service abgefragt. Die Voting Disk ist eine Datei im Cluster File System oder ein Raw Device.

7. Sie haben dem Universal Installer alle erforderlichen Informationen mitgeteilt. Sie finden eine Zusammenfassung der Installationsparameter. Nach Klicken auf den Button INSTALL beginnt die Installation.

8. Die Installation der Cluster Ready Services erfolgt auf allen Knoten des Clusters.

9. Führen Sie am Ende der Installation das Skript root.sh im Oracle-Home-Verzeichnis auf allen Knoten als Benutzer root aus. Die Ausführung des Skripts nimmt einige Zeit in Anspruch. Es wartet maximal 600 Sekunden, bis alle Prozesse gestartet sind.

Installation der Cluster Ready Services (CRS)   Kapitel 30

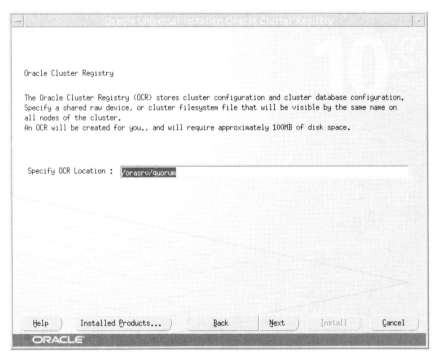

Abbildung 30.4:
Den Namen für das Oracle Cluster Registry eingeben

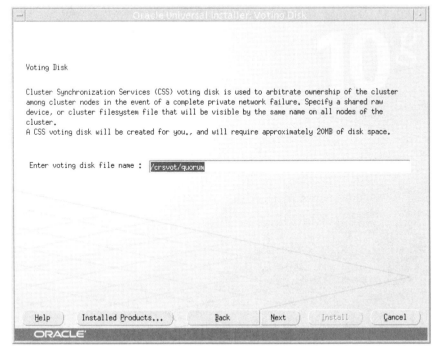

Abbildung 30.5:
Den Namen für die Voting Disk erfassen

Kapitel 30   Installation und Konfiguration von Real Application Clusters

Abbildung 30.6:
Zusammenfassung der Installationsparameter

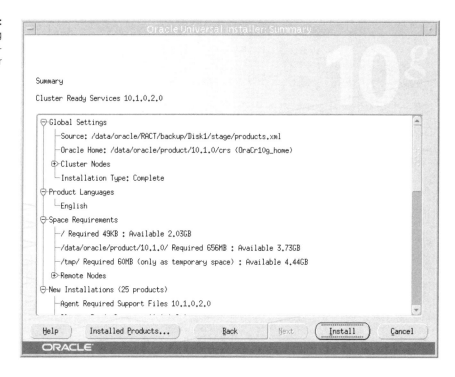

Abbildung 30.7:
Die Installation von CRS

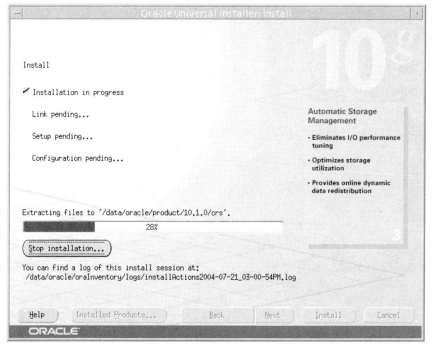

Installation der Cluster Ready Services (CRS)   Kapitel 30

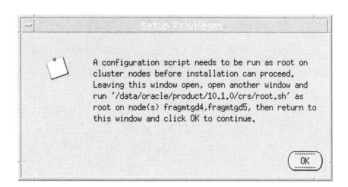

Abbildung 30.8:
Das Skript root.sh
ausführen

Überprüfen Sie, ob die CRS-Prozesse auf beiden Knoten laufen. Die Cluster
Ready Services bestehen aus den Prozessen ocssd.bin, crsd.bin und evmd.bin.

```
$ ps -ef|grep crs
  oracle 11053 10457  0    Jul 21 ?        0:01
/data/oracle/product/10.1.0/crs/bin/evmlogger.bin
-o /data/oracle/product/10.1.
  oracle 10822 10458  0    Jul 21 ?        2:32
/data/oracle/product/10.1.0/crs/bin/ocssd.bin
    root 10806    1   0    Jul 21 ?        0:00
/data/oracle/product/10.1.0/crs/bin/oprocd start -t 1000 -m 50
    root 10462    1   0    Jul 21 ?        5:14
/data/oracle/product/10.1.0/crs/bin/crsd.bin
  oracle 10457    1   0    Jul 21 ?        0:11
/data/oracle/product/10.1.0/crs/bin/evmd.bin
```

Cluster Ready Services bestehen aus den folgenden Komponenten:

- Cluster Ready Services mit dem CRS-Daemon
- Cluster Synchronization Services mit dem OCSS-Daemon
- Der Cluster Event Manager mit dem EVM-Daemon

Im CRS-Daemon ist folgende Funktionalität enthalten:

- realisiert die Operationen für High Availability
- verwaltet Ressourcen der Anwendungen
- ist verantwortlich für das Failover der Applikationen
- verwaltet den Status im Oracle Cluster Repository (OCR)
- wird im Fehlerfall automatisch neu gestartet

Der OCSS-Daemon übernimmt diese Aufgaben:

- stellt den Zugriff für alle Knoten des Clusters zur Verfügung
- übernimmt alle Gruppenfunktionen im Cluster
- ist verantwortlich für das Cluster-weite Locking
- integriert zusätzliche Clusterware (falls vorhanden)
- läuft auch auf einer Single Instance-Datenbank zur Unterstützung des Automatic Storage Managements (ASM)

Der EVM-Daemon ist für folgende Aufgaben verantwortlich:

- Erstellen von Ereignissen
- verwaltet den EVM-Logger
- überwacht das callout-Verzeichnis und erstellt callouts
- wird im Fehlerfall automatisch neu gestartet

Wenn Sie neben den CRS keine zusätzliche Clusterware anderer Hersteller verwenden, dann werden Sie zusätzlich den Daemon oprocd sehen. Dabei handelt es sich um den Prozess-Monitor für das Cluster. Dieser stellt die notwendige Basisfunktionalität für die Clusterverwaltung bereit.

Alle Daemons werden automatisch gestartet. Der Univeral Installer hat die Startbefehle in die Startup-Datei des Betriebssystems eingetragen. Unter Unix finden Sie diese z.B. in der Datei /etc/inittab:

```
h1:3:respawn:/etc/init.d/init.evmd run >/dev/null 2>&1 </dev/null
h2:3:respawn:/etc/init.d/init.cssd fatal >/dev/null 2>&1 </dev/null
h3:3:respawn:/etc/init.d/init.crsd run >/dev/null 2>&1 </dev/null
```

Beenden Sie die CRS-Daemons nicht mit einem Kill-Kommando. Stoppen Sie diese im Bedarfsfall mit den Skripten in den rc.d-Verzeichnissen. Beachten Sie dabei, dass die Cluster-Funktionalität durch das Stoppen der Prozesse nicht mehr zur Verfügung steht.

Mit Hilfe des Skripts in Listing 30.1 können Sie den aktuellen Status der CRS-Prozesse abfragen.

Listing 30.1:
Skript zum Abfragen des CRS-Status

```
#!/usr/bin/ksh
# Check Oracle 10g CRS status
$ORACLE_HOME/bin/crs_stat | awk \
' BEGIN { FS="="; state = 0; }
$1~/NAME/ {app = $2; state = 1}
$1~/TARGET/ && state == 1 {atarget = $2; state=2;}
```

Installation der Oracle-Datenbanksoftware — Kapitel 30

```
$1~/STATE/ && state == 2 {astate = $2; state=3;}
state == 3 {printf "%-46s %-11s %-18s\n", app, atarget, astate;  state=0;} '
RACT1:oracle@mch1: > ./check_crs_status.ksh
ora.RACT.RACT1.inst            ONLINE      ONLINE on mch1
ora.RACT.RACT2.inst            ONLINE      ONLINE on mch2
ora.RACT.db                    ONLINE      ONLINE on mch2
ora.mch1.LISTENER_MCH1.lsnr    ONLINE      ONLINE on mch1
ora.mch1.gsd                   ONLINE      ONLINE on mch1
ora.mch1.ons                   ONLINE      ONLINE on mch1
ora.mch1.vip                   ONLINE      ONLINE on mch1
ora.mch2.LISTENER_MCH2.lsnr    ONLINE      ONLINE on mch2
ora.mch2.gsd                   ONLINE      ONLINE on mch2
ora.mch2.ons                   ONLINE      ONLINE on mch2
ora.mch2.vip                   ONLINE      ONLINE on mch2
```

Achten Sie darauf, dass beim Neustart der Knoten das Cluster File System verfügbar ist, bevor die CRS-Daemon gestartet werden. Diese benötigen das Oracle Cluster Registry und die Voting Disk. Alternativ können Sie die Dateien in Raw Devices legen.

TIPP

Damit ist die CRS-Installation abgeschlossen. Führen Sie eine Sicherung der Datei root.sh im Verzeichnis $ORACLE_HOME durch, um sie vor Überschreiben zu schützen.

In Oracle 10g wird der Global Service Daemon (GSD) nicht mehr verwendet. Damit entfällt das Starten und Stoppen mit gsdctl. Während der CRS-Installation werden GSD-Prozesse gestoppt.

NEU

30.3 Installation der Oracle-Datenbanksoftware

Wenn die CRS-Dienste laufen, können Sie mit der Installation der Oracle-Datenbanksoftware beginnen. Auch hier wird empfohlen, die Installation auf einem lokalen Dateisystem vorzunehmen. Der Universal Installer verteilt die Installation auf alle Knoten im Cluster.

Wählen Sie einen Knoten aus, auf dem Sie die Installation durchführen. Die Installationssoftware finden Sie auf der CD-ROM mit der Enterprise Edition für die Datenbank. In den folgenden Schritten erfolgt die Installation der Oracle-Datenbanksoftware. Das Erstellen der Datenbank wird im nächsten Abschnitt beschrieben.

Die Oracle-Datenbanksoftware für RAC installieren

1. Starten Sie den Universal Installer von der Installations-CD. Nach dem Begrüßungsfenster erscheint die Auswahl des Oracle Home-Verzeichnisses. Installieren Sie die Datenbanksoftware nicht in das Verzeichnis, in dem sich die CRS-Software befindet.

STEP

{ KOMPENDIUM } Oracle 10g   761

Abbildung 30.9:
Auswahl des Oracle-Home-Verzeichnisses für die Datenbanksoftware

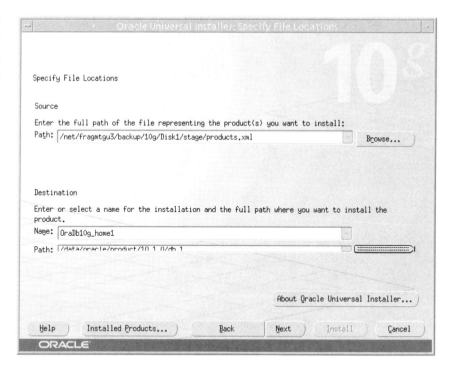

2. Sie haben die Möglichkeit, die Software auf allen Knoten im Cluster zu installieren. Markieren Sie alle Knoten, auf denen die Installation durchgeführt werden soll.

3. Markieren Sie ENTERPRISE EDITION als Installationstyp.

4. Im nächsten Schritt führt der Universal Installer eine Überprüfung der Security-Parameter des Kernel sowie des Verzeichnisses ORACLE_BASE durch. Beheben Sie die Probleme, falls Fehler erkannt werden.

5. Sie können mit der Installation eine Datenbank erstellen. In dieser Installation soll nur die Software installiert werden. Wählen Sie KEINE DATENBANK ERSTELLEN.

6. Wie immer zeigt der Universal Installer eine Zusammenfassung der ausgewählten Parameter und Komponenten an. Die Installation wird gestartet, wenn Sie auf INSTALLIEREN klicken.

7. Der Universal Installer beginnt mit der lokalen Installation. Danach wird die Installation auf den anderen Cluster-Knoten fortgesetzt. Für eine Remote-Installation müssen RSH bzw. SSH, so wie im vorhergehenden Abschnitt beschrieben, konfiguriert sein. Der Balken für die Fortschrittskontrolle bewegt sich bei der Remote-Installation nicht mehr.

Installation der Oracle-Datenbanksoftware   Kapitel 30

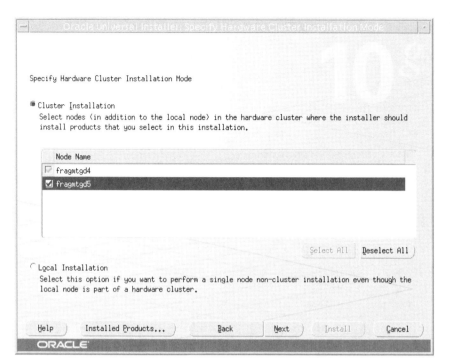

Abbildung 30.10:
Die Knoten für die Cluster-Installation auswählen

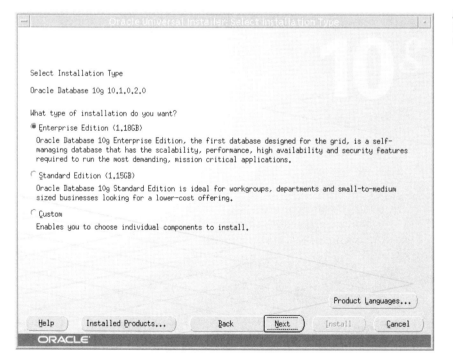

Abbildung 30.11:
Den Installationstyp auswählen

Kapitel 30 Installation und Konfiguration von Real Application Clusters

Abbildung 30.12:
Überprüfung von Security-Parametern

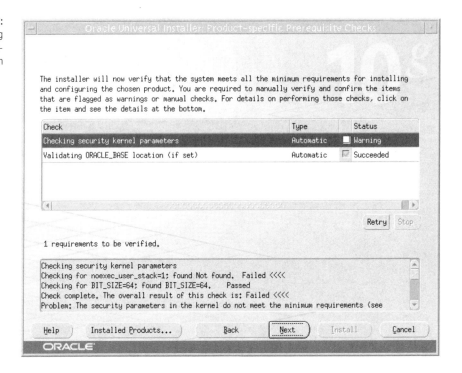

Abbildung 30.13:
Die Datenbank später erstellen

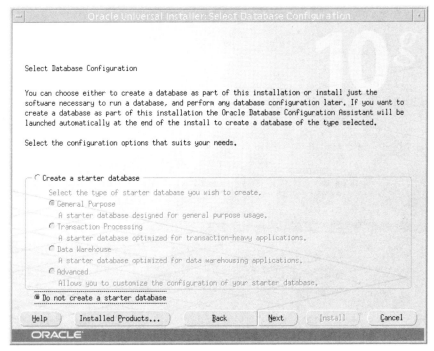

Installation der Oracle-Datenbanksoftware — Kapitel 30

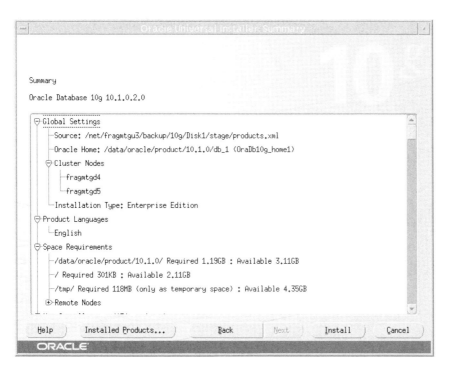

Abbildung 30.14:
Die Installation der Datenbanksoftware starten

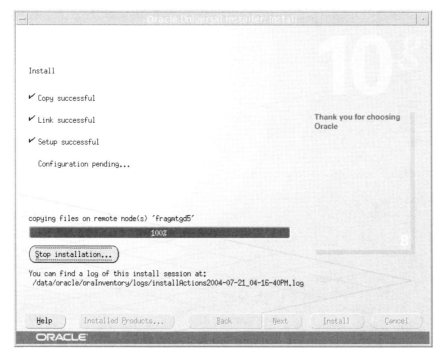

Abbildung 30.15:
Die Installation auf den anderen Knoten fortsetzen

Kapitel 30 Installation und Konfiguration von Real Application Clusters

8. Am Ende der Installation wird der Configuration Assistant für VIP-Dienste, der Global Service Daemon sowie der Enterprise Manager Agent gestartet.

Abbildung 30.16:
Den VIP-Configuration Assistant starten

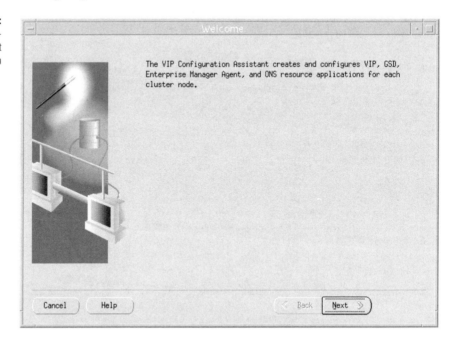

9. Auf der nächsten Seite werden alle verfügbaren Interfaces angezeigt. Wählen Sie die Interface-Namen aus, die konfiguriert werden sollen. Beachten Sie, dass die Interface-Namen auf allen Cluster-Knoten gleich sein müssen.

10. Im nächsten Schritt werden die virtuellen IP-Adressen abgefragt. Jeder Knoten benötigt eine VIP-Adresse.

11. Zum Schluss erhalten Sie eine Übersicht der Parameter. Klicken Sie auf BEENDEN, um die Konfiguration zu starten.

12. Der Configuration Assistant führt die Konfiguration auf allen Knoten des Clusters durch.

13. Am Ende zeigt der Configuration Assistant das Ergebnis der Konfiguration an.

14. Sie werden aufgefordert, das Skript root.sh im Oracle-Home-Verzeichnis zu starten. Obwohl das Skript kein Fenster öffnet, benötigt es einen X-Windows-Server. Setzen Sie deshalb die Umgebungsvariable DISPLAY für den Benutzer root.

Installation der Oracle-Datenbanksoftware — Kapitel 30

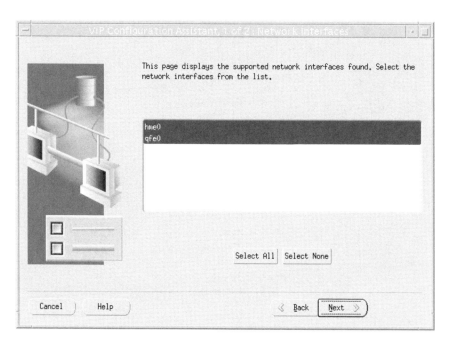

Abbildung 30.17:
Die Interface-Namen auswählen

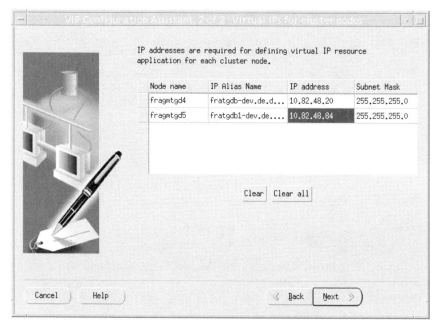

Abbildung 30.18:
Die virtuellen IP-Adressen eingeben

Kapitel 30   Installation und Konfiguration von Real Application Clusters

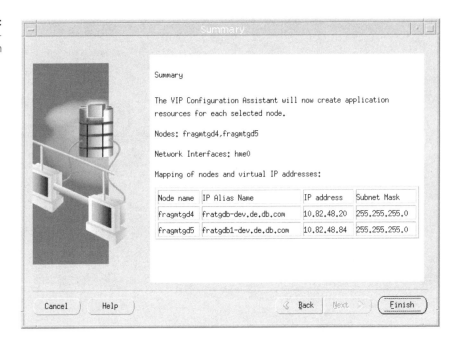

Abbildung 30.19:
Die VIP-Konfiguration starten

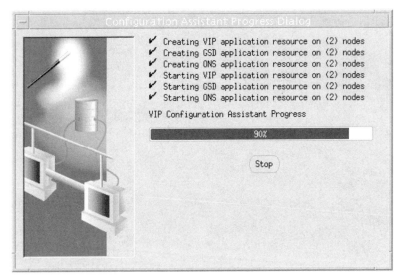

Abbildung 30.20:
Der VIP Configuration Assistant

15. Damit sind Installation und Konfiguration der RAC-Datenbanksoftware abgeschlossen.

Abbildung 30.21:
Das Ergebnis des VIP Configuration Assistants

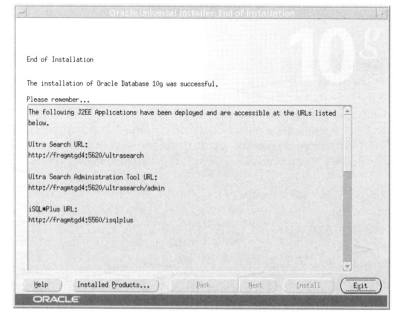

Abbildung 30.22:
Das Ende der Installation

30.4 Erstellen einer RAC-Datenbank

Eine RAC-Datenbank kann manuell oder mit dem Database Configuration Assistant (DBCA) erstellt werden. Unter Oracle9*i* wurde häufig noch die manuelle Methode bei der Installation von RAC-Datenbanken bevorzugt, da der DBCA fehlerbehaftet war und man sich eine umfangreichere RAC-Unterstützung gewünscht hatte. In Oracle 10g ist der DBCA eindeutig die bessere Wahl. Er läuft stabil und erstellt eine nützliche Basiskonfiguration einschließlich Services und Oracle Net. Zusätzlich leistet er Unterstützung für Automatic Storage Management.

Der vorliegende Abschnitt beschreibt die Erstellung einer RAC-Datenbank mit dem DBCA auf einem Cluster File System (CFS). Voraussetzung ist, dass die Cluster Ready Services (CRS) und die Datenbanksoftware installiert sind sowie die erforderlichen Dateisysteme und Verzeichnisse für die Datenbank auf dem CSF angelegt sind. Folgen Sie bei der Anlage der Dateisysteme und Verzeichnisse den OFA-Richtlinien. Diese werden vom DBCA unterstützt.

Beachten Sie bei der Anlage der Dateisysteme, dass in einer RAC-Datenbank eine UNDO-Tablespace und ein Paket von Online Redo Log-Dateien (ein so genanntes *Redo Log Thread*) pro Instanz benötigt werden. Die Online Redo Log-Dateien aller Instanzen müssen von allen anderen Instanzen zugänglich sein. Nur so ist ein Instance Recovery bei einem Failover möglich. Bei einem Instance Recovery führt eine der überlebenden Instanzen ein Recovery mit Hilfe der Online Redo Log-Dateien der fehlerhaften Instanz durch. Wenn Sie eine Flash Recovery Area benutzen, dann muss diese ebenfalls in einem Cluster File System liegen.

Obwohl die Archived Redo Log-Dateien nicht direkt für das Instance Recovery benötigt werden, sollten diese ebenfalls im Cluster File System liegen. Muss ein Recovery nach Totalausfall des Clusters durchgeführt werden, dann benötigt die Instanz, die das Recovery durchführt, Zugriff auf die Archived Redo Log-Dateien aller Instanzen. Ein von RMAN durchgeführtes Restore und Recovery wird damit einfacher und es geht keine zusätzliche Zeit durch Kopieren von Dateien oder Umbenennen von Dateien verloren.

> :-)
> TIPP
>
> *Wenn Sie für die Erstellung der Datenbank ein* SPFILE *verwenden, dann muss dieses entweder ein Raw Device oder eine Datei auf dem Cluster File System sein. Der DBCA setzt die Installation nicht fort, wenn Sie versuchen, das* SPFILE *auf einem lokalen Dateisystem zu erstellen. Standardmäßig versucht der DBCA, das* SPFILE *im Verzeichnis* $ORACLE_HOME/dbs *(bzw.* %ORACLE_HOME%\database *unter Windows) zu erstellen. Wenn Sie die Datenbank-Software auf lokalen Dateisystemen installiert haben, dann bekommt*

der DBCA ein Problem. Als Workaround können Sie das Verzeichnis dbs *durch einen Softlink ersetzen, der auf ein Verzeichnis im Cluster File System verweist.*

```
$ cd $ORACLE_HOME
$ rmdir dbs
$ ln -s /u02/admin/RACT/dbs dbs
```

Unter Oracle9i musste vor dem Start des DBCA die Umgebungsvariable SRVM_SHARED_CONFIG *gesetzt sein und auf die Konfigurationsdatei des Server Control Utilitys verweisen. Dies war das Erkennungsmerkmal für den DBCA, dass es sich um ein RAC-Datenbank handelt. Nur dann hat der DBCA die Installationsoption »Clusterdatenbank« angeboten.*

INFO

Die Umgebungsvariable muss in Oracle 10g nicht mehr gesetzt sein. Voraussetzung für ein erfolgreiches Erstellen der Datenbank ist, dass alle CRS-Dienste auf allen Knoten des Clusters laufen. Mit Hilfe des Skripts in Listing 30.1 können Sie feststellen, ob die Dienste laufen.

Eine RAC-Datenbank mit dem Database Configuration Assistant erstellen

1. Starten Sie den Database Configuration Assistant mit dem Kommando dbca von der Kommandozeile oder über das Systemmenü unter Windows. Im Begrüßungsfenster erscheint die Abfrage, ob Sie eine Cluster- oder eine Single Instance-Datenbank erstellen wollen. Überprüfen Sie, ob alle CRS-Daemons laufen, wenn Sie diese Auswahl nicht sehen.

STEP

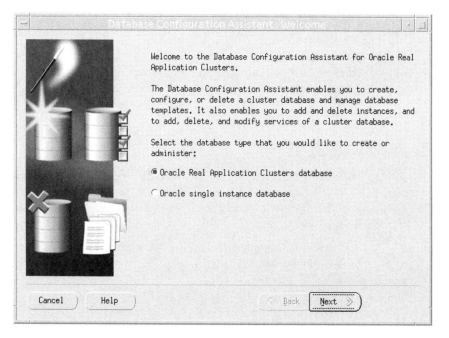

Abbildung 30.23: Die Installationsart auswählen

2. Markieren Sie REAL APPLICATION CLUSTERS-DATENBANK und klicken Sie auf WEITER. Wählen Sie im nächsten Schritt DATENBANK ERSTELLEN.

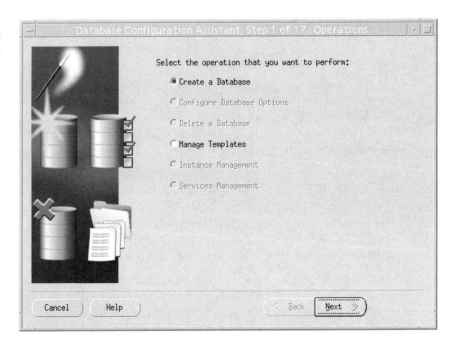

Abbildung 30.24:
Die Operationsart des DBCA festlegen

3. Wählen Sie die Knoten aus, für die die Datenbankinstallation erfolgen soll. Oracle erstellt dann die Instanz-spezifischen Dateien und nimmt die entsprechenden Konfigurationen vor. Wählen Sie alle Knoten aus.

4. Im nächsten Fenster können Sie ein Template oder die Erstellung einer individuellen Datenbank auswählen. Markieren Sie BENUTZERDEFINIERTE DATENBANK.

5. Sie werden im folgenden Fenster aufgefordert, den Globalen Datenbanknamen und die SID einzugeben. Der Globale Datenbankname setzt sich aus SID und Domäne zusammen. Der Begriff SID ist an dieser Stelle etwas irreführend. Es handelt sich dabei nicht um den Instanz-, sondern um den Datenbanknamen. Der DBCA vergibt die Instanznamen durch Hinzufügen einer laufenden Nummer. Im vorliegenden Beispiel wurde der Datenbankname RACT eingegeben. Die Instanznamen sind dann RACT1 und RACT2.

6. Wie bei der Erstellung einer Single Instance-Datenbank können Sie festlegen, ob der Enterprise Manager konfiguriert und ein Repository erstellt werden soll.

Erstellen einer RAC-Datenbank — Kapitel 30

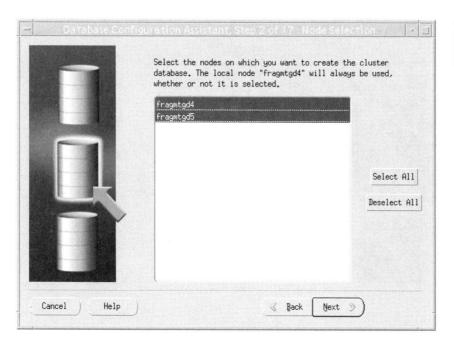

Abbildung 30.25:
Die Knoten für die Datenbankinstallation auswählen

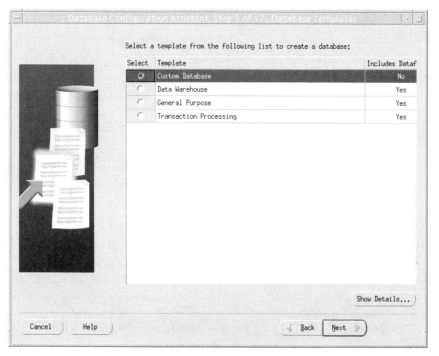

Abbildung 30.26:
Das Template für die Datenbank festlegen

Abbildung 30.27:
Konfiguration des Enterprise Manager

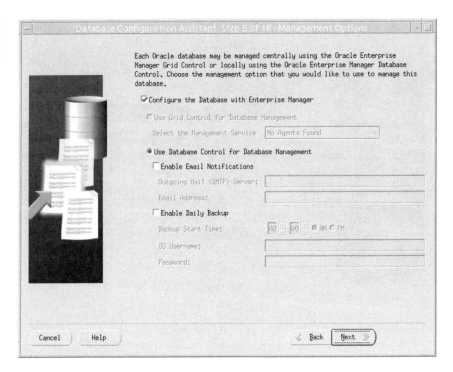

7. Auch bei einer RAC-Datenbank können Sie die Passwörter für die Systembenutzer während der Installation festlegen.

8. Teilen Sie dem DBCA mit, wo die Dateien der Datenbank erstellt werden sollen. Sie haben die Wahl zwischen Cluster File System, Automatic Storage Management und Raw Devices. Für Raw Devices benötigen Sie eine Mapping-Datei. Im vorliegenden Beispiel werden die Dateien auf einem Cluster File System installiert.

9. Sie können weiterhin festlegen, welches Template für die Verzeichnisstruktur verwendet werden soll. Sie können die Pfade später noch anpassen.

10. Auch eine RAC-Datenbank unterstützt Flash Recovery. Legen Sie die Flash Recovery Area in ein Cluster File System. Im nächsten Schritt werden die Optionen und Komponenten der Datenbank festgelegt.

11. Der folgende Konfigurationsschritt ist RAC-spezifisch. Sie können verschiedene HA-Dienste erstellen. Die Dienste dienen dem Service Provisioning auf Datenbankebene für das Grid Computing. Dabei können Sie zwischen Preferred Instance und Available Instance wählen.

Erstellen einer RAC-Datenbank — Kapitel 30

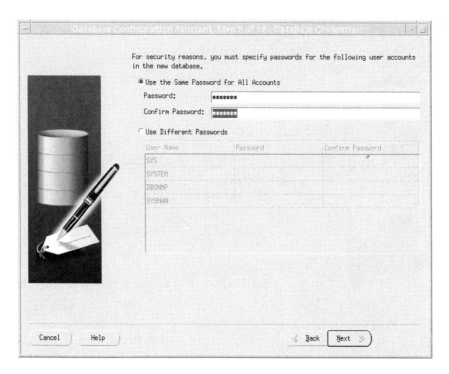

Abbildung 30.28: Passwörter für die Systembenutzer eingeben

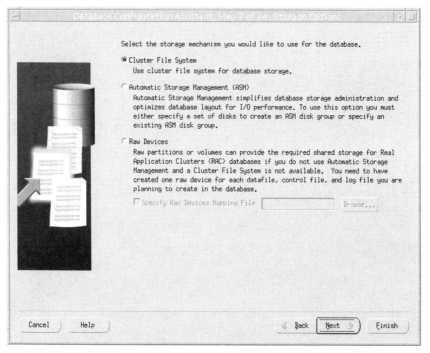

Abbildung 30.29: Auswahl der Dateiarten

Kapitel 30 Installation und Konfiguration von Real Application Clusters

Abbildung 30.30:
Template für die Verzeichnisstruktur wählen

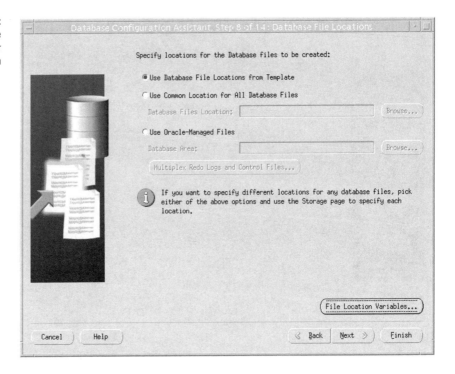

Abbildung 30.31:
Komponenten und Optionen im DBCA festsetzen

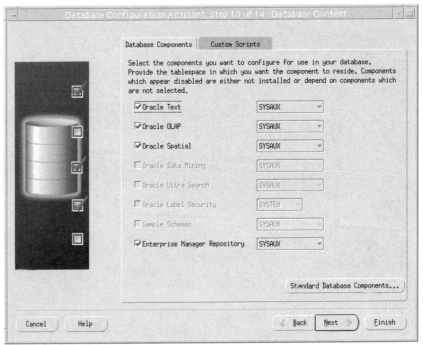

Erstellen einer RAC-Datenbank — Kapitel 30

Die Preferred Instance wird für den Normalbetrieb verwendet, wogegen die Available Instance ins Spiel kommt, wenn die Preferred Instance nicht verfügbar ist. Sie können die Dienste auch später konfigurieren, wenn Sie an dieser Stelle die Anforderung noch nicht kennen. Die Verwaltung der Dienste erfolgt mit dem Server Control Utility (srvctl).

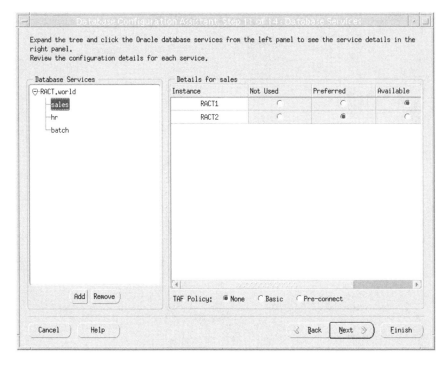

Abbildung 30.32: RAC Services festlegen

12. Wie gewohnt erscheint das Fenster zum Festlegen einer Reihe von Datenbankparametern.

13. Wenn Sie diese Fehlermeldung sehen, dann liegt das Verzeichnis für das SPFILE nicht in einem Cluster File System. Sie können sich mit einem Softlink weiterhelfen, wie oben beschrieben.

14. Schließlich können Sie noch die Verzeichnisse für die Speicherorte der Dateien anpassen.

15. Nach Beendigung der Installation erscheint eine Erfolgsmeldung. Sie können an dieser Stelle noch die Passwörter anpassen.

16. Zum Schluss werden alle Instanzen des Clusters sowie die RAC-Dienste gestartet.

Kapitel 30 Installation und Konfiguration von Real Application Clusters

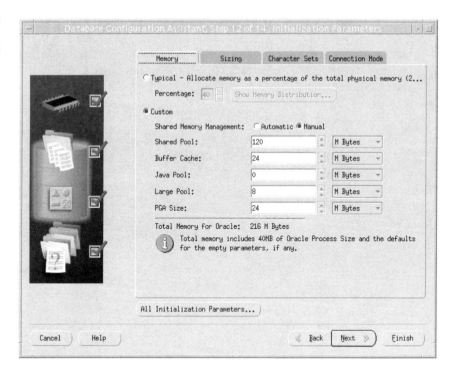

Abbildung 30.33:
Datenbankparameter eingeben

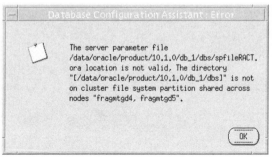

Abbildung 30.34:
Fehler beim Anlegen des SPFILE

Damit ist die Erstellung der RAC-Datenbank abgeschlossen. Der DBCA hat eine Basiskonfiguration vorgenommen und Sie können die Datenbank auf allen Cluster-Knoten benutzen.

Das Server Control Utility hilft Ihnen bei der Vereinfachung der Verwaltung einer Cluster-Datenbank. Sie können die Instanzen einzeln mit SQL*Plus hoch- und herunterfahren. Das bedeutet, Sie müssen sich an jedem Knoten anmelden und die entsprechenden Kommandos ausführen. Bei zwei Knoten mag das noch erträglich sein. Wenn Sie mehr als zwei Knoten verwenden, dann wird die Verwaltung uneffektiv.

Erstellen einer RAC-Datenbank Kapitel 30

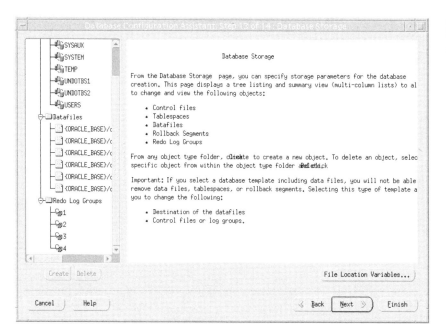

Abbildung 30.35: Dateispeicherorte anpassen

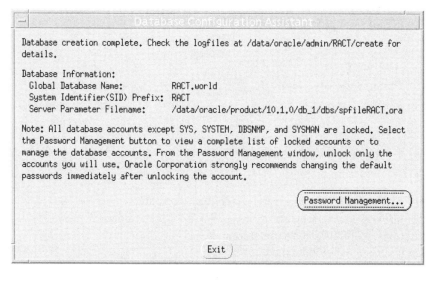

Abbildung 30.36: Erfolgsmeldung des DBCA

Abbildung 30.37: Die Instanzen und RAC-Dienste starten

Mit Hilfe des Server Control Utilitys können Sie z.B. mit einem einzigen Befehl alle Instanzen starten oder den Status abfragen. Es kann auf einem beliebigen Knoten des Clusters ausgeführt werden.

Vor der ersten Benutzung ist eine Konfiguration für die Datenbank erforderlich. Der DBCA hat die Konfiguration bereits vorgenommen und Sie können das Utility benutzen. Führen Sie die folgenden Schritte durch, wenn Sie die Konfiguration neu erstellen müssen. Das ist nach dem manuellen Erstellen einer Datenbank der Fall.

Das Server Control Utility konfigurieren

1. Erstellen Sie eine neue Konfiguration für die Datenbank. Geben Sie den Datenbanknamen und das Oracle Home-Verzeichnis ein.

   ```
   $ srvctl add database -d RACT -o data/oracle/product/10.1.0/db_1
   $ srvctl config database -d RACT
   ```

2. Fügen Sie die Instanz- und Knotennamen der Konfiguration hinzu.

   ```
   $ srvctl add instance -d RACT -i RACT1 -n mch1
   $ srvctl add instance -d RACT -i RACT2 -n mch2
   ```

3. Testen Sie die Konfiguration.

   ```
   $ srvctl status database -d RACT
   Instance RACT1 is running on node mch1
   Instance RACT2 is running on node mch2
   ```

Die Stopp- und Startkommandos für die Datenbank sehen folgendermaßen aus:

```
$ srvctl stop database -d RACT
$ srvctl start database -d RACT
```

Soll eine einzelne Instanz gestartet werden, dann müssen Sie folgendes Kommando verwenden:

```
$ srvctl start instance -d RACT -i RACT2
```

Erstellen Sie eine Sicherung des SPFILE durch eine Kopie oder mit Hilfe des Befehls CREATE PFILE FROM SPFILE.

Wenn Sie den Workaround mit dem Softlink für das SPFILE benutzt haben, dann können Sie das nach der Installation richtig stellen. Löschen Sie den Link und erstellen Sie ein reguläres Verzeichnis dbs in $ORACLE_HOME. Erstellen Sie eine Datei init<SID>.ora, die auf das SPFILE verweist, das sich im Cluster File System befindet. Verweisen Sie auf allen Knoten auf ein und dasselbe

SPFILE. Die Initialisierungsdatei hat in der Beispielinstallation folgenden Inhalt:

SPFILE='/data/oracle/RACT/pfile/spfileRACT.ora'

In Listing 30.2 sehen Sie die RAC-Initialisierungsparameter für die Beispielinstallation. Parameter, die mit einem »*« qualifiziert sind, beziehen sich auf alle Instanzen der Datenbank. Andernfalls ist die entsprechende Instanz qualifiziert.

Der Parameter cluster_database=true erlaubt den gleichzeitigen Zugriff von mehreren Instanzen auf eine Datenbank. Zusätzlich müssen Sie die Instanz-Nummern, Redo Log Thread-Number und UNDO-Tablespaces für jede Instanz spezifizieren. Wenn Sie den DBCA für die Erstellung der Datenbank verwendet haben, dann sind diese Parameter bereits in das SPFILE eingetragen.

```
*.cluster_database=true
*.cluster_database_instances=2
*.compatible='10.1.0.2.0'
*.db_name='RACT'
RACT1.instance_number=1
RACT2.instance_number=2
RACT1.thread=1
RACT2.thread=2
RACT2.undo_tablespace='UNDOTBS2'
RACT1.undo_tablespace='UNDOTBS1'
```

Listing 30.2:
Initialisierungsparameter für die RAC-Datenbank

31 Administration von Real Application Clusters

Für die Aministration von RAC-Datenbanken stellt Oracle folgende Werkzeuge zur Verfügung:

- Enterprise Manager
- das Server Control Utility `srvctl` und SQL*Plus
- den Database Configuration Assistant (DBCA)
- den Virtual Internet Protocol Configuration Assistant (VIPCA)
- den Oracle Interface Configuration Assistant (OIFCFG)
- das OCR-Konfigurationswerkzeug (ocrconfig)
- das Server Configuration Tool (srvconfig)

31.1 Eine RAC-Umgebung verwalten

Beachten Sie bei der Administration einer RAC-Umgebung, dass es sich um zwei Produkte handelt (CRS und RAC-Datenbank), die zwar miteinander verflochten sind, jedoch in eigenen Oracle-Home-Verzeichnissen installiert sind. Das heißt, Sie müssen die Umgebungsvariablen $ORACLE_HOME und $PATH entsprechend setzen.

So ist die Datenbank mit ihren Prozessen und Shared-Memory-Strukturen von den CRS-Daemon abhängig. Die Instanzen der RAC-Datenbank können nicht ohne CRS laufen, es sei denn, Sie öffnen die Datenbank nicht als Cluster-Datenbank und mit nur einer Instanz. Die CRS wiederum sind abhängig von zusätzlicher Clusterware, falls diese installiert ist.

Sie sollten deshalb zuerst die Instanzen stoppen, bevor die CRS-Prozesse heruntergefahren werden. Ein Stoppen der Cluster Ready Services führt zu Fehlern in Datenbank und Instanzen. Das Starten muss in umgekehrter Reihenfolge erfolgen.

Verwenden Sie ein Cluster File System, dann muss sichergestellt sein, dass dieses verfügbar ist, bevor die CRS-Daemon gestartet werden. Diese benötigen das OCR, um die Cluster-Konfiguration zu lesen.

Initialisierungsparameter

Die Verwendung des SPFILE und der Datei init.ora ist analog zu Datenbanken mit einer Instanz. Wenn Sie eine Initialisierungsdatei init.ora unter RAC verwenden, dann besitzt jeder Parameter ein Präfix. Das Präfix ist die SID einer Instanz, wobei Wildcards verwendet werden können.

Damit können Sie ein SPFILE bzw. eine init.ora für alle Instanzen des Clusters verwenden. Das SPFILE muss in einem Cluster File System oder Raw Device liegen, wogegen sich die init.ora auch in einem lokalen Dateisystem befinden kann.

Sie können für die Änderung der Konfiguration den ALTER SYSTEM-Befehl verwenden. Allerdings sind hierbei einige Regeln zu beachten. Das Verhalten lässt sich am besten an einem Beispiel erklären.

Das SPFILE enthält beim Start der Instanzen folgende Einträge:

```
*.db_cache_size=200M
RACT1.db_cache_size=120M
```

Die Instanz RACT1 erhält einen Buffer Cache von 120 Mbyte, alle anderen Instanzen des Clusters erhalten einen Buffer Cache von 200 Mbyte. Wird jetzt der folgende ALTER SYSTEM-Befehl eingegeben, dann werden alle Instanzen geändert, mit Ausnahme von RACT1. Ein individueller Parameter schützt also vor Überschreibung.

```
ALTER SYSTEM SET db_cache_size = 250M SID='*' SCOPE=MEMORY;
```

Um den Parameter in der Instanz RACT1 zu ändern, muss folgender Befehl verwendet werden:

```
ALTER SYSTEM SET db_cache_size = 250M SID='RACT1' SCOPE=MEMORY;
```

Sie können den individuellen Parameter der Instanz RACT1 mit diesem Befehl aufheben:

```
ALTER SYSTEM RESET db_cache_size SID='RACT1' SCOPE=MEMORY;
```

Der individuelle Parameter wird entfernt und die Instanz RACT1 akzeptiert den globalen Parameter, das heißt, die Größe des Buffer Pools wird auf 250 Mbyte gesetzt.

Neu in Oracle 10g ist der Initialisierungsparameter GCS_SERVER_PROCESSES. Er legt die anfängliche Anzahl von Hintergrundprozessen fest, die der GCS für die Kommunikation zwischen den Instanzen benutzt. Der Parameter ist standardmäßig auf »2« gesetzt und kann auf verschiedenen Instanzen verschiedene Werte annehmen.

Die folgenden Initialisierungsparameter müssen für alle Instanzen gleich sein:

- ACTIVE_INSTANCE_COUNT
- ARCHIVE_LAG_TARGET
- CLUSTER_DATABASE
- CONTROL_FILES
- DB_BLOCK_SIZE
- DB_DOMAIN
- DB_FILES
- DB_NAME
- DB_RECOVERY_FILE_DEST
- DB_RECOVERY_FILE_DEST_SIZE
- DB_UNIQUE_NAME
- MAX_COMMIT_PROPAGATION_DELAY
- TRACE_ENABLED
- UNDO_MANAGEMENT

Dagegen müssen die folgenden Parameter verschieden sein:

- INSTANCE_NUMBER
- THREAD
- UNDO_TABLESPACE

Das Oracle Cluster Registry (OCR)

Oracle speichert Informationen über die Konfiguration der RAC-Datenbank sowie der Cluster Ready Services, wie z.B. eine Liste der Knoten und Instanzen im Oracle Cluster Registry (OCR). Das OCR kann eine Datei im Cluster File System oder ein Raw Device sein.

Oracle stellt zwei Methoden für die Sicherung und das Wiederherstellen der Informationen des OCR zur Verfügung:

- Verwaltung und RAC
- Verwaltung mit »OCR Exports«

Die CRS erstellen alle vier Stunden automatisch eine Kopie des OCR und behalten mindestens drei Versionen der Sicherung. Zusätzlich wird eine Tages- und eine Wochensicherung erstellt.

> *Die Informationen im OCR sind äußerst wichtig für die Lauffähigkeit des Clusters. Oracle empfiehlt deshalb, mindestens täglich eine Sicherung mit dem Tool* ocrconfig *zu erstellen.*

Das Standardverzeichnis für die Sicherung mit ocrconfig ist $ORACLE_HOME/crs/cdata/<clustername>. Verwenden Sie den Parameter showbackup, um die vorhandenen Sicherungen anzuzeigen:

```
$ ocrconfig -showbackup
d4-1    2004/07/26 17:50:12    /data/oracle/product/10.1.0/crs/cdata/
crstrain
d4-1    2004/07/26 13:50:11    /data/oracle/product/10.1.0/crs/cdata/
crstrain
d4-1    2004/07/26 09:50:10    /data/oracle/product/10.1.0/crs/cdata/
crstrain
d4-1    2004/07/25 01:50:04    /data/oracle/product/10.1.0/crs/cdata/
crstrain
d4-1    2004/07/21 21:49:50    /data/oracle/product/10.1.0/crs/cdata/
crstrain
```

Sie können den Speicherort für die Sicherung durch folgenden Befehl ändern:

```
$ ocrconfig -backuploc <directory>
```

Das Rückspeichern der automatischen Sicherung erfolgt ebenfalls mit dem Tool ocrconfig. Führen Sie die folgenden Schritte durch:

Rückspeichern des automatischen OCR-Backups

1. Stoppen Sie alle CRS-Daemon-Prozesse.
2. Fahren Sie alle Server des Clusters herunter.
3. Starten Sie einen Server im Single-User-Modus.
4. Identifizieren Sie die vorhandenen Sicherungen mit ocrconfig -showbackup.
5. Speichern Sie die Sicherung mit folgendem Befehl zurück:
   ```
   ocrconfig -restore <filename>
   ```
6. Starten Sie alle CRS-Daemons und die übrigen Knoten.

Eine RAC-Umgebung verwalten — Kapitel 31

Speichern Sie die automatische Sicherung nicht mit der `import`*-Option zurück, benutzen Sie ausschließlich die* `restore`*-Option.*

!! STOP

Sie können zusätzlich zu den automatischen Sicherungen manuelle Sicherungen, so genannte Exports erstellen:

```
$ ocrconfig -export <filename>
```

Das Rückspeichern erfolgt mit `ocrconfig -import`.

Verwenden Sie für das Rückspeichern eines manuell (mit `-export`*) gesicherten Registrys nur die Option* `-import`*, nicht die Option* `-restore`*.*

!! STOP

Es gibt eine Möglichkeit, das OCR zurückzuspeichern, ohne das gesamte Cluster herunterzufahren.

Rückspeichern des OCR ohne Cluster-Shutdown

STEP

1. Fertigen Sie auf allen Knoten eine Kopie der Datei `/etc/inittab` an und entfernen Sie alle CRS-spezifischen Einträge.

2. Stoppen Sie die CRS-Daemons auf allen Knoten:

   `/etc/init.d/init.crs stop`

3. Speichern Sie die OCR-Sicherung zurück:

   ```
   $ ocrconfig -import <filename>
   ```

4. Speichern Sie die gesicherte Version der Datei `/etc/inittab` auf allen Knoten zurück.

5. Starten Sie die CRS-Daemons auf allen Knoten:

   ```
   $ /etc/init.d/init.crs start
   ```

6. Verifizieren Sie die laufenden `init`-Prozesse:

   `/etc/init q`

Erstellen Sie eine manuelle Sicherung des OCR nach jeder Änderung der Cluster-Konfiguration.

:-) TIPP

Sie können mit dem Utility `srvconfig` die Konfiguration des OCR lesen und in eine Testdatei schreiben:

```
$ srvconfig -exp OCR.txt
srvconfig successfully exported cluster database configurations
    to file "OCR.txt"
```

[KOMPENDIUM] Oracle 10g — 787

Die Textdatei der Beispielkonfiguration hat folgenden Inhalt:

```
# PLEASE DO NOT EDIT THIS FILE - it is "srvconfig" generated
DATABASES = (RACT)
#########! Configuration of cluster database "RACT" follows #########!
RACT.ORACLE_HOME = /data/oracle/product/10.1.0/db_1
RACT.ENABLED = true
RACT.INSTANCE = (RACT1,RACT2)
RACT.RACT1.NODE = mch1
RACT.RACT1.ENABLED = true
RACT.RACT2.NODE = mch2
RACT.RACT2.ENABLED = true
#########! Configuration of nodeapps follows #########!
NODEAPPS = (mch1,mch2)
mch1.VIP = 212.1.1.1:255.255.255.0:(hme0)
mch1.ORACLE_HOME = /data/oracle/product/10.1.0/db_1
mch2.VIP = 212.1.1.2:255.255.255.0:(hme0)
mch2.ORACLE_HOME = /data/oracle/product/10.1.0/db_1
#########! Configuration of vip_range follows #########!
VIP_RANGE = null
```

31.2 Load Balancing und Failover

Die wichtigsten Gründe für den Einsatz einer Cluster-Lösung sind Hochverfügbarkeit, Performance und Skalierbarkeit. Dies wird in der Praxis durch Load Balancing und Failover realisiert.

Leider ist auch der Net Manager in Oracle 10g nicht in der Lage, RAC-bezogene Konfigurationen vorzunehmen. Die einzige Möglichkeit ist die Bearbeitung der Konfigurationsdateien tnsnames.ora und listener.ora mit einem Texteditor.

Load Balancing

Oracle kennt zwei Arten von Load Balancing:

- Client Load Balancing
- Connection Load Balancing

Beim *Client Load Balancing* handelt es sich nicht um ein echtes Load Balancing. Der Client verbindet sich mit einer beliebigen Instanz nach dem Zufallsprinzip. Schauen wir uns das am besten an einem Beispiel an. Der folgende Eintrag in der Datei tnsnames.ora schaltet das Client Load Balancing aus. Dabei ist LOAD_BALANCE=OFF der Standardwert.

Load Balancing und Failover — Kapitel 31

```
RACT =
  (DESCRIPTION =
    (ADDRESS = (PROTOCOL = TCP)(HOST = mch1)(PORT = 1521))
    (ADDRESS = (PROTOCOL = TCP)(HOST = mch2)(PORT = 1521))
    (LOAD_BALANCE = OFF)
    (CONNECT_DATA =
      (SERVER = DEDICATED)
      (SERVICE_NAME = RACT.world)
    )
  )
```

Listing 31.1:
Client-Konfiguration mit ausgeschaltetem Client Load Balancing

Verwenden Sie als Identifikation den Parameter SERVICE_NAME *und nicht den Parameter* SID. *Mit* SID *verbinden Sie sich auf eine konkrete Instanz, damit ist Load Balancing und Failover nicht möglich. Die Verwendung von* SERVICE_NAME *löst einen spezifischen Verbindungsalgorithmus durch den Client aus. Der* SERVICE_NAME *repräsentiert die Datenbank mit all ihren Instanzen.*

In diesem Fall versucht der Client, sich in der Reihenfolge der Server zu verbinden. Er versucht immer zuerst eine Verbindung mit mch1 aufzubauen. Wird LOAD_BALANCE=ON gesetzt, dann wählt er willkürlich einen der beiden Knoten aus. Client Load Balancing berücksichtigt nicht den aktuellen Workload der Instanzen.

Das ist jedoch der Fall beim *Connection Load Balancing*. Hier wird beim Verbindungsaufbau in der folgenden Reihenfolge gesucht:

1. der am wenigsten belastete Knoten
2. die am wenigsten belastete Instanz
3. der am wenigsten belastete Dispatcher (nur bei Shared Server)

Was läuft beim Connection Load Balancing ab? Voraussetzung ist, dass jede Instanz im Cluster bei jedem Listener registriert ist. Das kann mit dem Initialisierungsparameter REMOTE_LISTENER sichergestellt werden:

```
*.remote_listener='LISTENERS_RACT'
```

Wird der Parameter in dieser Form verwendet, dann muss ein adäquater Eintrag in der Datei tnsnames.ora existieren, der den Wert näher beschreibt:

```
LISTENERS_RACT =
  (ADDRESS_LIST =
    (ADDRESS = (PROTOCOL = TCP)(HOST = mch1)(PORT = 1521))
    (ADDRESS = (PROTOCOL = TCP)(HOST = mch2)(PORT = 1521))
  )
```

Kapitel 31 — Administration von Real Application Clusters

Das folgende Szenario beschreibt einen typischen Ablauf beim Connection Load Balancing.

1. Die PMON-Prozesse registrieren beide Instanzen aufgrund des Parameters REMOTE_LISTENER bei allen Listeners im Cluster (1).
2. Der Client sendet eine Verbindungsanfrage an Listener A. Da sich alle Instanzen bei Listener A registriert haben, kennt dieser die aktuellen Workload-Parameter (2).
3. Listener A stellt fest, dass Instanz B wesentlich weniger belastet ist, und leitet die Verbindungsanfrage zu Listener B um (3/4).
4. Listener B startet einen Dedicated Server Process auf Instanz B und vererbt die Verbindung des Clients.

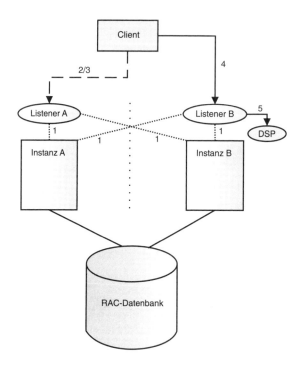

Abbildung 31.1: Verbindungsablauf beim Connection Load Balancing

Transparent Application Failover (TAF)

Wenn bei einer Single Instance-Datenbank die Instanz plötzlich nicht mehr verfügbar ist, dann erhält ein Client mit einer bestehenden Verbindung folgende Fehlermeldung:

```
ORA-03113: Unerwartetes Übertragungsende in Kommunikation
```

Load Balancing und Failover — Kapitel 31

Der Zugriff auf die Datenbank ist damit beendet und nicht mehr möglich, bis die Instanz wieder zur Verfügung steht.

Eines der Ziele einer RAC-Datenbank ist es, genau dieses zu verhindern und die Sitzung auf eine verfügbare Instanz umzuleiten. Dieser Vorgang wird Failover genannt. Dabei wird zwischen zwei Failover-Situationen unterschieden:

- Connect Time Failover
- Transparent Application Failover (TAF)

Connect Time Failover-Situationen sind relativ unkritisch, da der Client noch versucht, sich mit einer Instanz zu verbinden. Oracle Net probiert einfach die Liste der Adressen für den Connect Identifier des TNSNAMES-Eintrags durch. Das wird durch die Option FAILOVER=ON vorgegeben.

```
RACT =
  (DESCRIPTION =
    (FAILOVER = ON)
    (ADDRESS = (PROTOCOL = TCP)(HOST = mch1)(PORT = 1521))
    (ADDRESS = (PROTOCOL = TCP)(HOST = mch2)(PORT = 1521))
    (CONNECT_DATA =
      (SERVER = DEDICATED)
      (SERVICE_NAME = RACT.world)
    )
  )
```

Listing 31.2: Client-Konfiguration mit Connect Time Failover

Wesentlich mehr ist zu beachten, wenn eine Instanz im laufenden Betrieb plötzlich nicht mehr verfügbar ist. Der Client hat bereits eine Sitzung mit einem spezifischen Umfeld aufgebaut und ist möglicherweise mitten in einer SQL-Abfrage oder einer Transaktion. Dieser Vorgang wird *Transparent Application Failover* genannt.

In einer RAC-Konfiguration wird bei Ausfall der aktiven Instanz der Client zu einer anderen Instanz verbunden und seine Sitzung wird wiederhergestellt. Dabei ist zu beachten, dass keine komplette Wiederherstellung der Sitzungsumgebung erfolgt. Die auf dem Client laufende Applikation muss einen Anteil zur Wiederherstellung des aktuellen Status leisten. Dieser Typ von Anwendungen wird *Cluster Aware Applications* genannt.

In Tabelle 31.1 finden Sie eine Zusammenfassung der Sitzungseigenschaften, die in einem TAF-Prozess wiederhergestellt werden.

Tabelle 31.1:
Übersicht der Wiederherstellung bei TAF

Komponente	Übernahmeform
Datenbank-Verbindung	TAF baut eine neue Verbindung mit demselben oder einem anderen Connect String, in Abhängigkeit von der Failover-Konfiguration, auf.
Aktive Transaktion	Aktive, nicht abgeschlossene Transaktionen werden zurückgerollt und nicht übernommen. Der Client erhält eine Fehlermeldung und muss die weitere Behandlung durchführen.
Ausgeführte Befehle	Wenn ein Befehl ausgeführt und der Status der Datenbank verändert wurde, dann setzt TAF den Befehl nicht noch einmal ab.
Offene Cursor von SQL-Abfragen	Hat zum Failover-Zeitpunkt ein offener Cursor existiert, das heißt, der Client war gerade dabei, die Sätze aus dem Cursor zu lesen, dann ermöglicht TAF ein SELECT-Failover. Die SQL-Abfrage wird unter Verwendung desselben Snapshots erneut ausgeführt und es werden die Sätze, die bereits durch den Client verarbeitet wurden, übersprungen.
Datenbanksitzung	TAF meldet den Benutzer unter derselben Benutzer-ID wieder an. TAF ist jedoch nicht in der Lage, so genannte nicht-persistente Eigenschaften der Sitzung wiederherzustellen. Dies muss die Applikation über ein OCI-Callback tun.
Serverside Program Variables	Serverside Program Variables werden durch TAF nicht wiederhergestellt. Auch das kann durch die Anwendung mit Hilfe eines OCI-Callbacks erfolgen.

Es lässt sich das Fazit ziehen, dass TAF einige grundlegende Funktionalitäten für ein Failover der Applikation bietet, eine komplette Wiederherstellung des Sitzungszustands jedoch nur aus einem Zusammenspiel zwischen TAF und der Applikation erreicht werden kann. Es ist notwendig, einigen Programmieraufwand in die Applikation zu investieren, um ein echtes Application Failover zu erreichen. Hier ist etwas mehr Funktionalität durch TAF wünschenswert und wird bereits seit längerem von Oracle gefordert.

TAF kann über folgenden APIs angesprochen werden:

- OCI
- JDBC/OCI-Treiber (nicht über Thin-JDBC-Treiber)
- Pro*C Precompiler

Load Balancing und Failover

Die Failover-Konfiguration wird auf dem Client in der Datei tnsnames.ora durch den Parameter FAILOVER_MODE vorgenommen. Es können folgende Subparameter verwendet werden:

Subparameter	Beschreibung
BACKUP	Ein Net-Service-Name für Backup-Verbindungen. Eine Backup-Verbindung sollte bei Verwendung einer bereitgestellten Verbindung angegeben werden.
TYPE	Legt den Failover-Typ fest. Zurzeit sind drei Typen verfügbar: SESSION: TAF versucht nicht, eine SELECT-Anweisung mit offenem Cursor erneut zu starten. SELECT: TAF öffnet den Cursor erneut und knüpft an die bereits verarbeiteten Sätze an. NONE: Es wird keine Failover-Funktionalität benutzt (Standard)
METHOD	Legt die Failover-Methode fest: BASIC: Die neue Verbindung wird zum Failover-Zeitpunkt hergestellt. PRECONNECT: Es werden Verbindungen aufgebaut und freigehalten, die zum Failover-Zeitpunkt genutzt werden können. Das beschleunigt den Failover-Prozess.
RETRIES	Legt die Anzahl der Verbindungsversuche nach einem Failover fest. Wird dieser Parameter nicht festgesetzt und DELAY verwendet, dann ist der Standardwert 5.
DELAY	Gibt vor, wie viele Sekunden zwischen den Verbindungsversuchen gewartet werden soll. Wird dieser Parameter nicht festgesetzt und RETRIES verwendet, dann ist der Standardwert 1.

Tabelle 31.2:
Parameter für die Failover-Konfiguration

Die Parameter RETRIES *und* DELAY *werden ignoriert, wenn eine Callback-Funktion registriert ist.*

Eine TAF-Konfiguration könnte damit folgendermaßen aussehen:

```
RACT =
  (DESCRIPTION =
    (FAILOVER = ON)
    (LOAD BALANCE = OFF)
    (ADDRESS = (PROTOCOL = TCP)(HOST = mch1)(PORT = 1521))
    (ADDRESS = (PROTOCOL = TCP)(HOST = mch2)(PORT = 1521))
    (CONNECT_DATA =
      (SERVER = DEDICATED)
      (SERVICE_NAME = RACT.world)
      (FAILOVER_MODE =
        (TYPE = SELECT)
        (METHOD = BASIC)
```

Listing 31.3:
Eine TAF-Konfiguration

```
              (RETRIES = 15)
              (DELAY = 10)
          )
      )
  )
```

Da SQL*Plus OCI verwendet, ist eine Failover-Funktionalität gegeben. Sie können daher einen simplen Failover-Test für SELECT-Failover mit SQL*Plus durchführen. Legen Sie dazu eine einfache Tabelle an.

```
SQL> CREATE TABLE ftest (
  2  id     NUMBER,
  3  text   VARCHAR2(100));
Tabelle wurde angelegt.
SQL> DECLARE
  2  i NUMBER;
  3  BEGIN
  4  FOR i IN 1..200 LOOP
  5  INSERT INTO ftest VALUES (i, 'TAF Test...');
  6  END LOOP;
  7  COMMIT;
  8  END;
  9  /
PL/SQL-Prozedur wurde erfolgreich abgeschlossen.
```

Listing 31.4: Anlegen einer einfachen Tabelle für Failover-Test

Verwenden Sie für den Test die TAF-Konfiguration aus Listing 31.3. Starten Sie eine SQL*Plus-Sitzung, schalten Sie die Pause ein und starten Sie eine SQL*Plus-Abfrage. Die Ausgabe wird durch die Pause angehalten.

```
CONNECT KOMP/KOMP@RACT
Connect durchgeführt.
SQL> SET PAUSE ON
SQL> SET PAGESIZE 5
SQL> SELECT * FROM ftest;
         1 TAF Test...
         2 TAF Test...
         3 TAF Test...
         4 TAF Test...
```

Überprüfen Sie, zu welcher Instanz die Verbindung aufgebaut wurde. Führen Sie auf der Instanz, zu der die Verbindung besteht, ein shutdown abort durch. Drücken Sie die Return-Taste in der SQL*Plus-Sitzung, um die Pause zu beenden.

```
         5 TAF Test...
         6 TAF Test...
         7 TAF Test...
         8 TAF Test...
  . . .
```

Wie Sie sehen können, wurde der Cursor wiederhergestellt und die Abfrage setzt an der richtigen Stelle wieder auf. Mit der Abfrage in Listing 31.5 können Sie feststellen, ob ein Failover erfolgt ist und mit welchen Optionen.

```
SQL> SELECT username, failover_type, failover_method,
  2  failed_over
  3  FROM v$session
  4  WHERE username='KOMP';
USERNAME                FAILOVER_TYPE FAILOVER_M FAI
----------------------- ------------- ---------- ---
KOMP                    SELECT        BASIC      YES
```

Listing 31.5:
Ein Session Failover prüfen

> *Beachten Sie, dass zwar ein Session Failover für einen offenen Cursor möglich ist, jedoch die Sitzungsparameter nicht mit übernommen werden. Der Wiederaufbau der Sitzungsumgebung muss in der Applikation unter Verwendung des Callback-Features erfolgen. Allerdings sind Sie dabei auf die Sprachen Java (OCI-JDBC), C++ mit OCI und Pro*C eingeschränkt. Das folgende Beispiel zeigt, was passieren kann, wenn die Sitzungsumgebung beim Failover nicht übernommen wird.*

:-)
TIPP

Fügen Sie zur Tabelle ftest eine Spalte vom Typ DATE hinzu und füllen Sie diese.

```
SQL> ALTER TABLE ftest ADD changed DATE;
Tabelle wurde geändert.
 SQL> UPDATE ftest SET changed=SYSDATE;
200 Zeilen wurden aktualisiert.
SQL> COMMIT;
Transaktion mit COMMIT abgeschlossen.
```

Führen Sie einen ALTER SESSION-Befehl aus und ändern Sie das Datumsformat. Wenn Sie den Failover-Test erneut durchführen, dann werden Sie feststellen, dass nach dem Failover das Standard-Datumsformat wieder aktiviert ist, das heißt, die Sitzungsumgebung ist verloren gegangen.

```
SQL> ALTER SESSION SET NLS_DATE_FORMAT='DD.MM.YYYY HH24:MI:SS';
Session wurde geändert.
SELECT * FROM ftest;
        13 TAF Test...  27.07.2004 17:01:28
        14 TAF Test...  27.07.2004 17:01:28
        15 TAF Test...  27.07.2004 17:01:28
        16 TAF Test...  27.07.04
        17 TAF Test...  27.07.04
        18 TAF Test...  27.07.04
```

TAF übernimmt nur geschlossene Transaktionen. Offene Transaktionen werden zurückgerollt. Sie erhalten die Fehlermeldung ORA-25402. Die Applikation muss die Fehlerbehandlung übernehmen und den weiteren Ablauf nach dem Failover steuern.

Listing 31.6:
Rückgängig-
machen offener
Transaktionen

```
SQL> INSERT INTO ftest
  2  VALUES (888,'DML',SYSDATE);
1 Zeile wurde erstellt.
SQL> COMMIT;
COMMIT
*
FEHLER in Zeile 1:
ORA-25402: Transaktion muss rückgängig gemacht werden
```

High Availability-Dienste

Oracle führt mit der Version 10g eine veränderte Architektur für ein verbessertes Failover-Verhalten ein. *High Availability-Dienste* (HA-Dienste) bilden eine zusätzliche Ebene zwischen dem Client und der Datenbank im Cluster.

Die im Abschnitt 31.2.2 beschriebene Konfiguration war die einzige Möglichkeit, unter Oracle9*i* ein Failover zu implementieren. Das auf diese Weise konfigurierte Failover funktioniert recht gut für Fehlersituationen wie Stoppen der Instanz oder des Listeners. Im Normalbetrieb treten jedoch auch Fehler auf, auf die die herkömmliche TAF-Architektur unzureichend reagiert.

Das ist z.B. bei einem Stromausfall des Servers der Fall. Das Betriebssystem kann dann dem Client nicht mehr signalisieren, dass der TCP/IP-Socket unbrauchbar ist. Oracle Net, das als Schicht über TCP/IP liegt, wartet dann auf dem Client, bis der Socket ein Timeout signalisiert. Allerdings ist die Standardeinstellung für Keepalive Timeouts des TCP/IP-Protokolls zwei Stunden, was in diesem Fall wenig hilfreich ist. Oracle bietet für eine Änderung der Einstellung nur nicht-dokumentierte Parameter an, zusätzlich muss eine Änderung der TCP/IP-Konfiguration erfolgen. Dies wiederum hat Auswirkung auf andere Anwendungen und Prozesse, für die möglicherweise die Standardeinstellung erforderlich ist.

In Oracle 10g ist es möglich, HA-Dienste zu erstellen. Diese Dienste sind Bestandteil des CRS-Layers und können gestartet, gestoppt und bei einem Failover an einen anderen Knoten übergeben werden. Sie können einem Service auf einer Instanz den Status PREFERRED oder AVAILABLE zuordnen. Im Normalbetrieb läuft der Dienst auf den Instanzen mit der Zuordnung PREFERRED. Bei einem Failover wird der Dienst auf die Instanzen mit der Zuordnung AVAILABLE übergeben.

Wenn ein Knoten ausfällt, dann werden der Dienst und die virtuelle IP-Adresse (VIP) auf eine oder mehrere intakte Instanzen übergeben. Die Verbindungen werden auf die Instanzen umgeleitet, die für die Dienste nach dem Failover zuständig sind. Die Clients können die Arbeit fortsetzen, nachdem der Failover-Prozess abgeschlossen ist.

Die veränderte Architektur bietet eine Reihe von Vorteilen, die in den folgenden Punkten zusammengefasst sind:

- Ermöglicht automatisches Workload Management

    Das Automatic Workload Repository (AWR) sammelt auch Statistiken über Dienste. Das AWR bildet die Grundlage für automatische und manuelle Tuning-Features. Die Kenntnis des Workloads der Dienste über die Zeitachse ermöglicht Service Provisioning im Sinne von Grid Computing auf dieser Ebene.

- Benutzung des Resource Manager

    Der Resource Manager kann für eine feinmaschige Kontrolle der Ressourcen in einer RAC-Umgebung eingesetzt werden. So können Sie Dienste mit dem Prädikat »Hohe Priorität« versehen, indem Sie diesen Diensten mehr Ressourcen zuordnen als anderen Diensten.

- Verbesserte Failover-Eigenschaften

    Durch die Integration der HA-Dienste in den CRS-Layer verbessern sich die Failover-Eigenschaften. Beim Ausfall eines Knotens werden der Dienst und die virtuelle IP-Adresse (VIP) von einem oder mehreren intakten Knoten übernommen. Da der Listener auf der VIP hört, muss der Client nicht auf das TCP/IP-Timeout warten, wenn der Knoten ausfällt. Die Verbindungen werden an den oder die neuen Knoten umgeleitet und der Client kann nach Abschluss des Failover-Prozesses weiterarbeiten.

- Verwendung der Easy Connect-Methode

    Die Easy Connect-Methode bietet die Möglichkeit, einen Client mit dem String `<username>/<password>@//<VIP>/<service>` zu verbinden. Der Client wird also zu einem Dienst über eine VIP verbunden. Dabei ist es uninteressant, auf welchem Knoten VIP und Dienst laufen. Das bleibt der Cluster-Verwaltung vorbehalten. Es ist also eine klare Trennung zwischen Clusterverwaltung und Verbindungen erfolgt. Detaillierte Informationen zur Easy-Connect-Methode finden Sie in Kapitel 11 »Oracle Net Services«.

- Failover Load Balancing

    Falls Ihr Cluster aus mehr als zwei Instanzen besteht, dann wird während des Failover-Prozesses ein Load Balancing-Mechanismus für die intakten Instanzen durchgeführt. Das ist möglich, da alle Listeners im Cluster über den aktuellen Status der Dienste informiert sind.

➤ Änderungen der Verhaltensregeln der Dienste erfordern keine Änderung in den Applikationen

Es ist eine klare Trennung zwischen der Anwendung und den High-Availability-Prozessen, die sie bedienen, erfolgt. So kann einem Dienst eine höhere Priorität gegeben werden, indem ihm mehr Ressourcen zugeordnet werden oder der Dienst auf mehr Instanzen verteilt wird. In keinem Fall ist eine Änderung der Applikation erforderlich.

➤ End-to-End Recovery

Durch die Integration der Dienste in den CRS-Layer ist es möglich, Verfügbarkeitsinformationen an Application Server in einer n-tier-Umgebung zu übermitteln.

➤ Integration weiterer Oracle-Tools und -Features

Weitere Oracle-Produkte und -Features wie der Job Scheduler oder Parallel Query verwenden High Availability-Dienste.

Damit schließt sich der Kreis. Wenn Sie sich erinnern, was in Kapitel 1 zum Thema Grid Computing gesagt wurde, dann werden Sie feststellen, dass HA-Dienste nicht mehr, aber auch nicht weniger als die konsequente Umsetzung des Grundprinzips Service Provisioning auf allen Ebenen darstellen. Auch wenn sicher an der einen oder anderen Stelle noch zugelegt werden muss, ist klar zu erkennen, dass Oracle konsequent den Weg nicht nur zur Grid-Datenbank, sondern zum Grid Computing einschließlich der zugehörenden Applikationen und Architekturen beschreitet.

Es gibt mehrere Möglichkeiten, Dienste zu definieren. Sie reichen von Universal Installer über den Enterprise Manager bis zum srvctl-Utility. So wurden bereits in der Beispiel-Installation in Kapitel 30 Dienste erstellt (vgl. Abbildung 30.22). Für die Verwaltung der Dienste ist auch srvctl gut geeignet. Im Beispiel in Listing 31.7 werden die Dienste hr, sales und batch erstellt.

Die Zuordnung der Instanzen erfolgt nach Tabelle 31.3. Dabei soll ein Load Balancing erfolgen, in dem der Dienst hr primär auf dem ersten und der Dienst sales primär auf dem zweiten Knoten läuft. Neben dem Effekt des Load Balancing wird eine Reduzierung des Traffic über das Private Network erreicht, da die Anzahl der gemeinsam benutzten Tabellen gering ist. Der Dienst batch wird vorwiegend zu Zeiten benötigt, in denen die anderen Dienste inaktiv sind, und wird deshalb beiden Knoten zugeordnet.

Load Balancing und Failover   Kapitel 31

Dienst	Preferred Instance	Available Instance
hr	RACT1	RACT2
sales	RACT2	RACT1
batch	RACT1, RACT2	

Tabelle 31.3:
Zuordnung von
Diensten

Mit der Option -r definieren Sie die Preferred Instance und mit -a die Available Instance im srvctl-Kommando.

```
$ srvctl add service -d RACT -s hr -r RACT1 -a RACT2
$ srvctl add service -d RACT -s sales -r RACT2 -a RACT1
$ srvctl add service -d RACT -s batch -r RACT1,RACT2
```

Listing 31.7:
Dienste mit SRVCTL
erstellen

Die Diente müssen gestartet werden. Die Statusabfrage erfolgt mit der Option status. Wenn Sie in der Statusabfrage für die Datenbank zusätzlich die Option –v angeben, dann werden auch die auf dem Knoten laufenden Dienste mit angezeigt.

```
$ srvctl start service -d RACT -s hr,sales,batch
$ srvctl status service -d RACT -s hr,sales,batch
Service hr is running on instance(s) RACT1
Service sales is running on instance(s) RACT2
Service batch is running on instance(s) RACT1, RACT2
$ srvctl status database -d RACT -v
Instance RACT1 is running on node mch1 with online services hr batch
Instance RACT2 is running on node mch2 with online services sales batch
```

Listing 31.8:
Start und Statusabfrage der Dienste
mit srvctl

Wenn Sie jetzt auf die Instanzen schauen, dann werden Sie feststellen, dass die Dienste hinzugefügt wurden, das heißt, der Initialisierungsparameter service_names wurde dynamisch geändert:

```
SQL> show parameter service
NAME            TYPE        VALUE
--------------- ----------- -------------------------------
service_names   string      RACT.world, hr, batch
SQL> show parameter service
NAME            TYPE        VALUE
--------------- ----------- -------------------------------
service_names   string      RACT.world, sales, batch
```

Sie können weiterhin das Skript aus Listing 30.1 verwenden, um den aktuellen Status der Dienste abzufragen.

```
$ ./check_crs_status.ksh
ora.RACT.RACT1.inst      ONLINE      ONLINE on mch1
ora.RACT.RACT2.inst      ONLINE      ONLINE on mch2
```

Listing 31.9:
Den Status der CRS-
Dienste und
-Daemon abfragen

Kapitel 31 Administration von Real Application Clusters

```
ora.RACT.batch.RACT1.srv        ONLINE      ONLINE on mch1
ora.RACT.batch.RACT2.srv        ONLINE      ONLINE on mch2
ora.RACT.batch.cs               ONLINE      ONLINE on mch1
ora.RACT.db                     ONLINE      ONLINE on mch2
ora.RACT.hr.RACT1.sa            ONLINE      ONLINE on mch2
ora.RACT.hr.RACT1.srv           ONLINE      ONLINE on mch1
ora.RACT.hr.cs                  ONLINE      ONLINE on mch1
ora.RACT.sales.RACT2.sa         ONLINE      ONLINE on mch1
ora.RACT.sales.RACT2.srv        ONLINE      ONLINE on mch2
ora.RACT.sales.cs               ONLINE      ONLINE on mch2
ora.mch1.LISTENER_MCH1.lsnr     ONLINE      ONLINE on mch1
ora.mch1.gsd                    ONLINE      ONLINE on mch1
ora.mch1.ons                    ONLINE      ONLINE on mch1
ora.mch1.vip                    ONLINE      ONLINE on mch1
ora.mch2.LISTENER_MCH2.lsnr     ONLINE      ONLINE on mch2
ora.mch2.gsd                    ONLINE      ONLINE on mch2
ora.mch2.ons                    ONLINE      ONLINE on mch2
ora.mch2.vip                    ONLINE      ONLINE on mch2
```

Wenn Sie jetzt ein Failover provozieren, etwa durch ein shutdown abort einer Instanz, dann werden Sie sehen, dass Dienste und VIP an die intakte Instanz übergeben wurden:

```
$ srvctl status database -d RACT -v
Instance RACT1 is not running on node mch1
Instance RACT2 is running on node mch2 with online services hr sales batch
```

Überprüfen Sie den Status der Dienste. Nach dem Herunterfahren der Datenbank werden diese als OFFLINE gekennzeichnet. Es ist auch ersichtlich, dass der Dienst hr zur Instanz RACT2 gewandert ist.

Listing 31.10: Status der Dienste nach Failover

```
$ ./check_crs_status.ksh
ora.RACT.RACT1.inst             OFFLINE     OFFLINE
ora.RACT.RACT2.inst             ONLINE      ONLINE on mch2
ora.RACT.batch.RACT1.srv        ONLINE      OFFLINE
ora.RACT.batch.RACT2.srv        ONLINE      ONLINE on mch2
ora.RACT.batch.cs               ONLINE      ONLINE on mch1
ora.RACT.db                     ONLINE      ONLINE on mch2
ora.RACT.hr.RACT2.sa            ONLINE      ONLINE on mch2
ora.RACT.hr.RACT2.srv           ONLINE      ONLINE on mch2
ora.RACT.hr.cs                  ONLINE      ONLINE on mch1
ora.RACT.sales.RACT2.sa         ONLINE      ONLINE on mch2
ora.RACT.sales.RACT2.srv        ONLINE      ONLINE on mch2
ora.RACT.sales.cs               ONLINE      ONLINE on mch2
ora.mch1.LISTENER_MCH1.lsnr     ONLINE      ONLINE on mch1
ora.mch1.gsd                    ONLINE      ONLINE on mch1
ora.mch1.ons                    ONLINE      ONLINE on mch1
ora.mch1.vip                    ONLINE      ONLINE on mch1
ora.mch2.LISTENER_MCH2.lsnr     ONLINE      ONLINE on mch2
```

Load Balancing und Failover   Kapitel 31

```
ora.mch2.gsd              ONLINE      ONLINE on mch2
ora.mch2.ons              ONLINE      ONLINE on mch2
ora.mch2.vip              ONLINE      ONLINE on mch2
```

Erfolgt ein Failover aufgrund eines Gesamtausfalls des Knotens, dann werden Sie die folgende Veränderung in der Netzwerkkonfiguration feststellen. Die virtuelle IP-Adresse ist zum intakten Knoten unter dem Device hme0:2 hinzugefügt worden.

```
ifconfig -a
lo0: flags=1000849<UP,LOOPBACK,RUNNING,MULTICAST,IPv4> mtu 8232 index 1
        inet 127.0.0.1 netmask ff000000
hme0: flags=1000843<UP,BROADCAST,RUNNING,MULTICAST,IPv4> mtu 1500 index 2
        inet 212.1.1.2 netmask ffffff00 broadcast 212.1.1.255
hme0:1: flags=1040843<UP,BROADCAST,RUNNING,MULTICAST, DEPRECATED,IPv4> mtu 15
00 index 2
        inet 212.1.1.102 netmask ffffff00 broadcast 10.255.255.255
hme0:2: flags=1040843<UP,BROADCAST,RUNNING,MULTICAST, DEPRECATED,IPv4> mtu 15
00 index 2
        inet 212.1.1.101 netmask ffffff00 broadcast 10.255.255.255
qfe0: flags=1000843<UP,BROADCAST,RUNNING,MULTICAST,IPv4> mtu 1500 index 3
        inet 212.1.1.1 netmask ffffff00 broadcast 212.1.1.255
```

Listing 31.11: Netzwerk-Devices nach einem Failover

Auch aus dem Status des Listeners ist ersichtlich, dass ein Failover stattgefunden hat. Wie Sie in Listing 31.12 sehen, hört der Listener für beide Knoten.

```
LSNRCTL> set current_listener listener_mch2
 Current Listener is listener_mch2
LSNRCTL> services
Connecting to (DESCRIPTION=(ADDRESS=(PROTOCOL=TCP)(HOST=mch2-
dev.de.db.com)(PORT=1521)))
Services Summary...
Service "RACT.world" has 1 instance(s).
  Instance "RACT2", status READY, has 2 handler(s) for this service...
    Handler(s):
      "DEDICATED" established:0 refused:0 state:ready
         LOCAL SERVER
      "DEDICATED" established:0 refused:0 state:ready
         REMOTE SERVER
         (ADDRESS=(PROTOCOL=TCP)(HOST=mch2)(PORT=1521))
Service "batch.world" has 1 instance(s).
  Instance "RACT2", status READY, has 2 handler(s) for this service...
    Handler(s):
      "DEDICATED" established:0 refused:0 state:ready
         LOCAL SERVER
      "DEDICATED" established:0 refused:0 state:ready
         REMOTE SERVER
         (ADDRESS=(PROTOCOL=TCP)(HOST=mch2)(PORT=1521))
```

Listing 31.12: Der Status des Listeners nach einem Failover

```
Service "hr.world" has 2 instance(s).
  Instance "RACT2", status READY, has 2 handler(s) for this service...
    Handler(s):
      "DEDICATED" established:0 refused:0 state:ready
         LOCAL SERVER
      "DEDICATED" established:0 refused:0 state:ready
         REMOTE SERVER
         (ADDRESS=(PROTOCOL=TCP)(HOST=mch2)(PORT=1521))
  Instance "RACT1", status READY, has 2 handler(s) for this service...
    Handler(s):
      "DEDICATED" established:0 refused:0 state:ready
         LOCAL SERVER
      "DEDICATED" established:0 refused:0 state:ready
         REMOTE SERVER
         (ADDRESS=(PROTOCOL=TCP)(HOST=mch1)(PORT=1521))
Service "sales.world" has 1 instance(s).
  Instance "RACT2", status READY, has 2 handler(s) for this service...
    Handler(s):
      "DEDICATED" established:0 refused:0 state:ready
         LOCAL SERVER
      "DEDICATED" established:0 refused:0 state:ready
         REMOTE SERVER
         (ADDRESS=(PROTOCOL=TCP)(HOST=mch2)(PORT=1521))
The command completed successfully
```

Ist die ausgefallene Instanz wieder verfügbar, erfolgt kein automatisches Fallback der Dienste. Sie müssen manuell auf den gewünschten Knoten verschoben werden. Dazu können Sie das Utility srvctl mit der Option relocate verwenden.

Listing 31.13: Einen Dienst auf einen anderen Knoten verschieben

```
$ srvctl status database -d RACT -v
Instance RACT1 is running on node mch1 with online services batch
Instance RACT2 is running on node mch2 with online services hr sales batch
$ srvctl relocate service -d RACT -s hr -i RACT2 -t RACT1
$ srvctl status database -d RACT -v
Instance RACT1 is running on node mch1 with online services hr batch
Instance RACT2 is running on node mch2 with online services sales batch
```

Bestehende Sitzungen werden nicht mit verschoben. Sie bleiben mit der Instanz verbunden, bis eine Neuanmeldung erfolgt.

31.3 Überwachung und Tuning

Die Verfahren, die Sie für Überwachung und Tuning einer Single-Instance-Datenbank einsetzen, können ebenso auf eine RAC-Datenbank und deren Instanzen angewandt werden. Zusätzlich gilt es, RAC-spezifische Komponenten einzubeziehen. Im Mittelpunkt steht dabei die Performance des Cluster Interconnects und die Überwachung von Global Enqueue Service (GES) und Global Cache Service (GCS).

Speziell für RAC-Datenbanken existieren dynamische Performance-Views, die das Präfix GV$ besitzen. Die Views werden automatisch erstellt, wenn Sie den Database Configuration Assistant (DBCA) für die Erstellung der Datenbank verwendet haben. Wenn Sie eine RAC-Datenbank manuell erstellen, dann muss das Skript catclust.sql aus dem Verzeichnis $ORACLE_HOME/rdbms/admin ausgeführt werden.

Engpässe im Global Cache Service können durch das Messen der Übertragungszeiten nachgewiesen werden. Die Abfrage in Listing 31.14 verwendet folgende Statistiken:

- gc cr block receive time – Die Summe der Zeiten, die ein Vordergrundprozess auf die Übertragung eines Consistent Read-Blocks über den Cluster Interconnect warten musste.

- gc cr blocks receid – Anzahl der CR-Blöcke, die übertragen wurden.

Die Spalte avg_receive_time ist die Gesamtübertragungszeit, geteilt durch die Anzahl der übertragenen Blöcke, und stellt damit die durchschnittliche Übertragungszeit eines Blocks in Millisekunden dar.

```
SQL> SELECT a.inst_id, a.value receive_time,
  2  b.value received,
  3  DECODE(b.value, 0, 0, (a.value / b.value) * 10) avg_receive_time
  4  FROM gv$sysstat a, gv$sysstat b
  5  WHERE a.name = 'gc cr block receive time'
  6  AND b.name = 'gc cr blocks received'
  7  AND a.inst_id = b.inst_id;
   INST_ID RECEIVE_TIME   RECEIVED AVG_RECEIVE_TIME
---------- ------------ ---------- ----------------
         1         2554      10912       2.34054252
         2        12046      21820       5.52062328
```

Listing 31.14: Übertragungsstatistik des Cluster Interconnects

Ist die Übertragungsrate zu hoch oder zeigt einer der Knoten eine überdurchschnittlich hohe Empfangszeit, dann liegt ein Problem mit dem Cluster Interconnect vor.

Im GCS können Fehler auftreten, so können Blöcke verloren gehen oder zerstört sein. Die folgenden Statistiken liefern Informationen zu diesen Ereignissen:

- gc blocks lost – Die Statistik speichert den Verlust von Blöcken während der Übertragung von einer Instanz zur anderen. Große Werte an dieser Stelle haben ihre Ursache häufig in Netzwerkproblemen. TCP/IP

Kapitel 31 Administration von Real Application Clusters

ist ein sehr sicheres Protokoll. Hier treten nur selten Verluste auf. Wenn Sie jedoch andere Protokolle verwenden, wie z.B. UDP oder Highspeed-Netzwerke, dann kann es zu Blockverlusten kommen. Der Verlust von wenigen Blöcken bedeutet dabei kein Problem, da der GCS Wiederholungsversuche für die Übertragung startet. Bei einer großen Anzahl von verlorenen Blöcken sollten Maßnahmen eingeleitet werden, da dies die Performance des Global Cache vermindert.

➜ gc blocks corrupt – Diese Statistik speichert die Anzahl von Blöcken, die bei der Übertragung über den Cluster Interconnect verstümmelt wurden. Große Werte indizieren Probleme mit dem Netzwerk.

Listing 31.15:
Statistiken von verloren gegangenen und zerstörten Blöcken

```
SQL> SELECT a.value LOST_1, b.value CORRUPT_1,
  2    c.value LOST_2, d.value CORRUPT_2
  3  FROM gv$sysstat a, gv$sysstat b, gv$sysstat c, gv$sysstat d
  4  WHERE a.inst_id = 1 AND a.name = 'gc blocks lost'
  5    AND b.inst_id = 1 AND b.name = 'gc blocks corrupt'
  6    AND c.inst_id = 2 AND c.name = 'gc blocks lost'
  7    AND d.inst_id = 1 AND d.name = 'gc blocks corrupt';
    LOST_1   CORRUPT_1      LOST_2   CORRUPT_2
---------- ----------- ----------- -----------
         0           0           0           0
```

Das View GV$CACHE_TRANSFER zeigt Informationen über Block-Header von Datenblöcken, die mindestens einmal gepingt wurden. Die Spalte FORCED_READS liefert eine Statistik über die Anzahl von Lesevorgängen aus dem Cache, weil andere Instanzen ein Lock für diesen Block angefordert haben. Die Spalte FORCED_WRITES wird inkrementiert, wenn ein Block aufgrund von Konflikten in den Cache geschrieben werden musste. Große Werte in diesen Statistiken signalisieren einen hohen Parallelisierungsgrad bei Transaktionen. Datenblöcke werden von mehreren Instanzen häufig parallel angefordert und modifiziert. Über eine bessere Verteilung der Applikationen bzw. Dienste sollte nachgedacht werden. Das reduziert auch die Übertragungsmenge über den Cluster Interconnect.

Listing 31.16:
Statistik über Forced Reads und Forced Writes

```
SQL> SELECT inst_id, name, kind,
  2    SUM(FORCED_READS) reads,
  3    SUM(FORCED_WRITES) writes
  4  FROM gv$cache_transfer
  5  WHERE owner# != 0
  6  GROUP BY inst_id, name, kind
  7  ORDER BY 4 DESC;
   INST_ID NAME              KIND      READS      WRITES
---------- ---------------- -------- --------- --------
         1 RAC_TEST         TABLE       45656       12
         2 RAC_TEST         TABLE      343443        0
```

Das View `GV$CR_BLOCK_SERVER` liefert Statistiken des Global Cache Service-Hintergrundprozesses `LMS`. Die Abfrage in Listing 31.17 liefert eine Gesamtanzahl der verarbeiteten CR-Blöcke und Current-Blöcke.

```
SQL> SELECT inst_id, SUM(cr_requests) cr,
  2    SUM(current_requests) curr
  3  FROM gv$cr_block_server
  4  GROUP BY inst_id;
   INST_ID         CR       CURR
---------- ---------- ----------
         1      17546       2067
         2      12305       2296
```

Listing 31.17:
Statistik des LMS-Prozesses

Genau wie bei einer Single Instance-Datenbank werden die Datenblöcke erst auf die Platte geschrieben, wenn ein Checkpoint aufgerufen wird oder der Platz im Buffer Cache benötigt wird. Wenn Kopien des Datenblocks zu weiteren Instanzen gesendet wurden, dann informiert der GCS die anderen Instanzen, dass ein *Cache Fusion Write* erfolgt. In Listing 31.18 wird die Cache Fusion Write Ratio bestimmt. Sie spiegelt den Anteil der Blöcke, die mit Cache Fusion Write geschrieben wurden, gemessen an der Gesamtanzahl der durch den Database Writer geschriebenen Blöcke wider.

```
SQL> SELECT a.inst_id, a.value/b.value cf_write_ratio
  2  FROM gv$sysstat a, gv$sysstat b
  3  WHERE a.name = 'DBWR fusion writes'
  4  AND b.name = 'physical writes'
  5  AND a.inst_id = b.inst_id;
   INST_ID CF_WRITE_RATIO
---------- --------------
         1      .017571555
         2      .099826937
```

Listing 31.18:
Die Cache Fusion Write Ratio bestimmen

Je größer der Wert für die Cache Fusion Write Ratio ist, desto größer ist die Anzahl der geschriebenen Datenblöcke, die vorher mit ihren Änderungen auf andere Instanzen übertragen wurden. Ein großer Wert kann durch die folgenden Ursachen hervorgerufen werden:

- Der Buffer Cache ist zu klein
- Die Häufigkeit der Checkpoints ist zu gering

Für eine RAC-Umgebung ist die regelmäßige Durchführung von Checkpoints sehr wichtig. Je länger auf einen Checkpoint gewartet wird, desto größer wird der Anteil von Kopien geänderter Datenblöcke. Cache Fusion Writes sind aufwendiger als normale Writes und verschlechtern die Performance.

TIPP

Kapitel 31   Administration von Real Application Clusters

Für die Überwachung des Global Enqueue Service (GES) stellt Oracle das View GV$ENQUEUE_STAT zur Verfügung.

Listing 31.19:
Die Statistiken des
Global Enqueue
Service

```
SQL> SELECT * FROM gv$enqueue_stat
  2  WHERE total_wait# > 0
  3  ORDER BY cum_wait_time DESC;
I EQ TOTAL_REQ#  TOTAL SUCC_REQ#  FAILED_R CUM_WAIT_TIME
- --  ----------  ----- ----------  -------- -------------
1 TX       10665      9      10665         0       1176315
2 TX       10584     13      10583         0         31252
1 PS        5318   2642       5228        90          4165
2 PS        6923   1984       6772       151          3570
```

Dabei bedeuten:

- TX – Wartezustände beim Enqueue-Prozess
- PS – Parallel Slave Synchronization Enqueue

Das View GV$RESOURCE_LIMIT liefert Statistiken über den Verbrauch und die Grenzen von Ressourcen der RAC-Datenbank. Die Spalten bedeuten im Einzelnen:

- CURRENT_UTILIZATION – Anzahl oder Wert der Ressourcen, die momentan benutzt werden
- MAX_UTILIZATION – Maximaler Verbrauch der Ressourcen seit dem letzten Start
- LIMIT_VALUE – Maximalwert der Ressource

Listing 31.20:
Statistiken zum
Ressourcen-
Verbrauch

```
SQL> select inst_id, resource_name, current_utilization curr
  2  max_utilization max, limit_value
  3  from gv$resource_limit
  4  where max_utilization > 0
  5  order by inst_id, resource_name;
INST_ID RESOURCE_NAME          CURR      MAX LIMIT_VALU
------- --------------------   ----    ----- ----------
      1 cmtcallbk                 0        1 UNLIMITED
      1 dml_locks                 0       73 UNLIMITED
      1 enqueue_locks            19       30      2302
      1 enqueue_resources        18       54 UNLIMITED
      1 gcs_resources          1725     3275      3275
      1 gcs_shadows            1628     2315      3275
      1 ges_big_msgs             24       80 UNLIMITED
      1 ges_cache_ress          380      539 UNLIMITED
      1 ges_locks              8242     9535 UNLIMITED
      1 ges_procs                23       29       151
      1 ges_reg_msgs             64      211 UNLIMITED
      1 ges_ress               6962     7842 UNLIMITED
```

```
1 max_rollback_segment         11       11      65535
1 parallel_max_servers          1        4       3600
1 processes                    23       30        150
1 sessions                     29       35        170
1 sort_segment_locks            0        2  UNLIMITED
1 temporary_table_lock          0        1  UNLIMITED
1 transactions                  0        5  UNLIMITED
2 cmtcallbk                     0        1  UNLIMITED
2 dml_locks                     0       47  UNLIMITED
2 enqueue_locks                17       30       2302
2 enqueue_resources            17       40  UNLIMITED
2 gcs_resources               631     3073       3275
2 gcs_shadows                 384     1847       3275
2 ges_big_msgs                 26       83  UNLIMITED
2 ges_cache_ress              279      530  UNLIMITED
2 ges_locks                  9144    10124  UNLIMITED
2 ges_procs                    20       28        151
2 ges_reg_msgs                 72      187  UNLIMITED
2 ges_ress                   6808     7658  UNLIMITED
2 max_rollback_segment         11       11      65535
2 parallel_max_servers          1        4       3600
2 processes                    20       29        150
2 sessions                     26       32        170
2 sort_segment_locks            0        1  UNLIMITED
2 temporary_table_lock          0        4  UNLIMITED
2 transactions                  0        5  UNLIMITED
```

31.4 RAC und Data Guard

Eine Standby-Datenbank kann eine Single Instance-Datenbank oder eine RAC-Datenbank sein. Das Erstellen einer Single Instance-Standby-Datenbank für RAC unterscheidet sich kaum von der Erstellung für eine Single-Instance-Datenbank.

In einer RAC-Umgebung besitzt jede Instanz eigene Online und Archived Redo Log-Dateien. Jede der Instanzen muss diese zur Standby-Datenbank übertragen. Der Managed Recovery-Prozess auf der Standby-Seite bestimmt dann die richtige Reihenfolge für das Einpflegen der Redo Log-Daten.

Wenn Sie Standby Redo Log-Dateien verwenden, dann müssen für alle vorhandenen Threads auf der Primärseite analoge Standby Redo Log-Threads auf der Standby-Seite erstellt werden. Aktivieren Sie den Log Transport Service auf allen Instanzen des Clusters. Wenn Sie ein gemeinsames SPFILE verwenden, dann sehen die Einträge so wie im folgenden Beispiel aus:

```
RACT1.log_archive_dest_1='LOCATION=/data/oracle/RACT1/archive'
RACT2.log_archive_dest_1='LOCATION=/data/oracle/RACT2/archive'
```

Kapitel 31 Administration von Real Application Clusters

```
RACT1.log_archive_dest_2='SERVICE=RACT_SB LGWR SYNC AFFIRM'
RACT2.log_archive_dest_2='SERVICE=RACT_SB LGWR SYNC AFFIRM'
```

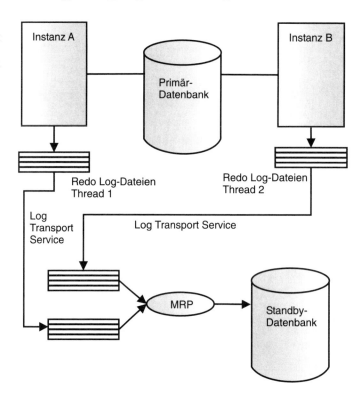

Abbildung 31.2:
RAC-Datenbank mit Sinlge Instance Standby-Datenbank

Wenn Sie im Fall einer Physical Standby-Datenbank den FAL-Dienst für das automatische Schließen der Lücken von Archived Redo Log-Dateien verwenden, dann müssen Sie FAL-Server-Prozesse für alle Instanzen des Clusters definieren. Fügen Sie im SPFILE der Standby-Datenbank folgende Einträge ein:

```
*.FAL_CLIENT=RACT_SB
*.FAL_SERVER=RACT1,RACT2
```

> **TIPP** *Das Ändern des Protection Mode erfolgt auf der Primär-Datenbank mit dem Befehl* ALTER DATABASE SET STANDBY DATABASE .... *Dafür muss sich die RAC-Datenbank im* MOUNT EXCLUSIVE-*Status befinden.*

> **STEP** *Die folgenden Schritte beschreiben das Ändern des Protection Mode für eine RAC-Datenbank.*

1. Ändern Sie den Parameter cluster_database im SPFILE.

   ```
   SQL> ALTER SYSTEM SET
     2  cluster_database=FALSE
   ```

```
   3  SCOPE=SPFILE;
System wurde geändert.
```

2. Fahren Sie alle Instanzen des Clusters herunter.

   ```
   $ srvctl stop database -d RACT
   ```

3. Starten Sie die Instanz auf einem Knoten und mounten Sie die Datenbank exklusiv.

   ```
   SQL> STARTUP MOUNT EXCLUSIVE;
   ORACLE-Instance hochgefahren.
   Total System Global Area   180355072 bytes
   Fixed Size                    777996 bytes
   Variable Size              162537716 bytes
   Database Buffers            16777216 bytes
   Redo Buffers                  262144 bytes
   Datenbank mit MOUNT angeschlossen.
   ```

4. Ändern Sie den Protection Mode.

   ```
   SQL> ALTER DATABASE SET STANDBY DATABASE TO MAXIMIZE PERFORMANCE;
   Datenbank wurde geändert.
   ```

5. Setzen Sie den Parameter cluster_database im SPFILE zurück und starten Sie die Cluster-Datenbank neu.

   ```
   SQL> ALTER SYSTEM SET
      2  cluster_database=TRUE
      3  SCOPE=SPFILE;
   System wurde geändert.
   SQL> SHUTDOWN IMMEDIATE
   ORA-01109: Datenbank nicht geöffnet
   Datenbank abgehängt.
   ORACLE-Instance heruntergefahren.
   EXIT
   $ srvctl stop database -d RACT
   ```

Eine Standby-Datenbank kann eine Real Application Clusters-Datenbank sein. Das ist dann erforderlich, wenn eine kritische Applikation nach einem Failover oder Switchover sofort mit derselben Performance uneingeschränkt zur Verfügung stehen soll. Dann würde man dieselbe Anzahl von Instanzen konfigurieren. Dies ist allerdings nicht zwingend notwendig. Sie können z.B. eine Standby-Datenbank mit zwei Instanzen für eine Primär-Datenbank mit vier Instanzen erstellen.

Es gibt relativ wenig Unterschiede zur Architektur mit einer Single Instance Standby-Datenbank. Sie müssen dabei immer beachten, dass immer nur eine Instanz das Recovery der RAC Standby-Datenbank durchführen kann.

Kapitel 31 — Administration von Real Application Clusters

Jede Instanz der Primär-Datenbank überträgt die Redo Log-Dateien zur entsprechenden Instanz der Standby-Datenbank. Alle Instanzen der Standby-Datenbank übertragen die Archived Redo Log-Dateien zu der Instanz, die das Recovery der Datenbank durchführt. Die Übertragung sollte ebenfalls durch den Log Transport Service erfolgen. Auch in diesem Fall müssen Standby Redo Log-Dateien für alle Threads erstellt werden.

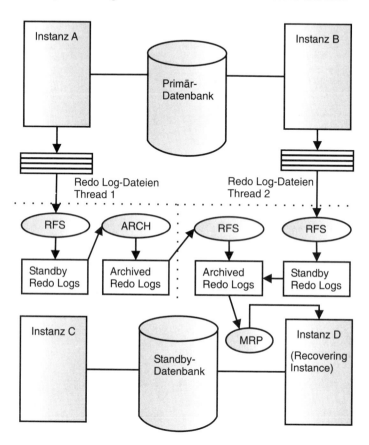

Abbildung 31.3:
Data-Guard-Architektur mit RAC-Datenbank auf Primär- und Standby-Seite

Die Konfiguration muss manuell vorgenommen werden. Im Beispiel besitzen die Standby-Instanzen Instanz C den Instanznamen RACT3 und Instanz D den Instanznamen RACT4. Dabei ist RACT4 die Instanz, die das Recovery auf der Standby-Seite durchführt.

> **TIPP**
> Nehmen Sie, um ein Überschreiben der Archived Redo Log-Dateien infolge von Namensgleichheit zu vermeiden, die Thread-Nummer mit in die Namensgebung auf. Das Muster für die Thread-Nummer ist %t. Das Namensformat wird durch den Parameter log_archive_format bestimmt:

```
ALTER SYSTEM SET log_archive_format=%s_%t.arc
```

Zuerst müssen Sie den Log Transport Service von den Instanzen der Primär-Datenbank zu den zugehörigen Instanzen der Standby-Datenbank konfigurieren. Im Beispiel sieht das folgendermaßen aus:

```
RACT1.log_archive_dest_2='SERVICE=RACT3 LGWR SYNC AFFIRM'
RACT2.log_archive_dest_2='SERVICE=RACT4 LGWR SYNC AFFIRM'
```

Da die Instanz RACT4 die Recovering Instance ist, muss auf Instanz RACT3 noch der Transport der Archived Redo Log-Dateien zu Instanz RACT4 konfiguriert werden. Dies kann ebenfalls mit dem Log Transport Service erfolgen:

```
RACT3.log_archive_dest_2='SERVICE=RACT4 ARCH SYNC'
```

Der FAL-Service sollte dann zwischen den entsprechenden Instanzen von Primär- und Standby-Datenbank organisiert werden. Für das Beispiel sind folgende Parameter zu setzen:

```
RACT3.FAL_CLIENT=RACT3
RACT3.FAL_SERVER=RACT1
RACT4.FAL_CLIENT=RACT4
RACT4.FAL_SERVER=RACT2
```

Beachten Sie auch die neuen Parameter für den Log Transport Service sowie den neuen Initialisierungsparameter db_unique_name *in Oracle 10g. Ausführliche Informationen zu diesem Thema finden Sie im Teil 1 »Neue Architektur und neue Features« im Kapitel 6 »Neuerungen für Data Guard«.*

TIPP

31.5   Backup and Recovery

Auch für eine RAC-Datenbank sollte der Recovery Manager (RMAN) als Werkzeug für Backup and Recovery verwendet werden. Die Verwendung von RMAN gegenüber User Managed Backup bietet für RAC-Datenbanken dieselben Vorzüge, die wir bereits in Kapitel 19 »Backup and Recovery« diskutiert haben.

Ein RMAN-Prozess kann, wie jeder andere Client-Prozess, nur zu einer Instanz einer RAC-Datenbank gleichzeitig verbunden sein. Dabei handelt es sich um eine so genannte *Utility Connection*, da mit ihr keine Operationen für Backup und Restore durchgeführt werden. Die Verbindung dient ausschließlich dem Sammeln von Informationen über die Datenbank. Die eigentlichen Operationen für Backup und Restore erfolgen über die in RMAN definierten Channels.

Wenn Sie ein Konzept für Backup and Recovery einer RAC-Datenbank erstellen, dann müssen Sie vor Augen haben, dass ein Recovery-Prozess immer nur von einer einzigen Instanz durchgeführt werden kann. Diese benötigt dabei alle notwendigen Dateien, um das Recovery durchführen zu können.

Die Sicherung, das Rückspeichern und das Recovery von Tablespace-Dateien ist unkritisch, da sich diese in einem Cluster File System bzw. in Shared Raw Devices befinden. Das heißt, alle Instanzen des Clusters haben Zugriff auf die Speicherorte. Dasselbe gilt für Online Redo Log-Dateien. Diese müssen im Cluster File System oder in Shared Raw Devices gespeichert werden, da sonst kein Instance Revovery und damit kein Failover möglich ist.

Anders sieht es häufig für Archived Redo Log-Dateien aus. Diese werden auch gerne in lokalen Dateisystemen hinterlegt, da sie schnell anwachsen und lokale Dateisysteme als billiger betrachtet werden. Das lokale Speichern von Archived Redo Log-Dateien verursacht zusätzlichen administrativen Aufwand für Restore und Recovery. Ist ein Recovery-Prozess notwendig, dann muss die Recovering Instance Zugriff auf die Archived Redo Log-Dateien aller Knoten haben.

Beide Architekturen, nicht-lokale und lokale Speicherorte für Archived Redo Log-Dateien haben Vor- und Nachteile. Wir diskutieren an dieser Stelle beide Optionen. Danach können Sie die Architektur-Entscheidung für Ihre Umgebung treffen.

Cluster File System für Archiving

Die Verwendung eines Cluster File Systems oder von Automatic Storage Management (ASM) für das Speichern der Archived Redo Log-Dateien bietet eine Reihe von Vorteilen.

In diesem Fall kann jeder Knoten die Archived Redo Log-Dateien aller anderen Knoten lesen. Damit kann jede Instanz den Recovery-Prozess durchführen. Denken Sie dabei nur an das Szenario, dass ein Recovery der Datenbank durchgeführt werden muss und gleichzeitig ein Knoten ausgefallen ist. Da jeder Knoten das Recovery durchführen kann, sind Sie unabhängig davon, welcher Knoten ausfällt.

Die Verwendung eines Cluster File Systems bietet eine Reihe weiterer Vorteile. Im Folgenden sind die Vorzüge dieser Architektur zusammengefasst:

- Der Recovery-Prozess kann auf jedem Knoten des Clusters durchgeführt werden.
- Es ist keine Einbindung des Netzwerks für Sicherung und Rückspeichern erforderlich. Die Datenübertragung läuft direkt zum Sicherungsmedium (Band- oder optische Laufwerke).
- Die Skripte für Backup und Restore sind einfach und transparent.

Für die Beispiel-Datenbank würde die Zuweisung der Archiv-Verzeichnisse so aussehen:

```
RACT1.log_archive_dest_1='LOCATION=/data/oracle/RACT/archive'
RACT2.log_archive_dest_1='LOCATION=/data/oracle/RACT/archive'
```

Achten Sie bei der Definition des Namensschemas (Parameter `LOG_ARCHIVE_FORMAT`*) für die Archived Redo Log-Dateien darauf, dass das Muster* %t *enthalten ist. Es integriert die Thread-Nummer in die Dateinamen und macht damit die Dateinamen eindeutig für das gesamte Cluster. Damit wird ein Überschreiben von Dateien infolge Namensgleichheit verhindert.*

:-)
TIPP

Local File System für Archiving

Wenn Sie lokale Dateisysteme für das Speichern der Archived Redo Log-Dateien verwenden, dann gibt es verschiedene Methoden, die Dateien der Recovering Instance zur Verfügung zu stellen. So können Sie ein Network File System (NFS) einrichten, um den gegenseitigen Zugriff im Fall eines Recovery zu erlauben. Damit ergibt sich jedoch schon das erste Problem. Was, wenn ein Knoten nicht mehr verfügbar ist? Dann müssen die Archived Redo Log-Dateien auf einen anderen Knoten zurückgespeichert werden. Das wiederum erfordert einen manuellen Eingriff in das RMAN-Restore-Skript und Sie verlieren wertvolle Zeit im Restore-Prozess.

Sie würden dann auf jeder Instanz ein unterschiedliches Verzeichnis für die Archivierung benutzen und diese gegenseitig über NFS mounten. Die Initialisierungsparameter der Beispieldatenbank würden dann so aussehen:

```
RACT1.log_archive_dest_1='LOCATION=/data/oracle/RACT1/archive'
RACT2.log_archive_dest_1='LOCATION=/data/oracle/RACT2/archive'
```

Schließlich gilt es, das Network File System so wie in Tabelle 31.4 beschrieben, zu mounten.

Knoten (Instanz)	Dateisystem	Typ des Dateisystems
RACT1	/data/oracle/RACT1/archive	Lokal
RACT1	/data/oracle/RACT2/archive	NFS mount
RACT2	/data/oracle/RACT1/archive	NFS mount
RACT2	/data/oracle/RACT2/archive	Lokal

Tabelle 31.4:
NFS Mount für Archived Redo Log-Verzeichnisse

Die einzelnen Instanzen würden dann ihre Archived Redo Log-Dateien separat sichern und zurückspeichern. Über NFS gemountet, haben dann alle Instanzen Zugriff auf alle Dateien.

Zu dieser Methode kommt sofort eine Reihe von Fragen auf:

- Wie kann ein Restore erfolgen, wenn ein Knoten nicht mehr verfügbar ist?
- Wie ist die Performance des Recoverys beim Zugriff über NFS? Wie stark verlangsamt sich der Recovery-Prozess?
- Wie hoch ist die Zuverlässigkeit des NFS? Network File Systems leiden gelegentlich an Verfügbarkeitsproblemen.

Ein weitere Methode ist das so genannte *Cross Instance Archival*. Dabei werden die Archived Redo Log-Dateien aller Instanzen auf alle anderen Instanzen mit Hilfe des Log Transport Service übertragen. Bei einem Cluster mit zwei Knoten mag dieses Vorgehen noch praktikabel sein, bei mehr Knoten ist es jedoch nicht mehr zu empfehlen, da sich Speicherbedarf und Netzwerkbelastung entsprechend potenzieren. Der Nachteil dieser Methode liegt in dem erhöhten Speicherbedarf und der zusätzlichen Netzwerk-Belastung.

Als Fazit lässt sich ziehen, dass die lokale Speicherung von Archived Redo Log-Dateien eine Reihe von Nachteilen und Problemen mit sich bringt. Auch wenn man glaubt, mit dieser Architektur Kosten zu sparen, ist dieser Effekt häufig nur vordergründig. Vergessen Sie dabei nicht, dass erhöhte Administrationskosten auf Sie zukommen und dass eine Verlängerung der Ausfallzeit wesentlich höhere Kosten verursachen kann.

Snapshot Controlfile

In einer RAC-Datenbank müssen identische Kopien eines Snapshot Controlfile auf allen Knoten, die in den Backup-and-Recovery-Prozess eingebunden sind, existieren. RMAN benötigt das Snapshot Controlfile für eine Synchronisierung mit dem Recovery-Katalog oder wenn eine Sicherung des Current Controlfile erfolgt.

Stellen Sie sicher, dass auf allen beteiligten Instanzen das Verzeichnis zur Aufnahme des Snapshot Controlfile existiert oder legen Sie dieses in ein Cluster File System. Mit dem folgenden Befehl können Sie das Zielverzeichnis abfragen:

```
RMAN> SHOW SNAPSHOT CONTROLFILE NAME;
RMAN-Konfigurationsparameter sind:
CONFIGURE SNAPSHOT CONTROLFILE NAME TO '/u01/oracle/product/10.1.0/db_1/dbs/
    snapcf_dwhkomp2.f'; # default
```

Der Standard lässt sich mit folgenden Befehl ändern:

```
RMAN> CONFIGURE SNAPSHOT CONTROLFILE NAME TO '/data/oracle/RACT/archive';
Name der Snapshot-Kontrolldatei gesetzt auf: /data/oracle/RACT/archive
Neue RMAN-Konfigurationsparameter wurden erfolgreich gespeichert
```

Anhang

Anhang A: Installation und erste Schritte 819
Anhang B: Oracle-Zertifizierungen 851
Anhang C: Glossar und Begriffe 857
Anhang D: Die Buch-Begleit-CD 877

Anhang

Anhang A: Installation und erste Schritte
Anhang B: Oracle-Zertifizierungen
Anhang C: Glossar und Begriffe
Anhang D: Die Buch-Begleit-CD

A   Installation und erste Schritte

Dieses Kapitel ist für Einsteiger und Fortgeschrittene geschrieben. Sie können ohne Vorkenntnisse in Oracle hier einsteigen und erfahren, wie eine Oracle 10g-Datenbank installiert wird. Außerdem werden Sie mit den Grundlagen der Oracle-Datenbankadministration vertraut gemacht.

Wenn Sie bereits tiefere Erfahrung mit Oracle gesammelt haben, dann sollten Sie mit dem Teil 1 »Oracle 10g – Neue Architektur und neue Features« beginnen. Dort werden alle Neuerungen gegenüber früheren Versionen, insbesondere gegenüber Oracle9i, herausgestellt. Sie können aber auch in ein anderes Kapitel, das Sie möglicherweise besonders interessiert, einsteigen und bei offenen Fragen bezüglich neuer Features im Teil 1 nachschlagen.

Vor einigen Jahren gab es noch den typischen Oracle-Datenbankadministrator (DBA), der sich den Kernaufgaben gewidmet hat. Dieses Bild hat sich jedoch in den letzten Jahren aufgrund der vielfältigen Einsatzgebiete und der Breite an Funktionalität gewandelt. Denken Sie nur an die Bereiche Internet und Data Warehouse. Inzwischen gibt es unter den Oracle-DBAs viele Spezialisten, wie z.B. für Hochverfügbarkeitslösungen.

Eines ist jedoch allen gemeinsam: ein Grundwissen im Bereich der Datenbank. Wie tief dieses Grundwissen ist, hängt nicht zuletzt von der Dauer der Beschäftigung mit dem Thema und der Menge an praktischer Erfahrung ab.

In jedem Fall beschleunigt ein tiefes Grundwissen über die Architektur und das Verhalten der Datenbank das Vorstoßen in neue Gebiete.

In diesem Kapitel werden Sie die grundlegenden Aufgaben eines Oracle-DBA kennen lernen. Dieses Buch aus der Reihe »Kompendium« ist ein Praxisbuch. Das heißt, wir werden sowohl Architekturen vorstellen und Zusammenhänge erläutern als auch jede Menge Tipps aus der Praxis geben und diese mit zahlreichen Beispielen untermauern.

Erstellen Sie gleich am Anfang eine Übungsdatenbank. Damit haben Sie die Möglichkeit, Beispiele nachzuvollziehen, Syntaxprüfungen vorzunehmen oder sich bei Unklarheiten selbst ein Bild von der Realität zu machen. Oracle ist plattformunabhängig. Es ist deshalb am Anfang relativ unerheblich, ob Sie sich für ein Unix- oder Windows-Betriebssystem entscheiden.

Anhang A Installation und erste Schritte

Dort, wo es Unterschiede aus administrativer Sicht gibt, werden wir diese herausstellen. Beachten Sie jedoch, dass Unix die Hauptplattform für Oracle ist und dass Sie in der praktischen Arbeit häufiger mit Unix als mit Windows konfrontiert werden. Für den Privatgebrauch als Übungsdatenbank empfehlen wir Linux oder Windows.

A.1 Installation einer Oracle 10g-Datenbank

Um eine Oracle 10g-Datenbank zu erstellen, sind zwei Schritte erforderlich:

- Installation der Oracle-Software
- Erstellen einer Oracle-Datenbank

Wenn Sie einmal die Oracle-Software auf einem Server installiert haben, können Sie dort mehrere Datenbanken erstellen.

Das Installationsprogramm nennt sich »Oracle Universal Installer« (OUI) und befindet sich auf der Installations-CD. Sie haben die Wahl zwischen einer Standard-Installation inklusive dem Erstellen einer Datenbank und einer benutzerdefinierten Installation.

In diesem Kapitel wird eine benutzerdefinierte Installation durchgeführt. Das Erstellen einer Datenbank erfolgt im zweiten Schritt mit Hilfe des »Oracle Database Configuration Assistant« (DBCA).

Die Installation wird am Beispiel der Betriebssysteme Linux und Windows 2000 beschrieben. Da, wo es größere Unterschiede gibt, erfolgt die Beschreibung in separaten Abschnitten, sonst wird auf die Unterschiede hingewiesen. Die Installation unter Linux ist sehr ähnlich zu anderen Unix-Betriebssystemen.

A.1.1 Installation der Oracle-Software

Bevor die eigentliche Installation der Oracle-Software starten kann, sind Vorbereitung im Betriebssystem erforderlich.

Vorbereitung der Installation unter Linux

Zuerst müssen Sie entscheiden, welches Linux-Derivat Sie verwenden wollen. In den früheren Versionen gab es die Wahl zwischen SuSe und Red Hat. Seit der Version 10g ist United Linux als Datenbank-Plattform hinzugekommen.

Installation einer Oracle 10g-Datenbank — Anhang A

Schauen Sie sich vor der Entscheidung für den Einsatz eines Betriebssystems immer die Oracle-Zertifizierungsmatrix an. Setzen Sie für professionelle Zwecke ausschließlich zertifizierte Produkte ein. Für nicht zertifizierte Plattformen übernimmt Oracle keine Garantie und leistet keinen Support.

> :-) TIPP

Hard- und Software-Voraussetzungen

Zum Zeitpunkt, als dieses Buch geschrieben wurde, war die aktuellste Oracle-Version 10.1.0.2.0. Zertifiziert waren die folgenden Linux-Betriebssysteme:

- Red Hat Enterprise AS/ES 2.1
- Red Hat Enterprise AS/ES 3
- SuSe SLES 8

In diesem Buch wurde Red Hat Enterprise Server 3 verwendet. Melden Sie sich als Benutzer `root` unter Linux an und überprüfen Sie, ob die Hard- und Software-Anforderungen laut Tabelle A.1 erfüllt sind.

Objekt	Anforderungen
Realer Hauptspeicher	512 Mbyte
Virtueller Speicher (Realer Hauptspeicher plus Auslagerungsdatei)	1,5 Gbyte
Freie Festplattenkapazität	0,5 bis 3,0 Gbyte für die Software (3,0 Gbyte für Enterprise Edition)
	1,2 Gbyte für die Datenbank
	ca. 400 Mbyte im temporären Verzeichnis (`/tmp`)
Make-Utility	make-3.79
Binutils	binutils-2.11.90.0.8-12
Andere Pakete	gcc-3.2.3-20
	compat-db-4.0.14.5
	compat-gcc-7.3-2.96.122
	compat-gcc-c++-7.3-2.96.122
	compat-libstdc++-7.3-2.96.122
	compat-libstdc++-devel-7.3-2.96.122
	openmotif-2.2.2-16
	setarch-1.3-1
Xserver und Windows Manager	Xfree86, Xfree86-devel

Tabelle A.1: Hard- und Software-Anforderungen an Red Hat Linux ES 3

Anhang A Installation und erste Schritte

Mit dem folgenden Befehl finden Sie heraus, welche Hauptspeicher-Ressourcen zur Verfügung stehen:

```
[root@mch2 root]# head -3 /proc/meminfo
         total:      used:      free:   shared: buffers:    cached:
Mem: 1584828416  85102592 1499725824        0  6594560   50225152
Swap: 2146787328         0 2146787328
```

Geben Sie den Befehl df -m ein, um die Festplattenkapazitäten zu prüfen:

```
[root@mch2 root]# df -m
Filesystem   1M-blocks   Used  Available Use% Mounted on
/dev/hda5       20153   2277      16852  12% /
/dev/hda3         145      9        128   7% /boot
/dev/hdb1       20153     33      19097   1% /opt
none              756      0        756   0% /dev/shm
/dev/hdb2       20153     75      19054   1% /var
```

Die Versionen der einzelnen Pakete erfahren Sie mit Hilfe des rpm-Befehls:

```
[root@mch2 root]# rpm -qa|grep compat
compat-gcc-7.3-2.96.122
compat-libstdc++-7.3-2.96.122
compat-libstdc++-devel-7.3-2.96.122
compat-gcc-c++-7.3-2.96.122
compat-glibc-7.x-2.2.4.32.5
```

Die erforderlichen Pakete finden Sie auf der Webseite des Linux-Herstellers.

Mit dem Befehl uname -a erfahren Sie schließlich die Version des Betriebssystems und des Kernels.

```
[root@mch2 root]# uname -a
Linux mch2.pitcorp.com 2.4.21-
     4.EL #1 Fri Oct 3 18:13:58 EDT 2003 i686 i686 i386 GNU/Linux
```

Der Oracle Universal Installer besitzt ein grafisches Interface und benötigt einen laufenden XServer. Normalerweise läuft der XServer, wenn Sie den Initialisierungslevel 5 gestartet haben.

TIPP

Die Standard-Shell in Linux ist »Bash«. Sie ist in vielen Bereichen zu der von Oracle verwendeten und favorisierten Korn-Shell kompatibel. Es ist jedoch zu empfehlen, eine Korn-Shell zu installieren. Dies wird später einige Operationen erleichtern.

Die Public Domain Korn-Shell ist auf den wichtigsten Linux-Webseiten verfügbar. Installieren Sie das Paket wie im folgenden Beispiel:

Installation einer Oracle 10g-Datenbank

```
[root@mch2 root]# rpm -i pdksh-5.2.14-13.i386.rpm
[root@mch2 root]# rpm -qa|grep ksh
pdksh-5.2.14-13
```

Sind alle Systemvoraussetzungen erfüllt, können Sie mit der Vorbereitung der Installation beginnen.

Folgen Sie bei der Installation den Regeln der Optimal Flexible Architecture (OFA). OFA legt Grundregeln für das Layout der Festplatten fest. Der Oracle Universal Installer unterstützt OFA, macht OFA jedoch nicht zur Bedingung. Es ist Ihnen überlassen, ob Sie OFA anwenden oder nicht. Wenn Sie sich mit OFA beschäftigen oder vielleicht einmal eine Datenbank ohne OFA-Layout betreuen müssen, werden Sie die Vorteile zu schätzen wissen.

TIPP

Die Ziele bei der Verwendung von Optimal Flexible Architecture sind:

- Dateisysteme für große Mengen von Software und Daten einrichten, um Engpässe und schlechte Performance zu vermeiden
- das Wachstum einer Datenbank verwalten
- einfaches Hin- und Herschalten zwischen mehreren Datenbanken

Sie können in zahlreichen Dokumenten und Whitepapern die Feinheiten der OFA nachlesen. Im Folgenden finden Sie die Grundregeln:

- OFA verlangt mindestens zwei Mount Points, einen für die Software und einen für die Datenbank. Üblich für die Benennung ist /u01, /u02, ... oder /data01, /data02, ...
- Unter dem Standard-Verzeichnis ORACLE_BASE werden die folgenden Unterverzeichnisse angelegt:

Verzeichnis	Inhalt
admin	Konfigurations- und Administrationsdateien
product	Oracle-Software
doc	Online-Dokumentation
oraInventory	Oracle-Software-Index

Tabelle A.2:
Verzeichnisse unter ORACLE_BASE

- ORACLE_HOME ist das Stammverzeichnis für die Oracle-Software und liegt unter ORACLE_BASE. Jede Oracle-Version besitzt ein eigenes Oracle-Home-Verzeichnis.

Anhang A — Installation und erste Schritte

➡ Es sollten folgende Datei-Erweiterungen verwendet werden:

- `.ctl` für Kontrolldateien
- `.log` für Redo Log-Dateien
- `.dbf` für Tablespace-Dateien
- Administrative Dateien werden im `admin`-Verzeichnis mit folgenden Unterverzeichnissen gespeichert:

Tabelle A.3: Inhalt der `admin`-Verzeichnisse

Verzeichnis	Inhalt
admin/adhoc	SQL-Skripte für die Datenbank
admin/arch	Archived Redo Log-Dateien
admin/adump	Audit-Dateien
admin/bdump	Trace-Dateien von Hintergrundprozessen
admin/cdump	Core-Dump-Dateien
admin/create	Skripte, die zum Erstellen der Datenbank benutzt werden
admin/exp	Exportdateien
admin/pfile	Parameterdateien, z. B. `init<ORACLE_SID>.ora`
admin/udump	Trace-Dateien von Vordergrundprozessen

In Oracle 10g gibt es eine geänderte OFA-Empfehlung bezüglich des Oracle Home-Verzeichnisses. Bisher war es üblich, das Verzeichnis in der folgenden Form anzulegen:

`/u01/oracle/product/9.2.0`

Nunmehr lautet die Empfehlung, ein zusätzliches Verzeichnis in der folgenden Form einzufügen:

`/u01/oracle/product/10.1.0/type[_n]`

Dabei bezeichnet `type` *den Verzeichnistyp (z. B. »db« für Datenbank oder »client« für eine Client-Installation). »n« ist eine laufende Nummer. Ein Oracle Home-Verzeichnis in Oracle 10g könnte also folgendermaßen aussehen:*

`/u01/oracle/product/10.1.0/db_1`

Damit ist es möglich, verschiedene Produkte derselben Version in verschiedenen Oracle Home-Verzeichnissen zu installieren.

Installation einer Oracle 10g-Datenbank — Anhang A

Die Vorbereitung der Installation erfolgt in zwei Teilen. Der erste Teil wird unter dem Benutzer root, der zweite unter oracle ausgeführt.

Melden Sie sich als Benutzer root unter Linux an und führen Sie die folgenden Schritte durch:

Installationsvorbereitungen unter dem Benutzer root

1. Im ersten Schritt werden die Kernel-Parameter konfiguriert. Oracle 10g benutzt Linux-Ressourcen wie Shared Memory, Semaphore oder Dateien. Die Parameter für diese Ressourcen müssen angepasst werden, um den Anforderungen von Oracle 10g zu genügen. Mit dem Befehl sysctl -a können Sie die aktuellen Werte abfragen:

   ```
   [root@mch2 root]# sysctl -a|grep shmmax
   kernel.shmmax = 33554432
   ```

   Um die Änderungen der Kernel-Parameter permanent zu machen, müssen Sie die neuen Werte in die Datei /etc/sysctl.conf eintragen:

   ```
   [root@mch2 root]# cat /etc/sysctl.conf
   ...
   # Oracle10g
   kernel.shmall = 2097152
   kernel.shmmax = 2147483648
   kernel.shmmni = 4096
   kernel.sem = 250 32000 100 128
   fs.file-max = 65536
   net.ipv4.ip_local_port_range = 1024 65000
   ```

2. Führen Sie einen Neustart des Betriebssystems durch, um diese Parameter zu aktivieren.

3. Oracle benötigt Gruppen für die Datenbankadministration auf Betriebssystemebene. Mit diesen Gruppen sind besondere Rechte verbunden, wie z.B. das Starten oder Herunterfahren von Datenbankinstanzen. Die Gruppen werden logisch mit OSDBA und OSOPER bezeichnet. Den Namen selbst können Sie frei wählen, jedoch werden häufig dba und oper gewählt. Mit dem folgenden Befehl können Sie diese Gruppen anlegen:

   ```
   [root@mch2 root]# groupadd dba
   [root@mch2 root]# groupadd oper
   ```

4. Weiterhin muss eine Gruppe für den Universal Installer angelegt werden. Diese Gruppe wird logisch mit ORAINVENTORY bezeichnet. Die Mitglieder der Gruppe ORAINVENTORY sind Besitzer der Oracle-Software und des Software-Indexes. Normalerweise ist dies nur der Benutzer oracle.

   ```
   [root@mch2 root]# groupadd oinstall
   ```

Anhang A   Installation und erste Schritte

5. Erstellen Sie jetzt den Benutzer oracle. Er erhält ORAINVENTORY als Primärgruppe und ist damit Besitzer der Oracle-Software. Als Sekundärgruppen bekommt er OSDBA und OSOPER zugewiesen und darf somit u.a. Instanzen starten und stoppen. Achten Sie darauf, dass der Benutzer die Korn-Shell als Standard erhält.

   ```
   [root@mch2 root]# useradd -g oinstall -g dba -g oper -p oracle
     -s /bin/ksh oracle
   ```

6. Außerdem müssen noch die Mount Points bereitgestellt werden. Achten Sie dabei auf OFA-Kompatibilität. Normalerweise werden die Mount Points separaten Dateisystemen zugewiesen. In einer Testumgebung haben Sie möglicherweise nur ein Filesystem (eine Partition). In diesem Fall können Sie auch einfach Verzeichnisse anlegen. Die folgenden Dateisysteme sind ein Beispiel für eine OFA-kompatible Struktur. Vergessen Sie nicht, die Privilegien für den Benutzer oracle zuzuweisen.

   – /u01 – für die Oracle-Software

   – /u02 – für Tablespace-Dateien

   – /u03, /u04 – für Kontrolldateien und Online Redo Log-Dateien

   – /u05 – für Backup und Archiv

   ```
   [root@mch2 root]# chown oracle:dba /u01
   [root@mch2 root]# chown oracle:dba /u02
   [root@mch2 root]# chown oracle:dba /u03
   [root@mch2 root]# chown oracle:dba /u04
   [root@mch2 root]# chown oracle:dba /u05
   ```

7. Schließlich müssen noch die Shell Limits für den Benutzer oracle gesetzt werden:

   – maximale Anzahl der offenen Dateibezeichner: 65536

   – maximale Anzahl von Prozessen pro Benutzer: 16384

   – Tragen Sie die folgenden Werte in die Datei /etc/security/limits.conf ein:

   ```
   *      soft    nproc    2047
   *      hard    nproc    16384
   *      soft    nofile   1024
   *      hard    nofile   65536
   ```

Fügen Sie die folgende Zeile in die Datei /etc/pam.d/login ein:

```
session    required    /lib/security/pam_limits.so
```

In der Datei /etc/profile wird der folgende Eintrag benötigt:

```
if [ $USER = "oracle" ]; then
  if [ $SHELL = "/bin/ksh" ]; then
    ulimit -p 16384
    ulimit -n 65536
  else
    ulimit -u 16384 -n 65536
  fi
fi
```

Damit sind die Schritte abgeschlossen, die vom Benutzer root auszuführen sind. Melden Sie sich jetzt als Benutzer oracle an, um die restlichen Vorbereitungsschritte durchzuführen.

Installationsvorbereitungen durch den Benutzer oracle:

1. Setzen Sie die notwendigen Umgebungsvariablen in der Login-Datei .profile bzw. .login wie im folgenden Beispiel.

   – ORACLE_BASE ist das Basisverzeichnis gemäß OFA.

   – ORACLE_HOME ist das Home-Verzeichnis. Darin wird das Software-Paket installiert.

   – ORACLE_SID ist der Name der Instanz, die später angelegt werden soll.

   – Der Pfad PATH wird um $ORACLE_HOME/bin erweitert, um Oracle-Programme aus einem beliebigen Verzeichnis ausführen zu können.

   – NLS_LANG legt Produktsprache und Zeichensatz fest.

   – LD_LIBRARY_PATH kennzeichnet den Pfad für Oracle-Bibliotheken.

   ```
   export ORACLE_SID=komp10g2
   export ORACLE_BASE=/u01/oracle
   export ORACLE_HOME=$ORACLE_BASE/product/10.1.0/db_1
   export PATH=$ORACLE_HOME/bin:$PATH
   export NLS_LANG=german_germany.we8iso8859p15
   export LD_LIBRARY_PATH=$ORACLE_HOME/lib
   umask 022
   ```

2. Aktivieren Sie das neue Profil in der aktuellen Sitzung:

   ```
   . ./.profile
   ```

Damit sind die Vorbereitungen für die Installation abgeschlossen.

Installation mit dem OUI unter Linux

Dieser Abschnitt beschreibt den Installationsprozess unter Linux. Sie können die Installation entweder von einer CD-ROM oder von der Festplatte ausführen.

Anhang A Installation und erste Schritte

Installation der Oracle-Software:

1. Legen Sie die CD-ROM ein oder ermitteln Sie das Verzeichnis, unter dem sich die Installationssoftware befindet. Wenn Sie den Automounter nicht aktiviert haben, muss die CD gemountet werden:

   ```
   [root@mch2 root]# mount /dev/cdrom /mnt/cdrom
   mount: block device /dev/cdrom is write-protected, mounting read-only
   ```

2. Starten Sie eine XWindows-Sitzung und melden Sie sich als Benutzer oracle an. Führen Sie den Installationsprozess **nicht** als root durch. Prüfen Sie, ob die Umgebungsvariable DISPLAY auf den Client verweist: export DISPLAY=212.1.1.13:0.0. Starten Sie den Oracle Universal Installer:

   ```
   $ /mnt/cdrom/runInstaller
   ```

3. Im Begrüßungsfenster können Sie auf den Button WEITER klicken. Danach erscheint das Fenster BESTANDSVERZEICHNIS UND ID-DATEN ANGEBEN. Das Bestandsverzeichnis sollte $ORACLE_BASE/oraInventory sein, die Gruppe oinstall.

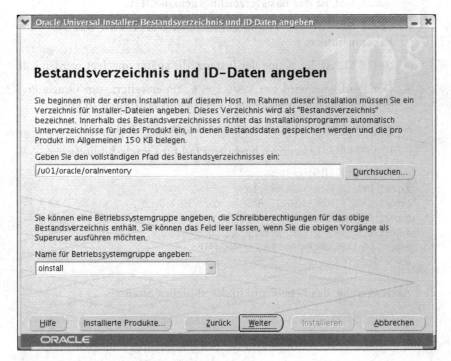

Abbildung A.1: Bestandsverzeichnis und ID-Daten angeben

4. Sie werden aufgefordert, das Skript orainstRoot.sh auszuführen. Melden Sie sich dafür als Benutzer root an.

Installation einer Oracle 10g-Datenbank   Anhang A

5. Im Fenster DATEIVERZEICHNISSE ANGEBEN können Sie das Oracle Home-Verzeichnis angeben. Da in diesem Fall die Umgebungsvariable ORACLE_HOME vor der Installation gesetzt wurde, können Sie einfach auf WEITER klicken.

6. Wählen Sie als Installationsart BENUTZERDEFINIERT aus. Achten Sie darauf, dass die deutsche Sprache mitinstalliert wird, wenn Sie Deutsch verwenden wollen. Klicken Sie dazu auf PRODUKTSPRACHEN. Englisch wird immer installiert.

7. Im nächsten Fenster prüft der Universal Installer, ob alle Systemvoraussetzungen stimmen. Setzen Sie die Installation an dieser Stelle nur fort, wenn das Gesamtergebnis erfolgreich ist. Lesen Sie andernfalls die Hinweise, die der OUI gibt, und beseitigen Sie das Problem. Dabei müssen Sie den OUI nicht abbrechen, es sei denn, ein Neustart des Betriebssystem ist erforderlich. Die Prüfung ist erfolgreich, wenn Sie alle Punkte aus dem vorausgangenen Abschnitt »Vorbereitung der Installation unter Linux« erfolgreich abgearbeitet haben.

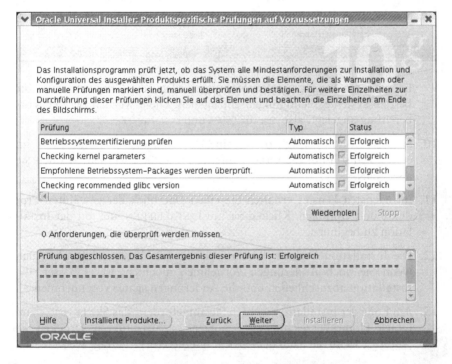

Abbildung A.2:
Produktspezifische Prüfungen im Universal Installer

8. Es erscheint das Fenster VERFÜGBARE PRODUKTKOMPONENTEN. An dieser Stelle können Sie gezielt weiter Komponenten auswählen oder nicht benötigte weglassen.

Anhang A   Installation und erste Schritte

Abbildung A.3:
Produktkomponenten bei der Installation auswählen

9. Im nächsten Schritt werden Sie aufgefordert, die Gruppennamen für Betriebssystemberechtigungen einzugeben. Diese wurden bei der Vorbereitung angelegt, also dba für OSDBA und oper für OSOPER.

10. Sie werden nun gefragt, ob Sie eine Datenbank erstellen möchten. Im ersten Teil soll nur die Oracle-Software installiert werden. Wählen Sie also NEIN.

11. Im nächsten Fenster erhalten Sie einen Überblick der gewählten Produkte und Optionen. Klicken Sie auf INSTALLIEREN, um mit der Installation zu beginnen.

12. Die Installation beginnt. Brechen Sie die Installation nicht ab. Auch wenn Sie noch Änderungen vornehmen möchten, ist es besser, die Installation abzuschließen und die Änderungen später vorzunehmen.

13. Am Ende der Installation werden Sie aufgefordert, das Skript root.sh im Oracle Home-Verzeichnis als Benutzer root auszuführen. Drücken Sie [Return], wenn Sie nach dem »local bin directory« gefragt werden.

Installation einer Oracle 10g-Datenbank

Anhang A

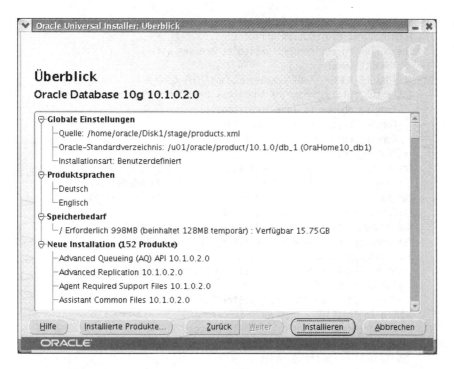

Abbildung A.4:
Produkte im OUI verifizieren

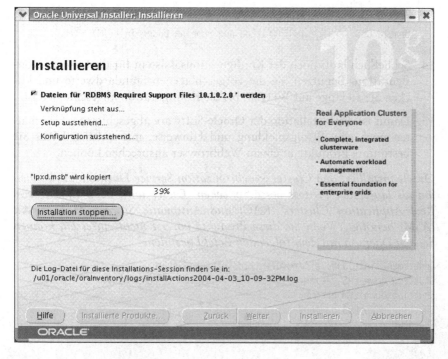

Abbildung A.5:
Installation der Software mit dem Universal Installer

Anhang A   Installation und erste Schritte

```
[root@mch2 db_1]# ./root.sh
Running Oracle10 root.sh script...
The following environment variables are set as:
    ORACLE_OWNER= oracle
    ORACLE_HOME=  /u01/oracle/product/10.1.0/db_1
Enter the full pathname of the local bin directory: [/usr/local/bin]:
    Copying dbhome to /usr/local/bin ...
    Copying oraenv to /usr/local/bin ...
    Copying coraenv to /usr/local/bin ...
\nCreating /etc/oratab file...
Adding entry to /etc/oratab file...
Entries will be added to the /etc/oratab file as needed by
Database Configuration Assistant when a database is created
Finished running generic part of root.sh script.
Now product-specific root actions will be performed.
/etc/oracle does not exist. Creating it now.
Successfully accumulated necessary OCR keys.
Creating OCR keys for user 'root', privgrp 'root'..
Operation successful.
Oracle Cluster Registry for cluster has been initialized
Adding to inittab
Checking the status of Oracle init process...
Expecting the CRS daemons to be up within 600 seconds.
CSS is active on these nodes.
        mch2
CSS is active on all nodes.
Oracle CSS service is installed and running under init(1M)
```

14. Schließlich läuft noch der Konfigurationsassistent für die Listener-Konfiguration. Benutzen Sie die vorgeschlagenen Standardwerte und klicken Sie so lange auf WEITER, bis die Konfiguration abgeschlossen ist.

15. Damit ist die Installation der Oracle-Software abgeschlossen. Sie erhalten noch eine Erfolgsmeldung und Hinweise, mit welchen URLs Sie bestimmte Produkte in einem Webbrowser ansprechen können.

TIPP

Oracle installiert den Cluster Synchronization Service Daemon. Sie können ihn als laufenden Prozess ocssd.bin *sehen. Dieser wird beim Einsatz von Real Application Clusters (RAC) und Automatic Storage Management (ASM) benötigt. Wenn Sie diese Produkte vorerst nicht einsetzen, können Sie den Daemon mit dem folgenden Befehl beenden:*

```
[root@mch2 init.d]# /etc/rc.d/init.d/init.cssd stop
Shutting down CRS daemon.
Shutting down EVM daemon.
Shutting down CSS daemon.
Shutdown request successfully issued.
```

Installation einer Oracle 10g-Datenbank

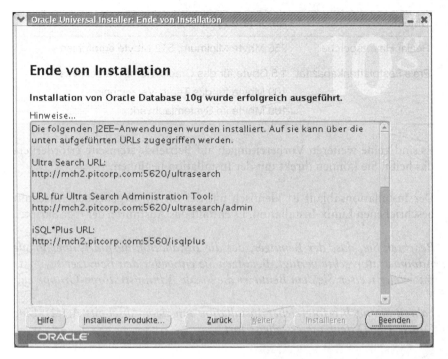

Abbildung A.6:
Ende der Installation mit dem OUI

Sie können auch den automatischen Start des Daemon beim Start des Betriebssystems abschalten und bei Bedarf manuell hochfahren. Die Startskripte finden Sie in den rc-*Verzeichnissen.*

Fahren Sie fort mit dem Abschnitt A.1.2 »Eine Oracle 10g-Datenbank erstellen«.

Vorbereitung der Installation unter Windows 2000

Die Vorbereitungsarbeiten unter Windows-Betriebssystemen sind wesentlich geringer. In Tabelle A.4 finden Sie die Hard- und Software-Anforderungen.

Objekt	Anforderung
Windows NT Server 4.0	Service Pack 6a oder höher
Windows 2000	Service Pack 1 oder höher
Windows Server 2003	Kein Service Pack erforderlich
Windows XP Professional	Kein Service Pack erforderlich

Tabelle A.4:
Anforderungen von Oracle 10g an Windows-Betriebssysteme

Anhang A Installation und erste Schritte

Tabelle A.4: Anforderungen von Oracle 10g an Windows-Betriebssysteme (Forts.)

Objekt	Anforderung
Realer Hauptspeicher	256 Mbyte Minimum, 512 Mbyte empfohlen
Freie Festplattenkapazität	1,5 Gbyte für das Oracle-Home-Verzeichnis
	100 Mbyte für das Temp-Verzeichnis
	100 Mbyte im Systemlaufwerk

Es sind keine weiteren Vorbereitungen auf Betriebssystemseite erforderlich, das heißt, Sie können direkt mit der Installation beginnen.

Der Installationsablauf ist identisch mit der im vorhergehenden Abschnitt beschriebenen Linux-Installation. Es entfällt das Ausführen der root-Skripte.

Beachten Sie, dass der Benutzer, der die Installation ausführt, über lokale Administratorrechte verfügt. Benutzen Sie entweder den Benutzer Administrator *oder weisen Sie dem Benutzer die lokale Administratoren-Gruppe zu.*

Fahren Sie nach erfolgreicher Installation mit dem Abschnitt A.1.2 »Eine Oracle 10g-Datenbank erstellen« fort.

A.1.2 Eine Oracle 10g-Datenbank erstellen

Verwenden Sie für das Erstellen einer Datenbank den Database Configuration Assistant (DBCA). Sie können die Datenbank direkt mit dem DBCA erstellen oder sich Shell-Skripte erstellen lassen und diese auf der Kommandozeile ausführen. Der DBCA bietet die folgenden Vorteile gegenüber einer manuellen Installation:

- *Der Assistent verwaltet die Vielzahl von Features und Optionen sowie deren Abhängigkeiten. Er stellt sicher, dass alle notwendigen Schritte ausgeführt werden.*

- *Die neuen Features sind bereits enthalten.*

- *Der DBCA unterstützt Optimal Flexible Architecture (OFA) und hält sich bei der Auswahl von Verzeichnissen und Dateinamen an die Konventionen.*

Auch der DBCA ist ein plattformunabhängiges Java-Programm. Daher ist es in diesem Abschnitt nicht notwendig, zwischen Unix und Windows zu unterscheiden. Die Unterschiede beschränken sich auf Feinheiten wie die Syntax von Verzeichnissen und Dateinamen.

Installation einer Oracle 10g-Datenbank   Anhang A

Der Database Configuration Assistant (DBCA)

Mit dem DBCA können Sie auch vorgefertigte oder selbst erstellte Templates benutzen. Templates sind XML-Dateien, die Informationen zum Erstellen einer Datenbank enthalten. Diese Informationen setzen sich aus Datenbank-Optionen, Initialisierungsparametern sowie Speicherattributen für Tablespaces, Dateien, Redo Log-Dateien und Kontrolldateien zusammen.

Sie finden die Templates im folgenden Verzeichnis:

```
$ORACLE_HOME/assistants/dbca/templates
```

Im Folgenden wird eine Datenbank direkt mit dem Database Configuration Assistant erstellt.

Eine Datenbank mit dem DBCA erstellen:

1. Starten Sie den Database Configuration Assistant mit dem Befehl dbca oder über das Startmenü unter Windows. Nach einem Begrüßungsfenster können Sie den Vorgang auswählen. Markieren Sie DATENBANK ERSTELLEN und klicken Sie auf WEITER.

2. Wählen Sie, wie in Abbildung A.7, aus der Liste die Option BENUTZERDEFINIERTE DATENBANK aus und klicken Sie auf WEITER.

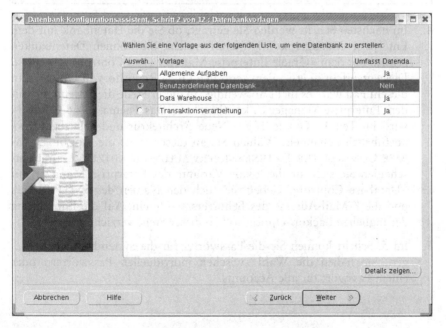

Abbildung A.7:
Art der Datenbank auswählen

Anhang A   Installation und erste Schritte

3. Geben Sie einen globalen Datenbanknamen ein. Dieser setzt sich aus dem Datenbanknamen und dem Namen der Domäne zusammen. In diesem Fall soll der Name `komp10g2.world` sein. Die SID erhält automatisch denselben Wert wie der Datenbankname.

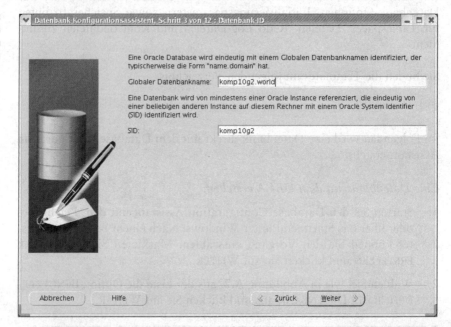

Abbildung A.8:
Den globalen Datenbanknamen eingeben

4. Im nächsten Schritt werden Sie gefragt, ob Sie die Datenbank mit dem Enterprise Manager konfigurieren wollen. Sie können Datenbanken zentral mit dem »Oracle Enterprise Manager Grid Control« verwalten. Dies entspricht in etwa dem zentralen OEM Repository in Oracle9*i*. In diesem Fall wäre es nicht notwendig, an dieser Stelle die Datenbank mit dem Enterprise Manager zu konfigurieren. Das Thema »Grid Control« wird im Teil 1 »Oracle 10g – Neue Architektur und neue Features« ausführlich behandelt. Wählen Sie an dieser Stelle die Option DATABASE CONTROL FÜR DATENBANKVERWALTUNG BENUTZEN. Damit entscheiden Sie sich für die lokale Variante des Enterprise Manager mit »Database Control«. Geben Sie auch den Namen des SMTP-Servers und die E-Mail-Adresse des Benutzers `oracle` ein. Auf die Einrichtung der täglichen Backup-Option soll an dieser Stelle verzichtet werden.

5. Im 5. Schritt können Sie die Passwörter für die Systembenutzer festlegen. Sie haben die Wahl zwischen individuellen Passwörtern oder einem Passwort für alle Accounts.

Installation einer Oracle 10g-Datenbank   Anhang A

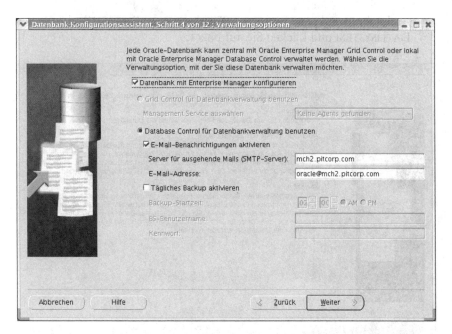

Abbildung A.9:
Optionen für den Enterprise Manager festlegen

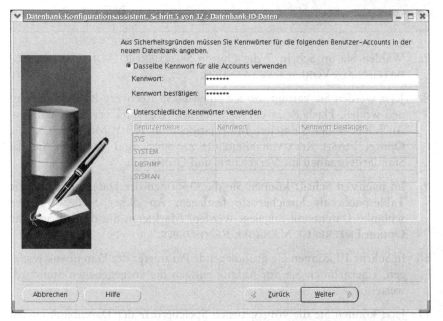

Abbildung A.10:
Passwörter für System-Accounts festlegen

6. Im nächsten Schritt können Sie festlegen, welches Speicherungsverfahren für die Datenbank verwendet werden soll. Neben Dateisystem und Raw Devices taucht der Begriff »Automatic Storage Management« (ASM) auf. Dies ist ein neues Feature der Version 10g. Sie finden detaillierte Informationen zum Thema ASM im Teil 1 »Oracle 10g – Neue

Anhang A Installation und erste Schritte

Architektur und neue Features«. Wählen Sie an dieser Stelle die Option DATEISYSTEM und klicken Sie auf NEXT.

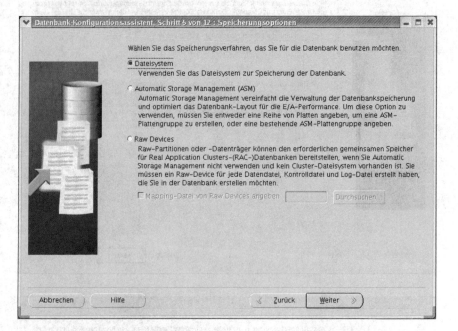

Abbildung A.11: Das Speicherungsverfahren für die Datenbank auswählen

7. Wählen Sie im Schritt 7 die Option SPEICHERORT VON DATENBANK-DATEIEN AUS VORLAGE VERWENDEN.

8. Jetzt werden Sie gefragt, ob Sie einen Flash Recovery-Bereich verwenden wollen. Flash Recovery ist in Oracle 10g stark erweitert worden. Auch hier finden Sie tiefere Informationen im Teil 1. Markieren Sie die Option FLASH RECOVERY-BEREICH ANGEBEN und benutzen Sie die Standardvorgaben für Verzeichnis und Größe.

9. Im nächsten Schritt können Sie die Optionen der Datenbank und die Tablespaces als Speicherorte festlegen. An dieser Stelle soll eine schlanke Datenbank angelegt werden. Markieren Sie deshalb nur die Option ENTERPRISE MANAGER REPOSITORY.

10. In Schritt 10 können Sie grundlegende Parameter der Datenbank festlegen. Übernehmen Sie am Anfang einfach die vorgegebenen Standardwerte.

11. Jetzt können Sie die vorgegebenen Speicherorte der Datenbankdateien überschreiben. Ändern Sie die Speicherorte, wie wir es im vorhergehenden Abschnitt vorgeschlagen haben:

    – /u02/oracle/komp10g2 für Tablespace-Dateien

    – /u03/oracle/komp10g2 und /u04/oracle/komp10g2 für Kontroll- und Online Redo Log-Dateien

Installation einer Oracle 10g-Datenbank

Anhang A

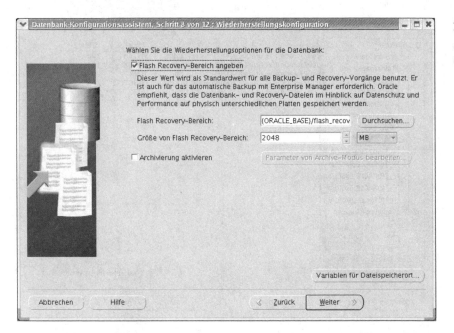

Abbildung A.12:
Wiederherstellungsoptionen der Datenbank festlegen

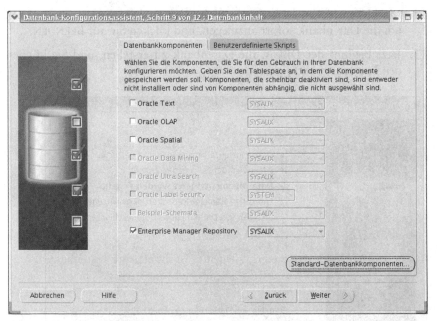

Abbildung A.13:
Datenbankkomponenten auswählen

Anhang A   Installation und erste Schritte

Abbildung A.14:
Speicherorte für Datenbankdateien festlegen

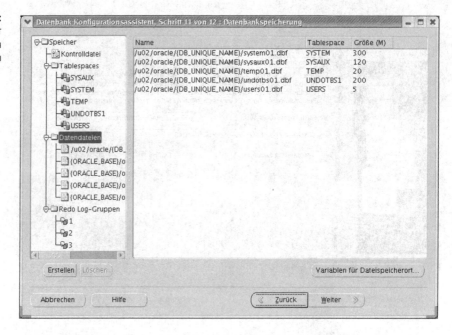

12. Markieren Sie im letzten Schritt die Option DATENBANK ERSTELLEN, um die Datenbank sofort anzulegen, und klicken Sie auf BEENDEN.

13. Jetzt beginnt der DBCA, die Datenbank zu erstellen, und Sie können den Fortschritt verfolgen.

Abbildung A.15:
Fortschritt beim Erstellen der Datenbank

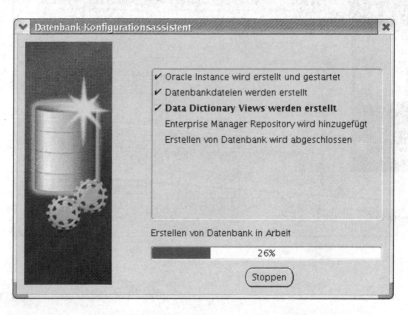

Installation einer Oracle 10g-Datenbank   Anhang A

14. Zum Abschluss erscheint ein Fenster mit einer Erfolgsmeldung und weiteren wichtigen Informationen. Notieren Sie sich den URL für den Enterprise Manager. Er lautet standardmäßig http://my_db_server:5500/em. Sie können an dieser Stelle die Kennwörter der Datenbank-Benutzer bearbeiten. Klicken Sie dazu auf den Button KENNWORTVERWALTUNG. Wenn Sie auf BEENDEN klicken, schließt sich der DBCA und das Erstellen der Datenbank ist abgeschlossen.

Überprüfen Sie nun, ob die Datenbank läuft, durch Aufrufen von SQL*Plus auf der Kommandozeile:

```
$ sqlplus system/manager
SQL*Plus: Release 10.1.0.2.0 - Production on So Apr 4 17:02:11 2004
Copyright (c) 1982, 2004, Oracle. All rights reserved.
Verbunden mit:
Oracle Database 10g Enterprise Edition Release 10.1.0.2.0 - Production
With the Partitioning, OLAP and Data Mining options
SQL> SELECT name, open_mode FROM v$database;
NAME       OPEN_MODE
---------  ----------
KOMP10G2   READ WRITE
SQL> exit
Verbindung zu Oracle Database 10g Enterprise Edition Release 10.1.0.2.0 -
 Production
With the Partitioning, OLAP and Data Mining options beendet
```

Listing A.1:
Aufruf von SQL*Plus auf der Kommandozeile

Starten Sie jetzt auch den Listener, um Clients den Zugriff auf die Datenbank über OracleNet zu ermöglichen:

```
$ lsnrctl start
LSNRCTL for Linux: Version 10.1.0.2.0 - Production on 04-APR-2004 17:08:00
Copyright (c) 1991, 2004, Oracle. All rights reserved.
/u01/oracle/product/10.1.0/db_1/bin/tnslsnr wird gestartet: Bitte warten...
TNSLSNR for Linux: Version 10.1.0.2.0 - Production
Die System-Parameterdatei ist /u01/oracle/product/10.1.0/db_1/network/admin/
listener.ora
Log-Meldungen wurden geschrieben in: /u01/oracle/product/10.1.0/db_1/network/
log/listener.log
Listen auf: (DESCRIPTION=(ADDRESS=(PROTOCOL=tcp)(HOST=127.0.0.1)(PORT=1521)))
Listen auf: (DESCRIPTION=(ADDRESS=(PROTOCOL=ipc)(KEY=EXTPROC)))
Verbindung mit (DESCRIPTION=(ADDRESS=(PROTOCOL=TCP)(HOST=mch2.pitcorp.com)(PO
RT=1521))) wird aufgebaut
STATUS des LISTENER
------------------------
Alias                     LISTENER
Version                   TNSLSNR for Linux: Version 10.1.0.2.0 - Production
Startdatum                04-APR-2004 17:08:00
Uptime                    0 Tage 0 Std. 0 Min. 0 Sek.
Trace-Ebene               off
```

Listing A.2:
Starten des Listeners

Anhang A   Installation und erste Schritte

```
Sicherheit                 ON: Local OS Authentication
SNMP                       OFF
Parameterdatei des Listeners /u01/oracle/product/10.1.0/db_1/network/admin/
listener.ora
Log-Datei des Listeners    /u01/oracle/product/10.1.0/db_1/network/log/
listener.log
Zusammenfassung Listening-Endpunkte...
   (DESCRIPTION=(ADDRESS=(PROTOCOL=tcp)(HOST=127.0.0.1)(PORT=1521)))
   (DESCRIPTION=(ADDRESS=(PROTOCOL=ipc)(KEY=EXTPROC)))
Services Übersicht...
Dienst "PLSExtProc" hat 1 Instance(s).
   Instance "PLSExtProc", Status UNKNOWN, hat 1 Handler für diesen Dienst...
Der Befehl wurde erfolgreich ausgeführt.
```

A.1.3   Nachbereitung der Installation

Nachdem Sie die Oracle-Software installiert und eine Datenbank erstellt haben, sind noch einige Nachbereitungen durchzuführen.

Häufig wird gefordert, dass die Datenbank bei einem Start des Servers automatisch gestartet und bei einem Shutdown automatisch heruntergefahren wird. Dafür können Sie die mitgelieferten Skripte dbstart und dbshut verwenden. Sie befinden sich im Verzeichnis $ORACLE_HOME/bin.

Die Skripte lesen die Datei /etc/oratab. In oratab werden pro Instanz die ORACLE_SID und das Oracle-Home-Verzeichnis eingetragen. Der dritte Wert legt fest, ob für die Instanz ein automatisches Startup und Shutdown erfolgen soll. Hier ist ein Beispiel für einen Eintrag in der oratab:

```
komp10g2:/u01/oracle/product/10.1.0/db_1:N
```

Unter Solaris befindet sich die Datei oratab *im Verzeichnis* /var/opt/oracle.

Führen Sie die folgenden Schritte aus, um automatisches Startup und Shutdown für eine Instanz zu konfigurieren. Die Schritte müssen für jede Instanz einzeln als Benutzer root durchgeführt werden.

Eine Datenbank für automatische Startup und Shutdown konfigurieren:

1. Editieren Sie die Datei oratab. Aktivieren Sie den automatischen Start, indem Sie den dritten Parameter auf »Y« ändern.

   ```
   komp10g2:/u01/oracle/product/10.1.0/db_1:Y
   ```

2. Erstellen Sie die Datei dbora im Verzeichnis /etc/init.d mit dem folgenden Inhalt:

Installation einer Oracle 10g-Datenbank

```sh
#!/bin/sh
# Automatic startup and shutdown for oracle instances
ORA_OWNER=oracle
case "$1" in
  'start')
    # Start the oracle database
    su - $ORA_OWNER -c dbstart &
    su - $ORA_OWNER -c "lsnrctl start" &
  ;;
  'stop')
    # Stop the oracle database
    su - $ORA_OWNER -c dbshut &
  ;;
esac
```

Listing A.3:
Skript für automatischen Start einer Instanz

3. Setzen Sie die Rechte für die Datei dbora in der folgenden Form:

   `# chmod 755 /etc/init.d/dbora`

4. Erstellen Sie symbolische Links zum Skript dbora in den Run-Level-Verzeichnissen:

   `[root@mch2 rc3.d]# ln -s /etc/init.d/dbora /etc/rc0.d/K10dbora`
   `[root@mch2 rc3.d]# ln -s /etc/init.d/dbora /etc/rc3.d/S99dbora`

Auch unter Windows kann ein automatischer Start der Instanz aktiviert werden. Dazu muss die Startart des Dienstes ORACLESERVICE<SID> auf automatisch gesetzt werden.

Wenn Sie in einer Client/Server-Umgebung arbeiten, muss auf dem Server der Listener-Prozess laufen, damit eine Verbindung zwischen Oracle-Client und Datenbankserver hergestellt werden kann.

Der Listener wurde bereits vom Database Configuration Assistant vorkonfiguriert. Überprüfen Sie, ob er gestartet ist.

Unter Unix ist der Listener ein Prozess. Er wird mit dem Befehl lsnrctl start gestartet. Unter Windows ist der Listener ein Dienst mit dem Namen Oracle<OraHome>TNSListener.

Damit sich der Client mit der Instanz verbinden kann, muss die Oracle-Netzwerkkonfiguration angepasst werden. Die Konfigurationsdatei hierfür heißt tnsnames.ora und befindet sich im Verzeichnis $ORACLE_HOME/network/admin. Zwar besteht die Möglichkeit, diese Textdatei zu editieren und die erforderlichen Parameter einzutragen, jedoch sollten Sie am Anfang den Net Configuration Assistant verwenden.

Anhang A — Installation und erste Schritte

Abbildung A.16:
Automatischer Start der Instanz unter Windows

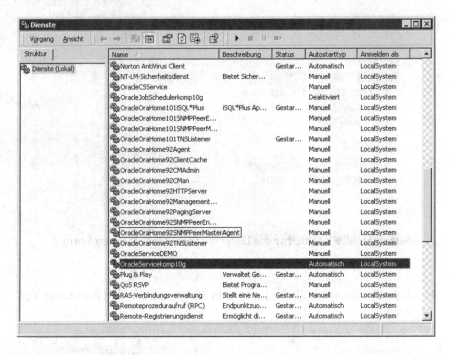

Die folgenden Schritte beschreiben, wie ein Client konfiguriert wird, um Zugang zu einer Oracle-Datenbank zu erlangen.

Client-Konfiguration mit dem Net Configuration Assistant

1. Starten Sie den Net Configuration Assistant mit netca von der Kommandozeile oder über das Windows-Startmenü. Wählen Sie im Begrüßungsfenster die Option KONFIGURATION VON LOKALEM NET SERVICE NAME.

2. Markieren Sie in der Liste der auszuführenden Schritte die Option HINZUFÜGEN.

3. Im nächsten Schritt werden Sie aufgefordert, den Service-Name einzugeben. Verwenden Sie den Namen, den Sie beim Erstellen der Datenbank verwendet haben.

4. Wählen Sie im nächsten Schritt das Netzwerk-Protokoll TCP aus.

5. Es wird der Host-Name abgefragt. Hier können Sie entweder eine IP-Adresse oder den Namen des Datenbankservers verwenden. Benutzen Sie die Standard-Port-Nummer 1521.

Installation einer Oracle 10g-Datenbank

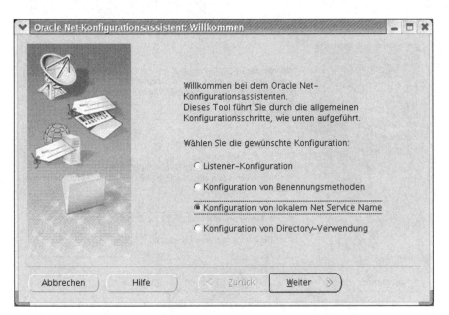

Abbildung A.17:
Auswahl der gewünschten Konfiguration

Abbildung A.18:
Den Service-Namen eingeben

Anhang A   Installation und erste Schritte

Abbildung A.19:
Host-Namen und Port-Nummer erfassen

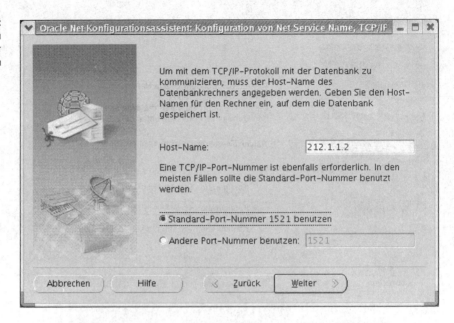

6. Sie können wahlweise einen Test durchführen. Schließlich müssen Sie noch einen Alias angeben, den Sie für Ihre Verbindung benutzen. Normalerweise nimmt man hier den Namen der Datenbank. Beantworten Sie die Frage nach einer weiteren Konfiguration mit NEIN. Damit ist die Konfiguration abgeschlossen.

Wenn Sie jetzt in die Datei tnsnames.ora schauen, sehen Sie den gerade erstellten Eintrag:

```
KOMP10G2 =
  (DESCRIPTION =
    (ADDRESS_LIST =
      (ADDRESS = (PROTOCOL = TCP)(HOST = 212.1.1.2)(PORT = 1521))
    )
    (CONNECT_DATA =
      (SID = KOMP10G2)
      (SERVER = DEDICATED)
    )
  )
```

Testen Sie jetzt die Verbindung mit SQL*Plus. Rufen Sie von der Kommandozeile SQL*Plus mit den Parametern Benutzername, Passwort und Net-Service-Name auf:

```
C:> sqlplus system/manager@komp10g2
SQL*Plus: Release 10.1.0.2.0 - Production on So Apr 4 21:15:16 2004
Copyright (c) 1982, 2004, Oracle.  All rights reserved.
Verbunden mit:
```

Installation einer Oracle 10g-Datenbank

```
Oracle Database 10g Enterprise Edition Release 10.1.0.2.0 - Production
With the Partitioning, OLAP and Data Mining options
```

An dieser Stelle sind noch einige Hinweise zum Öffnen und Schließen der Datenbank angebracht. Auch wenn Sie den Rechner für automatischen Start der Instanz konfiguriert haben, gibt es Situationen, in denen Sie die Datenbank von Hand öffnen und schließen müssen.

Es gibt drei Werkzeuge, mit denen Sie eine Instanz starten können:

- SQL*Plus
- Oracle Enterprise Manager
- Recovery Manager

Das normale Starten der Instanz und Öffnen der Datenbank erfolgt mit dem startup-Kommando. Setzen Sie vorher die Umgebungsvariable ORACLE_SID im Betriebssystem. Um die Instanz zu starten oder herunterzufahren, benötigen Sie einen Account mit SYSDBA-Privilegien. Mit connect / as sysdba melden Sie sich als Benutzer SYS an.

```
$ sqlplus /nolog
SQL*Plus: Release 10.1.0.2.0 - Production on So Apr 4 21:23:34 2004
Copyright (c) 1982, 2004, Oracle. All rights reserved.
SQL> connect / as sysdba
Bei einer nicht hochgefahrenen Instance angemeldet.
SQL> startup
ORACLE-Instance hochgefahren.
Total System Global Area  138412032 bytes
Fixed Size                   777796 bytes
Variable Size             112206268 bytes
Database Buffers           25165824 bytes
Redo Buffers                 262144 bytes
Datenbank mit MOUNT angeschlossen.
Datenbank geöffnet.
SQL>
```

Oracle benutzt entweder eine Initialisierungsparameterdatei oder ein SPFILE, um die Datenbankparameter zu lesen. Beim Start versucht Oracle, die Parameterdateien im plattformabhängigen Defaultverzeichnis in der folgenden Reihenfolge zu lesen:

1. spfile<$ORACLE_SID>.ora
2. spfile.ora
3. init<$ORACLE_SID>.ora

Anhang A Installation und erste Schritte

Das plattformabhängige Defaultverzeichnis ist $ORACLE_HOME/dbs unter Unix und %ORACLE_HOME%\database unter Windows.

Sie können die Instanz aber auch mit einer speziellen Initialisierungsparameterdatei starten:

```
SQL> startup pfile='/home/oracle/initkomp10g2.ora'
```

!! STOP

Beachten Sie, dass Sie Initialisierungsparameter nicht dynamisch ändern können, wenn Sie eine Initialisierungsdatei zum Start der Instanz verwenden. Dies ist nur bei Verwendung eines SPFILE möglich.

Mit STARTUP wird die Datenbank geöffnet. Es gibt weitere Modi zum Starten einer Instanz:

- STARTUP NOMOUNT. Die Instanz wird gestartet, jedoch die Datenbank nicht mit MOUNT angeschlossen.

- STARTUP MOUNT. Die Instanz wird gestartet und die Datenbank mit MOUNT angeschlossen, jedoch nicht geöffnet. In diesem Zustand können Sie bereits Wartungsarbeiten durchführen.

- STARTUP RESTRICT. Die Instanz wird gestartet und die Datenbank geöffnet. Die Instanz befindet sich jedoch im RESTRICT-Modus. Damit ist die Datenbank nur für Administratoren verfügbar, kein Anwender erhält Zugriff. Mit dem folgenden Befehl können Sie die so geöffnete Datenbank allen Benutzern verfügbar machen:

```
ALTER SYSTEM DISABLE RESTRICTED SESSION;
```

- STARTUP FORCE. Unter gewissen Umständen kann es sein, dass sich die Datenbank nicht normal öffnen oder schließen lässt. Oracle schließt die Datenbank mit shutdown abort und öffnet sie danach.

Für das Schließen einer Datenbank und das Herunterfahren einer Instanz gibt es die folgenden Optionen:

- SHUTDOWN NORMAL. Das Schlüsselwort NORMAL ist optional. Keine neuen Verbindungen werden zugelassen. Oracle wartet mit dem Shutdown, bis alle Benutzer ihre Verbindung zur Datenbank beendet haben,

- SHUTDOWN IMMEDIATE. Keine neuen Verbindungen werden zugelassen. Offene Transaktionen werden zurückgerollt. Oracle wartet nicht, bis sich alle Benutzer abgemeldet haben.

- SHUTDOWN TRANSACTIONAL. Es werden keine neuen Verbindungen zugelassen. Oracle wartet, bis alle offenen Transaktionen beendet sind, und bricht dann die Verbindungen zu den Clients ab.

Installation einer Oracle 10g-Datenbank

Anhang A

➡ SHUTDOWN ABORT. Keine neuen Verbindungen werden akzeptiert. Alle Sitzungen werden sofort abgebrochen und offene Transaktionen werden nicht zurückgerollt. Beim Neustart führt die Datenbank ein Crash Recovery durch, da sie sich in einem inkonsistenten Zustand befindet.

Sie können eine Datenbank nicht schließen, wenn Sie über einen Shared Server-Prozess verbunden sind. Fordern Sie deshalb beim Shared Server gezielt eine dedizierte Verbindung an.

Der neue Enterprise Manager in Oracle 10g ist browserbasierend. Zwar existiert noch der OEM-Client als GUI, wie Sie ihn aus früheren Versionen kennen, jedoch nur noch aus Kompatibilitätsgründen. Wenn Sie die neuen Features der Version 10g nutzen wollen, müssen Sie den neuen Enterprise Manager verwenden.

Der URL für die Anmeldung beim Enterprise Manager lautet:

http://my_database_server:5500/em

Es erscheint der Anmeldebildschirm. Benutzen Sie einen Account mit DBA-Privilegien, um die erforderlichen Privilegien für DBA-Aktivitäten zu besitzen.

Abbildung A.20: Der Anmeldebildschirm des Enterprise Manager

Anhang A Installation und erste Schritte

Nach der Anmeldung gelangen Sie in das Standardverzeichnis des Enterprise Manager. Sie können den Enterprise Manager für alle DBA-Aktivitäten heranziehen.

Abbildung A.21:
Das Standardverzeichnis des Enterprise Manager

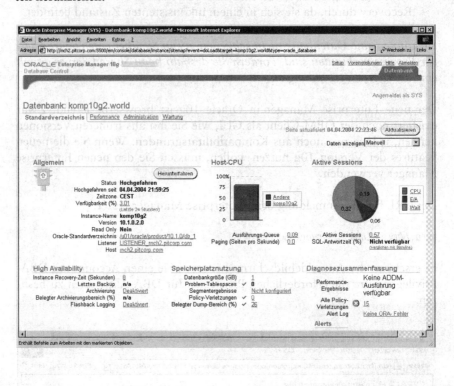

B   Oracle-Zertifizierungen

Zertifizierungen werden auch für Datenbankadministratoren immer wichtiger. Mit einer abgeschlossen Zertifizierung geben Sie gegenüber Kunden und Agenturen zum Ausdruck, dass Sie auf Ihrem Gebiet ein entsprechendes Niveau erreicht haben und Ihr Fachgebiet beherrschen.

Dabei ist eine abgeschlossene Zertifizierung nicht nur ein Argument, um einen Job zu bekommen, sie unterstützt Sie auch, wenn es zu Verhandlungen über Gehälter und Stundensätze kommt.

Immer mehr Kunden fragen nach zertifizierten Mitarbeitern. Das gibt ihnen die Sicherheit, dass ein profundes Fachwissen vorhanden ist, ohne dass zusätzliche Prüfungen erforderlich sind. Das ist wichtig, da sich Kunden und Agenturen durch schnelle Release-Wechsel und das üppige Hinzufügen neuer Features kaum noch in der Lage sehen, einen Kandidaten in technischer Hinsicht auf Herz und Nieren zu prüfen.

Oracle bietet im DBA-Bereich drei Pakete für die Zertifizierung an:

- Oracle Certified Associate (OCA)
- Oracle Certified Professional (OCP)
- Oracle Certified Master (OCM)

Der OCA bildet die Stufe für den Einstieg in die Zertifizierungen, der OCM ist die höchste Stufe, die erreicht werden kann. Die Stufen setzen aufeinander auf. So ist eine erfolgreiche Zertifizierung als OCA Voraussetzung, um den OCP ablegen zu können. Der OCP wiederum ist Voraussetzung für die Zulassung zu den OCM-Prüfungen.

Zertifizierungen müssen mit jeder neuen Oracle-Version aktualisiert werden, hierfür gibt es spezielle Upgrade-Prüfungen. Die ersten Prüfungen für Oracle 10g werden bereits angeboten. Die meisten Zertifizierungen werden zurzeit noch für Oracle9*i* vorgenommen.

B.1 Oracle Database Administrator Certified Associate (OCA)

Der OCA ist die erste Stufe im Zertifizierungsprogramm. Dem Absolventen wird bescheinigt, grundlegende, fundierte Kenntnisse im Bereich der Oracle-Datenbankadministration zu besitzen and als Junior-DBA arbeiten zu können.

> **TIPP** *Die OCA-Zertifizierung ist Administratoren zu empfehlen, die erste Kenntnisse im Oracle-Umfeld gesammelt haben. Eine ein- bis zweijährige Erfahrung im DBA-Umfeld ist dabei hilfreich.*

Für den OCA müssen zwei Prüfungen bestanden werden, dabei kann die erste Prüfung wahlweise über das Internet abgelegt werden. Für die erste Prüfung haben Sie die Wahl zwischen:

- Exam #1Z0-007 Introduction to Oracle9i: SQL
- Exam #1Z0-001 Introduction to Oracle: SQL and PL/SQL

Die zweite Prüfung muss folgende sein:

- Exam #1Z0-031 Oracle 9i Database Fundamentals I

B.2 Oracle Database Administrator Certified Professional (OCP)

Voraussetzung für die Zulassung zu den Prüfungen für den OCP ist ein erfolgreicher Abschluss als Oracle Certified Associate (OCA). Der OCP ist ein Senior-DBA mit mehrjähriger Berufserfahrung und umfassenden Kenntnissen der aktuellen Datenbankversion.

Für die Erreichung des Zertifikats müssen die folgenden Prüfungen abgelegt werden:

- Exam #1Z0-032 Oracle9i Database Fundamentals II
- Exam #1Z0-033 Oracle9i Database: Performance Tuning

Wie Sie sehen, sind die Anforderungen an den OCP höher als an den OCA. So sind umfangreiche Kenntnisse in der Datenbankadministration sowie praktische Erfahrungen im Bereich Performance Tuning erforderlich.

B.3 Oracle Database Administrator Certified Master (OCM)

Der Oracle Certified Master ist die höchste Zertifizierung für Administratoren von Oracle-Datenbanken. Ein OCM ist gleichzusetzen mit einem Senior-DBA, der als Teamleiter oder Projektleiter arbeitet, oder einem IT-Leiter.

Vorbereitung und Prüfung unterscheiden sich wesentlich von OCA und OCP. Während die OCA-/OCP-Prüfungen sich auf die Beantwortung von Fragen beschränken, besteht die OCM-Prüfung aus einem zweitägigem Praktikum. Dabei sind praktische Aufgaben in einer Linux-Umgebung zu lösen, die Lösung ist zu präsentieren. Es reicht also nicht aus, Fragen beantworten zu können, man muss mit Datenbanken umgehen und bestimmte Algorithmen durchführen können.

Voraussetzungen für die Zulassung zur OCM-Prüfung sind:

- Oracle9*i* Database Administrator Certified Professional
- Teilnahme an zwei Seminaren der Kategorie »Advanced Course«

Ein erfolgreicher Abschluss der OCM-Prüfungen ist nicht ohne weiteres zu erreichen. Er erfordert eine mehrjährige praktische Erfahrung, vor allem mit den Features von Oracle9i. Obwohl Oracle keine Erfolgsquoten veröffentlicht, ist bekannt, dass diese weit unter denen des OCA/OCP liegen. Vorbereitung und Teilnahme einer OCM-Prüfung sind zudem nicht ganz billig. Neben den Gebühren für die Seminare ist die Prüfungsgebühr von EUR 2000,-- zu berücksichtigen.

Die OCM-Prüfung umfasst nahezu die gesamte Bandbreite der Features einer Oracle9*i*-Datenbank. Dabei werden folgende Themengebiete vorgegeben:

- Datenbankkonfiguration
- Netzwerkkonfiguration
- Konfiguration des Enterprise Manager
- Verfügbarkeit (RMAN, Backup and Recovery)
- Verwaltung von Daten (Partitionen, Auditing, Flashback)
- Datenbankverwaltung (Objekte, SGA, Replikation)
- Datenbank-Performance (Statspack, Resource Manager, Tuning)
- Standby-Datenbanken und Data Guard

Für einen erfolgreichen Abschluss muss eine Erfolgsquote von 70% erreicht werden. Maßgeblich für die Erfolgsquote sind die im Praktikum gelieferten Ergebnisse, also die erstellten Datenbanken und Konfigurationen.

B.4 Vorbereitung

Die Vorbereitungen für OCA/OCP und OCM sind aufgrund der unterschiedlichen Prüfungsformen verschieden.

B.4.1 OCA-/OCP-Vorbereitung

Da in den OCA-/OCP-Prüfungen Fragen beantwortet werden müssen, ist ein gutes Faktenwissen wertvoller als die Fähigkeit, gut mit Datenbanken umgehen zu können. Die Fragen sind jedoch auch komplex und trickreich, so dass praktische Erfahrung unbedingt erforderlich ist. Mit reinem Auswendiglernen von Fakten werden Sie Schwierigkeiten haben, den Test zu bestehen.

Für die Vorbereitung gibt es unterschiedliche Vorgehensweisen, die stark vom Typ des Testanten und dessen Vorkenntnissen abhängen. Wenn Sie über eine ausgiebige praktische Erfahrung verfügen und dabei viele Optionen und Features berührt haben, dann kann es ausreichend sein, sich Bücher aus dem Fachhandel zu beschaffen und durchzuarbeiten. Diese enthalten viele Fragen zu den Schwerpunkten sowie Flash Cards. Sie erläutern auch, warum eine Antwort richtig ist.

Haben Sie größeren Nachholbedarf, dann kann es erforderlich sein, Seminare zu besuchen oder CD-ROMs für die Vorbereitung zu bestellen. Das ist jedoch teurer als die Beschränkung auf Bücher.

:-) TIPP *Sie finden auf der Internetseite* http://www.oracle.com/education/lang/de/certification/index.html *Topics zu den einzelnen Prüfungen. Diese sind recht spezifisch und geben Ihnen die Sicherheit einer umfassenden Vorbereitung.*

Der Test selbst erfolgt in einem Testcenter der Firma Prometric, die Sie in allen größeren Städten finden. Sie können die Anmeldung per Telefon oder Internet (http://www.prometric.com) vornehmen. Dabei erhalten Sie eine Prometric-ID, die Sie in jedem Fall gut aufbewahren sollten. Sie ist wichtig für spätere Upgrade-Prüfungen sowie die Credentials, die Sie von Oracle erhalten.

B.4.2 OCM-Vorbereitung

Im OCM-Test kommt es vorwiegend auf technische Fertigkeiten an. Die Aufgaben bestehen in der Umsetzung gewisser Szenarien, angefangen vom Erstellen einer Datenbank bis zur Verwaltung einer Data Guard-Konfiguration inklusive Failover-Operationen. Das Prüfungssystem läuft auf der Basis von United Linux, das heißt, Sie müssen in der Lage sein, sich unter Linux zu bewegen und grundlegende administrative Aufgaben ausführen zu können.

Sie dürfen eine Oracle-Dokumentation verwenden, darin kann jedoch nicht gesucht werden. Sie sollten in jedem Fall administrative Aufgaben ohne Dokumentation ausführen können. Ein Nachschlagen in der Dokumentation kostet viel Zeit, die am Ende zur Bewältigung aller Aufgaben fehlen kann.

Die beste Art der Vorbereitung ist der Umgang mit der Datenbank und das Durchspielen gewisser Szenarien. Oracle stellt die folgenden Mindestanforderungen an die Testteilnehmer:

- gute Kenntnisse in Oracle SQL
- fundierte Kenntnisse der Linux-Befehlssprache
- die Fähigkeit, mit folgenden Programmen umzugehen:
  - RMAN
  - Oracle Net Manager
  - Oracle Net Configuration Assistant
  - OEM
  - Listener
  - OMS
  - Oracle Password Utility
  - Database Configuration Assistant
- gute Kenntnisse in Bezug auf den Enterprise Manager
- gute Kenntnisse in der Konfiguration von Oracle Net
- fortgeschrittene Kenntnisse in Bezug auf die Technologie und Features von Oracle9i Enterprise Server
- Erfahrungen in der Navigation in Oracle-Online-Dokumentationen
- gute Kenntnisse in Bezug auf die Browser-Software von Konqueror 2.2

B.5 Test-Umgebung

Der OCA/OCP-Test wird in einem Prometric Test Center durchgeführt. Der Test findet an einem Computer statt, der Testraum wird überwacht. Sie können Fragen für ein Review markieren und anschließend die Antworten überprüfen. Die Benutzung einer Dokumentation oder anderer Hilfsmittel ist nicht gestattet. Sie erfahren das Ergebnis unmittelbar nach Abschluss des Tests und erhalten eine Bestätigung.

Der OCM-Praktikumstest wird in Europa an zwei Orten durchgeführt:

- Düsseldorf
- Reading, Großbritannien

Sie erhalten die Szenarien von einem Kursleiter ausgehändigt. Sie erhalten einen Platz und einen Server zugewiesen. Während des Praktikums dürfen keine persönlichen Dokumentationen oder Notizen verwendet werden. Mobiltelefone und PDAs dürfen ebenfalls nicht benutzt werden. Sie haben die freie Wahl, die Kommandozeile oder GUI-Oberflächen zu benutzen.

Der Kursleiter gibt keine Bewertung der Prüfung ab und hat keinen Zugang zu den Bewertungsdaten. Es kann mehrere Wochen dauern, bevor Sie das Prüfungsergebnis von Oracle erhalten.

C Glossar und Begriffe

Active Session History (ASH)

Stellt historische Informationen zur Sitzungshistorie einer Instanz zur Verfügung.

Advisory

In Oracle 10g existieren Advisories für unterschiedliche Zwecke. Sie sammeln Informationen und analysieren Statistiken und unterbreiten auf dieser Basis Vorschläge für die Verbesserung von Performance oder die Beseitigung von Problemen. Die Advisories benutzen das Automatic Workload Repository und beziehen sich in der Regel auf den aktuellen Workload.

Application Provisioning

Automatische Verteilung von Anwendungspaketen und Anwendungen auf verschiedene Knoten im Grid-Umfeld.

Apply-Prozess

Prozess in Oracle Streams, bei dem die gesammelten Daten in die Zieldatenbank eingearbeitet werden.

ARCHIVELOG-Modus

Ein Datenbankmodus, bei dem die Online Redo Log-Dateien vor dem Überschreiben in ein Archiv gesichert werden. Der ARCHIVELOG-Modus garantiert Point-in-time Recovery. Siehe auch »NOARCHIVELOG-Modus«

Archiver Process (ARCH)

ARCH ist ein Hintergrundprozess einer Oracle-Instanz. Er kopiert Online Redo Log-Dateien in das Archiv. Der Prozess existiert nur, wenn die Datenbank im ARCHIVELOG-Modus betrieben wird.

Asynchronous Replication

Ein Modus in Oracle Advanced Replication, bei dem alle Änderungen in einer Queue gespeichert und in festgesetzten Intervallen zur Aktualisierung benutzt werden.

Anhang C — Glossar und Begriffe

Auditing

Zugriffsüberwachung für die Daten einer Datenbank. Es können Schreib- und Lesezugriffe protokolliert werden.

Automatic Database Diagnostic Monitor (ADDM)

Der ADDM analysiert regelmäßig die Daten des Automatic Workload Repositorys, lokalisiert die Ursachen und macht Vorschläge für die Beseitigung von Performance-Problemen.

Automatic Memory Management (AMM)

Feature der sich selbst verwaltenden Datenbank. Oracle passt die SGA-Parameter automatisch und dynamisch in Abhängigkeit vom aktuellen Workload an.

Automatic Storage Management (ASM)

Oracle-Technologie zur Verwaltung von Plattensystemen und Disk-Gruppen für die Dateien der Datenbank. Ermöglicht das Storage Provisioning, also die automatische Verteilung von Aktivitäten im Grid-Umfeld.

Automatic Workload Repository (AWR)

Neue, zentrale Infrastruktur zum Sammeln von Statistiken in Oracle 10g. Die Werte sind Basis für die sich selbst verwaltende Datenbank und die Advisory.

Autotrace

Ist Autotrace in SQL*Plus aktiviert, dann wird automatisch ein Report erstellt, wenn eine SQL-Anweisung abgesetzt wird. Der Report enthält den Explain-Plan und Statistiken.

Block Media Recovery (BMR)

Ein Feature, das in Oracle9i eingeführt wurde. Es bietet die Möglichkeit, in bestimmten Fällen ein Recovery auf Blockebene durchzuführen. Damit können die Recovery-Zeit verkürzt und die Verfügbarkeit erhöht werden.

Cache Fusion

Technologie in Real Application Clusters zur Verwaltung eines globalen Database Buffer Cache über alle Instanzen des Clusters.

Cache Hit

Die gesuchten Datenblöcke werden im Buffer Cache gefunden. Ein Zugriff auf die Festplatte ist nicht erforderlich.

Cache Miss

Die gesuchten Daten stehen im Buffer Cache nicht zur Verfügung und müssen aus den Tablespaces gelesen werden.

Capture-Prozess

Bestandteil der Oracle Streams-Architektur. Der Prozess sammelt die Daten der Quelldatenbank und reicht sie weiter.

Change Data Capture (CDC)

Feature für Data Warehouse-Anwendungen zum effektiven Laden von Änderungen.

Checkpoint

Ein Ereignis, bei dem geänderte Datenblöcke aus dem Buffer Cache in die Datenbankdateien auf die Festplatte geschrieben werden. Gleichzeitig aktualisiert der Hintergrundprozess »Checkpoint Process« (CKPT) die Kontrolldatei und die Header der Tablespace-Dateien.

Cluster Ready Services (CRS)

Realisiert die Cluster-Verwaltung für Real Application Clusters. Ist ebenfalls für Automatic Storage Management erforderlich.

Closed Database Recovery

Eine Recovery-Methode, die bei geschlossener Datenbank durchgeführt wird.

Consistent Backup

Das Backup einer Datenbank wird als Consistent Backup bezeichnet, wenn alle Tablespace-Dateien und die Kontrolldateien dieselbe System Change Number (SCN) aufweisen.

Cost Based Optimizer (CBO)

Ist der Standard-Optimizer-Modus in Oracle 10g. Er legt fest, nach welchem Plan eine SQL-Anweisung ausgeführt wird. Voraussetzung für den Einsatz des CBO ist das Erstellen von Statistiken.

Crash Recovery

Oracle führt ein Crash Recovery durch, wenn nicht alle Änderungen in die Tablespaces geschrieben wurden.

Cron-Job

Job-Verwaltung auf Betriebssystemebene unter Unix.

Database Buffer Cache

Speichert die Datenblöcke der Tablespaces zum Zweck der Performance-Steigerung im Shared Memory.

Data Dictionary Cache

Speichert Objekte aus dem Datenbankkatalog im Hauptspeicher zum Zweck der Performance-Steigerung. Der Datenbankkatalog ist eine Sammlung von Tabellen und Views, die Metadaten über die Datenbank speichern.

Data Guard

Oracle-Produkt zur Verwaltung von Standby-Datenbanken. Vereinfacht die Administration und macht Betrieb und Überwachung durch den Managed-Recovery-Modus sicherer.

Data Pump

Neues Werkzeug zum Exportieren und Importieren von Daten. Data Pump ist für die Datensicherung und den Transport von Daten zwischen Datenbanken geeignet.

Datenbank

Eine Datenbank ist die Zusammenfassung von Tablespace-, Log- und Kontrolldateien.

Datenblock

Ein Datenblock ist die kleinste Speichereinheit einer Oracle-Datenbank. Ein Oracle-Datenblock ist ein Vielfaches eines Blocks des Betriebssystems. Zulässige Blockgrößen sind 2 Kbyte, 4 Kbyte, 8 Kbyte, 16 Kbyte und 32 Kbyte.

Datenorientiertes XML

Man spricht von datenorientiertem XML, wenn die einzelnen Datenelemente des XML-Dokumentes im Vordergrund stehen. Der Dokumentkontext ist nur von nebensächlicher Bedeutung. Ein einzelnes Element oder ein Abschnitt kann auch für sich alleine eine Bedeutung haben.

Dedicated-Server-Modus

Datenbankmodus, bei dem für jede Client-Verbindung ein Server-Prozess auf dem Datenbankserver gestartet wird. Siehe auch »Shared Server-Modus«.

Default Temporary Tablespace

Ist einem Benutzer keine Temporary Tablespace zugewiesen, dann wird die Default Temporary Tablespace verwendet.

Dimension Table

Tabellentyp in einem Data Warehouse. Diese Tabellen enthalten beschreibende Daten und stehen in Relation zu den Fact Tables.

Dirty Buffer

Blöcke im Buffer Cache, die in die Tablespaces geschrieben werden müssen, da sie gegenüber dem Original in der Tablespace verändert wurden.

Dispatcher Process (Dnnn)

Ist Teil der Shared Server-Architektur. Ein Dispatcher bedient die Clients sowie die Warteschlangen des Shared Servers.

Dokumentorientiertes XML

Man spricht von dokumentorientiertem XML, wenn das Dokument als solches im Vordergrund des Interesses steht. Einzelne Abschnitte sind außerhalb ihres Kontexts ohne Bedeutung. Ein typisches Beispiel ist ein Zeitungsartikel im XML-Format.

Downstream Capture

Architektur für die Datensynchronisation mit Oracle Streams. Die Daten werden auf das Zielsystem übertragen, wo auch der Capture-Prozess läuft.

Driving Table

Die Tabelle im Explain-Plan, die als erste für die Vereinigungen (Joins) von SQL-Anweisungen ausgewählt wurde. Die Auswahl der Driving Table ist entscheidend für die Performance der SQL-Anweisung. Das Ziel ist es, möglichst viele Sätze von vornherein zu eliminieren.

Drill Down

Ein Vorgehen in einer Data Warehouse-Anwendung, um mehr Detailinformationen zu erlangen. Das bedeutet in der Regel, eine zusätzliche Dimension in die Abfrage aufzunehmen.

DSS-Abfragen

DSS steht für »Decision Support System«. Als DSS-Abfragen bezeichnet man SQL-Abfragen in einem Data Warehouse mit Star Schema-Architektur.

Dynamic Provisioning

Komponente für das Grid Computing. Die Ressourcen werden da zur Verfügung gestellt, wo sie benötigt werden.

Easy Connect

Neue Benennungsmethode in Oracle 10g für den Verbindungsaufbau zur Datenbank. Alle erforderlichen Parameter können in der CONNECT-Anweisung angegeben werden.

Entfernte Transaktionen

In einer entfernten Transaktion werden Objekte verarbeitet, die sich in einer einzelnen entfernten Datenbank eines verteilten Datenbanksystems befinden.

Enterprise Manager Oracle 10g *Database Control*

Architektur des Enterprise Manager zur Verwaltung einer Datenbank.

Enterprise Manager Oracle 10g *Grid Control*

Architektur des Enterprise Manager zur Verwaltung mehrerer Datenbanken im Enterprise. Der EM Grid Control ist das Management-Tool für Oracle 10g Grid Computing.

ETL

Steht für »Extraction, Transformation, Loading« und umfasst den Prozess für Validierung, Bereinigung, Umwandlung und Laden externer Daten in ein Data Warehouse.

Explain-Plan

Der vom Optimizer erstellte Ausführungsplan. Darin wird u. a. festgelegt, in welcher Reihenfolge Tabellen vereinigt und welche Methoden zur Vereinigung verwendet werden.

Extent

Eine Gruppe von kontinuierlich zusammenhängenden Datenblöcken.

Fact Table

Tabellentyp in einem Data Warehouse. Diese Tabellen enthalten die Maße und Fakten und sind sehr groß. Sie besitzen Fremdschlüssel, die auf die Dimension Tables verweisen.

Fast Start Time-Based Recovery (FSTBR)

Feature zur Verkürzung der Zeiten für ein Crash Recovery.

Flashback Database

Neues Feature in Oracle 10g. Ermöglicht das Herstellen des Zustands der Datenbank zu einem früheren Zeitpunkt.

Flashback Query

Damit ist die Abfrage historischer Daten einer Datenbank möglich.

Flash Recovery Area

Dateisystem oder Verzeichnis, in dem die notwendigen Dateien für das Flashback Database-Feature gespeichert werden.

Fine-Grained Auditing (FGA)

Ein Sicherheitsfeature, das es ermöglicht, SQL-Anweisungen zu überwachen. Mit FGA kann eine feinmaschige Zugriffskontrolle erreicht werden.

Free Buffer

Blöcke im Database Buffer Cache, die keine Daten enthalten bzw. zum Überschreiben mit Blöcken aus den Tablespaces zur Verfügung stehen.

Full Table Scan (FTS)

Es werden alle Datensätze einer Tabelle gelesen. FTS ist ein Teil des Explain-Plans, den der Optimizer festlegt.

Global Application Contexts

Ermöglicht es, einen allgemeinen Application Context für alle Sitzungen aufzusetzen.

Grid Computing

Ermöglicht den Einsatz einer Software-Infrastruktur auf einer großen Anzahl über das Netzwerk verbundener Computer. Durch Provisioning auf verschiedenen Ebenen erfolgt eine Verteilung der Aufgaben und Ausnutzung der Ressourcen. Dabei ist der Gedanke »Manage as One« für die Grid-Verwaltung zugrunde gelegt.

High Water Mark (HWM)

Die größte Blocknummer, die jemals in einem Segment benutzt wurde. Werden Sätze gelöscht, dann entstehen leere Blöcke und das High Water Mark bleibt unverändert. Bei einem Full Table Scan liest Oracle alle Blöcke bis zum HWM.

Hintergrundprozesse

Hintergrundprozesse stellen die Verbindung zwischen den Dateien der Datenbank und den Hauptspeicherstrukturen der Instanz her. Die Prozesse werden von der Instanz verwaltet und müssen nicht administriert werden.

Incomplete Recovery

Ein Recovery, das nur bis zu einem bestimmten Zeitpunkt oder bis zu einer bestimmten SCN durchgeführt wird, ohne alle vorhandenen Redo Log-Informationen zu benutzen.

Inconsistent Backup

Eine Sicherung, bei der nicht alle Dateien mit derselben System Change Number (SCN) abgeschlossen wurden. Oracle kann eine Datenbank erst dann komplett öffnen, wenn alle Dateien dieselbe SCN besitzen.

Index-organisierte Tabellen

Tabellen, in denen die Sätze nicht in sequenzieller Form, sondern als B-Tree gespeichert werden. Sie sind Indexe, in denen nicht nur die Schlüssel, sondern die kompletten Sätze gespeichert werden.

Instance Recovery

Das Wiederherstellen einer Instanz in einer Real-Application-Clusters-Architektur.

Instance Failure

Ein Instance Failure liegt vor, wenn ein normaler Betrieb der Instanz durch ein Problem unterbrochen wird. Typische Ursachen sind Stromverlust oder ein Absturz des Betriebssystems.

Instanz

Eine Instanz repräsentiert die zu einer Datenbank gehörenden Hauptspeicherstrukturen wie Shared-Memory-Segmente und Server-Prozesse.

Kontrolldatei

Sie speichert Informationen über die physische Struktur und den Zustand der Datenbank. Kontrolldateien können gespiegelt werden.

Label Security

Ein Zusatzprodukt von Oracle 10g für Zugriffskontrolle.

Large Pool

Bereich im Hauptspeicher für Sitzungen im Shared Server-Modus, Backup- und Restore-Operationen und I/O-Server-Prozesse.

Library Cache

Enthält SQL-Anweisungen, PL/SQL-Prozeduren und -Pakete sowie Kontrollstrukturen wie z.B. Locks. Der Library Cache ist ein Hauptspeicherbereich und dient der Performance-Steigerung.

Listener

Ein auf dem Datenbankserver laufender Prozess, der auf Verbindungsabfragen von Clients wartet.

Load Balancing

Gleichmäßige Verteilung von Sitzungen auf mehrere Knoten, Instanzen und Dispatcher in Abhängigkeit vom aktuellen Workload.

Logische Standby-Datenbank

Neben der Erhöhung der Verfügbarkeit werden logische Standby-Datenbanken eingesetzt, um eine Lastverteilung vorzunehmen. Die logische Standby-Datenbank kann im READ ONLY-Modus geöffnet werden und steht somit für Abfragen zur Verfügung.

Lokal verwaltete Tablespaces

Für die Verwaltung der Extents wird eine Bitmap herangezogen und in der Tablespace gespeichert.

Log Writer Process (LGWR)

Hintergrundprozess, der Daten aus dem Log Buffer in die aktuelle Online Redo Log-Datei schreibt.

LRU List (Least Recently Used List)

Ist ein Index für Free Buffer, Dirty Buffer und Pinned Buffer des Database Buffer Cache. In der LRU List stehen die zuletzt benutzten Datenblöcke vorn.

Media Failure

Ein Media Failure tritt auf, wenn eine Datei der Datenbank nicht gelesen oder geschrieben werden kann. In der Regel liegt ein Problem beim Lesen oder Schreiben auf Betriebssystemebene vor.

Media Revocery

Eine Methode zur Wiederherstellung zerstörter Dateien. Bei Bedarf werden Archived Redo Log-Dateien mit herangezogen.

Metadata-API

Ein von Oracle geliefertes Paket zum Erstellen von DDL-Anweisungen aus vorhandenen Objekten.

Migration

Eine Zusammenfassung von Prozessen, die erforderlich sind, um Daten und Funktionen in eine Oracle-Datenbank zu transformieren und dort lauffähig zu machen.

Multi Threaded Server (MTS)

Der MTS heißt seit Oracle9*i* offiziell »Shared Server«.

Native XML-Datenbank

Eine native XML-Datenbank ist in der Lage, mit den Besonderheiten von XML umzugehen und die vom W3C vorgegebenen Standards zu unterstützen. Die Technologie, auf der die native XML-Datenbank basiert, ist dabei nur von nebensächlicher Bedeutung.

Network Failure

Wird bedingt durch eine Unterbrechung der Netzwerkverbindung zwischen Client und Server oder zwischen Server und Server.

NOARCHIVELOG-Modus

Ein Datenbankmodus, bei dem keine Sicherung der Online Redo Log-Dateien erfolgt. In diesem Modus kann die Datenbank nur bis zur letzten Sicherung wiederhergestellt werden. Siehe auch »ARCHIVELOG-Modus«.

OLTP

Abkürzung für »Online Transaction Processing«. Viele operative Systeme sind OLTP-Anwendungen und zeichnen sich dadurch aus, dass viele kleine Transaktionen ausgeführt werden, zwischen denen ein relativ großer Zeitraum von Nichtaktivität liegt.

Offline-Backup

Für ein Offline-Backup wird die Instanz heruntergefahren und die Datenbank geschlossen. Ein Offline-Backup wird auch als »Cold-Backup« bezeichnet.

Optimizer Hint

Ein Hinweis an den Optimizer zur Einflussnahme auf den Explain-Plan. Hints folgen direkt dem ersten Schlüsselwort der SQL-Anweisung und sind in die Zeichen »/*+« und »*/« eingeschlossen.

Oracle Streams

Feature in Oracle 10g zur Übertragung von Daten zwischen Datenbanken. Bildet die zentrale Architektur zur Verwaltung verteilter Datenbanken mit asynchroner Übertragung.

Outer Join

Eine Verbindung zwischen zwei Tabellen, für die auch dann ein Ergebnissatz zurückgeliefert wird, wenn auf der Seite des Outer Join kein Satz in der Tabelle existiert, der die Join-Bedingung erfüllt.

Oracle Cluster Registry (OCR)

Speichert Informationen über die Konfiguration der Cluster Ready Services (CRS) und der Cluster-Datenbank.

Oracle Managed Files (OMF)

Feature zur Vereinfachung der Administration von Datenbankdateien.

Oracle Net

Wird verwendet, um eine Verbindung zum Oracle-Datenbankserver herzustellen und die Kommunikation zwischen Oracle-Instanzen, Clients, Application Servern und anderen verteilten Oracle-Komponenten abzuwickeln.

Oracle Streams Advanced Queuing

Feature-Begriff für Advanced Queuing in Oracle 10g. Entspricht in seiner Grundfunktionalität dem Advanced Queuing von Oracle9*i* mit Erweiterungen und Verbesserungen.

Oracle Streams Replication

Neuer asynchroner Replikationsmechanismus in Oracle 10g für verteilte Datenbanken. Streams Replication verwendet Oracle Streams als Basis-Technologie.

Oracle XML DB

Mit Oracle XML DB (manchmal auch XDB genannt) wird die Fähigkeit der Oracle-Datenbank zum Umgang mit XML-Dokumenten bezeichnet.

Parallel Server Process (P*nnn*)

Ein Hintergrundprozess einer Oracle-Instanz. Bei Verwendung der Parallel-Query-Option werden die Ressourcen für eine Abfrage auf mehrere Parallel Server Processes verteilt.

Parser

SQL-Anweisungen laufen vor ihrer Ausführung durch den Parser. Er führt eine Überprüfung der Syntax durch und kontrolliert, ob alle Objekte und Namen im Datenbankkatalog existierten.

Partitionierte Tabelle

Eine Tabelle kann nach bestimmten Kriterien in Partitionen unterteilt werden. Das erleichtert den Umgang, insbesondere mit großen Tabellen in einem Data Warehouse, und verbessert die Performance für SQL-Anweisungen.

Physische Standby-Datenbank

Dient der Erhöhung der Verfügbarkeit und ist eine Kopie der Primär-Datenbank. Sie kann im Havariefall durch einen Failover-Prozess zur Primär-Datenbank erhoben werden. Physische Standby-Datenbanken sind nicht geöffnet und stehen somit den Anwendern im Normalbetrieb nicht zur Verfügung.

Pinned Buffer

Blöcke im Buffer Cache, die gerade benutzt werden oder für zukünftige Benutzung reserviert sind.

Process Failure

Ein Process Failure ist gleichzusetzen mit einer abnormalen Unterbrechung eines Prozesses der Instanz oder des Benutzerprozesses.

Process Monitor (PMON)

PMON ist ein Hintergrundprozess, der nicht erfolgreich beendete Benutzerprozesse entfernt. Gleichzeitig gibt er die Ressourcen frei, die von den Benutzerprozessen benutzt wurden.

Query Rewrite

Feature für das Data Warehouse. Der Datenbankserver ändert die SQL-Abfrage und verwendet Summentabellen und Materialized Views anstelle der Originaltabelle zur Performance-Optimierung. Wird im Deutschen auch als »Neuschreiben der Abfrage« bezeichnet.

Raw Devices

Festplattenbereiche, die nicht durch das Betriebssystem oder ein Dateisystem verwaltet werden.

Real Application Clusters (RAC)

Eine hochverfügbare und skalierbare Variante des Oracle-Datenbanksystems, wobei mehrere Instanzen eine Datenbank bedienen.

Real Time Apply

Neues Feature für Data Guard. Damit ist es möglich, die Änderungen unmittelbar in die Standby-Datenbank einzuarbeiten.

Recovery-Katalog

Ein vom Recovery Manager benutztes Repository zum Speichern von Informationen über Zieldatenbanken und Datensicherungen.

Recovery Manager (RMAN)

Werkzeug für Backup and Recovery. Bietet vielfältige Features und kann in Zusammenhang mit einem Repository verwendet werden.

Recovery Process (RECO)

Ein Hintergrundprozess einer Oracle-Instanz. Er löst Fehler auf, die in Zusammenhang mit verteilten Transaktionen stehen.

Redo Log Buffer

Speichert Redo-Informationen (Transaktionsprotokolle) zur Performance-Verbesserung im Hauptspeicher.

Redo Log-Datei

Die Redo Log-Dateien speichern die Änderungen, die in der Datenbank vorgenommen werden. Jede Datenbank benötigt mindestens zwei Online Redo Log-Dateien. Läuft die Datenbank im ARCHIVELOG-Modus, dann werden die Online Redo Log-Dateien vor dem Überschreiben archiviert.

Resource Pooling

Notwendige Voraussetzung für das Grid Computing. Durch die Zusammenfassung von Festplatten in Speicherbereiche oder von Servern in so genannte Blade Farms werden die Konsumenten mit den Diensten zusammengebracht.

Row Chaining

Wird ein Datensatz eingefügt, der die Größe eines Datenblocks übersteigt, dann wird dieser in mehreren Blöcken untergebracht. Row Chaining ist schlecht für die Performance.

Row Migration

Tritt auf, wenn ein Datensatz geändert wird und der geänderte Satz so groß wird, dass er nicht mehr in den Block passt. Da die ROWID identisch bleiben muss, verschiebt Oracle in diesem Fall den kompletten Datensatz in einen neuen Block. Ein häufiges Auftreten von Row Migration ist schlecht für die Performance.

Schemaregistrierung

Die Bekanntmachung der XML-Strukturen in der Oracle-XML-DB wird als »Schemaregistrierung« bezeichnet.

Scheduler

Neue Technologie in Oracle 10g zur Ausführung wiederkehrender Aufgaben. Löst die Datenbank-Jobs ab.

Segment

Eine Gruppe von Extents, die eine logische Struktur, wie z.B. eine Tabelle oder einen Index bildet.

Selbstanpassung der Systeme

Ist zwingende Voraussetzung für eine erfolgreiche Umsetzung der Grid-Strategie. Eine Grid-Infrastruktur würde in der Praxis nicht funktionieren, wenn für jeden Knoten permanent manuelle Tuning- und Anpassungsaktivitäten erforderlich wären.

Server Parameter File

Eine Binärdatei, die die Initialisierungsparameterdatei ablöst. Sie ist erforderlich, wenn Parameter dynamisch, d.h. ohne Neustart der Instanz geändert werden sollen.

Server-Prozess

Ein auf dem Datenbankserver laufender Prozess, der Operationen für einen Client ausführt. Dabei ist es egal, ob die Applikation direkt auf dem Server oder auf einem Client läuft. Er wird auch als »Server-Prozess des Benutzers« bezeichnet.

Shared-Server-Modus

Mehrere Benutzer teilen sich einen Server-Prozess, der über Warteschlangen und Dispatcher bedient wird. Dieser Modus wird häufig im OLTP-Bereich für eine große Anzahl von Benutzern verwendet.

Shared Server Process (*Snnn*)

Der Shared Server Process ist ein Hintergrundprozess einer Instanz, die im Shared Server-Modus läuft. Er arbeitet Anfragen ab, die ein Dispatcher in eine Request-Queue gestellt hat und legt die Ergebnisse in einer Response-Queue ab.

Skalierbarkeit

Prozesse und Architekturen besitzen ein hohes Maß an Skalierbarkeit, wenn es durch Hinzunahme weiterer Hardware-Komponenten möglich ist, das System an Schwankungen von Rahmenbedingungen, wie z.B. steigende Benutzerzahlen, anzupassen.

SQL Tuning Advisor

Unterstützt die Analyse von SQL-Anweisungen und unterbreitet Vorschläge für die Beseitigung von Performance-Problemen.

SQLAccess Advisor

Gibt Empfehlungen für die Verwendung von Materialized Views und Indexen für das Summary Management eines Data Warehouse, bezogen auf den aktuellen Workload.

SQL Modeling

OLAP-Feature, das ermöglicht, ein mehrdimensionales Array in der Datenbank zu bilden und zu bearbeiten. Es ersetzt die Verwendung von Bearbeitungen mit Tabellenkalkulationsprogrammen auf dem Client, insbesondere im Data-Warehouse-Umfeld.

Star Schema

Datenmodell im Data-Warehouse-Umfeld, das aus Fact Tables und Dimension Tables besteht.

Statement Failure

Ein logischer Fehler bei der Behandlung eines SQL-Befehls in einem Programm. Dieser Fehler tritt z.B. auf, wenn bei einer INSERT-Anweisung die Tablespace voll ist.

Storage Provisioning

Automatische Verteilung von Aufgaben und Aktivitäten auf verschiedene Storage-Komponenten im Grid-Umfeld.

Summary Management

Beschreibt die Methoden und Verfahren zum Bereitstellen von Summen-Informationen in einem Data Warehouse oder einem Data Mart.

System Global Area (SGA)

Die SGA bildet den wesentlichen Teil einer Instanz. Sie besteht aus Database Buffer Cache, Redo Log Buffer, Shared Pool, Java Pool, Large Pool, Streams Pool und Data Dictionary Cache.

System Monitor (SMON)

Ein Hintergrundprozess, der beim Start einer Instanz, falls erforderlich, ein Instance Recovery oder ein Crash Recovery durchführt. Außerdem ist er für das Löschen von temporären Segmenten, die nicht mehr benutzt werden, verantwortlich.

Tablespace

In einer Tablespace können Datenbankobjekte gespeichert werden. Eine Datenbank besteht aus mehreren Tablespaces. Die SYSTEM-Tablespace enthält den Datenbankkatalog.

Tablespace-Datei

Eine Tablespace kann aus mehreren Tablespace-Dateien bestehen. Umgekehrt kann eine Tablespace-Datei nur zu einer Tablespace gehören.

Tablespace Point-in-Time Recovery (TSPITR)

Versetzen einzelner Tablespaces in den Zustand zu einem früheren Zeitpunkt.

Transparent Application Failover (TAF)

Feature in Real Application Clusters zur Übergabe von Sitzungen an eine der überlebenden Instanzen im Fall des Ausfalls einer Instanz.

Transportable Tablespaces

Ein Feature, mit dessen Hilfe ganze Tablespaces von einer Datenbank in eine andere übertragen werden können. In Oracle 10g können Tablespaces zwischen Datenbanken auf verschiedenen Betriebssystemen transportiert werden.

Upgrade

Die Umstellung von einer niedrigeren Oracle-Version auf eine höhere mit Übernahme aller Daten und Funktionen.

User Global Area (UGA)

Ist Bestandteil des Shared Pools und existiert nur, wenn die Shared-Server-Option benutzt wird. Die UGA ist ein Cache für Sitzungs- und Benutzerinformationen.

User Managed Backup and Recovery

Alle Methoden zur Datensicherung und Wiederherstellung, für die nicht der Recovery Manager eingesetzt wird.

V$-Views

Views des Datenbankkatalogs, die Statistiken über Datenbank und Instanz beinhalten.

Verteilte Transaktion

In einer verteilten Transaktion wird auf Objekte zugegriffen, die sich in mehreren Datenbanken eines verteilten Datenbanksystems befinden.

Very Large Database (VLDB)

Eine Datenbank mit sehr großen Tabellen, z.B. ein Data Warehouse. Für die Administration von VLDBs sind besondere Regeln zu beachten.

Virtual Interconnect Protocol (VIP)

Verwaltet die virtuellen IP-Adressen in Real Application Clusters.

Virtual Private Database (VPD)

VPD ist ein vom Datenbankserver kontrolliertes Produkt, das mehreren Benutzern erlaubt, innerhalb ein und derselben Datenbank sicheren Zugriff auf die eigenen Daten zu erhalten.

Virtualisierung

Mit Virtualisierung wird erreicht, dass Konsumenten im Grid nicht fixen Ressourcen zugeordnet, sondern dynamisch versorgt werden. Dies geschieht auf allen Ebenen in einer Grid-Architektur.

Write List

Registriert alle Buffer im Database Buffer Cache, die verändert wurden und in die Tablespaces geschrieben werden müssen. Sie wird auch »Dirty Buffer List« genannt.

Wait Events

Ereignisse, die eintreten, wenn ein Prozess auf die Weiterverarbeitung wartet.

Workload Provisioning

Automatische Verteilung der Aufgaben zwischen den Knoten im Grid in Abhängigkeit vom aktuellen Workload.

XML-DB-Repository

Das XML-DB-Repository enthält das virtuelle Dateisystem, in das per WebDAV oder FTP XML-Dokumente geladen werden können. Darüber hinaus sind Informationen über die registrierten XML-Schemas im Repository enthalten.

XML-Schema

Die Struktur von XML-Dokumenten wird mit XML-Schema beschrieben. Es wird festgelegt, welche Namen die XML-Tags haben, wie sie strukturiert sind, welche Datentypen sie haben und vieles mehr. XML-Schema ist als W3C-Standard definiert.

XML-Schema-Annotations

XML-Schema-Annotations sind zusätzliche Informationen im XML-Schema. Diese steuern die Art und Weise, wie die Struktur der XML-Dokumente in der Datenbank nachgebildet wird. Damit diese Zusatzinformationen das XML-Schema nicht proprietär machen, werden sie durch einen eigenen XML-Namensraum abgegrenzt.

XPath

XPath ist eine Navigationssprache für XML-Dokumente. Man kann mit XPath analog zu einem Dateisystem durch die Hierarchie von XML-Dokumenten navigieren. Darüber hinaus sind einschränkende Bedingungen möglich.

XSL-Stylesheets

XSL-Stylesheets sind eine standardisierte Methode, um XML-Dokumente in ein anderes Format (HTML, ASCII-Texte) zu transformieren. XSL wird auch häufig genutzt, um die Strukturen der XML-Dokumente zu ändern.

D Die Buch-Begleit-CD

Im Verzeichnis `\Oracle10gKompendium\Programme` befinden sich alle Programme und Skripte des Buches. Das Verzeichnis ist nach Kapiteln untergliedert. Die Dateinamen wurden so gewählt, dass sie mit der Nummerierung der Listings im Buch übereinstimmen. Ein willkürliches und fiktives Beispiel: Das Skript in Listing 25.11 aus Kapitel 25 den Dateinamen `25_11.sql`.

Auf der CD befindet sich außerdem eine Trial-Version von Quest Central Version 4.5. Quest Central ist eine Sammlung von Produkten zur Unterstützung der Aufgaben des Datenbank-Administrators. Die vorliegende Version ist funktionsfähig mit Oracle 10g, unterstützt jedoch noch nicht die neuen Features der Datenbank. Quest Central besteht aus den folgenden Komponenten:

- Mit Spotlight on Oracle können aktuelle Probleme der Datenbank diagnostiziert werden. Das Produkt Instance Expert steht für die Identifizierung historischer Probleme einschließlich Trendreports und Expertenempfehlungen für mögliche Lösungen.

- Das Produkt SQLLab Vision kann für SQL-Tuning mit Expertenvorschlägen unter verschiedenen Szenarien benutzt werden.

- Der Space Manager dient der Kapazitätsplanung sowie einer optimalen Index-Verwaltung.

- Enthalten ist weiter ein Modul für die Benutzerverwaltung und Verwaltung von Datenbank-Objekten sowie zur Unterstützung weiterer Routineaufgaben.

Außerdem finden Sie TOAD 8.0 auf der CD. TOAD ist ein Werkzeug für Administratoren und Entwickler, die mit Oracle-Datenbanken arbeiten.

Die Produkte stehen unter dem Verzeichnis `\Tools\Quest`. Die vorliegenden Programme sind Trial-Versionen. Wenn Sie einen erweiterten Key benötigen oder Produkte käuflich erwerben wollen, wenden Sie sich bitte an die Quest Software GmbH. Weitere Informationen finden Sie unter `http://www.quest.de`.

Stichwortverzeichnis

A

Active Session History 141
Advanced Replication 99
    Migration 99
Änderungstabelle 694
Aggregate 670
ALL_PUBLISHED_COLUMNS 695
ALLOCATE CHANNEL 505
ALTER DATABASE-Methode 366
ALTER DISKGROUP 121
ALTER SESSION 795
ALTER SYSTEM
    CHECKPOINT 354
ALTER TABLE
    ADD PARTITION 708
ALTER TABLESPACE
    RETENTION GUARANTEE 180
ALTER TABLESPACE-Methode 367, 368
Application Context 408, 412
Apply-Prozess 74, 85, 97
AQ_TM_PROCESSES 103
Archive Destinations auf Rollenbasis 165
ARCHIVELOG-Modus 492, 497, 722
Archiver Process 352
ASM-Instanz 117
    Erstellung 117
Audit Trail 420
Auditing 418
    Object 419, 422
    Privilege 419, 423
    Session 419, 424
    Statement 419, 423
    von SYSDBA-Aktivitäten 424
Ausführungsplan 224
AutoLog-Methode 301
Automatic Database Diagnostic Monitor 143, 488
    Verwaltung 143
Automatic Memory Management 131
    Funktionsweise 132
Automatic Storage Management 116
    Ausfallsicherheit 130
    Data Dictionary Views 129
    Funktionsweise 117
    Migration einer Datenbank 126

Automatic Workload Repository 135, 444, 797
    Architektur 136
    auswerten 138
    verwalten 137
Automatisches Channel Failover 190
Automatisches Startup und Shutdown 842
Auxiliary Instance 194
Available Instance 154

B

Backlog Loader 58
Backup and Recovery 171, 491, 721
    mit dem Enterprise Manager 525
    Strategien 497
    Szenarien 509
BACKUP ARCHIVELOG 515
BACKUP DATABASE 518
BACKUP DATAFILE 514
Backup Pieces 190
BACKUP RECOVERY AREA 173
Baseline 138
Basic Local Alignment Search Tool 299
Benutzer 400
    verwalten 372
Betriebssystem-Identifikation 404
Bigfile Tablespace 337
Bioinformatik 299
Biometrische Daten 298
Bitmap-Indexes 710
Bitmap-Join-Index 711
BLAST 299
Block Change Tracking File 192
Block Media Recovery 496, 521, 523
Block Pinging 737
Block-Recovery 748
Broadcast 102
Buch-Begleit-CD 877
Buffer Cache
    Optimierung 455
    Performance messen 458
Business Analyst 660
Business Intelligence 277

Stichwortverzeichnis

C

Cache Coherency 743
Cache Fusion 737, 743
Cache Fusion Write 805
Cache Fusion Write Ratio 805
Cache Hit 347, 449
Cache Miss 347, 449
Capture-Prozess 85, 95
CD-ROM zum Buch 877
Certificate Revocation Lists 270
Change Data Capture 300, 679, 692
    asynchrones 303
    Subscription erwerben 694
    synchrones 693
Change-Aware Incremental Backup 192
Checkpoint Process 351
Checksumming 434
Client Load Balancing 788
Client/Server-Architektur 353
Cluster 390
Cluster Aware Applications 791
Cluster File System 812
Cluster Interconnect 737, 750
    Übertragungsstatistik 803
Cluster Key 390
Cluster Ready Services 149, 740
    Installation 754
Cluster Synchronization Service 119, 150
cluster_database 781
CLUSTER_INTERCONNECTS 153
Cluster-Architekturen 738
Cluster-Knoten 778
cman.ora 269
Cold-Backup 493
COMPATIBLE 553
Complete Failover 585
COMPLETE REFRESH 713
Composite Partitioning 704, 708
CONNECT BY PRIOR 332
Connect Time Failover 791
Connection Concentration 640
Connection Load Balancing 789
Connection Manager 268
Consistent Backup 494
    mit RMAN 516
Consistent Read 743
Consumer 102
Conventional Path Load 685
CONVERT TABLESPACE 339
Cost Based Optimizer 707
Crash Recovery 443, 495
CREATE BIGFILE TABLESPACE 337
CREATE BITMAP INDEX 711
CREATE CONTEXT 413
CREATE DATABASE 328
CREATE DIRECTORY 686
CREATE JOB 222
CREATE MATERIALIZED VIEW 714, 719, 720
CREATE MATERIALIZED VIEW LOG 714, 716
CREATE TABLE
    ORGANIZATION EXTERNAL 687
    PARTITION BY HASH 707
    PARTITION BY LIST 707
    PARTITION BY RANGE 705
CREATE USER 401
CRS-Daemon 759
CRS-Status 760
Current-Read-Block 746

D

Data Dictionary Cache 349, 449, 451
Data Guard 161, 555
    Architektur 555
    Verwaltung und Überwachung 566
Data Guard Broker 558, 576
    Failover mit 585
    Konfiguration 578
    Upgrade 584
    Voraussetzungen 577
Data Mart 658
Data Mining 299
Data Pump 95, 234, 530
    API 237
    Architektur 234
    Export 237
    Import 242
    mit dem Oracle Enterprise Manager 248
Data Warehouse 277, 655
    Administration 701
    Architektur 665
    Backup and Recovery 721
    Datenmodell 669
    logisches Design 668
    physisches Design 672
    planen 657
Database Buffer Cache 347
Database Configuration Assistant 770, 834, 835
Database Point-in-Time Recovery 523
Database Upgrade Assistant 534, 536, 538
Database Writer 351, 457
Datenbank 122, 343
    Deployment-Übersicht 66
    Erstellung mit ASM 122
    Gruppen 65
    logisches Design 666
    sich selbst verwaltende 115
    Sicherheit 399
    Struktur 343
    Tuning 437
    Überwachung 391

Stichwortverzeichnis

Datenbankadministration
praktische Tipps 393
Datenbankadministrator 660
Rolle 660
Datenbanklayout
physisches 360
Datenblock 344
DB_FLASHBACK_RETENTION_TARGET 173
DB_KEEP_CACHE_SIZE 552
DB_RECYCLE_CACH_SIZE 552
DB_UNIQUE_NAME 167, 561
DB_WRITER_PROCESSES 479
DBA_CAPTURE 93
DBA_EXTERNAL_LOCATIONS 689
DBA_EXTERNAL_TABLES 689
DBA_LOGSTDBY_NOT_UNIQUE 575
DBA_LOGSTDBY_UNSUPPORTED 574
DBA_RSRC_GROUP_MAPPINGS 158
DBA_SCHEDULER_JOBS 220
DBMS_ADVISOR 290, 296
DBMS_APPLY_ADM 80, 91, 97
DBMS_AQ 99
DBMS_AQADM 99, 104, 107
DBMS_CAPTURE_ADM 91, 96
DBMS_CDC_SUBSCRIBE 308
DBMS_CRYPTO 207, 214, 436
DBMS_DATAPUMP 237
DBMS_FGA 213
DBMS_FILE_TRANSFER 89
DBMS_SCHEDULER 215
DBMS_SERVICE 151
DBMS_SHARED_POOL 453
DBMS_SPACE_ADMIN 553
DBMS_SQLTUNE 197, 201
DBMS_STREAMS_ADM 80, 90, 95, 100
Capture-Prozess 78
DBMS_STREAMS_AUTH 76
DBMS_TRANSFORM 111
DBMS_TTS 697
DBMS_WORKLOAD_REPOSITORY 137
DBMS_XDB 598
DBMS_XMLSCHEMA
COPYEVOLVE 635
DELETESCHEMA 605
REGISTERSCHEMA 603
DBVERIFY 500
DBWR_IO_SLAVES 479
Decision-Support-System 657, 660
Dedicated Connection 647
Dedicated Server 355
Default Permanent Tablespace 401
Default Pool 461
DEFAULT_JOB_CLASS 225
Desaster Recovery 570
Destination-Queue 73

DGMGRL 582
Dimension Table 669
Direct Path Load 685
Dirty Buffer 347
Dirty-Liste 456
Disaster Recovery 161, 518, 555
mit RMAN 518
Dispatcher Process 352
dispatchers 651
Document Object Model 620
DOM-Tree 620
Downstream Capture 87, 89
Downstream Database 89
Einschränkungen 89
erstellen 90
Drill Down 670, 725
DROP DATABASE 196, 328
DSS-Abfrage 657, 660, 668
DUPLICATE TARGET DATABASE 564
DWH-Architekt 660
DWH-Projektleiter 659

E

E/A-Aktivitäten
ausbalancieren 473
Easy Connect 262
mit Alias einrichten 264
Easy Connect Naming Option 642
Einheitliche Verwaltung 31
emctl 44
secure lock 56
secure oms 55
start iasconsole 52
start oms 50
status agent 44
stop agent 54
stop oms 53
Encryption 434
Endian-Format 339
Enterprise Grid Computing 29
Enterprise Manager 315
Security 319
Enterprise Manager 10g Database Control 315, 316
Architektur 319
Enterprise Manager 10g Grid Control 315
Architektur 317
Enterprise Manager Database Control 35
Enterprise Manager Grid Control 35
Administration 58
Agent installieren 45
Architektur 59
Installation 38
Konfiguration 36
Migration 67

Stichwortverzeichnis

starten 50
Startseite 48
Enterprise Manager To Go 316
ETL 677
ETL-Feature 699
ETL-Modul 664
ETL-Prozess 660, 664
ETL-Tool 661
ETL-Werkzeug 678
Event Manager 149, 741
EVM-Daemon 760
EXECUTE_TUNING_TASK 199
EXEMPT ACCESS POLICY 412
EXPLAIN_REWRITE 284
Export und Import 530
Extent 344
External Naming Service Option 642
Externe Programme 434
Extraction, Transformation and Loading 677
EZCONNECT 263

F

Fact Table 668
Failover 570, 791
Failover Load Balancing 797
Failover und Switchover 570
FAILOVER=ON 791
FAILOVER_MODE 793
FAL_CLIENT 808
FAL_SERVER 808
FAL-Client 560
FAL-Server 560
FAST REFRESH 713, 716
Fast Start Time-Based Recovery 355, 495
FAST_START_MTTR_TARGET 355
fast_start_mttr_target 444
Feinheitsgrad 669
Festplatten-Aktivität 442
Fine Grained Access Control 408
Fine Grained Auditing 207, 212, 427
   Flashback Query 429
   Konfiguration 427
Firewall 323
Fixed Record-Format 681
Flash Recovery Area 172, 496, 506
FLASHBACK DATABASE 176
   TO SCN 178
   TO SEQUENCE 178
   TO TIME 177
Flashback Database 163, 172, 507
Flashback Database Backup and Recovery 175
Flashback Database Log 172
Flashback Drop 183
Flashback Row History 181
Flashback Table 179

Flashback Transaction History 182
FORCE LOGGING 561
Free Buffer 347
Fremdschlüssel 382
Full Table Scan 477, 673, 676
Full Workload 290

G

GCS_SERVER_PROCESSES 151
Global Cache Service 153, 739, 744
Global Enqueue Service 153, 744
Global Partitioned Index 710
Global Resource Directory 744, 747
Globaler Datenblock 745
Grid Computing 27, 798
Grid Datenbank 798
GV$CACHE_TRANSFER 804
GV$CR_BLOCK_SERVER 805
GV$ENQUEUE_STAT 806
GV$RESOURCE_LIMIT 806

H

Hardware-Voraussetzung 750
Hash Partitioning 384, 704, 707
Hauptspeicher-Verwaltung 441
Hierarchische Darstellung 333
High Availability-Dienst 796
High Watermark 484
Hintergrundprozess 350
Hit Ratio 458
Hochverfügbarkeit 149
Hostnaming Option 642
Hot Backup 493
HotLog-Methode 301
HTTPS 324
HTTPS-Protokoll 58

I

I/O Buffer Space 258
IDENTIFIED EXTERNALLY 404
Image Copy 192
Immediate Failover 585
Incomplete Recovery 523
Inconsistent Backup 494
Incremental Backup 514
Index 385
   Bitmap 387
   eindeutiger 385
Index Organized Table 331
   mit List Partitioning 331
INFILE-Klausel 681
InfiniBand 737
Initialisierungsparameter 784
   neu in Oracle 10g 339

Inkrementelles Backup 192
INSERT FIRST 700
Installation
    Nachbereitung 842
    Oracle-Software 820
    unter Windows 2000 833
Installationsvorbereitung 825
Instance Failure 493
Instance Recovery 495
Instantiation 95
Instanz 343
    Status AVAILABLE 796
    Status PREFERRED 796
Integrated Application Environment 101
Integritätsbedingung 673

J

Job 217
Job Queue Process 352
Job-Klasse 225

K

Komplexitätsfunktion 406
    verwalten 406
Kontrolldatei 345

L

Large Pool 349, 455
LCR 73
LDAP 642
Library Cache 348, 449
List Partitioning 384, 704, 707
listener.ora 649
Listener-Passwort 433
Load Balancing und Failover 788
Local File System 813
Local Naming Option 642
Local Partitioned Index 709
LOCAL_LISTENER 265, 576
Log Apply Service 558
Log Transport Service 558
Log Writer 351, 559
log_archive_config 563
LOG_STDBY_SKIP 574
Logical Change Record 73
Logische Standby-Datenbank 169, 555, 573
Lokaler Datenblock 745
LRU-Liste 347
lsnrctl 647

M

Managed Recovery 558
Materialized View 278, 674, 712
    im Enterprise Manager 718
    verschachteltes 717
Maximum Availability 557
Maximum Performance 557
Maximum Protection 556
Media Failure 493
Media Recovery 495
Memory Advisor 488
MERGE INTO 700
Migration 533
    Upgrade 533
MODEL-Klausel 309, 310
MTTR Advisor 488
Multi Protocol Interchange 640
Multicast 102
Multiconsumer-Queue 102, 108
Multi-Version Consistency Model 743

N

NAMES.DIRECTORY_PATH 642
Nested Materialized View 282
Net Configuration Assistant 844
Net Services 639
Network Failure 494
Netzwerksicherheit 432
NOARCHIVELOG-Modus 492, 497, 722
NOLOGGING 499

O

ocrconfig 786, 787
OCSS-Daemon 760
Offline Backup 493
OLAP Tool 726
Online Backup 493
Optimal Flexible Architecture 360, 823
Optimierung 439
Oracle 10g-Datenbank 833, 834
    erstellen 833, 834
Oracle Cluster File System 150
Oracle Cluster Ready Services 741
Oracle Cluster Registry 149, 754, 756, 785
Oracle Cluster Synchronization Service Daemon 150
Oracle Cluster Synchronization Services 741
Oracle Connection Manager 640
Oracle Database Administrator Certified Associate 852
Oracle Database Administrator Certified Master 853
Oracle Database Administrator Certified Professional 852
Oracle Flashback Technology 506
Oracle Listener 432
Oracle Net Manager 644
Oracle Net Services 257

Stichwortverzeichnis

Oracle Policy Manager 418
Oracle Streams 71
  Administration 75
  Apply-Prozess 74, 80
  Architektur 73
  Capture-Prozess 78
  Downstream Capture 87
  Initialisierungsparameter 76, 77
  Local Streams Capture 81
  Staging und Propagation 79
  Staging-Prozess 74
Oracle Streams Advanced Queuing 71, 99
  Verwaltung 112
Oracle Streams Advaned Queuing
  Architektur 100
Oracle Streams Replication 71, 94
  Instantiation 95
  Konfiguration 94
  Überwachung 98
Oracle TEXT 623
Oracle Universal Installer 828
ORACLE_BASE 827
ORACLE_HOME 827
ORACLE_SID 827
Oracle 10g-Datenbank
  Architektur 343
  Installation 820
Oracle-Net-Architektur 641
Oracle-XML-Datenbank
  Abfrageoptimierung 617
  Architektur 594
  FTP-Upload von XML-Dokumenten 611
  FTP-Zugriff 594
  HTTP-Zugriff 594
  Indexierung 621
  piecewise update 617
  Query Rewrite 619
  – Tracing aktivieren 622
  Referenzielle Integrität 633
  Registrierung eines XML-Schemas 603
  Relationale Views 628
  Repository 594
  Speicherungsform 599
  View DBA_XML_SCHEMAS 605
  Volltextsuche 623
  WebDAV-Zugriff 595
  xdbconfig.xml 597
  XML-Dokumente abfragen 613
  XML-Dokumente ändern 617
  XML-Schema referenzieren 611
  XML-Schema-Evolution 634
  XML-Schema-Registrierung 606
  XML-Views 630
  Zugriffe auf XML-Dokumente 610
Oracle-Zertifizierungen 851

ORAINVENTORY 825
OSDBA 825

P

Papierkorb 183
Parallel Server-Prozess 352
Parallelisierung 676
Partial Workload 290
Partition 672
Partition Change Tracking 719
Partitionierung 703
Past Image 747
Past Image-Konzept 746
PDA 58
Performance-Planung 438
Physische Standby-Datenbank 555, 558
  Failover 572
Physisches Layout 364
Physisches Objekt 440
Piecewise Update 617
Pinned Buffer 347
Pinning 453
Policy Group 415
  Verwendung von 416
Preferred Instance 154
Primär-Datenbank 559
  vorbereiten 561
Primary Role 558
Primary/Secondary-Konfiguration 740
Private Network 737, 750
Privileg 377
Process Failure 494
Process Monitor 351, 742
Producer 102
Profil 400
  verwalten 405
Program Global Area (PGA) 349
Projektteam bilden 659
Provisioning
  Application 33
  dynamisches 30
  Storage 32
  Workload 32
Public Network 750
Publish/Subcsribe-Nachrichten 102
Publish-and-Subscribe-Modell 692
PURGE
  DBA_RECYCLEBIN 186
  RECYCLEBIN 186
  TABLESPACE 186

Q

Query Rewrite 282, 619
QUERY_REWRITE_ENABLED 283

Stichwortverzeichnis

query_rewrite_enabled 714
Queue Monitor Process 352
Quest Central 877
Quota 373

R

RAC Services 154
RAID-System 675
Range Partitioning 384, 704
Raw Device 477
Real Application Clusters 735
    Administration 783
    Architektur 737
    Backup and Recovery 811
    Datenbank erstellen 770
    Datenbanksoftware installieren 761
    Hintergrundprozesse 742
    Installation und Konfiguration 749
    Überwachung und Tuning 802
    und Data Guard 807
Real Time Apply 161
Recipient 102
Recipients 110
Recoverer Process 352
Recovery Manager 500
    Architektur 502
    Konfiguration 505
Recovery Window 507
Recovery-Katalog 502
    erstellen 503
Recovery-Prozess 492
RECV_BUF_SIZE 258
Redo Log Buffer 348
    optimieren 465
Redo Log Thread 770
Redo Log-Dateien 345
Redundancy 507
Redundancy Set 499
REF CURSOR 690
Referenzielle Integritätsbedingung 382
REMOTE_LISTENER 157, 270, 789
REPORT SCHEMA 504
Resource Manager 797
Ressource Pooling 30
Restore and Recovery 517
Retention Policy 507
RMAN 95
RMAN Backup and Recovery 492
Role Management 571
Role Management Service 558
Rolle 377, 400
Row Chaining 482
Row Migration 482
RVWR-Hintergrundprozess 173

S

Scheduler 215
    Architekturübersicht 216
    Verwaltung 230
Schema 380
    verwalten 380
Secure Shell 752
Segment 344, 440
    verwalten 481
Segment Advisor 488
Selbstanpassung der Systeme 31
SEND_BUF_SIZE 258
Sequence Alignment 299
Sequenz 389
Server Control Utility 778
Server Process 352
SERVICE_NAME 789
Session Failover
    prüfen 795
sga_target 131
Shared Everything-Architektur 739
Shared Nothing-Architektur 738
Shared Pool
    optimieren 448
    vergrößern 452
Shared Server 355
Shared Server Connection 647
Shared Server-Konfiguration 267, 649
shared_pool_size 452
SHUTDOWN 848
    ABORT 849
    IMMEDIATE 848
    TRANSACTIONAL 848
SHUTDOWN ABORT 493
Sich selbst verwaltende Datenbank 115
Sicherheitsfeature 207
Skalierbarkeit 149
Snapshot Controlfile 814
Snowflake-Struktur 671
Software-Voraussetzung 751
SORT_AREA_SIZE 486
Sortieraktivität 485
Source-Queue 73
SQL Access Advisor 488
SQL Area 348
SQL Modeling 309
SQL Tuning Advisor 197, 488
    Analysearten 197
    mit PL/SQL 198
SQL*Loader 679, 680
SQLAccess Advisor 288
SQL-MODEL 332
SQLNET.EXPIRE_TIME 563
SQLNET.RECV_TIMEOUT 261
SQLNET.SEND_TIMEOUT 260

Stichwortverzeichnis

SQL-Profil 197
SQL-Profilvorschlag 197
SQL-Strukturanalyse 198
SQLX-Funktionen
   XMLAttributes 632
   XMLElement 631
srvconfig 787
srvctl 156
   add database 780
   add services 799
   start instance 780
   status database 780
srvctl-Utility 798
SSL_CERT_REVOCATION 271
Staging Area 665
Standby Redo Log-Datei 810
Standby Role 558
standby_file_management 563
Standby-Datenbank 163, 555, 810
   erzeugen 562
   Flashback 164
Star-Schema 668
STARTUP 848
   FORCE 848
   MOUNT 848
   NOMOUNT 848
   RESTRICT 848
STARTUP FORCE 493
STARTUP UPGRADE 548
Statement Failure 493
Statistik
   sammeln 444
Statistikanalyse 197
Stream-Record-Format 681
Streams Pool 349
   optimieren 471
STREAMS_MIGRATION
   Migration 99
STREAMS_POOL_SIZE 74, 77, 349
Streams-Administrator 75
Subcache 461
Subscriber 102, 108
   erstellen 307
Subscriber-Liste 110
Summary Advisor 288
Summary Management 278, 286, 674, 712
Switchover 570
Synonym 388
SYS_CONTEXT 413
SYSAUX 136, 327
System Monitor 351

T

Tabellen-Funktion 689
Tablespace 344
TABLESPACE_MIGRATE_TO_LOCAL 553
Tablespace-Datei 345
Target-Server 502
Technischer Teamleiter 659
Temporary Tablespace Group 335
TNS_ADMIN 643
TOAD 877
Transformation 103, 110
Transparent Application Failover 790, 791
Transportable Tablespaces 95, 338, 696
   plattformübergreifend 338, 696
TSPITR
   automatisches 194
Tuning Task 198

U

Undo-Advisor 488
Upgrade 533
   durchführen 538
   manuelles 536, 544
   Nachbereitung 550
   testen 537
   vorbereiten 535
USE_DEDICATED_SERVER 267
User Error 494
User Global Area 449, 452
USER_ADVISOR_RECOMMENDATIONS 291
User-Managed Backup and Recovery 492
Utility Connection 811

V

V$ACTIVE_SERVICES 157
V$ARCHIVED_LOG 567
V$ASM_ALIAS 130
V$ASM_CLIENT 130
V$ASM_DISK 130
V$ASM_DISKGROUP 121, 130
V$ASM_FILE 130
V$ASM_OPERATION 130
V$ASM_TEMPLATE 130
V$FILESTAT 473
V$MANAGED_STANDBY 567
V$SESSION_WAIT 468
V$SGA_DYNAMIC_FREE_MEMORY 134
V$SGA_RESIZE_OPS 135
V$SGAINFO 134
V$SQLAREA 450
V$SYSTEM_EVENT 477
Variable-Record-Format 681
Verschachteltes Materialized View 717
View 387

VIP-Configuration Assistant 766
Virtual Internet Protocol Configuration Assistant 150
Virtual Private Database 207, 399, 408
    auf Spaltenebene 208
    erstellen 410
    Erstellung 209
Virtual Private Network 323
Virtualisierung 31
Virtuelle IP-Adresse 751, 797
Voting Disk 754, 756

W
W3C 587
Wait-Event-Modell 329
Watchdog-Prozess 60
Wiederverwendung von Programmcode 454
Write List 347

X
XML 587
    datenorientiert 599
    dokumentorientiert 599
    DOM-Bäume 620
    Namensraum-Konzept 608
    native Speicherung 593
    relationale Speicherung 591
    Speicherung als CLOB 591
    spezielle XML-Datenbanken 590
    Stylesheet-Transformationen 625
    Trennung zwischen Inhalt und Layout 588
    Validierung gegen XML-Schema 612
    XML-Datenbanken 589
    XML-Parser 589
    XML-Tags 587
    XPath 614
XML-Schema-Annotations 607
    defaultTable 608
    SQLName 608
    SQLType 608
XMLTYPE 599
    CREATESCHEMABASEDXML 612
    EXISTSNODE 616
    EXTRACT 616
    EXTRACTVALUE 616
    Objektrelationale Speicherungsform 602
    SCHEMAVALIDATE 612
    Spalte XMLDATA 618
    updateXML 617
    XMLAgg 627
    XMLTransform 625
    XMLTYPE-Tabelle anlegen 606
XSLT 589

Z
Zentrales Advisory 295
Zieldatenbank
    registrieren 504
Zugriffspfadanalyse 198

... aktuelles Fachwissen rund um die Uhr – zum Probelesen, Downloaden oder auch auf Papier.

www.InformIT.de

InformIT.de, Partner von **Markt+Technik**, ist unsere Antwort auf alle Fragen der IT-Branche.

In Zusammenarbeit mit den Top-Autoren von Markt+Technik, absoluten Spezialisten ihres Fachgebiets, bieten wir Ihnen ständig hochinteressante, brandaktuelle Informationen und kompetente Lösungen zu nahezu allen IT-Themen.

wenn Sie mehr wissen wollen ...   **www.InformIT.de**

Eine tiefgreifende Systemdarstellung

Die Autoren geben Ihnen in diesem Buch wertvolle Tipps aus jahrelanger Erfahrung in der Administration von Oracle-Datenbanken weiter. Profitieren Sie von diesem umfangreichen Wissen. Aus dem Inhalt: Data Warehouse, Optimierung, Backup und Recovery, die Migration und das Upgrade auf 9i, Advanced Queuing, Hochverfügbarkeit.

Von Lutz Fröhlich / Norbert Debes / Carsten Czarski
ISBN 3-8272-6468-5, 824 Seiten, 1 CD
€ 59,95 [D]

Sie suchen ein professionelles Handbuch zu allen wichtigen Programmen oder Sprachen? Das Kompendium ist Einführung, Arbeitsbuch und Nachschlagewerk in einem. Ausführlich und praxisorientiert.
Unter **www.mut.de** finden Sie das Angebot von Markt+Technik.

Java komplett!

Dieses Buch holt Sie dort ab, wo Sie stehen und schließt die Lücke zwischen dem Einstieg und dem Abgehobenen. Mit vertiefter OOP, Oberflächendesign, fortgeschrittener Textbearbeitung, Java2D/3D, JDBC, RMI, CORBA, XML, SOAP, Servlets, JSP, JavaMail und EJB.

Von Dirk Louis / Peter Müller
ISBN 3-8272-6271-2, 880 Seiten, 1 CD
€ 49,95 [D]

Sie suchen ein professionelles Handbuch zu allen wichtigen Programmen oder Sprachen? Das Kompendium ist Einführung, Arbeitsbuch und Nachschlagewerk in einem. Ausführlich und praxisorientiert.
Unter **www.mut.de** finden Sie das Angebot von Markt+Technik.

Ihr Nachschlagewerk zu allen wichtigen Netzwerkthemen!

Ein Kompendium, das den Administrator bei der Realisierung seiner Aufgaben im Netzwerk unterstützt. Sie lernen Typen von Netzwerkkarten, Kabel, Switches und Router kennen und bauen Netzwerke mit verschiedenen Windows-versionen auf. Der ausführliche Grundlagen- und Protokollteil liefert theoretisches Wissen zum Nachschlagen. Das Buch enthält darüber hinaus einen wertvollen Sicherheitsteil. Nützliche Bordmittel und Tools auf der CD.

Von Burkhard Müller
ISBN 3-8272-**6311**-5, 816 Seiten, 1 CD
€ 49,95 [D]

Sie suchen ein professionelles Handbuch zu allen wichtigen Programmen oder Sprachen? Das Kompendium ist Einführung, Arbeitsbuch und Nachschlagewerk in einem. Ausführlich und praxisorientiert.
Unter **www.mut.de** finden Sie das Angebot von Markt+Technik.